Graumann

Controlling

# 🖱 Online-Version inklusive!

Stellen Sie dieses Buch jetzt in Ihre „digitale Bibliothek" in der NWB Datenbank und nutzen Sie Ihre Vorteile:

- Ob am Arbeitsplatz, zu Hause oder unterwegs: Die Online-Version dieses Buches können Sie jederzeit und überall da nutzen, wo Sie Zugang zu einem mit dem Internet verbundenen PC haben.

- Die praktischen Recherchefunktionen der NWB Datenbank erleichtern Ihnen die gezielte Suche nach bestimmten Inhalten und Fragestellungen.

- Die Anlage Ihrer persönlichen „digitalen Bibliothek" und deren Nutzung in der NWB Datenbank online ist kostenlos. Sie müssen dazu nicht Abonnent der Datenbank sein.

**Ihr Freischaltcode:**

Graumann, Controlling

**So einfach geht's:**

1. Rufen Sie im Internet die Seite **www.nwb.de/go/online-buch** auf.
2. Geben Sie Ihren Freischaltcode in Großbuchstaben ein und folgen Sie dem Anmeldedialog.
3. Fertig!

**Alternativ** können Sie auch den Barcode direkt mit der **NWB Mobile** App einscannen und so Ihr Produkt freischalten! Die NWB Mobile App gibt es für iOS, Android und Windows Phone!

**Die NWB Datenbank – alle digitalen Inhalte aus unserem Verlagsprogramm in einem System.**

www.nwb.de

NWB Studium Betriebswirtschaft

# Controlling

Begriff, Elemente, Methoden und Schnittstellen

Von
Professor Dr. Mathias Graumann

4., vollständig überarbeitete Auflage

▶ **nwb** STUDIUM

Kein Produkt ist so gut, dass es nicht noch verbessert werden könnte. Ihre Meinung ist uns wichtig! Was gefällt Ihnen gut? Was können wir in Ihren Augen noch verbessern? Bitte verwenden Sie für Ihr Feedback einfach unser Online-Formular auf:

www.nwb.de/go/feedback_bwl

Als kleines Dankeschön verlosen wir unter allen Teilnehmern einmal pro Quartal ein Buchgeschenk.

ISBN 978-3-482-**65221**-9
4., vollständig überarbeitete Auflage 2014

© NWB Verlag GmbH & Co. KG, Herne 2014
www.nwb.de

Bildnachweis: ©Bastos, ©artisticco, www.fotolia.de

Alle Rechte vorbehalten.

Dieses Buch und alle in ihm enthaltenen Beiträge und Abbildungen sind urheberrechtlich geschützt. Mit Ausnahme der gesetzlich zugelassenen Fälle ist eine Verwertung ohne Einwilligung des Verlages unzulässig.

Satz: Griebsch & Rochol Druck GmbH & Co. KG, Hamm
Druck: Stückle Druck und Verlag, Ettenheim

# VORWORT ZUR 4. AUFLAGE

Ziel des vorliegenden Lehrbuchs zum Controlling ist es, eine umfassende und integrierende Darstellung des betrieblichen Planungs-, Steuerungs- und Kontrollinstrumentariums auf dem aktuellen Stand von Wissenschaft und Praxis zu liefern. Ohne ein mitlaufendes Controlling ist die strategische Ausrichtung eines Unternehmens und deren Umsetzung nicht möglich. Ziel ist es daher, den Leitungspersonen eine Handreichung zur Erfüllung ihrer originären Leitungsaufgabe zu liefern.

Gleichzeitig sehen sich die Leitungspersonen zunehmenden Haftungsfallen in den Fällen gegenüber, in denen nach Eintritt einer Schieflage Mängel bezüglich der verpflichtend vorzuhaltenden Geschäftsführungssysteme betreffend das Risikomanagement, die Compliance oder die interne Überwachung behauptet werden. Diese Systeme können Fehlentwicklungen oder gar dolose Handlungen nur mit hinreichender, aber nicht mit absoluter Sicherheit verhindern. Somit kann nicht beim Eintritt einer Schieflage automatisch auf ein Fehlverhalten der Unternehmensleitung geschlossen werden.

Für die Leitungspersonen ist es daher bedeutsam, im Krisen- und Streitfall ex post den Nachweis führen zu können, entsprechende angemessene Vorkehrungen getroffen und folglich der sog. „Business Judgement Rule" entsprochen zu haben. Leitlinien hierzu zeigt dieses Lehrbuch auf. Da zudem anerkannte Konzepte der wertorientierten Unternehmenssteuerung behandelt werden, soll daher auch die Frage nach der Definition des „nachhaltigen Unternehmenswerts" als Kernziel des Leitungshandelns beantwortet werden. Insoweit sollen die in dem Lehrbuch behandelten Inhalte die Facetten „guter Unternehmensführung" im Sinne der Corporate Governance verdeutlichen.

Im Ergebnis will dieses Werk eine praxistaugliche Hilfestellung darin geben, den Pflichtenrahmen für Leitungspersonen – mit Schwerpunkt auf der Ausgestaltung des Controllings – rechtskonform und vor allem zielorientiert und nachhaltig auszufüllen.

Die Darlegungen beschränken sich auf gesamtunternehmensbezogene Tatbestände. Von einer zusätzlichen Behandlung des Funktions- bzw. Bereichscontrollings wie Entwicklungs-, Beschaffungs-, Logistik-, Produktions- oder Vertriebscontrollings wird abgesehen, weil der vorgesehene und ohnehin schon stark strapazierte Platzrahmen eine erschöpfende Behandlung dieser Themengebiete nicht zulässt und im Übrigen die Ausgestaltung dieser Instrumente stark branchenabhängig erfolgen müsste. Insoweit soll auf die vorhandene Spezialliteratur verwiesen werden.

Das Lehrbuch stellt – im Anschluss an einleitende Begriffsbestimmungen, Aufgabendefinitionen und die organisatorische Einbettung des Controllings (Kapitel I) – ausführlich die Erkenntnisobjekte und Methoden des strategischen Controllings dar (Kapitel II).

Die nachfolgende Behandlung des operativen Controllings auf Gesamtunternehmensebene erfolgt rechnungslegungsbezogen, da das Rechnungswesen die wichtigste Datenquelle für das Controlling darstellt. Die Darlegungen gliedern sich entsprechend den Ebenen des Rechnungswesens in Controllinginstrumente in Bezug auf

- ▶ den Jahresabschluss (Ebene der Aufwendungen und Erträge, Kapitel III),
- ▶ die Kostenrechnung (Ebene der Kosten und Leistungen, Kapitel IV) und
- ▶ die Finanz- und Liquiditätsplanung (Ebene der Ein- und Auszahlungen, Kapitel V).

# VORWORT

Hierbei wird von einer Kenntnis der Grundtatbestände wie der Finanzbuchhaltung, Betriebsabrechnung oder Kalkulation ausgegangen, so dass sich die Darlegungen unmittelbar der Steuerungs-, Dispositions- und Kontrollfunktion der angesprochenen Instrumente widmen können. Zeitgemäße Controllinginstrumente wie Kapitalflussrechnung und Segmentberichterstattung werden in die Ausführungen eingeschlossen.

Die Einbettung des Controllings in das übergeordnete betriebliche Geschäftsführungsinstrumentarium und die neben dem Controlling bestehenden Subsysteme sind Inhalte des Kapitels VI. Die Ausführungen wurden gegenüber der Vorauflage wesentlich erweitert.

Die Ausführungen sind auf dem aktuellen Stand des Bilanz- und Gesellschaftsrechts abgefasst und wurden gegenüber der Vorauflage entsprechend angepasst. Weiterhin wurden relevante Standards auf aktuellem Stand berücksichtigt, z. B. der Deutsche Corporate Governance Kodex (DCGK), die Deutschen Rechnungslegungs Standards (DRS) oder die Prüfungs- und Rechnungslegungsstandards des Instituts der Wirtschaftsprüfer (IDW PS, IDW RS).

Alle Kapitel wurden neben notwendigen Aktualisierungen zudem um zusätzliche Abbildungen und Fallbeispiele ergänzt.

Das vorliegende Werk ist Ergebnis meiner langjährigen Lehrtätigkeit auf den Gebieten des Controllings und der strategischen Unternehmensplanung im Rahmen der an der Hochschule Koblenz, RheinAhrCampus Remagen, am Fachbereich Wirtschafts- und Sozialwissenschaften abgehaltenen Lehrveranstaltungen sowie zahlreichen weiteren Aus- und Weiterbildungsveranstaltungen für Führungskräfte aus Unternehmen und Organisationen.

Es wendet sich an Lehrende und fortgeschrittene Studierende der Betriebswirtschaftslehre an Universitäten, Hochschulen und Weiterbildungseinrichtungen. Führungskräften aus der Controlling-Praxis, Wirtschaftsprüfern und Unternehmensberatern sowie entsprechenden Nachwuchskräften soll die Lektüre ein „Updaten" ihres Ausbildungsstands ermöglichen.

Die Inhalte sind in besonderem Maße auf die Belange der Aus- und Fortbildung der Wirtschaftsprüfer und Wirtschaftsprüfungsassistenten abgestimmt. Sie bilden in weiten Teilen das Prüfungsgebiet „Angewandte Betriebswirtschaftslehre" und Teile des Prüfungsgebiets „Wirtschaftliches Prüfungswesen" gemäß § 4 der Prüfungsverordnung für Wirtschaftsprüfer (WiPrPrüfV) ab.

Die umfangreichen Anpassungsarbeiten wären ohne engagierte Unterstützung nicht zu bewerkstelligen gewesen. Deshalb möchte ich mich an dieser Stelle besonders bei meiner wissenschaftlichen Hilfskraft Frau Jasmin Blaeser für ihre engagierte und umfassende Mitarbeit bei der Erstellung der Neuauflage bedanken. Dank gebührt auch Herrn Dirk Kersting vom NWB Verlag für seine Bereitschaft zur Aufnahme des Werks in das Verlagsprogramm und zahlreiche konstruktive Hinweise im Zuge der Weiterentwicklung.

Im Text zitiert wird weiterhin nur bei Übernahme einer konkreten Quelle. Aus Gründen der besseren Lesbarkeit wird die Erörterung allgemein anerkannter betriebswirtschaftlicher Erkenntnisse nicht mit Zitaten belegt. Stattdessen findet der Leser am Schluss eines jeden Hauptkapitels umfangreiche Angaben zu aktuellen Lehrbüchern und Fachbeiträgen. Redaktionsschluss der Darlegungen war Mai 2014.

Bonn, im Mai 2014                                                                                       Mathias Graumann

# INHALTSVERZEICHNIS

| | |
|---|---|
| Vorwort zur 4. Auflage | V |
| Inhaltsverzeichnis | VII |
| Abbildungsverzeichnis | XIII |
| Abkürzungsverzeichnis | XXVII |

## I. Grundlagen des Controllings ... 1

1. Controlling- und Planungsbegriff ... 1
2. Geschichte des Controllings ... 7
3. Aufgaben des Controllings ... 11
4. System, Elemente und Ebenen des Controllings ... 18
5. Organisatorische Einbettung des Controllings ... 24
6. Entwicklungsstufen des Controllings ... 29
7. Literaturhinweise ... 30

## II. Strategische Planung und strategisches Controlling ... 33

1. Erkenntnisobjekte und Zielorientierung der strategischen Unternehmensplanung ... 33
2. Prozess und Komponenten der strategischen Unternehmensplanung ... 55
3. Analyse der strategisch relevanten Rahmenbedingungen ... 60
   - 3.1 Szenario-Analyse ... 60
   - 3.2 PEST-Analyse und „five forces-Modell" ... 73
   - 3.3 SWOT-Analyse und Wertketten-Modell ... 89
   - 3.4 SWOT-Interaktionsmatrix ... 107
4. Ableitung unternehmensbezogener Wachstumsstrategien ... 111
   - 4.1 Gap-Analyse ... 111
   - 4.2 *Ansoff*-Matrix (Produkt-Markt-Portfolio) ... 113
   - 4.3 Ressourcen- bzw. kompetenzorientierte Ansätze ... 123
   - 4.4 *Greiner*-Modell der Organisationsentwicklung im Wachstum (Wachstumskrisen-Modell) ... 126
5. Planung und Kontrolle auf Basis strategischer Geschäftsfelder ... 131
   - 5.1 Begriff der strategischen Geschäftsfelder ... 131
   - 5.2 Segmentberichterstattung als Instrument der strategischen Kontrolle ... 132
   - 5.3 Produktlebenszyklus-Planung und -Controlling ... 148
   - 5.4 Erfahrungskurven-Theorie ... 164
   - 5.5 Portfolio-Planung und -Controlling ... 172
6. Strategische Wahl und strategische Umsetzung ... 187
   - 6.1 Ableitung von Normstrategien nach *Porter* ... 187
   - 6.2 Strategien in gesättigten Märkten ... 199

7. Balanced Scorecard als integrierendes Instrument des strategischen Controllings — 211
    7.1 Zielstellung und Aufbau der Balanced Scorecard — 211
    7.2 Entwicklung der Balanced Scorecard — 213
        7.2.1 Ableitung von strategischen Zielen aus dem Unternehmensleitbild — 213
        7.2.2 Identifizierung der Zielverknüpfungen und Ursache-Wirkungs-Beziehungen — 216
        7.2.3 Darstellung und Operationalisierung der Analyseperspektiven — 220
        7.2.4 Definition von Messgrößen und Zielwerten — 224
        7.2.5 Maßnahmenplanung und Fortschrittskontrolle — 227
    7.3 Organisatorische Umsetzung der Balanced Scorecard — 229
    7.4 Balanced Scorecard und Risikomanagementsystem — 234
    7.5 Balanced Scorecard und „Value Reporting" — 237
8. Literaturhinweise — 240

## III. Jahresabschlussgestütztes Controlling — 249

1. Rechnungswesen als Datengrundlage des Controllings — 249
2. Controllingrelevante Tendenzen im externen Rechnungswesen — 255
    2.1 Übergang zu internationalen Rechnungslegungsgrundsätzen — 255
    2.2 „Basel II"-Problematik — 259
    2.3 Rating als Handlungsfeld des Controllings — 265
3. Jahresabschlussanalyse — 273
    3.1 Begriff und Bestandteile der Jahresabschlussanalyse — 273
    3.2 Gesetzliche Rahmenbedingungen der Jahresabschlussanalyse — 276
4. Jahresabschlusspolitik — 280
    4.1 Ziele und Maßnahmen der Jahresabschlusspolitik — 280
    4.2 Dotierung stiller Rücklagen als Ziel der Jahresabschlusspolitik — 283
    4.3 Theorie der Normbilanzierung — 288
5. Analyse des Anhangs und Erstellung der Strukturbilanz als Grundlage des jahresabschlussgestützten Controllings — 293
    5.1 Analyse der Angaben im Anhang — 293
    5.2 Erstellung der Strukturbilanz — 298
6. Kennzahlen und Kennzahlensysteme als Controllinginstrumente — 301
7. Kennzahlengestützte Analyse der Vermögens-, Finanz- und Erfolgslage — 309
    7.1 Analyse der Vermögenslage — 310
        7.1.1 Analyse der Vermögensstruktur — 311
        7.1.2 Analyse des Vermögensumschlags — 314
        7.1.3 Analyse der Investitions- und Wachstumspolitik — 316

|  |  |  |  | |
|---|---|---|---|---:|
| | 7.2 | Analyse der Finanzlage | | 322 |
| | | 7.2.1 | Begriff der Finanzlage | 322 |
| | | 7.2.2 | Ermittlung des wirtschaftlichen Eigenkapitals | 325 |
| | | 7.2.3 | Analyse der vertikalen Kapitalstruktur | 326 |
| | | 7.2.4 | Analyse der horizontalen Kapitalstruktur | 334 |
| | | 7.2.5 | Analyse der (statischen) Liquidität | 336 |
| | 7.3 | Analyse der Erfolgslage | | 340 |
| | | 7.3.1 | Analyse der Rentabilitäten (einschließlich ROI-Kennzahlensystem) | 341 |
| | | 7.3.2 | Erfolgsspaltung (Analyse der Erfolgsquellen) | 347 |
| | | 7.3.3 | Analyse des ordentlichen Betriebserfolgs (Ertrags-Aufwands-Analyse) | 354 |
| | | 7.3.4 | Analyse der Angaben im Lagebericht sowie der Segmentberichterstattung | 360 |
| | 7.4 | Integrierende Gesamtwürdigung der wirtschaftlichen Lage | | 368 |
| 8. | Jahresabschlussplanung | | | 379 |
| 9. | Literaturhinweise | | | 386 |

## IV. Kosten- und Leistungscontrolling     393

|  |  |  |  | |
|---|---|---|---|---:|
| 1. | Erkenntnisziele des Kosten- und Leistungscontrollings | | | 393 |
| 2. | Controllingrelevante Defizite der traditionellen Kostenrechnungssysteme | | | 396 |
| 3. | Controlling mittels Verfahren der Deckungsbeitragsrechnung | | | 404 |
| | 3.1 | Systeme der Deckungsbeitragsrechnung | | 404 |
| | 3.2 | Einstufige Deckungsbeitragsrechnung | | 407 |
| | | 3.2.1 | Grundmodell | 407 |
| | | 3.2.2 | Produkt- und Sortimentscontrolling | 410 |
| | | 3.2.3 | Auslastungscontrolling (Break-even-Analyse, Sensitivitätsanalyse) | 423 |
| | | 3.2.4 | Investitionscontrolling (Kritische Werte-Methode, statische Investitionsrechnung) | 429 |
| | 3.3 | Mehrstufige Deckungsbeitragsrechnung | | 433 |
| | | 3.3.1 | Controlling betrieblicher Teilbereiche | 433 |
| | | 3.3.2 | Wertorientierte Unternehmensführung auf Basis von Segmenten | 439 |
| | 3.4 | Gestaltungsoptionen des Fixkostenmanagements | | 443 |
| 4. | Controlling des Leistungsdesigns | | | 446 |
| | 4.1 | Wertanalyse | | 446 |
| | | 4.1.1 | Ziele und Grundprinzipien der Wertanalyse | 446 |
| | | 4.1.2 | Ablaufschritte der Wertanalyse | 448 |
| | | 4.1.3 | Notwendige Rahmenbedingungen und kritische Würdigung | 463 |
| | | 4.1.4 | Abgrenzung der Wertanalyse zur Overhead Value-Analyse (OVA) | 464 |

| | | | |
|---|---|---|---|
| 4.2 | Zielkostenrechnung | | 465 |
| | 4.2.1 | Ziele und Grundprinzipien der Zielkostenrechnung | 465 |
| | 4.2.2 | Ablaufschritte der Zielkostenrechnung | 467 |
| | 4.2.3 | Konsequenzen und weitergehende Analyseinstrumente | 475 |
| 5. Controlling des Leistungserstellungsprozesses | | | 477 |
| 5.1 | Zero-Based Budgeting (ZBB) | | 477 |
| | 5.1.1 | Budgetierung und Budgetierungsprozess | 477 |
| | 5.1.2 | Ablaufschritte des ZBB | 479 |
| | 5.1.3 | Notwendige Rahmenbedingungen und kritische Würdigung | 487 |
| 5.2 | Prozesskostenrechnung | | 491 |
| | 5.2.1 | Ziele und Grundprinzipien der Prozesskostenrechnung | 491 |
| | 5.2.2 | Ablaufschritte der Prozesskostenrechnung | 497 |
| | 5.2.3 | Top-down- versus Bottom-up-Verfahren der Prozesskostenrechnung | 504 |
| | 5.2.4 | Abgrenzung der Prozesskostenrechnung zu herkömmlichen Kostenrechnungsverfahren | 521 |
| | 5.2.5 | Konsequenzen der Prozesskostenrechnung | 527 |
| 6. Literaturhinweise | | | 532 |

## V. Zahlungsstromorientiertes Controlling — 539

| | | | |
|---|---|---|---|
| 1. Erkenntnisziele des zahlungsstromorientierten Controllings | | | 539 |
| 2. Investitionscontrolling | | | 542 |
| 2.1 | Investitionsbegriff | | 542 |
| 2.2 | Überblick über die Verfahren der Investitionsrechnung | | 545 |
| 2.3 | Zahlungsstromorientierte (dynamische) Verfahren der Investitionsrechnung | | 548 |
| | 2.3.1 | Kapitalwertmethode und verwandte Methoden | 548 |
| | 2.3.2 | Annuitätenmethode und verwandte Methoden | 555 |
| | 2.3.3 | Interne Zinsfuß-Methode | 556 |
| | 2.3.4 | *Baldwin*-Zinsfuß-Methode | 559 |
| 2.4 | Risikoorientierte Verfahren der Investitionsrechnung | | 561 |
| | 2.4.1 | Begriff der Unsicherheit und Praktikerregeln für deren Berücksichtigung | 561 |
| | 2.4.2 | Sensitivitätsanalyse | 561 |
| | 2.4.3 | Risikoanalyse nach *Hertz* | 565 |
| 2.5 | Von der Investitionsrechnung zum Investitionscontrolling | | 570 |
| 3. Kurzfristige Finanz- und Liquiditätsplanung | | | 576 |
| 3.1 | Aufgaben, Formen und Ziele der kurzfristigen Finanz- und Liquiditätsplanung | | 576 |

| | | | |
|---|---|---|---|
| 3.2 | Ermittlung des Kapitalbedarfs | | 576 |
| | 3.2.1 | Einflussgrößen des Kapitalbedarfs | 576 |
| | 3.2.2 | Ermittlung des Kapitalbedarfs für das Anlagevermögen | 577 |
| | | 3.2.2.1 Investitionsbudgetierung | 577 |
| | | 3.2.2.2 Finanzierung durch Abschreibungen | 580 |
| | | 3.2.2.3 Finanzierung der Substanzerhaltung | 584 |
| | 3.2.3 | Ermittlung des Kapitalbedarfs für das Umlaufvermögen | 588 |
| 3.3 | Kurzfristiger Finanzplan | | 590 |
| | 3.3.1 | Aufstellung und Analyse des kurzfristigen Finanzplans | 590 |
| | 3.3.2 | Bedeutung des Finanzplans für die Insolvenzprävention | 601 |
| 3.4 | Von der Finanzplanung zum Finanzmanagement | | 605 |

| | | |
|---|---|---|
| 4. | Cashflow-Begriff und Cashflow-Kennzahlen | 612 |
| 4.1 | Cashflow-Begriff | 612 |
| 4.2 | Cashflow-Kennzahlen | 617 |
| 5. | Bewegungsbilanz und Kapitalflussrechnung | 621 |
| 5.1 | Bewegungsbilanz | 621 |
| 5.2 | Kapitalflussrechnung | 626 |
| | 5.2.1 Rechtsgrundlagen | 626 |
| | 5.2.2 Erkenntnisziele und Analysemöglichkeiten | 633 |
| | 5.2.3 Erstellung der Kapitalflussrechnung | 637 |
| | 5.2.4 Interpretation der Kapitalflussrechnung | 644 |
| 6. | Literaturhinweise | 650 |

## VI. Schnittstellen des Controllings 659

| | | | |
|---|---|---|---|
| 1. | Controlling als Element ordnungsmäßiger Geschäftsführung | | 659 |
| 2. | Corporate Governance | | 669 |
| | 2.1 | Corporate Governance-Begriff | 669 |
| | 2.2 | Deutscher Corporate Governance Kodex (DCGK) | 670 |
| | | 2.2.1 Zielsetzung und Aufbau | 670 |
| | | 2.2.2 Richtlinien ordnungsmäßigen Vorstandshandelns | 674 |
| | | 2.2.3 Akzeptanz und Weiterentwicklung | 685 |
| | 2.3 | Ergänzende wissenschaftliche Konstrukte und Kodizes | 690 |
| | | 2.3.1 Grundsätze ordnungsmäßiger Unternehmensleitung (GoU) | 690 |
| | | 2.3.2 German Code of Corporate Governance | 693 |
| | | 2.3.3 DVFA-Scorecard for German Corporate Governance | 704 |
| 3. | Compliance | | 707 |
| | 3.1 | Begriff und Zielsetzung | 707 |
| | 3.2 | Anti fraud-Management | 709 |
| | 3.3 | Compliance Management-System | 719 |
| 4. | Risikomanagementsystem | | 736 |
| | 4.1 | Gesetzliche Grundlagen | 736 |
| | 4.2 | Risikobegriff | 737 |

| | | | | |
|---|---|---|---|---|
| | 4.3 | Aufbauorganisation des Risikomanagementsystems | | 739 |
| | | 4.3.1 Grundlagen | | 739 |
| | | 4.3.2 Frühwarnsystem | | 740 |
| | | | 4.3.2.1 Begriffsbestimmung | 740 |
| | | | 4.3.2.2 Festlegung der Beobachtungsbereiche | 744 |
| | | | 4.3.2.3 Bestimmung der Frühwarnindikatoren | 747 |
| | | | 4.3.2.4 Festlegung der Sollwerte und Toleranzgrenzen je Frühwarnindikator | 749 |
| | | | 4.3.2.5 Festlegung der Informationsverarbeitung | 750 |
| | | 4.3.3 Internes Überwachungssystem | | 752 |
| | | | 4.3.3.1 Begriffsbestimmung | 752 |
| | | | 4.3.3.2 Kontrollumfeld und Kontrollbewusstsein als Grundlage | 753 |
| | | | 4.3.3.3 Prozessabhängiges Überwachungssystem | 754 |
| | | | 4.3.3.4 Prozessunabhängiges Überwachungssystem (Interne Revision) | 758 |
| | 4.4 | Ablauforganisation des Risikomanagementsystems | | 762 |
| | | 4.4.1 Grundlagen | | 762 |
| | | 4.4.2 Risikoidentifikation | | 764 |
| | | 4.4.3 Risikobewertung | | 769 |
| | | 4.4.4 Risikosteuerung (Risikobewältigung) | | 775 |
| | | 4.4.5 Risikoreporting, -dokumentation und -kontrolle | | 781 |
| | 4.5 | Risikomanagementsystem und Abschlussprüfung | | 790 |
| | | 4.5.1 Prüfungsnormen für das Risikomanagementsystem | | 790 |
| | | 4.5.2 Risikoorientierter Prüfungsansatz als Grundlage der Prüfungstätigkeit | | 793 |
| 5. | Wertorientierte Unternehmensführung (Shareholder Value Management) | | | 803 |
| | 5.1 | Begriff und Zielstellung der wertorientierten Unternehmensführung | | 803 |
| | 5.2 | Konzepte der wertorientierten Unternehmensführung | | 806 |
| | | 5.2.1 Grundprinzipien | | 806 |
| | | 5.2.2 Discounted Cashflow (DCF) | | 807 |
| | | | 5.2.2.1 WACC-Ansatz | 810 |
| | | | 5.2.2.2 APV-Ansatz | 814 |
| | | | 5.2.2.3 Nettoverfahren (Equity-Ansatz) | 816 |
| | | 5.2.3 Cashflow Return on Investment (CFROI) | | 818 |
| | | 5.2.4 Economic Value Added (EVA) | | 823 |
| | | 5.2.5 Zusammenfassende Würdigung der Konzepte | | 829 |
| 6. | Literaturhinweise | | | 831 |

**Stichwortverzeichnis**     **847**

# ABBILDUNGSVERZEICHNIS

| | | |
|---|---|---|
| ABB. 1: | Dimensionen des Controllings | 2 |
| ABB. 2: | Teilaufgaben des Controllings („Aktivitäten-Viereck") | 3 |
| ABB. 3: | Controllingfunktionen | 4 |
| ABB. 4: | Prozessfolge der Planung | 5 |
| ABB. 5: | Zielkonzeption der Unternehmung | 6 |
| ABB. 6: | Von der Funktional- zur Spartenorganisation | 9 |
| ABB. 7: | Kernbereiche und Spezialisierungsrichtungen des Controllings | 11 |
| ABB. 8: | Unterscheidung zwischen Management und Controlling | 12 |
| ABB. 9: | Realisierungsphasen des Controllings | 14 |
| ABB. 10: | Anforderungsprofil des Controllers | 15 |
| ABB. 11: | Abgrenzung von Controlling, Interner Revision und Treasurer | 17 |
| ABB. 12: | System des Controllings | 18 |
| ABB. 13: | Controlling als Subsystem des Risikomanagementsystems | 19 |
| ABB. 14: | Abgrenzung zwischen strategischem und operativem Controlling | 21 |
| ABB. 15: | Inhalte der strategischen und operativen Controllingebene | 22 |
| ABB. 16: | Ablaufschema von Planung und Controlling | 23 |
| ABB. 17: | Controllingsystem als Koordination zwischen Informationsversorgung und Informationsverwendung | 24 |
| ABB. 18: | Organisation des Controllings | 25 |
| ABB. 19: | Unterschiedliche Stab-Linien-Organisationen | 26 |
| ABB. 20: | Planungsorganisation | 27 |
| ABB. 21: | Planungs- und Controllingprozess im Gegenstromverfahren | 28 |
| ABB. 22: | Evolutionsphasen des Controllings | 29 |
| ABB. 23: | Umfeld der strategischen Planung (PEST-Analyse) | 34 |
| ABB. 24: | Evolution der strategischen Planung | 35 |
| ABB. 25: | Praktisch bedeutende Elemente eines Unternehmensleitbilds | 36 |
| ABB. 26: | 7-S-Modell nach *Peters* und *Waterman* | 38 |
| ABB. 27: | Funktionsanalyse und Quantifizierung eines Unternehmensleitbilds | 39 |
| ABB. 28: | Adressaten des Unternehmensleitbilds | 40 |
| ABB. 29: | Stakeholder-Ziele und deren Operationalisierung | 41 |
| ABB. 30: | Vision und Werte der Heidelberger Druckmaschinen AG | 42 |
| ABB. 31: | Mission Statement des SRH Konzerns | 43 |
| ABB. 32: | Operationalisierung eines Leitbilds durch das Controlling | 44 |
| ABB. 33: | Bestandteile eines Unternehmensleitbilds | 46 |
| ABB. 34: | Nachhaltigkeitskennzahlen der Sartorius AG | 54 |

| | | |
|---|---|---|
| ABB. 35: | Ablauf und Schnittstellen der strategischen Planung | 56 |
| ABB. 36: | Gegenstände der strategischen Planung | 58 |
| ABB. 37: | Strategische Zielbildung und deren Kontrolle am Beispiel | 59 |
| ABB. 38: | Szenario-Trichtermodell | 61 |
| ABB. 39: | Ablaufschritte der Szenario-Analyse | 62 |
| ABB. 40: | Praktische Durchführung der Szenario-Analyse | 63 |
| ABB. 41: | Beobachtungsbereiche der Szenario-Analyse | 64 |
| ABB. 42: | Checkliste zur Störfall-Analyse | 67 |
| ABB. 43: | Value-at-Risk-Methode | 69 |
| ABB. 44: | Vorgehensweise der Nutzwertanalyse | 72 |
| ABB. 45: | Beobachtungsbereiche der PEST-Analyse | 73 |
| ABB. 46: | Branchenspezifische PEST-Analyse am Beispiel der Krankenhäuser | 75 |
| ABB. 47: | BERI-Index (Ausschnitt „Operations Risk Index") | 76 |
| ABB. 48: | Szenario-Analyse am Beispiel der Krankenhäuser | 77 |
| ABB. 49: | Beispiel einer PEST-Analyse | 79 |
| ABB. 50: | Bestandteile der Wettbewerbsanalyse | 81 |
| ABB. 51: | Faktoren der Wettbewerbsintensität nach *Porter* („five forces-Modell") | 82 |
| ABB. 52: | Quantifizierung der Einflussgrößen der Wettbewerbsintensität | 83 |
| ABB. 53: | Typen und Indikatoren für Markteintrittsbarrieren | 84 |
| ABB. 54: | Beispiel für die Identifizierung strategischer Gruppen | 88 |
| ABB. 55: | Prozessschritte der Analyse der strategisch wichtigen Rahmenbedingungen | 90 |
| ABB. 56: | Beobachtungsbereiche der SWOT-Analyse | 91 |
| ABB. 57: | Wertkette nach *Porter* | 93 |
| ABB. 58: | Wertpyramide (Wertkette in Top-down-Richtung) | 95 |
| ABB. 59: | Checkliste zur Stärken-Schwächen-Analyse | 96 |
| ABB. 60: | SWOT-Analyse für die kritische Ressource „Personal" | 99 |
| ABB. 61: | „Erfolgskreislauf Personal" | 100 |
| ABB. 62: | SWOT-Analyse für den kritischen Funktionsbereich „Forschung" | 102 |
| ABB. 63: | Beispiel einer SWOT-Analyse mit Stärken-Schwächen-Profil | 105 |
| ABB. 64: | SWOT-Interaktionsmatrix (Grundstruktur) | 107 |
| ABB. 65: | Kennzeichnung wichtiger strategischer Themenstränge in der SWOT-Interaktionsmatrix | 108 |
| ABB. 66: | SWOT-Interaktionsmatrix (Fallbeispiel) | 109 |
| ABB. 67: | Gap-Analyse (Grundmodell) | 112 |
| ABB. 68: | Gap-Analyse (erweitertes Modell unter Berücksichtigung von Korrektureingriffen) | 112 |
| ABB. 69: | Produkt-Markt-Portfolio nach *Ansoff* („*Ansoff*-Matrix") | 113 |
| ABB. 70: | Durchführung der Planung von Wachstumsstrategien | 114 |
| ABB. 71: | „Internationaler Produktlebenszyklus" nach Vernon | 115 |

| | | |
|---|---|---|
| ABB. 72: | Beispiele für Wettbewerbsstrategien entsprechend der *Ansoff*-Typologie | 117 |
| ABB. 73: | Risiken der qualitätsbezogenen Marktdurchdringungsstrategie | 118 |
| ABB. 74: | Risiken der Diversifikationsstrategie | 119 |
| ABB. 75: | Markt-Kompetenz-Matrix | 125 |
| ABB. 76: | Mögliche Strategien zum Aufbau von Kernkompetenzen | 126 |
| ABB. 77: | Schema des Metamorphosemodells nach *Greiner* | 128 |
| ABB. 78: | Merkmale der Wachstumsphasen im Metamorphosemodell nach Greiner | 129 |
| ABB. 79: | Ein-Linien-System versus Mehr-Linien-System | 130 |
| ABB. 80: | Grundlagen der Bildung strategischer Geschäftsfelder | 131 |
| ABB. 81: | Segmentierung am Beispiel der Metro Group | 133 |
| ABB. 82: | Bestimmung der nach DRS 3 anzugebenden Segmente | 134 |
| ABB. 83: | Entwicklung der Pro-forma-Kennzahlen und Interpretation der Korrekturen beim EBITDA | 136 |
| ABB. 84: | Berechnung von Pro-forma-Kennzahlen am Beispiel der TUI AG | 137 |
| ABB. 85: | Segmentberichterstattung am Beispiel der Bremer Lagerhaus Gesellschaft (BLG) AG und der Fresenius AG | 138 |
| ABB. 86: | Segmentkennzahlen | 140 |
| ABB. 87: | Interpretation von Kennzahlenkonstellationen im Rahmen der Konzentrationsanalyse | 142 |
| ABB. 88: | Interpretation der Segmentberichterstattung am Beispiel der Bremer Lagerhaus Gesellschaft (BLG) AG | 142 |
| ABB. 89: | Interpretation der Segmentberichterstattung am Beispiel der Fresenius AG | 144 |
| ABB. 90: | Zusammenhang zwischen der Segmentberichterstattung und der Portfolio-Analyse | 148 |
| ABB. 91: | Integriertes Produktlebenszyklus-Konzept | 149 |
| ABB. 92: | Kriterien zur Abgrenzung der einzelnen Phasen des Produktlebenszyklus | 150 |
| ABB. 93: | Strategische Ansatzpunkte für die einzelnen Phasen des Produktlebenszyklus | 151 |
| ABB. 94: | Produktlebenszyklus und Sättigungsverlauf | 153 |
| ABB. 95: | „Todsünden" der Produktlebenszyklus-Planung | 154 |
| ABB. 96: | Kriterien für die Aktivierung von Entwicklungsaufwendungen und deren Interpretation | 155 |
| ABB. 97: | Erweitertes Produktlebenszyklus-Konzept | 156 |
| ABB. 98: | Kosten und Erlöse im Entstehungs-, Markt- und Nachsorgezyklus | 158 |
| ABB. 99: | Beispiel einer Produktlebenszyklus-Kostenrechnung | 159 |
| ABB. 100: | Durchführung von Sensitivitätsanalysen mittels der Produktlebenszyklus-Kostenrechnung | 160 |
| ABB. 101: | Dynamisierung der Produktlebenszyklus-Kostenrechnung | 162 |
| ABB. 102: | Unterschiedliche Erfahrungskurvenverläufe | 165 |
| ABB. 103: | Bedeutung des Erfahrungskurveneffekts für die Wahl der Preisstrategie | 167 |

| | | |
|---|---|---|
| ABB. 104: | „Das Lied des Pioniers" | 168 |
| ABB. 105: | Rahmenbedingungen für die Vorteilhaftigkeit von Führer-Folger-Strategien und deren Operationalisierung durch das Controlling | 169 |
| ABB. 106: | Technologische S-Kurve nach *Foster* | 171 |
| ABB. 107: | Marktwachstums-Marktanteils-Portfolio | 173 |
| ABB. 108: | Zusammenhang zwischen Portfolio-, Produktlebenszyklus- und Erfahrungskurven-Theorie | 174 |
| ABB. 109: | Checkliste zur Operationalisierung der Portfoliodimensionen Marktattraktivität und Wettbewerbsstärke | 175 |
| ABB. 110: | Praxisschritte zur Erstellung einer Portfolio-Analyse | 176 |
| ABB. 111: | Operationalisierung der Portfolio-Dimensionen (Beispiel) | 177 |
| ABB. 112: | Scoring-Modell zur Konstruktion eines Portfolios (Beispiel) | 178 |
| ABB. 113: | Einordnung der Geschäftseinheit in das Portfolio (Beispiel) | 179 |
| ABB. 114: | Kennzeichen und Normstrategien der Portfolio-Analyse | 181 |
| ABB. 115: | Strategische Implikationen der Portfolio-Analyse | 182 |
| ABB. 116: | Portfolio-Analyse, betriebliches Zielsystem und Beratungsansätze | 184 |
| ABB. 117: | Ableitung von Normstrategien aus der Portfolio-Analyse | 186 |
| ABB. 118: | Normstrategien (strategische Grundkonzeptionen) nach *Porter* | 188 |
| ABB. 119: | Doppelt geknickte Preis-Absatz-Funktion nach *Gutenberg* | 191 |
| ABB. 120: | Übersicht über Ziele und Implementierungsmöglichkeiten der Normstrategien | 193 |
| ABB. 121: | U-Kurve nach *Porter* | 195 |
| ABB. 122: | Risiken der Kostenführerstrategie und deren Operationalisierung | 196 |
| ABB. 123: | Risiken der Qualitätsführerstrategie und deren Operationalisierung | 197 |
| ABB. 124: | Stufen („Arenen") des Hyperwettbewerbs nach *D'Aveni* | 198 |
| ABB. 125: | Indikatoren der Sättigungsphase eines Marktes | 199 |
| ABB. 126: | Unterschiedliche Marktwachstumsverläufe bei Sättigung | 200 |
| ABB. 127: | Die Bedeutung der Ein- und Austrittsbarrieren für die Gewinnperspektiven eines Markts | 200 |
| ABB. 128: | Determinanten für die Bewertung der Branchenstruktur in der „Endphase" | 202 |
| ABB. 129: | Normstrategien in gesättigten Märkten | 203 |
| ABB. 130: | Charakterisierung der Normstrategien in gesättigten Märkten | 203 |
| ABB. 131: | Selektive Strategien in schrumpfenden Branchen | 205 |
| ABB. 132: | Portfolio-Matrix nach *Gelb* | 206 |
| ABB. 133: | Auswahl möglicher Teilstrategien bei Marktsättigung | 207 |
| ABB. 134: | Typisierung der Marktaustrittsstrategien nach *Harrigan* | 208 |
| ABB. 135: | Stufenplanung eines Marktaustritts | 209 |
| ABB. 136: | Balance der Balanced Scorecard | 213 |
| ABB. 137: | Grundaufbau der Balanced Scorecard | 214 |

| | | |
|---|---|---|
| ABB. 138: | Das „magische Viereck" der Balanced Scorecard | 215 |
| ABB. 139: | Balanced Scorecard und Perspektivziele der Heidelberger Druckmaschinen AG | 217 |
| ABB. 140: | Aufbau einer „strategy map" am Beispiel der Heidelberger Druckmaschinen AG | 219 |
| ABB. 141: | Kennzahlen zur Operationalisierung der Lern- und Wachstumsperspektive | 221 |
| ABB. 142: | Kennzahlen zur Operationalisierung der internen Prozessperspektive | 222 |
| ABB. 143: | Kennzahlen zur Operationalisierung der Kundenperspektive | 223 |
| ABB. 144: | Kennzahlen zur Operationalisierung der Finanzperspektive | 224 |
| ABB. 145: | Früh- und Spätindikatoren im Rahmen der Balanced Scorecard | 225 |
| ABB. 146: | Indikatoren für die Perspektivenziele der Heidelberger Druckmaschinen AG | 226 |
| ABB. 147: | Umsetzungs- und Kontrollprozess im Rahmen der Balanced Scorecard | 228 |
| ABB. 148: | Top-down-Prozess der Balanced Scorecard | 229 |
| ABB. 149: | Balanced Scorecard als strategisches Managementsystem | 230 |
| ABB. 150: | Phasen der konzeptionellen BSC-Implementierung | 232 |
| ABB. 151: | Reporting-Formular zur Zielerreichungskontrolle im BSC-Umsetzungsprozess | 235 |
| ABB. 152: | Ableitung von Risikokennzahlen im Rahmen der BSC | 236 |
| ABB. 153: | Aufstellung nicht-finanzieller Leistungsindikatoren | 237 |
| ABB. 154: | Mindestkatalog für die Berichterstattung über immaterielle Werte | 238 |
| ABB. 155: | Vorschlag eines Intellectual Property Statements | 239 |
| ABB. 156: | Externes und internes Rechnungswesen | 251 |
| ABB. 157: | Ebenen des betrieblichen Rechnungswesens | 252 |
| ABB. 158: | (Nicht-)Eignung der Finanzbuchhaltung zur Betriebssteuerung | 254 |
| ABB. 159: | Wesentliche Unterschiede zwischen HGB und IAS/IFRS | 257 |
| ABB. 160: | Bedeutende Ermessensspielräume der IAS/IFRS | 258 |
| ABB. 161: | Systematik des Basel II-Akkords | 261 |
| ABB. 162: | Risikogewichtungsfaktoren bei Anwendung des Standardverfahrens gem. Basel II | 262 |
| ABB. 163: | Risikogewichtungsfunktion beim IRB-Ansatz nach Basel II | 263 |
| ABB. 164: | Differenzierung der Kreditkonditionen nach Basel II | 264 |
| ABB. 165: | Krisenarten und deren Chronologie | 266 |
| ABB. 166: | Typische Entwicklung des ordentlichen Erfolgs vor Bekanntwerden der Krise | 267 |
| ABB. 167: | Ansatzpunkte zur Früherkennung von Bonitätsrisiken | 268 |
| ABB. 168: | Qualitative Rating-Kriterien | 269 |
| ABB. 169: | Größenabhängige Vorschriften zum Jahresabschluss | 275 |
| ABB. 170: | Klassifizierung der Jahresabschlussadressaten | 278 |
| ABB. 171: | Informationsquellen und Adressaten der Jahresabschlussanalyse | 279 |
| ABB. 172: | Instrumente der Jahresabschlusspolitik | 280 |
| ABB. 173: | Beispiele für Maßnahmen der Sachverhaltsgestaltung und Sachverhaltsabbildung | 283 |

| | | |
|---|---|---|
| ABB. 174: | Klassifizierung stiller Rücklagen | 284 |
| ABB. 175: | Grenzen der Kennzahlenrechnung | 286 |
| ABB. 176: | Konservative versus progressive Jahresabschlusspolitik | 289 |
| ABB. 177: | Bestandteile der Normbilanzierung | 291 |
| ABB. 178: | Schema zur Beurteilung der Jahresabschlusspolitik | 292 |
| ABB. 179: | Überblick über die Vorschriften zum Anhang (§§ 284 - 288 HGB) | 293 |
| ABB. 180: | Angaben im Anhang (nur rechtsformunabhängige Angaben) | 295 |
| ABB. 181: | Analytischer Grundaufbau der Bilanz (§ 266 HGB) | 298 |
| ABB. 182: | Strukturierung der Bilanz | 299 |
| ABB. 183: | Die vier Analyseobjekte der Strukturbilanz | 300 |
| ABB. 184: | Klassifizierung von Kennzahlen | 302 |
| ABB. 185: | Funktionen von Kennzahlen | 304 |
| ABB. 186: | ZVEI-Kennzahlensystem | 308 |
| ABB. 187: | Erkenntnisobjekte der kennzahlengestützten Jahresabschlussanalyse | 309 |
| ABB. 188: | Erkenntnisziele des jahresabschlussgestützten Controllings | 310 |
| ABB. 189: | Analyse der Vermögenslage | 311 |
| ABB. 190: | Vermögensintensitäten | 312 |
| ABB. 191: | Konzernbezogene Aktiva | 313 |
| ABB. 192: | Gliederung des Anlagespiegels nach § 268 Abs. 2 HGB | 317 |
| ABB. 193: | Aus dem Anlagespiegel abgeleitete Kennzahlen und deren Interpretation | 318 |
| ABB. 194: | Aufbau eines Anlagespiegels am Beispiel der Steigenberger Hotels AG | 320 |
| ABB. 195: | Kennzahlen zur Analyse der Vermögenslage (Zusammenfassung) | 321 |
| ABB. 196: | Methoden der Analyse der Finanzlage | 323 |
| ABB. 197: | Analyse der Finanzlage | 324 |
| ABB. 198: | Neuberechnung des Eigenkapitals in der Strukturbilanz | 326 |
| ABB. 199: | Aufbau eines Verbindlichkeitenspiegels | 328 |
| ABB. 200: | Aufbau eines Rückstellungsspiegels | 329 |
| ABB. 201: | Graphische Darstellung des Leverage-Effekts | 330 |
| ABB. 202: | Positiver Leverage-Effekt | 331 |
| ABB. 203: | Negativer Leverage-Effekt | 332 |
| ABB. 204: | Graphische Darstellung des optimalen Verschuldungsgrads nach Gutenberg | 333 |
| ABB. 205: | Fassungen der goldenen Bilanzregel | 335 |
| ABB. 206: | Begriff des working capitals und Maßnahmen des working capital-Management | 337 |
| ABB. 207: | Kennzahlen zur Analyse der Finanzlage (Zusammenfassung) | 339 |
| ABB. 208: | Analyse der Erfolgslage | 341 |
| ABB. 209: | Rentabilitätskennzahlen | 343 |
| ABB. 210: | Das *DuPont*-Kennzahlensystem | 345 |

| | | |
|---|---|---|
| ABB. 211: | Schema zur Entwicklung des Cashflows nach DVFA/SG | 346 |
| ABB. 212: | Konzeptueller Vergleich des Cashflows nach DVFA/SG mit Pro-forma-Kennzahlen | 347 |
| ABB. 213: | Analytischer Grundaufbau der Gewinn- und Verlustrechnung (§ 275 Abs. 2 HGB) | 348 |
| ABB. 214: | Unternehmenserfolg und Erfolgsstruktur | 349 |
| ABB. 215: | Bestandteile der Erfolgskomponenten | 350 |
| ABB. 216: | Krisenfrühwarnfunktion der Erfolgsspaltung | 353 |
| ABB. 217: | Kennzahlen der Erfolgsanalyse | 356 |
| ABB. 218: | Aufspaltung der Aufwandsarten nach § 275 Abs. 2 HGB | 357 |
| ABB. 219: | Kennzahlen zur Analyse der Erfolgslage (Zusammenfassung) | 358 |
| ABB. 220: | Inhalt des Lageberichts nach § 289 HGB | 361 |
| ABB. 221: | Wettbewerbspositionsbezogene Informationen im Lagebericht | 363 |
| ABB. 222: | Primärdaten zur Analyse der Vermögens-, Finanz- und Erfolgslage (Fallbeispiel) | 371 |
| ABB. 223: | Kennzahlenbildung zur Analyse der Vermögens-, Finanz- und Erfolgslage (Fallbeispiel) | 372 |
| ABB. 224: | Kennzahleninterpretation zur Analyse der Vermögens-, Finanz- und Erfolgslage (Fallbeispiel) | 376 |
| ABB. 225: | Stellung der Planbilanz im betrieblichen Planungssystem | 381 |
| ABB. 226: | Ausgangsbilanz zur Planbilanz | 382 |
| ABB. 227: | Planbilanz (Alternative 1) | 383 |
| ABB. 228: | Planbilanz (Alternative 2) | 385 |
| ABB. 229: | Das System der Kostenrechnung | 395 |
| ABB. 230: | Schematischer Aufbau des Betriebsabrechnungsbogens | 397 |
| ABB. 231: | Ablaufschritte der Betriebsabrechnung | 398 |
| ABB. 232: | Kalkulationsschema zur Ermittlung der Herstell- bzw. Selbstkosten | 399 |
| ABB. 233: | Systeme und Instrumente des Kosten- und Leistungscontrollings | 402 |
| ABB. 234: | Nutzkosten und Leerkosten | 406 |
| ABB. 235: | Verfahrensvergleich Vollkostenrechnung versus Teilkostenrechnung | 408 |
| ABB. 236: | Begriffliche Abgrenzung von variablen und fixen Kosten | 410 |
| ABB. 237: | Strukturierung einer Vertragsdatenbank für Zwecke der mehrstufigen Deckungsbeitragsrechnung | 410 |
| ABB. 238: | Vertragsdatenbanken als Grundlage des Fixkostencontrollings | 411 |
| ABB. 239: | Datenquellen für die Kostenauflösung | 412 |
| ABB. 240: | Das Fixkostenabbaubarkeitsprofil | 413 |
| ABB. 241: | Kostenträgerblatt als Ergebnis der Kostenauflösung | 413 |
| ABB. 242: | Erkenntnisobjekte des Sortimentscontrollings | 419 |
| ABB. 243: | ABC-Analyse als Ergebnis der Deckungsbeitragsrechnung | 421 |

| | | |
|---|---|---|
| ABB. 244: | Break-even-Analyse (Grundmodell) | 423 |
| ABB. 245: | Break-even-Analyse und „operating leverage" | 425 |
| ABB. 246: | Break-even-Baum | 427 |
| ABB. 247: | Methode der kritischen Werte nach *Kilger* | 430 |
| ABB. 248: | Hierarchische Aufspaltung des Fixkostenblocks | 435 |
| ABB. 249: | Strategien des Fixkostenmanagements | 443 |
| ABB. 250: | Aufgaben und Instrumente des Fixkostencontrollings | 444 |
| ABB. 251: | Beispiel eines unternehmensspezifischen Aktionsplans | 446 |
| ABB. 252: | Ablaufplan der Wertanalyse nach DIN 69.910 | 449 |
| ABB. 253: | Funktionsanalyse eines Produkts (Mobiltelefon) | 450 |
| ABB. 254: | Das *Kano*-Modell der Kundenanforderungen | 452 |
| ABB. 255: | Methoden zur Erhebung von Kundenanforderungen | 452 |
| ABB. 256: | Formblatt zur Strukturierung von Leistungen bei der Wertanalyse | 453 |
| ABB. 257: | Formblatt zur Strukturierung und Bewertung von Rationalisierungsideen bei der Wertanalyse | 455 |
| ABB. 258: | Nutzen-Kosten-Vergleich in Form einer ABC-Analyse | 456 |
| ABB. 259: | Mögliche Erzeugniskostensenkung und Änderungskosten mit fortschreitender Lebensdauer der Produkte | 457 |
| ABB. 260: | Auflistung potenzieller Kundenanforderungen (Beispiel) | 458 |
| ABB. 261: | Kundenbefragung als Ausgangspunkt der Wertanalyse (Beispiel) | 459 |
| ABB. 262: | Produktdesign als Ergebnis gewichteter Kundenanforderungen | 462 |
| ABB. 263: | Methoden-Mix beim Target Costing | 465 |
| ABB. 264: | Alternative Verfahren zur Ermittlung der Zielkosten | 466 |
| ABB. 265: | Ablaufschritte der Zielkostenrechnung | 468 |
| ABB. 266: | Zielkostenkontrolle mittels Zielkostenindizes | 473 |
| ABB. 267: | Beispiel eines „cost tables" für ein Taschenlampengehäuse | 475 |
| ABB. 268: | Ansätze zur Unterstützung der Zielkostenrechnung | 476 |
| ABB. 269: | Prozess der Budgetierung nach dem Gegenstromverfahren mit Top-down-Eröffnung | 478 |
| ABB. 270: | Ablaufschritte eines ZBB-Projekts | 480 |
| ABB. 271: | Typische operative und Gemeinkosten-(ZBB-)Funktionen eines Unternehmens | 481 |
| ABB. 272: | Definition von Leistungsniveaus (Beispiele) | 483 |
| ABB. 273: | Abteilungsweise Erarbeitung von Entscheidungspaketen (Beispiel) | 483 |
| ABB. 274: | Formblatt zur Alternativendarstellung und -bewertung beim Zero Based Budgeting | 484 |
| ABB. 275: | Verfahren der Budgetierung und Budgetschnitt (Beispiel) | 486 |
| ABB. 276: | Ergebnis einer Funktionsanalyse (Beispiel) | 487 |
| ABB. 277: | Zeitplan eines ZBB-Projekts | 489 |
| ABB. 278: | Veränderte Kostenstrukturen in der betrieblichen Wertschöpfung | 492 |

| | | |
|---|---|---:|
| ABB. 279: | Kostenzusammensetzung und Schwerpunkte der traditionellen Kostenrechnungssysteme | 493 |
| ABB. 280: | Methodenvergleich von Zuschlagskalkulation und prozessorientierter Kalkulation | 494 |
| ABB. 281: | Analyse von Kostenblöcken in alternativen Kostenrechnungssystemen | 495 |
| ABB. 282: | Betriebliche Einsatzfelder der Prozesskostenrechnung | 496 |
| ABB. 283: | Ablaufschritte der Prozesskostenrechnung | 498 |
| ABB. 284: | Beispiel eines Ablaufplans | 499 |
| ABB. 285: | Verdichtung von kostenstellenbezogenen Aktivitäten zu kostenstellenübergreifenden Prozessen | 500 |
| ABB. 286: | Bildung eines Hauptprozesses „Material beschaffen" | 501 |
| ABB. 287: | Bildung von Kostentreibern (Bezugsgrößen) für Hauptprozesse | 502 |
| ABB. 288: | Zusammenfassende Darstellung der Begrifflichkeiten der Prozesskostenrechnung | 503 |
| ABB. 289: | Verfahrensschritte des Top-down- und des Bottom-up-Ansatzes | 505 |
| ABB. 290: | Beispiel einer prozessgegliederten Kostenübersicht | 506 |
| ABB. 291: | Beispiel für eine Prozesskostenkalkulation indirekter Bereiche | 509 |
| ABB. 292: | Effekte der Prozesskostenrechnung | 518 |
| ABB. 293: | Gestaltungselemente und Erfolgsfaktoren des process reengineering | 528 |
| ABB. 294: | Übergang von der Funktionalorganisation zur Prozessorganisation | 530 |
| ABB. 295: | Einbettung des Finanzplans in das gesamtbetriebliche Planungssystem | 541 |
| ABB. 296: | Finanzierungsprobleme als Symptom und Ursache der Unternehmenskrise | 542 |
| ABB. 297: | Differenzierung des Investitionsbegriffs | 543 |
| ABB. 298: | Phasen des Investitionsentscheidungsprozesses | 544 |
| ABB. 299: | Unterscheidung zwischen Investitionsrechnung sowie Kosten- und Leistungsrechnung | 545 |
| ABB. 300: | Verfahren der Investitionsrechnung | 547 |
| ABB. 301: | Relevante Dateninputs für statische und dynamische Investitionsrechenverfahren | 548 |
| ABB. 302: | Kapitalwertstrukturkurve | 553 |
| ABB. 303: | Existenz von internen Zinsfüßen | 557 |
| ABB. 304: | Abschlagsverfahren | 561 |
| ABB. 305: | Verfahrensschritte der Sensitivitätsanalyse | 562 |
| ABB. 306: | Darstellung der Cashflow-Einflussfaktoren als Cashflow-Baum | 563 |
| ABB. 307: | Graphische Darstellung der Sensitivitätsanalyse („*Hoechster* Spinne") | 565 |
| ABB. 308: | Verfahrensschritte der Risikoanalyse | 566 |
| ABB. 309: | Graphische Darstellung der Risikoanalyse | 567 |
| ABB. 310: | Vergleich von zwei Investitionsalternativen mittels der Risikoanalyse | 569 |
| ABB. 311: | Aufgaben und Aktivitäten des Investitionscontrollings | 571 |

| | | |
|---|---|---|
| ABB. 312: | Checkliste für das Investitionscontrolling | 573 |
| ABB. 313: | Formblatt zum Investitionscontrolling | 574 |
| ABB. 314: | Formen der Finanzplanung | 576 |
| ABB. 315: | Ermittlung des Kapitalbedarfs für das Anlagevermögen mittels Investitions- und Kapitalbudgetierung nach *Dean* | 578 |
| ABB. 316: | Berechnung des durchschnittlich gebundenen Kapitals | 582 |
| ABB. 317: | Kapazitätserweiterungseffekt | 583 |
| ABB. 318: | Kapitalfreisetzungseffekt | 584 |
| ABB. 319: | Kapital- und Substanzerhaltungskonzeptionen | 585 |
| ABB. 320: | Konzeption der Nettosubstanzerhaltung nach IDW-HFA 2/1975 | 587 |
| ABB. 321: | Nebenrechnung zur Ermittlung des zur Substanzerhaltung notwendigen Betrags nach IDW-HFA 2/1975 | 587 |
| ABB. 322: | Herleitung der optimalen Bestellmenge | 589 |
| ABB. 323: | Verfahrensablauf der rollierenden Planung | 590 |
| ABB. 324: | Grundstruktur eines kurzfristigen Finanzplans | 592 |
| ABB. 325: | Unterscheidung von vorübergehenden und strukturellen Fehlbeträgen | 595 |
| ABB. 326: | Maßnahmen des Finanzmanagements zur Beseitigung finanzieller Fehlbeträge | 596 |
| ABB. 327: | Zahlenbeispiel eines kurzfristigen Finanzplans | 597 |
| ABB. 328: | Komponenten des Finanzplans nach IDW PS 800 n. F. | 603 |
| ABB. 329: | Maßnahmenplanung bei drohender Zahlungsunfähigkeit | 604 |
| ABB. 330: | Neuere Ansätze des Finanzmanagements | 607 |
| ABB. 331: | Der „Cash Conversion Cycle" | 608 |
| ABB. 332: | Darstellung einer ABS-Konstruktion | 610 |
| ABB. 333: | Vom Jahresüberschuss zum Cashflow | 613 |
| ABB. 334: | Entwicklung des Cashflows aus dem Jahresüberschuss | 613 |
| ABB. 335: | Definition des Cashflows nach DVFA/SG sowie nach DRS 21 | 615 |
| ABB. 336: | Komponenten des Cashflows aus laufender Geschäftstätigkeit | 616 |
| ABB. 337: | Cashflow als Controlling-Kennzahl | 617 |
| ABB. 338: | Cashflow-Kennzahlen | 618 |
| ABB. 339: | Statische versus dynamische Finanzkennzahlen | 619 |
| ABB. 340: | Grundstruktur der Bewegungsbilanz | 621 |
| ABB. 341: | Aufbau der Bewegungsbilanz | 622 |
| ABB. 342: | Beispiel einer Bewegungsbilanz | 623 |
| ABB. 343: | Zuordnung von Einzelpositionen zu Teil-Cashflows nach DRS 2 bzw. DRS 21 | 629 |
| ABB. 344: | Kapitalflussrechnung nach DRS 21 (Direkte Methode) | 630 |
| ABB. 345: | Kapitalflussrechnung nach DRS 21 (Indirekte Methode) | 631 |
| ABB. 346: | Betriebswirtschaftliche Struktur der Kapitalflussrechnung | 633 |
| ABB. 347: | Analyseziele der Kapitalflussrechnung | 635 |

| | | |
|---|---|---|
| ABB. 348: | Fallkonstellationen bei der Interpretation der Kapitalflussrechnung | 635 |
| ABB. 349: | Ableitung einer Kapitalflussrechnung aus dem Konzernabschluss der Borussia Dortmund GmbH & Co. KGaA | 637 |
| ABB. 350: | Kapitalflussrechnung der Villeroy & Boch AG | 644 |
| ABB. 351: | Kapitalflussrechnung der Heidelberger Druckmaschinen AG | 647 |
| ABB. 352: | Elemente der Geschäftsführungsprüfung nach § 53 HGrG | 662 |
| ABB. 353: | Prüfungsgegenstände der Geschäftsführungsorganisation nach § 53 HGrG | 663 |
| ABB. 354: | Prüfungsgegenstände der Geschäftsführungsinstrumente nach § 53 HGrG | 664 |
| ABB. 355: | Prüfungsgegenstände der Geschäftsführungstätigkeit nach § 53 HGrG | 665 |
| ABB. 356: | Checkliste zu Ordnungsmäßigkeitsanforderungen an Planung und Controlling | 667 |
| ABB. 357: | „Zehn-Punkte-Programm" der Bundesregierung | 671 |
| ABB. 358: | Ziele des Deutschen Corporate Governance Kodex (DCGK) | 672 |
| ABB. 359: | Gliederung des DCGK | 673 |
| ABB. 360: | Kategorisierung der Regelungen des DCGK | 674 |
| ABB. 361: | Managementrelevante Regelungen des DCGK | 675 |
| ABB. 362: | Unentziehbare Aufgaben des Leitungsorgans nach DCGK | 677 |
| ABB. 363: | Regelungskomplexe in Bezug auf die Strukturierung des Leitungsorgans | 679 |
| ABB. 364: | Regelungskomplexe in Bezug auf die Vergütung des Leitungsorgans | 680 |
| ABB. 365: | Regelungskomplexe in Bezug auf Interessenkonflikte des Leitungsorgans | 682 |
| ABB. 366: | Zusammenwirken von Vorstand und Aufsichtsrat im DCGK | 683 |
| ABB. 367: | Inhalte der Erklärung zur Unternehmensführung nach § 289a HGB | 687 |
| ABB. 368: | System der Grundsätze ordnungsmäßiger Unternehmensleitung (GoU) | 691 |
| ABB. 369: | Inhalt der Grundsätze ordnungsmäßiger Unternehmensleitung (GoU) | 691 |
| ABB. 370: | Regelungstatbestände des GCCG | 695 |
| ABB. 371: | Governance-Standards für den Vorstand gem. GCCG | 696 |
| ABB. 372: | GCCG-Standards für Vorstand, Aufsichtsrat und Abschlussprüfer | 701 |
| ABB. 373: | Die „Berliner Thesen zur Corporate Governance" | 702 |
| ABB. 374: | Checkliste zur personellen Besetzung des Vorstands | 703 |
| ABB. 375: | Aufbau der DVFA-Scorecard for German Corporate Governance | 705 |
| ABB. 376: | Kriterienkatalog zur Prüfung des Vorstands gem. DVFA-Scorecard for German Corporate Governance | 706 |
| ABB. 377: | Das Fraud-Triangel | 710 |
| ABB. 378: | Indizien erhöhter Risiken für das Auftreten von „fraud" | 711 |
| ABB. 379: | Risikobeurteilung am Beispiel des Prozesses „Beschaffung von Waren oder Dienstleistungen" | 713 |
| ABB. 380: | Risiken des IT-Systems | 716 |
| ABB. 381: | Risiken und Kontrollen bei der Beschaffung von Waren oder Dienstleistungen | 717 |
| ABB. 382: | Teilbereiche eines Compliance Management-Systems | 719 |
| ABB. 383: | Grundelemente eines Compliance Management-Systems | 720 |

| | | |
|---|---|---|
| ABB. 384: | Risikorelevante Faktoren und Maßnahmen eines Compliance-Programms | 722 |
| ABB. 385: | Elemente der Compliance-Organisation und -Kommunikation | 723 |
| ABB. 386: | PwC-Ethik-Grundsätze (Auszug) | 725 |
| ABB. 387: | Regelungsbereiche der Business Conduct Guidelines der Siemens AG | 726 |
| ABB. 388: | Indikatoren in Bezug auf Korruptionsgefährdung | 734 |
| ABB. 389: | Operationalisierung der Korruptionsindikatoren mittels Maßgrößen | 735 |
| ABB. 390: | Formen der Unsicherheit | 738 |
| ABB. 391: | Komponenten des Risikomanagementsystems | 739 |
| ABB. 392: | Controllinginstrumente zur Gewinnung risikorelevanter Erkenntnisse | 740 |
| ABB. 393: | Frühwarnung, -erkennung und -aufklärung | 741 |
| ABB. 394: | Beschreibung der Evolutionsstufen der betrieblichen Frühwarnsysteme | 743 |
| ABB. 395: | Stufen des Aufbaus von Frühwarnsystemen | 744 |
| ABB. 396: | Klassifikation von Beobachtungsbereichen | 744 |
| ABB. 397: | Externe Beobachtungsbereiche der Frühwarnsysteme | 745 |
| ABB. 398: | Interne Beobachtungsbereiche der Frühwarnsysteme | 746 |
| ABB. 399: | Externe Frühwarnindikatoren | 748 |
| ABB. 400: | Beispiele für Frühwarnindikatoren | 749 |
| ABB. 401: | Indikator „Auftragseingang" mit Warn- und überlebenskritischem Bereich | 750 |
| ABB. 402: | Reporting-Bogen zur Früherkennung | 751 |
| ABB. 403: | Checkliste zur Beurteilung der Angemessenheit und Wirksamkeit des Frühwarnsystems | 751 |
| ABB. 404: | Elemente des internen Kontrollsystems nach IDW PS 261 n. F. | 753 |
| ABB. 405: | Checkliste zur Beurteilung der Angemessenheit und Wirksamkeit des prozessabhängigen Überwachungssystems | 757 |
| ABB. 406: | Aufgabengebiete der Internen Revision | 759 |
| ABB. 407: | Arbeitsschritte der Tätigkeit der Internen Revision | 760 |
| ABB. 408: | Checkliste zur Beurteilung der Angemessenheit und Wirksamkeit der Internen Revision | 761 |
| ABB. 409: | Prozess des Risikomanagementsystems (Regelkreis) | 763 |
| ABB. 410: | Beispiel einer Risikoklassifizierung | 766 |
| ABB. 411: | Formular zur Risikoklassifizierung | 768 |
| ABB. 412: | Definition von Wahrscheinlichkeitsklassen | 771 |
| ABB. 413: | Berechnung des Risikodeckungspotenzials | 772 |
| ABB. 414: | Berechnung der Zuführung zum Risikodeckungspotenzial | 772 |
| ABB. 415: | Beispiel einer Berechnung des Risikodeckungspotenzials | 773 |
| ABB. 416: | Festlegung risikoorientierter Indikatoren und Maßgrößen | 776 |
| ABB. 417: | Maßnahmen der Risikosteuerung (Risikostrategien) | 777 |
| ABB. 418: | Risiko-Portfolio | 778 |
| ABB. 419: | Risikobewertung mittels Legung von Risikoschwellen | 779 |

| | | |
|---|---|---|
| ABB. 420: | Beispiel der Konstruktion eines Risiko-Portfolios | 780 |
| ABB. 421: | Formular zur Risikobewertung und -steuerung | 780 |
| ABB. 422: | Verantwortlichkeiten für das Risikomanagementsystem | 782 |
| ABB. 423: | Organisation des Risikomanagementsystems im Gegenstromverfahren | 783 |
| ABB. 424: | Organisation des Risikomanagementsystems am Beispiel der Sartorius AG | 784 |
| ABB. 425: | Formular zum Risikoreporting – Beispiel 1 | 786 |
| ABB. 426: | Formular zum Risikoreporting – Beispiel 2 | 787 |
| ABB. 427: | Überblick über Mindestinhalt eines Risiko-Handbuchs | 788 |
| ABB. 428: | Aufbau eines Risiko-Handbuchs | 789 |
| ABB. 429: | Prozess des Risikomanagementsystems nach IDW PS 340 | 792 |
| ABB. 430: | Ablauf einer Systemprüfung | 794 |
| ABB. 431: | Das Prüfungsrisiko und seine Teilrisiken | 796 |
| ABB. 432: | Die Abhängigkeit des Entdeckungsrisikos von Kontrollrisiko und inhärentem Risiko | 797 |
| ABB. 433: | Ablaufplan der risikoorientierten Prüfung | 799 |
| ABB. 434: | Checkliste zur Beurteilung der Angemessenheit und Wirksamkeit des Risikomanagementsystems | 800 |
| ABB. 435: | Aufgaben des wertorientierten Controllings | 806 |
| ABB. 436: | Grundprinzipien der wertorientierten Unternehmensführung | 807 |
| ABB. 437: | Shareholder Value-Netzwerk nach *Rappaport* | 808 |
| ABB. 438: | Unterscheidung der DCF-Verfahren | 810 |
| ABB. 439: | Konzeption des WACC-Ansatzes | 811 |
| ABB. 440: | Ermittlung des Free Cashflows | 811 |
| ABB. 441: | Konzeption des APV-Ansatzes | 815 |
| ABB. 442: | Konzeption des Nettoverfahrens | 817 |
| ABB. 443: | Vergleich der DCF-Verfahren | 818 |
| ABB. 444: | Ermittlung der Brutto-Cashflows und der Bruttoinvestitionsbasis | 820 |
| ABB. 445: | Alternative Möglichkeiten zur Steigerung des Unternehmenswerts | 821 |
| ABB. 446: | Bestimmungsgrößen und Würdigung des CFROI-Modells | 822 |
| ABB. 447: | Schema zur Ermittlung des NOPAT | 824 |
| ABB. 448: | Bereinigungen bei der Ermittlung des NOPAT | 825 |
| ABB. 449: | Schema zur Ermittlung des NOA | 826 |
| ABB. 450: | Bestimmungsfaktoren des EVA | 828 |
| ABB. 451: | EVA-Baum | 829 |
| ABB. 452: | Vergleich der Konzepte DCF, CFROI und EVA | 830 |

# ABKÜRZUNGSVERZEICHNIS

| € | Euro |
| § | Paragraph |

## A

| a. a. O. | am angeführten Ort |
| a. o. | außerordentlich |
| Abb. | Abbildung |
| Abs. | Absatz |
| Abt. | Abteilung |
| AfA | Absetzung für Abnutzung |
| AG | Aktiengesellschaft |
| AGB | Allgemeine Geschäftsbedingungen |
| AktG | Aktiengesetz |
| Art. | Artikel |
| Aufl. | Auflage |

## B

| BBB | NWB Betrebswirtschaftliche Beratung (Zeitschrift) |
| BBK | NWB Rechnungswesen (Zeitschrift) |
| BC | Zeitschrift für Bilanzierung |
| BGB | Bürgerliches Gesetzbuch |
| BGH | Bundesgerichtshof |
| BilMoG | Bilanzrechtsmodernisierungsgesetz |
| BörsG | Börsengesetz |
| BSC | Balanced Scorecard |
| bzgl. | bezüglich |
| bzw. | beziehungsweise |

## C

| ca. | circa |
| CAPM | capital asset pricing model |

## D

| d. h. | das heißt |
| DB | Der Betrieb (Zeitschrift) |
| DBW | Die Betriebswirtschaft (Zeitschrift) |
| DCGK | Deutscher Corporate Governance Kodex |

XXVII

| | |
|---|---|
| DRS | Deutsche Rechnungslegungsstandards |
| DStR | Deutsches Steuerrecht (Zeitschrift) |

## E

| | |
|---|---|
| e. V. | eingetragener Verein |
| EBIT | earnings before interest and taxes |
| EBITA | earnings before interest, taxes and amortization |
| EBITDA | earnings before interest, taxes, depreciation and amortization |
| EGHGB | Einführungsgesetz zum Handelsgesetzbuch |
| ESt | Einkommensteuer |
| EStG | Einkommensteuer-Gesetz |
| etc. | et cetera |
| evtl. | eventuell |

## F

| | |
|---|---|
| f. | folgende |
| ff. | fortfolgende |
| FK | Fremdkapital |
| FTE | full-time employees |
| FuE | Forschung und Entwicklung |

## G

| | |
|---|---|
| GenG | Genossenschaftsgesetz |
| GewStG | Gewerbesteuergesetz |
| ggf. | gegebenenfalls |
| ggü. | gegenüber |
| GmbH | Gesellschaft mit beschränkter Haftung |
| GmbHG | Gesetz betreffend die Gesellschaften mit beschränkter Haftung |
| GoB | Grundsätze ordnungsgemäßer Buchführung |
| GoU | Grundsätze ordnungsgemäßer Unternehmensleitung |
| GuV | Gewinn- und Verlustrechnung |

## H

| | |
|---|---|
| h. M. | herrschender Meinung |
| HFA | Hauptfachausschuss des Instituts der Wirtschaftsprüfer in Deutschland e. V. |
| HGB | Handelsgesetzbuch |
| Hrsg. | Herausgeber |

## I

| | |
|---|---|
| i. A. a. | in Anlehnung an |
| i. d. F. | in der Fassung |
| i. d. R. | in der Regel |
| i. e. S. | im engeren Sinne |

| | |
|---|---|
| i. S. | im Sinne |
| i. V. m. | in Verbindung mit |
| i. w. S. | im weiteren Sinne |
| IAS | International Accounting Standard(s) |
| IASB | International Accounting Standard Board |
| IDW | Institut der Wirtschaftsprüfer in Deutschland e. V. |
| IFRS | International Financial Reporting Standards |
| inkl. | inklusive |
| IT | Informationstechnik |

## K

| | |
|---|---|
| KapCoRiLiG | Kapitalgesellschaften- und Co-Richtlinien-Gesetz |
| KapG(en) | Kapitalgesellschaft(en) |
| KG | Kommanditgesellschaft |
| KGaA | Kommanditgesellschaft auf Aktien |
| KonTraG | Gesetz zur Kontrolle und Transparenz im Unternehmensbereich |
| KoR | Zeitschrift für internationale und kapitalmarktorientierte Rechnungslegung |
| krp | Kostenrechnungspraxis (Zeitschrift) |
| KSI | Kriesen-, Sanierungs- und Insolvenzberatung (Zeitschrift) |
| KVP | Kontinuierlicher Verbesserungsprozess |
| KWG | Kreditwesengesetz |

## L

| | |
|---|---|
| LIFO | last in, first out |
| Lkw | Lastkraftwagen |
| lt. | laut |

## M

| | |
|---|---|
| m. E. | meines Erachtens |
| MA | Mitarbeiter |
| max. | maximal |
| MbE | Management by Exception |
| Mio. | Millionen |
| MitbestG | Mitbestimmungsgesetz |
| Mrd. | Milliarden |

## N

| | |
|---|---|
| Nr. | Nummer |

## O

| | |
|---|---|
| o. Ä. | oder Ähnliches |
| o. g. | oben genannte |
| OVA | Overhead Value-Analyse |

## VERZEICHNIS Abkürzungen

### P

| | |
|---|---|
| p. a. | per anno |
| PEST-Analyse | Political, economic, social and technological analysis |
| PIR | NWB Internationale Rechnungslegung (Zeitschrift) |
| Pkw | Personenkraftwagen |
| PublG | Gesetz über die Rechnungslegung von bestimmten Unternehmen und Konzernen (Publizitätsgesetz) |
| PwC | PricewaterhouseCoopers AG |

### R

| | |
|---|---|
| rd. | rund |
| RMS | Risikomanagementsystem |
| ROI | Return on Investment |

### S

| | |
|---|---|
| S. | Seite |
| s. o. | siehe oben |
| s. u. | siehe unten |
| sog. | so genannte/r/n |
| Sp. | Spalte |
| StGB | Strafgesetzbuch |
| StuB | NWB Unternehmenssteuern und Bilanzen (Zeitschrift) |
| SWOT-Analyse | Strengths, weaknesses, opportunities, and threats analysis |

### T

| | |
|---|---|
| T€ | Tausend Euro |
| Tz. | Textziffer |

### U

| | |
|---|---|
| u. a. | unter anderem |
| u. U. | unter Umständen |
| US-GAAP | United States Generally Accepted Accounting Principles |
| USt | Umsatzsteuer |
| usw. | und so weiter |

### V

| | |
|---|---|
| VAG | Versicherungsaufsichtsgesetz |
| vgl. | vergleiche |
| VOB | Vergabe- und Vertragsordnung für Bauleistungen |
| VOF | Vergabeordnung für freiberufliche Leistungen |
| VOL | Vergabe- und Vertragsordnung für Leistungen |
| vs. | versus |
| VZÄ | Vollzeitäquivalente |

## W

| | |
|---|---|
| WACC | weighted average cost of capital |
| WiSt | Wirtschaftliches Studium (Zeitschrift) |
| WISU | Das Wirtschaftsstudium (Zeitschrift) |
| WP | Wirtschaftsprüfer |
| WPg | Die Wirtschaftsprüfung (Zeitschrift) |
| WP-Handbuch | Wirtschaftsprüfer-Handbuch |
| WpHG | Wertpapierhandelsgesetz |

## Z

| | |
|---|---|
| z. B. | zum Beispiel |
| z. T. | zum Teil |
| ZBB | Zero-Based Budgeting |
| ZfB | Zeitschrift für Betriebswirtschaft |
| ZfbF | Zeitschrift für betriebswirtschaftliche Forschung |
| ZfCM | Zeitschrift für Controlling und Management |
| ZfO | Zeitschrift Führung + Organisation |
| ZIR | Zeitschrift Interne Revision |

# I. Grundlagen des Controllings

VORSCHAU

1. Zu Beginn des Kapitels werden zentrale Begriffe wie Planung und Controlling einschließlich ihres Zusammenhangs erläutert.
2. Die Planung kann nur vor dem Hintergrund eines vorgegebenen betrieblichen Zielsystems sinnvoll ablaufen. Daher wird kurz auf die unternehmerische Zielbildung und Zielkonzeption eingegangen.
3. Der Controlling-Begriff ist umfassend und oft auch unscharf definiert. Die in der Literatur gebräuchlichen Controlling-Definitionen und die daraus abgeleiteten Controlling-Funktionen werden aufgezeigt. Es wird sodann kurz die Entwicklungsgeschichte des Controllings beleuchtet.
4. Im Folgenden werden die Aufgabenbereiche des Controllings, gegliedert nach Kernbereichen und Spezialisierungsrichtungen, entwickelt. Dabei wird gezeigt, wie die Aufgaben im Rahmen des Controlling-Phasenschemas erfüllt werden.
5. Die einzelnen Controlling-Bausteine werden unterteilt nach den Ebenen des Controllings – strategisches und operatives Controlling – behandelt. Sodann wird das Controlling-Umfeld erörtert, in dem das Controlling seinerseits ein Element des umfassenden betrieblichen Risikomanagementsystems darstellt.
6. Es wird aufgezeigt, wie Controlling-Aufgaben und Controlling-Funktionen organisatorisch im Unternehmen sinnvoll implementiert werden können.
7. Schließlich werden in integrierender Würdigung die Entwicklungsstufen des Controllings dargelegt (Controlling-Evolution).

## 1. Controlling- und Planungsbegriff

Nach *Horváth* und *Reichmann* (Controlling, in: *Horváth/Reichmann* (Hrsg.), Vahlens Großes Controllinglexikon, 2. Aufl., München 2003, S. 122) bezeichnet Controlling „die **Versorgung** von Führungsverantwortlichen mit entscheidungsrelevanten Informationen. **Entscheidungsbezug** bedeutet

▶ die Ausrichtung an (wirtschaftlichen) Zielen,
▶ die Vorgabe der Zielerreichung,
▶ Soll-Ist-Vergleiche und
▶ die Koordination des Entscheidungsprozesses",

wobei sich die letztgenannte, nach h. M. hervorragende Koordinationsaufgabe insbesondere bezieht auf

▶ die Informationsversorgung,
▶ das Planungs- und Kontrollsystem,
▶ das gesamte Führungssystem.

# KAPITEL I — Grundlagen des Controllings

Die genannte Aufgabe der „Versorgung" unterstreicht die entscheidungsvorbereitende und -begleitende Funktion des Controllings und macht zugleich deutlich, dass dem Controlling nicht die Rolle des Entscheiders zukommt. Die Aufführung von Informationen und Daten als Objekte des Controllings indizieren die Nähe des Controllings zur IT.

*Berens* und *Bertelsmann* (Controlling, in: *Küpper/Wagenhofer* (Hrsg.), Handwörterbuch Unternehmensrechnung und Controlling, Enzyklopädie der Betriebswirtschaftslehre, Band III, 4. Aufl., Stuttgart 2002, Sp. 280) weisen dem Controlling die **Aufgabe** zu, „die Führung bei ihrer zweckorientierten Steuerungs- und Lenkungsaufgabe und den damit verbundenen Entscheidungen (…) durch die Beschaffung, Aufbereitung und Analyse von Daten zur Vorbereitung zielsetzungsgerechter Entscheidungen (…) zu **unterstützen**".

Die Aufbereitung von Daten mit dem Ziel einer Entscheidungsunterstützung erfolgt häufig durch Kennzahlenbildung. Somit lässt sich Controlling auch prägnant am Ehesten als „**kennzahlengestützte Unternehmenssteuerung**" umschreiben.

Dem Controlling wohnt eine funktionale, institutionale und instrumentelle Dimension inne.

| ABB. 1: | Dimensionen des Controllings | |
|---|---|---|
| **Funktionale Dimension** | **Institutionale Dimension** | **Instrumentelle Dimension** |
| Aufgaben, die dem Controlling im Rahmen der Führungsunterstützung zugesprochen werden<br><br>▶ Abgrenzung von Entscheidung und Controlling,<br>▶ ergänzt durch branchen- und unternehmensbezogene Spezifika | Aufbau- und ablauforganisatorische Einordnung des Controllings im Unternehmen, insbesondere<br><br>▶ Stab- oder Linienstelle, Zuordnung von Kompetenzen, (De-)Zentralisierungsgrad<br>▶ Controlling-Prozess (z. B. Top-down, Bottom-up, Gegenstromverfahren) | Dem Controlling zuzuordnende Gesamtheit an methodischen und sachlichen Hilfsmitteln, differenzierbar nach<br><br>▶ analytischen (zumeist vergangenheitsbezogene Strukturierungen von Problemen oder Systemen)<br>▶ heuristischen (zukunftsgerichtete Suchprozesse zur Lösung schlecht strukturierter, innovativer Probleme)<br>▶ prognostischen (Methoden zur Vorhersage künftiger Ereignisse)<br><br>Instrumenten |

Quelle: I. A. a. *Berens/Bertelsmann*, a. a. O., Sp. 284 f.

Der **Controlling-Begriff** umfasst dabei die Gesamtheit der Teilaufgaben der Planung, Steuerung, Kontrolle und der koordinierenden Informationsversorgung und beinhaltet daher nicht nur Kontrolle im engeren Sinn (**to control = steuern**).

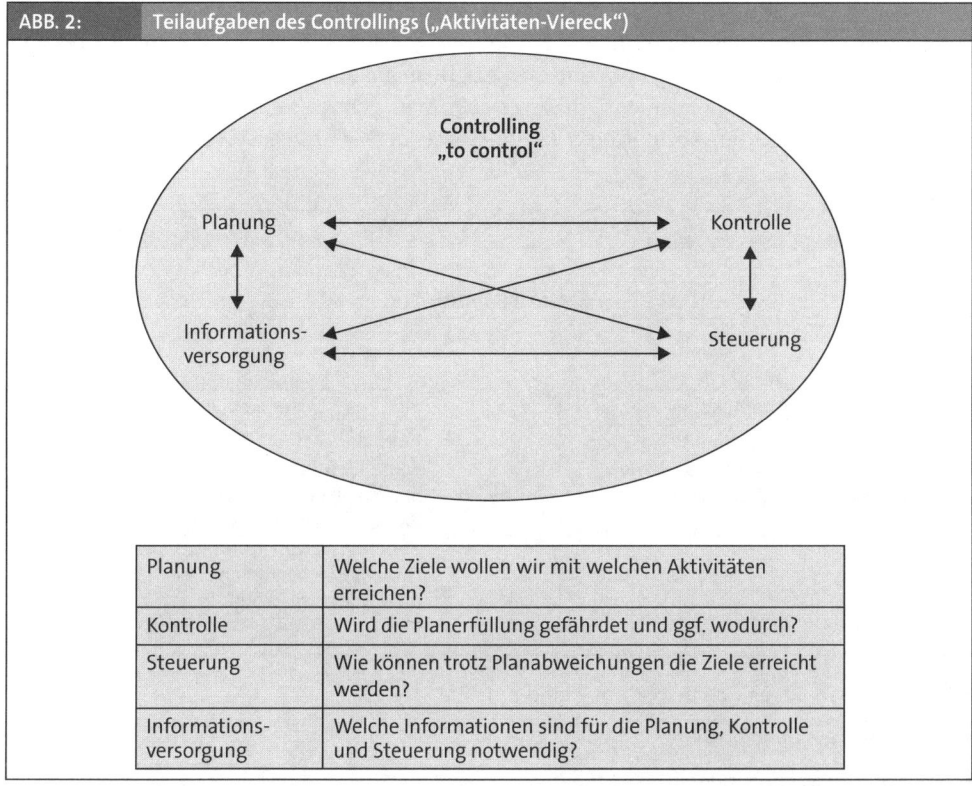

ABB. 2: Teilaufgaben des Controllings („Aktivitäten-Viereck")

| Planung | Welche Ziele wollen wir mit welchen Aktivitäten erreichen? |
| Kontrolle | Wird die Planerfüllung gefährdet und ggf. wodurch? |
| Steuerung | Wie können trotz Planabweichungen die Ziele erreicht werden? |
| Informations-versorgung | Welche Informationen sind für die Planung, Kontrolle und Steuerung notwendig? |

Ziel des Controllings ist es, die Unternehmung an Umweltveränderungen anzupassen und die dazu erforderlichen Steuerungsaufgaben wahrzunehmen, um eine optimale ergebnisorientierte Unternehmensführung sicherzustellen. In diesem Rahmen sind folgende Aktivitäten vorzunehmen:

▶ zum einen der Entwurf und die Implementierung von Planungs- und Kontrollsystemen sowie Informationsversorgungssystemen,

▶ zum anderen laufende Dispositionen und Abstimmungen innerhalb des bestehenden Systemzusammenhangs mit der Intention, Störungen zu beseitigen und die erforderliche Informationsversorgung sicherzustellen (vgl. *Horváth/Reichmann*, a. a. O., S. 123).

Das Controlling erfüllt insoweit

▶ sowohl **systembildende**

▶ als auch **systemkoppelnde**

Funktionen. Für die praktische Ausgestaltung des Controllings heißt dies, dass bestehende (Planungs-, Dokumentations-, IT-) Systeme harmonisiert und Schnittstellen beseitigt werden müssen. Vielfach können bereits vorhandene Subsysteme optimiert und in ein übergeordnetes System integriert werden.

Somit wird nicht nur dem Gebot der Wirtschaftlichkeit Rechnung getragen, sondern auch die Akzeptanz gegenüber einer Einführung des Controllings gefördert. Nur in den Fällen, in denen es für die nachhaltige Erfüllung der Controlling-Ziele unabdingbar ist, sollten vollständig neue Systeme geschaffen und implementiert werden. Oftmals genügt es, bestehende Systeme um zusätzliche Komponenten anzureichern (z. B. bestehende Kennzahlensysteme um eine Frühwarnfunktion).

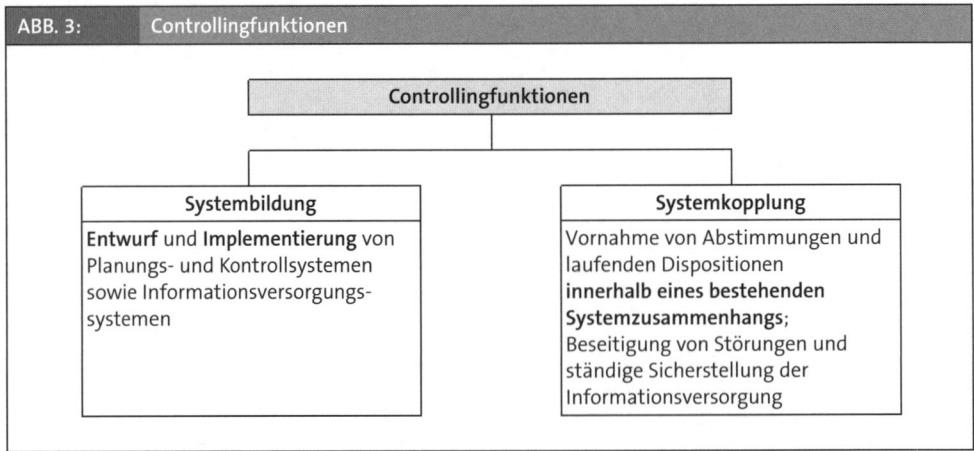

ABB. 3: Controllingfunktionen

Im Ergebnis handelt es sich beim Controlling um eine

- unternehmenszielorientierte,
- führungsunterstützende,
- entscheidungsvorbereitende sowie
- gesamtunternehmensbezogene und bereichsübergreifende

**Querschnittsfunktion**.

Die **Planung** ist ein Prozessschritt des umfassenden betrieblichen Controllings, in das sie eingebettet werden muss, will sie nicht zum von der Unternehmenspraxis abgehobenen Selbstzweck werden.

Planung kann als die gedankliche Vorwegnahme künftigen Geschehens umschrieben werden. Sie erfolgt durch zukunftsorientierte, systematische Entscheidungsprozesse und verläuft zielorientiert, d. h. sie setzt die Definition eines oder mehrerer Unternehmensziele voraus. Dies geschieht i. d. R. durch die Geschäftsleitung im Dialog mit den Organen und Mitarbeitern der Unternehmung (Zielvereinbarungsprozess). Ohne den Rahmen eines Zielsystems ist eine Planung sinnlos, denn „wer kein Ziel hat, kommt nirgendwo an".

Der in einem Regelkreis ablaufende **Planungsprozess** lautet somit: Zielsetzung – Alternativensuche – Bewertung – Entscheidung – Durchsetzung – Kontrolle – Zielanpassung.

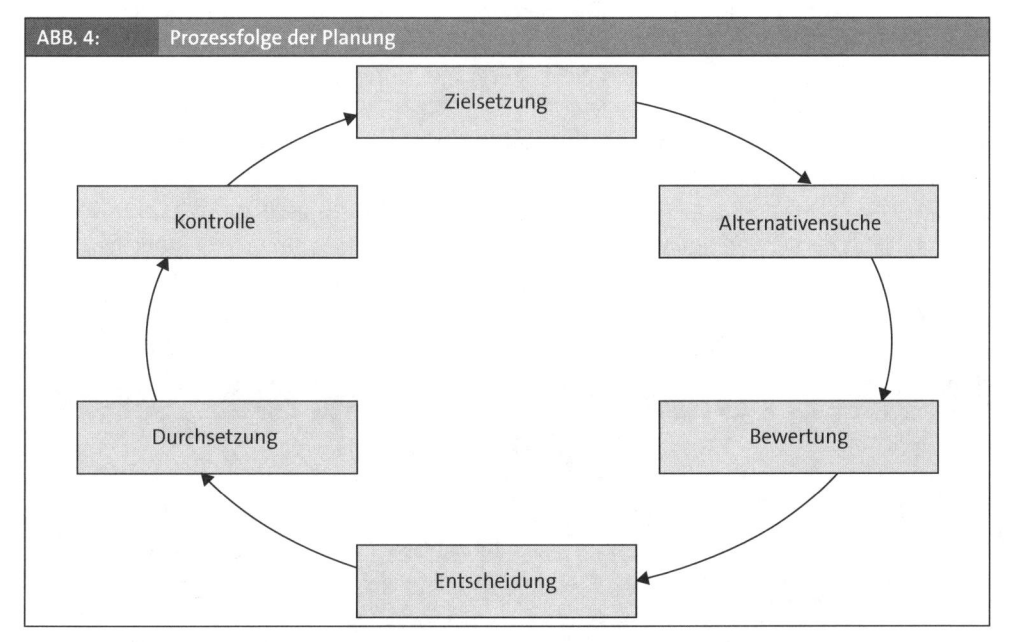

**ABB. 4: Prozessfolge der Planung**

Zielsetzung → Alternativensuche → Bewertung → Entscheidung → Durchsetzung → Kontrolle → Zielsetzung

Das Controlling füllt die ihm obliegende entscheidungsunterstützende Funktion durch Wahrnehmung der Teilprozesse

- Alternativensuche,
- Bewertung und
- Kontrolle

aus, wobei sich aus der Kontrollfunktion ergebende Abweichungs- und Zielerreichungsanalysen in eine nachfolgende Modifikation der Zielsetzung münden können; die Entscheidung und Durchsetzung ist nach h. M. keine Aufgabe des Controllings. Insoweit lässt sich im Planungskreislauf das Miteinander von Controlling und Management bereits intuitiv nachvollziehen.

Das **Planungssystem** der Unternehmung umfasst die

- generelle Zielplanung zwecks Identifizierung von Leitlinien für die künftige Unternehmensentwicklung,
- strategische Planung, d. h. die (langfristige) markt- und konkurrenzbezogene Potenzial- und Tätigkeitsplanung,
- operative Planung, d. h. die (mittel- und kurzfristige) Produkt- und Leistungsprogrammplanung auf Basis gegebener Potenziale und Kapazitäten,
- zuweilen zusätzlich auch die taktische Planung, die nach h. M. ein Bindeglied zwischen strategischer und operativer Planung und insoweit eine Konkretisierung der strategischen Planung darstellt;

die Ebenen werden im Folgenden noch begrifflich abgegrenzt.

# Grundlagen des Controllings

Jedes Unternehmen muss **Ziele** definieren, um planvoll am Markt agieren und dauerhaft erfolgreich sein zu können. Es muss in die Lage versetzt werden, sich wandelnde Rahmenbedingungen rechtzeitig zu antizipieren und seine Ressourcen- und Produkt-Markt-Strategien hierauf einzustellen. Andernfalls besteht die Gefahr, auf Veränderungen erst dann zu reagieren, wenn sie bereits eingetreten sind. I. d. R. existiert nicht ein einziges Unternehmensziel, sondern ein hierarchisch geordnetes **Zielsystem**:

- **Sachziele** bestehen aus Leistungs- und Finanzzielen und bilden den Güter- und Geldfluss in der Unternehmung ab.
- **Formalziele** beinhalten Erfolgsziele, die den Umfang der angestrebten Wirtschaftlichkeit und Rentabilität bei der Verfolgung von Leistungs- und Finanzzielen zum Ausdruck bringen.
- **Sozialziele** berücksichtigen die Anforderungen, die von sozialen Gruppen außerhalb und innerhalb der Unternehmung (z. B. Mitarbeiter, politische Gruppen, Organisationen, Vereine) an ihren Leistungserstellungsprozess, an Organisation und Führung gestellt werden.

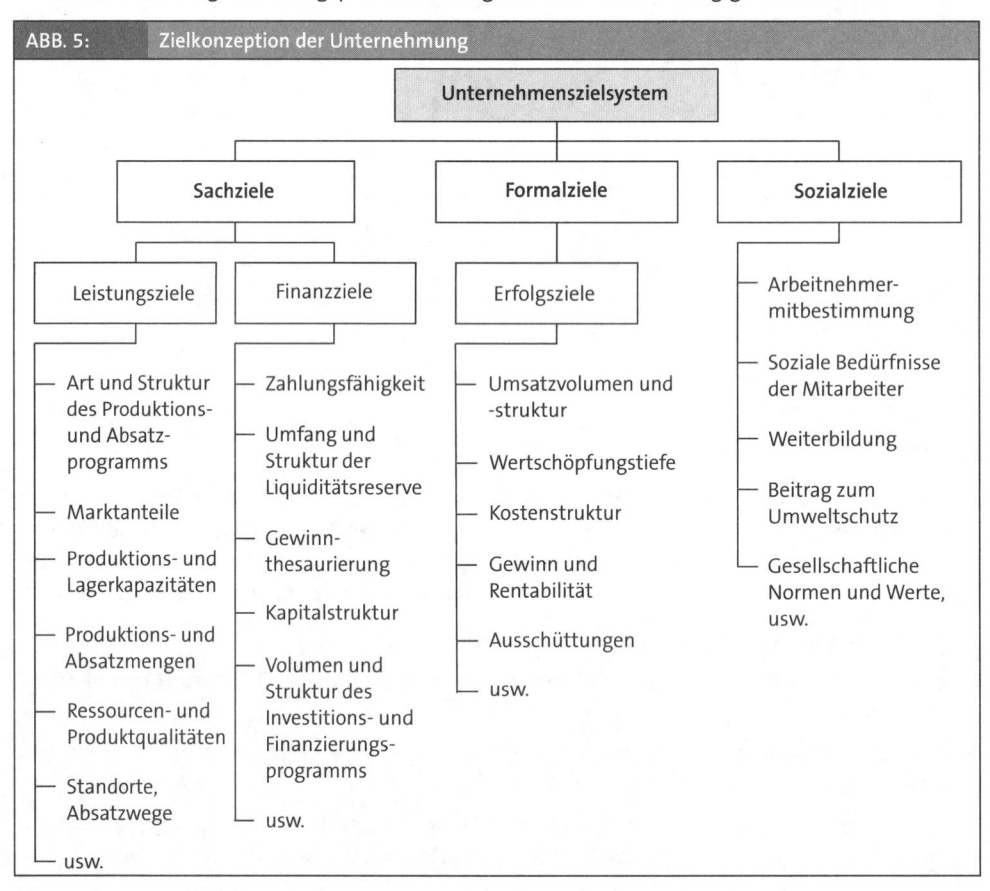

**ABB. 5: Zielkonzeption der Unternehmung**

**Unternehmenszielsystem**

| Sachziele | | Formalziele | Sozialziele |
|---|---|---|---|
| Leistungsziele | Finanzziele | Erfolgsziele | |
| – Art und Struktur des Produktions- und Absatzprogramms | – Zahlungsfähigkeit | – Umsatzvolumen und -struktur | – Arbeitnehmermitbestimmung |
| – Marktanteile | – Umfang und Struktur der Liquiditätsreserve | – Wertschöpfungstiefe | – Soziale Bedürfnisse der Mitarbeiter |
| – Produktions- und Lagerkapazitäten | – Gewinnthesaurierung | – Kostenstruktur | – Weiterbildung |
| – Produktions- und Absatzmengen | – Kapitalstruktur | – Gewinn und Rentabilität | – Beitrag zum Umweltschutz |
| – Ressourcen- und Produktqualitäten | – Volumen und Struktur des Investitions- und Finanzierungsprogramms | – Ausschüttungen | – Gesellschaftliche Normen und Werte, usw. |
| – Standorte, Absatzwege | – usw. | – usw. | |
| – usw. | | | |

Die Wahrnehmung von Controlling-Funktionen ist nicht nur für Großunternehmen und Konzerne, sondern zunehmend auch für die mittelständische Wirtschaft von Bedeutung.

- ▶ Die Dynamik, Komplexität und Diskontinuität der Umwelt kann ein existenzgefährdendes Problem darstellen. Die wirtschaftlichen Rahmenbedingungen zunehmende – Marktsättigung, verstärkte internationale Konkurrenz, verkürzte Produktlebenszyklen, komplexes und irrationales Konsumentenverhalten – bewirken eine tendenziell sinkende Profitabilität. Das Controlling hat dabei die Aufgabe, Rationalisierungsreserven aufzudecken und auszuschöpfen.
- ▶ In mittelständischen Unternehmen häufig anzutreffende Dienstleistungsfunktionen sind oft unscharf und erfordern eine besondere Kontrolle. Darüber hinaus bedingen dezentrale Organisationsstrukturen einen hohen Planungs- und Steuerungsbedarf.
- ▶ Die Tendenz zu größeren Unternehmenseinheiten im fortschreitenden Wachstumsprozess kann zu einer Verselbständigung von Teilbereichen führen. Ein funktionierendes Controlling-System soll konfliktäre Abteilungsziele vermeiden, Zielkongruenzen herbeiführen und die Beachtung der übergeordneten Ziele sicherstellen.
- ▶ Auch bedarf es zunehmend einer Koordination der vielfältigen und komplexen Informations- und Kommunikationsströme in der Unternehmung.

## 2. Geschichte des Controllings

Die betriebliche Funktion des Controllings ist ein Konstrukt der Praxis und wurde erst später von der Wissenschaft aufgegriffen. Sie entstand in US-amerikanischen Unternehmen, wurde erstmals im Jahr 1880 bei der Eisenbahngesellschaft „Atchison, Topeka & Santa Fe Railway System" erwähnt und seinerzeit noch als „Comptroller" (abgeleitet aus dem französischen „contre-rôle", d. h. „Gegenrolle", sinngemäß also „Buchprüfung") bezeichnet. Es handelte sich um die (rein retrospektive) Kontrolle des betrieblichen (seinerzeit häufig kameralistischen) Rechnungswesens.

1892 wurde die erste Stelle eines „Controllers" bei der Firma „General Electric" eingerichtet. Die Aufgaben der frühen Controller bezogen sich schwerpunktmäßig auf das Management und die Kontrolle der Finanzbedarfe und Finanzanlagen auf Zahlungsmittelebene, also auf diejenigen Tätigkeitsfelder, die heute durch den sog. „Treasurer" wahrgenommen werden.

Bis gegen 1970 waren derartige Stellen und Funktionen in deutschen Unternehmen weitgehend unbekannt. Sie fanden sich im Wesentlichen nur in Tochtergesellschaften US-amerikanischer Konzerne. Dann wurden in kürzester Zeit auch in der deutschen Unternehmenspraxis entsprechende Stellen geschaffen.

Ursache hierfür war die zunehmende Internationalisierung und Diversifizierung, die mit einer erhöhten Komplexität und Heterogenität des Unternehmensumfelds wie auch der internen Unternehmensorganisation einherging. Diesem tiefgreifenden Wandel wurde organisatorisch durch die **Umwandlung von einer verrichtungsorientierten Funktionalorganisation zu einer objektorientierten Spartenorganisation** Rechnung getragen.

Durch den steigenden Grad an Dezentralität der Organisationsstrukturen entstand ein erhöhter Bedarf der Geschäftsführung nach Steuerungs- und Koordinationsmechanismen – und damit nach Controllinginstrumenten. Der amerikanische Organisationstheoretiker Alfred Chandler kommentierte 1962 diesen Wandel treffend mit den Worten **„structure follows strategy"**, d. h., die Unternehmens- (Organisations-)struktur folgt der Unternehmensstrategie.

Der Paradigmenwechsel in der betriebswirtschaftlichen Organisationslehre hat insoweit die Entstehung der Controlling-Disziplin und die Verbreitung von Controllinginstrumenten entscheidend beeinflusst. Dies soll aus Sicht der Organisationslehre nachfolgend verdeutlicht werden.

Die Funktionalorganisation stellt die „natürliche" Organisationsform dar. Dort wird der Betrieb nach Funktionen bzw. Verrichtungen untergliedert. Die Gliederung der zweiten Führungsebene – der Funktionsbereiche – entspricht dem gesamtunternehmerischen Prozess der Leistungserstellung und -verwertung. Die Bereiche sind unmittelbar der zentralen Unternehmensleitung unterstellt (Ein-Linien-System), der ihre zielorientierte Koordination obliegt.

Ziel der **Funktionalorganisation** ist die Nutzung von Spezialisierungsvorteilen. Dies erfolgt

- in der Beschaffung über den Aufbau von Marktmacht und insoweit über günstigere Lieferkonditionen,
- in der Produktion über Losgrößenvorteile und Fixkostendegression,
- im Absatz über Rationalisierung und den Aufbau effizienterer Vertriebswege.

Vorteilhaft wirkt sich die hohe Effizienz und Kostengünstigkeit dieser Organisationsform aus. Zudem wird die Gefahr von Konfliktpotenzialen durch die zentrale Leitung eingedämmt. Die Steuerung der Funktionsbereiche erfolgt aber nur mit Hilfe der Vorgabe von Kostenbudgets (**„cost center"**), denn mit Ausnahme des Absatzbereichs ist eine Zurechnung von Erlösen nicht möglich. Damit fehlt eine wesentliche Datengrundlage für das Controlling. Infolge des zentralistischen Führungssystems (Steuerung durch unmittelbare Direktiven) spielt im Übrigen das Controlling eine eher untergeordnete Rolle.

Voraussetzung für die beschriebene Effizienz der Funktionalorganisation ist damit eine weitgehende Stabilität und Vorhersehbarkeit der Umweltbedingungen. Bei zunehmenden Komplexitäten und Diskontinuitäten wird die Koordinierung durch die Unternehmensleitung immer schwieriger, insbesondere weil in den Funktionsbereichen keine eigenständigen Produkt- und Marktverantwortlichkeiten bestehen.

Aufgrund des steigenden Bedürfnisses nach Entscheidungsdezentralisation muss eine Umwandlung in die Form einer **Spartenorganisation** vollzogen werden. Historisch liegt dies – wie erwähnt in der zunehmenden Diversifikation in neue Produkte sowie in dem fortschreitenden Internationalisierungsprozess beginnend etwa ab 1960 begründet. Die Spartenorganisation gliedert Unternehmen nach Objektgesichtspunkten (**„profit center"**), d. h. in

- Produktsparten bei gemeinsamer Technologie einzelner Produktsegmente,
- Kundensparten, wenn auf spezifische Kundenwünsche eingegangen werden muss,
- Regionensparten, wenn der Anteil des Auslandsgeschäfts zunimmt.

In den Zentralbereichen, die direkt unter der Unternehmensleitung angesiedelt sind, verbleiben die Aufgaben

▶ von aus Sicht des Gesamtunternehmens existenzieller Bedeutung,

▶ der Erbringung von Dienstleistungen für die Sparten,

▶ der Erfüllung allgemeiner Unternehmensaufgaben (Recht, Personal, IT, Steuern),

die infolge der Nutzung von Spezialisierungs- und Größendegressionsvorteilen aufgrund unteilbarer Ressourcen nicht separat geleistet werden sollten. Auch für strategische Aufgaben bleibt i. d. R. die Unternehmensleitung zuständig (Unternehmensziele, strategische Planung, Großinvestitionen, Forschung und Entwicklung).

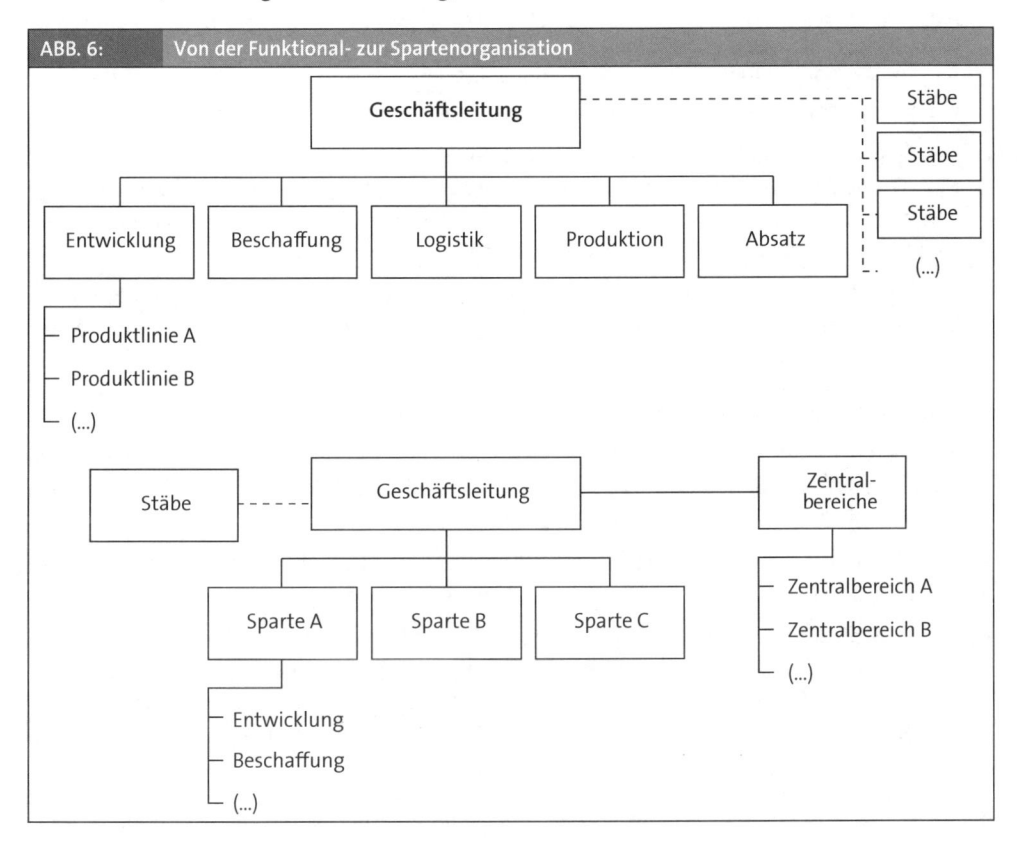

**ABB. 6:** Von der Funktional- zur Spartenorganisation

Um die relativ selbständigen Sparten aus Sicht des Gesamtunternehmens zu steuern und letztlich auch dem Unternehmensverbund auf Dauer zu unterwerfen, sind – im Gegensatz zur Funktionalorganisation – anspruchsvolle Controllinginstrumente erforderlich wie z. B.

▶ Steuerung über den unternehmensinternen Kapitalmarkt, wobei die Finanzabteilung als „internes Kreditinstitut" fungiert und den Sparten die knappen Finanzmittel nach Rentabilitätskriterien zuteilt,

▶ Steuerung über interne Verrechnungspreise für die Bewertung der Leistungen der Zentralbereiche an die Sparten,

▶ Steuerung über Erfolgskennziffern, wobei insbesondere der Return on Investment (Gesamtkapitalrendite) in der Praxis beliebt ist. Neuerdings sind sog. wertorientierte Kennzahlen und hier insbesondere die „earnings before"-Kennzahlen verbreitet.

In einem komplexen Umfeld werden der Spartenorganisation gegenüber der Funktionalorganisation die folgenden **Vorteile** zugesprochen:

▶ Das Leitungsorgan wird infolge einer stärkeren Einbindung der zweiten Leitungsebene vom operativen Geschäft entlastet und kann sich in höherem Umfang seinen eigentlichen strategischen Aufgaben widmen.

▶ Die Verantwortungsbereiche der Sparten sind klar voneinander abgegrenzt; im Rahmen einer objektivierten, ergebnisorientierten Führung ist eine relativ selbständige Wirtschaftsweise möglich. Die Koordination kann weitgehend auf eine Zielkontrolle („management by objectives") beschränkt werden. Die Sparten werden damit zu leichter steuerbaren, homogenen Subsystemen des heterogenen Gesamtunternehmens.

▶ Die Spartenorganisation schafft Transparenz hinsichtlich des Produktspektrums und der Märkte. Die Entscheidungen und Aktivitäten können speziell auf bestimmte Produkte, Regionen oder Kundengruppen zugeschnitten werden. Tendenziell erhöht sich auch die Anpassungsfähigkeit an kurzfristige Marktveränderungen.

▶ Im Zuge von Neustrukturierungen (neue Produkte und Märkte) kann die Organisation flexibel angepasst werden, indem neue Sparten angegliedert, ausgegliedert, zusammengefasst oder abgestoßen werden.

**Nachteilig** kann sich hingegen auswirken, dass in der Spartenorganisation

▶ aufgrund der Kontrolle der Sparten über Kennzahlen die kurzfristige Renditemaximierung im Vordergrund steht und langfristige Ziele unzureichend berücksichtigt werden, was über ein zentrales strategisches Controlling durchgesetzt werden muss,

▶ es in Bezug auf die Verrichtungen zu Parallelarbeiten und damit erhöhten Kosten kommt, was das operative (Prozess- und Kosten-)Controlling verhindern soll,

▶ es bei Zieldivergenzen und insbesondere bei Liefer- und Leistungsbeziehungen innerhalb der Geschäftsbereiche zu Leitungsproblemen kommt sowie bei Marktinterdependenzen zwischen den Sparten eine ruinöse interne Konkurrenz entstehen kann. Dem ist durch ein integrierendes Steuerungssystem sowie zweckmäßige Anreiz- und Kontrollinstrumente zu begegnen.

Anders als bei der Funktionalorganisation besteht in der Spartenorganisation ein höherer Koordinationsbedarf, eine Notwendigkeit zentraler Koordinationsmechanismen und Erfolgskontrollen und damit das Erfordernis der Implementierung von Controllinginstrumenten. Somit ist das flächendeckende Aufkommen der Controlling-Disziplin in der Verbreitung der Spartenorganisation infolge der steigenden Komplexitäten der Unternehmen begründet.

Die Controlling-Disziplin hat mittlerweile eine umfassende Detaillierung und Spezialisierung erfahren. Sie umfasst heute die nachfolgenden **Kernbereiche** und **Spezialisierungsrichtungen**, wobei zumeist die Wissenschaft der Praxis gefolgt ist:

| ABB. 7: | Kernbereiche und Spezialisierungsrichtungen des Controllings |
|---|---|

| Funktionsbereichsbezogenes Controlling | | | | |
|---|---|---|---|---|
| FuE-Controlling | Beschaffungs-Controlling | Produktions-Controlling | Absatz-Controlling | Controlling im administrativen Bereich |

| Branchen- und institutionsbezogenes Controlling | Kernbereiche des Controllings | Organisations-bezogenes Controlling |
|---|---|---|
| Bank-Controlling | **Aufgaben**: Planung \| Steuerung \| Kontrolle \| Information | Funktionale Organisation |
| Versicherungs-Controlling | **Ebenen**: operativ \| strategisch | Sparten-Organisation |
| Krankenhaus-Controlling | **Organisation der Controlling-Abteilung**: Stabsfunktion \| Linienfunktion \| Querschnittsfunktion | Matrix-Organisation |
| Handels-Controlling | | Projekt-Organisation |
| Dienstleistungs-Controlling | **Orientierung**: Buchhaltungsorientierung \| Aktionsorientierung \| Führungsorientierung | Klein- und Mittelbetriebe |
| Controlling in der öffentlichen Verwaltung | | |

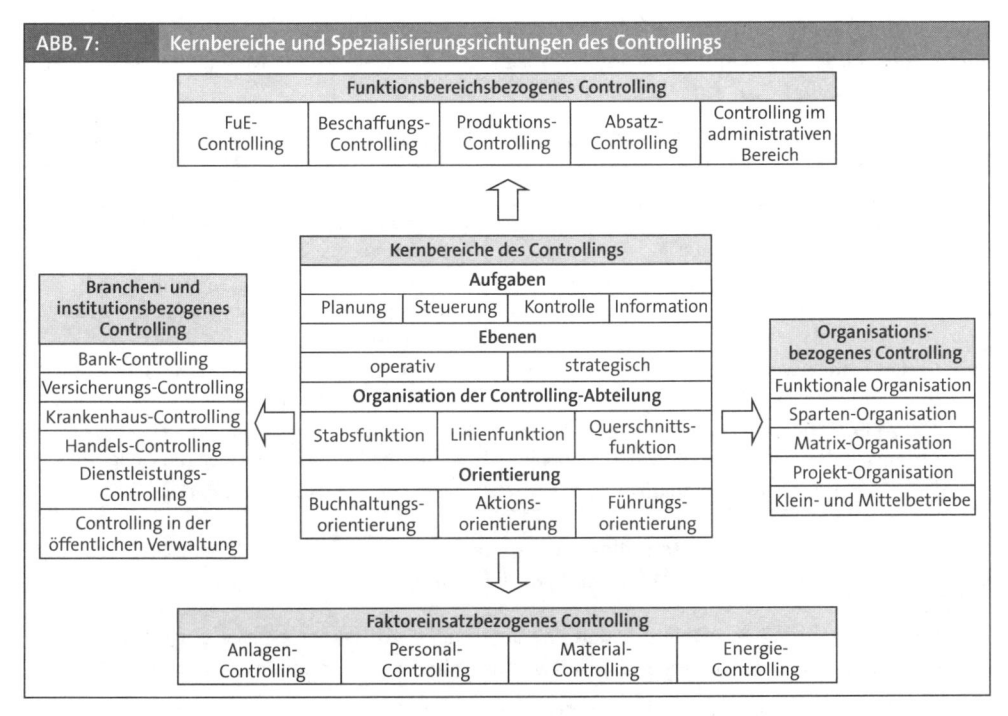

| Faktoreinsatzbezogenes Controlling | | | |
|---|---|---|---|
| Anlagen-Controlling | Personal-Controlling | Material-Controlling | Energie-Controlling |

Quelle: I. A. a. *Peemöller*, Controlling, 4. Aufl., Herne/Berlin 2002, S. 114.

Den **Kernbereich** des Controllings bilden insoweit die allgemeingültigen größen-, branchen- und funktionsübergreifenden Tatbestände. **Spezialprobleme** des Controllings betreffen

▶ Besonderheiten der Branche und der Geschäftsprozesse,

▶ die jeweilige Organisationsform,

▶ den vorherrschenden Produktionsfaktor und

▶ die bedeutenden Funktionsbereiche

der Unternehmen.

## 3. Aufgaben des Controllings

Im „Controller-Leitbild" des „Controllervereins e.V." heißt es: „Controller leisten begleitenden betriebswirtschaftlichen Service für das Management zur zielorientierten Planung und Steuerung".

Damit obliegt dem Controlling eine Dienstleistungsfunktion für das Top-Management, weswegen im Fachschrifttum häufig auch vom „Controller-Dienst" die Rede ist. Sein Auftrag besteht darin, das Top-Management bei der Wahrnehmung seiner strategiebildenden, planenden, steuernden, koordinierenden und kontrollierenden Obliegenheiten zu beraten und zu unterstützen sowie hierfür im Rahmen von Arbeitsteilung und Spezialisierung Spezial-Know-how vorzuhalten.

Die genannte Servicefunktion der Controlling-Instanz gegenüber der obersten Führungsebene wird häufig in der Figur eines „Lotsen" veranschaulicht, während das Management als „Kapitän" visualisiert wird.

| ABB. 8: Unterscheidung zwischen Management und Controlling | |
|---|---|
| Management | Controlling |
| ▶ Plant Unternehmensziele und legt diese verbindlich fest | ▶ Unterstützt und koordiniert Prozess der Ermittlung der Unternehmensziele |
| ▶ Implementiert entsprechende Steuerungs- und Umsetzungsmaßnahmen, passt diese bei Bedarf an | ▶ Informiert über Erfolg, Fortschritte und Auswirkungen der implementierten Maßnahmen |
| ▶ Fordert betriebswirtschaftliche Unterstützung und Informationen an | ▶ Liefert betriebswirtschaftliche Unterstützung und Informationen |
| ▶ Trifft Führungsentscheidungen auf Basis des Zielsystems und vorliegender Datenkonstellationen | ▶ Schlägt Führungsmaßnahmen vor bzw. ermittelt laufend deren Zielerreichungsgrade |
| → „Entscheider, Kapitän" | → „Lotse, Navigator" |

Das **„Controller-Leitbild"** der International Group of Controlling enthält folgende Elemente (vgl. *http://www.igc-controlling.org/DE/_leitbild/leitbild.php*):

„Controller gestalten und begleiten den Management-Prozess der Zielfindung, Planung und Steuerung und tragen damit eine Mitverantwortung für die Zielerreichung. Das heißt:

▶ Controller sorgen für Strategie-, Ergebnis-, Finanz- und Prozesstransparenz und tragen somit zu höherer Wirtschaftlichkeit bei.

▶ Controller koordinieren Teilziele und Teilpläne ganzheitlich und organisieren unternehmensübergreifend das zukunftsorientierte Berichtswesen.

▶ Controller moderieren und gestalten den Management-Prozess der Zielfindung, der Planung und der Steuerung so, dass jeder Entscheidungsträger zielorientiert handeln kann.

▶ Controller leisten den dazu erforderlichen Service der betriebswirtschaftlichen Daten- und Informationsversorgung.

▶ Controller gestalten und pflegen die Controllingsysteme."

Das Aktivitätenspektrum des Controllings hat sich in der Vergangenheit ständig erweitert. **Aufgabenschwerpunkte** des modernen Controllings sind heute die

▶ steuerungsorientierte Gestaltung und Auswertung des Rechnungswesens (externes Rechnungswesen, Kostenrechnung, betriebliche Statistik);

▶ Steuerung des Finanzwesens (Finanz- und Liquiditätsplanung, Investitionsplanung, Liquiditätssicherung, Kapitalbeschaffung, Wirtschaftlichkeitsrechnungen);

▶ Planung und Kontrolle (Implementierung von Systemen der Planungs- und Kontrollrechnung, Koordination der Systeme, Budgetierung und Budgetkontrolle, Durchführung von Soll-Ist-Vergleichen und Abweichungsanalysen);

▶ Gestaltung des Informationswesens (Entwicklung und Implementierung von Managementinformationssystemen, Sicherstellung der Informationsversorgung, Informationsanalysen);

- zuweilen auch die Gestaltung des Internen Überwachungssystems, d. h. aller organisatorischen Sicherungsmaßnahmen, Kontrollen und Prüfungen zum Zwecke der Sicherung des Vermögens vor Verlusten, der Gewährleistung der Ordnungsmäßigkeit der Rechnungslegung und Berichterstattung, der Förderung des betrieblichen Wirkungsgrads sowie der Einhaltung der Geschäftspolitik;
- allgemein die Beratung, Datengewinnung und Entscheidungsvorbereitung sowie der Entwurf, Vorschlag und die Bewertung von Problemlösungsalternativen für die Geschäftsführung im Rahmen der betrieblichen Disposition.

Aus unternehmensinstitutioneller Sicht kann die managementunterstützende Bedeutung des Controllings insbesondere aus der in § 93 Abs. 1 Satz 2 AktG kodifizierten **Business Judgement Rule** abgeleitet werden (vgl. auch die Ausführungen in Kapitel VI.2.5 zum Deutschen Corporate Governance Kodex). Eine unentziehbare Managementaufgabe ist die Entwicklung der strategischen Ausrichtung des Unternehmens, deren Abstimmung mit dem Aufsichtsrat und Umsetzung. Insbesondere bei krisenhaften Entwicklungen stellt sich die Frage nach der möglichen Verletzung der Sorgfaltspflicht durch die Leitungsperson bzw. das Leitungsgremium. Eine solche liegt nicht vor, wenn das Vorstandsmitglied bei einer unternehmerischen Entscheidung vernünftigerweise annehmen durfte, auf der Grundlage angemessener Information zum Wohle der Gesellschaft zu handeln.

An dieser Generalnorm wird die **überragende Bedeutung eines sachgemäßen, nachvollziehbaren Controllings** deutlich, denn ein entsprechender Nachweis kann nur geführt werden auf Grundlage

- einer eindeutig spezifizierten Informations- bzw. Datenbasis,
- von als solchen gekennzeichneten und auf Plausibilität und Widerspruchsfreiheit überprüften Prämissen an die Entwicklung entscheidungsrelevanter Parameter,
- von auf Eignung und Erfüllung aller Anwendungsvoraussetzungen überprüften Methoden der Datenverarbeitung und nachfolgenden Entscheidungsfindung,
- einer nachvollziehbaren Ableitung von Handlungskonsequenzen aus den erhaltenen Ergebnissen und
- einer Überprüfung des Ergebnisses auf Robustheit in Bezug auf mögliche künftige Entwicklungen, die nicht den unternehmerischen Planwerten entsprechen.

Dem Controlling und dort dem Berichtswesen obliegt es, die Ablaufschritte der Strategiebildung und -umsetzung sowie die hierfür herangezogenen externen und internen Informationsquellen und Informationen umfassend zu dokumentieren, um die Beachtung der Sorgfaltspflichten im Krisen- und Streitfall nachweisen zu können.

In zeitlicher Entwicklungsperspektive lässt sich feststellen, dass das Controlling immer weiter von herkömmlichen Buchhaltungs- und Rechnungswesenthemen abrückt. Auch Fragen der betrieblichen Kalkulation sowie Finanzplanung werden zunehmend in eigenen Instanzen behandelt. Fragen der Besteuerung und Steueroptimierung sind traditionell kein Thema des Controllings. Demgegenüber nehmen Aufgabenfelder der

- Mitgestaltung der Unternehmensziele und Unternehmenspolitik,
- Unterstützung und Umsetzung der Führungsentscheidungen sowie

- mitlaufenden Plankontrolle, Soll-Ist- und Abweichungsanalyse i. S. eines Management-Informationssystems

immer breiteren Raum ein.

Die Realisierung der Aufgaben des Controllings erfolgt typischerweise im Rahmen der folgenden Prozessschritte:

| ABB. 9: | Realisierungsphasen des Controllings |
|---|---|
| 1. Vorbereitung | **Bestandsaufnahme** |
| | ▶ Unternehmensziele und -strategien, Planung und Budgetierung |
| | ▶ Führungs- und Organisationsstruktur |
| | ▶ Kosten-, Leistungs- und Ergebnisrechnung |
| | ▶ Informationssysteme |
| | **Zustands- und Bedarfsanalyse** |
| | ▶ Prüfung des Ist-Zustands, Analyse von Bestimmungsfaktoren |
| | ▶ Konzeption aller noch erforderlichen Maßnahmen zur Beseitigung vorhandener Schwachstellen und Schaffung notwendiger Voraussetzungen |
| | **Grundlagenentwicklung und Entscheidung** |
| | ▶ Erstellung von Aktionsrahmen, Aufgabenkatalog und Verfahrenskonzept für das Controlling |
| | ▶ Abstimmung der vorgeschlagenen Maßnahmen mit dem Controlling-Konzept, Festlegung des Konzepts |
| 2. Einrichtung | **Grundlageninstallation** |
| | ▶ Implementierung von Verbesserungsmaßnahmen und Optimierungen |
| | ▶ Festlegung von Zielgrößen und Plandaten |
| | ▶ Einrichtung von Hilfsfunktionen der Kostenrechnung und Datenerfassung |
| | ▶ Formalisierung des Berichtssystems, kontinuierliche Beschaffung externer Informationen |
| | ▶ Information und Einweisung |
| | ▶ Entwicklung von Zielvereinbarungen mit betroffenen Führungskräften hinsichtlich der Realisierung des Controlling-Konzepts |
| | **Prüfung und Überwachung** |
| | ▶ Überprüfung aller neu installierten oder verbesserten Systeme in Organisation und betrieblichem Rechnungswesen während der Anlaufphase auf ihre Funktionsfähigkeit |
| | ▶ ggf. Vornahme von Korrekturen |

| | |
|---|---|
| 3. Durchführung | **Periodischer Soll-Ist-Vergleich**<br>▶ Aufbereitung und Auswertung der erfassten Daten<br>**Abweichungsanalyse**<br>▶ Untersuchung abweichender Ergebnisse und Ermittlung der Ursachen<br>**Ergebnisbericht**<br>▶ Auswertung und Erläuterung der Ergebnisse<br>▶ Vorschläge zur Ursachenbeseitigung, Kostensenkung, Ertragssteigerung<br>**Maßnahmenverfolgung**<br>▶ Kontrolle eingeleiteter Maßnahmen auf Fortschritt und Ergebnis<br>Planentwicklung<br>**Planentwicklung**<br>▶ Plankorrekturen, Ergebnisrechnungen, Erarbeitung der Plandaten für Folgeperioden |

Aus der dargelegten Querschnittsfunktion des Controllings erwächst ein komplexes **Anforderungsprofil** an entsprechende Stelleninhaber:

| ABB. 10: | Anforderungsprofil des Controllers |
|---|---|
| **Anforderungsprofil des Controllers** ||
| **Persönliche Anforderungen** | **Fachliche Anforderungen** |
| ▶ Moderationsfähigkeit<br>▶ Kooperations- und Teamfähigkeit<br>▶ Fähigkeit zu selbständigem Arbeiten<br>▶ Analytische und konzeptionelle Fähigkeiten<br>▶ Durchsetzungsvermögen<br>▶ Führungsfähigkeit<br>▶ Einsatzbereitschaft<br>▶ (In internationalen Unternehmen) interkulturelle Kompetenzen | ▶ Betriebswirtschaftliches Studium<br>▶ Gute Kenntnisse des Finanz- und Rechnungswesens sowie der Kostenrechnung und Kalkulation<br>▶ Berufsausbildung, einschlägige praktische (branchenbezogene) Erfahrung<br>▶ Gute IT-Kenntnisse<br>▶ (In internationalen Unternehmen) gute Fremdsprachenkenntnisse |

Somit muss der Controller nicht allein hervorragende Facharbeit leisten, sondern vor allem gegenüber zahlreichen Anspruchsgruppen im Betrieb integrieren und überzeugen. Hierfür bedarf es erheblicher Anforderungen an seine sozialen Kompetenzen.

Hierbei kann die Bedeutung der Moderationsfähigkeit im Ergebnis nicht genug betont werden, sie erwächst aus den nachstehend dargestellten, typischen **Problemfeldern** und **Widerständen** gegenüber dem Controlling:

▶ Der Bereich „kaufmännische Verwaltung" ist nicht gleichbedeutend mit einer Controlling-Abteilung.

▶ Die Einführung einer Controlling-Abteilung ersetzt nicht die Unternehmensleitung.

▶ Gegen die Einführung des Controlling besteht Widerstand, da es mit Kontrolle assoziiert wird. Diese Kontrolle würde, so die weit verbreitete Meinung, von Fach- und Marktfremden durchgeführt und damit unsachgemäß gehandhabt.

- Controlling ist kein Selbstzweck, sondern hat zielorientierte, entscheidungsunterstützende Funktion.
- Controlling bedeutet keinesfalls die Förderung von Bürokratismus.
- Controlling wird in Schwächephasen hastig als Allheilmittel implementiert, um in Zeiten wirtschaftlicher Erholung und abnehmenden Kostendrucks wieder in Vergessenheit zu geraten, d. h. Controlling wird als eine vorübergehende Modeerscheinung abgetan.
- Das Controlling-Konzept muss von allen Beteiligten akzeptiert und unterstützt werden.
- Möglicherweise, aber nicht notwendigerweise, ist bei der Einführung von Controlling-Systemen der Einsatz externer Berater sinnvoll. Einerseits wird durch die Einbindung externer Berater eine Betriebsblindheit vermieden und ein gewisses Maß an Objektivität erzeugt, andererseits gerade Akzeptanzproblemen Vorschub geleistet.

Vom Controlling abzugrenzende Instanzen bilden die Interne Revision und das Treasury.

Der **Internen Revision** obliegt die vergangenheitsgerichtete Überprüfung der Zweckmäßigkeit und Wirksamkeit des Internen Überwachungssystems. Dies geschieht mit Hilfe körperlicher Prüfungen (Vermögensprüfungen) oder Systemprüfungen (Prüfung der Aufbau- und Ablauforganisation, Prüfung von Geschäftsprozessen). Somit nimmt die Revision nur einen Teilbereich des Controllings wahr, und zwar die Kontrollfunktion.

Typischerweise bildet die Interne Revision eine unmittelbar dem obersten Leitungsorgan unterstellte Stabseinheit, die im Auftrag der Leitung laufende oder fallweise Kontrollen vornimmt. Aus diesem Grund darf sie nicht in die zu überprüfenden Tatbestände oder Prozesse integriert sein. Hierin liegt ein wesentlicher Unterschied zum Controlling begründet, das auch prozessbegleitend erfolgen kann.

Um eine Selbstprüfung zu vermeiden, sollten die Funktionen des Controllers und des Innenrevisors deshalb nicht vereinigt werden.

Das **Treasury** hat die Planung und Überwachung des Zahlungsverkehrs und aller Maßnahmen der Kapitalbeschaffung, -umschichtung, -rückzahlung und -anlage in Bezug auf die Optimierung von Fristen und Kosten zur Aufgabe. Es handelt sich somit dem Grunde nach um eine integrierte Management- und Controllingfunktion, die in Bezug auf den Faktor „Kapital" bzw. „Liquidität" spezifiziert ist.

| ABB. 11: | Abgrenzung von Controlling, Interner Revision und Treasurer | | |
|---|---|---|---|
| Controller | Interner Revisor | | Treasurer |
| **Gemeinsamkeiten** | | | |
| ▶ Tätigkeit mit gesamtunternehmensbezogener, abteilungsübergreifender Tragweite<br>▶ Unscharfe Aufgabenprofile<br>▶ Komplexe Anforderungsprofile an Stelleninhaber<br>▶ Ziel der Verminderung von Unsicherheit über künftige Entwicklungen | | | |
| **Unterschiede** | | | |
| ▶ (Mit-)Gestaltung der Unternehmensziele mit dem Ziel der Vermögensmehrung<br>▶ Kontinuierliche Begleitung der Zielbildung und Zielerreichung<br>▶ Beratung bei der Entscheidungsfindung durch Erhebung und Auswertung relevanter Daten<br>▶ Unterstellung von Daten- und Methodenrichtigkeit | ▶ Überprüfung der Einhaltung der Unternehmensziele mit dem Ziel des Vermögensschutzes<br>▶ Situative, schwerpunktwechselnde Überwachungstätigkeit<br>▶ Prüfung des Betriebsgeschehens auf Ordnungsmäßigkeit, Zweckmäßigkeit, Wirtschaftlichkeit<br>▶ Überprüfung der Daten- und Methodenrichtigkeit | | ▶ Sicherung des Unternehmensfortbestands (Vermeidung von Überschuldung und Zahlungsunfähigkeit)<br>▶ Minimierung der Kapitalkosten, Optimierung des Finanzerfolgs<br>▶ Koordinierung der Zahlungsströme nach bzw. von außen sowie innerhalb des Unternehmensverbunds (Cash Management |

## 4. System, Elemente und Ebenen des Controllings

Controlling als die unternehmenszielorientierte Koordination der Planung, Steuerung, Kontrolle und Informationsversorgung umfasst folgende **Elemente**:

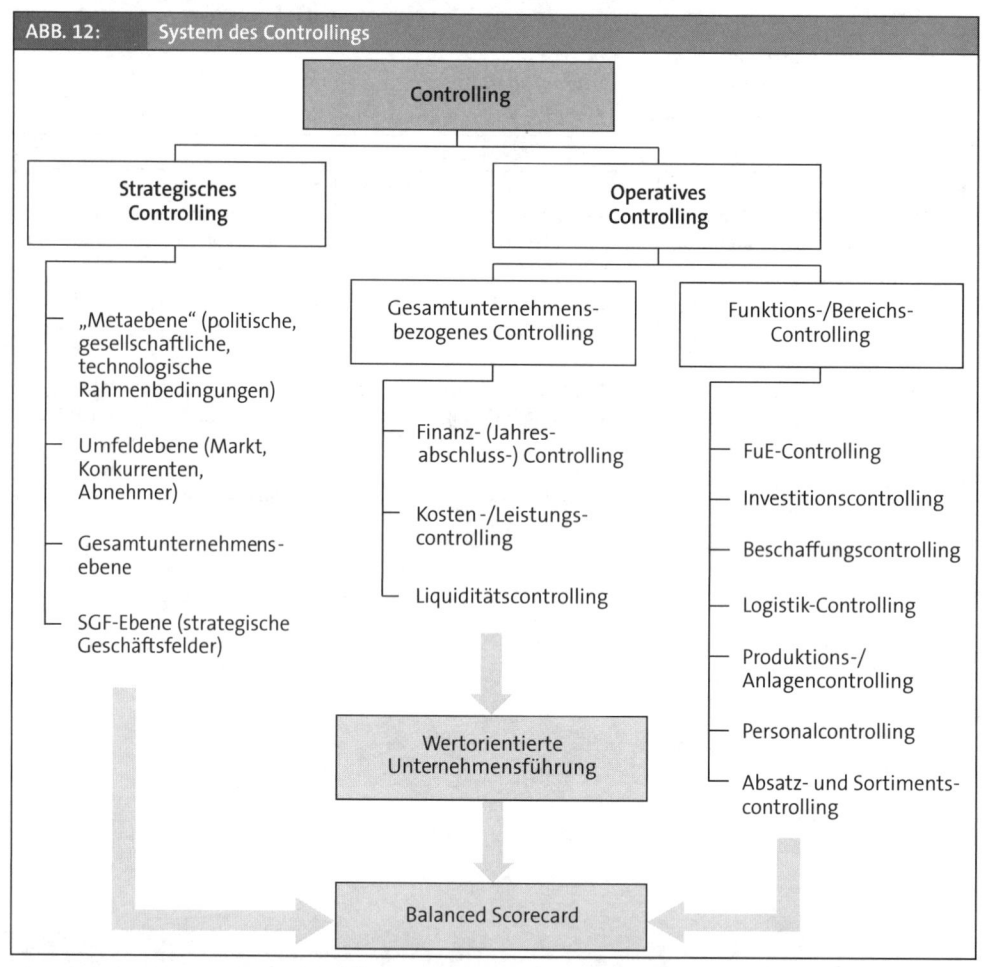

**ABB. 12: System des Controllings**

```
                            Controlling
                 ┌──────────────┴──────────────┐
         Strategisches                   Operatives
         Controlling                     Controlling
                                 ┌──────────────┴──────────────┐
                         Gesamtunternehmens-           Funktions-/Bereichs-
                         bezogenes Controlling         Controlling
```

Strategisches Controlling:
- „Metaebene" (politische, gesellschaftliche, technologische Rahmenbedingungen)
- Umfeldebene (Markt, Konkurrenten, Abnehmer)
- Gesamtunternehmensebene
- SGF-Ebene (strategische Geschäftsfelder)

Gesamtunternehmensbezogenes Controlling:
- Finanz- (Jahresabschluss-) Controlling
- Kosten-/Leistungscontrolling
- Liquiditätscontrolling

Funktions-/Bereichs-Controlling:
- FuE-Controlling
- Investitionscontrolling
- Beschaffungscontrolling
- Logistik-Controlling
- Produktions-/Anlagencontrolling
- Personalcontrolling
- Absatz- und Sortimentscontrolling

→ Wertorientierte Unternehmensführung → Balanced Scorecard

Zur Wahrnehmung des strategischen Controllings ist die Kenntnis von Spezifika der Markt-, Konkurrenz- und Kundenverhältnisse unabdingbar. Damit erstreckt sich die Informationsversorgung auch auf nicht-finanzielle Informationen und deren Früherkennung. Die nachfolgende Überleitung auf die operative Ebene erfolgt auf Basis
- ▶ gesamtunternehmensbezogener Rechnungslegungswerke und
- ▶ funktionsbezogener Rechenwerke, insbesondere von Betriebsstatistiken.

Die wertorientierte Unternehmensführung betrifft alle quantitativ abbildbaren Controllingebenen und -bereiche (Liquiditätsplan, Jahresabschluss und Kostenrechnung), die Balanced Scorecard darüber hinaus auch qualitative und strategische Aspekte wie die Innovationsfähigkeit oder die Entwicklung des Humankapitals; es handelt sich somit beim letztgenanntem um ein alle Ebenen integrierendes Controlling-Instrument.

Auf der Makroebene stellt das Controlling aber seinerseits ein **Subsystem des umfassenden unternehmerischen Risikomanagementsystems** dar, welches zusätzlich aus dem Frühwarnsystem und dem internen Überwachungssystem gebildet wird.

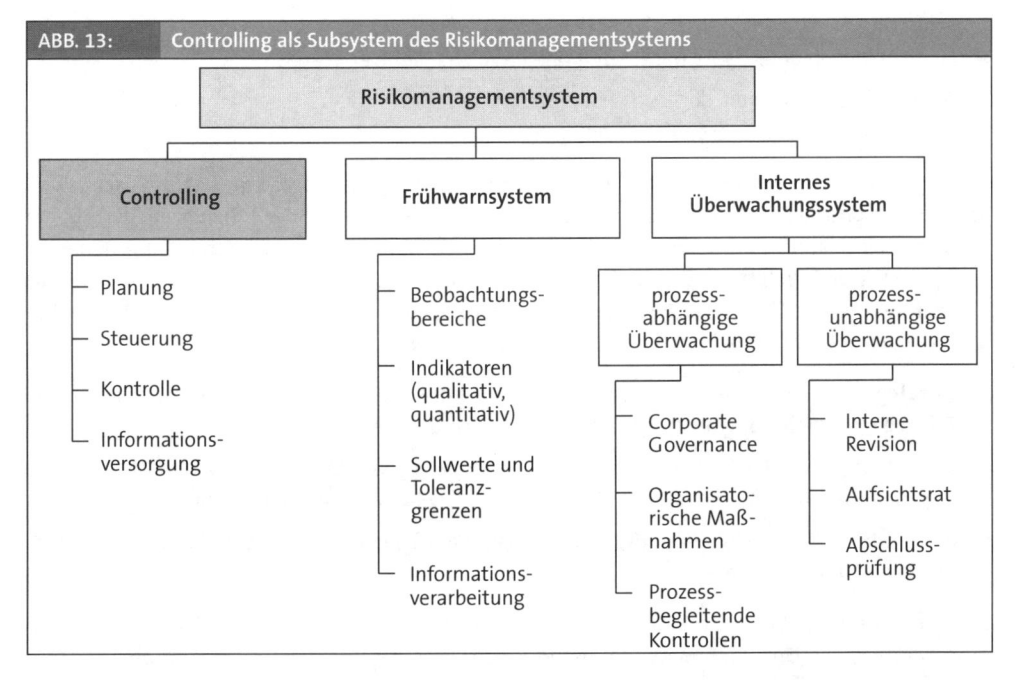

**ABB. 13: Controlling als Subsystem des Risikomanagementsystems**

Risikomanagementsystem
- Controlling
  - Planung
  - Steuerung
  - Kontrolle
  - Informationsversorgung
- Frühwarnsystem
  - Beobachtungsbereiche
  - Indikatoren (qualitativ, quantitativ)
  - Sollwerte und Toleranzgrenzen
  - Informationsverarbeitung
- Internes Überwachungssystem
  - prozessabhängige Überwachung
    - Corporate Governance
    - Organisatorische Maßnahmen
    - Prozessbegleitende Kontrollen
  - prozessunabhängige Überwachung
    - Interne Revision
    - Aufsichtsrat
    - Abschlussprüfung

**Quelle: I. A. a. *Lück*, in: DB 1998, S. 9 ff.**

Die Darlegungen dieses Werks beschränken sich auf allgemeingültige, branchenunspezifische Tatbestände des Controllings, also das

▶ strategische Controlling und das

▶ operative Controlling auf Basis der unternehmensbezogenen Rechnungslegung.

Daneben werden

▶ Schnittstellen zwischen dem Controlling und anderen Subsystemen des gesamtunternehmensbezogenen Steuerungssystems sowie

▶ das Risikomanagementsystem als Obersystem des Controllings

behandelt. Verzichtet wird auf eine Darstellung der Ansätze des operativen Funktions- bzw. Bereichs-Controllings, weil dessen Bedeutung und Ausgestaltung von Branche sowie Größe und Komplexität des Geschäftsbetriebs im Einzelfall abhängt, wie z. B.

▶ Charakterisierung des Leistungserstellungsprozesses als eher anlage-, material- oder personalintensiv,

▶ Beschaffenheit der Leistungen und Relevanz der Lagerhaltung, d. h. Erstellung lagerfähiger Erzeugnisse bzw. nicht lagerfähiger (Dienst-)Leistungen,

- Vorhandensein eigener Forschungs- und Entwicklungsaktivitäten oder Zukauf diesbezüglicher Ergebnisse von außen,
- Höhe des Wertschöpfungsgrads als Konsequenz von Make-or-buy-Entscheidungen, z. B. Outsourcing der Lagerhaltung oder von Logistikleistungen,
- Einzugsbereich des Absatzmarkts (regionaler versus globaler Markt),
- Art und Beschaffenheit der Vertriebswege (stationärer Verkauf, Streckengeschäft, Kommissions- oder Provisionsgeschäft, E-Commerce).

Analog zur Unterscheidung von strategischer und operativer Planung werden strategisches und operatives Controlling getrennt. Das strategische Controlling dient der Effizienzsteigerung der strategischen Planung und damit der Sicherung der vorhandenen und Erschließung neuer Erfolgspotenziale. Es liefert die verbindlichen Vorgaben für das operative Controlling, welches die Zielrealisierung und Zielerreichungskontrolle gewährleistet. Daher schließen sich strategisches und operatives Controlling nicht aus, sondern ergänzen einander.

Das **strategische** Controlling ist langfristig orientiert (Planungshorizont drei bis fünf Jahre) und betrifft die Unternehmung als Ganzes. Es bedient sich der Methoden

- der Markt- und Wettbewerbs-Analyse, Szenario-Analyse, Stärken-Schwächen-Analyse und Gap-Analyse zur risikoorientierten Beurteilung des gegenwärtigen Potenzials,
- der Produktlebenszyklus-Planung, Erfahrungskurven-Theorie und Portfolio-Analyse zur Entwicklung künftiger Strategien.

Durch das strategische Controlling werden die Controllingaufgaben im Hinblick auf die strategische Führung des Unternehmens wahrgenommen. Dies geschieht über die Koordination von strategischer Planung und Kontrolle mit der strategischen Informationsversorgung.

Das **operative** Controlling erfüllt demgegenüber kurz- und mittelfristige Steuerungsfunktionen auf Basis der gegebenen strategischen Planungsergebnisse. Der Planungshorizont beträgt dabei ein Jahr, maximal zwei Jahre. Die operativen Rechenwerke unterliegen somit einer fortlaufenden Datenanpassung in Form einer rollierenden Planung (periodisch fortgeschriebene und aktualisierte Planung) und beinhalten

- die problemorientierte Analyse der Daten der Kosten- und Leistungsrechnung (gegliedert nach Kostenarten, Kostenstellen und Kostenträgern), z. B. für die Zwecke der Preiskalkulation, der Wirtschaftlichkeit und der erfolgsorientierten Beständebewertung,
- daraus abgeleitet das Kostenmanagement (wie etwa Deckungsbeitragsanalyse, Break-even-Analyse, Gemeinkostenmanagement),
- die Aufstellung unterjähriger sowie segmentierter Erfolgsrechnungen, typischerweise auf Basis von Produkten, Kunden oder Regionen,
- die Budgetierung und Budgetkontrolle (Beschaffung, Absatz und Finanzen), wobei unter Budgets die Vorgabe von Leistungs- und Kostenzielen für einzelne Kostenstellen verstanden wird,
- das Berichtswesen, gegliedert nach (zukunftsgerichtetem) Forecasting und (vergangenheitsgerichtetem) Reporting (Plan-Jahresabschlüsse, Abweichungsanalyse auf Soll-Ist- bzw. Ist-Ist-Basis, Jahresabschluss- und Finanzkennzahlenanalyse).

| ABB. 14: | Abgrenzung zwischen strategischem und operativem Controlling | |
|---|---|---|
| Merkmal | Strategisches Controlling | Operatives Controlling |
| Hierarchische Stufe | oberste Führungsebene | Einbeziehung aller Stufen mit Schwerpunkt auf mittlerer Führungsebene |
| Orientierung | primär Richtung Umwelt | primär nach innen (Leistungserstellung) |
| Zeithorizont | langfristig (drei bis fünf Jahre) | kurz- bis mittelfristig (max. zwei Jahre) |
| Unsicherheit | eher hoch | eher niedrig |
| Art der Probleme | meistens unstrukturiert, unscharf | strukturiert, konkret und repetitiv |
| Alternativen | weites Spektrum an Alternativen | Spektrum eingeschränkt |
| Umfang | Konzentration auf einzelne wichtige Problemstellungen | umfasst alle funktionellen Bereiche und integriert alle Teilpläne |
| Detaillierungsgrad | grober und weniger detailliert | relativ groß |
| Zielgrößen | Existenzsicherung, Erfolgspotenzial | Wirtschaftlichkeit, Gewinn, Rentabilität |
| Dimensionen | Chancen/Risiken, Stärken/Schwächen | Aufwand/Ertrag, Kosten/Leistungen |
| Methoden | Analyse der gegenwärtigen Potenziale:<br>► Szenario-Analyse<br>► Markt- und Wettbewerbsanalyse<br>► Stärken-Schwächen-Analyse<br>► Gap- (Lücken-)Analyse<br>Entwicklung zukünftiger Strategien:<br>► Produktlebenszyklus-Analyse<br>► Erfahrungskurven-Analyse<br>► Portfolio-Analyse | Rechnungslegungsorientiert:<br>► Jahresabschluss<br>► Kostenrechnung<br>► Kostenmanagement<br>Erfolgsrechnung inkl. Segmentbetrachtung (kunden-, produkt-, regionenorientiert, …)<br>► Budgetierung, Budgetkontrolle<br>► Berichtswesen<br>► Investitions- und Finanzplanung |
| Leitsatz | „to do the right things" | „to do the things right" |

Das entscheidende Abgrenzungsmerkmal ist aber nicht die Fristigkeit bzw. der Zeithorizont, sondern der Grad der Einbeziehung der Umweltbedingungen, von deren Veränderungen und entsprechender Diskontinuitäten. D. h. insbesondere, eine langfristige Planung ist nicht automatisch eine strategische Planung.

Vom strategischen wird zuweilen noch das **taktische** Controlling abgespalten, das der Konkretisierung und Quantifizierung der strategischen Planung – etwa im Rahmen der Bedarfs- und Beschaffungsplanung – in mittelfristiger Sicht dient, zugleich aber in aggregierterer Form als das operative Controlling abgefasst ist.

Die Inhalte der Planungsebenen lassen sich z. B. wie folgt konkretisieren:

| ABB. 15: | Inhalte der strategischen und operativen Controllingebene | |
|---|---|---|
| Merkmal | Strategisches Controlling | Operatives Controlling |
| Controlling-entschei-dungen | Standortcontrolling<br>Investitionscontrolling (Kapazitätsgröße)<br>Vorzuhaltende Fazilitäten und Elemente | Absatzcontrolling (unterjährig)<br>Preiscontrolling (Preiskategorien, Paketpreise, Preisnachlässe)<br>Maßnahmen zur Auslastungssteigerung |
| Leitsatz | „Wie groß und wie beschaffen muss die neu zu errichtende Kapazität sein?" | „Wie kann mit der bestehenden Kapazität der höchste Zielerreichungsgrad (Umsatz, Gewinn, Cashflow) realisiert werden?" |
| | Vor der Investition | Während der Nutzung |

Das strategische Controlling zielt auf den langfristigen Erfolg des Marktauftritts im Ganzen ab. Insbesondere werden Leistungsprogramm, Standorte und Kapazitäten auf ihre nachhaltigen Erfolgsbeiträge hin analysiert und ggf. angepasst.

Aus Sicht des operativen Controllings hingegen sind Leistungsprogramm bzw. Kapazitäten fix i. S. von „nicht unmittelbar disponibel", Investitions- oder Desinvestitionsentscheidungen sind jedenfalls oberhalb einer gewissen Größenordnung keine Gegenstände der operativen Planung. Letztere zielt vielmehr auf eine optimale Ausnutzung der Kapazität ab, mithin sind Fragen der Auftragsannahme und der Preisuntergrenze (bei freien Kapazitäten) oder der Engpassplanung (bei knappen Kapazitäten) zu klären.

Hieraus folgt auch die im Rahmen des Kostencontrollings noch näher zu fundierende Konsequenz, dass strategische Entscheidungen alle Kosten berücksichtigen müssen (Vollkostenrechnung), während operativen Entscheidungen nur die mit der Kapazitätsauslastung variierenden Kosten zugrunde liegen (Teilkostenrechnung).

Das Zusammenspiel zwischen dem strategischen und dem operativen Controlling lässt sich im Ergebnis anhand des folgenden Ablaufdiagramms darstellen.

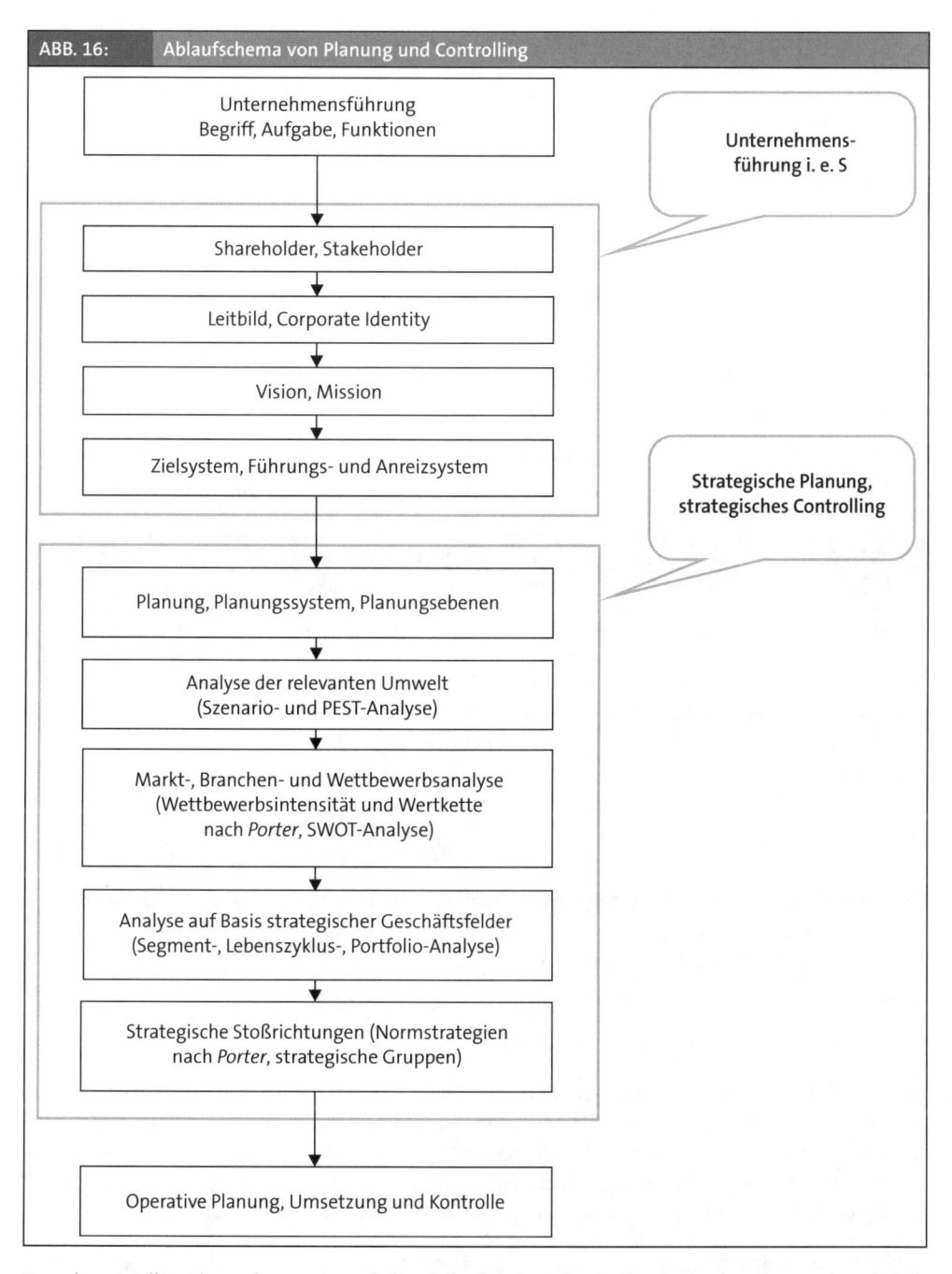

## ABB. 16: Ablaufschema von Planung und Controlling

```
Unternehmensführung
Begriff, Aufgabe, Funktionen
```
→ Unternehmensführung i. e. S

```
Shareholder, Stakeholder
    ↓
Leitbild, Corporate Identity
    ↓
Vision, Mission
    ↓
Zielsystem, Führungs- und Anreizsystem
```

→ Strategische Planung, strategisches Controlling

```
Planung, Planungssystem, Planungsebenen
    ↓
Analyse der relevanten Umwelt
(Szenario- und PEST-Analyse)
    ↓
Markt-, Branchen- und Wettbewerbsanalyse
(Wettbewerbsintensität und Wertkette
nach Porter, SWOT-Analyse)
    ↓
Analyse auf Basis strategischer Geschäftsfelder
(Segment-, Lebenszyklus-, Portfolio-Analyse)
    ↓
Strategische Stoßrichtungen (Normstrategien
nach Porter, strategische Gruppen)
    ↓
Operative Planung, Umsetzung und Kontrolle
```

Das dargestellte Phasenkonzept und die aufgeführten Controllinginstrumente werden detailliert im Kapitel II behandelt.

## 5. Organisatorische Einbettung des Controllings

Der Controller ist zum einen Lotse oder Navigator, der auch unternehmensexterne Sachverhalte bzw. Tendenzen analysiert. Zum anderen stellt er eine Integrationsfigur im Unternehmen dar, d. h., er hält laufenden Kontakt zu allen Entscheidungsträgern, entlastet die Geschäftsführung durch eine sachgerechte Informationsversorgung und entwickelt ein System von Informationsströmen.

Die Informationsversorgungsfunktion umfasst im Einzelnen:

- die Bereitstellung von Informationen über relevante Entwicklungen in der Zukunft (Prognosen),
- die Bereitstellung von Methodenwissen für Problemlösungen,
- die Dokumentation von Planungsergebnissen,
- die Information aller für die Plandurchführung und Plankontrolle Verantwortlichen,
- die Erhebung der Ist-Daten sowie die Ermittlung und Analyse der Abweichungen.

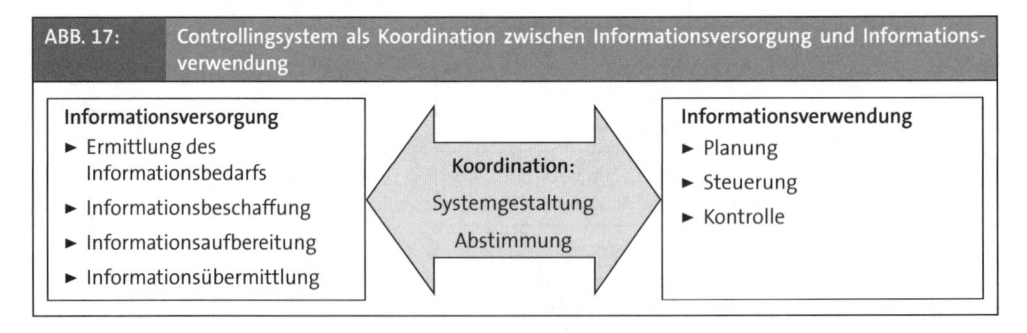

**ABB. 17:** Controllingsystem als Koordination zwischen Informationsversorgung und Informationsverwendung

| Informationsversorgung | Koordination: Systemgestaltung Abstimmung | Informationsverwendung |
|---|---|---|
| ▶ Ermittlung des Informationsbedarfs<br>▶ Informationsbeschaffung<br>▶ Informationsaufbereitung<br>▶ Informationsübermittlung | | ▶ Planung<br>▶ Steuerung<br>▶ Kontrolle |

Quelle: I. A. a. *Horváth*, in: WiSt 1983, S. 349.

Das Controlling hat damit die Aufgabe, die zielorientierte Unternehmenssteuerung insbesondere auf Grundlage der Datenbasis des betrieblichen Rechnungswesens sicherzustellen. Ihm kommt eine Mittlerrolle zu zwischen

- der Gesamtunternehmensebene und der Funktions-Bereichs-Ebene sowie
- der langfristigen und kurzfristigen Planungsebene.

Darüber hinaus obliegt es dem Controlling, eine Rückkopplung zwischen Planung, Realisierung und Kontrolle sicherzustellen. Hierbei entlastet es jedoch nicht die Geschäftsleitung von ihrer originären dispositiven Aufgabe, unter Berücksichtigung aller Anspruchsgruppen ein verbindliches Zielsystem der Unternehmung festzulegen. Allenfalls kann es moderierend und beratend am von der Geschäftsleitung zu verantwortenden Zielbildungsprozess teilnehmen.

Zur Wahrnehmung der Controlling-Funktion sind verschiedene organisatorische Lösungen entwickelt worden. So kann eine entsprechende Stabsabteilung direkt der Geschäftsführung unterstellt werden, oder es werden funktional und/oder divisional dezentrale Stellen eingerichtet.

| ABB. 18: | Organisation des Controllings | | |
|---|---|---|---|
| Vor- und Nachteile von Controlling als ... | | | |
| ... Linienfunktion | | | ... Stabsstelle |
| ▶ Höhere Akzeptanz (durch Marktbezug)<br>▶ Weisungsbefugnis (direkte Umsetzung von Entscheidungen möglich)<br>▶ Höhere Verantwortung durch Entscheidungskompetenz | Vor-<br>teile | | ▶ Kontinuierliche Konzentration auf die Controllingfunktion möglich<br>▶ Bildung von Spezialwissen<br>▶ Gesamtunternehmensbezogene Sichtweise |
| ▶ Beeinträchtigung durch das Tagesgeschäft; keine kontinuierliche Funktionsausfüllung möglich<br>▶ Betriebsblindheit durch Abteilungsdenken<br>▶ Überlastung | Nach-<br>teile | | ▶ Geringere Akzeptanz<br>▶ Abwendung vom Tagesgeschäft<br>▶ Trennung von Kompetenz und Entscheidung<br>▶ Informationelle Abhängigkeit der Linie vom Stab |

Die Ausgestaltung des Controllings als **Linienfunktion** hat den Nachteil, dass Beeinträchtigungen durch das laufende Tagesgeschäft zu Lasten der Kontinuität und Intensität der Funktionserfüllung auftreten, auch besteht die Gefahr einer „Betriebsblindheit" des Controllers aufgrund seiner Integration in Umsatzgeschäfte. Vorteilhaft ist die direkte Weisungsbefugnis, die höhere Verantwortung und Autorität.

Eine **Stabsstelle** birgt die Gefahr einer geringeren Akzeptanz der Controlling-Instanz im Unternehmen wie auch die Möglichkeit, dass die Funktionserfüllung zum Selbstzweck wird. Vorteilhaft ist allerdings die weitgehende Befreiung vom Tagesgeschäft.

Neben einer einzigen „Stabsstelle Controlling" ist auch die Einrichtung von komplexen „Stabshierarchien" möglich, d. h. die Stabsstelle wird durch eine Linienstruktur unterlegt, indem etwa dem Leitungsbereich „Zentralcontrolling" Sparten- oder Funktionscontrolling-Abteilungen, -Referate oder -Stellen unterstehen.

Insbesondere für kleinere und mittlere Unternehmen ist die Errichtung einer eigenen Controlling-Stelle häufig zu kostenintensiv. Hier bietet sich die Wahrnehmung der erforderlichen Funktionen durch schon bestehende, verwandte Stellen an, so z. B. durch den Leiter Rechnungswesen oder die Unternehmensleitung selbst. Häufig erfolgt eine Auslagerung der Controlling-Funktion auf Externe, insbesondere den steuerlichen Berater.

Schließlich werden zunehmend Projektteam- („**task forces**")-Lösungen favorisiert, die die Vorteile von Linienstellen mit denen von Stabsstellen vereinigen, indem projektbezogene Teams – bestehend aus geeigneten Linien-Fachkräften – für die Lösung bestimmter Steuerungsprobleme vorübergehend gebildet werden. Die Teammitglieder werden für die Dauer der Teamzugehörigkeit (teilweise) von ihren Linienaufgaben befreit.

Allerdings ist durch Bildung von Projektteams keine kontinuierliche Arbeitsweise gewährleistet. Sie eignen sich nur für selten auftretende, ungewöhnliche Probleme, etwa im Rahmen der Neueinführung von Systemen oder Prozessen (z. B. Euro-Umstellung, Jahrtausendwechsel in der IT etc.).

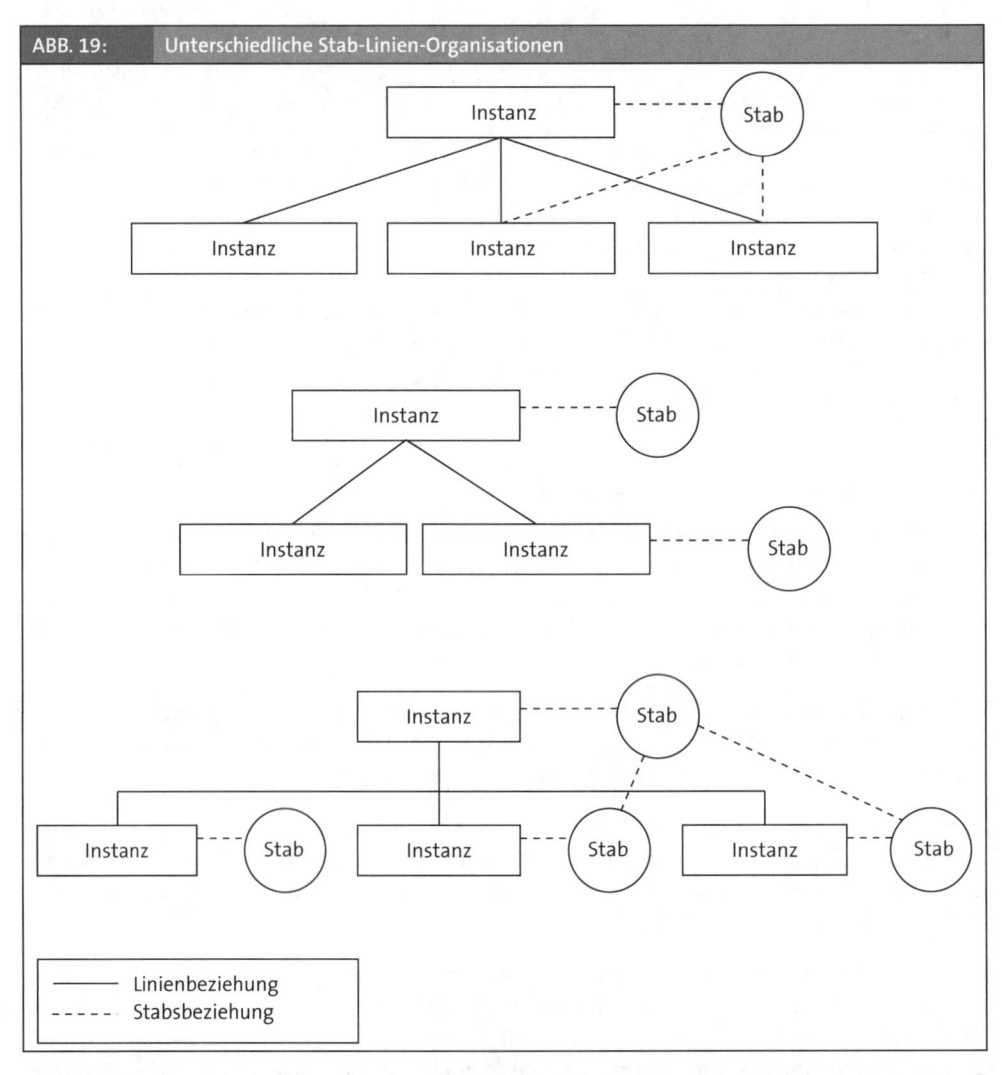

**ABB. 19: Unterschiedliche Stab-Linien-Organisationen**

— Linienbeziehung
---- Stabsbeziehung

Zusammenfassend lässt sich feststellen, dass die funktionale und organisatorische Abgrenzung des Controllings von anderen Aufgabenbereichen auf Schwierigkeiten stößt, da Controlling eine komplexe Querschnittsaufgabe darstellt. Jedenfalls darf die Controlling-Abteilung nicht der Internen Revision zugeordnet werden, um deren Unabhängigkeit und Unbefangenheit zu gewährleisten. Eine zweckmäßige organisatorische Integration im Einzelfall ist abhängig von

▶ der Leistungsaufgabe bzw. Branche:

Dabei ist das Controlling-System der Wiederholungshäufigkeit (Routinegrad), der Komplexität und der Konstanz der Unternehmensaufgaben anzupassen. So unterscheidet sich z. B. das FuE-Controlling vom Produktions- oder Logistik-Controlling;

▶ den Aufgabenträgern:

Das Controlling-System ist in Abhängigkeit von den hierarchischen Strukturen, dem Grad der praktizierten Entscheidungsdelegation sowie der Kontrollnotwendigkeit und Kontrollintensität auszugestalten;

▶ der Umwelt:

In einer dynamischen Umwelt sind unbürokratische Strukturen vorteilhaft, während in statischen Umwelten eine eher bürokratische Ausgestaltung erfolgreich ist;

▶ der Unternehmensgröße:

Mit zunehmender Größe steigt die organisatorische Komplexität. Dies führt i. d. R. zu einer Abnahme der entscheidungsmäßigen Zentralisierung und gleichzeitig zu einem hohen Maß an Formalisierung (Standardisierung durch Richtlinien und festgelegte Abläufe) und Spezialisierung (Organisation entsprechend des arbeitsteiligen Prinzips). Außerdem verfügen kleinere Unternehmen häufig nicht über ausreichende Mittel, um umfassende Controlling-Systeme einzurichten.

Das konstitutive Planungsmerkmal besteht in seiner **Zukunftsorientierung**. Da erst im Zeitablauf der konkrete Handlungskontext deutlich wird, bedürfen Planungen der Prognose sowohl in Bezug auf die zukünftigen Umweltzustände als auch die Konsequenzen der Planungsalternativen. Somit bedingt eine Transformation der Planung

▶ ein hierarchisches Herunterbrechen,
▶ eine sachliche Detaillierung und Konkretisierung sowie
▶ eine zeitliche Verkürzung.

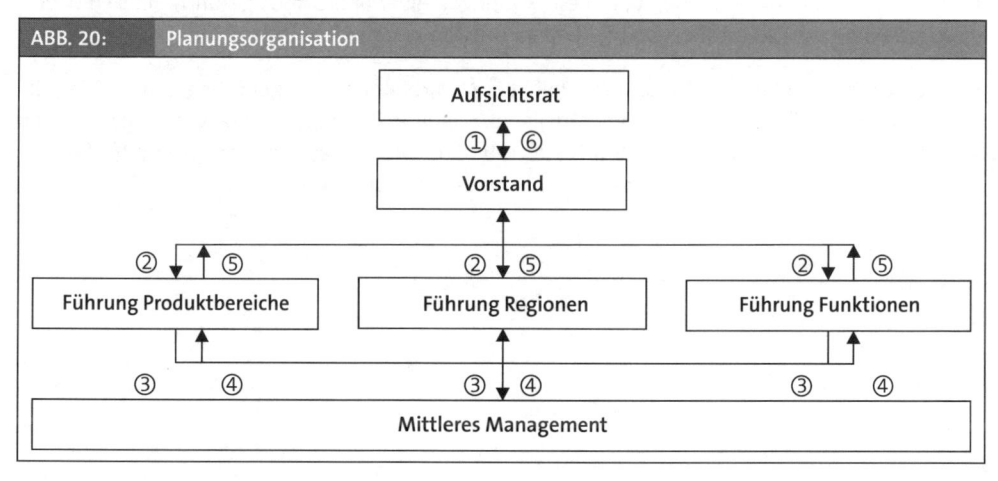

**ABB. 20: Planungsorganisation**

Hierbei bedeuten die einzelnen, nummerierten Organisationsstufen:

| ABB. 21: | Planungs- und Controllingprozess im Gegenstromverfahren | |
|---|---|---|
| ① | Strategieklausur des Vorstands in Abstimmung mit dem Aufsichtsrat | Top-down |
| ② | Ableitung von Bereichsstrategien und zugehöriger strategischer Erfolgsziele | |
| ③ | Umsetzung der Bereichsstrategien in die operative Planung (Detailplanung) | |
| ④ | Monatliches Berichtswesen und Kontrolle | |
| ⑤ | Rollierende Prognose und Zielerreichungskontrolle | |
| ⑥ | Strategiekontrolle und -überprüfung | Bottom-up |

Die dargestellte, in der Praxis verbreitete Organisationsform des Planungs- und Controllingprozesses wird als sog. **Gegenstromverfahren mit Top-down-Eröffnung** bezeichnet. Es bildet eine Kombination aus

- dem sog. **Top-down-Verfahren**, in welchem die globalen Jahresziele vom Leitungsorgan vorgegeben und hieraus die Ziele und Maßnahmen für alle nachgeordneten organisatorischen Ebenen abgeleitet werden, und

- dem sog. **Bottom-up-Verfahren**, in welchem die Planungsziele von den Mitarbeitern vorgegeben und über die Hierarchieebenen zu den Gesamtzielen des Unternehmens zusammengefügt werden.

Der Vorteil des Top-down-Verfahrens besteht darin, dass alle übergeordneten, strategischen Aspekte in die Planung einfließen und diese – weil von einer Stelle durchgeführt – in sich widerspruchsfrei ist und Zielkonflikte weitgehend vermieden werden.

Nachteilig stellt sich die untergeordnete Rolle der Mitarbeiter im Budgetierungsprozess dar; die Vernachlässigung ihrer Kenntnisse vor Ort kann in eine mangelnde Realitätsnähe der Planung und eine geringe Motivation der Mitarbeiter münden. Die Vorteile des Bottom-up-Verfahrens entsprechen den Nachteilen des Top-down-Verfahrens und umgekehrt.

## 6. Entwicklungsstufen des Controllings

Die Evolution von Controlling-Systemen im Zeitablauf lässt sich zusammenfassend in den folgenden Stufen veranschaulichen:

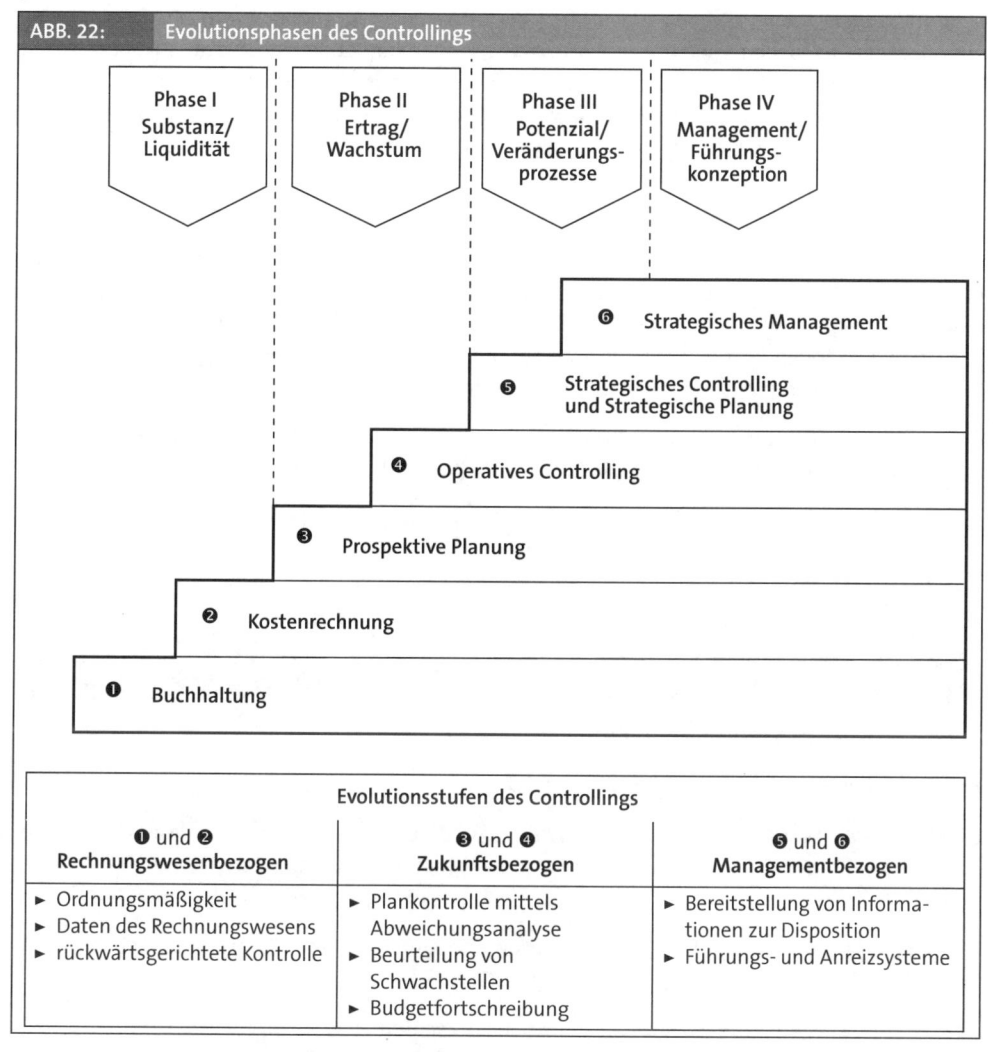

**ABB. 22: Evolutionsphasen des Controllings**

| Phase I | Phase II | Phase III | Phase IV |
|---|---|---|---|
| Substanz/ Liquidität | Ertrag/ Wachstum | Potenzial/ Veränderungsprozesse | Management/ Führungskonzeption |

- ❻ Strategisches Management
- ❺ Strategisches Controlling und Strategische Planung
- ❹ Operatives Controlling
- ❸ Prospektive Planung
- ❷ Kostenrechnung
- ❶ Buchhaltung

**Evolutionsstufen des Controllings**

| ❶ und ❷ Rechnungswesenbezogen | ❸ und ❹ Zukunftsbezogen | ❺ und ❻ Managementbezogen |
|---|---|---|
| ▶ Ordnungsmäßigkeit<br>▶ Daten des Rechnungswesens<br>▶ rückwärtsgerichtete Kontrolle | ▶ Plankontrolle mittels Abweichungsanalyse<br>▶ Beurteilung von Schwachstellen<br>▶ Budgetfortschreibung | ▶ Bereitstellung von Informationen zur Disposition<br>▶ Führungs- und Anreizsysteme |

Quelle: I. A. a. *Reinhardt*, in: Genossenschaftsforum 1986, Nr. 7, S. 303 f.

Ausgangspunkt des Controllings ist die zu Dokumentations- und Beweissicherungszwecken geführte Finanzbuchhaltung, deren Einrichtung gesetzlich verpflichtend ist (Stufe 1).

Den Übergang zu Stufe 2 bedingt eine Ausweitung der Datengrundlagen auf alle Ebenen des betrieblichen Rechnungswesens, und zwar nicht nur

- Jahresabschluss oder externes Rechnungswesen (Aufwands-Ertrags-Ebene), sondern auch
- Kostenrechnung oder internes Rechnungswesen (Kosten-Leistungs-Ebene) sowie
- Finanz- und Liquiditätsplanung (Zahlungsmittel- bzw. Cashflow-Ebene).

Die grundsätzlich vergangenheitsbezogenen Rechnungslegungsebenen sind zu Steuerungszwecken um eine prospektive Planungsebene zu erweitern. Dies muss allerdings weiter gehen als nur eine reine (lineare) Trendfortschreibung (Stufe 3).

Sodann werden beim Übergang auf Stufe 4 die Informationsgrundlagen auf nicht rechnungswesenbezogene Quellen erweitert, z. B. Abteilungs- oder Funktionsbereichsstatistiken. Insoweit lassen sich umfassende kennzahlgestützte Steuerungssysteme entwickeln, die auch Produktivitäts- und Leistungskennzahlen, Durchlaufzeiten, Auslastungsgrade, Ausschussquoten sowie sonstige technische Maßgrößen oder Qualitätsmerkmale bein-halten können. Damit wird ein zielgerechtes, auf individuelle Besonderheiten zugeschnittenes operatives Controlling ermöglicht.

In einem weiteren Schritt ist das Controlling um eine strategische Komponente anzureichern, die mögliche Umweltveränderungen (z. B. politische, gesetzliche, technologische und marktliche Rahmenbedingungen) berücksichtigt, welche auch diskontinuierlich und damit nicht vorhersehbar ablaufen können (Stufe 5). Jene führen zu Änderungen der Unternehmensziele und folglich der Unternehmensorganisation, was ebenfalls in das Controlling einfließen muss.

Die strategische Planungskomponente wird schließlich in die Entwicklung eines anreiz-kompatiblen Führungs- und Managementsystems münden (Stufe 6).

## 7. Literaturhinweise

**BÜCHER**

*Barth, T./Barth, D.*: Controlling, 2. Aufl., München 2008.

*Brecht, U.*: Controlling für Führungskräfte, 2. Aufl., Wiesbaden 2012.

*Bundesverband Deutscher Unternehmensberater (BDU)*: Controlling – Ein Instrument zur ergebnisorientierten Unternehmenssteuerung und langfristigen Existenzsicherung, 5. Aufl., Berlin 2006.

*Czenskowsky, T./Schünemann, G./Zdrowomyslaw, N.*: Grundzüge des Controlling: Lehrbuch der Controlling-Konzepte und -Instrumente, 3. Aufl., Gernsbach 2010.

*Ehrmann, H.*: Unternehmensplanung, 5. Aufl., Ludwigshafen 2007.

*Fischer, T. M./Möller, K./Schultze, W.*: Controlling: Grundlagen, Instrumente und Entwicklungsperspektiven, Stuttgart 2012.

*Freidank, C.-C./Mayer, E. (Hrsg.)*: Controlling-Konzepte: neue Strategien und Werkzeuge für die Unternehmenspraxis, 6. Aufl., Wiesbaden 2003.

*Gerberich, C. W. (Hrsg.)*: Praxishandbuch Controlling – Trends, Konzepte, Instrumente, Wiesbaden 2013.

*Horváth, P.*: Controlling, 12. Aufl., München 2011.

*Horváth, P./Gleich, R./Voggenreiter, D.*: Controlling umsetzen: Fallstudien, Lösungen und Basiswissen, 5. Aufl., Stuttgart 2012.

*Horváth, P./Reichmann, T.* (Hrsg.): Vahlens Großes Controllinglexikon, 2. Aufl., München 2003.

*Jung, H.*: Controlling, 2. Aufl., München 2011.

*Jung, H.*: Arbeitsbuch Controlling, München 2010.

*Küpper, H.-U./Friedl, G./Hofmann, C./Hofmann, Y./Pedell, B.*: Controlling: Konzeption, Aufgaben, Instrumente, 6. Aufl., Stuttgart 2013.

*Küpper, H.-U./Wagenhofer, A.* (Hrsg.): Handwörterbuch Unternehmensrechnung und Controlling, Enzyklopädie der Betriebswirtschaftslehre, Band III, 4. Aufl., Stuttgart 2002.

*Küting, K.* (Hrsg.): Saarbrücker Handbuch der Betriebswirtschaftlichen Beratung, 4. Aufl., Herne/Berlin 2008.

*Peemöller, V. H.*: Controlling, 5. Aufl., Herne/Berlin 2005.

*Preißler, P. R.*: Controlling, 13. Aufl., München/Wien 2007.

*Preißner, A.*: Praxiswissen Controlling, 6. Aufl., München 2010.

*Reichmann, T.*: Controlling mit Kennzahlen und Managementberichten, 8. Aufl., München 2011.

*Steinle, C./Daum, A.* (Hrsg.): Controlling: Kompendium für Ausbildung und Praxis, 4. Aufl., Stuttgart 2007.

*Vollmuth, H. J.*: Controllinginstrumente, 5. Aufl., Planegg/München 2010.

*Weber, J./Schäffer, U.*: Einführung in das Controlling, 13. Aufl., Stuttgart 2011.

*Weber, J./Schäffer, U./Binder, C.*: Einführung in das Controlling: Übungen und Fallstudien mit Lösungen, Stuttgart 2011.

*Ziegenbein, K.*: Controlling, 10. Aufl., Ludwigshafen 2012.

*Ziegenbein, K.*: Kompakt-Training Controlling, 3. Aufl., Ludwigshafen 2006.

## II. Strategische Planung und strategisches Controlling

**VORSCHAU**

1. Die strategische Planung wird als die langfristig orientierte, auf die Existenzsicherung des Unternehmens gerichtete, umweltbezogene Planung definiert. Ihre Aufgaben und Komponenten werden aufgezeigt.
2. Die strategische Planung muss zielorientiert verlaufen. Daher werden zunächst Aufbau und Inhalte von Unternehmensleitbildern erörtert.
3. Rahmen und Ausgangspunkt der Planung ist das Unternehmensumfeld. Anhand von Szenario-Analysen lässt sich die Betroffenheit der Unternehmen von Umweltzuständen und -entwicklungen beurteilen. Beobachtungsfelder und Prozessschritte der Szenario-Analyse werden dargestellt.
4. Von Bedeutung sind vor allem Tatbestände und Tendenzen betreffend die Märkte, Konkurrenten und Abnehmer. Entsprechende Analyseziele und -methoden werden erarbeitet.
5. Die aus der Szenario-Analyse hergeleitete Chancen-Risiken-Analyse muss zu einer Stärken-Schwächen-Analyse weiterentwickelt werden, um strategische Handlungsimplikationen im Rahmen einer sog. Gap-Analyse aufzuzeigen.
6. Die identifizierten strategischen Defizite müssen nun auf Basis der sog. strategischen Geschäftsfelder oder Segmente behoben werden. Als Instrument der Ist-Aufnahme steht die Segmentberichterstattung zur Verfügung.
7. Nachfolgend kommt das Instrumentarium der strategischen Planung, bestehend aus Produktlebenszyklus-Planung, Erfahrungskurve und Portfolio-Analyse zur Anwendung, um auf Geschäftsfeldebene Normstrategien abzuleiten. Zudem werden Spezifika der strategischen Planung in stagnierenden und schrumpfenden Märkten behandelt.
8. Abschließend wird die Balanced Scorecard als integrierendes Instrument des strategischen Controllings sowie deren Umsetzung in die Praxis der Unternehmensführung erörtert.

## 1. Erkenntnisobjekte und Zielorientierung der strategischen Unternehmensplanung

Die **strategische Unternehmensplanung** umfasst die langfristig orientierte, auf die Existenzsicherung des Unternehmens gerichtete, umweltbezogene Planung. Sie bestimmt aus dieser übergeordneten Perspektive heraus die grundsätzliche Ausrichtung des Unternehmens. Hierbei trifft sie insbesondere Entscheidungen über die Positionierung des Unternehmens im Markt und über die Ausgestaltung seiner Ressourcenbasis als zentrale Erfolgsfaktoren (vgl. *Hungenberg*, in: *Küpper/Wagenhofer* (Hrsg.): Handwörterbuch Unternehmensrechnung und Controlling, 4. Aufl., Stuttgart 2002, Sp. 1888 f.).

In diesem Rahmen wird die Einbindung des Unternehmens in ein bestimmtes politisches, rechtliches, technologisches und marktliches Umfeld analysiert. Es werden die umweltbedingten Marktpotenziale sowie die daraus resultierenden strategischen Möglichkeiten des Unternehmens abgeleitet. Dies geschieht mit einem Zeithorizont von i. d. R. drei bis fünf Jahren.

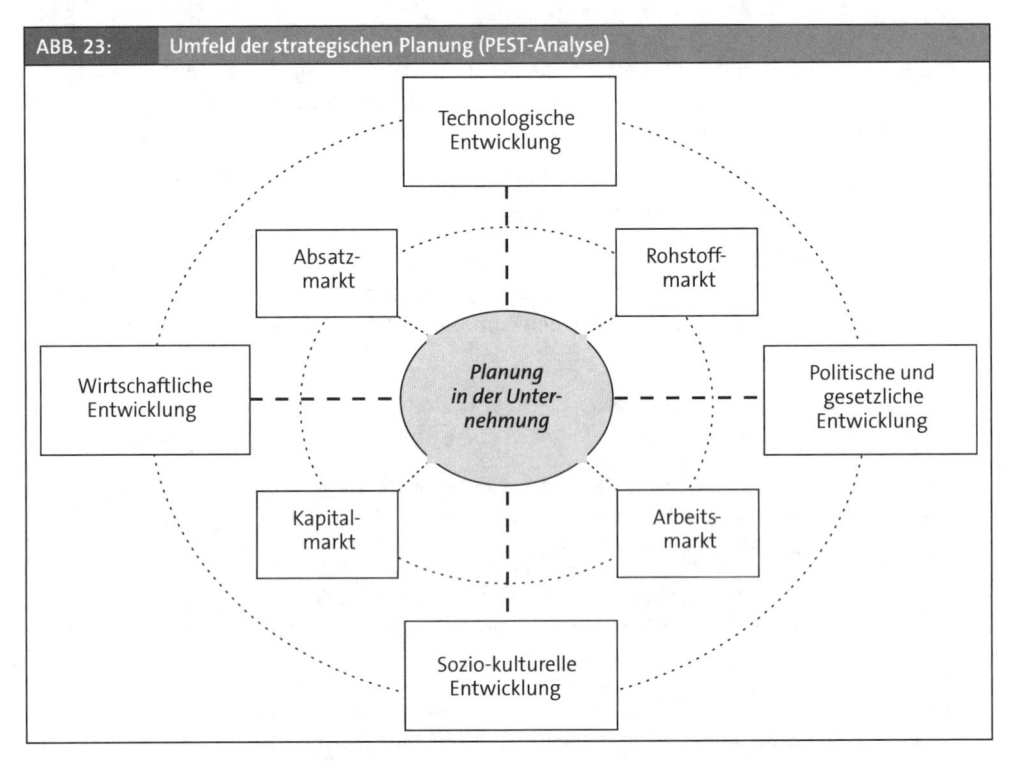

**ABB. 23: Umfeld der strategischen Planung (PEST-Analyse)**

- Technologische Entwicklung
- Absatzmarkt
- Rohstoffmarkt
- Wirtschaftliche Entwicklung
- Planung in der Unternehmung
- Politische und gesetzliche Entwicklung
- Kapitalmarkt
- Arbeitsmarkt
- Sozio-kulturelle Entwicklung

Quelle: I. A. a. *Hahn/Taylor* (Hrsg.): Strategische Unternehmensplanung – Strategische Unternehmensführung, 8. Aufl., Heidelberg 1999, S. 1.

**Rahmenbedingungen** und externe Schocks, die zu einer schnellen Verbreitung der von den USA ausgehenden Techniken der strategischen Planung in Deutschland geführt haben, waren in den 70er Jahren des 20. Jahrhunderts

▶ die zu einer Verdreifachung der Rohölpreise innerhalb kürzester Zeit führende Ölkrise,

▶ die Freigabe der Wechselkurse infolge der sog. Bretton Woods-Konferenz wie auch

▶ der sich beschleunigende gesellschaftspolitische Wertewandel in Richtung auf betriebliche Mitbestimmung und Umweltschutz.

„**Strategische** Planung" bedeutet mehr als „**langfristige** Planung", denn sie beschränkt sich nicht auf die Erfassung der Vorgänge innerhalb der Unternehmen i. S. einer Trendfortschreibung.

**ABB. 24: Evolution der strategischen Planung**

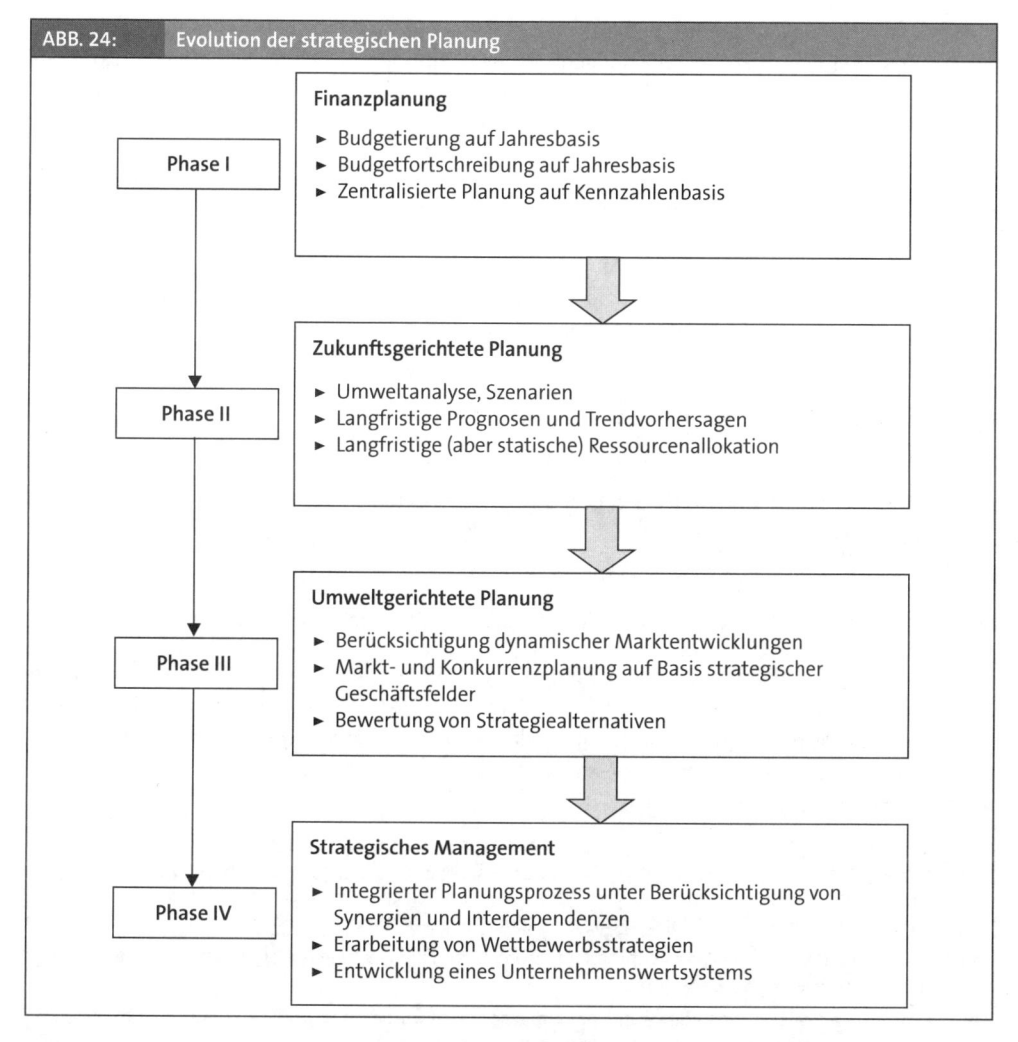

**Phase I — Finanzplanung**
- Budgetierung auf Jahresbasis
- Budgetfortschreibung auf Jahresbasis
- Zentralisierte Planung auf Kennzahlenbasis

**Phase II — Zukunftsgerichtete Planung**
- Umweltanalyse, Szenarien
- Langfristige Prognosen und Trendvorhersagen
- Langfristige (aber statische) Ressourcenallokation

**Phase III — Umweltgerichtete Planung**
- Berücksichtigung dynamischer Marktentwicklungen
- Markt- und Konkurrenzplanung auf Basis strategischer Geschäftsfelder
- Bewertung von Strategiealternativen

**Phase IV — Strategisches Management**
- Integrierter Planungsprozess unter Berücksichtigung von Synergien und Interdependenzen
- Erarbeitung von Wettbewerbsstrategien
- Entwicklung eines Unternehmenswertsystems

Quelle: I. A. a. Gluck/Kaufman/Walleck, Strategic Management for Competitive Advantage, in: Harvard Business Review 1980, No. 4, S. 154 ff.

Ziel ist es vielmehr, ein **Frühwarnsystem** zu errichten, Bedrohungs- und Chancenpotenziale zu identifizieren und aktiv Einfluss auf die Unternehmensumwelt zu nehmen und diese i. S. der eigenen Ziele zu gestalten. Bezweckt wird nicht nur ein frühzeitiges Reagieren auf antizipierte Umweltänderungen, sondern auch deren aktive Beeinflussung i. S. der Unternehmensziele. Hierzu gehört auch die Fähigkeit, auftretende Umweltdiskontinuitäten durch die Identifikation seit *Ansoff* sog. **schwacher Signale** („weak signals") früh zu erkennen.

Die strategische Planung bewegt sich innerhalb des unternehmerischen **Zielsystems**, welches den Rahmen für die Planung bildet. Daher ist ihre Grundvoraussetzung die Existenz eines in sich stimmigen sog. **Unternehmensleitbilds**.

Unternehmensleitbilder dienen der schriftlichen Fixierung der Unternehmensphilosophie, also der langfristigen Orientierung und Ausrichtung des Unternehmens im Verhältnis zu Externen wie Internen, auch bezeichnet als „corporate culture" oder „corporate identity". Das grundlegende „Selbstverständnis" eines Unternehmens kommt insbesondere zum Ausdruck in

- der sog. „Mission", die den allgemeinen (aktuellen) Unternehmensauftrag definiert und
- der sog. „Vision", die das langfristige (künftige) Unternehmenszielsystem enthält.

Die **„Mission"** stellt dem Grunde nach eine „Rechtfertigung" der Unternehmensexistenz dar und konkretisiert die Essenz des Geschäftsmodells, also Art und Beschaffenheit der Leistungen sowie ihre Adressaten. Sie gibt Antwort auf folgende Fragen:

- Was ist unsere Historie und welche Kernkompetenzen haben wir seither entwickelt?
- Was macht die Essenz unseres Geschäftsmodells aus?
- Wer sind die Adressaten unserer Produkte bzw. Leistungen?
- In welcher Hinsicht schaffen wir durch unsere Aktivitäten einen messbaren und nachhaltigen Mehrwert?
- Warum soll der Kunde mit uns Geschäfte machen?
- Warum sind wir es wert, als langfristiger, verlässlicher Partner angesehen zu werden?

Demgegenüber definiert die **„Vision"** die langfristigen Erfolgsziele des Unternehmens, auf deren Basis die Leistungserstellung erfolgt (z. B. Steigerung des Marktanteils, des Gewinns, des Cashflows, ggf. nicht-monetäre Ziele). Die Vision enthält dabei weniger quantifizierbare Ziele als komparative Aussagen („mehr, besser, höher"); ihre Quantifizierung erfolgt meist erst in nachgeordneten Zielkonkretisierungen.

| ABB. 25: | Praktisch bedeutende Elemente eines Unternehmensleitbilds |
|---|---|
| ▶ | Darstellung der grundlegenden „mission" des Unternehmens (z. B. grundlegender Unternehmensauftrag, Wertschöpfung, Bedarfsabdeckung, Problemlösungskompetenz); |
| ▶ | Präzisierung der von dem Unternehmen angesprochenen Zielgruppen der Leistungen (soziologische, demographische, regionale Segmente); |
| ▶ | Präzisierung des Leistungsprogramms des Unternehmens, mit dem es am Markt antritt, insbesondere der Problemlösungsfunktion und des Qualitätsanspruchs der Leistungen; |
| ▶ | Präzisierung des künftigen Zielsystems („vision"); |
| ▶ | Präzisierung der Markenpolitik und des Preissegments der Leistungen; |
| ▶ | Präzisierung der Formen der Leistungserstellung (Wertschöpfungstiefe) und der Formen der Vermarktung (Vertriebskanäle, Außendienstapparat). |

Leitbilder dienen in besonderer Weise der **Vertrauensbildung** gegenüber dem Unternehmen. Eine solche ist sowohl nach innen wie auch nach außen vor dem Hintergrund

- der im Zuge der Globalisierung des Wettbewerbs zunehmenden Austauschbarkeit von Leistungen und Leistungserbringern,
- eines wachsenden Misstrauens der Konsumenten und der Öffentlichkeit insbesondere gegenüber multinationalen Großunternehmen,

- des damit einhergehenden Wertewandels hin zu einer höheren Bedeutung von Gesundheits- und Sozialstandards sowie ökologischen Standards und
- des Strebens nach Sinnfindung und Selbstverwirklichung in der Arbeit von Seiten der Beschäftigten

zunehmend dringlich. In Analogie zu den Adressaten werden diesbezüglich

- Unternehmensgrundsätze und
- Führungsgrundsätze

unterschieden.

**Unternehmensgrundsätze** enthalten allgemeine, langfristige Zielaussagen gegenüber (externen) Kunden, Lieferanten, Kapitalgebern, wohingegen **Führungsgrundsätze** die Führungstätigkeit im (internen) Mitarbeiterverhältnis grundlegend fixieren sollen.

Insoweit soll ermöglicht werden, die Grundsätze der Unternehmenspolitik an die Mitarbeiter und Führungskräfte zu kommunizieren sowie eine Identifikation mit dem Unternehmen und eine Stärkung der Motivation zu erreichen. Eine Identitätsstiftung nach innen wird insbesondere durch Verbindlichkeit und Einforderbarkeit der Leitbildkomponenten gesichert. Nach außen dient das Leitbild der Identifikation der wichtigsten Anspruchsgruppen, insbesondere der Festlegung ihrer Zielsetzungen und der Ausräumung evtl. Zielkonflikte.

In der Praxis hat sich die Formulierung von Führungs- und Unternehmensgrundsätzen ausgehend von Großunternehmen mittlerweile auf die gesamte mittelständische Wirtschaft ausgeweitet. Bahnbrechend wirkten insbesondere die Untersuchungsergebnisse von *Peters* und *Waterman*. Die beiden Unternehmensberater der Firma McKinsey haben 1984 das sog. „**Sieben-S-Modell**" entwickelt, das sieben Erfolgsfaktoren der Effizienz von Organisationen identifiziert und dabei erstmals auf die hohe Bedeutung auch der „weichen" Faktoren Selbstverständnis, Spezialkenntnisse, Stammpersonal und Stil für den Unternehmenserfolg hingewiesen.

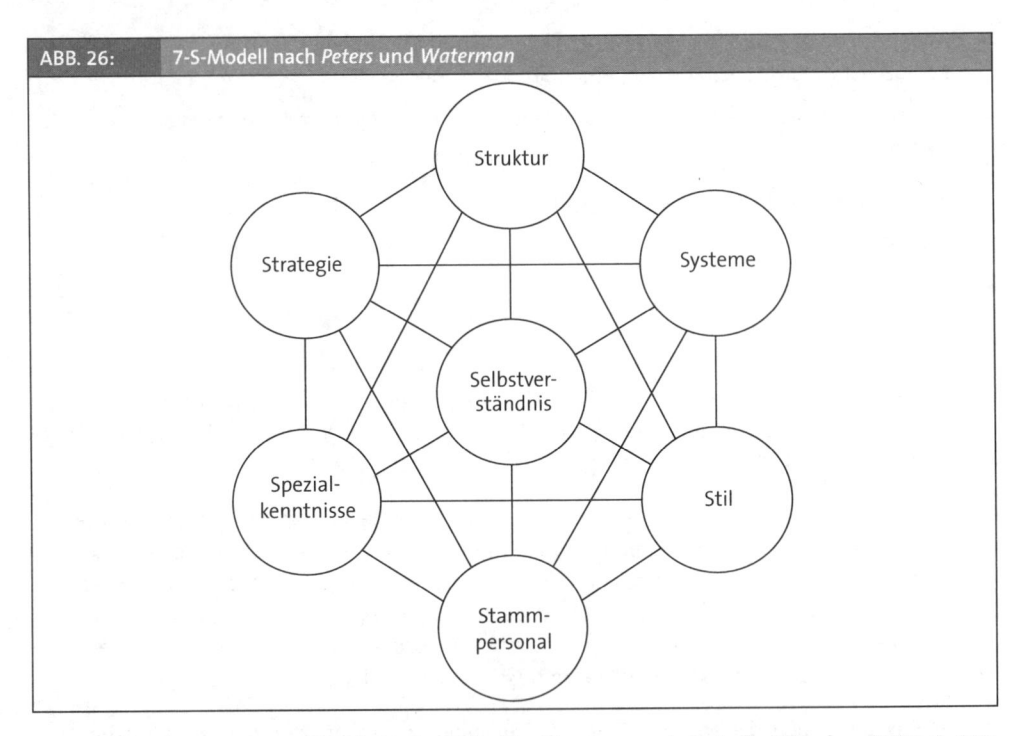

**ABB. 26:** 7-S-Modell nach *Peters* und *Waterman*

[Diagramm: 7-S-Modell mit den Elementen Struktur, Systeme, Stil, Stammpersonal, Spezialkenntnisse, Strategie, Selbstverständnis]

Quelle: I. A. a. *Staehle*, Management, 8. Aufl., München 1999, S. 508.

Daneben stellten *Peters* und *Waterman* in ihrer berühmten Untersuchung („In Search of Excellence", 1984) folgende acht **Grundtugenden** hervorragender Organisationen heraus:

▶ Primat des Handelns (Vermeidung von Bürokratismen, anstelle dessen Stärkung der informellen Kommunikation, Bildung von Projektteams),

▶ Nähe zum Kunden (hohe Bedeutung von Service und Dienstleistung, Beteiligung des Kunden an der Planung der Leistungserstellung, Vertriebsnähe der Geschäftsleitung),

▶ Freiraum für Unternehmertum (Förderung von Experimenten und Kreativität, Toleranz gegenüber Fehlschlägen, Schaffung eines internen Wettbewerbs),

▶ Produktivität durch Menschen (Achtung vor dem einzelnen Mitarbeiter, Betonung der persönlichen Kommunikation, Schaffung kleiner Einheiten, Verzicht auf starre Dienstwege),

▶ Sichtbar gelebtes Wertesystem (transparente, allgemein akzeptierte und einklagbare Unternehmens- und Führungsgrundsätze),

▶ Bindung an das angestammte Kerngeschäft (Verzicht auf eine wahllose Diversifikationsstrategie und den Aufbau eines „Gemischtwarenladens"),

▶ Einfacher, flexibler Aufbau (Struktur einer dezentralisierten Geschäftsbereichsorganisation mit kleinen Zentralbereichen, Verzicht auf bürokratische Matrixstrukturen),

▶ Straff-lockere Führung (straffe Führung durch gemeinsames Wertsystem und „Missionen", Lockerheit durch Flexibilität im Einzelfall).

In einem Unternehmensleitbild werden also vor allem folgende grundlegende **Elemente** geklärt:

| ABB. 27: | Funktionsanalyse und Quantifizierung eines Unternehmensleitbilds |
|---|---|
| Funktion | Erläuterungen |
| Definition der Shareholder und Stakeholder | ▶ Woher kommen wir? Was ist und was bedeutet uns unsere Historie?<br>▶ Was sind unsere Anteilseigner (Spezifika der Rechtsform), Geschäftspartner, Mitarbeiter?<br>▶ Wie stehen wir zu Regionalität bzw. Internationalität? |
| Definition des grundlegenden Selbstbilds | ▶ Wer sind wir, was wollen wir? Was macht unser Geschäftsmodell und den von uns zu schaffenden Mehrwert aus?<br>▶ Was definieren wir als relevante Branche, spezifisches Know-how, Abgrenzungsmerkmale gegenüber Wettbewerbern? |
| Orientierungs- und Führungsfunktion | ▶ Wie wollen wir unsere Ziele erreichen?<br>▶ Was fassen wir als kritische Erfolgsfaktoren auf? Wie charakterisieren wir die generelle Normstrategie bzw. strategische Stoßrichtung, die Organisationsform, den Delegationsgrad etc.? |
| Identitätsstiftung (nach innen) | ▶ Wie stellen wir größtmögliche Anreizkompatibilität und Zielkongruenz zwischen Unternehmensleitung und Mitarbeitern her (Führungsstil, Zielvereinbarung, Corporate Identity)? |
| Vertrauensbildung (nach außen) | ▶ Warum soll man mit uns Geschäfte machen (Angaben zum Kontrahierungsverhalten, Servicegrad)?<br>▶ Sind wir es wert, i. w. S. gesellschaftlich geachtet zu werden und wenn ja, warum? Wie stehen wir zu regionaler Verbundenheit, sozialer Verantwortung, Arbeitsschutz, Umweltschutz/Ressourceneinsatz, Nachhaltigkeit)? |

Zunächst sind die **Anspruchsgruppen** („**Stakeholder**") und damit die Adressaten des Unternehmensleitbilds zu identifizieren und nach ihrer Bedeutung zu priorisieren.

Die Gruppen lassen sich entsprechend ihrer Nähe zum Unternehmen in Form konzentrischer Kreise wie folgt darstellen:

▶ Den „Kern" bilden die Eigenkapitalgeber und damit Träger des Unternehmerrisikos („Shareholder"), daneben die Mitglieder des Leistungs- und Aufsichtsorgans.

▶ Es folgen die mit dem Unternehmen in vertraglicher Beziehung stehenden Anspruchsgruppen („Kontrahenden"), von denen die Mitarbeiter eine hervorragende Rolle einnehmen, da sie über die betriebliche Mitbestimmung als einzige dieser Gruppierungen einen rechtlichen Anspruch auf Vertretung im Aufsichtsgremium haben.

▶ Schließlich sind weitere Anspruchsgruppen ohne vertragliche Beziehung zum Unternehmen sowie das allgemeine Rechts- und Wertegerüst zu berücksichtigen.

| ABB. 28: | Adressaten des Unternehmensleitbilds |

Gesellschaftliche Werte

Umweltschutz

Mitarbeiter

Kunden

Aufsichtsrat

Gläubiger

Vorstand

Mission
Vision

Rechtsordnung

Lieferanten

Markt

Anteilseigner

Technologie

Verbundene/Beteiligungsunternehmen

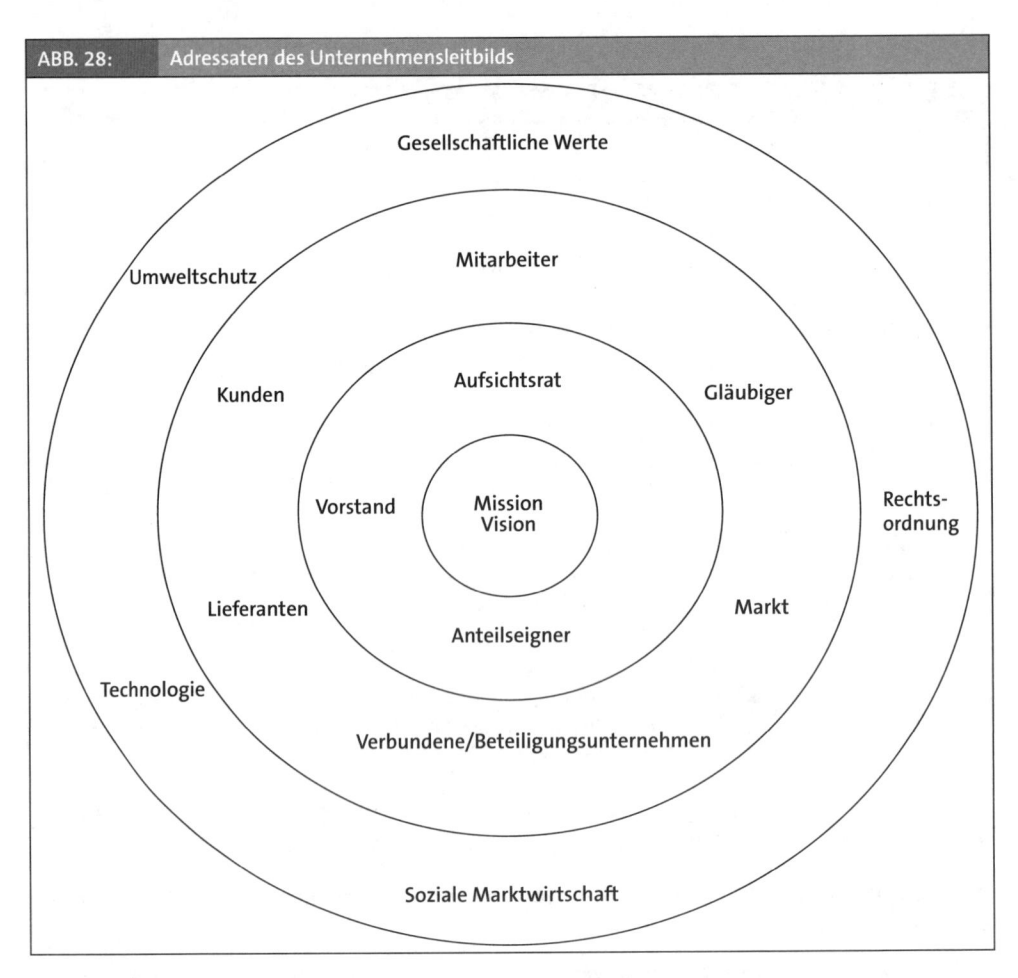

Soziale Marktwirtschaft

Die vollständige Identifikation der Stakeholder ist keineswegs immer trivial. So sind in der Praxis folgende Sachverhalte denkbar:

- Den Anteilseignern (sog. **Shareholdern**) kommt z. B. in einer börsennotierten Publikums-AG eine andere Rolle zu als in einer familiendominierten GmbH.
- **Ethischen** Gesichtspunkten kommt bei Vorhandensein „neuralgischer" Geschäftsmodelle wie z. B. Gentechnik oder Rüstungsindustrie eine höhere Relevanz zu als in „unverdächtigen" Branchen.
- Der **Kundenbegriff** kann in einigen Geschäftsmodellen mehrdeutig und vielschichtig sein, so sind z. B. als Kunden eines Krankenhauses neben den Patienten auch niedergelassene Ärzte (als Einweiser), Krankenkassen (als Zahler) und die Angehörigen der Patienten einzubeziehen.
- Insbesondere im NPO-Bereich sind neben hauptamtlichen Mitarbeitern zahlreiche **ehrenamtliche** Funktionsträger anzutreffen, die als zusätzliche Stakeholder berücksichtigt werden müssen.

Die Erwartungen und Ansprüche der Stakeholder bilden das unternehmerische Zielsystem. Typische Stakeholder-Ziele lassen sich wie folgt mit Zielkennzahlen operationalisieren:

| ABB. 29: | Stakeholder-Ziele und deren Operationalisierung | |
|---|---|---|
| **Stakeholder** | **Ziel** | **Kennzahl (Maßgröße)** |
| Aktionäre | Unternehmenswert | Free Cashflow in % des Umsatzes (oder in % des Eigenkapitals) |
| | Dividende | Dividende je Aktie; Kursentwicklung |
| Kunden | Zufriedenheit | Zufriedenheitsindex, Stornoquote |
| | Nachhaltigkeit | Stammkundenquote, Wiederkaufrate |
| Mitarbeiter | Attraktivität als Arbeitgeber | durchschnittliche Anzahl Bewerbungen auf Stellenausschreibungen, Dauer von Vakanzen |
| | Motivation | Fehlquote, Fluktuationsrate, Arbeitsproduktivität |
| | Qualifikation | Fachkraftquote, Weiterbildungsaufwand in % der gesamten Personalaufwendungen |
| Geschäftspartner (Lieferanten, Kreditgeber, sonstige) | Langfristigkeit | durchschnittliche Dauer der Geschäftsbeziehung |
| | Vertrauen | Entwicklung des Geschäftsvolumens je Partner nach Umsatz pro Jahr |
| Umwelt | Arbeitsschutz | Unfälle pro Arbeitnehmer und Tag; Krankenstand |
| | Umweltverträglichkeit | Emissions- bzw. Immissionsraten, Recyclingquote |

Je zahlreicher und heterogener die Anspruchsgruppen, umso größer die Gefahr **konfliktärer Ziele**. Typisch sind folgende Konflikte:

▶ Die Kunden wünschen eine individuelle und kulante Behandlung, die zu Lasten der Rentabilität und damit des Unternehmenswerts gehen kann.

▶ Ausgaben mit dem Ziel einer Förderung der Motivation und Bindung der Mitarbeiter stellen Investitionen mit ungewisser Amortisation dar.

▶ Je höher die an die Unternehmenstätigkeit angelegten Sozial- und Ökologiestandards, umso niedriger (jedenfalls kurzfristig) die periodischen Cashflows und Gewinne.

▶ Der Wunsch nach einer langfristigen und vertrauensvollen Zusammenarbeit mit allen Stakeholdern kann sich gewinnmindernd auswirken, wenn eine solche auch in „schlechten Zeiten" aufrechterhalten wird. Das Unternehmen wird ggf. „für seine Treue bestraft".

„Nicht quantifizierbar" bedeutet „nicht einforderbar", und ein nicht einforderbares Unternehmensleitbild ist sinnlos. Deshalb sind Ziele zu quantifizieren und fortlaufend die Zielerreichung zu messen. Hiermit werden auch die Datengrundlagen für eine zielführende und glaubwürdige Kommunikation mit den Stakeholdern gelegt.

Das **Controlling** übernimmt im Rahmen der Leitbildentwicklung als Gesprächspartner der Unternehmensleitung folgende **Aufgaben**:

▶ Es muss die Notwendigkeit zur Leitbilderstellung bzw. -anpassung durch Identifikation interner oder externer Anlässe unterstreichen und die Geschäftsleitung zum Handeln bewegen.

- Im Rahmen der Projektplanung unterstützt es die Geschäftsleitung bei der Erstellung eines zeitlichen und inhaltlichen Projektablauf- und Projektstrukturplans, der Festlegung von Meilensteinen sowie der Planung und Vorgabe der zeitlichen und finanziellen Ressourcen.
- Im Vorfeld der Leitbilderstellung sind Ursache-Wirkungs-Ketten, Schwachstellen und aktuell bestehende Defizite aufzuzeigen (z. B. hohe Fluktuation, hohe Fehlzeiten, geringe Produktivität und Motivation).
- Bei der Leitbildentwicklung i. e. Sinne übernimmt das Controlling die Moderation des Entwicklungsprozesses. Es identifiziert und operationalisiert relevante Einflussfaktoren, führt die Erhebung und Auswertung einschlägiger Indikatoren und Maßgrößen durch und evaluiert deren Bedeutung für das Leitbild.
- Im Rahmen der Verabschiedung des Leitbilds überprüft das Controlling die Vollständigkeit der Teilziele in Bezug auf das Oberziel, die Konsistenz der Zielhierarchisierung, die Vermeidung von Zielkonflikten sowie die Quantifizierung der Ziele.
- Die nachfolgende Umsetzung des Leitbilds wird vom Controlling durch die Erarbeitung von Leitlinien, Kommunikations- und Umsetzungskonzepten sowie den Entwurf einer entsprechenden Meilenstein-Planung unterstützt.
- In einem periodischen „follow-up" evaluiert das Controlling die Umsetzungserfolge und -defizite mittels kennzahlgestützter Soll-Ist-Vergleiche.

Das insoweit entwickelte Leitbild darf nicht als feststehend angesehen werden. Sowohl die internen als auch die externen Rahmenbedingungen ändern sich, so dass eine **laufende Überprüfung** und erforderlichenfalls **kontinuierliche Anpassung** des Leitbildes unter Moderation des Controllings unerlässlich ist.

Abschließend sollen zwei **Beispiele** für Leitbilder aufgeführt werden. Die Heidelberger Druckmaschinen AG weist folgendes Leitbild aus (*www.heidelberg.com*):

| ABB. 30: | Vision und Werte der Heidelberger Druckmaschinen AG |
|---|---|

**HEIDELBERG – VISION UND WERTE**

Wir wollen weltweit und langfristig der bevorzugte Partner der Printmedien-Industrie bleiben. Unsere innovativen und qualitativ hochwertigen drucktechnischen Lösungen unterstützen unsere Kunden dabei, ihre Prozesse und Druckergebnisse zu optimieren. So schaffen wir nachhaltige Werte für unsere Kunden und Aktionäre und sind ein gefragter Arbeitgeber.

- Die Kunden stehen im Mittelpunkt unseres Handelns. Ihre Zufriedenheit sichert dauerhaft den Erfolg unseres Unternehmens und die Arbeitsplätze.
- Wir wollen auf der ganzen Welt attraktiv für qualifizierte und leistungsbewusste Mitarbeiter sein; sie sind die Voraussetzung für unseren Unternehmenserfolg.
- Wir fördern sie, achten ihre Werte und Kulturen und tolerieren keine Art der Diskriminierung.
- Das eingesetzte Kapital unserer Aktionäre wollen wir angemessen verzinsen, indem wir den Unternehmenswert langfristig steigern und eine attraktive Dividende zahlen.
- Für unsere Produkte und deren Herstellung streben wir bedienungssichere, kostengünstige und umweltverträgliche Lösungen an.
- Das Verhältnis zu unseren Lieferanten, Kreditgebern und allen anderen Geschäftspartnern gestalten wir langfristig und vertrauensvoll.
- Wir halten international anerkannte Regeln guter Unternehmensführung ein. Mit allen Stakeholdern kommunizieren wir in einer offenen und angemessenen Form (vgl. *http://www.heidelberg.com/www/html/de/content/articles/about_us/company/company_profile*).

Das Leitbild der Heidelberger Druckmaschinen AG gibt nahezu lehrbuchmäßig die typischen Adressaten wieder, auch lässt sich die Anordnung der „konzentrischen Kreise" sehr gut nachvollziehen. Auffällig (für ein börsennotiertes Unternehmen) ist, dass die Anteilseigner erst an dritter Stelle – nach den Mitarbeitern – aufgeführt werden. Somit scheint es, dass von Seiten des Unternehmens den Mitarbeitern eine im Verhältnis zu Publikationen vergleichbarer Unternehmen besondere Bedeutung beigemessen wird.

Bemerkenswert ist weiter der zentral im Leitbild geäußerte Wunsch, ein „gefragter Arbeitgeber" zu sein. Dies kann darin begründet sein, dass die Heidelberger Druckmaschinen AG ggf. einem Wettbewerb um knappe Fachkräfte ausgesetzt ist. I. d. R. werden an exponierter Stelle derartige Formulierungen nicht vorgefunden, wenn kein Mangel an Arbeitskräften herrscht.

Jedenfalls werden die „lehrbuchmäßigen" Funktionen des Leitbilds,

- Definition des Geschäftsmodells und der Wertschaffung als Legitimation,
- Identifikation und Priorisierung der Shareholder,
- Aufführung der von den Shareholdern verfolgten Ziele,
- Darstellung von Führungsgrundsätzen im Mitarbeiterverhältnis,
- Grundaussagen zur Internationalität, zum Umweltschutz, zur Rechts- und Gesellschaftsordnung,

sämtlich erfüllt.

Der SRH Konzern mit Sitz in Heidelberg, ein Dienstleistungsunternehmen für Bildung und Gesundheit, weist folgendes Mission Statement aus (vgl. *www.srh.de*):

**ABB. 31:** Mission Statement des SRH Konzerns

Jeder wünscht sich Gesundheit und Erfolg im Beruf. Die SRH bietet für beides innovative Dienstleistungen: Praxisnahes Lernen in unseren privaten Hochschulen, Bildungszentren und Schulen sowie modernste Medizin in unseren Krankenhäusern.

**Unsere Ziele**

Mit unseren Dienstleistungen wollen wir die Lebensqualität und die Lebenschancen unserer Kunden verbessern.

Mit unserer Förderstiftung wollen wir einen sozialen Beitrag zur Weiterentwicklung des Bildungs- und Gesundheitswesens leisten.

Mit einem Wachstum von mindestens 5 % und einer Rendite von mindestens 3 % pro Jahr wollen wir den Wert der SRH nachhaltig steigern.

**Unsere sechs Unternehmenswerte**

- **Der Mensch im Vordergrund:** Wir erwarten von unseren Mitarbeitern innere Bereitschaft zum Dienst am Kunden
- **Fairness:** Unsere Beziehungen zu Kunden, Mitarbeitern und Partnern gründen auf Vertrauen und Fairness
- **Unternehmergeist:** Wir suchen ständig nach neuen Geschäftschancen im Gesundheits- und Bildungsmarkt
- **Exzellenz:** Wir streben nach erstklassiger Ergebnis-, Prozess- und Strukturqualität in unseren Einrichtungen
- **Innovation:** Wir modernisieren kontinuierlich Angebot, Marketing, Management, Organisation
- **Effizienz:** Wir steigern ständig unsere Effizienz, um einen adäquaten Return on Equity zu gewährleisten (vgl. *http://www.srh.de/de/die-srh/werte/*).

Die Gegenüberstellung beider Leitbilder zeigt deutlich, dass eine Entfernung zu den typischen Zielen kapitalmarktorientierter Unternehmen auch die Operationalisierung der Ziele erschwert. So gestaltet sich eine Messung des Unternehmenswerts „Der Mensch im Vordergrund" voraussichtlich problematisch. Außerdem werden vermehrt Zielkonflikte zwischen sozial-ethischen Zielen und Wachstums- und Renditezielen auftreten.

Bei Vorhandensein von Zielkonflikten ist die Vorgabe partikularer Maximalziele unzweckmäßig, weil diese nur isoliert realisierbar sind. Vielmehr sollten in Bezug auf die Zielkennzahlen **Toleranzkorridore** definiert werden, deren Grenzen so festzulegen sind, dass

▶ alle Korridore zugleich erreichbar sind und zugleich

▶ eine Erreichung des unternehmerischen Oberziels möglich ist.

Anhand der Beispiele lässt sich überprüfen, ob die Funktionen eines „Mission Statements" erfüllt sind. Außerdem kann die Entwicklung einer Vision aus dem Mission Statement skizziert werden, indem seitens des Controllings Zieldimensionen identifiziert und mit je einer geeigneten Kennzahl zur nachfolgenden Quantifizierung der Zielerreichung versehen werden vor dem Hintergrund *„you can´t manage what you can´t measure"*.

Im Leitbild der Heidelberger Druckmaschinen AG aufgeführte Attribute und ihre mögliche Operationalisierung durch das Controlling können lauten:

| ABB. 32: | Operationalisierung eines Leitbilds durch das Controlling |
|---|---|
| Element | Kennzahl (Maßgröße) |
| „weltweit" | ▶ Auslandsanteil am Umsatzerlös in % <br> ▶ Länder-Markteintritte in % der bisher belieferten Länder pro Jahr, Anzahl Länder mit Umsatz von mehr als xx Mio. € <br> ▶ Anzahl Länder mit Anteil am Gesamtumsatz von bis zu 30 (50, 70) % als Konzentrationsmaß |
| „langfristiger Partner" | ▶ Durchschnittliche Dauer der Kundenbeziehungen in Jahren <br> ▶ Wiederkaufrate, Stammkundenquote in %, Stornoquote in % aller Aufträge <br> ▶ Anteil der Kunden mit langfristigen Verträgen an den Gesamtkunden |
| „innovativ" | ▶ Forschungs- und Entwicklungsaufwand in % vom Umsatz (FuE-Quote) <br> ▶ Produktinnovationsrate in % vom Umsatz <br> ▶ Anteil der erfolgreich abgeschlossenen bzw. mit Patentierung abgeschlossenen Innovationsprojekte an allen initiierten Projekten |
| „qualitativ hochwertig" | ▶ Restwertquote des Anlagenparks in % der historischen AHK <br> ▶ Reklamationsquote in % aller Aufträge, Garantieleistungen in % vom Umsatz <br> ▶ Anteil der zertifizierten bzw. mit Qualitätsstandards unterlegten Produktionsprozesse an Gesamtzahl der Prozesse |

Nach erfolgter Überprüfung der Sinnhaftigkeit der Einzelkennzahlen und einer sich daran anschließenden Kontrolle der Vollständigkeit und Überschneidungsfreiheit sollte das Controlling für einen ausgewogenen Mix von Früh- und Spätindikatoren Sorge tragen. Hierbei gilt:

- **Frühindikatoren** stellen auf Menge, Wert oder Qualität von Inputfaktoren sowie der mit ihnen vollzogenen Leistungserstellungsprozesse ab. Ein Übergewicht an Frühindikatoren kann eine wenig auf Effizienz gerichtete „Tonnenideologie" begünstigen.

- **Spätindikatoren** stellen auf das als Folge der Kombination von Inputfaktoren erzielte (i. d. R. am Markt bewertete) Leistungsergebnis bzw. den erreichten Erfolgsbeitrag ab. Ein Übergewicht an Spätindikatoren kann eine mit der Frühwarnfunktion des Controllings nicht vereinbare reine Messung von Symptomen bewirken.

Die Forderung nach einer derartigen Ausgewogenheit des Kennzahlen-Mixes wird durch eine **Balanced Scorecard** erfüllt. Insoweit kann die Entwicklung eines Stakeholder orientierten Kennzahlsystems bereits im Rahmen des Leitbildcontrollings eine wertvolle Vorarbeit darstellen, die eine Konsistenz zur Balanced Scorecard gewährleistet.

Im individuellen Fall kann ein Unternehmensleitbild etwa anhand folgender Checkliste erarbeitet werden, die das Institut der Wirtschaftsprüfer (IDW) zur Unterstützung der Erstellung eines Sanierungskonzepts mit den Zielen der Gewährleistung der Erwirtschaftung nachhaltiger Erträge sowie der Sicherung des finanziellen Gleichgewichts entwickelt hat (vgl. IDW S 6 „Anforderungen an die Erstellung von Sanierungskonzepten).

| ABB. 33: Bestandteile eines Unternehmensleitbilds |
|---|
| **(1) Corporate Identity**<br>▶ Zentrale Unternehmensidee<br>▶ Unternehmensgrundsätze<br>▶ Zugehörigkeitsgefühl der Mitarbeiter<br>▶ Darstellung nach innen und außen |
| **(2) Tätigkeitsgebiete und Marktstrategien**<br>▶ Produkt- und Leistungskonzept<br>  – Produkte/Leistungen<br>  – Märkte (Umsatzstruktur, Marktanteile, geographische Ausbreitung)<br>▶ Strategische Geschäftseinheiten<br>  – Bezeichnung der Unternehmensteile (Unternehmensbereiche/Standorte)<br>  – Beschreibung der Produktsparten/Segmente, Abgrenzung der Märkte<br>  – Zuordnung der Ressourcen (Produktionsstätten, Führungskräfte, Kapital)<br>▶ Bestimmung der Wettbewerbsstrategien (Kostenführerschaft, Differenzierung, Konzentration auf Nischen) |
| **(3) Ausrichtung der Funktionen (Erfolgspotenziale)**<br>▶ Produktbezogene Erfolgspotenziale<br>  – Fähigkeit zum Erkennen von Kundenbedürfnissen<br>  – Fähigkeit zur Herstellung bedürfnisgerechter Marktleistungen<br>  – Fähigkeit zur Beherrschung einer bestimmten Technologie/Bearbeitung bestimmter Werkstoffe<br>▶ Marktbezogene Erfolgspotenziale (Marktstellung, Image)<br>▶ Funktionale Erfolgspotenziale<br>  – Vertrieb<br>  – Produktion<br>  – Materialwirtschaft<br>  – Forschung und Entwicklung<br>  – Personal<br>  – Management<br>  – Organisation, Informationssysteme |
| **(4) Gesellschaftsrechtliche Struktur des Unternehmens**<br>▶ Rechtsform<br>▶ Typen der Fortführungsgesellschaften |
| **(5) Beziehungen zu Kapitalgebern**<br>▶ Beteiligungsstrukturen und Eigenkapitalzuführung<br>▶ Unternehmensverbindungen (intern/extern)<br>▶ Kreditversorgung (Verschuldungsgrad) |

Quelle: *IDW* (Hrsg.): WP-Handbuch 2008, Band II, 13. Aufl., Düsseldorf 2008, Tz. F 146.

**BEISPIEL:** Die Sartorius AG ist ein internationales Biotechnologie-Unternehmen mit Sitz in Göttingen. Sartorius erzielt ca. 850 Mio. € Umsatz p. a. bei einer Bilanzsumme von 1.000 Mio. € und 5.500 Mitarbeitern.

Bitte lesen Sie das nachfolgende Mission Statement (vgl. *http://www.sartorius.de/fileadmin/media/global/company/ir/ir_annual_report_2012_sartorius_group-de.pdf*):

> „**Unsere Mission**
>
> Sartorius ist ein international führender Anbieter von Labor- und Prozesstechnologie für die Biotech-, Pharma- und Nahrungsmittel-Industrie. Als Partner helfen wir unseren Kunden weltweit, komplexe und qualitätskritische Prozesse in der Produktion und im Labor zeit- und kosteneffizient zu realisieren.
>
> Unsere innovativen Produkte, Lösungen und Dienstleistungen sind damit auf die besonders wertschaffenden Segmente unserer Zielmärkte fokussiert. Verwurzelt in Wissenschaft und Forschung und eng verbunden mit Kunden und Kooperationspartnern, setzen wir unsere Unternehmensphilosophie „Turning science into solutions" tagtäglich in die Praxis um.
>
> Unsere Position als anwendungsorientierter Technologiekonzern wollen wir auch in Zukunft systematisch ausbauen. Mit einer klaren Strategie werden wir weiterhin für Kunden und Aktionäre nachhaltig Werte schaffen und unser Wachstum in hohe Ertragskraft umsetzen."

Operationalisieren Sie die Mission und das darin verfolgte Geschäftsmodell mit strategischen Zielen und je zwei einschlägigen Kennzahlen pro Ziel zur strategischen Verfolgung der Mission. Gehen Sie auch auf mögliche Zielkonflikte ein. Nehmen Sie auch zum Zielkonflikt „Wachstum" versus „Ertragskraft" Stellung.

Die Mission kann mittels sechs Zielen nebst einschlägigen Kennzahlen operationalisiert werden:

| Ziele | Kennzahlen |
| --- | --- |
| International führend | Marktanteile in Auslandsmärkten, Anzahl Markteintritte, Exportquote |
| Innovativ | FuE-Quote, Produktinnovationsquote in % der Umsatzerlöse |
| Hohe Qualität | Restwertquote/Investitionsquote in % der historischen AHK der Sachanlagen, Ausschuss- bzw. Reklamationsquote |
| Wertschaffende Segmente der Kunden | Amortisationsdauer der Geräte, Kostensenkungspotenzial, Stammkundenquote |
| Enge Verbindung zu Kunden und Kooperationspartnern | Anteil Entwicklungs-/Verbesserungsprojekte mit Kundenbeteiligung, Projekterfolgs- bzw. Markteinführungsrate |
| Wertschaffung für Aktionäre | Dividende je Aktie, Kurs-Gewinn-Verhältnis, Marktkapitalisierung |

Zielkonflikte bestehen u. a. zwischen den Werten

▶ Höhe der Free Cashflows und FuE-Quote (FuE mindert Free Cashflows),

▶ Produktinnovationsrate und Qualität (i. d. R. zu Beginn der Markteinführung noch Qualitätsmängel),

▶ Nachhaltigkeit der Kundenbeziehung kann zu Lasten der Rentabilität gehen.

Zum Zielkonflikt „Wachstum" versus „Ertragskraft":

▶ rein rechnerisch vergrößert das (Umsatz-)Wachstum die Bezugsgröße des Erfolgs im Nenner, folglich sinkt die Rentabilität,

▶ betriebswirtschaftlich ist – jedenfalls bei beschränkter Nachfrage – ein Wachstum über das Marktwachstum hinaus nur auf Kosten der Konkurrenz möglich, d. h. zu niedrigeren Preisen oder in Bezug auf „schlechtere" Kunden, die von der Konkurrenz ausgespart werden;

▶ es sollte i. S. einer „Grenzbetrachtung" für Umsatzwachstum mindestens die bestehende Durchschnittsrentabilität gefordert werden, zu messen am Deckungsbeitrag bzw. DBU-Faktor der „Grenzkunden".

Bitte lesen Sie die nachfolgenden Unternehmenswerte (vgl. *http://www.sartorius.de/de/konzern/ueber-sartorius/unternehmenswerte/*):

---

**Die Unternehmenswerte der Sartorius AG**

„NACHHALTIGKEIT

Profitables Wachstum und verantwortungsvolles Handeln gegenüber allen Anspruchsgruppen.

Seit der Gründung von Sartorius im Jahr 1870 war die nachhaltige, profitable Entwicklung des Unternehmens zentrales Ziel und Prinzip. Kundenorientierung, Exzellenz und Innovation sind der Schlüssel, um dies zu erreichen. Darüber hinaus verstehen wir unter Nachhaltigkeit, dass wir bei unseren Geschäftsaktivitäten auf positive und allseitig erfolgreiche Beziehungen zu unseren verschiedenen Anspruchsgruppen setzen, d. h. zu unseren Kunden, Mitarbeitern, Investoren und der gesamten Gesellschaft.

Was bedeutet dabei Nachhaltigkeit konkret im Hinblick auf die jeweilige Anspruchsgruppe? Hinsichtlich unserer Kunden und Geschäftspartner sind uns vertrauensvolle und langfristig profitable Beziehungen wichtiger als das schnelle Geschäft und kurzfristige Profite. In Bezug auf unsere Mitarbeiter bedeutet Nachhaltigkeit, dass diese sich bei Sartorius während ihres gesamten Berufslebens als Persönlichkeiten und professionell weiterentwickeln können. Unsere Investoren können mit einer Unternehmenspolitik rechnen, die auf kontinuierliche und nachhaltige Wertsteigerung setzt und nicht auf das rasche Mitnehmen von Gewinnen. Und in der Gesellschaft wollen wir verantwortliches Mitglied und an unseren weltweiten Standorten ein guter Nachbar sein.

OFFENHEIT

Unsere Quelle für Veränderung und Fortschritt.

Das Bessere ist bekanntlich der Feind des Guten. Um das Bessere zu erkennen und Dinge anders und besser machen zu können, brauchen wir Offenheit – sowohl innerhalb des Unternehmens als auch nach außen. Viele unserer innovativsten und erfolgreichsten Produkte sind das direkte Ergebnis von Offenheit verbunden mit der Bereitschaft, von unseren Kunden und Technologiepartnern zu lernen.

Wenn wir Offenheit mit unserer technologischen Kompetenz kombinieren, kommen wir zu Innovationen, die wirklich etwas bewegen und für unsere Kunden wertschaffend sind. Aber auch innerhalb unseres Unternehmens ist Offenheit eine Quelle von Veränderung und Fortschritt. Es zahlt sich aus, Alltagsroutinen zu hinterfragen, Wissen zu teilen und kreative, neue Ansätze auszuprobieren.

Unsere Offenheit nach innen und nach außen immer weiter zu entwickeln und zu stärken ist ein wichtiges Ziel und die Voraussetzung dafür, dass wir unser großes konzernweites Potenzial nutzen können.

FREUDE

Eine Arbeitsumgebung mit Freiraum und Wertschätzung.

Bei Sartorius gehen harte Arbeit und Freude Hand in Hand. Denn Sartorianer arbeiten nicht nur mit dem Verstand, sondern sind auch mit dem Herzen bei der Sache. Im Gegenzug gibt Sartorius seinen Mitarbeitern viel Freiraum und Aufgaben, an denen sie wachsen und ihr persönliches Potenzial ausschöpfen können. Das Unternehmen spricht Menschen an, die gern in internationalen Teams arbeiten, die mit Freude Verantwortung übernehmen, die es schätzen, neue Wege zu entdecken und ihre Erfolge dann gemeinsam zu feiern. In dieser teamorientierten und offenen Weise arbeiten wir auch mit unseren Kunden zusammen. Unsere zugewandte und positive Unternehmenskultur schätzen wir als wichtige Quelle für dauerhafte Motivation und überdurchschnittliche Leistung."

Sartorius hat sich im abgelaufenen Jahr intensiv mit seinen drei zentralen Unternehmenswerten Nachhaltigkeit, Offenheit und Freude beschäftigt. 4.500 Mitarbeiter haben in Workshops darüber reflektiert, was unter den Werten zu verstehen ist, und Ideen dazu entwickelt, wie wir unsere Werte noch konsequenter im Unternehmensalltag verankern können.

Unsere Werte verbinden uns mit unseren Kunden, Geschäftspartnern, Kapitalgebern und der Gesellschaft genauso wie untereinander – weltweit. Sie geben Orientierung und zeigen die Richtung, in die wir uns weiterentwickeln wollen."

Operationalisieren Sie die ersten beiden Unternehmenswerte mit mindestens je einer überschneidungsfreien Zielkennzahl pro genannter Stakeholder-Gruppe.

| Stakeholder | Nachhaltigkeit | Offenheit |
| --- | --- | --- |
| Kunde | Stammkundenquote | Kundenzufriedenheitsindex |
|  | Wiederkaufrate, Kauffrequenz | Anteil Neukunden |
| Geschäftspartner | Dauer und Volumenentwicklung der Vertragsbeziehung | Anzahl gemeinsamer Projekte (z. B. Produkt- oder Prozessinnovation) |
|  | Storno-/Reklamationsquote | Ausmaß und Entwicklung übergreifender Datenverbünde, Personalaustausche |
| Kapitalgeber | Dauer und Volumenentwicklung der Vertragsbeziehung | Umfang und Intensität der IR-Aktivitäten |
|  | Entwicklung des nachhaltigen Unternehmenswertes (z. B. Free Cashflow) | Intensität des (freiwilligen) Publikationsverhaltens |
| Gesellschaft | Ökobilanz, Entwicklung des Emissions-/Immissionsverhaltens | Teilhabe an gesellschaftlicher Willensbildung |
|  | Ausbildungs-/Übernahmequote | Sponsoring-/Spendenquote |
|  |  | Ausmaß der Diversität in Führungspositionen |

Machen Sie Vorschläge zur Messbarkeit des Unternehmenswerts „Freude".

Der Unternehmenswert „Freude" wird hier offensichtlich bezogen auf eine „Arbeitsumgebung mit Freiraum und Wertschätzung" und stellt damit insbesondere ein Mitarbeiterziel dar:

▶ Anteil Mitarbeiter mit langfristigen Entwicklungsplänen,

▶ Ausmaß und Entwicklung von „Job Enrichment"-Programmen, Teilhabe an Qualitätszirkeln etc.,

▶ Ausmaß und Entwicklung der Delegation als Führungsprinzip i. S. von MbE-Programmen, z. B. Verbreitung von Zielvereinbarungsgesprächen,

▶ Angebotsausmaß und Inanspruchnahme von hybriden Arbeitszeitmodellen wie z. B. Teilzeit, (teilweiser) Heimarbeit, langfristigen Arbeitszeitkonten, Sabbaticals.

Mögliche Zielkonflikte sind:

▶ Kunden wünschen Individualität, Geschäftspartner (Lieferanten) große Lose und damit Standardisierung,

▶ Kapitalgeber legen Wert auf monetäre Ziele, Gesellschaft auf nicht-monetäre (die aber Geld kosten),

▶ Nachhaltigkeit bei Kunden- und Geschäftspartnerbeziehungen kann der Gewinnmaximierung (Kapitalgeber) zuwider laufen.

Den **Shareholdern** als hervorragender, weil das Unternehmerrisiko tragender Anspruchsgruppe, wird häufig ein eigener Berichtsabschnitt gewidmet, so auch bei der Sartorius AG. Die bedeutenden Shareholder-Ziele stellen Gewinn-, Eigenkapital- und Ausschüttungsentwicklung dar. Hierbei handelt es sich aber sämtlich um Spätindikatoren. Insbesondere potenzielle Investoren interessieren aber vor dem Hintergrund eines möglichen langfristigen Investments auch Frühindikatoren, die auf die künftige Entwicklung der Spätindikatoren schließen lassen. Dem Bericht zur Sartorius-Aktie lassen sich folgende Indikatoren entnehmen:

| Frühindikatoren | Spätindikatoren |
|---|---|
| ▶ Börsenumsatz, Handelsvolumen<br>▶ Art und Anzahl von Investor Relations-Aktivitäten, Anzahl der Teilnahmen an Konferenzen<br>▶ Anzahl an regelmäßig ausgefertigten Analystenstudien<br>▶ Empfehlungen, anteilige Kaufvoten<br>▶ Umfang und Frequenz der Pressemitteilungen und -berichterstattungen | ▶ Kursentwicklung, Jahresendkurs<br>▶ Dividende pro Aktie, Dividendenrendite<br>▶ Ausschüttungssumme, Ausschüttungsquote in % des Jahresergebnisses<br>▶ Umfang der Marktkapitalisierung<br>▶ Aktionärsstruktur, Anteil des Streubesitzes |

Im Kontext der Leitbilder taucht häufig der Begriff der **Nachhaltigkeit** auf. So ist auch die Unternehmensleitung mit dem Ziel nachhaltiger Wertschöpfung als zentrale Leitungsaufgabe im Deutschen Corporate Governance Kodex (vgl. Kapitel VI.2.5) verankert.

Jedoch hat der Nachhaltigkeitsbegriff zwei **Dimensionen**,

▶ einerseits i. S. eines nicht nur vorübergehend möglichen, sondern langfristig erreichbaren Zielerreichungsniveaus (Umsatz, Gewinn),

▶ andererseits i. S. einer ethisch wünschenswerten Unternehmenstätigkeit unter Vermeidung der Ausbeutung von Ressourcen (sog. „sustainability").

Erstgenannte Dimension soll quantifizieren, transparent machen und im Ergebnis verhindern, dass Leitungspersonen die Strategie auf eine Maximierung des kurzfristigen Ergebnisses zu Lasten des langfristigen Substanzerhalts anstreben. Dies kann insbesondere durch Verzicht auf notwendige Innovationen und Investitionen erfolgen, was allerdings ein Ausbluten des Unternehmens nach sich ziehen kann. In diesem Rahmen werden Maßgrößen des nachhaltigen Unternehmenswerts definiert und berechnet, zumeist auf Basis des Cashflows.

Es ist offensichtlich, dass letztgenannte Dimension mit ihren Komponenten

▶ Begrenzung des Rohstoffverbrauchs, Verwendung regenerativer Rohstoffe,

▶ Vorrang einer umweltschonenden Leistungserstellung,

▶ Schutz und Erhalt der Landschaft, Begrenzung der Flächennutzung,

▶ Sicherung gesundheitsfördernder Arbeitsbedingungen,

▶ Gewährung weitreichender Beschäftigungs- und Einkommenssicherheit

nicht nur wesentlich komplexer ist, sondern auch eine normative Wertung innehat. Hierbei handelt es sich vor allem um öffentlichkeitswirksame Themen wie Personalentwicklung, Sozialstandards oder Umweltschutz.

In der strategischen Planung hat sich allgemein die Erkenntnis durchgesetzt, dass Ökonomie und Ökologie nicht als konfliktäre, sondern als sich positiv beeinflussende Ziele aufzufassen sind. So lässt sich zunutze machen, dass hochwertigere Produkte geringere Umweltbelastungen verursachen, was als Kaufargument im Zuge einer hochpreisigen Qualitätsführerstrategie genutzt werden kann. Somit wird das strategische Controlling auch Nachhaltigkeitsziele operationalisieren und deren Zielerreichungsgrad fortlaufend messen.

Die Ausprägungen der Nachhaltigkeit lassen sich im Lagebericht verfolgen. Die erste Dimension der Nachhaltigkeit i. S. einer langfristigen Erreichbarkeit findet ihren Niederschlag häufig in der Konstruktion des **Vergütungssystems** für das Leitungsorgan (§§ 285 Nr. 9, 289 Abs. 2 Nr. 5 HGB). Hinweise auf die zweite Dimension finden sich im Rahmen der Angabe **nicht-finanzieller Leistungsindikatoren** nach § 289 Abs. 3 HGB.

> **BEISPIEL:** Dem **Vergütungsbericht** der Sartorius AG sind folgende Spezifikationen zu entnehmen (vgl. *http://www.sartorius.de/fileadmin/media/global/company/ir/ir_annual_report_2012_sartorius_group-de.pdf*):
>
> „Die Vergütung setzt sich aus fixen und variablen Bestandteilen zusammen und wird jährlich hinsichtlich ihrer Angemessenheit überprüft. Neben dem fixen Basisgehalt stellen die variablen Vergütungsbestandteile bei 100 %-iger Zielerreichung rund die Hälfte der Gesamtvergütung exklusive der Versorgungszusage und den Nebenleistungen dar.
>
> **Variable Vergütung**
>
> Der variable Teil der Vergütung enthält jährlich abzurechnende Komponenten (gemessen an Umsatz, Auftragseingang, EBITA und dynamischem Verschuldungsgrad) und Komponenten mit mehrjähriger Bemessungsgrundlage (gemessen am Konzernjahresüberschuss und Phantom Stock-Plan). Die jährlich abzurechnenden Komponenten und die Komponenten mit mehrjähriger Bemessungsgrundlage machen jeweils die Hälfte der möglichen Zielerreichung aus. Alle variablen Vergütungsbestandteile sehen eine Obergrenze (Cap) für die Auszahlung vor. Die jährlich abzurechnenden Komponenten wurden im Berichtsjahr geringfügig angepasst.
>
> Die individuellen Ziele, die im Vorjahr mit 10 % der variablen Vergütung gewichtet waren, wurden abgeschafft und ihr Anteil den verbleibenden drei Komponenten Umsatz, Auftragseingang, EBITA und dynamischem Verschuldungsgrad zugerechnet. Innerhalb der gesamten möglichen Zielerreichung sind die Teilziele der jährlich abzurechnenden Komponenten wie folgt gewichtet: Umsatz und Auftragseingang 12,5 %, EBITA 18,75 % und dynamischer Verschuldungsgrad 18,75 %.
>
> Die Teilziele Konzernjahresüberschuss und Phantom Stock-Plan als Komponenten mit mehrjähriger Bemessungsgrundlage sind in der gesamten möglichen Zielerreichung mit jeweils 25 % gewichtet.
>
> **a) Jährlich abzurechnende variable Vergütung**
>
> Der jährlich abzurechnende Teil der variablen Vergütung ist abhängig vom Grad der Erreichung des Ziels, das vom Aufsichtsrat bei jedem einzelnen Teilziel festgelegt wird. Diese Zielerreichung gliedert sich in die vorgenannten drei Teilziele auf, die jeweils separat abgerechnet werden.
>
> **Umsatz und Auftragseingang**
>
> Bei einem Zielerreichungsgrad unterhalb von 90 % wird keine Vergütung gewährt. Bei Erreichen von 90 % des Ziels werden 50 % des Zielbetrages ausgezahlt. Danach steigt die Auszahlung linear bis zu einer Zielerreichung von 104 %, bei der maximal 120 % des Zielbetrages ausgezahlt werden. Der Auszahlungsgrad in Höhe von 120 % bildet zugleich den Cap für dieses Teilziel.
>
> **EBITA**
>
> Bei einem Zielerreichungsgrad unterhalb von 70 % wird keine Vergütung gewährt. Bei Erreichen von 70 % des Ziels werden 70 % des Zielbetrages ausgezahlt. Danach steigt die Auszahlung linear bis zu einer Zielerreichung von 120 %, bei der maximal 120 % des Zielbetrages ausgezahlt werden. Der Auszahlungsgrad in Höhe von 120 % bildet zugleich den Cap für dieses Teilziel.
>
> **Dynamischer Verschuldungsgrad**
>
> Bis zum Erreichen eines definierten unteren Wertes im dynamischen Verschuldungsgrad wird keine Vergütung gewährt. Bei Erreichen des definierten Wertes werden 50 % des Zielbetrages ausgezahlt. Danach steigt die Auszahlung linear bis zu einem definierten oberen Wert, bei dem maximal 120 % des Zielbetrages ausgezahlt werden. Der Auszahlungsgrad in Höhe von 120 % bildet zugleich den Cap für dieses Teilziel.

### b) Variable Komponenten mit mehrjähriger Bemessungsgrundlage

Die Komponenten mit mehrjähriger Bemessungsgrundlage sind zum einen abhängig vom Grad der Erreichung des Ziels, das vom Aufsichtsrat bei dem Teilziel Konzernjahresüberschuss festgelegt wird, und zum anderen von dem Wert eines vereinbarten Geldbetrags, der dem Vorstandsmitglied am Anfang eines jeden Jahres zugeschrieben wird.

**Konzernjahresüberschuss**

Bemessungsgrundlage ist der Konzernjahresüberschuss nach Minderheiten exklusive Amortisation (Abschreibungen auf immaterielle Vermögenswerte, wie z. B. Kundenlisten oder Patente). Die einem Jahr zugeordnete Zielerreichung basiert auf dem Durchschnitt der mit diesem Jahr beginnenden drei Geschäftsjahre. Zur Glättung der Auszahlungsbeträge erfolgt eine Abschlagszahlung in Höhe von 50 % der Zielerreichung eines Geschäftsjahres. (…) Bei Erreichung eines definierten Mindestwerts steigt die Auszahlung linear von 0 % bis zu maximal 120 % des vom Aufsichtsrat definierten Wertes der Zielerreichung dieses Teilziels. Der Auszahlungsgrad in Höhe von 120 % bildet zugleich den Cap für dieses Teilziel.

**Phantom Stock-Plan**

Mit der Ausgabe von virtuellen Aktien (Phantom Stocks) werden die Vorstandsmitglieder so gestellt, als ob sie Inhaber einer bestimmten Anzahl von Aktien der Sartorius AG wären, ohne jedoch dividendenberechtigt zu sein. Die Wertentwicklung dieser Phantom Stocks ist an die Kursentwicklung der Sartorius Aktie gekoppelt. Dabei werden sowohl Kursgewinne als auch Kursverluste berücksichtigt.

Zu einem späteren Zeitpunkt werden die Phantom Stocks anhand des aktuellen Aktienkurses bewertet und ihr Gegenwert ausbezahlt, sofern die Bedingungen dafür vorliegen. Die Phantom Stocks sind nicht handelbar und beinhalten kein Aktienbezugsrecht.

Der Phantom Stock-Plan sieht vor, dass das jeweilige Vorstandsmitglied am Anfang eines jeden Jahres Phantom Stocks im Wert eines vereinbarten Geldbetrags zugeschrieben bekommt. Die Auszahlung der Phantom Stocks kann nur als gesamte Jahrestranche jeweils frühestens nach vier Jahren und spätestens nach acht Jahren verlangt werden. Ein Auszahlungsanspruch besteht nur, wenn der Aktienkurs zum Zeitpunkt der Auszahlung gegenüber dem Zeitpunkt der Zuteilung der Phantom Stocks eine Mindestwertsteigerung von 7,5 % pro Jahr oder eine bessere Wertentwicklung als der TecDAX als Vergleichsindex erzielt hat. Eine nachträgliche Veränderung der Vergleichsparameter schließt der Phantom Stock-Plan aus. (…)"

Die in dem Vergütungsbericht spezifizierten Ziele – gegliedert nach Fristigkeiten und gewichtet nach ihrer Bedeutung für die Unternehmensentwicklung – bilden somit das nachhaltige Zielkennzahlensystem.

> **BEISPIEL:** Dem **Nachhaltigkeitsbericht** der Sartorius AG sind folgende Spezifikationen zu entnehmen (vgl. http://www.sartorius.de/fileadmin/media/global/company/ir/ir_annual_report_2012_sartorius_group-de.pdf):
>
> „Nachhaltigkeit ist als einer der Kernwerte fest in der Unternehmenskultur von Sartorius verankert. Seit Firmengründung im Jahr 1870 ist die nachhaltige Entwicklung des Unternehmens unser zentrales Ziel.
>
> Unsere originäre unternehmerische Verantwortung besteht darin, unseren Kunden attraktive Produkte und Lösungen anzubieten.
>
> Innovation sowie strategische und operative Exzellenz sind die Schlüssel, um dieses Ziel zu erreichen. Nachhaltigkeit bedeutet für uns in diesem Zusammenhang, dass wir bei der Verfolgung dieser unternehmerischen Ziele eine langfristige und breit angelegte Perspektive einnehmen, die auch soziale und ökologische Belange ausdrücklich mit einschließt. Wir verhalten uns gegenüber unseren verschiedenen Anspruchsgruppen verantwortungsbewusst und setzen auf langfristige und allseitig erfolgreiche Beziehungen. Dementsprechend betrachten wir das aktive Management sozialer und ökologischer Aufgaben nicht als Kompensation unseres wirtschaftlichen Handelns, sondern vielmehr als einen unserer Erfolgsfaktoren."

**Dimensionen** der Nachhaltigkeit sind:

| Nachhaltige Unternehmensführung | ▶ Wirtschaftlicher Erfolg |
| | ▶ Compliance |
| | ▶ Aktive Nutzung des globalen Mitarbeiterpotenzials |
| Ökologische Nachhaltigkeit | ▶ Nachhaltige Produktion |
| | ▶ Ökologische Produktinnovationen |
| Gesellschaftlicher Beitrag | ▶ Förderung von Forschungs- und Bildungsaktivitäten |
| | ▶ Projekte zur Verbesserung der sozialen Infrastruktur an Sartorius-Standorten |

„Diesem Verständnis folgend halten wir es für essenziell, rechtliche und ethische Standards einzuhalten, ökologisch verantwortungsbewusst zu produzieren und bei Produktinnovationen auf Umwelteffekte zu achten. Ebenso verfolgen wir eine Personalpolitik, die die Rechte und Interessen der Beschäftigten wahrt und das globale Mitarbeiterpotenzial aktiv nutzt und weiterentwickelt. An den weltweiten Unternehmensstandorten gestalten wir als Arbeit- und Auftraggeber das regionale Umfeld aktiv mit und tragen durch die Unterstützung von kulturellen und sozialen Projekten zu seiner Attraktivität bei."

Die genannten **Nachhaltigkeitsziele** lassen sich z. B. wie folgt systematisieren und operationalisieren:

| Dimension der Nachhaltigkeit | Indikator |
|---|---|
| Mitarbeiter | ▶ Durchschnittliche Betriebszugehörigkeitsdauer |
| | ▶ Ausbildungsquote, Übernahmequote |
| Zulieferer | ▶ Grad der Einhaltung von Sozialstandards (Arbeitsschutz, Tarifbindung) |
| | ▶ Anteil Zulieferer mit Rahmenverträgen, langfristigen Kooperationsverträgen |
| Soziales Umfeld | ▶ Sponsoring-/Spendenquote in % vom Umsatz |
| | ▶ Anzahl sozialer Projekte und deren Zielerreichungsgrad |
| Ökologie | ▶ Energieverbrauch eigener Anlagenpark, Energieeffizienz der Endprodukte |
| | ▶ Recyclingquote |

Die Nachhaltigkeit der Unternehmensführung kann häufig dadurch unterlaufen werden, dass entsprechende Kriterien zwar für das eigene Unternehmen erfüllt, aber „neuralgische Produktionsschritte" auf Zulieferer ausgelagert werden. In Bezug auf die ökologische Nachhaltigkeit und das Zulieferermanagement finden sich folgende Textauszüge:

„**Umwelt-Check bei Lieferanten**

Nachhaltige Produktion und nachhaltige Produkte sind eine starke Basis für unseren langfristigen ökonomischen Erfolg. Wir gestalten unsere Produktionsprozesse ressourcenschonend und bieten unseren Kunden Produkte an, die nicht nur wirtschaftlich und sicher sind, sondern auch ökologische Vorteile bieten. Dabei betrachten wir den gesamten Lebenszyklus unserer Produkte und nicht nur den eigenen Ressourceneinsatz.

Das schließt die Prozesse unserer Kunden ein, gilt aber auch für unsere Zulieferer. Die Umweltleistung spielt auch bei der Bewertung unserer Lieferanten eine Rolle. Im Berichtsjahr etwa haben wir 50 internationale Lieferanten der Mechatronik-Sparte in Göttingen schriftlich nach ihren Umweltaktivitäten befragt. Alle Lieferanten, die ebenfalls nach ISO 14001 zertifiziert sind und damit die gleichen strengen Standards einhalten wie wir, erhielten automatisch die beste Bewertung in dieser Kategorie.

Lieferanten ohne eine solche Zertifizierung wurden z. B. danach bewertet, ob sie sich hinsichtlich des Umweltschutzes an schriftlich festgelegte Richtlinien halten oder ob ökologische Aspekte in ihrer Produktplanung eine Rolle spielen. Das Ergebnis haben wir auf einer webbasierten Lieferantenplattform veröffentlicht, denn Transparenz und Offenheit sind für uns integraler Bestandteil eines nachhaltigen Lieferantenmanagements."

In Bezug auf das Lieferanten-Monitoring der Sartorius AG soll ein Zielkennzahlensystem in Bezug auf die Erfüllung von Nachhaltigkeitsanforderungen formuliert und mittels operabler, einschlägiger (Früh-)Indikatoren konkretisiert werden (keine Spätindikatoren wie Energieverbräuche, Emissionen etc.).

| Dimension der Nachhaltigkeit | Indikator |
|---|---|
| Sozialstandards | ▶ Grad der Einhaltung von Sozialstandards (Arbeitsschutz, Gesundheitsmanagement) <br> ▶ Grad der Tarifbindung |
| Ökologie | ▶ Energieverbrauch des Anlagenparks <br> ▶ Recyclingquote |
| Lieferfähigkeit | ▶ Durchschnittliche Lieferzeit ab Bedarfsmeldung, Termineinhaltungsquote |
| Qualität | ▶ Zertifizierungsgrad, Einhaltungsgrad von Prozessstandards, Störfallquote <br> ▶ Ausprägungsgrad eines integrierten Datenverbunds |
| Nachhaltigkeit | ▶ Anteil Zulieferer mit Rahmenverträgen, langfristigen Kooperationsverträgen, Dauer der Geschäftsbeziehung |

In der nachfolgenden „Berichterstattung zur Nachhaltigkeit" werden folgende (typische) Kennzahlen dargelegt:

| ABB. 34: | Nachhaltigkeitskennzahlen der Sartorius AG |
|---|---|
| Nachhaltige Unternehmensführung | ▶ Anteile bei der Besetzung von Führungspositionen hinsichtlich Geschlechter, Altersgruppen und Kulturen, z. B. Frauen- und Internationalitätsquote <br> ▶ Schwerbehindertenquote <br> ▶ Verbreitungsgrad jährlicher Mitarbeitergespräche <br> ▶ Quote der Besetzung von Führungspositionen aus den eigenen Reihen, Umfang und Teilnahmegrad an internen Führungsentwicklungsprogrammen <br> ▶ Umfang und Teilnahmegrad an internen Schulungsmaßnahmen zu relevanten Sprach- und Methodenkompetenzen <br> ▶ Umfang an Ausbildungsberufen, Anzahl und Entwicklung der Ausbildungsplätze, Ausbildungsquote, Übernahmequote <br> ▶ Umfang an Austausch- und Stipendiatenprogrammen (Platzangebot, Inanspruchnahme, Aufwand), Angebot an Praktikantenplätzen für Studierende <br> ▶ Angebot und Inanspruchnahme flexibler Arbeitszeitmodelle (Gleitzeit, Homeoffice), Teilzeitquote <br> ▶ Angebot und Inanspruchnahme an Vorsorgeuntersuchungen, Gesundheitsprogrammen, Schulungen in den Bereichen Arbeitssicherheit sowie Arbeits- und Gesundheitsschutz <br> ▶ Arbeitsunfallquote pro 1.000 Mitarbeiter p. a. gesamt und gegliedert nach Standorten |

| | |
|---|---|
| Ökologische Nachhaltigkeit | ▶ Standardisierungs- und Zertifizierungsquote von Produktionsstandorten und Produktionsprozessen |
| | ▶ Energieverbrauch (Strom, Erdgas, Kraftstoffe in MWh und pro Mitarbeiter), $CO_2$-Ausstoß in t und pro Mitarbeiter |
| | ▶ Gesamtwasserverbrauch in cbm und pro Mitarbeiter, davon Abwasser |
| | ▶ Anteile von Geschäftsprozessen an der Verursachung des sog. „ökologischen Fußabdrucks" (z. B. Lieferantenbezug von Rohstoffen, Fracht, Verpackung, Dienstreisen) |
| | ▶ Gesamtmenge Abfall in t und pro Mitarbeiter, Anteil des gefährlichen Abfalls am Gesamtaufkommen, Recyclingquote |
| | ▶ Papierverbrauch in t gesamt und pro Mitarbeiter, Altpapierquote |
| | ▶ Energieeffizienz von Produktinnovationen gegenüber Vorgängermodellen (Einsparungen an Platz, Wasser und Energie in %) |
| | ▶ Anteil der Einwegprodukte |
| Gesellschaftlicher Beitrag | ▶ Anteil neugeschaffener Arbeitsplätze in % der Gesamtmitarbeiterzahl gesamt und pro Standort |
| | ▶ Umfang und Entwicklung der Mitgliedschaften in Verbänden und lokalen Netzwerken |
| | ▶ Förderungs- und Sponsoringquote in Bezug auf wissenschaftliche und kulturelle Veranstaltungen |
| | ▶ Umfang und Entwicklung von Kooperationsprogrammen mit Forschungs- und Bildungseinrichtungen, Anzahl und finanzielles Volumen von Stipendien und ähnlichen Fördermaßnahmen |
| | ▶ Beteiligung an und Unterstützung von wissenschaftlichen Fachveranstaltungen. |

## 2. Prozess und Komponenten der strategischen Unternehmensplanung

Den Kern der strategischen Unternehmensplanung bildet die marktorientierte **Tätigkeitsplanung** bzw. **Geschäftsfeldplanung** und damit die langfristige **Leistungsplanung**. Die strategische Planung setzt sich mit den exogen bedingten Marktpotenzialen sowie den daraus resultierenden strategischen Möglichkeiten des Unternehmens auseinander.

## Strategische Planung und strategisches Controlling

**ABB. 35: Ablauf und Schnittstellen der strategischen Planung**

```
                        Unternehmensleitbild

    Chancen und Risiken                    Stärken und Schwächen
    von Markt und Umwelt                   des Unternehmens

    Frühwarn-    Wettbewerbs-              Geschäftsfeld-    Analyse qualita-
    system       analyse und               analyse, betriebs- tiver Faktoren,
                 Status quo-               wirtschaftliche   Stärken-Schwä-
                 Portfolio      Strate-    Kennzahlen        chen-Katalog
                                gische
                                Ziele
    Potenzial-   Trendanalyse,             Funktionswert-    Organisations-
    Analyse      Szenario                  analyse,          stand,
                                           Leistungs-        Organisations-
                                           kennzahlen        entwicklung

    Bewertung strategischer Erfolgspotenziale (strategische Unternehmensbewertung)
                und strategische Planung auf Geschäftsfeldebene

                    Entwicklung und Verabschiedung
                         operativer Ziele

                    Entwicklung alternativer Vorgehens-
                    weisen, Maßnahmen und Projekte

  kurzfristig realisierbare   Sensitivitätsanalyse, Nutzwertanalyse,   kurzfristig realisierbare
  Anpassungsmaßnahmen         Break-even-Analyse                       Anpassungsmaßnahmen

                    Budgetierung der Ressourcen:
                    Personal, Zeit, Finanzmittel

                    Durchführung von Detailplänen
                    und Einzelmaßnahmen

                    Steuerung und Kontrolle
```

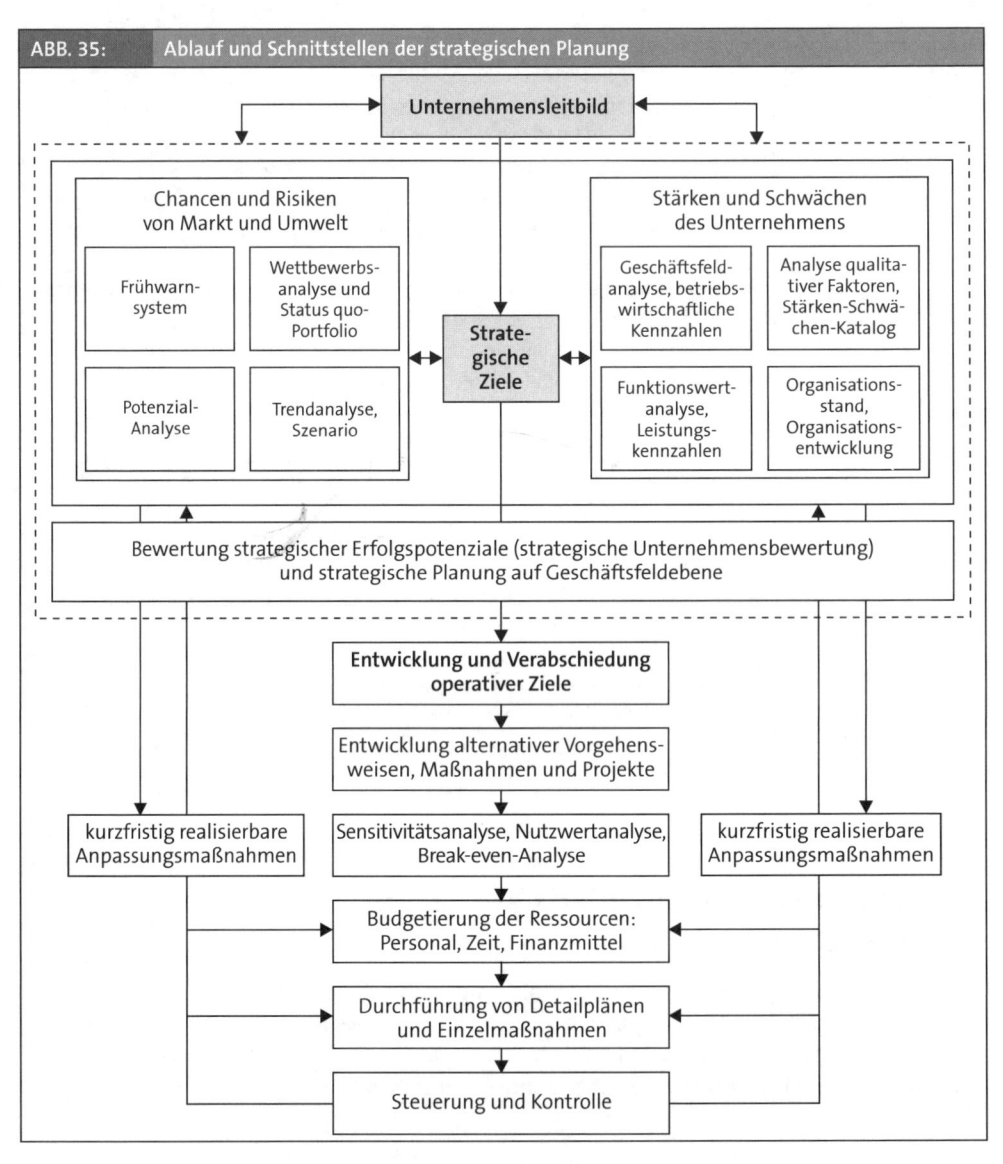

Quelle: I. A. a. *BDU* (Hrsg.): Controlling – Ein Instrument zur ergebnisorientierten Unternehmenssteuerung und langfristigen Existenzsicherung, 4. Aufl., Berlin 2000, S. 14.

Der ursprünglich zum Zeitpunkt des Aufkommens der strategischen Planung häufig genannte Zeithorizont von zehn Jahren wurde in der Folgezeit aufgrund mangelnder „Planbarkeit" in der Praxis immer weiter reduziert auf heute ca. drei bis fünf Jahre.

Die strategische Planung setzt die Basis für Entscheidungen, die die langfristige Bindung von Mitteln nach sich zieht. Die operative Planung realisiert die Entscheidungen der strategischen Planung und füllt das kurzfristige Potenzial der Unternehmung aus. Sie optimiert die durch die strategische Planung vorgegebene Mittelaufbringung (Planung der Kapitalbeschaffung) und die Mittelverwendung (Investitionsvergleichsverfahren) innerhalb der strategischen Vorgaben.

Die operative Planung umfasst demnach – auf der Basis gegebener Potenziale bzw. Kapazitäten – die mittel- und kurzfristige Produktprogrammplanung der Unternehmung sowie die Ziel- und Maßnahmenplanung in den betrieblichen Funktionsbereichen.

Operative und strategische Planung bestehen damit nicht nebeneinander, sondern die strategische Planung bildet die Voraussetzung für die operative Planung, oder anders ausgedrückt: Ohne strategische Planung ist die operative Planung ein seelenloses Zahlenwerk.

Der Begriff „Strategie" entstammt eigentlich dem militärischen Sprachgebrauch (griech. „stratos" = Heer; „agein" = führen). Für die Zwecke der Wirtschaftswissenschaften umfasst der **Strategiebegriff** die folgenden Implikationen:

▶ Strategien erfordern ein eindeutiges, leicht verständliches Muster. Gerade um die Motivation aller Mitwirkenden zu wecken, ist es wichtig, eine einheitliche Zielvorgabe und Unternehmenspolitik anzustreben.
▶ Die der Unternehmung vorgegebenen Rahmenbedingungen sollten optimal genutzt werden.
▶ Die Strategie sollte grundsätzlich die Stärken einer Unternehmung herausstellen. Umwelt- und Marktchancen sind konsequent auszuschöpfen.
▶ Innovationen müssen unbedingt in die Strategie mit einfließen.
▶ Mögliche Risiken und Reaktionen auf unsichere (Stör-)Ereignisse sind bereits während der Konzeption der Strategie zu berücksichtigen.
▶ Eine Strategie kann nur dann erfolgreich sein, wenn der einmal eingeschlagene Kurs beibehalten wird. Sie sollte nur dann modifiziert werden, wenn grundlegende Änderungen es erfordern.
▶ Eine zweckmäßige, führbare Organisation ist eine wesentliche strukturelle Voraussetzung für eine erfolgreiche Strategie.

Strategische Planungen und Entscheidungen lassen sich durch die folgenden **Merkmale** charakterisieren:

▶ Sie sind von besonderer Bedeutung für die Vermögens- und/oder Erfolgsentwicklung der Unternehmung,
▶ sie können nur aus der besonderen Verantwortung für die ganze Unternehmung aus dem Gesamtzusammenhang heraus getroffen werden,
▶ sie sind grundsätzlich nur von der obersten Unternehmensleitung zu fällen,
▶ sie gelten i. d. R. auf lange Sicht und sind von geringer Häufigkeit,
▶ sie unterliegen einer erhöhten Unsicherheit, d. h. ihre Risiken sind schwierig zu bewerten,
▶ sie bilden die Grundlage für alle weiteren Planungsaktivitäten in der Unternehmung.

**Objekte** der Strategien sind

▶ die Entwicklung der Gesamtunternehmung (Wachstums-, Stabilisierungs-, Schrumpfungsstrategien),
▶ bestimmte Leistungen (Produkt-, Produktgruppen-, Sortimentsstrategien) und Märkte (regionale, demographische Marktstrategien),

- bestimmte betriebliche Funktionen (Beschaffungs-, Produktions-, Investitions-, Personal-, Absatzstrategien),

wobei in Bezug auf diese folgende **Aufgaben** zu erfüllen sind:

- Prognose voraussichtlicher technologischer, politischer, gesellschaftlicher Rahmenbedingungen, die für die unternehmerische Aktivität relevant sein könnten,
- Analyse der ökonomischen Situation auf den relevanten Märkten,
- Durchleuchtung der Unternehmung auf interne Schwachstellen,
- Identifizierung von modifizierten oder gänzlich neuen Tätigkeitsfeldern.

Ein Dilemma besteht darin, dass im Rahmen der Strategieplanung die Auswirkungen auf finanzielle Zielgrößen wenig oder unscharf beziffert werden. Implizit bestimmt die Strategieplanung jedoch die Ausprägung und den künftigen Verlauf von Ergebnis- und Finanzgrößen maßgeblich.

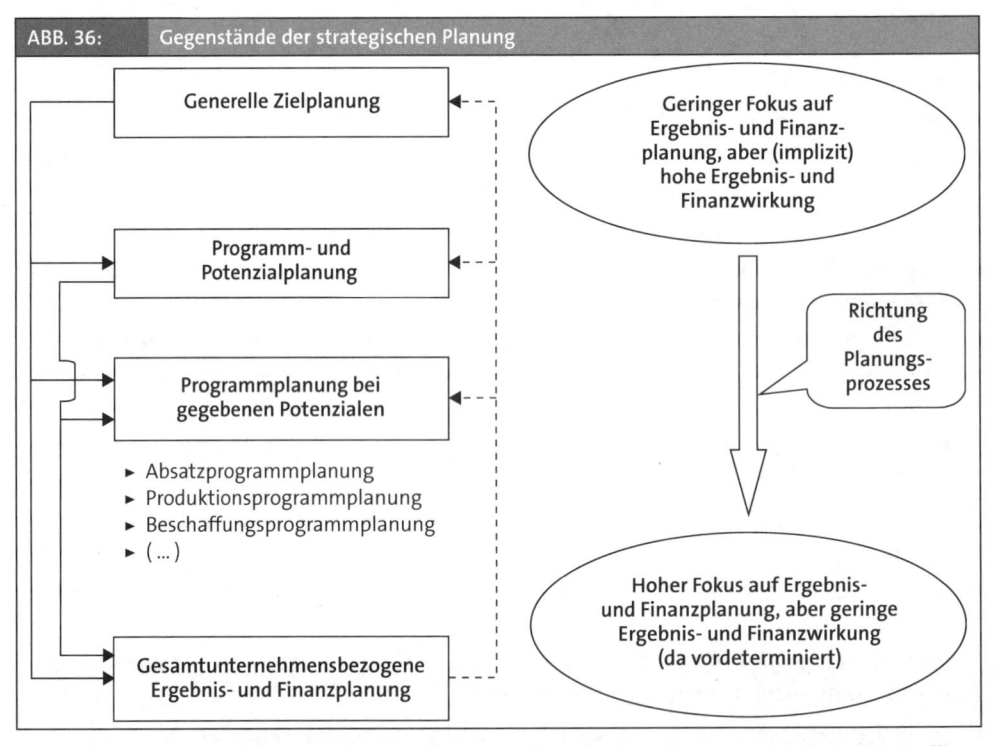

**ABB. 36:** Gegenstände der strategischen Planung

- Generelle Zielplanung
- Programm- und Potenzialplanung
- Programmplanung bei gegebenen Potenzialen
  - Absatzprogrammplanung
  - Produktionsprogrammplanung
  - Beschaffungsprogrammplanung
  - ( ... )
- Gesamtunternehmensbezogene Ergebnis- und Finanzplanung

Geringer Fokus auf Ergebnis- und Finanzplanung, aber (implizit) hohe Ergebnis- und Finanzwirkung

Richtung des Planungsprozesses

Hoher Fokus auf Ergebnis- und Finanzplanung, aber geringe Ergebnis- und Finanzwirkung (da vordeterminiert)

Quelle: I. A. a. *Hahn/Hungenberg*: PuK – Planung und Kontrolle. Wertorientierte Controllingkonzepte, 6. Aufl., Wiesbaden 2001, S. 90.

Im Rahmen einer **strategischen Kontrolle** ist abschließend zu beurteilen, ob die Planung auch tatsächlich realisiert worden ist. Die strategische Kontrolle umfasst dabei zugleich eine **Prämissenkontrolle** und eine **Durchführungskontrolle**.

In diesem Zusammenhang besteht schon nach § 91 Abs. 1 Nr. 1 AktG die Verpflichtung des Vorstands einer AG zu einer sog. „**follow up-Berichterstattung**" in der Weise, dass im Rahmen der Darlegung der beabsichtigten Geschäftspolitik, auf Abweichungen der tatsächlichen Entwicklung von früher berichteten Zielen unter Angabe von Gründen einzugehen ist. Insoweit soll dem

Missstand vorgebeugt werden, dass zwar in jeder Planungsperiode optimistische Ziele gesetzt und kommuniziert, aber niemals erreicht werden.

Bei der *Adidas AG* (vgl. http://www.adidas-group.com/de/investorrelations/assets/pdf/annual_reports/2012/GB_2012_DE.pdf) findet sich hierzu folgendes Beispiel:

| ABB. 37: | Strategische Zielbildung und deren Kontrolle am Beispiel | |
|---|---|---|
| Ziele abgelaufenes Jahr → | Ergebnisse abgelaufenes Jahr → | Ziele Planjahr |
| ▶ Währungsbereinigte Umsatzsteigerung im mittleren bis hohen einstelligen Prozentbereich | ▶ Währungsbereinigter Umsatz: Anstieg um 6 % | ▶ Währungsbereinigte Umsatzsteigerung im mittleren einstelligen Prozentbereich |
| ▶ Bruttomarge (Rohertragsmarge) von ca. 47,5 % | ▶ Bruttomarge (Rohertragsmarge) von 47,7 % | ▶ Bruttomarge (Rohertragsmarge) von 48,0 - 48,5 % |
| ▶ Operative Marge: Steigerung auf annähernd 8,0 % | ▶ Operative Marge von 8,0 % | ▶ Operative Marge: Steigerung auf annähernd 9,0 % |
| ▶ Durchschnittliches operatives kurzfristiges Betriebskapital im Verhältnis zum Umsatz: moderater Anstieg erwartet | ▶ Durchschnittliches operatives kurzfristiges Betriebskapital im Verhältnis zum Umsatz: Verringerung um 20 % | ▶ Durchschnittliches operatives kurzfristiges Betriebskapital im Verhältnis zum Umsatz: moderater Anstieg erwartet |
| ▶ Investitionsniveau zwischen 400 Mio. € und 450 Mio. € | ▶ Investitionsniveau von 434 Mio. € | ▶ Investitionsniveau zwischen 500 Mio. € und 550 Mio. € |
| ▶ Bruttofinanzverbindlichkeiten: weitere Reduzierung | ▶ Bruttofinanzverbindlichkeiten: weitere Reduzierung | ▶ Bruttofinanzverbindlichkeiten: weitere Reduzierung |
| ▶ Verhältnis von Nettofinanzverbindlichkeiten und EBITDA: Beibehaltung eines Verhältnisses von unter zwei | ▶ Verhältnis von Nettofinanzverbindlichkeiten und EBITDA um 0,3 gesunken | ▶ Verhältnis von Nettofinanzverbindlichkeiten und EBITDA: Beibehaltung eines Verhältnisses von unter zwei |
| ▶ Ergebnis je Aktie: Anstieg um 10 - 15 % auf einen Wert zwischen 3,52 - 3,68 € | ▶ Ergebnis je Aktie: Anstieg um 29 % auf 3,78 €, auf Anteilseigner entfallend: 29 % | ▶ Ergebnis je Aktie: Anstieg um 12 - 16 % auf einen Wert zwischen 4,25 - 4,40 € |
| ▶ Shareholder Value: weitere Steigerung | ▶ Shareholder Value: Anstieg des Aktienkurses um 34 %, Dividende pro Aktie von 1,35 € | ▶ Shareholder Value: weitere Steigerung |
| ▶ (…) | ▶ (…) | ▶ (…) |
| **Hinweise:** | | |
| Bruttomarge: (Umsatzerlöse - Materialaufwand - sst. betrieblicher Aufwand)/ Umsatzerlöse • 100. | | |
| Operative Marge: EBIT/Umsatzerlöse • 100. | | |
| Operatives kurzfristiges Betriebskapital (working capital) = Umlaufvermögen (ohne Wertpapiere und liquide Mittel) - kurzfristiges Fremdkapital (Rückstellungen und Verbindlichkeiten, soweit keine Finanzverbindlichkeiten). | | |

Eine zeilenweise Überprüfung legt den Zielerreichungsgrad und die hieraus resultierende Zielanpassung in der künftigen Planungsperiode offen. Eine spaltenweise Überprüfung lässt die Vollständigkeit des Zielsystems und dessen Konsistenz zur Mission erkennen.

Das **strategische Controlling** unterstützt die Unternehmensleitung bei ihrer hervorragenden Aufgabe der Strategieplanung und -implementierung, indem

- das Unternehmenszielsystem operationalisiert und in Einzelziele differenziert wird,
- die strategischen Leitlinien (Mission) der Unternehmung auf Plausibilität, Widerspruchsfreiheit, Angemessenheit und Erreichbarkeit untersucht und erforderlichenfalls Verbesserungsvorschläge unterbreitet werden,
- die Ziel-Situation mit der Ist-Situation verglichen wird, durch Informationsgenerierung, -strukturierung und -auswertung die Zielerreichungsgrade quantifiziert werden und ein ggf. bestehender strategischer Anpassungs- und Aufholbedarf identifiziert wird,
- die für die Unternehmenstätigkeit relevanten technologischen, politischen, gesellschaftlichen Rahmenbedingungen prognostiziert werden,
- eine Analyse der ökonomischen Situation der Märkte, auf denen die Unternehmung agiert, vorgenommen wird,
- die Unternehmung auf interne Schwachstellen in den betrieblichen Funktionsbereichen durchleuchtet wird und sodann
- die strategischen Möglichkeiten der Unternehmung unter gleichzeitiger Identifizierung von modifizierten oder gänzlich neuen Tätigkeitsfeldern analysiert und der Unternehmensleitung entsprechende Handlungsalternativen aufgezeigt werden.

## 3. Analyse der strategisch relevanten Rahmenbedingungen

### 3.1 Szenario-Analyse

Die Prognose der strategisch relevanten Rahmenbedingungen der Unternehmung erfolgt unter Anwendung der **Szenario-Analyse**. Szenarien stellen hypothetische Ursache-Wirkungs-Beziehungen zwischen Ereignissen dar, mit Hilfe derer die künftigen relevanten Rahmenbedingungen fortgeschrieben und zugleich Diskontinuitäten oder Strukturbrüche möglichst frühzeitig erkannt werden sollen, um Gegensteuerungsmaßnahmen implementieren zu können. Sie wurden ursprünglich für den militärischen Bereich aufgestellt und in der Folgezeit für die ökonomische Planung übernommen.

In diesem Rahmen erfolgt eine logische Durchdringung künftiger Entwicklungen und Zustände als Zusammenschau einer Vielzahl von Teilentwicklungen und Einzelzuständen. Hierzu sind Ursache-Wirkungs-Analysen, Ablaufstrukturen, Ereignisbaumketten und ähnliche Analyseinstrumente heranzuziehen. Aufgrund ihres interdisziplinären Charakters erfolgt die Szenario-Analyse typischerweise in Teamarbeit, wobei die Teams mit den für das Analyseobjekt erforderlichen Experten besetzt sind.

Analyse der strategisch relevanten Rahmenbedingungen | **KAPITEL II**

Mit Hilfe verschiedener Szenarien können unterschiedliche Prognosebilder erstellt werden. Außerdem lassen sich Erkenntnisse gewinnen, wie „standfest" ein Szenario gegenüber bestimmten Hypothesen, Parametern und Störgrößen ist.

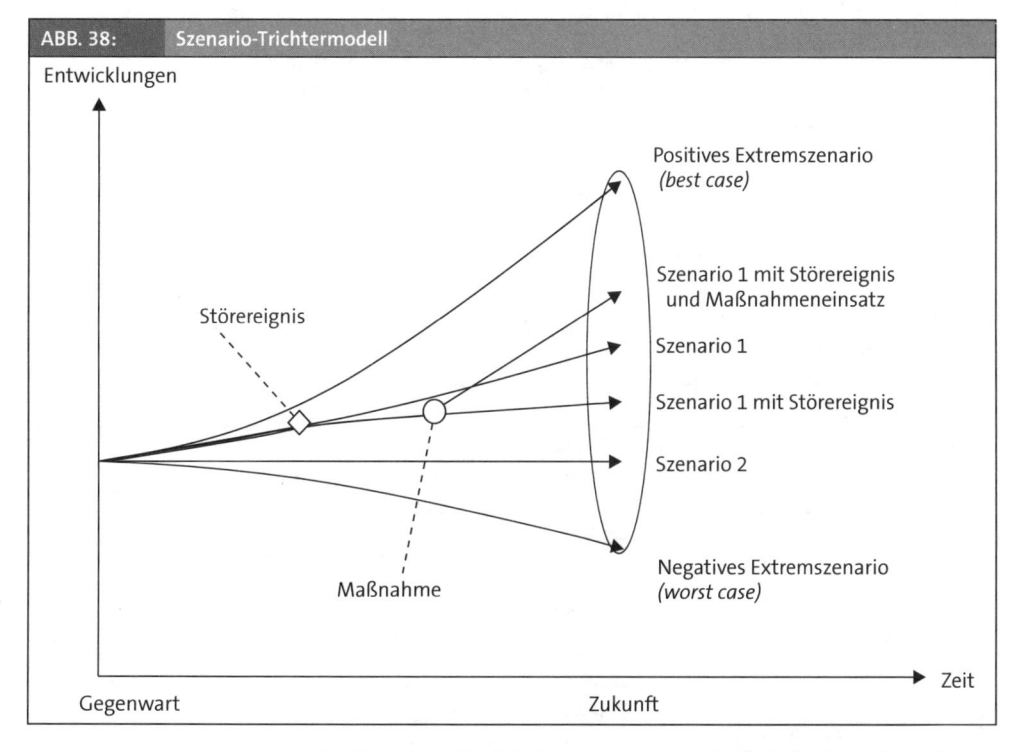

**ABB. 38:** Szenario-Trichtermodell

- Entwicklungen
- Störereignis
- Maßnahme
- Positives Extremszenario (best case)
- Szenario 1 mit Störereignis und Maßnahmeneinsatz
- Szenario 1
- Szenario 1 mit Störereignis
- Szenario 2
- Negatives Extremszenario (worst case)
- Gegenwart
- Zukunft
- Zeit

Quelle: I. A. a. *Staehle*, Management, 8. Aufl., München 1999, S. 640.

Je nach der Verfügbarkeit und Art der Daten werden **qualitative** und **quantitative** Szenarien unterschieden. Dabei werden wirtschaftliche und rechtliche Rahmenbedingungen, Markt- und Nachfragepotenziale sowie Konkurrenzsituationen analysiert mit dem Ziel, mögliche Entwicklungen des ökonomisch relevanten Umsystems aufzuzeigen, um die Flexibilität des Unternehmens zu erhalten und seine Existenzsicherung zu gewährleisten. Sie gehen dabei über bloße Trendextrapolationen hinaus.

Der Zeit- und Kostenaufwand für die Durchführung einer Szenario-Analyse ist hoch. Häufig sind die eigenen Mitarbeiter in der Technik des vernetzten, systembezogenen Denkens nicht hinreichend geschult. Aufgrund der Belastung durch das operative Tagesgeschäft entstehen Denkblockaden und „Betriebsblindheit". Deswegen empfiehlt sich für Szenario-Analysen die Hinzuziehung externer Berater und/oder die Durchführung außerhalb der Betriebsstätte in der „Abgeschiedenheit" und unter Vermeidung jeden Zeitdrucks. Die Kosten der Szenario-Analyse stellen damit (neben den Beraterkosten) vor allem Opportunitätskosten entgangener Arbeitsleistung im Tagesgeschäft dar.

Nach *Geschka* und *Reibnitz* läuft die Szenario-Technik idealtypisch in den folgenden acht **Stufen** ab:

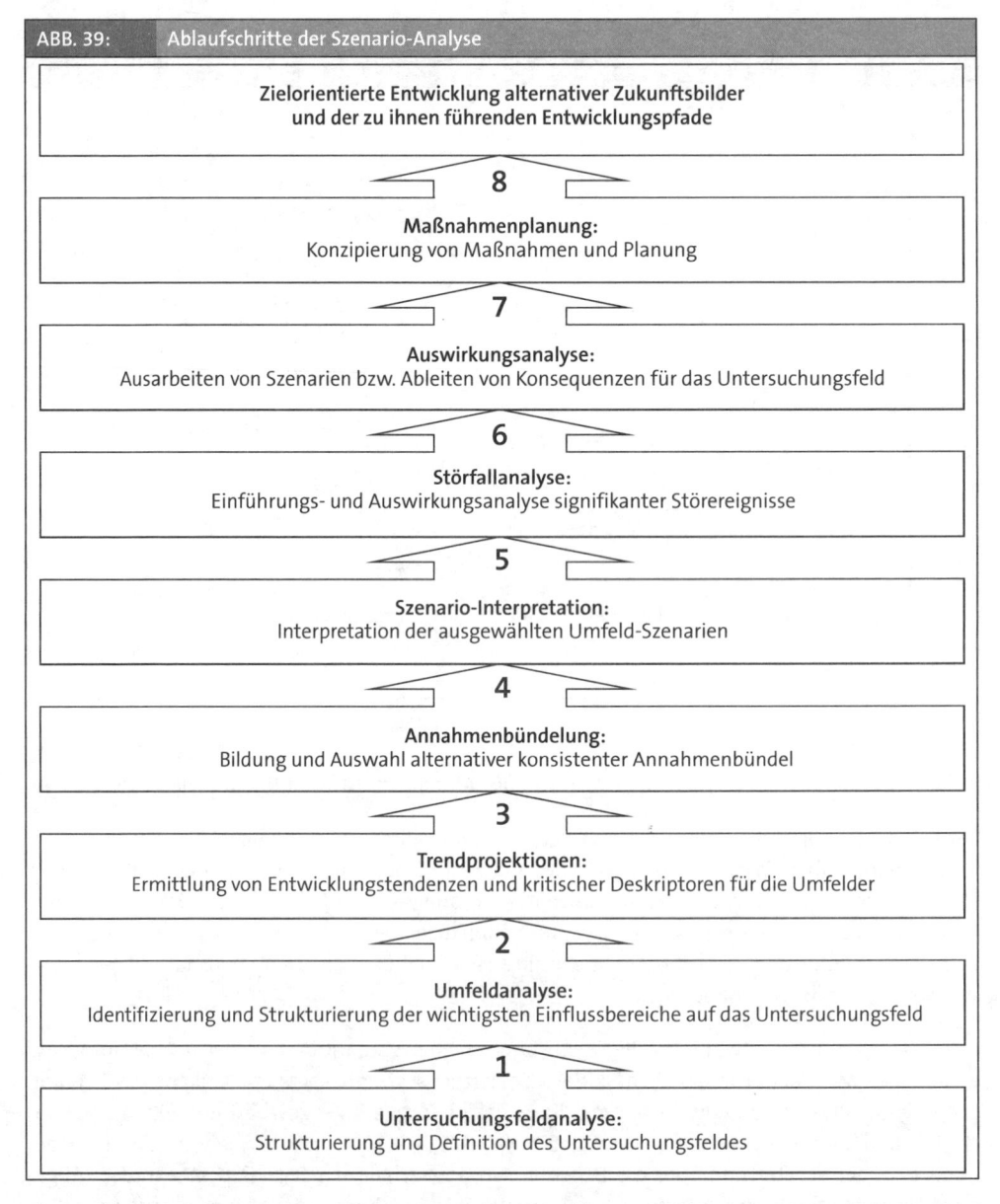

**ABB. 39: Ablaufschritte der Szenario-Analyse**

- **8** Zielorientierte Entwicklung alternativer Zukunftsbilder und der zu ihnen führenden Entwicklungspfade
- **7** Maßnahmenplanung: Konzipierung von Maßnahmen und Planung
- **6** Auswirkungsanalyse: Ausarbeiten von Szenarien bzw. Ableiten von Konsequenzen für das Untersuchungsfeld
- **5** Störfallanalyse: Einführungs- und Auswirkungsanalyse signifikanter Störereignisse
- **4** Szenario-Interpretation: Interpretation der ausgewählten Umfeld-Szenarien
- **3** Annahmenbündelung: Bildung und Auswahl alternativer konsistenter Annahmenbündel
- **2** Trendprojektionen: Ermittlung von Entwicklungstendenzen und kritischer Deskriptoren für die Umfelder
- **1** Umfeldanalyse: Identifizierung und Strukturierung der wichtigsten Einflussbereiche auf das Untersuchungsfeld
- Untersuchungsfeldanalyse: Strukturierung und Definition des Untersuchungsfeldes

Quelle: *IDW* (Hrsg.): WP-Handbuch 2008, Band II, 13. Aufl., Düsseldorf 2008, Tz. F 203.

Im Zuge des ersten Schritts erfolgen u. a. die Bildung des Projektteams, die Abgrenzung des Analyseobjekts (Unternehmen oder Geschäftsfeld), die Definition des relevanten Markts sowie die Festlegung des Zeithorizonts der Analyse.

Wesentliche Einflussfaktoren auf das Untersuchungsobjekt werden z. B. gebildet durch

- Spezifika der Rechts- und Organisationsform,
- Leistungsprogramm, Leistungssegmente,
- Leistungsprozesse, Technologien,
- Marktteilnehmer (Lieferanten, Abnehmer, Wettbewerber),
- Marktspezifika (Marktstruktur, Konkurrenzintensität, vorherrschende Wettbewerbsparameter),
- sonstige, insbesondere rechtliche Besonderheiten.

Das Controlling kann bei Planung und Durchführung einer i. d. R. Workshop-orientierten Szenario-Analyse folgenden Ablaufplan zu Grunde legen:

| ABB. 40: | Praktische Durchführung der Szenario-Analyse |
|---|---|
| 1. | Definition des Untersuchungsgegenstands (Branche, Kundensegment, Technologie); |
| 2. | Definition des Betrachtungszeitraums (z. B. drei oder fünf Jahre); |
| 3. | Analyse der Schlüsselfaktoren (Gesetzgebung, Patentanmeldungen, Konjunkturentwicklung, Außenwirtschaft); |
| 4. | Ermittlung von Indikatoren und Deskriptoren für die relevanten Schlüsselfaktoren (z. B. demographische Entwicklung, Preisentwicklung, Materialbeschaffenheiten, Umweltverträglichkeit, Änderung der Branchenstruktur etc.); |
| 5. | Annahmen an die künftige Entwicklung der Ausprägung der Indikatoren bzw. Deskriptoren durch Vorgabe eines best-case- und eines worst-case-Wertes, insoweit einer Bandbreite wahrscheinlicher Werte sowie eines Erwartungswerts; |
| 6. | Prüfung der Annahmen auf Plausibilität (Vollständigkeit, Konsistenz, Widerspruchsfreiheit); |
| 7. | Entwicklung von Szenarien und deren qualitative Interpretation (z. B. Konjunkturbelebung oder anhaltende Rezession, Technologiereife oder Technologiesprung); |
| 8. | Auswertung der Szenarien und Ableitung von strategischen Handlungsempfehlungen; |
| 9. | Prüfung der Auswirkung möglicher Störereignisse auf die Szenarien und Handlungsempfehlungen, ggf. unter Angabe von Eintrittswahrscheinlichkeiten (z. B. Ausfälle von Großkunden, Engpässe auf Beschaffungsmarkt, Rohstoffpreis- und Wechselkursschocks); |
| 10. | Einbindung der Szenarien in Unternehmenszielsystem und Unternehmensstrategien. |

Das Controlling wirkt moderierend und unterstützend im Rahmen der

- Ermittlung der relevanten Einflussfaktoren sowie deren Überprüfung auf Vollständigkeit und Überschneidungsfreiheit,
- Operationalisierung, Datengenerierung und Prämissenkontrolle im Hinblick auf deren Plausibilität und Widerspruchsfreiheit,
- Entwicklung von Ursache-Wirkungs-Hypothesen und Störfallanalysen sowie
- Ableitung von Handlungsempfehlungen und Abschätzung ihrer Auswirkungen.

Folgende **Beobachtungsbereiche** sind typischerweise Inhalte von Szenario-Analysen:

| ABB. 41: | Beobachtungsbereiche der Szenario-Analyse |
|---|---|
| Beobachtungsbereich | Einzelne Beobachtungsfelder |
| **(a) Binnen- und außenwirtschaftliches Umfeld** | |
| Strukturelle Entwicklung | ▶ Investitionstendenzen, Bruttosozialprodukt pro Kopf |
| Absatzmarkt | ▶ Auftragseingänge nach Produkten und Regionen, Nachfragevolumen wichtiger Kunden, <br> ▶ Preis- und Programmpolitik der Konkurrenz, Substitutionsprodukte, Exportmöglichkeiten, <br> ▶ Stellung des Unternehmens innerhalb der Branche und der Gesamtwirtschaft |
| Beschaffungsmarkt | ▶ Volumen bekannter Vorkommen von Rohstoffen, durchschnittlicher Jahresverbrauch je Rohstoff, <br> ▶ Preise/Konditionen der Lieferanten, verfügbare Lizenzen und Patente, <br> ▶ Entwicklung der Rohstoffpreise, Entwicklung der Mieten für Büros und Werkstätten <br> ▶ Gesetzgebung hinsichtlich Rohstoffausbeutung, -einfuhr, -ausfuhr und -verwendung, politische Lage der Rohstoffursprungsländer, |
| Arbeitsmarkt | ▶ Gewerkschaftsforderungen, Lohnniveau, Niveau der Lohnnebenkosten, <br> ▶ Angebot und Nachfrage nach Fachkräften, Rekrutierungsmöglichkeiten nach Berufsgruppen, Einwanderungs- und Gastarbeiterpolitik, <br> ▶ Tendenzen der Sozialpolitik, Ausbildungsmöglichkeiten |
| Kapitalmarkt | ▶ Leitzinsen, marktübliche Zinsen, Wechselkurse, Inflationsraten, Möglichkeiten der Kapitalaufnahme |
| Steuern | ▶ Entwicklung der Steuern, der Steuerbegünstigungen durch mögliche Abschreibungen, Zuschussmöglichkeiten |
| **(b) Technologisches Umfeld** | |
| Verfahrens- und Produktionstechniken | ▶ Änderungen bei Konkurrenten und Forschungsinstituten, technologische Entwicklungen, Patentanmeldungen <br> ▶ Produkt- und Prozessinnovationen sowie deren Auswirkungen |
| **(c) Politisches und sozio-kulturelles Umfeld** | |
| Wertewandel | ▶ Geschmacks- und Modeänderungen, Änderungen beim Kaufverhalten und Ver- bzw. Gebrauch der Produkte, <br> ▶ Entwicklung hin zur Selbstfindung, Selbstverwirklichung, Szenenzugehörigkeit, Lifestyles, Sport und Freizeit, Familie, Umweltbewusstsein, Internationalität, Spiritualität/Esoterik, ethische bzw. soziale Werte, Trends der Kunst- und Kulturszene |
| Bevölkerungsstruktur | ▶ Bevölkerungswachstum, -schrumpfung, Alterspyramide, Immigranten <br> ▶ Berufsstand, Bildungsstand, Haushaltsgröße, verfügbare Einkommen, Traditionen |
| Ökologisches Umfeld | ▶ Wirkung der Produktionsverfahren und der Produkte auf die Umwelt und den Menschen, Entwicklung der Umweltbelastung und erforderliche bzw. mögliche Gegenmaßnahmen |
| Politisches Umfeld | ▶ Informationen aus Ausschüssen und Ministerien, Parteiprogramme, Wahlprognosen, geplante Gesetzesänderungen, Wahltermine |

Quelle: I. A. a. *Langenbeck*, in: BBK 1998, Fach 26, S. 813 f.

Insbesondere muss die Beteiligung des Controllings am Analyseprozess sicherstellen, dass

- ▶ die Kriterienliste vollständig ist, d. h. alle relevanten Entwicklungen und Risiken abgedeckt sind,
- ▶ die Kriterienliste redundanz- und überscheidungsfrei ist, z. B. nicht zwei oder mehrere Kriterien einfließen, die von identischen Einflussfaktoren kausal abhängen (z. B. allgemeine Einkommensentwicklung sowie Steigerungsrate der Renteneinkommen),
- ▶ nur Kriterien verwendet werden, die hinreichend operationalisiert werden können (d. h. für die ein Indikator benannt werden kann).
- ▶ nicht Indikatoren verschiedener Dimensionen vermischt werden (z. B. Aufführung des medizinischen Fortschritts unter den politischen Risiken anstelle unter den technologischen Risiken).

Für die **Indikatoren** sind jeweils

- ▶ ein **aktueller** Wert (aus Geschäftsberichten, Branchenberichten, Statistiken) und
- ▶ ein **Erwartungswert** auf Basis des vorgegebenen Zeithorizonts (Expertenschätzung)

aufzuführen. Zusätzlich ist eine **Bandbreite** anzugeben, deren Grenzwerte durch das best case- und worst case-Szenario gebildet werden; diese bildet den Szenario-Trichter. Die Breite des Trichters indiziert das Ausmaß der Ungewissheit über die künftige Entwicklung.

Aus Gründen der Praktikabilität und Akzeptanz sollten „best case" und „worst case" nicht i. S. eines abstrakten Höchstnutzens bzw. Höchstschadens, sondern eines ca. 95 %-Konfidenzintervalls verstanden werden.

Denkbar wäre etwa als best case-Szenario „Liberalisierung" oder „Nachfragebelebung", als worst case-Szenario „Regulierung" oder „Nachfragerückgang". Auch innerhalb des dem Szenario zu Grunde liegenden Annahmenbündels muss eine Plausibilität und Widerspruchsfreiheit gewährleistet sein. Unsinnig wäre z. B. die gleichzeitige Annahme einer Hochzinsphase, eines Börsenbooms und einer Konsumflaute.

Aus der Operationalisierung der Szenarien und der Gewichtung der Kriterien kann schließlich das Bedrohungs- bzw. Chancenpotenzial abgeleitet werden und eine entsprechende Betroffenheitsanalyse für das Unternehmen erfolgen. Die Interpretation der entwickelten Szenarien umfasst strategisch relevante Parameter wie

- ▶ Leistungsprogramm, Abnehmersegment, Vertriebskanäle sowie Preisstrategie,
- ▶ Expansions- und Investitionsvorhaben,
- ▶ Wertschöpfungstiefe, make-or-buy,
- ▶ Organisation, Personalentwicklung und Kapitalstruktur.

**BEISPIEL:** Dem **Prognosebericht** der Sartorius AG ist folgendes **Szenario** zu entnehmen (vgl. http://www.sartorius.de/fileadmin/media/global/company/ir/ir_annual_report_2012_sartorius_group-de.pd):

„**Pharmabranche mit stabilem Wachstum**

Für die weltweiten Pharmamärkte gehen die Experten von IMS Health von einem weiteren Wachstum aus. Wesentliche Antriebskräfte für die Branche werden auch in Zukunft die demographische Entwicklung, ein stetig wachsender Zugang zu Gesundheitsversorgung in den Schwellen- und Entwicklungsländern sowie ein generelles Ansteigen von Zivilisations- und chronischen Krankheiten sein. Darüber hinaus steuern neue Medikamentenentwicklungen zum Wachstum der Branche bei.

Insgesamt rechnet das Marktforschungsinstitut IMS Health mit einem Wachstum der weltweiten Pharmabranche von 3-6% in der Periode 2012-2016. Die stärksten Zuwachsraten werden weiterhin für die sogenannten Pharmerging Markets erwartet, zu denen IMS Health die 17 Länder Ägypten, Argentinien, Brasilien, China, Indien, Indonesien, Mexiko, Pakistan, Polen, Rumänien, Russland, Südafrika, Thailand, Türkei, Ukraine, Venezuela und Vietnam zählt. Für diese Länder wird von 2012-2016 mit einem Wachstum von 12-15% gerechnet. Der Anteil der Pharmerging Markets am Weltpharmamarkt dürfte sich dabei in den nächsten fünf Jahren um etwa 10 Prozentpunkte auf rund 30% erhöhen, da der Anstieg der Bevölkerung, der Ausbau der staatlichen Gesundheitsversorgung sowie höhere Ausgaben privater Haushalte zu einer erheblich höheren Nachfrage nach Arzneimitteln in diesen Märkten führen.

Die Pharmamärkte in den westlichen Ländern dürften in den Jahren 2012-2016 nur moderat zulegen. So erwartet IMS Health für Nordamerika in den nächsten Jahren ein durchschnittliches Wachstum von lediglich 1-4% (CAGR 2012-2016). Für Europa wird vor dem Hintergrund von Sparmaßnahmen in den Gesundheitssystemen infolge der Finanz- und Schuldenkrise mit einem leichten Rückgang von 1-2% (CAGR 2012-2016) gerechnet."

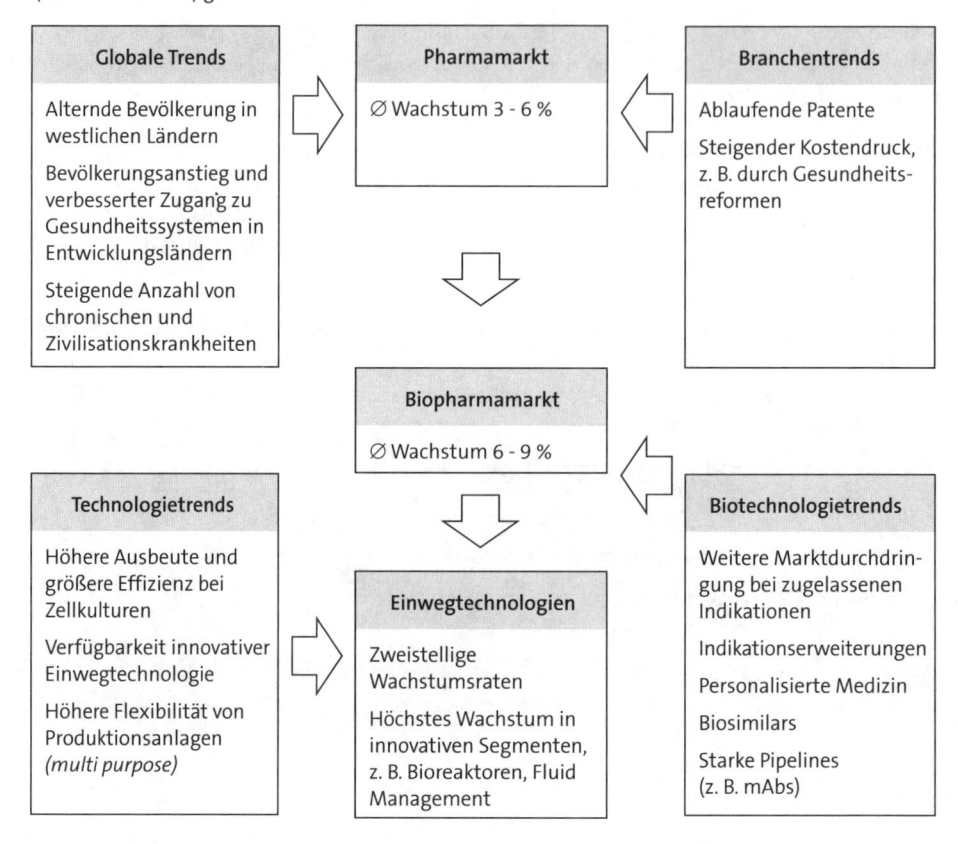

| Globale Trends | Pharmamarkt | Branchentrends |
|---|---|---|
| Alternde Bevölkerung in westlichen Ländern | ⌀ Wachstum 3-6% | Ablaufende Patente |
| Bevölkerungsanstieg und verbesserter Zugang zu Gesundheitssystemen in Entwicklungsländern | | Steigender Kostendruck, z. B. durch Gesundheitsreformen |
| Steigende Anzahl von chronischen und Zivilisationskrankheiten | | |

**Biopharmamarkt**

⌀ Wachstum 6-9%

| Technologietrends | Einwegtechnologien | Biotechnologietrends |
|---|---|---|
| Höhere Ausbeute und größere Effizienz bei Zellkulturen | Zweistellige Wachstumsraten | Weitere Marktdurchdringung bei zugelassenen Indikationen |
| Verfügbarkeit innovativer Einwegtechnologie | Höchstes Wachstum in innovativen Segmenten, z. B. Bioreaktoren, Fluid Management | Indikationserweiterungen |
| Höhere Flexibilität von Produktionsanlagen (multi purpose) | | Personalisierte Medizin |
| | | Biosimilars |
| | | Starke Pipelines (z. B. mAbs) |

Innerhalb des Pharmamarktes wächst das Segment Biopharma seit Jahren besonders stark und dürfte nach Prognosen der Experten von IMS Health auch weiterhin deutlich überproportional expandieren. So wird für dieses Segment bis 2015 ein Wachstum von 6 - 9 % prognostiziert. Die Marktforscher von Business Insights rechnen im Vergleich dazu mit einem durchschnittlichen Wachstum von ca. 8 % (CAGR 2010 - 15).

Laut Evaluate Pharma steigt der Umsatzanteil biotechnologisch hergestellter Medikamente im Vergleich zu konventionellen Medikamenten von 20 % im Jahr 2012 auf 23 % im Jahr 2016. Insgesamt ist das zukünftige Wachstum durch die erwartete Einführung zahlreicher neuer Biopharmazeutika und die Erweiterung von Indikationen für vorhandene biologische Arzneimittel begründet. Gegenwärtig befinden sich ca. 300 monoklonale Antikörper in der klinischen Entwicklung (Phase I - III). Der Umsatz mit biologischen Arzneimitteln dürfte dabei mittelfristig auf 200 - 210 Mrd. $ ansteigen, während Biosimilars einen Umsatz von 4 - 6 Mrd. $ oder 2 % der Ausgaben von Biologics ausmachen soll."

Die Szenario-Analyse soll insbesondere das Bewusstsein für das Aufkommen **existenzbedrohender Situationen** schärfen, z. B.

- drastisch steigende Rohölpreise für Verkehrsunternehmen (Rohstoffrisiken),
- Absatzverbote/-restriktionen (z. B. für Genussmittel wie Tabakwaren, Spirituosen),
- plötzlich aufkommende Unruhen oder bürgerkriegsähnliche Zustände für (Fern-)Touristikunternehmen (politische Risiken),
- technologische Sprünge für Unternehmen der Computer- oder Unterhaltungselektronikbranche (technologische Risiken).

Aus diesem Grund sollten stets im Zuge der Szenario-Analyse auch denkbare Störereignisse identifiziert werden. Diesbezügliche **Schlüsselfaktoren** stellen beispielsweise dar:

| ABB. 42: | Checkliste zur Störfall-Analyse |
|---|---|
| ▶ rechtliche Restriktionen/Verbote |
| ▶ plötzliche Veränderungen im Kaufverhalten |
| ▶ Verlust von Großkunden |
| ▶ sinkende Kaufkraft, Konjunkturrückgang, Marktsättigung |
| ▶ Branchenüberkapazitäten |
| ▶ Technologiesprünge, Innovationen |
| ▶ Signifikante Änderungen von Wechselkurs und Zinsniveau |
| ▶ Versorgungsschwierigkeiten |
| ▶ Rohstoffverknappung und -verteuerung |
| ▶ Streiks bei Kunden und Lieferanten |
| ▶ Katastrophen |
| ▶ Billigpreiskonkurrenten, aufkommende Substitutionsprodukte |

Quelle: *IDW* (Hrsg.): WP-Handbuch 2008, Band II, 13. Aufl., Düsseldorf 2008, Tz. F 128.

Die aus den entwickelten Szenarien prognostizierbaren Risiken für die künftige Existenzfähigkeit der Unternehmung lassen sich mit Hilfe der sog. **Value-at-Risk-Methode** quantifizieren.

Hier wird eine Verteilungsannahme für die Eintrittswahrscheinlichkeiten alternativer Zielgrößen getroffen, die sich zwischen den Extremwerten „best case" und „worst case" befinden. Bei „völliger Ignoranz" wird man eine Gleichverteilung annehmen, typischerweise sind jedoch Werte nahe dem (mittleren) Erwartungswert wahrscheinlicher als Werte nahe den Extremen, wobei die Eintrittswahrscheinlichkeit zu den Extremwerten hin immer weiter abnimmt. Insoweit wird häufig eine Normalverteilung unterstellt.

Im Ergebnis wird ein Schadenswert als ungünstige Ausprägung eines Indikators (**„value"**) mit einer Eintrittswahrscheinlichkeit (**„risk"**) verknüpft. Es lassen sich Aussagen ableiten,

▶ wie „schlagend" eine vorgegebene Schadenstoleranzgrenze in Form eines zulässigen Höchstschadens (z. B. ein bestimmter Umsatz- oder Gewinnrückgang) ist und wie dringlich somit Gegensteuerungsmaßnahmen sind,

▶ welche Schadensobergrenze bei Vorgabe einer Wahrscheinlichkeitsobergrenze (z. B. 5 % Toleranz) nicht überschritten werden darf und daher abgesichert werden muss.

Die nachfolgend dargestellte Value-at-Risk-Methode basiert auf einer Szenario-Analyse betreffend den Wechselkurs des US-Dollars. Je nach Entwicklung des Wechselkurses kann zu einem bestimmten künftigen Zeitpunkt (Zeitpunkt des Zahlungsziels) aus einer Forderung von 100T US-Dollar ein Umtauschbetrag von 60 T€ - 140 T€ realisiert werden (relevanter Wertebereich). Der wahrscheinliche Wert (*„most likely outcome"*) beträgt 100 T€ (Annahme einer Parität aus Gründen der rechentechnischen Vereinfachung).

Auf der Basis von Verteilungsannahmen an die zu analysierende Größe (hier Wechselkurs) wird ermittelt, welcher Betrag mit welcher Wahrscheinlichkeit höchstens bzw. mindestens realisiert werden kann. So wird im Beispiel ein (Mindest-)Betrag von 85 T€ mit einer Wahrscheinlichkeit von 19,4 % unter- und von 80,6 % überschritten, d. h. mit einer Wahrscheinlichkeit von 80,6 % kann ein Verlust von (mehr als) 15 T€ gegenüber dem Erwartungswert vermieden werden. Andererseits beträgt mit einer Wahrscheinlichkeit von 40 % der aus der Forderung realisierte Betrag mindestens 104.650 € bzw. mit einer Wahrscheinlichkeit von 60 % weniger als 104.650 €.

Für jede mögliche Wahrscheinlichkeit kann die zugehörige Merkmalsausprägung und damit der zu realisierende Verlust bei einer vorgegebenen Risikotoleranz ermittelt werden bzw. in umgekehrter Sichtweise kann zu einer bestimmten Indikatorausprägung die zugehörige Wahrscheinlichkeit des Über- bzw. Unterschreitens berechnet werden.

Der Value-at-Risk-Ansatz stellt eine sinnvolle Methode zur Quantifizierung von Szenarien dar. Mit seiner Hilfe lassen sich Potenziale möglicher Verlustrisiken und notwendige Risikodeckungspolster ermitteln.

Er wird in der Praxis insbesondere für relativ leicht quantifizierbare Analysefelder wie Zins- oder Wechselkursentwicklungen auf den Kapitalmärkten oder allgemeine Wirtschaftsindikatoren wie Wachstumsrate oder Inflationsrate eingesetzt. Bei Banken und Versicherungen ist der Value-at-Risk-Ansatz faktisch „Berufsstandard".

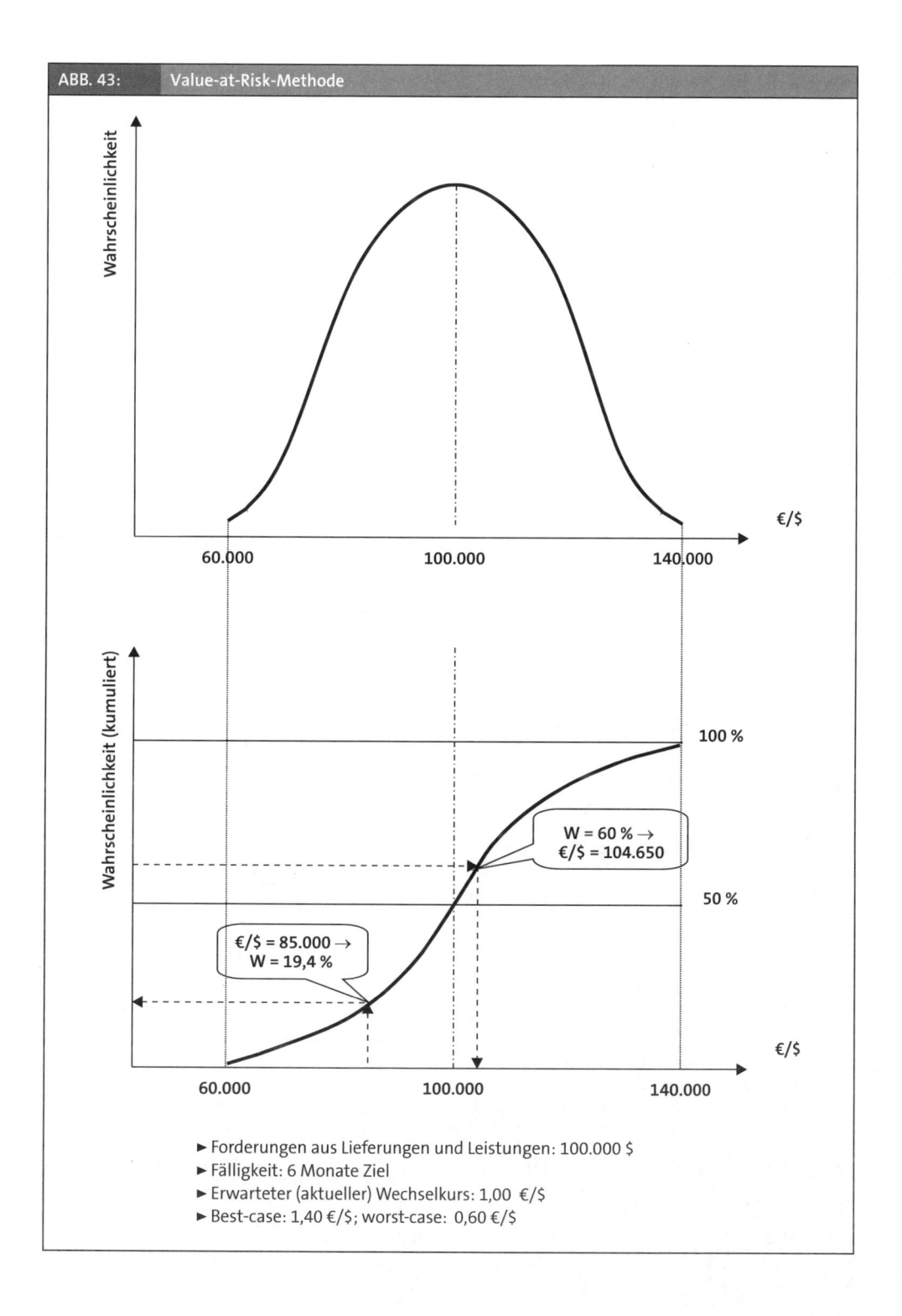

## Analyse der strategisch relevanten Rahmenbedingungen — KAPITEL II

**ABB. 43: Value-at-Risk-Methode**

Wahrscheinlichkeit

60.000    100.000    140.000    €/$

Wahrscheinlichkeit (kumuliert)

100 %

W = 60 % → €/$ = 104.650

50 %

€/$ = 85.000 → W = 19,4 %

60.000    100.000    140.000    €/$

- Forderungen aus Lieferungen und Leistungen: 100.000 $
- Fälligkeit: 6 Monate Ziel
- Erwarteter (aktueller) Wechselkurs: 1,00 €/$
- Best-case: 1,40 €/$; worst-case: 0,60 €/$

**BEISPIEL:** ▶ Dem **Prognosebericht** der Sartorius AG ist zu entnehmen (vgl. *http://www.sartorius.de/fileadmin/media/global/company/ir/ir_annual_report_2012_sartorius_group-de.pdf*):

„Es wird erwartet, dass die wichtigsten Notenbanken die Leitzinsen im kommenden Jahr weiterhin auf dem niedrigen Niveau halten werden bzw. dass im Euroraum weitere Senkungen der Hauptfinanzierungssätze folgen können. Die Prognosen bezüglich der Euro-US-Dollar-Parität für den kommenden Jahresverlauf bewegen sich zwischen 1,10 €/$ und 1,40 €/$.

Der Konzern ist Wechselkursrisiken ausgesetzt, da gut ein Drittel der Umsatzerlöse in US-Dollar bzw. in an den US-Dollar gekoppelten Währungen sowie zu einem geringeren Teil in anderen Fremdwährungen erzielt werden. Gleichzeitig ist Sartorius aufgrund seines globalen Produktionsnetzwerkes in der Lage, den überwiegenden Teil der in Fremdwährung erzielten Umsatzerlöse konzernintern durch ebenfalls in Fremdwährung anfallende Kosten zu kompensieren. Den über diese Kosten hinausgehenden Umsatzanteil in Fremdwährung, das sog. Nettowährungsexposure, sichern wir zu einem großen Teil mit derivativen Finanzinstrumenten ab. Unsere Sicherungsstrategie sieht dabei grundsätzlich eine Absicherung von bis zu 1,5 Jahren im Voraus vor. Die Sicherungsmaßnahmen werden regelmäßig beurteilt, um sie gegebenenfalls in Bezug auf sich verändernde Wechselkurserwartungen anzupassen.

Zur Währungssicherung nutzen wir Devisenoptions- und Devisentermingeschäfte sowie in geringem Umfang auch weitere strukturierte Sicherungsgeschäfte. Mit den zum Bilanzstichtag abgeschlossenen Devisentermingeschäften sichern wir uns das Recht und verpflichten uns gleichzeitig, zum Verfallszeitpunkt unabhängig von dem dann aktuellen Wechselkurs einen festgelegten Fremdwährungsbetrag zu einem bestimmten Wechselkurs gegen Euro zu verkaufen. Der aus der Differenz zwischen dem dann aktuellen und dem zuvor festgelegten Wechselkurs resultierende Gewinn oder Verlust wird als Ertrag bzw. Aufwand in der Gewinn- und Verlustrechnung erfasst. Die Wertveränderungen der derivativen Finanzinstrumente sind zum Bilanzstichtag grundsätzlich im Jahresergebnis zu berücksichtigen. (...)

Zusätzlich werden strukturierte Sicherungsgeschäfte, z. B. in Form von sog. „**Target Profit Forward-Geschäften**" genutzt, um die Währungssicherung zu optimieren. Mit den zum Bilanzstichtag abgeschlossenen „Target Profit Forward-Geschäften" sichern wir uns das Recht und verpflichten uns gleichzeitig, einen vereinbarten Fremdwährungsbetrag an mehreren festgelegten Terminen zu einem gefixten Wechselkurs gegen den entsprechenden Eurobetrag zu tauschen, so lange der für uns daraus resultierende Gewinn einen vertraglich bestimmten Grenzwert nicht übersteigt. Sobald diese Gewinngrenze erreicht ist, wird das Geschäft ohne weitere Verpflichtungen für beide Vertragspartner beendet.

Übersicht über die Termingeschäfte am Beispiel des US-Dollar:

| Währung, Stichtag 31.12.20t0 | Volumen in Mio. € | Fälligkeit | Terminkurs | Beizulegender Zeitwert in T€ |
|---|---|---|---|---|
| USD | 7,5 | Q1 20t1 | 1,3806 | -243 |
| USD | 17,0 | Q2 20t1 | 1,3304 | -96 |
| USD | 13,0 | Q3 20t1 | 1,3053 | 131 |
| USD | 14,5 | Q4 20t1 | 1,3070 | 148 |
| USD | 11,0 | Q1 20t2 | 1,2224 | 703 |
| Gesamt | 63,0 | – | – | 642 |

Im Hinblick auf den USD-Wechselkurs ergeben sich folgende **Sensitivitäten**: Bei einem um 5 % abgewerteten US-Dollar wäre das Eigenkapital um 3,6 Mio. € (Vorjahr: 7,4 Mio. €) und das Jahresergebnis vor Steuern um 0,7 Mio. € (Vorjahr 3,4 Mio. €) höher ausgefallen. Bei einem um 5 % mehr aufgewerteten USD-Wechselkurs wären die entsprechenden Effekte auf das Jahresergebnis vor Steuern -0,5 Mio. € (Vorjahr: -0,9 Mio. €) sowie auf das Eigenkapital -4,2 Mio. € (Vorjahr: -4,2 Mio. €) gewesen."

Am praktischen Beispiel ergeben sich somit sehr plastisch die mittels einer Value-at-Risk-Methode zu gewinnenden Erkenntnisse.

Die meisten Bestimmungsfaktoren von Szenarien sind jedoch **qualitativer** Natur. Um diese Parameter (z. B. Entwicklung der Technologie, rechtliche Rahmenbedingungen, gesellschaftlicher

Wertewandel, Konkurrenzsituation) zu bewerten und zu einem Gesamtindikator zu verdichten, der das Ausmaß der „Günstigkeit" wiedergibt, eignet sich die Anwendung eines sog. Scoring-Modells, das nach der Methode der Nutzwertanalyse vorgeht.

Die **Nutzwertanalyse** ist aus der volkswirtschaftlichen Kosten-Nutzen-Analyse von Zangemeister (1976) entwickelt worden. Sie ermöglicht die Beurteilung verschiedener Handlungsalternativen anhand mehrerer Zielkriterien unter Einschluss von nicht oder nur schwer quantifizierbaren Bedingungen und wird daher insbesondere bei Investitionen mit immateriellem Charakter angewandt, z. B. bei Forschung und Entwicklung, Aus- und Weiterbildung oder Umweltschutzinvestitionen. Ein Beispiel einer Nutzwertanalyse bildet der nachfolgend aufgeführte **BERI-Index** für das politische Risiko von Standorten.

Die Methode umfasst folgende Schritte:

► Zusammenstellung der Zielkriterien,
► ihre Gewichtung mit Hilfe entsprechender Gewichtungsfaktoren,
► Ermittlung des Beitrags, den jede Alternative für jedes Zielkriterium leistet,
► Bewertung der Alternativen für jedes Zielkriterium,
► Zusammenfassung der Bewertungen jeder Alternative über alle Dimensionen zum Nutzwert (Wertsynthese) und Auswahl der Alternative mit dem höchsten Nutzwert.

Im ersten Schritt werden alle relevanten Kriterien ermittelt und sodann systematisch geordnet. Die Zielvorstellungen sollten möglichst vollständig abgedeckt und die Zielkriterien möglichst exakt formuliert werden. Im Rahmen einer Zielstrukturierung werden die einzelnen Zielkriterien hierarchisch so geordnet, dass Oberziele durch Teil- und Unterziele konkretisiert werden. Überschneidungen zwischen Zielen sind zu vermeiden.

Die Bedeutung der verschiedenen Ziele für den Gesamtindikator wird durch deren Gewichtungsfaktoren ausgedrückt. Wegen der Vollständigkeit des Zielsystems und der Gewährleistung der Vergleichbarkeit der Alternativen sollte die Summe der Gewichtungsfaktoren Eins bzw. 100 % betragen.

Da die verschiedenen Bewertungskategorien aus unterschiedlichen Dimensionen bestehen, werden sie zum Zwecke der Vergleichbarkeit in eine einheitliche Dimension transferiert, den Zielerreichungsgrad. Er wird i. d. R. in einer kardinalen Skalierung gemessen, z. B. anhand einer Punktskala von 0 - 10. Die Ziffer 10 drückt dann den maximalen, die Ziffer 0 den minimalen Zielerreichungsgrad aus. Die Skalierung sollte zweckmäßigerweise zwischen 5 und 10 liegen, solche von unter 5 sind meist zu grob, von über 10 zu unübersichtlich und willkürlich.

Die Nutzwerte der bewerteten Objekte bzw. Handlungsalternativen ergeben sich aus der Summe der mit den Gewichtungsfaktoren multiplizierten Zielerreichungsgrade über alle Zielkriterien. Die Alternative mit dem höchsten Nutzwert wird – unbeschadet einer separaten Berücksichtigung der Kosten – realisiert. Bei einer separaten Berücksichtigung der Kosten werden die Nutzwerte der Alternativen den hierfür erforderlichen Kosten gegenübergestellt.

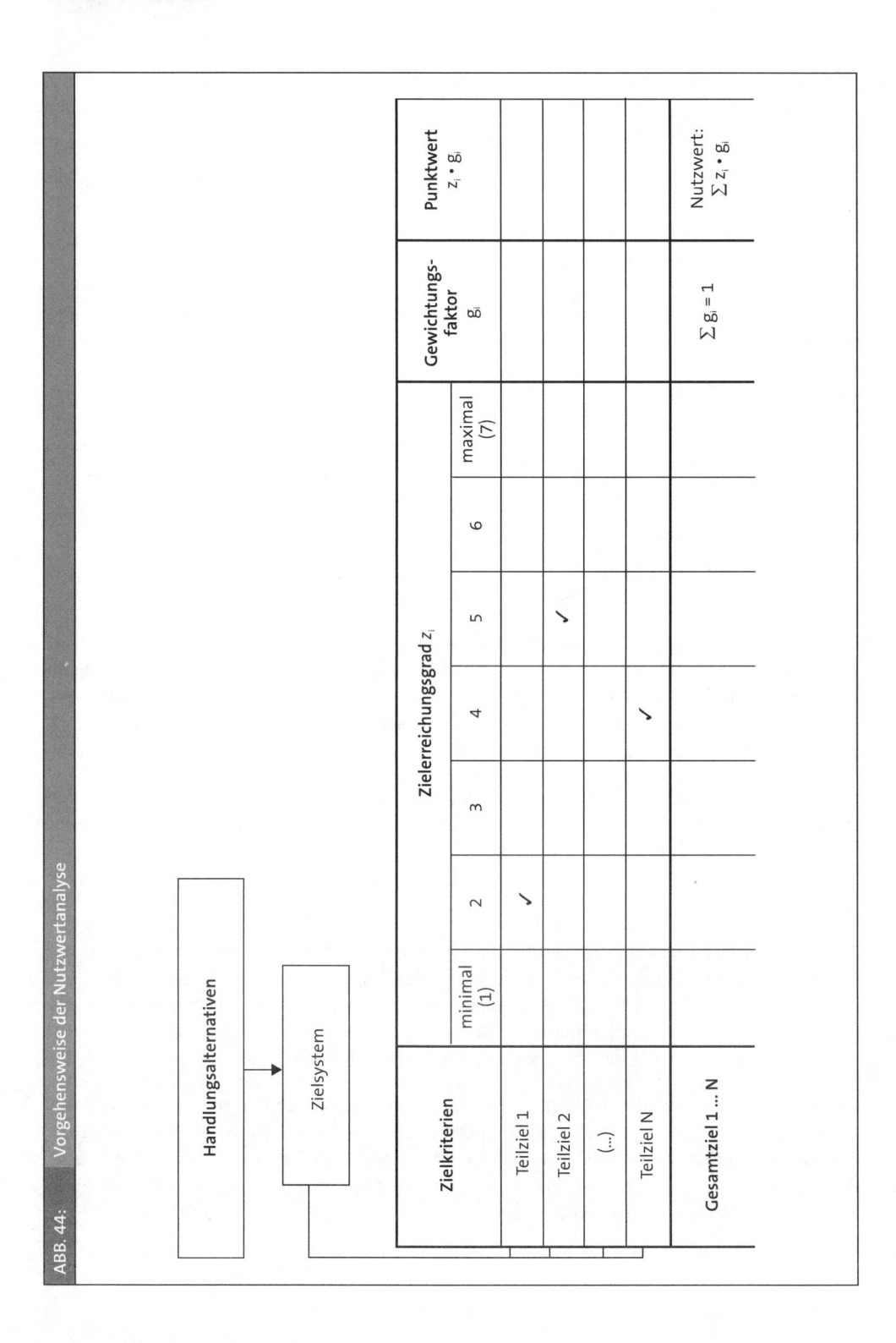

# KAPITEL II — Strategische Planung und strategisches Controlling

**ABB. 44: Vorgehensweise der Nutzwertanalyse**

Handlungsalternativen → Zielsystem

| Zielkriterien | Zielerreichungsgrad $z_i$ ||||||| Gewichtungs-faktor $g_i$ | Punktwert $z_i \cdot g_i$ |
|---|---|---|---|---|---|---|---|---|---|
| | minimal (1) | 2 | 3 | 4 | 5 | 6 | maximal (7) | | |
| Teilziel 1 | | ✓ | | | | | | | |
| Teilziel 2 | | | | | ✓ | | | | |
| (...) | | | | | | | | | |
| Teilziel N | | | | ✓ | | | | | |
| Gesamtziel 1 ... N | | | | | | | | $\sum g_i = 1$ | Nutzwert: $\sum z_i \cdot g_i$ |

## 3.2 PEST-Analyse und „five forces-Modell"

In der Managementlehre wird die Analyse der strategisch relevanten Einflussfaktoren und die Quantifizierung der hieraus resultierenden langfristigen Günstigkeit eines Marktes oder einer Branche unter Anwendung einer Nutzwertanalyse auch als **PEST-Analyse** bezeichnet, d. h. der

- Political,
- Environmental bzw. Economical,
- Social,
- Technological

influences. Diese Faktoren gelten für alle aktuellen oder potenziellen Marktteilnehmer gleichermaßen. Die Indikation einer anhaltenden Ungünstigkeit kann ein Unternehmen zum langfristigen Austritt aus dem Markt veranlassen oder von einem möglichen Eintritt abhalten. Somit wird die PEST-Analyse insbesondere fallweise bei anstehenden strategischen Investitions- oder Desinvestitionsentscheidungen vorgenommen, sie sollte auch fortlaufend als Teil eines Frühwarnsystems durchgeführt werden.

Mögliche Beobachtungsbereiche der PEST-Analyse können sein:

| ABB. 45: | Beobachtungsbereiche der PEST-Analyse |
|---|---|
| Konjunkturelle Entwicklungen | ▶ Allgemeine Konjunktur, Branchenkonjunktur, Länderkonjunktur <br> ▶ Auftragseingänge und Geschäftsklimaentwicklung <br> ▶ Einzelhandelsklima, Konsumklima |
| Strukturelle Entwicklungen | ▶ Investitionsverhalten, Investitionsbereitschaft <br> ▶ Sparquote, Pro-Kopf-Verschuldung <br> ▶ Entwicklung des Bruttosozialprodukts <br> ▶ Entwicklung des Bevölkerungswachstums, der Haushaltsgröße, Altersstruktur, Lebenserwartung <br> ▶ Entwicklung des Nachfrageverhaltens |
| Technologische Entwicklungen | ▶ Änderungen der Produktionstechnologien <br> ▶ Entwicklung alternativer Produktionsmethoden <br> ▶ Forschungs- und Entwicklungstätigkeit, Patentanmeldungen <br> ▶ Verbesserungen in den Bereichen Umweltschutz und Energieeffizienz |
| Soziologische, ökologische und politische Entwicklungen | ▶ Politische Tendenzen und Stabilität, Beschränkungen vs. Liberalisierung, Tendenzen zu Prohibition <br> ▶ Rechtliches Umfeld, Gesetzesvorhaben, regulatorischer Aufwand, Zölle, Steuersätze <br> ▶ Grad der Umweltverschmutzung und Umweltschutzmaßnahmen <br> ▶ Gesundheits- und Sozialsysteme, Leistungs- und Erstattungsquoten <br> ▶ Vorschriften zur Anmeldung und zum Schutz von Patenten und ähnlichen Rechten <br> ▶ Gesellschaftliche Tendenzen, Einstellungen, Religiosität, Wertewandel, Lifestyle |

| | |
|---|---|
| Entwicklungen auf dem Absatzmarkt | ▶ Auftragseingänge, Auftragsvolumen (Auftragsgröße)<br>▶ Kaufverhalten und Kaufkraft nach Produkten, Kundengruppen, Regionen<br>▶ Entwicklung der Erzeuger- und Verbraucherpreise |
| Entwicklungen auf dem Beschaffungsmarkt | ▶ Sicherung der Rohstoffbasis<br>▶ Erschöpfung von Rohstoffvorkommen, neue Ausbeutetechnologien<br>▶ Preisentwicklung bei den Rohstoffen |
| Entwicklungen auf dem Arbeitsmarkt | ▶ Personalreserven, Reservoir an Nachwuchskräften<br>▶ Entwicklung der Lohnstückkosten, Lohnnebenkosten<br>▶ Einflussnahmen der Politik und Verbände |
| Entwicklungen auf dem Kapitalmarkt | ▶ Inflations- und Zinsentwicklung, Börsenkurse<br>▶ Rahmenbedingungen und Praxis der Kreditgewährung<br>▶ Außenhandel, Wechselkurse |

Im Rahmen der PEST-Analyse sind branchenbezogene Besonderheiten angemessen zu würdigen und im Kriterienkatalog zu berücksichtigen. So wird ein Unternehmen der

▶ Hightech-Branche die technologische Perspektive,

▶ Gesundheits- und Sozialwirtschaft die politisch-demographischen Tendenzen sowie Fortschritte der Medizintechnik und

▶ ein hoch diversifizierter „global player" die weltweiten ökonomischen Rahmenbedingungen

vorrangig analysieren. Ein Klassifizierungsschema nebst Kriterienkatalog für eine Klinikkette könnte folgendes Aussehen haben:

| ABB. 46: | Branchenspezifische PEST-Analyse am Beispiel der Krankenhäuser |
|---|---|
| **Demographisch-epidemiologische Entwicklung** | **Allgemein-wirtschaftliche Entwicklung** |
| ▶ Altersstruktur, Familienstrukturen<br>▶ Geburtenzuwachs und Sterberate<br>▶ Bevölkerungszuwachs durch Zuzug<br>▶ Allgemeiner Gesundheitszustand der Bevölkerung, Schwere der Krankheitsverläufe<br>▶ Aufkommen von „Zivilisationskrankheiten"<br>▶ Lebens- und Ernährungsgewohnheiten der Bevölkerung | ▶ Wirtschaftswachstum; Entwicklung des Bruttosozialprodukts und des Preisindexes<br>▶ Entwicklung des Kapitalmarktes, Zugang zu Krediten, Zinsniveau, Arbeitslosenquote<br>▶ Verschuldungsgrad und weitere Ausgabenentwicklung von Bund, Ländern und Gemeinden<br>▶ Ausgabenentwicklung der gesetzlichen und privaten Krankenversicherungen |
| **Technologische Entwicklung** | **Politische Entwicklung** |
| ▶ Allgemeine technische Neu- und Weiterentwicklungen<br>▶ Fortschritte in der Medizintechnik<br>▶ Forschungsergebnisse und technologische Fortschritte im Gesundheits- und Krankenhauswesen<br>▶ Entwicklung der Informationstechnologie<br>▶ Entwicklung der Pharmaindustrie | ▶ Verteilung der politischen Kräfte, politische Forderungen, Wahltermine, Wahlergebnisse<br>▶ Gesundheits- und sozialpolitische Programme der Parteien und Gewerkschaften<br>▶ Gesundheits- und Sozialgesetzgebung (z. B. Änderungen des Finanzierungssystems)<br>▶ Bereitstellung von Fördermitteln<br>▶ Allgemeine Tendenzen zur Regulierung |
| **Wettbewerbsentwicklung** | **Entwicklung der Wertkette** |
| ▶ Entwicklung der Auslastung, Grad an Überkapazitäten<br>▶ Kostenstruktur (insbesondere Fixkostenanteil)<br>▶ Möglichkeiten der Produktdifferenzierung<br>▶ Möglichkeiten der Spezialisierung, Kooperation und Zentrenbildung<br>▶ Rivalitätsgrad in der Branche | ▶ Grad der Leistungsverlagerung auf vorgelagerte Bereiche (ambulante Versorgung)<br>▶ Grad der Leistungsverlagerung auf nachgelagerte Bereiche (Rehabilitation)<br>▶ Ausmaß der „Vertragskrankenhäuser"<br>▶ Verhandlungsposition einweisender Ärzte<br>▶ Ausmaß der Lieferantenmacht (medizinische Anlagen, Heil- und Hilfsmittel) |
| **Mitarbeiterentwicklung** | **Kunden (Patienten-)Entwicklung** |
| ▶ Motivation der Ärzte, der Pflegekräfte und des übrigen Personals im Krankenhaus<br>▶ Lohnniveau, Entwicklungschancen und Prestige der Gesundheits- und Sozialberufe<br>▶ Arbeitsmarktentwicklung und Mobilität der Beschäftigten im Gesundheitswesen<br>▶ Entwicklung des Arbeitsrechts | ▶ Lebensdauer und Lebensqualität von Patienten<br>▶ Beschwerdefreie Lebensjahre von Patienten<br>▶ Weiterempfehlung des Krankenhauses durch Patienten<br>▶ Grad an Patientensouveränität<br>▶ Entwicklung zum Käufermarkt |

Ein Beispiel für die Anwendung eines Scoring-Modells in der qualitativen Szenario-Analyse stellt die Konstruktion des **BERI-Indexes** (Business Environmental Risk Index) dar, der das Geschäftsklima von Investitionen in ausländische Märkte und damit das Risiko einer Auslandsinvestition bewertet. Hierbei sind allerdings die Indikatoren nicht überschneidungsfrei, so z. B.

▶ Verfügbarkeit von Experten und Dienstleistungen sowie örtliches Management und Partner,
▶ langfristige sowie kurzfristige Kredite.

Es fehlen auch aus der Entwicklungspolitik anerkannte Frühindikatoren für eine Destabilisierung wie z. B.

- Verteilung des Wohlstands,
- (breiter) Zugang zu Bildung oder
- (breiter) Zugang zu Kapital.

**ABB. 47:** BERI-Index (Ausschnitt „Operations Risk Index")

| Kriterien des BERI-Indexes | Gewicht |
|---|---|
| **Politische Stabilität:** bewertet die Wahrscheinlichkeit eines ungeplanten politischen Umschwungs und auch dessen Auswirkung auf den Geschäftsbetrieb | 12 % |
| **Einstellung gegenüber ausländischen Investitionen und Gewinnen:** allgemeine Befürwortung der Prinzipien des Kapitalismus sowie das Ausmaß, in dem die Kosten der sozialen Errungenschaften der Privatindustrie aufgebürdet werden | 6 % |
| **Verstaatlichung:** die Spannbreite zwischen entschädigungsloser Enteignung und bevorzugter Behandlung von Einheimischen | 6 % |
| **Geldentwertung:** die Auswirkung der Geldentwertung sowie die Wirksamkeit von Methoden, die Auswirkung auf den Geschäftsbetrieb zu vermindern | 6 % |
| **Zahlungsbilanz:** die Zahlungsbilanz der laufenden Konten und der Kapitalkonten sowie Tendenzen, die den Ertrag ausländischer Investoren beeinflussen | 6 % |
| **Bürokratie:** Tempo und Effizienz der öffentlichen Verwaltung, auch bei der Bearbeitung von Zollformalitäten, Devisenüberweisungen und ähnlichen Aufträgen | 4 % |
| **Wirtschaftswachstum:** langjähriges Wachstum des realen BSP in den Stufen bis 3 %, 3 - 6 %, 6 - 10 % und über 10 % | 10 % |
| **Währungskonvertibilität:** die Einfachheit, mit der die einheimische Währung in Devisen umgetauscht werden kann sowie die Beurteilung dieser Währung auf dem Devisenmarkt, soweit dieses den Geschäftsbetrieb beeinflusst | 10 % |
| **Durchsetzbarkeit von Verträgen:** das Ausmaß, in dem Verträge honoriert werden sowie eventuell Schwierigkeiten durch Unterschiede in Sprache und Mentalität | 6 % |
| **Lohnkosten und Produktivität:** Stückkosten gemessen an Löhnen, Lohnnebenkosten sowie Arbeitsproduktivität und Einstellung zur Arbeit | 8 % |
| **Verfügbarkeit von Experten und Dienstleistungen:** die Unterstützung, die eine Unternehmung erwarten kann auf den Gebieten Buchhaltung, Rechtsberatung, Marketingberatung, Technologie und Bauausführung | 2 % |
| **Nachrichtenwesen und Transport:** Einrichtungen und Bequemlichkeit im Gebrauch der Verkehrs- und Nachrichtenverbindungen zwischen Stammwerk und Zweigbetrieb sowie innerhalb des Landes. Ebenfalls Bewertung der Verkehrsinfrastruktur | 4 % |
| **Örtliches Management und Partner:** Qualität und Zahl der Einheimischen, die Eigenkapital zur Verfügung stellen können und bei Führungsaufgaben auf der oberen Ebene mitwirken können | 4 % |
| **Kurzfristige Kredite:** allgemeine Verfügbarkeit von kurzfristigen Krediten an Betriebe in ausländischem Besitz und die Möglichkeiten für die Anlage kurzfristiger Gelder | 8 % |
| **Langfristige Kredite und Eigenkapital:** allgemeine Verfügbarkeit und Konditionen für langfristiges Kapital in der örtlichen Währung als Darlehen und als Eigenkapital | 8 % |

Quelle: *Hake*, in: Management-Zeitschrift io 1979, Nr. 6, S. 283.

Die Ablaufschritte der PEST-Analyse werden am Beispiel einer Reha-Klinik illustriert, die eine Diversifikation in das Geschäftsfeld „Betreutes Senioren-Wohnen" erwägt. Eine Szenario-Analyse zur Entwicklung des deutschen Gesundheitswesens könnte etwa aus folgenden Eckpunkten bestehen:

| ABB. 48: | Szenario-Analyse am Beispiel der Krankenhäuser |
|---|---|

**„Vier grundlegende Marktströmungen bis 2020**

Die Gesundheitssysteme des Jahres 2020 werden in allen Ländern eine schnelle Evolution der heute bestehenden Strukturen sein. Die Richtung, in die sie sich entwickeln, ist weltweit ähnlich. Bain & Company hat die bestehenden Trends in Politik, Technologie und Wissenschaft analysiert und vier zentrale Marktströmungen identifiziert, die den Gesundheitsmarkt 2020 bestimmen werden.

**Der engagierte Patient:** Er steht im Mittelpunkt des Gesundheitsmarktes 2020, denn er wird in Zukunft viel mehr aus eigener Tasche zahlen müssen – seien es Praxis- und Medikamentengebühren, Zuzahlungen, Zusatzversicherungen oder privat zu tragende Behandlungskosten. Dadurch wächst die Marktmacht des Patienten. Parallel dazu ermöglicht ihm das rasch wachsende Angebote im Internet, sehr viel mehr über Gesundheit, Krankheiten und Behandlungsmethoden zu erfahren. Das macht die Ausrichtung auf spezifische Patientengruppen zu einem der zentralen kritischen Erfolgsfaktoren für alle Anbieter im künftigen Gesundheitsmarkt, egal ob Ärzte, Apotheken, Pharmahersteller oder Krankenversicherer.

**Datenrevolution:** Computerisierung und Vernetzung werden im Gesundheitssektor eine Datenrevolution auslösen. Universell verfügbare elektronische Patientendaten machen den Erfolg von Behandlungen transparent und optimieren die Prozesse zwischen Haus- und Fachärzten, Kliniken und Versicherungen. Standardisierte online verfügbare Behandlungsleitlinien werden die Arbeit von Ärzten und Kliniken verändern. Im Jahr 2020 bestimmen Studien, Empfehlungen, Protokolle, Leitfäden und Erstattungsrichtlinien, welche Diagnosen, Therapien und Medikamente verordnet werden. Der Freiheitsgrad ärztlicher Entscheidungen wird deutlich eingeschränkt. Im Gesundheitsmarkt 2020 verliert der Arzt als Entscheider an Bedeutung, welche Medikamente, Behandlungsmethoden oder Geräte eingesetzt werden. Für die Hersteller von Pharmazeutika und Medizintechnik wird der Kosten-Nutzennachweis ihrer Produkte anhand elektronischer Real-Life-Patientendaten zu einem entscheidenden Erfolgskriterium; statt klinischer Studienergebnisse zählen 2020 wirklich erzielte Behandlungsergebnisse.

**Integrierte Behandlung:** Weltweit versuchen Gesundheitspolitiker, die Effizienz der Gesundheitssysteme durch Konzepte der integrierten Behandlung zu verbessern. Ob Health Maintenance Organizations in der Schweiz, Accountable Care Organizations in den USA oder Gesundheitszentren in Deutschland: 2020 wird eine stärkere Vernetzung der Praxen, Kliniken und Versicherer die Behandlungswege optimieren, Doppeluntersuchungen vermeiden und Behandlungszentren mit stärkeren Einkaufsvorteilen und besser ausgelasteten Einrichtungen hervorbringen. Die Honorierung der Behandlung bemisst sich zukünftig an Behandlungsqualität und -erfolg sowie den Einsparerfolgen. Hausärzte und Gesundheitszentren steuern die integrierte Behandlung. Gleichzeitig führen stärker vernetzte Organisationen zu neuen Nachfragestrukturen und -machtverhältnissen, die von Zulieferern und Dienstleistern rechtzeitig erkannt und bedient werden müssen.

**Gesundheitsökonomische Innovation:** Die starken Kosten-Nutzenabwägungen zwingen Pharma- und Medizintechnikhersteller zukünftig zu gesundheitsökonomischen Innovationen. Eine neue Generation von Gut-Genug-Produkten wird zum Standard in Medizintechnik und Pharmazie. Daneben wird es weiterhin Spitzenprodukte geben, die jedoch mehr und mehr auf Nischen und spezielle Patientengruppen zugeschnitten sind. Medizintechnik und Pharmazeutik stehen vor der Aufgabe klassische Design-to-Cost-Konzepte für den Gut-Genug-Sektor zu entwickeln und gleichzeitig im Premiumsegment die Kosten für Forschung und Entwicklung für den zunehmend kleinteiligen Medizinmarkt zu reduzieren"(vgl. *http://www.bain.de/press/press-archive/bain-studie-zum-gesundheitsmarkt-2020-teil-1.aspx*).

| Jahr<br>Kriterium | 2010 | 2020 |
|---|---|---|
| Jährliche Ausgaben im deutschen Gesundheitswesen | ca. 285 Mrd. € | ca. 700 Mrd. € |
| Beteiligung der Patienten an den Gesundheitsleistungen | ca. 7,5 % | ca. 30 % |
| Anzahl der Krankenhäuser | ca. 2.000 | max. 1.650 |
| Anzahl der Betten | ca. 500.000 | max. 400.000 |
| Durchschnittliche Verweildauer der Patienten im Krankenhaus | acht Tage | drei bis fünf Tage |
| Sicherung des Kapitalbedarfs der Krankenhäuser | Vergütung auf der Grundlage einer dualen Finanzierung; öffentliche Investitionsförderung | Monistische Finanzierung und Gang zur Börse, Leistungsvergütung auf Basis von Pauschalen |
| Art der Krankenversicherung | Gesetzliche oder private Versicherung | Voll- oder Teilkasko-Krankenversicherung |
| Arbeitgeberanteil an der Krankenversicherung | 50 % | Arbeitgeberanteil entfällt, dafür steuerbegünstigte Direktversicherung für den Beschäftigten |
| Arztbesuche | Zwingend notwendiger Besuch des Patienten in der Praxis oder Hausbesuch des Arztes | Bei geringfügigen Erkrankungen Online-Besuch des Patienten beim Arzt |
| Rezepte | Schriftliche Rezepte | Elektronische Rezepte |
| Patientenakten | Die Akten werden in jeder Gesundheitseinrichtung gesondert geführt | Der Arzt hat online Zugriff auf zentral gespeicherte Patientendaten |
| Apotheken | Zahlreiche kleine Apotheken befinden sich in Wohnungsnähe der Patienten | Apothekenketten beherrschen den Markt, 15.000 Apotheken in Deutschland entfallen |
| Einfluss der Krankenkassen auf Gesundheitsleistungen | Durch freie Arztwahl ist der Einfluss der Krankenkassen gering, die Kassen entwickeln vermehrt vernetzte Versorgungsformen | Die Kassen kaufen eigenverantwortlich am Markt qualitativ definierte diagnostische und therapeutische Leistungen ein |
| Einfluss des Staates | Dominierende und lenkende Rolle des Staates | Schaffen von Rahmenbedingungen, steuerfinanzierte medizinische Grundversorgung für alle Bürger |

Analyse der strategisch relevanten Rahmenbedingungen — KAPITEL II

**ABB. 49: Beispiel einer PEST-Analyse**

PEST-Analyse: Politische Rahmenbedingungen

Potenzielle Diversifikation einer Rehaklinik
Neues Geschäftsfeld „Betreutes Wohnen", Analysehorizont 5 Jahre

| Einflussfaktoren | Indikator | Aktueller Wert | Erwartungswert | Geschätzte Bandbreite | Bewertung der Entwicklung *) | Gewichtung |
|---|---|---|---|---|---|---|
| Erstattung durch Pflegeversicherung | Höchstbetrag Pflegestufe III (€ p. a.) | 15.000 € p. a. | | | | |
| Staatlicher Regulierungsgrad auf Pflegemarkt | Anteil Pflegeplätze in Privatregie an Gesamtzahl Betten (%) | 2 % laut Refugium Holding AG | | | | |
| Ausmaß staatlicher/kommunaler Unterstützung | Ø staatliche Investitionen und Zuschüsse (€ p. a./Bett) | 76.700 € p. a./Bett als zinsloses Darlehen | | | | |
| Kaufkraftentwicklung Renteneinkommen (netto) | Wachstumsrate p. a. (%) | 0,9 % | 0,5 % | 0 - 1,0 % | 0 | 0,20 |
| Ausmaß von Betriebsauflagen | Auflagenbedingte Investitions- und Betriebskosten (€ p. a.) | 30.000 € p. a. | 35.000 € p. a. | 30.000 - 40.000 € p. a. | 1 | 0,06 |
| Bereitstellung einer Akutversorgung in Kliniken am Standort (öffentliche Krankenhäuser) | Anteil Krankenhäuser mit geriatrischer Abteilung an Gesamtzahl im Umkreis von 50 km (%) | 20 % | 35 % | 30 - 40 % | 3 | 0,12 |
| Bereitstellung einer behindertengerechten Infrastruktur am Ort | Anteil behindertengerechter Einrichtungen (Kultur/Freizeit) und Verkehrsmittel an der Gesamtzahl (%) | 30 % | 40 % | 30 - 50 % | 3 | 0,06 |
| Entwicklung der Sozialhilfestrukturen (bei Ausfall der Angehörigen) | Steigerungsrate der Sozialhilfesätze p. a. (%) | 1,2 % | 0,6 % | 0,2 - 1,0 % | | |

*) 0 = hohes Risiko
1 = mittleres Risiko
2 = wenig Änderungen
3 = mittlere Chance
4 = große Chance

Σ = 1

Annotationen:
- vollständige und redundanzfreie Kriterienliste
- ordinale Skala zur Chancen-Risiken-Bewertung
- best case/worst case-Szenario, z. B. Liberalisierung/Regulierung
- Expertenschätzung für 5 Jahre Horizont
- operable und validierbare Indikatoren

Gesamtwertung: _____

Die Begriffe „Szenario-Analyse" und „PEST-Analyse" werden oftmals synonym verwendet. Dies ist nur eingeschränkt korrekt. Zwar beziehen sich beide Methoden dem Grunde nach auf die Quantifizierung der voraussichtlichen Umweltentwicklung, jedoch

- stellt die Szenario-Analyse eine letztlich „wertfreie" Expertenschätzung dar,
- wohingegen die PEST-Analyse zusätzlich eine Gewichtung und Bewertung der Entwicklung und deren Einflussfaktoren in Bezug auf künftige Aktivitäten der Unternehmung vor dem Hintergrund der Betroffenheit des unternehmerischen Zielsystems einschließt.

In der vorstehenden Abbildung wird eine **Hybridform** beider Konzepte dargestellt,

- die Szenario-Analyse wird durch die Spalten aktueller Wert, Erwartungswert und die Bandbreite als Szenario-Trichter repräsentiert,
- die PEST-Analyse bildet die Festlegung der Einflussfaktoren und zugehörigen Indikatoren, deren Gewichtung sowie die Risikobewertung.

Demzufolge wird die PEST-Analyse insbesondere anlässlich folgender strategischer Entscheidungen angewandt:

- beim Aufbau eines **neuen Geschäftsfelds** in Eigenregie,
- anlässlich eines **Unternehmenskaufs** oder **Beteiligungserwerbs**,
- zur Fundierung der **Einstellungsentscheidung** einer Unternehmensaktivität,

um folgende strategisch existenziellen Fragen zu klären:

- Welche externen Faktoren machen einen Markt grundsätzlich zu einem attraktiven Markt (unter Berücksichtigung des unternehmerischen Zielsystems)?
- Ist der zu analysierende Markt demnach attraktiv?
- Wie ist dieser Markt bereits besetzt (Markt- und Wettbewerbsanalyse)?
- Hat das Unternehmen die Möglichkeit, auf den Markt einzudringen (Potenzialanalyse)?
- Wie ist die Chance zu beurteilen, diesen Markt dauerhaft zu besetzen (Bestreitbarkeit)?
- Wird sich durch die potenzielle Marktpräsenz die Durchschnittsrentabilität für das Unternehmen dauerhaft erhöhen?

Die **Marktattraktivität** bestimmt sich dabei typischerweise durch

- das erwartete Nachfragewachstum,
- die Entwicklung der Gewinnspanne (Erlös- und Kostenentwicklung),
- die Möglichkeit zur Produktdifferenzierung (Substitutionsprodukte),
- die Rate des technischen Fortschritts, den Investitionsbedarf und das Amortisationsrisiko,
- den Grad an staatlicher Regulierung und
- die Bestreitbarkeit gegenüber potenziellen Markteindringlingen.

Das umweltbezogene Controlling analysiert die allgemeinen Umfeldbedingungen und gibt bezüglich ihrer Günstigkeit für das Unternehmen eine Wertung ab. Demgegenüber operationalisiert das branchen- und konkurrenzbezogene Controlling die speziellen Marktbedingungen, denen das Unternehmen ausgesetzt ist und voraussichtlich sein wird. Es wird deshalb insbesondere die **Markt- und Wettbewerbsanalyse** in den Vordergrund stellen.

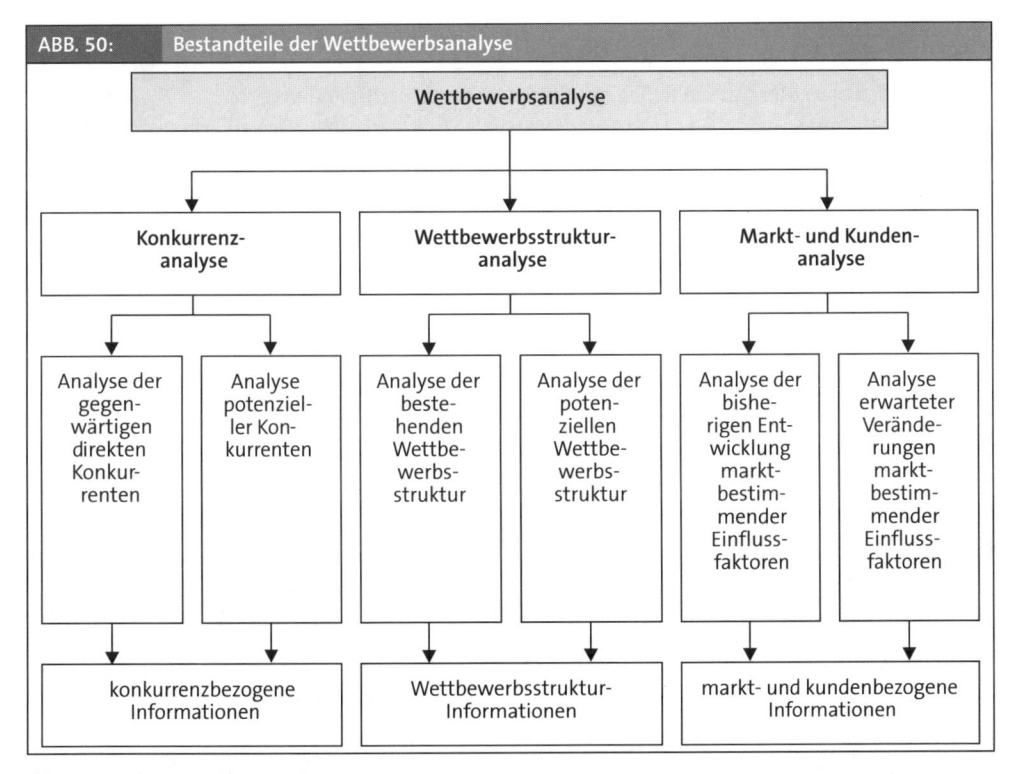

## Analyse der strategisch relevanten Rahmenbedingungen — KAPITEL II

**ABB. 50: Bestandteile der Wettbewerbsanalyse**

```
                          Wettbewerbsanalyse
         ┌────────────────────┼────────────────────┐
   Konkurrenz-        Wettbewerbsstruktur-    Markt- und Kunden-
    analyse                 analyse                analyse
   ┌──────┴──────┐       ┌──────┴──────┐        ┌──────┴──────┐
 Analyse der  Analyse  Analyse der  Analyse der  Analyse der   Analyse
 gegen-       potenziel- beste-     poten-       bishe-        erwarteter
 wärtigen     ler Kon-  henden     ziellen      rigen Ent-    Verände-
 direkten     kurrenten Wettbe-    Wettbe-      wicklung      rungen
 Konkur-               werbs-     werbs-       markt-        markt-
 renten                struktur   struktur     bestim-       bestim-
                                               mender        mender
                                               Einfluss-     Einfluss-
                                               faktoren      faktoren
   └──────┬──────┘       └──────┬──────┘        └──────┬──────┘
 konkurrenzbezogene    Wettbewerbsstruktur-    markt- und kundenbezogene
   Informationen          Informationen             Informationen
```

Zur **Konkurrenzanalyse** zählen die Analyse der gegenwärtigen und insbesondere auch der potenziellen Konkurrenten, ihre Strategien, ihre Stärken und Schwächen, ihre geschätzte Kosten- und Erlössituation, ihre Produktpalette, ihre Kundschaft.

Die **Wettbewerbsstruktur-, Markt- und Kundenanalyse** zielt zusätzlich auf die Marktmacht der Abnehmer und Lieferanten, den Zersplitterungsgrad (**Fragmentierung**) bzw. den Reifegrad des Marktes (**Oligopolisierung**) ab. In diesem Zusammenhang ist z. B. der kumulierte Marktanteil der drei, fünf oder zehn größten Anbieter von Interesse. Daneben wird das unausgeschöpfte Kundenpotenzial sowie die Möglichkeit der Produktsubstitution – oder andererseits die Möglichkeit der Aufrechterhaltung eines Alleinstellungsanspruchs – quantifiziert.

Die bedeutendste theoretische Grundlage der Markt- und Wettbewerbsanalyse bildet das Modell der **Einflussfaktoren der Wettbewerbsintensität** von *Porter*, das in seiner Grundform fünf Faktoren umfasst (sog. „**five forces of competition model**", M. E. *Porter*, Wettbewerbsstrategie, 6. Aufl., Frankfurt/New York 1999, S. 34):

▶ **Aktuelle Wettbewerbsintensität** in der Branche, die zum einen durch die Nachfrageentwicklung und -erwartung sowie zum anderen durch die Rivalität unter den Anbietern bestimmt wird; für letztere ist insbesondere der Konzentrationsgrad maßgeblich. Je schwächer das Marktwachstum, umso härter wird der Verdrängungswettbewerb, denn weiteres Wachstum ist nur auf Kosten der Wettbewerber möglich.

▶ **Bedrohung durch neue Konkurrenten:** Neue Konkurrenten führen zu einer Steigerung der Gesamtkapazität auf einem Markt und damit cet. par. zu einem Rückgang der Marktpreise sowie der Gewinnmargen. Eine solche Gefahr wird durch Existenz und Höhe sog. **Markteintrittsbarrieren** bedingt. Dies sind jene Faktoren, die einen potenziellen Wettbewerber trotz grundsätzlicher Marktattraktivität am Zutritt zu dem Markt hindern.

▶ **Verhandlungsmacht der Lieferanten:** Je höher die Verhandlungsmacht der Lieferanten, umso mehr Drohpotenzial besteht hinsichtlich Preiserhöhungen und/oder Qualitätsreduktionen.

▶ **Verhandlungsmacht der Abnehmer:** Je höher die Verhandlungsmacht der Abnehmer, umso mehr Drohpotenzial besteht hinsichtlich Preiszugeständnissen oder des Zwangs zum nicht kostendeckenden Angebot von Zusatzleistungen.

▶ **Bedrohung durch Produktsubstitution:** Je mehr Substitutionsmöglichkeiten bestehen, umso limitierter das Gewinnpotenzial auf dem Markt, da Anbieter auf diese Produkte ohne gravierende Nutzeneinbuße ausweichen können.

Hierbei wird die Verhandlungsmacht der vor- und nachgelagerten Kontrahenden determiniert durch

▶ den Konzentrationsgrad auf dem Markt,

▶ die Gesamtkapazität und deren Auslastung,

▶ den wertmäßigen Einkaufs- bzw. Verkaufsanteil, also das jeweilige Geschäftsvolumen bezogen auf das eigene Unternehmen,

▶ den Standardisierungsgrad (die Homogenität) der Produkte bzw. Leistungen,

▶ die Möglichkeiten zur Vorwärts- bzw. Rückwärtsintegration,

▶ die mit einem Wechsel des Kontrahenden verbundenen Umstellungskosten,

▶ den Grad der Markttransparenz.

**ABB. 51:** Faktoren der Wettbewerbsintensität nach *Porter* („five forces-Modell")

Quelle: I. A. a. *Hinterhuber*, Strategische Unternehmensführung, 3. Aufl., Berlin/New York 1984, S. 52.

Die five forces lasen sich insoweit systematisieren zu

- den Marktstrukturen der vor- und nachgelagerten Wertschöpfungsstufe als „statische" forces,
- den neu auftretenden Konkurrenten bzw. Konkurrenzprodukten als „dynamische" forces,
- der Wettbewerbsintensität auf dem analysierten Markt als Resultante.

Zu den ursprünglich fünf Triebkräften des Harvard-Professors *Porter* sind im Zeitablauf noch weitere zwei, im US-amerikanischen Umfeld eher vernachlässigbare, in Europa aber bedeutende Faktoren hinzugefügt worden, und zwar die regulierende Rolle des **Staates** und die Verhandlungsstärke und das Verhalten der **Arbeitnehmer** und ihrer Organisationen.

Dem Controlling als Frühwarninstanz obliegt es, die relevanten Determinanten der Wettbewerbsintensität zu identifizieren und mittels Indikatoren zu operationalisieren. Für die Indikatoren sollten Sollwerte und Toleranzgrenzen definiert werden, bei deren Überschreiten ein Warnsignal ausgelöst wird. Es ist seitens des Controllings darauf zu achten, dass

- die Kriterienliste redundanz- und überschneidungsfrei, zugleich aber auch vollständig ist, d. h. alle relevanten Entwicklungen und Risiken abdeckt,
- i. S. eines *„you can´t manage what you can´t measure"* nur operable Kriterien verwendet werden (d. h., für die ein nachvollziehbarer und verlässlicher Indikator benannt werden kann).

Von besonderer Bedeutung sind dabei gem. des *Porter*-Modells sich auf den vor- und nachgelagerten Märkten aufbauende Konzentrationen.

| ABB. 52: | Quantifizierung der Einflussgrößen der Wettbewerbsintensität |
|---|---|
| **Kriterium** | **Kennzahl** |
| Bestehender Wettbewerb | ▶ Marktanteile der relevanten Konkurrenten, Oligopolisierungsgrad (kumulierter Marktanteil der „x Größten") |
| | ▶ Innovationsrate, Umsatzwachstum, Gewinnrate, Auslastungsgrad |
| Potenzieller Wettbewerb | ▶ Messung der Markteintrittsbarrieren wie z. B. FuE-Quote in % des Umsatzes, Investitionsquote in % der Bilanzsumme, Produktinnovationsrate |
| | ▶ Kapitalintensität, Fixkostenanteil, Anlagenintensität |
| | ▶ qualitative Messgrößen wie Amortisationsrisiko, Wirksamkeit des Patentschutzes, rechtliche Zugangsbeschränkungen (z. B. Konzessionen) |
| Substitutionsmöglichkeiten | ▶ Stammkundenquote, Wiederkaufrate |
| | ▶ Lebenszyklusdauer, Produktinnovationsrate x Jahre |
| | ▶ Kreuzpreiselastizitäten |
| | ▶ Auftragsbestand, Auslastungsgrad |
| | ▶ qualitativ: Bedeutung langfristiger Vertragsbindungen, Werbewirkung und Imagebedeutung (Markenbindung), Vertriebswege |

| Kriterium | Kennzahl |
|---|---|
| Marktmacht der Abnehmer | ▶ Anzahl, Marktanteile der Abnehmer |
| | ▶ Entwicklung der Absatzpreise |
| | ▶ ABC-Analyse Verkaufsgeschäfte (Konzentrationsanalyse) |
| | ▶ Anteil langfristiger Verträge, Neukundenquote, cross-selling-Quote |
| Marktmacht der Lieferanten | ▶ Anzahl, Marktanteile der Lieferanten |
| | ▶ Entwicklung der Bezugspreise |
| | ▶ ABC-Analyse Bezugsgeschäfte (Konzentrationsanalyse) |
| | ▶ Verfügbarkeit, Fehlbestandsquote |
| | ▶ Anteil langfristiger Verträge |

Vor dem Hintergrund des langfristigen Zukunftsbezugs und der Risikoorientierung des strategischen Controllings kommt der Existenz und Höhe von **Markteintrittsbarrieren („entry barriers")** eine besondere Bedeutung zu. Diese bestehen z. B. in Form von

▶ hoher Bedeutung von FuE-Aktivitäten verbunden mit restriktivem Patentschutz,

▶ hoher Anlagen- und damit Investitionsintensität,

▶ hoher Bedeutung von Spezial-Know-how des Personals oder unzureichender Verfügbarkeit qualifizierten Personals,

▶ Erfordernissen kostspieliger Aktivitäten bzgl. Markteinführung und Imageschaffung,

▶ sonstigen, zumeist rechtlich begründeten Zugangsrestriktionen wie Gebietsschutz oder Konzessionen.

Als Markteintrittsbarrieren gelten nur initiale Aufwendungen bzw. (Investitions-)Ausgaben, die dem potenziellen Eindringling entstehen, aber die der bereits am Markt befindliche Anbieter schon getätigt hat. Für letzteren stellen sie sog. **„sunk costs"** dar.

| ABB. 53: | Typen und Indikatoren für Markteintrittsbarrieren |
|---|---|
| **Typus der MEB** | **Indikator** |
| Rechtliche | ▶ Aufwand für Konzessionen/Genehmigungen in % des Gesamtumsatzes |
| | ▶ Wirksamkeit des Patentschutzes, Laufzeit der Patente |
| Kapitalintensität, Losgröße | ▶ Anlagenintensität, Anlagenproduktivität, Gesamtkapitalumschlag |
| | ▶ Investitionen p. a. in % der Bilanzsumme/Umsatzerlöse |
| Forschung und Entwicklung | ▶ FuE-Aufwand in % der Umsatzerlöse p. a. |
| | ▶ Anteil der FuE-Mitarbeiter in % der Gesamt-Mitarbeiter |
| | ▶ durchschnittliche Produktlebenszyklusdauer |
| Vertrieb | ▶ Ingangsetzungsaufwand in % der Umsatzerlöse p. a. |
| | ▶ Marketingaufwand in % der Umsatzerlöse p. a. |
| | ▶ Homogenitätsgrad der Produkte/Leistungen, Markentreue, Kundenloyalität. |

Demgegenüber bilden **Marktaustrittsbarrieren** („**exit barriers**") die Hemmnisse für ein Verlassen des (reifen oder degenerierenden) Marktes durch derzeitige Anbieter ab. Diese resultieren überwiegend entweder aus der Höhe von in der Vergangenheit getätigten, noch nicht amortisierten Investitionen oder aus strategischen Erfordernissen (Synergien zu anderen Geschäftsfeldern, verbundene Produktion). Konsequenz ist, dass trotz negativer Zukunftsaussichten die Anbieter auf dem Markt verharren und so bei gleichzeitig rückläufiger Nachfrage eine weitere Intensivierung des Wettbewerbs bewirken.

Die Strategiekunst eines bereits auf dem Markt befindlichen Unternehmens besteht darin, zugleich möglichst hohe Markteintrittsbarrieren für potenzielle Markteindringlinge zu errichten und gleichzeitig die eigenen Marktaustrittsbarrieren möglichst niedrig zu halten.

**BEISPIEL:** Dem **Lagebericht** der Sartorius AG ist zu entnehmen (vgl. *http://www.sartorius.de/fileadmin/media/global/company/ir/ir_annual_report_2012_sartorius_group-de.pdf*):

„Die Pharmabranche war im Berichtsjahr von Kooperationen und kleineren und mittleren Akquisitionen geprägt. Die Unternehmen verfolgen mit diesen Maßnahmen das Ziel, die Entwicklung neuer Präparate zu beschleunigen oder zusätzliche Geschäftsfelder zu erschließen, vor allem im Bereich der Biopharmazeutika.

Eine Ursache für diesen Entwicklungstrend ist der auslaufende Patentschutz für etliche Blockbuster-Medikamente. Branchenexperten zufolge ist der sogenannte "Patent-Cliff" in den kommenden Jahren eine der größten Herausforderungen der Branche. Das Umsatzvolumen von Medikamenten, die in den kommenden vier Jahren ihren Patentschutz verlieren werden, beziffert IMS Health mit 142 Mrd. $.

Jedoch könnten die Wachstumsaussichten der Arzneimittelmärkte in den kommenden Jahren durch staatliche Preisrestriktionen im Rahmen von Gesundheitsreformen in Europa und den USA beeinträchtigt werden.

Die M&A-Aktivitäten der Pharmaindustrie wirkten sich auch auf ihre Zulieferer aus. Häufig wurden während der Integrationsphasen die Zulieferstrukturen der zusammengeführten Unternehmen überprüft und die Anzahl der Lieferanten reduziert. Ausgewählt wurden insbesondere die Zulieferer mit strategisch wichtigem Produktportfolio, hohem Know-how, globaler Aufstellung und überdurchschnittlicher Performance.

In diesem Zusammenhang nimmt das Key Account Management der Zulieferunternehmen eine zentrale Stellung ein, vor allem wenn es um den Einsatz neuer Technologien oder spezieller Anwendungskompetenz geht.

Ein wesentlicher Wettbewerber von Sartorius wurde durch den Pharma- und Spezialchemiekonzern Merck KGaA übernommen und in dessen Chemiesparte integriert. Durch die Übernahme verfolgt Merck das Ziel, sich als führender Partner für die Life-Science-Industrie zu etablieren. Zum gegenwärtigen Zeitpunkt erwarten wir durch diese Transaktion keine signifikante Veränderung unserer Wettbewerbsposition. (...)"

Entwickeln Sie aus dem Textausschnitt Konsequenzen für die Ausprägung der five forces nach *Porter*. Konstruieren Sie textbezogene geeignete Kennzahlen zur Messung der five forces.

| Force | Konsequenz für die Ausprägung | Kennzahl |
|---|---|---|
| Aktuelle Wettbewerbsintensität | Kooperationen und Akquisitionen, d. h. weniger Anbieter mit mehr Marktanteilen | Oligopolisierungsgrad (Marktanteil der x Größten), durchschn. Marktaustrittsrate in % aller Anbieter |
| Lieferantenmarkt | Integration der Zulieferer | Wertschöpfungsquote, Fremdbezugsaufwand in % der Umsatzerlöse, Anteil der Lieferanten mit Alleinstellungsposition |
| Absatzmarkt | Staatliche Preisrestriktionen | Wachstum Absatzpreise, Anteil von Präparaten mit behördlicher Preisobergrenze, durchschn. Anzahl Präparate pro Indikation |
| Markteintrittsbarrieren | Auslaufender Patentschutz | Restlaufzeit der Patente, Marktanteil der Nachahmerpräparate (sog. generische Präparate) |
| Produktsubstitution | Beschleunigte Entwicklung neuer Präparate | Neuanmeldungsquote, Produktinnovationsrate in % des Gesamtumsatzes, durchschnittliche Dauer Produktlebenszyklus |

„Innerhalb des Welt-Pharmamarktes ist die Biotechnologie ein Segment, das seit Jahren besonders stark expandiert und etwa doppelt so hohe Wachstumsraten wie der Gesamtmarkt aufweist. Dies ist vor allem durch die Einführung zahlreicher neuer Biopharmazeutika in den letzten Jahren sowie die Erweiterung von Indikationen für vorhandene Arzneimittel begründet. Nach Angaben der Experten von IMS Health betrug der weltweite Umsatz der biopharmazeutischen Industrie im abgelaufenen Jahr rund 96,5 Mrd. $. Im Vergleich zum Vorjahreszeitraum erhöhte sich ihr Umsatz damit um gut 9 % und damit weit überdurchschnittlich zum Gesamtmarkt.

Gemessen am Umsatz des gesamten Pharmamarktes liegt der Anteil bei etwa 11 %. Das dynamische Wachstum dieses Marktes ist ebenso in der Einführung zahlreicher neuer Biopharmazeutika begründet wie in der Erweiterung von Indikationen für vorhandene Arzneimittel. Laut PhRMA-Branchenreport „Medicines in Development" befanden sich im abgelaufenen Jahr über 630 biotechnologisch hergestellte Medikamente in klinischen Testphasen, deutlich mehr als im Vorjahr. Bei den neu zugelassenen Medikamenten entstammt bereits jedes zweite Präparat einem Biotech-Labor.

Biopharmazeutisch hergestellte Medikamente lassen sich grundsätzlich in die drei Wirkstoffgruppen therapeutische Proteine, monoklonale Antikörper und Vakzine einteilen. Derzeit sind die therapeutischen Proteine, die u. a. in der Therapie von Diabetes oder chronischer Blutarmut eine wichtige Rolle spielen, die größte Gruppe biotechnologisch hergestellter Wirkstoffe. Experten gehen davon aus, dass die anderen Wirkstoffe in den nächsten Jahren weiter an Bedeutung zunehmen. Das gilt insbesondere für die monoklonalen Antikörper, die bei der Behandlung von Krebs, HIV und Autoimmunerkrankungen wie Multiple Sklerose oder Rheuma eingesetzt werden. Der weltweite Umsatz mit Krebsmedikamenten auf Basis monoklonaler Antikörper hat sich in den vergangenen vier Jahren auf nunmehr 48 Mrd. $ verdoppelt. (...)

Biotechnologische Produktionsverfahren sind im Vergleich zu klassischen Verfahren weitaus komplexer und bislang kostenintensiver. Hersteller und Zulieferer arbeiten deshalb intensiv daran, produktivere verfahrenstechnische Lösungen zu entwickeln. Einwegprodukte spielen dabei eine entscheidende Rolle. Sie erfordern ein deutlich geringeres Investitionsvolumen, senken die Kosten für Reinigung und Validierung und minimieren Stillstandzeiten. Darüber hinaus bieten Einwegprodukte eine höhere Flexibilität und ermöglichen eine schnellere Markteinführung."

Konstruieren Sie im Rahmen einer PEST-Analyse für den Markt einschlägige, überschneidungsfreie Indikatoren und Kennzahlen, die die Entwicklung der Günstigkeit des Marktes „Biotechnologie" früh erkennen lassen. Gehen Sie auch auf die Typen von Markteintrittsbarrieren und deren Operationalisierung mittels Kennzahlen ein.

## Analyse der strategisch relevanten Rahmenbedingungen

| Indikator | Kennzahl |
|---|---|
| Marktwachstum | ► Marktwachstum in % p. a., sowie relativ zum gesamten Pharmamarkt |
| Marktstruktur | ► Oligopolisierungsgrad (Marktanteil der 3, 5, 7 Größten) |
| Produkteinführungsrate | ► Marktanteil von im abgelaufenen Jahr neu eingeführten Präparaten in % |
| Anwendungsbreite | ► durchschnittliche Anzahl Indikationen pro Präparat |
| Forschungsintensität | ► Verhältnis von in der Testphase befindlichen Präparaten zu den am Markt eingeführten Präparaten |
| Biotech-Verbreitung | ► Anteil der aus Biotech-Laboren stammenden Neuentwicklungen in % aller Neuentwicklungen |
| Wirkstoffanteile | ► Anteil der Wirkstoffe auf Basis monoklonaler Antikörper in % aller neu zugelassenen Wirkstoffe, Umsatzanteil dieser Wirkstoffe in % |
| Markteintrittsbarrieren | ► Marktanteil der Nachahmerpräparate (sog. generische Präparate) |

Markteintrittsbarrieren sind eine wesentliche Determinante des potenziellen Wettbewerbs. Ihre Arten sind

- ► rechtliche (Patentschutz, Auflagen),
- ► politische (Zugang zu öffentlichen (Groß-)Ausschreibungen),
- ► herstellungsbezogene (Kapitalintensität, Investitionsintensität, Forschungsvolumen, Amortisationsdauer),
- ► vertriebsbezogene (Zugang zu Distributionskanälen).

Marktstruktur, Wettbewerbsintensität und deren Vorteilhaftigkeit werden nicht allein durch die relative Größenverteilung einzelner Unternehmen determiniert. Vielmehr ist die Ähnlichkeit einzelner Unternehmen mit in Betracht zu ziehen, d. h. die Marktstruktur ergibt sich aus dem Zusammenwirken der dort vertretenen **strategischen Gruppen**.

Eine solche wird definiert als eine Anzahl von Unternehmen, die ein homogenes strategisches Verhalten aufweisen, d. h., die sich bezüglich bestimmter strategisch relevanter Merkmale entsprechen. Dies sind etwa der Grad der Spezialisierung, die Sortimentsbreite, die verwendete Prozesstechnologie, die Art der Vertriebskanäle, die Höhe der Produktqualität oder das Preissegment.

Jede der strategischen Gruppen kann anhand des „five forces"-Konzepts untersucht werden. Die Differenzierung in strategische Gruppen berücksichtigt, dass die „five forces" einen unterschiedlichen Einfluss auf die verschiedenen Gruppen ausüben.

Mit dem Konzept der strategischen Gruppen wird bezweckt, in einer Branche bzw. einem Markt möglichst ähnliche strategische Verhaltensweisen der Anbieter („**Cluster**") zu identifizieren und auf dieser Grundlage den Markt zu **segmentieren**. Somit stellt eine strategische Gruppe einen „Markt im Markt" dar. Als Konsequenz können im Rahmen einer Wettbewerbsanalyse einige Wettbewerber als akute Bedrohung, andere hingegen als potenzielle Kooperationspartner identifiziert werden.

Der Wettbewerb innerhalb der strategischen Gruppe ist generell stärker ausgeprägt als jener zwischen den Gruppen. So ist etwa die Konkurrenz unter Discountanbietern stärker als die zwischen Discountern und Hochpreisanbietern. Je größer die Anzahl der strategischen Gruppen in einer Branche ist und je geringer die Größenunterschiede zwischen den Gruppen sind, desto höher ist die Wettbewerbsintensität zwischen den Gruppen anzunehmen.

Je nach der Gruppenzugehörigkeit differieren auch Art und Höhe der Markteintrittsbarrieren gegenüber branchenfremden Markteindringlingen. Hieraus folgt, dass der Einfluss von Eintrittsbarrieren gruppenspezifisch zu untersuchen ist.

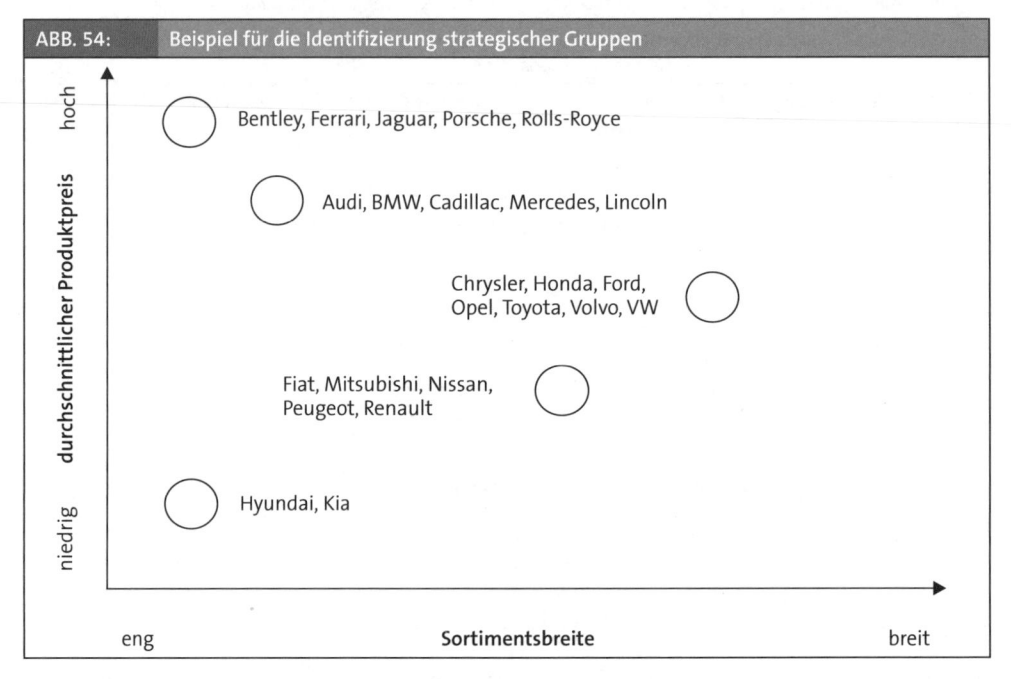

**ABB. 54: Beispiel für die Identifizierung strategischer Gruppen**

*Y-Achse: durchschnittlicher Produktpreis (niedrig bis hoch); X-Achse: Sortimentsbreite (eng bis breit)*

- Bentley, Ferrari, Jaguar, Porsche, Rolls-Royce
- Audi, BMW, Cadillac, Mercedes, Lincoln
- Chrysler, Honda, Ford, Opel, Toyota, Volvo, VW
- Fiat, Mitsubishi, Nissan, Peugeot, Renault
- Hyundai, Kia

Quelle: I. A. a. *Müller-Stewens/Lechner*, Strategisches Management, 2. Aufl., Stuttgart 2003, S. 196.

Durch die Theorie der strategischen Gruppen werden sog. **Mobilitätsbarrieren** begründet. Dies sind all jene Faktoren, die den Wechsel der strategischen Position des Unternehmens von einer Gruppe in eine andere behindern, z. B. Standort, Wertschöpfungsgrad (Grad der Eigenentwicklung), Produktimage, Vertriebskanäle, Kundendienst. Es handelt sich damit im Grunde um Markteintrittsbarrieren innerhalb eines Marktes. Mobilitätskriterien sind gruppenspezifisch zu analysieren und zudem ständigen Veränderungen unterworfen.

Die Kenntnis der internen Struktur einer Branche lässt Schlussfolgerungen für die strategische Planung zu. Die Unternehmensrentabilität wird am größten sein, wenn die Platzierung in einer günstigen, durch Mobilitätsbarrieren geschützten strategischen Gruppe innerhalb der Branche gelingt und das Unternehmen zugleich in dieser Gruppe eine dominante Position einnimmt. Weiterhin liefert die Analyse strategischer Gruppen Anhaltspunkte hinsichtlich der

▶ **Identifikation strategischer Trends:** Das Ausmaß, in dem sich strategische Gruppen aufeinander zu oder voneinander weg bewegen, lässt Rückschlüsse auf die künftige Entwicklung der Wettbewerbsintensität zu;

- **Erkennung von Erfolgsfaktoren:** Auf Basis der Gruppenbesetzung kann für die Gruppenmitglieder ein Benchmarking der Erfolgsfaktoren erfolgen;
- **Möglichkeit des Eingehens von Kooperationen:** Für die Bildung strategischer Allianzen kommen insbesondere Unternehmen innerhalb der Gruppe, aber ggf. mit einem variierenden Geschäftsgebiet in Frage;
- **Auffindung von Marktnischen:** Es wird erkennbar, ob Marktsegmente noch nicht ausreichend mit Anbietergruppen ausgestattet sind.
- **Prognose von Reaktionen der Wettbewerber:** Da ein und derselben strategischen Gruppe angehörige Unternehmen von Branchenänderungen i. d. R. ähnlich betroffen sind, neigen sie auch zu ähnlichen Reaktionen.
- **Identifikation marginaler Gruppen:** Strategisch unbedeutenden Gruppen zugeordnete Wettbewerber stellen potenzielle Austrittskandidaten oder Unternehmen dar, die einen Gruppenwechsel anstreben. Im letzteren Fall könnten sie entweder zu Aufkaufkandidaten oder zu potenziellen Konkurrenten aus Sicht der eigenen Unternehmung mutieren (vgl. *Welge/Al-Laham*, Strategisches Management, 4. Aufl., Wiesbaden 2003, S. 229).

## 3.3 SWOT-Analyse und Wertketten-Modell

Während die **Chancen-Risiken-Analyse** eine Bewertung der allgemeinen Umfeldszenarien vornimmt:

- „Ist bzw. bleibt der Markt grundsätzlich attraktiv?",

zielt die Stärken-Schwächen-Analyse auf eine Bewertung der Wettbewerbsposition aus Sicht der Unternehmung ab:

- „Welche (relative) Position kann gegenwärtig und künftig gegenüber den Wettbewerbern auf dem Markt realisiert werden?"

Die **Stärken-Schwächen-Analyse** stellt demnach einen Abgleich der Markt- und Konkurrenzsituation mit den Spezifika des eigenen Unternehmens dar. Die externen Marktbedingungen werden hierbei als gegeben angenommen und „ausgeblendet". Vielmehr wird eruiert, welchen kritischen Erfolgsfaktoren die Marktteilnahme unterliegt, sei der Markt nun günstig oder nicht.

Dies geschieht vor dem Hintergrund, dass selbst auf scheinbar „aussichtslosen" Märkten i. d. R. mindestens ein Akteur auskömmliche Ergebnisse erwirtschaftet, andererseits aber auch grundsätzlich attraktive Betätigungsfelder kein „Selbstläufer" sind.

Eine entsprechende Analyse wird in der Managementlehre auch als **SWOT-Analyse** bezeichnet:

- **S**trengths (Stärken),
- **W**eaknesses (Schwächen),
- **O**pportunities (Chancen),
- **T**hreats (Risiken).

In der Praxis durchläuft die Analyse folgende **Prozessschritte**:

| ABB. 55: | Prozessschritte der Analyse der strategisch wichtigen Rahmenbedingungen |
|---|---|
| 1. | Beschreibung der Unternehmensstrategie und der Unternehmensentwicklung der letzten Jahre bis zum gegenwärtigen Zeitpunkt; |
| 2. | Ad hoc-Auflistung wesentlicher vergangener Erfolge und Misserfolge; |
| 3. | Analyse der zentralen Ursachen für die wesentlichen Erfolge und Misserfolge; |
| 4. | Ad hoc-Auflistung der möglichen Schlüsselfaktoren für die künftige Entwicklung des Unternehmens (ggf. funktionsbezogen oder segmentbezogen); |
| 5. | Prüfung der Schlüsselfaktoren auf Vollständigkeit und Plausibilität anhand eines Abgleichs mit den tatsächlichen Erfolgen bzw. Misserfolgen in der jüngsten Vergangenheit sowie Präzisierung der Schlüsselfaktoren im Hinblick auf die konkrete Unternehmenstätigkeit; |
| 6. | Bewertung der Schlüsselfaktoren im Hinblick auf ihre Bedeutung für die künftige Existenzsicherung des Unternehmens (z. B. mittels Gewichtungsfaktoren); |
| 7. | Ad hoc-Auflistung der Chancen und Risiken für die Existenzsicherung des Unternehmens, die sich aus den Schlüsselfaktoren der künftigen Entwicklung ergeben können; |
| 8. | Bewertung der Chancen und Risiken in Bezug auf die bedeutenden Wettbewerber (z. B. mittels Scoring-Modell); |
| 9. | Auflistung der aus den Chancen und Risiken resultierenden erwarteten künftigen Stärken und Schwächen des Unternehmens; |
| 10. | Bewertung der aufgelisteten Stärken und Schwächen im Hinblick auf ihre Bedeutung für die künftige Entwicklung (Wesentlichkeit, Existenzbedrohung); zweckmäßigerweise in einem Stärken-Schwächen-Profil mittels ordinaler Skalierung; |
| 11. | Ermittlung und Quantifizierung der strategischen Lücke; |
| 12. | Ableitung von Schlussfolgerungen für das generelle Unternehmensleitbild sowie die Unternehmens- und Geschäftsbereichsstrategien. |

Kern der SWOT-Analyse ist also

▶ die Identifikation von kritischen Erfolgsfaktoren aus Kundensicht (evtl. unter Zuhilfenahme des strategischen Konzepts der Wertanalyse und anderer Methoden der Marktforschung, vgl. hierzu Kapitel IV),

▶ eine Ermittlung der Erfüllungsgrade der Erfolgsfaktoren durch die eigene Leistung im Verhältnis zu denen der relevanten Konkurrenten bzw. des Marktstandards in Form eines Benchmarkings,

▶ die Ermittlung von Stärken und Schwächen als Konsequenz und Ausgangspunkt für strategische Aktionen zur Verbesserung der Wettbewerbsfähigkeit.

**Beobachtungsbereiche** der SWOT-Analyse können demzufolge im Einzelnen sein:

| ABB. 56: | Beobachtungsbereiche der SWOT-Analyse |
|---|---|
| Allgemeine Unternehmenssituation und -organisation | ▶ Diversifikationsgrad, Diversifikationsstrategie <br> ▶ Controlling, Internes Überwachungssystem, Interne Revision <br> ▶ Benchmarking (Kosten, Rentabilität), externes Rating <br> ▶ IT-System, Informationssystem, Reporting |
| Management | ▶ Corporate Governance-System, Führungsstil, Leitungsspanne, Kontrollbewusstsein <br> ▶ Fachliches Know-how, Branchenerfahrung <br> ▶ Vergütungssystem, wirtschaftliche Interessen |
| Personal | ▶ Auswahlverfahren <br> ▶ Arbeitsauslastung, Arbeitsproduktivität, Krankenstand, Fehlzeiten <br> ▶ Altersstruktur, Aus- und Fortbildungssystem <br> ▶ Fluktuation, Arbeitsklima, Motivation |
| Forschung und Entwicklung | ▶ Forschungsintensität, Innovationsgrad <br> ▶ Betriebliches Vorschlagswesen, Qualitätszirkel, KVP <br> ▶ Erfindungen, Patente, Lizenzeinnahmen <br> ▶ FuE-Mitarbeiter, FuE-Budget, Entwicklungsdauer, Produktinnovationsraten |
| Finanzwesen | ▶ Finanzstruktur und -relationen <br> ▶ Liquidität, Cashflow, Liquiditätsreserven, Kreditspielraum <br> ▶ Investitionsquote, Zinsquote, Außenhandelsquote, Fremdwährungsquote |
| Produktion/ Leistungserstellung | ▶ Qualität, Preiswürdigkeit, Reklamationsquote <br> ▶ Technischer Standard, Ausschussquote, Umweltverträglichkeit <br> ▶ Innovationsgrad (Fertigungsablauf, Prozessinnovationen) <br> ▶ Fertigungstiefe, Make-or-buy-Verhältnis <br> ▶ Produktvariantenvielfalt, Baugruppen, Produktgruppen, Modularität <br> ▶ Material- und Fertigungsfluss, Lagerbindung, Lager- und Logistikkosten <br> ▶ Kapazitätsauslastung, Leerzeiten und -kosten |
| Beschaffung | ▶ Rechtliche Bedingungen der Beschaffung, AGBs <br> ▶ Einkaufspreise, Einkaufsbedingungen, Einkaufskooperationen <br> ▶ Lieferantenzahl <br> ▶ Lieferantenverzögerungen, Lieferantenfehlerquote, Lieferantenlogistik <br> ▶ Eigenbestände, Kommissionsbestände, Lagerdauer <br> ▶ Art und Umfang der Lagerhaltung |

| Absatz | ▶ Rechtliche Bedingungen des Absatzes, AGBs |
|---|---|
| | ▶ Auftragseingang, Struktur des Auftragsbestands |
| | ▶ Absoluter und relativer Marktanteil, Marktanteilsveränderungen |
| | ▶ Kundenakquisition, Kundentreue, Kundenzufriedenheit |
| | ▶ Kundenabhängigkeit, Kundenbonität |
| | ▶ Kundenergebnis, Kundendeckungsbeitrag, Retouren und Nachlässe |
| | ▶ Absatzlogistik, Prozesskettenoptimierung, Bezugsmöglichkeiten |
| | ▶ Lagerdauer, Umschlagshäufigkeit |
| | ▶ Kundendienst, Service |
| | ▶ Preispolitik, Konditionenspreizung, Bedeutung von Key-Accounting |
| | ▶ Fremdwährungsforderungen, Sicherungsinstrumente |

Die Bestandsaufnahme der gegenwärtigen Wettbewerbsposition der Unternehmung wird mit dem Ziel vorgenommen, Stärken zu verbessern und Schwächen zu vermindern. Dabei sind nicht nur die aktuellen Stärken und Schwächen zu ermitteln, sondern auch deren künftige Entwicklung im Hinblick auf die als wahrscheinlich herausgestellten Umweltszenarien zu beurteilen. So kann ein zurzeit bestehender Kostenvorteil aufgrund eines modernen, weitgehend automatisierten Anlagenparks künftig unter der Annahme möglicherweise wegbrechender Märkte zu einem erhöhten Auslastungs- und Amortisationsrisiko mutieren.

Bei der SWOT-Analyse geht das Controlling in folgenden **Ablaufschritten** vor:

▶ Zunächst ist zu ermitteln, welche kritischen Faktoren den Erfolg im zu analysierenden Geschäftsfeld wesentlich beeinflussen. Hierzu wird jeweils eine Begründung in Form einer Tendenzaussage angegeben.

▶ Sodann werden möglichst operable Indikatoren (Messgrößen) für die kritischen Erfolgsfaktoren festgelegt.

▶ Anschließend sind die Einflussfaktoren und Messgrößen auf Vollständigkeit und Überschneidungsfreiheit zu überprüfen. Die Messgrößen müssen möglichst objektiv ermittelbar sein, z. B. aus statistischen Jahrbüchern, Branchen- oder Verbandsstatistiken. Nicht operable Einflussgrößen müssen durch operable ersetzt werden, es gilt wiederum: *„you can´t manage what you can´t measure"*.

▶ Für alle Messgrößen ist der mögliche Ausprägungsbereich (z. B. mögliche Werte zwischen 0 und 100 %) in **Günstigkeitsstufen** zu untergliedern. Somit muss vorab festgelegt werden, bis zu welcher Ausprägung eine Kennzahl noch als tolerabel gilt bzw. ab welcher Ausprägung eine Gefährdung vorliegt.

▶ Sodann ist der Zielerfüllungsgrad der eigenen Unternehmung sowie der des wichtigsten Konkurrenten zu ermitteln. Dieser Prozessschritt ähnelt im Übrigen der Vorgehensweise eines **Benchmarkings**.

▶ Hieraus sind Stärken (Zielerfüllungsgrad des eigenen Unternehmens ist höher als der der Konkurrenz) und Schwächen (Zielerfüllungsgrad des eigenen Unternehmens geringer als der der Konkurrenz) zu identifizieren.

- Die Ergebnisse der Stärken-Schwächen-Analyse werden sodann mittels einer geeigneten Skalierung visualisiert.
- Die Erfüllungsgrade der kritischen Ressourcen in Bezug auf das eigene Unternehmen sowie des Konkurrenten sind als künftige Risiken oder Chancen zu beurteilen.
- Schließlich sind aus dem Stärken-Schwächen-Profil Ansatzpunkte für eine Optimierung der Unternehmensstrategie zur Risikoreduktion und Chancenrealisierung abzuleiten.

Das Controlling muss beim Design des Kennzahlkatalogs beachten, dass

- den Kennzahlen betriebswirtschaftlich fundierte Ursache-Wirkungs-Hypothese zu Grunde liegen,
- diese messbar i. S. von erhebbar sowie zeitlich und zwischenbetrieblich vergleichbar sind,
- möglichst keine absoluten Kennzahlen (Anzahl Kunden, Anzahl Konkurrenten, Anzahl Produkte) verwendet werden, da insoweit die Erfolgsintensität bzw. der Grad an „Betroffenheit" nicht verdeutlicht wird.

Theoretische Grundlage der SWOT-Analyse ist die **Wertkette nach** *Porter*. Die Wertkette soll eine Identifikation und Analyse von Wettbewerbsvorteilen unter Bezugnahme auf alle Stufen des Leistungserstellungsprozesses ermöglichen, aus der sich die Gewinnspanne (der „Wert") als Resultante ergibt. Sie charakterisiert den Wertschöpfungsprozess als Zusammenwirken von primären und sekundären Aktivitäten:

- **primäre** Aktivitäten, die zur Erstellung marktfähiger Leistungen unmittelbar beitragen („profit center" entsprechend den **Hauptkostenstellen**),
- **sekundäre** Aktivitäten (unterstützende Aktivitäten), die innerbetrieblich verwertete Leistungen erstellen („cost center" entsprechend den **Hilfskostenstellen**).

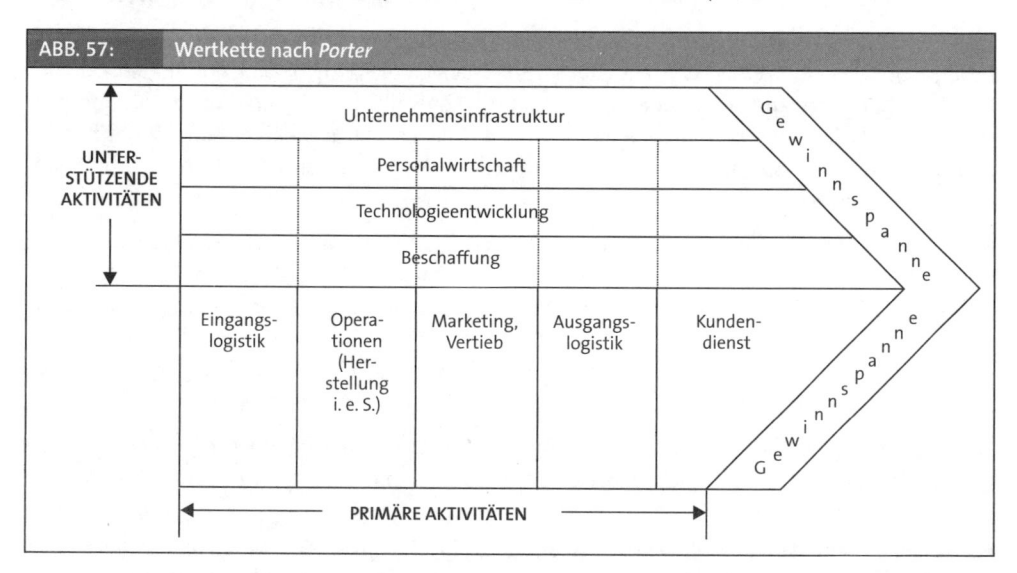

**ABB. 57: Wertkette nach *Porter***

Quelle: *IDW* (Hrsg.): WP-Handbuch 2008, Band II, 13. Aufl., Düsseldorf 2008, Tz. F 209.

**Primäre Aktivitäten** bilden

- **Eingangslogistik** (alle logistischen Leistungen ab dem Zeitpunkt des Gefahrenübergangs der von externen Lieferanten bezogenen Güter wie z. B. Annahme, Lagerung),
- **Operationen** (Leistungserstellung im engsten Sinne wie Fertigung, Veredelung, Montage),
- **Marketing und Vertrieb** (alle Leistungen in Zusammenhang mit dem „Zu-Markte-Bringen" der Leistung wie z. B. Werbung, Vertriebswege, Außendienst),
- **Ausgangslogistik** (alle logistischen Leistungen bis zum Zeitpunkt des Gefahrenübergangs der Lieferungen auf den Abnehmer wie z. B. Auslieferung, Auftragsabwicklung),
- **Kundendienst** (alle Leistungen zur Werterhaltung oder -steigerung der abgesetzten Leistung nach dem Zeitpunkt der initialen Umsatzrealisation, z. B. Installation, Beratung, Wartung).

Die **sekundären** (**unterstützenden**) **Aktivitäten** lassen sich wiederum in Wertaktivitäten unterteilen, die branchenabhängig ausgeprägt sind.

- **Beschaffung:** Hierunter versteht man den Einkauf der in der Wertkette verwendeten Inputs, nicht die Inputs selbst. Die Kosten der Beschaffungsaktivitäten sind oft gering, haben jedoch einen großen Einfluss auf die Gemeinkosten. Somit führt eine Verbesserung des Einkaufs zu einer Kostenreduktion und einer Qualitätsverbesserung.
- **Technologieentwicklung:** Branchenübergreifend ist jede wertschöpfende Aktivität an Technologie gebunden, somit alle unternehmensbezogenen Produkt- und Verfahrensverbesserungen oder -innovationen.
- **Personalwirtschaft:** Hierzu zählen Tätigkeiten wie Rekrutierung, Einstellung, Aus- und Fortbildung sowie Vergütung des Personals. Die Motivation der Mitarbeiter ist hierbei ein entscheidender Wettbewerbsvorteil.
- **Unternehmensinfrastruktur:** Diese Kategorie trägt die gesamte Wertkette. Sie beinhaltet eine Reihe von Aktivitäten wie Geschäftsführung, Planung, Finanzen, Rechnungswesen etc.

Zur Beurteilung der Wettbewerbsvorteile muss die Wertkette definiert werden. Jede Kategorie besteht aus vielen einzelnen Wertaktivitäten; so lässt sich die „Eingangslogistik" in die Aktivitäten Bestellungseingang, Materialeingang, Materialkontrolle und Lagerverwaltung untergliedern. Die Aufgliederung ist abhängig vom wirtschaftlichen Zusammenhang der Aktivitäten im Rahmen des Prozessmanagements. Die Definition der Wertkette kann daher unter Zuhilfenahme einer Prozesskostenrechnung (vgl. Kapitel IV) erfolgen.

So wie nicht nur jede Branche und meist sogar jedes einzelne Unternehmen eine individuelle Wertkette aufweist, so unterschiedlich sind auch die kritischen Erfolgsfaktoren. Eine allgemeingültige SWOT-Analyse gibt es nicht. So tendieren z. B. Discounter zu einer Verkürzung der Wertkette, indem sie die Ausgangslogistik (den Transport zum Kunden) in die Regie des Kunden legen. Premiumanbieter legen demgegenüber häufig Wert auf eine Ausdehnung der Wertkette hin zu „Systemprodukten".

Die Wertkette suggeriert eine **Gleichordnung** der Wertschöpfungsgenerierung i. S. eines teamgesteuerten Prozessablaufs. Nicht hinreichend berücksichtigt wird die Top-down-Orientierung des Leistungsprozesses:

- Ein inkompetentes oder spekulationsgeneigtes Top-Management wird nicht willens oder nicht in der Lage sein, angemessene Führungs-, Organisations-, Planungs- und Kontrollsysteme zu schaffen und wirksam zu implementieren.

- Ohne zweckmäßige Systeme werden voraussichtlich Ressourcen nicht in erforderlicher Quantität und Qualität bereitgestellt werden (z. B. bedingt eine mangelhafte Investitions-, Wartungs- und Ersatzplanung i. d. R. einen nicht markt- und wettbewerbsgerechten Anlagenpark).
- Mängel in der Beschaffenheit der Ressourcen führen unweigerlich zu Mängeln bei den mit ihnen ausgeführten Leistungsprozessen.
- Mängelbehaftete Leistungsprozesse induzieren ein unangemessenes oder unrentables Leistungsergebnis, das nicht die erforderliche Akzeptanz am Markt hervorrufen kann.

Die Ursache-Wirkungs-Kette kann deshalb alternativ in Form einer hierarchischen „**Wertpyramide**" wie folgt visualisiert werden:

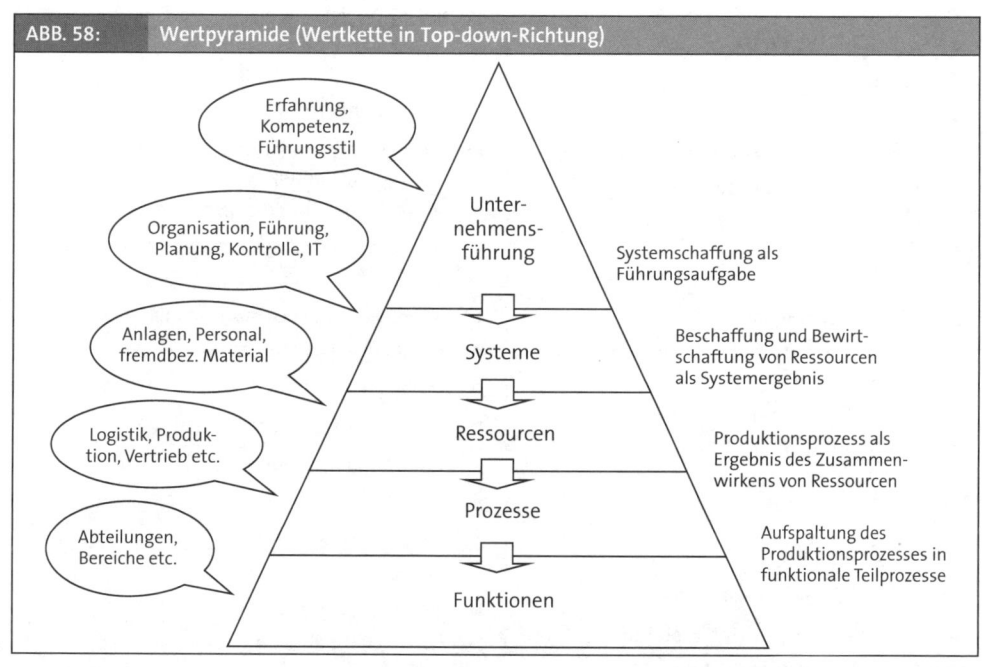

**ABB. 58: Wertpyramide (Wertkette in Top-down-Richtung)**

- Erfahrung, Kompetenz, Führungsstil → Unternehmensführung — Systemschaffung als Führungsaufgabe
- Organisation, Führung, Planung, Kontrolle, IT → Systeme — Beschaffung und Bewirtschaftung von Ressourcen als Systemergebnis
- Anlagen, Personal, fremdbez. Material → Ressourcen — Produktionsprozess als Ergebnis des Zusammenwirkens von Ressourcen
- Logistik, Produktion, Vertrieb etc. → Prozesse — Aufspaltung des Produktionsprozesses in funktionale Teilprozesse
- Abteilungen, Bereiche etc. → Funktionen

Die oberste Leitungsebene entwickelt und installiert gesamtunternehmensbezogene Planungs-, Steuerungs- und Führungssysteme, auf deren Basis Ressourcen bewirtschaftet werden. Deren Qualität beeinflusst maßgeblich die nachfolgend durchgeführten Prozesse. Deren Teilprozesse werden wiederum in den einzelnen Funktionsbereichen mehr oder minder effizient abgewickelt. Anders ausgedrückt, wird unzureichendes technisches Verständnis und Fachkompetenz der Leitung Mängel in der Investitions- und Instandhaltungsplanung begünstigen. Hieraus dürften notwendigerweise Fehlentwicklungen beim Zustand des Anlagenparks und folglich eine unzureichende Produktqualität resultieren.

Als **Checkliste** zu Betrachtungsobjekten einer Stärken-Schwächen-Analyse kann die nachfolgende Aufstellung dienen, die empirisch häufig festgestellte endogene Krisenursachen von Unternehmensschieflagen auflistet und klassifiziert.

Die Auflistung erfolgt zweckmäßigerweise in der oben begründeten Top-down-Reihenfolge ausgehend von der Unternehmensleitung über Geschäftsführungsinstrumentarium, Führung und Organisation bis hin zu den einzelnen Funktionsbereichen.

| ABB. 59: | Checkliste zur Stärken-Schwächen-Analyse |
|---|---|
| (1) **Krisenpotenzial in der Person des Unternehmers**<br>▶ Ein-Mann-Regiment<br>▶ Unangemessen patriarchalischer Führungsstil<br>▶ Entscheidungsschwäche<br>▶ Personalfluktuation im Management<br>▶ … | (7) **Mängel in der Beschaffung und Logistik**<br>▶ Unkritische Bindung an Lieferanten<br>▶ Wechselkursrisiken<br>▶ Mangelhafte Lagerstandortwahl<br>▶ … |
| (2) **Mängel der Mitarbeiterführung**<br>▶ Zentralistischer Führungsstil<br>▶ Koordinationsmängel<br>▶ Kontrollmängel<br>▶ … | (8) **Mängel im Personalwesen**<br>▶ Mangelhafte Personalplanung<br>▶ Hohe Fluktuation<br>▶ Mangelhafte Gehaltsstrukturen/Anreizsysteme<br>▶ … |
| (3) **Mängel in der Organisation**<br>▶ Unüberschaubare Organisationsstrukturen<br>▶ Rechtsformnachteile<br>▶ … | (9) **Mängel im Investitionsbereich**<br>▶ Mangelhafte Investitionsplanung und Entscheidungsfindung<br>▶ Fehleinschätzung des Investitionsvolumens<br>▶ Koordinationsmängel im Investitionsprozess<br>▶ … |
| (4) **Überhastete Expansion**<br>▶ Unkritisches Streben nach Umsatzerhöhung oder Marktanteilsausweitung<br>▶ Aufbau von Leerkapazitäten<br>▶ Fehlerhafte Terminierung von Produkteinführungen<br>▶ … | (10) **Mängel in der Forschung und Entwicklung**<br>▶ Unzureichende FuE-Tätigkeit<br>▶ Fehlendes Know-how<br>▶ Mangelhaftes Kontrollsystem<br>▶ Starres Budgetdenken<br>▶ … |
| (5) **Mängel im Absatzbereich**<br>▶ Mangelnder Einklang von Kundenbedürfnissen und Produkteigenschaften<br>▶ Mangelhafte Sortimentsgestaltung<br>▶ Mängel im Vertriebssystem<br>▶ … | (11) **Eigenkapitalmangel bzw. zu hohe Verschuldung**<br>▶ Hohe Zinsbelastung<br>▶ Niedrige Kreditwürdigkeit<br>▶ Substitutions- und Prolongationsrisiko<br>▶ … |
| (6) **Mängel im Produktionsbereich**<br>▶ Unzeitgemäße Technologie<br>▶ Hoher Produktionsausschuss<br>▶ Mangelhafte Steuerung<br>▶ Unwirtschaftliche Eigenfertigung statt Fremdbezug<br>▶ … | (12) **Mangelhaftes Planungs- und Kontrollsystem**<br>▶ Fehlendes/mangelhaftes Überwachungssystem<br>▶ Unzureichende Kostenrechnung und Kalkulation<br>▶ Mangelhafte Erfolgsaufschlüsselung und -analyse<br>▶ Mängel in Finanzplanung und Projektplanung |

Quelle: *IDW* (Hrsg.): WP-Handbuch 2008, Band II, 13. Aufl., Düsseldorf 2008, Tz. F 129.

Derartige, im praxisorientierten Fachschrifttum zahlreich vorhandene Checklisten können allerdings nur einen pauschalen ersten Anhaltspunkt liefern. Maßgebend für die Strukturierung des Kriterienkatalogs und die Wahl der einzelnen Indikatoren sind die kritischen Ressourcen bzw. Funktionen gem. des jeweils vorliegenden Geschäftsmodells.

**BEISPIEL:** ▶ Dem **Lagebericht** der Sartorius AG ist im Abschnitt zur Geschäftsentwicklung der Sparte „Bioprocess Solutions" zu entnehmen (vgl. *http://www.sartorius.de/fileadmin/media/global/company/ir/ ir_annual_report_2012_sartorius_group-de.pdf*):

„Mit der Sparte Bioprocess Solutions sind wir als Anbieter integrierter Lösungen für zentrale Prozessschritte in der biopharmazeutischen Produktion positioniert (Total Solution Provider-Strategie). Wir verfügen über ein umfangreiches Technologie-, Produkt- und Serviceportfolio, das unsere Kunden dabei unterstützt, Medikamente und Impfstoffe auf biologischer Basis sicher und effizient herzustellen. Die Sparte ist weltweit führend in der Prozessfiltration, Fermentation, Fluid-Management-Technologie und Membranchromatographie.

**Integrierte Produkte und Servicedienstleistungen entlang der Kundenprozesskette**

| Zellkulturmedien | Fermentation | Zellernte | Pufferlösungen/-vorbereitung | Aufreinigung |
|---|---|---|---|---|
| ▶ Medien | ▶ Seed-Bioreaktoren | ▶ Tiefen- und Vorfilter zur Zellabtrennung | ▶ Pufferlösungen | ▶ Crossflowsysteme und Verbrauchsmaterialien |
| ▶ Vorgefüllte Einwegbeutel | ▶ Produktionsfermenter | ▶ Crossflowsysteme und Verbrauchsmaterialien | ▶ Vorgefüllte Einwegbeutel | ▶ Membranchromatographie |
| ▶ Mischsysteme | ▶ Steuerungstechnologien | | ▶ Einweg-Mischtechnologien | |
| ▶ Sterilfilter | ▶ Freeze-Thaw-Technologien | ▶ Konfigurierbare Lösungen | ▶ Einwegbeutel und Behälter | ▶ Virusinaktivierungstechnologien |
| ▶ Einwegbeutel und Behälter zur Lagerung | | ▶ Sterilfilter | ▶ Steuerungstechnologien | ▶ Sterilfilter |
| ▶ Virusinaktivierungstechnologien | | | | |

**Service**
Evaluation & Optimierung | Engineering & Design | Implementierung & Technischer Service

Unseren Kunden aus der biopharmazeutischen Industrie bieten wir ein umfangreiches Portfolio zur Herstellung medizinischer Wirkstoffe. Es umfasst eine Vielzahl von Einwegprodukten, die in Upstream- und Downstream-Anwendungen eingesetzt werden. Diese Einwegprodukte, die für rund drei Viertel des Spartenumsatzes stehen, stellen für unsere Kunden eine innovative Alternative zu herkömmlichen wiederverwendbaren Systemen aus Edelstahl dar, da sie mit erheblichen Kosten- und Zeitvorteilen einhergehen und zudem das Risiko von Kontaminationen reduzieren. Im Bereich der Einwegtechnologien verfügen wir über das umfangreichste Portfolio der Branche und bieten darüber hinaus integrierte Systeme an. Zusätzlich differenzieren wir uns vom Wettbewerb durch umfassende technologische Beratung und den auf die jeweilige Applikation zugeschnittenen Service.

In der Sparte Bioprocess Solutions setzen wir die erfolgreiche Lösungsanbieter-Strategie konsequent weiter um. Durch die Kooperationsvereinbarung mit dem Schweizer Life Sciences-Konzern Lonza über den Vertrieb von Zellkultur-Medien konnten wir unser Produktportfolio um einen wichtigen Baustein ergänzen. Darüber hinaus wollen wir die Angebotspalette von Bioprocess Solutions, bereits heute eine der attraktivsten der Branche, schrittweise weiter entlang der Prozesskette der Biopharmaindustrie vervollständigen. (...)

Um die oftmals sehr komplexen Produktionsprozesse unserer Kunden optimal zu unterstützen, bieten wir Know-how-intensive Serviceleistungen. Diese tragen wesentlich zur Durchsetzung technologischer Entwicklungen bei. Im Berichtsjahr konnten wir eine steigende Nachfrage nach Validierungsleistungen verzeichnen. (...)

Für die Umsetzung unserer Strategie spielen neben eigenen Forschungs- und Entwicklungsaktivitäten auch gezielte strategische Partnerschaften und Übernahmen eine zentrale Rolle. In diesem Zusammenhang hat unser FuE-Bereich verstärkt Kompetenzen in der Technologie-Integration aufgebaut, wodurch die von unseren Partnern eingebrachten Technologien schnell mit eigenen Komponenten zu neuen, innovativen Produkten zusammengeführt werden können. (...)

Auf der ACHEMA, der weltgrößten Leitmesse für Prozesstechnik, präsentierten wir eine große Anzahl von Produktneuheiten aus den Bereichen Filtration, Fermentation und Fluid-Management. Unter dem Titel „Experience Innovations" veröffentlichten wir ein Supplement, das über Fachzeitschriften zur gezielten Kundenansprache vertrieben wurde. Darüber hinaus nahmen wir an einer Reihe weiterer internationaler Ausstellungen teil.

Unsere Marketingkommunikation haben wir im Online-Bereich deutlich ausgebaut. Wir präsentieren uns mit einer Website, die mehrsprachig umfassende Produkt- und Applikationsinformationen bereitstellt und mit einem erweiterten e-Shop einen wichtigen Vertriebskanal für Händler und Endkunden bietet. (...)

Sartorius verfügt über ein international gut ausgebautes Produktionsnetzwerk, das weltweit eine termingerechte und zuverlässige Auslieferung von Produkten sicherstellt. Unsere modernen Produktionsstätten ermöglichen effiziente Herstellprozesse, kurze Durchlauf- und Auftragsabwicklungszeiten und sichern so eine internationale Wettbewerbsfähigkeit. Im Berichtsjahr haben wir drei große Bauprojekte erfolgreich abgeschlossen, die der Erweiterung, Optimierung und Modernisierung unserer Produktionsinfrastruktur dienen."

Im Rahmen einer SWOT-Analyse unter Berücksichtigung der dargestellten unternehmensspezifischen Wertkette könnten folgende Erfolgsfaktoren identifiziert und operationalisiert werden:

| Erfolgsfaktor | Kennzahl |
|---|---|
| Sortimentsbreite | ▶ Umsatzanteil mit Systemprodukten, Umsatzanteil von sich über die gesamte Wertkette erstreckenden Produkten sowie entsprechende Umsatzwachstumsrate |
| | ▶ Umsatzanteil von Beratungs- und Serviceleistungen sowie entsprechende Umsatzwachstumsrate |
| Differenzierungsgrad | ▶ Umsatzanteil Produkte mit Alleinstellungsanspruch gegenüber relevanten Konkurrenten |
| | ▶ Umsatzanteil kundenindividueller Lösungen |
| Innovativität | ▶ Innovationsquote in Bezug auf Produktpalette sowie Umsatzanteil |
| | ▶ Diffusionsgeschwindigkeit in Bezug auf Marktanteil |
| | ▶ Erfolgsrate, Markteinführungsquote bei Innovationsprojekten |
| Kooperationen | ▶ Kompetenzerweiterung in Bezug auf FuE durch Akquisitionen, Breite der Forschungsfelder |
| | ▶ Anteil und Erfolgsquote der Forschungsprojekte im Rahmen strategischer Partnerschaften |
| | ▶ Patentbilanz, Patentneuanmeldungen, durchschnittliche Restlaufzeit von Patenten |

| Erfolgsfaktor | Kennzahl |
|---|---|
| Öffentlichkeitsarbeit | ▶ Anzahl und Wachstumsrate der Messeauftritte |
| | ▶ Durchschnittliches Volumen an Auftragseingängen pro Messe |
| | ▶ Anzahl, Wachstumsrate und Rücklauf von Präsentationen im Fachschrifttum |
| Vertrieb | ▶ Anteil an der Produktpalette, die durch Online-Vertrieb abgedeckt ist |
| | ▶ Umsatzanteil des Online-Vertriebs |
| Produktionsnetzwerk | ▶ Anzahl der Lieferanten pro Artikel, durchschnittliche Lieferzeit |
| | ▶ Termineinhaltungsquote der Aufträge |
| | ▶ Beschwerdequote, Stornoquote |

Entsprechend der Wertpyramide sind die für das jeweilige Geschäftsmodell relevanten

▶ kritischen Ressourcen (in der computergesteuerten Fertigung die maschinellen Anlagen, im Sozialunternehmen die Mitarbeiter) und

▶ kritischen Funktionen (im Versandhaus die Logistik und der Vertrieb, im Pharmaunternehmen die Forschung und Entwicklung)

herauszufiltern und mit operablen Maßgrößen zu versehen. Im Dienstleistungssektor bildet vor allem der Faktor „**Personal**" die **kritische Ressource**. Eine entsprechende SWOT-Analyse kann folgende Erfolgsfaktoren und Maßgrößen enthalten:

| ABB. 60: | SWOT-Analyse für die kritische Ressource „Personal" |
|---|---|
| Erfolgsfaktor | Indikatoren |
| Kosten/Leistungen | ▶ Personalkosten/Vollzeitäquivalent in T€ |
| | ▶ Personalkosten in % der Gesamtleistung, Personalkosten in % des Umsatzes |
| | ▶ Wachstumsrate der Personalkosten in % pro Jahr |
| Leistungs-produktivität | ▶ Umsatz/Vollzeitäquivalent, Betriebsergebnis/Vollzeitäquivalent, jew. in T€ |
| | ▶ Anzahl Kunden/Anzahl Prozesse pro Vollzeitäquivalent und Zeiteinheit |
| | ▶ Kontrollspanne, Stellenkegel |
| Leistungsqualität | ▶ Anteil der Mitarbeiter mit erfolgter Zielvereinbarung, Anteil der erfüllten Zielvereinbarungen in % aller Zielvereinbarungen |
| | ▶ Sonstige Erfolgs- und Qualitätsquoten |
| | ▶ Teilnahmeraten an Qualitätszirkeln o. Ä. |
| Motivation/Betriebsklima | ▶ Fluktuationsrate, Fehlquote, Krankenstand, durchschnittliche Betriebszugehörigkeitsdauer |
| | ▶ Teilnahmegrad am betrieblichen Vorschlagswesen, Anzahl eingereichter Vorschläge pro Mitarbeiter |
| Personalentwicklung/Image | ▶ Fachkraftquote in % der Mitarbeiter, Quote bestimmter Bildungsstände (z. B. Akademikerquote) |
| | ▶ Anteil der Besetzung offener Stellen aus den eigenen Reihen |
| | ▶ Durchschnittliche Dauer der Vakanz frei werdender Stellen ab Ausschreibung, Anzahl Bewerbungen pro Ausschreibung |
| | ▶ Aus- und Weiterbildungskosten pro Mitarbeiter in T€/Jahr, durchschnittliche Aus- und Weiterbildungstage pro Mitarbeiter und Jahr |

Die mit dem Faktor „Personal" verbundenen Erfolgsfaktoren lassen sich durch theoretische Ableitung eines **„Erfolgskreislaufs Personal"** logisch gliedern. Dieser nimmt ausgehend von der Ist-Analyse des Personalbestands folgenden Verlauf:

▶ Das Personal in seinem jetzigen Bestand und seiner jetzigen Struktur verursacht (fixe) Kosten und erbringt in seiner Arbeitszeit bestimmte Produktivleistungen.

▶ Die gegenwärtige Produktivität kann auf Dauer nicht aufrecht erhalten werden, wenn nicht Anstrengungen zur Aufrechterhaltung der Produktivität in Form von Aus- und Weiterbildungsmaßnahmen, Personalentwicklungs- und Karriereplänen getätigt werden.

▶ Je zielgerichteter die Personalentwicklung, umso größer der Niederschlag bei der Motivation und dem „personal commitment" der Mitarbeiter.

▶ Auch bei motiviertem Personal kommt es zu „natürlichen" Abgängen infolge Überschreitung der Altersgrenze oder persönlichen Motiven. Diese Personallücke ist durch Neubesetzung zu schließen. Je besser das „Image" als Arbeitgeber in der Öffentlichkeit, umso einfacher wird die Personalakquisition und umso hochwertiger das neu eingestellte Personal sein.

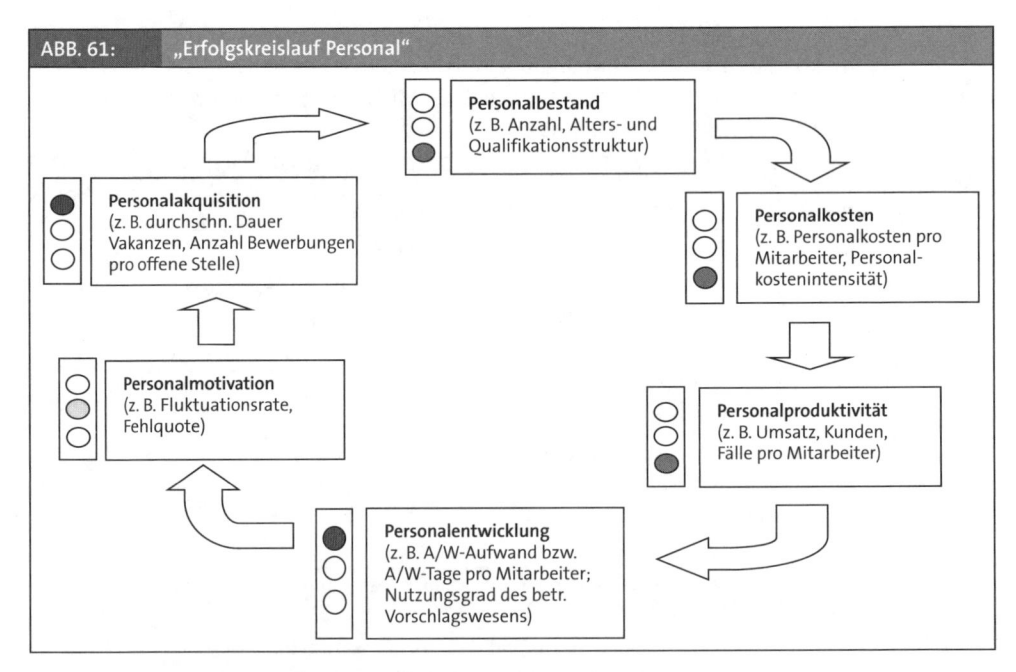

**ABB. 61:** „Erfolgskreislauf Personal"

- **Personalbestand** (z. B. Anzahl, Alters- und Qualifikationsstruktur)
- **Personalkosten** (z. B. Personalkosten pro Mitarbeiter, Personalkostenintensität)
- **Personalproduktivität** (z. B. Umsatz, Kunden, Fälle pro Mitarbeiter)
- **Personalentwicklung** (z. B. A/W-Aufwand bzw. A/W-Tage pro Mitarbeiter; Nutzungsgrad des betr. Vorschlagswesens)
- **Personalmotivation** (z. B. Fluktuationsrate, Fehlquote)
- **Personalakquisition** (z. B. durchschn. Dauer Vakanzen, Anzahl Bewerbungen pro offene Stelle)

Je nach Ausprägung der den Teilbereichen zugeordneten Erfolgskennzahlen und deren Vergleich mit dem Zielwert lassen sich Schieflagen frühzeitig erkennen. Es wird deutlich, an welchen Stellen die im Idealfall durchweg positiven Verstärkungen durchbrochen sind. Somit ist der Aussagewert einer regelkreishaften Anordnung der Kennzahlen größer als der einer bloßen Kennzahlenliste. Im Beispiel sind Probleme in Bezug auf die nachhaltige Personalbindung zu konstatieren. Die Personalstrategie ist auf materielle Faktoren (Entlohnung nach Produktivität) beschränkt.

## Analyse der strategisch relevanten Rahmenbedingungen — KAPITEL II

**BEISPIEL:** Dem **Lagebericht** der Sartorius AG ist im Abschnitt zu den Mitarbeitern zu entnehmen (vgl. http://www.sartorius.de/fileadmin/media/global/company/ir/ir_annual_report_2012_sartorius_group-de.pdf):

„Zum Geschäftsjahresende waren im Sartorius Konzern 5.491 Mitarbeiterinnen und Mitarbeiter tätig, 12,4 % mehr als ein Jahr zuvor. Hiervon waren 1.856 Frauen und 3.635 Männer beschäftigt, was Anteilen von 34 % bzw. 66 % an der Gesamtbelegschaft entspricht. Über die Hälfte unserer Mitarbeiter sind zwischen 31 und 50 Jahre alt. Das Durchschnittsalter aller Beschäftigten lag im Berichtszeitraum bei 40,7 Jahren.

Sartorius berechnet die Fluktuationsquote aus dem Verhältnis von Unternehmensaustritten zur durchschnittlichen Beschäftigtenzahl im Berichtsjahr. In der Quote sind Kündigungen sowie altersbedingtes und sonstiges Ausscheiden aus dem Unternehmen berücksichtigt. Im Berichtsjahr betrug die konzernweite Fluktuationsquote rechnerisch 11,3 % (Vorjahr: 7,6 %). Der Anstieg der Quote lässt sich neben dem Transfer von Arbeitsplätzen vom kalifornischen Concord nach Yauco, Puerto Rico, vor allem durch Schwankungen aufgrund befristeter Arbeitsverträge in der Produktion insbesondere an den französischen Sartorius-Standorten erklären. An den deutschen Konzernstandorten, an denen wir 43,6 % unserer Mitarbeiter beschäftigen, lag die Fluktuationsquote mit 3,9 % unter dem Vorjahresniveau (4,2 %).

Im Berichtsjahr wurden insgesamt 838 Mitarbeiter neu eingestellt. Die durchschnittliche Betriebszugehörigkeit der Mitarbeiter lag im abgelaufenen Jahr weltweit bei 10,3 Jahren, in Deutschland betrug sie 14,2 Jahre.

Bezogen auf die Gesamtmitarbeiterzahl war im Berichtsjahr jeder Mitarbeiter durchschnittlich 6,5 Tage krankheitsbedingt abwesend. Darin sind Fehltage aufgrund von Langzeiterkrankungen und gesetzlichen Mutterschutzzeiten sowie Abwesenheiten aufgrund von Arbeitsunfällen nicht enthalten. (…)

Um in einem dynamischen Marktumfeld erfolgreich wachsen zu können, brauchen wir kompetente und qualifizierte Mitarbeiter. Sartorius investiert kontinuierlich in die Weiterentwicklung seines Personals. Im Berichtsjahr haben zahlreiche Mitarbeiter fachliche Weiterbildungen wie z. B. Projektmanagement-Trainings durchlaufen.

Ziel war es, die Projektmanagement-Kompetenzen IT-gestützt und global nach einheitlichen Standards zu erweitern. Im „Strategic Selling Program" werden Mitarbeiter weltweit in strategischer Verkaufsförderung geschult. Um die Veränderungsprozesse in der Mechatronik-Sparte zu unterstützen, führten wir im Berichtsjahr internationale Change-Management-Workshops mit etwa 150 Führungskräften durch.

Ein weltweites Qualifizierungskonzept ist essentiell für den Erfolg von Sartorius als globaler Konzern. Im Berichtsjahr haben wir das Führungskräfte-Entwicklungsprogramm, das auf Basis der Führungsleitlinien konzipiert wurde und an dem alle deutschen Führungskräfte teilgenommen haben, international implementiert. Damit treibt der Konzern die Integration seiner Mitarbeiter aus unterschiedlichen Kulturkreisen weltweit voran mit dem Ziel, eine gemeinsame Führungskultur zu entwickeln. Diese Integration stützen auch die jährlichen Mitarbeitergespräche, deren Inhalte und Bewertungskriterien für alle Standorte vereinheitlicht wurden.

Sartorius strebt an, Führungspositionen weitgehend aus den eigenen Reihen zu besetzen. Deshalb wird der Führungsnachwuchs bei Sartorius international gefördert. In einem 9-monatigen Programm „Leadership 1 Training" lernen Nachwuchs-Führungskräfte am Standort Göttingen, eigene Führungsqualitäten zu entwickeln.

Durch eine fundierte berufliche Erstqualifizierung sichert sich Sartorius talentierte Nachwuchskräfte. Der Konzern bildet in Deutschland in insgesamt neunzehn verschiedenen Berufen und acht dualen Studiengängen aus. Im Berichtsjahr waren insgesamt 90 Auszubildende und 16 Studenten bei Sartorius beschäftigt. Es ist geplant, die Anzahl der jährlichen Ausbildungsplätze von derzeit 28 auf 40 anzuheben."

Auf Basis des Textabschnittes sollen unter Bezugnahme auf den „Erfolgskreislauf Personal" einschlägige Indikatoren zur laufenden Erfolgskontrolle des strategischen HR-Managements identifiziert werden.

Der Textabschnitt enthält die typischen „harten" Indikatoren des HR-Managements. Die „weichen" Indikatoren finden sich in dem zuvor erläuterten Nachhaltigkeitsbericht.

| Ablaufschritt | Kennzahl |
|---|---|
| Personalbestand, -struktur | ▶ Wachstumsrate der Mitarbeiter in VZÄ, Frauenquote, Akademikerquote <br> ▶ Altersstruktur, Durchschnittsalter |
| Personalmotivation, -bindung | ▶ Fluktuationsrate, durchschnittliche Betriebszugehörigkeit <br> ▶ Fehlquote |
| Personalentwicklung | ▶ Schulungstage je Mitarbeiter, Teilnahmerate an Weiterbildungen <br> ▶ Teilnahmerate an Entwicklungsprogrammen, Erfolgskontrolle (z. B. Aufstiegsrate nach einem Jahr) |
| Personalmotivation, -bindung | ▶ Interne Aufstiegsrate (Besetzung von Vakanzen aus den eigenen Reihen) <br> ▶ Verbreitungsgrad von Zielvereinbarungsgesprächen |
| Personakquisition | ▶ Neueinstellungsquote <br> ▶ Anzahl Bewerbungen pro Vakanz bzw. Ausbildungsplatz <br> ▶ Übernahmequote bei Auszubildenden |

Für ein Unternehmen, das sich durch weitgehend automatisierte, bedienerlose Fertigungsprozesse auszeichnet, dürften diese Indikatoren weniger von Interesse sein. Hier stehen technische Spezifikationen des **Anlagenbetriebs** wie

▶ Modernität und Zustand des Anlagenparks,

▶ Beschaffenheit des Produktionsplanungs- und Qualitätsmanagementsystems,

▶ Auslastungsgrade, Produktivitäten,

▶ Durchlaufzeiten, Ausschussraten oder

▶ Energieverbräuche oder

▶ Wartungsintensitäten

im Vordergrund der Analyse.

Gleichermaßen erfolgt eine SWOT-Analyse auf Basis **betrieblicher Funktionsbereiche**. Für einen **Logistik-Dienstleister** wären Kennzahlen betreffend

▶ die Standortqualität oder die Flächennutzung,

▶ die Fehlmengenquote, Lagerreichweite oder Umschlagsgeschwindigkeit,

▶ die Effizienz des Lagermanagements z. B. hinsichtlich Verderb, Veralterung oder Schwund

von Interesse. Ein Hightech-Unternehmen mit Fokus auf eigener **Forschung** als kritischem Funktionsbereich könnte beispielhaft folgende Kennzahlen erheben:

| ABB. 62: | SWOT-Analyse für den kritischen Funktionsbereich „Forschung" |
|---|---|
| Erfolgsfaktor | Indikatoren |
| Ressourceneinsatz | ▶ FuE-Aufwand in % des Umsatzes (FuE-Quote) <br> ▶ Anteil der FuE-Mitarbeiter in % aller Mitarbeiter |
| Ressourcenqualität | ▶ Fachkraft- und sonstige Bildungsstandsquoten <br> ▶ Investitionsquote, Restwertquote, durchschnittliche Nutzungsdauer, Durchschnittsalter der Sachanlagen/Laboratorien |

| Erfolgsfaktor | Indikatoren |
|---|---|
| (Interner) Projekterfolg | ▶ Projektabbruchquote, Termin- und Budgetüberschreitungsquote in % aller FuE-Projekte |
| | ▶ Kosteneinsparung in % der Gesamtkosten durch interne Prozessinnovationen |
| (Externer) Markterfolg | ▶ Patentquote, Produktinnovationsrate in % vom Gesamtumsatz |
| | ▶ durchschnittliche Produktlebenszyklusdauer in Jahren |
| | ▶ durchschnittliche „time-to-market", Markteinführungsquote, Amortisationswahrscheinlichkeit in % aller Innovationen |

**BEISPIEL:** ▶ Dem **Lagebericht** der Sartorius AG ist im Abschnitt zur Forschung und Entwicklung (FuE) zu entnehmen (vgl. *http://www.sartorius.de/fileadmin/media/global/company/ir/ir_annual_report_2012_sartorius_group-de.pdf*):

„Im Gesamtkonzern wurden im Berichtsjahr 48,1 Mio. € für Forschung und Entwicklung (FuE) aufgewendet. Im Vergleich zum Vorjahr (44,3 Mio. €) erhöhte sich der Wert um 8,6 %. Die umsatzbezogene FuE-Quote lag bei 5,7 % und damit leicht unter Vorjahresniveau (6,0 %).

Wir streben neben eigener Forschung und Entwicklung weiterhin an, unser Produktportfolio auch über Technologieintegration im Rahmen von Kooperationen kontinuierlich zu erweitern.

Zur Absicherung unseres vorhandenen Know-hows betreiben wir in unseren Sparten eine gezielte Schutzrechtspolitik. Wir überwachen systematisch die Einhaltung unserer Schutzrechte und prüfen nach Kosten-Nutzen-Gesichtspunkten die Notwendigkeit, einzelne Schutzrechte weiter aufrechtzuerhalten.

Die Anzahl der Anmeldungen von Schutzrechten lag mit 258 etwa auf dem hohen Niveau des Vorjahres (259). Im Ergebnis der Anmeldungen aus vorangegangenen Jahren wurden uns im Berichtsjahr 204 (Vorjahr: 182) Schutzrechte erteilt. Zum Bilanzstichtag befanden sich insgesamt 2.847 gewerbliche Schutzrechte in unserem Bestand (Vorjahr: 2.365)".

Auf Basis des Textabschnittes sollen einschlägige Indikatoren zur laufenden Erfolgskontrolle des strategischen FuE-Managements identifiziert werden.

Der Textabschnitt enthält die typischen „harten" Indikatoren der Forschung und Entwicklung. Die „weichen" Indikatoren finden sich in dem zuvor erläuterten Nachhaltigkeitsbericht.

| Ablaufschritt | Kennzahl |
|---|---|
| FuE-Input | ▶ FuE-Aufwand in €, Wachstumsrate FuE-Aufwand in % |
| | ▶ FuE-Quote in % des Umsatzes |
| Patententwicklung | ▶ Patentbestand, Restlaufzeit von Patenten |
| | ▶ Neuanmeldequote in % des Bestands |
| | ▶ Erteilte Schutzrechte in % der Neuanmeldungen |
| Wirtschaftlicher Erfolg | ▶ Erfolgte Markteinführungen in % der erteilten Schutzrechte |
| | ▶ Produktinnovationsquote in % des Umsatzes |
| Kooperationsbreite | ▶ Anteil FuE-Projekte im Rahmen von Kooperationen in % aller Projekte |
| | ▶ Streuung Kooperationsvorhaben nach Art der Kooperationspartner (Lieferanten, Kunden, Wettbewerber, Forschungseinrichtungen) |

In der Praxis gestaltet sich für das Controlling die **Datengewinnung** als besonders schwierig, da die Daten nicht nur für das eigene Unternehmen erhoben, sondern auch mit den jeweiligen Ausprägungen der bedeutenden Wettbewerber verglichen werden sollen. Frei verfügbar sind i. d. R. Informationen aus

▶ Branchenberichten, Verlautbarungen von Branchenverbänden,

▶ Jahresabschlüssen, Geschäftsberichten und sonstigen Unternehmenspublikationen,

▶ Unternehmensreports von Analysten, Consultants oder Investmentbanken (bei börsennotierten Unternehmen),

▶ Katalogen, Preislisten, sonstige vertriebsbezogene Unterlagen.

Oftmals werden zur Gewinnung qualitativer Informationen (z. B. zur Servicequalität) Testbesuche oder Testkäufe durchgeführt. Aufschlussreich können auch Auftritte bei Fach- oder Hausmessen sein. Gelegentlich führt aber auch der direkte Datenaustausch zwischen Unternehmen zu einer win-win-Situation und wird entsprechend praktiziert, insbesondere wenn diese zwar in der gleichen Branche tätig sind und über ähnliche Strukturen und Abläufe verfügen, aufgrund der regionalen Abgegrenztheit der relevanten Märkte aber keine unmittelbare Konkurrenzsituation und aus dem Datenaustausch keine Bedrohung erwächst. Dies ist etwa bei regionalen Krankenhäusern und sonstigen Dienstleistern im Gesundheits- und Sozialbereich, aber auch bei regionalen, etwa genossenschaftlichen Kreditinstituten der Fall, so dass sich dort ein branchenbezogenes, kennzahlgestütztes Benchmarking einführen lässt.

Nachfolgend wird exemplarisch das Ergebnis einer SWOT-Analyse in Bezug auf den wichtigsten Mitwettbewerber aufgezeigt.

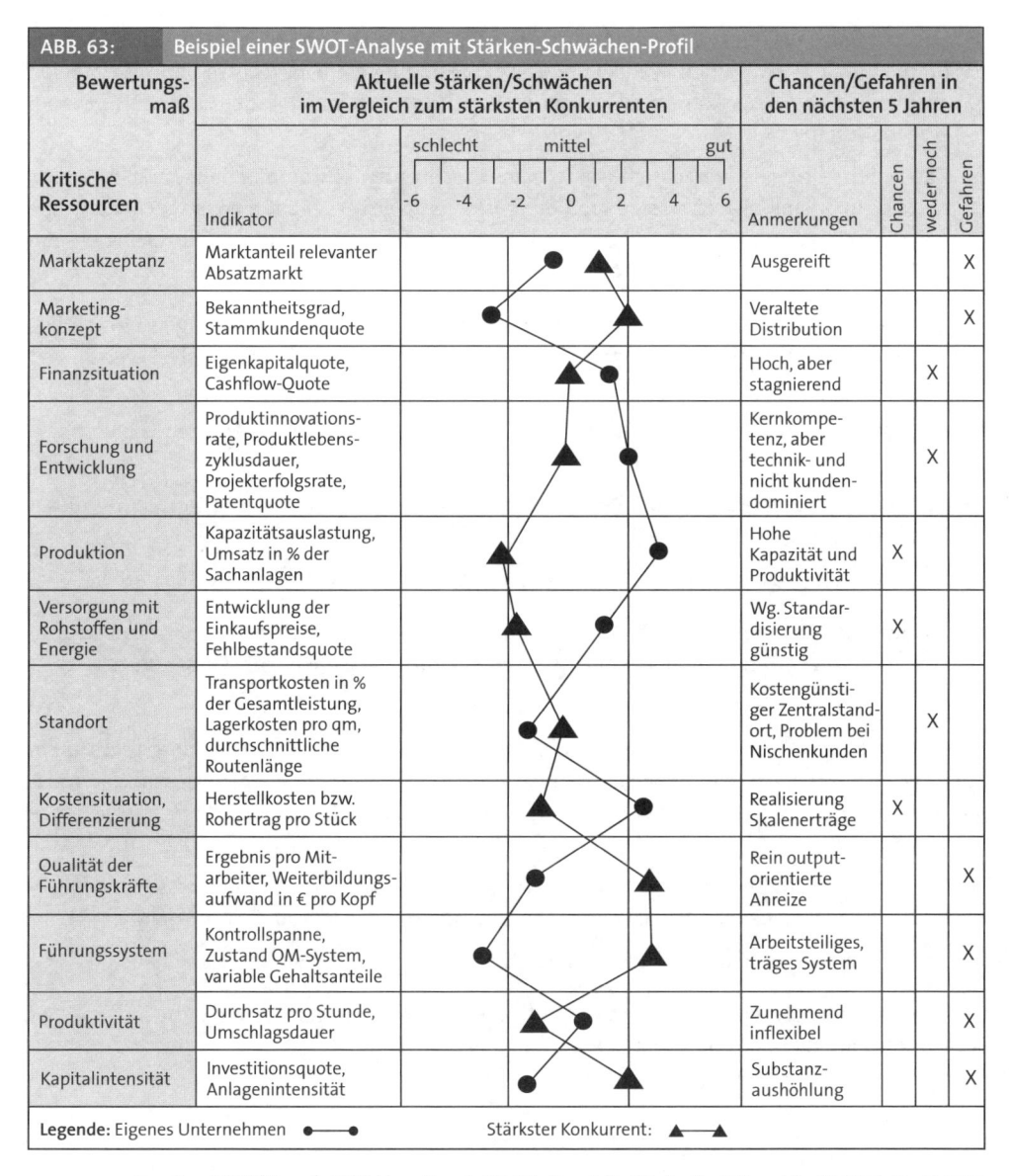

Analyse der strategisch relevanten Rahmenbedingungen — KAPITEL II

| ABB. 63: | Beispiel einer SWOT-Analyse mit Stärken-Schwächen-Profil | | | | |
|---|---|---|---|---|---|
| Bewertungs-maß | Aktuelle Stärken/Schwächen im Vergleich zum stärksten Konkurrenten | | Chancen/Gefahren in den nächsten 5 Jahren | | |
| Kritische Ressourcen | Indikator | schlecht  mittel  gut<br>-6  -4  -2  0  2  4  6 | Anmerkungen | Chancen | weder noch | Gefahren |
| Marktakzeptanz | Marktanteil relevanter Absatzmarkt | | Ausgereift | | | X |
| Marketing-konzept | Bekanntheitsgrad, Stammkundenquote | | Veraltete Distribution | | | X |
| Finanzsituation | Eigenkapitalquote, Cashflow-Quote | | Hoch, aber stagnierend | | X | |
| Forschung und Entwicklung | Produktinnovations-rate, Produktlebens-zyklusdauer, Projekterfolgsrate, Patentquote | | Kernkompe-tenz, aber technik- und nicht kunden-dominiert | | X | |
| Produktion | Kapazitätsauslastung, Umsatz in % der Sachanlagen | | Hohe Kapazität und Produktivität | X | | |
| Versorgung mit Rohstoffen und Energie | Entwicklung der Einkaufspreise, Fehlbestandsquote | | Wg. Standar-disierung günstig | X | | |
| Standort | Transportkosten in % der Gesamtleistung, Lagerkosten pro qm, durchschnittliche Routenlänge | | Kostengünsti-ger Zentralstand-ort, Problem bei Nischenkunden | | X | |
| Kostensituation, Differenzierung | Herstellkosten bzw. Rohertrag pro Stück | | Realisierung Skalenerträge | X | | |
| Qualität der Führungskräfte | Ergebnis pro Mit-arbeiter, Weiterbildungs-aufwand in € pro Kopf | | Rein output-orientierte Anreize | | | X |
| Führungssystem | Kontrollspanne, Zustand QM-System, variable Gehaltsanteile | | Arbeitsteiliges, träges System | | | X |
| Produktivität | Durchsatz pro Stunde, Umschlagsdauer | | Zunehmend inflexibel | | | X |
| Kapitalintensität | Investitionsquote, Anlagenintensität | | Substanz-aushöhlung | | | X |
| Legende: Eigenes Unternehmen ●——● | | | Stärkster Konkurrent: ▲——▲ | | | |

Quelle: *IDW* (Hrsg.): WP-Handbuch 2008, Band II, 13. Aufl., Düsseldorf 2008, Tz. F 197.

Das Fallbeispiel könnte wie folgt **interpretiert** werden:

▶ Das eigene Unternehmen hat Vorteile im Leistungserstellungsprozess hinsichtlich Standardi-sierungsgrad, FuE-Aktivitäten, Produktivität und Kostensituation (etwa infolge von Fixkos-tendegression),

▶ es unterliegt aber bedeutenden Nachteilen in Bezug auf Humankapital, Führungssystem; da-neben ist die Kundenansprache (Marketing-Konzept) nicht adäquat.

- ▶ Es könnte sich bei dem Unternehmen um eine Art „alternde Diva" handeln, die eine ehemals führende Marktposition im Wandel der Umfeldbedingungen nicht rechtzeitig für Strategien der Produkt- bzw. Marktentwicklung genutzt und damit gegenüber dem Mitwettbewerber eingebüßt hat.
- ▶ Das Unternehmen ist voraussichtlich in einem reifen bzw. schrumpfenden Markt tätig und zugleich überkapitalisiert, also zu groß dimensioniert. Dies kann auf eine mangelnde Antizipation des Nachfragerückgangs zurückzuführen sein. Im Hinblick auf unterausgelastete Kapazitäten besteht somit das Risiko von Leerkosten.

Die Stärken-Schwächen-Analyse legt im Ergebnis die wesentlichen Abweichungen hinsichtlich der Zielerfüllungsgrade zwischen dem eigenen Unternehmen und dem wichtigsten Wettbewerber offen, d. h.

- ▶ die Identifikation und Quantifizierung der für den Markterfolg bedeutendsten Schlüsselfaktoren,
- ▶ die Bewertung der eigenen Stärken und Schwächen in Bezug auf die Beherrschung dieser Faktoren und
- ▶ die diesbezüglichen Vergleiche der Ausprägungen mit dem wichtigsten Wettbewerber.

Die insoweit im Rahmen der SWOT-Analyse konstruierten und quantifizierten Kennzahlen können im Übrigen als Datengrundlage einer **Balanced Scorecard** dienen, z. B. für die Prozess- oder die Mitarbeiterperspektive.

Die Anwendung der aufgeführten Methoden ist im Übrigen auch bei der **Planung und Durchführung von Abschlussprüfungen** als Berufspflicht unverzichtbar. Der Abschlussprüfer muss sich gem. IDW PS 230, Tz. 5 ff., IDW PS 240, Tz. 16 ff. und IDW PS 261 n. F., Tz. 13 ff. ausreichende Kenntnisse über

- ▶ die Geschäftstätigkeit, Unternehmensstrategie, Abläufe bzw. Geschäftsprozesse, die mit ihnen verbundenen Geschäftsrisiken und den Umgang mit den Risiken (SWOT-Analyse),
- ▶ das wirtschaftliche und rechtliche Umfeld (PEST-Analyse)

des Mandantenunternehmens bereits vor Auftragsannahme verschaffen und diese im weiteren Verlauf fortlaufend überprüfen, aktualisieren und erweitern.

## 3.4 SWOT-Interaktionsmatrix

Eine Verbindung von PEST- und SWOT-Analyse und damit ein hybrides Instrument stellt die sog. **SWOT-Interaktionsmatrix** dar (vgl. hierzu *Wagemann*, ZfCM 2004, S. 390 ff.).

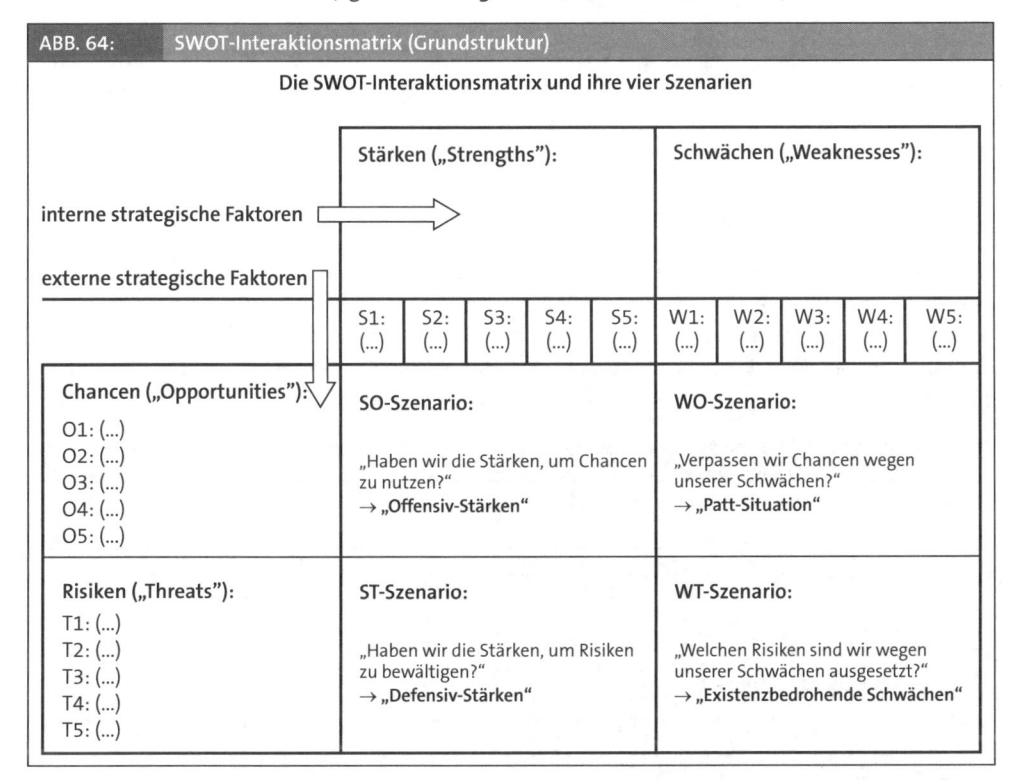

| ABB. 64: | SWOT-Interaktionsmatrix (Grundstruktur) | | | | | | | | | |
|---|---|---|---|---|---|---|---|---|---|---|
| Die SWOT-Interaktionsmatrix und ihre vier Szenarien | | | | | | | | | | |
| | | Stärken („Strengths"): | | | | | Schwächen („Weaknesses"): | | | |
| interne strategische Faktoren | | | | | | | | | | |
| externe strategische Faktoren | | S1: (...) | S2: (...) | S3: (...) | S4: (...) | S5: (...) | W1: (...) | W2: (...) | W3: (...) | W4: (...) | W5: (...) |
| Chancen („Opportunities"): O1: (...) O2: (...) O3: (...) O4: (...) O5: (...) | | SO-Szenario: „Haben wir die Stärken, um Chancen zu nutzen?" → „Offensiv-Stärken" | | | | | WO-Szenario: „Verpassen wir Chancen wegen unserer Schwächen?" → „Patt-Situation" | | | |
| Risiken („Threats"): T1: (...) T2: (...) T3: (...) T4: (...) T5: (...) | | ST-Szenario: „Haben wir die Stärken, um Risiken zu bewältigen?" → „Defensiv-Stärken" | | | | | WT-Szenario: „Welchen Risiken sind wir wegen unserer Schwächen ausgesetzt?" → „Existenzbedrohende Schwächen" | | | |

Quelle: *Wagemann*, ZfCM 2004, S. 391.

Dieses Analyseinstrument wird in folgenden Prozessschritten eingesetzt:

**1. Schritt:** Zunächst werden z. B. jeweils fünf für die künftige Unternehmensentwicklung herausragende (extern bedingte) Chancen und Risiken identifiziert und in die Matrixzeilen eingetragen. Gleiches erfolgt für jeweils fünf herausragende (intern bedingte) Stärken und Schwächen in den Spalten. Insgesamt erhält man somit 20 seitens des Controllings zu operationalisierende Kriterien, getreu dem Motto analog zur Balanced Scorecard: „twenty is plenty".

**2. Schritt:** Die Chancen und Risiken der Umwelt werden auf die Stärken und Schwächen eingepasst, d. h., es wird eruiert, welche Chancen aufgrund welcher Stärken realisiert bzw. aufgrund welcher Schwächen nicht realisiert werden können sowie welche Risiken aufgrund welcher Stärken bewältigt bzw. aufgrund welcher Schwächen nicht bewältigt werden können. So könnte aufgrund schlechter Vertriebskanäle und unzureichenden technischen Know-hows das aus dem aufkommenden B2B-Handel resultierende Wachstumspotenzial nicht wahrgenommen werden (zugleich Chance und Schwäche).

**3. Schritt:** Nun werden sinnvolle Kombinationen einzelner (externer) Chancen/Risiken und (interner) Stärken/Schwächen identifiziert, die eine strategische Handlungsoption bzw. Handlungsnotwendigkeit bedingen (sog. **„strategische Themenfelder"**, dargestellt durch ein Kreuz in der jeweils zugehörigen Matrixzelle). Nicht alle Zellen ergeben strategisch weiterführende Anhaltspunkte. So können bedrohliche Wechselkursschwankungen (Risiko) nicht durch eine vorteilhafte Personalentwicklungspolitik (Stärke) gemildert werden.

**4. Schritt:** Die einzelnen Matrixzellen werden zu horizontalen oder vertikalen strategischen „Themensträngen" verdichtet (z. B. die Kombination „Qualitätsbewusstsein der Abnehmer bei gleichzeitig hohem Qualitätsstandard der Leistungen und guter Mitarbeiterqualifikation" führt zur strategischen Option „Aufrechterhaltung und Ausbau des Qualitätsmanagementsystems"). Themenstränge liegen dann vor, wenn in einer Matrixzeile oder -spalte eine Reihe von Themenfeldern (also Kreuzen) aufgefunden werden können.

**5. Schritt:** In gleicher Weise werden alle der SWOT-Interaktionsmatrix zu entnehmenden strategischen Themenstränge zunächst isoliert interpretiert und schließlich zu einer Gesamtstrategie verdichtet. In diesem Rahmen kann eine Prioritätenbildung der Stränge nach der strategischen Handungsnotwendigkeit erfolgen. Zugleich sind Maßnahmen zur Vermeidung konfliktärer Ziele einzuleiten.

**ABB. 65:** Kennzeichnung wichtiger strategischer Themenstränge in der SWOT-Interaktionsmatrix

### Die SWOT-Interaktionsmatrix

**Beispiel: Haushaltsgerätehersteller in Deutschland**

**interne** strategische Faktoren ➡
**externe** strategische Faktoren ⬇

| Stärken („Strengths"): | Schwächen („Weaknesses"): |
|---|---|
| S1: Hoher Qualitätsstand. (TQM) | W1: Niedr. Produktivität Fertigung |
| S2: Hohe techn. Innovationsfähig. | W2: Zu wenig Verkaufskanäle |
| S3: Umfassend. vertikale Integrat. | W3: Schwache Eigenkapitalquote |
| S4: Hohe Mitarbeitermotivation | W4: Keine globale Aufstellung |
| S5: Joint Venture in Ostasien | W5: Altmodische Marken/Design |

| | S1 | S2 | S3 | S4 | S5 | W1 | W2 | W3 | W4 | W5 |
|---|---|---|---|---|---|---|---|---|---|---|
| **Chancen („Opportunities"):** | | | | | | | | | | |
| O1: Öffnung EU | | | | | | x | x | x | x | |
| O2: Wachstum/Kaufkraft Osteuropa | | | | x | | x | x | x | x | |
| O3: Wachstum/Kaufkraft Ostasien | | | | | x | x | x | x | x | |
| O4: Zunahme Single-Haushalte | | | | | | x | x | x | x | |
| O5: Qualitätsbewusstsein Kunden | x | x | | x | | | x | | | x |
| **Risiken („Threats"):** | | | | | | | | | | |
| T1: Kostenintensive Auflagen | x | x | | | | | | | | |
| T2: EU-Binnenmarktkonkurrenz | | x | | | | x | x | | | x |
| T3: Übernahmen durch US-Firmen | x | | | | | | x | | x | x |
| T4: Innovationen der Wettbewerber | x | x | | | | | | | x | x |
| T5: Asiatische Billigkonkurrenz | x | | | x | x | | | | | |

Quelle: *Wagemann*, ZfCM 2004, S. 392.

Analyse der strategisch relevanten Rahmenbedingungen — KAPITEL II

Das Vorgehen soll am Beispiel eines ambulanten Pflegedienstes illustriert werden.

**ABB. 66: SWOT-Interaktionsmatrix (Fallbeispiel)**

Die SWOT-Interaktionsmatrix

| Ambulanter Pflegedienst in Remagen | Stärken („Strengths"): | | Schwächen („Weaknesses"): | |
|---|---|---|---|---|
| | 1: Breites Leistungsangebot | | 1: Lange Visitendauer | |
| | 2: Hohe Auslastung | | 2: Schlechte Prozessstandardisierung von Routineabläufen | |
| interne strategische Faktoren ➡ | 3: Gute Patientenbetreuung | | 3: Geringe Mitarbeiterzufriedenheit und -motivation | |
| externe strategische Faktoren ⬇ | 4: Hohe Mitarbeiterqualifikation | | 4: Schlechtes Abrechnungssystem | |
| | 5: Gute Kooperation mit ansässigen Ärzten und Krankenhäusern | | 5: Nur regionale Ausrichtung im Raum Remagen/Ahrweiler | |

| Chancen („Opportunities"): | S1 | S2 | S3 | S4 | S5 | W1 | W2 | W3 | W4 | W5 |
|---|---|---|---|---|---|---|---|---|---|---|
| 1: Demographische Entwicklung | x | | x | x | | x | x | | | x |
| 2: Ausweitung strategischer Geschäftsfelder (Essen auf Rädern) | x | | | x | | | x | | | |
| 3: Rückgang von stationärer Pflege hin zu ambulater Pflege | x | | x | x | | x | x | | | x |
| 4: Qualitätsbewusstsein der Kunden/Patienten | x | | x | x | x | | x | x | x | |
| 5: Wechsel hin zu mehr privatversicherten Patienten | x | | x | x | | | x | | | x |
| **Risiken („Threats"):** | | | | | | | | | | |
| 1: Steigende Konkurrenzsituation | x | x | x | x | x | x | x | x | x | x |
| 2: Weniger öffentliche Unterstützung/Fördermittel | | | | | | | | | x | x |
| 3: Zuweiserabhängigkeit | | | | x | | | x | | x | x |
| 4: Probleme in deutschen Sozialversicherungssystemen (z. B. mehr Sozialhilfeempfänger) | | | | | | | x | | x | |
| 5: Gesetzliche Restriktionen und Auflagen (z.B. vorgegebene Vergütung) | x | | | | | | | | x | |

Die zuvor im Rahmen z. B. eines Workshops identifizierten und durch das Controllings mit Hilfe operabler Kennzahlen quantifizierten Chancen und Risiken der allgemeinen Unternehmensumwelt sowie die konkurrenzbezogenen Stärken und Schwächen sind der Matrix zu entnehmen.

Eine vorläufige Interpretation der **Themenfelder** ergibt folgendes Ergebnis:

▶ Durch das breite Leistungsangebot können die Chancen realisiert werden, ebenfalls kann die Konkurrenzfähigkeit gewahrt bleiben. Zudem gewährt ein breites Leistungsangebot zusätzliche Einnahmequellen, die nicht unter die gesetzlich vorgeschriebene Leistungsvergütung fallen.

▶ Eine hohe Mitarbeiterqualifikation in Kombination mit einer hochwertigen Patientenbetreuung begünstigt ebenfalls die Aufrechterhaltung der Wettbewerbsfähigkeit.

- Die gute Kooperation mit den ansässigen Ärzten und Krankenhäusern begünstigt die Chancenrealisation „Qualitätsbewusstsein der Kunden/Patienten", da z. B. notwendige Arzt- oder Krankenhausbesuche reibungslos funktionieren. Zudem kann die Konkurrenzfähigkeit erhalten bleiben. Das Risiko „Zuweiserabhängigkeit" wird eingedämmt, da die Kooperation zwischen Zuweiser und Pflegedienst reibungslos funktioniert.
- Zu lange Visitendauern verhindern ein effizientes Arbeiten des Pflegedienstes. Evtl. können zusätzliche Patienten nicht aufgenommen werden, da die Mitarbeiter zeitlich ausgelastet sind. Dadurch können die Chancen „demographische Entwicklung" und „Rückgang stationärer Pflege hin zu ambulanter Pflege" nicht wahrgenommen werden. Gleichzeitig wird das Unternehmen in seiner Konkurrenzfähigkeit eingeschränkt.
- Eine mangelhafte Prozessstandardisierung verhindert die Realisierung aller Chancen. Ebenso werden die Risiken „steigende Konkurrenzsituation", „Zuweiserabhängigkeit" sowie „Probleme im Sozialversicherungssystem" (z. B. Verzögerungen bei der Beantragung von Sozialhilfeansprüchen oder Höherstufung in eine andere Pflegestufe) verstärkt.
- Ein schlechtes Betriebsklima aufgrund geringer Mitarbeitermotivation und -zufriedenheit bedingt vor allem, dass die Patienten nicht bestens betreut werden, so dass das Qualitätsbewusstsein der Patienten nicht befriedigt werden kann. Zudem wird die Konkurrenzsituation verschärft.
- Ein schlechtes Abrechnungssystem bedingt, dass Fehler bei der Beitragserhebung vorkommen, z. B. wird nicht erkannt, ob ein Patient privat oder gesetzlich versichert ist und die Rechnung geht statt an die zuständige Versicherungsstelle an den Patienten selber. Dies verhindert, dass Qualitätsansprüche der Patienten vollends befriedigt werden. Zudem werden fast alle Risiken verstärkt.
- Die regionale Ausrichtung des Pflegedienstes schränkt die Chancennutzung infolge des demographischen Wandels sowie des Rückgangs stationärer Behandlung ein.

Im nächsten Schritt wird die Herausarbeitung und Interpretation aller strategischen **Themenstränge** wie folgt vorgenommen:

- Das breite Leistungsangebot begünstigt die Realisierung aller Chancen. Das Unternehmen sollte die Strategie eines differenzierten Leistungsangebotes weiter verfolgen, um flexibel auf Kundenwünsche reagieren zu können (Strang 1).
- Die steigende Konkurrenzsituation ist für das Unternehmen bedrohlich. Durch seine Stärken kann es seine Wettbewerbsfähigkeit erhalten, gleichfalls muss es aber auch seine Schwächen, insbesondere hinsichtlich der schlechten Prozessstandardisierung der Routineabläufe beheben (Strang 2).
- Das Unternehmen steht für qualitativ hochwertige Kunden-/Patientenbetreuung, dies gilt es durch Ausbau des vorhandenen Qualitätsmanagementsystems zu sichern (Strang 3).
- Durch die hohe Mitarbeiterqualifikation wird die Realisierung aller Chancen begünstigt. Das Unternehmen sollte weiterhin auf hochwertige Mitarbeiterqualifikationen setzen und dies bei der Personalauswahl berücksichtigen bzw. die eigenen Mitarbeiter per Schulungen, Weiterbildungsmaßnahmen usw. fortbilden (Strang 4).

- Die Ablauforganisation des Unternehmens gilt es effizienter zu gestalten. Dies betrifft z. B. das Kommunikationssystem oder aber auch die Kompetenzzuweisungen. Routineabläufe sind zu standardisieren, z. B. durch Ausarbeitung eines Prozesshandbuchs oder Schaffung einer aussagefähigen Patienten- und Pflegedokumentation (Strang 5).
- Um das Qualitätsbewusstsein der Kunden vollends zu befriedigen, hat das Unternehmen neben einer Verbesserung der Ablauforganisation und des Abrechnungssystems ebenso die Mitarbeiterzufriedenheit und -motivation (z. B. Anreizsysteme) zu erhöhen (Strang 6).
- Das Abrechnungssystem des Unternehmens ist effizienter zu gestalten, um Fehler und eventuelle Liquiditätsengpässe zu vermeiden. Möglich wäre eine Umstellung auf das Lastschriftverfahren oder aber auch ein Outsourcing der Fakturierung an eine externe Abrechnungsstelle (Strang 7).

Die Überlegungen können schließlich zu einer **Gesamtstrategie** wie folgt verdichtet werden:
- Eine qualitativ hochwertige Patientenbetreuung ist durch qualifizierte und engagierte Mitarbeiter sicherzustellen. Das bestehende Qualitätsmanagementsystem ist auszubauen.
- Zielkonflikte können beim Abbau der internen Schwäche „zu lange Visitendauern" und der Kundenzufriedenheit auftauchen. Die Patienten befürchten negative Auswirkungen auf ihre Versorgung. Diese Befürchtungen gilt es trotz kürzerer Zeitvorgaben abzubauen.
- Die allgemeine demographische Entwicklung hin zu einer immer älter werdenden Gesellschaft sowie der Rückgang der vollstationären Patientenbetreuung beinhalten für ambulante Pflegedienste große Chancen. Zu deren Realisierung sollte der Pflegedienst seine regionale Ausrichtung künftig erweitern.

Im Ergebnis lassen sich abstrakt aus der SWOT-Interaktionsmatrix ableiten
- herausragende „Offensiv"-Stärken, die als Alleinstellungsmerkmal genutzt und an zentraler Stelle in die Mission integriert werden sollten,
- existenzbedrohende Schwächen, die im Rahmen von Sofortmaßnahmen beseitigt werden sollten,
- in Bezug auf das Geschäftsmodell essenzielle Chancen und Risiken, deren Entwicklung im Rahmen eines Frühwarnsystems laufend verfolgt werden sollten,

aufgrund ihrer einfachen Handhabbarkeit und des „Workshop-Charakters" in Form einer Bestandsaufnahme von Chancen, Risiken, Stärken und Schwächen eignet sich dieses Instrument gut als „Einstieg" in eine nachfolgend zu institutionalisierende strategische Planung.

## 4. Ableitung unternehmensbezogener Wachstumsstrategien

### 4.1 Gap-Analyse

Die **Gap-Analyse** basiert auf der Erkenntnis, dass zwischen den strategischen Zielvorstellungen der Unternehmensführung und der tatsächlichen Entwicklung eine sich immer weiter öffnende Lücke entsteht, wenn die Unternehmensaktivitäten nicht fortlaufend an die relevanten Rahmenbedingungen angepasst und optimiert werden. In diesem Zusammenhang wird
- eine **operative Lücke**, die durch kurzfristige Anpassungsmaßnahmen, insbesondere Rationalisierungsmaßnahmen zu schließen ist, und
- eine **strategische Lücke**, die gravierende Modifikationen der Unternehmensstrategie in Bezug auf Leistungsprogramm und relevante Märkte, häufig sogar eine komplette Neuorientierung erfordert,

unterschieden. Wird eine strategische Lücke nicht rechtzeitig behoben, so besteht die Gefahr einer langfristigen Existenzbedrohung.

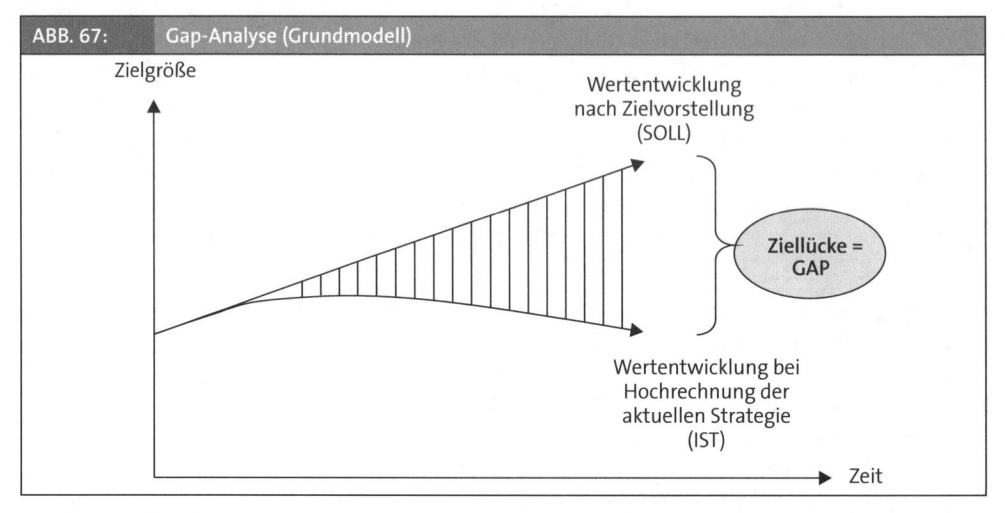

**ABB. 67: Gap-Analyse (Grundmodell)**

Quelle: I. A. a. *Picot*, in: WiSt 1981, S. 531.

Unter Einbezug der voraussichtlichen Auswirkungen strategischer Korrektureingriffe als Reaktionen auf eine bestehende strategische Lücke ergibt sich folgendes erweiterte Modell:

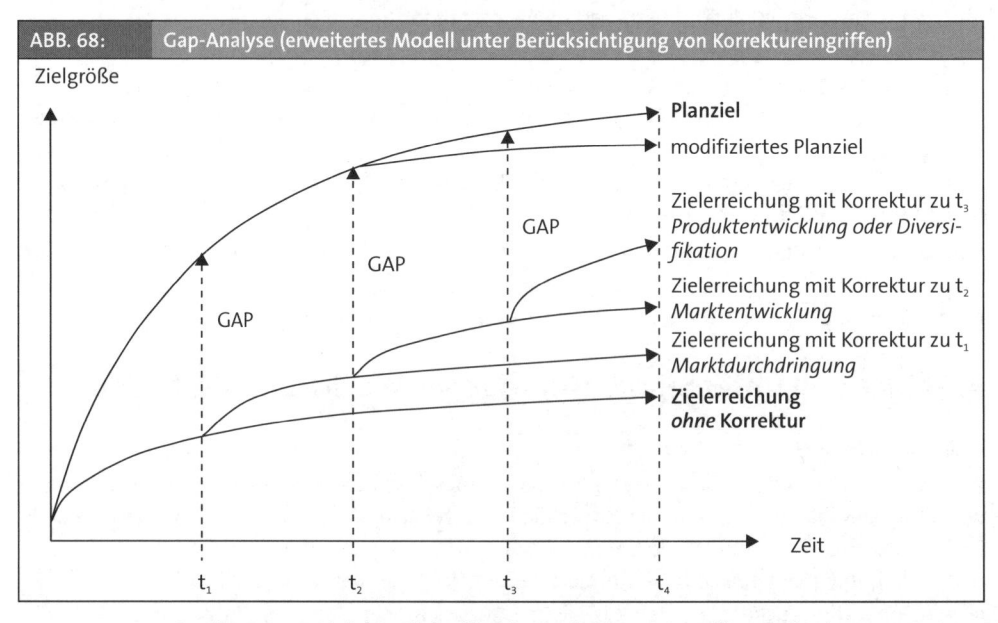

**ABB. 68: Gap-Analyse (erweitertes Modell unter Berücksichtigung von Korrektureingriffen)**

Quelle: I. A. a.: *Link/Gerth/Voßbeck*, Marketing-Controlling, München 2000, S. 75.

Im Ergebnis lässt sich ohne kontinuierliche strategische Eingriffe ein stetiges Wachstumsziel nicht realisieren, gleichzeitig sind unrealistische Zielvorgaben ggf. im Rahmen einer **"follow-up-Planung"** zu revidieren.

Unter Berücksichtigung der Kernkompetenzen und der Kundenklientel einerseits sowie der voraussichtlichen Entwicklung in Frage kommender neuer Produkte und/oder Märkte andererseits ist demzufolge eine grundlegende Planung bzw. Überarbeitung der Unternehmensstrategie vorzunehmen. Dies erfolgt unter Zugrundelegung folgender **Kernfragen**:

▶ Was ist unser Kerngeschäft (Analyse des Wertschöpfungsprozesses und des relevanten Markts)? Was können wir (Analyse der Kernkompetenzen)?
▶ Worin waren wir in der Vergangenheit erfolgreich/nicht erfolgreich (SWOT-Analyse)?
▶ Wie wird sich unser Kernmarkt künftig entwickeln (PEST-Analyse)?
▶ Auf welchen weiteren Märkten bzw. mit der Erstellung welcher weiteren Leistungen können wir unsere Kernkompetenzen künftig gewinnbringend einsetzen (Diversifikationsplanung)?

## 4.2 *Ansoff*-Matrix (Produkt-Markt-Portfolio)

*Ansoff* hat zur Schließung der strategischen Lücke vier grundsätzliche produkt- bzw. marktorientierte **Wachstumsmöglichkeiten** identifiziert:

▶ Marktdurchdringung,
▶ Marktentwicklung,
▶ Produktentwicklung und
▶ Diversifikation,

je nach dem Neuheitsgrad des angebotenen Produkts/Dienstleistung und/oder des Markts.

| ABB. 69: | Produkt-Markt-Portfolio nach *Ansoff* („*Ansoff*-Matrix") | |
|---|---|---|
| **Märkte** / **Produkte** | gegenwärtig | neu |
| gegenwärtig | Marktdurchdringung | Marktentwicklung |
| neu | Produktentwicklung | Diversifikation (horizontal, vertikal, lateral) |

Das Controlling sollte den Strategiefindungsprozess mit einer Analyse des Ist-Zustands und eines zukunftsorientierten Brainstormings als Ausgangspunkten moderieren. Hierbei wird folgender Prozessablauf angewandt:

| ABB. 70: | Durchführung der Planung von Wachstumsstrategien |
|---|---|
| Planungsschritt | Planungsinhalte |
| Auflistung und Analyse der gegenwärtig angebotenen Leistungen | ▶ Welche Einzelleistungen werden angeboten?<br>▶ Welche Leistungen werden verstärkt nachgefragt, welche werden (heute und erwartungsgemäß künftig) nicht angenommen? |
| Analyse des gegenwärtigen Marktes | ▶ Wer sind die derzeit relevanten Kunden und Wettbewerber?<br>▶ Welche Leistungen werden von den Wettbewerbern angeboten? Wie werden diese erbracht? Welche Kundengruppen bedienen die Wettbewerber? |
| Brainstorming zur Marktdurchdringung | ▶ Wie kann das Absatzpotenzial der vorhandenen Leistungen auf dem bestehenden Markt ausgeschöpft und der Markt intensiv bearbeitet werden?<br>▶ Können Leistungen, die ein Wettbewerber in besserer Qualität erbringt, nachgeahmt werden? Können die Kosten und damit die Preise für die Leistungen gesenkt werden?<br>▶ Können profitable Kunden der Konkurrenten gewonnen werden, die für diese nicht attraktiv sind? |
| Brainstorming zur Marktentwicklung | ▶ Welche sonstigen Kundengruppen sind noch interessant?<br>▶ Gibt es bislang mit Leistungsangeboten nicht abgedeckte Regionen? |
| Brainstorming zur Produktentwicklung | ▶ Welche Leistungen werden von den bisherigen Kunden nachgefragt, die derzeit nicht angeboten werden, aber bei denen grundsätzlich das erforderliche Know-how vorhanden ist?<br>▶ Welche Wünsche äußern die Kunden bezüglich einer Ausdehnung des Leistungsangebotes? Wie können Einzelleistungen modifiziert werden? |
| Brainstorming zur Diversifikation | ▶ Wie kann das derzeitige Leistungsspektrum durch Aufnahme bisher nicht angebotener Leistungen erweitert werden, so dass es Wachstum generiert?<br>▶ Welche Leistungen stehen grundsätzlich in sachlichem Zusammenhang mit dem ursprünglichen Leistungsprogramm (Rohstoffe, Prozesse, Know-how)?<br>▶ Welche vor- oder nachgelagerten Bereiche können bearbeitet werden? Können völlig neue Märkte betreten werden? |

Die naheliegendste Reaktion auf negative Zielerreichungsgrade ist die **Marktdurchdringungsstrategie**, d.h. die möglichst vollständige Ausschöpfung des Absatzpotenzials vorhandener Produkte auf bestehenden Märkten (d.h. größere Absatzmengen, höhere Marktanteile). Dies kann mittels folgender Maßnahmen betrieben werden:

▶ **Intensivierung der Marktbearbeitung:**
Bestehende Märkte sind intensiver zu bearbeiten, wobei das bisherige Leistungsprogramm beibehalten wird.

▶ **Relaunch:**
Die Leitidee der Strategie besteht darin, bestehende Produkte durch „Relaunches" (Produktaktualisierungen) attraktiv zu machen (z. B. VW Käfer, Nivea).

▶ **Imitation:**
Diese Strategie zielt darauf ab, Konkurrenzprodukte nachzumachen. Die Firma spezialisiert sich darauf, „me too"-Produkte erfolgreich zu lancieren.

▶ **Kosten- und Preissenkung:**
Die Anstrengungen konzentrieren sich darauf, Kosten und Preise zu senken, um damit einen Verdrängungswettbewerb zu initiieren. Im Vordergrund stehen oft Wertanalysen und Verfahrensoptimierungen.

▶ **Unbundling:**
Zur Abmilderung der zunehmenden Marktreife werden bisherige Paket- oder Systemprodukte aufgesplittet und separat angeboten (z. B. in der Unterhaltungselektronik).

Angesichts zeitlich nicht unbegrenzter Produktlebenszyklen und Marktpotenziale entbindet eine Marktdurchdringungsstrategie nicht von der Notwendigkeit, Produktinnovationen zu entwickeln und am Markt einzuführen. Die Marktdurchdringung ist auf gesättigten Märkten äußerst risikoreich, da sie nur auf Kosten der Konkurrenz Erfolg hat:

▶ entweder durch eine aggressive Preispolitik und die Unterbietung der Konkurrenten mit negativen Auswirkungen auf die eigene Gewinnspanne und ggf. die des Gesamtmarkts,

▶ oder durch Ansprache der von den Konkurrenten ausgesparten „schlechten", d. h. risikoreichen Kunden, etwa die Kunden schlechter Bonität.

**Marktentwicklung** ist die Platzierung bestehender, bereits auf dem (Stamm-)Markt befindlicher Produkte auf neuen Märkten. Mögliche Aktivitäten stellen hierbei die Erschließung neuer Marktregionen, Abnehmerschichten, Distributionskanäle und Verwendungszwecke dar. Die Marktentwicklung vollzieht sich z. B. durch Internationalisierungsstrategien im Rahmen des von *Vernon* dargestellten sog. „internationalen Produktlebenszyklus".

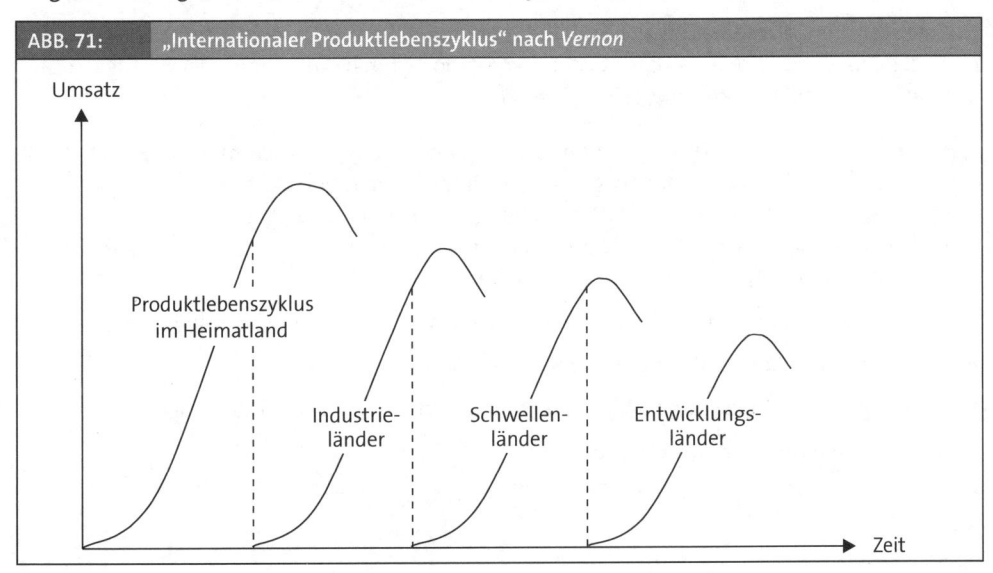

**ABB. 71:** „Internationaler Produktlebenszyklus" nach *Vernon*

Werden existierende Märkte mit neuen Produkten bedient, so spricht man von **Produktentwicklung**. Sie kann durch neue Produkte, Produktlinien und Dienstleistungen im Rahmen einer Produktprogrammvariation (neue Produktlinien und Teilsortimente) umgesetzt werden. Hierdurch versucht die Unternehmung als erste am Markt aufzutreten, um sich dadurch Wettbewerbsvorteile zu verschaffen („first-mover-Strategie").

Als **vertikale Integration** bezeichnet man das Eindringen in vor- bzw. nachgelagerte Märkte. Wachstumsrelevant ist vor allem die Vorwärtsintegration in Richtung auf die Endkunden.

Eine Vorwärtsintegration kann aus folgenden Gründen zweckmäßig sein:

▶ Die Unternehmungen, die das Produkt weiter verarbeiten, befinden sich unter Umständen in einer stärkeren Marktsituation als diejenigen auf der vorgelagerten Produktionsstufe. Durch die Ausdehnung der eigenen Verarbeitungstätigkeit erreichen die Unternehmungen direkt den Markt ihrer Abnehmer und ziehen somit aus den Vorteilen dieses Marktes Nutzen.

▶ Im Zuge dieser Entwicklung kann die gesamte Produktion auf dem neuen Markt abgesetzt und der ursprüngliche Markt zur Gänze aufgegeben werden. Was früher ein Absatzprodukt war, wird nun ein Halbfertigfabrikat, das weiter verarbeitet wird.

▶ Dies kann insoweit zu einer Stabilisierung des eigenen Markts beitragen. Schließlich besteht die Möglichkeit, einer zunehmenden Spezialisierung der Verarbeitung und einer fortschreitenden Konzentration zwischen den Handelsstufen zu begegnen.

Die Rückwärtsintegration hingegen zielt auf den Markt der Vorlieferanten bzw. Rohstofferzeuger ab. Sie ist zweckmäßig, wenn eine Verknappung der Rohstoffe und/oder eine hohe Marktmacht der Lieferanten vorliegt oder künftig zu befürchten ist („five forces"-Modell).

Eine **horizontale Diversifikation** zielt auf die Generierung von Wachstum infolge einer Erweiterung der Produktpalette bzw. des Leistungsspektrums durch Aufnahme gleichartiger, bisher nicht angebotener Produkte bzw. Leistungen ab.

Unter dem Begriff **laterale Diversifikation** (Diversifikation i. e. S.) versteht man das Betreten vollständig neuer, weder vor- noch nachgelagerter Märkte. Durch ein „Portfolio" von verschiedenartigen Produkten auf unterschiedlichen Märkten wird eine Risikomischung angestrebt, die umso stärker ist, je weniger die einzelnen Produkte in ihren Umsatz- und Gewinnchancen miteinander korreliert sind. Hauptmotive für diese Strategie sind:

▶ Erschließung neuer Wirtschaftszweige mit hohen Wachstums- und Erfolgspotenzialen,

▶ Unabhängigkeit bei der Beschaffung bzw. beim Absatz,

▶ Verstetigung der Kapazitätsauslastung und Ausgleich saisonaler Schwankungen,

▶ Verhinderung ruinöser Preiskämpfe.

Als Ergebnis des Brainstormings könnten sich z. B. folgende **Wachstumsstrategien** unter Zugrundelegung der *Ansoff'schen* Typologie ergeben:

| ABB. 72: | Beispiele für Wettbewerbsstrategien entsprechend der *Ansoff*-Typologie |
|---|---|
| **Marktdurchdringung** | **Marktentwicklung** |
| ▶ Intensivierung der Marktbearbeitung<br>▶ Angebot größerer Produkteinheiten<br>▶ Rabattaktionen, Preisnachlässe<br>▶ Paketangebote | ▶ Angebot der bisherigen Leistungen abgestimmt auf neue zukunftsweisende Zielgruppen, z. B. Singles, Senioren<br>▶ Strategische Kooperationen (Allianzen, gemeinsame Labels)<br>▶ Angebot der bisherigen Leistungen in neuen Regionen (Marktausweitung) |
| **Produktentwicklung** | **Diversifikation** |
| ▶ Angebot zielgruppenspezifischer Produkte (Nischenbesetzung)<br>▶ Aufnahme verwandter Teilsortimente (Komplementärprodukte)<br>▶ Aufnahme innovativer Produktvariationen | ▶ Entwicklung völlig neuer Leistungsfelder, die in einem inneren Zusammenhang zur Kernkompetenz stehen<br>▶ Vorwärts-/Rückwärtsintegration entlang der Wertkette (Beschaffungs- und Absatzmärkte) |

Die **Diversifikation** ist die gewinnträchtigste, aber auch die risikoreichste Strategie:

▶ Die Erschließung neuer Geschäftsfelder dauert sehr lange, bevor die Gewinnschwelle erreicht wird.

▶ Eine zu günstige Einschätzung der Nachfrage- und Konkurrenzsituation führt häufig zu Fehlinvestitionen und zur Nichterreichung des Amortisationszeitpunkts aufgrund von Unterauslastung.

▶ Treten die gewünschten Erfolge nicht ein, so erhöht sich der Druck auf das operative Management, so dass die strategische Perspektive vernachlässigt wird.

Eine Diversifikation sollte i. d. R. nur dann vorgenommen werden, wenn

▶ Synergieeffekte zum bestehenden Leistungsprogramm genutzt werden können bzw. das neue Geschäftsfeld hinreichend nahe am bisherigen Leistungsprogramm und vorhandenen Know-how angesiedelt ist,

▶ attraktive Wachstumsmärkte erschlossen werden, die noch nicht von Unternehmen beherrscht werden, die Kostenvorteile gegenüber dem „Eindringling" ausspielen können.

Mangels technologischen und marktlichen Know-hows erfolgt die Diversifikation i. d. R. im Wege des externen Wachstums durch Fusion oder Übernahme von Unternehmen. Neben finanziellen Risiken (i. d. R. Abgeltung eines hohen Goodwills) tritt hierbei das Problem des Aufeinandertreffens unterschiedlicher Unternehmenskulturen, Führungsstile etc. auf, so dass Fusionen oder Übernahmen häufig im Misserfolg enden.

Dem Controlling kommt nach Abschluss des Brainstormings die Aufgabe zu, die Günstigkeit der Strategiealternativen zu evaluieren, indem Prämissen betreffend die Entwicklung der relevanten Umwelt aufgestellt werden und Kriterien für den Strategieerfolg identifiziert und operationalisiert werden, anhand derer die Strategien dann einzustufen sind.

Für die **Marktdurchdringungsstrategie** bilden Qualität und Preiswürdigkeit („Kosten-Nutzen-Verhältnis aus Abnehmersicht") die wesentlichen Parameter, auch da die Beschaffungs- und Absatzpreise i. d. R. fix sind. Zur strategischen Verbesserung der Wettbewerbsposition gegenüber relevanten Konkurrenten und vor dem Hintergrund abnehmender Zahlungsbereitschaft der Kunden im gesättigten Markt sind deshalb Maßnahmen zu ergreifen, die darauf gerichtet sind, das Nutzen-Kosten-Verhältnis des Leistungskonzepts zu optimieren.

Das hierzu geeignete Controlling-Instrument ist die **Wertanalyse**. In deren Rahmen werden die Kundenpräferenzen erforscht und systematisiert, wofür die Kunden bereit sind, Geld auszugeben (vgl. hierzu im Einzelnen Kapitel IV). Anhand dieser Erkenntnisse wird ein Soll-Ist-Abgleich mit dem bisherigen Angebot als Ausgangspunkt vorgenommen.

Es wird überprüft, welche Leistungskomponenten einerseits überbewertet und die angebotene Leistung vom Kunden nicht honoriert wurde sowie andererseits, welche ggf. nicht in dem vom Kunden gewünschten Ausmaß angeboten wurden. Ergebnis dieses Abgleichs ist ein fiktives Redesign der Leistung, indem alle Leistungskomponenten im Hinblick auf ihren Wert aus Kundensicht überprüft werden. Einsparungen können insbesondere bei den vom Kunden nicht oder wenig honorierten Komponenten erfolgen.

Die mittels einer Betonung des Leistungsmehrwerts angestrebte **Marktdurchdringung** ist kein Selbstläufer und beinhaltet nennenswerte Risiken. Nachfolgende Aufstellung enthält die bedeutendsten Risiken und mögliche Indikatoren zu deren Operationalisierung durch das Controlling.

| ABB. 73: | Risiken der qualitätsbezogenen Marktdurchdringungsstrategie |
|---|---|
| **Risiko** | **Indikator** |
| Mangel an technischem Zugriff und Know-how | FuE-Quote, Anzahl Patentanmeldungen, Produktinnovationsraten (Benchmarking) |
| Mangel an Finanzmitteln für Anlageinvestitionen | Bilanzanalyse, z. B. Anlagendeckung, Anlagenintensität, Restwertquote, Verschuldungsgrad, Cashflowrate |
| Mangel an qualifiziertem Personal | Personalcontrolling, z. B. Ausbildungsstand, Fluktuationsrate, Mitarbeiterproduktivität |
| Qualitätsanspruch wird nicht erreicht | Ausfall-, Störquote, Storno-, Reklamationsquote, Kundenzufriedenheitsindex |
| Zu hohes Preisdifferenzial zur Konkurrenz | Messung der Preisbereitschaft der Kunden (Marktforschung), Abwanderungsrate, Stammkundenquote |
| Nachfragevolumen überschätzt | Ist- und Soll-Wachstumsrate des Umsatzes für das Segment, Auslastungsquote, Auftragseingänge |
| Konkurrenzdichte überschätzt | Markteintrittsrate, Anzahl der Anbieter mit kumulierten Marktanteil von (50, 75,) 90 %, durchschnittlicher Umsatz pro Anbieter |

Die **Diversifikation** als risikoreichste Strategie aus der *Ansoff'schen* Typologie ist demgegenüber beispielhaft folgenden **Risiken** ausgesetzt.

| ABB. 74: | Risiken der Diversifikationsstrategie |
|---|---|
| Risiko | Erläuterung |
| Marktrisiken | ▶ Länge des Produktlebenszyklus aufgrund mangelnder Marktkenntnis überschätzt |
| | ▶ Aggressivität des Konkurrentenverhaltens beim Markteintritt unterschätzt |
| | ▶ Kaufkraft der Kunden in dem Segment überschätzt |
| Beschaffungsrisiken | ▶ Kein Netzwerk zuverlässiger Lieferanten, ggf. Abhängigkeiten |
| | ▶ Kein zuverlässiges Qualitätskontrollsystem im Wareneingang vorhanden, hohe Mängelquote |
| | ▶ Zu hohe Bezugspreise bzw. Transportkosten |
| Leistungserstellungsrisiken | ▶ Kapazität wegen Unteilbarkeiten zu groß, hohe Leerkosten, mangelnde Erfahrungskurvenvorteile |
| | ▶ Es kann kein hinreichend qualifiziertes Personal gewonnen werden oder nur zu erhöhten Abwerbekosten |
| | ▶ Mangels hinreichender Erfahrung große Qualitätsmängel im Leistungserstellungsprozess |
| Vertriebsrisiken | ▶ Keine Produktakzeptanz, Zielgruppenbedürfnisse mangels Branchenerfahrung kaum bekannt |
| | ▶ Kundenbindung unter- bzw. Kundenfluktuation überschätzt, ungeeignete Kommunikationsstrategie |
| | ▶ Keine Verfügbarkeit eines zweckmäßigen Distributionssystems (z. B. Vertragshändler) |
| Finanzrisiken | ▶ Hohe Kapitalkraft erforderlich aufgrund erheblicher Anfangsinvestitionen |
| | ▶ Hohe Ausfallquote, da Bonität und Zahlungsbereitschaft der Kunden nicht bekannt |
| | ▶ Kein hinreichender Cash-Rückfluss, keine Amortisation der Investition |

**KAPITEL II** — Strategische Planung und strategisches Controlling

**BEISPIEL:** ▶ Die Firma Peter Barth und Söhne GmbH mit Sitz in Bonn ist ein europaweit agierender Schaustellerbetrieb in der mittlerweile 6. Generation.

**„Die größte transportable Achterbahn der Welt**

Der Olympia Looping beeindruckt nicht nur durch die Größe und seinen fünf Inversionen, sondern auch durch die erstklassigen Fahreigenschaften und Laufruhe. Die Maximal-Geschwindigkeit beträgt 100 km/h und wird durch zwei Aufzüge kontrolliert und elektronisch gesteuert.

Das Block-System ist doppelt gesichert und hat eine Beleg- und Freigabeschaltung, die gleichzeitig die beiden Aufzüge kontrolliert. Die Bahn kann mit 20 - 28 Personen pro Zug gefahren werden. Die Bremsanlage ist voll automatisch, selbst bei Stromausfall.

Insgesamt sind vier Wartefelder eingebaut, die für eine absolute Sicherheit garantieren. Der Zug fährt 48 km/h in die Reduzierbremse und gelangt dann anschließend mit 2m/Sekunde zum Bahnhof. Pro Saison werden 6 - 8 Festplätze beschickt"(*www.barth-schausteller.de*).

**Technische Daten:**

| | |
|---|---|
| Gewicht: | 900 t |
| Grundfläche: | 86,5 · 38,5 m |
| Fahrbahnhöhe: | 32,5 m |
| Gesamthöhe: | 38,5 m |
| Anschluss: | 200 kW Licht |
| | 350 kW Kraft |
| Schienenlänge: | 1.250 m |

Quelle: *Fotolia.de* / © *Bastos.*

## Ableitung unternehmensbezogener Wachstumsstrategien — KAPITEL II

Nehmen Sie an, dass für die Fa. Peter Barth in den kommenden Jahren aufgrund technischen Fortschritts sowie fortschreitender Abnutzung des bestehenden Anlagenparks (Fahrgeschäfte) grundlegende Neuinvestitionen anstehen. Nehmen Sie hierzu eine PEST-Analyse zur Einschätzung der Günstigkeit des Marktes aus Sicht der Fa. Peter Barth vor (einschlägige überschneidungsfreie Kriterien mit operablen Indikatoren).

Indikatoren der PEST-Analyse mit einschlägigen Maßgrößen sind z. B.

| Indikator | Maßgröße |
|---|---|
| Marktwachstum/-durchdringung | Gesamtstandtage aller Großveranstaltungen und deren Wachstumsrate p. a.; durchschnittliche Anzahl von Großfahrgeräten pro Großveranstaltung |
| Kaufkraft | Durchschnittliche Ausgaben pro Besucher in € pro Tag, durchschnittliches Lohnwachstum in % |
| Technischer Fortschritt | Ersatz- und Erweiterungsinvestitionen in % vom Umsatz p. a. |
| Kapitalintensität, Amortisation | durchschnittliche Nutzungsdauer der Anlagen, erreichte Amortisationszeit in % der geplanten Nutzungsdauer, durchschnittliches gebundenes Kapital während der Nutzungsdauer, Sachanlagenproduktivität (Umsatz/hälftige Anschaffungskosten) |
| Kostenentwicklung | Wachstumsrate der Energiepreise, Energiekosten pro Laufzeitstunde |
| Regulierungsgrad | Ausgaben für gesetzliche Auflagen, z. B. Genehmigungen und Abnahme in € sowie in % des Umsatzes p. a. |
| Lifestyle | Ranking Kirmesbesuche im Freizeitverhalten, Umfragewerte etc. |

Entwickeln Sie aus Sicht der Fa. Peter Barth (Geschäftsmodell, Kernkompetenz) ein Tableau strategischer Handlungsalternativen i. S. der *Ansoff*-Matrix (einschlägige Alternativen pro Strategietyp). Operationalisieren Sie außerdem für die von Ihnen jeweils aufgeführte Alternative der Produkt- und Marktentwicklung die mit der jeweiligen Strategieverfolgung verbundenen wesentlichen Risiken anhand geeigneter Kennzahlen.

Eine mögliche Matrix mit Handlungsalternativen ist:

| Marktdurchdringung | Marktentwicklung |
|---|---|
| ▶ Lockangebote<br>▶ Paketangebote (z. B. Familienpreise)<br>▶ Intensivierung der Werbung, etc. | ▶ Überregionale und/oder internationale Beschickung von Großveranstaltungen<br>▶ Stationäre Aufstellung der Fahrgeschäfte in Freizeitparks, Zoos, etc. |
| **Produktentwicklung** | **Diversifikation** |
| ▶ Modernste Fahrgeschäfte<br>▶ Zirkus, Varieté, etc. | ▶ Reise- und Hotellerieleistungen zu Großveranstaltungen<br>▶ Betrieb von Indoor-Parks<br>▶ Ferienclubs, Wellness, etc. |

Risiken der

- **Produktentwicklung:** mangelndes technisches und/oder Vertriebs-Know-how, Kannibalisierung des alten Produkts, Überschätzung der zusätzlichen Kaufkraft, etc.
- **Marktentwicklung:** mangelndes Verständnis für Mechanismen auf neuem Markt, Preiskampf mit heimischen Konkurrenten, politische bzw. Verfügbarkeitsrisiken, etc.

> „Das Taunus Wunderland war in seinen Ursprüngen 30 Jahre lang ein Märchenwald und Streichelzoo, teilweise mit exotischen Tieren, unter anderem Affen. Im Jahr 1998 übernahm die Familie Otto Barth den Park. Als eine traditionelle Schaustellerfamilie brachte sie große Erfahrungen ein, zur Begeisterung der Freizeitparkbesucher. Somit wurde aus einem Märchenwald der attraktionsreiche Freizeitpark Taunus Wunderland.
>
> Der umliegende Waldbestand bietet viel Freiraum für Naturliebhaber und Entdecker. Gebaut wurden seit 1998 die Drachenbahn, das Piratenschiff, der Taunusblitz, die Wildwasserbahn, der Wellenflieger und viele weitere Attraktionen. 2006 kamen zusätzlich die Silberpfeilrutschen, 2008 der Big Scooter hinzu.
>
> Aus dem Tierbestand sind noch die Amazonen und Papageien, die Ziegen und Schafe zum Streicheln geblieben, welche artgerecht gehalten werden. Aus dem Kinderpark für Drei- bis Sechsjährige wurde ein Freizeitpark für alle Altersgruppen geschaffen"(*www.barth-schausteller.de, www.taunuswunderland.de*).

Quelle: *Fotolia.de / © artisticco.*

Eine in vielen Geschäftsmodellen typische Form der Marktentwicklung ist die Ergänzung stationärer um ambulante Marktauftritte oder umgekehrt wie im vorgenannten Beispiel. Entsprechend wird auch im Gesundheits- und Sozialsektor verfahren. Verbreitet ist auch die Erweiterung der Vertriebswege von B2B- auf B2C-Modelle oder umgekehrt bzw. die Erweiterung um das Online-Geschäft.

## 4.3 Ressourcen- bzw. kompetenzorientierte Ansätze

Kern der sog. ressourcen- und kompetenzorientierten Ansätze ist die Ableitung strategischer Stärken und Schwächen eines Unternehmens aus der Ausprägung bestimmter Ressourcen und Kernkompetenzen. Der unternehmerische Wettbewerbserfolg wird somit auf die Existenz und die marktgerechte Ausnutzung einzigartiger Ressourcen und Kompetenzen zurückgeführt.

Bei ressourcen- bzw. kompetenzorientierten Portfolio-Ansätzen fungieren nicht die Geschäftsfelder der Unternehmen und zugehörigen Märkte (**„market based view"**) als Analyseobjekte, sondern die zugehörigen Ressourcen- bzw. Kompetenzbündel (**„resource based view"**).

Nach *Prahalad* und *Hamel* (*The Core Competence of the Corporation*, in: Harvard Business Review 1990, Nr. 3, S. 79 ff., hier S. 82) bezeichnet **Kernkompetenz** im Kontext der strategischen Planung *„the collective learning in the organisation, especially how to coordinate diverse production skills and integrate multiple streams of technology (…), that enables a firm to deliver a fundamental customer benefit"*, d. h., Fähigkeiten, die ein Unternehmen in die Lage versetzen, einen bedeutenden Kundennutzen zu generieren.

Gegenüber den herkömmlichen Konzepten bedeutet der Übergang zum Ressourcenbegriff insbesondere eine Erweiterung um immaterielle Ressourcen wie Markenwert, Stammkundschaft und das Know-how der Mitarbeiter. Die bekannte **Baum-Allegorie** von *Prahalad* und *Hamel* (vgl. *ebenda*, S. 81) assoziiert

▶ (marktfähige) Endprodukte mit den Blättern und
▶ Kernkompetenzen mit den Wurzeln

eines Baumes, dazwischen werden die Geschäftsfelder als Äste und die Kernleistungen als Stamm visualisiert. Somit ist insbesondere der Lebenszyklus von Kernkompetenzen wesentlich länger als der von Produkten. Andererseits ist der Aufbau von Kernkompetenzen wesentlich langwieriger und fehlschlagsgefährdet als die erfolgreiche Einführung eines Produkts. Es zeigt sich allerdings auch, dass die Ausweitung des Analyseobjekts mit zunehmend diffusen Begrifflichkeiten einhergeht.

Kernkompetenzen werden häufig als das „kollektive Wissen" einer Organisation interpretiert. Somit lässt sich eine Verbindung zu den Komponenten des sog. **„intellectual capital"** ziehen (vgl. Kapitel II.7.5. nachfolgend). Der Begriff „Wissen" umfasst nicht nur formales Wissen („explicit knowledge", etwa technologisches Wissen), sondern auch die gesammelten Erfahrungen und Fähigkeiten („tacit knowledge", etwa organisatorisches Wissen).

Eine bloße Ressource generiert aber noch keine erfolgsbringende Kompetenz. Diese ergibt sich i. d. R. erst durch die Kombination oder Bündelung aus materiellen Ressourcen, personenbezogenen Fähigkeiten und organisatorischen Leistungs- und Führungspotenzialen (vgl. *Jung/Bruck/Quarg*, Allgemeine Managementlehre, 5. Aufl., Berlin 2013, S. 318 f.). Je erfolgreicher eine Ressource vor den **Imitationsversuchen** der Konkurrenz geschützt werden kann, desto höher ist ihr strategisches Potenzial. Nicht imitierbar ist etwa über Jahrzehnte akkumuliertes, internes Spezial-Know-how bezüglich Technologiebeherrschung oder Managementkompetenzen.

Auch wird der Grad der Imitierbarkeit durch das Ausmaß an **Interdependenzen** zwischen einzelnen Ressourcen bestimmt. Hier ist insbesondere die Verbindung von materiellen und immateriellen Ressourcen von Bedeutung. Letztere ergeben sich z. B. aus Patenten, Verträgen, Warenzeichen oder der Reputation des Unternehmens.

Schließlich ist die Ressource umso wertvoller, je höher (monetäre oder faktische) Transaktionskosten bei einem möglichen Transfer anfallen.

Eine Fähigkeit bzw. ein Bündel von Fähigkeiten stellt eine **Kernkompetenz** dar, wenn sie

- einen wesentlichen Beitrag zum Kundennutzen liefert,
- einen strategischen Wert aufweist, d. h. die Wettbewerbsposition signifikant und nachhaltig verbessert,
- einzigartig bzw. kaum imitierbar ist und damit das Unternehmen dauerhaft von der Konkurrenz abhebt,
- nicht oder kaum durch neue Produkte oder Prozesse subsituierbar ist,
- ausbaufähig, also auf neue Märkte, Produkte und Prozesse transferierbar ist.

Somit werden die fünf Triebkräfte des Wettbewerbs des market-based views nach *Porter* durch die fünf Charakteristika von Kernkompetenzen des resource based view, Nutzenstiftung, Werthaltigkeit, Nicht-Imitierbarkeit, Nicht-Substituierbarkeit und Transferierbarkeit ergänzt.

Die Kernkompetenz muss zur Generierung eines für den Kunden bedeutenden Teilnutzens und damit zur Verbesserung der Marktposition beitragen. Ihre **Ermittlung** erfolgt also stets auf Basis der Kundenperspektive:

- Bestimmung der Kernbedürfnisse des Kunden etwa mittels Trendabschätzung oder Befragungen,
- kundenbezogene Bestimmung der Kerneigenschaften der Leistung etwa mittels Wertanalysen,
- Analyse der Wertschöpfungskette und Bestimmung von Kernprozessen sowie Kernfunktionen,
- Feststellung der vorhandenen bzw. fehlenden Ressourcen und Fähigkeiten,
- Analyse der Stärken und Schwächen aus Kundensicht im Vergleich zum Wettbewerber,
- Abschätzung des evtl. notwendigen Aufholbedarfs.

Die **Bewertung** der Zukunftsfähigkeit der Kernkompetenz erfolgt mittels

- Abschätzen der zukünftig benötigten Kompetenzen,
- Abschätzen der Entwicklungs- und Integrationschancen und -risiken,
- Abschätzen von Zeitdauer und Kosten der Kompetenzentwicklung und -integration.

Analog zur SWOT-Interaktionsmatrix lässt sich eine sog. **Markt-Kompetenz-Matrix** (auch als **Kernkompetenz-Portfolio** bezeichnet) mit den Dimensionen

- Kompetenzattraktivität im Hinblick auf Wettbewerbspotenzial und Relevanz aus strategischer Sicht (externe Dimension) und
- Stärken bzw. Schwächen der Unternehmen in Bezug auf die Kompetenzfelder (interne Dimension)

aufspannen, auf deren Basis Kompetenzen in die Quadranten klassifiziert und entsprechende Normstrategien abgeleitet werden.

| ABB. 75: | Markt-Kompetenz-Matrix | | |
|---|---|---|---|
| | Kompetenzstärke | Niedrig | Hoch |
| Kompetenzattraktivität | | | |
| Hoch | | Kompetenz-Entwicklung (Eigenentwicklung, Zukauf/Akquisition, Allianzen/Kooperation) | Kompetenz-Nutzung (Halten, Weiterentwickeln, Transfer) |
| Niedrig | | Kompetenz-Outsourcing oder kurzfristiger Abbau | Kompetenz-Transfer (Diversifikation, Verkauf, langfristiger Abbau) |

Quelle: Vgl. *Krüger/Homp*, Kernkompetenz-Management, Wiesbaden 1997, S. 105.

Folgende strategische Optionen gelten für das Kernkompetenzmanagement je nach Klassifikation in das Portfolio:

▶ Die **Entwicklung** bzw. Ergänzung einer bisher gering ausgeprägten Kompetenzstärke bietet sich bei erwarteter positiver Marktentwicklung an. Hierzu gehören langfristige Maßnahmen wie Qualitätsprogramme.

▶ Eine **Nutzung** bzw. **Ausschöpfung** der Kompetenz ist immer dann sinnvoll, wenn sowohl Marktattraktivität als auch Kernkompetenzstärke hoch ausgeprägt sind. Die Kompetenz sollte überdies nicht gemolken und in ihrer Substanz verzehrt, sondern langfristig gepflegt und ausgebaut werden.

▶ Ein **Transfer** von Kompetenzen, z. B. in neue Produkte, Regionen oder Märkte, erscheint sachgerecht, wenn bei vorhandener Kompetenzstärke die Marktattraktivität abnimmt.

▶ Ein **Outsourcing** ist geboten, wenn sowohl die Marktattraktivität als auch die Kompetenzstärke gering sind. Bei erheblichen strategischen Schwächen kommt auch ein Verkauf in Betracht.

Dem Controlling obliegt wiederum die Operationalisierung der Dimensionen, etwa analog zum Vorgehen bei der Nutzwertanalyse (Definition von Maßgrößen, Gewichtung, Messung und Aggregation zum Nutzwert). Hierbei werden Kennzahlen gebildet und erhoben, die z. B. die Transferierbarkeit, Imitierbarkeit, Substituierbarkeit, Dauerhaftigkeit oder Differenzierungsmöglichkeit indizieren. Für beispielhafte Kennzahlen wird wiederum auf Kapitel II.7.5 verwiesen.

Aufgrund der strategischen Relevanz sollten die entsprechenden Maßgrößen in ein kennzahlengestütztes Frühwarnsystem integriert werden und daneben angemessene Berücksichtigung in der Balanced Scorecard finden (vgl. Kapitel II.7). Des Weiteren bietet sich an, für zentrale Kennzahlen eine Szenario-Analyse durchzuführen.

Ein Aufbau von Kernkompetenzen kann z. B. durch folgende Strategien gefördert werden:

| ABB. 76: | Mögliche Strategien zum Aufbau von Kernkompetenzen |
|---|---|
| Strategietyp | Beschreibung |
| Eigenentwicklung | Benötigte Kompetenzen werden durch eigene Forschungs- und Qualifizierungsaktivitäten selbst aufgebaut. Nachteil: Hohe Zeit- und Kostenintensität, Amortisationsrisiko. |
| Wissenstransfer | Transfer von Kompetenzen aus anderen Geschäftsbereichen. Nachteil: Technische, organisatorische und kulturelle Voraussetzungen müssen erfüllt sein. |
| Zukauf | Kompetenzen, die an materielle Ressourcen gebunden sind (z. B. Technologien), werden zugekauft. Nachteil: Immaterielle Fähigkeiten können nur durch Anwerbung entsprechenden Fachpersonals erworben werden. |
| Akquisition | Kernkompetenzportfolio wird über Akquisition ganzer Geschäftsbereiche oder Unternehmen vervollständigt. |
| Strategische Allianzen | Die eigene Kompetenzbasis wird über Kooperationen ergänzt. Nachteil: Mögliche Abhängigkeiten vom Partner. |

## 4.4 *Greiner*-Modell der Organisationsentwicklung im Wachstum (Wachstumskrisen-Modell)

Bei der Wachstumsplanung muss das Controlling in risikoorientierter Sichtweise berücksichtigen, dass die Definition eines stetigen Wachstumsziels und die langfristige Verfolgung einer Wachstumsstrategie nicht isoliert von der Organisationsentwicklung einer Unternehmung betrachtet werden kann, sondern diesbezügliche beträchtliche Auswirkungen induziert.

Empirische Untersuchungen zeigen, dass sich betriebliches Wachstum nicht über einen längeren Zeitraum in einer kontinuierlichen Rate, sondern in Schüben vollzieht, sich also Phasen des Wachstums mit Phasen der Stagnation oder Schrumpfung abwechseln.

Eine **Wachstumsschwelle** ist ein Punkt in der Unternehmensentwicklung, an dem der bisherige stetig positive Wachstumsverlauf einen Strukturbruch in Form abflachender oder sogar rückläufiger Wachstumsraten erleidet, die Rentabilität zurückgeht und an dem strukturelle Anpassungsentscheidungen zur Unternehmenserhaltung notwendig werden. Unternehmen an der Wachstumsschwelle sind also gekennzeichnet durch

▶ eine unterdurchschnittliche Steigerungsrate des Umsatzes im Vergleich zu früheren Perioden und zu anderen Unternehmen,

▶ die Verletzung eines oder mehrerer Wachstumsziele,

▶ das Erreichen oder Überschreiten kritischer Schwellenwerte bei Finanzierung, Liquidität und/oder Rentabilität.

Eine kritische Wachstumsschwelle kann nur durch tief greifende Veränderungen vor allem im Organisations- und Führungsbereich überwunden werden. In Abhängigkeit von der Unternehmensgröße bzw. dem Unternehmensalter unterscheidet man in der Fachliteratur drei Arten von **Wachstumskrisen**:

▶ die Einführungskrise, unterteilt in Gründungs-, Liquiditäts- und Delegationskrise,

- die Wachstumskrise im engeren Sinne (Führungs-, Finanzierungs- und Absatzkrise) und
- die Alterskrise (Prosperitäts- und Nachfolgekrise).

Im **Metamorphosemodell** von *Greiner* wird der Wachstumsprozess als eine Abfolge typischer organisatorischer Zustände dargestellt, wobei die Ablösung der einzelnen Phasen durch ebenfalls typische Organisationsprobleme gekennzeichnet ist.

An bestimmten Schwellen des Wachstumsprozesses wird das bisherige organisatorische „Kleid" des Betriebs zu klein. Das Unternehmen kann die jeweilige Krise nur bewältigen, wenn es die bisherigen Organisations- und Führungsmethoden nicht nur reformiert, sondern „revolutionär" ändert. Die Bewältigung der Krise induziert dann einen neuerlichen Wachstumsschub.

Nach *Greiner* (in seinem Beitrag, „Evolution and Revolution As Organizations Grow", in: Harvard Business Review 1972, Nr. 4, S. 37 ff.) wird die Zukunft eines Unternehmens weniger durch externe Kräfte als durch die Geschichte seiner Organisation bestimmt. Es wird die These aufgestellt, dass wachsende Organisationen fünf verschiedene Entwicklungsphasen durchlaufen, wobei jede Phase eine stetige Wachstumsperiode („evolution") enthält, die in einer Managementkrise („revolution") endet. Jede Phase ist durch die vorhergehende beeinflusst und gleichzeitig die Ursache für die nächste.

*Greiner* unterscheidet fünf **Phasen** nach ihrem charakteristischen Managementstil:

- die Phase der Kreativität im unorganisierten Unternehmen, die durch eine Führungskrise begrenzt wird, welche entsteht, sobald das Unternehmen nicht mehr durch informelle Kommunikation geleitet werden kann,
- die Phase der direkten Anweisungen, der formellen und unpersönlichen Kommunikation in der Funktionalorganisation, die in eine Krise mündet, da die Mitarbeiter insbesondere auf der zweiten Führungsebene mehr Autonomie verlangen,
- die Phase der Delegation in der „jungen" Spartenorganisation, in der den einzelnen Betriebsabteilungen eine größere Verantwortung gegeben wird (etwa über eine Organisation nach profit centern) und die in einer Kontrollkrise endet,
- die Phase der Koordination in der „reifen" Spartenorganisation, in der umfangreiche formale Kontrollsysteme und eine Vielzahl von Stabsabteilungen errichtet werden. Sie führt in eine „red tape-Krise", eine Krise des roten Fadens, d. h. in eine Überbürokratisierung und eine mangelnde Kooperation zwischen zentralen Stäben und regionalen Linien,
- die Phase der Kollaboration, die den Ausweg aus dem bürokratischen Verwaltungssystem in matrixförmiger Teambildung, Gruppenarbeit („task forces"), einer personellen Reduzierung der Zentrale und im Aufbau von Informationssystemen findet.

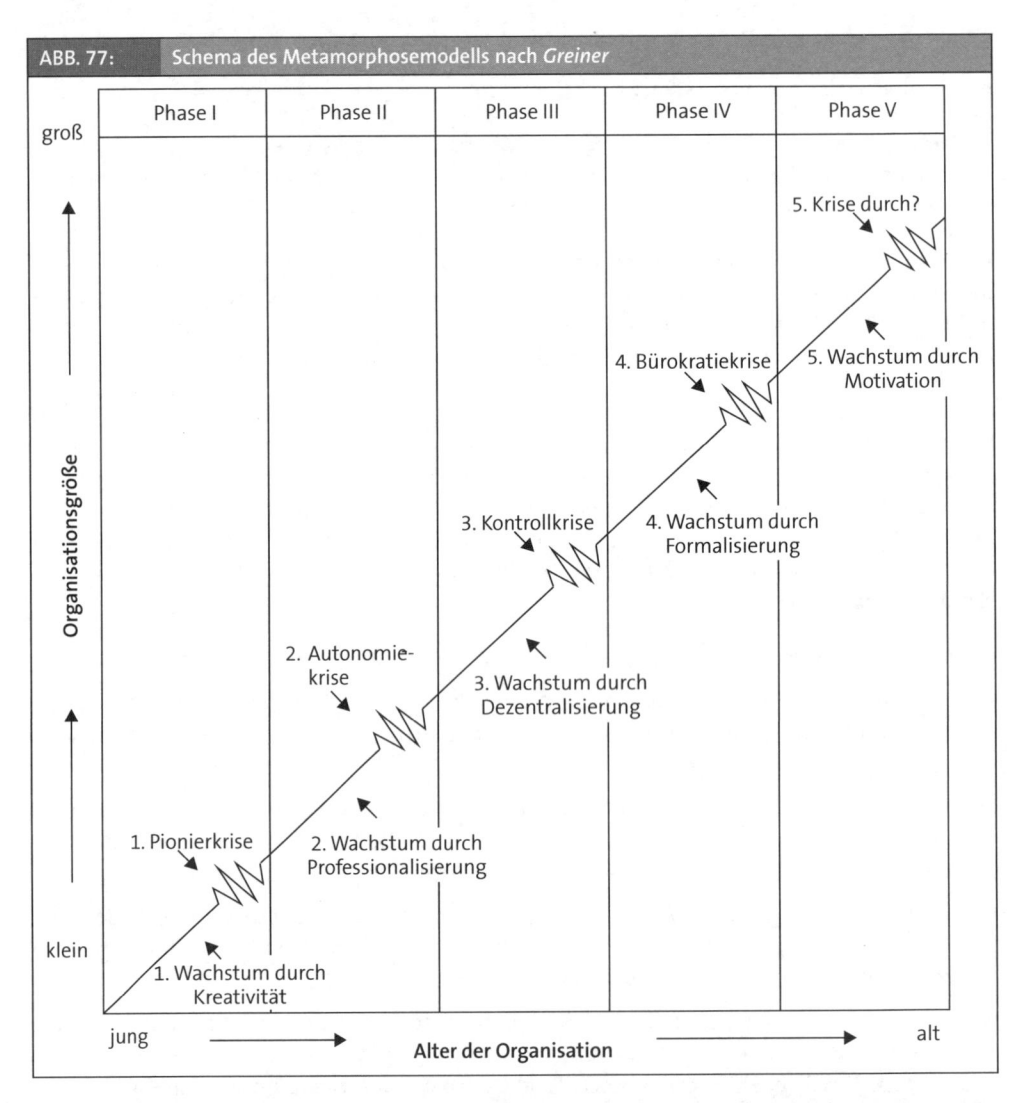

**ABB. 77:** Schema des Metamorphosemodells nach *Greiner*

| | Phase I | Phase II | Phase III | Phase IV | Phase V |
|---|---|---|---|---|---|

Organisationsgröße (klein → groß), Alter der Organisation (jung → alt)

- 1. Wachstum durch Kreativität
- 1. Pionierkrise
- 2. Wachstum durch Professionalisierung
- 2. Autonomiekrise
- 3. Wachstum durch Dezentralisierung
- 3. Kontrollkrise
- 4. Wachstum durch Formalisierung
- 4. Bürokratiekrise
- 5. Wachstum durch Motivation
- 5. Krise durch?

Quelle: I. A. a. *Staehle*, Management, 8. Aufl., München 1999, S. 585.

Die einzelnen Wachstumsphasen lassen sich mittels folgender **Kriterien** identifizieren und voneinander abgrenzen:

| ABB. 78: | Merkmale der Wachstumsphasen im Metamorphosemodell nach *Greiner* | | | | |
|---|---|---|---|---|---|
| Kriterium | Phase I | Phase II | Phase III | Phase IV | Phase V |
| Managementfokus | Produktion/ Verkauf | Produktivität | Marktexpansion | Konsolidierung | Problemlösung/ Innovation |
| Organisationsstruktur | informal | funktional/ zentral | geograph./ dezentral | Produktgruppen | Teams/Matrix |
| Führungsstil | autoritär | direktiv | delegierend | kontrollierend | partizipativ |
| Kontrollsystem | Markterfolg | Standards/ Cost Center | Berichte/Profit Center | Pläne/Investment Center | Zielvereinbarung |
| Belohnungssystem | Eigentum | Leistungslohn | Individuelle Bonussysteme | Gewinnbeteiligung | Team-Bonus-Systeme |

Problematisch ist, dass nicht auf alle Unternehmen derselbe Phasenablauf zutrifft und die Beschreibung der einzelnen Phasen meist zu pauschal ist, um als Anleitung für die betriebliche Wachstumsplanung verwendet werden zu können. Als aufgrund zahlreicher empirischer Untersuchungen gesichert kann dennoch gelten, dass Wachstumskrisen zurückzuführen sind auf

▶ **Führungs- und Organisationskrisen**, d. h. aus einem unzureichenden Übergang von der personalen zur formalen Führung und aus nicht adäquaten Planungs- und Kontrollsystemen,

▶ **Absatzkrisen** aufgrund von abnehmender Homogenität der Nachfrage, zunehmender Wettbewerbsintensität beim Verlassen der angestammten Marktnische, unzureichendem Übergang auf neue Absatzkanäle sowie

▶ **Finanzierungskrisen**, d. h. aus einer zunehmenden und zuletzt übermäßigen Fremdverschuldung bei (Erweiterungs-)Investitionen.

Für die Bewältigung von Wachstumsschwellen hat das Führungs- und Organisationsinstrumentarium eine zentrale Bedeutung. Die typische Organisationsform kleiner Unternehmen ist das Team, in dem jeder mit jedem auf kurzen Informationswegen kommuniziert. Bei anhaltendem Größenwachstum steigt die Teamgröße über ihr Optimum hinaus und es erfolgt üblicherweise der Übergang zu einer linienförmigen Organisation. Da die Kommunikationswege länger werden, ist zur Vermeidung überhöhter Koordinationskosten die Aufstellung eines formalen Regelsystems erforderlich. Dies kann zu einer Erstarrung der Organisation führen.

Die funktionale Linienorganisation erfährt ihre Begrenzung darin, dass jeder Mitarbeiter nur eine begrenzte Anzahl anderer Mitarbeiter führen kann (optimale Kontrollspanne). Sie mutiert in die divisionale Organisation, die nicht mehr nach Funktionen und Verrichtungen, sondern nach Produkten, Regionen und Märkten aufgeteilt ist. Reorganisationsprozesse verlaufen aber nicht kontinuierlich, sondern beginnen erst dann, wenn eine Häufung von Negativereignissen (z. B. Auftragsrückgang, Ertragseinbruch) zu einer kollektiven Wahrnehmung des Anpassungsdrucks führt.

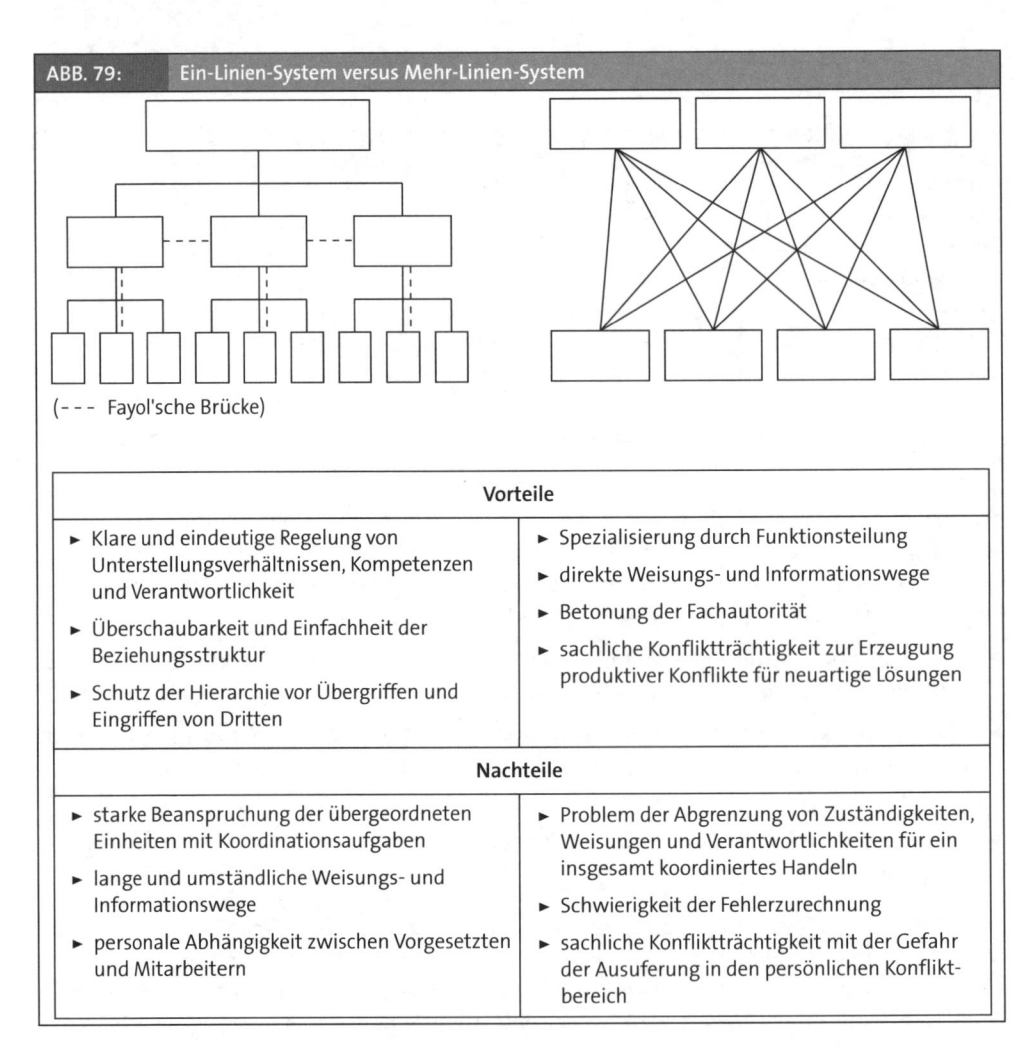

**ABB. 79: Ein-Linien-System versus Mehr-Linien-System**

(- - - Fayol'sche Brücke)

| Vorteile | |
|---|---|
| ▸ Klare und eindeutige Regelung von Unterstellungsverhältnissen, Kompetenzen und Verantwortlichkeit<br>▸ Überschaubarkeit und Einfachheit der Beziehungsstruktur<br>▸ Schutz der Hierarchie vor Übergriffen und Eingriffen von Dritten | ▸ Spezialisierung durch Funktionsteilung<br>▸ direkte Weisungs- und Informationswege<br>▸ Betonung der Fachautorität<br>▸ sachliche Konflikträchtigkeit zur Erzeugung produktiver Konflikte für neuartige Lösungen |
| Nachteile | |
| ▸ starke Beanspruchung der übergeordneten Einheiten mit Koordinationsaufgaben<br>▸ lange und umständliche Weisungs- und Informationswege<br>▸ personale Abhängigkeit zwischen Vorgesetzten und Mitarbeitern | ▸ Problem der Abgrenzung von Zuständigkeiten, Weisungen und Verantwortlichkeiten für ein insgesamt koordiniertes Handeln<br>▸ Schwierigkeit der Fehlerzurechnung<br>▸ sachliche Konflikträchtigkeit mit der Gefahr der Ausuferung in den persönlichen Konfliktbereich |

Quelle: *Bühner*, Betriebswirtschaftliche Organisationslehre, 9. Aufl., München/Wien 1999, S. 130.

Erfolgreiche Unternehmen leiten Anpassungsmaßnahmen frühzeitig und möglichst inkrementell (zur Minimierung der Umstellungskosten) ein. Wachstumskrisenunternehmen sind dagegen einem hohen Reorganisationsdruck ausgesetzt; sie beginnen erst in der Wachstumskrise, dann allerdings meist hektisch, mit der Einrichtung neuer Planungs-, Kontroll- und Berichtssysteme. Somit unterliegt auch die Fortentwicklung des Controllings im Unternehmen einem permanenten Anpassungs- und Verbesserungsprozess.

## 5. Planung und Kontrolle auf Basis strategischer Geschäftsfelder

### 5.1 Begriff der strategischen Geschäftsfelder

Zwecks Optimierung der Planungsgenauigkeit sind insbesondere in diversifizierten, heterogenen Großunternehmen die Objekte der strategischen Planung von der Gesamtunternehmensebene auf die Ebene der strategischen Geschäftsfelder zu verlagern.

**Strategische Geschäftsfelder** („strategic business units" – SBU) sind Produkte oder Produktgruppen, die sich von anderen in ihren Markt- und Umweltbedingungen so weitgehend voneinander unterscheiden, dass sich für sie eine eigenständige strategische Planung empfiehlt. Relevante Unterscheidungskriterien sind

▶ Art und Verwendungszweck der Produkte bzw. die eingesetzte Produktionstechnologie,

▶ die Kunden (Privatkunden, gewerbliche Kunden, Institutionen) oder

▶ geographische Tätigkeitsgebiete.

Auf Basis der strategischen Geschäftsfelder erfolgt sodann eine jeweils eigenständige

▶ Produktprogramm- und Potenzialplanung (hierzu zählt ebenfalls die Investitions- und Desinvestitionsplanung sowie die Kapitalstrukturplanung),

▶ Organisations-, Informationssystems- und Personalplanung,

die auf Gesamtunternehmensebene wiederum zusammengefasst werden muss. Die Summe aller strategischen Geschäftsfelder einer Unternehmung wird dann i. A. a. die Terminologie der Finanzmarkttheorie als Portfolio bezeichnet.

**ABB. 80: Grundlagen der Bildung strategischer Geschäftsfelder**

| Kunden | Technologie | Segmentierungen | | |
|---|---|---|---|---|
| | | Geographische Gebiete | | |
| | | Deutschland | USA | Europa |
| Haushalte | T1 | SGF 1 | SGF 3 | SGF 2 |
| | T4 | | | |
| | T3 | SGF 4 | | |
| Industrie | T1 | SGF 5 | | |
| | T2 | | | |

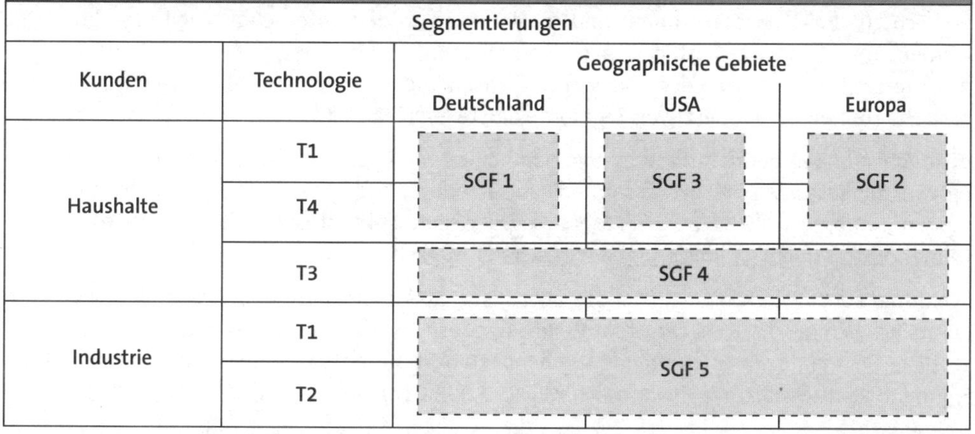

Quelle: *Picot*, in: WiSt 1981, S. 564.

Als allgemeine Vorteile der Aufteilung von Unternehmen in strategische Geschäftsfelder, welche dem Grundsatz nach den **profit centern** der Spartenorganisation entsprechen, können in Analogie zu jenen angeführt werden

▶ die schnellere Entscheidungsfindung bei Produkt- oder Marktentscheidungen und damit eine stärkere Kundennähe,

- die Entlastung der Geschäftsleitung von der Gewinnverantwortung und zugleich die Möglichkeit der Implementierung eines ergebnisorientierten Führungssystems,
- die Verschlankung von Organisationsstrukturen und damit einhergehend
- die spürbare Reduktion des Gemeinkostenblocks durch Dezentralisierung und zielgenauere Zurechnungsmöglichkeit von Kosten und Leistungen.

## 5.2 Segmentberichterstattung als Instrument der strategischen Kontrolle

Die Segmentberichterstattung ist gem. § 297 Abs. 1 Satz 2 HGB freiwilliger Bestandteil des Konzernabschlusses. Für Mutterunternehmen eines Konzerns i. S. des § 315a Abs. 1 HGB ist eine Segmentberichterstattung als Bestandteil der „notes" obligatorisch aufzustellen (§ 315a Abs. 1 HGB i.V. m. IFRS 8). Ziel des Rechenwerks ist es, einen nach den wesentlichen Geschäftsfeldern des Unternehmens differenzierten Einblick in deren Vermögens-, Finanz- und Erfolgslage zu gewähren. Auch soll die Einschätzung der Chancen und Risiken der einzelnen Geschäftsfelder verbessert werden.

Einzelfragen der Aufstellung von Segmentberichten für Zwecke des Konzernabschlusses regelt der **Deutsche Rechnungslegungs Standard 3 (DRS 3)** in der vom BMJ bekannt gemachten Fassung vom 31. 8. 2005. Demnach stellen Segmente die wesentlichen Geschäftsfelder eines Unternehmens dar, die durch spezifische, in sich homogene Chancen-Risiken-Profile, Wachstumserwartungen und Zukunftsaussichten gekennzeichnet sind. Die Segmentierung ergibt sich somit aus der internen Organisations- und Berichtsstruktur des Unternehmens, wobei unterstellt wird, dass die Strukturierung auf die unterschiedlichen Chancen und Risiken der Unternehmensaktivitäten abstellt (DRS 3, Tz. 9 f.).

**Operative Segmente** sind solche, die geschäftliche Tätigkeiten entfalten, potenziell oder tatsächlich zu Umsatzerlösen führen und regelmäßig von der Unternehmensleitung überwacht werden, um deren wirtschaftliche Lage zu beurteilen. Als operative Segmente gelten auch jene, die ihre Leistungen ganz oder überwiegend an andere Segmente abgeben; lediglich Zentralbereiche können keine operativen Segmente darstellen (DRS 3, Tz. 8).

**Anzugebende Segmente** sind operative Segmente, deren Umsatzerlöse, Ergebnisse oder Vermögen mindestens 10 % der gesamten Umsatzerlöse, des gesamten Ergebnisses oder Vermögens betragen (DRS 3, Tz. 15 ff.). Dieser sog. „Wesentlichkeitstest" soll eine verschleiernde Informationsflut durch Atomisierung der Geschäftstätigkeit verhindern.

Wenn die konsolidierten Umsatzerlöse aller insoweit identifizierten anzugebenden Segmente kumuliert weniger als 75 % der Gesamt-Umsatzerlöse ausmachen, hat die Geschäftsleitung zusätzliche Segmente als anzugebende Segmente zu bestimmen, so dass die Repräsentativität der Segmentberichterstattung gewahrt bleibt (DRS 3, Tz. 12 ff.).

Die **Abgrenzung** von Segmenten erfolgt mittels nachstehender Kriterien (DRS 3, Tz. 8):
- **produktorientierte** Kriterien (gleichartige Produkte oder Dienstleistungen, gleichartige Produktions- oder Dienstleistungsprozesse, gleichartige Kundengruppen, gleichartige Vertriebsmethoden, sonstige geschäftszweigbedingte Besonderheiten) oder
- **geographische** Kriterien (gleichartige wirtschaftliche und politische Rahmenbedingungen, räumliche Nähe der Tätigkeiten, spezielle Risiken von Tätigkeiten in einem bestimmten Gebiet, gleichartige Außenhandels- und Devisenbestimmungen, gleichartiges Währungsrisiko).

Nachstehend das Beispiel einer Segmentierung der Metro Group:

| ABB. 81: | Segmentierung am Beispiel der Metro Group |
|---|---|
| Segment | Beschreibung |
| Selbstbedienungsgroßhandel (Cash & Carry) | Metro Cash & Carry ist ein international führendes Unternehmen im Selbstbedienungsgroßhandel und zugleich die umsatzstärkste und internationalste Vertriebslinie der METRO Group. Das Unternehmen bietet beispielsweise Hotels, Restaurants und kleinen bis mittelständischen Händlern eine breite Auswahl qualitativ hochwertiger Waren zu Großhandelspreisen. |
| Lebensmitteleinzelhandel (Real) | Unter dem Dach der Real SB-Warenhaus GmbH führt das Unternehmen rund 350 SB-Warenhäuser in ganz Deutschland und derzeit rund 90 weitere in Polen, Russland, Rumänien und der Türkei. Das Sortiment umfasst alle Produkte des täglichen Bedarfs, von Lebensmitteln über Elektrogeräte bis zur Kleidung. |
| Elektrofachhandel (Media Markt & Saturn) | Media Markt ist Deutschlands und Europas Nummer Eins in der Elektrofachmarktbranche. Mit kontinuierlichen Tiefpreisen, einem ausgedehnten Netz an Fachmärkten und der branchenweit einmaligen Sortimentsbreite der neuesten Markenprodukte ist es Media Markt gelungen, mit deutlichem Abstand die Marktführerschaft zu erringen. Die Marke Media Markt steht für ein umfassendes Sortiment in den Bereichen Telekommunikation, Computer, Foto, HiFi und Elektrogeräte. |
| | In der METRO Group steht Saturn für Elektrofachmärkte vor allem in zentraler Innenstadtlage mit einem außerordentlich breiten Sortiment. Das Angebot umfasst bis zu 100.000 Artikel aus den Bereichen Unterhaltungselektronik, Haushaltsgeräte, Neue Medien, Telekommunikation, Computer und Foto. Dabei sticht vor allem das große CD-Angebot mit rund 60.000 Titeln hervor. |
| Warenhäuser (Galeria Kaufhof) | Die Galeria Kaufhof GmbH ist der Warenhausbetreiber der METRO Group. Die Standorte des Unternehmens befinden sich überwiegend im Zentrum der Innenstädte – meist in den „1A"-Lagen der Cities. Mit seinem Lifestyle- und erlebnisorientierten Galeria-Konzept präsentiert sich Kaufhof als Innovationsführer im deutschen Warenhausbereich, der Tradition und Innovationskraft erfolgreich verbindet. |

Quelle: *http://www.metrogroup.de/internet/site/metrogroup/node/9291/Lde/index.html.*

Ein **Ablaufschema** zur Bestimmung der anzugebenden Segmente ist DRS 3, Anlage 1 wie folgt zu entnehmen.

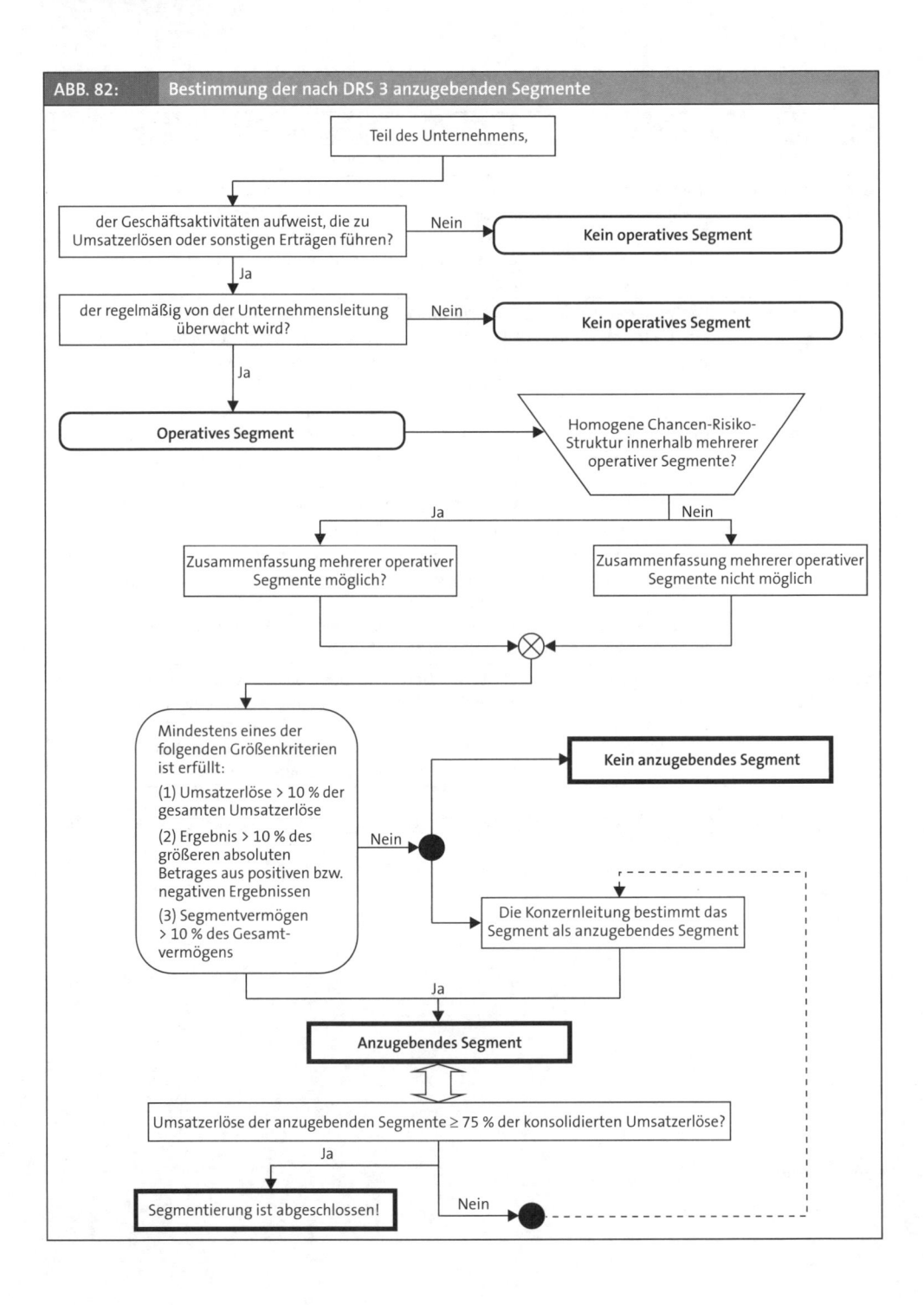

**ABB. 82: Bestimmung der nach DRS 3 anzugebenden Segmente**

Teil des Unternehmens,
- der Geschäftsaktivitäten aufweist, die zu Umsatzerlösen oder sonstigen Erträgen führen? — Nein → Kein operatives Segment
- Ja ↓
- der regelmäßig von der Unternehmensleitung überwacht wird? — Nein → Kein operatives Segment
- Ja ↓
- **Operatives Segment**

Homogene Chancen-Risiko-Struktur innerhalb mehrerer operativer Segmente?
- Ja → Zusammenfassung mehrerer operativer Segmente möglich?
- Nein → Zusammenfassung mehrerer operativer Segmente nicht möglich

Mindestens eines der folgenden Größenkriterien ist erfüllt:
(1) Umsatzerlöse > 10 % der gesamten Umsatzerlöse
(2) Ergebnis > 10 % des größeren absoluten Betrages aus positiven bzw. negativen Ergebnissen
(3) Segmentvermögen > 10 % des Gesamtvermögens

- Nein → Kein anzugebendes Segment
- Die Konzernleitung bestimmt das Segment als anzugebendes Segment
- Ja → **Anzugebendes Segment**

Umsatzerlöse der anzugebenden Segmente ≥ 75 % der konsolidierten Umsatzerlöse?
- Ja → **Segmentierung ist abgeschlossen!**
- Nein → (zurück)

**Angabepflichten** im Rahmen der Segmentberichterstattung bestehen in der

- **qualitativen Beschreibung** der Segmente einschließlich einer Darstellung der Kriterien der Abgrenzung der Segmente sowie
- **betragsmäßigen Darstellung** pro Segment von
  - Umsatzerlösen, gegliedert nach externen Kunden und anderen Segmenten,
  - Ergebnissen einschließlich der darin enthaltenen Abschreibungen, anderer nicht zahlungswirksamer Posten sowie des Beteiligungsergebnisses,
  - Buchwerten des zuordenbaren Vermögens einschließlich der Beteiligungen,
  - Investitionen in das langfristige Vermögen sowie
  - zuordenbare Schulden (Finanzschulden sowie dem working capital zuzurechnende Schulden; DRS 3, Tz. 31).

Das Segmentergebnis ist im DRS 3 nicht explizit definiert, nach h. M. wird hierunter das Jahresergebnis nach Steuern verstanden.

Segmentvermögen ist Anlage- und Umlaufvermögen einschl. der Beteiligungen. Wird ein Vermögensgegenstand von mehreren Segmenten genutzt, ist dieser sachgerecht auf die Nutzersegmente aufzuschlüsseln. Geeignete Schlüsselgrößen sind z. B. die Nutzfläche oder die produzierten Einheiten. Segmentschulden sind die Finanzschulden sowie die dem working capital zuzurechnenden Schulden des Segments gleich welcher Fristigkeit.

Je nach Definition des Ergebnisses sind auch Zinserträge, Zinsaufwendungen sowie Ertragsteuern anzugeben (DRS 3, Tz. 32 f.). Daneben wird die segmentbezogene Angabe des Cashflows aus der gewöhnlichen Geschäftstätigkeit empfohlen (DRS 3, Tz. 36).

Die betragsmäßigen Angaben sind über alle angegebenen Segmente zu summieren und auf die Gesamtbeträge der Unternehmensebene überzuleiten. Weitere Überleitungsrechnungen sind erforderlich, wenn Segmente erstmals angegeben werden oder wegfallen.

In der Praxis der Segmentberichterstattung werden häufig Kennzahlen der **wertorientierten Unternehmensführung** angegeben, insbesondere

- **„earnings before interest and taxes"** (EBIT), d. h. das um Effekte aus der Kapitalstruktur bereinigte Ergebnis vor Steuern,
- **„earnings before interest, taxes and amortization"** (EBITA), wobei zusätzlich ergebnisverzerrende Effekte der verfolgten (internen bzw. externen) Wachstumsstrategie durch Addition der Abschreibungen auf aktivierte Geschäfts- oder Firmenwerte ausgeschaltet werden, sowie
- **„earnings before interest, taxes, depreciation and amortization"** (EBITDA), wobei zusätzlich ergebnisverzerrende Effekte der Abschreibungspolitik (z. B. Wahl zwischen linearer oder degressiver Abschreibungsmethode) durch Addition der Abschreibungen auf Sach- und immaterielles Anlagevermögen eliminiert werden.

| ABB. 83: | Entwicklung der Pro-forma-Kennzahlen und Interpretation der Korrekturen beim EBITDA | |
|---|---|---|
| **Entwicklung der Pro-forma-Kennzahlen** | | |
| EBT = | Jahresüberschuss + Steuern vom Einkommen und Ertrag | Eliminierung des vom Management beeinflussbaren Steueraufwands (Standortentscheidungen, steuerbegünstigte Investitionen etc.) |
| EBIT = | EBT + Zinsaufwand | Eliminierung des vom Management beeinflussbaren Zinsaufwands, Unternehmen mit höherem Verschuldungsgrad haben einen systematisch niedrigeren EBT |
| EBITA = | EBIT + Abschreibungen auf aktivierte Geschäfts- oder Firmenwerte | Eliminierung des vom Management beeinflussbaren Abschreibungsaufwands (Unternehmenskauf oder Eigenentwicklung, vollständige oder teilweise Aktivierung des Firmenwerts oder Sofortabschreibung, Nutzungsdauer des Firmenwerts, soweit nach HGB) |
| EBITDA = | EBITA + Abschreibungen auf immaterielles und Sachanlagevermögen | Eliminierung des vom Management beeinflussbaren Abschreibungsaufwands (Anlagenkauf oder Leasing, operate oder finance-Leasing, bei Aktivierung Annahmen an Nutzungsdauer, Restwert, Abschreibungsmethode) |
| EBITDAR = | EBITDA + Miet-, Pacht- und Leasing-Aufwand | Bei Unternehmen, die das Anlagenleasing bzw. Gebäudemiete vornehmen (Betreibergesellschaften), ist der EBITDA noch um den entsprechenden Aufwand gemindert, während beim Erwerb die entsprechenden Abschreibungen bereits hinzuaddiert wurden |
| **Interpretation der Korrekturen beim EBITDA** | | |
| 1. Steueraufwand | ▶ | Bereinigung um Effekte aus der **Steuerpolitik** (Rechtsformwahl, Standortwahl, Nutzung steuerlicher Sonderabschreibungen etc.) |
| 2. Zinsaufwand | ▶ | Bereinigung um Effekte aus der **Finanzierungspolitik** (Verschuldungsgrad, „steuerliche Privilegierung des Fremdkapitals" durch Anerkennung der Zinsen als abzugsfähige Betriebsausgaben) |
| 3. Abschreibung auf Firmenwerte | ▶ | Bereinigung um Effekte aus der **Wachstumspolitik** (Internes Wachstum: FuE ist als Aufwand zu verrechnen; externes Wachstum: Aktivierung möglich) |
| 4. Abschreibungen auf SAV | ▶ | Bereinigung um Effekte aus der **Abschreibungspolitik** (Methodenwahlrecht bei Abschreibungsmethode, Ermessensspielraum bei Schätzung Nutzungsdauer) |

Der in der Praxis verbreitete EBITDA gibt somit ein synthetisches Ergebnis wieder, das um Effekte aus der Besteuerung, der Verschuldung sowie der Investitions-, Wachstums- und Abschreibungspolitik bereinigt wird (sog. **„Pro-forma-Kennzahl"**). Gleichwohl ist das Management natürlich auch für zu hohe Zinsen und Abschreibungen verantwortlich, weswegen der EBITDA auch gerne als **„Earnings Before Bad Stuff"** oder **„Earnings Before I Tricked the Dumb Auditor"** kritisiert wird.

Hiermit wird zum Ausdruck gebracht, dass im EBITDA aufwandswirksame Effekte aus fehlerhafter

▶ Standortpolitik (Steueraufwand),
▶ Kapitalaufnahme- und Kapitalstrukturpolitik (Zinsaufwand) sowie
▶ Investitionspolitik betreffend die Akquisitionspolitik ganzer Unternehmen sowie die Anschaffung eigener Kapazitäten (Abschreibungsaufwand)

bereinigt werden. Hieraus ergibt sich, dass der EBITDA eine geeignete Erfolgskennzahl für das operative Management, etwa eine Filial- oder Betriebsstättenleitung, darstellt, welche im Rahmen der gegebenen Kapazität erfolgsoptimal wirtschaften soll, aber nicht für Standort, Größe und Beschaffenheit der Kapazität verantwortlich ist. Für das Top-Management einer Holding stellt dagegen der EBITDA keine geeignete Erfolgskennzahl dar, da fehlerhafte strategische Entscheidungen dort keinen Niederschlag finden.

Sinn und Unsinn der „Pro-forma-Kennzahlen" am Beispiel des EBITDA wurden im Fachschrifttum unter den polarisierenden Schlagworten **„the good, the bad and the ugly"** (vgl. *Wayman*, *http://www.investopedia.com/articles/analyst*) diskutiert. Demnach bildet das

- **„Gute"** die Ermöglichung eines zwischenbetrieblichen und intertemporalen Vergleichs, indem ein operatives, auf die Leistungserbringung i. e. S. abstellendes Erfolgsmaß generiert wird, das von vom operativen Management nicht beeinflussbaren Faktoren wie Steuerbelastung, Finanzierungsstruktur und Kapitalintensität abstrahiert,
- **„Schlechte"** das Fehlen einer anerkannten Inhaltsdefinition sowie von Berechnungsschemata und Überleitungsrechnungen, so dass „Äpfel mit Birnen" verglichen werden,
- **„Hässliche"** die mögliche Verschleierung tatsächlich negativer Ergebnissituationen, indem durch Hinzuaddieren eigentlich überhöhter Aufwandsgruppen das Ergebnis ins Positive „gedreht" wird; dies gilt insbesondere für die Fremdkapitalzinsen bei gleichzeitigem Vorhandensein einer fremdkapitallastigen Finanzierungsstruktur.

So weist etwa die TUI AG folgende Echtzahlen im Geschäftsbericht aus:

| ABB. 84: | Berechnung von Pro-forma-Kennzahlen am Beispiel der TUI AG | |
|---|---|---|
| **Überleitung vom Konzernjahresüberschuss zu Pro-forma-Kennzahlen** | | |
| TUI AG, Hannover (Werte in Mio. €; vgl. *http://www.tui-group.com/de/ir/finanzpublikationen*) | | |
| Konzernjahresergebnis | | 141,9 |
| Steuern vom Einkommen und vom Ertrag | | 110,8 |
| **Ergebnis vor Ertragsteuern (EBT)** | | **252,7** |
| Zinsergebnis | | -284,9 |
| **Ergebnis vor Ertragsteuern und Zinsen (EBIT)** | | **537,6** |
| Planmäßige Abschreibungen von Geschäfts- oder Firmenwerten | | 13,8 |
| **Ergebnis vor Ertragsteuern, Zinsen und Abschreibungen von Geschäfts- oder Firmenwerten (EBITA)** | | **538,8** |
| Abschreibungen auf sonstige immaterielle Vermögenswerte und Sachanlagen | | 373,6 |
| Sonstige Abschreibungen und Zuschreibungen | | 11,7 |
| **Ergebnis vor Zinsen, Ertragsteuern und Abschreibungen (EBITDA)** | | **924,1** |
| Mietaufwendungen | | 824,9 |
| **Ergebnis vor Zinsen, Ertragsteuern, Abschreibungen und Mietaufwendungen (EBITDAR)** | | **1.749,0** |

Bei in der Gewinn- und Verlustrechnung ausgewiesenen Umsatzerlösen in Höhe von 18.330,3 Mio. € p. a. ergeben sich folgende **Renditen**:

| EBT-Rendite | 1,4 % |
|---|---|
| EBIT-Rendite | 2,9 % |
| EBITA-Rendite | 2,9 % |
| EBITDA-Rendite | 5,0 % |
| EBITDAR-Rendite | 9,5 % |

In der Praxis wird kritisiert, dass das ursprüngliche Ziel der Pro-forma-Kennzahlen, die Herstellung einer intertemporalen und zwischenbetrieblichen Vergleichbarkeit von Erfolgskennzahlen, ad absurdum geführt wird, da diese nach Belieben verwendet werden, um eine gewünschte Rentabilität auszuweisen und sich „schön zu rechnen", wie obiges Beispiel zeigt.

Weiter wird moniert, dass Steuer- und Zinsaufwand nicht nur Kosten, sondern auch Auszahlungen darstellen, sie beeinträchtigen sowohl die Rentabilität als auch die Liquidität. *Wayman* empfiehlt vor diesem Hintergrund die alleinige Verwendung **Cashflow-basierter Größen**, dies wiederum mit den Schlagworten „cash is king".

Die Pro-forma-Kennzahlen stellen im Ergebnis **Mischgrößen** aus buchhalterischen Erfolgsgrößen und zahlungsstromorientierten Daten dar. Sie können allenfalls die aus dem Rechnungslegungsbezug resultierenden Probleme abmildern, aber nicht vollständig vermeiden. Gleichwohl werden diese Kennzahlen in der Praxis vermehrt als Steuerungsbasis für die wertorientierte Unternehmensführung herangezogen.

| ABB. 85: | Segmentberichterstattung am Beispiel der Bremer Lagerhaus Gesellschaft (BLG) AG und der Fresenius AG | | | | | |
|---|---|---|---|---|---|---|
| Bremer Lagerhaus Gesellschaft (BLG) AG (vgl. *http://www.blg.de/blg-logistics/investor-relations/*) | | | | | | |
| Angaben in T€, Mitarbeiter in Köpfen | Automobile | | Contract | | Container | |
| | 20t1 | 20t0 | 20t1 | 20t0 | 20t1 | 20t0 |
| Umsatzerlöse | 381.944 | 321.269 | 304.263 | 282.307 | 328.406 | 299.776 |
| EBITDA | 32.429 | 20.893 | 22.962 | 23.080 | 86.639 | 79.073 |
| Abschreibungen | 17.491 | 11.638 | 12.734 | 12.189 | 36.859 | 36.990 |
| EBIT | 14.938 | 9.255 | 10.230 | 10.896 | 49.780 | 42.083 |
| Zinsaufwand | 6.007 | 6.252 | 5.269 | 5.401 | 10.840 | 11.407 |
| EBT | 10.788 | 3.910 | 7.156 | 8.352 | 41.404 | 33.613 |
| Vermögenswerte | 257.590 | 258.500 | 180.209 | 197.355 | 492.727 | 448.686 |
| Schulden | 151.134 | 154.453 | 95.597 | 108.859 | 167.191 | 139.973 |
| Investitionen | 19.495 | 13.333 | 6.747 | 7.830 | 37.888 | 12.147 |
| Eigenkapital | 68.168 | 65.335 | 30.237 | 19.539 | 217.620 | 210.746 |
| Mitarbeiter | 2.116 | 1.995 | 2.094 | 1.932 | 1.871 | 1.883 |

Planung und Kontrolle auf Basis strategischer Geschäftsfelder — KAPITEL II

**Automobile:** Hafenumschlag, Umschlag von schweren und sperrigen Gütern, Lagerung, technische Bearbeitung, Transporte per Straße, Schiene und Wasser, Supply Chain Management und speditionelle Services sowie die gesamte administrative Fertigfahrzeugabwicklung inklusive Dokumentation und Zollabfertigung.

**Contract:** Entwicklung kundenindividueller Logistiklösungen, insbesondere Autoteile- und Werkslogistik für die Automobilindustrie. Dies umfasst neben der Beschaffungslogistik von den Zulieferern und der Versorgung der Produktionslinien auch Verpackung und Versand.

**Container:** Containerumschlag in Europa mittels Terminals an der Nordsee, im Mittelmeer und am Atlantik.

Fresenius AG (vgl. http://www.fresenius.de/191.htm)

| Angaben in Mio. €, Mitarbeiter in Köpfen | Fresenius MedicalCare | | Fresenius Kabi | | Fresenius Helios | | Fresenius Vamed | |
|---|---|---|---|---|---|---|---|---|
| | 20t1 | 20t0 | 20t1 | 20t0 | 20t1 | 20t0 | 20t1 | 20t0 |
| Umsatz | 9.192 | 9.091 | 3.964 | 3.672 | 2.665 | 2.520 | 737 | 713 |
| EBITDA | 1.891 | 1.830 | 955 | 893 | 369 | 318 | 51 | 49 |
| Abschreibungen | 400 | 379 | 152 | 156 | 99 | 83 | 7 | 8 |
| EBIT | 1.491 | 1.451 | 803 | 737 | 270 | 235 | 44 | 41 |
| Jahresüberschuss | 770 | 738 | 354 | 294 | 163 | 131 | 34 | 30 |
| Operativer Cashflow | 1.039 | 1.032 | 462 | 567 | 294 | 311 | -83 | 47 |
| Bilanzsumme | 15.096 | 12.793 | 7.282 | 6.860 | 3.495 | 3.270 | 594 | 549 |
| Finanzverbindlichkeiten | 5.573 | 4.400 | 4.395 | 4.298 | 1.104 | 1.096 | 44 | 16 |
| Investitionen und Akquisitionen | 2.614 | 1.314 | 188 | 205 | 202 | 179 | 10 | 14 |
| Mitarbeiter | 83.476 | 77.442 | 24.106 | 22.851 | 37.198 | 33.321 | 3.724 | 3.110 |

**Fresenius Medical Care:** Dialyseprodukte und Dialysedienstleistungen zur medizinischen Versorgung von Patienten mit chronischem Nierenversagen.

**Fresenius Kabi:** Ernährungs- und Infusionstherapie für die Versorgung von schwer und chronisch kranken Patienten; daneben Produkte der Transfusionstechnologie.

**Fresenius Helios:** Betrieb von Krankenhäusern.

**Fresenius Vamed:** Engineering- und Dienstleistungen für Krankenhäuser und Gesundheitseinrichtungen.

Die vorliegenden Echtdaten sind den Jahresabschlüssen der Unternehmen entnommen und können in zweierlei Hinsicht aufbereitet und interpretiert werden:

▶ im **Zeitvergleich** als Wachstumsrate zu den Vorjahreswerten,

▶ im **intersegmentären Vergleich**, indem die Summe aller angegebenen Segmente auf 100 % indiziert wird.

Inhalt der Segmentberichterstattung sind absolute Werte pro Segment. Wie bei der allgemeinen Unternehmensanalyse lassen sich diese mittels Zuordnung zu geeigneten Bezugsgrößen zu relativen Kennzahlen (**Beziehungszahlen**) transformieren; auch ist im intertemporalen Vergleich die Bildung von **Wachstumsraten** möglich, allein schon deshalb, da sowohl DRS 3 als auch IFRS 8 zur Angabe vergleichbarer Vorjahreswerte zwingen.

Nach Kirsch lassen sich auf Basis der obligatorischen Segmentangaben folgende Kennzahlen bilden und zu einem Kennzahlensystem verdichten:

**ABB. 86: Segmentkennzahlen**

| Kennzahltyp | | Kennzahlendefinition |
|---|---|---|
| Rentabilitätskennzahlen (alternativ auf Basis des Cashflows anstelle des Ergebnisses) | Umsatzrentabilität | Segmentergebnis/Segmenterlöse · 100 % |
| | Gesamtkapitalrentabilität | Segmentergebnis/Segmentvermögen zu Buchwerten · 100 % |
| | Eigenkapitalrentabilität | Segmentergebnis/ (Segmentvermögen - Segmentschulden) · 100 % |
| | Beteiligungsrentabilität | Beteiligungsergebnis/Beteiligungen zu Buchwerten · 100 % |
| Produktivitätskennzahlen | Kapitalumschlag | Segmenterlöse/Segmentvermögen zu Buchwerten |
| | Mitarbeiterproduktivität | Segmenterlöse/Anzahl Mitarbeiter |
| Finanzierungskennzahlen | Investitionsquote | Segmentinvestitionen/Segmentvermögen zu Buchwerten · 100 % |
| | Innenfinanzierungsgrad | Segmentinvestitionen/Operativer Cashflow · 100 % |

Quelle: *Kirsch*, DB 2001, S. 1514 ff.; ders., PIR 2007, S. 63 ff.

Weitere Kennzahlen sind gegeben durch die

▶ operative Segment-Umsatzrendite mit dem EBIT als Zählergröße,

▶ Segment-Gesamtkapitalrendite = Segment-EBIT/Segment-Vermögen · 100 %,

▶ Segment-Cashflowquote = Segment-Cashflow/Segment-Umsatz · 100 %.

Der Segment-Cashflow lässt sich – wenn keine explizite Angabe erfolgt – häufig indirekt auf Basis der Angaben Segmentergebnis, Segmentabschreibungen sowie der sonstigen nicht zahlungswirksamen Aufwendungen des Segments additiv berechnen. Auf dieser Basis können weitere Kennzahlen wie folgt ermittelt werden:

▶ die Segment-Investitionsquote als Quotient aus Segment-Investitionen und Segment-Vermögen,

▶ die Segment-Wachstumsquote als Quotient aus Segment-Investitionen und Segment-Abschreibungen,

- die Segment-Investitionsdeckung als Quotient aus Segment-Cashflow und Segment-Investitionen,
- die Segment-Entschuldungsdauer als Quotient aus Segment-Schulden und Segment-Cashflow,
- der Segment-Free Cashflow als Saldo von Segment-Cashflow und Investitionen.

Auf diesen Erkenntnissen aufbauend lässt sich eine Konzentrationsanalyse nach Art der ABC-Analyse der Marketinglehre vornehmen. Letztere beziffert bekanntlich die jeweiligen Anteile der Produkte, Produktgruppen oder Kunden am Gesamtumsatz sowie am Gesamtdeckungsbeitrag. In der Folge werden

- als A-Artikel solche mit höherem Anteil am Gesamtdeckungsbeitrag als am Gesamtumsatz,
- als C-Artikel solche mit umgekehrter Relation

gekennzeichnet. Bei B-Artikeln entsprechen sich die Anteile am Deckungsbeitrag und Umsatz ungefähr. Für die Konzentrationsanalyse der Segmente ist in gleicher Weise der anteilige Umsatz die grundlegende Bezugsgröße. Die Spalte „Sonstiges, Konsolidierung usw." wird bei der Aufbereitung nicht berücksichtigt. Die Analyse erfolgt auf der Basis einer festgelegten Bezugsgröße, i. d. R. der relativen Umsatzanteile.

Bestehen bei einer Segmentkennzahl erhebliche Abweichungen zwischen den dort erhobenen Anteilen und den Umsatzanteilen, so ergeben sich Interpretationsmöglichkeiten hinsichtlich

- der relativen Profitabilität (Rentabilität) der Segmente auf der Jahresabschluss- und Cashflow-Ebene, wobei erste Ebene die Ertragskraft und letztere die Finanzkraft indiziert. Falls der Cashflow nicht angegeben wird, kann sich bezüglich der Finanzkraft mit dem EBITDA beholfen werden, wobei allerdings zu berücksichtigen ist, dass Steuern und Zinsen gleichwohl auszahlungswirksam sind,
- des Investitionsbedarfs und der Abschreibungsintensität und insoweit der Substanzentwicklung und Wachstumsstrategie,
- der Kapitalstruktur als Relation von Segmentvermögen und -schulden,
- der relativen Kapital- und Mitarbeiterbindung, Kapital- und Mitarbeiterproduktivität und insgesamt in integrierender Würdigung
- der verfolgten Geschäftsfeldstrategie (externes oder internes Wachstum, Konsolidierung, Desinvestition),
- der Einordnung der Segmente in die Felder der Portfolio-Analyse (vgl. hierzu Kapitel II. 5.5, nachfolgend).

Hierbei lassen sich abstrahierend folgende **Tendenzaussagen** für ein fiktives Segment treffen (in umgekehrter Richtung gilt die Tendenzaussage jeweils analog):

| ABB. 87: | Interpretation von Kennzahlenkonstellationen im Rahmen der Konzentrationsanalyse |
|---|---|
| Kennzahl (Anteile) | Interpretation |
| Umsatz vs. Jahresüberschuss | Ein höherer Anteil am Jahresüberschuss als am Umsatz bedeutet eine höhere Segmentrentabilität als die Rentabilität des Gesamtunternehmens. Das Segment erwirtschaftet bezogen auf das Gesamtunternehmen eine Überrendite; es bildet einen Werttreiber. |
| Jahresüberschuss vs. EBIT | Ein höherer Anteil am EBIT als am Jahresüberschuss impliziert, dass auf dieses Segment überdurchschnittlich hohe Zins- und/oder Steueraufwendungen entfallen, da sich der Jahresüberschuss um diese Aufwandsgruppen bei Berechnung des EBIT erhöht. |
| EBIT vs. EBITDA (EBITA) | Ein höherer Anteil am EBITDA (EBITA) als am EBIT resultiert daraus, dass auf dieses Segment tendenziell überdurchschnittlich hohe Abschreibungen entfallen. Dies deutet auf einen reifen Markt und die Verfolgung einer Melkstrategie hin (falls Anteil am EBIT > Anteil am EBITDA (EBITA): tendenziell hohe Marktdynamik). |
| Jahresüberschuss vs. Cashflow | Ein höherer Anteil am Cashflow als am Jahresüberschuss resultiert ebenfalls daraus, dass auf dieses Segment überdurchschnittlich hohe Abschreibungen entfallen, da diese – neben der Nettozuführung zu Rückstellungen – die wesentliche Hinzurechnung zum Jahresüberschuss bei Überleitung zum Cashflow bilden. Der Anteil am Jahresüberschuss indiziert die Ertragskraft, derjenige am Cashflow die Finanzkraft. Bei Nichtangabe des Cashflows kann der EBITDA diesen annähern. |
| Investitionen vs. Abschreibungen | Ein höherer Anteil an den Investitionen als an den Abschreibungen deutet auf die Verfolgung einer Wachstumsstrategie hin (umgekehrt: Melkstrategie). |
| Umsatz vs. Mitarbeiter | Ein niedrigerer Anteil am Umsatz als an der Gesamtmitarbeiterzahl impliziert eine unterdurchschnittliche Personalproduktivität (überdurchschnittliche Personalbindung), verbunden mit einem Fixkosten- und Zahlungsabflussrisiko, da Personal größtenteils fixe Kosten verursacht, welche bei einem Umsatzrückgang nicht in gleicher Weise reduziert werden können. |
| Umsatz vs. Vermögen | Ein niedrigerer Anteil am Umsatz als am Vermögen lässt auf eine unterdurchschnittliche Vermögensproduktivität (überdurchschnittliche Vermögensbindung) schließen, verbunden mit einem Leerstands- und Amortisationsrisiko in Bezug auf das dem Segment zuordenbare Anlagevermögen. |
| Vermögen vs. Schulden | Ein niedrigerer Anteil am Vermögen als an den Schulden deutet auf einen überdurchschnittlich fremdfinanzierten Vermögensaufbau hin. |

Die nicht abschließende Aufzählung wird nun an vorstehenden Beispielen illustriert.

| ABB. 88: | Interpretation der Segmentberichterstattung am Beispiel der Bremer Lagerhaus Gesellschaft (BLG) AG | | |
|---|---|---|---|
| **Wachstumstendenz** | | | |
| Segment | Automobile | Contract | Container |
| Umsatz | Wachstum um rd. 20 % | Wachstum um rd. 8 % | Wachstum um rd. 10 % |
| EBIT | Wachstum um rd. 60 % | Konstant | Wachstum um rd. 18 % |
| Vermögen | Konstant, jedoch steigende Investitionen | Reduktion um rd. 10 %, im Verhältnis zu Abschreibungen niedrige Investitionen | Wachstum um rd. 10 %, stark steigende Investitionen |

| Konzentrationsanalyse | | | | | | |
|---|---|---|---|---|---|---|
| Angaben in % | Automobile | | Contract | | Container | |
| | 20t1 | 20t0 | 20t1 | 20t0 | 20t1 | 20t0 |
| Umsatzerlöse | 37,6 | 35,6 | 30,0 | 31,2 | 32,4 | 33,2 |
| EBITDA | 22,8 | 17,0 | 16,2 | 18,7 | 61,0 | 64,3 |
| Abschreibungen | 26,1 | 19,1 | 19,0 | 20,0 | 54,9 | 60,9 |
| EBIT | 19,9 | 14,9 | 13,6 | 17,5 | 66,5 | 67,6 |
| Zinsaufwand | 27,2 | 27,1 | 23,8 | 23,4 | 49,0 | 49,5 |
| EBT | 18,2 | 8,5 | 12,0 | 18,2 | 69,8 | 73,3 |
| Vermögenswerte | 27,7 | 28,6 | 19,4 | 21,8 | 52,9 | 49,6 |
| Schulden | 36,5 | 38,3 | 23,1 | 27,0 | 40,4 | 34,7 |
| Investitionen | 30,4 | 40,0 | 10,5 | 23,5 | 59,1 | 36,5 |
| Eigenkapital | 21,6 | 22,1 | 9,6 | 6,6 | 68,8 | 71,3 |
| Mitarbeiter | 34,8 | 34,3 | 34,4 | 33,3 | 30,8 | 32,4 |

| Interpretation | | | |
|---|---|---|---|
| Segment | Automobile | Contract | Container |
| Wachstum | Hauptumsatzträger, hohes Wachstum, hoher Gewinnanstieg | Unterdurchschnittliches Umsatzwachstum und relativer Gewinnrückgang | Durchschnittliches Umsatz- und Gewinnwachstum |
| Ertragskraft, Rentabilität | Schwache Umsatzrendite, aber relativ niedrige Zinsbelastung, allerdings zunehmende Ertragskraft | Unterdurchschnittliche Umsatzrendite, zudem weiter abnehmend, daneben relativ hohe Zinslast | Weit überdurchschnittliche Umsatzrentabilität mit leicht sinkender Tendenz, Hauptwerttreiber des Unternehmens |
| Finanzkraft | Unterdurchschnittliche Abschreibungen und unterdurchschnittliche Finanzkraft, EBITDA-Anteil nur wenig über EBIT-Anteil | Aufgrund der Abschreibungen etwas höherer EBITDA-Anteil als EBIT-Anteil, zudem abnehmend, geringe Finanzkraft | Hohe Abschreibungen und damit sehr hohe Finanzkraft, Abschreibungen nehmen relativ etwas ab |
| Wachstum, Substanzentwicklung | Insgesamt Nettoinvestition (bei gleichbleibender Verschuldung); zudem ansteigende Investitionen, graduelles „Relifting" | In beiden Jahren Netto-Desinvestition; deutliche Substanzaushöhlung | Übergang von Netto-Desinvestition zu Netto-Investition; starker Vermögensaufbau, starkes „Relifting" |
| Kapitalstruktur | Schulden sinken sowohl absolut als auch relativ in Bezug auf Vermögensentwicklung; relativ jedoch Schuldenüberhang | Im Verhältnis zum Umsatz sehr niedrige Verschuldung; relativ zum Vermögen aber Schuldenüberhang; jedoch Entschuldungsstrategie | Im Verhältnis zum Umsatz hohe, relativ zum Vermögensbestand aber unterdurchschnittliche Verschuldung, parallel verlaufender Schulden- und Vermögensaufbau |

| Interpretation | | | |
|---|---|---|---|
| Segment | Automobile | Contract | Container |
| Ressourcen-produktivität | Überdurchschnittliche Vermögens- und durchschnittliche Mitarbeiterproduktivität, tendenzlose Entwicklung | Überdurchschnittliche Vermögensproduktivität, unterdurchschnittliche Mitarbeiterproduktivität, hohes Fixkostenrisiko in Bezug auf Personal, bedenkliche Entwicklung | Sehr geringe Vermögensproduktivität; durchschnittliche Mitarbeiterproduktivität, sehr anlageintensives Geschäftsfeld, hohes Fixkostenrisiko |
| Fazit | Unklare Ausgangsposition, tendenziell Fragezeichen, das mit Investitionen in den Star-Bereich gebracht werden soll | Wachstumstendenz, Ertrags- und Finanzkraft deuten auf Armen Hund hin | Reifer Star, der durch Investitionen weiter leuchten soll |

Für die Fresenius AG lassen sich in analoger Weise folgende Aussagen treffen:

**ABB. 89:** Interpretation der Segmentberichterstattung am Beispiel der Fresenius AG

| Segment | MedicalCare | Kabi | Helios | Vamed |
|---|---|---|---|---|
| Umsatz | Hauptumsatzträger, Wachstum nahe Null | Wachstum um rd. 8 % | Wachstum um rd. 5 % | Marginaler Umsatz, Wachstum rd. 3 % |
| EBIT | Konstant zum Vorjahr | Wachstum um rd. 10 % | Wachstum um rd. 15 % | Marginal und nahezu konstant |
| Vermögen | Wachstum um rd. 18 %, drastisch steigende Investitionen | Wachstum um rd. 6 %, rückläufige Investitionen | Wachstum um rd. 6 %, konstante Investitionen | Wachstum um rd. 8 %, marginale Investitionen |

| Konzentrationsanalyse | | | | | | | | |
|---|---|---|---|---|---|---|---|---|
| Angaben in % | Fresenius MedicalCare | | Fresenius Kabi | | Fresenius Helios | | Fresenius Vamed | |
| | 20t1 | 20t0 | 20t1 | 20t0 | 20t1 | 20t0 | 20t1 | 20t0 |
| Umsatz | 55,5 | 56,8 | 23,9 | 23,0 | 16,1 | 15,8 | 4,5 | 4,4 |
| EBITDA | 57,9 | 59,2 | 29,2 | 28,9 | 11,3 | 10,3 | 1,6 | 1,6 |
| Abschreibungen | 60,8 | 60,5 | 23,1 | 24,9 | 15,0 | 13,3 | 1,1 | 1,3 |
| EBIT | 57,2 | 58,9 | 30,8 | 29,9 | 10,3 | 9,5 | 1,7 | 1,7 |
| Jahresüberschuss | 58,3 | 61,9 | 26,8 | 24,6 | 12,3 | 11,0 | 2,6 | 2,5 |
| Operativer Cashflow | 60,7 | 52,7 | 27,0 | 29,0 | 17,2 | 15,9 | -4,9 | 2,4 |
| Bilanzsumme | 57,0 | 54,5 | 27,5 | 29,2 | 13,2 | 13,9 | 2,3 | 2,4 |
| Finanzverbindlichkeiten | 50,1 | 44,9 | 39,6 | 43,8 | 9,9 | 11,2 | 0,4 | 0,1 |
| Investitionen und Akquisitionen | 86,8 | 76,8 | 6,2 | 12,0 | 6,7 | 10,4 | 0,3 | 0,8 |
| Mitarbeiter | 56,2 | 56,6 | 16,2 | 16,7 | 25,1 | 24,4 | 2,5 | 2,3 |

| Segment | MedicalCare | Kabi | Helios | Vamed |
|---|---|---|---|---|
| Umsatz | Hauptumsatzträger, aber nur unterproportionale Steigerung der Umsatzerlöse | Steigende Umsatzerlöse, überproportionales Wachstum | Steigende Umsatzerlöse, durchschnittliches Wachstum | Marginalgeschäftsfeld, konstanter Umsatz |
| Ertragskraft, Rentabilität | Leicht überdurchschnittliche, relativ aber sinkende Rendite, sowohl beim Jahresüberschuss als auch beim EBIT | Überdurchschnittliche und zudem wachsende Rendite und Ertragskraft | Leicht unterdurchschnittliche Rendite und Ertragskraft, jedoch leicht ansteigend | Weit unterdurchschnittliche Rendite und Ertragskraft, tendenzlos |
| Finanzkraft | Überdurchschnittliche Finanzkraft trotz hoher Investitionen, hohes Cash-Aufkommen | Überdurchschnittliche Finanzkraft bei allerdings niedrigen Investitionen | Durchschnittliche Finanzkraft, tendenzloses Verhalten, Cashflow dabei besser aufgrund hoher Abschreibungen | Negativer Cashflow, auch beim EBITDA keine nennenswerte Finanzkraft |
| Wachstum, Substanzentwicklung | Betriebsvermögen wird überproportional ausgebaut, massiv ansteigende Investitionen, zugleich relativ hohe Abschreibungen, hohe Dynamik | Relativ höhere Abschreibungen als Investitionen, unterproportionale Investitionsneigung, tendenziell Melkstrategie | Relativ steigende Abschreibungen und sinkende Investitionen, allerdings wird absolut mehr investiert als abgeschrieben | Investitionen und Abschreibungen nahe Null, marginal |
| Kapitalstruktur | Leicht steigende Verschuldung, zum Vermögensanteil jedoch weiter unterproportional | Relativ gesunkene Verschuldung, Schuldenanteil jedoch höher als Vermögensanteil | Relativ gesunkene Verschuldung, Schuldenanteil dabei niedriger als Vermögensanteil | Niedriger Vermögensanteil, nahezu schuldenfrei |
| Ressourcenproduktivität | Durchschnittliche Vermögens- und Personalproduktivität, beim Vermögen aber abschwächend | Unterdurchschnittliche Vermögens-, zugleich überdurchschnittliche Personalproduktivität | Überdurchschnittliche Vermögens-, stark unterdurchschnittliche Personalproduktivität | Überdurchschnittliche Vermögens- und Personalproduktivität |
| Fazit | Unterproportionales Umsatzwachstum, hohe Überrendite, steigende Investitionen<br>→ Star mit leichter Sättigungstendenz | Wachstum, hohe Verschuldung, aber auch hohe Rendite, Melkstrategie<br>→ Sinkender Star Richtung Cash-Kuh | Steigende Umsätze, unterdurchschnittliche Ertragskraft, überdurchschnittliche Cashflows, Melkstrategie<br>→ „Reife" Cash-Kuh | Konstante und marginale Umsätze, sowohl keine nennenswerte Ertrags- als auch Finanzkraft<br>→ Armer Hund |

**Hinweis:** Während die Vermögenswerte großteils den Segmenten zugeordnet werden können, ist dies in Bezug auf die Schulden nur begrenzt möglich. Die den Segmenten zuordenbaren Schulden repräsentieren daher nur einen Teil der gesamten Konzernschulden. Dies kann zu Verwerfungen führen.

Im Ergebnis liegt hier ein solides Portfolio vor. Es scheint aber an langfristigen Wachstumschancen zu fehlen, alle Geschäftsfelder weisen mehr oder minder Sättigungstendenzen auf.

**BEISPIEL:** ▶ Die Sartorius AG berichtet ihre Geschäftszahlen nach den drei neuen Sparten Bioprocess Solutions, Lab Products & Services und Industrial Weighing. Die neuen Sparten bündeln jeweils die Geschäfte für gleiche Kundengruppen und Anwendungsfelder.
- ▶ Die Sparte Bioprocess Solutions umfasst das Bioprozessgeschäft, das integrierte Lösungen für alle zentralen Prozessschritte in der biopharmazeutischen Produktion von Medikamenten und Impfstoffen entwickelt und anbietet.
- ▶ Die Sparte Lab Products & Services umfasst die Labor-Produktportfolios der beiden bisherigen Sparten Biotechnologie und Mechatronik sowie das im Berichtsjahr erworbene Liquid Handling-Geschäft.
- ▶ Die Sparte Industrial Weighing beinhaltet hochwertige Mess-, Wäge- und Inspektionssysteme für Applikationen in Produktionsprozessen verschiedener Industrien (vgl. *http://www.sartorius.de/fileadmin/media/global/company/ir/ir_fact_sheet_2011_sartorius_group-de.pdf*).

Es wird folgende Segmentberichterstattung ausgewiesen:

Sartorius AG (vgl. *http://www.sartorius.de/fileadmin/media/global/company/ir/ir_annual_report_2012_sartorius_group-de.pdf*)

| Angaben in Mio. €, Mitarbeiter in Köpfen | Bioprocess Solutions | | Lab Products & Services | | Industrial Weighting | |
|---|---|---|---|---|---|---|
| | 20t1 | 20t0 | 20t1 | 20t0 | 20t1 | 20t0 |
| Auftragseingang | 479,2 | 432,0 | 282,0 | 216,0 | 105,4 | 101,4 |
| Umsatz | 474,2 | 410,2 | 268,9 | 222,0 | 102,7 | 100,9 |
| EBITDA | 96,2 | 83,9 | 44,0 | 31,8 | 9,9 | 10,3 |
| EBITA | 79,1 | 67,1 | 34,1 | 25,5 | 7,9 | 8,3 |
| Abschreibungen | 25,0 | 24,5 | 13,7 | 6,3 | 1,9 | 2,0 |
| Investitionen | 47,3 | 17,8 | 25,1 | 32,9 | 1,8 | 1,1 |
| Mitarbeiter | 2.777 | 2.621 | 1.972 | 1.959 | 742 | 718 |

**Bioprocess Solutions:** Angebot integrierter Lösungen für zentrale Prozessschritte in der biopharmazeutischen Produktion.
**Lab Products & Services:** Angebot von hochwertigen Laborinstrumenten (z. B. Laborwaagen, Pipetten und Reinstwassersysteme) und Verbrauchsmaterialien (z. B. Laborfilter und Pipettenspitzen).
**Industrial Weighting:** Angebot von Mess- und Inspektionssystemen wie Schwerlastwägezellen, Kontrollwaagen, Metalldetektoren und Industriewaagen.

Auswertung:

Sartorius AG (vgl. *http://www.sartorius.de/fileadmin/media/global/company/ir/ir_annual_report_2012_sartorius_group-de.pdf*)

| Angaben in % | Bioprocess Solutions | | Lab Products & Services | | Industrial Weighting | |
|---|---|---|---|---|---|---|
| | 20t1 | 20t0 | 20t1 | 20t0 | 20t1 | 20t0 |
| Auftragseingang | 55,3 | 57,6 | 32,5 | 28,8 | 12,2 | 13,6 |
| Umsatz | 56,1 | 56,0 | 31,8 | 30,3 | 12,1 | 13,7 |
| EBITDA | 64,1 | 66,6 | 29,3 | 25,2 | 6,6 | 8,2 |
| EBITA | 65,3 | 66,5 | 28,2 | 25,3 | 6,5 | 8,2 |
| Abschreibungen | 61,6 | 74,7 | 33,7 | 19,2 | 4,7 | 6,1 |
| Investitionen | 63,8 | 34,4 | 33,8 | 63,5 | 2,4 | 2,1 |
| Mitarbeiter | 50,6 | 49,5 | 35,9 | 37,0 | 13,5 | 13,5 |

**Interpretation** (Verschuldung und Vermögensproduktivität können mangels verfügbarer Angaben nicht analysiert werden):

| Erkenntnisziel | Bioprocess Solutions | Lab Products & Services | Industrial Weighting |
|---|---|---|---|
| Ertragskraft, Rentabilität | Stark überdurchschnittliche Ertragskraft | Leicht unterdurchschnittliche Ertragskraft | Stark unterdurchschnittliche Ertragskraft |
| Finanzkraft | Überdurchschnittliche Finanzkraft | Durchschnittliche Finanzkraft | Stark unterdurchschnittliche Finanzkraft |
| Wachstum, Substanzentwicklung | Übergang von Netto-Desinvestition zu Netto-Investition; starkes „Relifting" | In beiden Jahren Netto-Investition; aber sinkende Tendenz, beginnende Sättigung | In beiden Jahren Netto-Desinvestition, Abbaustrategie |
| Personalproduktivität | Überdurchschnittliche Personalproduktivität | Unterdurchschnittliche Personalproduktivität | Durchschnittliche Personalproduktivität |
| Fazit | Relifteter, gesättigter Star | Mittlere Portfolio-Position, Tendenz zur Cash-Kuh | Armer Hund |

Auf Basis der Segmente muss im Abschluss an die vorgenommene strategische Bestandsaufnahme wiederum eine Analyse der strategisch relevanten Einflussfaktoren (PEST-Analyse), eine Analyse der Stärken und Schwächen gegenüber der Konkurrenz sowie eine darauf aufbauende Analyse der Chancen und Risiken (SWOT-Analyse) erfolgen. Insoweit lässt sich

▶ durch Konstruktion und Auswertung eines **Portfolios** (**Norm-Zustand**) überprüfen,

▶ ob die durch die **Segmentberichterstattung** identifizierten Strategien (**Ist-Zustand**) plausibel und sachgerecht sind.

Grundlagen der strategischen Geschäftsfeldplanung sind in diesem Zusammenhang

▶ Produkt- und Marktanalysen sowie Prognosen für vorhandene sowie künftige Produkte bzw. Leistungsprogramme,

▶ auf der Basis von Wettbewerbsanalysen die Analyse der relativen Marktstellung, d. h. der Marktstellung im Vergleich zu den wichtigsten Konkurrenten.

▶ Für einzelne Produkte bzw. Produktgruppen werden Absatz- und Umsatzschätzungen auf der Basis von Produktlebenszykluskurven sowie Kostenschätzungen auf der Grundlage von Erfahrungskurven (vgl. hierzu die nachfolgenden Ausführungen) vorgenommen. Hieraus resultiert die Ergebnisplanung.

Es zeigt sich, dass jeder Portfolio-Quadrant seine „eigene" Datenkonstellation aufweist. Die Quadranten unterscheiden sich durch zwei Tests,

▶ den „**Wachstumstest**": wachsende Quadranten sind Fragezeichen und Stars, schrumpfende Quadranten sind Cash Kühe und Arme Hunde,

▶ den „**Ertragskraft-Finanzkraft-Test**": Fragezeichen haben sowohl eine schlechte Ertragskraft als auch Finanzkraft, Stars haben eine hohe Ertragskraft, aber keine hohe Finanzkraft, Cash Kühe haben keine hohe Ertragskraft, aber eine hohe Finanzkraft, Arme Hunde haben eine schlechte Ertragskraft und eine höchstens akzeptable Finanzkraft.

| ABB. 90: | Zusammenhang zwischen der Segmentberichterstattung und der Portfolio-Analyse |
|---|---|
| **Portfolio-Planung** | **Segmentberichterstattung** |
| ▶ Basis PEST-/SWOT-Analyse, z. T. unternehmensexterne Daten | ▶ Basis Finanzbuchhaltung/Jahresabschluss, rein unternehmensinterne Daten |
| ▶ Zukunftsgerichtet (Szenarien) | ▶ Vergangenheitsgerichtet |
| ▶ Erfüllt Planungsaufgaben des Controllings | ▶ Erfüllt Kontrollaufgabe des Controllings |
| **Gemeinsamkeit:** Beides sind Instrumente der Straegieplanung auf Ebene der strategischen Geschäftsfelder in diversifizierten Unternehmen. | |

| | **Marktattraktivität** | |
|---|---|---|
| hoch | „Fragezeichen"<br>▶ schlechte Ertragskraft,<br>▶ noch schlechtere Finanzkraft aufgrund überdurchschnittlichen Investitionsbedarfs,<br>▶ weiterer Kapazitätsaufbau,<br>▶ massive Investitionen, sehr niedrige Abschreibungen | „Star"<br>▶ sehr gute Ertragskraft,<br>▶ niedrige oder mittlere Finanzkraft, da weiter in Kapazitätsaufbau investiert wird,<br>▶ anhaltendes Kapazitätswachstum,<br>▶ Investitionen über Abschreibungen |
| niedrig | „Armer Hund"<br>▶ schlechte Ertragskraft, ggf. auch negativ,<br>▶ hohe Abschreibungen und Verzicht auf Investitionen generieren Cash und induzieren damit eine auskömmliche Finanzkraft,<br>▶ Null- oder Desinvestitionen | „Cash-Kuh"<br>▶ rückläufige und unterdurchschnittliche Ertragskraft,<br>▶ hohe Finanzkraft durch hohe (aufwandswirksame) Abschreibungen,<br>▶ Stagnation, Vermögen wird „gemolken",<br>▶ Investitionen unter Abschreibungen |
| | niedrig **Wettbewerbsstärke** hoch | |

Im Ergebnis wird mit Hilfe der strategischen Geschäftsfeldplanung der relevante Markt einer Unternehmung in nachvollziehbar abgegrenzte und damit auch berechenbare Teilmärkte zerlegt (Marktsegmente), die das Unternehmen mit seinem spezifischen Leistungsprogramm unter Berücksichtigung der dazu benötigten Potenziale bedient. Bei separater Planung müssen auch individuelle Faktoren der Geschäftsfeldstärke bestimmt werden (vgl. hierzu auch die nachfolgenden Ausführungen zur **Portfolio-Analyse**).

## 5.3 Produktlebenszyklus-Planung und -Controlling

Die **Produktlebenszyklus-Kurve** gibt den prognostizierten wertmäßigen Umsatz eines Produkts in künftigen Perioden und in Abhängigkeit von der Zeit an, seit bzw. während der es sich am Markt befindet. Diese Zeitspanne wird üblicherweise auf Grundlage des Diffusionskonzepts in vier **Phasen** entsprechend der Charakteristik der Hauptabnehmergruppe unterteilt:

▶ **Markteinführung** (Pionierkäufer),

▶ **Marktwachstum** (frühe Mehrheit),

▶ **Marktsättigung** (späte Mehrheit) und

▶ **Marktstagnation/Marktschrumpfung** (Nachzügler sowie Ersatzbedarf).

**ABB. 91: Integriertes Produktlebenszyklus-Konzept**

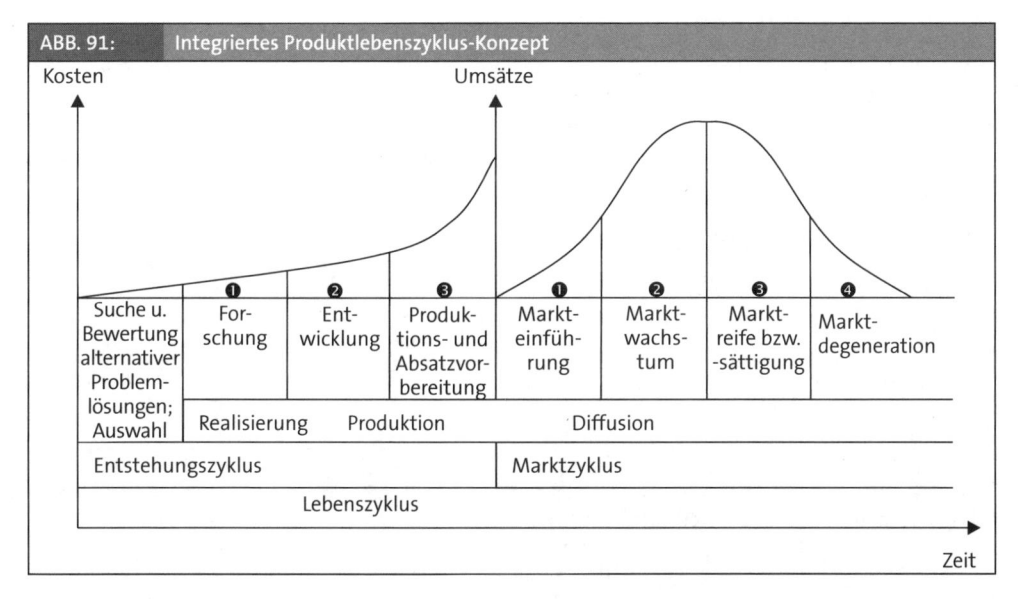

Quelle: I. A. a. *Pfeiffer/Bischof*, in: ZfB 1974, S. 637.

Kern des Planungsinstruments ist die Erkenntnis, dass ein investives Engagement auf schnell wachsenden Märkten (und damit in frühen Phasen des Lebenszyklus) günstiger ist als auf „alternden" Märkten, da dort das verbleibende Marktpotenzial am größten ist.

Des Weiteren lässt sich folgern, dass mit nur einem Produkt Wachstum auf Dauer nicht realisierbar ist, sondern dass ab einem bestimmten Punkt eine Marktsättigung und damit eine Nachfragestagnation oder sogar ein Nachfragerückgang zu erwarten ist. Hieraus folgt für das Controlling die Notwendigkeit einer ständigen Umsatzbeobachtung und die Planung von Diversifikationen bzw. von Nachfolgeprodukten. Andererseits ist das Kerngeschäft von großer Bedeutung für die Kundenbindung. Eine Aufgabe des Kerngeschäfts hat negative Effekte auf die Akquisition von Kunden für neue Produkte (sog. „cross selling").

**Kritisiert** wird das Lebenszykluskonzept, weil es weder theoretisch noch empirisch „bewiesen" ist. Es handelt sich um einen idealtypischen Verlauf, der in Wirklichkeit kaum anzutreffen ist.

▶ Häufig erreichen die Umsätze bereits zu Beginn ihr Maximum und fallen danach stetig ab. Zu beobachten ist dies etwa bei der Einführung von Automobilen oder auch Büchern.

▶ Außerdem fällt der Umsatz nicht stetig ab, sondern sinkt sprunghaft zum Zeitpunkt der Einführung eines Nachfolgeprodukts (vgl. nachfolgende Ausführungen zur Produktkannibalisierung).

▶ Insgesamt wird der Verlauf des Lebenszyklus von zahlreichen Faktoren beeinflusst, die im Einzelnen nur schwer prognostizierbar sind, wie z. B. technologische Innovationen, die Entwicklung von Substitutionsprodukten und das Verhalten der Wettbewerber,

▶ Schließlich bildet der Verlauf der Umsatzerlöse keinen zielrelevanten Indikator, da z. B. der Verlauf der anfallenden Deckungsbeiträge stark von dem der Umsatzerlöse differieren kann.

Das Controlling muss vor diesem theoretischen Hintergrund zunächst im Rahmen einer Bestandsaufnahme und sodann anhand einer fortlaufend rollierenden Planung feststellen, in welchen **Produktlebenszyklus-Phasen** sich die zurzeit am Markt angebotenen Produkte, Leistungen oder Geschäftsfelder befinden, insbesondere ob sich in risikoorientierter Sichtweise Sättigungstendenzen abzeichnen und entsprechender Gegensteuerungsbedarf seitens des Managements besteht.

Dies kann anhand folgenden **Kriterienkatalogs** geschehen:

| ABB. 92: | Kriterien zur Abgrenzung der einzelnen Phasen des Produktlebenszyklus | | | |
|---|---|---|---|---|
| Kriterien | Einführung | Wachstum | Reife bzw. Sättigung | Stagnation bzw. Schrumpfung |
| Wachstumsrate des Marktes | Steigende Wachstumsrate | Steigende Umsätze; sinkende Wachstumsrate | Höchstwert des absoluten Umsatzes | Negative Wachstumsrate |
| Struktur und Stabilität der Abnehmerkreise | Keine Bindung an die Anbieter; vorwiegend Erstkäufer | Gewisse Kundentreue, häufig unter Beibehaltung alternativer Bezugsquellen; Wiederholungskäufer | Festgelegte Einkaufspolitik der Abnehmer | Sinkende Stabilität des Abnehmerkreises; sinkende Zahl der Anbieter; weniger alternative Bezugsquellen |
| Marktpotenzial | Nicht überschaubar; Erfüllung eines kleinen Teils der potenziellen Nachfrage | Unsicherheit in der Bestimmung des Marktpotenzials | Überschaubarkeit des Marktpotenzials (Marktsättigung) | Rückläufiges Marktpotenzial; häufig nur begrenzter Ersatzbedarf |
| Anzahl der Wettbewerber | Klein; zunächst temporäres Monopol (Quasi-Monopol) | Eintritt vieler Wettbewerber; Höchstwert der Anzahl der Wettbewerber | Konsolidierung des Wettbewerbs; Ausscheiden der Konkurrenten ohne Produkt- und/oder Kostenvorteile | Weitere Verringerung der Anzahl der Wettbewerber |
| Marktanteile | Entwicklung der Marktanteile nicht abschätzbar | Konzentration der Marktanteile auf wenige Anbieter | | Verstärkung der Konzentration durch Austritt schwacher Konkurrenten |
| Stabilität der Marktanteile | Hohe Schwankungen, d. h. Instabilität der Marktanteile | Konsolidierung der Marktanteile | Änderungen in den Marktanteilen nur aufgrund außergewöhnlicher Ereignisse | |

| Kriterien | Einführung | Wachstum | Reife bzw. Sättigung | Stagnation bzw. Schrumpfung |
|---|---|---|---|---|
| Eintrittsbarrieren in den Markt | I. d. R. kaum Eintrittsbarrieren, wenn kein dominierender Wettbewerber den Markt beherrscht | Schwieriger Marktzugang, wenn von führenden Unternehmen das Kostensenkungspotenzial ausgeschöpft wird; i. d. R. Eintritt nur über die Schaffung von Vorteilen | Aufgrund hoher Erfahrungen der Konkurrenten hohe Eintrittsbarrieren; bei geringem bzw. Nullwachstum müssen Marktanteile den Konkurrenten abgeworben werden; Eintritt nur in Marktnischen | Im allgemeinen besteht keine Veranlassung, in einen rückläufigen Markt einzutreten |

Quelle: I. A. a. *Porter*, Wettbewerbsstrategie, 10. Aufl., Frankfurt (Main)/ New York 1999, S. 217 ff.

Jede einzelne Teilphase ist mit spezifischen Teilproblemen verbunden; so kommt es in der ersten Phase vornehmlich auf Kreativität, eine gute Kenntnis der technischen Möglichkeiten und der Bedürfnisse des Marktes an, während in den Folgephasen Entwicklungsschnelligkeit, Technologiebeherrschung und die Fähigkeit zu kostenbewusster Arbeit vorrangig sind.

Gemäß der vom Controlling identifizierten Phase des Produktlebenszyklus können dem betreffenden Produkt oder Geschäftsfeld **strategische Ansatzpunkte** wie folgt zugeordnet werden:

**ABB. 93: Strategische Ansatzpunkte für die einzelnen Phasen des Produktlebenszyklus**

| Ansatzpunkt | Einführung | Wachstum | Reife bzw. Sättigung | Stagnation bzw. Schrumpfung |
|---|---|---|---|---|
| Generelle Strategierichtung | Schnelle Marktentwicklung, Etablierung einer Marke und Marktnische; rasche Lerneffekte | Verstärkung der Marktnische und Schaffung von Kundenloyalität | Verteidigung der Marktposition gegenüber Mitbewerbern durch erhöhte Marketingmaßnahmen | Maximierung der Cashflows und gleichzeitige Senkung der Austrittsbarrieren |
| Dominierender Wettbewerbsparameter | Produkt | Sortiment, Image, Distribution | Verkauf, Verkaufsförderung, Service | Preis |
| Mitbewerber | Zunächst keine, bei nachhaltiger Gewinnerzielung Eintritt aggressiver Imitatoren | Erste Marktbereinigung durch Austritt wirtschaftlich nicht marktfähiger Mitbewerber | Wettbewerbsstabilisierung, kaum noch Neueintritte, moderate Verschiebung von Marktanteilen | Ausscheiden von Mitbewerbern durch Rückgang der Marktattraktivität, Strukturbereinigung |
| Produkt | Technisch zunächst unausgereift, hohe Bedeutung von Qualitätsverbesserung/ Designanpassung | Zunehmende Zahl von unterschiedlichen Produktvarianten, Baukastendesign, aufkommende Marktsegmentierung | Bereinigung der Produktlinien, sinkende Unterschiede zwischen Varianten, Markenpolitik | Zunehmende technische Homogenität, Standardisierung, starke Bereinigung der Produktpalette |

| Ansatzpunkt | Einführung | Wachstum | Reife bzw. Sättigung | Stagnation bzw. Schrumpfung |
|---|---|---|---|---|
| Preis | Hohe Handelsspannen, Monopolpreise | Je nach Erfahrungsvorteilen und Eintrittsbarrieren Normalisierung der Handelsspannen, Preisaktionen und Preissenkungen | Preisaktionen und Verkaufsfördermaßnahmen zur Marktanteilsausweitung | Möglichst Halten des Preisniveaus ohne Rücksicht auf Mengenanpassungen |
| Verkaufsförderung und Distribution | Ansprache von meinungsbildenden Schlüsselpromotoren und Erstverwendern, Selektivstrategie | Schaffung und Stärkung einer allgemeinen Markenpräferenz, Massenstrategie | Extensive Distribution, Verkaufsförderaktionen, Massenstrategie | Auslaufen von Verkaufsförderaktionen und Bewerbung, Aufgabe der Grenzgeschäfte |
| Schlüsselinformationen | Technische Anwendungssysteme zur Produktverbesserung, Marktbeobachtung zur Aufdeckung von Programmlücken | Marktbeobachtung zur Markenbildungsstrategie, Verkaufsförderung und zum Imageaufbau | Marktbeobachtung zur Imageerhaltung, Erkennung einer möglichen Marktsättigung | Marktbeobachtung zur Einleitung eines Produktrückzugs |

Quelle: I. A. a. *Meffert*, in: Absatzwirtschaft 1980, Nr. 7, S. 55 und *Kreilkamp*, Strategisches Management und Marketing, Berlin/New York 1987, S. 146 f.

Statistisch gesehen stellt die glockenförmige Produktlebenszykluskurve die **Dichtefunktion** der Kaufwahrscheinlichkeit dar, während die Verteilungsfunktion, d. h. die graphische Darstellung der kumulierten Kaufwahrscheinlichkeiten, einen S-förmigen Verlauf aufweist.

Die **Verteilungsfunktion** gibt mithin den **Marktsättigungsgrad** an, einen wesentlichen strategischen Erfolgsfaktor, der das zentrale Prognoseobjekt für das Controlling im Rahmen der Szenario- bzw. PEST-Analyse bildet.

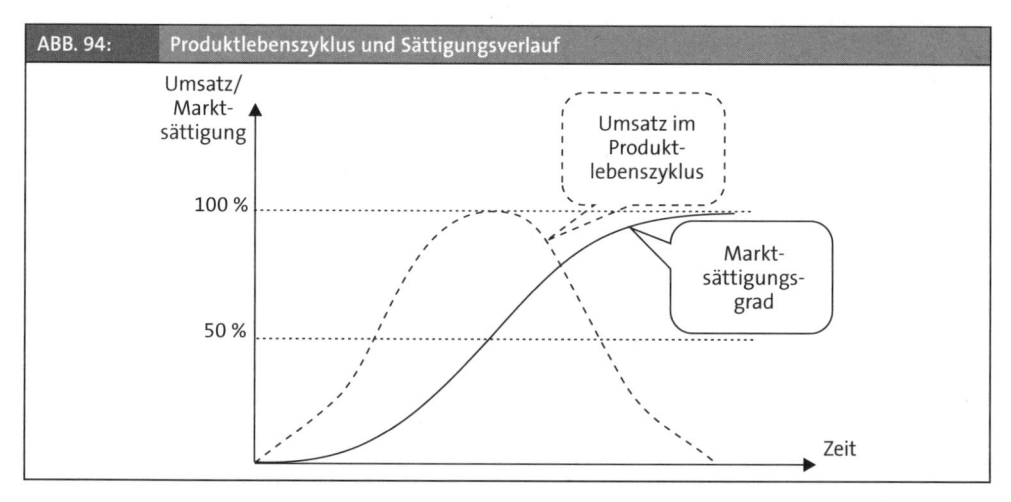

Planung und Kontrolle auf Basis strategischer Geschäftsfelder — KAPITEL II

**ABB. 94:** Produktlebenszyklus und Sättigungsverlauf

Während typischerweise die **Rentabilität** ihr Maximum bereits in der Wachstumsphase erreicht, ist die **Liquidität** (gemessen an der Höhe der Cashflows) am höchsten in der Reifephase, da dort das Ausmaß der Investitionen zurückgeht. Es werden allenfalls noch Ersatzinvestitionen getätigt, Cash-verzehrende Erweiterungsinvestitionen unterbleiben.

Während die vorhandenen Anlagen noch abgeschrieben werden (nicht auszahlungswirksamer Aufwand), erfolgen Cash-wirksame Auszahlungen nur noch für den laufenden Betrieb und eine etwaige Instandhaltung.

Bei Entscheidungen der Produktaufgabe kann es insoweit zu Zielkonflikten kommen; eine zu frühe „**Produktkannibalisierung**" kann finanzielle Engpässe für Investitionen in Folgeprodukte induzieren, da dann die in späteren Perioden erzielten Cashflows wegfallen. Denn auch „reife" Produkte erwirtschaften über eine gewisse Zeit durchaus noch einen positiven Deckungsbeitrag – insbesondere auch positive Cashflows – und leisten damit einen bedeutenden Beitrag zur Entwicklung neuer Produkte. In der Realität stagnierender Märkte kann man sich häufig die Aufgabe solcher Produkte nicht leisten. Wird aber die Reifephase zu spät erkannt und mit einer vorübergehenden Wachstumsdelle verwechselt, führt dies zum Aufbau von fixkostenintensiven und irreversiblen Überkapazitäten.

Diese Planungsfehler stellen die „**Todsünden**" der Produktlebenszyklus-Planung dar.

**ABB. 95:** „Todsünden" der Produktlebenszyklus-Planung

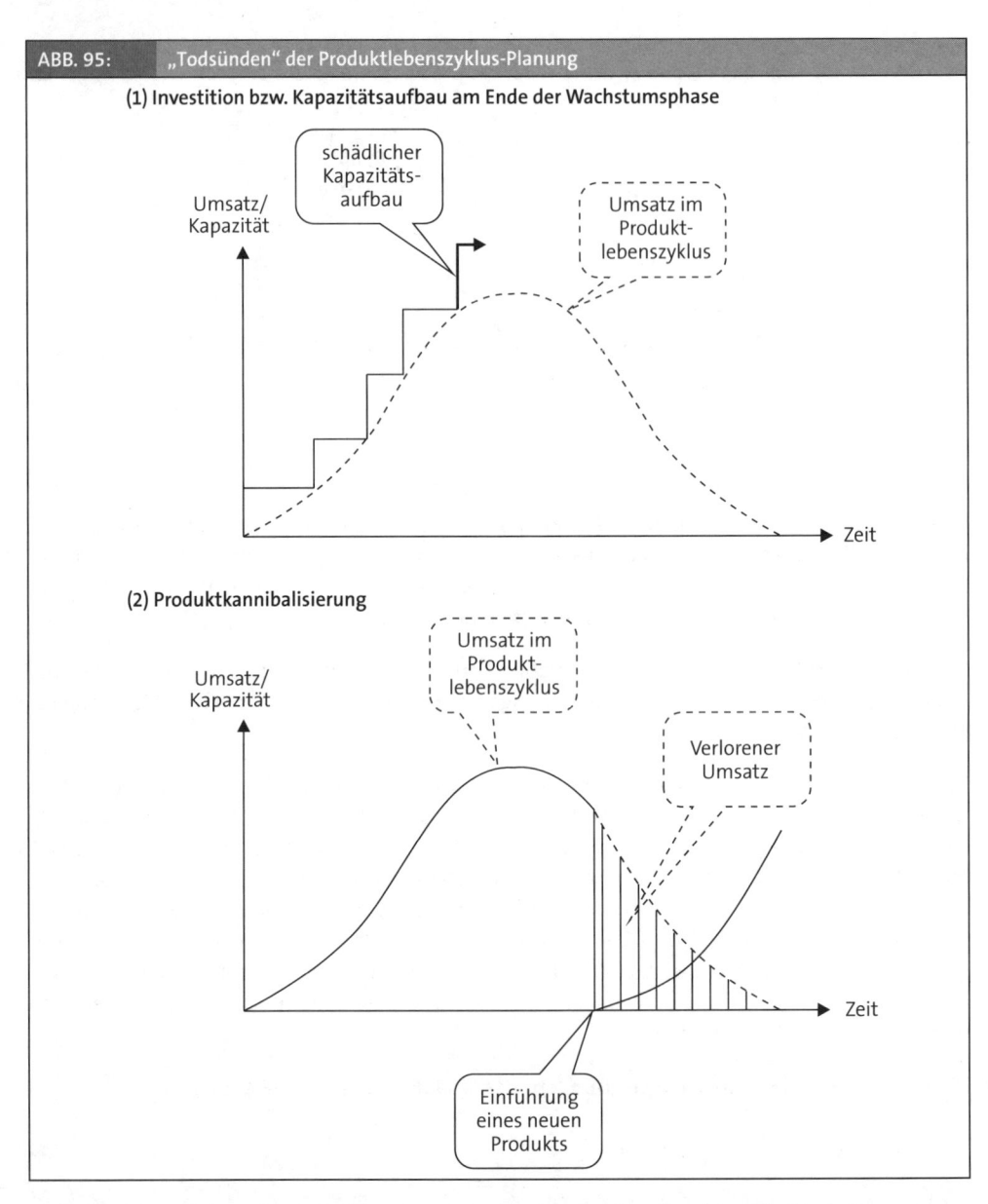

**(1) Investition bzw. Kapazitätsaufbau am Ende der Wachstumsphase**

*(Diagramm: Umsatz/Kapazität über Zeit – schädlicher Kapazitätsaufbau, Umsatz im Produktlebenszyklus)*

**(2) Produktkannibalisierung**

*(Diagramm: Umsatz/Kapazität über Zeit – Umsatz im Produktlebenszyklus, Verlorener Umsatz, Einführung eines neuen Produkts)*

Seit Inkrafttreten des BilMoG sind bestimmte selbstgeschaffene immaterielle Vermögensgegenstände in der Handelsbilanz ansatzfähig (§ 248 Abs. 2 HGB). Die Vorschrift enthält zahlreiche **Ermessensspielräume** wie insbesondere die Abgrenzung der Forschungs- von der Entwicklungsphase und die Zuordnung von Kosten auf ein spezifisches Entwicklungsprojekt. **Entwicklung** ist „die Anwendung von Forschungsergebnissen oder von anderem Wissen für die Neuentwicklung von Gütern oder Verfahren oder die Weiterentwicklung von Gütern oder Verfahren mittels wesentlicher Änderungen" (§ 255 Abs. 2a HGB).

Aktivierungsfähig sind nur Entwicklungsaufwendungen, d. h., auch bei erfolgtem Übergang der Aktivitäten in eine Entwicklungsphase und selbst bei späterer erfolgreicher Vermarktung sind initiale Forschungsaufwendungen nicht aktivierungsfähig. Es muss mit hoher Wahrscheinlichkeit davon ausgegangen werden können, dass künftig ein Vermögenswert entsteht, der aber zum Zeitpunkt der Aktivierung noch nicht vorzuliegen braucht.

Die Abgrenzung der Entwicklung von der Forschung für Zwecke der Bilanzierung setzt im Ergebnis das Vorhandensein eines angemessenen **Projektcontrollings** voraus. In der Praxis wird ein solches mittels einer sog. Produktlebenszyklus-Kostenrechnung durchgeführt. Anhand derer sind folgende Nachweise analog zu IAS 38.57 zu führen:

| ABB. 96: | Kriterien für die Aktivierung von Entwicklungsaufwendungen und deren Interpretation |
|---|---|
| Technische Machbarkeit | Es muss nachgewiesen werden, dass der immaterielle Vermögensgegenstand fertig gestellt werden kann und nicht gegen allgemein akzeptierte Naturgesetze verstößt. |
| | Dies kann beispielsweise mittels Gutachten, Konstruktionsplänen oder Machbarkeitsstudien geschehen. Bei Patenten im pharmazeutischen Bereich können klinische Studien als Beweis dienen. Der Nachweis kann mittels eines aussagefähigen Pflichten- und Lastenhefts erbracht werden. |
| Fertigstellungs- und Nutzungsabsicht | Das Unternehmen muss nachweisen, die Entwicklung fertigzustellen und das Entwicklungsergebnis auch produktiv nutzen oder verkaufen zu wollen. Hierzu können Begründungen zum Forschungsauftrag, make-or-buy-Berechnungen, Vorstandsprotokolle, Marktstudien o. ä. herangezogen werden. |
| Fähigkeitsnachweis | Es ist zu prüfen, ob das Unternehmen die Fähigkeit besitzt, den immateriellen Vermögensgegenstand zu nutzen oder zu verkaufen. |
| Künftiger wirtschaftlicher Nutzen | Das Unternehmen muss plausibel darstellen, wie der immaterielle Vermögensgegenstand einen künftigen wirtschaftlichen Nutzen erzielen wird. Als Indizien gelten der Nachweis eines Absatzmarktes oder Ersparnisse bei Eigennutzung. |
| Ressourcenverfügbarkeit | Zu prüfen ist, ob das Unternehmen über ausreichend Ressourcen (gemeint sind finanzielle Mittel) verfügt, um die Entwicklung abzuschließen und den immateriellen Vermögensgegenstand zu nutzen oder zu verkaufen. |
| Zurechenbarkeit der Kosten | Es ist nachzuvollziehen, ob sich die während der Entwicklungsphase entstandenen Kosten dem Vermögensgegenstand zurechnen lassen. Dies ist nur möglich, wenn der Bilanzierende ein wirksames und funktionsfähiges FuE-Controlling betreibt. Zu prüfen sind Produktlebenszyklus-Kostenrechnungen und Betriebsabrechnungsbögen. |

Die **Produktlebenszyklus-Kostenrechnung** stammt aus den USA („**life cycle costing**") und wurde ursprünglich für die Anwendung bei Großinvestitionen im öffentlichen, vorrangig im militärischen Bereich konzipiert. In der Folgezeit weitete sich die Verbreitung dieses Controlling-Instruments insbesondere auf Unternehmen der forschenden Industrie aus.

Ziel ist es, alle mit einem Innovations- bzw. Investitionsprojekt verbundenen Kosten – Betriebs-, Instandhaltungs- und Folgekosten – quasi „von der Wiege bis zum Grab" zu dokumentieren. Hierbei stellt die Beteiligung des Controllings schon in der **frühesten Entwicklungsphase** einen entscheidenden Einflussfaktor für den Projekterfolg dar.

Zwar ist empirischen Untersuchungen zufolge bis zum Ende der Entwicklungsphase nur ein Bruchteil der Gesamtkosten aufgelaufen, hingegen sind bereits rund 80 % der gesamten Kosten im Lebenszyklus durch die Festlegung von Verfahren und Materialien vorherbestimmt. Somit müssen von Seiten des Projektcontrollings schon zu Entwicklungsbeginn wirtschaftliche Ziele möglichst konkret festgesetzt worden sein, im laufenden Prozess entstehende Abweichungen zeitnah erkannt und auf ihre Ursachen hin untersucht werden.

Der Produktlebenszyklus teilt entsprechend der Umsatz- und Kostenentwicklung die Lebensdauer eines Produkts in verschiedene Phasen ein. Typischerweise ist die Kostenentwicklung der Umsatzentwicklung zeitlich vorgelagert; insoweit spricht man auch von der Einteilung in einen **Entstehungszyklus** und einen **Marktzyklus**. Nach Ablauf der eigentlichen Vermarktungsphase des Produkts wird im Fachschrifttum häufig noch ein sog. **Nachsorgezyklus** angeführt.

Die Herstellkosten bilden nur einen – oft kleinen – Ausschnitt aus den insgesamt zu tragenden Produktlebenszykluskosten. Somit muss die Planung und Kontrolle von Kosten und Erlösen von der frühesten Entwicklungsstufe bis hin zu den Nachsorge- oder Garantieverpflichtungen erfolgen. Der Marktzyklus ist das „kleine Fenster zum Absatzmarkt", allein diese Zeitspanne bestimmt über die Amortisation der Projektkosten.

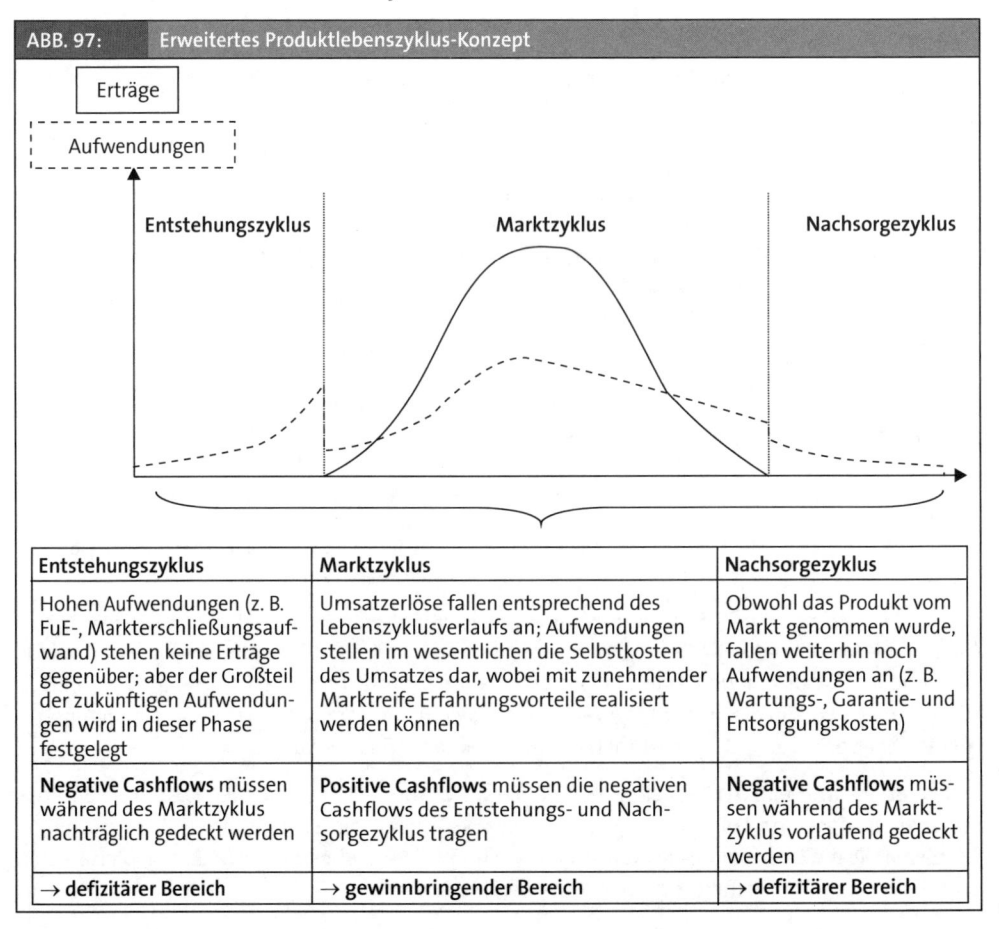

**ABB. 97:** Erweitertes Produktlebenszyklus-Konzept

| Entstehungszyklus | Marktzyklus | Nachsorgezyklus |
|---|---|---|
| Hohen Aufwendungen (z. B. FuE-, Markterschließungsaufwand) stehen keine Erträge gegenüber; aber der Großteil der zukünftigen Aufwendungen wird in dieser Phase festgelegt | Umsatzerlöse fallen entsprechend des Lebenszyklusverlaufs an; Aufwendungen stellen im wesentlichen die Selbstkosten des Umsatzes dar, wobei mit zunehmender Marktreife Erfahrungsvorteile realisiert werden können | Obwohl das Produkt vom Markt genommen wurde, fallen weiterhin noch Aufwendungen an (z. B. Wartungs-, Garantie- und Entsorgungskosten) |
| **Negative Cashflows** müssen während des Marktzyklus nachträglich gedeckt werden | **Positive Cashflows** müssen die negativen Cashflows des Entstehungs- und Nachsorgezyklus tragen | **Negative Cashflows** müssen während des Marktzyklus vorlaufend gedeckt werden |
| → **defizitärer Bereich** | → **gewinnbringender Bereich** | → **defizitärer Bereich** |

Im Rahmen der beratenden Funktion des Controllings ist zu berücksichtigen, dass es nicht ausreicht, wenn zum Zeitpunkt der Markteinführung konkurrenzfähige Kosten signalisiert werden. Vielmehr sollten auch für die Phase der Marktreife Kostenentwicklungen zumindest abgeschätzt werden. Insbesondere müssen Projekte mit gesunkenen Erfolgschancen rechtzeitig erkannt und ggf. abgebrochen werden.

Eine frühzeitige Selektion erspart nicht nur Kosten, sondern trägt dazu bei, dass wirtschaftlich tragfähige Projekte erfolgreich abgeschlossen werden können. Insbesondere die kurzfristige Verschiebung der Markteinführung kurz vor dem geplanten Zeitpunkt hat meist verheerende Auswirkungen für den Erfolg des Projekts als Ganzes.

Typische **Fragestellungen** in diesem Zusammenhang sind:

▶ Wird das Produkt seine direkten Entwicklungskosten erwirtschaften?

▶ Reichen die kumulierten Deckungsbeiträge eines Produkts aus, um die Entwicklungskosten für das Nachfolgeprodukt zu generieren?

▶ Wie sollen Wartungspolitik, Ersatzteilpolitik oder Rückkaufaktionen den Ersatz eines alten Produkts durch die Nachfolgegeneration steuern?

Getrennt nach Lebenszyklusphasen werden Kosten und Erlöse eines Entwicklungsprojekts erfasst. Insbesondere unterscheidet man dabei

▶ Vorlaufkosten und -erlöse (im **Entstehungszyklus**),

▶ laufende Kosten und Erlöse (im **Marktzyklus**) sowie

▶ Folge- (Nachsorge-)kosten und -erlöse (im **Nachsorgezyklus**).

Die jeweiligen Kosten und Erlöse sind periodenweise aufzugliedern. I. d. R. wird aufgrund der strategischen Sichtweise dieses Rechenwerks eine jahresweise Aufzeichnung ausreichend sein. Alle bis zu einem bestimmten Betrachtungszeitpunkt angefallenen Kosten und Erlöse werden zusätzlich in kumulierter Form dargestellt, so dass Über- und Unterdeckungen ermittelt werden können.

Die traditionelle Kostenrechnung erfasst nur die mittlere Zyklusphase. Auf die Erfassung der Kosten und Erlöse der übrigen Phasen wird aber nur bei wertmäßiger Nachrangigkeit verzichtet werden können, die üblicherweise nicht gegeben ist.

| ABB. 98: | Kosten und Erlöse im Entstehungs-, Markt- und Nachsorgezyklus | |
|---|---|---|
| | Kosten | Erlöse |
| Entstehungszyklus | Vorlaufkosten | Vorlauferlöse |
| | ▶ Forschung und Entwicklung | ▶ Subventionen |
| | ▶ Produktkonzipierung | ▶ Steuerbegünstigungen |
| | ▶ Markterschließung | ▶ (…) |
| | ▶ Konstruktion, Nullserienfertigung | |
| | ▶ (…) | |
| Marktzyklus | Laufende Kosten | Laufende Erlöse |
| | ▶ Einführungskosten, Einführungswerbung | ▶ Aktionserlöse |
| | | ▶ Laufende Umsatzerlöse |
| | ▶ Produktverbesserung | ▶ Abbauerlöse |
| | ▶ Laufende Betriebskosten | ▶ (…) |
| | ▶ Auslaufkosten | |
| | ▶ (…) | |
| Nachsorgezyklus | Nachsorgekosten | Nachsorgeerlöse |
| | ▶ Wartungskosten | ▶ Wartungserlöse |
| | ▶ Service- und Garantiekosten | ▶ Reparaturerlöse |
| | ▶ Entsorgungskosten | ▶ (…) |
| | ▶ Recyclingkosten | |
| | ▶ (…) | |

Quelle: *Lorson/Schweitzer*: Kostenrechnung, in: Küting (Hrsg.): Saarbrücker Handbuch der Betriebswirtschaftlichen Beratung, 4. Aufl., Herne/Berlin 2008, S. 484.

Die im nachstehenden Beispiel dargestellte Produktlebenszyklus-Kostenrechnung geht von einem Start der Entwicklungsarbeiten im Januar 20t1, von einer Markteinführung im Juli 20t4 und von einem Ende des Marktzyklus im Dezember 20t7, mithin von einem dreieinhalbjährigen Marktzyklus, aus.

Es werden folgende weiteren Annahmen zugrunde gelegt:

▶ Bei den **Vorlaufkosten** wurde berücksichtigt, dass die Entwicklungskosten vornehmlich in den frühesten Projektperioden, die Marketingkosten hingegen erst kurz vor der Markteinführung anfallen. Bei den Lizenzgebühren für die Entwicklung wird ein weitgehend periodenfixer Verlauf über den Entstehungszyklus unterstellt.

▶ Dem unterstellten Verlauf der **Herstellungs- sowie Verwaltungs- und Vertriebskosten** liegt die Erfahrungskurven-Theorie zugrunde. Zunächst kann gerade zu Selbstkosten produziert werden, im Zuge des fortschreitenden Mengenwachstums steigen hingegen die Kosten kaum mehr an (Effekt der Fixkostendegression). Im Bereich der Verwaltung lassen sich bedingt durch zunehmende Routine und Prozessstandardisierung die Kosten sogar absolut senken.

▶ Die **Folgekosten** nehmen in zeitlicher Sicht überproportional zu, bedingt durch die Veralterung der Produktpalette. Allerdings verändert sich die Kostenstruktur: Während zunächst die Garantiekosten (durch die anfängliche Gewährleistungsfrist) dominieren, fallen am Ende des Nachsorgezyklus vor allem Kosten infolge von Rücknahme- und Entsorgungsverpflichtungen an.

Das Controlling muss den Prinzipien einer sog. „**rollierenden Planung**" Rechnung tragen, d. h. bei nachträglich aufgedeckten Soll-Ist-Abweichungen etwa aufgrund von unzutreffenden Prämissen sind auch alle noch in der Zukunft liegenden Planabschnitte entsprechend zu korrigieren.

| ABB. 99: | Beispiel einer Produktlebenszyklus-Kostenrechnung | | | | | | | |
|---|---|---|---|---|---|---|---|---|
| Jahr<br>(Werte in Mio. €) | 20t1 | 20t2 | 20t3 | 20t4 | 20t5<br>(erw.) | 20t6<br>(erw.) | 20t7<br>(erw.) | Gesamt |
| Σ Erlöse | – | – | – | 75 | 180 | 275 | 230 | 760 |
| Σ Vorlaufkosten | 55 | 80 | 70 | 35 | 10 | – | – | 250 |
| Entwicklung/Design | 40 | 60 | 40 | – | – | – | – | 140 |
| Lizenzen | 10 | 10 | 10 | – | – | – | – | 30 |
| Marketing | – | – | 10 | 25 | 10 | – | – | 45 |
| Sonstige Kosten | 5 | 10 | 10 | 10 | – | – | – | 35 |
| Σ Laufende Kosten | – | – | – | 85 | 80 | 90 | 75 | 330 |
| Herstellkosten | – | – | – | 50 | 60 | 70 | 60 | 240 |
| Verwaltungs-/Vertriebskosten | – | – | – | 35 | 20 | 20 | 15 | 90 |
| Σ Folgekosten | – | – | – | – | 10 | 25 | 35 | 70 |
| Garantiekosten | – | – | – | – | 5 | 10 | 15 | 30 |
| Recyclingkosten | – | – | – | – | – | 5 | 10 | 15 |
| Sonstige Kosten | – | – | – | – | 5 | 10 | 10 | 25 |
| Σ Kosten | 55 | 80 | 70 | 120 | 100 | 115 | 110 | 650 |
| Betriebsergebnis | -55 | -80 | -70 | -45 | +80 | +160 | +120 | +110 |
| Betriebsergebnis kumuliert | -55 | -135 | -205 | -250 | -170 | -10 | +110 | +110 |

Aus der so aufgestellten Lebenszyklusrechnung lassen sich ableiten

▶ das Gesamt-Projektergebnis (hier 110 Mio. €),

▶ die Gesamtprojektrentabilität unter Berücksichtigung aller Lebenszykluskosten (hier 110/760 · 100 = 14,5 % vom Umsatz),

▶ der Amortisationszeitpunkt (Zeitpunkt, zu dem die anfänglich negativen Cashflows durch nachfolgende kumulierte positive Cashflows kompensiert werden; hier Ende Januar 20t7 und damit erst 11 Monate vor dem planmäßigen Ende des Lebenszyklus),

▶ die maximale Kapitalbelastung (kumulierter Verlust in Höhe von 250 Mio. €).

Auf Basis der gewonnenen Daten können nun **Sensitivitätsanalysen** abweichender Erlös- und Kostenentwicklungen in Bezug auf ihre Auswirkungen auf Amortisation und Rentabilität angestellt werden, z. B. Auswirkungen

▶ einer um ein halbes Jahr verspäteten Markteinführung,

▶ der Einführung eines technisch überlegenen Konkurrenzprodukts nicht erst Ende 20t7, sondern bereits Ende 20t6,

- einer Überschätzung der Kaufkraft und damit des Marktvolumens (geringere Erlöse),
- ungeplanter Qualitätsmängel des Produkts (erhöhte Kosten von Garantie- und Rücknahmeverpflichtungen).

Die verspätete Markteinführung dürfte das schädlichste Szenario darstellen, da nicht nur zusätzliche Entwicklungskosten anfallen, sondern auch die Wachstumsphase „verschlafen" wird, Konkurrenten gleichwohl planmäßig auf den Markt treten, Erfahrungseffekte in deutlich geringerem Umfang realisiert werden können und eine zeitliche Verlängerung des Lebenszyklus isoliert betrachtet nicht möglich ist.

In Abwandlung des Ausgangsbeispiels soll unterstellt werden, dass sich die Produkteinführung um ca. sechs Monate wegen technischer Mängel des Produkts verzögert. Hierbei liegen folgende Prämissen zugrunde:

- Die Vorlaufkosten fallen nunmehr verstärkt bis ins Jahr 20t4 hinein an.
- Herstellungs- sowie Verwaltungs- und Vertriebskosten entstehen erst in 20t4, dann aber mit erhöhten Werten. Erfahrungseffekte setzen erst ab 20t5 ein.
- Für die Jahre 20t5 - 20t7 ergeben sich bei den Erlösen, den Herstellungs- sowie Verwaltungs- und Vertriebskosten keine signifikanten Änderungen gegenüber dem Ausgangsbeispiel.
- Der Anfall von Folgekosten setzt erst im Jahr 20t5 ein. Sie sind in der Summe etwas niedriger als im Ausgangsbeispiel, da aufgrund der späteren Markteinführung eine höhere Marktreife des Produkts erzielt werden kann.
- Eine Verlängerung des Lebenszyklus über das Jahr 20t7 hinaus ist nicht möglich, da zu diesem Zeitpunkt eine technologische Neuentwicklung erwartet wird, die dann markt- und konkurrenzweit verfügbar ist.

Auf Basis der modifizierten Daten lässt sich folgendes Ergebnis beziffern (die Auswirkungen der Planänderungen sind in der Tabelle durch Fettdruck hervorgehoben):

| ABB. 100: | Durchführung von Sensitivitätsanalysen mittels der Produktlebenszyklus-Kostenrechnung | | | | | | | |
|---|---|---|---|---|---|---|---|---|
| Jahr<br>(Werte in Mio. €) | 20t1 | 20t2 | 20t3 | 20t4 | 20t5<br>(erw.) | 20t6<br>(erw.) | 20t7<br>(erw.) | Gesamt |
| Σ Erlöse | – | – | – | – | 165 | 275 | 230 | 670 |
| Σ Vorlaufkosten | 55 | 80 | 70 | **45** | **15** | – | – | 265 |
| Entwicklung/Design | 40 | 60 | 40 | **10** | – | – | – | 150 |
| Lizenzen | 10 | 10 | 10 | – | – | – | – | 30 |
| Marketing | – | – | 10 | **25** | **15** | – | – | 50 |
| Sonstige Kosten | 5 | 10 | 10 | **10** | – | – | – | 35 |
| Σ Laufende Kosten | – | – | – | – | 110 | 90 | 75 | 275 |
| Herstellkosten | – | – | – | – | 80 | 70 | 60 | 210 |
| Verwaltungs-/Vertriebskosten | – | – | – | – | 30 | 20 | 15 | 65 |
| Σ Folgekosten | – | – | – | – | – | 35 | 35 | 70 |
| Garantiekosten | – | – | – | – | – | 15 | 15 | 30 |
| Recyclingkosten | – | – | – | – | – | 5 | 10 | 15 |
| Sonstige Kosten | – | – | – | – | – | 15 | 10 | 25 |

| Jahr (Werte in Mio. €) | 20t1 | 20t2 | 20t3 | 20t4 | 20t5 (erw.) | 20t6 (erw.) | 20t7 (erw.) | Gesamt |
|---|---|---|---|---|---|---|---|---|
| Σ Kosten | 55 | 80 | 70 | 45 | 125 | 125 | 110 | 610 |
| Betriebsergebnis | -55 | -80 | -70 | -45 | +40 | +150 | +120 | +60 |
| Betriebsergebnis kumuliert | -55 | -135 | -205 | -250 | -210 | -60 | +60 | +60 |

Als Ergebnis der Sensitivitätsanalyse folgt:

▶ kumuliertes Betriebsergebnis: +60 Mio. €,

▶ Umsatzrendite für das Gesamtprojekt: 9,0 %,

▶ statische Amortisationsdauer: sechs Jahre und sechs Monate.

Das kumulierte Ergebnis hat sich fast halbiert, obwohl der Lebenszyklus „nur" von ursprünglich 3,5 Jahren auf 3,0 Jahre gesunken ist. Dies zeigt die Anfälligkeit und Volatilität der Ergebnisgrößen für die Vorteilhaftigkeit von Innovationsprojekten schon bei vordergründig geringfügigen Änderungen der Inputgrößen.

Entsprechend können die übrigen Modifikationen quantifiziert werden. Es wird unmittelbar ersichtlich, dass eine verspätete Markteinführung deutlich negativere Folgen zeitigt als etwa eine ungeplante Verkürzung des Lebenszyklus infolge der vorzeitigen Einführung eines Konkurrenzproduktes. Letztere führt insbesondere nicht zu einer Verlängerung der Amortisationsdauer.

Die Lebenszyklus-Kostenrechnung hat strategischen Charakter und ist auf Vollkostenbasis ausgelegt. Sie ist daher den **statischen Investitionsrechenverfahren** (Gewinn- und Kostenvergleichsrechnung) zuzuordnen, denn es werden über die gesamte Nutzungsdauer einer Investition periodenweise Erlöse und Kosten undiskontiert gegenüber gestellt.

Da in der vorliegenden Form sehr kurzfristige und damit weitgehend sichere Daten mit weit in der Zukunft liegenden und sehr unsicheren Daten vermischt werden, ist aus Sicht des Controllings eine **Dynamisierung des Rechenwerks** geboten. Dies erfordert folgende grundsätzlichen Überlegungen:

▶ Erlöse und Kosten sind auf ihre Zahlungswirksamkeit hin zu überprüfen; in der dynamisierten Form der Lebenszyklus-Kostenrechnung erscheinen ausschließlich die zahlungswirksamen Bestandteile (somit insbesondere nicht die Abschreibungen).

▶ Zusätzlich sind Zahlungsströme zu berücksichtigen, die nicht erlös- bzw. kostenwirksam sind; dies betrifft insbesondere die Auszahlungen für Anlageinvestitionen.

Im vorstehenden Fallbeispiel wären folgende (vereinfachenden) Annahmen denkbar:

▶ Die Erlöse sind in der Periode ihres Anfalls vollständig zahlungswirksam.

▶ Die Entwicklungskosten sind zu 75 % zahlungswirksam (Personal- und Materialkosten), die übrigen 25 % entfallen auf kalkulatorische Abschreibungen und Zinsen für Labor- und Gebäudekapazitäten, die in Auszahlungen für Sachinvestitionen transformiert werden müssen. Diese fallen hälftig in den Perioden 20t1 und 20t2 an (Investitionszeitpunkte). Die übrigen Vorlaufkosten sind in der jeweiligen Periode ihres Anfalls vollständig zahlungswirksam.

> Die Herstellkosten sind zu 75 % zahlungswirksam (Personal- und Materialkosten), die übrigen 25 % entfallen auf kalkulatorische Abschreibungen und Zinsen für Gebäude- und Fertigungskapazitäten, die in Auszahlungen für Sachinvestitionen transformiert werden müssen. Diese fallen hälftig in den Perioden 20t4 und 20t5 an (Investitionszeitpunkte).
> Für die Verwaltungs- und Vertriebskosten wird analoges angenommen, allerdings mit dem Verhältnis 80 % zu 20 %.
> Die Folgekosten sind in der Periode ihres Anfalls vollständig zahlungswirksam.

Es lässt sich die folgende abgewandelte Graphik generieren:

| ABB. 101: Dynamisierung der Produktlebenszyklus-Kostenrechnung | | | | | | | | |
|---|---|---|---|---|---|---|---|---|
| Jahr (Werte in Mio. €) | 20t1 | 20t2 | 20t3 | 20t4 | 20t5 (erw.) | 20t6 (erw.) | 20t7 (erw.) | Gesamt |
| Σ EZ-wirksame Erlöse | – | – | – | 75,0 | 185,0 | 275,0 | 230,0 | 760,0 |
| Σ AZ-wirksame Vorlaufkosten | 62,5 | 82,5 | 60,0 | 35,0 | 10,0 | – | – | 250,0 |
| Entwicklung/Design | | | | | | | | |
| ► AZ für Investitionen | 17,5 | 17,5 | – | – | – | – | – | 35,0 |
| ► AZ für lfd. Kosten | 30,0 | 45,0 | 30,0 | – | – | – | – | 105,0 |
| Lizenzen/Marketing/Sonstige Kosten | 15,0 | 20,0 | 30,0 | 35,0 | 10,0 | – | – | 110,0 |
| Σ AZ-wirksame lfd. Kosten | – | – | – | 104,5 | 100,0 | 68,5 | 57,0 | 330,0 |
| Herstellkosten | | | | | | | | |
| ► AZ für Investitionen | – | – | – | 30,0 | 30,0 | – | – | 60,0 |
| ► AZ für lfd. Kosten | – | – | – | 37,5 | 45,0 | 52,5 | 45,0 | 180,0 |
| Verwaltungs-/Vertriebskosten | | | | | | | | |
| ► AZ für Investitionen | – | – | – | 9,0 | 9,0 | – | – | 18,0 |
| ► AZ für lfd. Kosten | – | – | – | 28,0 | 16,0 | 16,0 | 12,0 | 72,0 |
| Σ AZ-wirksame Folgekosten | – | – | – | – | 10,0 | 25,0 | 35,0 | 70,0 |
| Σ AZ-wirksame Kosten | 62,5 | 82,5 | 60,0 | 139,5 | 120,0 | 93,5 | 92,0 | 650,0 |
| Cashflows | -62,5 | -82,5 | -60,0 | -64,5 | +60,0 | +181,5 | +138,0 | +110,0 |
| Cashflows kumuliert | -62,5 | -145,0 | -205,0 | -269,5 | -209,5 | -28,0 | +110,0 | +110,0 |

(Beispiel Entwicklungskosten: Kostensumme 140 Mio. €, davon 25 % Abschreibungen auf auszahlungswirksame Investitionen = 35 Mio. €, diese verteilen sich zu je 17,5 Mio. € auf die Jahre 20t1 und 20t2; 75 % der restlichen Kosten i. H. von 140 Mio. € sind in der Periode ihres Anfalls auszahlungswirksam, für 20t1 sind dies z. B. 75 % von 40 Mio. = 30 Mio. €.)

Man erhält nunmehr Daten auf Basis von **Cashflows**, so dass das modifizierte Verfahren einem dynamischen Investitionsrechenverfahren gleichkommt. Hieraus kann bei Vorgabe eines Diskontierungszinsfußes der **Projekt-Kapitalwert** ermittelt werden (zur Kapitalwertmethode vgl. ausführlich Kapitel V).

## Planung und Kontrolle auf Basis strategischer Geschäftsfelder — KAPITEL II

Einen „objektiv korrekten" Diskontierungszinsfuß gibt es nicht. Letztendlich indiziert der Diskontierungszinsfuß die **Risikobereitschaft des Managements**: Je höher der Zinsfuß, umso „weniger wert" sind weit in der Zukunft liegende Zahlungen, und umso risikoaverser ist das Management, denn umso weniger Projekte werden cet. par. durchgeführt.

Bei Annahme eines **Kalkulationszinsfußes von 6 %** ergibt sich ein Projektbarwert von +30,71 Mio. €:

| Jahr (Werte in Mio. €) | 20t1 | 20t2 | 20t3 | 20t4 | 20t5 (erw.) | 20t6 (erw.) | 20t7 (erw.) | Gesamt |
|---|---|---|---|---|---|---|---|---|
| Abzinsungsfaktor (6 %, nachschüssige Abzinsung) | $1{,}06^{-1}$ | $1{,}06^{-2}$ | $1{,}06^{-3}$ | $1{,}06^{-4}$ | $1{,}06^{-5}$ | $1{,}06^{-6}$ | $1{,}06^{-7}$ | – |
|  | 1,0600 | 1,1236 | 1,1910 | 1,2625 | 1,3382 | 1,4185 | 1,5036 |  |
| Cashflows abgezinst | -58,96 | -73,42 | -50,38 | -51,09 | 44,84 | 127,95 | 91,77 | – |
| Cashflows abgezinst kumuliert | -58,96 | -132,38 | -182,76 | -233,85 | -189,01 | -61,06 | 30,71 | 30,71 |
| Barwert der Cashflows | +30,71 Mio. € | | | | | | | |
| Dynam. Amortisationsdauer | sechs Jahre, acht Monate | | | | | | | |

Bei Annahme eines **Kalkulationszinsfußes von 10 %** wird ein Projektbarwert von -3,61 Mio. € ausgewiesen:

| Jahr (Werte in Mio. €) | 20t1 | 20t2 | 20t3 | 20t4 | 20t5 (erw.) | 20t6 (erw.) | 20t7 (erw.) | Gesamt |
|---|---|---|---|---|---|---|---|---|
| Abzinsungsfaktor (10 %, nachschüssige Abzinsung) | $1{,}1^{-1}$ | $1{,}1^{-2}$ | $1{,}1^{-3}$ | $1{,}1^{-4}$ | $1{,}1^{-5}$ | $1{,}1^{-6}$ | $1{,}1^{-7}$ | – |
|  | 1,1000 | 1,2100 | 1,3310 | 1,4641 | 1,6105 | 1,7716 | 1,9487 |  |
| Cashflows abgezinst | -56,82 | -68,18 | -45,08 | -44,05 | 37,26 | 102,45 | 70,81 | – |
| Cashflows abgezinst kumuliert | -56,82 | -125,00 | -170,08 | -214,13 | -176,87 | -74,42 | -3,61 | -3,61 |
| Barwert der Cashflows | -3,61 Mio. € | | | | | | | |
| Dynam. Amortisationsdauer | Amortisation wird nicht erreicht. | | | | | | | |

Somit ist das Projekt bei Forderung einer Mindestrendite von 6 % vorteilhaft, nicht aber bei einem Zinssatz von 10 %.

Neben den Kapitalwerten und der dynamischen Amortisationsdauer kann aus der Kapitalwertberechnung – gewissermaßen als Nebenprodukt – auch der **maximale Kapitalbedarf** als Minimum der kumulierten Cashflows abgeleitet werden. Er tritt jeweils am Jahresende 20t4 ein und beläuft sich auf 233,85 Mio. € (Diskontierungszinsfuß 6 %) bzw. 214,13 Mio. € (Diskontierungszinsfuß 10 %).

Zudem kann der **interne Zinsfuß** des Projekts berechnet und mit einer managementseitig vorgegebenen **Mindestrendite** (sog. „hurdle rate") verglichen werden. Eine solche kann etwa aus wertorientierten Kennzahlsystemen wie dem Capital Asset Pricing Model (CAPM) oder dem Weighted Average Cost of Capital-Ansatz (WACC) abgeleitet werden.

Der interne Zinsfuß wird ermittelt, indem ausgehend von einem Zinsfuß, der zu einem positiven Kapitalwert führt, der Zinsfuß solange sukzessiv angehoben wird, bis ein negativer Kapitalwert erzielt wird. Die Nullstelle der Kapitalwertfunktion gibt den internen Zinsfuß wieder und kann über die Zwei-Punkte-Methode mittels linearer Interpolation („**regula falsi**") näherungsweise wie folgt abgeleitet werden (vgl. ausführlich Kapitel V).

- Eine Erhöhung des Kalkulationszinsfußes um 4 Prozentpunkte induziert eine Barwertverminderung von (30,71 + 3,61 =) 34,32 Mio. €.
- Eine Barwertverringerung um 30,71 Mio. € auf Null entspricht somit einer Anhebung des Kalkulationszinsfußes um 30,71/34,32 · 4 = 3,58 Prozentpunkte.
- Mithin beträgt der interne Zinsfuß, d. h. die interne Projektrendite 6 + 3,58 = 9,58 %, d. h. rd. 9,6 %.

Im Ergebnis zeigt sich, dass die Produktlebenszyklus-Kostenrechnung schon mittels einfachster Annahmen in die Form **dynamischer Investitionsrechenverfahren** überführt werden kann, indem

- Annahmen an die Zahlungswirksamkeit der Erlöse und Kosten getroffen und
- zusätzlich die Auszahlungen für Investitionen beziffert und periodisiert werden.

Zusammenfassend ist festzuhalten, dass die Produktlebenszyklus-Kostenrechnung es für das Controlling ermöglicht,

- eine Vorschau auf die Rentabilität auf den Umsatz bzw. das gebundene Kapital zu gewinnen,
- preispolitische und Timing-Entscheidungen zu fundieren,
- kosten- und erlöswirksame Änderungen der Rahmenbedingungen schon vor der eigentlichen Markteinführung zu simulieren sowie
- durch eine rollierende Planung und Kontrolle die Projekteffizienz zu beurteilen und die Einhaltung der Amortisationsfristen zu analysieren.

Das Verfahren steht insoweit in einem engen sachlichen Zusammenhang zur **Wertanalyse** und zur **Zielkostenrechnung** (vgl. hierzu im Einzelnen Kapitel IV).

## 5.4 Erfahrungskurven-Theorie

Die **Erfahrungskurve** basiert auf der empirischen Forschung von *Bruce D. Henderson*, einem Unternehmensberater der Boston Consulting Group aus dem Jahre 1974 (Die Erfahrungskurve in der Unternehmensstrategie, Frankfurt/New York 1974). Unter Zugrundelegung von Marktbeobachtungen u. a. in der US-amerikanischen Flugzeugindustrie hat er ermittelt, dass mit jeder **Verdopplung der im Zeitablauf hergestellten kumulierten Produktionsmenge die Stückkosten um 20 - 30 % zurückgegangen** sind.

Hierbei handelt es sich um ein geschätztes maximales **Kostensenkungspotenzial**, sofern alle Möglichkeiten der „Erfahrung" in Form von Kosteneinsparungen und Rationalisierungschancen vom Management ausgenutzt werden. Gleichwohl impliziert dieses Konzept die Konzentration auf Größenwachstum und insoweit auf eine von der Mengenseite her führende Marktposition.

Die Erfahrungskurveneffekte werden verstärkt, wenn Kostensenkungen über den Preis an die Nachfrager (nachträglich, parallel oder sogar im Voraus) weitergegeben werden; man spricht insoweit von einer **„Investition in Marktanteile"**.

In Abhängigkeit von der mengenmäßigen Entwicklung der Ausbringungsmenge ergeben sich mithin potenzielle Senkungsmöglichkeiten der (realen, d. h. inflationsbereinigten) Kosten. Diese sind zurückzuführen auf

▶ Betriebsgrößendegressionseffekte (z. B. durch Kostenvorteile in der Beschaffung),

▶ technischen Fortschritt und qualitative Änderungen in der Produktionstechnik,

▶ Rationalisierungsmaßnahmen durch Automatisierung sowie Übungsgewinn durch wiederholte Arbeitsverrichtung und

▶ eine bessere Qualität des Managements (z. B. durch wertanalytische Projekte).

In der graphischen Darstellung werden die Achsen häufig logarithmiert, um eine linear absteigende Stückkostenfunktion des Erfahrungskurveneffekts zu generieren. Andernfalls wäre der Funktionsverlauf hyperbolisch (wie in der nachfolgenden Abbildung).

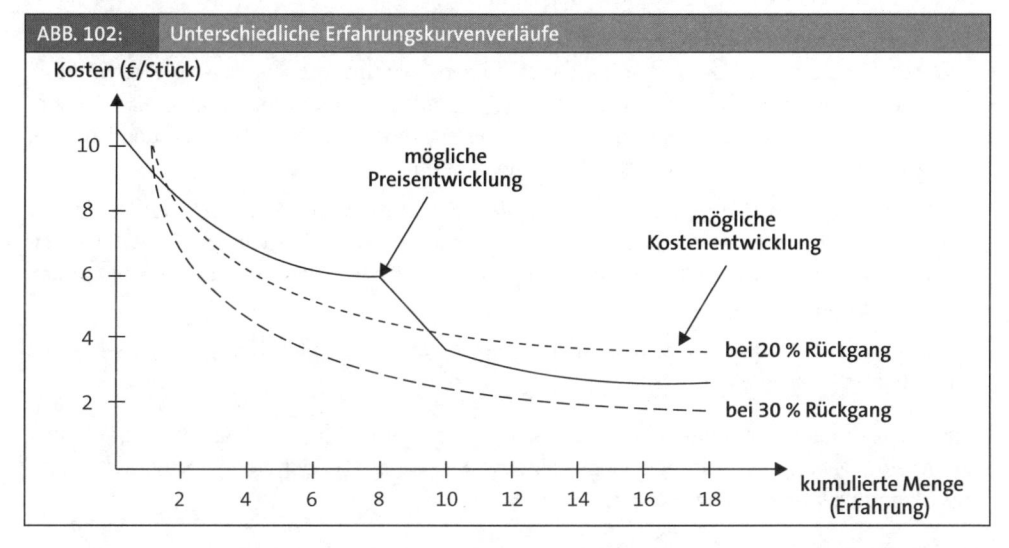

**ABB. 102: Unterschiedliche Erfahrungskurvenverläufe**

Quelle: *Arbeitskreis „Langfristige Unternehmensplanung" der Schmalenbach-Gesellschaft*, in: ZfbF 1977, S. 11.

Das Controlling hat in diesem Zusammenhang die Aufgabe, unter Zugrundelegung einer SWOT-Analyse die Erfahrungseffekte abzuschätzen und in Form funktionaler Ursache-Wirkungs-Beziehungen zwischen einer Variation der Ausbringungsmenge und den Stückkosten zu quantifizieren. Dies gestaltet sich in der betrieblichen Realität schwierig, denn die Erfahrungskurve ist kein prüfbares „Naturgesetz", sondern bestenfalls eine häufig feststellbare Regelmäßigkeit.

Bei unkritischer Anwendung führt die Erfahrungskurven-Theorie in eine Größen- und Wachstumsgläubigkeit; die **Risiken** einer auf Erfahrungsvorteilen basierenden **Kostenführerstrategie** i. S. von *Porter* werden vernachlässigt. Jene bestehen insbesondere in einem Verlust der **Flexibilität** durch

"Monokulturen" und in einer hohen **Angreifbarkeit** infolge nicht antizipierter Änderungen der Rahmenbedingungen wie Änderungen der Gesetzgebung, der Nachfragegewohnheiten, technologische Innovationen etc.

Als Ergebnis der Anwendung der Erfahrungskurve im strategischen Controlling lassen sich **Wettbewerbsvorteile des Marktführers** beziffern. Je höher die Erfahrungsvorteile, umso eher können durch eine konsequente Niedrigpreispolitik – in Form der zuvor erläuterten „Investition in Marktanteile" – kleinere Konkurrenten aus dem Markt gedrängt werden, indem Kostenvorteile über den Preis an die Abnehmer weitergegeben werden. Im Einzelnen ergeben sich folgende **Implikationen** des Erfahrungskurven-Effekts:

- Neue Produkte müssen in nahezu allen Fällen zu Preisen verkauft werden, die unter den Kosten liegen, bis ein größeres Absatz- bzw. Produktionsvolumen erreicht ist.

- Ein beschleunigtes Wachstum von Unternehmen ist mit erhöhten Anlageinvestitionen verbunden; dies geht häufig mit niedrigen Einführungspreisen für die Leistungen einher. Daraus folgt, dass ein aggressives Wachstum relativ hohe Mittel verbraucht. Präzise langfristige Finanzierungs- und Investitionsplanungen sind erforderlich, um das naturgemäß unsichere Marktwachstum und die Marktgröße abzuschätzen.

- Ein Anbieter, der versäumt, seine Marktanteile im Vergleich zur Konkurrenz zu halten bzw. auszudehnen und die daraus resultierenden Kostensenkungspotenziale zu nutzen, wird ggf. seine Wettbewerbsfähigkeit verlieren. Der Anbieter mit dem höchsten Marktanteil bei einem bestimmten Produkt hat die Möglichkeit, die niedrigsten Kosten zu realisieren und kann bei gegebenem Marktpreis die höchsten Gewinne erzielen.

- Mit einer aggressiven Preisstrategie kann die Gewinnmarge der Konkurrenten verkleinert und die Eintrittsbarrieren für neue potenzielle Konkurrenten erhöht werden. Sinken die Preise aber langsamer als die Kosten, so werden neue Wettbewerber eher geneigt sein, in den Markt einzudringen.

- Im Ergebnis stellt die konsequente Verfolgung einer Niedrigpreisstrategie eine wirksame Markteintrittsbarriere dar.

Je nach den Rahmenbedingungen im Einzelfall kann das Controlling dem Management die Verfolgung einer Niedrigpreisstrategie (sog. **„penetration strategy"**) oder einer Hochpreisstrategie (sog. **„skimming strategy"**) empfehlen.

**ABB. 103:** Bedeutung des Erfahrungskurveneffekts für die Wahl der Preisstrategie

| Kriterium | Hochpreisstrategie (skimming strategy) | Niedrigpreisstrategie (penetration strategy) |
|---|---|---|
| Beschreibung | Durch Realisation von Kostensenkungspotenzialen bei weitgehend gleichbleibenden Preisen kurzfristig Gewinne ohne Rücksicht auf Markteindringlinge abschöpfen | Durch Realisation von Kostensenkungspotenzialen kontinuierlich Preissenkungen vornehmen und insoweit durch Marktanteilswachstum weitere Kostenvorteile realisieren |
| Strategisches Ziel | Gewinn, Rentabilität | Marktanteil, Umsatzwachstum |
| Relevanter Parameter | Minimierung der Amortisationsdauer des eingesetzten Kapitals | Maximierung der Markteintrittsbarrieren für potenzielle Markteindringlinge |
| Zeithorizont | Kurzfristig orientiert | Langfristig orientiert |
| Risikoart | Verdrängungswettbewerb durch Markteintritt von Wettbewerbern, die u. U. zu niedrigeren Preisen anbieten | Amortisation der Investitionen, Erzielung einer angemessenen internen Rendite, vorzeitiges Ende des Produktlebenszyklus (z. B. durch technologische Innovationen) |
| Risikobewertung | Eher niedrig | Eher hoch |

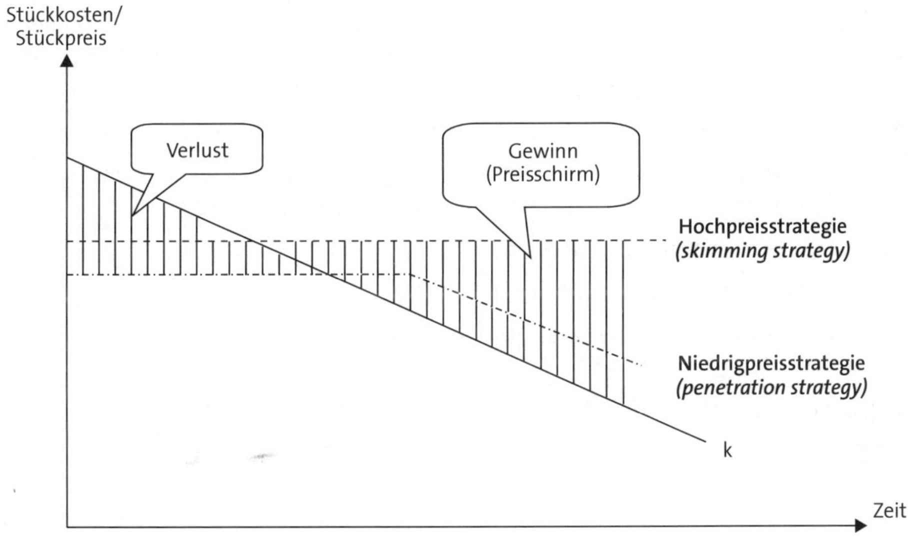

Die Erfahrungskurven-Theorie unterstellt, dass der Pionier mit einer Preispolitik des **„riding down the experience curve"**-Verhaltens über die Dauer des gesamten Produktlebenszyklus die Marktführerschaft behält, d. h. dass eine einmal erreichte Pionierstellung nicht mehr untergraben werden kann.

In dieser Absolutheit wird eine solche Interpretation der Erfahrungskurven-Theorie hingegen durch die Praxis widerlegt. Vielmehr lässt sich häufig auch der Fall antreffen, dass der eigentliche Innovator durch einen nachfolgenden Imitator (Markteindringling) überholt wird.

> **ABB. 104:** „Das Lied des Pioniers"
>
> „Das Lied des Pioniers"
> „Ich bin der Erste,
> ich habe die größte kumulierte Menge,
> ich habe die niedrigsten Stückkosten,
> ich bestimme den Marktpreis,
> ich habe das größte Volumen,
> ich habe den größten Gesamtgewinn,
> ich habe die größten Investitionen,
> ich verdiene die meisten Abschreibungen,
> ich habe den größten Cashflow,
> ich habe die beste Chance für Innovationen,
> und damit die Chance, wieder Erster zu sein."

Quelle: *Kloock/Sabel/Schuhmann*, in: ZfB 1987, 2. Ergänzungsheft, S. 41.

Aus dieser Perspektive sind sog. Führer-Folger-Modelle, z.T. mit spieltheoretischem Hintergrund, entwickelt worden. Demnach existieren Marktbedingungen, die jeweils die Überlegenheit des Führers (Pioniers) oder des Folgers (Imitators) begünstigen. Hierbei werden im Fachschrifttum insbesondere die folgenden Marktbedingungen als relevant eingestuft:

► Wirksamkeit des Innovations- und Patentschutzes, Rate des technischen Fortschritts,

► Möglichkeiten zur Errichtung von Markteintrittsbarrieren, Ausmaß der Fixkostenintensität, Umwandlungsfähigkeit der fixkostenintensiven Ressourcen,

► Höhe der mindestoptimalen Betriebsgröße,

► Homogenität des Marktes, Möglichkeiten zur Bildung von Nischen,

► Möglichkeiten zur dauerhaften Besetzung von Engpassfaktoren (Beschaffungsmärkte, Vertriebskanäle etc.),

► Möglichkeiten zur dauerhaften Standardsetzung für Produkte oder Prozesse.

Dem strategischen Controlling obliegt es, anhand einer systematischen Analyse der Kriterien der Umweltsituation (Umfeld-, Branchen- und Wettbewerbsanalyse, Leistungs-, Wert- und Kundenanalyse), die im Einzelfall optimale Strategie zu eruieren. Wesentliche Kriterien einer Vorteilhaftigkeitserwägung sowie dazugehörige mögliche Maßgrößen zu deren Operationalisierung sind z. B. gegeben durch:

| ABB. 105: | Rahmenbedingungen für die Vorteilhaftigkeit von Führer-Folger-Strategien und deren Operationalisierung durch das Controlling |
|---|---|
| **Vorteile von Führerstrategien** | **Vorteile von Folgerstrategien** |
| ▶ Möglichkeiten der Sicherung langfristiger Know-how-Vorsprünge (Geheimhaltung, Patentierung) | ▶ Niedriges Amortisationsrisiko durch Wegfall von Entwicklungskosten und Entwicklungsunsicherheit |
| ▶ Möglichkeiten zur raschen Realisierung von Betriebsgrößenvorteilen (economies of scale) und von Erfahrungsvorteilen | ▶ Risikoreduktion durch Realisierung von „free-rider-Effekten" („Testmarkt ist realer Markt") |
| ▶ Möglichkeiten zum Aufbau langfristiger Kundenbeziehungen mit Realisierung von carry-over-Effekten (Wiederkaufraten, Kundenbeharrung und -loyalität) in intertemporaler Sicht | ▶ Geringe Unsicherheit gegenüber Technologie- und Nachfrageänderungen durch Möglichkeit intensiver Marktbeobachtung |
| ▶ Möglichkeiten zur langfristigen Besetzung von Engpassfaktoren (z. B. Rohstoffmärkte, langfristige Lieferverträge) | ▶ Geringe Kosten des Humankapitalaufbaus durch Möglichkeit der Abwerbung von Personal beim Pionier |
| ▶ Möglichkeiten der Errichtung dauerhafter Eintrittsbarrieren in den Markt | ▶ Unmittelbare Repositionierung, Produktvariation, Nischenbesatz möglich aufgrund besserer Kenntnis der Kundenreaktionen |
| ▶ Möglichkeiten der Schaffung von Imagevorteilen durch frühzeitige Differenzierungsstrategien | ▶ Validere Prognosen hinsichtlich Mengenentwicklungen möglich |
| ▶ Möglichkeiten der Standardsetzung hinsichtlich Produkten und/oder Prozessen | ▶ Unmittelbarer Einstieg auf Folgetechnologien bei raschem Technologiewechsel möglich |
| ▶ Reduktion von Qualitätsunsicherheiten durch höchsten Marktanteil und größte Käufergruppe | ▶ Aushöhlung des Hauptmarkts durch Differenzierung oder Nischenbildung (sog. „me-too-Strategie") |
| ▶ Höchstes Kundenbeeinflussungspotenzial durch frühzeitige Kommunikationspolitik | |

| Einflussfaktoren der Vorteilhaftigkeit einer Imitatorstrategie und deren Operationalisierung | | |
|---|---|---|
| Unsichere Umwelt | Durch unsichere politische Strukturen oder unvorhersehbare rechtliche bzw. gesellschaftliche Entwicklungen bestehen bei der Einführung eines neuen Produktes zahlreiche Risiken. Mit einer Folgerstrategie können solche abgeschätzt werden, da man bereits Marktbeobachtungen durchführen kann. | Ausmaß der gesetzlichen Regelungen zu der betreffenden Branche, Statistiken über das Kaufverhalten der potenziellen Kunden, Statistiken zur Nachfrageelastizität |
| Hoher Gebrauchswert, aber geringer Anmutungswert | Bei stark imagebehafteten Produkten ist die Pionierstrategie sinnvoller. Bei Produkten mit hohem Gebrauchswert ist es weniger bedeutsam, als erster ein neues Produkt zu präsentieren, sondern, die günstigeren Konditionen zu stellen. | Preisunterschiede zwischen Marken und No-Name-Produkten, Ausgaben für imagebezogene Werbung in der Branche |
| Hohe Innovationskosten | Folgerstrategien sind sinnvoll, wenn hierdurch hohe Kosten für Forschung und Entwicklung vermieden werden können. | Ausgaben für Forschung und Entwicklung der Pionierunternehmen, Investitionsquote, Produktinnovationsrate |
| Niedrige Markteintrittsbarrieren | Bei Märkten mit niedrigen Markteintrittsbarrieren sind Folgerstrategien sinnvoll, da ein späteres Eintreten in den Markt problemlos möglich ist. Bei wirksamem Patentschutz empfiehlt sich demgegenüber die Pionierstrategie. | Anzahl bestehender Patente, zahlreiche Anbieter auf dem Markt, kein Unternehmen mit dominierenden Umsatzgrößen |
| Niedrige Kundenbindung | Bei Produkten mit hoher Kundenbindung sind Folgerstrategien nicht empfehlenswert, da es nur schwer möglich ist, Kunden der Pionierunternehmen abzuwerben. Dagegen empfiehlt sich in Bereichen mit niedriger Kundenbindung die Folgerstratgie, da Kunden relativ flexibel zwischen den Anbietern wechseln können. | Häufigkeit des Anbieterwechsels, Umsatz des Pionierunternehmens im Vergleich zum Gesamtumsatz der Branche |

*Richard N. Foster*, Unternehmensberater der US-amerikanischen Firma McKinsey, hat empirisch ermittelt, dass Wechsel an der „Spitze" einer Branche häufig mit dem Aufkommen von **Technologiesprüngen** einhergehen. Die in der „alten" Technologie erfolgreichen Unternehmen versuchen, ihre Position durch letztlich inkrementelle Produktivitätszuwächse unter Beibehaltung der reifen Technologie zu verteidigen; sie halten dabei zu lange an der auf Dauer unterlegenen Technologie fest. Neu auf den Markt zutretende Unternehmen verwenden dagegen von Anfang an die Nachfolgetechnologie und ziehen alsbald an den alteingesessenen Unternehmen vorbei. *Foster* nennt dieses Phänomen „**leaders lose**". Die Gefahr einer Marktführerschaft besteht demnach darin,

▶ nicht rechtzeitig zu erkennen, dass jede Technologie einmal an ihre Grenzen stößt, und stattdessen unkritisch an den Fortbestand der alten Technologie zu „glauben",

▶ nicht technologische Innovationen schon dann vorzubereiten, wenn die alte Technologie noch erfolgreich ist.

Die Potenziale technologischer Innovationen folgen in zeitlicher Perspektive einem S-förmigen Verlauf, was *Foster* (Innovation – Die technologische Offensive, Wiesbaden 1986) mit sog. „**technologischen S-Kurven**" visualisiert hat.

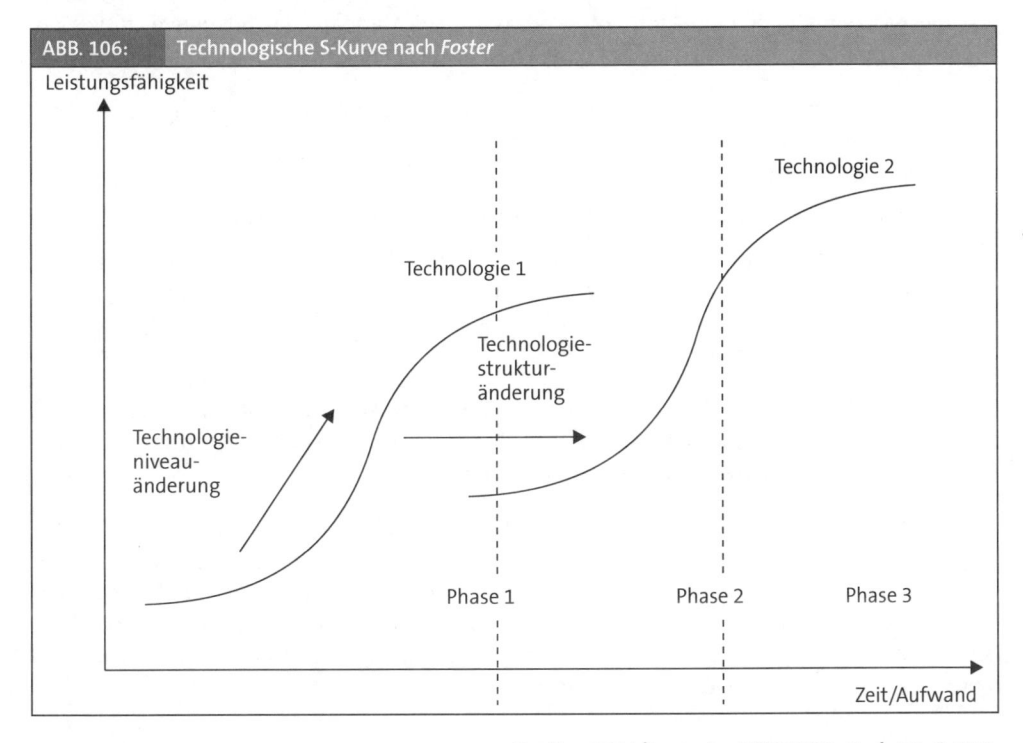

**ABB. 106:** Technologische S-Kurve nach *Foster*

Quelle: *Mild/Sasse*, in: BBK 1999, Fach 26, S. 836.

Dem strategischen Controlling obliegt es in diesem Zusammenhang,

▶ die Produktivitätsentwicklung der auf dem Markt befindlichen Prozesstechnologie abzuschätzen,

▶ i. S. einer Frühwarnung mittels „schwacher Signale" das Chancenpotenzial in Entwicklung befindlicher Technologien zu beurteilen,

▶ die technologische Strategie und das Marktverhalten relevanter aktueller Wettbewerber zu prognostizieren und

▶ die Wahrscheinlichkeit des Aufkommens potenzieller Markteindringlinge zu analysieren,

wobei das Konzept der „five forces" bzw. die PEST-Analyse zur Anwendung kommen.

## 5.5 Portfolio-Planung und -Controlling

Auf der Basis von Produktlebenszyklen und Erfahrungskurven werden alternative Programm- und Potenzialvariationen geprüft, um für künftige Perioden jene strategischen Geschäftsfelder festzulegen, die mit ihren Produkten bzw. Produktgruppen Marktanteile und andere Erfolgsziele auf durch spezifische Wachstumsbedingungen gekennzeichneten Märkten optimal erreichen.

Hierbei ist die **Portfolio-Analyse** hilfreich. In ihrem von der Unternehmensberatungsgesellschaft **Boston Consulting Group** entwickelten Grundmodell klassifiziert sie die wichtigsten strategischen Geschäftsfelder einer Unternehmung anhand der Kriterien

▶ **Marktwachstumsrate** (d. h. Wachstumsrate des Umsatzes in % p. a.) und

▶ **relativer Marktanteil** (d. h. der eigene Marktanteil im Verhältnis zum wichtigsten Konkurrenten: Ist der relative Marktanteil größer Eins, impliziert das stets eine Position der Marktführerschaft, ist er kleiner Eins, gibt es jedenfalls mindestens einen Konkurrenten mit einem höheren Marktanteil als dem eigenen).

Ein hohes Marktwachstum steht dabei für ein niedriges **Marktrisiko** (frühe Phase des Produktlebenszyklus, noch hinreichendes Marktpotenzial) und ein hoher relativer Marktanteil für eine überdurchschnittliche **Marktstellung** (Erfahrungskurve, Kostenvorteile).

Die strategischen Geschäftsfelder werden wie bei einem Wertpapier-Portfolio in der Finanzmarkttheorie in das Geschäftsfeld-Portfolio positioniert. Hieraus werden Entscheidungshilfen für Strategieempfehlungen in Bezug auf die mittelfristige Investitionsstrategie und Ressourcenallokation unter Berücksichtigung von Wachstums-, Gewinn- und Liquiditätspotenzialen abgeleitet. Außerdem lassen sich Hinweise auf das künftige Unternehmenswachstum und die Einhaltung des finanziellen Gleichgewichts generieren.

Planung und Kontrolle auf Basis strategischer Geschäftsfelder  **KAPITEL II**

Die Geschäftsfelder werden in vier **Kategorien** klassifiziert.

- **Fragezeichen** bieten aufgrund des ihnen innewohnenden Marktpotenzials hohe Chancen, zugleich aber hohe Risiken, da sich das Unternehmen zurzeit in einer schwachen Wettbewerbsposition befindet.
- **Stars** stellen das attraktivste Segment dar, da sich das Unternehmen bei hohem künftigem Marktpotenzial in einer überlegenen Wettbewerbsposition befindet.
- **Cash-Kühe** sind Geschäftsfelder, die in die Reifephase eingetreten sind, wobei das Unternehmen sich aber eine überlegene Wettbewerbsposition erarbeitet hat.
- Bei den sog. **Dogs** (Armen Hunden) liegen sowohl eine ungünstige Marktkonstellation wie auch eine unterlegene Wettbewerbsposition der Unternehmung vor.

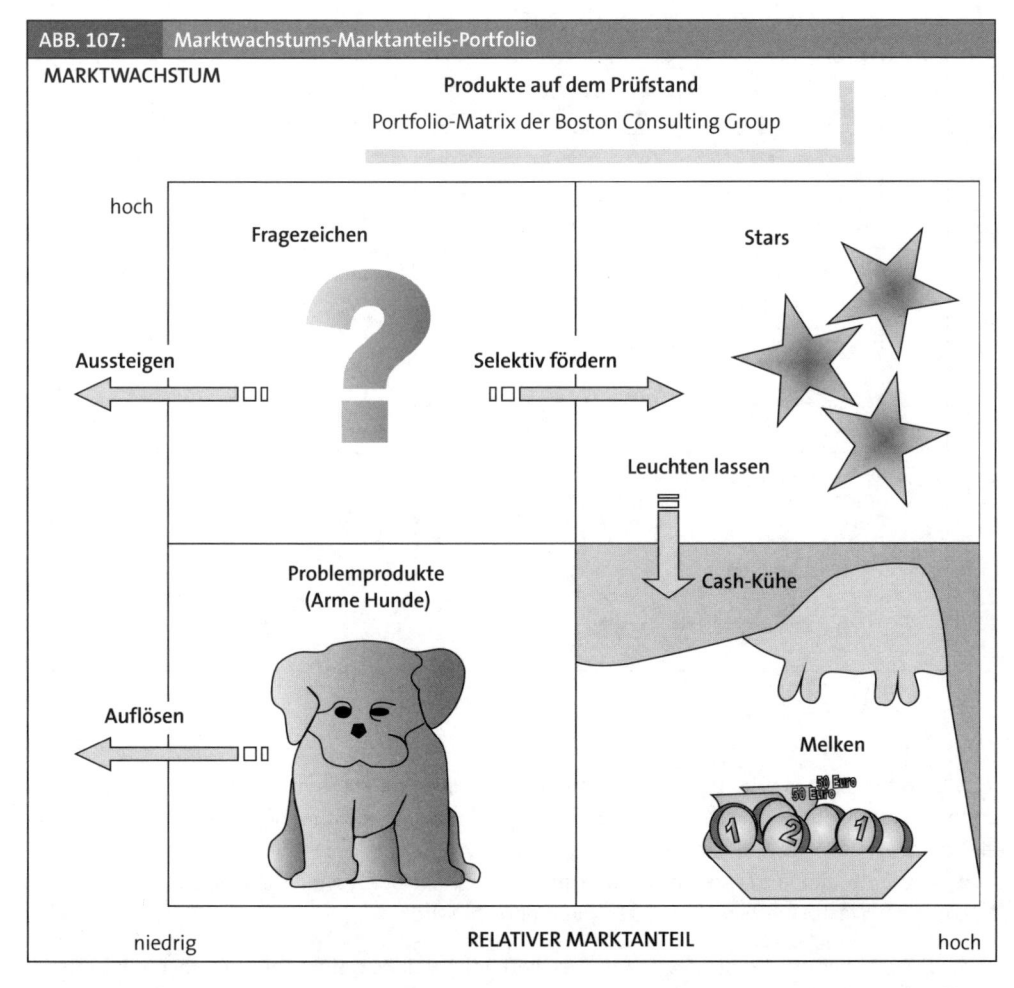

**ABB. 107:** Marktwachstums-Marktanteils-Portfolio

Produkte auf dem Prüfstand
Portfolio-Matrix der Boston Consulting Group

MARKTWACHSTUM (hoch / niedrig)

- Fragezeichen — Aussteigen / Selektiv fördern
- Stars — Leuchten lassen
- Problemprodukte (Arme Hunde) — Auflösen
- Cash-Kühe — Melken

RELATIVER MARKTANTEIL (niedrig / hoch)

Demnach stellt die Portfolio-Analyse in ihrem Grundmodell nichts anderes als eine **Hybridform aus Produktlebenszyklus und Erfahrungskurve** dar.

Das Unternehmen muss also bestrebt sein, auf wachsenden Märkten (mit hohem noch ausstehendem Nachfragepotenzial) in günstiger (möglichst beherrschender) Stellung (und somit hohem Marktanteil) tätig zu werden. Grundsätzlich wünschenswert sind deshalb Geschäftsfelder mit hohem Marktwachstum und hohem Marktanteil.

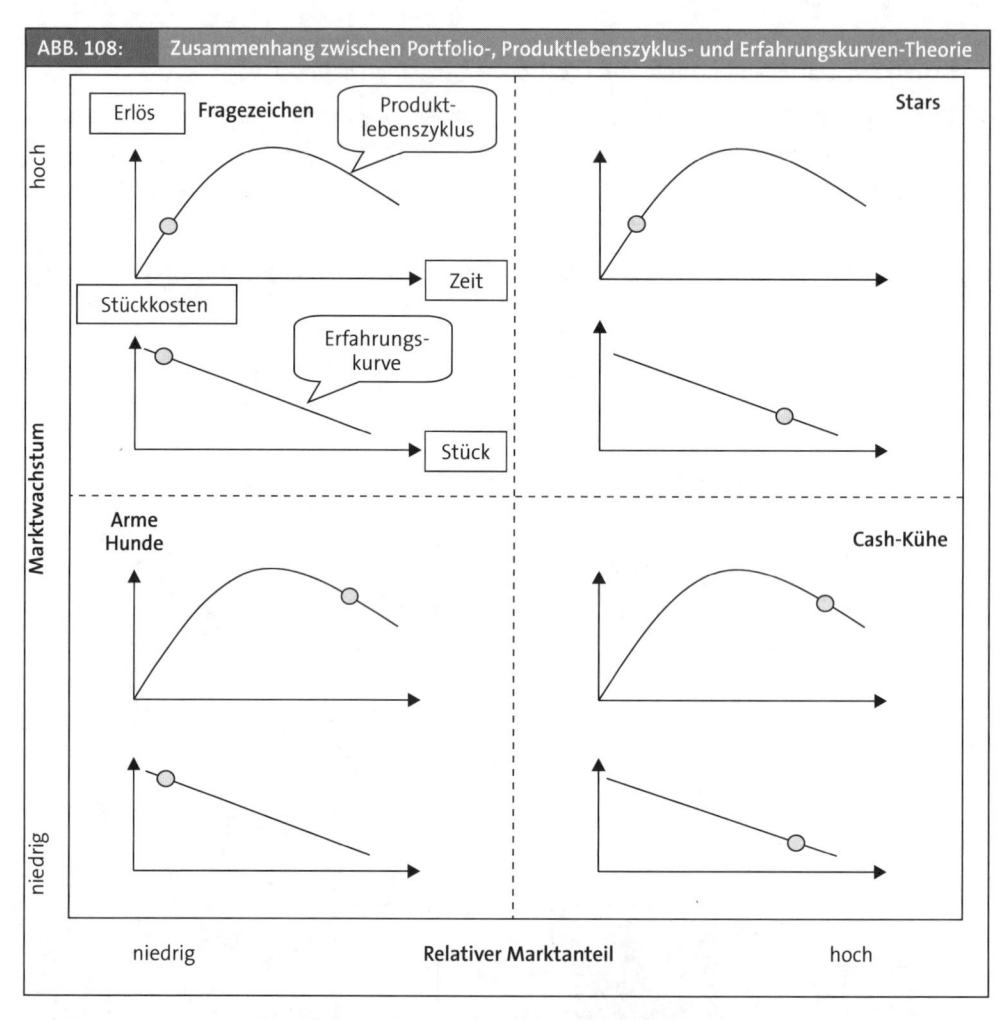

**ABB. 108:** Zusammenhang zwischen Portfolio-, Produktlebenszyklus- und Erfahrungskurven-Theorie

Das Marktwachstum wird dabei als Synonym für die **Marktattraktivität** und der relative Marktanteil als Synonym für die **Wettbewerbsstärke** gebraucht. Es existieren aber hierfür weitere bedeutende Determinanten. Eine Reduktion der Analyse auf die beiden Indikatoren Marktwachstumsrate und relativer Marktanteil stellt insoweit eine grobe **Vereinfachung** dar, die der Komplexität der Wettbewerbsbedingungen nicht gerecht wird.

Für die Klassifikation der strategischen Geschäftsfelder einer Unternehmung nach der generellen Marktattraktivität (**PEST-Analyse**) und der generellen Wettbewerbsstärke (**SWOT-Analyse**) werden daher in der Praxis Scoring-Modelle verwendet, in denen die relevanten Kriterien aufgelistet, gewichtet und nach dem Erfüllungsgrad bewertet werden.

| ABB. 109: | Checkliste zur Operationalisierung der Portfoliodimensionen Marktattraktivität und Wettbewerbsstärke |
|---|---|
| **Marktattraktivität** | **Wettbewerbsstärke** |
| (1) **Marktwachstum und Marktgröße**<br>(2) **Marktqualität**<br>▶ Rentabilität der Branche (Deckungsbeitrag, Umsatzrendite, Kapitalumschlag)<br>▶ Stellung im Markt-Lebenszyklus<br>▶ Spielraum für die Preispolitik<br>▶ Technologisches Niveau und Innovationspotenzial<br>▶ Schutzfähigkeit des technischen Know-hows<br>▶ Investitionsintensität<br>▶ Wettbewerbsintensität und -struktur<br>▶ Anzahl und Struktur potenzieller Anbieter<br>▶ Anforderungen an Distribution und Service<br>▶ Variabilität der Wettbewerbsbedingungen<br>▶ Substitutionsmöglichkeiten, u. a.<br>(3) **Energie- und Rohstoffversorgung**<br>▶ Störungsanfälligkeit in der Versorgung von Energie- und Rohstoffen<br>▶ Beeinträchtigung der Wirtschaftlichkeit der Produktionsprozesse durch Erhöhung der Energie- und Rohstoffpreise<br>▶ Existenz von alternativen Rohstoffen und Energieträgern, u. a.<br>(4) **Konjunkturelle und regulatorische Situation**<br>▶ Konjunkturabhängigkeit<br>▶ Inflationsauswirkungen<br>▶ Abhängigkeit von der Gesetzgebung<br>▶ Abhängigkeit von der öffentlichen Einstellung (Subventionen)<br>▶ Risiko staatlicher Eingriffe<br>▶ Risiko von Außenhandelsbeschränkungen<br>▶ Umweltbelastung, u. a.<br>(5) **Sozio-Demographische Situation**<br>▶ Zahlenmäßige Entwicklung der Zielgruppe<br>▶ Zahlungsbereitschaft, Nachfrageelastizität<br>▶ Modische oder Lifestyle-Abhängigkeit, u. a. | (1) **Relative Marktposition (im Vergleich zum stärksten Konkurrenten)**<br>▶ Marktanteil und seine Entwicklung<br>▶ Größe und Finanzkraft der Unternehmung<br>▶ Wachstumsrate der Unternehmung<br>▶ Rentabilität (Deckungsbeitrag, Umsatzrendite, Kapitalumschlag)<br>▶ Risiko (Grad der Etabliertheit im Markt)<br>▶ Marketingpotenzial (Image der Unternehmung und daraus resultierende Abnehmerbeziehungen, Preisvorteile aufgrund von Qualität, Lieferzeiten, Service, Technik, Sortimentsbreite usw.), u. a.<br>(2) **Relatives Produktpotenzial (in Bezug auf die erreichte oder geplante Marktposition)**<br>▶ Prozesswirtschaftlichkeit (Kostenvorteile, Innovationsfähigkeit der Anlagen bzgl. wechselnder Marktbedingungen usw.)<br>▶ Hardware (Erhaltung der Marktanteile mit den Kapazitäten, Standortvorteile, Steigerungspotenzial der Produktivität, Umweltfreundlichkeit der Produktionsprozesse, Lieferbedingungen, Kundendienst usw.)<br>▶ Energie- und Rohstoffversorgung (Erhaltung der Marktanteile unter den voraussichtlichen Versorgungsbedingungen, Kosten der Energie- und Rohstoffversorgung), u. a.<br>(3) **Relatives Forschungs- und Entwicklungspotenzial**<br>▶ Stand der Forschung und Entwicklung im Vergleich zur Marktposition der Unternehmung<br>▶ Innovationspotenzial und -kontinuität, u. a.<br>(4) **Relative Qualifikation der Führungskräfte und Mitarbeiter**<br>▶ Professionalität, Urteilsfähigkeit, Einsatz und Kultur der Führungskräfte und Mitarbeiter<br>▶ Innovationsklima<br>▶ Qualität der Führungssysteme<br>▶ Synergieeffekte, u. a. |

Quelle: I. A. a. *Hinterhuber*, Strategische Unternehmensführung, 3. Aufl., Berlin/New York 1984, S. 102 ff.

Entsprechend verfährt das als Weiterentwicklung des Boston-Portfolios von der Unternehmensberatungsgesellschaft *McKinsey* konstruierte **Marktattraktivität-Geschäftsfeldstärke-Portfolio**. Die Operationalisierung dieser Erfolgsfaktoren geschieht durch die Teildimensionen

▶ Flexibilität und Stabilität der Marktbedingungen für die Marktattraktivität sowie

▶ Wettbewerbsstärke und finanzielle Stärke für die Geschäftsfeldstärke (vgl. hierzu *Albach*, ZfB 1978, S. 707),

das McKinsey-Portfolio schaltet demnach dem Boston-Portfolio ein Scoring-Modell zur Analyse der Marktattraktivität und der Geschäftsfeldstärke vor, mit Hilfe dessen relevante Kriterien identifiziert, mit Kennzahlen operationalisiert, gewichtet und bewertet werden.

Die Portfolio-Analyse ist die bis heute beliebteste und verbreitetste strategische Planungsmethode und grenzt an „betriebswirtschaftliche Folklore". Nahezu für jedes unternehmensstrategische Planungsobjekt lassen sich Portfolios aufstellen: Kunden, Lieferanten, Investitionen, Forschungs- und Entwicklungsprojekte oder Führungskräfte.

Im Rahmen der Durchführung eines solchen Analyseprozesses ergeben sich für das Controlling folgende Aufgaben hinsichtlich Datengenerierung, -aufbereitung und -interpretation unter Zugrundelegung der PEST- sowie SWOT-Analyse:

| ABB. 110: Praxisschritte zur Erstellung einer Portfolio-Analyse |
|---|
| 1. Einteilung des Unternehmens in strategische Geschäftseinheiten (z. B. entsprechend den Vorgaben in DRS 3); |
| 2. Klassifizierung der strategischen Geschäftsanteile entsprechend der relativen Bedeutung für das Unternehmen (z. B. Anteil am Umsatz, am investierten Kapital); |
| 3. Erstellung einer vollständigen und überschneidungsfreien Auflistung von Kriterien zur Bewertung der Marktattraktivität einschließlich Definition von Gewichtungsfaktoren für die Kriterien (zweckmäßigerweise als Skala zwischen 0 und 100); |
| 4. Erstellung einer vollständigen und überschneidungsfreien Auflistung von Kriterien zur Bewertung der Wettbewerbsstärke einschließlich Definition von Gewichtungsfaktoren für die Kriterien (zweckmäßigerweise als Skala zwischen 0 und 100); |
| 5. Beurteilung der einzelnen strategischen Geschäftsfelder anhand der Kriterienlisten und Positionierung in das Portfolio; |
| 6. Ermittlung und Beurteilung der Ist-Situation des Unternehmens hinsichtlich Wachstum, Rentabilität und Liquidität; |
| 7. Darstellung der gewünschten sowie der wahrscheinlichen künftigen Plansituation des Unternehmens hinsichtlich Wachstum, Rentabilität und Liquidität mittels Bewegung der strategischen Geschäftsfelder im Portfolio; |
| 8. Identifizierung einer ggf. auftretenden strategischen Lücke (z. B. hinsichtlich Wachstums-, Gewinn- oder Cash-Bedarf); |
| 9. Herausarbeitung von Normstrategien für die bestehenden strategischen Geschäftsfelder; |
| 10. Herausarbeitung zusätzlich notwendiger Diversifikationsstrategien zur Schließung der Lücke. |

Das strategische Controlling muss zunächst relevante Kriterien zur Operationalisierung der Marktattraktivität (PEST-Analyse) und der Wettbewerbsstärke (SWOT-Analyse) identifizieren, mit Maßgrößen versehen und ggf. gewichten.

| ABB. 111: | Operationalisierung der Portfolio-Dimensionen (Beispiel) ||||||
|---|---|---|---|---|---|---|
| Marktattraktivität ||| Wettbewerbsstärke |||
| Kriterium | Maßgröße | Gewicht | Kriterium | Maßgröße | Gewicht |
| Marktwachstum | Umsatzwachstum in % p. a. | 4,00 | Relativer Marktanteil | Marktanteil in % des wichtigsten Wettbewerbers | 4,00 |
| Ausstehendes Nachfragepotenzial | Sättigungsgrad in % der potenziellen Gesamtnachfrage | 3,00 | Produktqualität | Reklamationsquote, Ausschuss-, Nachbearbeitungsquote | 2,50 |
| Risiko von Nachfrageänderungen | PLZ-Dauer in Jahren, Amortisationszeit in % der voraussichtlichen PLZ-Dauer | 2,50 | Standard und Modernität der Produktionsverfahren | Restwert- bzw. Nettoinvestitionsquote der Sachanlagen | 1,50 |
| Markteintrittskosten | Ingangsetzungs- und Investitionskosten in % des Jahresumsatzes | 1,00 | Ablauforganisation | Kontrollspanne, Zielerfüllungsgrad, Terminüberschreitungsquote | 1,00 |
| Konkurrenzsituation | Anteil der größten drei Wettbewerber am Gesamtumsatz | 2,50 | Distributions- und Vertriebswege | Abdeckungsgrad Einzelhandel in % | 2,00 |
| Preisbereitschaft | Preiselastizität der Nachfrage | 1,00 | Innovationskraft und techn. Know-how | FuE-Quote in % des Umsatzes | 2,00 |
| Bedrohung durch Substitutionsprodukte | Stammkundenquote, Produktinnovationsrate | 1,50 | Marketing | Bekanntheitsgrad, Image-Index | 2,00 |
| Höhe des gebundenen Kapitals | Kapitalumschlag (Umsatz/Bilanzsumme) | 2,00 | Qualifikation der Mitarbeiter | Aus- und Weiterbildungsaufwand in € pro Mitarbeiter p. a. | 1,00 |
| Zugang zu Rohstoffmärkten | Fehlbestandsquote, durchschnittl. Anzahl Lieferanten pro Artikel | 1,50 | Kostensituation | Herstellkosten, operative Marge in €/Stück | 2,50 |
| Anfälligkeit gegen Regulierung | Kosten zur Erfüllung gesetzlicher Auflagen in % des Umsatzes | 1,00 | Rentabilität und Finanzkraft | Gesamtkapitalrentabilität, Cashflowquote | 1,50 |

Die Gewichte sollen hierbei die anteilige Bedeutung des jeweiligen Kriteriums für die Erkenntnisziele „Marktattraktivität" und „Wettbewerbsstärke" widerspiegeln. Anschließend folgt eine ordinale Bewertung der Erfüllungsgrade für die Bewertungskriterien:

| ABB. 112: | Scoring-Modell zur Konstruktion eines Portfolios (Beispiel) | | | | |
|---|---|---|---|---|---|
| Bewertung der **Marktattraktivität** | | | | | |
| Bewertungskriterien | Gewichtungsfaktoren | Punktzahl | | Gewichtete Punktzahl | Maximale gewichtete Punktzahl |
| (1) | (2) | (3) 1 2 3 4 5 | | (2) · (3) | (2) · 5 |
| Marktwachstum | 4,00 | | | 4,00 | 20,00 |
| Ausstehendes Nachfragepotenzial | 3,00 | | | 3,00 | 15,00 |
| Risiko von Nachfrageänderungen | 2,50 | | | 10,00 | 12,50 |
| Markteintrittskosten | 1,00 | | | 4,00 | 5,00 |
| Konkurrenzsituation | 2,50 | | | 10,00 | 12,50 |
| Preisbereitschaft | 1,00 | | | 1,00 | 5,00 |
| Bedrohung durch Substitutionsprodukte | 1,50 | | | 4,50 | 7,50 |
| Höhe des gebundenen Kapitals | 2,00 | | | 8,00 | 10,00 |
| Zugang zu Rohstoffmärkten | 1,50 | | | 7,50 | 7,50 |
| Anfälligkeit gegen Regulierung | 1,00 | | | 2,00 | 5,00 |
| Ergebnis | 20,00 | | | 54,00 | 100,00 |
| Bewertung der **Wettbewerbsstärke** | | | | | |
| Bewertungskriterien | Gewichtungsfaktoren | Punktzahl 1 2 3 4 5 | | Gewichtete Punktzahl | Maximale gewichtete Punktzahl |
| Relativer Marktanteil | 4,00 | | | 16,00 | 20,00 |
| Produktqualität | 2,50 | | | 10,00 | 12,50 |
| Standard und Modernität der Produktionsverfahren | 1,50 | | | 4,50 | 7,50 |
| Ablauforganisation | 1,00 | | | 2,00 | 5,00 |
| Distributions- und Vertriebswege | 2,00 | | | 8,00 | 10,00 |
| Innovationskraft und techn. Know-how | 2,00 | | | 2,00 | 10,00 |
| Marketing | 2,00 | | | 4,00 | 10,00 |
| Qualifikation der Mitarbeiter | 1,00 | | | 2,00 | 5,00 |
| Kostensituation | 2,50 | | | 10,00 | 12,50 |
| Rentabilität und Finanzkraft | 1,50 | | | 4,50 | 7,50 |
| Ergebnis | 20,00 | | | 63,00 | 100,00 |

| Punktzahl | 1 | 2 | 3 | 4 | 5 |
|---|---|---|---|---|---|
| Bewertung | Sehr ungünstig bzw. sehr gering | Ungünstig bzw. gering | Mittel | Günstig bzw. hoch | Sehr günstig bzw. sehr hoch |

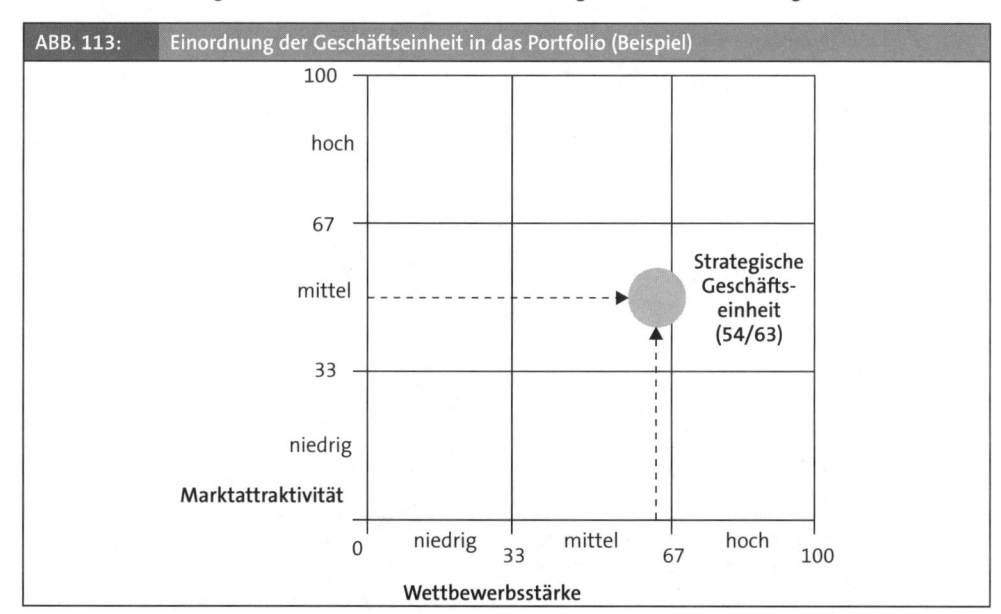

Planung und Kontrolle auf Basis strategischer Geschäftsfelder — KAPITEL II

Auf dieser Grundlage wird die Geschäftseinheit wie folgt in das Portfolio eingeordnet:

**ABB. 113:** Einordnung der Geschäftseinheit in das Portfolio (Beispiel)

[Portfolio-Diagramm: Marktattraktivität (y-Achse: niedrig/mittel/hoch, Skala 0-33-67-100) gegen Wettbewerbsstärke (x-Achse: niedrig/mittel/hoch, Skala 0-33-67-100). Strategische Geschäftseinheit (54/63) im mittleren Bereich positioniert.]

Obiges Scoring-Ergebnis ließe sich wie folgt interpretieren

▶ hinsichtlich der **Marktattraktivität**: gesättigter Markt in der Reifephase (Kriterium 1 und 2), stabile Nachfrage- und Konkurrenzsituation, hohe Markteintrittsbarrieren (Kriterium 3 - 5), Preis als beherrschender Wettbewerbsparameter (Kriterium 6),

▶ hinsichtlich der **Wettbewerbsstärke**: Marktführerschaft dank günstiger Kosten- und Qualitätsposition, Erfahrungsvorteilen (Kriterium 1 - 3), zugleich effiziente Vertriebsorganisation (Kriterium 5), jedoch auch sichtbare Schwächen hinsichtlich Humankapital, Marketingkonzeption und Innovationsfähigkeit (Kriterien 6 - 8).

▶ Im Ergebnis weist das betrachtete Geschäftsfeld typische Cash Kuh-Merkmale auf; die aktuelle Situation gestaltet sich recht günstig, aber es bestehen Zweifel an der mittelfristigen Zukunftsfähigkeit.

**BEISPIEL:** ▶ Die GlobalSports AG möchte mittels der Portfolio-Analyse ihre Geschäftsfelder auf dem Sportartikelmarkt bewerten. Mit Rückgriff auf das vereinfachte McKinsey-Portfolio wurden folgende Daten erhoben:

| Geschäftsfeld | Eigener Marktanteil | Marktanteil des größten Wettbewerbers | Qualitätsindex | Erwartetes Marktwachstum p. a. | Marktvolumen Mio. € p. a. |
|---|---|---|---|---|---|
| Fußball (F) | 15 % | 25 % | 2,2 | 4 % | 500 |
| Leichtathletik (L) | 12 % | 10 % | 3,2 | 1 % | 100 |
| Outdoor (O) | 16 % | 20 % | 4,8 | 5 % | 320 |

Hinweise:

▶ Qualitätsindex (lt. Kundenbefragungen): 1 = minimale Qualität, 5 = maximale Qualität.

▶ Relativer Marktanteil und Qualitätsindex sind gleich wichtig, das Marktwachstum ist hingegen dreimal so wichtig wie das Marktvolumen.

## KAPITEL II — Strategische Planung und strategisches Controlling

▶ Zur Erstellung des Scoring-Modells ist jeweils der größte Wert einer Spalte auf 10 und die anderen Werte kaufmännisch gerundet mit einer Nachkommastelle bezogen auf das Werteintervall von 0 - 10 zu normieren.

Es sind die für die Erstellung des McKinsey-Portfolios notwendigen Kennzahlen zu ermitteln und das Portfolio zu erstellen.

Das Portfolio ist aus Sicht der Gesamtunternehmung zu interpretieren. Für die einzelnen Geschäftsfelder sind entsprechend ihrer Positionierung im Portfolio Normstrategien zu entwickeln.

Die Aufbereitung der Daten ergibt:

| Geschäftsfeld | Relativer Marktanteil | Qualitäts-index | Wettbe-werbsstärke *) | Erwartetes Marktwachs. p.a. | Marktvolu-men Mio. € p.a. | Marktattrak-tivität **) |
|---|---|---|---|---|---|---|
| Fußball (F) | 0,6 = 5,0 | 2,2 = 4,6 | 48 | 4 % = 8,0 | 500 = 10,0 | 85 |
| Leichtathletik (L) | 1,2 = 10,0 | 3,2 = 6,7 | 83 | 1 % = 2,0 | 100 = 2,0 | 20 |
| Outdoor (O) | 0,8 = 6,7 | 4,8 = 10,0 | 83 | 5 % = 10,0 | 320 = 6,4 | 91 |

*) (Index RMA · 0,5 + Index Qualität · 0,5) · 10.
**) (Index Wachstum · 0,75 + Index Volumen · 0,25) · 10.

Die eigenen Umsätze betragen: Fußball (F) = 0,15 · 500 = 75 Mio. €, Leichtathletik (L) = 0,1 · 100 = 10 Mio. €, Outdoor (O) = 0,16 · 320 = 51,2 Mio. €.

Hieraus ergibt sich das Portfolio:

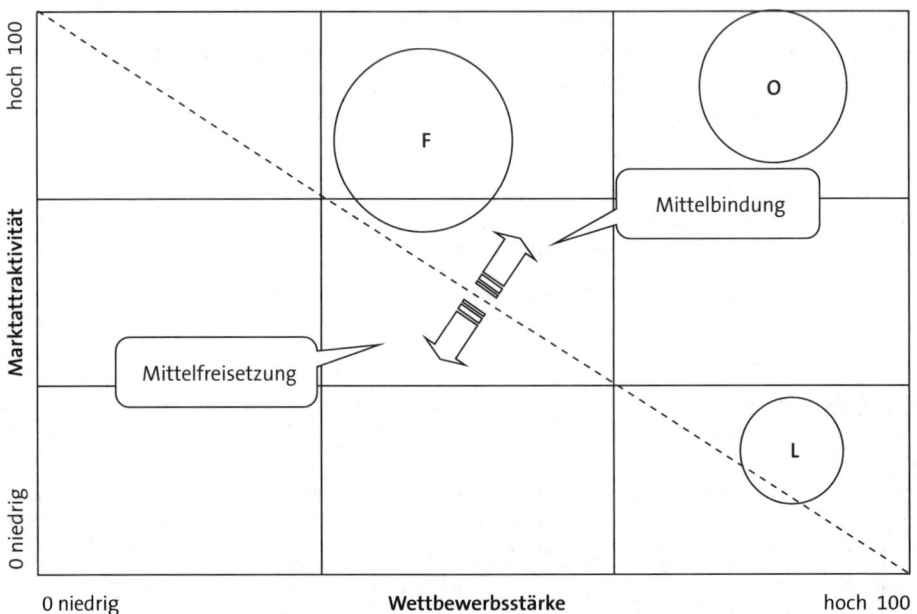

Allgemeine Interpretation: Die GlobalSports AG ist im Grunde gut aufgestellt. Der Großteil des Umsatzes wird in attraktiven Märkten erzielt. Es liegt kein Armer Hund vor. Die Wettbewerbsposition von Outdoor ist sehr gut. Allerdings besteht Aufholbedarf beim Fußball. Außerdem bestehen keine Möglichkeiten der internen Mittelfreisetzung und ist ein hoher Kapitalbedarf zu konstatieren, weswegen die GlobalSports AG einem hohen Verschuldungsrisiko ausgesetzt sein dürfte.

Geschäftsfelder:

- Fußball (F): Fragezeichen in Richtung Star, drastisch erhöhte Investitionen, vor allem in Qualität, ggf. Aufkauf qualitativ hochwertiger Nischenkonkurrenten;
- Leichtathletik (L): Star, konsequente Weiterführung der Wachstumsstrategie, ggf. noch graduelle Steigerung der Qualität;
- Outdoor (O): Cash Kuh, allerdings sehr kleines Marktvolumen, Abschöpfungsstrategie, langfristig Austritt.

Grundsätzlich gilt, dass eine ausgewogene Struktur aus jungen und reifen, aus risikoreichen einerseits und eher „statischen" Produkten andererseits optimal ist. Zu vermeiden ist auf jeden Fall eine „Monostruktur".

Die sog. Cash-Kühe weisen zwar nicht mehr hohe Wachstumspotenziale auf, leisten aber einen unverzichtbaren Beitrag zur Finanzierung wachstumsträchtiger neuer Geschäftsfelder. Auch die Dog-Produkte können noch über einen zwar nur mäßig hohen, aber stabilen Cashflow zur Alimentierung von Investitionen in Fragezeichen oder Stars beitragen.

| ABB. 114: | Kennzeichen und Normstrategien der Portfolio-Analyse | | | |
|---|---|---|---|---|
| Strategisches Element | Portfolio-Kategorien | | | |
| | Fragezeichen | Stars | Cash-Kühe | Arme Hunde |
| Zielvorstellung | Selektiver Abbau/ Ausbau des Marktanteils | Halten bzw. leichter Ausbau des Marktanteils | Halten bzw. leichter Ausbau des Marktanteils | Halten bzw. Abbau des Marktanteils |
| Cashflow | Einzahlungen: + Auszahlungen: - - - Cashflow: - - | Einzahlungen: ++ Auszahlungen: - - Cashflow: 0 | Einzahlungen: +++ Auszahlungen: - Cashflow: ++ | Einzahlungen: +(+) Auszahlungen: - Cashflow: 0(+) |
| Investitionsaufwand | hoch: Erweiterungsinvestition oder Verkauf | hoch: Reinvestition des Netto-Cashflows | gering: Rationalisierungs-/Ersatzinvestitionen | minimal: möglicherweise Liquidation |
| Risikoverhalten | Akzeptieren | Akzeptieren | Einschränken | Stark reduzieren |
| Strategien | Selektive Strategie: wenn sich Marktanteil steigern lässt: Offensivstrategie; andernfalls: Desinvestitionen | Wachstumsstrategie, d. h. Marktanteil ausbauen | Abschöpfungsstrategie, d. h. Marktanteil halten bzw. leicht senken | Desinvestitionsstrategie, d. h. Marktanteil senken bzw. Verkauf |

Geschäftsfelder mit hohem Wachstum (Fragezeichen und Stars) generieren nicht zugleich einen hohen Cashflow. Ein Unternehmen, das einseitig „auf Wachstum setzt", gerät typischerweise in Schwierigkeiten, das finanzielle Gleichgewicht aufrecht zu erhalten.

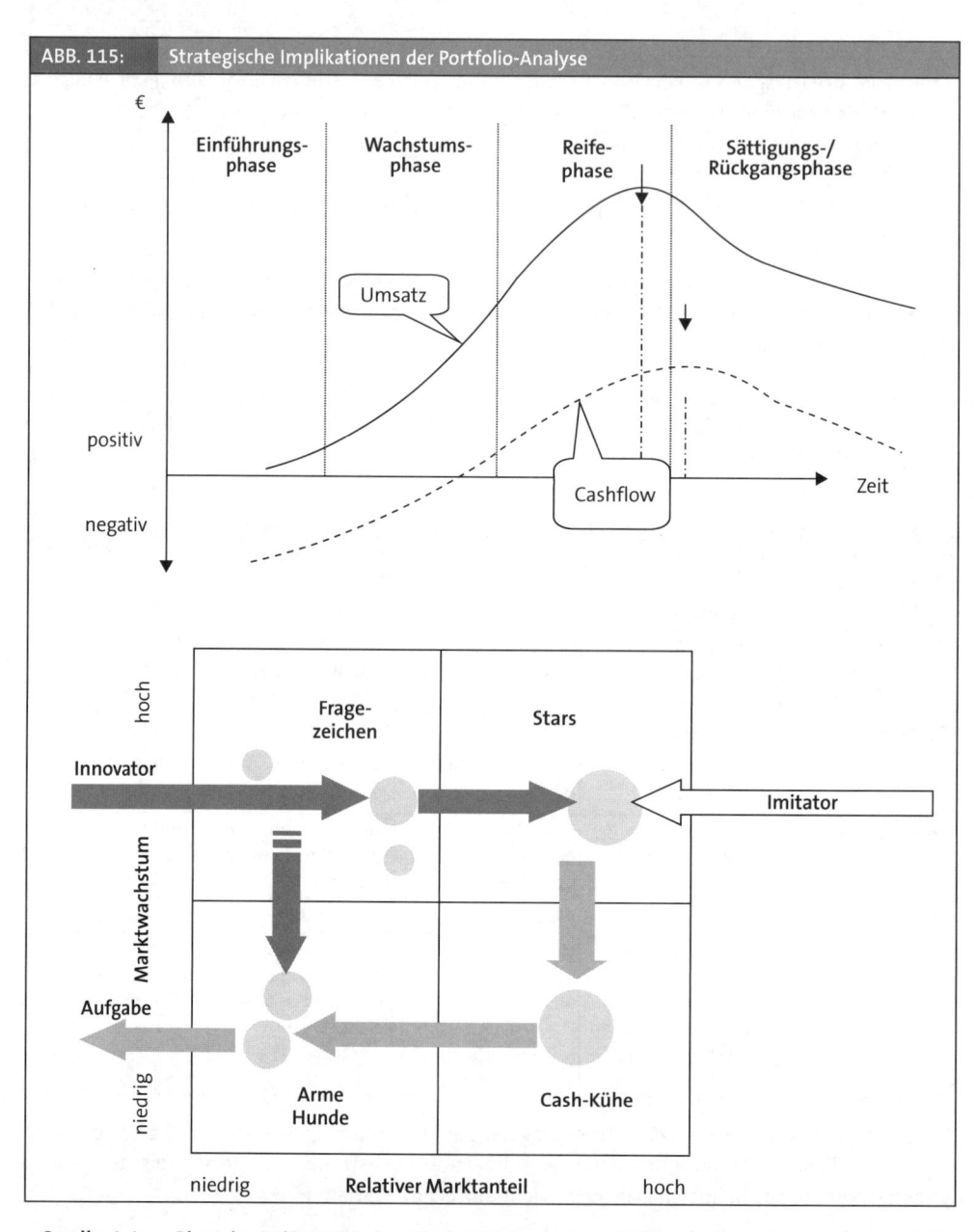

# KAPITEL II — Strategische Planung und strategisches Controlling

**ABB. 115:** Strategische Implikationen der Portfolio-Analyse

Quelle: I. A. a. *Picot*, in: WiSt 1981, S. 531; *Arbeitskreis „Langfristige Unternehmensplanung" der Schmalenbach-Gesellschaft*, in: ZfbF 1977, S. 12; *Hahn/Taylor* (Hrsg.): Strategische Unternehmensplanung – Strategische Unternehmensführung, 8. Aufl., Heidelberg 1999, S. 410.

Des Weiteren wird aufgezeigt, dass in zeitlicher Perspektive ein Geschäftsfeld ausgehend vom Fragezeichen-Bereich idealtypisch im Uhrzeigersinn durch das Portfolio „wandert". Gravierende Probleme ergeben sich, wenn

- bei einem „Fragezeichen" keine überdurchschnittliche Marktstellung erreicht wird und unmittelbar der Dog-Bereich angesteuert wird, sich mithin getätigte Investitionen niemals amortisieren, bzw.
- ein Imitator in einen Star-Bereich hinzutritt, so dass der Cashflow in nachfolgenden Perioden nicht oder nicht in gewünschtem Umfang „gemolken" werden kann.

Die relative Bedeutung der strategischen Geschäftsfelder nach **Umsatzerlösen**, der Höhe des gebundenen Kapitals etc. wird im Portfolio graphisch durch die Durchmesser der Kreise kenntlich gemacht (die **„dritte Dimension"**). Somit wird sich eine Unternehmung mit der Entscheidung über die Aufgabe eines Geschäftsfelds mit hohem Anteil am Gesamtumsatz sicher schwerer tun als bei einem niedrigen Anteil.

Den Portfolio-Gedanken verdeutlicht abschließend die nachstehende Abbildung. Zur Erfüllung aller betrieblicher Ziele – Wachstum, Rentabilität sowie finanzielles Gleichgewicht – ist eine ausgewogene Struktur von strategischen Geschäftsfeldern erforderlich.

Hierbei ist zu konstatieren, dass die Nomenklatur der Portfolio-Analyse das Wachstumsziel überbetont. Im Fokus steht die Frage der Mittelverwendung, nicht der Mittelherkunft. So ist das Investitions- und Amortisationsrisiko bei Fragezeichen am höchsten. Andererseits sind Cash-Kühe keine „Selbstläufer", sondern bedürfen der kontinuierlichen „Pflege".

| ABB. 116: | Portfolio-Analyse, betriebliches Zielsystem und Beratungsansätze |

- Akutes Finanzmanagement und operative Planung
- Zone des Wachstums
- Zone der Rentabilität
- Ggf. Finanzmanagement
- Marktattraktivität (hoch / niedrig)
- Akute kurzfristige Strategieprüfung
- Langfristige Strategieprüfung
- Zone der Liquidität
- Wettbewerbsstärke (niedrig / hoch)

**Unternehmen 1**

| Fragezeichen | Stars |
|---|---|
| Arme Hunde | Cash-Kühe |

→ Wachstumschance; Finanz- und Liquiditätsrisiko

**Unternehmen 2**

| Fragezeichen | Stars |
|---|---|
| Arme Hunde | Cash-Kühe |

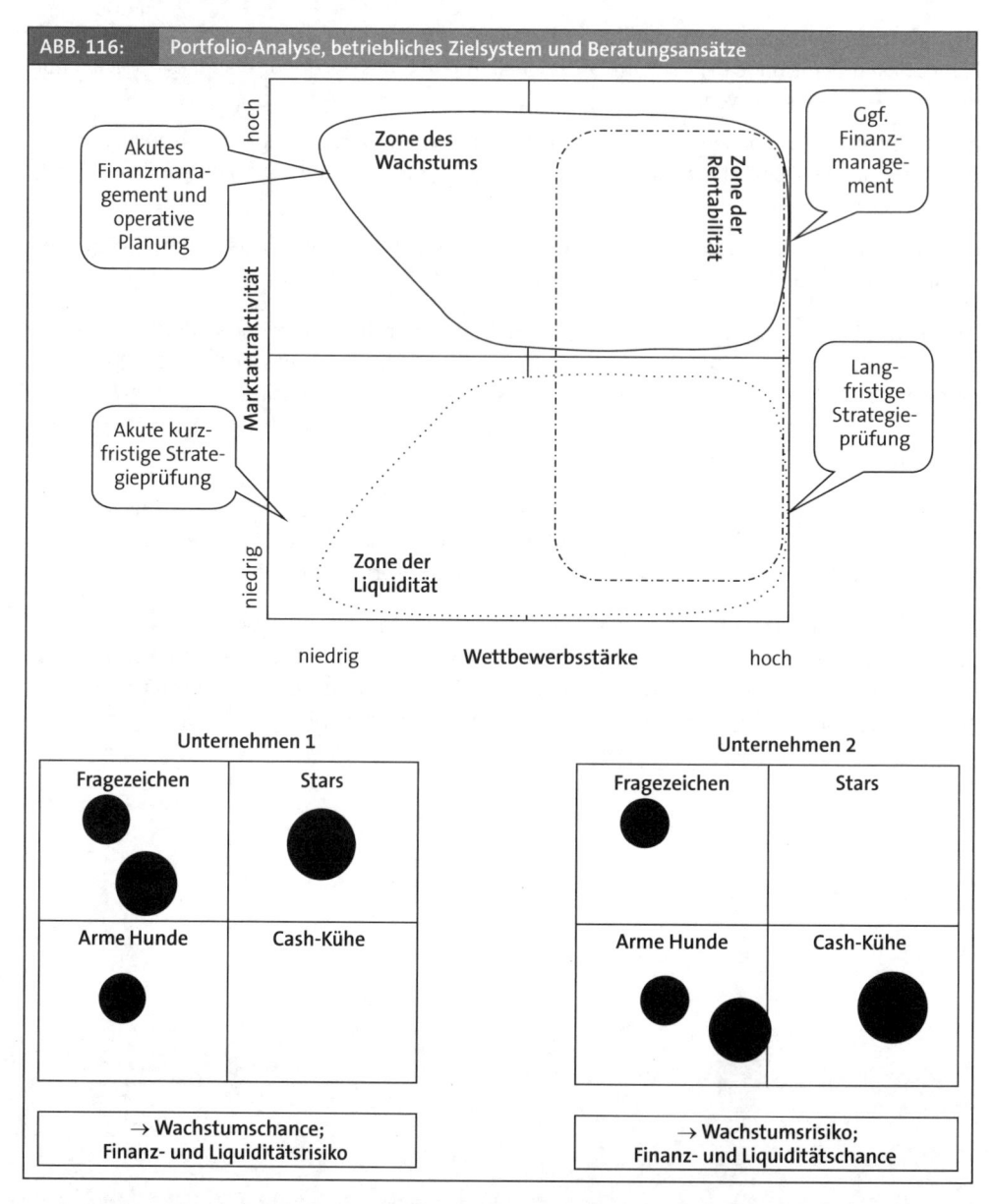

→ Wachstumsrisiko; Finanz- und Liquiditätschance

Unternehmen 1 ist auf expandierenden Märkten tätig und weist ein hohes Wachstumspotenzial auf. Als problematisch für die kurzfristige Entwicklung erweist sich das hohe Fixkostenrisiko, möglicherweise ein hoher Verschuldungsgrad infolge der Fremdfinanzierung des Wachstums sowie liquiditätswirksame Anspannungen. Unternehmen 2 ist dagegen durch hohe Cashflows, aber zugleich durch einen Mangel an geeigneten Investitionsmöglichkeiten gekennzeichnet.

Die „herkömmliche" Interpretation der Portfolio-Analyse suggeriert die Überlegenheit von Unternehmen 1, da drei von vier Geschäftsfeldern Stars oder Fragezeichen sind. Aus Sicht der Rechnungswesen- oder Finanzplanebene weist allerdings Unternehmen 2 eine vorteilhaftere Lage auf. Die vorhandenen Cashflows befähigen das Unternehmen, fehlende Fragezeichen oder Stars ggf. im Wege des externen Wachstums zu akquirieren.

Das strategische Controlling muss die Position der Geschäftsfelder im Portfolio in seiner Gesamtheit analysieren und auf Zieladäquanz in Bezug auf

- ▶ Wachstum,
- ▶ Rentabilität und
- ▶ Liquidität

überprüfen und die Zielerreichungsgrade feststellen. Beim Auftreten einer nachhaltigen Zielerreichungslücke („gap") ist abzuschätzen, ob und inwieweit die Lücke künftig geschlossen werden kann. Je nach der Stellung eines Geschäftsfelds im Portfolio lassen sich Strategieempfehlungen ableiten, die das Controlling operationalisieren und bewerten muss.

Im Einzelnen sind dies folgende „idealtypischen" Strategien:

- ▶ die **Wachstumsstrategie**, die mittels hoher Investitionstätigkeit die Erweiterung der Tätigkeit auf dem strategischen Geschäftsfeld bezweckt, i. d. R. einhergehend mit einem hohen Kapital- und Zahlungsmittelbedarf,
- ▶ die **Rückzugsstrategie** (**Aufgabestrategie**), die die kurz- oder mittelfristige Liquidation (Stilllegung, Verkauf) des Geschäftsfelds zum Ziel hat und zu einer Mittelfreisetzung führt,
- ▶ sog. **selektive Strategien** (Konsolidierungs- bzw. Abschöpfungsstrategien), die auf Effizienzsteigerung der Leistungserstellung bei grundsätzlicher Beibehaltung des Tätigkeitsfelds gerichtet sind und u. a. die Reduktion der Kapitalbindung, den Abbau unnötiger Aktivitäten, die Straffung und Standardisierung des Sortiments beinhalten.

Nachstehende Abbildung verdeutlicht den durch die strategische Wahlentscheidung induzierten Finanzmittelfluss im Portfolio von links unten nach rechts oben.

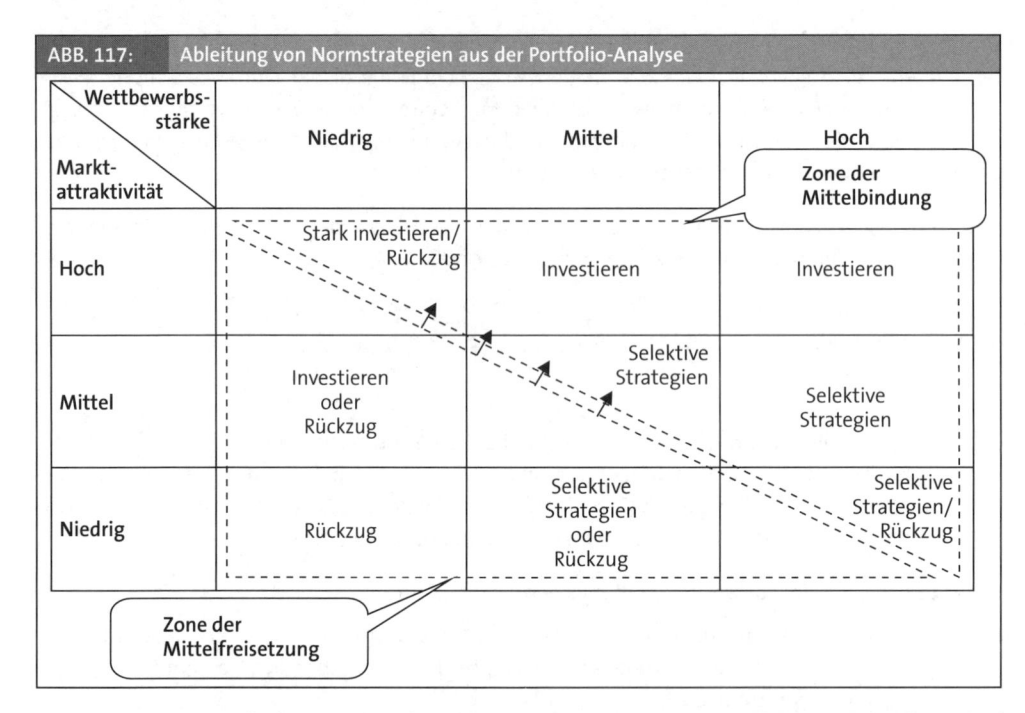

## ABB. 117: Ableitung von Normstrategien aus der Portfolio-Analyse

| Marktattraktivität \ Wettbewerbsstärke | Niedrig | Mittel | Hoch |
|---|---|---|---|
| Hoch | Stark investieren/ Rückzug | Investieren | Investieren |
| Mittel | Investieren oder Rückzug | Selektive Strategien | Selektive Strategien |
| Niedrig | Rückzug | Selektive Strategien oder Rückzug | Selektive Strategien/ Rückzug |

*Zone der Mittelbindung* (oben rechts)
*Zone der Mittelfreisetzung* (unten links)

Quelle: I. A. a. *Hinterhuber*, Strategische Unternehmensführung, 3. Aufl., Berlin/ New York 1984, S. 113.

Zu den selektiven Strategien zählt auch die häufig genannte sog. „**Erntestrategie**" (milking oder harvesting strategy). Sie verfolgt das Ziel, im Zuge eines langfristig geplanten, allmählichen Rückzugs möglichst hohe Cashflows freizusetzen, die in andere, zukunftsträchtigere Geschäftsfelder investiert werden können und stellt somit einen Kompromiss zwischen einer selektiven Investitionsstrategie und einer Geschäftsaufgabe (Rückzug) dar. Wenn genügend andere Konkurrenten den Markt verlassen, besteht sogar die Möglichkeit, durch Zukauf von Kapazitäten und Marktanteilszuwächsen in einem schrumpfenden Markt auskömmliche Gewinne zu erzielen. Ihre Verfolgung empfiehlt sich, sofern

▶ künftig mit abnehmenden oder negativen Wachstumsraten gerechnet wird,

▶ das Unternehmen auf dem Markt keine führende Position einnimmt und eine weitere Marktanteilserhöhung zu kostspielig wäre,

▶ die Gewinnsituation auf Dauer unbefriedigend ist (d. h. das Geschäftsfeld generiert jedenfalls keinen zusätzlichen Unternehmenswert),

▶ die Umsätze von einer Reduktion der Investitionen nicht direkt negativ betroffen sind,

▶ das Geschäftsfeld kein wesentliches Segment der Unternehmenstätigkeit darstellt und auch keine strategischen Synergien zu anderen Geschäftsfeldern existieren.

„Erntekandidaten" sind i. d. R. „schwache Cash-Kühe" oder „Arme Hunde", d. h. Produkte am Ende ihres Lebenszyklus, die keine führende Rolle in der Angebotspalette mehr spielen. Das Risiko einer Erntestrategie liegt

- in der Wirkung auf Konkurrenten, deren möglicherweise aggressive Reaktion zu einer eigentlich unerwünschten Beschleunigung des Austritts führen könnte (z. B. könnten die Konkurrenten beim Verkauf von Ressourcen die „Preise verderben"), und
- in der demotivierenden Wirkung auf Kunden, Lieferanten und Mitarbeiter beim Bekanntwerden der Ernteentscheidung.

Daher kommt es für den Erfolg einer Erntestrategie darauf an, nach außen das „commitment" zum Verbleib auf dem Markt zu demonstrieren.

Für jedes strategische Geschäftsfeld muss das Controlling gegenüberstellen

- ein **Ist**-Portfolio entsprechend der Daten des **operativen Controllings** (Jahresabschluss, Kosten- und Leistungsrechnung) und der **Segmentberichterstattung**,
- ein **Soll**-Portfolio entsprechend der betrieblichen Erfolgsziele auf Basis der **Gewinnbedarfsrechnung**.

Der **Gewinnbedarf** des Unternehmens setzt sich i. d. R. zusammen aus

- der marktgerechten Gewinnausschüttung in % des gezeichneten Kapitals, Stamm- oder Gesellschaftskapitals sowie
- dem Finanzmittelbedarf zur Substanzerhaltung und für Erweiterungs- bzw. Neuinvestitionen.
- Auftretende Steuereffekte sind dabei zu berücksichtigen.

Ist eine **Soll-Ist-Lücke** zwischen dem Gewinnbedarf und dem voraussichtlich erzielten Gewinn erkennbar, so muss geprüft werden, inwieweit und mittels welcher Maßnahmen die Umsatzrentabilität und/oder die Umschlagshäufigkeit des betriebsnotwendigen Kapitals erhöht werden können. Zur Steigerung der Umsatzrentabilität sind Strategien betreffend die Marktpositionierung, zur Erhöhung der Kapitalumschlagshäufigkeit (Rationalisierungs-)Strategien betreffend die Effizienz der internen Leistungserstellung zu entwickeln.

Entsprechende Analysen sind auf die Ebene der strategischen Geschäftsfelder herunterzubrechen (vgl. die Ausführungen zur Segmentberichterstattung nach DRS 3). Das Controlling muss die entsprechenden Daten erheben und in ein segmentübergreifendes Reporting- und Forecasting-System integrieren.

## 6. Strategische Wahl und strategische Umsetzung

### 6.1 Ableitung von Normstrategien nach *Porter*

Nachdem das strategische Controlling die Ist-Situation analysiert hat, müssen nachfolgend auf Basis der Geschäftsfelder **Normstrategien** zur Verwirklichung nachhaltiger Wettbewerbsvorteile erarbeitet und implementiert werden.

Diese sind sodann im Rahmen einer **Strategieumsetzung** bezogen auf die Spezifika des konkreten Geschäftsfelds mit „Leben" zu erfüllen, indem zunächst die Voraussetzungen für eine erfolgreiche Durchführung der jeweiligen Strategien herausgearbeitet werden und eine risikoorientierte Überprüfung erfolgt, ob diese im konkreten Fall erfüllt sind. Hieran schließt sich die Operationalisierung und Umsetzung der Strategie durch Herunterbrechen in Maßnahmenpakete und Festlegung entsprechender Umsetzungsmethoden an.

Die strategische Wahl einer Unternehmung besteht *Porter* zu Folge langfristig nur aus den Alternativen **„Wettbewerbsvorsprung oder Liquidation"**. Die dauerhafte Existenzsicherung einer Unternehmung basiert auf der konsequenten Verfolgung einer Unternehmensstrategie, die sich so nachhaltig von denjenigen ihrer Wettbewerber abhebt, dass sie die Unterschiede und vor allem Vorteile ihrer Leistungsfähigkeit aus Sicht der Abnehmer deutlich macht.

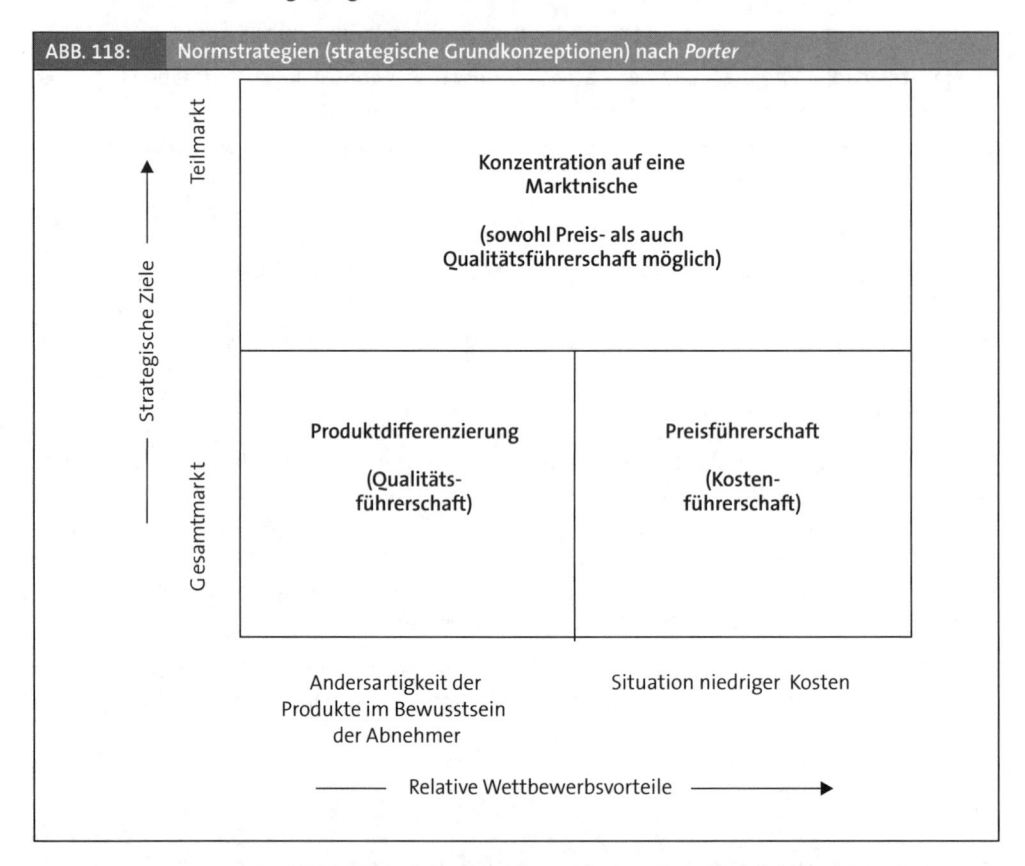

**ABB. 118:** Normstrategien (strategische Grundkonzeptionen) nach *Porter*

|  | Andersartigkeit der Produkte im Bewusstsein der Abnehmer | Situation niedriger Kosten |
|---|---|---|
| **Teilmarkt** | Konzentration auf eine Marktnische (sowohl Preis- als auch Qualitätsführerschaft möglich) | |
| **Gesamtmarkt** | Produktdifferenzierung (Qualitätsführerschaft) | Preisführerschaft (Kostenführerschaft) |

Strategische Ziele (vertikal) — Relative Wettbewerbsvorteile (horizontal)

Quelle: I. A. a. *Porter*, Wettbewerbsstrategie, 10. Aufl., Frankfurt (Main)/New York 1999, S. 75.

Nach *Porter* kann die Realisierung nachhaltiger Wettbewerbsvorteile auf der Basis von drei **Normstrategien (generischen Wettbewerbsstrategien, strategischen Grundkonzeptionen)** herbeigeführt werden:

▶ Strategie der Kostenführerschaft (Preisführerschaft),

▶ Strategie der Qualitätsführerschaft (Differenzierung),

▶ Nischenstrategie (Preis- und Qualitätsführerschaft, Spezialisierung, Konzentration auf Schwerpunkte).

Hierbei richten sich Kosten- und Qualitätsführerschaft jeweils auf den Gesamtmarkt, die Besonderheit der Nischenstrategie besteht in der Generierung von Kosten- und/oder Qualitätsvorsprüngen auf einem Teilmarkt.

Die Strategie der **Kosten- bzw. Preisführerschaft** beruht auf der Ausnutzung von Erfahrungsvorteilen vor dem Hintergrund der Erfahrungskurven-Theorie. Ziel und zentraler Erfolgsfaktor ist es, der Anbieter mit den niedrigsten Stückkosten zu sein. Diese Position kann jedoch immer nur ein Wettbewerber auf dem Markt einnehmen; insbesondere ein mittelständisches Unternehmen wird die Position meist nicht erreichen können.

Die Kostenvorteile werden durch Mengenvorteile, hohe Marktanteile und ein straffes Kostenmanagement generiert. Hierdurch besteht die Möglichkeit, das Instrument „Preisstrategie" aktiv und aggressiv einzusetzen und mit relativ niedrigen Preisen Wettbewerbsvorteile zu erzielen, indem bestehende Wettbewerber verdrängt und potenzielle Konkurrenten vom Markteintritt abgehalten werden. Die durch Absatzsteigerung und Kostensenkung realisierten Erträge werden zum Teil in Marketingaktivitäten reinvestiert, um das Wachstum dauerhaft zu sichern und auszubauen.

Die Kostenführerschaft basiert im Ergebnis auf der Erreichung einer hohen operativen Effizienz. Diese umfasst alle Funktionsbereiche mit folgenden **Ansatzpunkten**:

- Standardisierung des Produktprogramms unter wertanalytischen Gesichtspunkten,
- Organisation der Leistungserstellung unter konsequenter Berücksichtigung des Prinzips der Arbeitsteilung und Standardisierung mit dem Ziel der Generierung von Größen- und Routinevorteilen,
- Verzicht auf eine „Überqualität", die nicht gefragt ist oder nicht bezahlt wird, somit auch Kostenminimierung im Bereich der Forschung und Entwicklung,
- Konzentration auf die „gängigsten" Artikel, Sortimentsstraffung,
- Verzicht auf teure, aber unwichtige Außendienstfunktionen, Verkleinerung der Belegschaft oder Leistungssteigerung pro Kopf,
- Vereinfachung der Ablauforganisation, verstärkter IT-Einsatz,
- Einstellung der Belieferung von Kleinkunden, starke Konditionenspreizung, Einführung von Mindestauftragsgrößen.

Eine wirkungsvolle Umsetzung der Normstrategie „Kostenführerschaft" ist von bestimmten **Prämissen** innerhalb der Funktionsbereiche einer Unternehmung abhängig:

- im **Marketingbereich**: hoher Marktanteil und hohes Marktwachstum, ein effizientes Vertriebssystem, eine aggressive Preispolitik, Werbung und Verwendung anderer absatzpolitischer Instrumente,
- im **Produktionsbereich**: eine geringe Fluktuation und hohe Qualifizierung der Mitarbeiter, eine effiziente Verfahrenstechnik und auf Standardisierung und Arbeitsvereinfachung ausgerichtete Konstruktions- und Fertigungsprozesse,
- im **Forschungs- und Entwicklungsbereich**: ein hohes Niveau der Verfahrens- und Anwendungstechnik sowie eine enge Kooperation mit der Produktion,
- im **Beschaffungsbereich**: günstige Zugangsmöglichkeiten zu Rohstoffen und Halbfertigfabrikaten, niedrige Lagerhaltungskosten und termingerechte Lieferungen,

- im **Finanzbereich:** günstige Finanzierungsmöglichkeiten zur Deckung des hohen Kapitalbedarfs, ein langer Planungshorizont, zunächst niedrige Gewinnspannen in einer kurz- bis mittelfristigen Perspektive, aber hohe Gewinnerwartungen in einer mittel- bis langfristigen Perspektive,
- im **Führungsbereich:** effiziente Kostenkontrollsysteme, ein wirksames Berichtssystem, ein auf die Erreichung von quantitativen Zielen ausgelegtes Anreizsystem und ein autoritärer, zentralistisch orientierter Führungsstil.

**Nachteile** und **Risiken** bei der Verfolgung einer Kostenführerschaft sind:

- einseitige Ausrichtung und hohe Spezialisierung der Anlagen, der Mitarbeiter und der Organisationsstruktur, was zu einer hohen Inflexibilität gegenüber kurzfristigen und unerwarteten Änderungen der Rahmenbedingungen führen kann,
- geringe Adaptionsfähigkeit und Flexibilität an sich verändernde externe Bedingungen, niedrige Innovationskapazität (zumindest außerhalb des bestehenden Leistungsprogramms),
- hohe Anfälligkeit bestehender Anlagen durch Verfahrensinnovationen der Wettbewerber (Substitutionstechnologien),
- hohes Amortisations- und Leerkostenrisiko bei schwankender Beschäftigung.

Insbesondere ist als Reaktion der Wettbewerber entweder ebenfalls mit aggressivem Preiskampf und der Folge einer gegenseitigen Neutralisierung oder mit Produkt- oder Verfahrensinnovationen zu rechnen, welche die Dauer des Produktlebenszyklus reduzieren.

Die strategische Grundkonzeption der **Differenzierung (Qualitätsführerschaft)** verfolgt das Ziel, über eine hohe Flexibilität und Anpassungsfähigkeit hinsichtlich Leistungsprogramm und Leistungserstellungsprozess aus Kundensicht einen Alleinstellungsanspruch („**unique selling proposition**" – USP) auf dem Markt zu erreichen und sich damit zumindest in Grenzen dem Wettbewerb zwischen Anbietern homogener Produkte zu entziehen, d. h. ein sog. akquisitorisches Potenzial aufbauen zu können.

Der Alleinstellungsanspruch bezieht sich auf qualitative, vom Abnehmer als einzigartig wahrgenommene Vorteile, die eine hohe Kundenbindung und Markentreue nach sich ziehen. Als Hauptinstrument wird die Produktvariation in Form konstanter Verbesserungen der Produkteigenschaften in Verbindung mit Serviceleistungen und dem Angebot „maßgeschneiderter Lösungen" eingesetzt. Möglichkeiten der Differenzierung der angebotenen Produkte und/oder Dienstleistungen bestehen in

- qualitativen Abhebungen von Produkteigenschaften, Garantieleistungen, Kundendienst und Service, Design, Innovationswert, ästhetischem Wert usw. im Vergleich zu den Konkurrenten,
- der Schaffung von psychologischen Präferenzen für ein Produkt, das ansonsten physisch mit den Produkten der Konkurrenten vergleichbar ist,
- dem Aufbau von Eintrittsbarrieren für aktuelle und potenzielle Wettbewerber,

so dass für die Kunden ein **Mehrwert** geschaffen wird, der eine Abhebung von der Konkurrenz und für den Anbieter die Durchsetzung eines höheren Preisniveaus ermöglicht.

**Maßnahmen** zur Generierung eines wahrnehmbaren Mehrwerts aus Kundensicht sind z. B. Qualitätsverbesserungen wichtiger Produkteigenschaften, der Einbau zusätzlicher Produktfunktionen, Styling- oder Service-Verbesserungen, Verbesserungen der Marktkommunikation zwecks Schaffung eines Markenimages und einer konstanten Markenpflege sowie Verbesserungen der Vermarktung durch Konzentration auf die am besten geeigneten Absatzwege, etwa Vertragshändlersysteme zur Betonung der Exklusivität.

**Erfolgsfaktoren** einer Qualitätsführerschaft liegen begründet in:

▶ der Errichtung und Erhöhung von Markteintrittsbarrieren,

▶ einer geringeren Gefahr des Angebots von Substitutionsprodukten,

▶ einer Spaltung des relevanten Markts in verschiedene preisdifferente Segmente,

▶ der Erzielung eines höheren Preisniveaus und damit einer höheren Ertragsspanne durch eine abnehmende Preiselastizität der Nachfrage.

Aus einem Qualitätswettbewerb resultierende höhere Produktionskosten können somit durch eine Hochpreisstrategie kompensiert werden. Eine entsprechende Implikation liefert auch die sog. **„doppelt geknickte Preis-Absatz-Funktion"** nach *Gutenberg*, demzufolge durch die Verfolgung einer Differenzierungsstrategie ein „akquisitorisches Potenzial" geschaffen werden kann, wodurch ein begrenzter Preiskorridor, sozusagen ein Teilmonopol entsteht, innerhalb dessen nur eine geringe Preiselastizität der Nachfrage vorliegt.

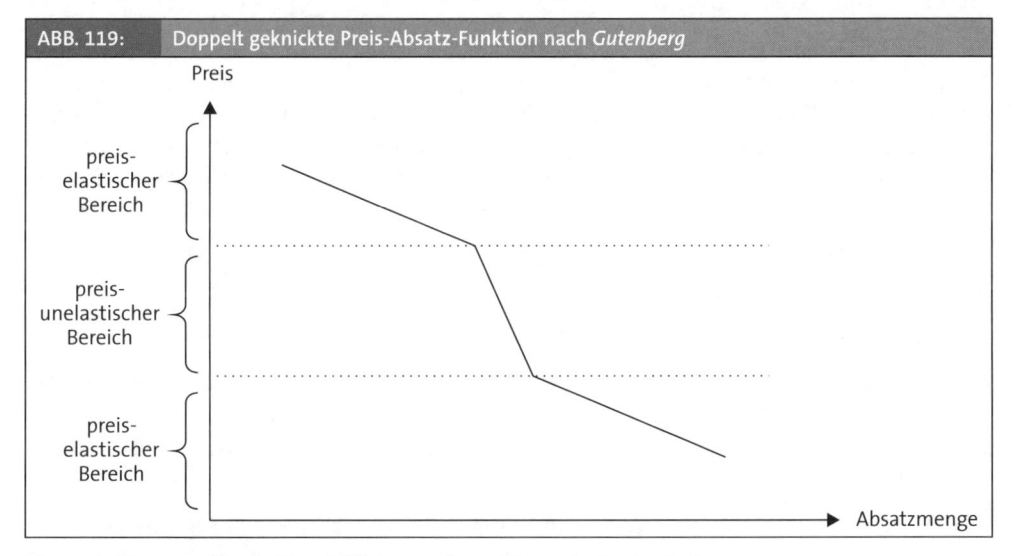

**ABB. 119:** Doppelt geknickte Preis-Absatz-Funktion nach *Gutenberg*

**Voraussetzungen** für die Verwirklichung dieser Normstrategie sind:

▶ im **Marketingbereich:** hohe Marketingeffektivität, ansprechendes Design, eingeführte Marken mit langer Tradition sowie ein wirksamer Kundendienst,

▶ im **Produktionsbereich:** höchste Produktqualität, aktuellstes technisches Wissen sowie herausragendes Qualitätsimage in der Öffentlichkeit,

▶ im **Führungsbereich:** effiziente Koordination der verschiedenen Funktionsbereiche, auf die Erreichung von qualitativen Zielen ausgelegtes Anreizsystem sowie ein Führungssystem mit einem effizienten Delegationsstil.

Das Ziel der Qualitätsführerschaft ist nicht vorrangig eine Marktanteilsausweitung, sondern durch Segmentierung des bestehenden Markts eine maximale Ausschöpfung des Marktpotenzials durch differenzierte Bearbeitung der Segmente.

**Risiken** drohen der Alleinstellungsposition und damit der Qualitätsführerschaft, wenn

- der Preisunterschied zum Billiganbieter so groß wird, dass die Käufer nicht mehr markenloyal bleiben und abwandern,
- der Bedarf beim Abnehmer an besserer Qualität, mehr Service, zusätzlichen Funktionen, ansprechenderem Styling sinkt, z. B. wenn sich die Abnehmerbedürfnisse grundlegend ändern oder das verfügbare Einkommen nachhaltig sinkt,
- durch Nachahmung die Alleinstellungsposition erodiert, was insbesondere mit zunehmender Marktreife auftritt,
- die Aufwendungen zur Erhaltung der Alleinstellungsposition langfristig die Ertragskraft schmälern.

Schließlich besteht die Möglichkeit, eine **Marktnische** zu besetzen. Als Nischen werden bestimmte Abnehmergruppen, Produktlinien oder geographisch abgrenzbare Teilmärkte bezeichnet, die durch spezifische Bedürfnisse und Präferenzen gekennzeichnet sind. Alle Unternehmensaktivitäten werden demnach auf die bestmögliche Erfüllung der Bedürfnisse dieser spezifischen Abnehmergruppe gerichtet.

Die Nischenstrategie dient dazu, die Nachteile einer schwachen Marktposition bei breiter Marktabdeckung zu beseitigen, indem das Leistungsprogramm auf die speziellen Bedürfnisse der Nische abgestimmt wird. Sie bezweckt, eine unbefriedigende Stellung im Hauptmarkt aufgrund mangelnder Größe und/oder Profilierung zu verbessern und ist daher insbesondere für mittelständische Unternehmen geeignet, die nicht in den Genuss von erfahrungskurvenbedingten Kostenvorteilen kommen können und zugleich auch nicht marktweiter Qualitätsführer sind.

Die Erzielung strategischer Wettbewerbsvorteile in der Nische kann entweder durch Differenzierung oder Kostenführerschaft erfolgen.

Die „**ideale**" Nische ist durch folgende **Merkmale** gekennzeichnet:

- Das Ertragspotenzial der Nische ist ausreichend groß. Das Marktsegment bietet auch mittel- und langfristig Wachstumschancen.
- Die Nische ist schwach besetzt; sie wurde von größeren Unternehmen übergangen bzw. vernachlässigt.
- Die Fähigkeiten des Unternehmens stimmen mit den Erfolgsfaktoren des Segments überein.
- Das Unternehmen sieht sich in der Lage, die erreichte Position gegen neu eintretende potenzielle Konkurrenten zu verteidigen. Die Nische ist durch hohe Markteintrittsbarrieren geschützt.

Möglichkeiten einer erfolgreichen Besetzung von Marktnischen sind z. B. die Konzentration auf ein bestimmtes Kundenbedürfnis, auf eine bestimmte Kundengröße, die Bedienung ausgewählter (genügend großer) Einzelkunden, die Konzentration auf eine bestimmte Stufe der Wertschöpfung, die regionale Konzentration, die Konzentration auf bestimmte Produkte und Produktlinien, die Spezialisierung auf bestimmte Produktfunktionen, die kundenindividuelle Auftragsfertigung, die Konzentration auf bestimmte Preis-Qualitäts-Segmente oder die Auswahl bestimmter Serviceformen.

**Risiken** drohen der Nischenstrategie vor allem durch

- ein rasches Wachstum der Nische, was größere Wettbewerber anziehen dürfte,
- zunehmende Marktsättigung und Verdrängungswettbewerb im Gesamtmarkt, was mehr und mehr Anbieter zum Umstieg auf eine Nischenstrategie verleiten könnte,
- die Spezialisierung von Wettbewerbern auf Unter-Nischen innerhalb der Nische, d. h. eine noch gezieltere Spezialisierung,
- eine Änderung des Käuferverhaltens, die zum Verschwinden von Marktnischen bzw. zur Entstehung neuer Marktnischen führt.

Dem strategischen Controlling kommt die Aufgabe zu, die Chancen und Risiken der jeweiligen Normstrategie zu operationalisieren, deren Verfolgung auf dem Prüfstand steht. Sodann ist zu analysieren, ob für das jeweilige Geschäftsfeld die insoweit festgestellten abstrakten Voraussetzungen auf dem konkret bearbeiteten Markt in risikoorientierter Betrachtungsweise vorliegen. Hierbei ist folgende Checkliste nützlich:

**ABB. 120:** Übersicht über Ziele und Implementierungsmöglichkeiten der Normstrategien

| Elemente der Norm-strategie | Normstrategie | | |
|---|---|---|---|
| | Kostenführerschaft | Qualitätsführerschaft/ Differenzierung | Konzentration auf eine Marktnische |
| Ziel: | Erreichung niedrigerer Kosten als die Konkurrenten | Schaffung eines Mehrwerts für den Kunden | Spezialisierung auf ein bestimmtes Marktsegment |
| Ansatzpunkte: | Kostenminimierung durch strenges Kostenmanagement<br><br>Marktanteilsteigerung durch aggressive Preispolitik | Differenzierung durch<br>▶ Produkteigenschaften<br>▶ Service<br>▶ Marketing<br>▶ Erscheinungsbild<br>▶ Markenbild | Konzentration auf<br>▶ bestimmte Abnehmergruppen<br>▶ bestimmte Produktprogramme<br>▶ geographisch abgegrenzten Markt |
| Voraussetzungen: | Zugang zu Kapital<br>Detailliertes und umfassendes Controlling<br>Klare Verantwortungs- und abgegrenzte Kompetenzbereiche<br>Informationssystem über Lieferanten (insbesondere über Lieferpreise) | Effektive Marktforschung, hohe Kundenorientierung<br>Stärken in Forschung und Entwicklung bzw. im Marketing<br>Hochqualifizierte Mitarbeiter, Anreizsystem auf Erreichung qualitativer Ziele ausgerichtet<br>Bereichsübergreifende Kooperationen<br>Verknüpfung von Kunden- und Lieferantenprozessen | Homogene Marktsegmente<br>Bestmögliches Wissen bzgl. der Bedürfnisse der Zielgruppe, enge Kundenbeziehung und -bindung<br>Nische ist schwach besetzt<br>Nachhaltiges Ertragspotenzial in der Nische<br>Fähigkeiten des Unternehmens passen zu den Anforderungen der Nische |

| Elemente der Norm-strategie | Normstrategie | | |
|---|---|---|---|
| | Kostenführerschaft | Qualitätsführerschaft/ Differenzierung | Konzentration auf eine Marktnische |
| Methoden: | Kontrolle des Vertriebssystems<br>Abhaltung potenzieller neuer Konkurrenten, in den Markt einzudringen durch:<br>▶ Androhung von Vergeltungsreaktionen<br>▶ Politik relativ niedriger Preise<br>▶ wirksame Nutzung von Massenwerbung und -distributionswegen | Kontrolle bestimmter Marktsegmente durch<br>▶ Betonung der Qualität<br>▶ Zweitmarken<br>▶ flexibles und differenziertes Problemlösungsangebot<br>▶ Service- und Garantieleistungen<br>▶ hohe Innovationsfähigkeiten, Schaffung von Eintrittsbarrieren | Strategische Marktsegmentierung<br>Gezielte Innovationspolitik, gezieltes Dienstleistungsangebot<br>Konzentration auf Produkte, deren Herstellung ein großes technisches und organisatorisches Know-how erfordert |
| Chancen: | Erzielung eines niedrigeren Kostenniveaus<br>Möglichkeit der aggressiven Preispolitik<br>Aufbau hoher Markteintrittsbarrieren | Erzielung eines höheren Preisniveaus<br>Möglichkeit der hohen Gewinnabschöpfung<br>Aufbau hoher Markteintrittsbarrieren | Je nach gewählter Strategie (Kostenführerschaft oder Differenzierung); vgl. die vorstehenden Ausführungen in diesem Abschnitt II. 6.1) |
| Risiken: | Technologieveränderungen, die Investitionen unwirtschaftlich machen<br>Mangelnde Flexibilität und Anpassungsfähigkeit auf Änderung des Kundenverhaltens<br>Imitatoren mit großer Finanzkraft | Mehrwert nicht konkret erkennbar<br>Preisunterschied zur Konkurrenz zu hoch<br>Änderung des Kundenverhaltens, Bedarf an Mehrwert sinkt<br>Imitatoren kopieren Mehrwert zu günstigeren Konditionen | Je nach gewählter Strategie (Kostenführerschaft oder Differenzierung); vgl. die vorstehenden Ausführungen<br>Rasches Wachstum der Nische und Eindringung finanzstärkerer Konkurrenten<br>Aufkommender Verdrängungswettbewerb<br>Marktsättigung in der Nische |

Quelle: I. A. a. *Institut der Wirtschaftsprüfer (Hrsg.)*, **WP-Handbuch 2008, Band II, 13. Aufl., Düsseldorf 2008, Tz. F 320 ff.**

Die in der Erfahrungskurven-Theorie unterstellte linear ansteigende **Beziehung zwischen Marktanteil und Rentabilität** lässt sich in der Realität – untermauert durch zahlreiche empirische Marktstrukturstudien – nicht uneingeschränkt bestätigen. Insbesondere ist der Marktanteil nicht alleinige Bestimmungsgröße für die Rentabilität der Unternehmen.

**Porter** ermittelte vielmehr einen **U-förmigen Verlauf** des Return on Investment (Gesamtkapitalrendite) in Abhängigkeit vom Marktanteil (M. E. *Porter*, Competitive Strategy, New York 1980). Demnach hängt die Rentabilität nicht von der Höhe des Marktanteils ab, sondern von der Tatsache, ob ein Unternehmen eine der drei genannten Normstrategien (strategische Stoßrichtungen) konsequent und erfolgreich verfolgt.

Unternehmen mit hohem Marktanteil kommen in den Genuss von Erfahrungsvorteilen und begründen hieraus ihre überlegene Marktstellung. Unternehmen mit niedrigem Marktanteil (bezogen auf den Gesamtmarkt) können demgegenüber trotzdem einen hohen ROI erwirtschaften, da sie im Zuge einer Konzentration auf Marktnischen bzw. einer Qualitätsführerschaft überdurchschnittlich hohe Gewinnspannen erzielen.

Kleinunternehmen agieren zumeist in einer homogenen, wenig komplexen Umwelt. Sie vertreiben z. B. nur ein Produkt auf einem regional begrenzten Markt. Durch schnelles Wachstum besteht die Gefahr, aus der Marktnische heraus in eine Gruppe mittelgroßer oder großer Unternehmen zu geraten, in deren Größenordnung aufgrund der Komplexität der Umwelt höhere Anforderungen an das Management gestellt werden. Gleichzeitig sind die Ressourcen durch das vorangegangene starke Wachstum angespannt. Strategien der Produkt- und Marktausweitung führen zu steigendem Konkurrenzdruck. Diese Unternehmen sind insoweit **"stuck in the middle"**.

Während im Ergebnis die großen Unternehmen die Vorteile der Massenproduktion und der Skalenökonomien nutzen und die kleinen ihre Vorteile durch die größere Flexibilität gewinnen, sind die Unternehmen in der Mitte „weder Fisch noch Fleisch", und konsequenterweise verdienen sie auch am wenigsten.

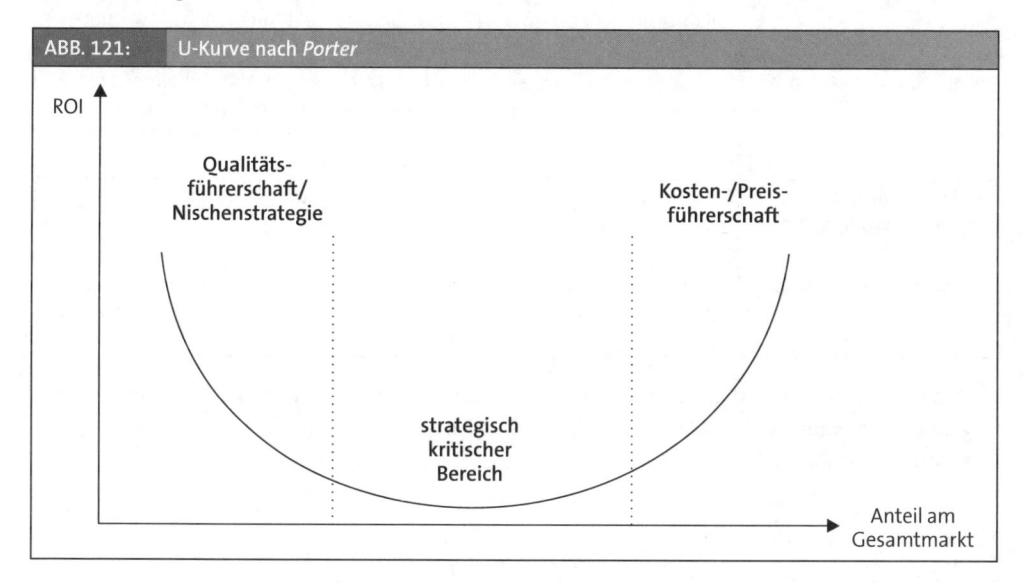

**ABB. 121:** U-Kurve nach *Porter*

Quelle: I. A. a. *Porter*, Wettbewerbsstrategie, 10. Aufl., Frankfurt (Main)/New York 1999, S. 81.

Für die Beurteilung der Vorteilhaftigkeit der Normstrategien sind neben den aktuellen Wettbewerbern auch die potenziellen Konkurrenten in Betracht zu ziehen. Jedes Unternehmen muss bei seiner strategischen Wahlentscheidung überprüfen, ob die Voraussetzungen der Verfolgung einer beabsichtigten Normstrategie jetzt und auf Dauer vorliegen.

Eine Operationalisierung der kritischen Erfolgsfaktoren der Normstrategien und die Überprüfung ihrer „Passung" in Bezug auf die vorliegenden Umweltspezifika lässt sich z. B. in Form folgender Checkliste durch das Controlling am Beispiel der Kostenführerschaft vornehmen:

| ABB. 122: | Risiken der Kostenführerstrategie und deren Operationalisierung | |
|---|---|---|
| **Kritische Erfolgsfaktoren** | **Risiken** | **Maßgrößen** |
| Rechtzeitige Erkennung von Umweltänderungen | Unflexibilität der Führung, niedrige Innovationsfähigkeit | Aufwand für Marktforschung bzw. für Produktentwicklung in % des Umsatzes, Durchschnittsalter der Anlagen, Produktinnovationsraten, Patentbilanz |
| Ausreichende Auslastung der Anlagen | Nachfragevolumen lässt keine ausreichende Kostendegression zu | Auslastungsgrad, Fixkostenanteil an Gesamtkosten, Break-even-Punkt, Sicherheitsspanne |
| Angemessene Gewinnspanne, Rentabilität | Marktweites Preisdumping verhindert Kostendeckung | Deckungsbeitrag, DBU-Faktor, Gewinnspanne |
| Im Verhältnis zur Länge des Produktlebenszyklus angemessene Kapitalbindung | Mangelnde Amortisation der Anlagen | Auslastungsgrad, Restwertquote, Leerkostenquote, Sachanlagenproduktivität (Umsatz in % des Sachanlagevermögens) |
| Spezialisierungsgrad der Anlagen | Bei (unerwartetem) Ende des Lebenszyklus keine Weiterverwertbarkeit der Anlagen | Umrüstkosten in % des Umsatzes, Weiterverwendbarkeitsgrad, Verkaufspreis in % des Restbuchwerts, Leasinganteil der Anlagen in % der gesamten AHK |
| Aufbau von Markteintrittsbarrieren | Imitator mit größerer Kapitalkraft tritt auf den Markt | Relativer Marktanteil, Standard-Stückkosten im Vergleich zum Marktdurchschnitt bzw. zum wichtigsten Wettbewerber |
| Beherrschung der Rohstoffquellen | (Unbeeinflussbar) steigende Faktorkosten | Verfügbarkeitsquote, Termineinhaltungsquote, Entwicklung der Verbrauchskosten, gegliedert nach Menge und Wert, Materialkostenintensität in % des Umsatzes |
| Durchgängige Sicherstellung eines Standard-Qualitätsniveaus | Ressourcen zu minderwertig, Abwertung zum Billigprodukt | Storno-, Reklamationsquote, Gewährleistungen in % des Umsatzes |
| Homogenität des Produkts/der Leistung | Markt wird von Spezialanbietern segmentiert | Umsatz mit Individuallösungen in % des Gesamtumsatzes, Anzahl der individuell bearbeiteten Marktsegmente |

Auch die Qualitätsführerschaft ist kein Selbstläufer und beinhaltet nennenswerte Risiken. Nachfolgende Aufstellung enthält die bedeutendsten Risiken und mögliche Indikatoren zu deren Operationalisierung.

| ABB. 123: | Risiken der Qualitätsführerstrategie und deren Operationalisierung | |
|---|---|---|
| **Kritische Erfolgsfaktoren** | **Risiken** | **Maßgrößen** |
| Hohe Innovativität der Produkte bzw. Leistungen, ständige Weiterentwicklung | Keine Amortisation, zu kurze Lebenszyklen, Fehlschlag von FuE-Projekten | FuE-Quote in % vom Umsatz, Patentanmeldungen, FuE-Personal in % der gesamten Belegschaft, Projekterfolgsquote |
| Image der Leistungen, Kundenzufriedenheit, Möglichkeit zur Schaffung einer USP | Kein erkennbarer Mehrwert aus Kundensicht | Image, Ranking, Bekanntheitsgrad lt. Kundenbefragungen |
| Unverwechselbarkeit, Kundenbindung und -akzeptanz | Nachahmung des Mehrwerts, Abwanderung zu (preiswerterem) Imitator | Wiederkaufrate, Zufriedenheitsindex, Werbeaufwand in % vom Umsatz |
| Preiswürdigkeit, ausreichende Zahlungsbereitschaft | Preisdifferenzial zum Standardprodukt zu hoch, keine ausreichende Zahlungsbereitschaft für Mehrwert | Verfügbares Einkommen bzw. Ausgaben pro Kopf in € p. a., Differenzen der Konkurrenzpreise, Preiselastizität der Nachfrage |
| Moderne Produktionsmethoden, neuer Anlagenpark | Hoher Finanzmittelbedarf, Fehlinvestition, Unterauslastung | Restwertquote, Investitionsquote, durchschnittliches Alter der Anlagen |
| Niedriger Ausschuss, hohe Prozessqualität | Qualitätsniveau wird nicht erreicht | Ausfallquote, Fehlerquote, Rücklaufquote, Stornoquote |
| Qualifiziertes Personal, hohes Know-how, Kunden- und Serviceorientierung | Hohe Personalkosten, Abwanderung von qualifiziertem Personal | Aus- und Weiterbildungsaufwand in % vom Umsatz, Qualifikationsindex, Vorschlagsquote, Fluktuationsrate |
| Zuverlässige und hochqualitative Vorleistungen, Lieferantennetzwerk, Datenverbund | Ausfall bzw. Abhängigkeit von Lieferanten, unzureichende Qualität | Anzahl/Konzentration Lieferanten, Rücklaufquote, Terminüberschreitungsquote, Zertifizierungsquote |
| Kundennähe im Vertrieb, Vertragshändlernetz, schnelle und pünktliche Lieferungen | Keine ausreichende Rentabilität, kritische Stückzahl nicht erreicht | Reklamations-, Stornoquote, Termintreue, Lieferfähigkeitsquote |

Das *Porter'sche* Konzept der Normstrategien wird mittlerweile in der Literatur als überholt kritisiert. Durch einen immer schnelleren Wandel der wettbewerblichen Rahmenbedingungen garantiert eine dauerhafte Festlegung auf eine der Normstrategien keinen nachhaltigen Erfolg mehr.

Der Wettbewerb ist vielmehr durch Globalisierung und damit eine Erosion nationaler Barrieren sowie eine schnellere Veralterung von Produkt- und Markt-Know-how geprägt. Somit werden die relevanten Wettbewerbsbedingungen immer volatiler und instabiler. Der eigentliche Wettbewerbsvorteil der Unternehmen besteht somit in der Fähigkeit, den fortlaufenden Wandel zu beherrschen. Diese Situation wird seit *D'Aveni* als sog. **Hyperwettbewerb** bezeichnet (vgl. *D'Aveni*, Hypercompetition – Managing the Dynamics of Strategic Maneuvering, New York 1994).

Wettbewerbsvorteile bilden sich demnach nur temporär aus und werden in immer kürzerer Zeit von der Konkurrenz aufgeholt. Die rasche Diffusion bzw. Obsoleszenz zwingt dazu, laufend Strategiewechsel vorzunehmen. Der Wettbewerb eskaliert nach *D´Aveni* in vier idealtypischen Stufen („**Arenen**"), von denen der Kosten- und Qualitätswettbewerb i. S. von *Porter* nur die Ausgangsstufe bildet.

| ABB. 124: | Stufen („Arenen") des Hyperwettbewerbs nach *D'Aveni* |
|---|---|
| **Erste Wettbewerbsarena:** Kosten- und Qualitätswettbewerb | ▶ Die Diffusion der Produktqualität in einer Branche führt zu Preissenkungen einzelner Wettbewerber und zu den *Porter´schen* strategischen Positionierungen der Kostenführerschaft, Qualitätsführerschaft bzw. Differenzierung oder Nischenführerschaft. |
|  | ▶ Im Verlauf des Wettbewerbs werden Marktnischen übersetzt. Zugleich werden Qualitätsführer zu Preissenkungen und Kostenführer zu Qualitätsverbesserungen gezwungen. Langfristig lassen sich somit über Preis- und Qualitätswettbewerb keine dauerhaften Vorteile mehr erzielen. |
| ↓ | |
| **Zweite Wettbewerbsarena:** Zeit- und Innovationswettbewerb | ▶ Die Wettbewerber versuchen dem Dilemma durch Innovationen zu entgehen. Die fortlaufende Imitation als erfolgreich erkannter Innovationen führt zur Erosion der Pioniervorteile. Der Schutz vor Imitatoren z. B. mittels Patentanmeldungen oder Exklusivverträgen mit Lieferanten und Abnehmern gelingt nur temporär. |
|  | ▶ In zeitlicher Sicht steigt die Reaktionsgeschwindigkeit der Wettbewerber und verkürzt sich die Länge der Nachahmungszyklen. Damit stellt lediglich noch die Bestimmung des optimalen Zeitpunkts der Innovation oder – je nach strategischer Wahl – der Imitation einen Wettbewerbsvorteil dar. |
| ↓ | |
| **Dritte Wettbewerbsarena:** Wettbewerb der Eintrittsbarrieren | ▶ Die Marktposition der Unternehmen kann durch die Investition in und den Aufbau von Eintrittsbarrieren vor neuen Wettbewerbern abgeschirmt werden. |
|  | ▶ Da diese Eintrittsbarrieren auf Dauer überwunden werden können, bieten sie nur einen temporär wirksamen Schutz. Dies führt im Ergebnis zu einer Globalisierung der Branche. |
| ↓ | |
| **Vierte Wettbewerbsarena:** Wettbewerb der Finanzstärke | ▶ Schließlich konzentriert sich der Wettbewerb auf die finanzielle Stärke der Unternehmen. Eine überlegene Finanzkraft ermöglicht es als zusätzliche strategische Option, kleinere Konkurrenten zu verdrängen, zu übernehmen oder zu beherrschen. |

So revolutionär das Konzept auch klingt, bietet es materiell wenig Neues, sondern stellt einen Mix aus bekannten Konzepten dar. Kosten- und Qualitätsführerschaft sowie Markteintrittsbarrieren sind auf *Porter* beruhende Konzepte, Implikationen betreffend den Zeit- und Innovationswettbewerb lassen sich aus den Führer-Folger- (Innovator-Imitator-)Modellen ableiten, und die Finanzkraft als Wettbewerbsvorteil kann als Allgemeingut gelten. Die Fähigkeit des Managements des Wandels entspricht im Wesentlichen der Transferfähigkeit von Kernkompetenzen.

## 6.2 Strategien in gesättigten Märkten

Die Option für eine Normstrategie bedingt ein hohes Bindungs- und Amortisationsrisiko. Im Rahmen der Erfüllung seiner Frühwarnfunktion ist es insbesondere Aufgabe des Controllings, operable Indikatoren zu entwickeln, die frühzeitig auf eine **Marktsättigung** hindeuten; dies gilt vor allem für die (fixkostenintensive) Kostenführerstrategie. Insoweit wird es der Geschäftsleitung ermöglicht, Gegensteuerungsmaßnahmen zu implementieren, rechtzeitig eine **Rückzugsstrategie** einzuleiten und eine strategisch geeignete Umlenkung der Ressourcen zu bewirken.

| ABB. 125: | Indikatoren der Sättigungsphase eines Marktes |
|---|---|
| ▶ | Sinkende Wachstumsraten |
| ▶ | Zunehmender Verdrängungswettbewerb und Kampf um Marktanteile |
| ▶ | Oligopolisierung des Wettbewerbs, Marktbereinigung |
| ▶ | Neigung zu Kooperationen, Allianzen, Fusionen |
| ▶ | Zunehmende Homogenität des Güterangebots, Ausweichen auf Preis- und Servicewettbewerb |
| ▶ | Sinkende Markentreue bei gleichzeitig steigendem Preisbewusstsein (Preiselastizität) |
| ▶ | Beschränkung auf Ersatzbedarf bei weitgehend gedecktem Erstbedarf |
| ▶ | Aufkommende Überkapazitäten in der Leistungserstellung |
| ▶ | Taktisches Hersteller- und Händlerverhalten (Sonderaktionen, Rabattierung, Konditionenspreizung) |
| ▶ | Verschärfte Verhandlungsstärke der Zwischenhändler |
| ▶ | Steigender internationaler Wettbewerb |
| ▶ | Zunehmender Protektionismus im Außenhandel |

Aufgabe des Controllings ist es, derartige plausible und trennscharfe Indikatoren für die Sättigungsphase eines Marktes zu definieren, erheben und auszuwerten.

Hinsichtlich des **Wachstumsverlaufs** bei beginnender Marktsättigung werden unterschieden

▶ eine **vorübergehende Stagnation** aufgrund eines externen Schocks (z. B. Wechselkurse, Rohstoffpreise, Elementarereignis), die sich künftig wieder erholt,

▶ eine in eine sog. **„Versteinerung"** des Marktes mündende Sättigung und

▶ eine Sättigung aufgrund beginnenden **Marktzerfalls**.

| ABB. 126: | Unterschiedliche Marktwachstumsverläufe bei Sättigung |

Umsatz

Einführungs- und Wachstumsphase | Reifephase | Sättigungs- bzw. Rückgangsphase

→ **Neuorientierung**

→ **„Versteinerung"**

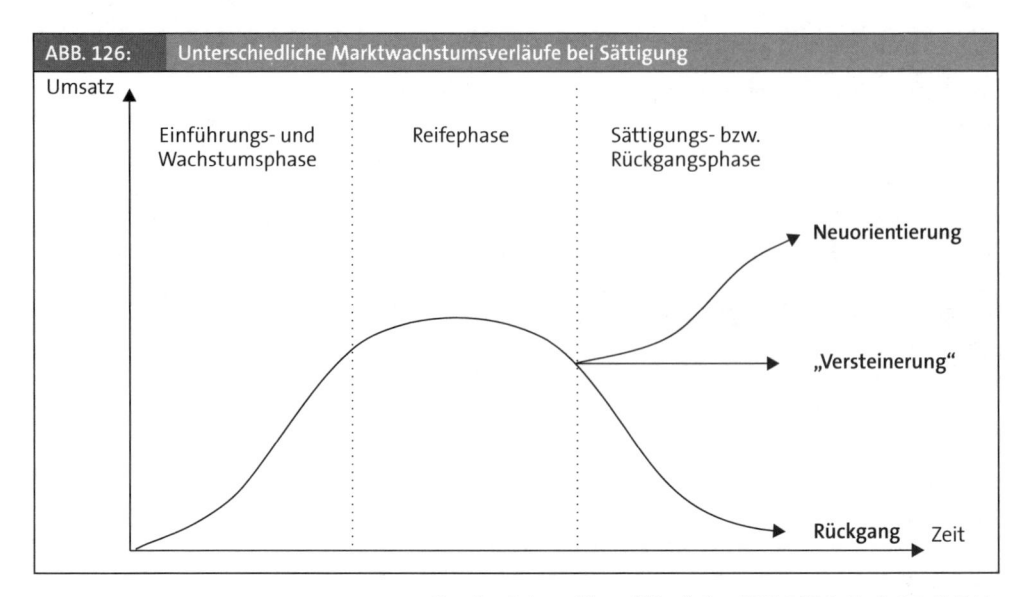

→ **Rückgang**   Zeit

Quelle: I. A. a. *Klaus/Wenk*, in: BBK 2000, Fach 26, S. 941.

Dem Controlling obliegt es hierbei als **Frühwarninstanz**, die einschlägigen Sättigungsindikatoren laufend zu beobachten und bei der Über- bzw. Unterschreitung kritischer Schwellenwerte eine Warnmeldung auszulösen. In diesem Fall ist möglichst präzise abzuschätzen, welcher der vorgenannten Wachstumsverläufe wahrscheinlich vorliegt.

Der Nutzen dieser Information für das Management liegt darin, einen möglichen Verkauf oder Ausstieg **langfristig einleiten** und damit in kurzfristiger Sicht sehr hohe **Anpassungskosten** vermeiden zu können, z. B. indem proaktiv ein Einstellungsstopp verhängt und/oder bestehendes Personal für die Belange anderer Unternehmensbereiche umgeschult wird, anstelle kurzfristig Massenentlassungen mit entsprechenden Sozialplanverpflichtungen vorzunehmen. Fast ausnahmslos sind solche öffentlichkeitswirksamen „Crash-Maßnahmen" Folge eines unzureichenden strategischen Controllings.

Insbesondere, wenn ein künftiger Marktzerfall prognostiziert wird, stellt sich die Frage nach einem Austritt aus dem Markt. Für die Bewertung der grundsätzlichen Strategiealternativen „Verbleib im Markt oder Marktaustritt" sind Existenz und Höhe der **Marktaustrittsbarrieren** („**exit barriers**") von zentraler Relevanz (vgl. etwa *Harrigan*, The Effect of Exit Barriers Upon Strategic Flexibility, in: Strategic Management Journal 1980, S. 165 ff.).

| ABB. 127: | Die Bedeutung der Ein- und Austrittsbarrieren für die Gewinnperspektiven eines Markts | |
|---|---|---|
| Austrittsbarrieren<br>Eintrittsbarrieren | Niedrig | Hoch |
| Hoch | Hohes Gewinnpotenzial,<br>niedriges Risiko | Hohes Gewinnpotenzial,<br>hohes Risiko |
| Niedrig | Niedriges Gewinnpotenzial,<br>niedriges Risiko | Niedriges Gewinnpotenzial,<br>hohes Risiko |

Quelle: I. A. a. *Porter*, Wettbewerbsstrategie, 10. Aufl., Frankfurt (Main)/New York 1999, S. 56.

Austrittsbarrieren bilden das Pendant zu den Eintrittsbarrieren und stellen jene materielle und immaterielle Hindernisse dar, die eine Unternehmung veranlassen, auch bei geringen Erfolgsaussichten in einem Markt zu verharren. *Hinterhuber* differenziert vier Gruppen von Austrittsbarrieren:

- technisch-wirtschaftliche Austrittsbarrieren,
- strategische Austrittsbarrieren,
- soziale und institutionelle Austrittsbarrieren,
- emotionale Bindungen.

Die Höhe der **technisch-wirtschaftlichen Austrittsbarrieren** ergibt sich aus der Anlagenintensität, dem Modernitätsgrad sowie Spezialisierungsgrad der Anlagen (Höhe des Restwerts), den Kosten der Lagerhaltung oder den jährlich anfallenden Ersatz- und Rationalisierungsinvestitionen.

Unternehmen mit einer hohen Kapazität, einer hohen Wachstumsrate und einem geringen Alter des Anlagenparks werden schon von der betriebswirtschaftlichen Seite her einer hohen Austrittsbarriere unterliegen, weil insoweit erhebliche finanzielle und technologische Mittel noch über einen längeren Zeitraum gebunden sind.

**Strategische Austrittsbarrieren** berücksichtigen die Stellung des betreffenden strategischen Geschäftsfelds im Rahmen der Unternehmensstrategie. Sie können z. B. durch in der Vergangenheit geschaffene immaterielle Vermögenswerte wie FuE-Aufwendungen, Marketingaufwendungen, Aufwendungen zur Generierung einer hohen Produktqualität oder zur Schaffung eines Zugangs zu bestimmten Vertriebskanälen begründet werden.

Diese Aufwendungen stellen sog. „sunk costs" und damit signifikante Austrittsbarrieren dar. Hierzu zählen auch negative Auswirkungen auf andere Tätigkeitsfelder, die auf Dauer beibehalten werden sollen.

**Soziale und institutionelle Austrittsbarrieren** sowie emotionale Bindungen, die gegenüber bestimmten Anspruchsgruppen wie Mitarbeitern, regionalen Vereinigungen usw. bestehen, sind geradezu symptomatisch für die regional orientierte mittelständische Wirtschaft, insbesondere Familienunternehmen. Zu den **emotionalen Bindungen** gehören auch „managerielle Barrieren" in Form eines Verbundenheitsgefühls zum „angestammten Geschäft", das man ggf. selbst aufgebaut hat, oder die Auffassung vom Austritt als persönlicher Niederlage.

Neben den Austrittsbarrieren sollten von Seiten des Controllings folgende weitere Determinanten für die Bewertung der **Vorteilhaftigkeit der Branchenstruktur in der „Endphase"** eines Marktes analysiert werden:

| ABB. 128: | Determinanten für die Bewertung der Branchenstruktur in der „Endphase" |
|---|---|
| Determinante | Element |
| Austrittsbarrieren | ► Höhe der technisch-wirtschaftlichen Austrittsbarrieren |
| | ► Höhe der strategischen Austrittsbarrieren |
| | ► Höhe der sozialen und institutionellen Austrittsbarrieren |
| | ► Höhe der emotionalen Austrittsbarrieren |
| Wettbewerb | ► Wahrscheinlichkeit und Ausmaß von aggressiven Preiskämpfen |
| | ► Ausmaß der wechselseitigen Interdependenzen des Wettbewerbsverhaltens |
| | ► Ausmaß der Überkapazitäten |
| | ► Finanzstärke der Wettbewerber |
| Nachfrage | ► Höhe der Schrumpfungsrate |
| | ► Differenzierbarkeit bzw. Standardisierungsgrad des Produkts |
| | ► Preiselastizität der Nachfrage, Bedrohung durch Substitutionsprodukte |
| | ► Marktmacht und Konzentrationsgrad der Nachfrager |
| | ► Generierung möglicher Marktnischen |
| | ► Markentreue, Loyalität und Umstellungskosten der Nachfrager |
| Beschaffung | ► Bedeutung des Unternehmensfortbestands für Lieferanten |
| | ► Fristigkeit und Günstigkeit der Lieferverträge |
| | ► Marktmacht und Konzentrationsgrad der Lieferanten |
| Arbeitnehmer | ► Mobilität der Arbeitnehmer |
| | ► Konfliktbereitschaft der Arbeitnehmer, gewerkschaftlicher Organisationsgrad |

Quelle: I. A. a. *Meffert*, in: DBW 1983, S. 203 f.

Im gesättigten Markt stellt sich die grundsätzliche Frage nach der Zweckmäßigkeit der Verfolgung einer Investitionsstrategie, einer selektiven Strategie bzw. einer Desinvestitionsstrategie. Hierfür gelten dieselben Bestimmungsfaktoren wie in anderen Märkten. Auch in gesättigten Märkten

► existieren exzellente Unternehmen mit überdurchschnittlichen Renditen und Cash-Rückflüssen,

► kommt es auf die konsequente Verfolgung einer der drei strategischen Stoßrichtungen (Normstrategien) an.

Je nach Bewertung der Branchenstruktur und der Vorteile gegenüber den verbleibenden Konkurrenten lässt sich folgende **Strategieauswahl** im gesättigten Markt ableiten:

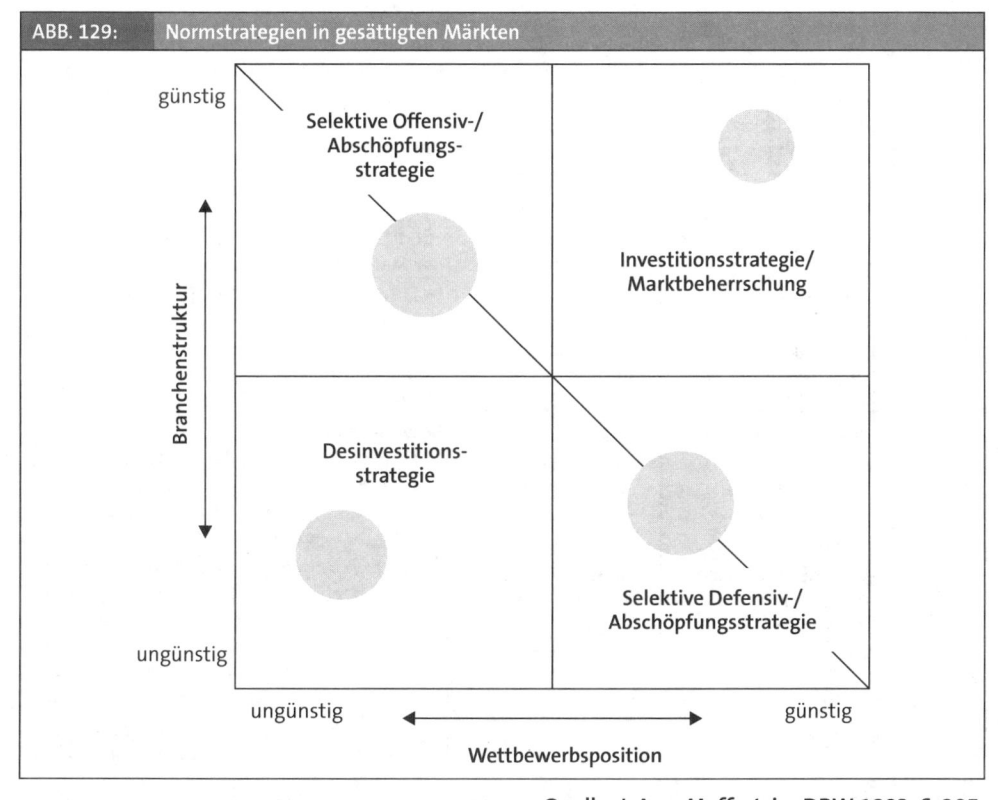

**ABB. 129: Normstrategien in gesättigten Märkten**

- Oben links (Branchenstruktur günstig, Wettbewerbsposition ungünstig): Selektive Offensiv-/Abschöpfungsstrategie
- Oben rechts (Branchenstruktur günstig, Wettbewerbsposition günstig): Investitionsstrategie/Marktbeherrschung
- Unten links (Branchenstruktur ungünstig, Wettbewerbsposition ungünstig): Desinvestitionsstrategie
- Unten rechts (Branchenstruktur ungünstig, Wettbewerbsposition günstig): Selektive Defensiv-/Abschöpfungsstrategie

Quelle: I. A. a. *Meffert*, in: DBW 1983, S. 205.

Nach Ziel, Bedeutung, zugehörigen operativen Aktionen sowie dem voraussichtlichen Ergebnis lassen sich die Normstrategien aus Sicht des strategischen Controllings wie folgt klassifizieren:

**ABB. 130: Charakterisierung der Normstrategien in gesättigten Märkten**

| | Investitionsstrategie | Selektive Offensiv- oder Abschöpfungsstrategie | Selektive Defensiv- oder Abschöpfungsstrategie | Desinvestitionsstrategie |
|---|---|---|---|---|
| Marktposition | Relativer Marktanteil: relativ hoch; Branchenstruktur günstig | Relativer Marktanteil: eher niedrig; Branchenstruktur günstig | Relativer Marktanteil: relativ hoch; Branchenstruktur ungünstig | Relativer Marktanteil: eher niedrig; Branchenstruktur ungünstig |
| Ziel | Dauerhafte Marktbeherrschung oder Einnahme einer führenden Stellung | Aufbau eines Gewinnpotenzials in einer Marktnische oder Optimierung des Cashflows im Schrumpfungsprozess | Verteidigung der starken Marktposition oder Optimierung des Cashflows im Schrumpfungsprozess | Maximierung des Verkaufswerts des Unternehmens oder der Anlagen |

|  | Investitionsstrategie | Selektive Offensiv- oder Abschöpfungs-strategie | Selektive Defensiv- oder Abschöpfungs-strategie | Desinvestitions-strategie |
|---|---|---|---|---|
| Bedeutung | Aufbau eines zukünftigen Gewinnpotenzials, das bei Erreichung einer Marktbeherrschung abgeschöpft werden kann | Aufbau eines zukünftigen Gewinnpotenzials in einer Marktnische oder, falls nicht vertretbar, kurzfristige Cashflow-Optimierung | Führende Marktpositionen werden selektiv verteidigt und der Cashflow wird kurz- bis mittelfristig optimiert | Der Erlös kann und soll in den Aufbau neuer Gewinnpotenziale investiert werden |
| Aktionen | Aggressive Marketingpolitik<br>Aufkauf von Wettbewerbern<br>Schließung der von Wettbewerbern gekauften Anlagen<br>Produktdifferenzierungsstrategien<br>Senkung der Austrittsbarrieren für die Konkurrenten<br>Einrichtung von Umstellungskosten für die Abnehmer | Gewinnpotenzialaufbau: vgl. Investitionsstrategie bezogen auf eine Nische.<br>Für die Cashflow-Optimierung:<br>▶ Kürzung von Neuinvestitionen<br>▶ Senkung von Instandhaltungsinvestitionen<br>▶ Preiserhöhungen<br>▶ Konzentration auf bestimmte Abnehmergruppen; Programmstraffung | Für die Verteidigung der Marktposition:<br>▶ Erhaltungsinvestitionen unter genauer Beobachtung der Marktentwicklung<br>▶ Einrichtung von Umstellungskosten für die Abnehmer<br>Zur Cashflow-Optimierung vgl. Offensiv- bzw. Abschöpfungsstrategie | Fahrplan eines optimalen Ausstiegs:<br>▶ Fixkostenabbaubarkeit analysieren (Vertragsdatenbanken und Fixkostenabbaubarkeitsprofil)<br>▶ Investitionen mit langfristigen Bindungsdauern stoppen<br>▶ Aktivitäten mit direkter Erfolgs- bzw. Liquiditätswirksamkeit längstmöglich aufrecht erhalten<br>▶ Optimalen Verkaufszeitpunkt der Anlagen etc. bestimmen |
| Cashflow | kurzfristig negativ; mittel- und langfristig positiv | kurzfristig negativ; mittel- und langfristig positiv bzw. kurz- bis mittelfristig positiv | kurz- bis mittelfristig positiv | kurzfristig positiv |
| Planungshorizont | mittel- bis langfristig | mittel- bis langfristig | kurz- bis mittelfristig | kurzfristig |
| Risiko | hoch | hoch bzw. unbedeutend | gering | gering |

<u>Quelle:</u> I. A. a. *Hinterhuber*, Strategische Unternehmensführung, 3. Aufl., Berlin/ New York 1984, S. 121 ff.

Ein in der Praxis häufig anzutreffender Fehler besteht darin, beim Auftreten erster Anzeichen der Marktsättigung das Geschäftsfeld unmittelbar aufzugeben bzw. Investitionen abrupt zu stoppen und in völlig unverwandte Bereiche – i. d. R. über externe Wachstumsstrategien, also Aufkäufe – zu diversifizieren. Insoweit werden gegenwärtige und noch relativ sichere Cashflows gegen künftige, unsichere Cashflows getauscht. Von besonderem Interesse sind daher neben den nur ausnahmsweise verfolgten „Extremstrategien" **selektive Strategien**, die sich durch folgende Elemente auszeichnen:

| ABB. 131: | Selektive Strategien in schrumpfenden Branchen | |
|---|---|---|
| Strategie-Element | Offensiv-Strategie | Defensiv-Strategie |
| Produktpolitik | Angebot zusätzlicher Varianten oder Modifikationen; Entwicklung segmentspezifischer Neuprodukte | Abbau der Varianten- oder Modifikationenvielfalt |
| Sortimentspolitik | Ausbau des Sortiments in Breite und Tiefe im Hinblick auf möglichst vollständige Bedarfsabdeckung | Sortimentsbereinigung mit Hilfe der ABC-Analyse |
| Liefer- und Lagerpolitik | Lagerausbau, so dass das Lager nicht zum Lieferengpass wird | Lagerabbau bei B- und C-Produkten, Kostendegression im Lager auch zu Lasten der Lieferfähigkeit |
| Kundenpolitik, Segmentierung | Definition zusätzlicher Kundensegmente | Verzicht auf Belieferung von Randgruppen, Einführung von Mindestmengen |
| Preispolitik | Aggressive Niedrigpreispolitik zum Ausbau von Marktanteilen | Auf Deckungsbeitragsmaximierung ausgerichtete Preispolitik, Verzicht auf Preiszugeständnisse |
| Konditionenpolitik | Aktionsrabatte; Mengenrabatte | Standardpreispolitik, allenfalls Zugeständnisse für Sortimentslistungen |
| Verkaufsorganisation | Verstärkter Einsatz, Durchführung von Verkaufstrainings mit dem Ziel einer Neukundengewinnung | Aufwandsreduktion, Durchführung von Verkaufstrainings mit dem Ziel einer Deckungsbeitragsmaximierung |
| Werbung, Verkaufsförderung | Marktsegmentspezifische Zielgruppenansprache, weitgehender Verzicht auf Verkaufsförderung | Verringerung des Werbeaufwands zugunsten von Verkaufsfördermaßnahmen, Push-Strategien |

Im Ergebnis kann also die Aussage der Portfolio-Analyse aus den siebziger Jahren, Geschäftsfelder im „Dog-Bereich" generell zu liquidieren, angesichts weltweiter Rezessionstendenzen nicht in dieser Allgemeinheit aufrecht erhalten werden. Die bereits zuvor geäußerten Vorbehalte einer einseitigen Wachstumsfokussierung und Vernachlässigung der Mittelaufbringung in den Portfolio-Modellen werden in diesen jüngeren Konzepten aufgegriffen.

*Gelb* („Strategic Planning for the Under-Dog", in: Business Horizons 1982, Nr. 6, S. 8 ff.) hat die klassische Portfolio-Konzeption um zwei weitere Sektoren im Bereich negativer Marktwachstumsraten,

▶ den „**Bucket**" (negatives Wachstum, hoher Marktanteil) und

▶ den „**Under-Dog**" (negatives Wachstum, niedriger Marktanteil)

erweitert und entsprechende Strategiealternativen formuliert. Da nach ihren Untersuchungen auch in schrumpfenden Märkten eine positive Korrelation zwischen Marktanteilen und Gewinnen besteht, kann sogar der Aufkauf von Kapazitäten der Wettbewerber sinnvoll sein, indem man diese zum Marktaustritt bewegt.

| ABB. 132: | Portfolio-Matrix nach *Gelb* | |
|---|---|---|
| Marktattraktivität<br>Marktwachstum | Niedrig | Hoch |
| Hoch | Question Mark | Star |
| Niedrig | Dog | Cash Cow |
| Negativ | Under-Dog | Bucket |

Quelle: *Gelb*, in: Business Horizons 1982, No. 6, S. 9.

Welche **grundsätzlichen Strategiealternativen** gibt es bei einem Verbleib im gesättigten Markt, also für „buckets" und „under-dogs"?

▶ **Differenzierung des Marktes in verschiedene Segmente:** Kann ein Markt in mehrere klar abgrenzbare Segmente aufgegliedert werden und lassen sich die Marketingaktivitäten ebenfalls auf diese abgegrenzten Segmente abstellen, so steigt i. d. R. der Unternehmenserfolg im Vergleich zu einer undifferenzierten Vorgehensweise.

▶ **Verstärkte Konzentration auf ein Marktsegment:** Dies ist häufig für kleine Unternehmen mit spezialisiertem Markt- und Produktions-Know-how adäquat. Die Ausrichtung aller Marketinginstrumente auf den Bedarf der entsprechenden Zielgruppe im angestammten Marktsegment (Produkte, Qualität, Preise, Absatzwege, Kommunikation) einschließlich einer Hochpreisstrategie führt häufig zu Gewinnverbesserungen.

▶ **Vergrößerung des Absatzpotenzials durch „Konter-Segmentierung":** Durch Ansprache neuer Zielgruppen lassen sich neue Wachstums- und Erfolgsquellen erschließen. Konter-Segmentierung impliziert die Umkehr der Segmentierung durch Aufhebung der Differenzierungsmerkmale und Angleichung an die allgemeinen im Gesamtmarkt gültigen Kauffaktoren. Jedoch ist häufig mit der Konter-Segmentierung eine (zumindest anfänglich) aggressive Preispolitik verbunden.

Aufgabe des strategischen Controllings ist es, die von der Geschäftsleitung vorgegebene Globalstrategie auf Teilstrategien und Maßnahmenpakete stimmig herunter zu brechen.

| ABB. 133: | Auswahl möglicher Teilstrategien bei Marktsättigung |
|---|---|
| Handlungsfeld | Mögliche strategische Maßnahme |
| Produktpolitik | ▶ Einpassung der Produkt-Markt-Strategien auf profitable Segmente<br>▶ Gezielter Abbau von Infrastrukturkosten (Lager, Filialen, Vertriebsorganisation) bei dauerhafter Unrentabilität<br>▶ Produktverbesserungsstrategien zur Nutzensteigerung und Abhebung von Konkurrenzprodukten |
| Kundenpolitik | ▶ Entwicklung individueller Kundenbearbeitungsstrategien<br>▶ Gezielter Kostenabbau bei unrentablen Kunden (Besuchshäufigkeit, Rabattierung, Einführung von Mindestabnahmemengen bzw. Zuschlägen)<br>▶ Entwicklung kundenspezifischer Problemlösungen |
| Marktsteuerungspolitik | ▶ Entwicklung von Strategien zur Wettbewerbsdifferenzierung<br>▶ Erschließung alternativer Vertriebswege<br>▶ Optimierung der zielorientierten Steuerungssysteme für den Außendienst |
| Verkaufsorganisation | ▶ Entwicklung und Auswertung von Leistungsvergleichen<br>▶ Verstärkte Durchführung von Außendienst-Trainingsprogrammen<br>▶ Implementierung anreizorientierter Außendienst-Entlohnungsprogramme |
| Mitarbeiterführung | ▶ Wettbewerbsadäquate Zielvereinbarung<br>▶ Schaffung von Anreizen für Verbesserungen und Kostenoptimierungen<br>▶ Verbesserung und Detaillierung des Controllings sowie Reportings |
| Internes Rechnungswesen | ▶ Implementierung von Analysen zur Sortimentsbereinigung (ABC-Analysen)<br>▶ Implementierung von Analysen zur Optimierung der Kundenstruktur (Kunden-Deckungsbeitragsrechnung)<br>▶ Implementierung von Analysen zur Bestandsreduktion (Lagerbindung, Zahlungsziele) |

Zunächst müssen die **Ursachen** für die Stagnation erforscht werden, d. h., ob es sich um ein kurzfristiges, konjunkturbedingtes Phänomen oder um eine dauerhafte Stagnationsphase handelt. Es ist Aufgabe des Controllings, für die Existenz eines funktionsfähigen, permanenten **Frühwarnsystems** Sorge zu tragen, das u. a. anzeigt, wenn

▶ vermehrt neue Rohstoffe oder Vormaterialien eingesetzt werden, zu denen kein oder ein unzureichender Marktzugang besteht,

▶ Substitutionstechnologien entwickelt werden, die den Marktanforderungen besser gerecht werden und hinsichtlich derer ein unzureichendes internes Know-how besteht,

▶ der Markt deutliche Sättigungstendenzen aufweist, d. h., alle potenziellen Käufer über das Produkt bereits verfügen und nur ein geringer Ersatzbedarf vorhanden ist,

▶ mit der Weiterentwicklung des Produkts aus finanziellen, technologischen o. ä. Gründen nicht Schritt gehalten werden kann,

▶ aufgrund der verbleibenden Marktzykluslänge nur eine geringe Marktattraktivität und/oder aufgrund der Konkurrenzintensität eine voraussichtlich chancenlose Wettbewerbsposition zu konstatieren ist.

Letztendlich steht die **Aufgabe der Aktivitäten** zur Disposition. Häufig muss sich im Management erst die Erkenntnis durchsetzen, dass ein geplanter, rechtzeitiger Marktausstieg **kein Zeichen des Misserfolgs, sondern einer erfolgreichen Geschäftsführung** ist, jedenfalls sofern hierbei insbesondere folgende Tatbestände berücksichtigt werden:

► Spätestens parallel zum Marktausstieg sollte eine **Neuproduktentwicklung** geplant werden, da Unternehmensfortbestand und Kapazitätsauslastung langfristig gesichert sein müssen.

► Zunächst sollten die Investitionen mit **langfristigen Auswirkungen** gestoppt werden, wie z. B. Forschung und Entwicklung, Anwendungstechnik oder Werbebudgets. Keinesfalls sollten weitere Fixkosten aufgebaut werden.

► Zu analysieren ist, welche Ressourcen im Unternehmen abgebaut bzw. verkauft werden müssen und welche Ressourcen für neue Leistungsbereiche einsetzbar sind (**Fixkostenumlastung**).

► Zu prüfen sind auch vertragliche Verpflichtungen wie Personalverträge, Liefervereinbarungen oder Leasingverträge, um den Zeitpunkt einer möglichen Vertragsauflösung nicht zu verpassen (**Vertragsdatenbanken**). Daneben sollte der Absatzmarkt für gebrauchte Wirtschaftsgüter analysiert und der optimale Verkaufszeitpunkt für die gebrauchten Aggregate bestimmt werden.

► Unmittelbare erfolgs- bzw. liquiditätswirksame Aktivitäten sollten bis zum endgültigen Austritt beibehalten werden, wie z. B. die Tätigkeit des Außendienstes.

Für die **optimale Geschwindigkeit** („timing") des Austritts, die von einer sofortigen Beendigung aller Geschäftsaktivitäten bis zu einem stufenweisen Rückzug reichen kann, gibt *Harrigan* (Strategic Planning for Endgame, Long Range Planning 1982, Nr. 6, S. 45 ff.) folgende Empfehlungen:

| ABB. 134: | Typisierung der Marktaustrittsstrategien nach *Harrigan* | |
|---|---|---|
| | Austrittsdauer | |
| Austrittskosten | Lang | Kurz |
| Eher gering | Senkung der Marktaustrittsbarrieren | Verkauf der Geschäftseinheit |
| Eher hoch | Abschöpfungsstrategie | Sofortige Beendigung aller Aktivitäten |

Quelle: *Klaus/Wenk*, in: BBK 2000, Fach 26, S. 955.

Mit einer **Senkung der Marktaustrittsbarrieren** soll ein Rückzug zu einem späteren Zeitpunkt ermöglicht und vorbereitet, mithin der strategische Spielraum erweitert werden.

Eine **Abschöpfungsstrategie** zielt hingegen auf die Maximierung der Cashflows bis zum Austrittszeitpunkt ab; sie geht mit dem weitgehenden Verzicht auf Investitionen und auf Preissenkungen einher. Hierbei sollten allerdings signifikante Wettbewerbsvorteile gegenüber den verbleibenden Konkurrenten bestehen.

Das strategische Controlling kann die seitens des Managements für ein Geschäftsfeld grundsätzlich getroffene Austrittsentscheidung durch Verfolgung des nachstehenden **Stufenplans** bestmöglich umsetzen.

**ABB. 135: Stufenplanung eines Marktaustritts**

| Stufe | Erkenntnisziel | Controllinginstrumente | Mögliche Maßnahmen |
|---|---|---|---|
| 1 | Grad und Zeitraum der Marktdegeneration frühzeitig erfassen | Szenario-Analyse, Produktlebenszyklusrechnung | ▶ Frühzeitig auf Ausbau weiterer fixkostenintensiver Kapazitäten verzichten, <br> ▶ Vorübergehenden Spitzenbedarf nicht abdecken oder auslagern |
| 2 | Frühzeitigen Verkauf des gesamten Geschäftsfelds prüfen | Wettbewerbsanalyse, SWOT-Analyse, Unternehmensbewertung, Investitionsrechnung | ▶ Unternehmenswert ermitteln (einschl. immat. Werte wie FuE, Mitarbeiter-, Kundenstamm), <br> ▶ Marktsondierung, Vergleich Angebotspreis mit Cashflow-Barwert |
| 3 | Bindungsfristen analysieren, Flexibilität erkennen | Vertragsdatenbanken, Abbaubarkeitsprofile, Break-even-Analyse | ▶ Investitionsstopp, Einstellungsstopp, <br> ▶ Verzicht auf Verlängerung oder kürzere Befristung von Lieferungs- und Leistungsverträgen |
| 4 | Markt- und kundenorientierte Aktivitäten aufrecht erhalten | Kritische-Werte-Methode (Make-or-buy-Analyse), Wertanalyse, ABC-Analyse | ▶ Sortimentsbereinigung, Hinzuziehung von Subunternehmern, <br> ▶ Konditionenspreizung, Rabattierung, Paket- bzw. Systemlösungen mit Preisnachlässen |
| 5 | Leistungserstellungsprozess auf niedrigere Gewinnschwelle ausrichten | Deckungsbeitragsrechnung, Break-even-Analyse, Null-Basis-Budgetierung, Prozesskostenrechnung | ▶ Fixkostenumwandlung (Miete statt Kauf, Fremdbezug statt Eigenerstellung), <br> ▶ Fixkostenumlastung (Transferierbarkeit der fixkostenverursachenden Ressourcen gewährleisten) <br> ▶ Beachte: Der Kunde darf keine Kenntnis von der Austrittsentscheidung erlangen! |
| 6 | Größtmögliche Auslastung der bestehenden bzw. verbleibenden Kapazitäten erzielen | Deckungsbeitragsrechnung, Sensitivitätsrechnung, Vertriebskostenrechnung | ▶ Konditionenspreizung, kurzfristige Preisuntergrenzen ermitteln, <br> ▶ Amortisation von kurzfristig wirksamen Vertriebsmaßnahmen ermitteln, <br> ▶ Zubehör- und Ersatzteilvertrieb, Serviceleistungen |
| 7 | Letztendliche Desinvestition, Liquidation | Dynamische Investitionsrechnung (Optimaler Ersatzzeitpunkt) | ▶ Anlagenverkauf oder -verschrottung, <br> ▶ Personalfreisetzung oder -umsetzung |

**KAPITEL II** — Strategische Planung und strategisches Controlling

**BEISPIEL:** ▶ Dem **Lagebericht** der Sartorius AG ist im Abschnitt zur Geschäftsentwicklung der Sparte „Industrial Weighing" zu entnehmen (vgl. *http://www.sartorius.de/fileadmin/media/global/company/ir/ir_annual_report_2012_sartorius_group-de.pdf*):

„Unsere Sparte Industrial Weighing, in der wir unser Geschäft mit Wäge- und Kontrolltechnik für verschiedene industrielle Applikationen bündeln, (...) verfügt mit ihrem breiten Spektrum an hochwertigen Produkten, tiefem Applikations-Know-how sowie einer starken Kundenbasis über eine gute Ausgangsbasis, in Zukunft deutlich wachsen zu können. Trotz der guten Marktposition vor allem in Europa und Asien verfügt das Geschäft jedoch angesichts der ausgeprägten Fragmentierung des Marktes über vergleichsweise geringe Marktanteile. Zudem sind die vertriebs- und produktionsseitigen Synergien zwischen unserem Labor- und Industriegeschäft sehr begrenzt. Entsprechend unserer strategischen Fokussierung auf die Bereiche Bioprozess und Labor haben wir im Berichtsjahr Optionen geprüft, diese Aktivität mittelfristig zu veräußern.

(...) Dies war auch Inhalt einer außerordentlichen Aufsichtsratssitzung. Auf Basis eines Berichts des Vorstands wurde ausführlich über das Interessentenspektrum und die damit einhergehenden verschiedenen Optionen beraten. Entsprechend der veränderten Zukunftsperspektiven für das Industriegeschäft haben wir diesen Bereich ab Jahresbeginn organisatorisch weitestgehend verselbstständigt, auch um so die Voraussetzungen für eine mögliche Desinvestition dieser Aktivität zu schaffen."

▶ Entwickeln Sie für die Beurteilung des Marktpotenzials Indikatoren nebst Kennzahlen, die eine Marktsättigung früh erkennen lassen (mindestens je 4, keine Spätindikatoren wie Umsatzrückgang).

▶ Stellen Sie geeignete strategische Aktionen dar, die einer Abschöpfung des nicht mehr zum Kerngeschäft zählenden Segments dienen und in Einklang mit dem Ziel einer mittelfristigen Desinvestition stehen (mindestens 4).

Indikatoren nebst Kennzahlen, die eine Marktsättigung früh erkennen lassen, sind z. B.:

| Indikatoren | Kennzahlen |
|---|---|
| Beginnende Oligopolisierung | ▶ Austrittsrate von Kleinanbietern in % des Marktumsatzes<br>▶ Kumulierter Marktanteil der 3 (5, 7) größten Wettbewerber |
| Beginnende Überkapazitäten | ▶ Entwicklung der Auftragseingänge, Auftragsreichweite<br>▶ Auslastungsgrad in %, Sachanlagenproduktivität (UE/SAV) |
| Homogenisierung der Produkte | ▶ Entwicklung des Umfangs der Produktpalette<br>▶ Entwicklung des Umsatzes pro Produktvariante |
| Sinkende Kundentreue | ▶ Entwicklung der Kauffrequenz<br>▶ durchschnittlicher Umsatz pro Kunde |
| Geringe Investitionsbereitschaft | ▶ Amortisationszeit der Anlagen, Anteil der bereits amortisierten Anlagen in %, gewichtet nach historischen AHK<br>▶ Restwertquote und Investitionsquote in % des Sachanlagevermögens zu AHK |
| Sinkende Wertschöpfungsquote | ▶ Wertschöpfungsquote = (Gesamtleistung - Material- und Fremdbezugsaufwand)/Gesamtleistung · 100 % |
| Preisdumping, Preisnachlässe | ▶ Rabattquote in % der Umsatzerlöse, Umsatzerlöse in % des Produkts aus Absatzmengen · Listenpreisen |

Geeignete strategische Aktionen, die einer Abschöpfung des nicht mehr zum Kerngeschäft zählenden Segments dienen und in Einklang mit dem Ziel einer mittelfristigen Desinvestition stehen, sind z. B.:

- ▶ Investitionsstopp, Ausmelken der Substanz,
- ▶ Maximierung der Auslastung zur Minimierung der Anlagenamortisation und Steigerung des Perioden-Deckungsbeitrags,
- ▶ Annahme von Zusatzaufträgen mit evtl. Absenkung der Preisforderung nahe der Preisuntergrenze,
- ▶ Verringerung der Wertschöpfungstiefe durch Auslagerung von Randaktivitäten,
- ▶ Verkürzung der Bindungsfristen von bezogenen Produktionsfaktoren durch Anpassung der Vertragsgestaltung („Fixkostenvariabilisierung").

## 7. Balanced Scorecard als integrierendes Instrument des strategischen Controllings

### 7.1 Zielstellung und Aufbau der Balanced Scorecard

Ein Nachteil der kennzahlgestützten Analysemethoden des Controllings ist, dass diese zumeist auf nur einen Teil – den durch das Rechnungswesen quantifizierbaren Teil – des Unternehmens ausgerichtet sind. Eine ganzheitliche Betrachtung ist oft nicht möglich.

Ziel jedes Unternehmens muss es sein, sich dauerhafte Wettbewerbsvorteile gegenüber seinen Konkurrenten zu erarbeiten, um das Erlöspotenzial zu maximieren bzw. den Ressourceneinsatz zu minimieren. Verbindet man diese Erkenntnis damit, dass zahlreiche diesbezügliche Werttreiber immaterieller Natur sind und somit nicht durch das Rechnungswesen erfasst werden, so wird die Notwendigkeit eines Managementkonzepts deutlich, das auch qualitative Faktoren berücksichtigt.

Ein Ansatz, der diesen Nachteil beheben will, ist die Balanced Scorecard (BSC), die von *Kaplan* und *Norton* als methodisches Instrument zur Strategieformulierung und -umsetzung entwickelt wurde (Balanced Scorecard – Strategien erfolgreich umsetzen, Stuttgart 1997).

Balanced Scorecard heißt soviel wie „**ausgewogener Berichtsbogen, ausgewogener Zielbogen**". Dies impliziert ein Verständnis des Unternehmens als vernetztes System, dessen Subsysteme im Rahmen der Strategiefindung und -evaluation „ausgewogen" berücksichtigt werden müssen. Die BSC analysiert die Unternehmensstrategie anhand verschiedener Perspektiven und ermöglicht, alle hierfür relevanten Aspekte zu erfassen und in ein Gesamtsystem zu integrieren.

Die BSC macht die Umsetzung der Unternehmensstrategie allen Mitarbeitern transparent und ermöglicht eine Erfolgsmessung der Strategie mit Hilfe der Identifikation und Analyse der Leistungstreiber. Insoweit soll eine Handlungsorientierung der strategischen Planung begünstigt werden („**translating strategy into action**").

Bei der BSC handelt es sich somit um ein **ganzheitliches Instrument zur zielorientierten, strategischen Unternehmensführung**, das Erfolgspotenziale und Strategien eines Unternehmens in Kennzahlen transformiert, welche die strategische Zielerreichung messen und verdeutlichen. Dabei werden neben den klassischen finanziellen Kennzahlen auch die treibenden Erfolgsfaktoren sowie qualitative Sachverhalte dargestellt. Eine Fülle von Informationen wird insoweit zu einem Management-Informationssystem verdichtet (*„you can't manage what you can't measure"*).

Herkömmliche, kennzahlgestützte Controllinginstrumente setzen ausgehend vom betrieblichen Rechnungswesen meist die finanzwirtschaftliche Perspektive in den Fokus. Als beispielhaft für die „traditionelle Sichtweise" wird oftmals das sog. **DuPont-Kennzahlensystem** mit dem Return on Investment (ROI, Gesamtkapitalrendite) als Spitzenkennzahl und den Komponenten Umsatzrentabilität (Marktkomponente) sowie Gesamtkapitalumschlag (Unternehmenskomponente) herangezogen (vgl. hierzu auch Kapitel III. 6. nachfolgend). Als nachteilig stellt sich heraus, dass der Erfüllungsgrad finanzwirtschaftlicher Ziele wie Rentabilität oder Liquidität letztlich nur das am Markt bewertete Ergebnis des Leistungserstellungsprozesses abbildet und somit einen Spätindikator darstellt.

Demgegenüber werden in der BSC das gesamte Unternehmen und dessen Ressourcen analysiert. Alle für die Analyse der Unternehmensstrategie relevanten Aspekte, insbesondere die Güte der Ressourcen und der Prozesse, werden erfasst und in ein Gesamtsystem integriert. Das Konzept der BSC ergänzt die traditionellen finanziellen Kennzahlen durch eine Lern- und Wachstums-, eine Prozess- und eine Kundenperspektive.

Zur Erfüllung einer Frühwarnfunktion spielt bei der Operationalisierung dieser Perspektiven die Identifikation der sog. **Leistungstreiber** („**leading indicators**") eine bedeutende Rolle, d. h. der Erfolgsfaktoren, die eine Zielerreichung induzieren. Die Leistungstreiber sollen die langfristigen Erfolgspotenziale der Unternehmung abbilden, wie z. B. Wettbewerbsposition, Kundenimage, Effizienz der Leistungserstellung. Neben den Leistungstreibern werden die **Ergebnisgrößen** („**lagging indicators**") quantifiziert; dies sind die traditionellen Kennzahlen wie Wachstums-, Rentabilitäts- oder Liquiditätskennziffern.

Die erweiterte Sichtweise der BSC ermöglicht, Ursache-Wirkungs-Beziehungen zwischen den Leistungstreibern und den Ergebnisgrößen offenzulegen. In der BSC wird dabei ein Gleichgewicht („**balance**") verschiedener Sachverhalte hergestellt:

▶ zwischen **internen** Prozess- und Innovationsindikatoren einerseits und **externen** Eigentümer- und Kundenkennzahlen andererseits,

▶ zwischen vergangenheitsbezogenen Leistungsergebnissen (**Spätindikatoren**) und zukunftsorientierten Leistungstreibern (**Frühindikatoren**) sowie

▶ zwischen objektiven, quantitativen Kennzahlen und subjektiven, qualitativen Sachverhalten (**harte** und **weiche** Kennzahlen).

Aufgrund der Balance zwischen verschiedenen Aspekten der Unternehmenstätigkeit kann mit der BSC die gesamte Strategie mit allen ihren Facetten – Marktattraktivität, Mitarbeitermotivation, Kundenzufriedenheit oder Arbeitseffizienz – operationalisiert werden. Somit findet die BSC insbesondere in Organisationen des Non Profit-Sektors Interesse und Anwendung, da aufgrund der dortigen Sachzielorientierung die auf Gewinn- und Renditekennzahlen fokussierten traditionellen Steuerungssysteme oftmals unpassend sind.

Die BSC ist im Ergebnis in Bezug auf folgende Sachverhalte „balanced":

| ABB. 136: | Balance der Balanced Scorecard | |
|---|---|---|
| Balance zwischen: | | |
| Strategiebildung | ↔ | Strategieumsetzung |
| Frühindikatoren (leading indicators) | ↔ | Spätindikatoren (lagging indicators) |
| Externen Beobachtungsbereichen (Markt, Kunden) | ↔ | Internen Beobachtungsbereichen (Ressourcen, Prozesse) |
| Quantitativen (harten) Kennzahlen | ↔ | Qualitativen (weichen) Kennzahlen |
| Ursachen (Leistungserstellungen) | ↔ | Wirkungen (Leistungsergebnissen) |

Die **Funktionen** der BSC lassen sich damit wie folgt darstellen:

▶ Ausrichtung der Unternehmung auf strategische Ziele,

▶ Operationalisierung der Ziele mittels Kennzahlen und Kontrolle der Zielerreichung,

▶ Kommunikation der Strategie auf allen Ebenen des Unternehmens,

▶ Bestimmung und Priorisierung von strategischen Aktionen sowie von Verantwortlichen für die Zielerreichung und

▶ Implementierung einer auf Dauer lernenden Organisation.

Die BSC ist grundsätzlich in allen Branchen einsetzbar. Sie kann auf das gesamte Unternehmen, einzelne Abteilungen oder Unternehmensbereiche angewendet werden. Es handelt sich aber um kein Management-Konzept, das abstrakt aus der Literatur oder von anderen Unternehmen übernommen werden kann, sondern das vielmehr **unternehmensindividuell entwickelt** werden muss.

## 7.2 Entwicklung der Balanced Scorecard

### 7.2.1 Ableitung von strategischen Zielen aus dem Unternehmensleitbild

Die Entwicklung einer BSC beginnt mit der Festlegung von **strategischen Zielen**, die durch Ursache-Wirkungs-Hypothesen miteinander verknüpft werden und in denen die Vision konkretisiert wird. Hierfür ist das Vorhandensein eines allgemein akzeptierten **Zielsystems** (Leitbild, Mission, Vision) unbedingte Voraussetzung. Die vorausgehende Zielbestimmung erfolgt typischerweise über ein interdisziplinäres Brainstorming im Rahmen eines Workshops. Dabei sind auch die der Strategie zugrunde liegenden Annahmen über

▶ die Günstigkeit der relevanten Umweltbedingungen (PEST-Analyse)

▶ die Ausprägung der kritischen Erfolgsfaktoren der Leistungserbringung aus Kundensicht gegenüber den relevanten Wettbewerbern (SWOT-Analyse)

herauszuarbeiten und zu berücksichtigen. Außerdem sind die der Strategie zugrunde liegenden Annahmen über zentrale Erfolgsfaktoren in ihren wesentlichen Zügen festzuhalten sowie auf Vollständigkeit, Widerspruchsfreiheit und Plausibilität zu prüfen. Erst nach Definition der zentralen Erfolgsfaktoren kann eine **Auswahl der relevanten strategischen Ziele** erfolgen, die sodann in die verschiedenen Perspektiven eingeordnet und auf operationale Erfolgsgrößen herunter gebrochen werden.

Die Unternehmensstrategie wird in vier **verschiedene Perspektiven** untergliedert:

- die Lern- und Wachstumsperspektive (learning and growth perspective),
- die interne Prozessperspektive (internal business process perspective),
- die Kundenperspektive (customer perspective),
- die Finanzperspektive (financial perspective).

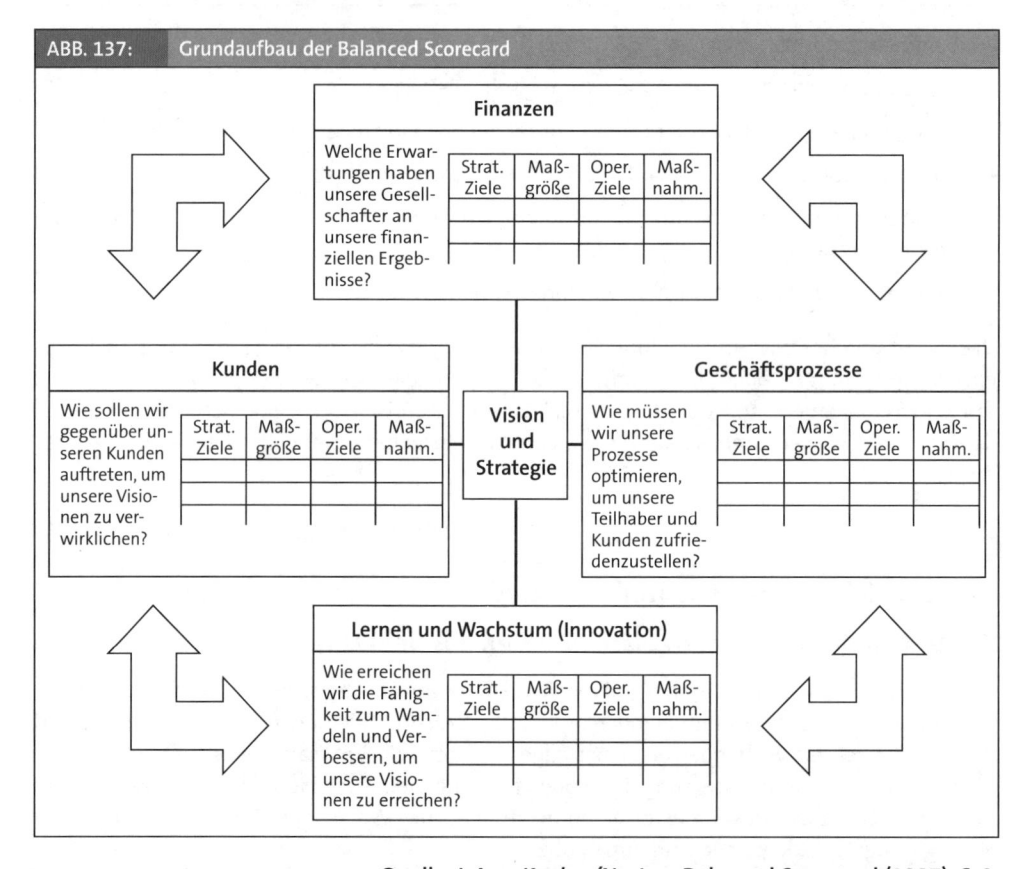

**ABB. 137: Grundaufbau der Balanced Scorecard**

*(Abbildung: Grundaufbau der Balanced Scorecard mit den vier Perspektiven Finanzen, Kunden, Geschäftsprozesse sowie Lernen und Wachstum (Innovation), die um die zentrale Vision und Strategie angeordnet sind. Jede Perspektive enthält die Spalten Strat. Ziele, Maßgröße, Oper. Ziele, Maßnahm.)*

- Finanzen: Welche Erwartungen haben unsere Gesellschafter an unsere finanziellen Ergebnisse?
- Kunden: Wie sollen wir gegenüber unseren Kunden auftreten, um unsere Visionen zu verwirklichen?
- Geschäftsprozesse: Wie müssen wir unsere Prozesse optimieren, um unsere Teilhaber und Kunden zufriedenzustellen?
- Lernen und Wachstum (Innovation): Wie erreichen wir die Fähigkeit zum Wandeln und Verbessern, um unsere Visionen zu erreichen?

Quelle: I. A. a. *Kaplan/Norton*, Balanced Scorecard (1997), S. 9.

Diese vier „klassischen" Perspektiven der BSC können bei Bedarf der individuellen Strategie angepasst werden; insbesondere können diese auf mehr als vier erweitert werden. Dies geschieht insbesondere bei Einrichtungen des Non Profit-Sektors, z. B. um die ethische oder Mitgliederperspektive. Bei der Erweiterung der klassischen BSC sollten aber die Übersichtlichkeit und der Zusammenhang zur Unternehmensstrategie gewahrt bleiben.

Die Analyse der **Interdependenzen der vier Perspektiven** ist aus diversen Gründen für die BSC relevant:

▶ Herstellung der Verknüpfungen zwischen strategischen Zielen, Messgrößen, operativen Zielen und Maßnahmen,

▶ Verbindung der Perspektiven mit der finanzwirtschaftlichen Zielsetzung,

▶ Bereitstellung eines Instrumentariums für die Messung der Strategieerreichung.

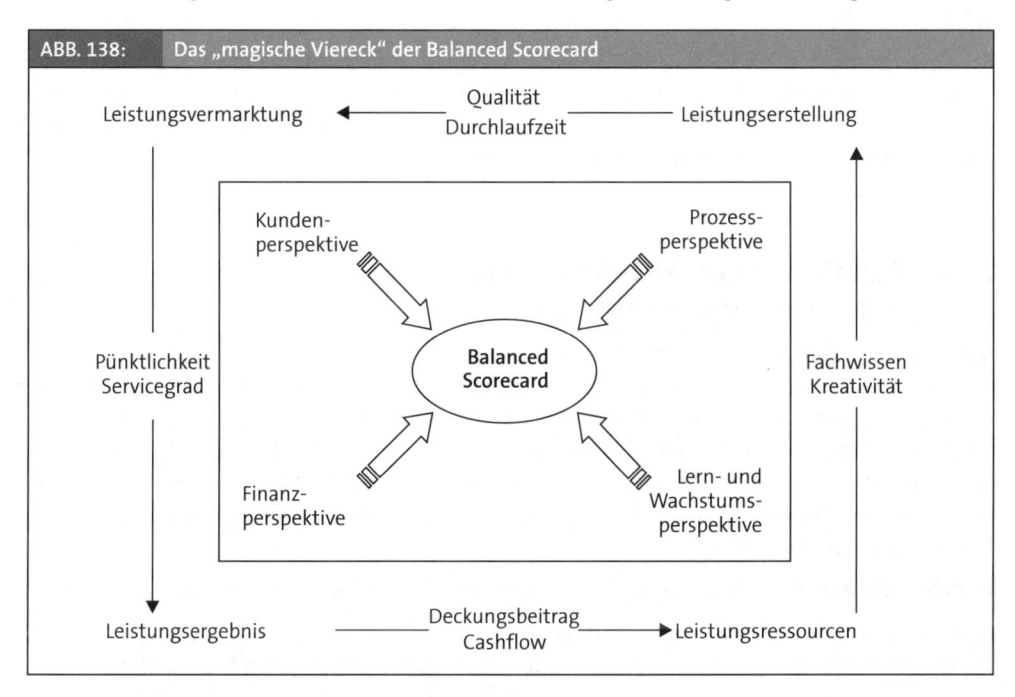

**ABB. 138:** Das „magische Viereck" der Balanced Scorecard

Die Benennung der vier Perspektiven durch Kaplan und Norton ist kein Zufall. Vielmehr lässt sich folgende **Ursache-Wirkungs-Beziehung** begründen:

▶ Die erfolgreiche und nachhaltige unternehmerische Tätigkeit setzt ein marktfähiges Geschäftsmodell und das Vorhandensein von für die Leistungserbringung erforderlichen und qualifizierten Ressourcen voraus (Lern- und Wachstumsperspektive).

▶ Das Zusammenwirken der Ressourcen führt zu einem Leistungserstellungsprozess, der mit einem messbaren Ergebnis abschließt (Prozessperspektive).

▶ Erst die Vermarktung des Leistungsergebnisses gegenüber einem Abnehmer bewirkt eine Umsatzrealisation und einen Cash-Rückfluss (Kundenperspektive).

▶ Der Umsatzerlös im Verhältnis zum wertmäßigen Ressourcenverbrauch generiert jedenfalls bei kostendeckender Leistungserbringung eine finanzielle Wertschöpfung (Finanzperspektive).

▶ Jedenfalls ein Teil dieses Zugewinns muss für Reinvestitionen in die Ressourcen verwendet werden, damit diese auch künftig den Markterfordernissen genügen (Lern- und Wachstumsperspektive).

Hieraus folgt, dass zwischen allen Perspektiven Wechselwirkungen hinsichtlich der Zielerfüllung bestehen. Die einzelnen Perspektivziele dürfen nicht separat analysiert werden, sondern sind in ein Gesamtsystem zu integrieren.

Die perspektivischen Teilziele werden durch Bildung von **Maßgrößen** (**Indikatoren**) konkretisiert. Zur Gewährleistung der Überschaubarkeit und Handhabbarkeit des Systems sollten pro Perspektive nicht mehr als fünf Teilziele, insgesamt maximal 20 - 25 Kennzahlen definiert werden („**twenty is plenty**").

Bei Abweichungen der Ziel- von den Istwerten werden Maßnahmen zur künftigen Zielerreichung entwickelt und umgesetzt. Der Umsetzungserfolg wird im Rahmen eines Meilenstein-Plans laufend überprüft. Gleichzeitig ist das Zielsystem im Rahmen eines strategischen Lernprozesses laufend an Änderungen der Rahmenbedingungen anzupassen.

### 7.2.2 Identifizierung der Zielverknüpfungen und Ursache-Wirkungs-Beziehungen

Nach der Festlegung der Perspektiven (Anzahl und inhaltliche Ausgestaltung) und deren strategischen Zielen werden diese als eine **Ursache-Wirkungs-Verknüpfung** dargestellt. Die Ursache-Wirkungs-Analyse innerhalb, vor allem aber zwischen den Perspektiven beruht auf der Erkenntnis, dass jede Maßnahme Konsequenzen auf alle Bereiche des Unternehmens haben kann. Eine solche Analyse wird anhand einer sog. „**strategy map**" visualisiert. Hierbei kommt es nicht nur darauf an, die Wirkungen der einzelnen Zielerfüllungen auf die Finanzperspektive zu veranschaulichen, sondern auch,

▶ neben positiven auch negative Verknüpfungen, also Zielkonflikte, zu identifizieren,

▶ neben Bottom-up-Verknüpfungen (d. h. von der Lern- über die Prozess- und Kunden- zur Finanzperspektive) auch Rückkopplungen zu den Ausgangsperspektiven festzustellen.

Als praktisches Beispiel kann die von der Heidelberger Druckmaschinen AG veröffentlichte BSC dienen (*www.heidelberg.com*):

**ABB. 139: Balanced Scorecard und Perspektivziele der Heidelberger Druckmaschinen AG**

| Finanzen: | Kunden: |
|---|---|
| ▶ Unternehmenswert nachhaltig steigern<br>▶ Attraktivität der Heidelberg-Aktie erhöhen<br>▶ Heidelberg so aufstellen, dass es sich Wirtschaftszyklen anpassen kann | ▶ Bevorzugter Partner für die Printmedien-Industrie sein<br>▶ Attraktivität der Druckmedien durch Mehrwert erhöhen<br>▶ Lösungen zur Erhöhung der Effizienz anbieten |
| **Prozesse:** | **Mitarbeiter/Lernen:** |
| ▶ Optimierung der kundenorientierten Organisation<br>▶ Umsetzung einer integrierten funktionalen Organisation<br>▶ Mit technologischer Kompetenz Mehrwert für unsere Kunden schaffen | ▶ Kreative, dynamische und loyale Mitarbeiter anziehen und behalten<br>▶ Kundenorientierung bei allen Heidelberg-Mitarbeitern fördern<br>▶ Prozesse der ständigen Mitarbeiterqualifikation und -entwicklung optimieren |

„Steuerungsprinzip:
„Management by Objectives"

Wir steuern den Konzern durchgängig nach dem Prinzip „Management by Objectives", das heißt: indem wir Ziele festlegen.

So stellen wir sicher, dass in allen Bereichen unsere Gesamtstrategie konsequent verfolgt wird – dazu gehört auch, dass Mittel effizient eingesetzt und Richtlinien im Umgang mit Risiken eingehalten werden.

Unsere Balanced Scorecards unterstützen jede Einheit im Konzern – und letztlich jeden Mitarbeiter – darin, auf alle abgeleiteten Ziele hinzuarbeiten. Die aktuelle BSC des Konzerns haben wir links abgebildet."

„Sämtliche Faktoren für die Wertentwicklung des Unternehmens im Blick

Um den **Unternehmenswert** Heidelbergs nachhaltig steigern zu können, ist es unerlässlich, kritische Erfolgsfaktoren zu identifizieren und zu stärken. Viele dieser Faktoren gehören zu unseren nicht bilanzierten immateriellen Vermögenswerten, die nicht direkt finanziell messbar sind.

So ist beispielsweise die **Reputation**, die unser Unternehmen bei den Kunden genießt, für unseren Erfolg ausschlaggebend. „Heidelberg" ist eine starke, international bekannte und anerkannte Marke; die hohe **Qualität und Leistungsfähigkeit** von Produkten, die diesen Namen tragen, wird weltweit geschätzt – aus gutem Grund sind wir der wichtigste Ansprechpartner der Printmedien-Industrie. Damit dies so bleibt, stellen wir über unsere sogenannte **Technologie Roadmap** sicher, dass bei Produktentwicklungen und -erweiterungen der Kundennutzen an erster Stelle steht. Zudem muss jedes Produkt vor der Auslieferung den vorgeschriebenen **„Null-Fehler-Test"** bestanden haben. Die Qualität unserer Service- und Beratungsleistungen sichern wir unter anderem durch umfangreiche **Weiterbildungsprogramme** für unsere Vertriebsmannschaft. Zum hohen Ansehen Heidelbergs tragen wir auch über vielfältiges Engagement bei, beispielsweise bieten wir über unser Print Media Academy-Netzwerk weltweit gefragte Seminare und Symposien an; außerdem sponsern wir Institute und Verbände der Branche.

Unsere **Mitarbeiter** sind entscheidend für unsere **Innovationskraft**, die erheblichen Einfluss auf unsere künftige Wettbewerbsfähigkeit hat; im Berichtsjahr konnten wir wieder 153 neue **Patente** anmelden. Im Präzisionsmaschinenbau sind Qualifikation und Erfahrung der Mitarbeiter unerlässlich.

Um das hohe **Wissensniveau** der Belegschaft zu halten – und eine hohe **Zufriedenheit** mit dem jeweiligen Arbeitsplatz zu erreichen –, hat die systematische Entwicklung unserer Mitarbeiter für uns hohen Stellenwert. Die Führungsqualitäten von Vorgesetzten haben wir im Berichtsjahr über eine Vielzahl von Vorträgen, Seminaren und längerfristig angelegten **Entwicklungsmaßnahmen** gefördert; einer unserer Schwerpunkte lag darauf, Führungskräfte darin zu unterstützen, **Veränderungsprozesse** zur Stärkung der Position Heidelbergs nutzen zu können.

> Sowohl in der Produktion als auch in Logistik und Vertrieb verfügen wir über umfangreiches **Prozess-Know-how** entlang der gesamten Wertschöpfungskette. Dies tritt unter anderem bei den guten Beziehungen zu unseren Lieferanten zutage: Indem wir **Systemlieferanten** aufgebaut haben, eng mit unseren Zulieferern zusammenarbeiten und sie frühzeitig in die Planungsprozesse einbeziehen, haben wir eine hervorragende **Lieferzuverlässigkeit** erreicht. Darüber hinaus können wir in der Branche die mit Abstand beste Versorgung unserer Kunden mit Ersatzteilen vorweisen. Über unser ganzheitliches Heidelberg Produktionssystem, das wir schrittweise einführen, sorgen wir dafür, dass die **Effizienz** in der Produktion systematisch weiter gesteigert wird. (…)."

Die offensichtlichen kritischen – mit Fettdruck vom Verfasser hervorgehobenen – Erfolgsfaktoren müssen von Seiten des Controllings mit Kennzahlen operationalisiert werden. Aus den Textpassagen kann intuitiv bereits eine Kategorisierung der Erfolgsfaktoren in Unternehmenswert, Kundenbezug und -reputation, Mitarbeiter/Innovationskraft sowie interne Prozesse abgeleitet werden. Jedenfalls handelt es sich sämtlich um Faktoren, die sich einer Erfassung und Bewertung im Rechnungswesen entziehen.

Die Unternehmensleitung wird über die Zielformulierungen in den BSC-Perspektiven in die Lage versetzt, den gesamten Wertschöpfungsprozess des Unternehmens in integrierender Betrachtungsweise zu erfassen, von der „Unternehmensidee" bis zur Vermarktung.

Sofern von den wirkungsbezogenen Kunden- und Finanzzielen keine positiven Anstöße zurück zu den (ursachenbezogenen) Lern-/Wachstums- oder Prozesszielen ausgehen, bildet sich kein selbst verstärkendes bzw. selbst lernendes System i. S. eines „perpetuum mobile". Die Qualität der Ressourcen und Prozesse verbessert sich dann nicht von innen heraus, sondern entsprechende Erfordernisse müssen im Wege der externen Beschaffung oder mittels Kauf von Unternehmensteilen oder ganzer Unternehmen erfüllt werden.

Aus diesem Grund ist das Design von „rücklaufenden Zielverstärkern" zu den ursachenbezogenen Ebenen von überragender Bedeutung für den nachhaltigen Erfolg der Implementierung einer BSC.

Die nachstehende, fiktive strategy map aus Sicht der Heidelberger Druckmaschinen AG zeigt die positiven Zielbeträge in Normaldruck, die negativen Zielbeiträge (Zielkonflikte) in Fettdruck und die positiven Rückkopplungen zu den ursachenbezogenen Ebenen in gestricheltem Druck. Analog zum Vorgehen der Kommunikationsforschung sind die tragenden Perspektivziele jene, denen die meisten Verknüpfungen zugewiesen wurden.

Die Visualisierung führt quasi automatisch zu einer Interpretation des Zielsystems wie folgt:

▶ Ziele mit den meisten ausgehenden Pfeilen sind „organisationsaktive" Ziele, ihre Erfüllung befördert das unternehmerische Zielsystem im Ganzen, unabhängig von der Relevanz des einzelnen Ziels; ihre Erfüllung hat höchste Priorität.

▶ Ziele mit den meisten eingehenden Pfeilen sind „organisationspassive" Ziele, sie werden bei Erfüllung der übrigen „Vorläufer"-Ziele quasi als Selbstläufer erreicht.

▶ Ziele mit nur wenigen Pfeilen sind Randziele, als nachrangig zu klassifizieren und mit niedriger Priorität zu versehen.

▶ Ziele mit zahlreichen konfliktären Pfeilen sind Störziele, ihre Aussonderung sollte überdacht werden.

Somit kann mittels einer BSC eine Revision des Zielsystems erfolgen.

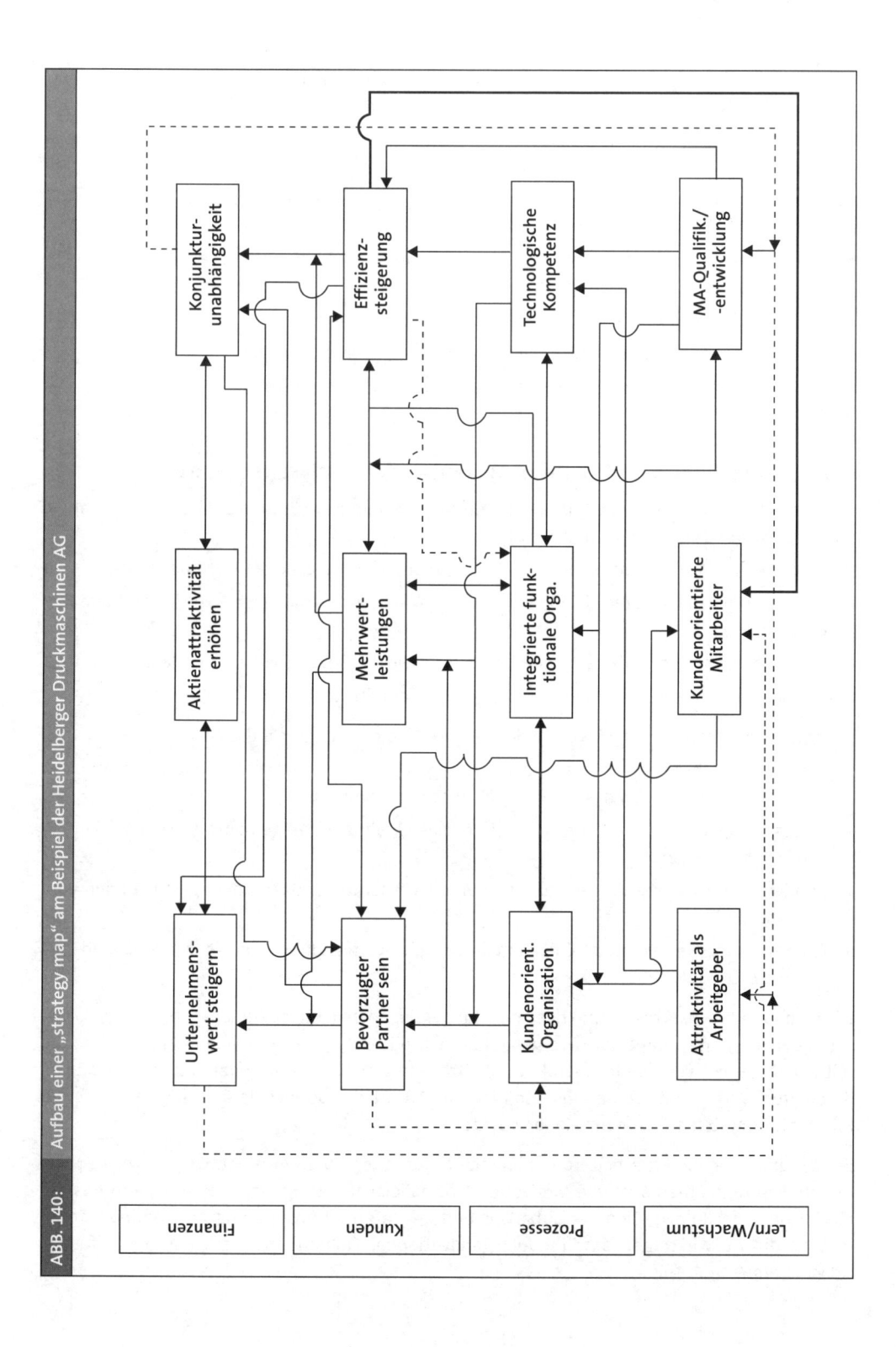

Balanced Scorecard als integrierendes Instrument — KAPITEL II

ABB. 140: Aufbau einer „strategy map" am Beispiel der Heidelberger Druckmaschinen AG

Finanzen:
- Konjunkturunabhängigkeit
- Aktienattraktivität erhöhen
- Unternehmenswert steigern

Kunden:
- Effizienzsteigerung
- Mehrwertleistungen
- Bevorzugter Partner sein

Prozesse:
- Technologische Kompetenz
- Integrierte funktionale Orga.
- Kundenorient. Organisation

Lern/Wachstum:
- MA-Qualifik./-entwicklung
- Kundenorientierte Mitarbeiter
- Attraktivität als Arbeitgeber

Die präzise Herleitung der Strategie erfolgt anschließend im Rahmen der Formulierung der sog. **"story of the strategy"**. Dies ist eine verbal ausformulierte Darstellung der Ursache-Wirkungs-Beziehungen insgesamt, die einem Strategiepapier gleichkommt.

Die einzelnen Ursache-Wirkungs-Beziehungen bilden „wenn-dann-Aussagen" ab und verdeutlichen den Zusammenhang zwischen der Umsetzung eines strategischen Ziels und dessen Förderung der Erreichung anderer Ziele des Zielsystems. Ihre Erarbeitung dient

- dem Aufzeigen von Zusammenhängen und Abhängigkeiten zwischen Zielen und Perspektiven, insbesondere von konfliktären Zielen,
- der Verdeutlichung der Erfolgstreiber und der Zielerreichung,
- der Entwicklung eines gemeinsamen Verständnisses für die Strategie,
- der Förderung des bereichsübergreifenden Denkens und der Zusammenarbeit.

### 7.2.3 Darstellung und Operationalisierung der Analyseperspektiven

Alle Perspektiven der BSC, nicht nur die quantitativen, werden sodann mit Hilfe von Kennzahlen operationalisiert. Hierbei betreffen Kennzahlen

- der Lern- und Wachstumsperspektive die langfristigen Potenziale der Unternehmung,
- der Prozessperspektive die einzelnen Entwicklungs- bzw. Beschaffungs-, Fertigungs- und Serviceprozesse,
- der Kundenperspektive den einzelnen Kunden sowie die Gesamtheit der Kunden,
- der Finanzperspektive die finanziellen Ergebnisse der Strategien.

**Ausgewählte kritische Erfolgsfaktoren** der Perspektiven stellen dar für die

- Lern- und Wachstumsperspektive der Führungsstil, die Delegation von Verantwortung, das Informationssystem und das Aus- und Weiterbildungswesen,
- Prozessperspektive die Ablauforganisation, das Qualitätsmanagementsystem, die Planung von Durchlaufzeiten,
- Kundenperspektive die Vorgehensweise zur Identifizierung und Umsetzung von Kundenwünschen sowie
- Finanzperspektive die Kapitalbereitstellung und -verwendung, die Rentabilität und das Wachstum.

Die **Lern- und Wachstumsperspektive**, auch Innovationsperspektive, Wissensperspektive, Potenzial- oder Humankapitalperspektive genannt, stellt die Ziele einer lernenden Organisation dar, mit denen die notwendige Infrastruktur zur Erreichung der Ziele der anderen drei Perspektiven geschaffen wird. Somit werden insbesondere die Mitarbeiterpotenziale und die Potenziale der Informationssysteme (IT-Potenziale) beleuchtet.

Erstere umfassen die Mitarbeiterproduktivität, Mitarbeiterzufriedenheit sowie Mitarbeitertreue und in diesem Rahmen auch die Motivation sowie Zielausrichtung. Bei letzteren kommt es auf die Effizienz der Informationsverfügbarkeit und der Informationsnutzung an. Spätindikatoren messen die Auswirkungen auf (Produkt-)Innovationen, Qualitätsmanagement und Informationssysteme.

## ABB. 141: Kennzahlen zur Operationalisierung der Lern- und Wachstumsperspektive

**Lern- und Wachstumsperspektive**

### Mitarbeiter

- **Mitarbeiterzufriedenheit**
  - Zufriedenheitsindex (Befragungen)
  - Fluktuationsrate
  - Krankenstand
- **Mitarbeitertreue**
  - Ø Firmenzugehörigkeit
  - Anteil Stammpersonal
- **Mitarbeiterproduktivität**
  - Umsatz pro Mitarbeiter
  - Deckungsbeitrag pro Mitarbeiter
  - Wertschöpfung pro Mitarbeiter
- **Mitarbeitermotivation**
  - Anzahl unbezahlter Überstunden
  - Anteil von in internen Ausschüssen engagierten Mitarbeitern

### Innovationen

- **Humankapital**
  - Wachstumsrate Weiterbildungsaufwand
  - Schulungstage pro Mitarbeiter
  - Einsparungen aufgrund von Verbesserungsvorschlägen
- **Innovationsergebnis**
  - Anzahl Patentanmeldungen
  - Produktinnovationsrate
  - Umsatzanteil von Produktinnovationen

### Organisations- und Informationssysteme

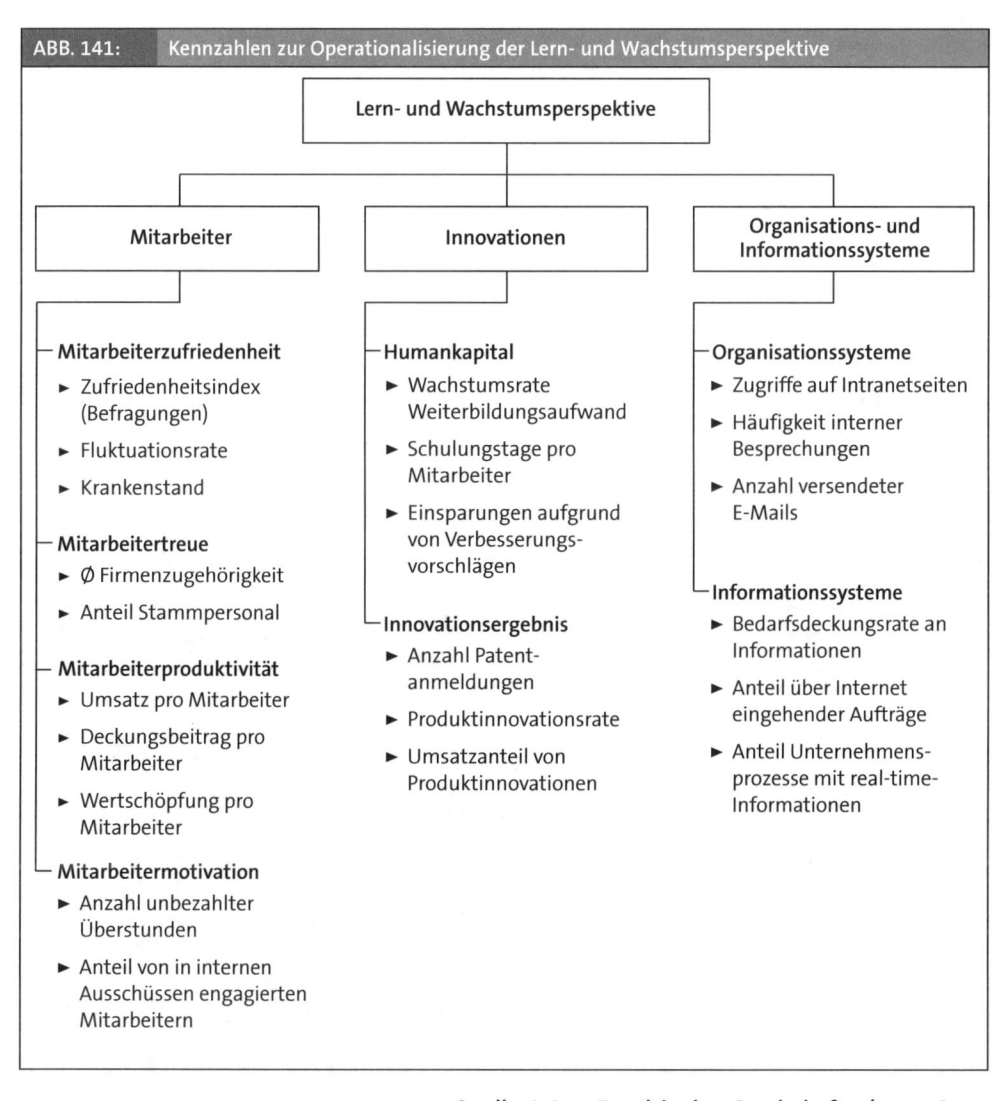

- **Organisationssysteme**
  - Zugriffe auf Intranetseiten
  - Häufigkeit interner Besprechungen
  - Anzahl versendeter E-Mails
- **Informationssysteme**
  - Bedarfsdeckungsrate an Informationen
  - Anteil über Internet eingehender Aufträge
  - Anteil Unternehmensprozesse mit real-time-Informationen

Quelle: I. A. a. *Engel*, in: krp-Sonderheft 3/2001, S. 57.

In der **internen Prozessperspektive** werden die für Kunden und folglich für das Unternehmen bedeutendsten Prozesse der Leistungserstellung und -vermarktung im übergreifenden Rahmen der Wertkette betrachtet, d. h. der Grad der Umsetzung der Kundenwünsche beurteilt. Unterschieden werden z. B. Entwicklungs-, Betriebs- und Serviceprozesse. Einschlägige Erfolgsfaktoren bilden Qualität, Zeit und Kosten.

Die internen Prozesse sollen zur Erreichung der Ziele aus Sicht der finanzwirtschaftlichen und Kundenperspektive beitragen. Dabei geht es nicht nur darum, eine Ist-Analyse der bisherigen Geschäftsprozesse durchzuführen, sondern um einen kontinuierlichen Verbesserungsprozess, der eine ständige Anpassung an neue Gegebenheiten ermöglicht.

An dieser Stelle können auch neue, zielfördernde Prozesse identifiziert werden, z. B. Produktionsprozesse zur Qualitätssteigerung oder Marketingprozesse zur besseren Kundenorientierung. Somit führt die interne Prozessperspektive wie auch die Kundenperspektive indirekt über optimierte Geschäftsprozesse zu Erfolgen in der finanziellen Perspektive.

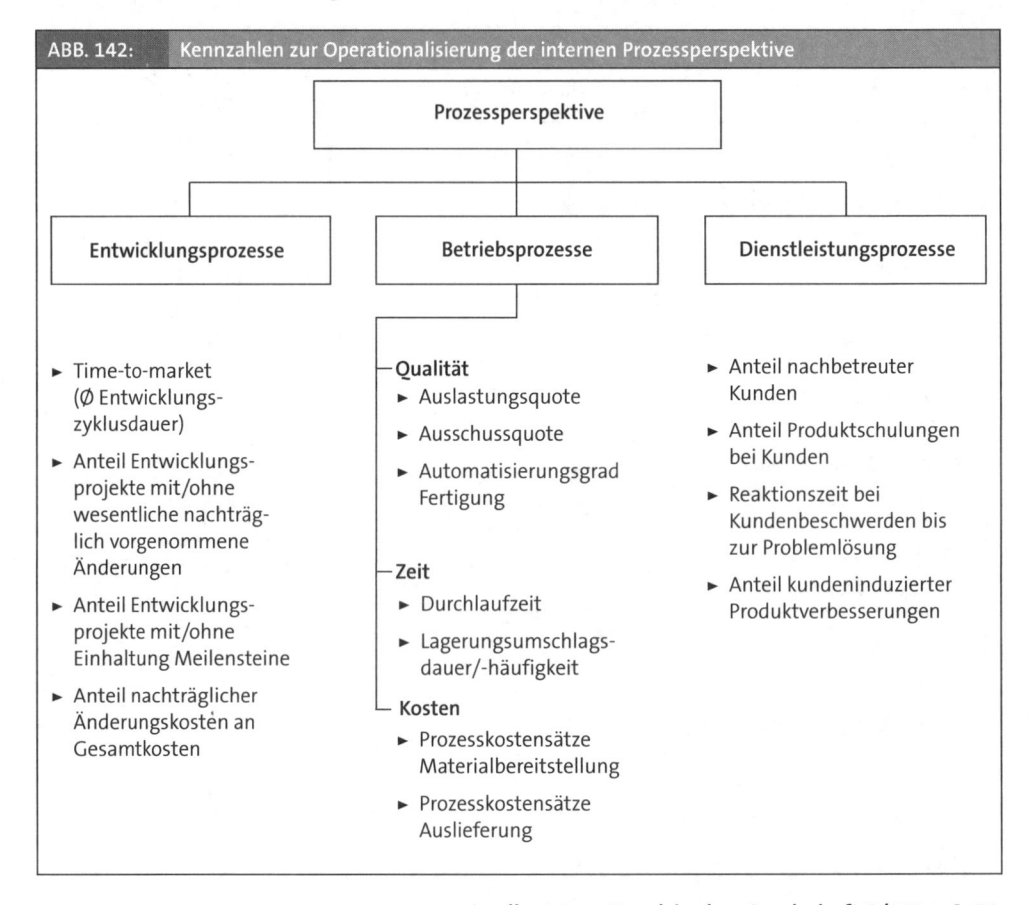

**ABB. 142:** Kennzahlen zur Operationalisierung der internen Prozessperspektive

```
                        Prozessperspektive
                               |
      ┌────────────────────────┼────────────────────────┐
Entwicklungsprozesse      Betriebsprozesse       Dienstleistungsprozesse
```

**Entwicklungsprozesse**
- Time-to-market (Ø Entwicklungszyklusdauer)
- Anteil Entwicklungsprojekte mit/ohne wesentliche nachträglich vorgenommene Änderungen
- Anteil Entwicklungsprojekte mit/ohne Einhaltung Meilensteine
- Anteil nachträglicher Änderungskosten an Gesamtkosten

**Betriebsprozesse**
- Qualität
  - Auslastungsquote
  - Ausschussquote
  - Automatisierungsgrad Fertigung
- Zeit
  - Durchlaufzeit
  - Lagerungsumschlagsdauer/-häufigkeit
- Kosten
  - Prozesskostensätze Materialbereitstellung
  - Prozesskostensätze Auslieferung

**Dienstleistungsprozesse**
- Anteil nachbetreuter Kunden
- Anteil Produktschulungen bei Kunden
- Reaktionszeit bei Kundenbeschwerden bis zur Problemlösung
- Anteil kundeninduzierter Produktverbesserungen

Quelle: I. A. a. *Engel*, in: krp-Sonderheft 3/2001, S. 56.

Die **Kundenperspektive** beinhaltet die Erfolgsfaktoren aus Sicht der Kunden für die Vermarktung aktueller und künftiger Leistungen des Unternehmens, z. B. der Preis, die Servicequalität oder auch das Image des Unternehmens. Daneben sind marktrelevante Ziele wie die Absatzmenge, der Marktanteil usw. ebenfalls Teil der Kundenperspektive.

Naturgemäß induziert die Kundenperspektive einen erheblichen Einfluss auf die finanzwirtschaftlichen Ziele. Die entsprechende Ursache-Wirkungs-Beziehung ist langfristig positiv, da dauerhafter Markterfolg durch überdurchschnittliche Cash-Zuflüsse honoriert wird. Kurzfristig hat der Aufbau von Reputation bei den Kunden aber Investitionscharakter und beeinflusst die finanzielle Ebene sogar eher negativ.

**ABB. 143: Kennzahlen zur Operationalisierung der Kundenperspektive**

**Kundenperspektive**

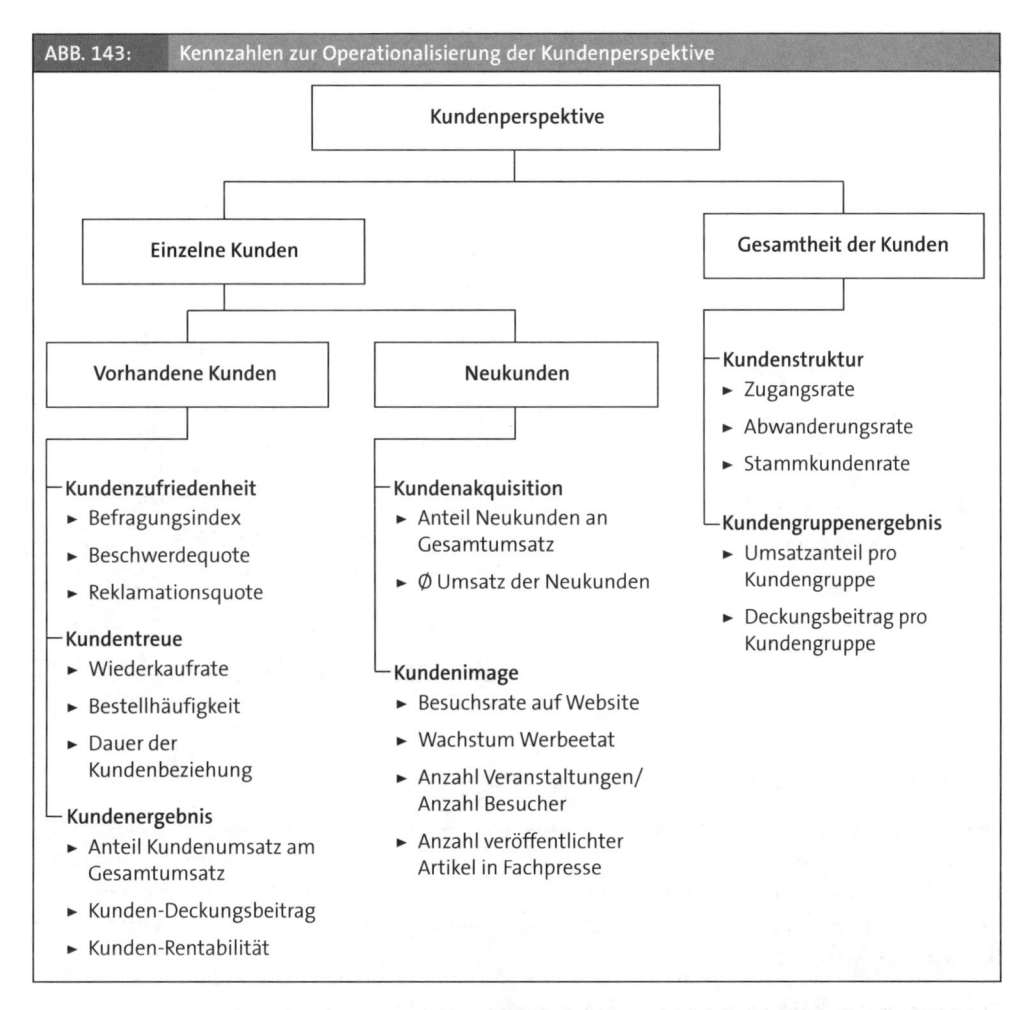

- **Einzelne Kunden**
  - **Vorhandene Kunden**
    - Kundenzufriedenheit
      - Befragungsindex
      - Beschwerdequote
      - Reklamationsquote
    - Kundentreue
      - Wiederkaufrate
      - Bestellhäufigkeit
      - Dauer der Kundenbeziehung
    - Kundenergebnis
      - Anteil Kundenumsatz am Gesamtumsatz
      - Kunden-Deckungsbeitrag
      - Kunden-Rentabilität
  - **Neukunden**
    - Kundenakquisition
      - Anteil Neukunden an Gesamtumsatz
      - Ø Umsatz der Neukunden
    - Kundenimage
      - Besuchsrate auf Website
      - Wachstum Werbeetat
      - Anzahl Veranstaltungen/ Anzahl Besucher
      - Anzahl veröffentlichter Artikel in Fachpresse
- **Gesamtheit der Kunden**
  - Kundenstruktur
    - Zugangsrate
    - Abwanderungsrate
    - Stammkundenrate
  - Kundengruppenergebnis
    - Umsatzanteil pro Kundengruppe
    - Deckungsbeitrag pro Kundengruppe

Quelle: I. A. a. *Engel*, in: krp-Sonderheft 3/2001, S. 55.

In der **Finanzperspektive** werden die vom Unternehmen definierten finanzwirtschaftlichen Ziele dargestellt, so z. B. Liquidität und Rentabilität. Insoweit wird erörtert, inwieweit die implementierten Unternehmensstrategien zur Ergebnisoptimierung beitragen.

Strategien zur Erreichung der übrigen Zielperspektiven schlagen sich bei der erfolgreichen Umsetzung auch in den Finanzzielen nieder. So können die Verbesserung des Unternehmensimages (Kundenperspektive) und die Einführung von Just-in-Time-Lieferungen (Prozessperspektive) zu einer Umsatzsteigerung bei zugleich sinkenden Kosten führen und somit die Finanzziele unterstützen. Letztere haben damit zwei Funktionen:

- sie dienen als unmittelbare Operationalisierung der Finanzperspektive und
- mittelbar als übergeordnete Gesamtziele für die übrigen Perspektiven.

**ABB. 144: Kennzahlen zur Operationalisierung der Finanzperspektive**

**Finanzperspektive**

| Wachstumsphase | Reifephase | Erntephase |
|---|---|---|
| ▸ Auftragseingangsrate | ▸ Umsatzrentabilität | ▸ Cashflow-Rentabilität |
| ▸ Umsatzwachstumsrate | ▸ Kapitalrentabilität (ROCE) | ▸ Investitionsdeckung (Cashflow in % der Investitionen) |
| ▸ Wachstumsrate Deckungsbeitrag | ▸ Wertschöpfung des Eigenkapitals (DCF, EVA) | |
| ▸ Umsatzanteil Produktinnovationen | ▸ Deckungsbeitragsrentabilität | ▸ Dynamischer Verschuldungsgrad |
| ▸ Reichweite Liquidität | ▸ Umschlagskennziffern | ▸ Ø Zahlungsziel |
| ▸ Cash-to-Cash-Zyklusdauer | | ▸ Working capital ratio |

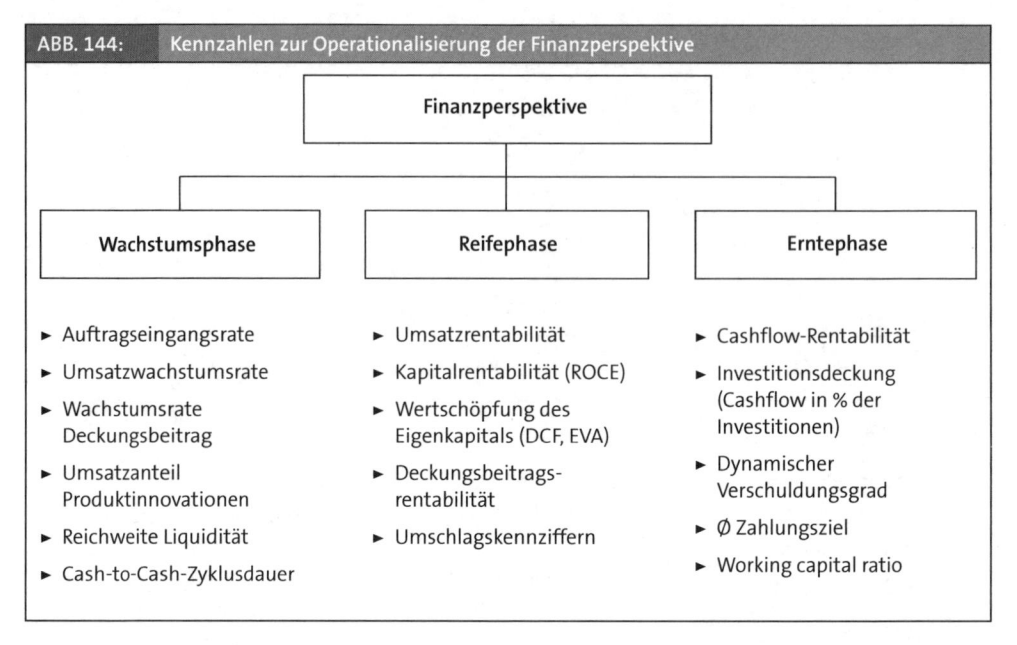

Quelle: I. A. a. *Engel*, in: krp-Sonderheft 3/2001, S. 58.

## 7.2.4 Definition von Messgrößen und Zielwerten

Die zur Operationalisierung der Perspektiven entwickelten Kennzahlen dienen als **Messgrößen und Leistungstreiber** zur Abbildung der Strategie und der Messung ihres Erreichungsgrads. Jedes definierte Ziel ist mit mindestens einer Kennzahl zu operationalisieren (Leitsatz *„you can´t manage what you can´t measure"*). Somit entsteht aus den Ursache-Wirkungs-Beziehungen ein Kennzahlensystem.

Zunächst erfolgt eine Sammlung von Messgrößenvorschlägen bei den Leitern der operativen Einheiten. Auch müssen die notwendigen Datenquellen zur Generierung der Kennzahlen identifiziert werden. Um die Akzeptanz seitens der Mitarbeiter sicherzustellen, muss Einigkeit über Definition, Inhalt und Interpretation herrschen. Daneben sind die Erhebbarkeit und die Kosten der Erhebung zu berücksichtigen.

Im Messgrößenpool sollte ein die BSC charakterisierendes Gleichgewicht zwischen Früh- und Spätindikatoren, „harten" und „weichen" Faktoren sowie externen und internen Faktoren bestehen.

Bei der Kennzahlenanalyse ist insbesondere zu berücksichtigen, dass Interdependenzen insoweit bestehen, dass die Veränderung einer Messgröße Einfluss auf Zielerreichung anderer haben kann.

## ABB. 145: Früh- und Spätindikatoren im Rahmen der Balanced Scorecard

| Lern- und Wachstumsperspektive | | Prozessperspektive | |
|---|---|---|---|
| Frühindikatoren | Spätindikatoren | Frühindikatoren | Spätindikatoren |
| Gliederung des Personals nach Qualifikation, Häufigkeit von Mehrfachqualifikationen bei den Mitarbeitern, Güte der technologischen Infrastruktur, Nachwuchsquote, Fortbildungsquote, Teamfähigkeit, Anzahl der gemeldeten Verbesserungsvorschläge | Grad der Zufriedenheitsquote, Mitarbeitertreue, Fluktuationsrate, Krankenstand, Anteil interner Besetzungen offener Stellen, Anzahl Job-Rotation-Fälle, Projekterfolgsrate | Organisationsgrad, Automatisierungsgrad, Anzahl der Führungsebenen | Interne Lieferbereitschaft oder Servicegrad, Nutzungsgrad, Durchlaufzeiten, Verbrauchskennzahlen, Kosten je Vorgang, Materialausbeute, Ausschussquote, Reparatur- und Wartungskosten, Beschäftigungsgrad, Produktivitätskennzahlen |
| Kundenperspektive | | Finanzperspektive | |
| Frühindikatoren | Spätindikatoren | Frühindikatoren | Spätindikatoren |
| Anzahl identifizierter Kundenwünsche, Anzahl erkannter Qualitätsprobleme, Kaufkraftentwicklung, Innovationsgrad, Anzahl der Stammkunden an der Wiederkaufrate, Distributionsquote, Erinnerungsgrad, Bekanntheitsgrad, Medienpräsenz, Imagewerte, Teilnahme an Messen, Kongressen und Seminaren | Anzahl Beschwerden, Lieferbereitschaft oder Servicegrad, Kundengruppen, Kundenumsätze, Gutschriften- und Stornierungsquote, Deckungsbeitrag vom Umsatz, Kundenerfolg/Kundenrentabilität, Marktpotenzial, Marktanteil, Kundenzufriedenheit, Anzahl nachbetreuter Kunden, Anzahl der Kundenbesuche | Cashflow, Cash-to-Cash-Zyklus, Reichweite der Zahlungsfähigkeit, Schuldentilgungsdauer, Innenfinanzierungskraft, Return on Investment (ROI), Kurs-Gewinn-Verhältnis | Kennzahlen die sich auf alle Aktivposten beziehen können, z. B. Verweildauer, Umschlagskennzahlen, Kapitalbindung, Rentabilität, Anlagen- und Vorratsstruktur, Kapitalstruktur und Finanzierung, Liquiditätskennzahlen, Working Capital, Ergebnisstruktur, Struktur des Aufwands und Ertrags |

Quelle: I. A. a. *Langenbeck*, in: BBK 2000, Fach 26, S. 871.

Anhand der Messgrößen werden **Zielwerte** und **Toleranzschwellen** (zulässige Korridore) gebildet. Anhand dieser Werte kann anschließend in einem Soll-Ist-Vergleich der Zielerreichungsgrad ermittelt werden. Bei Abweichungen insbesondere bei den Frühindikatoren kann das Management steuernd eingreifen.

Die Zielwerte sollen ehrgeizig, aber grundsätzlich erreichbar sein. Sie werden für den gesamten Planungshorizont von drei - fünf Jahren im Wege der rollierenden Planung festgelegt. Bei deren Definition ist der zeitliche Trendablauf zu berücksichtigen.

Für die Heidelberger Druckmaschinen AG können auf Basis der vorstehenden strategy map etwa folgende Perspektivenziele operationalisiert werden:

| ABB. 146: | Indikatoren für die Perspektivenziele der Heidelberger Druckmaschinen AG | |
|---|---|---|
| **Perspektivenziel** | | **Indikator** |
| Finanzperspektive | Unternehmenswert steigern | **Früh:** Wert des Innovationskapitals, Barwert der FuE-Aufwendungen |
| | | **Spät:** Barwert der Free Cashflows, Marktwert des Eigenkapitals |
| | Aktienattraktivität erhöhen | **Früh:** Handelsvolumen in Stück Aktien pro Tag, Umfang IR-Aktivitäten |
| | | **Spät:** Kurs-Gewinn-Verhältnis, Aktienkurssteigerung in % p. a. |
| | Konjunkturunabhängigkeit | **Früh:** Diversifikationsgrad der Umsatzerlöse und Deckungsbeiträge nach Produktlinien, Regionen, Kunden |
| | | **Spät:** Varianz der Umsatzerlöse und des Jahresergebnisses p. a. |
| Kundenperspektive | Bevorzugter Partner für die Printmedien-Industrie sein | **Früh:** Umfang der Produkt- und Dienstleistungspalette im Verhältnis zu relevanten Konkurrenten, Vertriebsaufwand pro Kunde |
| | | **Spät:** Anteil Kunden mit Rahmenverträgen, durchschnittliche Dauer der Kundenbeziehung |
| | Attraktivität der Druckmedien durch Mehrwert erhöhen | **Früh:** Innovationsrate und Alleinstellung bei Mehrwegprodukten |
| | | **Spät:** Cross-Selling-Quote, DBU-Faktor der Mehrwertprodukte |
| | Lösungen zur Erhöhung der Effizienz | **Früh:** Ausstoß sowie Kosten pro Maschinenstunde in Relation zu relevanten Konkurrenzprodukten, durchschnittliche Rüstzeiten pro Druckserie |
| | | **Spät:** Wiederbestellquote, Anteil Kunden mit Rahmenverträgen in Bezug auf Ausrüstung des gesamten Maschinenparks |
| Prozessperspektive | Optimierung der kundenorientierten Organisation | **Früh:** Versorgungsquote mit Ersatzteilen, Termineinhaltungsquote |
| | | **Spät:** Stammkundenquote, durchschnittliche Bestellfrequenz, durchschnittliches Auftragsvolumen, Kundenzufriedenheitsindex, DBU pro Kunde |
| | Integrierte funktionale Organisation | **Früh:** Anteil Prozesse mit IT-Integration, Anteil zertifizierte Prozesse |
| | | **Spät:** Fehler-, Abbruch-, Stornoquote, Kostenentwicklung bei relevanten Prozessen |
| | Mit technologischer Kompetenz Mehrwert für unsere Kunden schaffen | **Früh:** Anteil Projekte mit Eigenentwicklung, Patentausbeutegrad |
| | | **Spät:** Produktinnovationsrate, Anteil Kunden mit Langfrist- bzw. Rahmenverträgen, Kundenzufriedenheitsindex, Weiterempfehlungsquote |

| Perspektivenziel | | Indikator |
|---|---|---|
| Lern-/Wachstumsperspektive | Kreative, dynamische und loyale Mitarbeiter anziehen und behalten | **Früh:** Anteil Mitarbeiter bzw. Führungskräfte mit Zielvereinbarungen, Anteil der aus eigenen Reihen besetzten Führungspositionen, Teilnahmerate am betrieblichen Vorschlagswesen |
| | | **Spät:** durchschnittliche Betriebszugehörigkeitsdauer bzw. Fluktuationsrate, Anzahl Bewerber pro offene Stelle, Anteil der erfüllten Zielvereinbarungen |
| | Kundenorientierung bei Heidelberg-Mitarbeitern fördern | **Früh:** Anteil der Mitarbeiter mit Vertriebsaufgaben, Anteil der in Kundenprojekte integrierten Mitarbeiter |
| | | **Spät:** Umsatz bzw. Deckungsbeitrag pro Mitarbeiter, Kunden bzw. Kundenbesuche pro Mitarbeiter |
| | Prozesse der Mitarbeiterqualifikation und -entwicklung optimieren | **Früh:** Aus- und Weiterbildungsaufwand pro Mitarbeiter, Fachkraft- bzw. Akademikerquote |
| | | **Spät:** eingereichte Verbesserungsvorschläge pro Mitarbeiter und hieraus resultierende Kostenersparnis, Mitarbeiterzufriedenheitsindex |

## 7.2.5 Maßnahmenplanung und Fortschrittskontrolle

Die Umsetzung der Strategie durch **Aktivitäten zur optimalen Zielerreichung** erfolgt mit Hilfe eines abgestimmten Maßnahmenplans. Zur Priorisierung der Maßnahmen kann das „**Modell der Kundenanforderungen**" von Kano dienen (vgl. hierzu auch Kapitel IV.4).

Hiernach lassen sich unterscheiden

▶ **Basisanforderungen**, die die notwendige Grundvoraussetzung für den Erfolg des Geschäftsprozesses bilden, aber für sich genommen keine Kundenbegeisterung hervorrufen,

▶ **Leistungsanforderungen**, die bei der Konsumentscheidung maßgeblich berücksichtigt werden (unterstellt wird ein linearer Zusammenhang zwischen dem Erfüllungsgrad der Anforderung und der Kundenzufriedenheit),

▶ **Begeisterungsanforderungen**, die im Rahmen der Konsumentscheidung nicht vorausgesetzt werden, deren Erfüllung aber extrem positive Auswirkungen auf die Kundenzufriedenheit hat, was zum Aufbau einer nachhaltigen Kundenbindung genutzt werden kann,

wobei die BSC auf die Erfüllung der Leistungs- und Begeisterungsanforderungen fokussiert. Die Strategie wird sodann in Maßnahmenpakete aufgeteilt, die inhaltlich logisch zusammengefasst werden. Die erarbeiteten Maßnahmen sind je nach festgelegter Priorität mit Zuständigkeiten und Verantwortlichkeiten zu versehen und in eine Zeitplanung einzubetten. Insoweit wird die BSC in das operative Geschäft umgesetzt und „mit Leben erfüllt".

Eine laufende Umsetzungskontrolle erfolgt schließlich mit Hilfe eines turnusmäßigen Reportings in Form eines Soll-Ist-Abgleichs nebst Abweichungsanalyse. In diesem Rahmen sind auch das zugehörige strategische Ziel, Art und Umfang der Verknüpfung, die erforderlichen Datenquellen, Messfrequenz und die verantwortliche Person darzustellen.

| ABB. 147: | Umsetzungs- und Kontrollprozess im Rahmen der Balanced Scorecard | | | |
|---|---|---|---|---|
| Perspektive | Strategische Ziele | Kennzahlen | Operative Ziele | Kontrolle |
| **Finanzen** „Wie sehen uns unsere Kapitalgeber?" | Verbesserung Betriebsergebnis | Erlöse - Kosten | Zuwachs von > 10 % p. a. | Monat |
| | Verbesserung Cashflow | Free Cashflow | Zuwachs von > 10 % p. a. | Monat |
| | Umsatzsteigerung über Markt | Gesamtumsatz Unternehmen | Zuwachs über 10 % vom Markt | Monat |
| | Steigerung Eigenkapitalrendite | Ergebnis vor Steuern/ Eigenkapital | Eigenkapitalrendite > 15 % | Quartal |
| | Umsatzsteigerung neuer Produkte | Umsatz neuer Produkte/ Gesamtumsatz | Anteil neuer Produkte > 20 % | Quartal |
| **Kunden** „Wie sehen uns unsere Kunden?" | Kundenzufriedenheit verbessern | Jährliche Umfrage | Steigerung > 5 % p. a. | Jährlich |
| | Marktanteil in der Region steigern | Marktanteil/Marktanteil Region | Marktanteil > 35 % | Halbjahr |
| | Kundenrentabilität steigern | Deckungsbeitrag je Kunde | Kunden DB I > 35 % | Monat |
| | Vorzugslieferant werden | Stammkunden/ Gesamtkunden | Stammkunden > 75 % | Quartal |
| | Neukundengewinnung forcieren | Neukunden/Gesamtkunden | Neukunden > 20 % | Quartal |
| **Geschäftsprozesse** „Wie organisieren wir unsere Geschäftsprozesse?" | Qualitätsstandard verbessern | Kundenreklamationen/ Aufträge | Reklamationen < 1 % | Monat |
| | Arbeitsvorbereitung verbessern | Eingang Auftrag/ Produktionsbeginn | < 2 Arbeitstage in 80 % der Fälle | Monat |
| | Bearbeitungszeiten verkürzen | Auftragseingang/ Auslieferung | < 4 Arbeitstage in 80 % der Fälle | Monat |
| | Anteil neuer Produkte steigern | Neue Produkte/ Gesamtzahl | Zuwachs > 15 % p. a. | Monat |
| | Interne Kommunikation verbessern | Regelmäßige Besprechungen/Protokolle | Fixtermine Woche, Monat nach Bereichen | Monat |
| **Lernen/Wachstum/Innovation** „Wie können wir uns verbessern und Wertschöpfung schaffen?" | Mitarbeiterzufriedenheit verbessern | Fragebogen | Zufriedenheit > 80 % | Halbjahr |
| | Mitarbeiterqualifikation verbessern | Fortbildung pro Mitarbeiter | 2 Fortbildungen p. a./ MA | Halbjahr |
| | Verringerung der Fluktuation | Kündigung/Mitarbeiter | Fluktuation < 5 % | Monat |
| | Mitarbeiterproduktivität verbessern | Individueller Output pro Bereich | Steigerung > 10 % p. a. | Monat |
| | Mitarbeiter-Know-how besser nutzen | Umgesetzte Verbesserungsvorschläge | > 5 Vorschläge MA/p. a. | Quartal |

Quelle: I. A. a. *Faißt*, in: krp-Sonderheft 1/2002, S. 36.

Die Zielerreichung ist in festgelegten Zeitintervallen i. S. eines Meilenstein-Plans zu überprüfen. In Abhängigkeit von den Zielvorgaben lässt sich das Ausmaß der realisierten Zielerreichung in „unbedenklich", „bedenklich" oder „gefährdet" einordnen oder auch über farblich abgestufte Statusanzeigen („Ampel") visualisieren.

## 7.3 Organisatorische Umsetzung der Balanced Scorecard

Die BSC ist nicht nur ein Instrument zur Strategiedefinition und zur Messung der Zielerreichung, sondern auch zur **Kommunikation der Strategie** im Unternehmen. Ein wesentlicher Bestandteil der BSC ist deshalb die Mitarbeitereinbindung.

Die Einführung einer BSC erfolgt aufgrund ihrer grundlegenden Strategieorientierung i. d. R. **Top-down**. Die Unternehmensleitung legt die strategischen Ziele fest. Diese werden dann auf die – finanziellen und nicht-finanziellen – Dimensionen der BSC heruntergebrochen. Zugleich werden die nicht-finanziellen Zielgrößen in ihren finanziellen Auswirkungen operationalisiert. Entsprechende Divergenzen und Konflikte zwischen den Perspektiven in Bezug auf Konsequenzen auf die finanzielle Ebene werden dann in einem iterativen Entscheidungsprozess ausgeräumt.

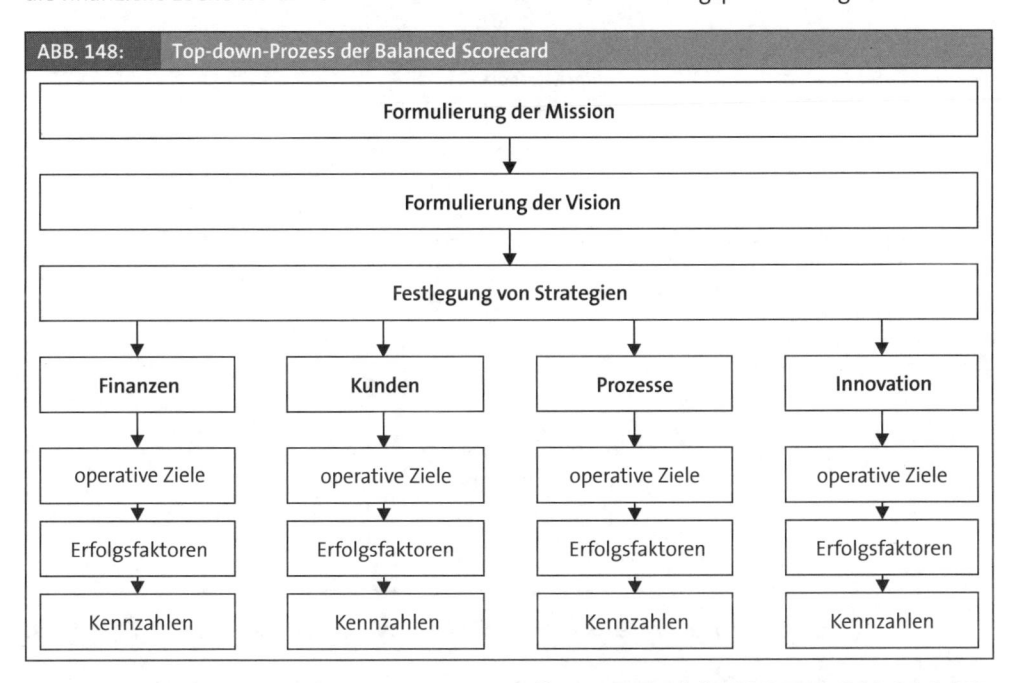

**ABB. 148:** Top-down-Prozess der Balanced Scorecard

Formulierung der Mission
↓
Formulierung der Vision
↓
Festlegung von Strategien
↓
| Finanzen | Kunden | Prozesse | Innovation |
|---|---|---|---|
| operative Ziele | operative Ziele | operative Ziele | operative Ziele |
| Erfolgsfaktoren | Erfolgsfaktoren | Erfolgsfaktoren | Erfolgsfaktoren |
| Kennzahlen | Kennzahlen | Kennzahlen | Kennzahlen |

Quelle: *Langenbeck*, in: BBK 2000, Fach 26, S. 865.

Das **Feedback** im anschließenden BSC-Implementierungsprozess erfolgt dagegen **Bottom-up**. Anhand dieser Mitarbeiterrückkopplung werden die Inhalte der BSC kontinuierlich erarbeitet bzw. überarbeitet. Die Maßnahmenpakete und Einzelmaßnahmen können so auf einzelne Bereiche aufgeteilt und mit individuellen Zielsetzungen unterlegt werden. Somit wird das Teilziel zum Ziel einer Abteilung, eines Bereichs usw.

Durch ein solches System der Mitarbeitereinbindung und -motivation kann jedem Mitarbeiter die strategische Ausrichtung des Unternehmens verdeutlicht und ein ganzheitliches Verständnis und gemeinsames Engagement bei allen Mitarbeitern geschaffen werden. Die Kennzahlenorientierung ermöglicht zudem eine nachträgliche Messung der Zielerreichung und damit ein Management by objectives im Mitarbeiterverhältnis.

Die BSC als strategisches Managementsystem stellt eine langfristige Strategieumsetzung und -verfolgung durch einen vierstufigen **Managementprozess** sicher (vgl. nachfolgende Abbildung 149).

Die **erste Stufe „Übersetzen der Vision"** dient dem Management, die Strategie zu klären und in das BSC-System zu überführen. Hierbei werden unterschiedliche Sichtweisen und Erfahrungen der Entscheidungsträger offen gelegt und kritische Aspekte konstruktiv diskutiert. Schließlich geht es darum, einen Konsens der einzelnen Entscheidungsträger zu finden sowie den Inhalt der Strategie genau auszuformulieren.

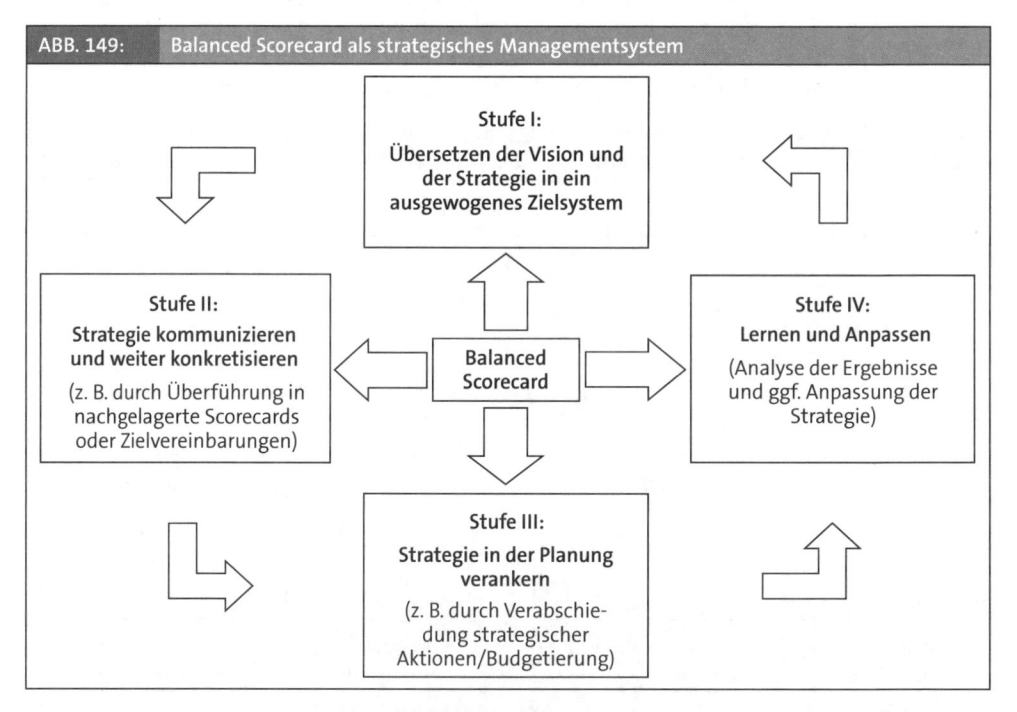

**ABB. 149: Balanced Scorecard als strategisches Managementsystem**

- **Stufe I:** Übersetzen der Vision und der Strategie in ein ausgewogenes Zielsystem
- **Stufe II:** Strategie kommunizieren und weiter konkretisieren (z. B. durch Überführung in nachgelagerte Scorecards oder Zielvereinbarungen)
- **Stufe III:** Strategie in der Planung verankern (z. B. durch Verabschiedung strategischer Aktionen/Budgetierung)
- **Stufe IV:** Lernen und Anpassen (Analyse der Ergebnisse und ggf. Anpassung der Strategie)

Quelle: *Horváth & Partner*: Balanced Scorecard umsetzen, Stuttgart 2000, S. 14.

Im Rahmen der **zweiten Stufe „Strategie kommunizieren und weiter konkretisieren"** wird die Strategie durch die BSC in nachfolgende Unternehmensebenen herunter gebrochen, kommuniziert und weiter ausgestaltet. Hierbei wird auch das Verständnis und die Identifikation aller Mitarbeiter hinsichtlich der für den Erfolg langfristigen Zielsetzung des Unternehmens gefördert sowie ihr Beitrag an der Strategieumsetzung festgelegt.

Im Rahmen der **dritten Stufe "Strategie in der Planung verankern"** werden Jahresziele abgeleitet, die kurzfristige (jährliche) Budgetierung mit der langfristigen, strategischen Planung zu einem integrierten Prozess verknüpft, Mitarbeiterziele in Gesprächen vereinbart sowie die Zielerreichung kontrolliert.

In der **vierten Stufe "Lernen und Anpassen"**, werden die strategischen Ergebnisse einer kritischen Überprüfung unterzogen und die Strategie an aktuelle Erkenntnisse angepasst. An dieser Stelle schließt sich der Kreis und man kommt wieder zum Prozess der Visions- und Strategiefindung.

Der Prozess der Implementierung von Balanced Scorecards in das Unternehmen kann i. A. a. das **Fünf-Phasen-Modell** von *Horváth & Partner* dargestellt werden (*Horváth & Partner*: Balanced Scorecard umsetzen, Stuttgart 2000, S. 56 ff.):

**ABB. 150: Phasen der konzeptionellen BSC-Implementierung**

**Strategische Grundlagen klären**
- Chancen und Risiken ermitteln (PEST-Analyse)
- Stärken und Schwächen ermitteln (SWOT-Analyse)
- Strategische Stoßrichtung festlegen
- BSC in Strategieentwicklung integrieren

**Organisatorischen Rahmen schaffen**
- BSC-Architektur bestimmen
- Projektorganisation festlegen
- Information, Kommunikation und Partizipation sicherstellen
- Methoden und Inhalte standardisieren und kommunizieren
- Kritische Erfolgsfaktoren berücksichtigen

**Eine BSC entwickeln**
- Strategische Ziele ableiten
- Ursache-/Wirkungs-Beziehungen herleiten
- Messgrößen auswählen
- Zielwerte und Toleranzschwellen festlegen
- Strategische Aktionen bestimmen

**Roll-out managen**
- BSC unternehmensweit einführen
- BSC auf nachgelagerte Organisationseinheiten herunterbrechen
- BSCs zwischen den Einheiten abstimmen
- Qualität sichern und Ergebnisse dokumentieren

**BSC-Einsatz sicherstellen**
- Integration der BSC in den Planungs- und Budgetierungsprozess
- Integration der BSC in das Berichtswesen (Reporting) und die IT
- Integration der BSC in das Qualitätsmanagementsystem
- Integration der Mitarbeiter in die BSC (Zielvereinbarung, Führung)
- BSC anpassen und weiterentwickeln

Quelle: I. A. a. *Horváth & Partner*: Balanced Scorecard umsetzen, Stuttgart 2000, S. 56.

**Phase 1: Strategische Grundlagen klären.**
Falls noch keine Unternehmensstrategie definiert ist, so muss im Vorfeld eine strategische Analyse durchgeführt werden, die über die Chancen/Risiken sowie Stärken/Schwächen der Unter-

nehmung Aufschluss gibt und anhand derer die grundsätzliche strategische Stoßrichtung (z. B. Kosten- und Qualitätsführerschaft) festgelegt werden kann.

**Phase 2: Organisatorischen Rahmen schaffen.**
In dieser Phase werden die Unternehmenseinheiten bestimmt, die mit der BSC strategisch gesteuert werden sollen. Es empfiehlt sich, zunächst einen Pilotbereich zu bestimmen, an dem die Eignung und Wirksamkeit der BSC geprüft werden kann; erst im Anschluss daran erfolgt die Ausdehnung auf weitere Bereiche.

Ein funktionierendes Projektmanagement ist zentrale Voraussetzung für die erfolgreiche BSC-Implementierung. Im Rahmen der Implementierung ist ein Projektstruktur-, -ablauf- und -kostenplan zu erstellen und die personellen Ressourcen sind festzulegen.

**Phase 3: Entwicklung einer BSC für das Gesamtunternehmen.**
Es wird die „erste" BSC entwickelt. Dies kann auf Gesamtunternehmensebene erfolgen, aber auch z. B. für eine Pilotabteilung. Es werden die typischen, zuvor beschriebenen Schritte einer Balanced Scorecard-Entwicklung durchlaufen (vgl. *Horváth & Partner*: Balanced Scorecard umsetzen, Stuttgart 2000, S. 61):

- ▶ Ableitung und Konkretisierung von strategischen Zielen aus dem Leitbild,
- ▶ Identifizierung der Zielverknüpfungen und Ursache-Wirkungs-Beziehungen,
- ▶ Darstellung und Operationalisierung der Analyseperspektiven,
- ▶ Definition von Messgrößen und Zielwerten und
- ▶ Bestimmung der strategischen Aktionen und Maßnahmen.

Die eigentliche Strategieumsetzung erfolgt erst durch die Kommunikation und das Herunterbrechen der strategischen Ziele in die nachgelagerten Unternehmensbereiche (Phase 4) sowie durch die Verknüpfung der BSC mit bereits existierenden Management- und Steuerungssystemen (Phase 5).

**Phase 4: Unternehmensweite Einführung der BSC.**
In dieser Phase werden die vorgenannten Schritte der BSC-Entwicklung (Phase 3) erneut durchlaufen mit dem Ziel der Umsetzung der BSC in das gesamte Unternehmen, der Zielabstimmung zwischen nebeneinander stehenden Einheiten und des Herunterbrechens der Ziele auf nachgelagerte Unternehmensebenen.

**Phase 5: Kontinuierliche Sicherstellung des BSC-Einsatzes.**
Um die dauerhafte Strategieumsetzung zu gewährleisten, sind

- ▶ die BSC in die operative und strategische Planung zu integrieren,
- ▶ die Mitarbeiterführung und die Anreizsysteme anzupassen und
- ▶ die BSC in das Berichtswesen einzugliedern.

Zusätzlich ist die BSC in das Qualitätsmanagementsystem zu integrieren und eine ausreichende IT-Unterstützung sicherzustellen.

## 7.4 Balanced Scorecard und Risikomanagementsystem

Durch eine Verknüpfung des BSC-Einsatzes mit einem Risikomanagementsystem inkl. Frühwarnsystem können zusätzliche Potenziale für das Management eröffnet werden (zum Risikomanagementsystem vgl. ausführlich Kapitel VI. 4.).

Aus einem Risikomanagementsystem können exogen bedingte Risiken sowie konkrete Planungsprämissen für die BSC abgeleitet werden. Frühzeitige Hinweise auf eine ggf. notwendige Überprüfung der Strategie und ihrer Abbildung im Ursache-Wirkungs-Modell der BSC können auf diese Weise ermöglicht werden.

Gleichzeitig wird durch die BSC ein strategischer und zukunftsbezogener Bezugsrahmen für eine möglichst vollständige Risikoerfassung bereitgestellt. Aufgrund des Herunterbrechens der Unternehmensstrategie auf die vier Perspektiven können Suchfelder für Risiken systematisch identifiziert werden.

Besonders in der Prozess- sowie der Lern- und Wachstumsperspektive werden auf diese Weise Risikofaktoren aufgedeckt, die ansonsten möglicherweise durch das Raster eines isolierten Risikomanagements fallen würden.

Im Rahmen der laufenden Umsetzungskontrolle ist ein turnusmäßiges Reporting zu implementieren, das Datenquellen und Messfrequenzen aus Gründen der Transparenz, weiter eine Wertung und Ursachenanalyse einer evtl. Soll-Ist-Abweichung zum Zwecke der Handlungsorientierung, die eingeleiteten Maßnahmen nebst zugehörigen organisatorischen Verantwortlichkeiten zur Förderung einer follow up-Prüfung sowie ggf. eine Modifizierung des Sollwerts dokumentiert.

Im Rahmen der Anwendung einer BSC kann z. B. das folgende Formblatt zum Einsatz kommen, in das je Perspektive die spezifischen Kennzahlen eingetragen werden.

**ABB. 151:** Reporting-Formular zur Zielerreichungskontrolle im BSC-Umsetzungsprozess

*Mögliche Indikatoren für das Frühwarnsystem*

*Mögliche Sollwerte bzw. Toleranzgrenzen im Frühwarnsystem*

| Nr. | Kennzahl (Beispiel) | Soll | Ist | Zielabweichung in % | Modifiz. Soll | Maßnahmen/ Verantwortg. |
|---|---|---|---|---|---|---|
| **Finanzperspektive** | | | | | | |
| 1 | Kurs-Gewinn-Verhältnis | 12,5 | 10,0 | 20,0 | – | (...) |
| 2 | Rücklagenquote in % | 20,0 | 17,5 | 12,5 | – | (...) |
| (...) | (...) | (...) | (...) | (...) | (...) | (...) |
| **Kundenperspektive** | | | | | | |
| 1 | Anteil Kunden mit lfr. Verträgen | 40,0 | 28,0 | 30,0 | 35,0 | (...) |
| 2 | Systemleistungen in % v. Umsatz | 15,0 | 13,5 | 10,0 | – | (...) |
| (...) | (...) | (...) | (...) | (...) | (...) | (...) |
| **Prozessperspektive** | | | | | | |
| 1 | Termineinhaltungsquote | 98,0 | 94,0 | 4,0 | – | (...) |
| 2 | Produktinnovationsrate 1 Jahr | 20,0 | 18,0 | 10,0 | – | (...) |
| (...) | (...) | (...) | (...) | (...) | (...) | (...) |
| **Lern- und Wachstumsperspektive** | | | | | | |
| 1 | Weiterbildungsaufwand je MA (T€) | 6,0 | 6,0 | 0,0 | – | (...) |
| 2 | Fluktuationsrate p. a. | 12,5 | 17,5 | 40,0 | 15,0 | (...) |
| (...) | (...) | (...) | (...) | (...) | (...) | (...) |

Anhand der wertmäßigen Zielformulierung und Zielerreichungskontrolle werden Management und Controlling in die Lage versetzt, mittels Soll-Ist-Vergleichen den Zielerreichungsgrad festzustellen. Bei Abweichungen insbesondere bei den Frühindikatoren kann das Management rechtzeitig Gegensteuerungsmaßnahmen einleiten (Frühwarnfunktion).

Das Ursache-Wirkungs-Modell der BSC ermöglicht die Aufdeckung wesentlicher Risikointerdependenzen. Auch wird aufgezeigt, ob Lücken zwischen der umzusetzenden Strategie und den vorhandenen Ressourcen bestehen, aus denen ihrerseits Risiken resultieren. Daneben ist die Integration von Frühwarninformationen erforderlich, um frühzeitig Änderungen von Planungsprämissen und daraus folgende Anpassungserfordernisse bei der Unternehmensstrategie sowie das Auftreten neuer oder die Vergrößerung bestehender Risiken zu erkennen.

Auch lassen sich Maßgrößen identifizieren, die in der BSC zur Planung und Kommunikation der strategischen Ziele sowie zur Verfolgung der Zielerreichung eingesetzt werden, die gleichsam Frühwarnindikatoren darstellen. Hierzu zählen etwa Umsatz- und Deckungsbeitragswachstum in der Finanzperspektive, Kundentreue oder Serviceeigenschaften in der Kundenperspektive sowie die Auftragsbearbeitungsdauer in der Prozessperspektive.

| ABB. 152: | Ableitung von Risikokennzahlen im Rahmen der BSC | | | | | |
|---|---|---|---|---|---|---|
| Ziel/ Risiko | Kritische Einflussfaktoren | Steuerungs-kennzahlen | Zielwert | Risiko-schwellenwert | Ist | Risiko-status |
| **Finanzperspektive, z. B.** | | | | | | |
| Verbesserung der Gewinnsituation | Profitables Wachstum | ► Umsatz (in Mio. €) | 1,0 | 0,85 | 0,8 | ● |
| | | ► EBIT (in Mio. €) | 0,3 | 0,15 | 0,1 | ● |
| | Steigerung der Rentabilität | ► ROI (in %) | 10,0 | 6,5 | 7,5 | ◐ |
| | | ► Eigenkapital-rentabilität (in %) | 5,0 | 2,5 | 5,0 | ● |
| **Prozessperspektive, z. B.** | | | | | | |
| Verbesserung der Prozessabläufe | Kundenorientierte Prozessabwicklung | ► Liefertreue (in %) | 90 | 75 | 75 | ● |
| | | ► Durchschnittliche Fertigungsdurchlaufzeit (in Tagen) | 150 | 200 | 160 | ◐ |
| | Flexibilität der Kostenstruktur | ► Fixkostenanteil (in %) | 60 | 80 | 60 | ● |
| | | ► Gemeinkostenanteil (in %) | 25 | 35 | 25 | ● |
| **Kundenperspektive, z. B.** | | | | | | |
| Festigung des Marktanteils | Kundenbindung | ► Kundenzufriedenheitsindex (in %) | 85 | 60 | 55 | ● |
| | | ► Durchschnitts-Vertragslaufzeit (in Monaten) | 12 | 2 | 11 | ◐ |
| | Neugeschäft generieren | ► Umsatz mit Neukunden (in Mio. €) | 20 | 5 | 4,5 | ● |
| | | ► Neuumsatz mit Bestandskunden (in Mio. €) | 25 | 5 | 22 | ◐ |
| **Lern- und Wachstumsperspektive, z. B.** | | | | | | |
| Sicherung einer ausreichenden Mitarbeiterqualifikation | Motivation und Engagement | ► Fluktuationsrate (in %) | 4 | 7 | 5 | ◐ |
| | | ► Krankenstand (in %) | 6 | 7 | 6 | ● |
| | Kompetenzsicherung und Aufbau | ► Profiladäquate Weiterbildung (in %) | 90 | 50 | 75 | ◐ |
| | | ► Durchschnittliche Anzahl qualifizierte Bewerbungen auf eine Stelle (%) | 30 | 15 | 35 | ● |

Quelle: *Homburg/Stephan/Haupt*, in: DB 2005, S. 1073.

Zwecks Quantifizierung der kritischen Einflussfaktoren mittels Kennzahlen sind neben Zielwerten auch Risiko-Schwellenwerte festzulegen, bei deren Unterschreitung Warnmeldungen erfolgen. Die Auswahl geeigneter Risikobewältigungsmaßnahmen erfolgt unter Berücksichtigung ihrer Auswirkungen auf sonstige Risiken und Zielgrößen sowie die in der BSC abgebildeten Ursache-Wirkungs-Beziehungen.

## 7.5 Balanced Scorecard und „Value Reporting"

Das Konzept der Balanced Scorecard stellt eine Antwort auf **Defizite der externen Rechnungslegung** dar, z. B. des § 248 Abs. 2 HGB, demzufolge selbstgeschaffene immaterielle Vermögensgegenstände im Jahresabschluss weiterhin nur eingeschränkt angesetzt werden dürfen. Somit sind relevante Werttreiber und für die Erhaltung der Wettbewerbsposition notwendige Zukunftsinvestitionen aus der Rechnungslegung jedenfalls nicht vollständig ersichtlich. Deshalb wird im Fachschrifttum gefordert, die insoweit eingeschränkte Aussagekraft der Jahresabschlüsse durch ein umfassendes **„Value Reporting"** zu erweitern, um die Vermögenslage der Unternehmen möglichst vollständig und zukunftsorientiert abzubilden.

Erstmals seit Inkrafttreten des BilReG am 10.12.2004 müssen große Kapitalgesellschaften i. S. des § 267 Abs. 3 HGB gem. § 289 Abs. 3 HGB Angaben zu **nicht-finanziellen Leistungstreibern** im Lagebericht machen, soweit sie für das Verständnis von Geschäftsverlauf und Lage erforderlich sind. Die amtliche Begründung zum BilReG nennt in diesem Zusammenhang ökologische und soziale Belange sowie Arbeitnehmerbelange. Daneben sollen Angaben zu Tatbeständen getätigt werden, die die voraussichtliche Unternehmensentwicklung wesentlich beeinflussen können, wie z. B. regelmäßig die Entwicklung des Kundenstamms und das Humankapital, der Bereich Forschung und Entwicklung sowie die gesellschaftliche Reputation.

Eine Messbarkeit der Indikatoren ist nicht Voraussetzung, maßgebend für die Sinnhaftigkeit ist vielmehr ihre branchenbezogene Vergleichbarkeit. IDW RH HFA 1.1007, Tz. 12 empfiehlt folgende ergänzende Angaben:

**ABB. 153: Aufstellung nicht-finanzieller Leistungsindikatoren**

| Umweltbelange | Arbeitnehmerbelange | Sonstige Angaben |
|---|---|---|
| ▶ Emissionswerte | ▶ Fluktuation | ▶ Kundenkreis und dessen Zusammensetzung |
| ▶ Material- und Energieverbrauch | ▶ Betriebszugehörigkeit | ▶ Kundenzufriedenheit |
| ▶ Entsorgung | ▶ Ausbildungsstrukturen | ▶ Lieferantenbeziehungen |
| ▶ Durchführung eines Umwelt-Audit | ▶ Vergütungsstrukturen | ▶ Patentanmeldungen |
| ▶ Sonstige Umweltschutzprogramme | ▶ Fortbildungsmaßnahmen | ▶ Produktqualität |
| | ▶ Interne Förderungsmaßnahmen | |

Value Reports werden im Fachschrifttum auch als **„Intellectual Property Statements"** oder **„Wissensbilanzen"** bezeichnet. Das „intellectual property" stellt dabei den Unterschiedsbetrag zwischen dem tatsächlichen Unternehmenswert und dem Nettobetrag des materiellen Vermögens dar. Ein **Mindestkatalog zur Berichterstattung über immaterielle Werte** wurde von der *Schmalenbach-Gesellschaft* wie folgt vorgeschlagen:

| ABB. 154: | Mindestkatalog für die Berichterstattung über immaterielle Werte |
|---|---|
| Kategorie | Parameter |
| Human Capital (Personalbereich) | ▶ Altersstruktur der Mitarbeiter, Klassifikation nach Altersgruppen<br>▶ Dauer der Unternehmenszugehörigkeit der Mitarbeiter<br>▶ Fluktuation, Fehlzeiten, Mitarbeiterzufriedenheit, Betriebsklima<br>▶ Ausbildungsstand, Mitarbeiterqualifikation, Weiterbildung<br>▶ Wissen, Wissensdatenbanken<br>▶ Wertbeitrag, Wertschöpfung pro Mitarbeiter |
| Customer Capital (Absatzbereich) | ▶ Kundenzufriedenheit, Kundenbindungsdauer, Wiederkaufrate<br>▶ Kundenqualität, Umsatz pro Kunden, ABC-Analyse der Kunden<br>▶ Marktanteile (nach Produkten, Produktgruppen), wesentliche Marken<br>▶ Wertbeitrag, Wertschöpfung pro Kunden |
| Supplier Capital (Beschaffungsbereich) | ▶ Lizenzen, Schlüssellieferanten<br>▶ Lieferantenbindungsdauer, langfristige Verträge<br>▶ Rohstoffverfügbarkeit<br>▶ Wertbeitrag |
| Investor Capital (Finanzbereich) | ▶ Aktionärsstruktur<br>▶ Standing bei Analysten, ß-Faktor<br>▶ Bonität, Kreditkonditionen<br>▶ Ergebnisse von Investor Relations- und Geschäftsberichts-Analysen<br>▶ Wertbeitrag |
| Process Capital (Organisationsbereich) | ▶ Schnelligkeit der Prozessabläufe<br>▶ Prozessqualität und Produktqualität<br>▶ Kommunikationssystem<br>▶ Wertbeitrag |
| Location Capital (Standort) | ▶ Standortqualität, z. B. Verkehrsanbindung, Steuervorteile<br>▶ Medienpräsenz<br>▶ Arbeitsmarktattraktivität<br>▶ Wertbeitrag |
| Innovation Capital (Bereich der Produkt-, Dienstleistungs- und Verfahrensinnovationen) | ▶ FuE-Ausgaben, FuE-Quote in % vom Umsatz<br>▶ Portfolio von Patenten und ähnlichen Schutzrechten (Software, Filme, ungeschützte Rezepturen)<br>▶ Neuproduktraten<br>▶ Wertbeitrag |

Quelle: I. A. a. *Beckmann/Faul/Schroff*, in: StuB 2002, S. 1216.

Somit lässt sich zwischen BSC und Value Reporting eine wechselseitige Austauschbeziehung konstatieren. Dem Value Reporting lassen sich operable Werttreiber insbesondere für die Ausgestaltung der Humankapitalperspektive der BSC entnehmen; andererseits dient das Value Reporting der Fortschrittskontrolle und -dokumentation des Zielerreichungsprozesses im Rahmen der Umsetzung der BSC in das operative Management.

Die aufgeführten Indikatoren stellen dem Grunde nach nichts anderes dar als die „**leading indicators**" der Balanced Scorecard. Ein entsprechendes Reporting könnte periodenbezogene Zielgrößen sowie Ist-Größen, Zielrealisierungsraten, daneben Zeitreihen und Veränderungsraten im Zeitablauf enthalten.

Ein Intellectual Property Statement könnte somit z. B. folgende Kennzahlen ausweisen:

| ABB. 155: Vorschlag eines Intellectual Property Statements | |
|---|---|
| **Kundenbeziehungen** | **Humankapital** |
| ▶ Anzahl der Kunden<br>▶ Umsatz der 10 größten Kunden<br>▶ Durchschnittliche Bestellhäufigkeit<br>▶ Kundenzufriedenheitsindex in %<br>▶ Auftragsbestand in Monaten | ▶ Zahl der produktiven Mitarbeiter, der Verwaltungsmitarbeiter, der Mitarbeiter in FuE<br>▶ Ausbildungsstruktur (Industriekaufleute, Akademiker, naturwissenschaftliche bzw. betriebswirtschaftliche Ausbildung)<br>▶ Altersstruktur der Mitarbeiter (Gesamtunternehmen sowie 1. bzw. 2. Führungsebene)<br>▶ Ausgaben für Aus- und Weiterbildung<br>▶ Fluktuationsrate in %, Betriebszugehörigkeit in Jahren |
| **Innovationskapital** | **Infra- und Prozessstruktur** |
| ▶ Wert von Marken oder Patenten<br>▶ Zahl der Lizenzverträge<br>▶ Lizenzeinnahmen<br>▶ Aufwendungen für Markenpflege<br>▶ Aufwendungen für FuE<br>▶ Umsatz mit maximal ein, zwei oder drei Jahre alten Produkten | ▶ Anteil des Verwaltungspersonals an der Gesamtzahl der Mitarbeiter<br>▶ Umsatz je Produktivkraft in T€<br>▶ Wertschöpfung je Mitarbeiter in T€<br>▶ Ausschussquote in %<br>▶ Ausgaben zur Qualitätssicherung/-verbesserung<br>▶ Investitionen in Informationstechnologie |

Quelle: I. A. a. *Maul/Menninger*, in: DB 2000, S. 529.

Auch angesichts des Bemühens um Objektivität und Vollständigkeit des Reportings muss einschränkend festgehalten werden, dass die Darstellung immaterieller Vermögenswerte erheblichen Quantifizierungsproblemen unterworfen und von subjektiven Einschätzungen geprägt ist. Sie kann somit zu Manipulationen missbraucht werden und Fehlinterpretationen seitens der Berichtsadressaten induzieren. Konzepte der Berichterstattung über selbstgeschaffene immaterielle Vermögenswerte sind daher recht sensible Instrumente.

## 8. Literaturhinweise

**BÜCHER**

*Ansoff, I.*: Management-Strategie, München 1966.

*Baum, H.-G./Coenenberg, A.G./Günther, T.*: Strategisches Controlling, 4. Aufl., Stuttgart 2007.

*Bea, F. X./Haas, J.*: Strategisches Management, 6. Aufl., Stuttgart 2012.

*Becker, F.G./Fallgatter, M.*: Unternehmensführung – Einführung in das strategische Management, 3. Aufl., Berlin 2007.

*Bischof, J.*: Die Balanced Scorecard als Instrument einer modernen Controlling-Konzeption, Wiesbaden 2002.

*Bundesverband Deutscher Unternehmensberater – BDU* (Hrsg.): Controlling, 5. Aufl., Berlin 2007.

*Camphausen, B.*: Strategisches Management, 3. Aufl., München 2013.

*Corsten, H.*: Grundlagen der Wettbewerbsstrategie, Stuttgart/Leipzig 1998.

*D´Aveni, R. A.*: Hypercompetition – Managing the Dynamics of Strategic Maneuvering, New York 1994.

*Dunst, K. H.*: Portfolio-Management – Konzeption für die strategische Unternehmensplanung, 2. Aufl., Berlin/New York 1983.

*Ehrmann, H.*: Unternehmensplanung, 6. Aufl., Ludwigshafen 2013.

*Ehrmann, H.*: Kompakt-Training Balanced Scorecard, 4. Aufl., Ludwigshafen 2007.

*Ehrmann, H.*: Kompakt-Training Strategische Planung, Ludwigshafen 2006.

*Fischer, D.*: Controlling – Balanced Scorecard, Kennzahlen, Prozess- und Risikomanagement, München 2009.

*Friedag, H. R./Schmidt, W.*: Balanced Scorecard, 4. Aufl., Planegg 2011.

*Gälweiler, A.*: Unternehmensplanung – Grundlagen und Praxis, 2. Aufl., Frankfurt/New York 1986.

*Gälweiler, A./Malik, F.*: Strategische Unternehmensführung, Frankfurt/New York 2005.

*Gausemeier, J./Fink, A./Schlake, O.*: Szenario-Management, 2. Aufl., München/Wien 1996.

*Gilles, M.*: Balanced Scorecard als Konzept zur strategischen Steuerung von Unternehmen, Frankfurt 2002.

*Götze, U.*: Szenario-Technik in der strategischen Unternehmensplanung, Wiesbaden 1994.

*Greischel, P.*: Balanced Scorecard, 2. Aufl., München 2003.

*Hahn, D./Taylor, B.* (Hrsg.): Strategische Unternehmensplanung – Strategische Unternehmensführung, 9. Aufl., Heidelberg 2005.

*Harrigan, K. R.*: Strategies for Declining Business, Lexington/Mass. 1980.

*Henderson, B. D.*: Die Erfahrungskurve in der Unternehmensstrategie, 2. Aufl., Frankfurt/New York 1984.

*Hinterhuber, H. H.*: Strategische Unternehmensführung: I. Strategisches Denken – Vision – Ziele – Strategie, 8. Aufl., Berlin 2011.

*Hinterhuber, H. H.*: Strategische Unternehmensführung: II. Strategisches Handeln. Ziele und Rahmenbedingungen für die Funktionsbereiche – Organisation – Umsetzung – Strategisches Controlling – Leadership, 7. Aufl., Berlin 2004.

*Hinterhuber, H. H.*: Wettbewerbsstrategie, 2. Aufl., Berlin/New York 1990.

*Horváth, P.*: Controlling, 12. Aufl., München 2011.

*Horváth, P.* (Hrsg.): Strategische Steuerung: Strategische Konzepte und Tools in der Controllingpraxis, Stuttgart 2000.

*Horváth & Partner* (Hrsg.): Balanced Scorecard umsetzen, 4. Aufl., Stuttgart 2007.

*Horváth & Partner* (Hrsg.): Früherkennung in der Unternehmenssteuerung, Stuttgart 2000.

*Hungenberg, H.*: Strategisches Management im Unternehmen, 7. Aufl., Wiesbaden 2012.

*Institut der Wirtschaftsprüfer* (Hrsg.): WP-Handbuch 2008, Band II, 13. Aufl., Düsseldorf 2008.

*Institut der Wirtschaftsprüfer* (Hrsg.): IDW-Rechnungslegungsstandards (RS) und Prüfungsstandards (PS), Düsseldorf (Loseblattausgabe).

*Jung, R. H./Bruck, J./Quarg, S.*: Allgemeine Managementlehre. Lehrbuch für die angewandte Unternehmens- und Personalführung, 5. Aufl., Berlin 2013.

*Kaplan, R. S./Norton, D. P.*: Strategy Maps: Der Weg von immateriellen Werten zum materiellen Erfolg, Stuttgart 2004.

*Kaplan, R. S./Norton, D. P.*: Balanced Scorecard – Strategien erfolgreich umsetzen, Stuttgart 1997.

*Kreikebaum, H.*: Strategische Unternehmensplanung, 6. Aufl., Stuttgart/Berlin/Köln 1997.

*Kreikebaum, H./Gilbert, D. U./Behnam, M.*: Strategisches Management, 7. Aufl., Stuttgart/Berlin/Köln 2011.

*Kreilkamp, E.*: Strategisches Management und Marketing: Markt- und Wettbewerbsanalyse, strategische Frühaufklärung, Portfolio-Management, Berlin/New York 1987.

*Krüger, W./Homp, C.*: Kernkompetenz-Management. Steigerung von Flexibilität und Schlagkraft im Wettbewerb, Wiesbaden 1997.

*Müller, A.*: Strategisches Management mit der Balanced Scorecard, 2. Aufl., Stuttgart/Berlin/Köln 2005.

*Müller-Stewens, G./Lechner, C.*: Strategisches Management, 4. Aufl., Stuttgart 2011.

*Paul, H./Wollny, V.*: Instrumente des strategischen Managements: Grundlagen und Anwendung, München/Wien 2011.

*Peemöller, V. H.*: Controlling – Grundlagen und Einsatzgebiete, 5. Aufl., Herne/Berlin 2005.

*Peters, T. J./Waterman, R. H. jr.*: In Search of Excellence – Lessons from America's Best-Run Companies, New York 1982.

*Porter, M. E*: Wettbewerbsstrategie – Methoden zur Analyse von Branchen und Konkurrenten, 12. Aufl., Frankfurt/New York 2013.

*Porter, M. E.*: Wettbewerbsvorteile: Spitzenleistungen erreichen und behaupten, 7. Aufl., Frankfurt/New York 2010.

*Porter, M. E.*: Wettbewerb und Strategie, Düsseldorf 1999.

*Preißner, A.*: Balanced Scorecard anwenden: Kennzahlengestützte Unternehmenssteuerung, 4. Aufl., München 2011.

*Reichmann, T.*: Controlling mit Kennzahlen und Managementberichten, 8. Aufl., München 2011.

*Schedl, C.*: Die Balanced Scorecard: Ein Leitfaden für die erfolgreiche Entwicklung und Implementierung, Wien 2002.

*Schröder, E. F.*: Modernes Unternehmens-Controlling – Handbuch für die Unternehmenspraxis, 8. Aufl., Ludwigshafen 2003.

*Staehle, W. H./Conrad, P./Sydow, J.*: Management: Eine verhaltenswissenschaftliche Perspektive, 9. Aufl., München 2013.

*Steinle, C./Daum, A.* (Hrsg.): Controlling – Kompendium für Ausbildung und Praxis, 4. Aufl., Stuttgart 2007.

*Weber, J./Schäffer, U.*: Einführung in das Controlling, 13. Aufl., Stuttgart 2011.

*Weber, J./Schäffer, U.*: Balanced Scorecard & Controlling, 3. Aufl., Wiesbaden 2000.

*Welge, M. K./Al-Laham, A.*: Strategisches Management, 6. Aufl., Wiesbaden 2012.

*Ziegenbein, K.*: Controlling, 10. Aufl., Ludwigshafen 2012.

*Ziegenbein, K.*: Kompakt-Training Controlling, 3. Aufl., Ludwigshafen 2006.

### BEITRÄGE IN FACHZEITSCHRIFTEN

*Abernathy, W. J./Wayne, K. J.*: Limits of the Learning Curve, in: Harvard Business Review 1974, Nr. 5, S. 109 ff.

*Albach, H.*: Unternehmensstrategien bei Überkapazitäten, in: ZfB 1987, 2. Ergänzungsheft, S. 71 ff.

*Albach, H.*: Strategische Planung bei erhöhter Unsicherheit, in: ZfB 1978, S. 702 ff.

*Arbeitskreis „Langfristige Unternehmensplanung" der Schmalenbach-Gesellschaft e.V.*: Strategische Planung, in: ZfbF 1977, S. 1 ff.

*Barksdale, H. C./Harris, C. E. jr.*: Portfolio Analysis and the Product Life Cycle, in: Long Range Planning 1982, Nr. 6, S. 74 ff.

*Bauer, H. H.*: Das Erfahrungskurvenkonzept, in: WiSt 1986, S. 1 ff.

*Bea, F.-X./Haas, J.*: Möglichkeiten und Grenzen der Früherkennung von Unternehmenskrisen, in: WiSt 1994, S. 486 ff.

*Bieker, M./Moser, J. J.*: Earnings Before What? – Zur babylonischen Sprachverwirrung in deutschen Geschäftsberichten, PIR 2011, S. 163 ff.

*Bloom, P. N./Kotler, P.*: Strategies for High Market Share Companies, in: Harvard Business Review 1975, Nr. 6, S. 63 ff.

*Böhler, H./Gottschlich, W.*: Strategisches Marketing und strategische Unternehmensführung, in: WISU 1985, S. 247 ff.

*Christensen, N. C./Cooper, A. C./De Kluyver, C. A.*: The Dog Business – A Reexamination, in: Business Horizons 1982, Nr. 6, S. 12 ff.

*Coenenberg, A. G.*: Strategische Jahresabschlussanalyse – Zwecke und Methoden, in: KoR 2003, S. 165 ff.

*Dean, J.*: Pricing Policies for New Products, in: Harvard Business Review 1976, Nr. 6, S. 141 ff.

*Dichtl, E.*: Wege zur Kostenführerschaft, in: WiSt 1994, S. 423 ff.

*Diederichs, M./Form, S.*: Chancen- und risikoorientiertes Balanced Scorecard-Reporting, in: BC 2003, S. 202 ff.

*Engel, A.*: Ausgewählte Kennzahlen der Balanced Scorecard, in: krp-Sonderheft 3/2001, S. 54 ff.

*Erichsen, J.*: Die Stärken-Schwächen-Analyse: So zeigen Sie Beratungsbedarf bei Ihrem Mandanten auf, in: BBB 2007, S. 140 ff.

*Erichsen, J.*: Strategische Planung – erfolgreicher wirtschaften durch langfristige Gestaltung des Unternehmens, in: BBB 2006, S. 275 ff.

*Erichsen, J.*: Standortfaktoren – Kriterien zur Bewertung bestehender und Auswahl künftiger Standorte, in: BBK 2003, Fach 21, S. 6173 ff.

*Erichsen, J.*: Innovationsmanagement versus Kostensenkung, in: BBK 2003, Fach 26, S. 1191 ff.

*Erichsen, J.*: Unterstützung der strategischen Planung mit Hilfe der Szenariotechnik, in: BBK 2002, Fach 26, S. 1015 ff.

*Erichsen, J./Heck, A.*: Praxisbeispiel zur Einführung einer Wissensbilanz – Immaterielle Werte erfassen und darstellen, BC 2006, S. 75 ff.

*Faißt, B.*: Die Bedeutung des Risikomanagements für das Controlling, in: krp-Sonderheft 1/2002, S. 33 ff.

*Fink, C./Ulbrich, P. R.*: Verabschiedung des IFRS 8 – Neuregelung der Segmentberichterstattung nach dem Vorbild der US-GAAP, in: KoR 2007, S. 1 ff.

*Fischer, J./Zimmermann, W.*: Instrumente der strategischen Planung für Unternehmen mittlerer Größenordnung, in: ZfO 1983, S. 139 ff. und S. 233 ff.

*Fischer, T. M./Rödl, K.*: Value Added Reporting, in: Controlling 2005, S. 23 ff.

*Fischer, T. M./Wenzel, J./Kühn, C.*: Value Reporting, in: DB 2001, S. 1209 ff.

*Fruhan, W. E.*: Pyrric Victories in Fight for Market Share, in: Harvard Business Review 1972, Nr. 5, S. 100 ff.

*Gabele, E.*: Strategische Unternehmensplanung, in: WISU 1986, S. 471 ff.

*Gälweiler, A.*: Portfolio-Management – Produkt/Markt-Strategien als Voraussetzung, in: Management-Zeitschrift io 1979, S. 183 ff.

*Gälweiler, A.*: Unternehmenssicherung und strategische Planung, in: ZfbF 1976, S. 362 ff.

*Gausemeier, J./Grote, A.-C.*: Strategische Führung mit Szenarien, in: Controlling 2012, S. 516 ff.

*Gelb, B. D.*: Strategic Planning for the Underdog, in: Business Horizons 1982, Nr. 6, S. 8 ff.

*Ghemawat, P.*: Building Strategy on the Experience Curve, in: Harvard Business Review 1985, Nr. 2, S. 143 ff.

*Gille, C.*: Life Cycle Costing, in: Controlling 2010, S. 31 ff.

*Graumann, M.*: Projektkalkulation mithilfe der Produktlebenszyklus-Kostenrechnung, in: BBK 2011, S. 674 ff.

*Graumann, M.*: Produktlebenszyklus-Kostenrechnung: So plant und steuert Ihr Mandant neue Produkte – Ein Fallbeispiel, in: BBB 2007, S. 184 ff.

*Graumann, M.*: Strategisches Controlling: Szenario- und Gap-Analyse, Strategieplanung, in: BBK 2006, Fach 30, S. 1807 ff.;

*Graumann, M.*: Geschäftsfeldbezogenes Controlling, in: BBK 2005, Fach 30, S. 1753 ff.;

*Graumann, M.*: Grundprinzipien des betrieblichen Innovationsmanagement, in: ZfO 1994, S. 396 ff.

*Greiner, L. E.*: Evolution and Revolution as Organizations Grow, in: Harvard Business Review 1972, Nr. 4, S. 37 ff.

*Günther, T./Beyer, D.*: Value Based Reporting – Entwicklungspotentiale der externen Unternehmensberichterstattung, in: BB 2001, S. 1623 ff.

*Hahn, D.*: Strategische Unternehmensführung – Stand und Entwicklungstendenzen, in: ZfO 1989, S. 159 ff. und S. 326 ff.

*Hake, B.*: Der BERI-Index – ein Frühwarnsystem für Auslandsinvestoren, in: Management-Zeitschrift io 1979, S. 281 ff.

*Hall, W. K.*: Survival Strategies in a Hostile Environment, in: Harvard Business Review 1980, Nr. 5, S. 75 ff.

*Haller, A./Dietrich, R.*: Intellectual Capital-Bericht als Teil des Lageberichts, in: DB 2001, S. 1045 ff.

*Hamermesh, R. G./Anderson, M. J./Harris, J. E.*: Strategies for Declining Businesses, in: Harvard Business Review 1978, Nr. 3, S. 95 ff.

*Hamermesh, R. G./Silk, S. B.*: How to Compete in Stagnant Industries, in: Harvard Business Review 1979, Nr. 5, S. 161 ff.

*Harrigan, K. R.*: Strategic Planning for Endgame, in: Long Range Planning 1982, Nr. 6, S. 45 ff.

*Harrigan, K. R.*: The Effect of Exit Barriers Upon Strategic Flexibility, in: Strategic Management Journal 1980, S. 165 ff.

*Harrigan, K. R./ Porter, M. E.*: Endgame Strategies for Declining Industries, in: Harvard Business Review 1983, Nr. 4, S. 111 ff.

*Haspeslagh, P.*: Portfolio Planning – Uses and Limits, in: Harvard Business Review 1982, Nr. 2, S. 59 ff.

*Hedley, B.*: Strategy and the „Business Portfolio", in: Long Range Planning, February 1977, S. 9 ff.

*Hedley, B.*: A Fundamental Approach to Strategy Development, in: Long Range Planning, December 1976, S. 2 ff.

*Hentze, J./Brose, P.*: Bausteine der Unternehmensplanung, in: WISU 1985, S. 413 ff.

*Hinterhuber, H. H.*: Die Wettbewerbsfähigkeit als zentrales Element der Unternehmensstrategie, in: WiSt 1985, S. 347 ff.

*Homburg, C./Stephan, J./Haupt, M.*: Risikomanagement unter Nutzung der Balanced Scorecard, in: DB 2005, S. 1069 ff.

*Horvath, P.*: Die Balanced Scorecard ist der strategische Kompass für das Rechnungswesen, in: krp-Sonderheft 3/2001, S. 50 ff.

*Kirsch, H.*: Segmentbezogene Jahresabschlussanalyse nach IFRS 8, in: PIR 2007, S. 61 ff.

*Kirsch, H.*: Segmentberichterstattung nach IAS 14 als Basis eines kennzahlgestützten Unternehmenscontrolling, DB 2001, S. 1513 ff.

*Klaus, H./Wenk, T.*: Unternehmensstrategien in schrumpfenden Märkten, in: BBK 2000, Fach 26, S. 939 ff.

*Kloock, J./Sabel, H./Schuhmann, W.*: Die Erfahrungskurve in der Unternehmenspolitik, in: ZfB 1987, 2. Ergänzungsheft, S. 3 ff.

*Kotler, P.*: Harvesting Strategies for Weak Products, in: Business Horizons, August 1978, S. 15 ff.

*Kreikebaum, H./Grimm, U.*: Die Analyse strategischer Faktoren und ihre Bedeutung für die strategische Planung, in: WiSt 1983, S. 6 ff.

*Kretschmer, H.*: Strategien in reifen Märkten, in: Die Unternehmung 1983, S. 95 ff.

*Kriete, T./Padberg, T./Werner, T.*: Zur Verbreitung und Objektivierung von „Earnings-before"-Kennzahlen in Europa, in: BBK 2003, Fach 19, S. 495 ff.

*Kriete, T./Padberg, T./Werner, T.*: EBIT – eine „neue" Kennzahl in Jahresabschluss und -abschlussanalyse, in: StuB 2002, S. 1090 ff.

*Kühn, R.*: Wenn Ihr Markt in die Reifephase kommt, in: Marketing-Journal 1980, S. 350 ff.

*Küting, K./Heiden, M.*: Zur Systematisierung von Pro-forma-Kennzahlen, in: DStR 2003, S. 1544 ff.

*Küting, K./Heiden, M.*: Pro-forma-Ergebnisse in deutschen Geschäftsberichten, in: StuB 2002, S. 1085 ff.

*Lackmann, J./Stich, M.*: Nicht-finanzielle Leistungsindikatoren und Aspekte der Nachhaltigkeit bei der Anwendung von DRS 20, KoR 2013, S. 236 ff.

*Lange, B.*: Die Erfahrungskurve – Eine kritische Beurteilung, in: ZfbF 1984, S. 229 ff.

*Lange, W./Lampe, S.*: Balanced Scorecard als ganzheitliches Führungsinstrument in Non-Profit-Organisationen, in: krp 2002, S. 101 ff.

*Langenbeck, J.*: Balanced Scorecard, in: BBK 2000, Fach 26, S. 863 ff.

*Langenbeck, J.*: Einrichtung eines Frühwarnsystems, in: BBK 1998, Fach 26, S. 811 ff.

*Lettau, H. G.*: Der Umsatz geht zurück – was tun?, in: Marketing-Journal 1983, S. 36 ff.

*Lück, W.*: Chancenmanagementsystem – neue Chance für Unternehmen, in: BB 2001, S. 2312 ff.

*Maul, K.-H.*: Wissensbilanzen als Teil des handelsrechtlichen Jahresabschlusses, in: DStR 2000, S. 2009 ff.

*Maul, K.-H./Menninger, J.*: Das „Intellectual Property Statement" – eine notwendige Ergänzung des Jahresabschlusses?, in: DB 2000, S. 529 ff.

*Meffert, H.*: Strategische Planungskonzepte in stagnierenden und gesättigten Märkten, in: DBW 1983, S. 193 ff.

*Meffert, H.*: Strategische Planung in gesättigten, rezessiven Märkten, in: Absatzwirtschaft 1980, Nr. 6, S. 89 ff.

*Meffert, H.*: Marktführer in gesättigten Märkten, in: Absatzwirtschaft 1980, Nr. 7, S. 54 ff.

*Mild, T./Sasse, A.*: Technologiecontrolling, in: BBK 1999, Fach 26, S. 835 ff.

*Müller, S./Peskes, M.*: Konsequenzen der geplanten Änderungen der Segmentberichterstattung nach IFRS für Abschlusserstellung und Unternehmenssteuerung, in: BB 2006, S. 819 ff.

*Pampel, J. R./Sasse, A.*: Wertorientierte Balanced Scorecard am Beispiel einer Innovationsstrategie, in: krp-Sonderheft 1/2001, S. 73 ff.

*Pedell, B./Schwihel, A.*: Integriertes Strategie- und Risikomanagement mit der Balanced Scorecard, in: Controlling 2004, S. 149 ff.

*Pfeiffer, W./Bischof, P.*: Produktlebenszyklus als Basis der Unternehmensplanung, in: ZfB 1974, S. 635 ff.

*Picot, A.*: Strukturwandel und Unternehmensstrategie, in: WiSt 1981, S. 527 ff. und S. 563 ff.

*Rieg, R.*: Pro forma-Kennzahlen – Kein Ende der EBITANEI in Sicht?, in: BC 2010, S. 252 ff.

*Rieser, I.*: Konkurrenzanalyse – Wettbewerbs- und Konkurrentenanalyse im Marketing, in: Die Unternehmung 1989, S. 293 ff.

*Robinson, S. Q. J.*: Strategies for Declining Industrial Markets, in: Long Range Planning 1986, Nr. 2, S. 72 ff.

*Romeike, F.*: Frühaufklärungssysteme als wesentlicher Komponente eines proaktiven Risikomanagements, in: Controlling 2005, S. 271 ff.

*Sabel, H.*: Wirtschaftlichkeitsanalyse von Produkten, in: ZfbF-Kontaktstudium 1976, Nr. 28, S. 31 ff.

*Sasse, A./Engel, A.*: Qualitätscontrolling mit Hilfe der Balanced Scorecard, in: BBK 2001, Fach 26, S. 997 ff.

*Schmalen, H.*: Markteröffnungsstrategien für Neuheiten, in: ZfB 1984, S. 1191 ff.

*Schmeisser, W./Schindler, F.*: Neuerer Ansatz zur quantifizierten Verknüpfung und Dynamisierung der Balanced Scorecard-Perspektiven, in: DStR 2004, S. 1891 ff.

*Steiner, E.*: Die Balanced Scorecard als Managementinstrument, in: BBK 2006, Fach 26, S. 1295 ff.

*Steiner, E.*: Einführung der Balanced Scorecard, in: BBK 2006, Fach 26, S. 1307 ff.

*Steiner, E./Paul, J.*: Kalkulieren mit Lebenszykluskosten, in: BBK 2007, Fach 21, S. 6235 ff.

*Szyperski, N./Winand, U.*: Strategisches Portfolio-Management – Konzept und Instrumentarium, in: ZfbF-Kontaktstudium 1978, Nr. 30, S. 123 ff.

*Theuermann, C./Grebenic, S.*: Einführung und Implementierung einer Balanced Scorecard in einem Klein- und Mittelunternehmen, in: BC 2010, S. 364 ff.

*Volk, G.*: EBITDA: Das Gute, das Schlechte und das Hässliche, in: StuB 2003, S. 503 ff.

*Wagemann, B.*: Auf der Suche nach den strategischen Handlungsfeldern, in: ZfCM 2004, S. 390 ff.

*Weber, J./Bacher, A./Groll, M.*: Konzeption einer Balanced Scorecard für das Controlling von unternehmensübergreifenden Supply Chains, in: krp 2002, S. 133 ff.

*Welge, M. K./Eulerich, M.*: Die Szenario-Technik als Planungsinstrument in der strategischen Unternehmenssteuerung, in: Controlling 2007, S. 69 ff.

*Windolph, M./Hülle, J.*: Balanced Scorecard und Strategy Map, Controlling 2011, S. 304 ff.

*Wulf, T./Stubner, S.*: Strategische Planung und strategisches Controlling mit Szenarien, in: Controlling 2012; S. 523 ff.

*Yelle, L. E.*: Adding Life Cycles to Learning Curves, in: Long Range Planning 1983, Nr. 6, S. 82 ff.

*Zehbold, C.*: Life Cycle Costing, in: krp-Sonderheft 3/2001, S. 41 ff.

*Zwingmann, I.*: Leistungsindikatoren einer Balanced Scorecard für das Rechnungswesen, in: BC 2003, S. 197 ff.

# III. Jahresabschlussgestütztes Controlling

**VORSCHAU**

1. Das Rechnungswesen liefert die wesentlichen Datengrundlagen für das Controlling. Ebenen und Teilgebiete des Rechnungswesens werden eingangs dargestellt. Auf die Tendenz zur Konvergenz der Rechnungslegungssysteme wird überblickend eingegangen.
2. Es wird kurz die Bedeutung des Rechnungswesen-gestützten Controllings in Zusammenhang mit der „Basel II-Problematik" erläutert.
3. Das jahresabschlussgestützte Controlling erfolgt im Zuge der Jahresabschlussanalyse, deren gesetzliche Rahmenbedingungen, Adressaten und Aufgaben dargestellt werden.
4. Die Jahresabschlussanalyse wird durch zahlreiche Maßnahmen der Jahresabschlusspolitik erschwert. Es wird erörtert, wie sich diese Maßnahmen systematisieren und insbesondere durch Hinzuziehung der Anhangangaben aufdecken lassen.
5. Als Ergebnis dieser Überlegungen wird eine sog. Strukturbilanz aus der formalen Bilanz entwickelt.
6. Die Jahresabschlussanalyse erfolgt kennzahlgestützt für die Betrachtungsobjekte Vermögens-, Finanz- und Liquiditätslage sowie Erfolgslage. Entsprechende aussagefähige Kennzahlen werden konstruiert, Interpretationsmöglichkeiten abgeleitet sowie mögliche Fehlschlüsse aufgezeigt.
7. Die Plankomponente des jahresabschlussgestützten Controllings wird über die Aufstellung sog. Planbilanzen ausgefüllt. Die Jahresabschlussplanung ist insbesondere vor dem Hintergrund der Einhaltung sog. financial covenants im Rahmen langfristiger Kreditverträge bedeutsam.

## 1. Rechnungswesen als Datengrundlage des Controllings

Das betriebliche Rechnungswesen als

▶ Verzeichnis aller wirtschaftlich bedeutsamen Vorgänge (Geschäftsvorfälle) in Zahlenwerten bzw.

▶ zahlenmäßige Abbildung des Betriebsgeschehens zum Zwecke der Dokumentation, Planung und Kontrolle

stellt die wesentliche Datengrundlage des Controllings dar und erfüllt folgende vielschichtigen Aufgaben:

Die **Dokumentationsaufgabe** des Rechnungswesens besteht in der gesetzlich vorgeschriebenen oder auch freiwilligen Rechenschaftslegung und Information über die Vermögens-, Finanz- und Ertragslage des Betriebs. Die **Planungsaufgabe** wird mit der Bereitstellung von relevanten Unterlagen bzw. Informationen für die Dispositionen der Geschäftsleitung unterstützt. Die **Kontrollaufgabe** erstreckt sich auf die Überwachung von Wirtschaftlichkeit, Produktivität, Rentabilität und Liquidität verbunden mit einer Soll-Ist-Analyse und ggf. einer Abweichungsanalyse. Das Rechnungswesen ist damit eine

- **Zeitabschnittsrechnung** (bezogen auf jeweils ein Geschäfts- bzw. Wirtschaftsjahr oder auch unterjährige Zeiträume) und eine
- **Erfolgsrechnung** (Ermittlung eines Differenzwerts, der auf einem zuvor zu definierenden Erfolgsbegriff beruht, z. B. Differenz zwischen Erträgen und Aufwendungen oder zwischen Leistungen und Kosten).

Nach den Adressaten wird zwischen dem **externen** und dem **internen** Rechnungswesen unterschieden.

Das externe Rechnungswesen (**Finanzbuchhaltung**) dient der Feststellung des Jahresabschlusses (Bilanz, Gewinn- und Verlustrechnung und Anhang). Es orientiert sich insbesondere an den Zielen, Gläubiger, Geschäftspartner, Arbeitnehmer und die am Gewinn Beteiligten vor Aushöhlungen der betrieblichen Haftungssubstanz, Steuerbehörden vor falschen Steuerbemessungsgrundlagen sowie die am Betrieb interessierte Öffentlichkeit vor falschen Informationen über die Vermögens-, Finanz- und Ertragslage zu schützen.

Das interne Rechnungswesen (**Betriebsbuchhaltung**) unterstützt die Selbstinformation des Unternehmers zum Zwecke der Planung, Steuerung und Kontrolle. Es umfasst die Kostenrechnung, die Planungsrechnung, die kurzfristige Erfolgsrechnung, die Betriebsstatistik sowie die Finanz- und Liquiditätsplanung und ist – anders als das externe Rechnungswesen – abgesehen von branchenspezifischen Besonderheiten (z. B. § 8 KHBV für die Krankenhäuser) keinen gesetzlichen Normen unterworfen.

**ABB. 156: Externes und internes Rechnungswesen**

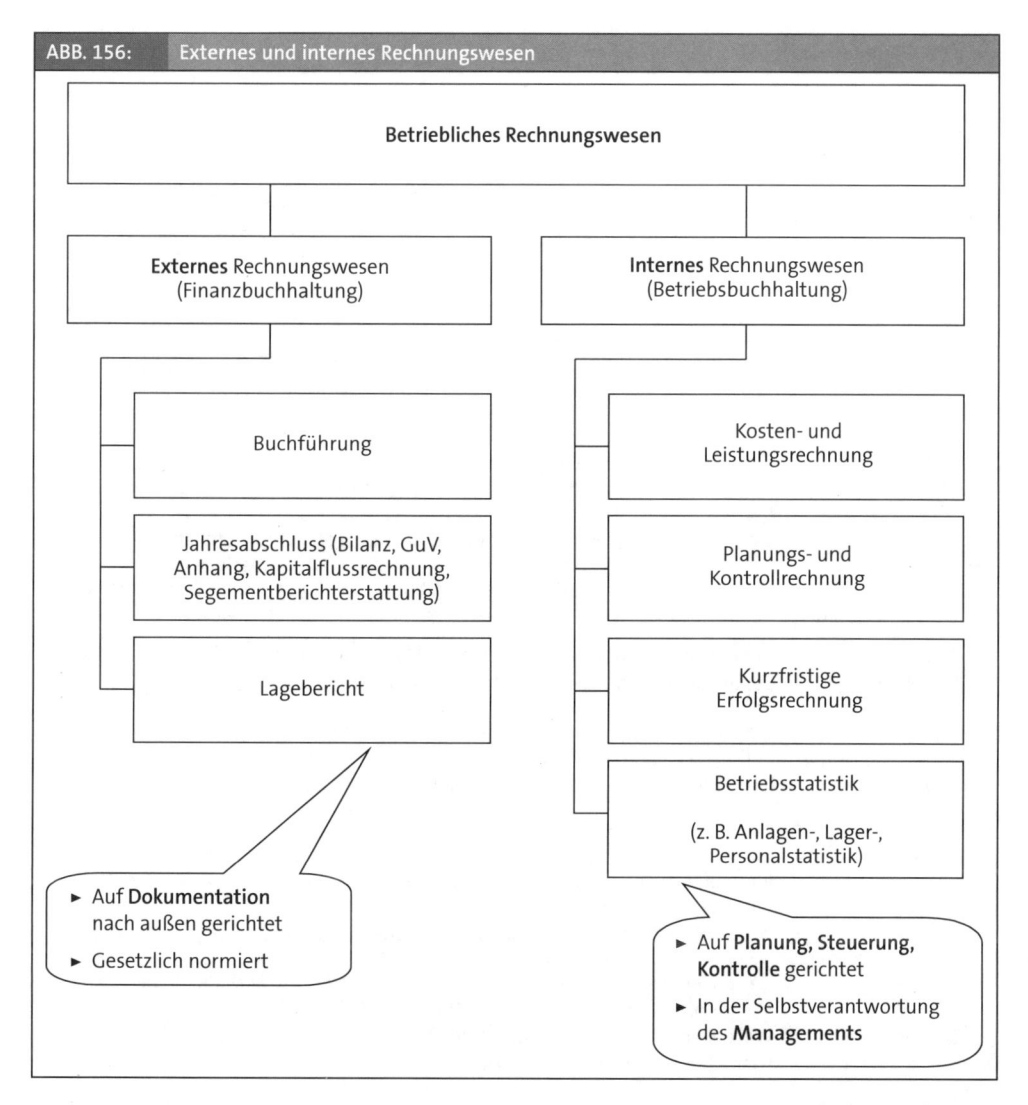

- **Betriebliches Rechnungswesen**
  - **Externes Rechnungswesen** (Finanzbuchhaltung)
    - Buchführung
    - Jahresabschluss (Bilanz, GuV, Anhang, Kapitalflussrechnung, Segmentberichterstattung)
    - Lagebericht
    - ▶ Auf **Dokumentation** nach außen gerichtet
    - ▶ Gesetzlich normiert
  - **Internes Rechnungswesen** (Betriebsbuchhaltung)
    - Kosten- und Leistungsrechnung
    - Planungs- und Kontrollrechnung
    - Kurzfristige Erfolgsrechnung
    - Betriebsstatistik (z. B. Anlagen-, Lager-, Personalstatistik)
    - ▶ Auf **Planung, Steuerung, Kontrolle** gerichtet
    - ▶ In der Selbstverantwortung des **Managements**

Die Zahlenwerke des Rechnungswesens befinden sich auf unterschiedlichen Ebenen, und zwar **Zahlungsmittel (Ebene I), Geldvermögen (Ebene II), Gesamtvermögen (Ebene III) und betriebsnotwendiges Vermögen (Ebene IV)**. Diese unterscheiden sich bekanntlich wie folgt:

▶ zwischen den Ebenen I und II durch Kreditvorgänge (Zielkäufe und -verkäufe, Kreditinanspruchnahme und -gewährung),

▶ zwischen den Ebenen II und III durch Bestandsänderungen bei den Aktivposten („Aktivtäusche", insbesondere Investitionen und Desinvestitionen, aber auch die laufende Abnutzung der Vermögensgegenstände),

▶ zwischen den Ebenen III und IV durch Beschränkung auf das betriebsnotwendige (kalkulatorische) Vermögen bzw. den Betriebsertrag (Leistung).

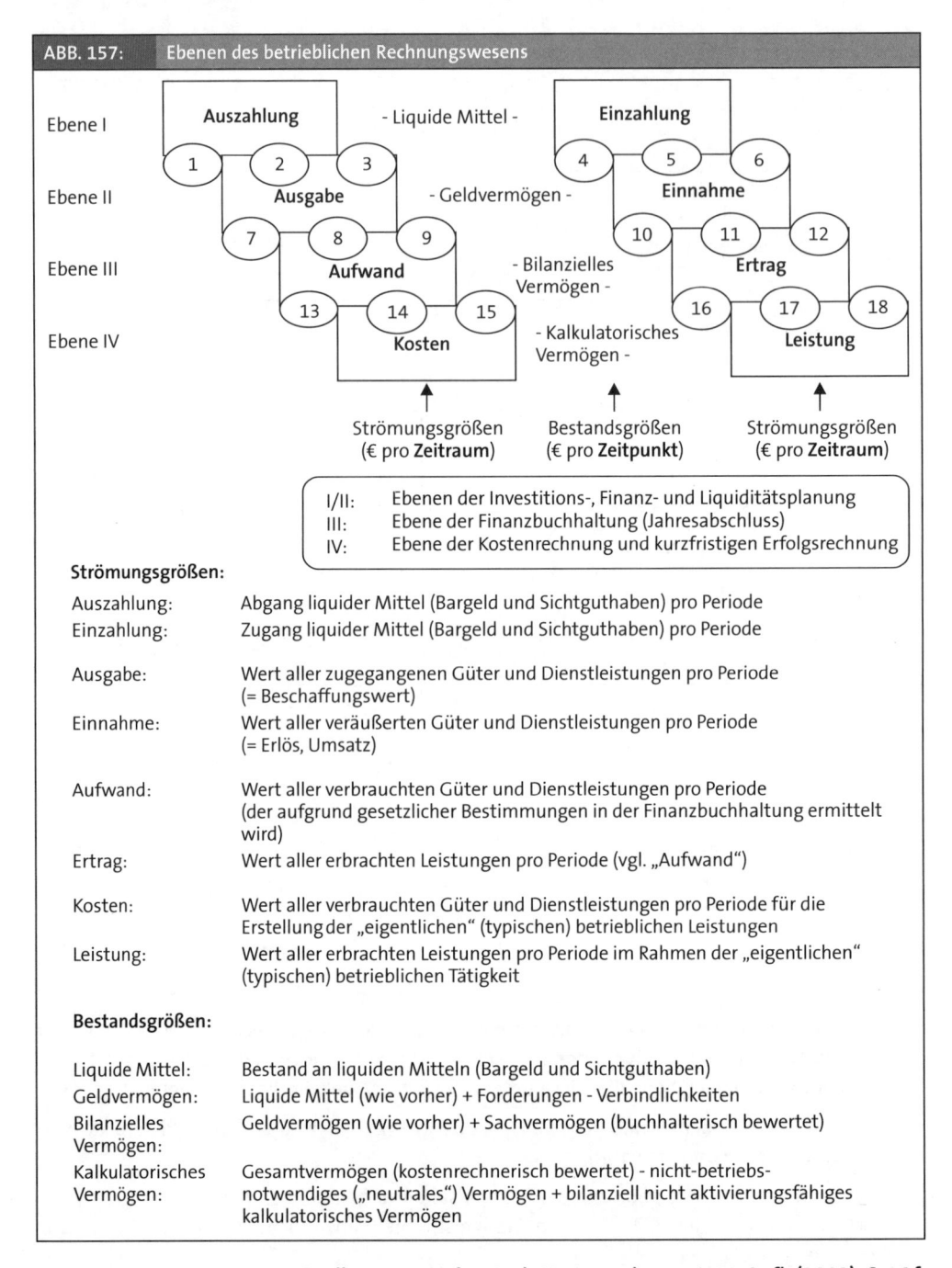

# KAPITEL III — Jahresabschlussgestütztes Controlling

**ABB. 157: Ebenen des betrieblichen Rechnungswesens**

Ebene I: Auszahlung — Liquide Mittel — Einzahlung
(1) (2) (3) ... (4) (5) (6)

Ebene II: Ausgabe — Geldvermögen — Einnahme
(7) (8) (9) ... (10) (11) (12)

Ebene III: Aufwand — Bilanzielles Vermögen — Ertrag
(13) (14) (15) ... (16) (17) (18)

Ebene IV: Kosten — Kalkulatorisches Vermögen — Leistung

Strömungsgrößen (€ pro **Zeitraum**) — Bestandsgrößen (€ pro **Zeitpunkt**) — Strömungsgrößen (€ pro **Zeitraum**)

I/II: Ebenen der Investitions-, Finanz- und Liquiditätsplanung
III: Ebene der Finanzbuchhaltung (Jahresabschluss)
IV: Ebene der Kostenrechnung und kurzfristigen Erfolgsrechnung

**Strömungsgrößen:**

| | |
|---|---|
| Auszahlung: | Abgang liquider Mittel (Bargeld und Sichtguthaben) pro Periode |
| Einzahlung: | Zugang liquider Mittel (Bargeld und Sichtguthaben) pro Periode |
| Ausgabe: | Wert aller zugegangenen Güter und Dienstleistungen pro Periode (= Beschaffungswert) |
| Einnahme: | Wert aller veräußerten Güter und Dienstleistungen pro Periode (= Erlös, Umsatz) |
| Aufwand: | Wert aller verbrauchten Güter und Dienstleistungen pro Periode (der aufgrund gesetzlicher Bestimmungen in der Finanzbuchhaltung ermittelt wird) |
| Ertrag: | Wert aller erbrachten Leistungen pro Periode (vgl. „Aufwand") |
| Kosten: | Wert aller verbrauchten Güter und Dienstleistungen pro Periode für die Erstellung der „eigentlichen" (typischen) betrieblichen Leistungen |
| Leistung: | Wert aller erbrachten Leistungen pro Periode im Rahmen der „eigentlichen" (typischen) betrieblichen Tätigkeit |

**Bestandsgrößen:**

| | |
|---|---|
| Liquide Mittel: | Bestand an liquiden Mitteln (Bargeld und Sichtguthaben) |
| Geldvermögen: | Liquide Mittel (wie vorher) + Forderungen - Verbindlichkeiten |
| Bilanzielles Vermögen: | Geldvermögen (wie vorher) + Sachvermögen (buchhalterisch bewertet) |
| Kalkulatorisches Vermögen: | Gesamtvermögen (kostenrechnerisch bewertet) - nicht-betriebsnotwendiges („neutrales") Vermögen + bilanziell nicht aktivierungsfähiges kalkulatorisches Vermögen |

Quelle: I. A. a. *Haberstock*, Kostenrechnung I, 11. Aufl. (2002), S. 16 f.

Den jeweiligen Beständen stehen periodische **Zu-** und **Abgänge** gegenüber, und zwar

- Einzahlungen und Auszahlungen (Ebene I),
- Einnahmen und Ausgaben (Ebene II),
- Erträge und Aufwendungen (Ebene III),
- Betriebserträge bzw. Leistungen und Kosten (Ebene IV).

Zwischen den einzelnen Ebenen bestehen **Verwerfungen** (z. B. Ausgabe, kein Aufwand). So werden etwa auf der Ebene I bzw. II (Investitions- und Finanzierungsebene) nur Vorgänge angesprochen, die das Geldvermögen berühren, z. B. berücksichtigt die Investitionsrechnung nur Anschaffungskosten, Liquidationserlöse (Restwerte) und periodische Ein- und Auszahlungen, nicht aber die Abschreibungen.

Jene finden aber wiederum Eingang in die GuV auf Ebene III, welche nur die periodische Veränderung des Restbuchwerts von Anlagegütern durch die laufende Abnutzung in Form periodischer Abschreibungen sowie ggf. Zuschreibungen einbezieht. Andererseits bleiben erfolgsneutrale Veränderungen des Zahlungsmittelbestands, z. B. infolge der Anschaffung von Sachanlagen oder Vorräten, in der GuV außer Ansatz.

Bedeutsam für die Praxis des Rechnungswesens ist insbesondere die **Unterscheidung der Ebenen III (Jahresabschluss) und IV (Kosten- und Leistungsrechnung)**, da letztere aus Gründen der Praktikabilität häufig aus der ohnehin pflichtmäßig aufzustellenden Finanzbuchhaltung entwickelt wird. Ausgehend von den Aufwendungen (entnehmbar der GuV) lassen sich die Kosten durch Nichtberücksichtigung der neutralen Aufwendungen und Hinzurechnung der kalkulatorischen Kosten ermitteln.

**Neutrale Aufwendungen** sind solche, die entweder außergewöhnlich, periodenfremd oder betriebsfremd sind. **Kalkulatorische Kosten** sind „betriebswirtschaftlich angefallene" Kosten, die aufgrund gesetzlicher Ansatzverbote (etwa für Eigenkapitalzinsen, kalkulatorischen Unternehmerlohn oder für Abschreibungen vom Wiederbeschaffungswert) nicht in den Jahresabschluss einbezogen werden dürfen. Grundlage ihrer Berechnung ist das sog. „Opportunitätskostenprinzip". Dieses resultiert aus dem Umstand, dass die Kapitalbindung im Unternehmen eine alternative Kapitalverwendung unter Marktbedingungen verhindert. Folglich muss die unternehmensinterne Mittelverwendung mindestens die Kapitalmarktrendite, erhöht um einen Risikozuschlag, erwirtschaften.

Für das Controlling ist vorrangig das interne Rechnungswesen bedeutsam, da die Finanzbuchhaltung in ein gesetzliches „Korsett" gezwängt ist, das die Steuerungsfunktion nachhaltig beeinträchtigt (vgl. die folgende Abbildung). Somit wäre eingangs zu fragen, warum sich das Controlling überhaupt mit dem Jahresabschluss als zentralem Bestandteil der **externen** Rechnungslegung beschäftigen sollte.

**ABB. 158: (Nicht-)Eignung der Finanzbuchhaltung zur Betriebssteuerung**

**10 Gründe, weshalb die Finanzbuchhaltung nicht zur Betriebssteuerung geeignet ist**

| | Finanzbuchhaltung | Kostenrechnung |
|---|---|---|
| 1. | Der Ansatz von Wirtschaftsgütern erfolgt unabhängig von ihrer Betriebsnotwendigkeit gem. des abstrakten Aktivierungsgrundsatzes | Ansatz nur der betriebsnotwendigen Wirtschaftsgüter, die im wirtschaftlichen Eigentum des Rechnungslegenden stehen |
| 2. | Immaterielle Wirtschaftsgüter des Anlagevermögens dürfen aktiviert werden, wenn sie entgeltlich erworben wurden, nicht jedoch, wenn sie selbst erstellt wurden und kein Entwicklungsaufwand i. S. des § 248 Abs. 2 HGB sind (Privilegierung externen Wachstums durch Aktivierungswahlrecht) | Stets Ansatz, sofern betriebsnotwendige Wirtschaftsgüter erworben bzw. selbst geschaffen wurden |
| 3. | Wirtschaftsgüter des Anlagevermögens sind höchstens zu historischen Anschaffungs- und Herstellungskosten oder zum niedrigeren Restbuchwert anzusetzen | Ansatz abnutzbarer Wirtschaftsgüter des Anlagevermögens zu Wiederbeschaffungskosten (Tageswerten) auch über die Anschaffungs- und Herstellungskosten hinaus (Substanzerhaltung) |
| 4. | Für die planmäßigen Abschreibungen sind vorgegebene Nutzungsdauern (lt. AfA-Tabellen) und verschiedene Abschreibungsmethoden verbindlich | Relevant für die planmäßigen Abschreibungen sind die betriebsübliche Nutzungsdauer und die betriebsübliche Periodenabnutzung |
| 5. | Als Herstellungskosten selbst erstellter materieller Wirtschaftsgüter des Anlagevermögens oder des Umlaufvermögens sind die Einzelkosten und Teile der Gemeinkosten, höchstens aber die Vollkosten anzusetzen | Als Herstellkosten werden stets die Vollkosten angesetzt |
| 6. | Bei bestimmten Wirtschaftsgütern des Umlaufvermögens sind Bewertungsvereinfachungsverfahren unabhängig vom tatsächlichen Verbrauch zulässig (Festwerte, Verbrauchsfolgen) | Ansatz des Materialverbrauchs zu normalisierten Standardkosten (Durchschnitte oder Trends des tatsächlichen Verbrauchs) |
| 7. | Bestimmte Aufwendungen sind grundsätzlich nicht ansatzfähig (z. B. nicht abzugsfähige Spenden, Geschenke, Bewirtungskosten bzw. Spesen, Personalkosten des Gesellschafter-Geschäftsführers bei Nicht-Kapitalgesellschaften) | Ansatz aller Kosten für den Verbrauch von Gütern und Dienstleistungen für die betriebstypische Leistungserstellung unabhängig von gesetzlichen Ansatzverboten |
| 8. | Als Zinsaufwendungen können nur (pagatorische) Zinszahlungen an die Fremdkapitalgeber angesetzt werden (Privilegierung der Verschuldung) | Ansatz von kalkulatorischen Zinsen auf das durchschnittlich gebundene betriebsnotwendige Kapital unabhängig von der Rechtsstellung des Kapitalgebers und dem tatsächlichen Zahlungsmittelabfluss |
| 9. | Außerordentlicher Aufwand wird als außerordentliche Abschreibung oder Zuführung zu Rückstellungen in der Periode der wirtschaftlichen Verursachung des Schadens angesetzt | Außerordentlicher Aufwand wird normalisiert als Wagniskosten verrechnet (Standardkosten pro Periode; gegebenenfalls Glättung) |
| 10. | Die Finanzbuchhaltung wird nur in relativ langen Zeitabständen (Jahr, Quartal) abgeschlossen; die Daten sind zu aggregiert und schon veraltet | Daten stehen kurzfristig (i. d. R. monatsweise) als Steuerungsinformation zur Verfügung |

## 2. Controllingrelevante Tendenzen im externen Rechnungswesen

### 2.1 Übergang zu internationalen Rechnungslegungsgrundsätzen

Der Internationalisierungs- und Harmonisierungsprozess der Rechnungslegung in Deutschland nahm seinen Anfang mit der Umsetzung der 4., 7. und 8. EU-Richtlinie im Zuge des **Bilanzrichtlinien-Gesetzes (BiRiLiG)** im Jahre 1985. Die in den EU-Richtlinien enthaltenen zahlreichen Mitgliedstaatenwahlrechte wurden aus deutscher Sicht zumeist konservativ ausgeübt, so dass traditionelle Bilanzierungspraktiken erhalten blieben. An ausländischen, insbesondere US-amerikanischen Börsenplätzen notierte Gesellschaften mussten zusätzliche Abschlüsse nach den dortigen Rechtsvorschriften aufstellen, da nationale Abschlüsse grenzüberschreitend nicht anerkannt wurden.

Um am internationalen Kapitalmarkt teilnehmende deutsche Unternehmen von der Veröffentlichung zweier Konzernabschlüsse zu entlasten, wurden solche Unternehmen mit dem durch das **Kapitalaufnahmeerleichterungsgesetz (KapAEG)** vom 20.4.1998 eingefügten § 292a HGB erstmals von der Aufstellung eines Konzernabschlusses nach HGB bei Aufstellung eines sog. befreienden Abschlusses freigestellt.

Gleichzeitig trieben die EU-Organe die EU-weit verpflichtende Anwendung anerkannter internationaler Rechnungslegungsgrundsätze voran. Am 19.7.2002 verabschiedeten Parlament und Rat der EU als Endpunkt dieser Entwicklung schließlich die **Verordnung betreffend die Anwendung internationaler Rechnungslegungsstandards (EG/1606/2002)**. Diese sah vor, dass

▶ kapitalmarktorientierte Gesellschaften, die dem Recht eines EU-Mitgliedstaates unterlagen, ihre konsolidierten Abschlüsse nach den IAS/IFRS aufstellen mussten,

▶ den Mitgliedstaaten Wahlrechte eingeräumt wurden, die Anwendung der IAS/IFRS für weitere Gesellschaften oder Einzelabschlüsse vorzuschreiben oder zu gestatten.

Die IAS/IFRS (**International Accounting Standards**, seit 2002 bezeichnet als **International Financial Reporting Standards**) sind die vom IASB (**International Accounting Standards Board**), einem multinationalen, privatrechtlichen Gremium verabschiedeten internationalen Rechnungslegungsgrundsätze.

Die Verpflichtung zu deren Anwendung wurde für die EU-Mitgliedstaaten unmittelbar verbindlich, da die Rechtsetzung im Wege des sog. **Komitologie-Verfahrens** (Art. 3 i.V.m. Art. 6 Abs. 2 der Verordnung) erfolgte. Demnach war ein gesetzlicher Umsetzungsakt in den Mitgliedstaaten – anders als zuvor bei den EU-Richtlinien – nicht erforderlich.

Mit Inkrafttreten des **Bilanzrechtsreformgesetzes (BilReG)** am 10.12.2004 wurde die ohnehin bindende EU-Regelung in § 315a HGB überführt. Gleichzeitig wurden die Mitgliedstaatenwahlrechte im § 325 Abs. 2a HGB an die Unternehmen weitergegeben, allerdings nur für Zwecke der Offenlegung. Der Übergang zu den IAS/IFRS wurde in Deutschland überwiegend begrüßt aufgrund

▶ des gestiegenen Kapitalbedarfs international operierender Unternehmen, für dessen Befriedigung der deutsche Kapitalmarkt sich als zu klein erwies,

▶ der zunehmenden internationalen Verflechtung deutscher Unternehmen, infolge derer ausländische shareholder und stakeholder eine Abschlusserstellung nach internationalen Standards verlangen,

- des Bedürfnisses nach Durchführung eines grenzüberschreitenden, jahresabschlussgestützten Benchmarkings mit ausländischen Konkurrenten,
- des Erfordernisses einer erhöhten Steuerungsrelevanz der externen Rechnungslegung im Rahmen der integrierten Unternehmensplanung.

Insbesondere wurden Verbesserungen für Controlling und Reporting dergestalt erwartet, dass eine (externe) Rechnungslegung nach IAS/IFRS höhere Kongruenzen mit Konzepten der (internen) Betriebsbuchhaltung aufweist, das traditionelle „Nebeneinander" des externen und internen Rechnungswesens überwunden wird und in ein „Einheitssystem" mündet, das auch mit dem Akronym „**Biltrolling**" umschrieben wird. Die IAS/IFRS begünstigen dies durch eine stärkere Hervorhebung

- von Rechengrößen der **Zahlungsmittelebene** (Verwendung von Cashflows anstelle von Jahresüberschüssen als Erfolgsmaße) sowie
- des (Ansatz- bzw. Ausweis-)Kriteriums der **Betriebsnotwendigkeit** von Vermögenswerten,
- von **Marktwerten** (**fair values**) anstelle von Buchwerten auf Basis historischer Anschaffungskosten,

und damit eine vermehrte Berücksichtigung von **kalkulatorischen** Elementen und Opportunitätskosten – also von Konzepten der internen Rechnungslegung – in der externen Rechnungslegung. Die IAS/IFRS gestatten jedenfalls unter bestimmten Bedingungen oder schreiben vor,

- den im Rahmen der Wertminderungstests nach IAS 36 zu beziffernden sog. „value in use" als Barwert der künftigen Cashflows anzusetzen,
- nur zur Renditeerzielung gehaltene Immobilien (IAS 40) und zur Veräußerung oder Stilllegung bestimmte Vermögenswerte (IFRS 5) separat auszuweisen und nach besonderen Regeln zu bewerten,
- bestimmte Vermögensgegenstände mit dem beizulegenden Zeitwert (Wiederbeschaffungswert) unabhängig vom Überschreiten der Anschaffungskosten anzusetzen (sog. „revaluation model" nach IAS 16),
- folglich auch Abschreibungen vom Wiederbeschaffungswert vorzunehmen sowie
- die Nutzungsdauer nicht an steuerlichen Vorschriften, sondern an der betriebsüblichen Praxis auszurichten.

So wird ein Übergang zu den IAS/IFRS in der externen Rechnungslegung insbesondere bei den Positionen zwei bis sechs in der vorstehenden Abbildung 158 eine Angleichung von externem und internem Rechnungswesen bedingen, da diese der Vorgehensweise in der Kostenrechnung entsprechen oder eine solche zumindest als Wahlrecht zulassen.

Der wesentliche Abschlussadressat in der IAS/IFRS-Welt ist der **Investor** bzw. potenzielle Investor und nicht der Gläubiger. Aus diesem Grund steht auch nicht das Vorsichtsprinzip im Vordergrund, sondern das Gebot der Wesentlichkeit, der Entscheidungsnützlichkeit und der möglichst wahrheitsgetreuen i. S. von realistischen Darstellung.

Die Umbenennung der International **Accounting** Standards in International Financial **Reporting** Standards deutet auf das überragende Ziel der Entscheidungsunterstützung der Kapitalmarktteilnehmer hin. Im Hinblick auf die wachsende Bedeutung der Kapitalmärkte und ihrer Funktionsfähigkeit rückt das Ziel der Investor Relations und damit die Bereitstellung zusätzlicher und transparenterer Information immer mehr in den Vordergrund („Kundenorientierung der Rechnungslegung").

| ABB. 159: | Wesentliche Unterschiede zwischen HGB und IAS/IFRS | |
|---|---|---|
| Beurteilungskriterium | HGB | IAS/IFRS |
| Rechtlicher Regulierungsgrad der Rechnungslegung | Gewachsenes kodifiziertes Bilanzrecht, detaillierte gesetzliche Vorschriften („code law") | Vielzahl von Einzelregelungen und Einzelfallentscheidungen („case law", „cookbook accounting") |
| Träger der Entwicklung der Rechnungslegungssysteme | Gesetzgeber; zunehmend auch privatrechtliche Standardsetzer unter öffentlicher Aufsicht (DRSC) | Privatrechtliche Standardsetzer, Berufsverbände, Fachorganisationen, Aufsichtsbehörden im Rahmen eines Standardsetzungsprozesses unter Beteiligung der Öffentlichkeit |
| Eigentums- und Finanzierungsstruktur der Unternehmen | Hausbankenfinanzierung als primäre Finanzierungsform, erheblicher Bankeneinfluss; relativ unbedeutende Rolle der privaten Anleger und der Kapitalmärkte, hohe Fremdkapitalquote | Hochentwickelter Aktienmarkt mit breiter Streuung der Aktien; erhebliche Bedeutung von Industrieanleihen, Dominanz der Aktionärsinteressen, hohe Eigenkapitalquote |
| Adressaten der Bilanzierung | Gläubiger, Anteilseigner, Geschäftspartner, Mitarbeiter (Stakeholder-Prinzip) | Anteilseigner, potenzielle Investoren (Shareholder-Prinzip) |
| Zielsetzung der Bilanzierung | Gläubigerschutz, Ermittlung des ausschüttungsfähigen Gewinns unter Kapitalerhaltungsaspekten | Investorenschutz, Vermittlung von relevanten Informationen als Entscheidungsgrundlage für die Anleger |
| Dominierender Rechnungslegungsgrundsatz | Vorsichtsprinzip, daraus resultierend Realisations-, Imparitäts- und Anschaffungskostenprinzip, primär statische Bilanzkonzeption | „Fair presentation" sowie „accrual principle" (periodengerechte Gewinnermittlung); „Stetigkeit", „Wesentlichkeit" und „Entscheidungsnützlichkeit" aus Investorensicht, primär dynamische Bilanzkonzeption |
| Verhältnis von handels- und steuerrechtlichem Abschluss | Vereinzelt noch Maßgeblichkeit der Handels- für die Steuerbilanz, z. B. indem AfA-Tabellen oder GWG-Abschreibung als mit handelsrechtlichen GoB konform anerkannt werden, seit BilMoG weit überwiegend separate Vorschriften | Kein Einfluss; Handels- und Steuerbilanz werden separat erstellt und stehen selbständig nebeneinander |
| Verhältnis von Einzel- und Konzernabschluss | Traditionell dominiert Einzelabschluss; Bedeutung des Konzernabschlusses hat erheblich zugenommen | Konzernabschluss dominiert seit jeher; grundsätzlich aber keine getrennten Vorschriften |

Durch die allgemeine „Internationalisierungs- und Harmonisierungseuphorie" wurde die Erwartung genährt, dass die Informationen eines IAS-/IFRS-Abschlusses durch deren Marktnähe objektiver seien als nach den herkömmlichen HGB-Regeln, die zahlreiche Bilanzierungs- und Bewertungswahlrechte beinhalten.

Leider hat sich diese Hoffnung als illusorisch erwiesen. Vielmehr enthalten aufgrund des verstärkten Zukunftsbezugs sowie der Orientierung an volatilen Marktwerten auch die IAS/IFRS zahlreiche **Ermessens- und Gestaltungsspielräume**.

| ABB. 160: | Bedeutende Ermessensspielräume der IAS/IFRS |
|---|---|
| **Bilanzposition** | **Ermessensspielraum der IAS/IFRS** |
| Immaterielle Vermögenswerte | ▶ Differenzierung zwischen (nicht aktivierungsfähiger) Forschung und (aktivierungsfähiger bzw. -pflichtiger) Entwicklung (IAS 38.45)<br>▶ Voraussetzungen für das Vorliegen zu aktivierender Entwicklungskosten, z. B. zuverlässige Schätzung und Abgrenzung der Kosten, wahrscheinlicher künftiger Nutzenzufluss (IAS 38.57 ff.)<br>▶ Zulässigkeit des Neubewertungsmodells bei Vorhandensein eines „aktiven Markts" (IAS 38.72)<br>▶ Bestimmung des höheren Zeitwerts bei der Neubewertung (IAS 38.75 ff.)<br>▶ Bestimmung der Nutzungsdauer (IAS 38.88 ff., 38.107 ff.) |
| Sachanlagen | ▶ Bestimmung der „Betriebsnotwendigkeit" von Gebäuden sowie Ermittlung des Marktwerts (IAS 40.7 ff., 40.33 ff.)<br>▶ Einbezug von Fremdkapitalzinsen in die Anschaffungs-/Herstellungskosten (IAS 23.7 und 23.10 ff.)<br>▶ Bestimmung der tatsächlichen Nutzungsdauer und des Nutzungsverlaufs (IAS 16.50 ff.)<br>▶ Zerlegung der Sachanlage in Komponenten und Bestimmung von deren Nutzungsdauer (IAS 16.13)<br>▶ Ansatz selbst erstellter Sachanlagen bei wahrscheinlichem künftigen Nutzenzufluss (IAS 16.7)<br>▶ Zulässigkeit des Neubewertungsmodells bei Vorhandensein eines „aktiven Markts" (IAS 16.29)<br>▶ Bestimmung des höheren Zeitwerts bei der Neubewertung (IAS 16.31 ff.)<br>▶ Vorliegen des wirtschaftlichen Eigentums beim Leasing (IAS 17.4 ff.)<br>▶ Ermittlung des „erzielbaren Betrags", bzw. des „Nutzungswerts" (IAS 36.25 ff., 36.30 ff.)<br>▶ Identifikation von „zahlungsmittelgenerierenden Einheiten" im Rahmen des Wertminderungstests (IAS 36.18 ff.) |
| Vorräte | ▶ Zulässigkeit von Bewertungsvereinfachungsverfahren für gleichartige Vermögensgegenstände (IAS 2.25 ff.)<br>▶ Bewertung von langfristigen Fertigungsaufträgen nach der „percentage-of-completion-Methode" (IAS 11)<br>▶ Notwendigkeit einer verlässlichen Schätzung des Auftragsergebnisses bei langfristiger Fertigung (IAS 11.22 ff.) |
| Rückstellungen | ▶ Schätzung zukunftsbezogener Parameter bei der Bewertung der Pensionsrückstellungen (IAS 19.72 ff.)<br>▶ Trennung von Eventualverbindlichkeiten und Rückstellungen (IAS 37.28)<br>▶ Schätzung der „überwiegenden Wahrscheinlichkeit" als Ansatzkriterium und des „wahrscheinlichen Betrags" als Bewertungskriterium (IAS 37.36 ff.)<br>▶ Unbestimmter Begriff der „Restrukturierungsrückstellung" (IAS 37.70 ff.)<br>▶ Überprüfung und Anpassung des Rückstellungsbetrags; Auflösung, falls Eintrittswahrscheinlichkeit unter 50 % geschätzt wird (IAS 37.59) |

Mit dem Übergang zu IAS/IFRS wird das externe Rechnungswesen künftig die Steuerungsfunktion des Controllings durch Bereitstellung dispositionsrelevanter Daten wirksamer unterstützen können. Um nur einige Beispiele zu nennen, kann

- die nach IFRS 8 aufzustellende Segmentberichterstattung als Datengrundlage für das strategische Geschäftsfeld-Controlling dienen,
- die Zeitwertermittlung für Renditeimmobilien auf Basis der Daten der internen Projektplanung erfolgen,
- die Abgrenzung der Zahlungsmittel generierenden Einheiten auf Grundlage der in der mehrstufigen Deckungsbeitragsrechnung identifizierten Abteilungen und Bereiche durchgeführt werden,
- der Barwertermittlung bei der Bewertung von Leasingverhältnissen die Daten der dynamischen Investitionsrechnung im Zuge einer make-or-buy-Analyse zu Grunde gelegt werden.

## 2.2 „Basel II"-Problematik

Die Unternehmensleitung muss die Versorgung des Unternehmens mit ausreichenden und kostengünstigen **Finanzmitteln** sicherstellen; das Controlling fungiert auch hierbei als Dienstleistungsinstanz. Unabhängig von der beabsichtigten Aufnahme von **Eigenkapital** oder **Fremdkapital** hat der Jahresabschluss stets eine bedeutende Signalfunktion gegenüber den Kapitalgebern inne.

Bei der Aufnahme von **Eigenkapital** (Aufnahme neuer Gesellschafter, Kapitalmarktemissionen) besteht das liquiditäts- und rentabilitätswirksame Ziel der Realisierung eines möglichst hohen Ausgabepreises zu Gunsten des gezeichneten Kapitals bzw. der Einstellung eines Agios in die Kapitalrücklage. Um eine Emission bei den Anlegern unterzubringen, ist ein positives Urteil der Finanzanalysten und der begleitenden Banken notwendig.

Grundlage dieses Urteils ist nicht zuletzt die Analyse der Jahresabschlüsse. Interesse finden hierbei u. a. als bewertungsrelevante Faktoren im Rahmen einer Risikoanalyse seitens der potenziellen Investoren

- die Eigenkapitalquote als Maßstab der Haftungssubstanz der Unternehmung und des Überschuldungsrisikos,
- Liquiditätsgrade als Maßstäbe des Risikos eines künftigen Zahlungsunvermögens,
- die Deckung der durch Anlageinvestitionen verursachten Mittelverwendung durch langfristiges Kapital als Maßstab des Refinanzierungsrisikos,
- die Anlagenintensität als Maßstab für das Amortisations- und Auslastungsrisiko,
- die Vorrats- bzw. Forderungsintensität als Maßstab für das Kapitalbindungs- und Verwertungs- bzw. Ausfallrisiko,

und insbesondere naturgemäß der Jahresüberschuss (als absolute Größe des Überschusses der Erträge über die Aufwendungen) und die Rentabilität (als relative Größe des Jahresüberschusses in Bezug zu einer Bestandsgröße).

Die Realisierung günstiger **Emissionsbedingungen** ist von – aus Sicht der Investoren – „wünschenswerten" Jahresabschlussstrukturen (Bilanzrelationen) abhängig. Die Geschäftsführung muss daher vor einer Ankündigung und Verfolgung eines Emissionsvorhabens „die Braut herausputzen", d. h. einen vorteilhaften Jahresabschluss durch geeignete Bilanzstrukturpolitik erzeugen. Also ist es bedeutsam, sich mit entsprechenden Maßnahmen des sog. „window dressings" vertraut zu machen.

Bei der **Fremdkapitalaufnahme** von Kreditinstituten besteht in gleicher Weise das unternehmensseitige Interesse, möglichst zinsgünstige Konditionen zu realisieren. Auch sehen sich Kreditnehmer zunehmend der Vereinbarung von sog. **financial covenants** ausgesetzt. Dies sind Verpflichtungen des Kreditnehmers, bestimmte Kennzahlen beispielsweise zum Eigenkapital, zum Erfolg oder zur Liquidität einzuhalten. Werden diese nachhaltig verletzt, so ist das Kreditinstitut häufig berechtigt, den Kredit zu kündigen oder nur zu für den Kreditnehmer ungünstigen Konditionen fortzuführen.

In diesem Zusammenhang ist die risikoorientierte Eigenkapitalunterlegung von Kreditrisiken bei den Kreditinstituten bedeutsam. Je höher diese ist, umso „teurer" wird für die Bank der Firmenkundenkredit, und umso mehr Kosten werden auf das kreditnehmende Unternehmen überwälzt.

Der seit 1988 gültige **Basel I-Akkord** des bei der Bank für Internationalen Zahlungsausgleich angesiedelten **Baseler Ausschusses für Bankenaufsicht**, einem Gremium der Zentralbanken der wichtigsten Industriestaaten, sah eine Mindesteigenkapitalausstattung für Kreditinstitute in Höhe von 8 % ihrer sog. gewichteten Risikoaktiva zur Abdeckung des Kreditausfallrisikos vor. Dies galt unabhängig vom individuellen Risiko des jeweiligen Kreditnehmers gem. der im sog. **Grundsatz I des Kreditwesengesetzes** (KWG) kodifizierten Formel:

| Kreditbetrag · pauschales Risikogewicht · Solvenzkoeffizient (8 %). |
|---|

Mit den Zielen

▶ einer größeren Bonitätsdifferenzierung der Kreditnehmer und

▶ der Anreizschaffung für risikobewusstere Kreditstrategien der Banken

wurden die Bestimmungen des **Basel II-Akkords** in den EU-Mitgliedstaaten nach Maßgabe der Richtlinien 2006/48/EG und 2006/49/EG in Kraft gesetzt.

Das Basel II-Papier umfasste drei Säulen, welche die Stabilität des Bankensystems gewährleisten sollen, deren wichtigste die **Mindesteigenkapitalanforderungen** bilden.

## Controllingrelevante Tendenzen im externen Rechnungswesen — KAPITEL III

**ABB. 161:** Systematik des Basel II-Akkords

**BASEL-II-AKKORD**

| Säule 1 | Säule 2 | Säule 3 |
|---|---|---|
| „Minimum Capital Requirements" | „Supervisory Review of Capital Adequacy" | „Market Discipline" |
| Quantitative Eigenkapitalanforderungen nach Kreditrisiko, Marktrisiko, operationellem Risiko | Rechte und Pflichten der nationalen Aufsichtsinstanzen zur Wahrung der Basel II-Standards | Erweiterte Offenlegungsempfehlungen und -vorschriften zur Schaffung erhöhter Transparenz |

**STABILITÄT DES BANKENSYSTEMS**

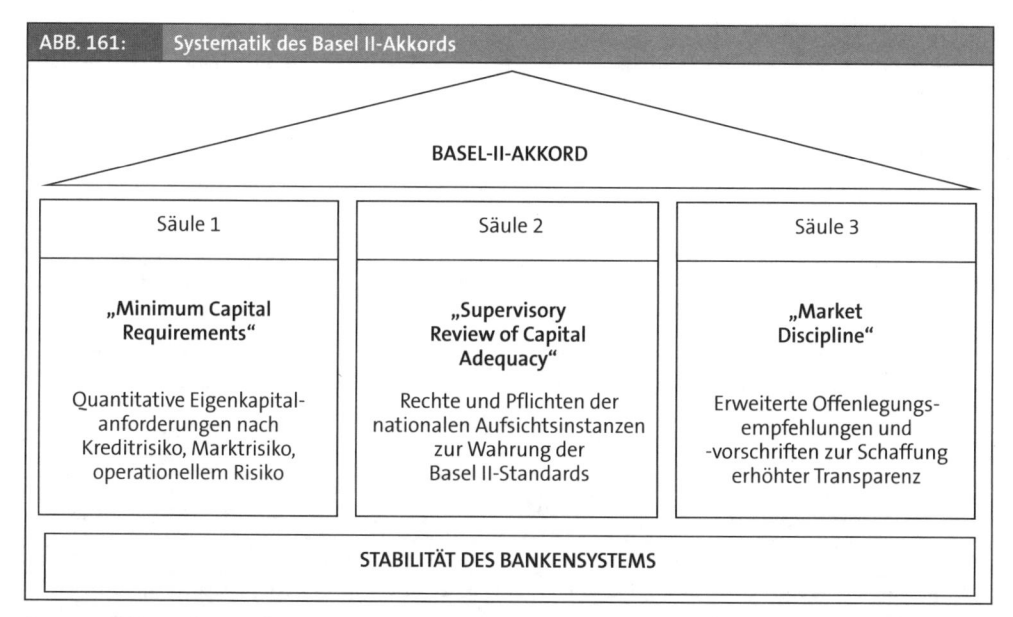

Der von den Banken verlangte Faktor zur Eigenkapitalunterlegung für das Kreditgeschäft ist mit einem **individuellen Bonitätsgewichtungsfaktor** je nach Risikoeinstufung des Kreditnehmers zu multiplizieren. Die Formel lautet also

> Kreditbetrag · individuelles Risikogewicht · Solvenzkoeffizient (8 %).

Die individuelle Risikoeinstufung ist das Ergebnis eines **Ratings**. Der Rating-Begriff leitet sich aus dem englischen Verb „to rate" ab und bedeutet „einschätzen" oder „bewerten". Ratings sind demnach Instrumente, die der Klassifizierung von Unternehmen (oder Privatpersonen) in eine bestimmte Rangordnung anhand bestimmter Merkmalsausprägungen dienen.

Relevante Merkmale stellen vor dem Hintergrund des Erkenntnisziels **„Kapitaldiensttilgungsfähigkeit"** vor allem die Erfolgs- und Finanzlage dar. Auf Basis qualitativer Unternehmensbeurteilungen und statistischen Materials wird möglichst nur eine einzige Zielgröße – entsprechend einer Gesamtnote – generiert.

In Abhängigkeit von der Institution, die das Rating durchführt, werden unterschieden:

- **Externe** Ratings werden auf Initiative des analysierten (zu „ratenden") Unternehmens durch eine externe Instanz (die Rating-Agentur) erstellt. Aufgrund der Spezialisierung der Rating-Agenturen kommen nicht nur komplizierte mathematisch-statistische Verfahren zur Anwendung, es ist auch die Ermittlung von Branchenvergleichswerten oder Benchmarks möglich. Individuell gewachsene Anschauungen über Unternehmensinterna fehlen jedoch zumeist.
- **Interne** Ratings werden von der kreditgebenden Institution selbst durchgeführt. Diese sind häufig statistisch weniger ausgefeilt, es werden jedoch profunde individuelle Kenntnisse des Kreditgebers über den Kreditnehmer in das Bonitätsurteil einbezogen.

In den USA ist aufgrund der hohen Bedeutung der Kapitalakquisition an Wertpapiermärkten das externe Rating weit verbreitet. Die prominentesten Rating-Agenturen sind Standard & Poor´s, Moody´s sowie Fitch. In Deutschland überwiegt bislang die Finanzierung mit Fremdkapital durch Kreditinstitute (Hausbankenprinzip). Auch aufgrund der mit einem externen Rating verbundenen hohen Kosten wird das Rating zumeist durch die kreditgebende Bank durchgeführt, also im Wege eines internen Ratings.

Bei Anwendung des sog. **Standardverfahrens (externes Rating)** bemisst sich die Höhe des Risikogewichtungsfaktors nach dem Ergebnis des durch die Agentur vorgenommenen Ratings. Hierbei gilt i. A. a. die Notation der Agentur Standard & Poor´s:

| ABB. 162: | Risikogewichtungsfaktoren bei Anwendung des Standardverfahrens gem. Basel II | | | | | | |
|---|---|---|---|---|---|---|---|
| Rating | | AAA bis AA- | A+ bis A- | BBB+ bis BBB- | BB+ bis BB- | B+ bis B- | unter B- | ohne |
| Staaten | | 0 % | 20 % | 50 % | 100 % | 100 % | 150 % | 100 % |
| Banken **) | Option 1: Bonität der Staaten | 20 % | 50 % | 100 % | 100 % | 100 % | 150 % | 100 % |
| | Option 2: Bonität der Bank | 20 % | 50 % | 50 % | 100 % | 100 % | 150 % | 50 % *) |
| Unternehmen | | 20 % | 50 % | 100 % | 100 % | 150 % | 150 % | ≥100 % |

*) Nicht geratete Forderungen an Banken können niedrigere Risikogewichte als die des Sitzlands erhalten.
**) Die nationale Aufsichtsinstanz muss zwischen den Optionen 1 (Bonität des Sitzlands der Bank) und 2 (individuelle Bonität der Bank) wählen, die dann für alle Banken in ihrem Aufsichtsbereich gilt.

Quelle: *Monatsberichte der Deutschen Bundesbank*, September 2004, S. 77.

Ein Bonitätsgewicht von 100 % besagt, dass ein Risiko in der Berechnung der risikogewichteten Aktiva mit dem vollen Wert berücksichtigt wurde. Dies spiegelt sich wiederum in einer Eigenkapitalquote von 8 % wider. Analog hierzu führt ein Risikogewicht von 20 % zum Erfordernis einer Eigenkapitalunterlegung von 1,6 %. Andererseits führt ein Rating von B oder schlechter zu einem Risikogewicht von 150 % und zum Erfordernis einer Eigenkapitalunterlegung von 12 %, d. h., zur 7,5-fachen Eigenkapitalunterlegung wie bei einem Rating von AAA.

Mit dem sog. **„IRB-Ansatz"** („Internal Ratings-Based Approach") wird der Bank bei Erfüllung bestimmter Mindestanforderungen ermöglicht, bei der Risikoermittlung interne Verfahren anzuwenden. Ein externes Rating muss insoweit nicht durchgeführt werden. Diese Alternative wurde insbesondere auf politischen Druck aus Deutschland mit Blick auf die geringe Verbreitung externer Rating-Agenturen und die hohen Kosten des Ratings nachträglich zugelassen. Angesichts des üblichen „Hausbankenprinzips" verfügt die Bank auch über fundiertere individuelle Kreditnehmerinformationen als externe Agenturen.

Der IRB-Ansatz trennt Forderungen an Staaten, Kreditinstitute, sonstige Unternehmen, an Privatkunden sowie Anteils- und Beteiligungsbesitz. Jeder Forderungsklasse werden spezifische Berechnungsansätze zugeordnet. Kredite an Unternehmen, Banken und Staaten werden methodisch ähnlich behandelt. Für Unternehmen erfolgt eine weitere Differenzierung nach der Unter-

## Controllingrelevante Tendenzen im externen Rechnungswesen — KAPITEL III

nehmensgröße und der Bilanz- bzw. Kreditsumme. Des Weiteren werden die folgenden Risikokomponenten unterschieden:

- **Ausfallwahrscheinlichkeit** oder „Probability of Default" (PD), d.h. das Risiko, dass ein Kreditnehmer unter Berücksichtigung bestimmter Kriterien ausfällt. Als Ausfallkriterium gilt z.B. ein Zahlungsverzug von 90 Tagen oder die Vornahme von Einzelwertberichtigungen,
- **Verlust bei Ausfall** oder „Loss given Default" (LGD), d.h. der Erwartungswert des Verlusts zum Zeitpunkt des Ausfalls (nach Verwertung von Sicherheiten und/oder Garantien) als Prozentsatz der ausstehenden Forderung,
- **Höhe der ausstehenden Forderung** oder „Exposure at Default" (EAD), d.h. der Absolutwert der erwarteten ausstehenden Forderung gegenüber dem Schuldner,
- **Restlaufzeit des Kredits** oder Maturity (M).

Die Schätzung der Ausfallwahrscheinlichkeit erfolgt in zwei Schritten. Im ersten Schritt wird der Kreditnehmer einer Ratingklasse zugeordnet. Danach wird durch die Bank jede einzelne Ratingklasse auf Basis historischer Ausfalldaten konservativ für den Zeithorizont von einem Jahr geschätzt. Durch die Zugehörigkeit zu einer Ratingklasse wird der Kreditnehmer mit einer individuellen Ausfallwahrscheinlichkeit versehen. Diese wird abschließend in eine von der Aufsichtsbehörde vorgegebene Formel eingesetzt, so dass sich das entsprechende Risikogewicht ermitteln lässt.

Während bei Anwendung des Standardansatzes jedem Unternehmen ein diskretes Risikogewicht von 0 - 150 % zugewiesen wird, sind die Risikogewichte beim IRB-Ansatz wesentlich stärker gespreizt, und zwar von 14 % - 625 %. Die Prozentsätze werden auf den Standard-Eigenkapitalsatz von 8 % angewandt, so dass sich Eigenkapitalunterlegungen von 1,12 % bis zu 50 % der Kreditsumme ergeben können (am Beispiel eines erwarteten LGD beim Ausfall von 50 %).

Damit werden Anreize zur Verwendung des Standardansatzes geschaffen. Die vergleichsweise starke Steigung zu Beginn der Kurve weist im Übrigen darauf hin, dass bereits durch eine marginal höhere Schätzung der Ausfallwahrscheinlichkeit das Risikogewicht und damit das erforderliche Mindesteigenkapital überproportional zunimmt.

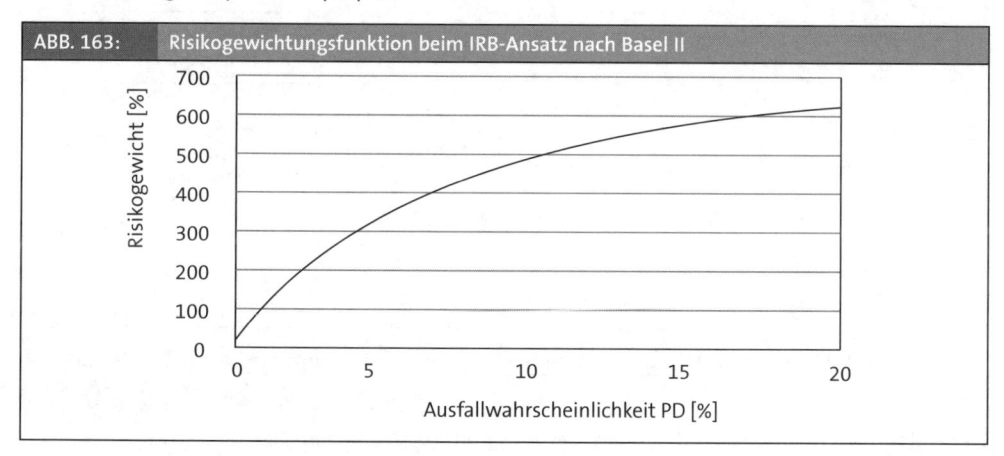

**ABB. 163:** Risikogewichtungsfunktion beim IRB-Ansatz nach Basel II

Quelle: *Basler Ausschuss für Bankenaufsicht*: Konsultationspapier – Die Neue Basler Eigenkapitalvereinbarung, S. 39.

Beim IRB-Ansatz ist also die Risikogewichtung weitaus differenzierter als bei der Standardmethode, wodurch einerseits bei besserer Bonität eine deutlich geringere Eigenkapitalhinterlegung erreicht werden kann, diese sich jedoch andererseits bei steigenden Ausfallrisiken erheblich erhöht.

Da die Banken – wie andere erwerbswirtschaftliche Unternehmen auch – nur über ein begrenztes Eigenkapitalvolumen verfügen, stehen diese vor der Alternative,

▶ entweder über Risikoselektion und Gewährung von Krediten nur an „erste Adressen" das Kreditvolumen bei vorgegebenem Eigenkapital zu maximieren, oder

▶ Kredite auch an risikoreichere Adressen zu vergeben und folglich das mögliche Kreditvolumen einzuschränken, diesen negativen Mengeneffekt aber über einen überproportional ansteigenden Zinssatz i. S. einer „Risikoprämie" zu kompensieren.

Eine unzureichende Differenzierung der Kreditkonditionen zwischen Kreditkunden guter und schlechter Bonität begünstigt das Phänomen der sog. **adversen Selektion**. Die Kunden mit guter Bonität müssen einen eigentlich zu hohen Kreditpreis bezahlen, da sie das Risiko von schlechten Kunden mittragen, die eigentlich zu wenig bezahlen. Daher wandern die guten Kunden zu einer Bank ab, die die Konditionen ihrer Bonität anpasst. Die Kreditnehmer mit schlechter Bonität jedoch werden bei der undifferenziert bepreisenden Bank verbleiben, da sie hier von verhältnismäßig günstigen Konditionen profitieren.

Für diese Bank bedeutet dies nunmehr, dass sich die Qualität ihres Kreditportfolios verschlechtert und sie die Kreditkonditionen für das ganze Portfolio anheben muss. Danach wandert wiederum der bessere Teil des Portfolios ab und so weiter. Der Kreditzins richtet sich somit an der Bonität des Kunden aus und wird zwischen den einzelnen Kreditnehmern gespreizt. „Basel II" bedeutet somit weniger „Kreditverknappung" als „Kreditverteuerung", jedenfalls für den schlecht gerateten Kreditkunden.

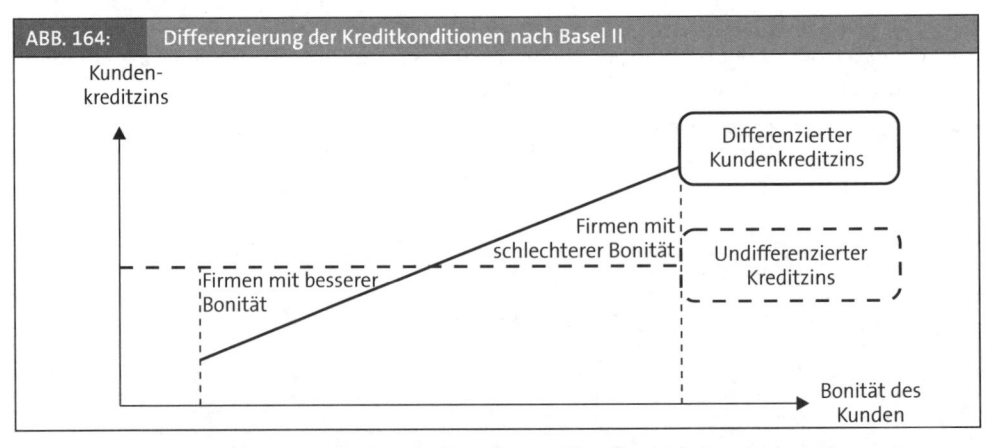

**ABB. 164:** Differenzierung der Kreditkonditionen nach Basel II

Quelle: I. A. a. *Hofmann* (Hrsg.): Auf dem Weg zu Basel II – Konzepte, Modelle, Meinungen, Frankfurt (Main) 2001, S. 17.

Der Nachfolgeakkord „**Basel III**" ändert an der bonitätsorientierten Differenzierung der Kreditkonditionen im Grundsatz nichts. Vor dem Hintergrund der aktuellen Wirtschafts- und Finanzmarktkrise soll bewirkt werden, dass das globale Bankensystem über ausreichend „qualitativ hochwertiges Eigenkapital" verfügt. Kern der Neuregelungen ist demnach eine Aufstockung der sog. **Kernkapitalquote** („common equity tier"), d. h., insbesondere des Anteils an Aktienkapital und Gewinnrücklagen an der Bilanzsumme.

## 2.3 Rating als Handlungsfeld des Controllings

Unternehmen müssen im Basel II-Regime ein vitales Interesse entwickeln, „gut" geratet zu werden, um günstige Kreditkonditionen erzielen zu können. Sie dürfen ein Rating nicht über sich „ergehen" lassen, sondern haben sich aktiv um eine transparente Kreditnehmerbeziehung zu bemühen, um ihre Verhandlungsposition gegenüber den Banken zu optimieren.

Deshalb empfiehlt es sich, die für das Rating benötigten Informationen einer vorherigen, internen **Schwachstellenanalyse** zu unterziehen und zu validieren, ob ein späteres Rating erfolgreich absolviert werden kann. Nach einer Beseitigung ggf. aufgedeckter Schwachstellen wird das Unternehmen dem tatsächlichen Rating, bestehend aus einem Ratinggespräch der Bank bzw. des Analysten mit dem Unternehmen und einer Auswertung der übermittelten Unternehmensdaten unterzogen. Hier bedarf es vor allem einer professionellen, adressatengerechten Aufbereitung und Präsentation des geforderten Datenmaterials. Das Controlling ist diesbezüglich wiederum als Serviceinstanz gefordert.

Dabei stellen interne Ratings bei Kreditinstituten **kein Neuland** dar; sie sind im Rahmen der seit langem geltenden bankaufsichtsrechtlichen Anforderungen des **§ 18 KWG** vorzunehmen.

Die Vorlage eines **zeitnahen Jahresabschlusses** des Kreditnehmers bildet jedenfalls auch weiterhin einen bedeutenden Bestandteil der Kreditprüfung. Seine Aufbereitung und Auswertung sowie die Hinzuziehung weiterer Daten gehören zu den unabdingbaren Maßnahmen zur Prüfung des Kreditantrags und allen wesentlichen Kreditentscheidungen während der Kreditlaufzeit. Weiteren Unterlagen wie z. B.

▶ Nachweisen über Auftragsbestände und Umsatzzahlen, Markt- und Branchenanalysen,
▶ betriebswirtschaftlichen Auswertungen (BWA),
▶ Umsatzsteuervoranmeldungen, Zwischenabschlüssen,
▶ Erfolgs- und Liquiditätsplänen,
▶ Investitions- und Kapitalbedarfsplänen

kommt allerdings eine erhöhte Bedeutung zu. Sie ergänzen den Jahresabschluss nicht mehr nur, sondern stehen gleichwertig neben ihm. Weitere Aufschlüsse über die wirtschaftliche Situation ergeben sich aus der Entwicklung der Eingänge auf den Bankkonten sowie durch Überwachung der Bankkonten auf unübliche Transaktionen.

Die Auswertung dieser Unterlagen durch das Kreditinstitut hat zukunftsgerichtet zu erfolgen, insbesondere sind die Unterlagen auf Plausibilität und innere Widersprüche zu überprüfen und ggf. mit anderweitigen Erkenntnissen der Bank abzugleichen.

Ziel muss es sein, eine Krise bereits im frühestmöglichen Stadium zu erkennen. Dies ist allein anhand jahresabschlussbezogener Informationen nicht möglich, da diese lediglich Spätindikatoren indizieren. Der Krisenbeginn im strategischen Stadium ist durch Jahresabschlussdaten nicht einsehbar.

Strategische Krisen betreffen die schleichende Erosion oder auch plötzliche Zerstörung zentraler Erfolgspotenziale des Unternehmens wie Innovativität, Qualität oder Preiswürdigkeit der Leistungen. Sie resultieren z. B. aus einem Verpassen des technologischen Anschlusses oder einer nicht zielgruppengerechten Marketingstrategie. Bei operativen Krisen bestehen Mängel vor allem im Bereich der Leistungserstellung, z. B. Abhängigkeiten von Lieferanten, Mängel in der Produktivität oder Fehlkalkulationen.

Die operative Krise mündet in rückläufige (absolute) Erfolgs- bzw. (relative) Rentabilitätskennzahlen. Hieraus folgen eine Auszehrung der Eigenkapitaldecke und das Erfordernis einer verstärkten Mittelaufbringung im Wege der Fremdfinanzierung. Bei anhaltender Erfolglosigkeit kommt es zum Unvermögen, fällige Zahlungsverpflichtungen zu erfüllen.

**ABB. 165: Krisenarten und deren Chronologie**

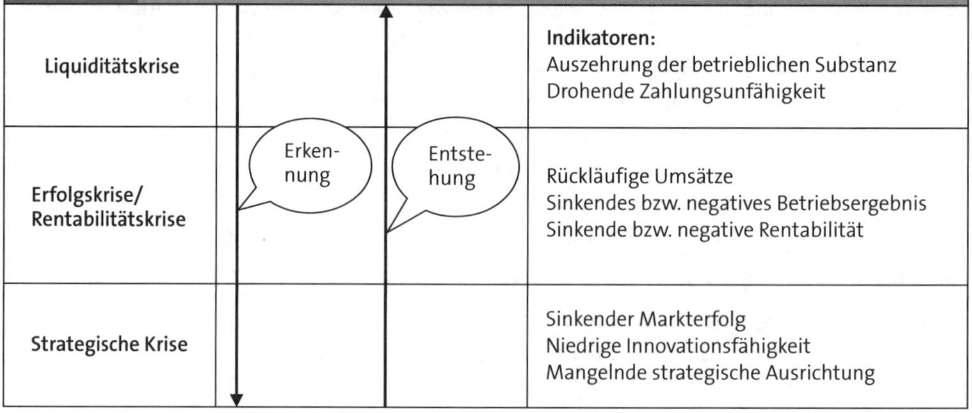

| Krisenart | | | Indikatoren |
|---|---|---|---|
| Liquiditätskrise | | | Auszehrung der betrieblichen Substanz<br>Drohende Zahlungsunfähigkeit |
| Erfolgskrise/<br>Rentabilitätskrise | Erkennung ↑ | Entstehung ↓ | Rückläufige Umsätze<br>Sinkendes bzw. negatives Betriebsergebnis<br>Sinkende bzw. negative Rentabilität |
| Strategische Krise | | | Sinkender Markterfolg<br>Niedrige Innovationsfähigkeit<br>Mangelnde strategische Ausrichtung |

Auch wenn Krisenprozesse an sich höchst unterschiedlich verlaufen, so sind dennoch typische Signale vor Eintritt einer Unternehmenskrise feststellbar. So kann anhand der Entwicklung des ordentlichen Betrieberfolgs die Krisenfortschreitung des Unternehmens identifiziert werden.

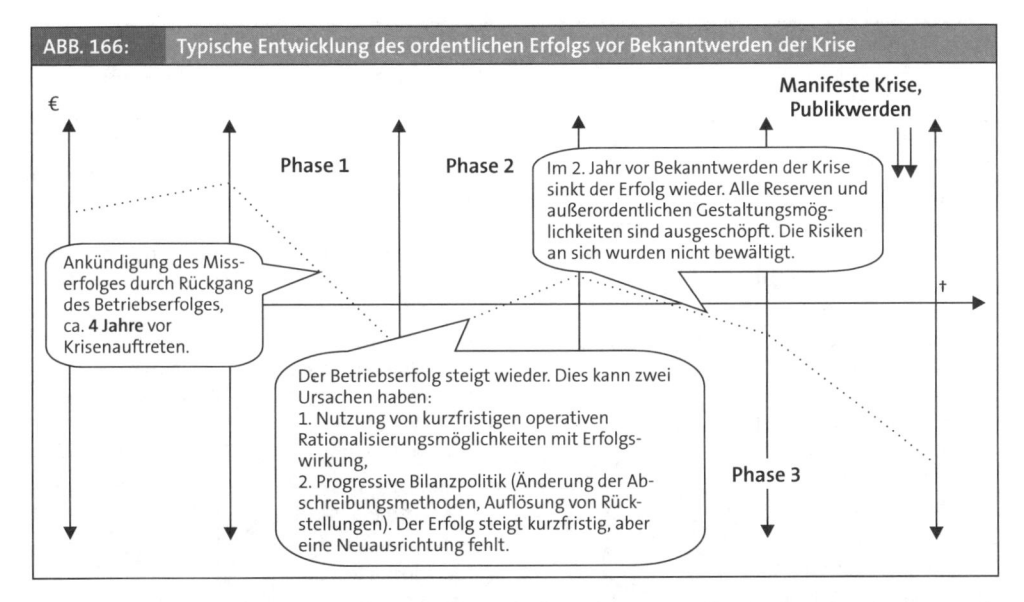

**ABB. 166: Typische Entwicklung des ordentlichen Erfolgs vor Bekanntwerden der Krise**

*Phase 1*

Ankündigung des Misserfolges durch Rückgang des Betriebserfolges, ca. **4 Jahre** vor Krisenauftreten.

*Phase 2*

Der Betriebserfolg steigt wieder. Dies kann zwei Ursachen haben:
1. Nutzung von kurzfristigen operativen Rationalisierungsmöglichkeiten mit Erfolgswirkung,
2. Progressive Bilanzpolitik (Änderung der Abschreibungsmethoden, Auflösung von Rückstellungen). Der Erfolg steigt kurzfristig, aber eine Neuausrichtung fehlt.

Im 2. Jahr vor Bekanntwerden der Krise sinkt der Erfolg wieder. Alle Reserven und außerordentlichen Gestaltungsmöglichkeiten sind ausgeschöpft. Die Risiken an sich wurden nicht bewältigt.

**Manifeste Krise, Publikwerden**

*Phase 3*

Quelle: I. A. a.: *Institut der Wirtschaftsprüfer* (Hrsg.), WP-Handbuch 2008, Band II, 13. Aufl., Düsseldorf 2008, Tz. F 32.

Die vorstehende Abbildung verdeutlicht, dass

▶ eine Krise viel früher beginnt, als sie wahrgenommen wird (Phase 1) sowie

▶ auf erste Krisenanzeichen z.T. überhastet und ohne ein ausgereiftes Sanierungskonzept reagiert wird (Phase 2).

Auf Basis dieser Erkenntnisse folgt, dass das **Ziel der Bonitätsanalyse** darin bestehen muss, ein möglichst umfassendes und aktuelles Bild über die Geschäftsverbindung des Kunden mit dem Kreditinstitut zu entwerfen. Alle wichtigen Leistungs- und Funktionsbereiche des Kreditnehmers müssen im Hinblick auf die wirtschaftliche Lage und deren voraussichtliche Entwicklung analysiert werden, um jene betrieblichen Risiken aufzudecken, die die Bonität beeinträchtigen können.

Die Bonitätsüberwachung kann auf bekannte Frühindikatoren zurückgreifen, die aus typischen krisenhaften Mustern entwickelt werden.

## ABB. 167: Ansatzpunkte zur Früherkennung von Bonitätsrisiken

| Allgemeine Verhältnisse | Finanzielle Verhältnisse | Kontoführung | Sicherheiten |
|---|---|---|---|
| ▶ Unübersichtliche Kreditanträge | ▶ Rückläufige Ertragskraft | ▶ Zunahme der Kontoüberziehungen, Kreditüberschreitungen | ▶ Wertänderungen bei belasteten Grundstücken |
| ▶ Verspätete Vorlage eingeforderter Unterlagen zur Bonitätsbeurteilung | ▶ Betriebsverluste mit nachfolgendem Eigenkapitalverzehr | ▶ Erhebliche Änderungen der Bankumsätze | ▶ Wertverfall bei sicherungsübereigneten Maschinen/Anlagen |
| ▶ Unvollständige Angaben über bestehende Verbindlichkeiten etc. | ▶ Rückläufige Umsätze, verschlechterte Kostensituation | ▶ Verspätete Zahlungen, Zahlungen mit Wechseln | ▶ Verschlechterung der Verwertbarkeit durch Branchenveränderungen |
| ▶ Häufiger Wechsel des Steuerberaters oder/und Rechtsbeistands | ▶ Anstieg der Vorrats- und/oder Forderungsbestände | ▶ Häufige Wechselprolongationen | ▶ Bonitätsverschlechterung bei abgetretenen Forderungen, Forderungsausfälle in größerem Umfang |
| ▶ Rechtsformänderung mit der Folge einer Haftungsbeschränkung | ▶ Unterlassung von Ersatzinvestitionen | ▶ Aufnahme neuer Bankverbindungen | |
| | ▶ Unterlassen notwendiger Wertberichtigungen | ▶ Auskunftsanfragen von dritter Seite | |
| ▶ Abweichungen vom bisherigen Verhalten gegenüber der Bank, Nichteinhaltung getroffener Vereinbarungen | ▶ Ansteigen des Verschuldungsgrads | ▶ Wechsel- oder Scheckproteste | ▶ Nachrangige Eintragung von Grundpfandrechten |
| | ▶ Erhöhte Liquiditätsanspannung | ▶ Pfändungen | |
| ▶ Gravierende Änderungen in der persönlichen Beurteilung | ▶ Wechsel von der konservativen zur progressiven Bilanzpolitik | | |
| ▶ Negative Äußerungen von dritter Seite | ▶ Undurchsichtige Änderungen in den Konzernbeziehungen (Beteiligungen, Kredite, Erlöse) | | |

Die empirische Insolvenzforschung liefert die Erkenntnis, dass das Hauptaugenmerk auf die Personen der Geschäftsführung, und zwar deren Persönlichkeit (charakterliche Mängel), Führungsstärke, fachliche Qualifikation sowie Branchenkenntnis gelegt werden muss („Der Fisch stinkt am Kopf zuerst"). So ergab eine empirische Langzeituntersuchung über Ursachen von Schieflagen die **Identifikation folgender relevanter Schwachstellen**:

▶ Mängel in der personellen Besetzung des Vorstands,

▶ Mängel in der Unternehmenskonzeption und Unternehmensführung,

▶ Mängel in der Geschäftsführung.

Die qualitative Bonitätsanalyse verfährt somit im Grunde **analog zur PEST-Analyse (externe Einflussfaktoren) und SWOT-Analyse (interne Einflussfaktoren)**. Die Klassifikation der Kreditnehmerunternehmen kann etwa durch folgenden Fragenkatalog unterstützt, standardisiert und insoweit auch einer Nachkontrolle zugänglich gemacht werden.

| ABB. 168: | Qualitative Rating-Kriterien | | | |
|---|---|---|---|---|
| Rating-Kriterium | | Kontrollfrage | Ja | Nein |
| **1 Management** | | | | |
| 1.1 Qualität der Geschäftsführung/ des Managements | 1.1.1 | Bestehen Zweifel hinsichtlich der persönlichen Eignung der Geschäftsführer/des Managements (z. B. Führungs- und Entscheidungsfähigkeit, Unternehmergeist, Lebensstil)? | | |
| | 1.1.2 | Bestehen Zweifel hinsichtlich der fachlichen Eignung der Geschäftsführer/des Managements (z. B. Berufsausbildung, Berufserfahrung, Branchenkenntnisse)? | | |
| | 1.1.3 | Ist die Organisationsstruktur der Größe und Komplexität des Geschäftsbetriebs unangemessen (z. B. Hierarchieebenen, Kompetenzregelungen)? | | |
| | 1.1.4 | Ist das Betriebsklima bedenklich (z. B. Motivation, Fluktuation, Anreizsysteme)? | | |
| | 1.1.5 | Bestehen Mängel bei der Personal- und/oder Arbeitsmittelausstattung? | | |
| | 1.1.6 | Bestehen akute bzw. absehbare Nachfolgeprobleme? | | |
| 1.2 Qualität des Rechnungswesens/ Controllings | 1.2.1 | Bestehen formelle Mängel im Rechnungswesen (z. B. sachliche und zeitliche Nähe und Chronologie, Belegprinzip)? | | |
| | 1.2.2 | Ist die Organisation des Rechnungswesens im Verhältnis zur Unternehmensgröße unangemessen? | | |
| | 1.2.3 | Fehlt der Einsatz wirksamer Steuerungs- und Überwachungsinstrumente (z. B. kurzfristige Erfolgsrechnung, Finanz- und Erfolgsplanung)? | | |
| | 1.2.4 | Bestehen Mängel in der Forderungsverwaltung und im Mahnwesen? | | |
| | 1.2.5 | Ist die Kostenrechnung mangelhaft (z. B. keine Kostenvor- und -nachkalkulation, fehlende unterjährige Kontrolle)? | | |
| | 1.2.6 | Bestehen keine konkret formulierten Markt- und Absatzziele mit mehrjährigem Planungshorizont bzw. fehlt deren Kontrolle und Abweichungsanalyse? | | |

| Rating-Kriterium | Kontrollfrage | | Ja | Nein |
|---|---|---|---|---|
| 2 Markt/Branche | | | | |
| 2.1 Markt-/Branchen-entwicklung | 2.1.1 | Ist der relevante Markt stark rückläufig und/oder durch Preisverfall gekennzeichnet? | | |
| | 2.1.2 | Sind maßgebliche neue Konkurrenten in den relevanten Markt eingetreten? | | |
| | 2.1.3 | Haben sich Marktanteile und Marktstruktur ungünstig entwickelt? | | |
| | 2.1.4 | Steht eine ungünstige Entwicklung des Produktlebenszyklus bevor (z. B. sinkender Gebrauchsnutzen, Kaufkraftrückgang, Substitutionsprodukte)? | | |
| | 2.1.5 | Sind relevante Standortfaktoren negativ zu beurteilen? | | |
| | 2.1.6 | Bestehen ungünstige staatliche Einflüsse und/oder andere Marktregulierungen? | | |
| 2.2 Konjunktur-abhängigkeit | 2.2.1 | Unterliegen die Produkte einer hohen Konjunkturabhängigkeit? | | |
| | 2.2.2 | Bestehen starke saisonale Abhängigkeiten bzw. Abhängigkeiten im modischen Bereich? | | |
| | 2.2.3 | Sind Auftragsentwicklung, Beschäftigungssituation und/oder Preisentwicklung negativ zu beurteilen? | | |
| 2.3 Abnehmer-/Lieferantenstreuung | 2.3.1 | Bestehen Abhängigkeiten von wenigen Großkunden? | | |
| | 2.3.2 | Werden Lieferantenrisiken von Seiten der Kunden auf das Unternehmen verlagert? | | |
| | 2.3.3 | Bestehen Abhängigkeiten von wenigen Lieferanten? Ist deren Zuverlässigkeit negativ zu beurteilen? | | |
| | 2.3.4 | Können die vom Unternehmen erstellten Produkte seitens der Kunden leicht substituiert werden? | | |
| | 2.3.5 | Bestehen ungünstige Liefer- oder Abnehmerverträge (z. B. Kündbarkeit, Preisgestaltung, Abnahme und Zahlungsbedingungen)? | | |
| | 2.3.6 | Hat sich die Bonität der Kunden verschlechtert? Sind die Kundenforderungen nicht hinreichend werthaltig? | | |
| 2.4 Konkurrenzintensität | 2.4.1 | Ist der eigene relative Marktanteil niedrig? | | |
| | 2.4.2 | Sind die Markteintrittsbarrieren niedrig? | | |
| | 2.4.3 | Besteht ein aggressives Konkurrenzverhalten (Verdrängungswettbewerb)? | | |
| | 2.4.4 | Besteht wenig Spielraum bei der Preisgestaltung? | | |

| Rating-Kriterium | | Kontrollfrage | | Ja | Nein |
|---|---|---|---|---|---|
| 2.5 Produkt/Sortiment | | 2.5.1 | Ist die Produktqualität niedrig (z. B. Ausschussquote, Reklamationsquote, Garantiefälle)? | | |
| | | 2.5.2 | Liegt das Preis-Leistungs-Verhältnis im Argen? Wird der Service als schlecht beurteilt? | | |
| | | 2.5.3 | Sind die Marken schlecht verkäuflich/veraltet? | | |
| | | 2.5.4 | Ist das Sortiment schlecht abgestimmt und/oder nicht kostengünstig zusammengestellt? | | |
| | | 2.5.5 | Ist das Ausmaß der vertikalen Integration zu hoch? | | |
| | | 2.5.6 | Werden Innovationen nicht rechtzeitig entwickelt? | | |
| 2.6 Leistungsstandard | | 2.6.1 | Ist der Maschinenpark und/oder die Ausstattung veraltet (z. B. technologischer Stand, Forschung und Entwicklung)? | | |
| | | 2.6.2 | Ist das interne Qualitätssicherungssystem mangelhaft? | | |
| | | 2.6.3 | Bestehen Abstimmungsschwierigkeiten zwischen den Produktionsabläufen (z. B. Lagerhaltung, innerbetrieblicher Transport, Durchlaufzeiten)? | | |
| | | 2.6.4 | Drohen Konflikte mit rechtlichen Normen (z. B. Umweltschutz, Arbeitsschutz)? | | |
| | | 2.6.5 | Ist der Personalbestand bzw. der Personaleinsatzplan negativ zu beurteilen? | | |
| | | 2.6.6 | Bestehen Ineffizienzen hinsichtlich der Methoden und der Organisation des Vertriebs? | | |
| 3 | Kundenbeziehung | | | | |
| 3.1 Kontoführung | | 3.1.1 | Wurden Absprachen in der Vergangenheit nicht eingehalten? | | |
| | | 3.1.2 | Hat sich die Kreditlinie relativ zum Geschäftsumfang erhöht? | | |
| | | 3.1.3 | Wurde die Kreditlinie häufig überschritten? | | |
| | | 3.1.4 | Wurden negative Entwicklungen im Zahlungsverhalten (z. B. Rückgaben von Lastschriften oder Schecks, Nichteinlösung von Wechseln) wahrgenommen? | | |
| | | 3.1.5 | Wurden vermehrt Auskünfte über den Kunden von Dritten angefragt? | | |
| 3.2 Kundentransparenz/-Informationsverhalten | | 3.2.1 | Hält der Kunde Informationen zurück? | | |
| | | 3.2.2 | Werden Unterlagen nicht oder nur auf Nachfragen ausgehändigt? | | |
| | | 3.2.3 | Bestehen Unklarheiten über weitere Bankverbindungen des Kunden? | | |
| | | 3.2.4 | Wird bei der Erörterung strategischer Fragen mit der Bank ausweichend reagiert? | | |

| Rating-Kriterium | Kontrollfrage | | Ja | Nein |
|---|---|---|---|---|
| **4 Wirtschaftliche Verhältnisse** | | | | |
| 4.1 Beurteilung des Jahresabschlusses | 4.1.1 | Wird die Ertragslage als nicht bedenkenfrei beurteilt (z. B. Cashflow, Rentabilität, Zinsdeckung, Aufwandsintensitäten)? | | |
| | 4.1.2 | Ist die Eigenkapitalausstattung unzureichend? | | |
| | 4.1.3 | Sind die Umschlagshäufigkeiten (Gesamtvermögen, Forderungen, Vorräte) zu niedrig? | | |
| | 4.1.4 | Weist die Entwicklung des working capital eine negative Tendenz auf? | | |
| | 4.1.5 | Ist die Kapitaldienstfähigkeit als kritisch einzustufen? | | |
| | 4.1.6 | Ist die von der Geschäftsleitung verfolgte Bilanzpolitik bedenklich? | | |
| 4.2 Gesamte Vermögensverhältnisse | 4.2.1 | Ist das betriebliche und ggf. privat haftende Vermögen unzureichend? | | |
| | 4.2.2 | Bestehen Bedenken hinsichtlich der Werthaltigkeit der gestellten Sicherheiten? | | |
| **5 Weitere Unternehmensentwicklung** | | | | |
| 5.1 Unternehmensentwicklung seit letztem Jahresabschluss | 5.1.1 | Sind negative Entwicklungen der Rentabilität, der Kapitaldienstfähigkeit, der Liquidität und des Eigenkapitals wahrnehmbar? | | |
| | 5.1.2 | Haben sich Auftragsbestand und/oder Auslastung verringert? | | |
| | 5.1.3 | Bestehen negative Plan-Ist-Abweichungen? | | |
| | 5.1.4 | Sind Umsatz- und Kostenentwicklung negativ? | | |
| | 5.1.5 | Bestehen bedenkliche Entwicklungen hinsichtlich technischer Ausstattung, Vertriebswegen, Organisation usw.? | | |
| 5.2 Allgemeine Unternehmensplanung | 5.2.1 | Ergibt die Unternehmensplanung (z. B. Umsatz-, Absatz-, Investitions- und Bilanzplanung) negative Entwicklungen? | | |
| | 5.2.2 | Sind die Marktuntersuchungen lückenhaft? | | |
| | 5.2.3 | Sind die vorgelegten Planziele widersprüchlich und/oder unplausibel? | | |
| | 5.2.4 | Bestehen Mängel beim eingesetzten Planungsinstrumentarium? | | |
| | 5.2.5 | Werden Planungsrisiken nicht ausreichend berücksichtigt? | | |

| Rating-Kriterium | Kontrollfrage | | Ja | Nein |
|---|---|---|---|---|
| 5.3 Ertragsplanung und künftige Kapitaldienstfähigkeit | 5.3.1 | Ist der geplante zukünftige Finanzmittelbedarf (z. B. Investitionen, Kapitaltilgung, Steuern) unrealistisch? | | |
| | 5.3.2 | Ist die geplante Finanzierung nicht fristenkongruent? | | |
| | 5.3.3 | Ist die Liquiditätsplanung (Planung der Ein- und Auszahlungen) unplausibel? | | |
| | 5.3.4 | Reicht der geplante Ertrag für Substanzerhaltung und Ausschüttungen voraussichtlich nicht aus? | | |
| | 5.3.5 | Besteht eine unzureichende Risikodeckungsmasse? | | |
| Gesamt (1 - 5) | | | | |

Die Fragen sind derart formuliert, dass eine Antwort mit „ja" jeweils ein Risiko anzeigt, das mit einem oder ggf. mehreren Maluspunkten zu bewerten ist. Die Fragen können gleichgewichtet oder alternativ mit Gewichtungsfaktoren versehen werden. Werden sie gleichgewichtet, so können die erreichten Punktwerte zu einem Gesamtpunktwert aufaddiert werden. Andernfalls ergibt sich die Gesamtpunktzahl aus den Gewichten der mit „ja" beantworteten Fragen, multipliziert mit den bei den jeweiligen Fragen erreichten Punktwerten. Denkbar ist, das Gesamtrisiko schließlich in die Klassen sehr gering, gering, überschaubar, noch vertretbar, zu hoch bzw. unvertretbar einzustufen.

## 3. Jahresabschlussanalyse

### 3.1 Begriff und Bestandteile der Jahresabschlussanalyse

Die **Jahresabschlussanalyse** ist definiert als

▶ ein systematisches Verfahren der Informationsgewinnung

▶ zur inner- und außerbetrieblichen Entscheidungsfundierung und -verbesserung

▶ in Bezug auf die wirtschaftliche Lage und die Zukunftsaussichten des Unternehmens.

Die Analyseprozesse erfolgen

▶ in Form einer Aufbereitung, Verdichtung und Auswertung von Unternehmensinformationen

▶ mittels Kennzahlen, Kennzahlensystemen und sonstiger Methoden

▶ zwecks Erkenntnisgewinnung über die wirtschaftliche Lage des Unternehmens, namentlich die Vermögens-, Finanz- und Erfolgslage.

Objekt der Analyse ist mithin der **Jahresabschluss**. Dieser besteht nach § 242 Abs. 3 HGB für **Kaufleute**, die nicht Einzelkaufleute i. S. des § 241a HGB sind, aus den konstitutiven Elementen

▶ **Bilanz** als das Verhältnis des Vermögens und der Schulden zum Ende des Geschäftsjahres (§ 242 Abs. 1 HGB) sowie

▶ **Gewinn- und Verlustrechnung** als Gegenüberstellung der Aufwendungen und Erträge des Geschäftsjahres (§ 242 Abs. 2 HGB).

Der Jahresabschluss beinhaltet damit eine

- **Zeitpunktrechnung** (Ermittlung von Beständen und Bestandsdifferenzen, bezogen auf jeweils das Ende eines Geschäftsjahrs) und eine
- **Zeitraumrechnung** (Ermittlung eines Erfolgsbegriffs als Saldo zwischen Erträgen und Aufwendungen eines Geschäftsjahrs).

**Kapitalgesellschaften** müssen den Jahresabschluss um einen **Anhang** erweitern, der mit der Bilanz und der Gewinn- und Verlustrechnung eine Einheit bildet (§ 264 Abs. 1 Satz 1 HGB).

In Bezug auf die Anforderungen an die Rechnungslegung den Kapitalgesellschaften gleichgestellt sind die in § 264a HGB aufgeführten Gesellschaftsformen (sog. „Kapitalgesellschaften und Co."), wobei die Sondervorschriften des § 264b HGB zu beachten sind.

**Kapitalmarktorientierte Kapitalgesellschaften** i. S. des § 264d HGB, die nicht schon nach §§ 290 ff. HGB zur Aufstellung eines Konzernabschlusses verpflichtet sind, haben zusätzlich den Jahresabschluss um eine **Kapitalflussrechnung** und einen **Eigenkapitalspiegel** zu erweitern, die mit der Bilanz, Gewinn- und Verlustrechnung und dem Anhang eine Einheit bilden; sie können den Jahresabschluss um eine **Segmentberichterstattung** erweitern (§ 264 Abs. 1 Satz 2 HGB).

Gem. der sog. Generalnorm muss der Jahresabschluss der Kapitalgesellschaft unter Beachtung der Grundsätze ordnungsmäßiger Buchführung ein den tatsächlichen Verhältnissen entsprechendes Bild der **Vermögens-, Finanz- und Ertragslage** der Kapitalgesellschaft vermitteln (§ 264 Abs. 2 Satz 1 HGB). Aus der Generalnorm werden die Erkenntnisziele der Jahresabschlussanalyse abgeleitet. Hierbei ist der Begriff „Ertragslage" im betriebswirtschaftlichen Sinne irreführend, da die erzielten Erträge durch höhere Aufwendungen überkompensiert werden können, gemeint ist mithin die „Erfolgslage".

Der von mittelgroßen und großen Kapitalgesellschaften i. S. des § 267 HGB, Genossenschaften sowie bestimmten publizitätspflichtigen Nicht-Kapitalgesellschaften außerdem zu erstellende **Lagebericht** (§ 289 HGB) ist kein Bestandteil des Jahresabschlusses.

Für die Kapitalgesellschaften gilt eine Einteilung in **kleine, mittelgroße und große Gesellschaften** (§ 267 HGB), welche insbesondere kleinen, aber auch mittelgroßen Gesellschaften bei der Aufstellung und Offenlegung des Jahresabschlusses und des Lageberichts bestimmte Erleichterungen einräumen soll.

Nach Maßgabe des neugefassten § 267a Abs. 1 HGB werden darüber hinaus sog. **Kleinstkapitalgesellschaften** als solche kleine Kapitalgesellschaften separiert, die mindestens zwei der drei nachstehenden Merkmale nicht überschreiten:

- 350 T€ Bilanzsumme nach Abzug eines auf der Aktivseite ausgewiesenen Fehlbetrags (§ 268 Abs. 3 HGB);
- 700 T€ Umsatzerlöse in den zwölf Monaten vor dem Abschlussstichtag;
- im Jahresdurchschnitt zehn Arbeitnehmer.

Jahresabschlussanalyse **KAPITEL III**

**ABB. 169: Größenabhängige Vorschriften zum Jahresabschluss**

| Unternehmenskategorie | Kleine Kapital-gesellschaft | Mittelgroße Kapitalgesellschaft | Große Kapital-gesellschaft |
|---|---|---|---|
| **Abgrenzungsmerkmale** (§ 267 HGB i. d. F. BilMoG) | | | |
| ▶ Bilanzsumme | ≤ 4,84 Mio. € | ≤ 19,25 Mio. € | > 19,25 Mio. € |
| ▶ Umsatzerlöse | ≤ 9,68 Mio. € | ≤ 38,5 Mio. € | > 38,5 Mio. € |
| ▶ Arbeitnehmer | ≤ 50 | ≤ 250 | > 250 |
| **Rechnungslegungs-erfordernisse** | | | |
| ▶ Jahresabschluss | | | |
| – Bilanz (§ 266 Abs. 1 HGB) | Verkürzte Form | Ungekürzte Form | Ungekürzte Form |
| – GuV (§§ 275, 276 HGB) | Verkürzte Form | (leicht) verkürzte Form | Ungekürzte Form |
| – Anhang (§§ 274a, 288 HGB) | Verkürzte Form | (leicht) verkürzte Form | Ungekürzte Form |
| ▶ Lagebericht (§ 264 Abs. 1 HGB) | Keinen | Ungekürzte Form | Ungekürzte Form |
| **Aufstellungsfrist** (§ 264 Abs. 1 HGB) | sechs Monate nach Ende Geschäftsjahr | drei Monate nach Ende Geschäftsjahr | drei Monate nach Ende Geschäftsjahr |
| **Offenlegungspflicht** (§§ 325 ff. HGB) | | | |
| ▶ Bestandteile | Bilanz, Anhang (nicht GuV) | Jahresabschluss (verkürzte Form), Lagebericht, BestV, AR-Bericht | Jahresabschluss (ungekürzte Form), Lagebericht, BestV, AR-Bericht |
| ▶ Publizitätsorgan | Registergericht | Registergericht; Angabe HReg und Einreichungsnummer im Bundesanzeiger | Bundesanzeiger |
| ▶ Publizitätsfrist | 12 Monate nach Ende Geschäftsjahr | 12 Monate nach Ende Geschäftsjahr | 12 Monate nach Ende Geschäftsjahr |
| **Prüfungspflicht** (§ 316 Abs. 1 HGB) | Keine | Uneingeschränkt | Uneingeschränkt |

Die Kleinstkapitalgesellschaften genießen gegenüber den kleinen Kapitalgesellschaften massive Erleichterungen bzgl. der Gliederung von Bilanz und GuV, zudem sind sie von der Aufstellung eines Anhangs befreit. Da diese Rumpfangaben keine sinnvolle Jahresabschlussanalyse ermöglichen, soll auf diesen Sonderfall im Folgenden nicht weiter eingegangen werden.

Das in § 266 HGB vorgeschriebene **Gliederungsschema** für die Bilanz ist neben den Kapitalgesellschaften (Aktiengesellschaft, Kommanditgesellschaft auf Aktien und Gesellschaft mit beschränkter Haftung) auch für Unternehmen, die rechtsformunabhängig dem **Publizitätsgesetz** unterliegen, anzuwenden. Dies sind diejenigen Unternehmen, die zu einem Abschlussstichtag und für die zwei darauf folgenden Abschlussstichtage jeweils mindestens zwei der drei nachstehenden Merkmale erfüllen:

▶ die Bilanzsumme einer auf den Abschlussstichtag aufgestellten Jahresbilanz übersteigt 65 Mio. €,

- die Umsatzerlöse des Unternehmens in den zwölf Monaten vor dem Abschlussstichtag sind höher als 130 Mio. €,
- das Unternehmen hat in den zwölf Monaten vor dem Abschlussstichtag durchschnittlich mehr als 5.000 Arbeitnehmer beschäftigt (§ 1 Abs. 1 PublG).

Die Vorschriften zu Ansatz, Gliederung und Bewertung in der Bilanz für **Genossenschaften** entsprechen im Wesentlichen denen für Kapitalgesellschaften. Die §§ 336 ff. HGB enthalten Vorschriften für Kapitalgesellschaften, von denen Genossenschaften größtenteils befreit werden.

## 3.2 Gesetzliche Rahmenbedingungen der Jahresabschlussanalyse

**Gesetzliche Vorschriften** zum Erfordernis der Durchführung einer Jahresabschlussanalyse bestehen in:

- **§ 321 Abs. 2 HGB**, demzufolge im Bericht über die Abschlussprüfung nach § 316 HGB darauf einzugehen ist, „ob der Abschluss insgesamt unter Beachtung der Grundsätze ordnungsmäßiger Buchführung oder sonstiger maßgeblicher Rechnungslegungsgrundsätze ein den tatsächlichen Verhältnissen entsprechendes Bild der Vermögens-, Finanz- und Ertragslage der Kapitalgesellschaft oder des Konzerns vermittelt.

  Dazu ist auch auf wesentliche Bewertungsgrundlagen sowie darauf einzugehen, welchen Einfluss Änderungen in den Bewertungsgrundlagen einschließlich der Ausübung von Bilanzierungs- und Bewertungswahlrechten und der Ausnutzung von Ermessensspielräumen sowie sachverhaltsgestaltende Maßnahmen insgesamt auf die Darstellung der Vermögens-, Finanz- und Ertragslage haben.

  Hierzu sind die Posten des Jahres- und des Konzernabschlusses aufzugliedern und ausreichend zu erläutern, soweit diese Angaben nicht im Anhang enthalten sind".

  Mit dieser Regelung soll eine wesentliche Steigerung der Aussagekraft und Problemorientierung des Prüfungsberichts erreicht werden, indem die wesentlichen Bewertungsgrundlagen und die Ausnutzung der vorhandenen Bilanzierungs- und Bewertungsspielräume unterschiedlicher Art dargestellt werden. Hierzu zählen etwa
  - die Verbuchung bzw. der Verzicht auf die Verbuchung von Abschreibungen,
  - die vom Vorstand zugrunde gelegten Erfolgsaussichten, die für die Ermittlung der Verkehrswerte der Vermögensgegenstände von Bedeutung sind,
  - die Auflösung von Rückstellungen im größeren Umfang,
  - die Vornahme sachverhaltsgestaltender Maßnahmen wie z. B. Sale-and-lease-back-Geschäfte.

- Für Genossenschaften sind ohnehin seit jeher wegen **§ 53 GenG** und für öffentliche Unternehmen nach Maßgabe des **§ 53 HGrG** die Vermögenslage und die Geschäftsführung zwecks Feststellung der wirtschaftlichen Verhältnisse und der Ordnungsmäßigkeit der Geschäftsführung zu prüfen. Hierzu gehören insbesondere Feststellungen über die Finanz-, Liquiditäts- und Rentabilitätslage.

- Nach **§ 18 KWG** besteht für Kreditinstitute die Verpflichtung, sich von Kreditnehmern mit Krediten von insgesamt mehr als 750 T€ oder die 10 % des haftenden Eigenkapitals des Instituts überschreiten, während der gesamten Dauer des Kreditengagements die wirtschaftlichen Verhältnisse – insbesondere durch Vorlage der Jahresabschlüsse – offen legen zu lassen und die wirtschaftliche Entwicklung kontinuierlich zu beobachten und zu analysieren. Abgesehen werden kann von dieser Verpflichtung allenfalls, wenn dies im Hinblick auf gestellte Sicherheiten oder Mitverpflichtete offensichtlich unbegründet wäre.

Um ein zeitnahes und möglichst vollständiges Bild zu erhalten, ist ggf. auch die Heranziehung weiterer Unterlagen (Umsatzpläne, Erfolgs- und Liquiditätspläne etc.) erforderlich. Auch ist der Jahresabschluss daraufhin zu überprüfen, ob der Kreditnehmer systematischen Gebrauch von Bewertungswahlrechten gemacht hat und zu welchen Konsequenzen dies geführt hat.

Im Ergebnis dient die Jahresabschlussanalyse insbesondere dazu, die Jahresabschlussinformationen zu einem Bonitätsindikator zu verdichten, der über die wirtschaftliche Lage und die Zukunftsaussichten Auskunft gibt.

Für Unternehmen und Unternehmensleitung ist dieses Urteil von existenzieller Bedeutung im Hinblick auf

▶ die Erteilung von Bestätigungsvermerken i. S. des § 322 HGB und die Berichterstattung über die Abschlussprüfung im Prüfungsbericht i. S. des § 321 HGB und insoweit im Hinblick auf die Rechenschaftslegung gegenüber dem Aufsichtsorgan und den Anteilseignern, sowie

▶ die Möglichkeit der Aufnahme bzw. Prolongation von Fremdkapital im für die Betriebsfortführung erforderlichen Umfang zu marktüblichen Konditionen auf der Grundlage einer jahresabschlussgestützten Bonitätsprüfung durch den Kreditgeber.

Es bestehen hierbei vor allem **Informationsbedürfnisse** über

▶ die **Erfolgslage** mit dem Ziel der Prognose der künftigen Erfolgslage (**erfolgswirtschaftliche** Jahresabschlussanalyse),

▶ die **Finanzlage** zwecks Einschätzung der Fähigkeit des Unternehmens, seinen gegenwärtigen und künftigen Zahlungsverpflichtungen nachkommen und notwendiges Wachstum und Strukturanpassungen an veränderte Umweltsituationen finanzieren zu können (**finanzwirtschaftliche** Jahresabschlussanalyse).

Je nachdem, ob (unternehmens-)internes oder externes Informationsmaterial zur Verfügung steht, spricht man von **interner bzw. externer Jahresabschlussanalyse**. In die interne Jahresabschlussanalyse gehen sämtliche im Unternehmen verfügbare Informationen ein. Bei der externen Jahresabschlussanalyse sind die Informationsquellen auf das publizitätspflichtige Material beschränkt.

Daneben wird die **quantitative und die qualitative Jahresabschlussanalyse** unterschieden. Die quantitative Analyse stellt die traditionelle Methodik der Jahresabschlussanalyse mittels Kennzahlauswertung dar. Sie basiert auf mengenmäßigen bzw. monetären Größen. Darüber hinaus bergen qualitative Informationen zusätzliches wichtiges Analysepotenzial. Hierzu gehören insbesondere die verbalen Informationen in Anhang und Lagebericht, aber auch weitere verbale Angaben im Geschäftsbericht oder in ähnlichen Verlautbarungen, die nicht Gesetzeszwängen unterliegen. Untersuchungsgegenstände der qualitativen Jahresabschlussanalyse sind die Bilanzpolitik, der Bestimmtheitsgrad der verbalen Aussagen sowie die Wortwahl (Inhaltsanalyse).

Bezüglich der **Adressaten der Jahresabschlussanalyse** unterscheidet man externe und interne Adressaten. Externe Adressaten sind insbesondere die Anteilseigner, die Gläubiger, die Arbeitnehmer, die Lieferanten und Kunden, die Konkurrenzunternehmen, Finanzbehörden sowie weitere externe Kontrollinstanzen wie z. B. Aufsichtsämter. Interne Adressaten sind die Unternehmensleitung sowie leitende Mitarbeiter.

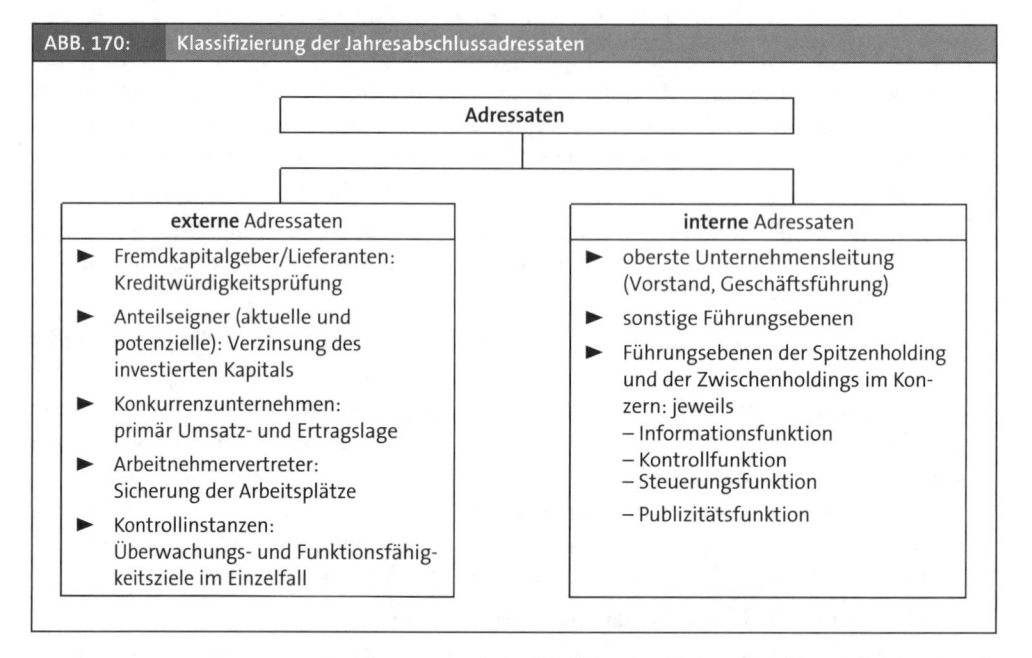

**ABB. 170: Klassifizierung der Jahresabschlussadressaten**

```
                        Adressaten
                    ┌───────┴───────┐
        externe Adressaten          interne Adressaten
```

**externe Adressaten**
- Fremdkapitalgeber/Lieferanten: Kreditwürdigkeitsprüfung
- Anteilseigner (aktuelle und potenzielle): Verzinsung des investierten Kapitals
- Konkurrenzunternehmen: primär Umsatz- und Ertragslage
- Arbeitnehmervertreter: Sicherung der Arbeitsplätze
- Kontrollinstanzen: Überwachungs- und Funktionsfähigkeitsziele im Einzelfall

**interne Adressaten**
- oberste Unternehmensleitung (Vorstand, Geschäftsführung)
- sonstige Führungsebenen
- Führungsebenen der Spitzenholding und der Zwischenholdings im Konzern: jeweils
  – Informationsfunktion
  – Kontrollfunktion
  – Steuerungsfunktion
  – Publizitätsfunktion

**Quelle: I. A. a. *Küting/Weber*, Die Bilanzanalyse, 9. Aufl. (2009), S. 8.**

**Gläubiger** verfolgen in erster Linie die Zielsetzung, fristgerechte und vollständige Zins- und Tilgungszahlungen bezüglich der gewährten Kredite zu sichern. Sie sind insbesondere daran interessiert, wie sich die derzeitige und künftige finanzielle Situation eines Unternehmens darstellt und ob bestandsgefährdende oder wesentliche Risiken zu erwarten sind, die zu einer Gefährdung der Haftungssubstanz führen können. Die **Eigenkapitalgeber** streben danach, das im Unternehmen investierte Kapital zu erhalten und hierauf eine laufende, marktgerechte Vergütung (Dividende) zu erhalten.

Das Informationsbedürfnis der **Arbeitnehmer** ist auf Arbeitsplatzsicherheit sowie Sicherheit bezüglich der Zahlung von Löhnen, Gehältern oder Sozialleistungen gerichtet. Die Marktpartner des Unternehmens, insbesondere die **Lieferanten** und **Abnehmer**, sind an den Erfolgsaussichten ihrer Geschäftsbeziehungen interessiert Dies gilt vor allem bei langfristigen Verträgen. Eine nicht näher spezifizierbare Zielgruppe stellt die sog. „**interessierte Öffentlichkeit**" dar, die wirtschafts-, branchen- und strukturpolitischen Informationsbedarf hat. Hierzu zählen auch potenzielle Investoren auf den Finanzmärkten.

Schließlich muss naturgemäß die **Unternehmensführung** selbst im Rahmen der Ausübung ihrer Planungs-, Steuerungs- und Kontrollfunktion eine solche Analyse vornehmen.

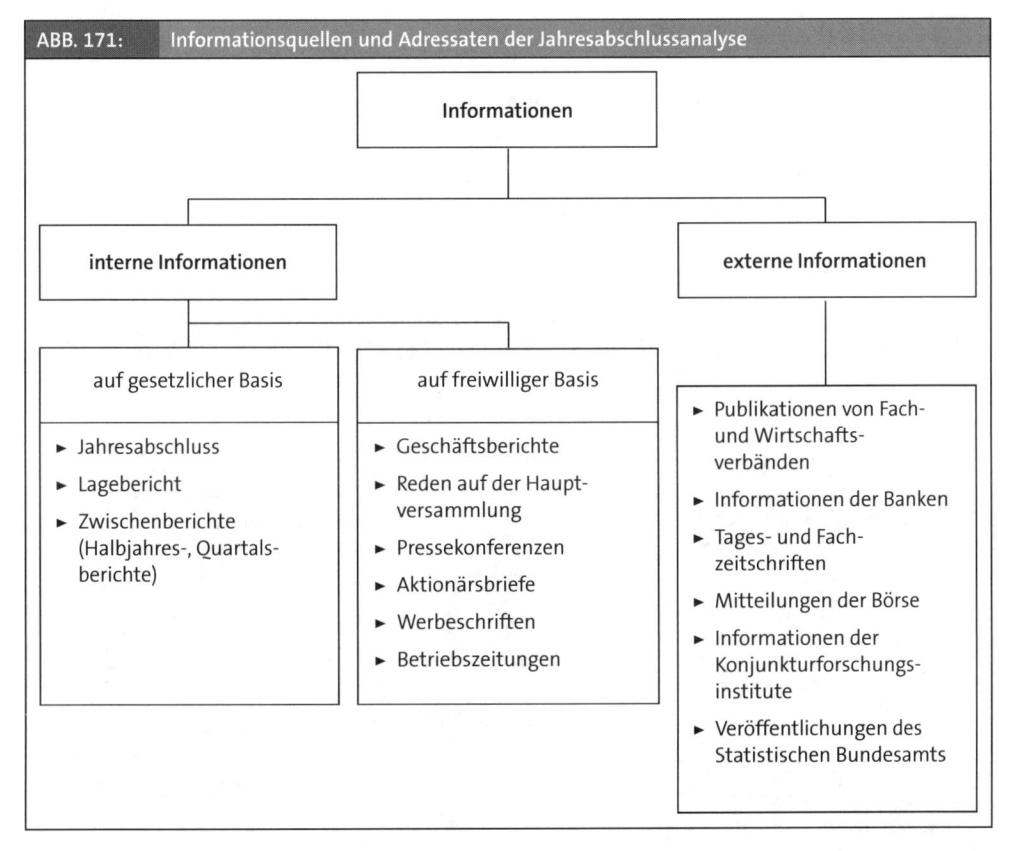

## ABB. 171: Informationsquellen und Adressaten der Jahresabschlussanalyse

**Informationen**

- **interne Informationen**
  - **auf gesetzlicher Basis**
    - Jahresabschluss
    - Lagebericht
    - Zwischenberichte (Halbjahres-, Quartalsberichte)
  - **auf freiwilliger Basis**
    - Geschäftsberichte
    - Reden auf der Hauptversammlung
    - Pressekonferenzen
    - Aktionärsbriefe
    - Werbeschriften
    - Betriebszeitungen
- **externe Informationen**
  - Publikationen von Fach- und Wirtschaftsverbänden
  - Informationen der Banken
  - Tages- und Fachzeitschriften
  - Mitteilungen der Börse
  - Informationen der Konjunkturforschungsinstitute
  - Veröffentlichungen des Statistischen Bundesamts

Quelle: I. A. a. *Küting/Weber*, Die Bilanzanalyse, 9. Aufl. (2009), S. 4.

Unabhängig von der Analyseform muss sich der Analyst der unvermeidlichen **Grenzen** der Jahresabschlussanalyse stets bewusst sein, welche insbesondere aufgrund der Herkunft der Primärdaten bestehen in

- der Vergangenheitsorientierung des Jahresabschlusses i. V. mit der Zeitspanne zwischen Aufstellung und Publikation,
- des hohen Aggregationsgrads der Daten und
- dem Vorhandensein zahlreicher gesetzlicher oder faktischer Ansatz-, Ausweis- und Bewertungsspielräume.

Während die ersten beiden Einwände hingenommen werden müssen, lässt sich der dritten Schwäche mittels einer eingehenden Analyse der Jahresabschlusspolitik begegnen, wie nachfolgende Ausführungen aufzeigen.

## 4. Jahresabschlusspolitik

### 4.1 Ziele und Maßnahmen der Jahresabschlusspolitik

**Jahresabschlusspolitik** ist die bewusste und im Hinblick auf die Unternehmensziele zweckorientierte Gestaltung der Form und des Inhalts der Rechnungslegung im Rahmen der geltenden Rechtsvorschriften. Sie bietet der Unternehmensleitung die Möglichkeit, die Meinungen der Jahresabschlussadressaten zu beeinflussen und diese zu einem unternehmenszielkonformen Verhalten zu bewegen (sog. **„Jahresabschlussmarketing"**).

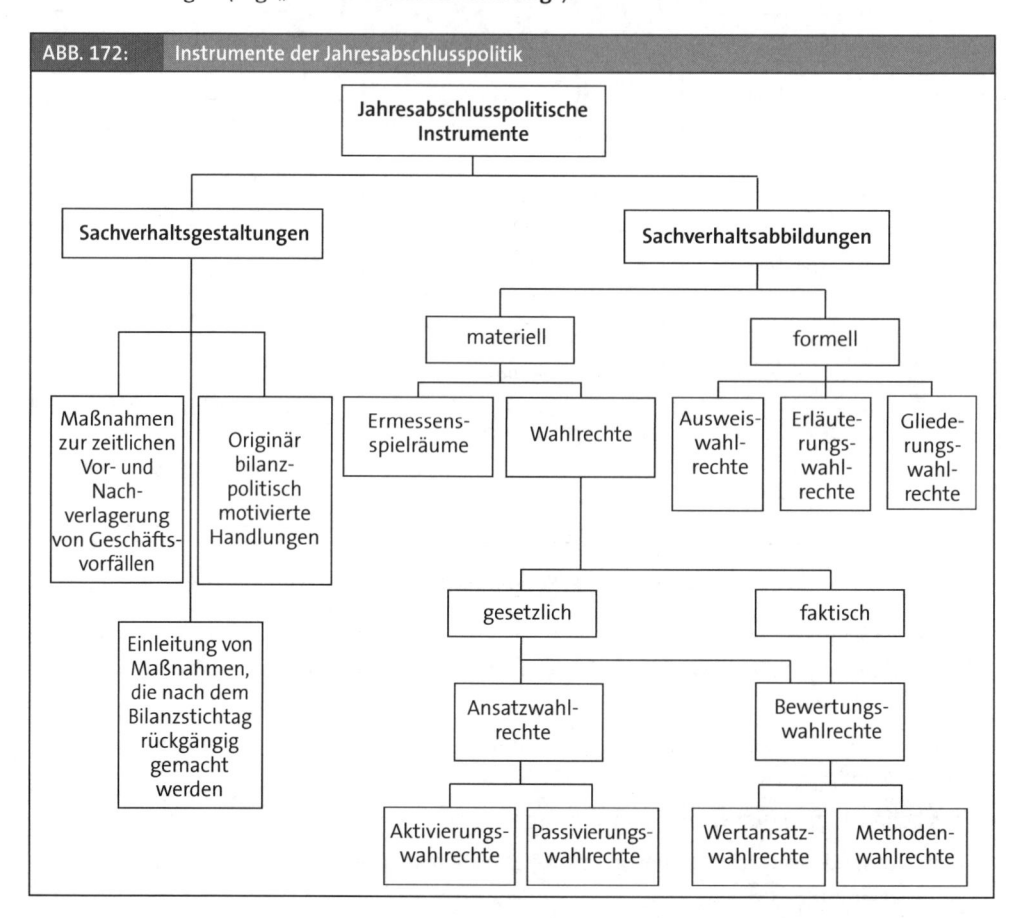

**ABB. 172: Instrumente der Jahresabschlusspolitik**

- Jahresabschlusspolitische Instrumente
  - Sachverhaltsgestaltungen
    - Maßnahmen zur zeitlichen Vor- und Nachverlagerung von Geschäftsvorfällen
    - Originär bilanzpolitisch motivierte Handlungen
    - Einleitung von Maßnahmen, die nach dem Bilanzstichtag rückgängig gemacht werden
  - Sachverhaltsabbildungen
    - materiell
      - Ermessensspielräume
      - Wahlrechte
        - gesetzlich
          - Ansatzwahlrechte
            - Aktivierungswahlrechte
            - Passivierungswahlrechte
        - faktisch
          - Bewertungswahlrechte
            - Wertansatzwahlrechte
            - Methodenwahlrechte
    - formell
      - Ausweiswahlrechte
      - Erläuterungswahlrechte
      - Gliederungswahlrechte

Quelle: *Küting* (Hrsg.), Saarbrücker Handbuch, 4. Aufl. (2008), S. 759.

**Ziele** der Jahresabschlusspolitik sind die

▶ **Kapitalerweiterung und Kapitalumschichtung:** Maßnahmen der offenen Selbstfinanzierung (z. B. Kapitalerhöhung) und stillen Selbstfinanzierung (z. B. stille Rücklagen), Verwendung thesaurierter Gewinne zur Rückzahlung von Fremdkapital, Optimierung der Kapitalstruktur (optimaler Verschuldungsgrad, Deckungsgrade);

- **Verbesserung der Liquidität:** Generierung von Liquiditätseffekten durch Bildung stiller Rücklagen, Verhinderung der Ausschüttung an Gesellschafter, Inanspruchnahme von zinslosen Steuerkrediten durch Bildung stiller Rücklagen;
- **Gewinnglättung und Dividendenstabilisierung:** zeitliche Vor- oder Nachverlagerung von periodischen Gewinnen, Abkopplung der Ausschüttungen vom Periodenertrag, Politik konstanter Dividenden;
- **Beeinflussung der am Betrieb interessierten Personengruppen** (Kunden, Lieferanten, Kreditgeber, Arbeitnehmer, öffentliche Meinungsbildner) durch Erzeugung „gewünschter" Bilanzrelationen.

Zwischen Jahresabschlusspolitik und Jahresabschlussanalyse bestehen vielfältige **Wechselbeziehungen**. Würde die Abschlusserstellung auf eindeutigen Geboten und Verboten basieren, wäre eine Jahresabschlusspolitik unmöglich. Die Spielräume, die aber die Jahresabschlusspolitik eröffnet, erschweren ihrerseits die Jahresabschlussanalyse, insbesondere wenn sie auf eine reine Kennzahlanalyse beschränkt ist.

Die Maßnahmen der Jahresabschlusspolitik lassen sich grundlegend klassifizieren in

- **Sachverhaltsgestaltungen**, d. h., es werden Transaktionen nur mit dem Ziel einer bestimmten Abbildung im Jahresabschluss und damit der Veränderung seiner Struktur originär begründet oder zeitlich verlagert,
- **Sachverhaltsabbildungen**, d. h., ohnehin stattfindende oder stattgefundene Transaktionen werden im Rahmen eines zulässigen gesetzlichen oder faktischen Spielraums entsprechend der Zielsetzung im Jahresabschluss abgebildet.

**Sachverhaltsgestaltungen** sind geschäftspolitische Maßnahmen, die insbesondere kurz vor dem Abschlussstichtag durchgeführt werden, um ein gewünschtes Bilanzbild zu erzeugen („window dressing"). Sie unterliegen weder dem Gebot der Bewertungsstetigkeit, noch sind sie im Jahresabschluss zu erläutern (allenfalls im Lagebericht), und bilden daher eine erhebliche bilanzpolitische Manövriermasse.

Gestaltungen, die dazu geeignet sind, die Gesamtaussage des Jahresabschlusses wesentlich zu beeinflussen, insbesondere zu beschönigen, sind z. B.
- Gestaltungen mit dem Ergebnis der Aktivierung von Forschungskosten oder anderen nicht aktivierungsfähigen immateriellen Vermögensgegenständen (z. B. Auslagerung auf Tochterunternehmen),
- Übergang vom Kauf zum Leasing im Rahmen der Anschaffung von Vermögensgegenständen bzw. Sale-and-lease-back-Transaktionen,
- Einsatz von special purpose entities (z. B. Leasingobjektgesellschaften),
- Forderungsverkäufe im Rahmen von asset-backed-securities- (ABS-)Transaktionen,
- abschlussstichtagsbezogene Beeinflussung der Gesamtaussage des Jahresabschlusses (window dressing), z. B. Pensionsgeschäfte bei Wertpapieren,
- Tauschumsätze (barter-Transaktionen),
- Ausgestaltung von Aktienoptionsplänen,
- konzerninterne Transaktionen bzw. solche mit nahe stehenden Personen mit dem Ziel der Ertrags- oder Aufwandsverlagerung.

**Sachverhaltsabbildungen** sind eine Folge der durch die Geschäftspolitik geschaffenen realen Vorgänge und Tatsachen. Sie lassen sich nach der Abfolge der Bilanzierung einteilen in Ansatz-, Ausweis- und Bewertungswahlrechte. Die Wahlrechte können gesetzlich kodifiziert oder faktisch gegeben sein. Demnach werden unterschieden:

- **gesetzliche Ansatz- und Ausweiswahlrechte** (z. B. Ansatz von Entwicklungsaufwendungen, Disagien oder aktiven latenten Steuern, Ausweis von erhaltenen Anzahlungen, Bildung von Bewertungseinheiten),

- **gesetzliche Bewertungswahlrechte** (z. B. Vornahme außerplanmäßiger Abschreibungen bei nicht dauerhafter Wertminderung im Finanzanlagevermögen, Miteinbezug bestimmter Gemeinkostenarten in die Herstellungskosten fertiger bzw. unfertiger Erzeugnisse, Anwendung von Bewertungsvereinfachungs- oder Verbrauchsfolgeverfahren, Wahl der Abschreibungsmethode),

- **faktische Bewertungswahlrechte** (z. B. Auslegung der Abgrenzung von Einzel- und Gemeinkosten, Bemessung der „Angemessenheit" und „Notwendigkeit" von Gemeinkosten, Auslegung des bei „vernünftiger kaufmännischer Beurteilung notwendigen Erfüllungsbetrages" bei der Bewertung der Rückstellungen).

Neben den aus gesetzlichen Vorschriften ableitbaren bilanzpolitischen Maßnahmen eröffnen sich auch Freiräume aus sog. **Ermessensspielräumen**, z. B. wenn der Gesetzgeber einen bestimmten Wertansatz oder eine Wertart vorgibt, nicht aber die Methode seiner Ermittlung. Man unterscheidet hierbei Ermessensspielräume

- bei der **Bilanzierung** (Auslegung des Aktivierungskriteriums „entgeltlicher Erwerb", Feststellung des Eintritts bzw. Wegfalls von Rückstellungsgründen, Abgrenzung von Erhaltungs- und Herstellungsaufwendungen) und

- bei der **Bewertung** (Bemessung der Nutzungsdauer von Anlagegütern, der Einzelwertberichtigungen von Forderungen, der Zuführungen zu Rückstellungen).

| ABB. 173: | Beispiele für Maßnahmen der Sachverhaltsgestaltung und Sachverhaltsabbildung |
|---|---|
| **Bedeutende Maßnahmen der Sachverhaltsgestaltung** | **Bedeutende Maßnahmen der Sachverhaltsabbildung** |
| ▶ Auslagerung von Funktionen und Rückkauf der entsprechenden Leistungen (insbesondere wenn diese bei Eigenerstellung nicht aktivierungsfähig sind, wie z. B. Forschung) <br> ▶ Eingehen von Kreditbeziehungen im Konzernverbund bzw. mit Organmitgliedern <br> ▶ Liquiditätswirksame An- und Verkaufsgeschäfte in zeitlicher Nähe des Bilanzstichtags (sog. „window dressing") <br> ▶ Veräußerung betriebsnotwendigen Anlagevermögens im Wege des „sale-and-lease-back" und Realisierung stiller Reserven <br> ▶ Miete statt Kauf von Investitionsgütern <br> ▶ Ausnutzung von Ermessensspielräumen bei der Investitions- bzw. Instandhaltungspolitik in Bezug auf die Abgrenzung von Herstellungsaufwand und Erhaltungsaufwand <br> ▶ Änderung der Bevorratungsstrategie (Just-in-time-Läger, Kommissionsläger etc.) <br> ▶ Änderung der Zahlungsbedingungen, Eingehen von Factoring-Beziehungen <br> ▶ (…) | ▶ Ansatz von Bilanzierungshilfen <br> ▶ Änderung der Abschreibungsstrategie (Nutzungsdauer, Abschreibungsmethode) <br> ▶ Ausnutzung von Ermessensspielräumen bei der Bemessung der Herstellungskosten <br> ▶ Änderung der Bewertung von Vorräten (insbesondere Einbezug von Gemeinkosten, Anwendung von Verbrauchsfolgeverfahren, Festbewertung) <br> ▶ Ermessensspielräume bei der Auslegung des Niederstwertprinzips <br> ▶ Ermessensspielräume bei der Vornahme von Zuschreibungen <br> ▶ Veränderung der Dotierungsweise von Rückstellungen sowie der Pauschalwertberichtigungen auf Forderungen <br> ▶ Ermessensspielräume bei der Dotierung von Pensionsrückstellungen <br> ▶ (…) |

## 4.2 Dotierung stiller Rücklagen als Ziel der Jahresabschlusspolitik

Stille Rücklagen oder stille Reserven werden definiert als Differenz zwischen dem niedrigeren Buchwert und einem höheren Vergleichswert (Verkehrswert, beizulegender Wert, Wiederbeschaffungswert). Sie lassen sich klassifizieren in

- ▶ **Zwangsreserven** als notwendige Folge gesetzlicher Regelungen, z. B. des Anschaffungskostenprinzips, des Imparitätsprinzips oder des Niederstwertprinzips,

- ▶ **Dispositionsreserven**, die durch die Anwendung legaler Maßnahmen der Bilanzpolitik, also durch die Ausübung gesetzlich kodifizierter Ansatz- und Bewertungswahlrechte entstehen, z. B. bei der Wahl der Abschreibungsmethode, beim Umfang der Aktivierung von Gemeinkosten sowie bei der Anwendung von Verbrauchsfolgeverfahren,

- ▶ **Ermessensreserven**, die nicht im Gesetz kodifiziert sind, sich aber durch die betriebswirtschaftliche Praxis ergeben, z. B. bei der Bemessung außerordentlicher Abschreibungen, der Rückstellungen und Wertberichtigungen oder der Nutzungsdauer von Anlagegütern,

- ▶ **Willkürreserven**, die gesetzlich verboten sind, weil sie die Abbildung der wirtschaftlichen Lage der Unternehmung vorsätzlich verfälschen, z. B. durch den Ansatz fiktiver Verbindlichkeiten oder Rückstellungen.

Durch Bildung stiller Reserven vermindert sich der Bilanzgewinn in der betreffenden Periode. Der „unsichtbare" Gewinn wird erst bei seiner Auflösung und nicht in der Periode seiner Entstehung ausgewiesen. Durch die Gewinnverlagerung kann eine Reduktion der Ausschüttungen und ggf. sogar eine Steuerstundung eintreten, die für das Unternehmen dann eine **Liquiditätsverbesserung** darstellt. Da der Steuerkredit zinslos gewährt wird, führt er außerdem zu einem Zinsgewinn und zu einer Verbesserung der **Erfolgslage** des Betriebs.

Die Bildung stiller Rücklagen ist ein wichtiges Element der Innenfinanzierung vor dem Hintergrund einer **Substanzerhaltung des Unternehmens bei fortschreitender Geldentwertung**. Sie bildet ein Gegengewicht zur Ausschüttung von Scheingewinnen als Konsequenz einer Bilanzierung nach dem Nominalwertprinzip.

**ABB. 174: Klassifizierung stiller Rücklagen**

| | Einteilungs-merkmal | Arten stiller Rücklagen | | | | |
|---|---|---|---|---|---|---|
| 1 | Beeinflussbarkeit | Exogene stille Rücklagen | Endogene stille Rücklagen | | | |
| | | Zwangs-rücklagen | Dispositions-rücklagen | Ermessens-rücklagen | Willkürrücklagen | |
| 2 | Besteuerung | Versteuerte stille Rücklagen | Unversteuerte stille Rücklagen | | | |
| 3 | Rücklagenträger | Aktive stille Rücklagen | Passive stille Rücklagen | | | |
| 4 | Vergleichswert | Anschaffungs-wertrücklagen | Zeitwertrücklagen | | | |
| | | | Veräußerungs-wertrücklagen | Wiederbe-schaffungs-wertrücklagen | Niederstwert-rücklagen | Ertragswert-rücklagen |
| 5 | Erfolgswirksam-keit der Bildung | Bei ihrer Bildung erfolgsneutrale stille Rücklagen | Bei ihrer Bildung erfolgswirksame stille Rücklagen | | | |
| | | | Aufwandserhöhende stille Rücklagen | Ertragsmindernde stille Rücklagen | | |
| 6 | Herkunft | Stille Kapitalrücklagen | Stille Gewinnrücklagen | | | |
| 7 | Phase der Bilanzierungs-entscheidung | Stille Bilanzierungsrücklagen | Stille Bewertungsrücklagen | | | |
| 8 | Dauerhaftigkeit | Dauerhafte stille Rücklagen | Temporäre stille Rücklagen | | | |
| | | | Kurzfristige stille Rücklagen | Langfristige stille Rücklagen | | |
| 9 | Erfolgswirksam-keit der Auflösung | Bei ihrer Auf-lösung erfolgs-neutrale stille Rücklagen | Bei ihrer Auflösung erfolgswirksame stille Rücklagen | | | |
| | | | Aufwandsmindernde stille Rücklagen | Ertragserhöhende stille Rücklagen | | |

Quelle: I. A. a. *Küting*, in: BB 1995, Beilage 15 zu Heft 38, S. 7.

Problematisch aus Sicht der Abschlussanalyse wirkt sich aus, dass stille Reserven ebenso still wieder aufgelöst werden können; sie stellen insoweit eine bedeutende bilanzpolitische Manövriermasse dar. Dieser Umstand liefert auch ein bedeutendes Argument dafür, dass den nach deutschem Recht aufgestellten Abschlüssen international stark misstraut wird.

Die scheinbar „insolvenzhemmende" und „verlässliche" konservative Bilanzierung deutscher Prägung unter dem Oberziel der „Vorsicht" ist demnach gar nicht wünschenswert, sondern gibt dem Vorstand die Möglichkeit, die Früherkennung einer Unternehmenskrise durch Dritte zu verschleiern.

Diese Sachverhalte bilden auch den Nährboden für weitere zahlreiche **Kritikpunkte** an der Jahresabschlussanalyse:

▶ Beliebigkeit der Jahresabschlusskennzahlen infolge von Ermessensspielräumen und zahlreichen Ansatz-, Bewertungs- und Gliederungswahlrechten,

▶ fehlende Zusatzinformationen bei außerordentlichen oder betriebsfremden Sammelposten (etwa sonstigen betriebliche Erträge/Aufwendungen),

▶ Gestaltungsmöglichkeiten im Konzernverbund (etwa bei den konzerninternen Lieferungen und Leistungen, bei der Konsolidierung und der Währungsumrechnung),

▶ mangelnder Ursache-Wirkungs-Bezug der Kennzahlen und insoweit eine „Theorielosigkeit" der Analyseaussagen.

Wie bereits beschrieben, ist es ein verbreitetes Ziel der Jahresabschlusspolitik, Abweichungen des Jahreserfolgs von einem vorgegebenen Planwert zu reduzieren und damit Erfolgsglättung zu betreiben. D. h., quantifizierbares Minimalziel der Jahresabschlusspolitik ist oftmals das Erreichen einer „schwarzen Null". Ein ehrgeizigeres Ergebnisziel bestünde in dem Erreichen eines als Mindestmaß angesehenen Ausschüttungsvolumens.

Die Verfolgung einer **„konservativen"** Jahresabschlusspolitik impliziert, das jahresabschlusspolitische Instrumentarium systematisch in Richtung auf eine Ertragsnachverlagerung oder -reduzierung bzw. Aufwandsvorverlagerung oder -erhöhung und mithin ergebnismindernd auszuüben.

Umgekehrt bedeutet eine **„progressive"** Jahresabschlusspolitik die systematische Inanspruchnahme von Wahlrechten oder Spielräumen mit dem Ziel einer Erhöhung des Periodenergebnisses.

Dies sind die legalen „Leitplanken" der Jahresabschlusspolitik. Eine entsprechende Manövriermasse besteht auch nach dem Inkrafttreten des BilMoG fort. Dies kann an folgendem Beispiel veranschaulicht werden.

# KAPITEL III  Jahresabschlussgestütztes Controlling

**ABB. 175:** Grenzen der Kennzahlenrechnung

## Konservative Jahresabschlusspolitik

**Prämissen:**
- Von der Aktivierung von Entwicklungsaufwendungen wurde abgesehen. Der Entwicklungsaufwand beträgt rund 4 % der Umsatzerlöse.
- Das Sachanlagevermögen soll zur Gänze abnutzbar sein. Dort wird von einer durchschnittlichen Nutzungsdauer von 10 Jahren ausgegangen.
- In den Vorräten wurden nur aktivierungspflichtige Einzel- und Gemeinkosten erfasst; diese betragen lt. interner Kalkulation 87,5 % der Vollkosten. Die übrigen 12,5 % fallen für nicht aktivierungspflichtige Gemeinkosten für allgemeine Verwaltung, Sozialleistungen und betriebliche Altersversorgung an.
- Rückstellungen wurden konservativ in Höhe von 8 % des Geschäftsvolumens (Umsatzerlöse) entsprechend 12,0 Mio. € gebildet.
- Der Steuersatz vom Einkommen und Ertrag wird mit 25 % angenommen.

**Bilanz I (Werte in Mio. €)**

| Aktiva | | | | Passiva | | | |
|---|---|---|---|---|---|---|---|
| I. | Anlagevermögen | | | I. | Eigenkapital | | |
|    | 1. Sachanlagevermögen | 30,0 | | | 1. Gezeichnetes Kapital | 8,0 | |
|    | 2. Sonstiges AV | 10,0 | 40,0 | | 2. Rücklagen | 16,0 | |
| II. | Umlaufvermögen | | | | 3. Jahresüberschuss | 6,0 | 30,0 |
|    | 1. Vorräte | 28,0 | | II. | Rückstellungen | | 12,0 |
|    | 2. Forderungen | 22,0 | | III. | Verbindlichkeiten | | 58,0 |
|    | 2. Sonstiges UV | 10,0 | 60,0 | | | | |
| | | | 100,0 | | | | 100,0 |

Die Restwertquote beim Sachanlagevermögen beträgt 40,0 % (historische AHK = 30 / 0,4 = 75,0 Mio. €).

**Weitere Angaben aus der GuV:**
Umsatzerlöse = 150,0; Materialaufwendungen = 64,0; Personalaufwendungen = 52,0; Abschreibungen = 7,5 (75,0 / 10); Sonstige Aufwendungen = 15,5; Zinsaufwendungen = 3,0; Jahresüberschuss vor Steuern 8,0; folglich Steueraufwendungen 2,0 Mio. € und Jahresüberschuss nach Steuern = 6,0 Mio. €.

**Kennzahlen:**

$$\text{Eigenkapitalquote} = \frac{\text{Eigenkapital}}{\text{Bilanzsumme}} = \frac{30,0}{100,0} = 30,0\,\%$$

$$\text{Anlagendeckungsgrad A} = \frac{\text{Eigenkapital}}{\text{Anlagevermögen}} = \frac{30,0}{40,0} = 75,0\,\%$$

$$\text{Gesamtkapitalrentabilität} = \frac{\text{EBIT (JÜ vor Steuer- und Zinsaufwand)}}{\text{Bilanzsumme}} = \frac{8,0 + 3,0}{100,0} = 11,0\,\%$$

# Jahresabschlusspolitik KAPITEL III

**Progressive Jahresabschlusspolitik**

Prämissen:
- Der Entwicklungsaufwand in Höhe von 4 % der Umsatzerlöse entsprechend 6,0 Mio. € wurde aktiviert.
- Für das Sachanlagevermögen wird die durchschnittliche Nutzungsdauer auf 12,5 Jahren verlängert.
- In den Vorräten wurden alle aktivierungsfähigen Gemeinkosten erfasst in Höhe von 100 / 87,5 · 28 = 32 Mio. €.
- Rückstellungen wurden progressiv in Höhe von nur mehr 5 % des Geschäftsvolumens (Umsatzerlöse) entsprechend 7,5 Mio. € gebildet.

**Bilanz II (Werte in Mio. €)**

| Aktiva | | | | Passiva | | |
|---|---|---|---|---|---|---|
| I. Anlagevermögen | | | | I. Eigenkapital | | |
|   1. Sachanlagevermögen | 31,5 | | |   1. Gezeichnetes Kapital | 8,0 | |
|   2. Sonstiges AV | 16,0 | 47,5 | |   2. Rücklagen | 16,0 | |
| | | | |   3. Jahresüberschuss | <u>18,0</u> | 42,0 |
| II. Umlaufvermögen | | | | | | |
|   1. Vorräte | 32,0 | | | II. Rückstellungen | | 11,5 |
|   2. Forderungen | 22,0 | | | | | |
|   2. Sonstiges UV | 10,0 | 64,0 | | III. Verbindlichkeiten | | 58,0 |
| | | **111,5** | | | | **111,5** |

Die jahresabschlusspolitischen Maßnahmen haben zu
- einem Anstieg des sonstigen AV um 6,0 Mio. € (vorher keine Aktivierung der Entwicklungsaufwendungen),
- einem Anstieg des Sachanlagevermögens um 1,5 Mio. € (Abschreibungen nunmehr 75 / 12,5 = 6 Mio. € und damit 1,5 Mio. € geringer als zuvor),
- einem Anstieg des Vorratsvermögens von 28,0 auf 32,0 und damit um 4,0 Mio. € und
- einer Reduktion des Rückstellungsausweises von 12,0 auf 7,5 und damit um 4,5 Mio. € und damit
- zu einer **kumulierten Ergebnisverbesserung** durch Aufwandsreduktion von 16,0 Mio. € geführt.

Die zusätzliche Steuerlast hierauf beträgt 25 % entsprechend 4,0; sie wird hier zur besseren Veranschaulichung in die (Steuer-) Rückstellungen eingestellt; diese betragen 7,5 + 4,0 = 11,5 Mio. €. Der gesamte Steueraufwand beträgt 2,0 + 4,0 = 6,0 Mio. €. Der Jahresüberschuss vor Steuern beträgt 24,0 Mio. €.

**Kennzahlen:**

$$\text{Eigenkapitalquote} = \frac{\text{Eigenkapital}}{\text{Bilanzsumme}} = \frac{42,0}{111,5} = 37,7\,\%$$

$$\text{Anlagendeckungsgrad A} = \frac{\text{Eigenkapital}}{\text{Anlagevermögen}} = \frac{42,0}{47,5} = 88,4\,\%$$

$$\text{Gesamtkapitalrentabilität} = \frac{\text{EBIT (JÜ vor Steuer- und Zinsaufwand)}}{\text{Bilanzsumme}} = \frac{24,0 + 3,0}{111,5} = 24,2\,\%$$

> **Ergebnis**
>
> Allein durch den Wechsel der Jahresabschlusspolitik hat sich
> - die Eigenkapitalquote um mehr als 7 Punkte erhöht,
> - der Anlagendeckungsgrad A um mehr als 13 Punkte erhöht,
> - die Gesamtkapitalrentabilität um mehr als 13 Punkte erhöht und mehr als verdoppelt.
>
> Der unterschiedliche Einsatz des jahresabschlusspolitischen Instrumentariums hat zu völlig verschiedenen Kennzahlwerten geführt, obwohl den Abschlusszahlen materiell dieselbe Unternehmenslage zu Grunde liegt und damit derselbe Sachverhalt abgebildet wurde. Dies macht die Grenzen der traditionellen Kennzahlenrechnung deutlich.

Im Ergebnis zeigt sich, dass innerhalb der gesetzlichen Rahmenbedingungen auch nach Inkrafttreten des BilMoG relevante Jahresabschlusskennzahlen in wesentlichem Umfang beeinflusst werden können.

## 4.3 Theorie der Normbilanzierung

Eine Jahresabschlussanalyse, die sich auf eine klassische Kennzahlenrechnung und -auswertung beschränkt, ist aufgrund des großen bilanzpolitischen Potenzials, das durch die Ausnutzung von Bilanzierungs- und Bewertungswahlrechten entsteht, unzureichend.

Die Jahresabschlusspolitik muss analysiert werden, um zu einer realistischen Unternehmensbeurteilung zu gelangen. Neben der traditionellen Kennzahlenrechnung sind vor allem die zahlreichen **nicht-quantitativen Angabepflichten** im Anhang einer Beurteilung zu unterziehen.

Im Zweifel kann unterstellt werden, dass im Falle einer besonders guten Vermögens-, Finanz- und Erfolgslage eine vorsichtige, ergebnismindernde „**konservative**" Jahresabschlusspolitik zu erwarten ist. Umgekehrt werden bei einer krisenhaften Situation die Bilanzierungs- und Bewertungswahlrechte eher ergebniserhöhend ausgeübt („**progressive**" Jahresabschlusspolitik).

In Zeiten angespannter wirtschaftlicher Verhältnisse können gleichbleibend hohe Ausschüttungserfordernisse der Anteilseigner der Notwendigkeit einer reservebildenden, vorsichtigen Bilanzierungspraxis entgegenstehen. Weitere Zielkonflikte können sich zwischen der Darstellung der Kreditwürdigkeit nach außen und der Minimierung des steuerpflichtigen Gewinns ergeben.

| ABB. 176: | Konservative versus progressive Jahresabschlusspolitik |
|---|---|
| Erscheinungsformen und Indikatoren der konservativen Jahresabschlusspolitik | Erscheinungsformen und Indikatoren der progressiven Jahresabschlusspolitik |
| ▶ Kein Ansatz von Entwicklungsaufwendungen und aktiven Bilanzierungshilfen<br>▶ Planmäßige Abschreibung eines Geschäfts- oder Firmenwerts über Regel-Nutzungsdauer von fünf Jahren<br>▶ Möglichst kurze Nutzungsdauern im abnutzbaren Anlagevermögen (i. d. R. entsprechend gültiger AfA-Tabellen)<br>▶ Anwendung GoB-konformer, aufwandsvorverlagernder Abschreibungsmethoden für bewegliche Gegenstände des Anlagevermögens<br>▶ Sofortabschreibung geringwertiger Wirtschaftsgüter in gesetzlich zulässigem maximalem Umfang<br>▶ Maximal möglicher Verzicht auf die Einbeziehung von Gemeinkosten bei der Ermittlung der Herstellkosten<br>▶ Anwendung der Festbewertung im beweglichen Anlagevermögen (§ 240 Abs. 3 HGB)<br>▶ Weitestgehend mögliche Unterlassung von Zuschreibungen<br>▶ Großzügige Rückstellungsbildung und Ansatz von Pauschalwertberichtigungen auf Forderungen<br>▶ Anwendung bestandsmindernder Bewertungsvereinfachungsverfahren im Vorratsvermögen (z. B. Lifo-Verfahren, § 256 HGB)<br>▶ Passivierung von sog. Alt-Pensionsrückstellungen in voller Höhe (Art. 28 Abs. 1 EGHGB) | ▶ Aktivierung von Entwicklungsaufwendungen<br>▶ Ausweis aktiver Bilanzierungshilfen wie aktiver latenter Steuern<br>▶ Planmäßige Abschreibung eines Geschäfts- oder Firmenwerts über Nutzungsdauer von mehr als fünf Jahren<br>▶ Festlegung ungewöhnlich langer Nutzungsdauern oder Ansatz von Restwerten beim abnutzbaren Anlagevermögen (im Vergleich zu Vorjahren)<br>▶ Anwendung der linearen Abschreibung für bewegliche Gegenstände des Anlagevermögens<br>▶ Aktivierung geringwertiger Wirtschaftsgüter<br>▶ Maximal mögliche Vornahme von Zuschreibungen<br>▶ Einbeziehung von wahlweise zu berücksichtigenden Gemeinkosten bei der Ermittlung der Herstellungskosten (Verwaltungskosten, Altersversorgungs- und Sozialaufwendungen, Fremdkapitalzinsen usw.)<br>▶ Minimale Rückstellungsbildung und Ansatz von Pauschalwertberichtigungen auf Forderungen<br>▶ Verzicht auf die Passivierung der Fehlbeträge von Pensionsrückstellungen (lediglich Anhangangabe)<br>▶ Vornahme von Bewertungswechseln, die den Jahreserfolg positiv beeinflussen<br>▶ Wesentliche Erhöhung der Erträge aus Anlageabgängen, der sonstigen betrieblichen Aufwendungen und/oder der außerordentlichen Erträge im Vergleich zum Vorjahr<br>▶ Gewinnrealisierung in Zusammenhang mit Vornahme von sale-and-lease-back-Geschäften<br>▶ Wesentliche Höhe bzw. Zunahme der sonstigen finanziellen Verpflichtungen und Haftungsverhältnisse |

Im Hinblick auf die bestehenden gesetzlichen Rahmenbedingungen hat sich ein typisches Bilanzierungsverhalten deutscher Unternehmen herausgebildet, das immer dann weitgehend angewandt wird, wenn keine speziellen jahresabschlusspolitischen Ziele verfolgt werden. Es stellt quasi den üblichen „Kaufmannsbrauch" dar und wird deshalb als sog. **„Normbilanzierung"** bezeichnet. Die Theorie der Normbilanzierung geht auf *Küting/Weber* zurück.

Die Analyse der Jahresabschlusspolitik gibt Hinweise, ob im Geschäftsjahr von der „Normbilanzierung" abweichende Maßnahmen zur Ergebnisverbesserung oder Ergebnisverringerung Anwendung fanden, d. h. stille Reserven in wesentlichem Umfang aufgelöst oder gebildet worden sind. Von besonderer Bedeutung sind Änderungen der Ausübung von Bilanzierungs- und Bewertungswahlrechten gegenüber vergangenen Geschäftsjahren. Vor allem der abrupte **Wechsel** von einer konservativen zu einer progressiven Jahresabschlusspolitik ist als Anzeichen einer akuten **Unternehmenskrise** zu werten.

Die Schlussfolgerung in Bezug auf das tatsächliche Bild der Vermögens-, Finanz- und Erfolgslage einer Unternehmung muss daher lauten, dass sich bei Anwendung einer **konservativen** Jahresabschlusspolitik die tatsächliche Lage **besser** als im Jahresabschluss und bei **progressiver** Jahresabschlusspolitik **schlechter** darstellt.

Eine Vielzahl empirischer Untersuchungen hat ergeben, dass eine hohe Korrelation zwischen ertragsstarken Unternehmen und einer konservativen Jahresabschlusspolitik und zwischen ertragsschwachen Unternehmen und einer progressiven Jahresabschlusspolitik besteht. Damit wird die Praktikerregel bestätigt, **dass gute Abschlüsse in Wirklichkeit noch besser und schlechte Abschlüsse tatsächlich noch schlechter** sind.

Durch das Inkrafttreten des **BilMoG** wurden zahlreiche gesetzlich kodifizierte Wahlrechte aufgehoben, so dass die unternehmerischen Spielräume geschrumpft sind. Nicht mehr zulässig sind seither z. B.

- die wahlweise Aktivierung bzw. Aufwandsverbuchung eines derivativen Geschäfts- oder Firmenwerts,
- der wahlweise Verzicht auf den Einbezug jeglicher Gemeinkosten in die Herstellungskosten,
- die wahlweise Vornahme steuerlicher Sonderabschreibungen im Rahmen der sog. umgekehrten Maßgeblichkeit,
- die wahlweise Vornahme von Abschreibungen auf den nahen Zukunftswert im Umlaufvermögen,
- der wahlweise Verzicht auf Zuschreibungen,
- das Wahlrecht für die Bemessung des Diskontierungszinsfußes für Pensionsrückstellungen innerhalb einer Bandbreite von 3 % - 6 %,
- die wahlweise Passivierung von Aufwandsrückstellungen.

Diese vormals explizit gesetzlich kodifizierten Wahlrechte wurden mit BilMoG zumindest zum Teil durch unbestimmte Rechtsbegriffe oder prognostische Wertungen ersetzt, so dass der Umfang an Ermessensspielräumen tendenziell eher zugenommen hat.

Quellen von Ermessensspielräumen sind insbesondere die bilanzielle Behandlung

- der Optimierung der Lagerhaltung (Just-in-time-Anlieferung, Kommissionslager),
- des Forderungsmanagements (kürzere Zahlungsziele, Intensivierung des Mahnwesens, Factoring),
- selbst geschaffener immaterieller Vermögenswerte nach Ansatz und Bewertung,
- der Rückstellungen nach Ansatz und Bewertung.

Die beiden erstgenannten Maßnahmen sind dem **working capital-Management** zuzuordnen und seit jeher verbreitet. Ziel ist es, durch Verminderung des Ausweises von Umlaufvermögen die Vermögensbindung zu senken und in der Folge Kapital freizusetzen, das zur Schuldentilgung verwendet werden kann.

Die beiden letztgenannten Maßnahmen sind durch die Vorschriften des BilMoG neu eröffnet worden.

Seit BilMoG ist es zulässig, **Entwicklungskosten** zu aktivieren. Insoweit sollen auch immaterielle Werte in die Bilanz Eingang finden. Die Entwicklungskosten können jedoch nicht objektiv zweifelsfrei von den Forschungskosten einerseits und den Vertriebskosten andererseits abgegrenzt werden, so dass sich enorme jahresabschlusspolitische Spielräume eröffnen (§ 255 Abs. 2a HGB).

Ebenfalls mit BilMoG wurde bei den **Rückstellungen** das Stichtagsprinzip aufgehoben. Nunmehr sind sowohl die Rückstellungen abzuzinsen als auch die bei der Inanspruchnahme geltenden Kosten- und Preisverhältnisse zu berücksichtigen. Insoweit ist die Rückstellungsbewertung mit erheblichen prognostischen Unsicherheiten verbunden.

| ABB. 177: | Bestandteile der Normbilanzierung |
|---|---|

- Nichtaktivierung von Bilanzierungshilfen aller Art
- Nichtaktivierung von Entwicklungsaufwendungen (auch wenn grundsätzlich Tatbestand vorliegt)
- Abschreibung eines aktivierten Geschäfts- oder Firmenwerts über die regelmäßige Nutzungsdauer von fünf Jahren
- Verwendung von Nutzungsdauern nach den gültigen AfA-Tabellen (weder besonders lange noch besonders kurze Nutzungsdauern)
- Verzicht auf Anwendung der sog. Komponentenmethode bei der Abschreibung von Sachanlagen (vgl. IDW RH HFA 1.016)
- Nichteinbeziehung von wahlweise aktivierungsfähigen Gemeinkosten sowie Fremdkapitalzinsen in die Herstellungskosten
- Nichtanwendung der „percentage-of-completion-Methode" zugunsten der „completed-contract-Methode" bei langfristigen Fertigungsaufträgen
- Anwendung der Festbewertung bei Vorliegen der Voraussetzungen
- Verzicht auf Anwendung von Verbrauchsfolgeverfahren
- Vollabschreibung von geringwertigen Wirtschaftsgütern, soweit gesetzlich zulässig
- Verzicht auf Zuschreibungen, soweit nicht gesetzlich unumgänglich
- Passivierung von Pensionsrückstellungen in voller Höhe
- Annahme vorsichtiger Schätzparameter bei den sonstigen Rückstellungen

Aus Sicht des Jahresabschlusscontrollings folgt weiterhin der Leitsatz, dass zunächst die verfolgte Jahresabschlusspolitik als Frühwarnindikator problematisiert werden muss, aufgrund derer sich die nachfolgende **Kennzahlenanalyse relativiert**. Der Analyst muss zunächst erörtern, auf welche Weise die Kennzahlwerte zustande gekommen sind.

Hierzu sind die zahlreichen **Angabepflichten im Anhang** einer kritischen Analyse zu unterziehen. Hieraus ist sodann ein integrierendes Gesamtbild der Jahresabschlusspolitik zu entwickeln.

In dem nachstehenden Beurteilungsschema der Jahresabschlusspolitik sind die Fragen derart gestellt, dass Antworten mit „ja" auf eine progressive und mit „nein" auf eine konservative Jahresabschlusspolitik hindeuten, d. h., die Punkte sind als „Maluspunkte" zu verstehen.

| ABB. 178: | Schema zur Beurteilung der Jahresabschlusspolitik | | |
|---|---|---|---|
| Nr. | Kriterium | Ja | Nein |
| 1 | **Sachverhaltsgestaltungen** | | |
| 1.1 | Bestehen ungewöhnliche Änderungen im Konzernkreis (§ 285 Nr. 11, 11a, 14 HGB), insbesondere Funktionsauslagerungen auf Tochtergesellschaften, die zur Umgehung eines Aktivierungsverbots geeignet sind? | | |
| 1.2 | Bestehen ungewöhnliche Änderungen in den Konzernbeziehungen (z. B. Ausleihungen, Verbindlichkeiten, Erträge, Aufwendungen) und/oder ungewöhnliche Organbeziehungen (§ 285 Nr. 9 HGB)? | | |
| 1.3 | Bestehen ungewöhnliche Haftungsverhältnisse (§ 251 HGB) und sonstige finanzielle Verpflichtungen (§ 285 Nr. 3 HGB)? | | |
| 1.4 | Wurden Sale-and-lease-back-Geschäfte mit wesentlicher Bedeutung vorgenommen bzw. erfolgte ein Übergang vom Kauf zum Leasing? | | |
| 1.5 | Sind Maßnahmen des sog. „window dressing" erkennbar, die zu einer nicht unwesentlichen Beeinflussung der Gesamtaussage des Jahresabschlusses geeignet sind (z. B. Forderungsverkäufe, Pensionsgeschäfte)? | | |
| 2 | **Sachverhaltsabbildungen** | | |
| 2.1 | Wurden Bilanzierungshilfen oder Entwicklungsaufwendungen aktiviert (§§ 248 Abs. 2, 274 Abs. 1 Satz 2 HGB)? | | |
| 2.2 | Wurden nicht aktivierungspflichtige Gemeinkosten, insbesondere Verwaltungskosten und/oder Fremdkapitalzinsen als Herstellungskosten aktiviert (§ 255 Abs. 2 HGB)? | | |
| 2.3 | Sind die der planmäßigen Abschreibung von abnutzbaren Sachanlagen und immateriellen Vermögensgegenständen zugrunde gelegten betriebsgewöhnlichen Nutzungsdauern ungewöhnlich lang? Führen die Methoden der planmäßigen Abschreibung tendenziell zu einer Aufwandsnachverlagerung? | | |
| 2.4 | Wurde auf die Vollabschreibung geringwertiger Wirtschaftsgüter (§ 6 Abs. 2 EStG) bzw. auf zulässige Abschreibungen bei vorübergehender Wertminderung von Finanzanlagen (§ 253 Abs. 3 Satz 4 HGB) verzichtet? | | |
| 2.5 | Wurde auf die zulässige Anwendung der Festbewertung (§ 240 Abs. 3 HGB) bzw. des Lifo-Verfahrens im Umlaufvermögen (§ 256 HGB) verzichtet? | | |
| 2.6 | Wurden die Pauschalwertberichtigungen auf Forderungen herabgesetzt bzw. entspricht die Wertberichtigungsquote nicht dem branchenüblichen Satz? | | |
| 2.7 | Bestehen Zweifel, dass die Schätzparameter bei Pensions- und sonstigen langfristigen Rückstellungen angemessen und plausibel sind (§ 253 Abs. 2 HGB)? | | |
| 2.8 | Wurden sonstige Rückstellungen ohne wirtschaftlichen Grund aufgelöst (§ 249 Abs. 2 Satz 2 HGB)? | | |
| 2.9 | Wurden anderweitige sonstige betriebliche Erträge in wesentlichem Umfang ausgewiesen, die nicht zahlungswirksam sind (§ 275 Abs. 2 Nr. 4 HGB)? | | |
| 2.10 | Wurden außerordentliche Erträge in wesentlichem Umfang ausgewiesen, die nicht nachhaltig bzw. betriebsfremd sind (§ 277 Abs. 4 HGB)? | | |
| **Gesamt (pro „Ja" 2 Punkte, maximal 30 Punkte)** | | | |

## 5. Analyse des Anhangs und Erstellung der Strukturbilanz als Grundlage des jahresabschlussgestützten Controllings

### 5.1 Analyse der Angaben im Anhang

Der Anhang ist gesetzlich geregelt in den §§ 284 ff. HGB. Er ist **Bestandteil des Jahresabschlusses** der Kapitalgesellschaften und erfüllt die folgenden Aufgaben:

- Darstellung der angewandten Bilanzierungs- und Bewertungsmethoden,
- Beschreibung und Begründung der Änderungen dieser Methoden, d. h. der Durchbrechungen der Gliederungs- und Bewertungsstetigkeit,
- Darstellung, Erläuterung und Ergänzung einzelner Positionen von Bilanz und GuV.

Bezüglich der **Anhangangaben** werden unterschieden:

- Pflichtangaben und
- wahlweise Angaben (in der Bilanz oder im Anhang; ggf. größenabhängig),

die mit dem Ziel erfolgen,

- ein tieferes Verständnis zum Jahresabschluss zu vermitteln bzw. diesen zu ergänzen,
- die Ausübung der Bilanzierungs- und Bewertungswahlrechte (z. B. Aktivierungs- und Passivierungswahlrechte, Bewertungsmethoden) zu erläutern,
- Abweichungen von der Bewertungsstetigkeit offenzulegen,
- nicht vergleichbare oder nicht angepasste Vorjahresbeträge darzustellen.

Dies betrifft z. B. die

- Aktivierung von Bilanzierungshilfen und von Entwicklungsaufwendungen,
- Nutzungsdauer von Geschäfts- und Firmenwerten (i. d. R. fünf Jahre),
- Aktivierung von Fremdkapitalzinsen in den Herstellungskosten,
- Vornahme von Bewertungsvereinfachungsverfahren für Vorräte,
- Prämissen für die Dotierung von Pensionsrückstellungen,
- Darstellung der Struktur der sonstigen Rückstellungen,
- Darstellung der Zusammensetzung und der Fristigkeiten von Verbindlichkeiten,
- Darstellung der sonstigen betrieblichen Erträge und Aufwendungen.

| ABB. 179: | Überblick über die Vorschriften zum Anhang (§§ 284 - 288 HGB) |
|---|---|
| Aufgaben | Verbesserung des Erkenntniswerts des Jahresabschlusses mittels zusätzlicher Angaben, Begründungen, Aufgliederungen, Informationen über finanzielle Daten, die sich in der Bilanz und Gewinn- und Verlustrechnung nicht niedergeschlagen haben, insbesondere |
| | ▶ Darstellung der angewandten Bilanzierungs- und Bewertungsmethoden sowie Darstellung, Begründung und Erläuterung von deren Änderung |
| | ▶ Darstellung, Begründung und Erläuterung der Durchbrechung der Gliederungsstetigkeit |
| | ▶ Erläuterung einzelner Positionen der Bilanz und der Gewinn- und Verlustrechnung |

# KAPITEL III — Jahresabschlussgestütztes Controlling

| Aufstellungspflicht | ▶ Alle Kapitalgesellschaften gem. § 264 Abs. 1 HGB |
|---|---|
| | ▶ Genossenschaften gem. § 336 Abs. 1 HGB |
| | ▶ Unternehmen, die bestimmte Größenmerkmale erfüllen und nicht in der Rechtsform einer Personengesellschaft oder Einzelunternehmung geführt werden (§ 5 Abs. 2 PublG) |
| | ▶ Unternehmen bestimmter Wirtschaftszweige und kommunale Eigenbetriebe |
| Aufstellungsfristen | Wie für die übrigen Teile des Jahresabschlusses, § 264 Abs. 1 Satz 2 und 3 HGB |
| Inhalt | ▶ Angaben zur Erläuterung der Bilanz und Gewinn- und Verlustrechnung, die aufgrund von Einzelvorschriften wahlweise in der Bilanz bzw. in der Gewinn- und Verlustrechnung oder im Anhang gemacht werden müssen (§ 284 Abs. 1 HGB) |
| |    – Beispiele: Alle in den §§ 265 - 277 HGB dargelegten Angabepflichten, so etwa Mitzugehörigkeit zu anderen Posten der Bilanz (§ 265 Abs. 3 Satz 1 HGB); Anlagespiegel (§ 268 Abs. 2 HGB); Disagio (§ 268 Abs. 6 HGB); Haftungsverhältnisse (§ 268 Abs. 7 HGB) u. a. |
| | ▶ Pflichtangaben, die nur im Anhang zu machen sind |
| |    – § 284 Abs. 2 HGB: Erläuterungen zur Bilanz und Gewinn- und Verlustrechnung |
| |    – § 285 HGB: Sonstige Pflichtangaben |
| |    – Rechtsformabhängige Einzelangaben im AktG, GmbHG, GenG |
| | ▶ Unterlassen von Angaben |
| |    – § 286 Abs. 1 HGB: Schutzklausel zugunsten der Bundesrepublik Deutschland oder eines ihrer Länder |
| |    – § 286 Abs. 2 und 3 Nr. 2 HGB: Unterlassen bestimmter Angaben, die der Kapitalgesellschaft oder einem Unternehmen, von dem sie mindestens 20 % der Anteile besitzt, einen erheblichen Nachteil zufügen können |
| |    – § 286 Abs. 3 Nr. 1 HGB: Unterlassen bestimmter Angaben, soweit sie für die Darstellung der Vermögens-, Finanz- und Ertragslage von untergeordneter Bedeutung sind |
| |    – § 286 Abs. 4 und 5 HGB: Unterlassen, soweit keine börsennotierte AG bzw. aufgrund entsprechenden Beschlusses der Hauptversammlung |
| | ▶ Größenabhängige Erleichterungen für kleine und mittelgroße Kapitalgesellschaften (§ 288 HGB) |

Nachstehend eine Auflistung der rechtsformunabhängig vorgeschriebenen, für die Beurteilung der Jahresabschlusspolitik wesentlichen Angaben im Anhang nebst Rechtsgrundlagen mit Ausnahme des § 285 HGB.

## Analyse des Anhangs und Erstellung der Strukturbilanz — KAPITEL III

**ABB. 180: Angaben im Anhang (nur rechtsformunabhängige Angaben)**

| Lfd. Nr. | Inhalt der Angabe im Anhang | Rechtsvorschrift | Kleine KapG. | Mittelgr. KapG. | Große KapG. |
|---|---|---|---|---|---|
| \multicolumn{6}{l}{I. Allgemeine Pflichtangaben nach § 284 Abs. 2 HGB} ||||||
| 01 | Angabe der auf die Positionen der Bilanz und GuV angewandten Bilanzierungs- und Bewertungsmethoden | § 284 Abs. 2 Nr. 1 HGB | ✓ | ✓ | ✓ |
| 02 | Angabe der Grundlagen für die Umrechnung in €, soweit der Jahresabschluss Fremdwährungspositionen enthält | § 284 Abs. 2 Nr. 2 HGB | ✓ | ✓ | ✓ |
| 03 | Angabe und entsprechende Begründung bei Abweichungen von den Bilanzierungs- und Bewertungsmethoden | § 284 Abs. 2 Nr. 3, 1. Halbsatz HGB | ✓ | ✓ | ✓ |
| 04 | Gesonderte Darstellung des Einflusses von Abweichungen von den Bilanzierungs- und Bewertungsmethoden auf die Vermögens-, Finanz- und Ertragslage | § 284 Abs. 2 Nr. 3, 2. Halbsatz HGB | ✓ | ✓ | ✓ |
| 05 | Ausweis erheblicher Unterschiedsbeträge bei Anwendung einer Bewertungsmethode entsprechend §§ 240 Abs. 4, 256 Satz 1 HGB | § 284 Abs. 2 Nr. 4 HGB | (befreit nach § 288 HGB) | ✓ | ✓ |
| 06 | Angaben über Einbeziehung von Fremdkapitalzinsen in die Herstellungskosten | § 284 Abs. 2 Nr. 5 HGB | ✓ | ✓ | ✓ |
| \multicolumn{6}{l}{II. Pflichtangaben hinsichtlich der Gliederung des Jahresabschlusses} ||||||
| 07 | Zusätzliche Angaben, falls der Jahresabschluss kein den tatsächlichen Verhältnissen entsprechendes Bild vermittelt | § 264 Abs. 2 Satz 2 HGB | ✓ | ✓ | ✓ |
| 08 | Angabe und Begründung der Abweichungen von der Gliederungsstetigkeit | § 265 Abs. 1 Satz 2 HGB | ✓ | ✓ | ✓ |
| 09 | Angabe und Erläuterung von nicht vergleichbaren Vorjahresbeträgen im Jahresabschluss | § 265 Abs. 2 Satz 2 HGB | ✓ | ✓ | ✓ |
| 10 | Angabe und Erläuterung zu Anpassungen von Vorjahresbeträgen im Jahresabschluss | § 265 Abs. 2 Satz 3 HGB | ✓ | ✓ | ✓ |
| 11 | Angabe der Mitzugehörigkeit von Vermögensgegenständen und Schulden zu anderen als dem ausgewiesenen Posten | § 265 Abs. 3 Satz 1 HGB | ✓ | ✓ | ✓ |
| 12 | Angabe und Begründung von Ergänzungen der Jahresabschlussgliederung bei Existenz von Gliederungsvorschriften verschiedener Geschäftszweige | § 265 Abs. 4 Satz 2 HGB | ✓ | ✓ | ✓ |
| 13 | Gesonderter Ausweis zusammengefasster Posten im Jahresabschluss | § 265 Abs. 7 Nr. 2 HGB | ✓ | ✓ | ✓ |

| Lfd. Nr. | Inhalt der Angabe im Anhang | Rechtsvorschrift | Kleine KapG. | Mittelgr. KapG. | Große KapG. |
|---|---|---|---|---|---|
| | **III. Pflichtangaben zu einzelnen Positionen des Jahresabschlusses** | | | | |
| 14 | Erläuterung von größeren Beträgen unter den „sonstigen Vermögensgegenständen", soweit erst nach dem Abschlussstichtag rechtlich entstanden | § 268 Abs. 4 Satz 2 HGB | (befreit nach § 274a HGB) | ✓ | ✓ |
| 15 | Erläuterung von größeren Beträgen unter den „Verbindlichkeiten", soweit erst nach dem Abschlussstichtag rechtlich entstanden | § 268 Abs. 5 Satz 3 HGB | (befreit nach § 274a HGB) | ✓ | ✓ |
| 16 | Erläuterung der ausgewiesenen „außerordentlichen Erträge" und „außerordentlichen Aufwendungen", soweit nicht von untergeordneter Bedeutung | § 277 Abs. 4 Satz 2 HGB | (befreit nach § 276 HGB) | ✓ | ✓ |
| 17 | Erläuterung der ausgewiesenen periodenfremden Erträge und Aufwendungen, soweit nicht von untergeordneter Bedeutung | § 277 Abs. 4 Satz 3 HGB | (befreit nach § 276 HGB) | ✓ | ✓ |
| 18 | Angabe der Anwendung der Übergangsregelung gem. Art. 24 Abs. 6 EGHGB zur Ermittlung der ursprünglichen Anschaffungs- und Herstellungskosten | Art. 24 Abs. 6 Satz 3 EGHGB | ✓ | ✓ | ✓ |
| 19 | Angabe der Fehlbeträge von nach Art. 28 Abs. 1 EGHGB nicht passivierten Rückstellungen für Pensionen und ähnlichen Verpflichtungen | Art 28 Abs. 2 EGHGB | ✓ | ✓ | ✓ |
| | **IV. Fakultative Angaben in Bilanz oder Anhang** | | | | |
| 20 | Angabe des Gewinn-/Verlustvortrags bei Bilanzaufstellung unter teilweiser Verwendung des Jahresergebnisses | § 268 Abs. 1 Satz 2 HGB | ✓ | ✓ | ✓ |
| 21 | Darstellung der Entwicklung der einzelnen Posten des Anlagevermögens („Anlagespiegel") | § 268 Abs. 2 Satz 1 HGB | (befreit nach § 274a HGB) | ✓ | ✓ |
| 22 | Angabe der Abschreibungen des Geschäftsjahrs auf die einzelnen Posten des Anlagevermögens | § 268 Abs. 2 Satz 3 HGB | (befreit nach § 274a HGB) | ✓ | ✓ |
| 23 | Angabe eines nach § 250 Abs. 3 in den aktiven Rechnungsabgrenzungsposten aufgenommenen Unterschiedsbetrags | § 268 Abs. 6 HGB | (befreit nach § 274a HGB) | ✓ | ✓ |

| Lfd. Nr. | Inhalt der Angabe im Anhang | Rechtsvorschrift | Kleine KapG. | Mittelgr. KapG. | Große KapG. |
|---|---|---|---|---|---|
| 24 | Gesonderte Angabe der in § 251 HGB bezeichneten Haftungsverhältnisse unter Angabe der gewährten Pfandrechte oder sonstiger Sicherheiten, jeweils mit davon-Vermerk gegenüber verbundenen Unternehmen | § 268 Abs. 7 HGB | ✓ | ✓ | ✓ |
| 25 | Gesonderte Angabe der außerplanmäßigen Abschreibungen gem. § 253 Abs. 3 Satz 3 und 4 HGB | § 277 Abs. 3 Satz 1 HGB | ✓ | ✓ | ✓ |

§ 285 HGB enthält eine Fülle sonstiger Pflichtangaben für den Anhang. Der Katalog ist mit Inkrafttreten des BilMoG auf mittlerweile 29 Positionen angewachsen. Hierin finden sich Angaben zur personellen Besetzung der Unternehmensorgane, zu den Gehältern der Organmitglieder, zu Beteiligungsunternehmen, zu den Honoraren des Abschlussprüfers und andere mehr. Die Angabepflichten können hier im Einzelnen nicht aufgeführt werden.

Für die Jahresabschlussanalyse sind vor allem folgende Angaben relevant:

▶ Angabe des Gesamtbetrags der bilanzierten Verbindlichkeiten mit einer Restlaufzeit von mehr als fünf Jahren (§ 285 Nr. 1a HGB),

▶ Angabe des Gesamtbetrags der bilanzierten Verbindlichkeiten, die durch Pfandrechte oder ähnliche Rechte gesichert sind (§ 285 Nr. 1b HGB),

▶ Aufgliederung der in § 285 Nr. 1 HGB verlangten Angaben für jeden Posten der Verbindlichkeiten nach dem vorgeschriebenen Gliederungsschema (§ 285 Nr. 2 HGB),

▶ Angabe des Gesamtbetrags der sonstigen nicht bilanzierten finanziellen Verpflichtungen, soweit diese nicht schon nach § 251 HGB angabepflichtig, aber für die Beurteilung der Finanzlage von Bedeutung sind (§ 285 Nr. 3, 1. Halbsatz HGB),

▶ gesonderte Angabe von Verpflichtungen gegenüber verbundenen Unternehmen (§ 285 Nr. 3, 2. Halbsatz HGB),

▶ Aufgliederung der Umsatzerlöse nach Tätigkeitsbereichen bzw. nach geographisch bestimmten Märkten (Segmenten, § 285 Nr. 4 HGB),

▶ Angabe der nach Gruppen getrennten durchschnittlichen Zahl der während des Geschäftsjahrs beschäftigten Arbeitnehmer (§ 285 Nr. 7 HGB),

▶ Erläuterung von unter den „sonstigen Rückstellungen" ausgewiesenen Rückstellungen, wenn sie einen nicht unerheblichen Umfang haben (§ 285 Nr. 12 HGB),

▶ Angabe der Gründe, die eine planmäßige Abschreibung des Geschäfts- oder Firmenwerts von mehr als fünf Jahren rechtfertigen (§ 285 Nr. 13 HGB),

▶ bei Aktivierung von Entwicklungskosten der Gesamtbetrag der Forschungs- und Entwicklungskosten des Geschäftsjahrs sowie der davon auf die selbst geschaffenen immateriellen Vermögensgegenstände des Anlagevermögens entfallende Betrag (§ 285 Nr. 22 HGB),

- zu den Rückstellungen für Pensionen und ähnliche Verpflichtungen das angewandte versicherungsmathematische Berechnungsverfahren sowie die grundlegenden Annahmen der Berechnung, wie Zinssatz, erwartete Lohn- und Gehaltssteigerungen und zugrunde gelegte Sterbetafeln (§ 285 Nr. 24 HGB).

**Kleine** Kapitalgesellschaften i. S. des § 267 Abs. 1 HGB brauchen die Angaben nach § 285 Nr. 2 - 8a, Nr. 9a und 9b sowie Nr. 12, 17, 19, 21, 22 und 29 nicht zu machen (§ 288 Abs. 1 HGB). **Mittelgroße** Kapitalgesellschaften i. S. des § 267 Abs. 2 HGB brauchen bei der Angabe nach § 285 Nr. 3 die Risiken und Vorteile nicht darzustellen und die Angaben nach § 285 Nr. 4 und 29 nicht zu machen.

## 5.2 Erstellung der Strukturbilanz

Als Vorarbeit zur eigentlichen Kennzahlenanalyse sind die Jahresabschlussdaten in eine **Strukturbilanz** zu überführen und zu verdichten. Im Rahmen der Strukturbilanz werden die individuellen Maßnahmen der Jahresabschlusspolitik erfasst und fiktiv rückgängig gemacht, um eine **Vergleichbarkeit der Jahresabschlüsse unterschiedlicher Jahre und Unternehmen** zu ermöglichen. Dies umfasst

- **Korrekturen und Verrechnungen** einzelner Positionen, z. B. von Bilanzierungshilfen oder Entwicklungsaufwendungen mit dem Eigenkapital,
- **Umbewertungen** von Positionen, z. B. bei unterlassenen Abschreibungen oder anderweitigen Abweichungen von der Bewertungsstetigkeit,
- **Aufspaltungen und Umgruppierungen** von Positionen, z. B. Zurechnung des auszuschüttenden Teils des Bilanzgewinns zu den kurzfristigen Verbindlichkeiten, Aufgliederungen von Rückstellungen und Verbindlichkeiten nach der Fristigkeit.

Die Strukturbilanz stellt eine nach sachlichen Erwägungen vorgenommene Verdichtung der Bilanz dar. Jene weist dabei folgenden idealisierten Grundaufbau auf:

**ABB. 181: Analytischer Grundaufbau der Bilanz (§ 266 HGB)**

| Aktiva | Passiva |
|---|---|
| Anlagevermögen<br>- Immaterielle Vermögensgegenstände des Anlagevermögens einschl. Geschäfts- oder Firmenwert<br>- Sachanlagevermögen<br>- Finanzanlagevermögen | Eigenkapital<br>- Gezeichnetes Kapital<br>- Kapital- und Gewinnrücklagen<br>- Gewinnvortrag/Verlustvortrag<br>- Jahresüberschuss/Jahresfehlbetrag |
| Umlaufvermögen<br>- Vorräte<br>- Forderungen<br>- Wertpapiere des Umlaufvermögens<br>- Liquide Mittel | Rückstellungen<br>(Pensionen/Steuern/Sonstige)<br><br>Verbindlichkeiten<br>(Kreditinstitute/Lieferanten/Sonstige) |
| Aktive Rechnungsabgrenzungsposten | Passive Rechnungsabgrenzungsposten |

Die Vermögensgegenstände sind nach absteigender Bindungsdauer und die Schulden nach der Rechtsstellung des Kapitalgebers (Eigen-, Fremdkapital) sowie außerdem nach der Fristigkeit (vgl. §§ 268 Abs. 5, 285 Nr. 1 HGB) gegliedert.

| ABB. 182: | Strukturierung der Bilanz | | | |
|---|---|---|---|---|
| Aktiva | | | Passiva | |
| Position: | Verwendung für: | Position: | | Verwendung für: |
| Anlagevermögen (ggf. weiter untergliedert nach Vermögensgruppen) | Anlagenintensität, Anlagendeckungsgrade | Eigenkapital (ggf. weiter untergliedert nach Eigenkapitalkomponenten) | | Eigenkapitalquote, Verschuldungsgrad, Anlagendeckungsgrade |
| Umlaufvermögen | Vorräte | Liquidität 3. Grades | Fremdkapital | Langfristiges | Verschuldungsgrad, Anlagendeckungsgrade |
| | Forderungen | Liquidität 2. Grades | | Kurzfristiges | Verschuldungsgrad, Liquiditätsgrade |
| | Wertpapiere, Liqu. Mittel | Liquidität 1. Grades | | | |

Die Neubewertung der Aktiva für die Zwecke der Strukturbilanz führt naturgemäß zwangsläufig zu Anpassungen bei der Höhe des bilanziellen Eigenkapitals auf der Passivseite. Daneben wird auch das Fremdkapital nach Fristigkeiten der Restlaufzeit aufgegliedert.

Auf der Basis der Strukturbilanz, die als große Postengruppen Anlage- und Umlaufvermögen sowie Eigen- und Fremdkapital enthält, erfolgt dann die **Kennzahlenberechnung**.

Somit lässt sich die Bilanzstruktur analysieren

▶ in **vertikaler** Sicht (Anteil von Aktiv- bzw. Passivpositionen im Verhältnis zur Bilanzsumme) sowie

▶ in **horizontaler** Sicht (Verhältnis von Aktiv- zu Passivpositionen bzw. umgekehrt).

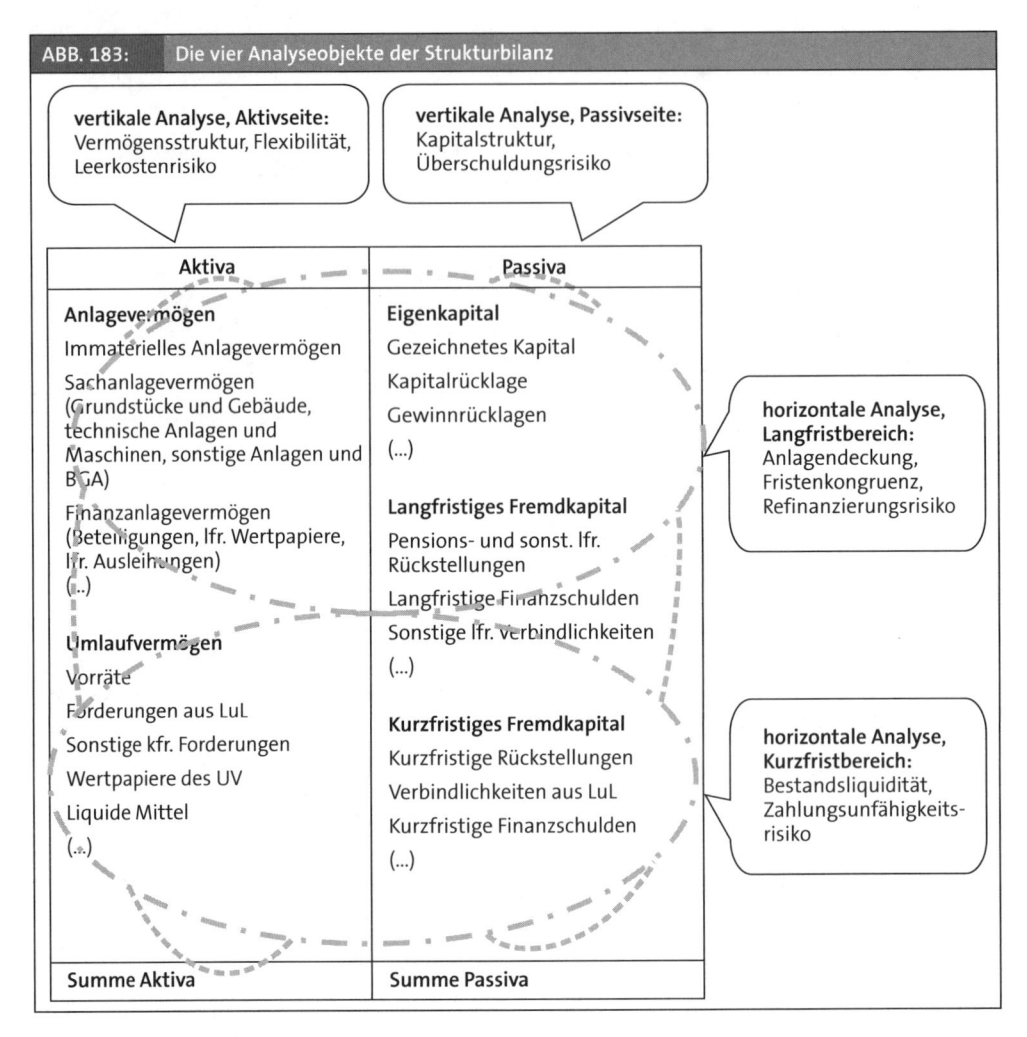

**ABB. 183: Die vier Analyseobjekte der Strukturbilanz**

**vertikale Analyse, Aktivseite:** Vermögensstruktur, Flexibilität, Leerkostenrisiko

**vertikale Analyse, Passivseite:** Kapitalstruktur, Überschuldungsrisiko

| Aktiva | Passiva |
|---|---|
| **Anlagevermögen** | **Eigenkapital** |
| Immaterielles Anlagevermögen | Gezeichnetes Kapital |
| Sachanlagevermögen (Grundstücke und Gebäude, technische Anlagen und Maschinen, sonstige Anlagen und BGA) | Kapitalrücklage |
| | Gewinnrücklagen |
| | (…) |
| Finanzanlagevermögen (Beteiligungen, lfr. Wertpapiere, lfr. Ausleihungen) | **Langfristiges Fremdkapital** |
| (…) | Pensions- und sonst. lfr. Rückstellungen |
| | Langfristige Finanzschulden |
| **Umlaufvermögen** | Sonstige lfr. Verbindlichkeiten |
| Vorräte | (…) |
| Forderungen aus LuL | **Kurzfristiges Fremdkapital** |
| Sonstige kfr. Forderungen | Kurzfristige Rückstellungen |
| Wertpapiere des UV | Verbindlichkeiten aus LuL |
| Liquide Mittel | Kurzfristige Finanzschulden |
| (…) | (…) |
| **Summe Aktiva** | **Summe Passiva** |

**horizontale Analyse, Langfristbereich:** Anlagendeckung, Fristenkongruenz, Refinanzierungsrisiko

**horizontale Analyse, Kurzfristbereich:** Bestandsliquidität, Zahlungsunfähigkeitsrisiko

Die Analyserichtungen umfassen neben den gesetzlichen Insolvenztatbeständen,

▶ Zahlungsunfähigkeit (§§ 17, 18 InsO) und
▶ Überschuldung (§ 19 InsO),

auch die betriebswirtschaftlich relevanten Risiken

▶ aus der Bindung des Vermögens (Leerkosten, mangelnde Amortisation) und
▶ aus der Finanzierung des Vermögens (Refinanzierung, Fristeninkongruenz).

## 6. Kennzahlen und Kennzahlensysteme als Controllinginstrumente

Der **methodisch-systematische Ablauf der Jahresabschlussanalyse** gestaltet sich wie folgt:

- **Sammlung und Sichtung** des verfügbaren Materials (Jahresabschlüsse, Hauptversammlungsansprachen, Veröffentlichungen in der Wirtschaftspresse, Branchen- und Verbandsinformationen),
- Verschaffung eines allgemeinen **Überblicks** über das Unternehmen und die Branche,
- **Aufbereitung** des Zahlenmaterials und der Erläuterungen des Jahresabschlusses im Hinblick auf bestimmte Fragestellungen,
- sodann die Vornahme der **Kennzahlenanalyse** auf Basis von Partialanalysen der Vermögens-, Finanz-, Erfolgs- und Liquiditätslage:
  - Auswahl geeigneter problemspezifischer Kennzahlen,
  - Berechnung der Kennzahlen, Interpretation der ermittelten Werte mit Hilfe von Vergleichsmaßstäben,
  - Ursachenforschung zur Erklärung und Auswertung der Ergebnisse der Kennzahlenanalyse,
  - Prognose der künftigen Entwicklung auf Basis der Vergangenheitswerte,
- **Ergänzung** durch qualitative Einschätzungen und Würdigungen sowie
- **Interpretation** und **Gesamtbeurteilung**.

In diesem Rahmen ist die **Kennzahlenanalyse** das bis heute dominierende Analyseinstrument. Dieser Umstand rückt die Jahresabschlussanalyse auch in die methodische Nähe zum Controlling als kennzahlengestützter Unternehmenssteuerung. Hieraus resultieren folgende Vorteile:

- Sichtbarmachen von Sachverhalten, die anders nicht zu erkennen sind (z. B. Rentabilität),
- Verdichtung komplexer Sachverhalte auf eine einzige Zahl,
- Gewährung von Einsichten in Teilbereiche des Unternehmens,
- Erhöhung der Transparenz durch Ermöglichung von Vergleichen.

Kennzahlen sind verdichtete Maßgrößen in Form absoluter Zahlen oder Verhältniszahlen (relativer Zahlen), die über komplexe betriebswirtschaftliche Sachverhalte informieren, soweit sie quantifizierbar sind. Hierbei ist es notwendig, die Kennzahlenentwicklung durch eine betriebswirtschaftlich fundierte Hypothese zu unterlegen, z. B.: „Ein höherer Verschuldungsgrad ist negativ zu beurteilen, da aufgrund relativ abnehmender Haftungsmasse das Kapitalstrukturrisiko steigt".

**Absolute** Zahlen sind Einzelzahlen, Summen, Differenzen oder Mittelwerte, die unmittelbar aus den Jahresabschlusspositionen gewonnen werden, z. B. Umsatz oder Bilanzsumme. **Relative** Zahlen (**Verhältniszahlen**) stellen Quotienten aus zwei absoluten Zahlen dar. Absolute Zahlen werden aufgrund ihrer Größenabhängigkeit und mangelnden Übertragbarkeit kaum verwendet. I. d. R. sind Verhältniszahlen verbreitet.

**ABB. 184: Klassifizierung von Kennzahlen**

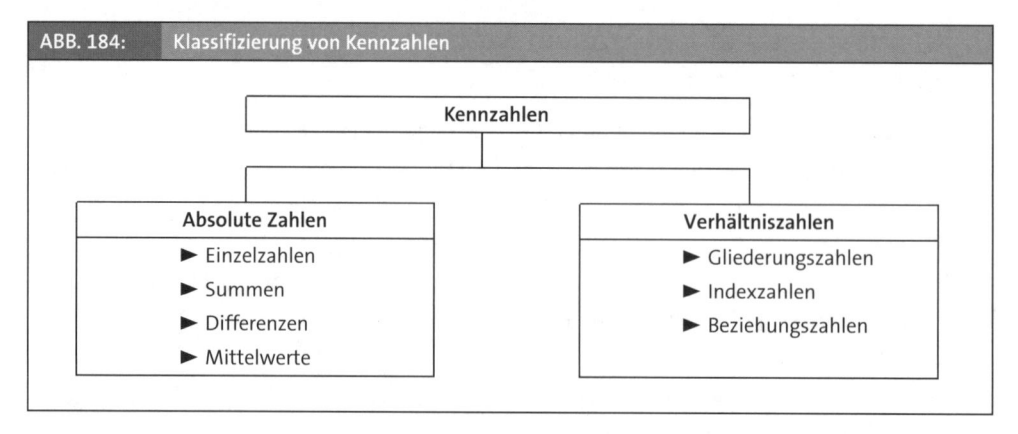

```
                        Kennzahlen
                    ┌───────┴───────┐
            Absolute Zahlen      Verhältniszahlen
            ▶ Einzelzahlen       ▶ Gliederungszahlen
            ▶ Summen             ▶ Indexzahlen
            ▶ Differenzen        ▶ Beziehungszahlen
            ▶ Mittelwerte
```

Quelle: *Küting/Weber*, Die Bilanzanalyse, 7 Aufl., (2004), S. 24.

Nach der Art der Kennzahlenbildung kann zwischen Gliederungszahlen, Indexzahlen und Beziehungszahlen unterschieden werden.

**Gliederungszahlen** drücken aus, wie sich eine Gesamtgröße in verschiedene Bestandteile aufteilen lässt, so z. B. das Vermögen in Anlage- und Umlaufvermögen, das Kapital in Eigen- und Fremdkapital, die Kosten in Personal-, Materialkosten, Abschreibungen oder noch differenzierter die Vorräte in Roh-, Hilfs- und Betriebsstoffe, unfertige und fertige Erzeugnisse und Waren. Zwischen Zähler und Nenner besteht ein Teilmengencharakter.

**Indexzahlen** erlauben es, die Entwicklung einer Größe im Zeitablauf zu verfolgen, indem die betreffende Größe in einer bestimmten Periode auf 100 % gesetzt wird und die entsprechenden Werte der folgenden Perioden zu diesem Basiswert ins Verhältnis gesetzt werden. Indexzahlen können daher auch als Wachstumskennziffern interpretiert werden.

**Beziehungszahlen** setzen verschiedene Größen zueinander in Beziehung, zwischen denen ein betriebswirtschaftlicher Ursache-Wirkungs-Zusammenhang vermutet wird. Beziehungszahlen sind z. B. Fristenkongruenzkennzahlen oder Rentabilitäten. Hier fehlt es an einem Teilmengencharakter zwischen Zähler und Nenner.

Weitere Einteilungskriterien der Kennzahlen bestehen

▶ nach den **Quellen im Rechnungswesen**, z. B. Buchhaltungskennzahlen, Bilanzkennzahlen, Kosten- und Leistungskennzahlen usw.;

▶ nach den **betrieblichen Funktionen**, z. B. Beschaffungs-, Logistik-, Personal-, Finanzierungskennzahlen.

Die Ausprägung einer Kennzahl ist zunächst nur von geringem Aussagewert. In der betrieblichen Praxis wird somit die Kennzahlenrechnung in einem weiteren Schritt als **Vergleichsrechnung** ausgebaut. Hierbei werden unterschieden:

▶ Zeitvergleiche,

▶ Betriebsvergleiche,

▶ Soll-Ist-Vergleiche.

**Zeitvergleiche** enthalten Zahlenwerte der gerade abgelaufenen Periode und entsprechende Zahlen weiter zurückliegender Perioden. Hieraus lassen sich langfristige Entwicklungen und Veränderungen ableiten. Möglich ist ein Vergleich der absoluten Zahlen, z. B. der Material- oder der Personalaufwendungen. Daneben ist die Bildung von Wachstumsraten in Prozent des Vorjahreswerts verbreitet. Es sind aber auch Vergleiche von Verhältniszahlen (Intensitäten) möglich, indem eine Zielgröße in Relation zu einer Bezugsgröße gesetzt wird. Dann ist aber unbestimmt, ob die Veränderung einer Verhältniszahl durch Veränderungen der Zielgröße oder/und der Bezugsgröße verursacht worden ist.

Bei der Durchführung von Zeitvergleichen ist zu beachten, dass Strukturbrüche berücksichtigt und ggf. bereinigt werden. Diese ergeben sich aus herausragenden, häufig einmaligen Ereignissen, die eine Vergleichbarkeit mit Vergangenheitswerten unmöglich machen oder erschweren, z. B. infolge einer Fusion oder einer Übernahme. Auch Änderungen der Rechnungslegungsvorschriften (z. B. BilMoG) sowie der Übergang zu andersartigen Rechnungslegungsvorschriften (z. B. IAS/IFRS) bedingen Strukturbrüche.

Während Zeitvergleiche mit Hilfe interner Informationen erfolgen, werden bei **Betriebsvergleichen** auch externe Daten herangezogen, und zwar Kennzahlenwerte vergleichbarer Unternehmen.

Dies erfolgt mit dem Ziel, Aufschlüsse über die relative Kosten- und Wettbewerbsposition im Verhältnis zu gleich gearteten Unternehmen zu gewinnen. Somit ist eine Vergleichbarkeit nach Größe, Struktur, Region und Branche Voraussetzung. Die Ausprägung fast aller betrieblichen Kennzahlen ist von den vorgenannten Determinanten abhängig. Allein durch unterschiedliche Wertschöpfungsgrade ergeben sich gravierende Änderungen in der Anlagen- bzw. Vorratslastigkeit sowie in der Intensität des Material- bzw. Personalaufwands.

In der Praxis stellt sich häufig das Problem des Zugangs zu Daten anderer Unternehmen; hier sind Verbands- oder Kommunalstatistiken hilfreich. Betriebsvergleiche können zu umfassenden Benchmarking-Systemen ausgebaut werden.

Während Zeit- und Betriebsvergleiche ausschließlich vergangenheitsorientiert sind, enthalten **Soll-Ist-Vergleiche** auch eine zukunftsgerichtete Komponente. Jedes Unternehmen muss sich Ziele setzen, um am Markt langfristig bestehen zu können. Den Abgleich der Zielwerte mit den tatsächlich erreichten Ist-Werten stellt der Soll-Ist-Vergleich dar. Den Ursachen etwaiger Differenzen zwischen Soll- und Ist-Werten ist in einer Abweichungsanalyse nachzugehen.

Die normative Komponente wird gestärkt, indem für die Kennzahlen ein Normalwert und ein Toleranzkorridor mit oberen und unteren Schwellenwerten bestimmt werden.

**ABB. 185: Funktionen von Kennzahlen**

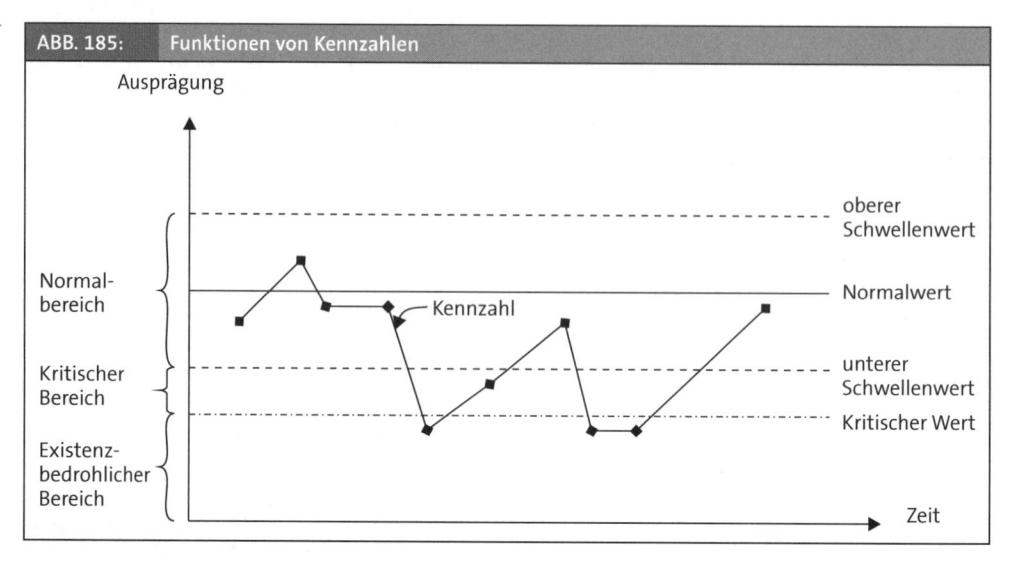

(Diagramm: Ausprägung über Zeit mit Bereichen "Normalbereich", "Kritischer Bereich", "Existenzbedrohlicher Bereich" und den Linien "oberer Schwellenwert", "Normalwert", "unterer Schwellenwert", "Kritischer Wert"; Datenreihe "Kennzahl")

Die weitergehende statistische Datenaufbereitung und Datenanalyse erfolgt üblicherweise mit Hilfe anerkannter statistischer Methoden. Gewöhnlich erfolgt die Bildung von

- **Mittelwerten** (arithmetisches und geometrisches Mittel, Median, Modalwert, Quartile oder Dezile) und

- **Streuungsmaßen** (Varianz, Standardabweichung).

Der Analyst muss sich bei Vornahme einer Kennzahlenanalyse stets der Gefahr einer mechanischen und unreflektierten Interpretation von Kennzahlenausprägungen oder -entwicklungen bewusst sein. Typische Quellen der Fehlinterpretationen von Kennzahlen bestehen beispielsweise in folgenden Umständen:

- Nicht bei jeder Kennzahl kann eine eindeutige „gewünschte" Ausprägung vorgegeben werden, wie z. B. bei der Eigenkapitalquote, bei der „mehr" stets „besser" bedeutet.

    So wird eine hohe Anlagenintensität i. d. R. als negativ beurteilt, weil das Unternehmen insoweit anfällig gegenüber Konjunktur- bzw. Auslastungsschwankungen ist. Andererseits wird es aus Gründen der Nachhaltigkeit als vorteilhaft empfunden, über einen modernen Anlagenpark zu verfügen. Aus Sicht einer oberflächlichen Kennzahleninterpretation würden Unternehmen für Modernität „bestraft" und für Veralterung „belohnt". Analog kann ein langes Lieferantenziel als vorteilhaft (Machtstellung gegenüber den Lieferanten) oder als nachteilig (Verzicht auf Skonti) beurteilt werden.

- Eine Kennzahlenentwicklung kann ohne Kenntnis ihres Zustandekommens nicht sinnvoll bewertet werden.

    Ein Anstieg der Eigenkapitalrentabilität kann einerseits aus einer generellen Profitabilität der Geschäftstätigkeit resultieren (dies ist als positiv zu bewerten), andererseits auch aus einem Abschmelzen der Eigenkapitaldecke bei gleicher oder leicht gesunkener Profitabilität herrühren, letztere Entwicklung wäre als risikobehaftet einzustufen.

- Allein aus mathematischen Gründen kann eine Kennzahleninterpretation unmöglich oder unsinnig sein.

  So gibt die Kennzahl „operativer Cashflow in % der Investitionen" den sog. Innenfinanzierungsgrad an, d. h., den Anteil, zu dem Investitionen aus Überschüssen der laufenden Geschäftstätigkeit finanziert werden können. Nun können sowohl Zähler als auch Nenner der Kennzahl positiv oder negativ sein, und dies mit alternierenden Vorzeichen. Zähler und/oder Nenner können zudem auch den Wert Null annehmen.

Des Weiteren kann eine isolierte Betrachtung einer Einzelkennzahl leicht zu Fehlinterpretationen führen, da die vielfältigen betriebswirtschaftlichen Beziehungen in einer einzelnen Kennzahl nicht vollständig zum Ausdruck kommen. Deshalb werden Kennzahlen zu **Kennzahlensystemen** verdichtet, in deren Rahmen auch Interdependenzen zwischen den Ausprägungen der Einzelkennzahlen offengelegt werden. Bezüglich der **Auswahl** von Kennzahlen für ein Kennzahlensystem ist zu beachten:

- Die Gesamtheit der Kennzahlen muss **vollständig** sein, d. h. die gesamte Palette von Risikogruppen gleichmäßig abdecken.
- Sie muss darüber hinaus **überschneidungsfrei** (**redundanzfrei**) sein, d. h. es darf keine „versteckte Gewichtung" durch die kennzahlmäßige Überbetonung einer einzelnen Risikogruppe erfolgen.
- Sie muss **widerspruchsfrei** sein; hierin besteht das größte Problem. So führt eine hohe Eigenkapitalquote unweigerlich cet. par. zu einer niedrigeren Eigenkapitalrentabilität und damit induziert eine überdurchschnittliche Beurteilung automatisch eine unterdurchschnittliche an anderer Stelle.

Bei der **Konstruktion eines Risikoindikators** als integrierende Schlussfolgerung aus den Kennzahlenausprägungen in ihrer Gesamtheit sind folgende Verfahren denkbar:

- Die Kennzahlen werden durch exogene – subjektiv vom Analytiker gewählte – Gewichte miteinander verknüpft (Nutzwertanalyse, Scoring-Modelle).
- Die Gewichte werden zum Anfangszeitpunkt endogen im Modell bestimmt; sie sind aber – einmal bestimmt – konstant und müssen bei veränderten Rahmenbedingungen (Marktgegebenheiten, Bilanzierungsvorschriften) aufs Neue angepasst werden (Diskriminanzanalyse).
- Die Gewichte werden endogen im Modell bestimmt und passen sich automatisch an Veränderungen der Rahmenbedingungen infolge von „Lernen durch Mustererkennung" an (Neuronale Netze).

Da ein Kennzahlensystem **Forderungen der Praxis** wie folgt genügen muss:

- Verwendung objektiv messbarer, sachlich nachprüfbarer und ohne großen Arbeitsaufwand leicht ermittelbarer Kennzahlen,
- Lieferung von Ansatzpunkten für gezielte Beratungs- und Überwachungstätigkeiten,

empfiehlt es sich zumeist, aufgrund der einfacheren Handhabbarkeit in der Praxis den Ansatz eines **Scoring-Modells** zu wählen. Diese unterstützen Entscheidungsprozesse in Unternehmen, wenn verschiedene Handlungsalternativen zur Verfügung stehen, die vor dem Hintergrund eines Handlungsziels anhand einer Anzahl von Kriterien zu bewerten sind und aus denen als Folge der Bewertung die optimale Alternative auszuwählen ist.

Das methodische Vorgehen bei Scoring-Modellen entspricht der **Nutzwertanalyse**, die üblicherweise in fünf Schritten durchgeführt wird:

**(1) Bestimmung der Zielkriterien.**

Hier ist zu beachten, dass die Ziele möglichst operational formuliert werden sollten und sich nicht überschneiden dürfen. Die Mehrfacherfassung bestimmter Eigenschaften der Handlungsalternativen ist also zu vermeiden; die Kriterien müssen voneinander unabhängig sein. Für den Kriterienkatalog gelten damit die Anforderungen der Vollständigkeit, Redundanzfreiheit, Operationalisierbarkeit und Unabhängigkeit.

**(2) Gewichtung der Zielkriterien.**

Im Hinblick auf ihre relative Wertigkeit bei der Bestimmung des Gesamt-Nutzwertes sind die einzelnen Kriterien des Katalogs zu gewichten. Die Summe der Gewichte beträgt zweckmäßigerweise 1 bzw. 100 %. Auf eine Gewichtung kann nur dann verzichtet werden, wenn alle formulierten Ziele als gleichwertig erachtet werden.

**(3) Skalierung der Zielerreichungsgrade.**

Die Intensität der Zielerreichung (Zielbeitrag) muss auf einer kardinalen Nutzenskala abgebildet werden, z. B. auf einer Skala von 0 (gar nicht erfüllt) bis 10 (ganz erfüllt). Üblich sind Skalen mit 5 - 10 Stufen. Weniger als 5 Stufen führen zu einer undifferenzierten Analyse, mehr als 10 Stufen sind nicht mehr operabel und übersteigen das Differenzierungsvermögen des Entscheiders. Sinnvollerweise wird die Skala durch die kleinst- und die größtmögliche Ausprägung des Zielkriteriums begrenzt.

**(4) Bewertung der Alternativen.**

Die Handlungsalternativen werden anhand der von ihnen ermittelten Zielerreichungsgrade für die aufgeführten Teilziele klassifiziert.

**(5) Ermittlung der Nutzwerte und Entscheidung.**

Der Nutzwert ergibt sich aus der Summe der Produkte von Zielgewichten und Zielerreichungsgraden über alle Teilziele. Die Alternative mit dem höchsten Gesamtnutzwert (score) wird als vorteilhafteste Alternative durchgeführt.

Scoring-Modelle sind wichtige Hilfsmittel bei der Analyse komplexer Entscheidungen wie Rechtsform- oder Standortwahl, Lieferantenauswahl oder bei Fragen der Personalauswahl, -beurteilung und -entwicklung. Stets muss man sich aber vergegenwärtigen, dass eine Alternativenauswahl anhand des Nutzwertkriteriums ausschließlich auf subjektiven Kriterien beruht; alle oben aufgeführten Stufen der Nutzwertanalyse sind damit vom Entscheider manipulierbar. Es besteht also die Gefahr, dass der Eindruck, „Unmessbares sei messbar zu machen", erweckt wird.

Bei der Durchführung derartiger Verfahren treten vor allem die folgenden Anwendungsfehler auf:

▶ Die Ziele sind nicht unabhängig voneinander formuliert.
▶ Ziele mit geringer Bedeutung werden nicht in das Scoring-Verfahren eingeschlossen.
▶ Die Anzahl der Bewertungsklassen ist zu klein bzw. deren Bandbreite zu groß, was zu mangelnder Differenzierung führt.

- Für eine Entscheidung zwischen Alternativen werden fälschlicherweise Mindestabstände gefordert.
- Die Nutzwerte werden irrig als absolute Zahlen aufgefasst.

Grundlage für die **Auswahl der Kennzahlen** muss eine vorherige Korrelationsanalyse derart sein, dass von mehreren hoch miteinander korrelierenden Kennzahlen nur eine in das Kennzahlensystem Eingang findet. Hier sind umfangreiche Vorarbeiten erforderlich.

Um ein Bündel von Kennzahlen für die Zwecke des Risikoindikators untereinander gleichnamig zu machen, ist die **Einteilung der möglichen Kennzahlenausprägungen in Klassen** notwendig. Den Klassen können Punktwerte zugeordnet werden, so dass eine „unerwünschte", weil risikobehaftete Kennzahlenausprägung mit einem vergleichsweise höheren Punktwert verknüpft wird als eine weniger risikobehaftete, d. h., die Punktwerte gelten als „Fehlerpunkte".

Der Analytiker hat also vorab für alle Kennzahlen eine eindeutige **Hypothese über die Wirkungsrichtung von Kennzahlenausprägung und Risikohöhe** zu entwickeln. Zudem muss die Anzahl der Kennzahlenklassen für alle Kennzahlen gleich hoch sein, um auch insoweit eine unerwünschte „versteckte Gewichtung" auszuschalten.

Die Kennzahlenklassen werden im Rückgriff auf die **Verteilungsfunktion der Kennzahlenausprägungen** der Grundgesamtheit festgelegt. Theoretisch könnten die Bandbreiten so festgesetzt werden, dass für die Besetzung der Kennzahlenklassen sich annähernd eine Gleichverteilung ergibt, also jede Klasse mit einer annähernd gleichen Anzahl von Unternehmen belegt wird.

Abschließend werden die von einem Unternehmen bei den einzelnen Kennzahlen erzielten Punktwerte zum **Gesamtpunktwert** (**Score**) aufsummiert. Die mögliche Skala dieses Gesamtpunktwertes wird wiederum in Klassen eingeteilt, so dass im Ergebnis für jedes Unternehmen

- ein übergreifender Gesamtindikator und
- ein detailliertes Risikoprofil

zur Verfügung steht.

Als problematisch wird die subjektive Festlegung der Kennzahlen und der Punktbewertung der Kennzahlenausprägungen angesehen. Deshalb wird vermehrt maschinellen Verfahren der Vorzug gegeben, insbesondere aufgrund des technischen Fortschritts in der IT. Diese unterliegen aufgrund ihrer Komplexität allerdings der Gefahr einer mangelnden Nachvollziehbarkeit, so dass das Verfahren dem Analysten als „black box" erscheint. Dessen Erfahrung geht zugunsten einer „Technikgläubigkeit" verloren.

Beispielhaft für ein Kennzahlensystem sei hier die sog. **ZVEI-Kennzahlenpyramide** mit der Zielkennzahl „Eigenkapitalrentabilität" (Return on Equity, ROE) dargestellt. Neben der Analyse der Bestimmungsgrößen der Eigenkapitalrentabilität fokussiert das ZVEI-Kennzahlensystem auf einer Wachstumsanalyse des Geschäftsvolumens, des Personals und des Erfolgs. Das System enthält sowohl absolute als auch relative Kennzahlen. Datenquellen sind sowohl das externe als auch das interne Rechnungswesen (z. B. Deckungsbeiträge), weswegen das System eher als Management-Informationssystem zu verwenden als unter die Verfahren der Jahresabschlussanalyse zu subsumieren ist. Insgesamt besteht das System aus 210 Einzelkennzahlen.

Das ebenfalls verbreitete sog. *DuPont*-Kennzahlensystem wird weiter unten erörtert.

**ABB. 186: ZVEI-Kennzahlensystem**

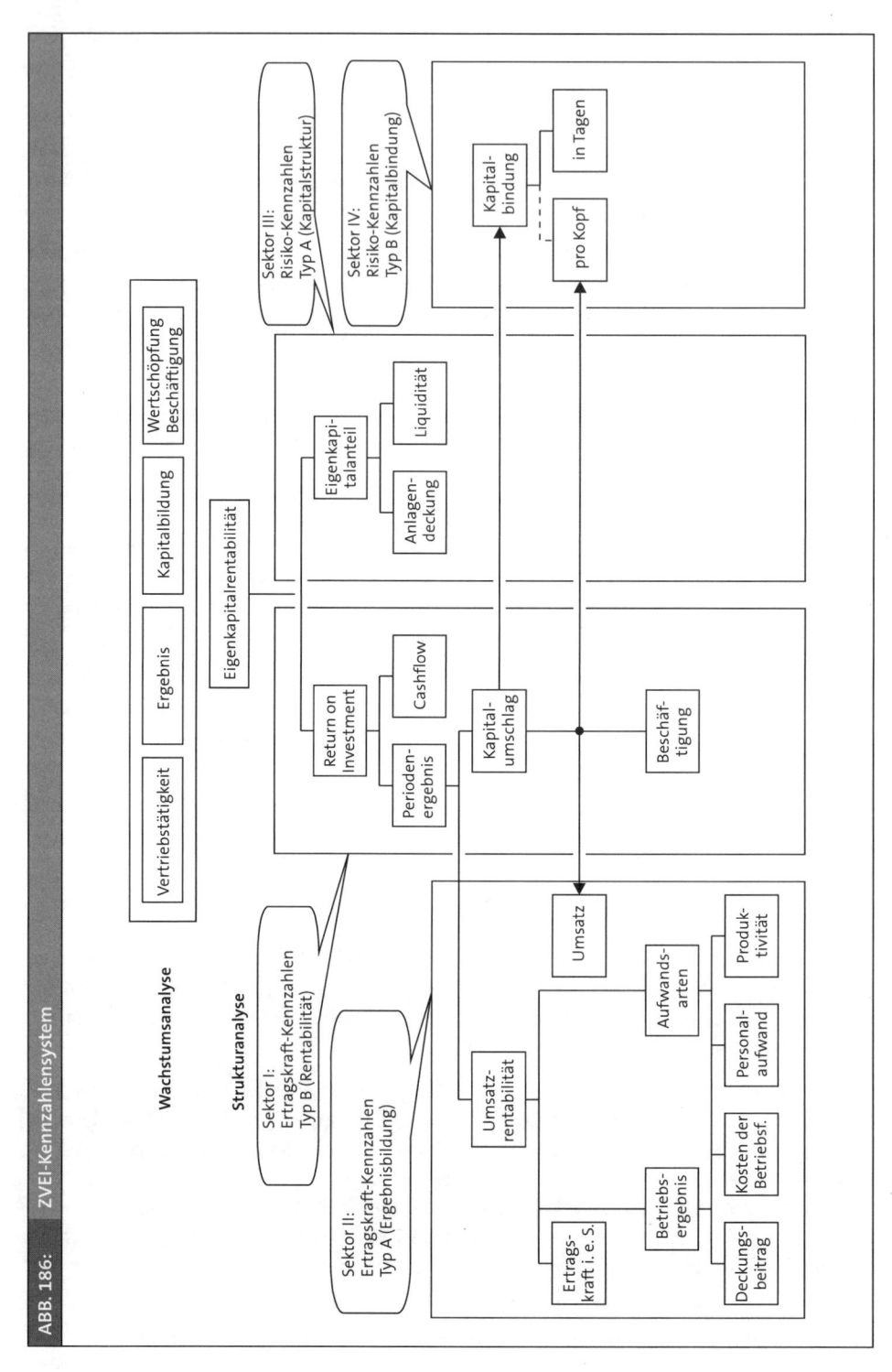

*Wachstumsanalyse:* Vertriebstätigkeit, Ergebnis, Kapitalbildung, Wertschöpfung Beschäftigung

*Strukturanalyse:*
- Sektor I: Ertragskraft-Kennzahlen Typ B (Rentabilität)
- Sektor II: Ertragskraft-Kennzahlen Typ A (Ergebnisbildung)
- Sektor III: Risiko-Kennzahlen Typ A (Kapitalstruktur)
- Sektor IV: Risiko-Kennzahlen Typ B (Kapitalbindung)

Eigenkapitalrentabilität – Return on Investment – Periodenergebnis – Cashflow – Kapitalumschlag – Beschäftigung – Umsatz – Eigenkapitalanteil – Anlagendeckung – Liquidität – Kapitalbindung (pro Kopf, in Tagen)

Umsatzrentabilität – Ertragskraft i. e. S. – Betriebsergebnis – Deckungsbeitrag – Kosten der Betriebsf. – Aufwandsarten – Personalaufwand – Produktivität

Quelle: *ZVEI* (Hrsg.): ZVEI-Kennzahlensystem – ein Instrument zur Unternehmenssteuerung, 3. Aufl., Frankfurt (Main) 1976, S. 118.

## 7. Kennzahlengestützte Analyse der Vermögens-, Finanz- und Erfolgslage

Auf Basis der Strukturbilanz erfolgt die kennzahlengestützte Jahresabschlussanalyse mit dem Ziel einer Analyse der wirtschaftlichen Lage. Entsprechend der Generalnorm für Kapitalgesellschaften nach § 264 Abs. 2 Satz 1 HGB gliedert sich diese in die Vermögens-, Finanz- und Erfolgslage. Folglich sind **Erkenntnisobjekte** der Jahresabschlussanalyse:

| ABB. 187: | Erkenntnisobjekte der kennzahlengestützten Jahresabschlussanalyse | |
|---|---|---|
| **Vermögenslage** | **Finanzlage** | **Erfolgslage** |
| ► Vermögensstruktur<br>► Vermögensumschlag<br>► Investitions- und Wachstumsstrategie | ► Kapitalstruktur<br>► Kapitaldeckung/Kapitalverwendung<br>► Liquidität | ► Absolute und relative Erfolgshöhe (Rentabilität)<br>► Erfolgsquellen/Erfolgsspaltung<br>► Ertrags-/Aufwandsstruktur |
| **Kennzahlen** | | |
| ► Anlagen-/Umlaufintensität<br>► Umschlagshäufigkeit der Vorräte/Forderungen<br>► Restwertquote, Investitionsquote im Anlagevermögen | ► Eigenkapitalquote bzw. Verschuldungsgrad<br>► Anlagendeckungsgrade A und B<br>► Liquiditätsgrade 1 - 3<br>► Cashflow-Kennzahlen | ► Gesamtkapital-/Eigenkapital-/Umsatzrentabilität<br>► Quote des ordentlichen Betriebserfolgs am Gesamterfolg<br>► Material-/Personal-/Abschreibungs-/Zinsintensität |

Demnach ergibt sich die wirtschaftliche Lage als integrierendes Gesamtbild ihrer Komponenten Vermögenslage, Finanzlage und Erfolgslage, wobei die Liquiditätslage i. d. R. als eigenständiges Betrachtungsobjekt von der Finanzlage abgespalten wird.

Der Liquiditätslage kommt auch deshalb eine Sonderstellung zu, da sie sich anerkanntermaßen nur durch außerhalb der externen Rechnungslegung stehende Rechenwerke erschließt, wie insbesondere der Kapitalflussrechnung (vgl. hierzu Kapitel V).

Die Kennzahlenanalyse erfolgt risikoorientiert aus dem **Blickwinkel eines Kreditgebers**. Diesen interessiert weniger das Ausmaß der Erfolgsmaximierung, sondern die Wahrscheinlichkeit, dass die Zins- und Tilgungszahlungen während des Kreditengagements zeitgerecht und in vollem Umfang erbracht werden bzw. erbracht werden können, d. h. ob während der Kreditlaufzeit eine **Insolvenz** des Kreditnehmers voraussichtlich vermieden werden kann.

Aus diesem Grund ist die Analyse der **Vermögenslage** weniger relevant. Auch insolvente Unternehmen verfügen oftmals noch über eine angemessene Vermögenssubstanz.

Demgegenüber birgt die **Finanzlage** häufig erhebliche Risiken des Unternehmensfortbestands. Andererseits stellt die Finanzsphäre eines Unternehmens (in Form der Möglichkeit marktgerechter Kapitalaufnahmen) i. d. R. keinen Engpass dar, wenn die **Erfolgslage** angemessen ist.

Da Überschuldung bzw. Zahlungsunfähigkeit gesetzliche Insolvenzgründe darstellen (vgl. §§ 17 ff. InsO), nimmt im Ergebnis die Analyse der **Finanzlage** aus Risikoaspekten eine überragende Rolle ein, wobei allerdings die **Erfolgslage** als Frühwarnindikator dient, da das vorhandene Eigenkapital durch ggf. auflaufende Verluste aufgezehrt werden kann.

In diesem Zusammenhang dient das jahresabschlussabschlussgestützte Controlling insbesondere folgenden Erkenntniszielen:

**ABB. 188: Erkenntnisziele des jahresabschlussgestützten Controllings**

| Vermögenslage | Finanzlage | Erfolgslage |
|---|---|---|
| ▶ Wie stellt sich der Vermögensaufbau dar? | ▶ Wie hoch ist der Anteil des haftenden Kapitals (Eigenkapital) am Gesamtkapital? | ▶ Ist das Jahresergebnis im Verhältnis zum Geschäftsvolumen bzw. Kapital angemessen? |
| ▶ Wie langfristig ist das Vermögen gebunden? | ▶ Aus welchen Quellen stammt das Fremdkapital? | ▶ Wird das Jahresergebnis aus nachhaltigen Quellen gespeist oder resultiert es aus Einmaleffekten? |
| ▶ Wie schnell wird das Vermögen umgeschlagen? | ▶ Zu welchen Fristigkeiten wurde das Fremdkapital aufgenommen? | |
| ▶ Wie modern ist der betriebliche Anlagenpark? | ▶ Wurde das Fremdkapital zu marktüblichen Konditionen aufgenommen? | ▶ Weist die Aufwandsstruktur Auffälligkeiten oder Schieflagen auf (z. B. Material, Personal, Abschreibungen)? |
| ▶ Wird mehr investiert als abgeschrieben, d. h. wie entwickelt sich die betriebliche Substanz? | ▶ Besteht Fristenkongruenz zwischen der Mittelherkunft (Kapital) und der Mittelverwendung (Vermögen)? | ▶ Ist die Zinslast im Verhältnis zum Ergebnis angemessen? |
| ▶ Sind Fehlinvestitionen erkennbar? | ▶ Verfügt das Unternehmen über ausreichende Liquidität? | ▶ Sind die Aufwendungen bei sinkender Auslastung abbaubar (Fixkosten)? |
| ▶ Sind die Kapazitäten hinreichend ausgelastet? | | |

Im Weiteren erfolgt die Analyse

▶ der Vermögenslage unter Zuhilfenahme der Aktivseite der Bilanz sowie des Anlagespiegels (§ 268 Abs. 2 HGB),

▶ der Finanzlage unter Auswertung der Passivseite der Bilanz und

▶ der Erfolgslage unter Hinzuziehung der Gewinn- und Verlustrechnung.

## 7.1 Analyse der Vermögenslage

Die Vermögenslage umfasst die bilanzielle Erfassung aller Vermögensgegenstände und damit lediglich die Positionen der Aktivseite der Bilanz. Die Analyse der Vermögenslage gliedert sich in die Teilbereiche

▶ Analyse der **Vermögensstruktur** mittels Bildung von Intensitätskennzahlen, d. h. den Werten von Vermögensgegenständen in % der Bilanzsumme,

▶ Analyse des **Vermögensumschlags** mittels Bildung von Umsatzrelationen, d. h. den Werten von Vermögensgegenständen in % vom Umsatz bzw. Umschlagshäufigkeiten als deren Kehrwerte,

▶ Analyse des **Vermögenszustands**, insbesondere der **Investitions-, Wachstums- und Abschreibungspolitik** anhand der Angaben im Anlagespiegel gem. § 268 Abs. 2 HGB.

| ABB. 189: | Analyse der Vermögenslage |

| Aktiva | Passiva |
|---|---|
| **Anlagevermögen**<br>▸ Immaterielles Anlagevermögen<br>▸ Sachanlagevermögen<br>(Grundstücke und Gebäude,<br>techn. Anlagen und Maschinen,<br>sonstige Anlagen und BGA)<br>▸ Finanzanlagevermögen (Beteili-<br>gungen, lfr. Wertpapiere,<br>lfr. Ausleihungen)<br>▸ (...) | **Eigenkapital**<br>▸ Gezeichnetes Kapital<br>▸ Kapitalrücklage<br>▸ Gewinnrücklagen<br>▸ (...) |
| | **Langfristiges Fremdkapital**<br>▸ Pensions- und sonst. lfr. Rückstellungen<br>▸ Langfristige Finanzschulden<br>▸ Sonstige lfr. Verbindlichkeiten<br>▸ (...) |
| **Umlaufvermögen**<br>▸ Vorräte<br>▸ Forderungen aus LuL<br>▸ Sonstige kfr. Forderungen<br>▸ Wertpapiere des UV<br>▸ Liquide Mittel<br>▸ (...) | **Kurzfristiges Fremdkapital**<br>▸ Kurzfristige Rückstellungen<br>▸ Verbindlichkeiten aus LuL<br>▸ Kurzfristige Finanzschulden<br>▸ (...) |
| Summe Aktiva | Summe Passiva |

① Vermögensstruktur
② Vermögensumschlag (Bezug auf Umsatzerlöse lt. GuV)
③ Vermögenszustand

**Anlagespiegel (§ 268 Abs. 2 HGB, Auszug)**

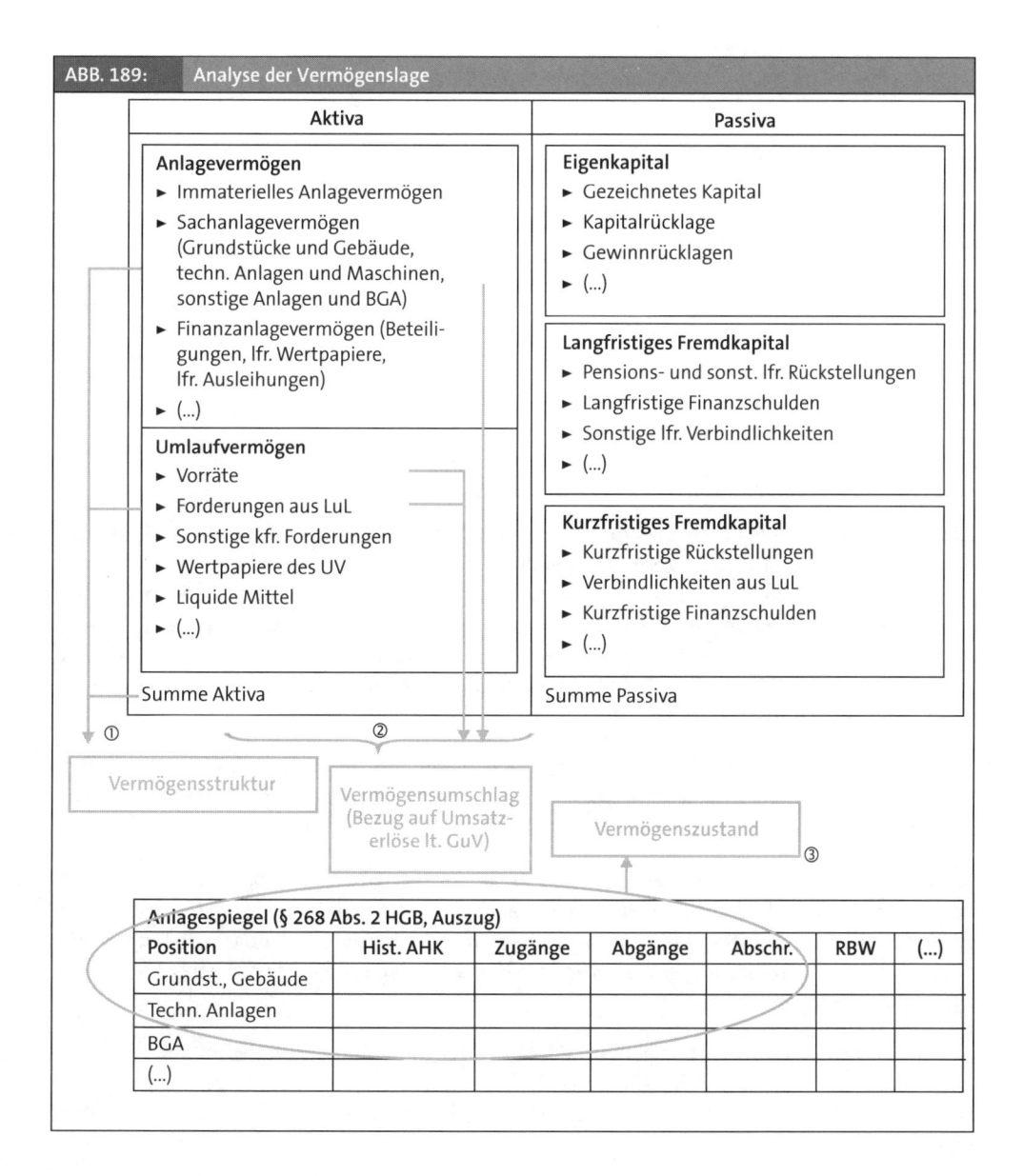

| Position | Hist. AHK | Zugänge | Abgänge | Abschr. | RBW | (...) |
|---|---|---|---|---|---|---|
| Grundst., Gebäude | | | | | | |
| Techn. Anlagen | | | | | | |
| BGA | | | | | | |
| (...) | | | | | | |

## 7.1.1 Analyse der Vermögensstruktur

Erkenntnisziel dieses Untersuchungsobjekts ist die Beurteilung der Struktur der Aktivseite der Bilanz durch Bildung und Interpretation **vertikaler Intensitätskennzahlen**. Diese setzen einen einzelnen Vermögensposten in Beziehung zur Bilanzsumme mit der Maßgabe, dass das relative Volumen des Postens mit seiner Bedeutung für die Geschäftstätigkeit korrespondiert. Geläufig sind Anlagen-, Umlauf-, Vorrats- und Forderungsintensität.

| ABB. 190: | Vermögensintensitäten |
|---|---|
| Anlagenintensität: | $\dfrac{\text{Anlagevermögen} \cdot 100\,\%}{\text{Bilanzsumme}}$ |
| Sachanlagenintensität: | $\dfrac{\text{Sachanlagevermögen} \cdot 100\,\%}{\text{Bilanzsumme}}$ |
| Umlaufintensität: | $\dfrac{\text{Umlaufvermögen} \cdot 100\,\%}{\text{Bilanzsumme}}$ |
| Vorratsintensität: | $\dfrac{(\text{RHB-Stoffe} + \text{Halb- und Fertigfabrikate} + \text{Waren}) \cdot 100\,\%}{\text{Bilanzsumme}}$ |
| Forderungsintensität: | $\dfrac{\text{Forderungen} \cdot 100\,\%}{\text{Bilanzsumme}}$ |
| Zahlungsmittelintensität: | $\dfrac{\text{Liquide Mittel} \cdot 100\,\%}{\text{Bilanzsumme}}$ |

Eine hohe **Anlagenintensität** stellt grundsätzlich ein Negativmerkmal dar, da hieraus eine hohe Fixkostenbelastung, eine hohe Vermögensbindung, konsequenterweise ein hoher Kapitalbedarf und insoweit eine geringe Anpassungsflexibilität gegenüber Auslastungs- und Konjunkturschwankungen resultieren. Auch erhöht sich durch eine hohe Anlagenintensität das Risiko der Zahlungsunfähigkeit, da sich das (Anlage-)Vermögen kurzfristig meist nicht „verflüssigen" lässt. Schließlich besteht eine erhöhte Gefahr des Aufbaus von (zahlungswirksamen) Leerkosten bei plötzlichen Beschäftigungsrückgängen.

Dagegen setzt ein hohes, sich schnell umschlagendes Umlaufvermögen kontinuierlich Liquidität frei, über die kurzfristig disponiert werden kann. Mit der Kurzfristigkeit der Vermögensbindung sinkt auch der Fixkostenanteil.

Andererseits kann im Betriebsvergleich eine hohe Anlagenintensität einen modernen, weitgehend noch nicht abgeschriebenen Anlagenpark sowie Rationalisierungs- und damit einhergehende Kostenvorteile (kapitalintensive anstelle arbeitsintensiver Leistungserstellung) implizieren. Die Ursache dieses Interpretationsdilemmas ist, dass das Anlagevermögen zu Restbuchwerten bilanziert wird.

Eine plötzliche Zunahme der Anlagen- im Verhältnis zur **Umlaufintensität** deutet auf die Durchführung von Großinvestitionen, eine Verschlechterung der Beschäftigungslage oder auch auf Rationalisierungsmaßnahmen in der Lagerhaltung, etwa die Umstellung auf Just-in-time-Lieferung hin.

Eine Abnahme der Anlagenintensität kann demgegenüber zurückgeführt werden auf

▶ eine Überalterung des Anlagenparks, mit der Gefahr, dass der Anschluss an den technischen Fortschritt verloren geht und in Zukunft erhebliche Investitionen zur Sicherung der Wettbewerbsfähigkeit erforderlich sein werden, oder

▶ einen Übergang zum Anlagenleasing mit der Gefahr von Rentabilitätsnachteilen und Abhängigkeiten gegenüber dem Leasing-Geber, da in künftigen Perioden die Leasingraten die planmäßigen Abschreibungen übersteigen werden.

Ein Anwachsen der **Vorratsintensität** im Zeitablauf ist möglicherweise auf Probleme im Beschaffungsmanagement oder auf eine mangelhafte Koordination der Betriebsabteilungen zurückzuführen. Es können daneben Vorratskäufe in Erwartung steigender Einkaufspreise oder einer zukünftig steigenden Umsatzentwicklung ursächlich sein. Möglicherweise ist aber auch der Anstieg der Einkaufspreise bei gleich bleibendem Mengengerüst bereits eingetreten.

Die **Forderungsintensität** gibt Aufschlüsse über die Marktmacht gegenüber Kunden und die Effizienz des Debitorenmanagements (Mahnwesen) im Unternehmen. Sowohl eine plötzliche Zunahme wie auch eine Veränderung der Fristigkeiten sollten Anlass zu weitergehenden Nachforschungen geben.

Im Anlage- und Umlaufvermögen gleichermaßen ist auch die Entwicklung des **Konzernverflechtungsgrads** von Interesse. Nach § 266 Abs. 2 HGB sind einschlägige Aktiva:

| ABB. 191: Konzernbezogene Aktiva | |
|---|---|
| Anlagevermögen | Umlaufvermögen |
| ▶ A.III.1. Anteile an verbundenen Unternehmen, <br> ▶ A.III.2. Ausleihungen an verbundene Unternehmen, <br> ▶ A.III.3. Beteiligungen, <br> ▶ A.III.4. Ausleihungen an Unternehmen, mit denen ein Beteiligungsverhältnis besteht. | ▶ B.II.2. Forderungen gegen verbundene Unternehmen, <br> ▶ B.II.3. Forderungen gegen Unternehmen, mit denen ein Beteiligungsverhältnis besteht, <br> ▶ B.III.1. Anteile an verbundenen Unternehmen. |

Bei diesen Aktiva besteht ein erhöhtes Werthaltigkeitsrisiko, da in Bezug auf Konzernunternehmen ein Klumpenrisiko hinsichtlich nachteiliger wirtschaftlicher Entwicklungen vorliegen kann. Auch besteht eine latente Gefahr, dass den zugrundeliegenden Transaktionen kein wirtschaftlicher Grund aus Sicht eines sachverständigen Dritten innewohnt bzw., dass diese nicht zu marktüblichen Bedingungen abgeschlossen wurden. Es handelt sich bei diesen um sog. Geschäfte mit nahe stehenden Personen und Unternehmen i. S. des IDW RS HFA 33 i. V. mit IDW PS 255, welche auf die genannten Risiken besonders zu überprüfen sind.

Aus diesen Gründen ist ein plötzliches oder schleichendes Anschwellen der Wertsumme dieser Aktiva

▶ sowohl in % im Zeitvergleich (Wachstumsrate)

▶ als auch anteilsmäßig in % des gesamten Finanzanlage- bzw. Finanzumlaufvermögens

als Risikoindikator zu würdigen.

Insgesamt ist zu beachten, dass Vermögensintensitäten von der jeweiligen Produktionstechnologie, von der Fertigungstiefe und damit branchen- und größenabhängig sind, je nach den durch die Geschäftsprozesse gegebenen Verhältnissen können sich nahezu alle nur denkbaren Ausprägungen ergeben. Die Intensitätskennzahlen eignen sich allenfalls für Zeitvergleiche eines individuellen Unternehmens oder für Vergleiche direkter Konkurrenten. Außerdem lassen sich keine exakten Schlüsse über die Dauer der Vermögensbindung ableiten, da genaue Daten über Nutzungsdauern nicht vorliegen.

Des Weiteren ergeben sich erhebliche Verzerrungen durch alle nur denkbaren Arten **sachverhaltsgestaltender Maßnahmen** wie

- sale-and-buy-back- bzw. sale-and-lease-back-Konstruktionen,
- Anlagenleasing mit der Differenzierung von operate und finance leasing bzw. mit vertraglicher Vereinbarung einer Kauf- oder Mietverlängerungsoption,
- Fremdverarbeitung bzw. Verarbeitung im Konzernverbund,
- echte bzw. unechte Pensionsgeschäfte bei Wertpapieren des Anlagevermögens,
- Kommissionsläger, Just-in-time-Fertigung bei den Vorräten,
- echtes bzw. unechtes Factoring,
- total return swaps, asset default swaps und ähnliche Vertragsabreden in Zusammenhang mit Forderungsverkäufen.

Außerdem sind die Kennzahlen für eine frühwarnende Bonitätsanalyse wenig trennscharf, weil sich aufgrund des Teilmengenbezugs Zähler und Nenner stets in die gleiche Richtung verändern.

Die Vermögensstrukturanalyse ist somit für sich genommen wenig aussagekräftig und sollte in jedem Fall durch die Analyse des Anlagespiegels sowie von über den Jahresabschluss hinausgehenden Daten wie Auftragsbestand, Kapazitätsauslastung etc. ergänzt werden.

### 7.1.2 Analyse des Vermögensumschlags

**Umsatzrelationen** setzen einzelne Vermögenspositionen zum Umsatz in Beziehung. Bei nennenswerten Lagerbestandsänderungen (Produktion auf bzw. Abverkauf vom Lager) kann auch die Bezugsgröße „Gesamtleistung" in Betracht kommen.

**Umschlagskennzahlen** geben Hinweise auf die Dauer des Wiedergeldwerdungsprozesses des im Betrieb gebundenen Vermögens. Die Bindungsdauer ist ein wertvolles Indiz für den zukünftigen Kapitalbedarf, den Fixkostenanteil, das Liquiditätspotenzial und auch für die betriebliche Flexibilität. Man unterscheidet Kennzahlen der

- **Umschlagshäufigkeit**: Periodenabgang/durchschnittlicher Bestand, und
- **Umschlagsdauer**: durchschnittlicher Bestand/Periodenabgang · 365 Tage (zuweilen auch aus Gründen der Normalisierung 360 Tage als 12 Monate · 30 Tage/Monat).

Während der Periodenabgang im Allgemeinen durch die Umsatzerlöse bzw. die Gesamtleistung dargestellt wird, ermittelt sich der **durchschnittliche Bestand**

- entweder als arithmetisches Mittel der Jahresendbestände (Vorjahresspalte)
- oder besser auf Basis der Monatsendbestände (falls verfügbar).

Die **Umschlagsdauer des Gesamtkapitals** indiziert die Zeitspanne, in der sich das gesamte eingesetzte Kapital umschlägt, d. h. über die Gesamtleistung „verflüssigt". Eine Verringerung der Umschlagsdauer wird über eine Erhöhung der Leistung und/oder eine Minderung des eingesetzten Vermögens erzielt. Je länger die Umschlagsdauer, umso höher ist das Risiko von Investitionen in Anlage- oder Umlaufvermögen. Anlagen können Fehlinvestitionen, Vorräte Ladenhüter und Debitoren zweifelhafte Forderungen enthalten. Die **Umschlagshäufigkeit des Gesamtkapitals** als Kehrwert hierzu ist im Übrigen eine Spitzenkennzahl im ROI-Kennzahlensystem.

Umschlagskennziffern können für das Anlage- bzw. Sachanlagevermögen gebildet werden (Umsatzerlöse in % des Bestands an Sachanlagen). Dabei handelt es sich dem Grunde nach um Produktivitätskennziffern, die die Ergiebigkeit des Anlageneinsatzes quantifizieren. Ihr Aussagewert ist aufgrund der Interdependenz zwischen Zähler und Nenner aber gering: ein Absinken der Kennzahl kann sowohl dahingehend interpretiert werden, dass mit unverändertem Anlagenbestand mehr Umsatz, als auch, dass mit verringertem Anlagenpark ein gleichbleibender Umsatz erwirtschaftet wurde.

Weitere für das Umlaufvermögen gebräuchliche Kennzahlen sind etwa

▶ die **Lagerreichweite** (durchschnittlicher Vorratsbestand/Umsatzerlöse · 365 Tage),
▶ das **Debitoren- oder Kundenziel** (durchschnittlicher Forderungsbestand/Umsatzerlöse · 365 Tage).

Die **Lagerreichweite** (Umschlagsdauer des Vorratsvermögens) gibt an, wie viele Tage die Vorräte durchschnittlich im Unternehmen bis zum Verbrauch verweilen, und liefert Hinweise auf

▶ die Effizienz des Beschaffungswesens und
▶ das in den Vorräten gebundene Kapital.

Eine hohe Umschlagsdauer kann auf unwirtschaftlich hohe Vorratsbestände, eine suboptimale Beschaffungsplanung oder eine Überschätzung der Absatzmöglichkeiten hindeuten. Dies gilt insbesondere dann, wenn gleichzeitig die Vorratsintensität (Vorräte in % der Bilanzsumme) als Kontrollkriterium plötzlich ansteigt.

Je höher die Umschlagshäufigkeit bzw. je kürzer die Umschlagsdauer ist, umso geringer ist der daraus resultierende Kapitalbedarf und die Liquiditätsbelastung. Jedoch ist aber auch der Schluss möglich, dass aufgrund einer geringen Bindungsdauer zukünftige Liquiditätsbelastungen durch den kurzfristigen Ersatzbedarf höher sind.

Je nach Beschaffenheit der Vorräte sind im Rahmen der Berechnung von Lagerreichweiten zu beziehen

▶ die Roh-, Hilfs- und Betriebsstoffe auf den **Materialaufwand** des Jahres (**Beschaffungsmarkt**),
▶ die unfertigen und fertigen Erzeugnisse sowie die Waren auf die **Umsatzerlöse** des Jahres (**Absatzmarkt**).

Ein langes **Kundenziel** weist auf ein vernachlässigtes Mahnwesen und/oder die Lieferung an Kunden schlechter Bonität, ein erhöhtes Ausfallrisiko, zunehmende Konditionenzugeständnisse und damit im Ergebnis auf die Marktstellung des Unternehmens hin.

Ergänzend hierzu kann die Bestandsentwicklung der Forderungen mit einer Restlaufzeit von unter einem Jahr analysiert werden (Differenz des Bilanzwerts der Forderungen aus Lieferungen und Leistungen und dem nach § 268 Abs. 4 HGB auszuweisenden Wert der Forderungen mit einer Restlaufzeit von über einem Jahr).

Denkbar ist daneben auch, dass Neukunden im Rahmen verkaufsfördernder Maßnahmen günstigere Zahlungsbedingungen eingeräumt wurden oder dass der Anteil der – regelmäßig mit einem längeren Zahlungsziel versehenen – Exportlieferungen zugenommen hat.

Analog zum Kundenziel lässt sich auch das durchschnittliche Zahlungsziel gegenüber den Lieferanten, das **Kreditoren- oder Lieferantenziel**, bestimmen. Bei Inanspruchnahme von Lieferantenkrediten wird regelmäßig auf Skontoerträge verzichtet, was sich negativ auf die Rentabilität auswirkt. Andererseits stellt der Lieferant den Kredit zinslos, d. h. nicht auszahlungswirksam, zur Verfügung. Aufgrund des offensichtlichen Zielkonflikts zwischen Liquidität und Rentabilität gibt es keine „optimale" Höhe der Lieferantenschulden.

Die Reichweiten und Zahlungsziele kommen zur Beurteilung des sog. **working capital-Managements** zur Anwendung (vgl. dazu auch die Ausführungen in Kapitel V).

Im Rahmen der kennzahlengestützten Jahresabschlussanalyse gelten Umschlagskennziffern als besonders **aussagekräftige Krisenindikatoren**. Im Krisenfall ist üblicherweise folgende Entwicklung der Umschlagsdauern zu konstatieren:

▶ Ein sinkender Markterfolg manifestiert sich in einem abnehmenden Umsatz (Leistungsgröße; Nenner).

▶ Zugleich vollzieht sich (bei zunächst gleichbleibender Produktion) ein Lageraufbau bzw. ein Aufbau des Forderungsbestands durch verschlechterte Zahlungsbedingungen oder sinkende Kundenbonität (Bestandsgröße; Zähler).

Umschlagsdauern sind besonders trennscharfe Frühindikatoren der Unternehmensentwicklung, da im Krisenfall der Zähler zunimmt, der Nenner abnimmt und die Umschlagshäufigkeit als Ganzes stark steigt, analog dazu Umschlagshäufigkeiten stark sinken.

**Jahresabschlusspolitische Maßnahmen zur Kaschierung von Krisensituationen** zielen insbesondere auf eine **Erhöhung der Bestände im Umlaufvermögen** ab und verstärken diese Tendenz noch. Verbreitet sind etwa

▶ eine **Erhöhung der Vorratsbestände** durch Inanspruchnahme progressiver Bewertungswahlrechte oder

▶ eine **Erhöhung der Forderungsbestände** durch Herabsetzung des Prozentsatzes der Pauschalwertberichtigung, Bildung nicht ausreichender Einzelwertberichtigungen oder Auflösung eigentlich noch benötigter Einzelwertberichtigungen.

Allerdings sind Umschlagskennziffern **nur branchenintern** zu beurteilen. So schwanken etwa Umschlagshäufigkeiten der Vorräte

▶ in der **Ernährungsproduktion** vom Weinbau mit etwa 1,0 - 1,2 (d. h. Umschlagsdauer von rd. einem Jahr) bis hin zu Molkereien mit etwa 120 - 180 (d. h. wenige Tage) und

▶ in der **Industrie** vom Großanlagenbau mit etwa eins bis zur Massenproduktion zum Teil mit etwa 30 - 50.

Auch die Umschlagshäufigkeit der Forderungen ist branchenabhängig. Sie wird von den branchenüblichen Zahlungsmodalitäten (AGBs), dem Anteil des Bargeschäfts (im Handel) oder dem Anteil des Auslandsgeschäfts (i. d. R. längere Zahlungsziele) determiniert.

### 7.1.3 Analyse der Investitions- und Wachstumspolitik

Rückschlüsse auf die **Investitions- und Wachstumspolitik** und damit die Wettbewerbsposition des Unternehmens erlaubt der Anlagespiegel. Anders als in der Bilanz werden dort auch die historischen Anschaffungs- und Herstellungskosten angegeben (§ 268 Abs. 2 HGB). Daneben enthält der Anlagespiegel Angaben zu den Zu- und Abgängen, Umbuchungen, kumulierten Abschreibungen sowie den Periodenabschreibungen.

Analyse der Vermögens-, Finanz- und Erfolgslage KAPITEL III

In der Praxis wird aus Gründen der Übersichtlichkeit der **Anlagespiegel** nicht in der Bilanz, sondern im Anhang dargestellt. Nach § 274a Nr. 1 HGB sind kleine Kapitalgesellschaften i. S. des § 267 Abs. 1 HGB von der Aufstellung eines Anlagespiegels befreit.

**ABB. 192: Gliederung des Anlagespiegels nach § 268 Abs. 2 HGB**

| Vertikale Gliederung \ Horizontale Gliederung | (1) Historische AHK | (2) + Zugänge zu AHK | (3) - Abgänge zu AHK | (4) +/- Umbuchungen zu AHK | (5) + Zuschreibungen des Geschäftsjahrs | (6) - Abschreibungen (kumuliert) | (7) - Abschreibungen des Geschäftsjahrs | (8) = Restbuchwert am 31.12. des Geschäftsjahrs | (9) Restbuchwert am 31.12. des Vorjahrs |
|---|---|---|---|---|---|---|---|---|---|
| Immaterielle Vermögensgegenstände ▸ (...) ▸ (...) | | | | | | | | | |
| Sachanlagen ▸ (...) ▸ (...) | | | | | | | | | |
| Finanzanlagen ▸ (...) ▸ (...) | | | | | | | | | |
| Summe | | | | | | | | | |

Unter Zuhilfenahme dieser Daten können differenzierte Aussagen in Bezug auf

▸ den Modernitätsgrad des Anlagenparks (und damit indirekt auf Innovationskraft und Produktqualität),

▸ die durchschnittliche Nutzungsdauer des Anlagevermögens,

▸ den Reinvestitions- und den damit zusammenhängenden Finanzmittelbedarf sowie

▸ die Investitionsquote und damit die Wachstumspolitik des Unternehmens

getroffen werden. Es lassen sich Substanzaushöhlungen und entstehende Investitionsstaus erkennen vor dem Hintergrund, dass nur ein Unternehmen mit modernen Fertigungsanlagen in der Lage sein wird, seine Wettbewerbsposition auf Dauer zu sichern.

So kann aus einer im Zeitablauf sinkenden Abschreibungsquote in Verbindung mit einer abnehmenden Investitionsquote i. d. R. abgeleitet werden, dass ein Unternehmen von seiner Substanz lebt und eine „Melkstrategie" verfolgt. Bei der Wachstumsquote wird die Differenz aus Zu- und Abgängen den Periodenabschreibungen gegenüber gestellt. Ist der Saldo negativ, so wird die Anlagensubstanz ausgezehrt.

Gleichzeitig wird der Zielkonflikt zwischen Modernität der Anlagen und Kapitalbindung durch die Anlagen offenkundig:

▶ Ein moderner Anlagenpark induziert unbedenkliche Kennzahlenausprägungen bei den aus dem Anlagespiegel abgeleiteten Kennzahlen, hingegen risikobehaftete Werte bei der Anlageintensität und dem Kapitalumschlag.

▶ Für einen abgeschriebenen Anlagenpark gilt die Tendenzaussage in umgekehrter Richtung.

| ABB. 193: | Aus dem Anlagespiegel abgeleitete Kennzahlen und deren Interpretation | |
|---|---|---|
| Kennzahl | Berechnung | Implikationen |
| Anlagenabnutzungsgrad | $\dfrac{\Sigma \text{ Abschreibungen} \cdot 100\,\%}{\text{historische AHK}}$ | Niedrig: Gute Wettbewerbsposition, hoher Modernitätsgrad, Innovationskraft; hoch: Innovationsschwäche, Investitionsrückstände; Richtwert: nicht über 50 % |
| Anlagenmodernitätsgrad (Restwertquote) | $\dfrac{\text{Restbuchwert} \cdot 100\,\%}{\text{historische AHK}}$ | Inverser Wert zum Anlagennutzungsgrad; beide Werte addieren sich zu 1 bzw. 100 %, Richtwert: nicht unter 50 % |
| Abschreibungsquote | $\dfrac{\text{Periodenabschreibung} \cdot 100\,\%}{\text{historische AHK}}$ | Hinweis auf Abschreibungspolitik; Kehrwert: durchschnittliche Nutzungsdauer in Jahren |
| Abschreibungsintensität | $\dfrac{\text{Periodenabschreibung} \cdot 100\,\%}{\Sigma \text{ Abschreibungen}}$ | Änderung der Abschreibungsverfahren, Hinweis auf mögliche Fehlinvestitionen |
| (Netto-) Investitionsquote | $\dfrac{\text{Nettoinvestitionen} \cdot 100\,\% \,*)}{\text{historische AHK}}$ | Investitionsbereitschaft, Modernität, Zukunftsvorsorge, auch: zukünftiger Finanzmittelbedarf. Richtwert: höher als Abschreibungsquote |
| Wachstumsquote | $\dfrac{(\text{Nettoinvestitionen} - \text{Abschreibungen}) \cdot 100\,\% \,*)}{\text{historische AHK}}$ | Wachstumspolitik des Unternehmens; Substanzverzehr, wenn Kennzahlwert negativ, Gefahr entstehender Investitionsstaus, Richtwert: positiver Wert |
| *) Nettoinvestitionen = Zugänge - Abgänge (bei Unternehmen mit eigener Anlagenherstellung zzgl. +/- Umbuchungen). | | |

Die bedeutsamste Kennzahl dieser Kennzahlengruppe ist die **Abschreibungsquote**. Sie beeinflusst insbesondere auch die Restwertquote, da die Abschreibungen die Differenz zwischen historischen Anschaffungskosten und Restbuchwert bilden. Indiziert wird durch die Kennzahl, wie viel % der historischen Anschaffungskosten im abgelaufenen Geschäftsjahr abgeschrieben wurden. Die Kennzahlausprägung wird naturgemäß durch alle mit der Abschreibung zusammenhängenden Bilanzierungswahlrechte und Ermessensspielräume beeinflusst. Dies führt dazu, dass die Abschreibung häufig nicht den tatsächlichen Werteverzehr angibt.

Die **Restwertquote** gibt an, welcher prozentuale Anteil des (Sach-)Anlagevermögens bezogen auf die historischen Anschaffungs- und Herstellungskosten und unter Abzug aller bis zum Abschlussstichtag aufgelaufenen (kumulierten) Abschreibungen noch zur künftigen Nutzung bereit steht.

Aus dem sog. Kapazitätserweiterungsfaktor der Finanzierung durch Abschreibungen (vgl. hierzu noch Kapitel V. 3.2.) kann abgeleitet werden, dass bei kontinuierlicher Abschreibung und Abnutzung eine Restwertquote von 50 % eine gleichmäßige Reinvestition ermöglicht (dies entspricht einem Kapazitätserweiterungsfaktor von 2).

Zu berücksichtigen ist allerdings, dass sich Investitionen i.d.R. in diskontinuierlichen Schüben vollziehen. Die Restwertquote steigt bei einem Investitionsschub demnach sprunghaft an, um bis zum folgenden Investitionsschub kontinuierlich abzusinken. Hieraus folgt, dass die Analyse der Kennzahlausprägungen nur über einen hinreichend langen Zeitraum zu verlässlichen Schlussfolgerungen führt.

Die **Investitionsquote** indiziert den Anteil der in der abgelaufenen Periode neu angeschafften Anlagegegenstände in % der historischen Werte, wobei Abgänge als „Quasi-Inzahlunggabe" saldiert werden. Ein positiver Wert zeigt lediglich an, dass die Zugänge die Abgänge überschreiten, d.h., dass überhaupt investiert worden ist.

Die **Wachstumsquote** ergibt sich unmittelbar als Saldo von (Netto-)Investitionsquote und Abschreibungsquote und indiziert das „echte", d.h. reale Wachstum. Eine dauerhaft negative Wachstumsquote indiziert Substanzverzehr und damit eine Abschöpfungsstrategie.

**Interpretationsprobleme** hinsichtlich dieser Kennzahlen ergeben sich durch die mögliche

▶ Wahl zwischen unterschiedlichen Abschreibungsmethoden (den GoB entsprechend und somit jedenfalls handelsrechtlich zulässig sind unstrittig die lineare, die arithmetisch- und geometrisch-degressive Methode sowie die Leistungsabschreibung),

▶ daneben die Ausnutzung von Ermessensspielräumen bei weiteren abschreibungsrelevanten Parametern wie die Bemessung der betriebsgewöhnlichen Nutzungsdauer oder der Ansatz eines Rest- bzw. Liquidationswertes,

▶ die mögliche Durchführung der sog. Komponentenabschreibung beim Sachanlagevermögen i.S. des IAS 16.12 ff., 16.43 ff. (vgl. IDW RH HFA 1.016),

▶ die optionale Voll- oder Poolabschreibung geringwertiger Wirtschaftsgüter (§ 6 Abs. 2 und 2a EStG).

Problematisch wirkt sich zudem bei der Ermittlung von Abnutzungsgraden und Restwertquoten aus, dass in der Position Aktiva A.II.1. nach § 266 Abs. 2 HGB auch **Grund und Boden** enthalten ist, der nicht planmäßig abgeschrieben wird. Je höher der Anteil des Grund und Bodens an dieser Position ist, umso höher wird auch die Restwertquote sein.

Für Zwecke der internen Bilanzanalyse wird man aus der Finanzbuchhaltung den Grund und Boden aus dieser Jahresabschlussposition eliminieren. Bei Zugrundelegung nur der Jahresabschlussdaten ist dies nicht möglich. Deshalb wird die Analyse des Anlagespiegels und der aus ihm zu generierenden Daten häufig auf das abnutzbare Sachanlagevermögen (Positionen Aktiva A.II.2 und 3.) beschränkt.

| ABB. 194: Aufbau eines Anlagespiegels am Beispiel der Steigenberger Hotels AG | | | | | | | | | | | | |
|---|---|---|---|---|---|---|---|---|---|---|---|---|
| | Anschaffungs- bzw. Herstellungskosten | | | | | Abschreibungen | | | | Restbuchwerte | | |
| | 01.01.t1 T€ | Zugänge T€ | Abgänge T€ | Umbuchungen T€ | 31.12.t1 T€ | 01.01.t1 T€ | Zugänge T€ | Abgänge T€ | 31.12.t1 T€ | 31.12.t1 T€ | 31.12.t1 T€ | 31.12.t0 T€ |
| **I. Immaterielle Vermögensgegenstände** | | | | | | | | | | | | |
| 1. Konzessionen, gewerbl. Schutzrechte und ähnliche Rechte und Werte sowie Lizenzen an solchen Rechten und Werten | 4.745 | 302 | 417 | – | 4.631 | 4.346 | 147 | 416 | 4.077 | 554 | 554 | 399 |
| | 4.745 | 302 | 417 | – | 4.631 | 4.346 | 147 | 416 | 4.077 | 554 | 554 | 399 |
| **II. Sachanlagen** | | | | | | | | | | | | |
| 1. Grundstücke, grundstücksgleiche Rechte und Bauten einschl. Bauten auf fremden Grundst. | 29.466 | 11 | 39 | 10 | 29.449 | 9.408 | 1.610 | 38 | 10.980 | 18.469 | 18.469 | 20.058 |
| 2. Techn. Anlagen und Maschinen | 17.549 | 583 | 1.434 | – | 16.698 | 13.195 | 793 | 1.425 | 12.563 | 4.136 | 4.136 | 4.354 |
| 3. Andere Anlagen, Betriebs- und Geschäftsausstattung | 44.284 | 3.729 | 6.905 | 1 | 41.108 | 36.208 | 2.818 | 6.858 | 32.167 | 8.942 | 8.942 | 8.076 |
| 4. Geleistete Anzahlungen und Anlagen im Bau | 129 | 1.193 | 28 | -11 | 1.282 | – | – | – | – | 1.282 | 1.282 | 129 |
| | 91.428 | 5.516 | 8.406 | – | 88.537 | 58.811 | 5.221 | 8.321 | 55.710 | 32.829 | 32.829 | 32.617 |
| **III. Finanzanlagen** | | | | | | | | | | | | |
| 1. Anteile an verbundenen Unternehmen | 17.303 | 1.487 | 1.025 | -769 | 16.996 | – | – | – | – | 16.996 | 16.996 | 17.303 |
| 2. Beteiligungen | 5.409 | 16 | 526 | 769 | 5.668 | 26 | – | – | 26 | 5.642 | 5.642 | 5.384 |
| 3. Sonstige Ausleihungen | 428 | – | 9 | – | 419 | – | – | – | – | 419 | 419 | 428 |
| | 23.140 | 1.503 | 1.560 | – | 23.083 | 26 | – | – | 26 | 23.057 | 23.057 | 23.115 |
| **Summe Anlagevermögen** | 119.313 | 7.321 | 10.383 | – | 116.251 | 63.183 | 5.368 | 8.737 | 59.813 | 56.440 | 56.440 | 56.131 |

Zur abschließenden, integrierenden Würdigung der Vermögenslage könnte etwa folgender Kennzahlbogen mit den „TOP 8-Kennzahlen" herangezogen werden:

**ABB. 195: Kennzahlen zur Analyse der Vermögenslage (Zusammenfassung)**

| Nr. | Kennzahl | Definition | Risiko | Interpretation |
|---|---|---|---|---|
| 1 | Anlagenintensität | $\dfrac{\Sigma \text{ AV zu RBW} \cdot 100}{\text{Bilanzsumme}}$ | Fixkostenrisiko | Anteil des Anlagevermögens am Gesamtvermögen, Indikator für betriebliche (In-)Flexibilität und Fixkostenlastigkeit der Kostenstruktur, Gefahr von Leerkosten; kein Richtwert, da stark branchenabhängig |
| 2 | Restwertquote Sachanlagen | $\dfrac{\text{SAV zu RBW} \cdot 100 \text{ }^{(1)}}{\text{SAV zu histor. AHK }^{(1)}}$ | Modernitätsrisiko | Verhältnis zwischen Buchwerten und historischen Anschaffungskosten der Sachanlagen; Indikator für Altersstruktur des SAV, ggf. entstehende Substanzaushöhlungen und Investitionsstaus: Richtwert: über 50 % |
| 3 | (Netto-)Investitionsquote Sachanlagen | $\dfrac{\text{(Zugänge - Abgänge - Umbuchg. SAV)} \cdot 100 \text{ }^{(1)}}{\text{SAV zu histor. AHK }^{(1)}}$ | Invest./ Wachstumsrisiko | Anteil der Nettozugänge im Sachanlagevermögen an den entsprechenden historischen Anschaffungskosten, Indikator für Investitionsbereitschaft und -fähigkeit |
| 4 | Abschreibungsquote | $\dfrac{\text{Abschr. SAV} \cdot 100 \text{ }^{(1)}}{\text{SAV zu histor. AHK }^{(1)}}$ | Fehlinvestitionsrisiko | Anteil der wertmäßigen jährlichen Abnutzung an den historischen Anschaffungskosten der Sachanlagen; Indikator für Abschreibungspolitik und durchschnittliche Nutzungsdauer; Richtwert: Nettoinvestitionsquote sollte höher als Abschreibungsquote sein |
| 5 | Umschlagshäufigkeit Gesamtkapital | $\dfrac{\text{Umsatzerlöse}}{\text{Bilanzsumme}}$ | Kapitalbindungsrisiko | Anzahl, mit der sich Gesamtvermögen im Umsatzprozess eines Jahres umschlägt, Indikator für Produktivität und Flexibilität; Richtwert Industrie über 1,0, Handel z. T. über 10 |
| 6 | Sachanlagenproduktivität | $\dfrac{\text{Umsatzerlöse}}{\text{Sachanlagevermögen zu RBW}}$ | Kapitalbindungsrisiko | Anzahl, mit der sich der Bestand an Sach- und immateriellen Anlagen im Umsatzprozess eines Jahres umschlägt, Indikator für Produktivität des zur betriebsgewöhnlichen Leistungserstellung eingesetzten Vermögens, Auslastungsgrad, Leerkostenrisiko |

| Nr. | Kennzahl | Definition | Risiko | Interpretation |
|---|---|---|---|---|
| 7 | Lagerreich-weite | $\dfrac{\text{Vorräte} \cdot 365\,\text{Tage}}{\text{Umsatzerlöse}^{(2)}}$ | Kapitalbin-dungsrisiko | Durchschnittliche Lagerdauer in Tagen, Indikator für Bestandsrisiko aus Vorratshaltung (Ladenhüter); kein Richtwert, da stark von Beschaffenheit der Vorräte abhängig. |
| 8 | Kundenziel | $\dfrac{\text{Forderungen aus LuL} \cdot 365\,\text{Tage}}{\text{Umsatzerlöse}}$ | Kapitalbin-dungsrisiko | Durchschnittliches Kundenziel in Tagen („days sales outstanding", DSO), Indikator für Marktposition gegenüber Kunden (notwendige Einräumung längerer Zahlungsziele); kein Richtwert, da von branchenüblichen AGB´s bzw. Anteilen des B2B-/B2C-Geschäfts abhängig. |

(1) Nur abnutzbares bewegliches Sachanlagevermögen: Maschinen, technische Anlagen, andere Anlagen, Betriebs- und Geschäftsausstattung (§ 266 Abs. 2 A.II.2, A.II.3. HGB). RBW = Restbuchwert.

(2) Die Umsatzerlöse werden bei absatzmarktbezogenen Vorräten (Fertigfabrikate, Waren) verwendet. Bei beschaffungsmarktbezogenen Vorräten (Roh-, Hilfs- und Betriebsstoffen) ist die Bezugsgröße alternativ der Materialaufwand.

## 7.2 Analyse der Finanzlage

### 7.2.1 Begriff der Finanzlage

Der Begriff der Finanzlage wurde im Zuge des Bilanzrichtlinien-Gesetzes (BiRiLiG) im Rahmen der seinerzeit neu definierten sog. **Generalnorm** des § 264 Abs. 2 HGB eingefügt, gem. der der Jahresabschluss der Kapitalgesellschaft unter Beachtung der GoB nicht nur ein den tatsächlichen Verhältnissen entsprechendes Bild der Vermögens- und Erfolgslage, sondern auch der Finanzlage vermitteln soll.

Der Sonderausschuss „Bilanzrichtlinien-Gesetz" des Instituts der Wirtschaftsprüfer hat in der seinerzeitigen **Stellungnahme IDW-SABI 3/1986** den Begriff der Finanzlage weiter konkretisiert. Er umfasst demnach die **Gesamtheit aller Aspekte, die sich auf die Finanzierung einer Gesellschaft beziehen**, wie etwa Finanzierungsstruktur, Deckungsverhältnisse, Fristigkeiten, Finanzierungsspielräume, Investitionsvorhaben, schwebende Bestellungen und Kreditlinien.

Insbesondere müssen **Forderungen und Verbindlichkeiten mit einer Restlaufzeit von mehr bzw. bis zu einem Jahr** gesondert ausgewiesen werden (§ 268 Abs. 4 Satz 1 und Abs. 5 Satz 1 HGB). Im Anhang sind **Verbindlichkeiten mit einer Restlaufzeit von mehr als fünf Jahren** anzugeben (§ 285 Nr. 1a und Nr. 2 HGB; für kleine Kapitalgesellschaften vgl. § 288 Satz 1 HGB). Anhand dieser Angaben ist es möglich, einen sog. Verbindlichkeitenspiegel aufzustellen.

Aufschlüsse über die Finanzierungsverhältnisse kann nach Ansicht des IDW-SABI auch eine **Kapitalflussrechnung** geben, die pflichtmäßig als Bestandteil des Konzernabschlusses aufzustellen ist (§ 297 Abs. 1 Satz 1 HGB).

Mittelgroße und große Kapitalgesellschaften haben im Anhang den Gesamtbetrag der **sonstigen finanziellen Verpflichtungen** anzugeben, die nicht in der Bilanz erscheinen und die auch nicht schon nach § 251 HGB anzugeben sind, sofern diese Angaben für die Finanzlage von Bedeutung sind (§ 285 Nr. 3 HGB); kleine Kapitalgesellschaften sind nach § 288 Satz 1 HGB hiervon befreit. Die Angabepflichten umfassen z. B.

- ▶ mehrjährige Verpflichtungen aus Miet- und Leasing-Verhältnissen, insbesondere im Rahmen von sale-and-lease-back-Transaktionen,
- ▶ Verpflichtungen aus langfristigen Abnahmeverträgen und schwebenden Bestellungen,
- ▶ Verpflichtungen zur Übernahme von Beteiligungen, zur Abführung von Liquiditätsüberschüssen und zur Verlustdeckung bei Beteiligungsgesellschaften,
- ▶ Verpflichtungen zur Krediteinräumung gegenüber Dritten,
- ▶ ggf. bestehende Rücknahmepflichten aus ABS- („asset backed securities"-)Geschäften sowie aus Pensionsgeschäften.

Hinsichtlich der erforderlichen Angaben zur Belastung aus **Dauerschuldverhältnissen** wird es als ausreichend angesehen, die jährlich zu zahlenden Beträge und die Dauer der Verpflichtung darzulegen.

Eine gesonderte Angabepflicht besteht für nicht passivierte Unterdeckungen bei sog. **Pensions-Altzusagen** (vor dem 1.1.1987 erteilte Zusagen) im Rahmen der betrieblichen Altersversorgung nach Art. 28 Abs. 2 EGHGB. Diese Beträge dürfen nicht in den Gesamtbetrag nach § 285 Nr. 3 HGB einbezogen werden.

Erforderlichenfalls müssen – insbesondere bei Vorhandensein einer prekären Finanzlage – noch weitere Angaben zur Finanzlage gemacht werden, um ein den tatsächlichen Verhältnissen entsprechendes Bild zu vermitteln.

**Ziele der Analyse des Kapitals und der Verschuldungslage** sind die risikoorientierte Beurteilung der Eintrittswahrscheinlichkeit der zentralen gesetzlichen Insolvenzgründe

- ▶ **Zahlungsunfähigkeit** (§ 17 InsO), drohende Zahlungsunfähigkeit (§ 18 InsO) und
- ▶ **Überschuldung** (§ 19 InsO),

daneben bestehen betriebswirtschaftlich motivierte Erkenntnisziele wie z. B.

- ▶ das **Refinanzierungsrisiko** und
- ▶ das Risiko erhöhter **Kapitalkosten**.

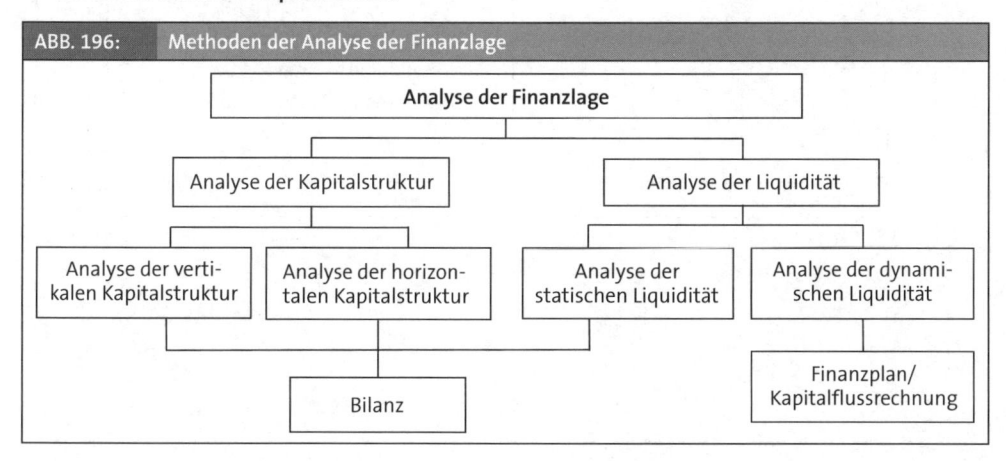

**ABB. 196: Methoden der Analyse der Finanzlage**

```
                      Analyse der Finanzlage
                   ┌──────────┴──────────┐
        Analyse der Kapitalstruktur    Analyse der Liquidität
         ┌────────┴────────┐            ┌────────┴────────┐
  Analyse der verti-  Analyse der horizon-  Analyse der        Analyse der dynami-
  kalen Kapitalstruktur  talen Kapitalstruktur  statischen Liquidität  schen Liquidität
                           │                                          │
                         Bilanz                              Finanzplan/
                                                             Kapitalflussrechnung
```

**KAPITEL III** — Jahresabschlussgestütztes Controlling

Hierbei bedeuten im Einzelnen

- **vertikale Kapitalstruktur:** Verhältnis von Fremd- zu Eigenkapital, d. h. Strukturierung des Kapitals nach der Rechtsstellung und Haftungsfunktion,
- **horizontale Kapitalstruktur:** Verhältnis von Passiva und Aktiva gleicher (i. d. R. langfristiger) Bindungsdauer zur Bezifferung des Refinanzierungsrisikos, d. h. der Gefahr einer nicht oder nicht zu adäquaten Konditionen möglichen Anschlussfinanzierung langfristig gebundenen (Anlage-)Vermögens durch eine zu kurze Laufzeit der Schulden,
- **statische Liquidität:** Verhältnis des Bestands kurzfristig verfügbarer Vermögensgegenstände zu kurzfristigen Schulden als Ausdruck der bestandsorientierten Zahlungsfähigkeit,
- **dynamische Liquidität:** Verhältnis von periodischem Zahlungsmittelüberschuss und kurzfristigen Schulden als Ausdruck der stromgrößenorientierten Zahlungsfähigkeit (deren Analyse auf Basis des Cashflows erfolgt in Kapitel V).

Folglich sind Erkenntnisziele der Analyse der **Finanzlage**:

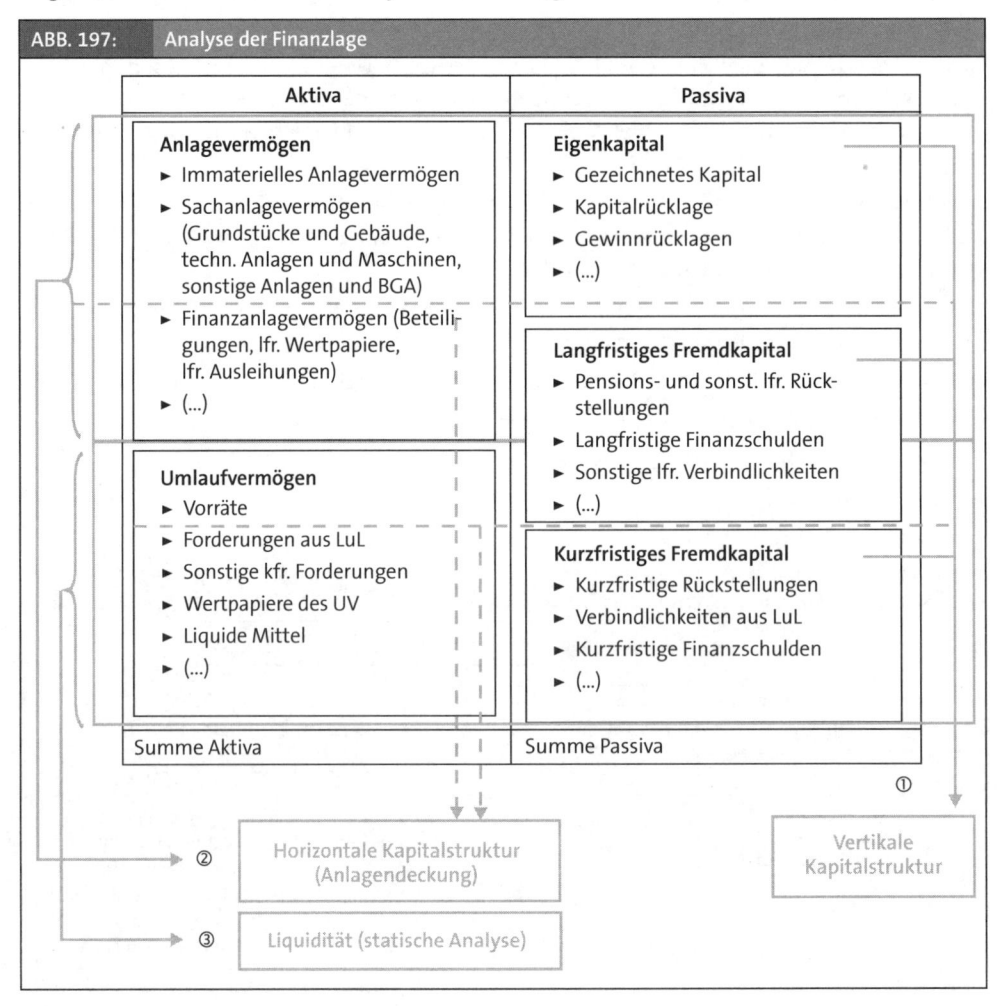

**ABB. 197: Analyse der Finanzlage**

| Aktiva | Passiva |
|---|---|
| **Anlagevermögen**<br>▶ Immaterielles Anlagevermögen<br>▶ Sachanlagevermögen (Grundstücke und Gebäude, techn. Anlagen und Maschinen, sonstige Anlagen und BGA)<br>▶ Finanzanlagevermögen (Beteiligungen, lfr. Wertpapiere, lfr. Ausleihungen)<br>▶ (...) | **Eigenkapital**<br>▶ Gezeichnetes Kapital<br>▶ Kapitalrücklage<br>▶ Gewinnrücklagen<br>▶ (...) |
| | **Langfristiges Fremdkapital**<br>▶ Pensions- und sonst. lfr. Rückstellungen<br>▶ Langfristige Finanzschulden<br>▶ Sonstige lfr. Verbindlichkeiten<br>▶ (...) |
| **Umlaufvermögen**<br>▶ Vorräte<br>▶ Forderungen aus LuL<br>▶ Sonstige kfr. Forderungen<br>▶ Wertpapiere des UV<br>▶ Liquide Mittel<br>▶ (...) | **Kurzfristiges Fremdkapital**<br>▶ Kurzfristige Rückstellungen<br>▶ Verbindlichkeiten aus LuL<br>▶ Kurzfristige Finanzschulden<br>▶ (...) |
| Summe Aktiva | Summe Passiva |

① Vertikale Kapitalstruktur
② Horizontale Kapitalstruktur (Anlagendeckung)
③ Liquidität (statische Analyse)

## 7.2.2 Ermittlung des wirtschaftlichen Eigenkapitals

Eigenkapital und Fremdkapital müssen vor einer kennzahlgestützten Betrachtung – wie schon die Vermögensseite – im Rahmen der Erstellung der Strukturbilanz bilanzanalytisch aufbereitet werden.

Das Eigenkapital ist im Rahmen der Analyse nicht als bilanzielles, sondern als **wirtschaftliches Eigenkapital** aufzufassen, d. h., es sind insbesondere aktivierte **Bilanzierungshilfen** mit dem bilanziellen Eigenkapital zu saldieren, da jene keine Vermögensgegenstände darstellen; hierzu zählen auch nach Maßgabe des § 248 Abs. 2 Satz 1 HGB aktivierte Beträge.

**Erhaltene Anzahlungen** auf eigene Leistungen können gem. § 268 Abs. 5 Satz 2 HGB entweder offen von den Vorräten abgesetzt werden oder sind – falls die vereinnahmten Beträge bestandserhöhend unter den liquiden Mitteln bilanziert wurden – gesondert unter den Verbindlichkeiten auszuweisen (§ 266 Abs. 3 C.3. HGB). Im letzteren Fall empfiehlt sich eine Kürzung jeweils der Aktiv- und der Passivseite im Rahmen der Strukturbilanz, so dass die Verbindlichkeitsposition entsprechend sinkt.

Zu berücksichtigen ist, dass zwischen Eigen- und Fremdkapital in der Praxis eine nicht unerhebliche Grauzone in Form der Finanzierung von Unternehmen mit Hilfe sog. Eigenkapitalsurrogate besteht. Je nach der vertraglichen Ausgestaltung ist grundsätzlich eine Zuordnung sowohl zum Eigen- als auch zum Fremdkapital möglich. Daher werden derartige Eigenkapitalsurrogate häufig auch als sog. „**Hybridkapital**" bezeichnet. Eine Abgrenzung unter betriebswirtschaftlichen Aspekten erfolgt vor dem Hintergrund der Funktion des Eigenkapitals gem. der in der Stellungnahme IDW-HFA 1/1994 kodifizierten Grundsätze.

Demnach wird bei kumulativer Erfüllung folgender Kriterien Eigenkapital angenommen:

▶ Vereinbarung einer rein erfolgsabhängigen Vergütung für die Kapitalüberlassung,

▶ Teilnahme des Kapitals an Bilanzverlusten bis zur vollen Höhe (entsprechend des gezeichneten Kapitals),

▶ nachrangige Rückzahlung im Insolvenzfall (nach Befriedigung aller anderen Gläubiger),

▶ Überlassung für einen längeren, unkündbaren Zeitraum (ohne Quantifizierung, im Fachschrifttum werden Zeiträume von mindestens fünf Jahren aufgeführt).

Für die Bemessung des sog. **wirtschaftlichen Eigenkapitals** ergeben sich die nachstehenden Hinzurechnungen und Kürzungen:

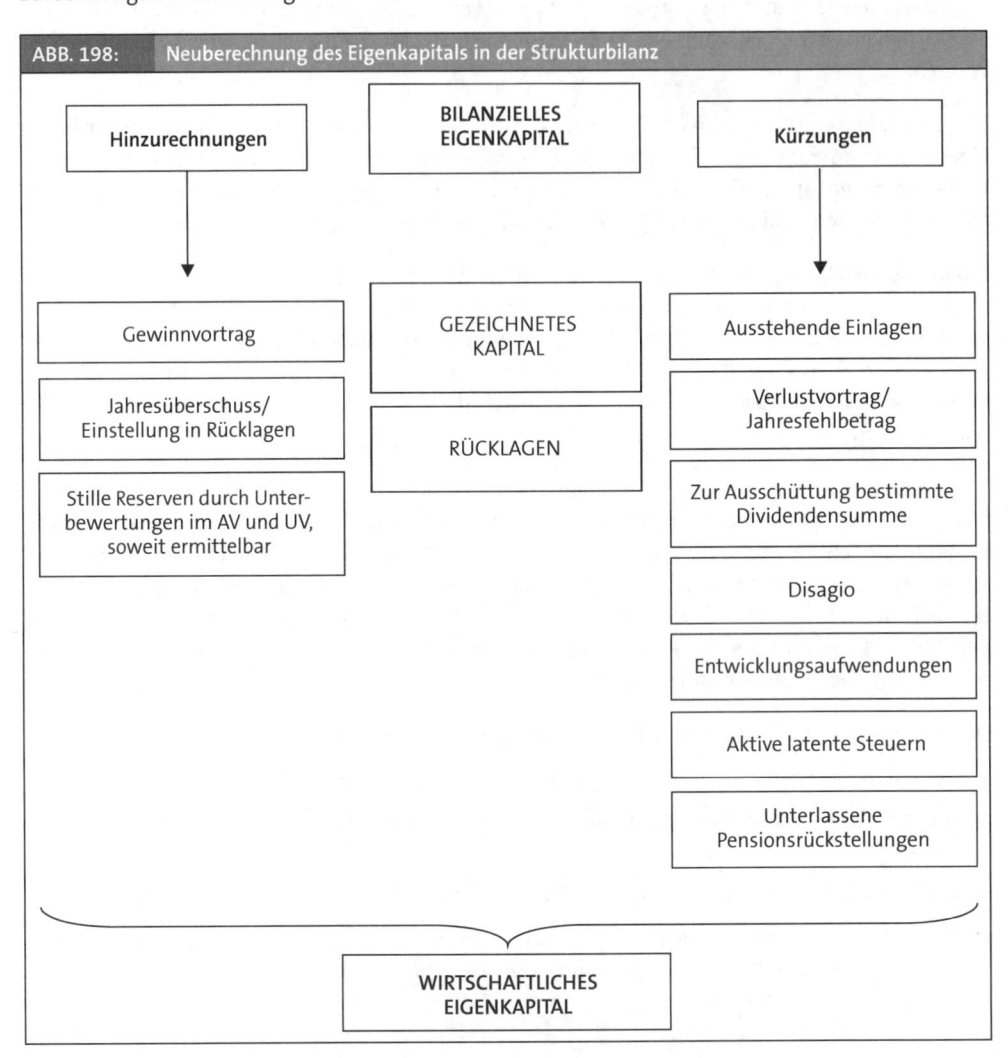

**ABB. 198: Neuberechnung des Eigenkapitals in der Strukturbilanz**

```
                        BILANZIELLES
   Hinzurechnungen      EIGENKAPITAL              Kürzungen
         │                                            │
         ▼                                            ▼
   ┌──────────────┐    ┌──────────────┐    ┌──────────────────────┐
   │ Gewinnvortrag│    │ GEZEICHNETES │    │ Ausstehende Einlagen │
   └──────────────┘    │    KAPITAL   │    └──────────────────────┘
                       └──────────────┘
   ┌──────────────┐                        ┌──────────────────────┐
   │ Jahresüber-  │                        │ Verlustvortrag/      │
   │ schuss/      │    ┌──────────────┐    │ Jahresfehlbetrag     │
   │ Einstellung  │    │  RÜCKLAGEN   │    └──────────────────────┘
   │ in Rücklagen │    └──────────────┘
   └──────────────┘                        ┌──────────────────────┐
                                           │ Zur Ausschüttung     │
   ┌──────────────┐                        │ bestimmte            │
   │ Stille       │                        │ Dividendensumme      │
   │ Reserven...  │                        └──────────────────────┘
   └──────────────┘                        ┌──────────────────────┐
                                           │ Disagio              │
                                           └──────────────────────┘
                                           ┌──────────────────────┐
                                           │ Entwicklungsauf-     │
                                           │ wendungen            │
                                           └──────────────────────┘
                                           ┌──────────────────────┐
                                           │ Aktive latente       │
                                           │ Steuern              │
                                           └──────────────────────┘
                                           ┌──────────────────────┐
                                           │ Unterlassene         │
                                           │ Pensionsrück-        │
                                           │ stellungen           │
                                           └──────────────────────┘

                       ┌──────────────┐
                       │WIRTSCHAFTLICHES│
                       │  EIGENKAPITAL │
                       └──────────────┘
```

Hinzurechnungen:
- Gewinnvortrag
- Jahresüberschuss/Einstellung in Rücklagen
- Stille Reserven durch Unterbewertungen im AV und UV, soweit ermittelbar

Bilanzielles Eigenkapital:
- GEZEICHNETES KAPITAL
- RÜCKLAGEN

Kürzungen:
- Ausstehende Einlagen
- Verlustvortrag/Jahresfehlbetrag
- Zur Ausschüttung bestimmte Dividendensumme
- Disagio
- Entwicklungsaufwendungen
- Aktive latente Steuern
- Unterlassene Pensionsrückstellungen

= WIRTSCHAFTLICHES EIGENKAPITAL

## 7.2.3 Analyse der vertikalen Kapitalstruktur

Jedes Unternehmen muss seine Überschuldung vermeiden, die einen unbedingten Insolvenzgrund darstellt. Das Überschuldungsrisiko wird durch die sog. **vertikale Kapitalstruktur** abgebildet. Demnach ist eine Überschuldung insbesondere umso unwahrscheinlicher, je höher die **Eigenkapitalquote** (Anteil des Eigenkapitals am Gesamtkapital) ist. Eine hohe Eigenkapitalquote steht für Stabilität eines Unternehmens sowie für eine geringe Abhängigkeit von Kreditgebern. Das Eigenkapital steht i. d. R. dem Unternehmen langfristig zur Verfügung und löst keine fixierten Zins- und Tilgungszahlungen aus.

Das Eigenkapital ist im Rahmen der Analyse nicht als bilanzielles, sondern als **wirtschaftliches Eigenkapital** i. S. der oben ermittelten Strukturbilanz aufzufassen.

Somit werden bei der Analyse der vertikalen Kapitalstruktur – analog zur Analyse des Vermögens – einzelne Kapitalien in Relation zur Bilanzsumme gesetzt. Die grundlegenden Kennzahlen sind

- ▶ die **Eigenkapitalquote** (Eigenkapital/Bilanzsumme · 100 %),
- ▶ die **Fremdkapitalquote** (Fremdkapital/Bilanzsumme · 100 %),
- ▶ der **statische Verschuldungsgrad** (Fremdkapital/Eigenkapital).

Im Durchschnitt liegt die Eigenkapitalquote bei etwa 15 - 20 % entsprechend eines statischen Verschuldungsgrads von 4 - 5.

Detaillierte Aufschlüsse über die vertikale Kapitalstruktur ergeben sich, wenn die beiden Hauptgruppen Eigen- und Fremdkapital weitergehend in einzelne Komponenten aufgespalten werden.

Beim **Eigenkapital** bietet sich die Analyse der Intensität des gezeichneten Kapitals, der Rücklagen und speziell der Gewinnrücklagen an (in % vom Eigenkapital).

- ▶ Die Gewinnrücklagen sind Ergebnis der **Innenfinanzierung**, sie indizieren insoweit die Gewinnerzielungsfähigkeit und Gewinneinbehaltungsbereitschaft (sog. **Thesaurierungsbereitschaft**).
- ▶ Demgegenüber resultieren sowohl gezeichnetes Kapital als auch die Kapitalrücklage aus Maßnahmen der **Außenfinanzierung**, indem von Seiten der Investoren Einlagen auf Anteile und ein diesbezügliches Aufgeld (Agio) aufgebracht werden.

Folglich wird häufig der Anteil der Gewinnrücklagen in % des Eigenkapitals berechnet; dieser Quotient wird auch als **Selbstfinanzierungsquote** bezeichnet.

Das **Fremdkapital** kann entsprechend seiner Restlaufzeit in kurzfristiges (bis ein Jahr), mittelfristiges (ein bis fünf Jahre) und langfristiges (über fünf Jahre) Fremdkapital untergliedert werden. Je höher der Anteil der langfristigen Verbindlichkeiten an den gesamten Verbindlichkeiten, umso höher die finanzielle Stabilität, aber auch die Inflexibilität.

Den Betrag der kurzfristigen Verbindlichkeiten erhält der Bilanzanalyst aus § 268 Abs. 5 HGB, den der langfristigen Verbindlichkeiten aus der Anhangangabe gem. § 285 Nr. 1a HGB. Die mittelfristigen Verbindlichkeiten stellen dann die Differenz zum Gesamtbetrag dar. Zusätzlich kann die Anhangangabe des § 285 Nr. 3 HGB herangezogen werden.

Analog zum Anlagespiegel lässt sich ein **Verbindlichkeitenspiegel** konstruieren.

| ABB. 199: | Aufbau eines Verbindlichkeitenspiegels | | | | | |
|---|---|---|---|---|---|---|
| Verbindlichkeiten | Gesamt-betrag | mit einer Restlaufzeit von (...) | | | davon: gesicherte Beträge | Art der Sicherheit |
| | | bis zu 1 Jahr | über 1 bis zu 5 Jahre | über 5 Jahre | | |
| | € | € | € | € | € | € |
| Anleihen | | | | | | |
| Verbindlichkeiten gegenüber Kreditinstituten | | | | | | |
| Erhaltene Anzahlungen auf Bestellungen | | | | | | |
| Verbindlichkeiten aus Lieferungen und Leistungen | | | | | | |
| Verbindlichkeiten aus der Annahme gezogener Wechsel und der Ausstellung eigener Wechsel | | | | | | |
| Verbindlichkeiten gegenüber verbundenen Unternehmen | | | | | | |
| Verbindlichkeiten gegenüber Unternehmen, mit denen ein Beteiligungsverhältnis besteht | | | | | | |
| Sonstige Verbindlichkeiten | | | | | | |

Analog zur Analyse der Vermögenslage sollte der **Konzernverflechtungsgrad** auch bei den Verbindlichkeiten verfolgt werden. Einschlägige Positionen nach § 266 Abs. 3 HGB sind

▶ C.6. Verbindlichkeiten gegenüber verbundenen Unternehmen,

▶ C.7. Verbindlichkeiten gegenüber Unternehmen, mit denen ein Beteiligungsverhältnis besteht.

Ein Anschwellen des Anteils dieser Positionen im Zeitvergleich oder an den gesamten Verbindlichkeiten kann einen Risikoindikator darstellen, da evtl. entweder marktübliche Kreditpartner nicht gewonnen oder Kredite nicht zu marktüblichen Konditionen gewährt werden können.

Für das Finanzcontrolling bedeutsam ist auch das Kreditgebaren eines Unternehmens. Analog zum Kundenziel lässt sich das **Kreditoren- oder Lieferantenziel** (Verbindlichkeiten aus Lieferungen und Leistungen/Materialaufwand · 365 Tage) berechnen; das Lieferantenziel gibt dabei die durchschnittliche Dauer der Inanspruchnahme von Lieferantenkrediten an. Hohe Bestände an Verbindlichkeiten aus Lieferungen und Leistungen können auf entgangene Skonti und damit eine sehr teure Kreditinanspruchnahme hindeuten (Opportunitätskosten des Lieferantenkredits).

Anders als bei den Umschlagskennziffern der Vorräte können beim Lieferantenziel als Bezugsgröße auch die sonstigen betrieblichen Aufwendungen – Miete, Leasing, Pacht, Beratungsleistungen, usw. – hinzugezogen werden, da entsprechende Leistungen auf Ziel regelmäßig zu einer Verbuchung unter den Verbindlichkeiten aus Lieferungen und Leistungen führen.

Die Bilanzanalyse kann auch Aufschlüsse darüber geben, ob in ausreichendem Umfang Rückstellungen gebildet worden sind. Seit BilMoG sind allerdings wahlweise zu bilanzierende Rückstellungstatbestände nicht mehr gegeben. Der Analyst muss sich darauf beschränken, die der Rückstellungsbildung zugrunde liegenden Prämissen (Ermittlung der künftigen Erfüllungsbeträge) risikoorientiert zu würdigen. Die Passivierung der Rückstellungen erfolgt zu Lasten folgender Aufwandsarten:

► Pensionsrückstellungen zu Lasten des Personalaufwands,

► Steuerrückstellungen zu Lasten des Steueraufwands,

► sonstige Rückstellungen zu Lasten der sonstigen betrieblichen Aufwendungen.

Bezugsgrößen für die Bemessung der Rückstellungen und eine damit einhergehende Plausibilitätsprüfung könnten darstellen für die

► Pensionsrückstellungen die Anzahl der Mitarbeiter im Jahresdurchschnitt,

► Steuerrückstellungen der steuerpflichtige Jahresüberschuss,

► sonstigen Rückstellungen die Umsatzerlöse.

Analog zum Verbindlichkeitenspiegel lässt sich auch ein Rückstellungsspiegel wie folgt konstruieren:

| ABB. 200: Aufbau eines Rückstellungsspiegels | | | | | | |
|---|---|---|---|---|---|---|
| Rückstellungsart | Anfangsbestand | - Inanspruchnahme | - Auflösung | + Neuzuführung | = Schlussbestand | Nachrichtlich: Zinseffekte |
| Pensionsrückstellungen | | | | | | |
| Steuerrückstellungen | | | | | | |
| Drohverlustrückstellungen | | | | | | |
| Rückstellungen für ungewisse Verbindlichkeiten | | | | | | |
| Rückstellungen für unterlassene Instandhaltung | | | | | | |
| Rückstellungen für unterlassene Abraumbeseitigung | | | | | | |
| Kulanzrückstellungen | | | | | | |

Insbesondere, wenn in einem Geschäftsjahr keine Bestandsveränderungen bei einer Rückstellung vorlagen, besteht ein erhöhtes Risiko, dass der Grund ihrer Bildung nicht (mehr) besteht und die Rücklagenbeibehaltung lediglich jahresabschlusspolitischen Zielen – Bildung stiller Ermessensreserven – dient.

Eine aus den Anhangangaben ersichtliche Inanspruchnahme des Wahlrechts, vor dem 1.1.1987 erteilte **Pensionszusagen** weiterhin nicht zu passivieren (Art. 28 EGHGB), stellt in jedem Fall einen Krisenindikator dar.

Zur Bezifferung des zukünftigen **Verschuldungspotenzials** wird die sog. **Zinsdeckung** herangezogen, die als Verhältnis von Zinsaufwand und operativem Betriebsergebnis (GuV-Saldo nach Nr. 8 bei Anwendung des Gesamtkostenverfahrens i. S. des § 275 Abs. 2 HGB) definiert ist. Die Zinsdeckung gibt Aufschlüsse über die Auslastung des Betriebsergebnisses durch Zinsaufwendungen und über einen möglichen Spielraum für eine weitere Verschuldung in zukünftigen Perioden.

Eine möglichst hohe Eigenkapitalquote verletzt jedoch das Ziel der Maximierung der Eigenkapitalrentabilität. Letztere würde sich vielmehr durch eine Substitution von teurem Eigenkapital durch billiges Fremdkapital erhöhen. Empirisch zeigt sich außerdem, dass die Kapitalstruktur stark branchenabhängig ist und damit Betriebsvergleiche erschwert werden.

Für die Analyse der vertikalen Kapitalstruktur ist die Frage von Interesse, ob ein „optimaler" Verschuldungsgrad existiert. Der **Leverage-Effekt** quantifiziert das Kapitalkostenrisiko und besagt, dass die Eigenkapitalrentabilität mit zunehmender Verschuldung immer höher wird unter der Voraussetzung, dass die Gesamtkapitalrentabilität über dem Fremdkapitalzinssatz liegt. Diese Zinsdifferenz steht allein den Eigenkapitalgebern zu.

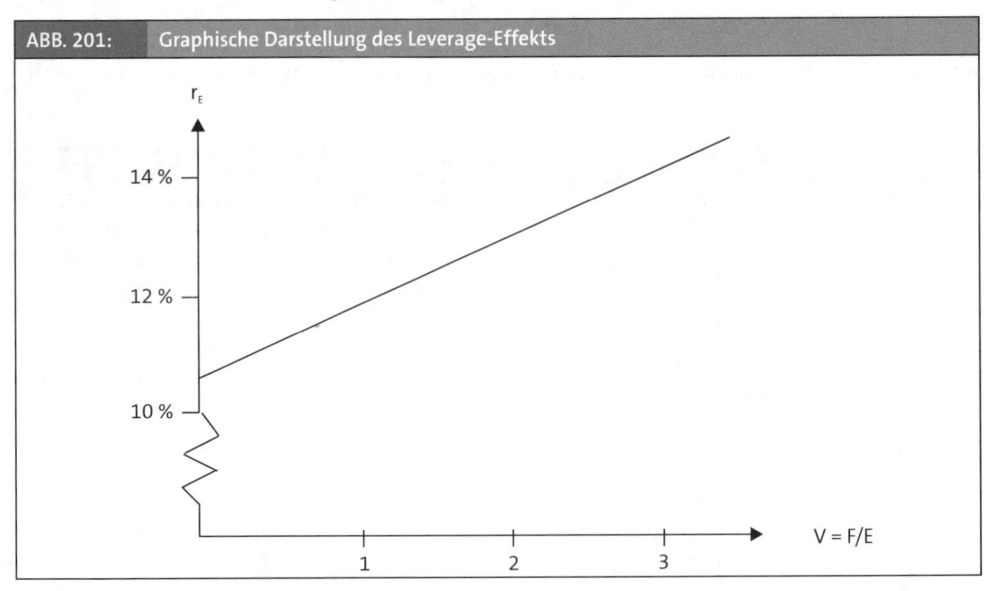

**ABB. 201:** Graphische Darstellung des Leverage-Effekts

Rechnerisch lässt sich aus der Definition der Gesamtkapitalrentabilität als gewichtete Kapitalkosten des Unternehmens die Leverage-Gleichung wie folgt herleiten:

(1) Gesamtkapitalrentabilität:
$r_{GK} = r_{EK} \cdot EK/(EK + FK) + r_{FK} \cdot FK/(EK + FK)$
$\leftrightarrow r_{GK} \cdot (EK + FK) = r_{EK} \cdot EK + r_{FK} \cdot FK$
$\leftrightarrow r_{EK} = r_{GK} \cdot (EK + FK)/EK - r_{FK} \cdot FK/EK$ und hieraus folgt:

(2) Leverage-Gleichung:
$r_{EK} = r_{GK} + (r - r_{FK}) \cdot (FK/EK)$.

mit dem Term $(r - r_{FK})$ als **Überrendite des Unternehmens** und $(FK/EK)$ als **Statischer Verschuldungsgrad**

mit $r_{GK}$ = Gesamtkapitalrentabilität,
$r_{EK}$ ($r_{FK}$) = Eigen-(Fremd-)kapitalrentabilität,
EK (FK) = Eigen-(Fremd-)kapital

Dort werden die **Treiber der Eigenkapitalrentabilität** offengelegt, und zwar

- die Kapitalverzinsung des Gesamtunternehmens $r_{GK}$,
- die Überrendite des Unternehmens gegenüber den Fremdkapitalzinsen $r_{FK}$ und
- der statische Verschuldungsgrad (FK/EK).

Die Leverage-Gleichung impliziert eine **linear positive Abhängigkeit der Eigenkapitalrentabilität vom Verschuldungsgrad**. Dieser Fall stellt die übliche Praxiskonstellation dar. Während der durchschnittliche Fremdkapitalzins zzt. bei etwa 4 – 6 % liegt, dürften sich die Eigenkapitalkosten auf mindestens 10 % beziffern. Aus Opportunitätsgründen ist das Eigenkapital somit das „teurere" Kapital infolge des ihm anhaftenden Unternehmerrisikos. Unternehmen sind deshalb versucht, Eigenkapital in Fremdkapital umzuwandeln.

Hierbei sollte die Signalwirkung der Kennzahl „Eigenkapitalquote" in der Weise berücksichtigt werden, dass ein Toleranzwert um rd. 25 % durch die Maßnahmen des Kapitalstrukturmanagements nicht unterschritten wird.

Ein **Zahlenbeispiel** soll die Mechanik des Leverage-Effekts erläutern (Werte in T€ bzw. %). Es wird von einem gebundenen Kapital in Höhe von 150 T€ und einer Gesamtkapitalrendite (ROI) von 10 % ausgegangen. Der Fremdkapitalzinssatz betrage 8 %.

| ABB. 202: Positiver Leverage-Effekt | | | | | |
|---|---|---|---|---|---|
| Kennzahl | Fall 1 | Fall 2 | Fall 3 | Fall 4 | Fall 5 |
| Gesamtkapital | 150 | 150 | 150 | 150 | 150 |
| Verschuldungsgrad | 0 | 0,5 | 1 | 2 | 5 |
| Eigenkapital | 150 | 100 | 75 | 50 | 25 |
| Fremdkapital | 0 | 50 | 75 | 100 | 125 |
| JÜ vor Zinsen und Steuern (EBIT) | 15 | 15 | 15 | 15 | 15 |
| - Fremdkapitalzinsen | 0 | 4 | 6 | 8 | 10 |
| = Jahresüberschuss vor Steuern (EBT) | 15 | 11 | 9 | 7 | 5 |
| Eigenkapitalrentabilität in % | 10 | 11 | 12 | 14 | 20 |

# KAPITEL III — Jahresabschlussgestütztes Controlling

Dieser Fall stellt die übliche Praxiskonstellation dar. Während der durchschnittliche Fremdkapitalzins zzt. bei etwa 6 % liegt, dürften sich die Eigenkapitalkosten auf ca. 10 % beziffern.

Gehen aber in der Wirtschaftskrise die Gewinne zurück bzw. steigen die Fremdkapitalzinsen, so **schlägt der Leverage-Effekt um**. Die Eigenkapitalrendite wird dann schnell negativ; eine Konsolidierung der Schulden wird erschwert. Außerdem wird nicht berücksichtigt, dass der Fremdkapitalzinssatz aufgrund des Sicherheitsstrebens der Kapitalgeber mit steigender Verschuldung zunimmt.

Im nachstehend modifizierten Beispiel beträgt bei gleichbleibendem Fremdkapitalzinssatz die Gesamtkapitalrendite nur noch 6 %.

| ABB. 203: Negativer Leverage-Effekt | | | | | |
|---|---|---|---|---|---|
| Kennzahl | Fall 1 | Fall 2 | Fall 3 | Fall 4 | Fall 5 |
| Gesamtkapital | 150 | 150 | 150 | 150 | 150 |
| Verschuldungsgrad | 0 | 0,5 | 1 | 2 | 5 |
| Eigenkapital | 150 | 100 | 75 | 50 | 25 |
| Fremdkapital | 0 | 50 | 75 | 100 | 125 |
| JÜ vor Zinsen und Steuern (EBIT) | 9 | 9 | 9 | 9 | 9 |
| - Fremdkapitalzinsen | 0 | 4 | 6 | 8 | 10 |
| = Jahresüberschuss vor Steuern (EBT) | 9 | 5 | 3 | 1 | -1 |
| Eigenkapitalrentabilität in % | 6 | 5 | 4 | 2 | -4 |

Beträgt der **Verschuldungsgrad beispielsweise 2 (Fall 4)**, so folgt bei alternativen Gesamtkapitalrentabilitäten für die Eigenkapitalrentabilität bei Fremdkapitalzinssätzen von jeweils 8 %:

| Gesamtkapitalrentabilität | 18,0 % | 14,0 % | 10,0 % | 6,0 % | 2,0 % |
|---|---|---|---|---|---|
| Eigenkapitalrentabilität | 38,0 % | 26,0 % | 14,0 % | 2,0 % | -10,0 % |

Da in der Philosophie des Leverage-Effekts die **Fremdkapitalkosten** (Zinsaufwendungen) Fixkosten darstellen, ist ihre Höhe in Relation zum Betriebsergebnis (GuV-Saldo nach den sonstigen betrieblichen Aufwendungen) zu analysieren. Der entsprechende Anteil sollte aus Risikosicht möglichst niedrig sein.

Der Leverage-Effekt kann aus den Jahresabschlussdaten unschwer berechnet werden. Während die Ermittlung der Gesamtkapital- und Eigenkapitalrentabilität im Rahmen der Erfolgslage dargelegt wird, lässt sich der **durchschnittliche Fremdkapitalzinssatz** aus dem Verhältnis von Zinsaufwand lt. GuV und dem zinspflichtigen Kapital, den sog. Finanzschulden ermitteln. Letzteres besteht aus den Anleihen (Passiva C.1.), den Verbindlichkeiten gegenüber Kreditinstituten (Passiva C.2.) sowie ggf. den Verbindlichkeiten gegenüber verbundenen und Beteiligungsunternehmen (C.6., C.7.), soweit diesen Finanz- und keine Leistungsgeschäfte zugrunde liegen.

Der derart berechnete Wert kann mit den aktuellen Zinssätzen auf dem Kapitalmarkt abgeglichen werden. Hieraus kann der von den Kreditgebern verlangte Risikozuschlag quantifiziert werden, was Rückschlüsse auf die Bonität des Unternehmens zulässt.

Die **Kritikpunkte** am Leverage-Effekt,

▶ Nichtberücksichtigung eines zunehmenden Kapitalstrukturrisikos,

▶ Außerachtlassung der Abhängigkeiten von Kreditgebern,

▶ und insoweit Nichtberücksichtigung von im Zuge der Verschuldung zunehmenden Kapitalkosten,

berücksichtigt das **Modell des optimalen Verschuldungsgrads von** *Gutenberg*.

Mit wachsendem Verschuldungsgrad nehmen die Renditeforderungen der Fremdkapitalgeber ab einem bestimmten Punkt zu, da sich mit steigender Verschuldung das Risiko erhöht (Risikoprämie). Bis zu diesem Punkt sind die Renditeforderungen konstant, da noch kein wachsendes Risiko empfunden wird oder es tatsächlich nicht existiert.

Dies gilt grundsätzlich auch für die Eigenkapitalgeber. Ihre Renditeforderungen müssen entsprechend der Modellannahmen für jeden Verschuldungsgrad über denen der Fremdkapitalgeber liegen, da sie höhere Risiken eingehen (Haftung im Insolvenzfall).

Unter den gegebenen Annahmen wird der Leverage-Effekt ab einem bestimmten Verschuldungsgrad durch die steigenden Kapitalkosten überkompensiert; es lässt sich bezüglich der Maximierung der Eigenkapitalrentabilität ein **optimaler Verschuldungsgrad** ermitteln. In diesem Punkt weisen die durchschnittlichen Kapitalkosten (die „**weighted average costs of capital**" – WACC) ein Minimum auf.

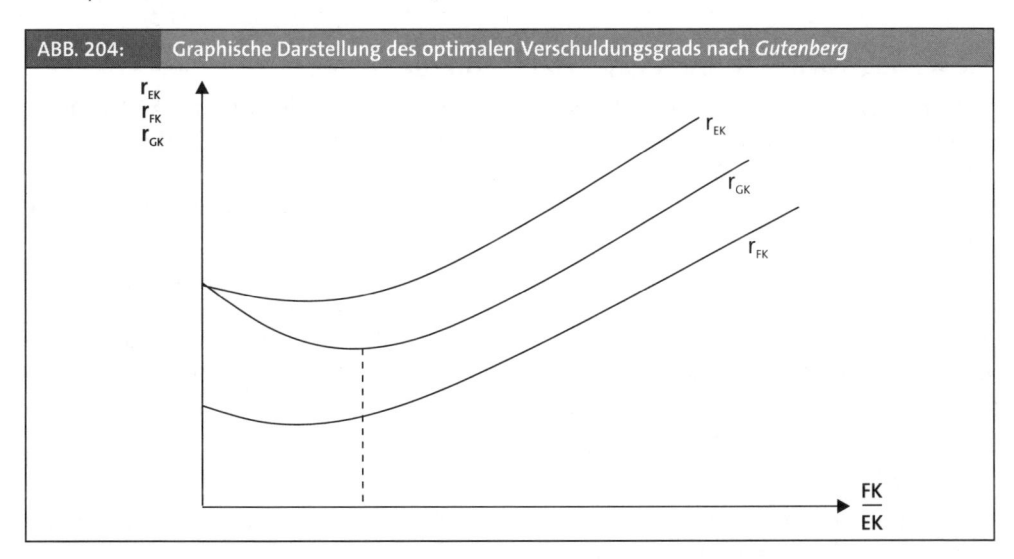

**ABB. 204:** Graphische Darstellung des optimalen Verschuldungsgrads nach *Gutenberg*

**BEISPIEL:** ▶ Zur Finanzierung von Aktiva einer Unternehmung in Höhe von 200 T€ kann Eigenkapital oder Fremdkapital herangezogen werden. Die Mindeststückelung der Kapitaltitel betrage der Einfachheit halber 20 T€.

Die Fremdkapitalgeber verlangen bis zu einem Verschuldungsgrad von eins 8 % pro Titel, darüber hinaus für jeden zusätzlichen Titel einen Risikozuschlag von einem Prozentpunkt.

Es soll zunächst der optimale Verschuldungsgrad für den Fall beziffert werden, dass die Eigenkapitalgeber stets 10 % verlangen..

| EK | FK | V | $r_{EK}$ | $r_{FK}$ | $r_{GK}$ |
|---|---|---|---|---|---|
| 200 | 0 | 0 | 10,00 | 8,00 | 10,00 |
| 180 | 20 | 0,11 | 10,00 | 8,00 | 9,80 |
| ... | ... | ... | ... | ... | ... |
| 100 | 100 | 1 | 10,00 | 8,00 | 9,00 |
| 80 | 120 | 1,50 | 10,00 | 8,16 | 8,90 |
| 60 | 140 | 2,33 | 10,00 | 8,42 | 8,90 |
| 40 | 160 | 4 | 10,00 | 8,75 | 9,00 |
| 20 | 180 | 9 | 10,00 | 9,11 | 9,20 |

In analoger Weise soll der Fall analysiert werden, dass die Eigenkapitalgeber bis zu einem Verschuldungsgrad von Eins einen fixen Zinssatz von 10 %, darüber hinaus für das Eigenkapital als Ganzes einen Risikozuschlag von jeweils einem halben Prozentpunkt pro zusätzlichen Titel von 20 T€ verlangen.

| EK | FK | V | $r_{EK}$ | $r_{FK}$ | $r_{GK}$ |
|---|---|---|---|---|---|
| 200 | 0 | 0 | 10,00 | 8,00 | 10,00 |
| 180 | 20 | 0,11 | 10,00 | 8,00 | 9,80 |
| ... | ... | ... | ... | ... | ... |
| 100 | 100 | 1 | 10,00 | 8,00 | 9,00 |
| 80 | 120 | 1,50 | 10,50 | 8,16 | 9,10 |
| 60 | 140 | 2,33 | 11,00 | 8,42 | 9,20 |
| 40 | 160 | 4 | 11,50 | 8,75 | 9,30 |
| 20 | 180 | 9 | 12,00 | 9,11 | 9,40 |

### 7.2.4 Analyse der horizontalen Kapitalstruktur

Die horizontale Strukturanalyse (**Deckungsgradanalyse**) bildet das **Refinanzierungsrisiko** ab. Ihr liegt die Überlegung zugrunde, dass zum Ziel der Einhaltung des finanziellen Gleichgewichts die Fristigkeit der finanziellen Mittel mit der Fristigkeit ihrer Verwendung übereinstimmen soll. Das Kapital darf nicht kürzer befristet sein, als das Vermögen im Betrieb gebunden ist („**Goldene Bankregel**" oder „**Fristenkongruenzregel**").

Wenn dies dennoch der Fall ist, muss sich das Unternehmen kurzfristig – ggf. zu ungünstigen Konditionen – am Kapitalmarkt refinanzieren, um nicht das betriebsnotwendige Vermögen vor Ablauf der planmäßigen Nutzungsdauer veräußern zu müssen. Dies ist problematisch sowohl deshalb, als dass der Vermögensgegenstand zur Leistungserstellung aufgrund seiner Betriebsnotwendigkeit benötigt wird, als auch deshalb, da der Wiederverkaufswert („fair value") den Restbuchwert i. d. R. deutlich unterschreitet.

Voraussetzung für die Gültigkeit dieser Regel ist, dass

- ▶ alle investierten Kapitalbeträge termingerecht und in vollem Umfang über den betrieblichen Leistungsprozess freigesetzt werden,
- ▶ eine Prolongation oder Substitution der rückzuzahlenden Kapitalbeträge i. S. eines „going concern" der Unternehmung möglich ist (dann bedarf es aber keiner Fristenkongruenzregeln mehr), und
- ▶ alle fälligen Auszahlungen aus dem laufenden Leistungsprozess getätigt werden können (wiederkehrende Zahlungen wie Löhne oder Steuern sind der Bilanz bekanntlich nicht zu entnehmen).

Diese Annahmen sind recht praxisfern und Anlass vielfältiger Kritik im Fachschrifttum. Insbesondere bilden die in der Bilanz ausgewiesenen Verbindlichkeiten nur die zu diesem Stichtag bestehenden offenen Erfüllungsrückstände gegenüber Dritten ab. Sie stellen damit nur einen geringen Teil der unterjährig anfallenden Zahlungsverpflichtungen dar.

Die aus der „Goldenen Bankregel" konkretisierte sog. **„Goldene Bilanzregel"** existiert in drei Versionen:

**ABB. 205:** Fassungen der goldenen Bilanzregel

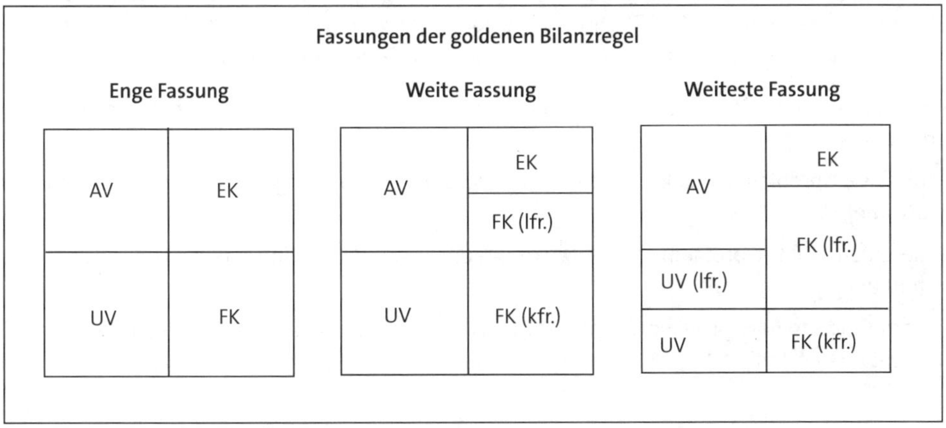

| Enge Fassung: | Eigenkapital ≥ Anlagevermögen, |
|---|---|
| Weite Fassung: | Eigenkapital + langfristiges Fremdkapital ≥ Anlagevermögen, |
| Weiteste Fassung: | Eigenkapital + langfristiges Fremdkapital ≥ Anlagevermögen + „Bodensatz" an Umlaufvermögen. |

Quelle: *Wöhe/Bilstein*: Grundzüge der Unternehmensfinanzierung, 8. Aufl., München 1998, S. 348.

Die weiteste Fassung ist mangels praktischer Anwendbarkeit ungebräuchlich. Gegen die enge Fassung (sog. **Anlagendeckungsgrad A**) wird eingewandt, dass es bei der Kapitaldeckung nur auf die Fristigkeit der Kapitalbereitstellung, nicht auf die Rechtstellung des Kapitalgebers ankomme. Diese ist bereits im Rahmen der vertikalen Strukturanalyse evaluiert worden. Somit wird meist die weite Fassung (sog. **Anlagendeckungsgrad B**) verwendet. Richtwerte gehen von einer diesbezüglichen Ausprägung von nicht unter 100 % aus, die minimale Toleranzschwelle wird meist mit 80 % angegeben.

Die generelle Kritik an der Goldenen Bilanzregel entspricht im Wesentlichen der an der Goldenen Bankregel. Insbesondere sind unterjährige Zahlungsverpflichtungen wie auch schwebende Geschäfte in den Bilanzdaten nicht enthalten. Der Bestand an Verbindlichkeiten bildet insoweit nur einen geringen Teil der gesamten Auszahlungen eines Geschäftsjahres ab.

Daneben wird moniert, dass präzise Daten über die genauen Rückzahlungstermine des Fremdkapitals aus der Bilanz nicht abzulesen sind und dass außerdem die Aktivposten unter dem Gesichtspunkt einer kurzfristigen Liquidierbarkeit („Zerschlagungsfall") zu hoch bewertet sind.

Angaben über zukünftige Kapitalfreisetzungen, zusätzliche Beschaffungsmöglichkeiten von Kapitalien, den Umfang der dauerhaften Kapitalbindung sowie mögliche Erhöhungen des Kapitalbedarfs in der Zukunft fehlen. Hieraus wird deutlich, dass Aussagen über die Einhaltung des finanziellen Gleichgewichts aus derartigen Kennzahlen nicht abgeleitet werden können.

Auch tragen diese Praktikerregeln nicht dem Unternehmensziel einer größtmöglichen Rentabilität des eingesetzten Kapitals Rechnung. Prolongations- und Substitutionsprobleme ergeben sich i. d. R. nicht, wenn ein Unternehmen auch in Zukunft rentabel arbeitet.

Die umfangreiche Kritik an den Anlagendeckungsgraden lässt sich in folgenden Problemen zusammenfassen:

- dem **Messproblem** (Unvollständigkeit der bilanziellen Abbildung der tatsächlichen Zahlungsströme),
- dem **Rentabilitätsproblem** (die Fristenkongruenz kann der Gewinnmaximierung zuwider laufen) und
- dem **Geldanschlussproblem** (Außerachtlassung von Reinvestitionen, Prolongation oder Substitution des Kapitals)

### 7.2.5 Analyse der (statischen) Liquidität

Die **Liquidität** ist die Fähigkeit des Unternehmens, jederzeit, termingerecht und in vollem Umfang seinen Zahlungsverpflichtungen nachzukommen. Man unterscheidet in diesem Zusammenhang Vermögensliquidität und Finanzplanliquidität.

Unter **Vermögensliquidität (absolute Liquidität)** versteht man die Eignung von Vermögensgegenständen, als Zahlungsmittel verwendet oder kurzfristig in Zahlungsmittel umgewandelt werden zu können. Vermögensgegenstände gleichartiger Liquidität bzw. Dauer des Wiedergeldwerdungsprozesses werden in **Liquiditätsfonds** tabellarisch zusammengefasst.

**Finanzplanliquidität (relative Liquidität)** ist dann gegeben, wenn die fälligen Verbindlichkeiten die verfügbaren Geldmittel unterschreiten. In diesem Fall befindet sich das Unternehmen im **finanziellen Gleichgewicht**. Zwar ist die Gewährleistung des finanziellen Gleichgewichts zur Vermeidung der Insolvenz unbedingt erforderlich, es kann aber nicht Betriebszweck sein, niedrig verzinsliche liquide Mitteln zu horten, da dies dem Ziel der Gewinnmaximierung zuwiderläuft. Vielmehr stellt die Einhaltung des finanziellen Gleichgewichts eine **Nebenbedingung** der Unternehmensaktivität dar.

Der Begriff „**statische Liquidität**" impliziert deren Beurteilung anhand der Höhe bilanzieller Vermögens- und Schuldenbestände. Analog zur Deckungsgradberechnung bei der Verschuldungsanalyse wird die Liquiditätslage von Unternehmen anhand von **Liquiditätsgraden** beurteilt, welche fristenkongruente einzahlungs- und auszahlungsrelevante Bilanzpositionen gegenüberstellen und das Risiko der **Zahlungsunfähigkeit** abbilden sollen. Gebräuchlich sind:

- **1. Grad:** liquide Mittel in % der kurzfristigen Verbindlichkeiten,
- **2. Grad:** Finanzumlaufvermögen (liquide Mittel, Wertpapiere des Umlaufvermögens und kurzfristige Forderungen) in % der kurzfristigen Verbindlichkeiten,
- **3. Grad:** gesamtes Umlaufvermögen in % der kurzfristigen Verbindlichkeiten.

Die Liquidität 1. Grades verkennt, dass eine erhöhte Kassenhaltung zu Lasten der Liquidität geht und die liquiden Mittel streng genommen nicht betriebsnotwendig sind, d. h., es kann nicht Betriebsziel sein, die Liquidität 1. Grades zu maximieren.

Die Liquidität 3. Grades nimmt irrigerweise an, alle aktivierten Vorräte könnten zur Begleichung kurzfristiger Schulden eingesetzt werden. Tatsächlich ist zur Aufrechterhaltung der Betriebsbereitschaft ein Bodensatz an Umlaufvermögen, bestehend aus dem Wert der Pipeline-Lager und der zum Verkauf bestimmten Fertigware, zwingend notwendig und darf nicht unterschritten werden.

Folglich ist die Liquidität 2. Grades die praktikabelste und verbreitetste Kennzahl. Aber selbst dort wird fälschlicherweise unterstellt, dass kurzfristige Forderungen und Verbindlichkeiten fristenkongruent seien. Innerhalb eines Jahres kann es durchaus zu finanziellen Unterdeckungen kommen. Auch können Forderungen uneinbringlich werden, was aber nicht von der Begleichung von Verbindlichkeiten befreit.

Die Differenz aus Umlaufvermögen und kurzfristigen Verbindlichkeiten wird als **„working capital"** bezeichnet. Dividiert man das Umlaufvermögen durch das kurzfristige Fremdkapital, so spricht man analog vom **„working capital ratio"** (d. h., Liquidität 3. Grades).

Das working capital entspricht dem Betrag, um den Eigenkapital und mittel- und langfristiges Fremdkapital das Anlagevermögen übersteigen. Es stellt langfristiges Kapital dar, das zur Finanzierung des Umlaufvermögens herangezogen wird, d. h., das working capital „arbeitet" im sich unterjährig – also kurzfristig – umschlagenden Umlaufvermögen. Von besonderer Bedeutung ist die Veränderung des working capitals. Geht eine solche vom positiven in den negativen Bereich, so wird signalisiert, dass die Liquiditätssituation im Unternehmen „umzukippen" droht.

Das working capital hat damit eine Frühwarnfunktion. Es ist Gegenstand zahlreicher sachverhaltsgestaltender Maßnahmen des sog. „window dressing".

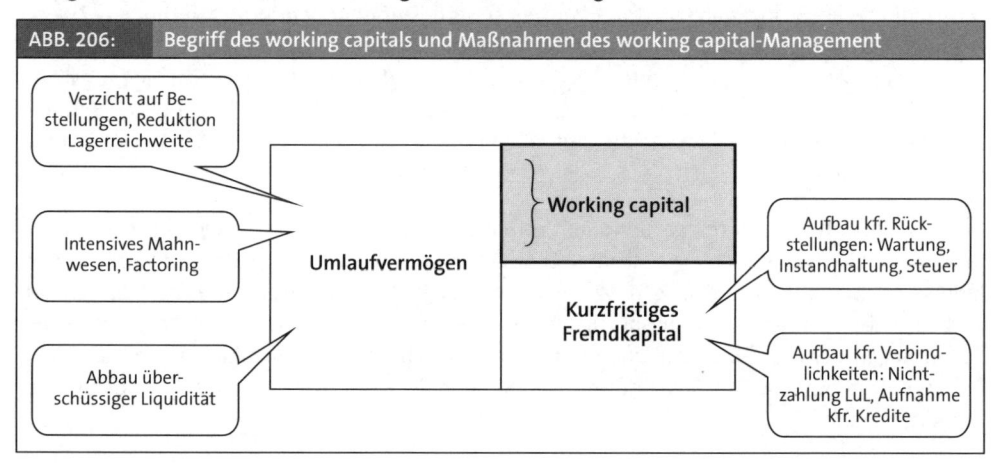

**ABB. 206:** Begriff des working capitals und Maßnahmen des working capital-Management

Je höher die Liquiditätsgrade, umso günstiger wird nach Praktikerauffassung die Liquiditätslage beurteilt. Zumindest die Liquidität 2. Grades sollte – so wird verschiedentlich geäußert – über Eins bzw. über 100 % liegen, da neben den Verbindlichkeiten aus Materialeinkauf und Fremddienstleistungen auch Personalaufwendungen, Steuern und sonstige Aufwendungen zu bestreiten sind, deren Fälligkeit nicht aus dem Jahresabschluss hervorgeht.

Die Verwendung von Liquiditätsgraden wird allerdings **kritisiert**, weil

- diese aus rein vergangenheitsbezogenen Daten resultieren,
- diese keine tatsächlichen Fälligkeiten der Forderungen und Verbindlichkeiten berücksichtigen und zudem
- keine Aussagen über die Zahlungsbereitschaft (Zahlungsmoral) treffen,
- die Eigentumsverhältnisse bestimmter Vermögensgegenstände nicht aus der Bilanz hervorgehen (etwa Verpfändung oder Sicherungsübereignung),
- keine Möglichkeiten der kurzfristigen Beschaffung von Liquidität von außen einbezogen werden, insbesondere Liquiditätsreserven in Form nicht ausgenutzter Kreditlinien oder möglicher geduldeter Überziehungskredite keine Berücksichtigung finden,
- Bilanzpositionen unter Liquidierbarkeitsaspekten nicht richtig bewertet sein können,
- die Stichtagsliquidität entsprechend der Bilanzwerte maßgeblich durch jahresabschlusspolitische Maßnahmen beeinflusst werden kann (**window dressing** wie z. B. Pensionsgeschäfte, Factoring, kurzfristige Kreditaufnahme).

Auch gestaltet sich die Interpretation dieser Kennzahlen schwierig: bei zu niedrigen Werten besteht ein Zahlungsunfähigkeitsrisiko, bei zu hohen Werten wird man die Effizienz des Cash-Managements bemängeln.

Für eine integrierende Liquiditätsbeurteilung sind neben dem **Lieferantenziel** (eigene Zielinanspruchnahme bei Lieferanten) auch das **Kundenziel** sowie die **Lagerumschlagsdauer** von Bedeutung (vgl. hierzu bereits die Ausführungen zur Vermögenslage).

Die traditionelle Bilanzanalyse erfolgt mittels **bestandsgrößenorientierter Methoden**. Zweckmäßiger sind allerdings aus den genannten Gründen die stromgrößenorientierten Methoden. Die Bestände an kurzfristigen Vermögensgegenständen und Verbindlichkeiten zu einem willkürlichen Zeitpunkt lassen keinen Schluss auf die unterjährige Liquidität zu, z. B. wenn sich Verbindlichkeiten erst nach dem Bilanzstichtag aufbauen und hierfür keine ausreichende Deckungsmasse zur Verfügung steht.

Die aussagekräftigeren **stromgrößenorientierten Methoden** indizieren die **dynamische Liquidität**. Sie operieren auf der Ebene der Ein- und Auszahlungen (Cashflows) und sind damit aus dem Jahresabschluss nicht – allenfalls im Wege der indirekten Ableitung – zuzuordnen. Ihre Behandlung erfolgt im Kapitel V. Auf diesbezügliche, Cashflow-basierte Kennzahlen, insbesondere den **dynamischen Verschuldungsgrad** und die **dynamische Schuldentilgungsfähigkeit**, wird dort eingegangen. Sie treten an die Stelle des hier behandelten statischen Verschuldungsgrads und der Liquiditätsgrade.

Analyse der Vermögens-, Finanz- und Erfolgslage  **KAPITEL III**

Zur abschließenden, integrierenden Würdigung der Finanzlage kann etwa folgender Kennzahlbogen mit den „TOP 8-Kennzahlen" herangezogen werden:

| ABB. 207: | Kennzahlen zur Analyse der Finanzlage (Zusammenfassung) | | | |
|---|---|---|---|---|
| Nr. | Kennzahl | Definition | Risiko | Interpretation |
| 1 | Eigenkapitalquote | $\dfrac{\text{Wirtschaftliches Eigenkapital} \cdot 100^{(1)}}{\text{Bilanzsumme}}$ | Überschuldungsrisiko | Anteil des Eigen- und damit des für Verluste haftenden Kapitals am Gesamtkapital, Indikator für Bestandsfestigkeit und Haftungssubstanz. Richtwert: über 20 % |
| 2 | (Gewinn-) Rücklagenquote | $\dfrac{\text{(Gewinn-) Rücklagen} \cdot 100}{\text{Bilanzsumme}}$ | Thesaurierungs-/ Innenfinanzierungsrisiko | Anteil der (Gewinn-)Rücklagen und damit aus Maßnahmen der Innenfinanzierung zur Verfügung stehenden Haftkapitals am Gesamtkapital; Indikator für Thesaurierungsfähigkeit und -bereitschaft aus Überschüssen der Vergangenheit. Richtwert: über 15 % |
| 3 | Anlagendeckungsgrad A | $\dfrac{\text{Wirtschaftliches Eigenkapital} \cdot 100^{(1)}}{\text{Anlagevermögen}}$ | Refinanzierungsrisiko | Verhältnis aus haftendem Kapital und langfristig gebundenem Vermögen; Indikator für Risiken aus ggf. notwendiger Inanspruchnahme von Fremdmitteln während der Nutzungsdauer des Vermögens. Richtwert: über 60 % |
| 4 | Anlagendeckungsgrad B | $\dfrac{\text{(Wirtschaftliches Eigenkapital + Pensions-RüSt + Lfr. Verbindl.)} \cdot 100^{(1,2)}}{\text{Anlagevermögen}}$ | Refinanzierungsrisiko | Verhältnis aus langfristig verfügbarem Kapital und langfristig gebundenem Vermögen; Indikator für Risiken aus ggf. notwendigen Anschlussfinanzierungen während der Nutzungsdauer des Vermögens. Richtwert: über 100 % |
| 5 | Liquidität 2. Grades | $\dfrac{\text{(Liqu. Mittel + Wertp. des UV + Forderungen)} \cdot 100}{\text{Kfr. Verbindlichkeiten}^{(3)}}$ | Zahlungsunfähigkeitsrisiko (statisch) | Verhältnis aus verfügbaren Vermögensbeständen mit kurzer Bindungsfrist und kurzfristig zu begleichenden Schulden; Indikator für Deckungsfähigkeit der kurzfristigen Schulden. Richtwert: über 80 % |
| 6 | Liquidität 3. Grades (working capital ratio) | $\dfrac{\text{Umlaufvermögen} \cdot 100}{\text{Kfr. Verbindlichkeiten}^{(3)}}$ | Zahlungsunfähigkeitsrisiko (statisch) | Verhältnis aus Umlaufvermögen und kurzfristig zu begleichenden Schulden; Indikator für Deckungsfähigkeit der kurzfristigen Schulden (Veränderungen im Zeitvergleich können Ausdruck eines „working capital managements" sein). Richtwert: über 100 % |

| Nr. | Kennzahl | Definition | Risiko | Interpretation |
|---|---|---|---|---|
| 7 | Durchschnittlicher Fremdkapitalzins | $\dfrac{\text{Zinsen und ähnliche Aufwendungen} \cdot 100}{\text{Zinstragendes Fremdkapital }^{(4)}}$ | Kostenrisiko/ Bonitätsrisiko | Verhältnis von Zinsaufwendungen zu zinspflichtigem Kapital; gibt über Vergleich zu den aktuellen Kapitalmarktzinsen an, ob eine Kreditaufnahme zu marktüblichen Konditionen erfolgt oder nur mit Risikozuschlag möglich ist. Richtwert entsprechend den aktuellen Kapitalmarktzinsen; darf jedenfalls den ROI nicht übersteigen |
| 8 | Lieferantenziel | $\dfrac{\text{Verbindlichkeiten aus LuL} \cdot 365 \text{ Tage}}{\text{Materialaufwand}}$ | Kostenrisiko/ Konditionenrisiko | Durchschnittliche Dauer der Inanspruchnahme von Lieferantenkrediten in Tagen („days payables outstanding", DPO). Hohe Werte deuten auf entgangene Skonti und damit eine teure Kreditinanspruchnahme hin (Opportunitätskosten). Richtwert entsprechend branchenüblichen AGBs. |

Erläuterungen:
[1] Wirtschaftliches Eigenkapital = Bilanzielles Eigenkapital - nicht durch Eigenkapital gedeckter Fehlbetrag - aktivierte Entwicklungsaufwendungen - aktivierte Bilanzierungshilfen - nicht passivierte Pensionsrückstellungen.
[2] Langfristige Verbindlichkeiten = Verbindlichkeiten mit einer Restlaufzeit von mehr als fünf Jahren (§ 285 Nr. 1a HGB)
[3] Kurzfristige Verbindlichkeiten = Steuerrückstellungen + sonstige Rückstellungen + Verbindlichkeiten mit einer Restlaufzeit von bis zu einem Jahr (§ 268 Abs. 5 Satz 1 HGB).
[4] Zinstragendes Fremdkapital = Anleiheverbindlichkeiten + Verbindlichkeiten gegenüber Kreditinstituten + Wechselverbindlichkeiten + Verbindlichkeiten gegenüber verbundenen und Beteiligungsunternehmen, soweit zinstragend.

## 7.3 Analyse der Erfolgslage

Der Erfolgsbegriff bezieht sich auf den **Jahresüberschuss** als Saldo der Gewinn- und Verlustrechnung nach § 275 HGB. Die Erfolgsanalyse umfasst dabei

▶ die Ermittlung und Interpretation relativer Erfolgsgrößen und Spitzenkennzahlen, der **Rentabilitäten**,

▶ die **Aufspaltung** des Erfolgs nach den Quellen, dem Bezug zum betrieblichen Leistungsprozess und der Nachhaltigkeit des Erfolgs sowie

▶ eine **differenziertere Betrachtung** des Betriebserfolgs als Kernbestandteil des Gesamterfolgs mittels einer differenzierten Untersuchung der betrieblichen Aufwendungen und Erträge im Rahmen einer Aufwandsintensitätsanalyse.

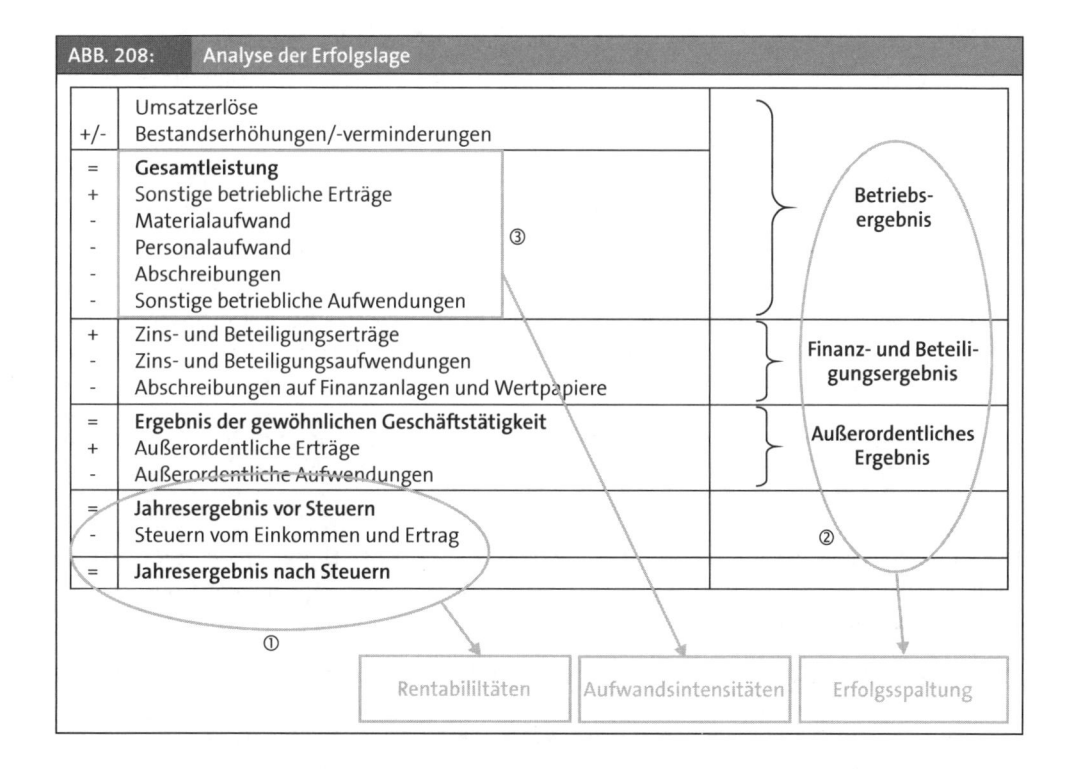

Analyse der Vermögens-, Finanz- und Erfolgslage    KAPITEL III

**ABB. 208: Analyse der Erfolgslage**

|   | | |
|---|---|---|
| +/− | Umsatzerlöse<br>Bestandserhöhungen/-verminderungen | |
| =<br>+<br>−<br>−<br>−<br>− | **Gesamtleistung**<br>Sonstige betriebliche Erträge<br>Materialaufwand<br>Personalaufwand<br>Abschreibungen<br>Sonstige betriebliche Aufwendungen | } Betriebsergebnis |
| +<br>−<br>− | Zins- und Beteiligungserträge<br>Zins- und Beteiligungsaufwendungen<br>Abschreibungen auf Finanzanlagen und Wertpapiere | } Finanz- und Beteiligungsergebnis |
| =<br>+<br>− | **Ergebnis der gewöhnlichen Geschäftstätigkeit**<br>Außerordentliche Erträge<br>Außerordentliche Aufwendungen | } Außerordentliches Ergebnis |
| =<br>− | **Jahresergebnis vor Steuern**<br>Steuern vom Einkommen und Ertrag | |
| = | **Jahresergebnis nach Steuern** | |

Rentabililtäten | Aufwandsintensitäten | Erfolgsspaltung

## 7.3.1 Analyse der Rentabilitäten (einschließlich ROI-Kennzahlensystem)

**Rentabilitäten** sind Kennzahlen, bei denen eine Ergebnisgröße zu einer Bestandsgröße in Beziehung gesetzt wird. Gebräuchlich sind Umsatz-, Gesamtkapital- und Eigenkapitalrentabilität. Hierbei gibt

▶ die Gesamtkapitalrentabilität die Unternehmensrentabilität und

▶ die Eigenkapitalrentabilität die Unternehmerrentabilität an.

Als Ergebnisgröße für Zwecke der **Eigenkapitalrentabilität** dient i. d. R. der Jahresüberschuss vor Steuern (**EBT**). Der Jahresüberschuss nach Steuern führt demgegenüber zu verzerrten Betriebsvergleichen, da die Steuerbelastung abhängig ist von der Rechtsform (Personen- bzw. Kapitalgesellschaft), vom Standort (Gewerbesteuer-Hebesatz) bzw. vom Internationalisierungsgrad (international stark unterschiedliche Steuersysteme).

Das Ergebnis als Zählergröße der Rentabilität versteht sich als bereinigter Erfolg nach Durchführung der strukturbilanziellen Maßnahmen, insbesondere nach Rückgängigmachung der Aktivierung von Bilanzierungshilfen aller Art und von Entwicklungsaufwendungen. Ist ersichtlich, dass im Geschäftsjahr stille Reserven in wesentlichem Umfang gebildet wurden, so sind diese dem ausgewiesenen Ergebnis hinzuzurechnen. Die Bereinigung des Erfolgs korrespondiert insoweit mit den Anpassungsmaßnahmen in Bezug auf die Ermittlung des wirtschaftlichen Eigenkapitals.

Die **Gesamtkapitalrentabilität** gibt die Verzinsung des im Betrieb gebundenen (bilanziell zu Restbuchwerten bewerteten) Gesamtvermögens an. Ihre Ermittlung erfolgt unabhängig von der Kapitalstruktur. Dem Jahresüberschuss sind im Zähler somit die Fremdkapitalzinsen hinzuzurechnen (**EBIT**). Diese sind in wirtschaftlicher Betrachtungsweise als Ausschüttung an die Fremdkapitalgeber anzusehen, welche im Gegensatz zu den Ausschüttungen an die Eigenkapitalgeber bereits vor der Ermittlung des Jahresüberschusses abgezogen wurde („steuerliche Privilegierung des Fremdkapitals").

Vorwiegend fremdfinanzierte Unternehmen werden daher stets einen niedrigeren Jahresüberschuss aufweisen als vorwiegend eigenfinanzierte, d. h., die Rentabilität wird von der Kapitalstruktur determiniert. Durch Hinzurechnung der Fremdkapitalzinsen wird die Ausprägung der Kennzahl „Gesamtkapitalrentabilität" unabhängig vom Verschuldungsgrad.

Liegt die Gesamtkapitalrentabilität über den landesüblichen Fremdkapitalkosten (Kapitalmarktzinsen), so können fremdfinanzierte Investitionen die Eigenkapitalrentabilität verbessern (Leverage-Effekt, vgl. die vorstehenden Ausführungen).

Die **Umsatzrentabilität** quantifiziert die Gewinnmarge in % der Umsatzerlöse. Diese Marge kann allerdings – wie die Ergebnisgröße „Jahresüberschuss" – durch periodenfremde und betriebsfremde Einflussfaktoren beeinflusst worden sein.

Da der Umsatz nur auf die gewöhnliche Geschäftstätigkeit zurückzuführen ist, sollte entsprechend des Verursachungsprinzips anstelle des Jahresüberschusses **das Betriebsergebnis (Zwischensumme nach GuV-Position Nr. 8)** gem. § 275 Abs. 2 HGB verwendet werden. Eine solche Kennzahl identifiziert die **Gewinnrate aus betriebstypischer, periodengerechter Unternehmenstätigkeit** und liefert insofern einen Anhaltspunkt über die nachhaltige Unternehmensrentabilität.

Während die Gesamtkapitalrentabilität vorwiegend im **produzierenden Gewerbe** (mit relativ niedriger Umschlagshäufigkeit des Gesamtkapitals) verwendet wird, kommt die Umsatzrentabilität im **Handel und Dienstleistungssektor** zur Anwendung, bei dem das gebundene Kapital – bei hoher Kapitalumschlagshäufigkeit – nur eine nachgeordnete Bedeutung für die Effizienz der Leistungserstellung einnimmt.

| ABB. 209: | Rentabilitätskennzahlen | |
|---|---|---|
| Kennzahl | Definition | Aussage |
| Eigenkapital-rentabilität | $\dfrac{\text{Jahresüberschuss + Einkommen- und Ertragsteuern (EBT)}}{\text{Eigenkapital}} \cdot 100$ | Misst die Verzinsung des von den Anteilseignern bereitgestellten Kapitals (Unternehmerrentabilität) und wird von diesen mit anderen Anlagealternativen auf dem Kapitalmarkt verglichen (Opportunitätskosten). Ggf. auch nach Steuern. |
| Gesamt-kapital-rentabilität | $\dfrac{\text{Jahresüberschuss + Einkommen- und Ertragsteuern + Zinsaufwand (EBIT)}}{\text{Gesamtkapital}} \cdot 100$ | Auch als Return on Investment (ROI) bezeichnet; misst die Durchschnittsverzinsung des im Unternehmen arbeitenden Gesamtkapitals unabhängig von der Kapitalstruktur und Finanzierung; somit besonders gut für Branchen- und Unternehmensvergleiche geeignet. Gleichzeitig Maßgröße für Leverage-Effekt. |
| Umsatz-rentabilität | $\dfrac{\text{Betriebsergebnis (Saldo nach Position Nr. 8 gem. § 275 Abs. 2 HGB)}}{\text{Umsatz}} \cdot 100$ | Gibt an, welcher Teil der Umsatzerlöse als Gewinn verbleibt; wird vom Markt (Umsatzerlöse) und innerbetrieblichen Einflüssen (Aufwendungen) bestimmt; gut geeignet für Unternehmens- und Branchenvergleiche. |

Da man üblicherweise einen Kapitalumschlag (Umsatz/Gesamtkapital) von über Eins vorfindet und der Fremdkapitalzinssatz typischerweise unter der Gesamtkapitalrentabilität liegt, gilt in der Praxis die Beziehung:

> Umsatzrentabilität < Gesamtkapitalrentabilität < Eigenkapitalrentabilität.

Die Interpretation der Umsatzrentabilität gestaltet sich problematisch, da Zähler und Nenner positiv miteinander korrelieren: ein hohes Wachstum impliziert einen hohen Gewinn und umgekehrt. Sie trennt daher „gute" und „schlechte" Unternehmen nur unzureichend.

Die Eigenkapitalrentabilität wird durch die Hebelwirkung zunehmender Verschuldung, die aus dem sog. „Leverage-Effekt" resultiert, verzerrt. Ceteris paribus können Betriebe ihre Eigenkapitalrentabilität allein durch Substitution von Eigen- durch Fremdkapital steigern, solange der Fremdkapitalzins unter der Gesamtkapitalrendite liegt. Die Risiken zunehmender Verschuldung sind aber aus der Eigenkapitalrentabilität nicht ersichtlich.

Die Gesamtkapitalrentabilität eignet sich daher **besonders gut als relative Erfolgskennziffer**, da sie allein die Erfolgssituation beurteilt und dabei das Urteil isoliert getroffen und nicht mit dem über die Finanzlage vermengt wird. Sie wird auch als **Return on Investment (ROI)** bezeichnet (dann werden allerdings die Fremdkapitalzinsen üblicherweise nicht hinzuaddiert). Bei einfacher mathematischer Erweiterung ergibt sich

> Return on Investment (ROI) =
> Umsatzrentabilität (JÜ/U) · Umschlagshäufigkeit des Gesamtkapitals (U/GK).

Wörtlich übersetzt heißt ROI „Rückkehr des investierten Kapitals" (durch den Umsatzprozess in liquider Form). Der ROI ist eine Rentabilitätszahl, die sich aus zwei Komponenten zusammensetzt,

- der **Marktkomponente** mit dem Bestimmungsfaktor „Umsatzrentabilität" sowie
- der **Finanzkomponente** mit dem Bestimmungsfaktor „Umschlagshäufigkeit des Gesamtkapitals".

Zur detaillierten Schwachstellenanalyse der Erfolgslage eines Betriebs werden die Einflussgrößen der Umsatzrentabilität und der Umschlagshäufigkeit des Gesamtkapitals graphisch in Form eines **Return on Investment-Baums** dargestellt. Am bekanntesten ist das Kennzahlensystem von *DuPont* (nach dem US-amerikanischen Chemieunternehmen *DuPont de Nemours*).

Über die (externe) **Marktkomponente** kann der ROI verbessert werden durch

- mengen- und/oder preisbedingte Umsatzsteigerungen bei gleichbleibenden oder unterproportional ansteigenden Kosten sowie
- durch Kostenreduktionen bei gleichbleibenden Umsätzen.

Ist dies durch eine von den Wettbewerbsverhältnissen vorgegebene Spanne ausgereizt, so lässt sich der ROI nur im Rahmen der (internen) **Finanzkomponente** über eine Erhöhung der Umschlagshäufigkeit des Gesamtkapitals steigern, d. h. über eine Verringerung des Kapitals (Vermögens) bei gleichbleibendem Umsatz, etwa durch Reduzierung der Bestände an Anlage- und Umlaufvermögen.

Hierauf zielen Maßnahmen des sog. „lean management" wie Just-in-time-Fertigung, Kanban-Systeme etc. Im Einzelnen lässt sich der Kapitalumschlag erhöhen durch Verkauf nicht betriebsnotwendiger Vermögensgegenstände, Leasing statt Kauf, Vermietung von Teilkapazitäten, verstärkten Fremdbezug anstelle von Eigenproduktion, Factoring, strafferes Mahnwesen, Auslagerung der Lagerhaltung auf Vorlieferanten und ähnliche Maßnahmen.

## Analyse der Vermögens-, Finanz- und Erfolgslage

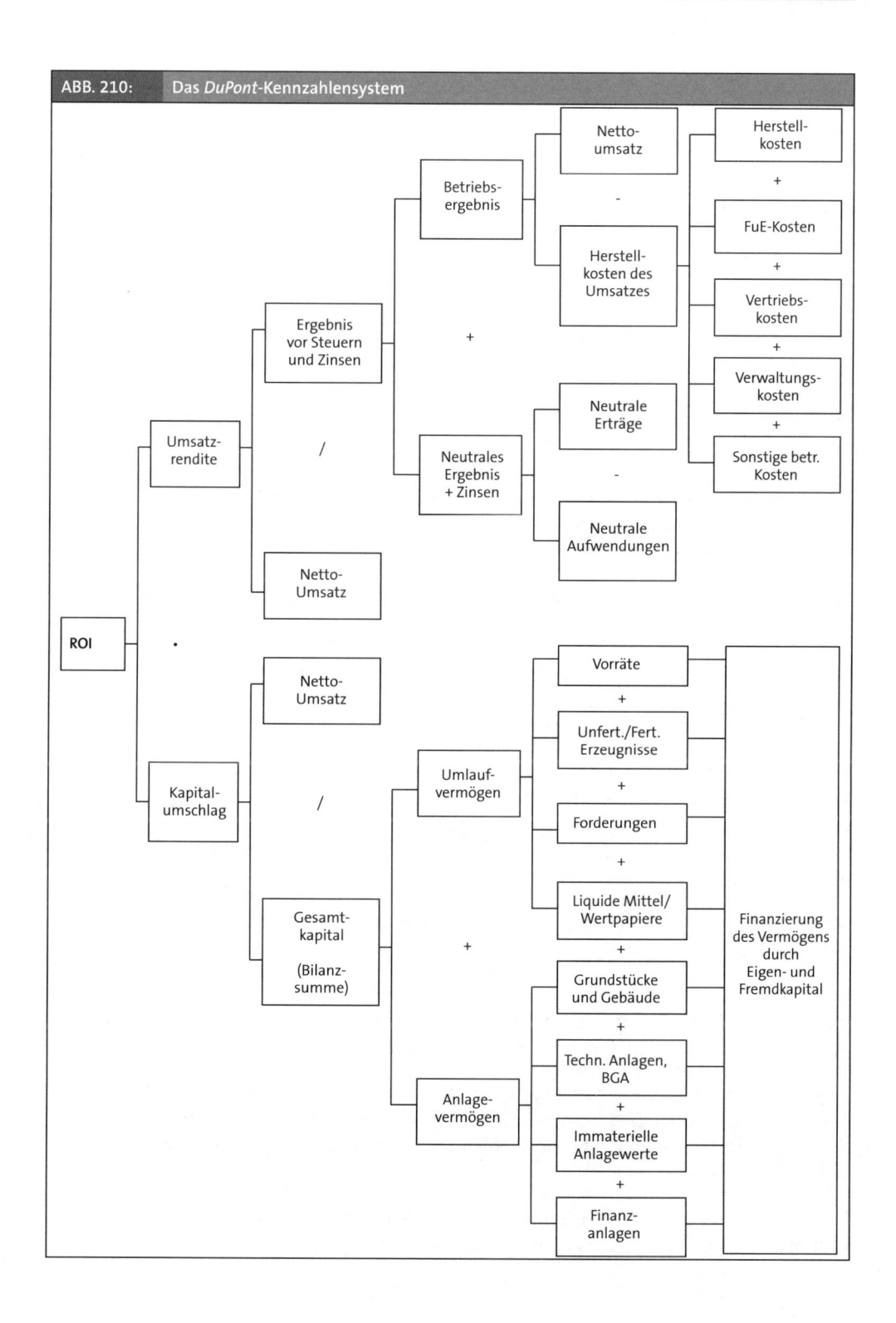

**ABB. 210:** Das *DuPont*-Kennzahlensystem

```
                                                              ┌── Netto-        ┌── Herstell-
                                                              │   umsatz        │   kosten
                                           ┌── Betriebs-──────┤                 │   +
                                           │   ergebnis       │   −             ├── FuE-Kosten
                                           │                  │                 │   +
                                           │                  └── Herstell-     ├── Vertriebs-
                                           │                      kosten des    │   kosten
                      ┌── Ergebnis ────────┤                      Umsatzes      │   +
                      │   vor Steuern      │   +                                ├── Verwaltungs-
                      │   und Zinsen       │                                    │   kosten
                      │                    │                  ┌── Neutrale      │   +
        ┌── Umsatz-───┤                    │                  │   Erträge       └── Sonstige betr.
        │   rendite   │                    └── Neutrales──────┤                     Kosten
        │             │                        Ergebnis       │   −
        │             │                        + Zinsen       │
        │             │                                       └── Neutrale
        │             └── Netto-                                   Aufwendungen
        │                 Umsatz
ROI ────┤  ·
        │                                                     ┌── Vorräte
        │             ┌── Netto-                              │   +
        │             │   Umsatz                              ├── Unfert./Fert.
        │             │                                       │   Erzeugnisse
        │             │                    ┌── Umlauf-────────┤   +
        │             │                    │   vermögen       ├── Forderungen
        │             │                    │                  │   +
        └── Kapital-──┤                    │                  └── Liquide Mittel/   ┐
            umschlag  │                    │                      Wertpapiere       │
                      │                    │   +                                    │ Finanzierung
                      │                    │                  ┌── Grundstücke       │ des Vermögens
                      │                    │                  │   und Gebäude       │ durch
                      └── Gesamt-          │                  │   +                 │ Eigen- und
                          kapital          │                  ├── Techn. Anlagen,   │ Fremdkapital
                          (Bilanz-         └── Anlage-────────┤   BGA               │
                          summe)               vermögen       │   +                 │
                                                              ├── Immaterielle      │
                                                              │   Anlagewerte       │
                                                              │   +                 │
                                                              └── Finanz-           ┘
                                                                  anlagen
```

Aufgrund seiner Manipulationsanfälligkeit wird der Jahresüberschuss gelegentlich durch den **Cashflow** (Zahlungsmittelüberschuss, Ebene I) ersetzt. Dieser stellt in seiner grundsätzlichen Definition den periodischen Nettoeinzahlungsüberschuss und damit eine Finanzkennzahl dar. Er ist zugleich ein Erfolgsindikator, da er in weit geringerem Umfang vom Bilanzierenden beeinflussbar ist als der Jahresüberschuss.

Der Cashflow lässt sich nicht unmittelbar aus den Daten der Gewinn- und Verlustrechnung ableiten. Um dennoch auch ohne Kenntnis der Zahlungsströme eine Richtgröße verwenden zu können, sind zahlreiche „**Praktikerregeln**" zur Ermittlung des Cashflows entwickelt worden, von denen die Definition der Deutschen Vereinigung für Finanzanalyse und Asset Management (DVFA) und der Deutschen Gesellschaft für Betriebswirtschaft – Schmalenbach-Gesellschaft (SG) die verbreitetste ist (in: WPg 1993, S. 600).

| ABB. 211: | Schema zur Entwicklung des Cashflows nach DVFA/SG |
|---|---|
| | Jahresüberschuss/Jahresfehlbetrag |
| +/- | Abschreibungen/Zuschreibungen auf Anlagevermögen |
| +/- | Zuführungen zu/Auflösungen der Pensions- und langfristigen sonstigen Rückstellungen |
| +/- | sonstige wesentliche nicht zahlungswirksame Aufwendungen/Erträge |
| +/- | Bereinigung ungewöhnlicher zahlungswirksamer Aufwendungen/Erträge von wesentlicher Bedeutung |
| = | Cashflow nach DVFA/SG (Deutsche Vereinigung für Finanzanalyse und Asset Management/Schmalenbach-Gesellschaft) |

Zu den Abschreibungen gehören sowohl planmäßige als auch außerplanmäßige Abschreibungen auf Anlagevermögen. Abschreibungen auf Umlaufvermögen werden hingegen bei der Cashflow-Ermittlung nicht einbezogen.

Bei den Rückstellungen werden nur die langfristigen Rückstellungen (Restlaufzeit von mehr als einem Jahr) berücksichtigt. Bei bestimmten Rückstellungsarten (etwa den Rückstellungen für Gewährleistungsrisiken) kann für den Gesamtbetrag eine Langfristigkeit unterstellt werden, auch wenn sie sich teilweise kurzfristig revolvieren. Allerdings soll eine einmal gewählte Verfahrensweise stetig beibehalten werden.

Nicht zahlungswirksame Aufwendungen und Erträge von wesentlicher Bedeutung können z. B. Abschreibungen auf ein aktiviertes Disagio sein.

**Wesentlich** sind solche Aufwendungen und Erträge, die im Saldo **5 % der durchschnittlichen Jahres-Cashflows der vorangegangenen drei Geschäftsjahre** übersteigen. Dies gilt auch für die ungewöhnlichen zahlungswirksamen Aufwendungen und Erträge.

Zu jedem der angegebenen Posten sollte der entsprechende Vorjahresbetrag vermerkt werden. Sind die Beträge nicht vergleichbar, sollte in Fällen von wesentlicher Bedeutung analog zu § 265 Abs. 2 HGB eine Erläuterung erfolgen. Werden die Vorjahresbeträge angepasst, sollte auch dies erläutert werden.

Der Cashflow nach DVFA/SG beinhaltet somit gegenüber dem Jahresüberschuss nicht das Bewertungsergebnis beeinflussende Faktoren wie Veränderungen der Rückstellungen, ebenso keine Abschreibungen und Zuschreibungen. Er steht damit in konzeptueller Nähe der in Kapitel II dargestellten **Pro-forma-Kennzahlen**, insbesondere:

| ABB. 212: | Konzeptueller Vergleich des Cashflows nach DVFA/SG mit Pro-forma-Kennzahlen | | |
|---|---|---|---|
| Cashflow nach DVFA/SG = | Jahresüberschuss + Abschreibungen + Nettozuführung zu langfristigen Rückstellungen | ▶ | Hinzuziehung jeglicher nicht zahlungswirksamer Aufwendungen zum Jahresüberschuss nach Steuern, es ergibt sich eine Art „pagatorisches", d. h. zahlungswirksames Ergebnis |
| | | ▶ | Ausnahme: Nettozuführung zu kurzfristigen Rückstellungen (diese gehen in das working capital ein) |
| EBITDA = | Jahresüberschuss + Zins- und Steueraufwand + Abschreibungen | ▶ | Kommt von den üblichen Pro-forma-Kennzahlen dem Cashflow nach DVFA/SG am nächsten |
| | | ▶ | Das Bewertungsergebnis wird aber hier nicht eliminiert, dafür werden (zahlungswirksame) Zins- und Steueraufwendungen wieder hinzugerechnet |
| EBDA = | Jahresüberschuss + Abschreibungen | ▶ | Konzeptuell zweckmäßige Vereinfachung des EBITDA |
| | | ▶ | Unterschied zum Cashflow besteht nunmehr nur noch in der Nichtberücksichtigung der Nettozuführung zu langfristigen Rückstellungen |
| | | ▶ | Dies dürfte keine nennenswerte Verzerrung induzieren, da der Bestand langfristiger Rückstellungen i. d. R. recht konstant ist. |

Analog zum Jahresüberschuss kann der Cashflow nach DVFA/SG als Erfolgsgröße in Relation zum Umsatz, Gesamtkapital oder Eigenkapital gesetzt werden, um entsprechende **Rentabilitätskennziffern** zu berechnen.

Der Cashflow nach DVFA/SG stellt aber nicht den „echten" Zahlungsmittelüberschuss der Periode dar, da mangels Erfolgswirksamkeit

▶ weder zahlungsstromrelevante Investitionen und Desinvestitionen

▶ noch zahlungsstromrelevante Kapitalaufnahmen und -rückzahlungen,

▶ außerdem keine Cashflows aus der Veränderung des working capitals

erfasst werden. Dies erfolgt in der Definition des Cashflows nach DRS 21 (vgl. Kapitel V).

### 7.3.2 Erfolgsspaltung (Analyse der Erfolgsquellen)

Im Rahmen der **Erfolgsspaltung** wird quantifiziert, aus welchen Quellen der Erfolg gespeist wird. Diesbezüglich ist insbesondere der Anteil des Ergebnisses der betrieblichen Tätigkeit am Gesamtergebnis zu würdigen. Die GuV differenziert als Komponenten des Jahresergebnisses

▶ das ordentliche Betriebsergebnis,

▶ das Finanz- und Beteiligungsergebnis und

▶ das außerordentliche Ergebnis;

gesetzlich vorgeschrieben ist lediglich eine Aufteilung in ein Ergebnis der gewöhnlichen Geschäftstätigkeit (gebildet aus den erstgenannten beiden Ergebniskomponenten) sowie in ein außerordentliches Ergebnis (§ 275 HGB).

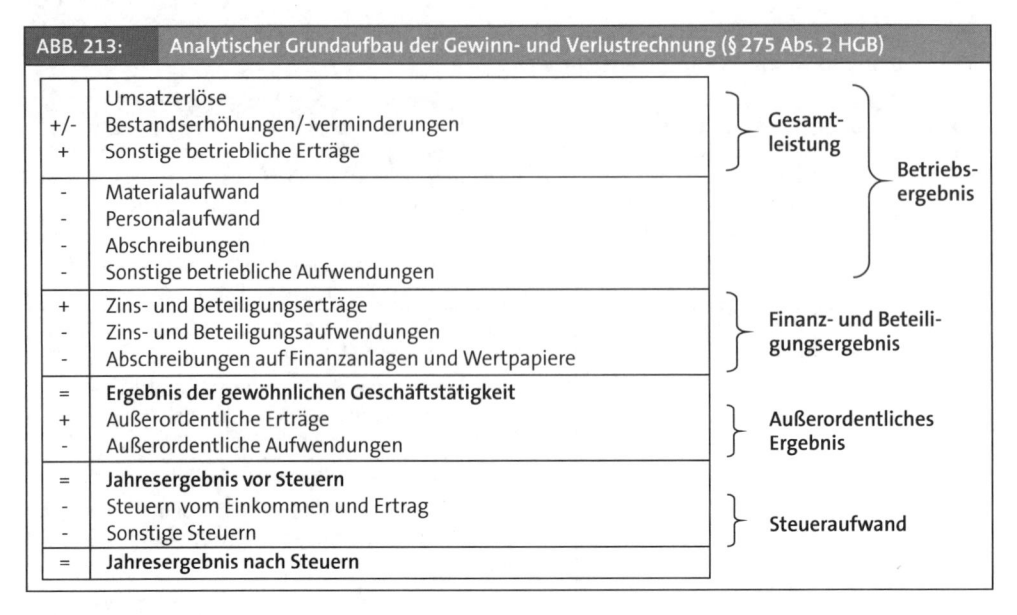

**ABB. 213:** Analytischer Grundaufbau der Gewinn- und Verlustrechnung (§ 275 Abs. 2 HGB)

| | | |
|---|---|---|
| +/- <br> +/- <br> + | Umsatzerlöse <br> Bestandserhöhungen/-verminderungen <br> Sonstige betriebliche Erträge | } Gesamt- <br> leistung } Betriebs- <br> ergebnis |
| - <br> - <br> - <br> - | Materialaufwand <br> Personalaufwand <br> Abschreibungen <br> Sonstige betriebliche Aufwendungen | |
| + <br> - <br> - | Zins- und Beteiligungserträge <br> Zins- und Beteiligungsaufwendungen <br> Abschreibungen auf Finanzanlagen und Wertpapiere | } Finanz- und Beteili- <br> gungsergebnis |
| = <br> + <br> - | **Ergebnis der gewöhnlichen Geschäftstätigkeit** <br> Außerordentliche Erträge <br> Außerordentliche Aufwendungen | } Außerordentliches <br> Ergebnis |
| = <br> - <br> - | **Jahresergebnis vor Steuern** <br> Steuern vom Einkommen und Ertrag <br> Sonstige Steuern | } Steueraufwand |
| = | **Jahresergebnis nach Steuern** | |

Weitere Ergebniskomponenten, die allerdings nicht unmittelbar aus der GuV ersichtlich sind, sind das Liquidationsergebnis (aus Verkäufen im Vergleich zum Restbuchwert) sowie das Bewertungsergebnis.

Eine klare Abgrenzung zum ordentlichen Betriebsergebnis ist wiederum schwierig, da zum Teil Liquidationsergebnisse (z. B. Anlagenverkäufe) und Bewertungsergebnisse (z. B. Auflösung nicht mehr benötigter Rückstellungen) im Zuge des gewöhnlichen Geschäftsbetriebs durchaus regelmäßig anfallen. Als besonders problematisch erweist sich die Zuordnung der sonstigen betrieblichen Erträge und Aufwendungen. Zahlungswirksame Positionen werden i. d. R. dem ordentlichen Betriebsergebnis zugerechnet, wohingegen nicht zahlungswirksame Positionen Bestandteil des Bewertungsergebnisses sind.

Wesentliche GuV-Positionen sind – bei unterstellter Anwendung des Gesamtkostenverfahrens nach § 275 Abs. 2 HGB – neben den **Umsatzerlösen** oder der **Gesamtleistung** (Summe der GuV-Positionen Nr. 1 bis 4) als Bezugsgröße, dem **Betriebsergebnis** (oder operativen Ergebnis, Saldo nach Position Nr. 8) insbesondere die drei Aufwandsgruppen **Material-, Personal- und Abschreibungsaufwand**.

Die Gewinn- und Verlustrechnung lässt sich nach den Quellen des Ergebnisses analysieren, also in Hinblick auf

▶ den Bezug zur **betriebstypischen Tätigkeit** und

▶ die **Nachhaltigkeit** des Erfolgs.

Analyse der Vermögens-, Finanz- und Erfolgslage — KAPITEL III

Dies erfolgt im Wege einer detaillierten Erfolgsspaltung, in deren Rahmen der Jahresüberschuss in die folgenden **Erfolgsklassen** aufgeteilt wird:

- den **ordentlichen Betriebserfolg** (Erfolg 1. Klasse): Ergebnis der gewöhnlichen Geschäftstätigkeit als Saldo der nachhaltigen betrieblichen Erträge und Aufwendungen,
- den **Finanz- und Beteiligungserfolg** bzw. den ordentlichen betriebsfremden Erfolg (Erfolg 2. Klasse): Ergebnis aus Unternehmensverbindungen, Beteiligungen, Kreditgeschäften und anderen finanzwirtschaftlichen Aktivitäten als Saldo nachhaltig auftretender, aber betriebsfremder Erträge und Aufwendungen,
- den **außerordentlichen Erfolg** (Erfolg 3. Klasse): Saldo der nach Art und Höhe ungewöhnlichen, unregelmäßig anfallenden Erträge und Aufwendungen,
- den **Bewertungserfolg** (Erfolg 4. Klasse), der allein aufgrund bilanzpolitischer Maßnahmen anfällt. Ihm liegen keine finanziellen Zu- oder Abflüsse, sondern allein buchungstechnische Vorgänge zugrunde.

| ABB. 214: | Unternehmenserfolg und Erfolgsstruktur | |
|---|---|---|
| Erfolgskomponente | Posten bei Anwendung GKV gemäß § 275 Abs. 2 HGB | Posten bei Anwendung UKV gemäß § 275 Abs. 3 HGB |
| Ordentlicher Betriebserfolg | Nr. 1 - 8 und 19<br>Nr. 4 und 8 teilweise | Nr. 1 - 7 und 18<br>Nr. 6 und 7 teilweise |
| Finanz- und Beteiligungserfolg | Nr. 9 - 13 | Nr. 8 - 12 |
| Außerordentlicher (A. o.) Erfolg | Nr. 15 und 16 | Nr. 14 und 15 |
| Bewertungserfolg | Nr. 4 und 8 teilweise gemäß Anhangangaben | Nr. 6 und 7 teilweise gemäß Anhangangaben |

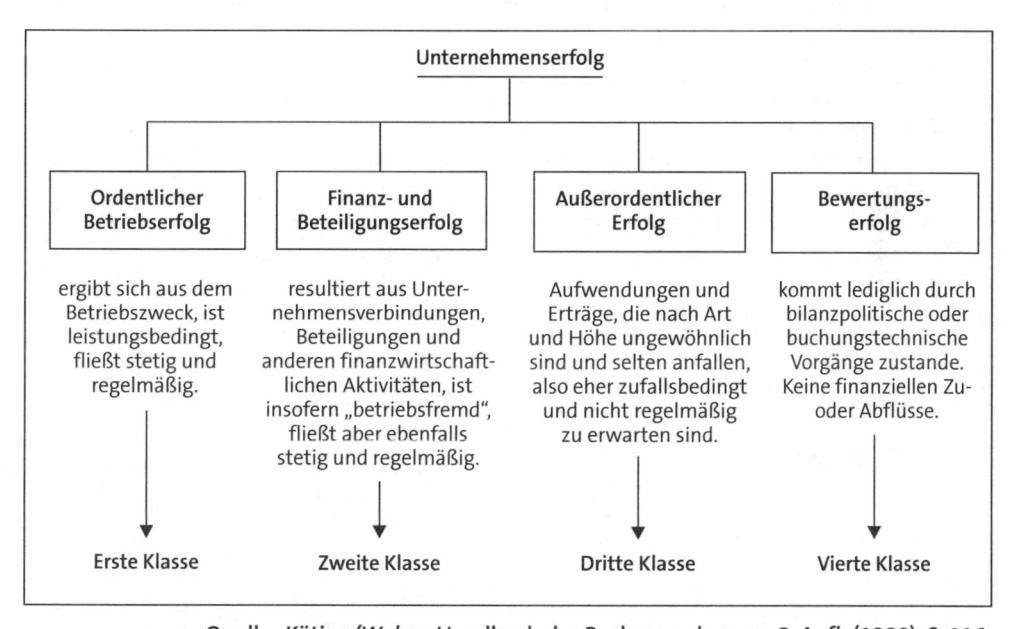

```
                          Unternehmenserfolg
    ┌─────────────────┬─────────────────┬─────────────────┐
Ordentlicher      Finanz- und      Außerordentlicher   Bewertungs-
Betriebserfolg    Beteiligungserfolg   Erfolg           erfolg
```

| Ordentlicher Betriebserfolg | Finanz- und Beteiligungserfolg | Außerordentlicher Erfolg | Bewertungserfolg |
|---|---|---|---|
| ergibt sich aus dem Betriebszweck, ist leistungsbedingt, fließt stetig und regelmäßig. | resultiert aus Unternehmensverbindungen, Beteiligungen und anderen finanzwirtschaftlichen Aktivitäten, ist insofern „betriebsfremd", fließt aber ebenfalls stetig und regelmäßig. | Aufwendungen und Erträge, die nach Art und Höhe ungewöhnlich sind und selten anfallen, also eher zufallsbedingt und nicht regelmäßig zu erwarten sind. | kommt lediglich durch bilanzpolitische oder buchungstechnische Vorgänge zustande. Keine finanziellen Zu- oder Abflüsse. |
| Erste Klasse | Zweite Klasse | Dritte Klasse | Vierte Klasse |

Quelle: *Küting/Weber*, Handbuch der Rechnungslegung, 3. Aufl. (1990), S. 116.

Hierbei gelten folgende Grundsätze der Abgrenzung:
- **Sonstige Erträge/Aufwendungen** fallen im Rahmen der gewöhnlichen Geschäftstätigkeit, aber (zum Teil) aperiodisch an. Es handelt sich um Sammelposten, die einer anderen GuV-Position nicht zugeordnet werden können.
- **Außerordentliche Erträge/Aufwendungen** sind betriebsfremd und fallen außerhalb der gewöhnlichen Geschäftstätigkeit an. Hierzu ist bemerkenswert, dass Abschreibungen auf Fehlbestände im Umlaufvermögen oder Einzelwertberichtigungen auf Forderungen – soweit sie im Rahmen der üblichen Geschäftstätigkeit anfallen – sonstigen betrieblichen Aufwand darstellen. Nur bei extrem hohen und unüblichen Beträgen sind sie dem außerordentlichen Aufwand zuzurechnen. Außerdem erscheinen dort unüblich hohe Gewinne bzw. Verluste aus dem Abgang von Vermögensgegenständen (Anlagevermögen, Wertpapiere).
- Das **Bewertungsergebnis** enthält zahlungsunwirksame Vorgänge wie z.B. Einstellungen in bzw. Auflösungen von Rückstellungen, Abschreibungen bei nur vorübergehenden Wertminderungen im Finanzanlagevermögen sowie Erträge aus Zuschreibungen.

Im Einzelnen umfassen die Erfolgskomponenten nachfolgende Bestandteile:

| ABB. 215: | Bestandteile der Erfolgskomponenten | | |
|---|---|---|---|
| **Ordentlicher Betriebserfolg nach dem Gesamtkostenverfahren** | | | |
| GuV-Posten/Anhanginformation | | 20t1 | 20t0 |
| | Umsatzerlöse | | |
| + | Erhöhung (- Verminderung) des Bestands an fertigen und unfertigen Erzeugnissen) | | |
| + | andere aktivierte Eigenleistungen | | |
| + | sonstige betriebliche Erträge (- untypische oder unregelmäßige Erträge, z. B. Kursgewinne, Anlagenabgänge sowie Zuschreibungen; jeweils lt. Anhang oder Anlagespiegel) | | |
| = | Betriebsleistung | | |
| | Materialaufwand (Aufwand für Roh-, Hilfs- und Betriebsstoffe sowie Aufwand für bezogene Leistungen) | | |
| + | Personalaufwand (Löhne, Gehälter, soziale Abgaben, Altersversorgung) | | |
| + | Abschreibungen (auf immaterielle Vermögensgegenstände und Sachanlagevermögen sowie auf Umlaufvermögen - außerplanmäßige Abschreibungen) | | |
| + | sonstige betriebliche Aufwendungen (- untypische oder unregelmäßige Aufwendungen) | | |
| + | sonstige Steuern (Kostensteuern) | | |
| = | Betriebsaufwand | | |
| = | Ordentlicher Betriebserfolg nach GKV | | |

| Ordentlicher Betriebserfolg nach dem Umsatzkostenverfahren | | |
|---|---|---|
| GuV-Posten/Anhanginformation | 20t1 | 20t0 |
|    Umsatzerlöse | | |
| + sonstige betriebliche Erträge (- untypische oder unregelmäßige Erträge, z. B. Kursgewinne, Anlagenabgänge sowie Zuschreibungen; jeweils lt. Anhang oder Anlagespiegel) | | |
| = Betriebsleistung | | |
|    Herstellungskosten | | |
| + Vertriebskosten | | |
| + allgemeine Verwaltungskosten | | |
| + Kosten sonstiger Funktionsbereiche (z. B. Forschung und Entwicklung) | | |
| + sonstige betriebliche Aufwendungen (- untypische oder unregelmäßige Aufwendungen, z. B. Kursgewinne) | | |
| + sonstige Steuern (Kostensteuern) | | |
| = Betriebsaufwand | | |
| = Ordentlicher Betriebserfolg nach UKV | | |

| Finanz- und Beteiligungserfolg | | |
|---|---|---|
| GuV-Posten/Anhanginformation | 20t1 | 20t0 |
|    Erträge aus Gewinngemeinschaften | | |
| + Erträge aus Beteiligungen | | |
| + Erträge aus Wertpapieren des Finanzanlagevermögens | | |
| + Zinsen und ähnliche Erträge | | |
| = Finanz- und Beteiligungsertrag | | |
|    Zinsen und ähnliche Aufwendungen | | |
| + Verlustübernahmen, Aufwendungen für Gewinngemeinschaften | | |
| = Finanz- und Beteiligungsaufwand | | |
| = Finanz- und Beteiligungserfolg | | |

| Außerordentlicher Erfolg | | |
|---|---|---|
| GuV-Posten/Anhanginformation | 20t1 | 20t0 |
|    Außerordentlicher Ertrag lt. GuV | | |
| + Kursgewinne | | |
| + sonstige unregelmäßige Erträge (z. B. aus Anlagenabgängen) | | |
| = Außerordentliche Erträge | | |
|    Außerordentlicher Aufwand lt. GuV | | |
| + Kursverluste | | |
| + Abschreibungen auf Finanzanlagevermögen und Wertpapiere | | |
| + außerplanmäßige Abschreibungen | | |
| + sonstige unregelmäßige Aufwendungen | | |
| = Außerordentlicher Aufwand | | |
| = Außerordentlicher Erfolg | | |

| Bewertungserfolg | | |
|---|---|---|
| GuV-Posten/Anhanginformation | 20t1 | 20t0 |
| + Abschreibungen auf das Finanzanlagevermögen und Wertpapiere bei nur vorübergehender Wertminderung | | |
| + anderweitige überhöhte Abschreibungen, soweit ersichtlich | | |
| + unterlassene Zuschreibungen, soweit ersichtlich | | |
| + Pauschalansatz für Unterbewertungen im Umlaufvermögen (z. B. Lifo) | | |
| + überhöhte Rückstellungsbildung | | |
| = neu gebildete Reserven | | |
| + Zuschreibungen | | |
| + Auflösungen von Wertberichtigungen auf Forderungen | | |
| + unterlassene Rückstellungen | | |
| + rein bewertungsbedingte Auflösungen von Rückstellungen | | |
| = aufgelöste Reserven | | |
| = Bildung/Auflösung stiller Reserven | | |

Quelle: *Küting/Weber*, Handbuch der Rechnungslegung, 3. Aufl. (1990), S. 117 ff.

Die Praxis zeigt, dass in **Krisenzeiten** insbesondere die außerordentlichen und die sonstigen Erträge ansteigen, um zum Zwecke einer Meinungsbildungsfunktion nach außen einen Ertragsrückgang zu kaschieren, z. B. infolge Vornahme von Zuschreibungen oder Auflösungen von Rückstellungen. Dies zögert die Krisenerkennung für Externe aber nur so lange hinaus, wie mobilisierbare stille Reserven vorhanden sind; i. d. R. sind dies maximal zwei bis drei Jahre.

Für die Erfolgsanalyse ist somit eine Analyse der Anhangangaben zur Ausnutzung von Ansatz- und Bewertungswahlrechten unerlässlich. Um die Vergleichbarkeit der Unternehmensergebnisse zu gewährleisten, muss der Jahresabschluss von außerordentlichen, aperiodischen und dispositionsbedingten Vorgängen bereinigt werden.

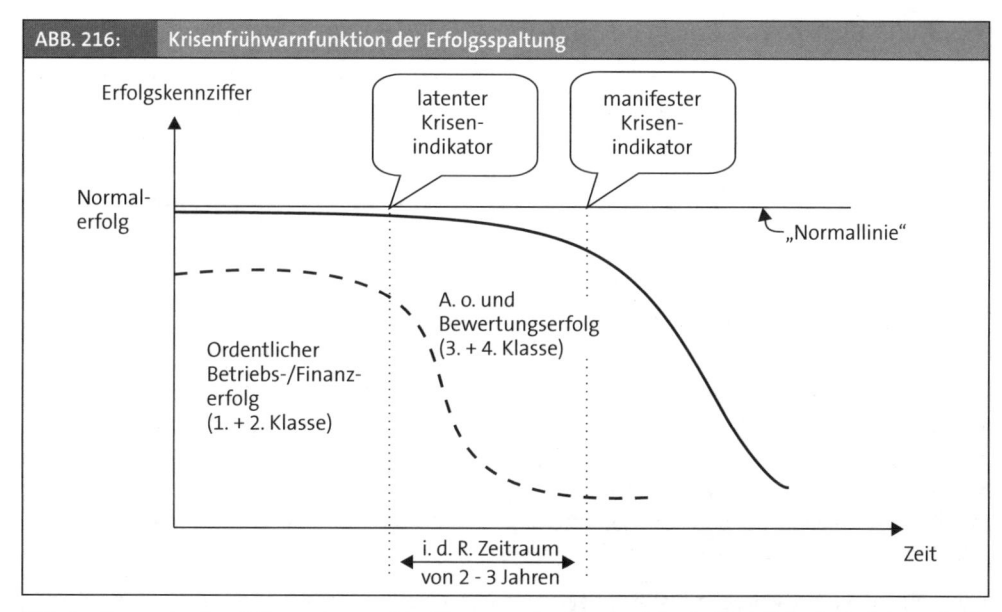

## Analyse der Vermögens-, Finanz- und Erfolgslage — KAPITEL III

**ABB. 216: Krisenfrühwarnfunktion der Erfolgsspaltung**

*[Diagramm: Erfolgskennziffer über Zeit mit „Normallinie", latenter Krisenindikator, manifester Krisenindikator, Ordentlicher Betriebs-/Finanzerfolg (1. + 2. Klasse), A. o. und Bewertungserfolg (3. + 4. Klasse), i. d. R. Zeitraum von 2 - 3 Jahren]*

Mit der Frage der Ermittlung des nachhaltigen, „zutreffenden" Periodenerfolgs hat sich auch die Deutsche Vereinigung für Finanzanalyse und Asset Management (DVFA) und die Schmalenbach-Gesellschaft für Betriebswirtschaft (SG) befasst. Die Vereinigungen haben gemeinsam ein Konzept zur Ermittlung der nachhaltigen Ertragskraft der Unternehmen, das sog. **Ergebnis nach DVFA/SG**, entwickelt.

Hierbei handelt es sich um eine absolute Erfolgskennzahl, die durch Hinzurechnungen und Kürzungen zum Jahresergebnis der GuV ermittelt wird. Ziel ist es, eine Erfolgsgröße abzuleiten, die bereinigt ist um ungewöhnliche sowie dispositionsbedingte (bilanzpolitisch gestaltete) Aufwendungen und Erträge. Dadurch soll vor allem ein aussagekräftiger zwischenbetrieblicher Vergleich der Ergebnissituation der Unternehmen ermöglicht werden. Wird das so definierte Ergebnis in Bezug zur Anzahl der Aktien gesetzt, ergibt sich das **Ergebnis je Aktie nach DVFA/SG**. Dort zu bereinigende Sondereinflüsse sind z. B.

- ergebniswirksame Änderungen der Ansatz- und Bewertungsmethoden,
- Gewinne aus Sale-and-lease-back-Transaktionen,
- Aufwendungen/Erträge im Zusammenhang mit dem Verkauf oder der Stilllegung von Geschäftsbereichen und Produktlinien,
- Gewinne/Verluste beim Abgang bedeutender Grundstücke und Gebäude, sofern der Verkauf nicht Gegenstand der gewöhnlichen Geschäftstätigkeit ist,
- Aufwendungen aus außergewöhnlichen Schadensfällen (höhere Gewalt) sowie entsprechende Erträge aus Versicherungsleistungen, soweit die Regelung von Schadensfällen nicht Gegenstand der gewöhnlichen Geschäftstätigkeit ist,
- Erträge aus Sanierungsmaßnahmen, wie z. B. Gesellschafterzuschüsse, Forderungsverzichte usw.,

sowie ergebniswirksame Transaktionen in Zusammenhang mit Inanspruchnahmen des Kapitalmarkts und Spezifika der Konzernrechnungslegung, auf die hier nicht eingegangen werden soll.

### 7.3.3 Analyse des ordentlichen Betriebserfolgs (Ertrags-Aufwands-Analyse)

Die **operative Erfolgsanalyse** unterzieht die Komponenten des ordentlichen Betriebserfolgs, der den bedeutsamsten und nachhaltigen Kern des Gesamterfolgs bildet, einer eingehenden Betrachtung. Auf der Ertragsseite schlagen (bei Anwendung des Gesamtkostenverfahrens) neben den Umsatzerlösen auch Bestandsänderungen sowie aktivierte Eigenleistungen zu Buche. Diese sind aber im Vergleich zu den Umsatzerlösen vom Volumen her relativ gering, so dass sich eine weitergehende Analyse im Regelfall erübrigt.

Steigende Bestände an Fertigfabrikaten bei sinkenden Umsätzen deuten auf Koordinationsprobleme zwischen Produktion und Absatz hin.

Bei den Umsatzerlösen gibt ihre Aufgliederung nach Tätigkeitsbereichen sowie nach geographisch bestimmten Märkten im Anhang (§ 285 Nr. 4 HGB) Aufschluss über Marktstellung und Wachstumschancen des analysierten Unternehmens. Die aus solchen **Segmentdaten** gewonnenen Informationen können als Grundlage der Durchführung einer **Portfolio-Analyse** (vgl. hierzu Kapitel II) und damit für weitergehende Analysen der Unternehmensstrategie herangezogen werden. Weitere Kriterien der Segmentierung können Kundengruppen, Technologiebereiche oder Produktionsstätten sein.

Kennzahlen der **Aufwandsintensität** setzen eine Aufwandsart in Beziehung zur Gesamtleistung bzw. bei Anwendung des Umsatzkostenverfahrens zum Umsatz. Üblicherweise werden solche Intensitätskennzahlen für den Material-, Personal-, Zinsaufwand und für die Abschreibungen berechnet.

Bei Aufstellung der GuV nach dem Gesamtkostenverfahren wird statt der Umsatzerlöse die **Gesamtleistung** als Bezugsgröße verwendet, da die Aufwendungen auf die gesamte Produktion und damit auch auf die Lagerzugänge entfallen (Verursachungsprinzip).

Die Intensitäten werden zuweilen auch in % vom **Rohertrag** berechnet (Zwischensumme der GuV nach Position Nr. 5 nach § 275 Abs. 2 HGB). Die Kennzahlen geben dann an, in welchem Ausmaß das Rohergebnis durch bestimmte Aufwandsarten belastet wird.

Eine Zunahme der **Materialintensität** kann aus gestiegenen Rohstoffpreisen resultieren, die nicht oder nur teilweise an die Abnehmer der Endprodukte überwälzt werden können. Dieser Umstand kann sowohl mangelnde Marktmacht gegenüber Lieferanten als auch gegenüber Kunden implizieren. Außerdem können Ausschuss- und Schwundquote zugenommen haben, was auf Defizite im Einkaufsmanagement hinweist. Als Kontrollkriterium kann hier eine Analyse der Bestände an Vorräten (Roh-, Hilfs- und Betriebsstoffe sowie Waren) absolut und in % der Bilanzsumme dienen.

Überdies ist die Höhe der Materialintensität stark von produktionswirtschaftlichen Gegebenheiten und dem Ausmaß der extern bezogenen Vorleistungen an sich abhängig, so dass eine „punktgenaue" Interpretation faktisch unmöglich ist.

Im zwischenbetrieblichen Vergleich liefert die Höhe der Materialintensität Hinweise auf die **Fertigungstiefe** bzw. den **Wertschöpfungsgrad** eines Unternehmens; ein Anstieg der Materialintensität bei gleichzeitigem Rückgang der Personalintensität indiziert ein Outsourcing, die umgekehrte Entwicklung ein Insourcing. Im Ergebnis kann daher nur ein nachhaltiges Ansteigen beider Intensitäten in Summe als Krisenindikator gelten.

Eine hohe **Personalintensität** impliziert eine geringe betriebliche Dispositionsfreiheit, da Personalaufwendungen zumeist kurzfristig irreversibel sind. Sie haben – analog zu den Zinsaufwendungen – den Charakter von Fixkosten, die bei Umsatzrückgängen remanent bleiben. Arbeitsintensive Unternehmen werden zudem von Lohnerhöhungen oder Tarifauseinandersetzungen in stärkerem Maße betroffen als hochtechnisierte Unternehmen, da sich ihre Kostensituation deutlicher verschlechtert.

Eine überdurchschnittliche Personalintensität kann vielschichtige Ursachen haben:

- mangelhafte Arbeitsvorbereitung oder Arbeitsproduktivität, ungünstige Arbeitsbedingungen, veraltete Ausrüstung der Arbeitsplätze,
- unzureichende Qualifikation oder Motivation der Mitarbeiter, hohe Fluktuation,
- Zahlung überhöhter Löhne bzw. Lohnnebenkosten,
- zunehmender Leerstand, Betriebsunterbrechungen, Ausfallzeiten,
- keine oder nur teilweise Einrechnung gestiegener Personalkosten in die Leistungskalkulation bzw. nicht kostendeckende Preise.

Dies ist insbesondere dann bedenklich, wenn die **Arbeitsproduktivität** (Umsatz bzw. Gesamtleistung pro Beschäftigten) nicht in gleicher Rate steigt. Zur Analyse der Personalproduktivität werden daher häufig die Kennzahlen

- Umsatz pro Beschäftigten,
- Betriebsergebnis pro Beschäftigten und
- Personalkosten pro Beschäftigten

nach Höhe und Entwicklung miteinander verglichen. Die Angabe der durchschnittlichen Zahl der während des Geschäftsjahrs beschäftigten Arbeitnehmer ist dem Anhang nach Maßgabe des § 285 Nr. 7 HGB zu entnehmen.

Da die Personalkostenintensität im Zeitablauf stetig zugenommen hat und damit auch ihre Bedeutung für die Erfolgslage gestiegen ist, sollte auch die Entwicklung der Komponenten der Personalkosten – Löhne und Gehälter, Personalnebenkosten sowie Aufwendungen für Altersvorsorge – einer differenzierten Analyse unterzogen werden.

Die **Abschreibungsintensität** gibt Aufschluss über die „Wiedergewinnungsfähigkeit" der Fixkosten über den Umsatzprozess und insoweit über die Flexibilität der Aufwandsstruktur. Bei einer rückläufigen Abschreibungsquote erhöhen sich kurzfristig die ausgewiesenen Gewinne, was zur Ausschüttung unter Substanzerhaltungsaspekten „zweifelhafter" Gewinne führen kann.

Jedoch hängt ihre Höhe von der Anlagenintensität und damit vom Investitionsverhalten des Unternehmens ab. Ebenso gehen alle Formen der Ausübung jahresabschlusspolitischer Wahlrechte und Ermessensspielräume wie z. B. die Abschreibungsmethode oder die Bemessung der Nutzungsdauer in die Kennzahlermittlung ein.

Die übrigen Aufwendungen im Rahmen der gewöhnlichen Geschäftstätigkeit werden üblicherweise in der Position „**sonstige Aufwendungen**" zusammengefasst und dem Umsatz bzw. der Gesamtleistung gegenübergestellt. Die Aussagekraft dieser Aufwandsintensität ist gering, da es sich bei der Position um einen heterogenen Auffangtatbestand handelt. Folglich müssen bei größeren Abweichungen zu den Vorjahreswerten Einzeluntersuchungen zur Ursachenfindung angestellt werden.

In analoger Weise werden bei Anwendung des Umsatzkostenverfahrens (§ 275 Abs. 3 HGB) auch die Kennzahlen **Verwaltungs-, Vertriebs- und FuE-Intensität** ermittelt.

Zu beachten ist, dass aufgrund der nach § 285 Nr. 8 HGB zu tätigenden Angabe des Material- und Personalaufwands des Geschäftsjahres die Material- und Personalintensität auch bei Unternehmen in gleicher Weise berechnet werden, die nach Maßgabe des § 275 Abs. 3 HGB das Umsatzkostenverfahren anwenden. Bezugsgröße für alle Aufwandsintensitäten sind dann allerdings die Umsatzerlöse, nicht die Gesamtleistung mangels entsprechender Angabe nach § 275 Abs. 3 HGB.

| ABB. 217: | Kennzahlen der Erfolgsanalyse |
|---|---|
| **Bezeichnung** | **Formel** |
| Materialintensität (Materialaufwandsquote) | $\dfrac{\text{Materialaufwand}}{\text{Gesamtleistung bzw. Umsatzerlöse}}$ |
| Personalintensität (Personalaufwandsquote) | $\dfrac{\text{Personalaufwand}}{\text{Gesamtleistung bzw. Umsatzerlöse}}$ |
| Abschreibungsintensität (Abschreibungsaufwandsquote) | $\dfrac{\text{Abschreibungen auf Sachanlagevermögen}}{\text{Gesamtleistung bzw. Umsatzerlöse}}$ |
| Zinsintensität (Zinsaufwandsquote) | $\dfrac{\text{Zinsaufwand}}{\text{Gesamtleistung bzw. Umsatzerlöse}}$ |
| Rohertragsquote | $\dfrac{\text{Rohertrag (Zwischensumme nach § 275 Abs. 2 Nr. 5 HGB)}}{\text{Gesamtleistung bzw. Umsatzerlöse}}$ |
| Umsatz je Beschäftigten | $\dfrac{\text{Umsatzerlöse}}{\text{Beschäftigte}}$ |
| Rohertrag je Beschäftigten | $\dfrac{\text{Rohertrag}}{\text{Beschäftigte}}$ |

Über die Analyse der Aufwandsintensitäten lässt sich schließlich auch eine Aussage über den „**operating leverage**", also das Verhältnis der fixen zu den variablen Kosten und damit die Abhängigkeit der Gewinnsituation von der Kapazitätsauslastung treffen.

Der **Break-even-Umsatz** (BEU) ist derjenige Umsatz, der zur Deckung aller Kosten erzielt werden muss, wobei der Nenner den sog. **DBU-Faktor** beziffert (Deckungsbeitrag in % vom Umsatz). Er lässt sich wie folgt berechnen (vgl. im Einzelnen hierzu Kapitel IV):

$$\text{BEU} = \dfrac{\text{Fixkosten (€)}}{\text{Deckungsbeitrag (€)/Umsatz (€)}}$$

wobei Deckungsbeitrag = Umsatz − variable Kosten.

Die Kostenauflösung erfolgt grundsätzlich auf Basis von Vertragsdatenbanken. Fixe Kosten sind solche, die innerhalb eines vordefinierten Zeithorizontes aufgrund vertraglicher oder faktischer Bildungen nicht abbaubar sind, d. h., sich einem operativen Kostenmanagement entziehen (vgl. hierzu ausführlich Kapitel IV). Zur Simulation einer Kostenauflösung sind z. B. folgende „Faustregeln" denkbar:

| ABB. 218: | Aufspaltung der Aufwandsarten nach § 275 Abs. 2 HGB | | |
|---|---|---|---|
| Aufwandsposition | davon fix | davon variabel | Faustregel fix : variabel |
| Nr. 5: Materialaufwand (Roh-, Hilfs- und Betriebsstoffe sowie bezogene Leistungen) | (…) | (…) | 20 : 80 |
| Nr. 6: Personalaufwand (Löhne und Gehälter, Sozialabgaben) | (…) | (…) | 80 : 20 |
| Nr. 7: Abschreibungen | (…) | (…) | 100 : 0 |
| Nr. 8: Sonstige betriebliche Aufwendungen (nur, soweit kein Bewertungsaufwand) | (…) | (…) | 50 : 50 |
| Nr. 13: Zinsen und ähnliche Aufwendungen | (…) | (…) | 80 : 20 |

**Anmerkungen:**

▶ Der Materialaufwand ist zumeist variabel, soweit keine langfristigen Abnahmeverpflichtungen bestehen.

▶ Beim Personalaufwand sind i. d. R. nur Zeitarbeitsaufwand, Zuschläge, freiwillige Sozialkosten und übertarifliche Aufwandskomponenten variabel.

▶ Abschreibungen stellen i. d. R. Fixkosten dar. Allenfalls können Leistungsabschreibungen als variabel angesehen werden.

▶ Die sonstigen betrieblichen Aufwendungen sind zum Teil variabel, zum Teil fix (letzteres, soweit dem Aufwand langfristige Vertragsverhältnisse zugrunde liegen). In dieser Position enthaltener nicht zahlungswirksamer Aufwand wird außer Acht gelassen, da er überwiegend nicht betriebsbedingter Natur ist.

▶ Zinsen haben umso variableren Charakter, je kürzer das zur Verfügung gestellte Kapital befristet ist. Dies ergibt sich aus der Analyse der Restlaufzeiten der Verbindlichkeiten (Verbindlichkeitenspiegel).

**BEISPIEL:** Es soll folgende GuV angenommen werden:

| | GuV-Position | Wert in T€ | davon fix | Fixe Kosten in T€ |
|---|---|---|---|---|
| | Umsatzerlöse | 4.400 | – | – |
| + | sst. betriebliche Erträge | 200 | – | – |
| = | Gesamtleistung | 4.600 | – | – |
| - | Materialaufwand | 1.700 | 20 % | 340 |
| - | Miet-/Pacht-/Leasingaufwendungen | 500 | 20 % | 100 |
| - | Personalaufwand | 1.300 | 80 % | 1.040 |
| - | Abschreibungen | 300 | 100 % | 300 |
| - | sst. betriebliche Aufwendungen | 200 | 50 % | 100 |
| - | Zinsen und ähnl. Aufwendungen | 250 | 80 % | 200 |
| = | Gesamtaufwendungen | 4.250 | – | 2.080 |
| | Jahresüberschuss | 350 | – | – |

Aus den GuV-Daten und der Kostenauflösung lassen sich folgende Erkenntnisse ableiten, wenn von einer Identität von Aufwendungen und Kosten (d. h. insbesondere Verzicht auf Bildung kalkulatorischer Kosten) ausgegangen wird:

▶ Die variablen Aufwendungen betragen 4.250 - 2.080 = 2.170 T€, damit beläuft sich der Deckungsbeitrag auf 4.600 - 2.170 = 2.430 T€. Der DBU-Faktor beträgt 2.430/4.600 = 0,528.

▶ Somit liegt die Break-even-Gesamtleistung bei 2.080/0,528 = 3.937,5 T€, die Sicherheitsspanne im Verhältnis zur Ist-Gesamtleistung beträgt 14,4 %.

Zur integrierenden Würdigung der Erfolgslage könnte etwa folgender Kennzahlbogen mit den „TOP 9-Kennzahlen" herangezogen werden, so dass sich in Zusammenhang mit den jeweils „TOP 8-Kennzahlen" der Vermögens- und Finanzlage somit eine ad hoc-Checkliste von insgesamt 25 Kennzahlen ergibt:

| ABB. 219: | Kennzahlen zur Analyse der Erfolgslage (Zusammenfassung) | | | |
|---|---|---|---|---|
| Nr. | Kennzahl | Definition | Risiko | Interpretation |
| 1 | Return on Investment | $\dfrac{(\text{Jahresüberschuss vor EE-Steuern} + \text{Zinsaufwendungen}) \cdot 100}{\text{Bilanzsumme}}$ | Rentabilitätsrisiko | Gibt die Rentabilität des gesamten im Unternehmen eingesetzten Kapitals vor Kapitalkosten und Steuern an, Maßstab für „Unternehmensrentabilität". Normwert entspricht kapitalmarktüblicher Verzinsung zzgl. Risikozuschlag, zzt. 6 - 8 %. |
| 2 | Eigenkapitalrentabilität | $\dfrac{\text{Jahresüberschuss vor EE-Steuern} \cdot 100}{\text{Wirtschaftliches Eigenkapital}^{(1)}}$ | Rentabilitätsrisiko | Gibt die Rentabilität des von den Anteilseignern eingesetzten Eigenkapitals an; Maßstab für „Unternehmerrentabilität" (Opportunitätskosten!). Normwert über ROI, zzt. 10 - 12 %. |

| Nr. | Kennzahl | Definition | Risiko | Interpretation |
|---|---|---|---|---|
| 3 | Betriebsergebnisquote | $\dfrac{\text{Betriebsergebnis (GuV-Saldo nach Nr. 8)} \cdot 100}{\text{Umsatzerlöse}}$ | Rentabilitätsrisiko | Stellt die operative Marge dar und gibt die Rentabilität aus der betriebsüblichen, laufenden Geschäftstätigkeit an (ohne Finanz- und Beteiligungsergebnis). Branchenabhängig, im Handel erheblich niedriger als in der Industrie, je nach Branche 2 - 10 %. |
| 4 | Cashflowquote | $\dfrac{\text{Cashflow nach DVFA/SG} \cdot 100}{\text{Umsatzerlöse}}$ | Illiquiditätsrisiko | Gibt den dem Unternehmen in Cash verbleibenden Umsatzanteil an, Indikator für Finanzstärke der gewöhnlichen Geschäftstätigkeit. Branchenabhängig, im Handel erheblich niedriger als in der Industrie. |
| 5 | Zinsdeckung | $\dfrac{\text{Zinsaufwand} \cdot 100}{\text{Betriebsergebnis (GuV-Saldo nach Nr. 8)}}$ | Fixkostenrisiko | Gibt den Anteil am Betriebsergebnis an, der für den Kapitaldienst verwendet werden muss, Indikator für Belastung des Ertrags durch Fremdkapitalaufnahme. Normwert maximal 30 %. |
| 6 | Betriebsergebnis pro Beschäftigten | $\dfrac{\text{Betriebsergebnis (GuV-Saldo nach Nr. 8)}}{\text{Anzahl der Arbeitnehmer}}$ | Produktivitätsrisiko | Gibt den Ergebnisbeitrag der Beschäftigten in T€ pro Vollzeitäquivalent an, Indikator für Mitarbeiterproduktivität. Durch das Geschäftsmodell determiniert, kein Normwert. |
| 7 | Personalaufwand pro Beschäftigten | $\dfrac{\text{Personalaufwand}}{\text{Anzahl der Arbeitnehmer}}$ | Produktivitätsrisiko/Fixkostenrisiko | Gibt den Personalaufwand in T€ pro Vollzeitäquivalent an, Indikator für Personalkosten pro Kopf. Durch das Geschäftsmodell determiniert, kein Normwert. |
| 8 | Personalaufwandsquote | $\dfrac{\text{Personalaufwand} \cdot 100}{\text{Gesamtleistung (GuV-Summe nach Nr. 4)}}$ | Fixkostenrisiko | Gibt den Anteil der Personalkosten am Gesamtleistungsvolumen an, Indikator für Personallastigkeit der Aufwandsstruktur. Durch das Geschäftsmodell determiniert, kein Normwert. |
| 9 | Materialaufwandsquote | $\dfrac{\text{Materialaufwand} \cdot 100}{\text{Gesamtleistung (GuV-Summe nach Nr. 4)}}$ | Beschaffungsrisiko | Gibt den Anteil der Materialkosten am Gesamtleistungsvolumen an, Indikator für Materiallastigkeit der Aufwandsstruktur (Anstieg kann auch auf verstärktes Outsourcing hindeuten). Durch das Geschäftsmodell determiniert, kein Normwert. |

Erläuterung:
[1] Wirtschaftliches Eigenkapital = Bilanzielles Eigenkapital - nicht durch Eigenkapital gedeckter Fehlbetrag - aktivierte Entwicklungsaufwendungen - aktivierte Bilanzierungshilfen - nicht passivierte Pensionsrückstellungen.

## 7.3.4 Analyse der Angaben im Lagebericht sowie der Segmentberichterstattung

Die Analyse der Erfolgslage kann durch die qualitativen Angaben im Lagebericht unterstützt werden. Dieser wurde mit Inkrafttreten des Bilanzrichtlinien-Gesetzes im Jahre 1986 dem Jahresabschluss von Kapitalgesellschaften hinzugefügt mit dem Ziel, über den Jahresabschluss hinaus eine zutreffende und vor allem zukunftsweisende Vorstellung von der wirtschaftlichen Lage des Unternehmens zu vermitteln.

Die **Aufstellungspflicht** betrifft neben Kapitalgesellschaften auch nach PublG rechnungslegungspflichtige Unternehmen (§ 5 Abs. 2 PublG) und Genossenschaften (§ 336 HGB). Kleine Kapitalgesellschaften (§ 264 Abs. 1 Satz 1 HGB), kleine Genossenschaften (§ 336 Abs. 2 HGB) sowie publizitätspflichtige Personenhandelsgesellschaften und Einzelkaufleute (§ 5 Abs. 2 PublG) brauchen keinen Lagebericht aufzustellen. Im Einzelnen sind gem. § 289 HGB darzustellen:

- der Geschäftsverlauf einschl. des Geschäftsergebnisses,
- die Lage unter Einbezug der für die Geschäftstätigkeit bedeutsamsten finanziellen Leistungsindikatoren,
- die voraussichtliche Entwicklung mit ihren wesentlichen Chancen und Risiken sowie den der Beurteilung zugrunde liegenden Annahmen,
- nach Schluss des Geschäftsjahres eingetretene Vorgänge von besonderer Bedeutung,
- Angaben zu bestimmten Risiken, Risikomanagementzielen sowie -methoden in Bezug auf die Verwendung von Finanzinstrumenten,
- der Bereich Forschung und Entwicklung sowie
- bestehende Zweigniederlassungen.

Der Lagebericht ist also neben der Darstellung des Geschäftsverlaufs und der wirtschaftlichen Entwicklung im Hinblick auf den „true and fair view" (**Wirtschaftsbericht**) dem Grunde nach auch ein

- **Prognose- und Risikobericht**,
- **Nachtragsbericht** sowie
- **FuE- und Zweigniederlassungsbericht**.

Er muss Auskunft über folgende Tatbestände geben:

| ABB. 220: | Inhalt des Lageberichts nach § 289 HGB |
|---|---|
| Darstellung des Geschäftsverlaufs | ▶ Entwicklung von Branche und Gesamtwirtschaft<br>▶ Umsatz- und Auftragsentwicklung, Preis- und Mengenentwicklung<br>▶ Leistungserstellung und Produktion, Kapazitätsauslastung<br>▶ Beschaffungsmärkte/-struktur, Preis- und Mengenentwicklung<br>▶ Wesentliche Investitionen und Investitionsvorhaben, Finanzierungsmaßnahmen bzw. -vorhaben<br>▶ Personal- und Sozialbereich (Mitarbeiterbestand und -struktur, Personalaufwand, Sozialleistungen, Aus- und Fortbildung)<br>▶ Wesentliche Umweltschutzmaßnahmen und -auflagen<br>▶ Sonstige wichtige Vorgänge im Geschäftsjahr |
| Darstellung der wirtschaftlichen Lage | ▶ Vermögenslage<br>▶ Finanzlage, ggf. unter Erstellung einer Kapitalflussrechnung<br>▶ Erfolgslage, ggf. gegliedert nach Erfolgsklassen (Erfolgsspaltung)<br>▶ Wesentliche Ergebniseinflüsse, ggf. Ursachen eines Jahresfehlbetrags<br>▶ Sondereinflüsse durch ungewöhnliche und außerordentliche Ereignisse, z. B. Bildung oder Auflösung von stillen Reserven in wesentlichem Umfang<br>▶ Nicht bilanzwirksame Transaktionen (z. B. Haftungsverhältnisse)<br>▶ Höhe und Entwicklung bedeutsamer finanzieller Leistungsindikatoren |
| Voraussichtliche Entwicklung sowie deren Chancen und Risiken | ▶ Prognose der künftigen Geschäftsentwicklung<br>▶ Darstellung und Abwägung der Chancen bzw. Risiken mit wesentlichem Einfluss auf die Vermögens-, Finanz- und Ertragslage<br>▶ Gesonderte Erläuterung bestandsgefährdender Risiken<br>▶ Angabe der der Darstellung zu Grunde liegenden Annahmen |
| Vorgänge von besonderer Bedeutung nach Schluss des Geschäftsjahres | ▶ Verbale Erläuterung von Ereignissen, die sich noch nicht im Jahresabschluss niedergeschlagen haben, aber eine abweichende Darstellung der Verhältnisse nach sich ziehen können |
| Risiken in Bezug auf die Verwendung von Finanzinstrumenten | ▶ Risikomanagementziele und -methoden einschl. Methoden der Absicherung bedeutender Transaktionen<br>▶ Angabe von Preisänderungs-, Ausfall- und Liquiditätsrisiken sowie Risiken aus Zahlungsstromschwankungen |
| Forschung und Entwicklung | ▶ Darstellung der auf eine Umsetzung in marktfähige Produkte abzielenden Anwendung und Verwertung gewonnener Forschungsergebnisse |

| | | |
|---|---|---|
| Bestehende Zweigniederlassungen | ▶ | Angabe der dauerhaft bestehenden, räumlich von der Hauptniederlassung getrennten Einrichtungen, die mit personeller und organisatorischer Eigenständigkeit im Rahmen der Unternehmenstätigkeit wie ein selbständiges Unternehmen am Geschäftsverkehr teilnehmen |
| Besondere Berichtsteile | ▶ | Für börsennotierte AG: Angabe eines Vergütungsberichts (§ 289 Abs. 2 Nr. 5 HGB) |
| | ▶ | Für große Kapitalgesellschaften: Angabe der bedeutsamen nicht-finanziellen Leistungsindikatoren (§ 289 Abs. 3 HGB) |
| | ▶ | Für AG und KGaA, die einen organisierten Markt i. S. des § 2 Abs. 7 des Wertpapiererwerbs- und Übernahmegesetzes durch von ihnen ausgegebene stimmberechtigte Aktien in Anspruch nehmen: Übernahmerechtliche Angaben und Erläuterungen (§ 289 Abs. 4 HGB) |
| | ▶ | Für kapitalmarktorientierte Kapitalgesellschaften i. S. des § 264d HGB: Angaben zu wesentlichen Merkmalen des internen Kontroll- und des Risikomanagementsystems im Hinblick auf den Rechnungslegungsprozess (§ 289 Abs. 5 HGB) |
| | ▶ | Für börsennotierte AG sowie AG, die ausschließlich andere Wertpapiere als Aktien zum Handel an einem organisierten Markt i. S. des § 2 Abs. 5 WpHG ausgegeben haben: Abgabe einer Erklärung zur Unternehmensführung (§ 289a HGB) |

Die Berichterstattung muss in der Weise erfolgen, dass ein den tatsächlichen Verhältnissen entsprechendes Bild vermittelt wird. Hierfür sind im Fachschrifttum sog. Grundsätze ordnungsmäßiger Lageberichterstattung (GoL) entwickelt und konkretisiert worden. Relevante Berichtsgrundsätze kodifiziert der **Deutsche Rechnungslegungs Standard Nr. 20** „Konzernlagebericht" (DRS 20, hier Tz. 12 ff.), in welchem die bisherigen Standards Nr. 15 „Lageberichterstattung" (DRS 15) sowie Nr. 5 „Risikoberichterstattung" (DRS 5) vereinigt wurden. Daneben ist der IDW PS 350 „Prüfung des Lageberichts" zu beachten.

Im Rahmen der Analyse der Erfolgslage werden insbesondere die Angaben zum Geschäftsverlauf und der voraussichtlichen künftigen Entwicklung von Interesse sein. Hieraus können wichtige Anhaltspunkte über die gegenwärtige und künftige **Wettbewerbsposition** des Unternehmens abgeleitet werden. Der Analyst – insbesondere der unternehmensexterne – erhält insoweit wichtige Informationen über die **Wettbewerbsstärke** für die Risikobeurteilung der Geschäftstätigkeit, der relevanten Geschäftsprozesse und des dazugehörigen „Umfelds".

| ABB. 221: | Wettbewerbspositionsbezogene Informationen im Lagebericht |
|---|---|
| Gesamtwirtschaftliche Rahmenbedingungen | ▶ Konjunkturelle Situation, Inflationsrate, Preis- und Lohnentwicklung |
| | ▶ Kapitalmarktsituation (Zinsentwicklung, Wechselkurse) |
| | ▶ Wirtschaftspolitische Maßnahmen und Reformen (Geld-, Haushalts-, Steuerpolitik, Subventionen, Arbeitsmarktpolitik) |
| Branchenentwicklung | ▶ Wettbewerbs- und Marktverhältnisse |
| | ▶ Beschaffungssituation, Versorgungslage, Rohstoffsubstitution |
| | ▶ Lieferanten, Branchenumsätze, ggf. Abhängigkeiten |
| | ▶ Preis- und Lohnentwicklung, ggf. Wechselkursentwicklung |
| | ▶ Veränderungen der Produktionstechnologie |
| | ▶ Besondere rechtliche Rahmenbedingungen |
| Umsatz- und Auftragsentwicklung | ▶ Umsatz und Umsatzsegmente |
| | ▶ Export- und Marktanteile |
| | ▶ Entwicklung von Absatzpreisen und -mengen und deren Ursachen |
| | ▶ Preis- und Absatzpolitik des Unternehmens |
| | ▶ Auftragsbestand, Auftragseingänge, Auftragsreichweite |
| Absatz | ▶ Wesentliche Absatzmärkte, wichtige Markttrends |
| | ▶ Verfolgte Normstrategie (Wachstum, Konsolidierung, Schrumpfung) |
| | ▶ Phase im Produktlebenszyklus, Auftragseingänge |
| | ▶ Wettbewerbsposition des Unternehmens |
| | ▶ Bedrohung durch Konkurrenten und Substitutionsprodukte |
| | ▶ Absatzsegmente, Hauptabnehmer, bedeutende Abnahmeverträge |
| | ▶ Gewinnspannen, Zahlungsbedingungen |
| | ▶ Exportanteil, Exportrisiken |
| | ▶ Marketingstrategie und -politik, Image der Produkte |
| Produktion | ▶ Wesentliche Produktgruppen, Marktchancen und Marktposition |
| | ▶ Investitionen, davon im Rahmen von Produktinnovationen |
| | ▶ Neukonzeptionen und Variationen von Produkten |
| | ▶ Grad der Produktdifferenzierung bzw. -standardisierung, Rationalisierungen |
| | ▶ Altersstruktur der Leistungspalette, Sortimentsbereinigungen, Aufgabe von Produktlinien |
| | ▶ Wirtschaftlichkeit der Produktion, Entwicklung der Kapazitätsauslastung und der Bestände, Altersstruktur der Anlagen |
| | ▶ Erweiterungs- und Ersatzinvestitionen |
| | ▶ Auswirkungen von Rationalisierungsmaßnahmen auf die Fertigungskosten |
| | ▶ Einführung von Qualitätsmanagementsystemen im Produktionsbereich |
| Beschaffung | ▶ Marktstruktur der wichtigsten Beschaffungsmärkte |
| | ▶ Wichtigste Zulieferer und Kontrakte, Preise und Dispositionen |
| | ▶ Versorgungslage, Engpässe, Lagerreichweite, Vorratspolitik |
| | ▶ Zahlungsbedingungen, Importanteil |
| | ▶ Abhängigkeiten, besondere Beschaffungsrisiken, Substitutionsmöglichkeiten |
| | ▶ Einführung von Qualitätsmanagementsystemen im Logistikbereich |

| | |
|---|---|
| **Investitionen und Finanzierung** | ▶ Aufgliederung der Investitionen, wesentliche Investitionsprojekte, Investitionshemmnisse, Substanzerhaltungsbedarf |
| | ▶ Finanzierungsmaßnahmen und -vorhaben, Innenfinanzierungsgrad |
| | ▶ Herkunft, Volumen, Struktur und Fristigkeit des Kapitals |
| | ▶ Entwicklung der Kreditpolitik |
| | ▶ Bestehende oder potenzielle Liquiditätsengpässe |
| | ▶ Wesentliche Leasing- oder sonstige finanzielle Verpflichtungen |
| | ▶ Bestehende oder geplante Platzierungen an Kapitalmärkten |
| | ▶ Gewährung oder Abzug von Subventionen |
| | ▶ Einsatz derivativer Finanzinstrumente |
| **Personal- und Sozialbereich** | ▶ Anzahl und Qualifikation der Mitarbeiter, Altersaufbau |
| | ▶ Motivation, Betriebstreue |
| | ▶ Regelungen zur Arbeitszeit und zum Arbeitsschutz, Mitbestimmung |
| | ▶ Höhe, Entwicklung und Struktur des Personalaufwands (z. B. tarifliche/freiwillige Sozialleistungen) |
| | ▶ Vergütungssystem (z. B. variable Bestandteile, Sonderzuwendungen) |
| | ▶ Betriebliche Altersversorgung, Versorgungszusagen |
| | ▶ Aus- und Weiterbildungssystem |
| | ▶ Sonstige betriebliche Sozialleistungen und soziale Einrichtungen |
| **Umweltschutz** | ▶ Umweltschutzmaßnahmen und Umweltschutzpolitik |
| | ▶ Umweltrisiken, Haftungsgefahren, Schadensersatzansprüche |
| | ▶ Energieverbrauch, gegliedert nach Energieträgern (Energiebilanz) |
| | ▶ Altlasten, Rekultivierungsverpflichtungen, Verfahren zur Abfallbeseitigung, Luft- und Gewässerschutzmaßnahmen |
| | ▶ Demontage, Verwertung, Beseitigung von Anlagen oder Altprodukten |
| | ▶ Umweltmanagementsystem, Umweltaudits |
| **Rechtliche Rahmenbedingungen** | ▶ Gesellschaftsrechtliche Organisationsform, Eigentümerstruktur, Beherrschungsverhältnisse |
| | ▶ Organisationsstruktur, Ein- und Ausgliederungen, Konzernierungsgrad, Beteiligungsunternehmen, Standorte |
| | ▶ Besonderheiten des geschäftsführenden Organs und des Aufsichtsorgans (Zusammensetzung, Reputation, Erfahrung, Unabhängigkeit und Kontrolle) |
| | ▶ Besonderheiten der nachgeordneten Führungsebenen (Zusammensetzung, Reputation, Erfahrung, Besetzung von Schlüsselpositionen) |
| **Sonstige** | ▶ Elementarereignisse |
| | ▶ Arbeitskampfmaßnahmen, politische Krisen, Enteignungen |
| | ▶ Schwebende Prozesse, Schadensersatzansprüche |
| | ▶ Sonstige durchgreifende Änderungen der rechtlichen Rahmenbedingungen |

Der **Geschäftsverlauf** soll als Überblick über die Unternehmensentwicklung und die hierfür ursächlichen Ereignisse in der Berichtperiode einschließlich ihrer Würdigung durch die Geschäftsleitung dargestellt werden (DRS 20, Tz. 53 f.). Neben Angaben zu den einzelnen Funktionsbereichen und der Umsatzsituation ist auch auf die gesamtwirtschaftliche und die Branchensituation einzugehen, so dass sich dem Analysten eine integrierte, risikoorientierte Berichterstattung erschließt. Der Geschäftsverlauf ist von Seiten des Vorstands im Hinblick auf die Zielerreichung mindestens im Wege einer Gesamtwürdigung zu beurteilen (DRS 20, Tz. 58 f.).

Die **Lage** des Unternehmens umfasst h. M. nach die Vermögens-, Finanz- und Ertragslage i. A. a. die Generalnorm des § 264 Abs. 2 Satz 1 HGB. Es ist auf Ereignisse und Entwicklungen einzugehen, die für den Geschäftsverlauf ursächlich waren (DRS 20, Tz. 64 ff.). Dies schließt die Würdigung voraussichtlicher künftiger Entwicklungen und die gesonderte Erörterung außerordentlicher oder betriebsfremder Einflüsse ein. Die Darstellung der Lage erfolgt häufig mit Hilfe der Präsentation von Jahresabschlusskennzahlen im Mehr-Jahres-Vergleich entsprechend der vorstehenden Ausführungen.

Die **voraussichtliche Entwicklung** muss mindestens in den Bereichen dargestellt werden, die bei der Berichterstattung zum Geschäftsverlauf und zur Lage erörtert wurden. Da es sich um als solche zu kennzeichnende Prognosen des Managements handelt, sollten angesichts der unvermeidlichen Unsicherheit der Aussagen zusätzliche verbale Erläuterungen erfolgen sowie mögliche Bandbreiten der erwarteten Werteausprägung angegeben werden. Das Management muss der Prognose eine Würdigung in Bezug auf die Geschäftsentwicklung hinzufügen. Der Prognosezeitraum soll mindestens ein Jahr umfassen (DRS 20, Tz. 116 ff.).

Die Berichtspflicht über **Chancen und Risiken der künftigen Entwicklung** umfasst die Darlegung prognostischer Einschätzungen durch die Geschäftsleitung im Rahmen ihres pflichtgemäßen Ermessens. Die Vorschrift steht in einem inneren Zusammenhang mit § 91 Abs. 2 AktG, demzufolge der Vorstand einer AG ein **Überwachungssystem** – in der amtlichen Gesetzesbegründung konkretisiert als Risikomanagementsystem einschl. einer internen Revision – einzurichten und zu unterhalten hat, damit die den Fortbestand der Gesellschaft gefährdenden Entwicklungen rechtzeitig erkannt werden. Zum Risikomanagementsystem vgl. die Ausführungen in Kapitel VI.

**Berichtspflichtige** Risiken sind aus Gründen der Klarheit und Wesentlichkeit nur

- **bestandsgefährdende** Risiken, d. h. Risiken, die bedingen, dass vom Grundsatz der Unternehmensfortführung (§ 252 Abs. 1 Nr. 2 HGB) nicht mehr ausgegangen werden kann, und zwar bezogen auf eine Bezugsperiode von einem Jahr beginnend vom Abschlussstichtag des Geschäftsjahrs,

- **sonstige** Risiken mit wesentlichem Einfluss auf die Vermögens-, Finanz- und Ertragslage, d. h. Risiken, die zwar der Fortbestandsannahme nicht entgegenstehen, aber sich im Falle ihres Eintretens in wesentlichem Umfang nachteilig auf den Geschäftsverlauf bzw. die Lage auswirken und somit die künftige wirtschaftliche Lage des Unternehmens beeinträchtigen können, über einen Bezugszeitraum von i. d. R. zwei Jahren nach dem Abschlussstichtag des Geschäftsjahrs.

Eine angemessene Erfüllung der Berichtspflicht durch die gesetzlichen Unternehmensvertreter setzt voraus, dass

- alle verfügbaren Informationen in die Prognosen eingehen,
- die zu Grunde liegenden Annahmen realistisch und in sich widerspruchsfrei sind und
- die Prognoseverfahren richtig gehandhabt werden.

Zusätzlich ist zu berichten über

- die aus der voraussichtlichen Entwicklung der Gesellschaft resultierenden Chancen, welche gleichwertig neben den Risiken stehen,
- die der Darstellung der Chancen und Risiken zu Grunde liegenden Annahmen,
- die Risikomanagementziele und -methoden sowie die Risiken in Bezug auf den Einsatz von Finanzinstrumenten.

Der Risikobericht ist folglich als integriertes Chancen-Risiken-Reporting aufzufassen, der auch eine chancenorientierte Berichtskomponente aufweist.

Die einzelnen Chancen und Risiken sind nach Art und Ausmaß zu beschreiben und ihre möglichen Konsequenzen zu erläutern. Eine **Quantifizierung** wird nicht explizit vorgeschrieben, außer wenn anerkannte und verlässliche Methoden hierfür zur Verfügung stehen und im Rahmen der internen Steuerung angewandt werden, etwa die Value-at-Risk-Methode bei Finanzmarktdaten. Ansonsten reicht eine qualitative Berichterstattung etwa in Form von Tendenzaussagen aus (DRS 20, Tz. 149 ff.).

Da ein enger Zusammenhang zwischen der Darstellung der Risiken im Lagebericht und ihrer Erfassung und Bewertung im Rahmen der Risikofrüherkennung besteht, sollte im Risikobericht auch die Grundstruktur des **Risikofrüherkennungssystems** dargelegt werden (DRS 20, Tz. 135 f.).

Insbesondere für diversifizierte Unternehmen sollte eine Analyse der **Lageberichterstattung** auf Basis von **Segmenten** vorgenommen werden. Jahresabschlüsse diversifizierter Unternehmen weisen eine weitaus geringere Aussagekraft als diejenigen von nur wenig diversifizierten Firmen auf. Die Aggregation auf Gesamtunternehmensebene führt dazu, dass sich gegenläufige wirtschaftliche Entwicklungen verschiedener Segmente kompensieren und somit kein aussagefähiges Gesamtbild der wirtschaftlichen Lage entsteht.

Segmente sind wirtschaftliche Untereinheiten innerhalb diversifizierter Unternehmen, die i. d. R. identisch mit den sog. „strategischen Geschäftsfeldern" der strategischen Unternehmensplanung sind.

Zeit- und Betriebsvergleiche sind nur auf Grundlage von Segmentbilanzen zweckmäßig. Andernfalls wären Betriebsvergleiche nur sinnvoll, wenn ein Vergleichsunternehmen gefunden werden könnte, was nicht nur in den gleichen Segmenten tätig ist, sondern auch über die gleichen Segmentrelationen (z. B. entsprechend der Umsatzanteile) verfügt. Gleiches gilt für Zeitvergleiche, wenn sich die Segmentrelationen im Zeitablauf geändert haben.

Aus § 297 Abs. 1 Satz 2 HGB ergibt sich die Möglichkeit, eine **Segmentberichterstattung** im Rahmen des Konzernabschlusses auszuweisen. Im Fachschrifttum werden i. A. a. IFRS 8 als erforderliche Segmentinformationen mindestens neben den Umsätzen auch die Ergebnisse, Vermögensanteile, Investitionen, Abschreibungen und die Zahl der Beschäftigten angesehen. Im anglo-amerikanischen Bilanzrecht ist die Verpflichtung zur Aufstellung von Segmentbilanzen seit langem obligatorisch.

Das **Deutsche Rechnungslegungs Standards Committee (DRSC)** – anerkanntes privates Rechnungslegungsgremium nach § 342 HGB – hat im **DRS 3** Grundsätze der Segmentberichterstattung formuliert. Diese stellen gem. § 342 Abs. 2 HGB GoB betreffend die Konzernrechnungslegung dar.

Ziel der Segmentberichterstattung ist es demnach, den Einblick in die Vermögens-, Finanz- und Erfolgslage und damit in die Chancen und Risiken der einzelnen Geschäftsfelder zu verbessern. Die Segmentierung hat unter Berücksichtigung der operativen Geschäftseinheiten eines Unternehmens zu erfolgen, welche sich aus der internen Organisations- und Berichtsstruktur ergeben. Zu Einzelheiten der Segmentberichterstattung, ihrer Auswertung und den hieraus resultierenden Erkenntnissen kann auf die Ausführungen im Kapitel II. verwiesen werden.

Das jahresabschlussgestützte Controlling lässt sich auf die verbalen Teile der Berichterstattung eines Unternehmens wie den Lagebericht ausweiten. I. A. a. den Begriff der **Semiotik** als der Lehre von den sprachlichen Zeichen und deren Inhalten spricht man in diesem Zusammenhang auch von der **semiotischen Jahresabschlussanalyse** oder Inhaltsanalyse.

Die Leitfrage der Inhaltsanalyse lautet: „**Wer sagt was zu wem, wie, warum und mit welchem Effekt?**" Sie umfasst folgende Untersuchungsobjekte mit dem Ziel, die Richtung und Intensität von Einstellungen aus der Gestaltung von Texten zu messen:

▶ den **Bestimmtheitsgrad von Aussagen** (**syntaktische Ebene**): Dabei wird analysiert, in welchem Umfang Punktaussagen, Intervallaussagen, komparative Aussagen, qualitative Aussagen und nicht zu klassifizierende Aussagen getroffen werden. Dies erfolgt mit dem Ziel, aus dem Präzisionsgrad der Berichterstattung einen Zusammenhang zur tatsächlichen wirtschaftlichen Lage des Berichterstatters herzustellen;

▶ die **Intensität der freiwilligen Berichterstattung** (**pragmatische Ebene**), d. h. die Analyse, ob etwa zusätzlich zum gesetzlichen Pflichtumfang der Berichterstattung weitergehende Einblicke in die Unternehmenslage gewährt werden und die voraussichtliche zukünftige Entwicklung eingehend dargestellt wird;

▶ die **präferierte Wortwahl** (**semantische Ebene**): die Inhaltsanalyse der verbalen Berichterstattung mit dem Analyseziel, ob bestimmte Wörter, Wortgruppen, sprachliche und rhetorische

Mittel gezielt eingesetzt werden vor dem Hintergrund, dass Unternehmen auch mit Form und Stil der verbalen Berichterstattung ihre unternehmenspolitischen Zielsetzungen durchsetzen wollen.

Die Auswertung der verbalen Berichterstattung kann im Zuge einer Wortanalyse, Satzanalyse, textlinguistischen Analyse, Stilanalyse und/oder rhetorischen Analyse erfolgen. Konkret heißt dies, dass man im Rahmen einer rudimentären Variante eine Beurteilung der verbalen Berichterstattung durch einfache Auszählung der Buchstaben, Wörter und Druckzeilen bezüglich der geschilderten Sachverhalte vornimmt. Die Relation zum Gesamtumfang entspricht dann – so die Hypothese – der dem Sachverhalt beigemessenen Bedeutung.

Bei einer differenzierteren Auswertung werden Textelemente nach einem bestimmten inhaltlichen Schema klassifiziert. Ein einfaches Schema besteht z. B. darin, bestimmte Wortfelder in die Kategorien „negative Äußerungen oder Wertungen" bzw. „positive Äußerungen oder Wertungen" einzuteilen.

Jedenfalls postuliert die Inhaltsanalyse die folgenden **Hypothesen**:

▶ Je geringer der Umfang der Berichterstattung und/oder je unpräziser die Berichterstattung, umso eher ist von einer Verschleierung der tatsächlichen wirtschaftlichen Lage auch im Jahresabschluss auszugehen.

▶ Sinkt der Umfang der Berichterstattung bzw. wird sie zunehmend unpräzise, so ist von einer erheblichen Verschlechterung der realen wirtschaftlichen Lage auszugehen.

## 7.4 Integrierende Gesamtwürdigung der wirtschaftlichen Lage

Die theoretisch motivierten Jahresabschlusskennzahlen zur Analyse der Vermögens-, Finanz- und Erfolgslage sollen nun am Beispiel eines prominenten Turnaround-Kandidaten angewandt und interpretiert werden.

> **BEISPIEL:** ▶ Die **Borussia Dortmund GmbH & Co. KGaA** gehört zu den führenden Unternehmen im internationalen Berufsfußball und ist zudem die einzige börsennotierte Gesellschaft dieser Branche in Deutschland. Die KGaA ist seit dem Jahr 2000 Trägerin des ausgegliederten wirtschaftlichen Geschäftsbetriebs des Ballspielvereins Borussia 09 Dortmund e. V. (*http://aktie.bvb.de/Publikationen/Geschaeftsberichte*).
>
> Die **Marktumsätze** der KGaA lassen sich in die Bereiche Verkauf von medialen Verwertungsrechten, Spielbetrieb (Ticketing), Werbung (Sponsoring), Fan-Artikeln (Merchandising) sowie Transfer- und Ausbildungsentschädigung gliedern. Daneben engagiert sich die KGaA – zum Teil in Zusammenarbeit mit strategischen Partnern – in fußballnahen Geschäftsfeldern wie Sportbekleidung, Touristik, Gastronomie und Freizeitwirtschaft sowie medizinische und Reha-Leistungen.
>
> Mit einem Eigenkapital in Höhe von 93,5 Mio. € wurde ein Jahresumsatzerlös von 215,2 Mio. € und ein Konzernergebnis von 27,5 Mio. € erwirtschaftet.
>
> Borussia Dortmund ist ein klassischer Turnaround-Kandidat. Noch 2010 schloss die Gesellschaft mit einem Jahresfehlbetrag in Höhe von 6,1 Mio. € ab. Zu diesem Zeitpunkt war die Gesamtheit der Rücklagen durch aufgelaufene Verluste aufgezehrt. Der Höhepunkt der Krise datiert aus dem Jahr 2005. Am 17. 2. 2005 wurde die **Ad-hoc-Mitteilung** veröffentlicht, dass im ersten Halbjahr des Geschäftsjahrs vom 2004/05 ein operativer Verlust von 27,2 Mio. € zu verzeichnen war und zum Ende des Geschäftsjahres

ohne Berücksichtigung der Einleitung von Sanierungsmaßnahmen ein Gesamtjahresfehlbetrag von voraussichtlich 68,8 Mio. € entsprechend 79 % des gezeichneten Kapitals der Aktionäre zu erwarten sei und demnach eine **existenzbedrohende Ertrags- und Finanzsituation** vorliege.

Der **Bestätigungsvermerk** zum Jahresabschluss 2004/05 enthielt folgenden sog. „hinweisenden Zusatz" gem. § 322 Abs. 2 Satz 3 HGB der **Abschlussprüferin** Westfalen-Revision GmbH, Dortmund:

„(…) Im Bericht über die Lage der Gesellschaft und des Konzerns (…) sind im Abschnitt zum Risikobericht nachstehende entwicklungsbeeinträchtigende und bestandsgefährdende Risiken aufgeführt:

- ▶ Nichterteilung der Lizenz zur Teilnahme an den Spielen der Bundesliga für die Saison 2006/07,
- ▶ Wesentliche Verschlechterung der Vermögens-, Finanz- und Ertragslage im Vergleich zum planmäßigen Verlauf des Sanierungskonzeptes,
- ▶ Nichteinhaltung eingegangener Verpflichtungen gegenüber Finanzgläubigern und daraus resultierende Gefährdung notwendiger Kredit- und Sicherheitenprolongation."

Für die Fallstudie werden Echtzahlen aus drei aufeinander folgenden publizierten Konzernjahresabschlüsse herangezogen (Geschäftsjahre jeweils vom 1. 7. - 30. 6. laufend). Deren Aufstellung erfolgt entsprechend § 315a HGB nach den IAS/IFRS, die diesbezüglichen Besonderheiten sind zu beachten.

**Allgemeine Hinweise zum Jahresabschluss:**

Die Borussia Dortmund GmbH & Co. KGaA gehört zu den markenstärksten internationalen Fußballclubs mit dem höchsten Zuschauerschnitt in Europa. Schwerpunkt der Geschäftstätigkeit ist der professionelle Vereinsfußball und die wirtschaftliche Nutzung der damit verbundenen Einnahmepotenziale.

Das **Grundkapital** der Borussia Dortmund GmbH & Co. KGaA beträgt 61,425 Mio. € und ist eingeteilt in ebenso viele nennwertlose Stückaktien. Die Aktionärsstruktur der Borussia Dortmund GmbH & Co. KGaA stellt sich im analysierten Geschäftsjahr wie folgt dar:

- ▶ Bernd Geske: 11,55 %,
- ▶ BV Borussia 09 e.V. Dortmund: 7,24 %,
- ▶ Streubesitz: 81,21 %.

Derzeit bestehen folgende **Beteiligungen**:

- ▶ BVB Stadion Holding GmbH (100 % der Anteile),
- ▶ BVB Stadionmanagement GmbH (100 % der Anteile),
- ▶ BVB Merchandising GmbH (100 % der Anteile),
- ▶ Sports & Bytes GmbH (100 % der Anteile),
- ▶ Besttravel Dortmund GmbH (51 % der Anteile),
- ▶ Orthomed Medizinisches Leistungs- und Rehabilitationszentrum GmbH (33,3 % der Anteile).

**Besonderheiten bei den allgemeinen Bilanzierungsgrundsätzen lt. Anhang:**

- Die Anschaffungskosten der Spielerwerte umfassen geleistete Transferzahlungen sowie die dem Transfer direkt zuordenbaren Beraterkosten. Es wird linear über die individuelle Vertragslaufzeit abgeschrieben. (Hinweis: Dies ist übliche Praxis).
- Neubewertung der Stadionbauten gem. IFRS-Wahlrecht zum **beizulegenden Zeitwert** i. H. v. 177,2 Mio. €. (Hinweis: Alternativ ist die Bewertung zu fortgeführten Anschaffungs- und Herstellungskosten zulässig.)
- Ansatz von planmäßigen **Nutzungsdauern** für das Stadion 30 Jahre, sonstige Gebäude 25 - 50 Jahre, technische Anlagen und Maschinen 4,5 - 15 Jahre und Betriebs- und Geschäftsausstattung 7 - 15 Jahre.
- Bedeutende Teile des Stadiongebäudes werden gem. des sog. **Komponentenansatzes** über die jeweilige spezifische Nutzungsdauer abgeschrieben. (Hinweis: Hierzu besteht ein Wahlrecht, dessen Inanspruchnahme tendenziell zu einer Vorverlagerung des Aufwandes führt.)

**Besonderheiten bei den einzelnen Anhangangaben:**

- Ein Verwaltungsgebäude und die Baulichkeiten auf dem Trainingsgelände wurden aufgrund des Übergangs von Chancen und Risiken als Finanzierungsleasing klassifiziert und entsprechend bilanziell dargestellt.
- Die langfristigen Finanzverbindlichkeiten haben eine gewichtete Verzinsung von 5,5 % (Vorjahr 6,2 %), die kurzfristigen Finanzverbindlichkeiten von 6,6 % (Vorjahr 6,9 %).
- Nicht bilanzierte **zukünftige Ansprüche** aus Dauerkartenerlösen sowie Transfererlöse und Versicherungsansprüche wurden im Voraus abgetreten.
- Der Sportfive GmbH & Co. KG, Hamburg, wurde die Vermarktung von Borussia Dortmund im Rahmen eines Agenturlizenzvertrags übertragen. Die im Voraus vereinnahmte **Lizenzgebühr** wird passivisch abgegrenzt und über die Vertragslaufzeit von 12 Jahren linear aufgelöst und erfolgswirksam erfasst.
- Nicht bilanzierte **sonstige finanzielle Verpflichtungen** bestehen i. H. v. 113,3 Mio. €, hiervon mit einer Restlaufzeit von bis zu einem Jahr 16,0 Mio. €. Darüber hinaus besteht ein Bestellobligo i. H. v. 11,4 Mio. €.
- Die sonstigen betrieblichen Erträge beinhalten im Wesentlichen Abstellungsgebühren für Nationalspieler aus dem DFB-Grundlagenvertrag und sind zahlungswirksam.
- Der **Materialaufwand** beinhaltet den Wareneinsatz der BVB Merchandising GmbH.
- Der **Personalaufwand** enthält keine Ansprüche aus leistungsbezogenen Altersversorgungszusagen.

Es zeigt sich eine tendenziell progressive, sachverhaltsgestaltende Jahresabschlusspolitik mit dem Ziel einer Aufwandsnachverlagerung. Die Maßnahmen sind allerdings für den Berufssport branchentypisch. Dies scheint noch ein „Erbe" aus den Zeiten der Unternehmenskrise zu sein. Die Nutzung der Sachverhaltsabbildungen ist bilanzpolitisch neutral.

Als erster Schritt werden die Strukturübersichten mit den zugehörigen Primärdaten erstellt.

| ABB. 222: | Primärdaten zur Analyse der Vermögens-, Finanz- und Erfolgslage (Fallbeispiel) | | |
|---|---|---|---|
| Vermögenslage (Werte in T€) | 20t2 | 20t1 | 20t0 |
| Bilanzsumme | 248.706 | 221.726 | 215.161 |
| Anlagevermögen gesamt (RBW) | 210.404 | 196.616 | 204.574 |
| Sach- und immaterielles Anlagevermögen (RBW) | 208.351 | 189.172 | 194.543 |
| Abnutzbares bewegliches Sachanlagevermögen (RBW) | 19.896 | 14.994 | 12.108 |
| Abnutzbares bewegliches Sachanlagevermögen (historische AHK) | 39.306 | 31.630 | 28.488 |
| Nettozugänge abnutzbares bewegliches Sachanlagevermögen (Zugänge - Abgänge +/- Umbuchungen) | 7.676 | 3.142 | -271 |
| Periodenabschreibungen abnutzbares bewegliches Sachanlagevermögen | 2.779 | 2.016 | 1.826 |
| Vorräte (BW) | 5.808 | 2.328 | 1.788 |
| Forderungen aus Lieferungen und Leistungen (BW) | 21.352 | 15.723 | 3.523 |
| Umsatzerlöse | 215.239 | 151.478 | 110.142 |

Wegen der aus dem Geschäftsmodell resultierenden hohen Bedeutung der immateriellen Vermögensgegenstände des Anlagevermögens (insbesondere Markenrechte und Spielerwerte) im Verhältnis zu den physischen Anlagen könnte hier ergänzend die Substanzentwicklung in diesem Bereich analysiert werden.

| Vermögenslage (Werte in T€) | 20t2 | 20t1 | 20t0 |
|---|---|---|---|
| Immaterielles Anlagevermögen (RBW) | 25.749 | 18.432 | 20.358 |
| Immaterielles Anlagevermögen (histor. AHK) | 51.392 | 41.468 | 49.787 |
| Nettozugänge immaterielles Anlagevermögen (Zugänge - Abgänge +/- Umbuchungen) | 9.924 | -8.319 | 5.156 |
| Periodenabschreibungen immaterielles Anlagevermögen | 8.491 | 8.633 | 8.463 |

Für die Finanz- und Erfolgslage ergeben sich sodann folgende Primärdaten:

| Finanzlage (Werte in T€) | 20t2 | 20t1 | 20t0 |
|---|---|---|---|
| Bilanzsumme | 248.706 | 221.726 | 215.161 |
| Wirtschaftliches Eigenkapital | 93.455 | 67.626 | 62.025 |
| Rücklagen +/- Gewinn-/Verlustvortrag +/- Jahresüberschuss/-fehlbetrag – Eigene Anteile | 31.683 | 5.875 | 317 |
| Langfristiges Fremdkapital (einschl. Pensionsrückstellungen) | 93.305 | 90.735 | 103.726 |
| Kurzfristiges Fremdkapital (einschl. Steuerrückstellungen + Sonstige Rückstellungen) | 61.946 | 63.365 | 49.410 |
| Zinstragendes Fremdkapital (Verbindlichkeiten gegenüber Kreditinstituten + sonstiges zinstragendes Fremdkapital, insb. Verbindlichkeiten aus Finanzierungsleasing) | 69.674 | 71.080 | 81.290 |
| Verbindlichkeiten aus Lieferungen und Leistungen | 9.636 | 10.525 | 6.460 |

**KAPITEL III** Jahresabschlussgestütztes Controlling

| Finanzlage (Werte in T€) | 20t2 | 20t1 | 20t0 |
|---|---|---|---|
| Anlagevermögen gesamt (RBW) | 210.404 | 196.616 | 204.574 |
| Finanzumlaufvermögen (einschl. kurzfristige Forderungen) | 32.494 | 22.782 | 8.799 |
| Umlaufvermögen gesamt (BW) | 38.302 | 25.110 | 10.587 |
| Materialaufwand zzgl. sonstiger betrieblicher Aufwand (ohne Leasingaufwand) | 80.987 | 59.089 | 45.048 |
| Zinsaufwand und Aufwand aus Finanzierungsleasing | 5.004 | 5.700 | 5.785 |

| Erfolgslage (Werte in T€) | 20t2 | 20t1 | 20t0 |
|---|---|---|---|
| Bilanzsumme | 248.706 | 221.726 | 215.161 |
| Umsatzerlöse | 215.239 | 151.478 | 110.142 |
| Gesamtleistung | 222.869 | 155.785 | 112.222 |
| Wirtschaftliches Eigenkapital | 93.455 | 67.626 | 62.025 |
| Betriebsergebnis | 41.392 | 14.908 | -508 |
| EBIT (Jahresüberschuss vor Zinsen und Steuern) | 41.595 | 15.196 | -392 |
| EBT (Jahresüberschuss vor Steuern vom Einkommen und Ertrag) | 36.591 | 9.496 | -6.177 |
| Cashflow nach DVFA/SG | 27.074 | 15.970 | 6.034 |
| Anzahl Arbeitnehmer/Vollzeitäquivalente | 461 | 362 | 331 |
| Personalaufwand | 79.923 | 61.541 | 47.961 |
| Materialaufwand | 12.477 | 7.658 | 4.683 |
| Zinsaufwand und Aufwand aus Finanzierungsleasing | 5.004 | 5.700 | 5.785 |

Sodann werden die dargestellten Jahresabschlusskennzahlen berechnet:

**ABB. 223:** Kennzahlenbildung zur Analyse der Vermögens-, Finanz- und Erfolgslage (Fallbeispiel)

| Lfd. Nr. | Kennzahl | Definition | Werte in % bzw. x-fach | | | Bewertung [2] |
|---|---|---|---|---|---|---|
| | | | 20t2 | 20t1 | 20t0 | |
| 1 | Anlagenintensität | $\frac{\Sigma \text{ AV zu RBW} \cdot 100}{\text{Bilanzsumme}}$ | 84,6 | 88,7 | 95,1 | 1 |
| 2 | Restwertquote Sachanlagen | $\frac{\text{SAV zu RBW} \cdot 100 \,[1]}{\text{SAV zu histor. AHK} \,[1]}$ | 50,6 | 47,4 | 42,5 | 0 |
| 3 | (Netto-)Investitionsquote Sachanlagen | $\frac{(\text{Zugänge} - \text{Abgänge} +/- \text{Umbuchg. SAV}) \cdot 100 \,[1]}{\text{SAV zu histor. AHK} \,[1]}$ | 19,5 | 9,9 | -1,0 | 0 |
| 4 | Abschreibungsquote | $\frac{\text{Abschr. SAV} \cdot 100 \,[1]}{\text{SAV zu histor. AHK} \,[1]}$ | 7,1 | 6,4 | 6,4 | 0 |
| 5 | Umschlagshäufigkeit Gesamtkapital | $\frac{\text{Umsatzerlöse}}{\text{Bilanzsumme}}$ | 0,87 | 0,68 | 0,51 | 0 |
| 6 | Anlagenproduktivität | $\frac{\text{Umsatzerlöse}}{\text{SAV + immat AV zu RBW}}$ | 1,03 | 0,81 | 0,57 | 0 |

## Analyse der Vermögens-, Finanz- und Erfolgslage — KAPITEL III

| Beurteilung der Vermögenslage | | | | | | |
|---|---|---|---|---|---|---|
| Lfd. Nr. | Kennzahl | Definition | Werte in % bzw. x-fach | | | Bewertung [2] |
| | | | 20t2 | 20t1 | 20t0 | |
| 7 | Lagerreichweite | Vorräte · 365 / Umsatzerlöse | 9,8 | 5,6 | 5,9 | 0 |
| 8 | Kundenziel | Forderungen aus LuL · 365 / Umsatzerlöse | 36,2 | 37,9 | 11,7 | 0 |
| Gesamt (maximal 24 Punkte) | | | | | | 1 |

Erläuterungen:

[1] Nur abnutzbares bewegliches Sachanlagevermögen: Maschinen, technische Anlagen, andere Anlagen, Betriebs- und Geschäftsausstattung (IAS 16.37, 16.73 in analoger Anwendung von § 266 Abs. 2 A.II.2, A.II.3. HGB). RBW = Restbuchwert.

[2] 0 = Ohne erkennbare Risiken, 1 = Leicht erhöhte Risiken, 2 = Wesentliche Risiken, 3 = Bestandsgefährdende Risiken.

**Hinweis:** Die Lagerreichweite wird auf die Umsatzerlöse bezogen, da es sich bei den Lagerbeständen sämtlich um Merchandising-Artikel handelt und keine eigene Verarbeitung erfolgt.

Die Vermögensstrukturkennzahlen können alternativ auch für das immaterielle Anlagevermögen beziffert werden:

| Beurteilung der Vermögenslage | | | | | | |
|---|---|---|---|---|---|---|
| Lfd. Nr. | Kennzahl | Definition | Werte in % bzw. x-fach | | | Bewertung [2] |
| | | | 20t2 | 20t1 | 20t0 | |
| 2a | Restwertquote immaterielles AV | imm. AV zu RBW · 100 [1] / imm. AV zu histor. AHK [1] | 50,1 | 44,4 | 40,9 | 0 |
| 3a | (Netto-)Investitionsquote immaterielles AV | (Zugänge - Abgänge +/- Umbuch. imm. AV) · 100 [1] / imm. AV zu histor. AHK [1] | 19,3 | -20,1 | 10,4 | 1 |
| 4a | Abschreibungsquote immat. AV | Abschr. imm. AV · 100 [1] / imm. AV zu histor. AHK [1] | 16,5 | 20,8 | 17,0 | 0 |

Erläuterungen:

[1] Immaterielle Vermögensgegenstände analog zu § 266 Abs. 2 A. I.

[2] 0 = Keine erkennbare Risiken, 1 = Leicht erhöhte Risiken, 2 = Wesentliche Risiken, 3 = Bestandsgefährdende Risiken.

Für die Finanz- und Erfolgslage folgt analog:

| \multicolumn{7}{l}{Beurteilung der Finanzlage} |
|---|---|---|---|---|---|---|
| Lfd. Nr. | Kennzahl | Definition | Werte in % bzw. x-fach | | | Bewer-tung [5] |
| | | | 20t2 | 20t1 | 20t0 | |
| 1 | Eigenkapitalquote | Wirtschaftliches EK · 100 [1] / Bilanzsumme | 37,6 | 30,5 | 28,8 | 0 |
| 2 | Rücklagenquote | Rücklagen · 100 / Bilanzsumme | 12,7 | 2,6 | 0,1 | 1 |
| 3 | Anlagendeckungs-grad A | Wirtschaftliches EK · 100 [1] / Anlagevermögen | 44,4 | 34,4 | 30,3 | 1 |
| 4 | Anlagedeckungs-grad B | (Wirtschaftliches EK + Pensions-RüSt + Lfr. Verbindl.) · 100 [1,2] / Anlagevermögen | 88,8 | 80,5 | 81,0 | 1 |
| 5 | Liquidität 2. Grades | (Liqu. Mittel + Wertp. des UV + Forderungen) · 100 / Kfr. Verbindlichkeiten [3] | 52,5 | 36,0 | 17,8 | 2 |
| 6 | Liquidität 3. Grades (working capital ratio) | Umlaufvermögen · 100 / Kfr. Verbindlichkeiten [3] | 61,8 | 39,6 | 21,4 | 2 |
| 7 | Durchschnittlicher Fremdkapitalzins | Zinsen und ähnliche Aufwendungen · 100 / Zinstragendes Fremdkapital [4] | 7,2 | 8,0 | 7,1 | 2 |
| 8 | Lieferantenziel | Verbindlichk. aus LuL · 365 / Materialaufwand + sst. betr. Aufwand (ohne Leasing) | 43,4 | 65,0 | 52,3 | 0 |
| \multicolumn{6}{l}{Gesamt (maximal 24 Punkte)} | | | | 9 |

Erläuterungen:

[1] Wirtschaftliches Eigenkapital = Bilanzielles Eigenkapital - ausstehende Einlagen - nicht durch Eigenkapital gedeckter Fehlbetrag - nicht passivierte Pensionsrückstellungen.

[2] Langfristige Verbindlichkeiten = Verbindlichkeiten mit einer Restlaufzeit von mehr als einem Jahr (IAS 1.51 i.V. m. IAS 1.60 ff.).

[3] Kurzfristige Verbindlichkeiten = Steuerrückstellungen + sonstige Rückstellungen + Verbindlichkeiten mit einer Restlaufzeit von bis zu einem Jahr (IAS 1.51 i.V. m. IAS 1.60 ff.).

[4] Zinstragendes Fremdkapital = Anleiheverbindlichkeiten + Verbindlichkeiten gegenüber Kreditinstituten + Verbindlichkeiten gegenüber verbundenen und Beteiligungsunternehmen, soweit zinstragend. Hier auch Verbindlichkeiten aus Finanzierungsleasing.

[5] 0 = Ohne erkennbare Risiken, 1 = Leicht erhöhte Risiken, 2 = Wesentliche Risiken, 3 = Bestandsgefährdende Risiken.

**Hinweis:** Die Verpflichtungen aus Finanzierungsleasing sind sowohl beim Zinsaufwand als auch beim zinstragenden Fremdkapital zu berücksichtigen.

# Analyse der Vermögens-, Finanz- und Erfolgslage — KAPITEL III

| Beurteilung der Erfolgslage | | | | | | |
|---|---|---|---|---|---|---|
| Lfd. Nr. | Kennzahl | Definition | \multicolumn{3}{c|}{Werte in % bzw. x-fach} | Bewertung [2] |
| | | | 20t2 | 20t1 | 20t0 | |
| 1 | Return on Investment | (Jahresüberschuss vor EE-Steuern + Zinsaufwendungen) · 100 / Bilanzsumme | 16,7 | 6,9 | -0,2 | 0 |
| 2 | Eigenkapitalrentabilität | Jahresüberschuss vor EE-Steuern · 100 / Wirtschaftliches EK [1] | 39,2 | 14,0 | -10,0 | 0 |
| 3 | Betriebsergebnisquote | Betriebsergebnis (GuV-Saldo nach Nr. 8) · 100 / Umsatzerlöse | 19,2 | 9,8 | -0,5 | 0 |
| 4 | Cashflowquote | Cashflow nach DVFA/SG · 100 / Umsatzerlöse | 12,6 | 10,5 | 5,5 | 0 |
| 5 | Zinsdeckung | Zinsaufwand · 100 / Betriebsergebnis (GuV-Saldo nach Nr. 8) | 12,1 | 38,2 | neg. | 0 |
| 6 | Betriebsergebnis pro Beschäftigten | Betriebsergebnis (GuV-Saldo nach Nr. 8) / Anzahl der Arbeitnehmer | 89,8 | 41,2 | -1,5 | 0 |
| 7 | Personalaufwand pro Beschäftigten | Personalaufwand / Anzahl der Arbeitnehmer | 173,4 | 170,0 | 144,9 | 0 |
| 8 | Personalaufwandsquote | Personalaufwand · 100 / Gesamtleistung (GuV-Summe nach Nr. 4) | 35,9 | 39,5 | 42,7 | 0 |
| | Materialaufwandsquote | Materialaufwand · 100 / Gesamtleistung (GuV-Summe nach Nr. 4) | 5,6 | 4,9 | 4,2 | 0 |
| Gesamt (maximal 27 Punkte) | | | | | | 0 |

Erläuterungen:
[1] Wirtschaftliches Eigenkapital = Bilanzielles Eigenkapital - ausstehende Einlagen - nicht durch Eigenkapital gedeckter Fehlbetrag - nicht passivierte Pensionsrückstellungen.
[2] 0 = Ohne erkennbare Risiken, 1 = Leicht erhöhte Risiken, 2 = Wesentliche Risiken, 3 = Bestandsgefährdende Risiken

Die einzelnen Kennzahlenwerte lassen sich anschließend wie folgt interpretieren:

| ABB. 224: | Kennzahleninterpretation zur Analyse der Vermögens-, Finanz- und Erfolgslage (Fallbeispiel) | |
|---|---|---|
| Lfd. Nr. | Kennzahl | Interpretation |
| Vermögenslage | | |
| 1 | Anlagenintensität | Insgesamt sehr hohe Werte, die die Fixkostenlastigkeit und damit ein Indiz für betriebliche Inflexibilität (Leerstandsrisiko) darstellen. Die Werte sinken im Zeitverlauf, was durch die positive Zuschauerentwicklung und damit die Auslastungssteigerung induziert wird. Die Bilanzsumme steigt dabei stärker als das Anlagevermögen. |
| 2 | Restwertquote Sachanlagen/immaterielles AV | In beiden Bereichen steigende Werte. Es wird zuletzt für stetigen Ersatz gesorgt. Es besteht keine Substanzaushöhlung mehr, die ein Modernitätsrisiko und damit den Verlust des technischen Anschlusses darstellen würde (Richtwert rd. 50 %). |
| 3 | (Netto-)Investitionsquote Sachanlagen/immaterielles AV | Turnaround im Sachanlagevermögen vom negativen in den positiven Bereich, wobei für die letzten beiden Jahre der Wert über der Abschreibungsquote liegt. Indiz für Investitionsbereitschaft und -fähigkeit, die darauf schließen lässt, dass keine künftige Verringerung der Restwertquote zu erwarten ist. Im immateriellen Anlagevermögen dagegen starke Schwankungen durch unstetige Transferpolitik (Spielerwerte). |
| 4 | Abschreibungsquote | Im Zeitverlauf leicht steigende Werte. Niedriges Abschreibungsniveau im Sachanlagevermögen deutet auf hohe Gebäudelastigkeit hin; Nutzungsdauer rd. 15 Jahre. Schwankende Werte im immateriellen Anlagevermögen; Nutzungsdauer dort rd. sechs Jahre. |
| 5 | Umschlagshäufigkeit Gesamtkapital | Stark wachsende Werte, die mit einer Verkürzung der Umschlagsdauer des Gesamtkapitals von zuerst zwei Jahren auf eine Dauer von knapp über ein Jahr in der letzten Periode einhergehen. Deutlich reduziertes Kapitalbindungsrisiko. |
| 6 | Anlagenproduktivität | Es ist ein starker Anstieg der Produktivität aus betriebsgewöhnlicher Leistungserstellung im Zeitverlauf zu verzeichnen; Umschlagsdauer der Sachanlagen halbiert sich und liegt zuletzt bei knapp einem Jahr. Das Amortisationsrisiko sinkt somit deutlich. |
| 7 | Lagerreichweite | Aufgrund des geringen Vorratsbestands (Dienstleistungssektor) wenig aussagefähige Werte. Umschlagsdauer verlängert sich nur um wenige Tage; aufgrund der Spezifizität des Geschäftsprozesses kein erkennbares Risiko. |
| 8 | Kundenziel | Wert erhöht sich stark, was auf Einräumung längerer Zahlungsziele hindeutet. Umschlagsdauer der Forderungen liegt noch im tolerablen Bereich bei ca. 37 Tagen. |

| Lfd. Nr. | Kennzahl | Interpretation |
|---|---|---|
| Finanzlage | | |
| 1 | Eigenkapitalquote | Durch drastisch gestiegene Gewinne der letzten beiden Jahre wachsende Haftungssubstanz auf hohem Niveau (Richtwert mindestens 20 %). Sinkende Abhängigkeit von Kreditgebern. |
| 2 | Rücklagenquote | Zunächst extrem niedrig und bestandsgefährdend, da die Mittel der Innenfinanzierung fast völlig durch kumulierte Verluste aufgezehrt wurden. Durch nachfolgende Gewinne konnten die Rücklagen und damit die Rücklagenquote wieder steigen. Allerdings liegt der Wert unter dem Richtwert (mindestens 15 %) und indiziert somit noch keine angemessene Thesaurierungsfähigkeit und -bereitschaft. |
| 3 | Anlagendeckungsgrad A | Zwar ansteigende Werte, jedoch nicht in angemessener Höhe. Erhöhtes Risiko durch zunehmend kurzfristige Anlagenfinanzierung. |
| 4 | Anlagendeckungsgrad B | Erheblich höhere Werte als beim Deckungsgrad B. Fremdfinanzierung mithin überwiegend, jedoch nicht völlig fristenkongruent im langfristigen Bereich. Ebenfalls erhöhtes Risiko von Anschlussfinanzierungen während der Nutzungsdauer. Normwert 100 %. |
| 5 | Liquidität 2. Grades | Außerordentlich niedrige, jedoch steigende Werte, die aus Sicht der Deckungsfähigkeit kurzfristiger Schulden risikobehaftet sind. Anstieg ist auf den wachsenden Bestand an Forderungen aus LuL zurückzuführen. (Hinweis: Aus Sicht des working capital-Managements ist dies allerdings negativ zu werten, da der spätere Einzug von Forderungen zur nachverlagerten Generierung von Zahlungsmitteln führt und Opportunitätskosten der Kapitalbindung verursacht.) |
| 6 | Liquidität 3. Grades (working capital ratio) | Nur geringfügig höher, da kaum physisches Umlaufvermögen. Ebenfalls erhöhtes statisches Liquiditätsrisiko. Werte liegen deutlich unter Normwert von 100 %. |
| 7 | Durchschnittlicher Fremdkapitalzins | Zwar im Durchschnitt gleichbleibendes Niveau, dennoch deutlich sichtbarer Zinszuschlag als Anzeichen niedriger Bonität bei Kreditgebern. |
| 8 | Lieferantenziel | Recht hohe und stark fluktuierende Werte; aufgrund des aus dem Geschäftsmodell resultierenden geringen Materialaufwands allerdings nicht valide interpretierbar. |

| Lfd. Nr. | Kennzahl | Interpretation |
|---|---|---|
| Erfolgslage | | |
| 1 | Return on Investment | Die Unternehmensrentabilität entwickelt sich durch den erheblichen Gewinnzuwachs von einem akut bestandsgefährdenden hin zu einem positiven Wert, der die Vergleichsrendite am Kapitalmarkt zuzüglich eines Risikozuschlags deutlich übertrifft. Richtwert ca. 6 - 8 %. |
| 2 | Eigenkapitalrentabilität | Die Unternehmerrentabilität steigt extrem. Bedingt ist dies durch die weitestgehend konstanten Fremdkapitalkosten und den hohen Anstieg des ROI, der zuletzt den doppelten Wert des Fremdkapitalzinses einnimmt und einen stark positiven Leverage-Effekt zur Folge hat. Kein Rentabilitätsrisiko. Richtwert ca. 10 - 12 %. |

| Lfd. Nr. | Kennzahl | Interpretation |
|---|---|---|
| 3 | Betriebsergebnisquote | Stark ansteigende Werte aus operativer Leistungserstellung. Entwicklung zu einem rentablen Geschäftsmodell. Kein erkennbares Risiko. Spätindikator. Richtwert für dieses Geschäftsmodell ca. 3 - 6 %. |
| 4 | Cashflowquote | Steigende Werte im Zeitverlauf, die keine Rückschlüsse auf Illiquiditätsrisiken zulassen und somit die Finanzstärke aus operativer Geschäftstätigkeit zusätzlich belegen. Richtwert ca. 5 - 10 %. |
| 5 | Zinsdeckung | Kennzahl im Ausgangsjahr wegen negativem Betriebsergebnis (Nenner) nicht sinnvoll interpretierbar, bestandsgefährdendes Risiko. In 20t1 haben die Zinsaufwendungen rd. 40 % des gesamten Betriebsergebnisses aufgezehrt. Zuletzt wurde ein unbedenklicher Wert erreicht. Richtwert maximal 30 %. |
| 6 | Betriebsergebnis pro Beschäftigten | Negatives Betriebsergebnis im Ausgangsjahr nicht sinnvoll interpretierbar, zunächst bestandsgefährdendes Risiko. Durch den starken Anstieg des Betriebsergebnisses außerordentlich hohe Werte in den Folgejahren, die auf rasch wachsende Produktivität hindeuten. |
| 7 | Personalaufwand pro Beschäftigten | Überaus hohe Werte (aber begründbar durch Profispieler). Durch die enorme Steigerung der Produktivität (Meisterschaftstitel und Vorbereitung auf Champions League) ist der im Zeitverlauf ansteigende Personalaufwand pro Beschäftigten gerechtfertigt. |
| 8 | Personalaufwandsquote | Sinkende Personallastigkeit indiziert ein abnehmendes Fixkostenrisiko aufgrund vertraglicher Bindungen. Entwicklung resultiert aber letztlich daraus, dass die Gesamtleistung (Nenner) höher ansteigt als der Personalaufwand. |
| 9 | Materialaufwandsquote | Leicht ansteigende Werte, jedoch auf niedrigem Niveau, aufgrund geringer Relevanz in Bezug auf das verfolgte Geschäftsmodell nicht risikobehaftete Werte. |

Eine ad hoc-Bonitätseinstufung bezogen auf obige Auswertung der insgesamt 25 Kennzahlen kann etwa durch folgende Überleitung der erzielten Gesamtpunktzahl (von maximal 75) generiert werden. Spätestens ab einer Einstufung in Klasse B- bestehen erhebliche Risiken der künftigen wirtschaftlichen Entwicklung.

Das betrachtete Fallbeispiel liegt im unteren Bereich von A, wobei die vergebenen Maluspunkte vor allem aus den Kennzahlen der Finanzlage resultieren. Die Ausprägungen stellen dabei eine „Altlast" aus der überwundenen Unternehmenskrise dar.

| Klasse A | A+: 0 - 4 Punkte | A: 5 - 9 Punkte | A-: 10 - 14 Punkte |
|---|---|---|---|
| Klasse B | B+: 15 - 19 Punkte | B: 20 - 24 Punkte | B-: 25 - 29 Punkte |
| Klasse C | | C: 30 - 44 Punkte | |
| Klasse D | | D: 45 - 75 Punkte | |
| Klassifikation | | A- (10 Punkte) | |

Fazit: Das Investment ist somit – nicht nur für Fans – ein Volltreffer.

## 8. Jahresabschlussplanung

Die Jahresabschlussanalyse ist nicht nur ein Instrument der retrospektiven Kontrolle der zeitlichen Entwicklung bestimmter Bilanz- und GuV-Relationen. Auf ihrer Basis kann vielmehr auch eine Planung erfolgen. Hier ist die prospektive Komponente des Controllings gefordert. Damit ist eine weitere Aufgabe des Finanzcontrollings offen gelegt, die **Jahresabschlussplanung**. Sie erfolgt anhand einer Plan-Bilanz bzw. Plan-GuV.

Sowohl aufgrund vertraglicher Kreditverpflichtungen als auch aufgrund faktischer Zwänge zur Signalisierung einer hinreichenden Bonität muss gegenüber Dritten oder der interessierten Öffentlichkeit die Einhaltung bestimmter Jahresabschlussrelationen gewährleistet werden. Diese können sich durch wesentliche Geschäftsvorfälle wie den kreditfinanzierten Erwerb einer Beteiligung oder eine Großinvestition drastisch ins Negative verändern.

Infolge einer Wirtschafts- und Finanzmarktkrise kann es zudem zu **Instabilitäten** und folglich zu unerwarteten **Ergebnisbelastungen** kommen, z. B. durch nicht abgesicherte, stark schwankende Rohstoffpreise, unerwartete Wertminderungen von Vermögenspositionen oder durch Absatzeinbrüche. Gleichsam einer Kettenreaktion entsteht vielfältiger Wertminderungsbedarf für Vermögensgegenstände, etwa für

- Sachanlagevermögen aufgrund nachhaltiger Unrentabilität oder Unterauslastung,
- Finanzanlagevermögen und Wertpapiere aufgrund verringerter Börsenpreise,
- Vorratsbestände wegen gesunkener beizulegender Werte,
- Forderungsbestände aufgrund erhöhter Risiken der Uneinbringlichkeit.

Gleichzeitig steigen Passivpositionen an, etwa aufgrund der Transformation von Haftungsverhältnissen in Rückstellungen oder Verbindlichkeiten sowie des Auftretens von Fehlbeträgen bei der Dotierung von Rückstellungen (insbesondere für Pensionen), so dass in der Konsequenz erhebliche Verminderungen des Jahresergebnisses sowie Reduktionen des Eigenkapitalausweises zu erwarten sind.

Durch diese Kettenreaktion kann ein **erheblicher Druck** auf die Unternehmensleitung entstehen, eine „progressive" Jahresabschlusspolitik zu verfolgen, etwa um

- vereinbarte Kreditkonditionen (Ratings, sog. **financial covenants**) einzuhalten,
- finanzielle Verluste nicht an die Öffentlichkeit gelangen zu lassen,
- Managementfehler zu verdecken oder
- persönliche Bonusansprüche zu schützen.

Eine solche Konstellation erhöht die Gefahr eines „**management override**", d. h. eines Außerkraftsetzens von ansonsten wirksamen internen Kontrollen durch das Management. Ein solches Verhaltensmuster findet seinen Niederschlag etwa in der Änderung von vor Kriseneintritt getroffenen Entscheidungen oder der ungerechtfertigten Anpassung von wertbestimmenden Annahmen bzw. Parametern. Möglichkeiten einer aggressiven Bilanzierung eröffnen sich insbesondere bei komplexen, wenig liquiden Märkten aufgrund mangelnder Vergleichbarkeit und fehleranfälliger Wertansätze.

Vor diesem Hintergrund ist auch die Jahresabschlussplanung ein bedeutendes Instrument der Geschäftspolitik und „Chefsache". Sie soll im Vorhinein eruieren, welche kompensierenden Maßnahmen in welchem Umfang getroffen werden müssen, damit die **Zielrelationen** im Jahresabschluss (z. B. Vermögens- und Kapitalstruktur) aufrechterhalten und negative **Folgewirkungen** (Zugang zum Kapitalmarkt, Kappung der Kreditlinien, ungünstigere Kreditkonditionen) vermieden werden.

Typischerweise werden die Auswirkungen folgender Unternehmensstrategien durch die Jahresabschlussplanung beurteilt:

- **Investitionsstrategie** in Bezug auf Entscheidungen über Kauf oder Leasing, Sale-and-leaseback, Vergleiche von Investitionsalternativen, Entscheidung über Ersatzinvestitionen mit entsprechenden Auswirkungen auf die Jahresabschlusspositionen Sachanlagevermögen, Eigenkapital sowie Verbindlichkeiten,

- **Beschaffungsstrategie** (Lieferantenwechsel, Änderung der Lagerreichweite und der Zahlungsbedingungen der Lieferanten) mit entsprechenden Auswirkungen auf die Jahresabschlusspositionen Vorräte, Verbindlichkeiten aus Lieferungen und Leistungen sowie die Materialaufwendungen,

- **Produktionsstrategie** in Bezug auf Kapazitätsauslastung, Durchlaufzeit und Zwischenlager mit entsprechenden Auswirkungen auf die Jahresabschlusspositionen Vorräte, Forderungen aus Lieferungen und Leistungen, Umsatzerlöse,

- **Personalstrategie** in Bezug auf Personalaufstockung, Personalersatz, Personalfreisetzungen oder Variationen der Personalkostenstruktur mit entsprechenden Auswirkungen auf die Personalaufwendungen.

## Jahresabschlussplanung KAPITEL III

**ABB. 225:** Stellung der Planbilanz im betrieblichen Planungssystem

**GuV des Planungszeitraums**

| Aufwendungen | Erträge |
|---|---|
| Produktionsplan | Absatzplan |
| Beschaffungsplan | |
| Personalplan | |
| Abschreibungsplan | |
| verschiedene Teilpläne je nach Genauigkeitsgrad der Unternehmensplanung | |

**Bilanz zum Planungszeitraumende**

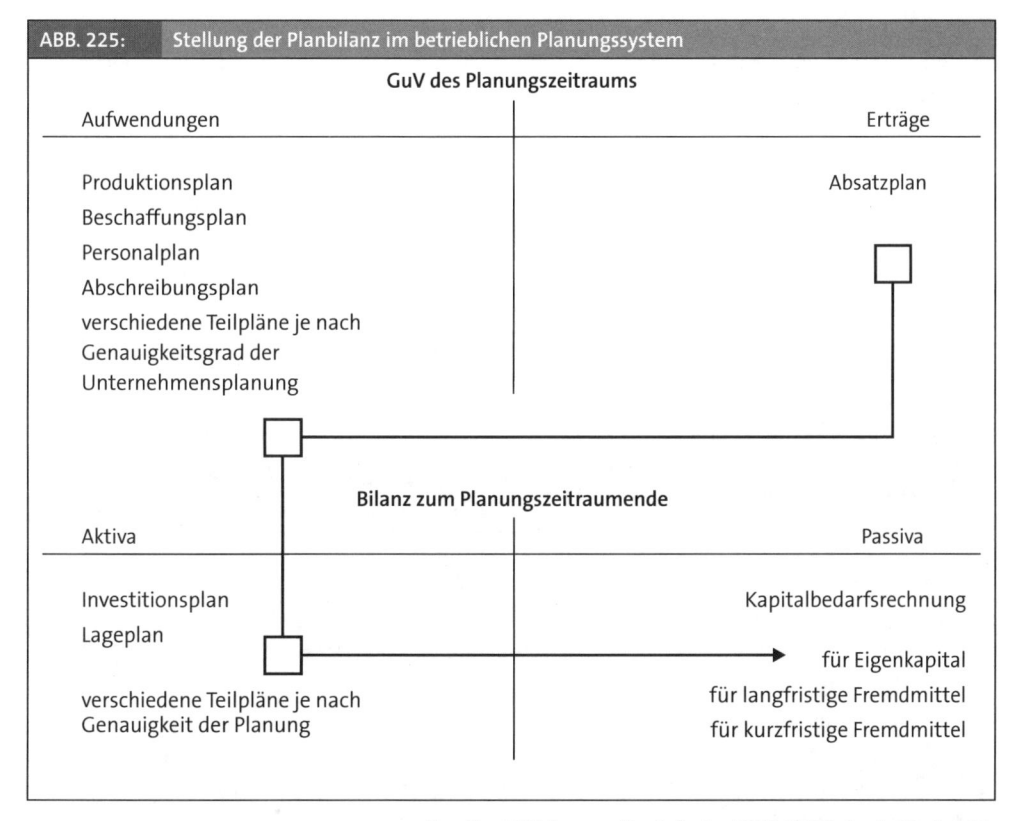

| Aktiva | Passiva |
|---|---|
| Investitionsplan | Kapitalbedarfsrechnung |
| Lageplan | |
| | für Eigenkapital |
| verschiedene Teilpläne je nach Genauigkeit der Planung | für langfristige Fremdmittel |
| | für kurzfristige Fremdmittel |

Quelle: *Möhlmann/Bartels*, in: BBK 1998, Fach 29, S. 906.

Zunächst müssen Investitionen und Desinvestitionen geplant werden. Hinzu kommt die Umsatzplanung. Da Umsatzsteigerungen auch auf Preiszugeständnissen basieren können, was einen negativen Einfluss auf den Finanzplan haben kann, muss die Umsatzplanung zusammen mit der Rohertragsplanung erfolgen.

Die Erträge und Aufwendungen in der GuV verändern korrespondierende Vermögens- und Kapitalposten in der Bilanz. Insbesondere der differierende Bestand der jeweils fälligen Forderungen und Verbindlichkeiten beeinflusst Höhe und zeitlichen Anfall der Zahlungsströme im Finanzplan.

Der Jahresabschlussplanung umfasst somit neben **erfolgsneutralen Vorgängen** wie

▶ Investitionen und Desinvestitionen im Bereich des Anlagevermögens,

▶ Maßnahmen des working capital-Management (Veränderungen der Vorratshaltung, Veränderung der Zahlungsbedingungen) im Bereich des Umlaufvermögens,

auch jedenfalls mittelfristig eintretende **erfolgswirksame** Anpassungen der GuV-Positionen, so etwa die folgenden:

▶ Eine Kapazitätserhöhung führt zu erhöhten Material- und Personalaufwendungen, ggf. bei Technologiewechseln auch zu einer Änderung der jeweiligen Produktivitäten.

▶ Gleichzeitig werden sich die Umsatzerlöse erhöhen, bei gleicher Gewinnmarge erhöht sich das Jahresergebnis entsprechend, bei veränderter Gewinnmarge über- oder unterproportional.

▶ Durch die erhöhten Beschaffungs- und Absatzmengen verändern sich auch die Forderungen und Verbindlichkeiten aus Lieferungen und Leistungen. Es verändern sich Lagerreichweite, Lieferanten- und Kundenziel.

▶ Durch die Investitionen in Sachanlagen erhöhen sich nachfolgend auch die Abschreibungen. Dies hat Einfluss auf die Höhe des EBIT, aber nicht auf den Cashflow.

▶ Der Anstieg der Verschuldung bei kreditfinanzierten Investitionen steigert die Zinslast. Dies belastet den Cashflow, da der Zinsaufwand zahlungswirksam ist, nicht aber den EBIT, da der erhöhte Zinsaufwand wieder dem Jahresergebnis hinzuaddiert wird.

Planbilanz und Plan-GuV bilden eine Einheit mit dem **Finanzplan** (vgl. hierzu Kapitel V). Auch für Planbilanz und Plan-GuV sind die Grundsätze der rollierenden Planung entsprechend anzuwenden.

**BEISPIEL** zur Planbilanz (Ausgangsbilanz):

**ABB. 226: Ausgangsbilanz zur Planbilanz**

| Aktiva | Bilanz zum 31.12.20t0 | | Passiva |
|---|---|---|---|
| | T€ | | T€ |
| A. Anlagevermögen | | A. Eigenkapital | |
| I. Sachanlagen | | I. Gezeichnetes Kapital | 50.000 |
| 1. Grundstücke | 20.000 | II. Kapitalrücklage | 20.000 |
| 2. Techn. Anlagen/Maschinen | 150.000 | III. Gewinnrücklage | 15.000 |
| 3. Betriebs- und Geschäftsausstattg. | 10.000 | | |
| II. Finanzanlagen | | B. Rückstellungen | |
| 1. Beteiligungen | 5.000 | 1. Rückstellungen für Pensionen | 14.500 |
| B. Umlaufvermögen | | 2. Steuerrückstellungen | 5.000 |
| I. Vorräte | | 3. Sonstige Rückstellungen | 10.000 |
| 1. Hilfs- und Betriebsstoffe | 15.000 | | |
| 2. Waren | 6.000 | C. Verbindlichkeiten | |
| II. Forderungen und sonstige Vermögensgegenstände | | 1. Verbindlichkeiten ggü. Kreditinstituten | 150.000 |
| 1. Forderungen aus LuL | 65.000 | 2. Verbindlichkeiten aus LuL | 21.000 |
| 2. Sonstige Vermögensgegenstände | 5.000 | 3. Verbindlichkeiten ggü. Beteiligungsunternehmen | 10.500 |
| III. Liquide Mittel | 20.000 | | |
| | 296.000 | | 296.000 |

**Annahmen:**

▶ Die Unternehmung möchte im Jahr 20t1 ihr Sachanlagevermögen durch eine Modernisierung der Anlagen um 50 Mio. € erhöhen.

▶ Die Eigenkapitalquote beträgt zzt. 29 %, der Verschuldungsgrad 2,48. Um ein positives Krediturteil nicht zu gefährden, darf der Verschuldungsgrad nicht über 3 ansteigen (d. h. Eigenkapitalquote von mindestens 25 %).

▶ Die Verbindlichkeiten gegenüber Kreditinstituten dürfen nicht mehr als 25 % gegenüber dem Ausgangszustand steigen.

# Jahresabschlussplanung KAPITEL III

- Die liquiden Mittel müssen aus Risikogründen mindestens 5 % der Bilanzsumme betragen.
- Die Rückstellungen für Pensionen sind langfristiges, die Steuer- und die sonstigen Rückstellungen kurzfristiges Fremdkapital.
- Gem. der vertraglichen Restlaufzeit sind die Verbindlichkeiten gegenüber Kreditinstituten (im Ausgangszustand) je zur Hälfte lang- und kurzfristig.
- Verbindlichkeiten gegenüber Lieferanten sind kurzfristiges, gegenüber Beteiligungsunternehmen langfristiges Fremdkapital.

**1. Möglichkeit:** Die Hausbank übernimmt die Finanzierung komplett. Die langfristigen Kreditverbindlichkeiten steigen um 50 Mio. €.

**ABB. 227: Planbilanz (Alternative 1)**

| Aktiva | Bilanz zum 31.12.20t0 | | Passiva |
|---|---:|---|---:|
| | T€ | | T€ |
| A. Anlagevermögen | | A. Eigenkapital | |
| I. Sachanlagen | | I. Gezeichnetes Kapital | 50.000 |
| 1. Grundstücke | 20.000 | II. Kapitalrücklage | 20.000 |
| 2. Techn. Anlagen/Maschinen | 200.000 | III. Gewinnrücklage | 15.000 |
| 3. Betriebs- und Geschäftsausstattg. | 10.000 | | |
| II. Finanzanlagen | | B. Rückstellungen | |
| 1. Beteiligungen | 5.000 | 1. Rückstellungen für Pensionen | 14.500 |
| B. Umlaufvermögen | | 2. Steuerrückstellungen | 5.000 |
| I. Vorräte | | 3. Sonstige Rückstellungen | 10.000 |
| 1. Hilfs- und Betriebsstoffe | 15.000 | | |
| 2. Waren | 6.000 | C. Verbindlichkeiten | |
| II. Forderungen und sonstige Vermögensgegenstände | | 1. Verbindlichkeiten ggü. Kreditinstituten | 200.000 |
| 1. Forderungen aus LuL | 65.000 | 2. Verbindlichkeiten aus LuL | 21.000 |
| 2. Sonstige Vermögensgegenstände | 5.000 | 3. Verbindlichkeiten ggü. Beteiligungsunternehmen | 10.500 |
| III. Liquide Mittel | 20.000 | | |
| | 346.000 | | 346.000 |

Die relevanten Bilanzstrukturkennzahlen der Finanzlage würden sich wie folgt verändern:

| Nr. | Kennzahlen | Vor der Finanzierung | Nach der Finanzierung |
|---|---|---:|---:|
| 1. | Anlagendeckungsgrad A (in % des Eigenkapitals) | 46 % | 36 % |
| 2. | Anlagendeckungsgrad B (in % des lfr. Kapitals) | 100 % | 100 % |
| 3. | Statischer Verschuldungsgrad | 2,48 | 3,07 |
| 4. | Eigenkapitalquote (in % der Bilanzsumme) | 29 % | 25 % |
| 5. | Liquiditätsquote (in % der Bilanzsumme) | 7 % | 6 % |
| 6. | Liquidität 1. Grades (in % des kfr. Fremdkapitals) | 18 % | 18 % |
| 7. | Liquidität 2. Grades (in % des kfr. Fremdkapitals) | 81 % | 81 % |

Es zeigt sich, dass die Qualität der Bilanzstruktur abnimmt, insbesondere hinsichtlich des Verschuldungsgrads. Auch ergibt sich eine Verletzung der Nebenbedingungen
- der minimal zulässigen Eigenkapitalquote bzw.
- der maximal zulässigen Steigerung der Kreditaufnahme.

**2. Möglichkeit**: Das Finanzcontrolling entwickelt alternative Formen der Finanzierung:

| Aktivseite | Passivseite |
|---|---|
| **A. Anlagevermögen** | **A. Eigenkapital** |
| Es wurden nicht betriebsnotwendige Grundstücke zum Buchwert verkauft. Effekt: 2.000 T€. | Das Eigenkapital wurde nicht verändert, um die Kreditwürdigkeit nicht zu gefährden (Mindest-Eigenkapitalquote: 25 %). |
| Die Betriebs- und Geschäftsausstattung wurde nicht ersetzt, sondern gemietet (z. B. IT, Kommunikationsanlagen). Effekt: 4.000 T€. | **B. Rückstellungen** |
| Es wurden Beteiligungen abgebaut, um finanzielle Mittel zu beschaffen. Effekt: 2.000 T€. | Von den sonstigen Rückstellungen konnten nicht mehr benötigte Beträge 2.000 ertragswirksam aufgelöst werden (Einstellung in Gewinnrücklagen). |
| **B. Umlaufvermögen** | **C. Verbindlichkeiten** |
| Das Vorratsvermögen (HB-Stoffe, Waren) konnte gesenkt werden, indem mit den Lieferanten just-in-time-Lieferung vereinbart wurde. Effekt: 4.000 T€. | Die Möglichkeit, die Verbindlichkeiten um 25 % zu erhöhen, konnte durch die Kreditzusage der Hausbank voll ausgeschöpft werden. Maximalvolumen: 25 % von 150.000 = 37.500 T€. |
| Der Forderungsbestand wurde gesenkt, indem nach Verhandlungen für 10 % des Forderungsbestandes ein kürzeres Zahlungsziel (gekürzt von 3 auf zwei Monate) vereinbart werden konnte, d. h. es war insgesamt eine maximale Reduktion von 3,3 % des Forderungsbestandes möglich. Effekt: rd. 2.200 T€. | Die kurzfristigen Verbindlichkeiten aus Lieferungen und Leistungen blieben konstant. |
| | Die Verbindlichkeiten gegenüber Unternehmen, mit denen ein Beteiligungsverhältnis besteht, blieben ebenfalls konstant. |
| Die Liquidität wird auf die vorgegebene Untergrenze abgesenkt (5 % von 346.000 = 17.200 T€). Effekt: 2.800 T€. | → **Bei Durchführung aller genannten Maßnahmen reicht eine Erhöhung der Verbindlichkeiten um 33.000 T€ aus.** |

Als Planbilanz unter diesen Voraussetzungen ergibt sich (Werte in T€):

| ABB. 228: Planbilanz (Alternative 2) | | | |
|---|---|---|---|
| Aktiva | Bilanz zum 31.12.20t0 | | Passiva |
| | T€ | | T€ |
| A. Anlagevermögen | | A. Eigenkapital | |
| I. Sachanlagen | | I. Gezeichnetes Kapital | 50.000 |
| 1. Grundstücke | 18.000 | II. Kapitalrücklage | 20.000 |
| 2. Techn. Anlagen/Maschinen | 200.000 | III. Gewinnrücklage | 17.000 |
| 3. Betriebs- und Geschäftsausstattg. | 6.000 | | |
| II. Finanzanlagen | | B. Rückstellungen | |
| 1. Beteiligungen | 3.000 | 1. Rückstellungen für Pensionen | 14.500 |
| B. Umlaufvermögen | | 2. Steuerrückstellungen | 5.000 |
| I. Vorräte | | 3. Sonstige Rückstellungen | 8.000 |
| 1. Hilfs- und Betriebsstoffe | 12.000 | | |
| 2. Waren | 5.000 | C. Verbindlichkeiten | |
| II. Forderungen und sonstige Vermögensgegenstände | | 1. Verbindlichkeiten ggü. Kreditinstituten | 183.000 |
| 1. Forderungen aus LuL | 62.800 | 2. Verbindlichkeiten aus LuL | 21.000 |
| 2. Sonstige Vermögensgegenstände | 5.000 | 3. Verbindlichkeiten ggü. Beteiligungsunternehmen | 10.500 |
| III. Liquide Mittel | 17.200 | | |
| | 329.000 | | 329.000 |

Prospektive Aufgabe des Jahresabschlusscontrollings ist es somit, mittels der Simulation der Auswirkungen eines Maßnahmenbündels auf die Abschlussstruktur die Einhaltung vereinbarter financial covenants nachhaltig sicherzustellen, bzw. bei beabsichtigten strategischen Maßnahmen, die die Einhaltung der covenants gefährden (insbesondere Großinvestitionen), kompensierende Maßnahmen zu entwickeln.

## 9. Literaturhinweise

**BÜCHER**

*Baetge, J./Kirsch, H.-J./Thiele, S.*: Bilanzen, 12. Aufl., Düsseldorf 2012.

*Baetge, J./Kirsch, H.-J./Thiele, S.*: Bilanzanalyse, 2. Aufl., Düsseldorf 2004.

*Bieg, H./Kußmaul, H.*: Externes Rechnungswesen, 5. Aufl., München/Wien 2009.

*Büschgen, H. E./Everling, O.* (Hrsg.): Handbuch Rating, 2. Aufl., Wiesbaden 2007.

*Coenenberg, A. G.*: Jahresabschluss und Jahresabschlussanalyse, 22. Aufl., Landsberg 2012.

*Ditges, J./Arendt, U.*: Bilanzen, 14 Aufl., Ludwigshafen 2012.

*Federmann, R.*: Bilanzierung nach Handelsrecht und Steuerrecht und IAS/IFRS, 12. Aufl., Berlin 2010.

*Gladen, W.*: Performance-Measurement – Controlling mit Kennzahlen, 5. Aufl., Wiesbaden 2011.

*Gleißner, W./Füser, K.* (Hrsg.): Praxishandbuch Rating und Finanzierung unter Basel III: Strategien für den Mittelstand, 3. Aufl., München 2013.

*Gräfer, H.*: Bilanzanalyse, 12. Aufl., Herne 2012.

*Gräfer, H./Schneider, G.*: Rechnungslegung: Bilanzierung und Bewertung nach HGB/IFRS, 4. Aufl., Herne 2009.

*Graumann, M.*: Wirtschaftliches Prüfungswesen, 3. Aufl., Herne 2012.

*Grefe, C.*: Kompakt-Training Bilanzen, 7. Aufl., Ludwigshafen 2011.

*Grunwald, E./Grunwald, S.*: Bonitätsanalyse im Firmenkundengeschäft, 3. Aufl., Stuttgart 2008.

*Harms, J. E./Marx, F. J.*: Bilanzrecht in Fällen, 11. Aufl., Herne 2012.

*Heesen, B./Gruber, W.*: Bilanzanalyse und Kennzahlen: Fallorientierte Bilanzoptimierung, 3. Aufl., Wiesbaden 2011.

*Hohl, W./Rohrbach, H.-D./Meves, O./Bruss, D.*: Bilanzen lesen und verstehen, 2. Aufl., Heidelberg/München u. a. 2006.

*Institut der Wirtschaftsprüfer* (Hrsg.): WP-Handbuch, Band I, 14. Aufl., Düsseldorf 2012 und Band II, 13. Aufl., Düsseldorf 2008.

*Institut der Wirtschaftsprüfer* (Hrsg.): IDW-Rechnungslegungsstandards (RS) und Prüfungsstandards (PS), Düsseldorf (Loseblattausgabe).

*Küting, K.* (Hrsg.): Saarbrücker Handbuch der Betriebswirtschaftlichen Beratung, 4. Aufl., Herne/Berlin 2008.

*Küting, K./Weber, C.-P.*: Die Bilanzanalyse. Lehrbuch zur Beurteilung von Einzel- und Konzernabschlüssen, 10. Aufl., Stuttgart 2012.

*Langenbeck, J.*: Kompakt-Training Bilanzanalyse, 3. Aufl., Ludwigshafen 2007.

*Langer, C./Eschenburg, K./Eschbach, R.*: Rating und Finanzierung im Mittelstand: Leitfaden für erfolgreiche Bankgespräche, Wiesbaden 2013.

*Meyer, C.*: Bilanzierung nach Handels- und Steuerrecht: unter Einschluss der Konzernrechnungslegung und der internationalen Rechnungslegung, 24. Aufl., Herne 2013.

*Müller, S./Brackschulze, K./Mayer-Friedrich, M. D.*: Finanzierung mittelständischer Unternehmen nach Basel III: Selbstrating, Risikocontrolling, Finanzierungsalternativen, 2. Aufl., München 2011.

*Peemöller, V. H.*: Bilanzanalyse und Bilanzpolitik, 3. Aufl., Wiesbaden 2003.

*Peemöller, V. H./Hofmann, S.*: Bilanzskandale – Delikte und Gegenmaßnahmen, 2. Aufl., Berlin 2011.

*Petersen, K./Zwirner, C./Künkele, P.*: Bilanzanalyse und Bilanzpolitik nach BilMoG: Einzelabschluss, Konzernabschluss und Steuerbilanz, 2. Aufl., Herne 2010.

*Reichmann, T./Pyszny, U.* (Hrsg.): Rating nach Basel II, München 2006.

*Rinker, C./Ditges, J./Arendt, U.*: Bilanzen, 14. Aufl., Ludwigshafen 2012.

*Sander, C.-D.*: Mit Kreditgebern auf Augenhöhe verhandeln. Praxisleitfaden zur Bankenkommunikation für Unternehmer und Berater, Herne 2012.

*Scheffler, E.*: Bilanzen richtig lesen, 9. Aufl., München 2013.

*Schildbach, T.*: Der handelsrechtliche Jahresabschluss, 9. Aufl., Herne/Berlin 2009.

*Schult, E./Brösel, G.*: Bilanzanalyse, 12. Aufl., Berlin 2007.

*Weber, M.*: Schnelleinstieg Kennzahlen. Schritt für Schritt zu den wichtigsten Kennzahlen, Planegg 2006.

## BEITRÄGE IN FACHZEITSCHRIFTEN

*Arbeitskreis „Externe Unternehmensrechnung" der Schmalenbach-Gesellschaft e. V.*: Empfehlungen zur Vereinheitlichung von Kennzahlen in Geschäftsberichten, in: DB 1996, S. 1989 ff.

*Baetge, J.*: Die Früherkennung von Unternehmenskrisen anhand von Abschlusskennzahlen, in: DB 2002, S. 2281 ff.

*Baetge, J./Armeloh, K.-H.*: Vermögensstrukturanalyse, in: BBK 1995, Fach 19, S. 321 ff.

*Baetge, J./Bruns, C.*: Erfolgsquellenanalyse, in: BBK 1996, Fach 19, S. 387 ff.

*Baetge, J./Jerschensky, A.*: Rentabilitätsanalyse, in: BBK 1997, Fach 19, S. 413 ff.

*Baetge, J./Siefke, M.*: Kapitalstrukturanalyse, in: BBK 1996, Fach 19, S. 343 ff.

*Baetge, J./Siefke, M.*: Analyse der horizontalen Bilanzstruktur, in: BBK 1996, Fach 19, S. 349 ff.

*Bantleon, U./Schorr, G.*: Ausgewählte Auswirkungen des BilMoG auf die Beurteilung der Kapitaldienstfähigkeit von nicht kapitalmarktorientierten Kapitalgesellschaften, in: DStR 2010, S. 1491 ff.

*Bentz, P.*: Bilanzanalyse bei Landesbanken und Sparkassen, in: BBK 2005, Fach 19, S. 569 ff.

*Böckem, H./Pritzer, M.*: Anwendungsfragen der Segmentberichterstattung nach IFRS 8, in: KoR 2010, S. 614 ff.

*Boecker, C./ Zwirner, C.*: Prognosebericht nach DRS 20 – eine Herausforderung nicht nur für Konzerne, in: BC 2013, S. 61 ff.

*Brösel, G./Neuland, J.*: Qualitative Bilanzanalyse, in: StuB 2013, S. 335 ff.

*Buchmann, P.*: Return of the King: Working Capital Management zur Vermeidung von Liquiditätsengpässen in der Krise, in: ZfCM 2009, S. 350 ff.

*Clausen, P.*: Offenlegung der wirtschaftlichen Verhältnisse gegenüber Banken bei Kreditnehmern – Aktuelle Entwicklungen, in: DB 2005, S. 1534 ff.

*Dinger, W.*: Gewinnglättung – Bilanzpolitische Gestaltungsmöglichkeiten zum Jahresende, in: BBK 1996, Fach 19, S. 403 ff.

*Ederer, F.*: Kennzahlen zur Unternehmenssteuerung – Checkliste für deren Einführung, in: BRZ 2010, S. 61 ff.

*Ellinghorst, P.*: Interne Jahresabschlussanalyse, in: BBK 1995, Fach 30, S. 367 ff.

*Ellinghorst, P.*: Kennzahlenkatalog für die Bilanzanalyse und Bilanzkritik, in: BBK 1994, Fach 19, S. 195 ff.

*Ellinghorst, P.*: Der Return on Investment (ROI) als Orientierungsrahmen für die Unternehmenssteuerung, in: BBK 1994, Fach 26, S. 575 ff.

*Ergün, I./Müller, S./Juchler, D.*: Prognoseberichterstattung nach DRS 20, in: StuB 2012, S. 897 ff.

*Freidank, C.-C./Sepetauz, K.*: (Konzern-)Lageberichterstattung nach DRS 20, in: StuB 2013, S. 54 ff.

*Füser, K./Rödel, K.*: Basel II – Rating mittels (quantitativer und) qualitativer Kriterien, in: DStR 2002, S. 275 ff.

*Gleißner, W.*: Rating als Herausforderung für das Controlling – praktische Konsequenzen für das Steuerungsinstrumentarium, in: BC 2004, S. 53 ff.

*Gleißner, W./Füser, K.*: Moderne Frühwarn- und Prognosesysteme für Unternehmensplanung und Risikomanagement, in: DB 2000, S. 933 ff.

*Gleißner, W./Schaller, A.*: Krisendiagnose und Krisenmanagement, in: KSI 2009, S. 153 ff.

*Göllert, K.*: Problemfelder der Bilanzanalyse: Einflüsse des BilMoG auf die Bilanzanalyse, in: DB 2009, S. 1773 ff.

*Gräfer, H.*: Top-Kennzahlen der Finanz- und Erfolgsanalyse, in: BBK 2001, Fach 19, S. 485 ff.

*Gräfer, H.*: Finanz- und Ertragsanalyse, in: BBK 2001, Fach 30, S. 1161 ff.

*Graumann, M.*: Fallstudie zur integrierten Jahresabschluss- und Finanzanalyse, in: BBK 2012, Nr. 2, S. 93 ff.

*Graumann, M.*: Wirkungsweise der Jahresabschluss-Planung, in: BBK 2011, S. 1193 ff.

*Graumann, M.*: Nachhaltiger Erfolgsausweis und Bilanzgestaltung durch Jahresabschluss-Planung, in: BBK 2011, S. 1157 ff.

*Graumann, M.*: Finanzcontrolling auf Basis eines jahresabschlussgestützten Kennzahlsystems, in: BBK 2005, Fach 19, S. 545 ff.

*Graumann, M.*: Standardsetter im Internationalisierungsprozess der Rechnungslegung, in: BBK 2004, Fach 20, S. 787 ff.

*Graumann, M.*: Ein kennzahlgestütztes Scoring-Modell zur Rating-Vorbereitung, in: UM 2003, Heft 3, S. 111 ff.

*Graumann, M.*: Meilensteine auf dem Weg zur Internationalisierung der Rechnungslegung, in: BBK 2002, Fach 20, S. 619 ff.

*Graumann, M.*: Auswirkungen und Entwicklungstendenzen der Internationalisierung der Rechnungslegung, in: BBK 2002, Fach 2, S. 1231 ff.

*Graumann, M.*: Internationale Rechnungslegungsgrundsätze, in: WISU 1998, S. 354 ff.

*Graumann, M.*: Grundlagen der Bilanzanalyse, in: WISU 1996, S. 722 ff. und WISU 1997, S. 117 ff.

*Graumann, M./Külshammer, R.*: Zweifelsfragen der Darstellung der Risiken im Lagebericht, in: BBK 2002, Fach 12, S. 6567 ff.

*Graumann, M./Sundheimer, H. T.*: Rating im Mittelstand, in: BBK 2003, Fach 26, S. 1137 ff.

*Gutenberg, E.*: Zum Problem des optimalen Verschuldungsgrades, in: ZfB 1966, S. 681 ff.

*Haas, S.*: Ratingorientierte Bilanzpolitik, in: DStR 2009, S. 2021 ff.

*Hauschildt, J.*: Die Feststellung der Unternehmenskrise, in: KSI 2008, S. 5 ff.

*Hauschildt, J.*: Von der Krisenerkennung zum präventiven Krisenmanagement, in: KSI 2005, S. 1 ff.

*Herke, M. D.*: Checklisten für ein Selbstrating Ihres Mandanten, in: BBB 2006, S. 70 ff.

*Heurung, R./Wagener, K.*: Bilanzpolitik, in: BBK 1999, Fach 30, S. 827 ff.

*Hofmann, C./Lorson, P./Melcher, W.*: Wesentliche Auswirkungen der Wirtschaftskrise auf den Lagebericht, in: DB 2010, S. 233 ff.

*Kaiser, K.*: Erweiterung der zukunftsorientierten Lageberichterstattung: Folgen des Bilanzrechtsreformgesetzes für Unternehmen, in: DB 2005, S. 345 ff.

*Kaiser, K.*: Auswirkungen des Bilanzrechtsreformgesetzes auf die zukunftsorientierte Berichterstattung, in: WPg 2005, S. 405 ff.

*Kirsch, H.*: Bilanzpolitik im Jahresabschluss nach den Vorschriften des Bilanzrechtsmodernisierungsgesetzes, in: BRZ 2009, S. 254 ff.

*Kirsch, H.*: Beurteilung des bilanzpolitischen Instrumentariums der IFRS-Rechnungslegung, in: BB 2006, S. 1266 ff.

*Kirsch, H.*: Rentabilitäts- und Produktivitätsanalyse, in: BBB 2005, S. 87 ff.

*Kirsch, H.*: Analyse der Vermögenslage, in: BBB 2005, S. 114 ff.

*Kirsch, H.*: Besonderheiten der bestandsorientierten Liquiditätsanalyse nach IAS/IFRS, in: DStR 2004, S. 1014 ff.

*Kirsch, H.*: Gestaltungspotenzial durch verdeckte Bilanzierungswahlrechte nach IAS/IFRS, in: BB 2003, S. 1111 ff.

*Kirsch, H.*: Umstrukturierung der Finanzbuchhaltung durch Internationalisierung des externen Rechnungswesens, in: BB 2002, S. 2219 ff.

*Kirsch, H.*: Tendenzen in der Kostenrechnung durch Internationalisierung des externen Rechnungswesens, in: krp 2002, S. 207 ff.

*Kirsch, H.-J./Scheele, A.*: Neugestaltung von Prognose- und Risikoberichterstattung im Lagebericht durch das Bilanzrechtsreformgesetz, in: WPg 2005, S. 1149 ff.

*Klett, C.*: Rating-Selbsttest als Instrument des Controllings in kleinen und mittleren Unternehmen, in: BBK 2002, Fach 26, S. 1059 ff.

*Krake, M./Mönkhoff, R.*: Der „Rote Faden" – ein praxiserprobter Leitfaden zur Bilanzanalyse und zur Bilanzkritik, in: BBB 2007, S. 6 ff.

*Krüger, G. H.*: Wichtige betriebswirtschaftliche Kennzahlen, in: BBK 2007, Fach 26, S. 1361 ff.

*Küting, K.*: Der Stellenwert der Bilanzanalyse und Bilanzpolitik im HGB- und IFRS-Bilanzrecht, in: DB 2006, S. 2753 ff.

*Küting, K.*: Erkennung von Unternehmenskrisen anhand der angewandten Bilanzpolitik, in: Controlling 2005, S. 223 ff.

*Küting, K.*: Möglichkeiten und Grenzen der internationalen Bilanzanalyse – Erkenntnisfortschritte durch eine internationale Strukturbilanz, in: DStR 2004, Beihefter zu Heft 48.

*Küting, K.*: Von der Bilanzanalyse zur Unternehmensanalyse – dargestellt am Beispiel der Beurteilung von Unternehmen der neuen Ökonomie, in: DStR 2002, Beihefter zu Heft 32.

*Küting, K.*: Perspektiven der externen Rechnungslegung – Auf dem Wege zu einem umfassenden Business Reporting, in: BB 2000, S. 451 ff.

*Küting, K.*: Stille Reserven – Kontrovers, Aktuell, Relevant, in: BBK 1999, Fach 12, S. 6311 ff. und S. 6331 ff.

*Küting, K.*: Möglichkeiten und Grenzen der betragsmäßigen Erfolgsanalyse, in: WPg 1998, S. 1 ff.

*Küting, K.*: Die handelsbilanzielle Erfolgsspaltungs-Konzeption auf dem Prüfstand, in: WPg 1997, S. 693 ff.

*Küting, K.*: Grundlagen der Bilanzpolitik, in: BBK 1996, Fach 19, S. 363 ff.

*Küting, K.*: Stille Rücklagen – ein betriebswirtschaftliches Phänomen, in: BB 1995, Beilage 15 zu Heft 38, S. 1 ff.

*Küting, K./Dürr, U.*: Die „neuen" Rechenwerke des TransPuG – Ein Blick auf die Berichtspraxis zur Kapitalflussrechnung, Segmentberichterstattung und zum Eigenkapitalspiegel, in: StuB 2002, S. 985 ff.

*Küting, K./Grau, P.*: Die Auswirkungen des Bilanzrechtsmodernisierungsgesetzes auf die bilanzanalytische Strukturbilanz, in: DStR 2012, S. 1241 ff.

*Küting, K./Heiden, M./Lorson, P.*: Neuere Ansätze der Bilanzanalyse – Externe unternehmenswertorientierte Performancemessung, in: BBK 2000, Beilage zu Heft 1, S. 1 ff.

*Küting, K./Kaiser, T.*: Bilanzpolitische Gestaltungsmöglichkeiten, in: BBK 1995, Fach 19, S. 335 ff.

*Küting, K./Kaiser, T.*: Bilanzpolitik in der Unternehmenskrise, in: BB 1994, Beilage 2 zu Heft 3, S. 1 ff.

*Küting, K./Koch, C.*: Zur Problematik der Erfolgsquellenanalyse im internationalen Vergleich, in: StuB 2002, S. 1033 ff.

*Küting, K./Lam, S./Mojadadr, M.*: Entwicklungstendenzen der Bilanzanalyse, in: DB 2010, S. 2289 ff.

*Küting, K./Reuter, M.*: Werden stille Reserven in Zukunft (noch) stiller? – Machen die IFRS die Bilanzanalyse überflüssig oder weitgehend unmöglich?, in: BB 2005, S. 706 ff.

*Küting, K./Strickmann, M.*: Die betriebliche Altersversorgung im Spannungsfeld von Bilanzpolitik und Bilanzanalyse, in: BB 1997, Beilage 12 zu Heft 34, S. 1 ff.

*Kunde, A.*: Frühwarnsystem mit vier Kennzahlen eines Unternehmens, in: BBK 1997, Fach 30, S. 621 ff.

*Lachnit, L./Wulf, I.*: Auswirkungen des BilMoG auf die Abschlussanalyse, in: StuB 2010, S. 687 ff.

*Langenbeck, J.*: Windowdressing als bilanzpolitische Maßnahme, in: BBK 2000, Fach 19, S. 471 ff.

*Leker, J./Mahlstedt, D.*: Praxis der bilanziellen Krisendiagnose – geeignete Indikatoren zum Selbst-Check und zur Kundenbeurteilung, in: BC 2004, S. 101 ff.

*Meyer, C./Meisenbacher, M.*: Bilanzpolitik auf der Basis der IAS/IFRS, insbesondere in Zeiten der Krise, in: DStR 2004, S. 567 ff.

*Möhlmann, T./Bartels, D.*: Zur Aussagekraft von Planbilanzen und anderen Instrumenten prognoseorientierter Berichterstattung, in: BBK 1998, Fach 29, S. 903 ff.

*Müller, C.*: Die internen Ratingverfahren der Sparkassen und Volksbanken, in: DStR 2009, S. 787 ff.

*Müller, C.*: Bedeutung qualitativer Faktoren im Mittelstandsrating, in: KSI 2008, S. 155 ff.

*Müller, S./Reinke, J.*: Unterstützungspotenzial der Bilanzierung im Rahmen der Sanierung, in: KSI 2010, S. 101 ff.

*Nobach, K./Zirkler, B.*: Bedeutung der IFRS für das Controlling, in: KoR 2006, S. 737 ff.

*Petersen, K./Zwirner, C./Künkele, K. P.*: Bilanzpolitik und -analyse nach neuem Recht, in: StuB 2009, S. 669 ff. und 794 ff.

*Pfleger, G.*: Bilanzpolitische Sachverhaltsgestaltungen im Dezember, in: DB 1985, S. 2465 ff.

*Pöller, R.*: Checkliste zur Erstellung des (Konzern-)Lageberichts, in: BC 2013, S. 51 ff., S. 103 ff.

*Pöller, R.*: Checkliste zur Erstellung und Prüfung des Lageberichts, in: BC 2007, S. 79 ff.

*Reiners, F.*: Integration von externem und internem Rechnungswesen, in: krp-Sonderheft 3/2001, S. 22 ff.

*Rieg, R.*: Änderung von Controlling-Kennzahlen durch IAS/IFRS, in: BC 2007, S. 10 ff.

*Rieg, R.*: Rating – objektive Urteile oder rituelle Orakelsprüche?, in: BC 2004, S. 57 ff.

*Rogler, S.*: Das bilanzpolitische Potenzial von Bilanzierungswahlrechten, in: KoR 2010, S. 163 ff. und 225 ff.

*Rogler, S.*: Segmentberichterstattung nach IFRS 8 im Fokus von Bilanzpolitik und Bilanzanalyse, in: KoR 2009, S. 500 ff. und 576 ff.

*Sasse, A.*: Working Capital Management, in: BBK 2008, Fach 29, S. 1249 ff.

*Schmidtmann, J. M.*: Bilanzmanipulation erkennen und vermeiden, in: BBB 2006, S. 372 ff.

*Schneider, C.*: Working Capital Management, in: WISU 2003, S. 315 ff.

*Selchert, F.*: Window dressing – Grenzbereich der Jahresabschlussgestaltung, in: DB 1996, S. 1933 ff.

*Serfling, K./Neumann, I.*: Steuerung des Umlaufvermögens (Working Capital Management), in: BBK 1994, Fach 26, S. 615 ff.

*Stahl, F./Burkhardt, U.*: Bilanzpolitik für 2010 im ersten Jahresabschluss nach BilMoG, in: BBK 2010, S. 1128 ff.

*Tanski, J.*: Bilanzpolitische Spielräume in den IFRS, in: DStR 2004, S. 1843 ff.

*Theile, C./Nagafi, H./Zyczkowski, C.*: BilMoG: Analystenschreck oder Weißer Ritter des HGB, in: BBK 2011, S. 912 ff.

*Veit, K.-R.*: Bilanzpolitische Aktionsparameter großer Kapitalgesellschaften, in: WISU 2003, S. 211 ff.

*Weißenberger, B. E.;/Arbeitskreis „Controller und IFRS" der International Group of Controlling*: Controller und IFRS: Konsequenzen der IFRS-Finanzberichterstattung für die Controlleraufgaben, in: KoR 2006, S. 613 ff.

*Wiechers, K.*: Neue Anforderungen an die Lageberichterstattung, in: BBK 2012, S. 270 ff.

*Wiechers, K.*: Neue Entwicklungen bei der Lageberichterstattung durch das BilReG und DRS 15, in: BBK 2005, Fach 12, S. 6735 ff.

*Wolf, K.*: Neuerungen im (Konzern-)Lagebericht durch das Bilanzrechtsreformgesetz (BilReG) – Anforderungen und ihre praktische Umsetzung, in: DStR 2005, S. 438 ff.

*Wulf, I.*: Auswirkungen des BilMoG auf die Bilanzpolitik und Beurteilung aus Sicht der Abschlussanalyse, in: StuB 2010, S. 563 ff.

*Zwirner, C./Künkele, K. P.*: Neue Möglichkeiten der Bilanzpolitik nach BilMoG – Auswirkungen auf die Aktivseite, in: BC 2010, S. 257 ff.

*Zwirner, C./Künkele, K. P.*: Neue Möglichkeiten der Bilanzpolitik nach BilMoG – Auswirkungen auf die Passivseite, in: BC 2010, S. 355 ff.

# IV. Kosten- und Leistungscontrolling

**VORSCHAU**

1. Das Kosten- und Leistungscontrolling baut auf den traditionellen Methoden der Kostenrechnung (Kostenarten-, Kostenstellen- und Kostenträgerrechnung) auf. Entsprechende Defizite der traditionellen Methoden aus Controlling-Sicht werden aufgezeigt.

2. Die Systeme der Deckungsbeitragsrechnung vermeiden den Zurechnungsirrtum der Vollkostenrechnung in Bezug auf die fixen Kosten. Es wird dargestellt, wie insbesondere die mehrstufige Deckungsbeitragsrechnung zum Controlling von Organisationseinheiten und zu einer wertorientierten Unternehmenssteuerung beitragen kann.

3. Es wird beleuchtet, wie die Break-even-Analyse und die Methode der kritischen Werte, welche auch die Methoden der statischen Investitionsrechnung umfasst, Datengrundlagen für betriebliche Dispositionen wie Investitionen, Verfahrensauswahl oder make-or-buy-Entscheidungen liefern.

4. Gemeinkosten-Wertanalyse und Zielkostenrechnung sind praxisrelevante Methoden des strategischen Kostenmanagements zur Optimierung des Kosten-Nutzen-Verhältnisses von Leistungen oder Produkten. Es wird aufgezeigt, wie die Zielkostenrechnung eine retrograde Kalkulation der vom Markt „erlaubten" Kosten vornimmt und wie strategisch abgeleitete „Maximalkosten" auf einzelne Produktfunktionen und -komponenten herunter gebrochen werden können.

5. Es wird veranschaulicht, wie sich die Null-Basis-Budgetierung als „radikales" und die Prozesskostenrechnung als „kontinuierliches" Controllinginstrument für das Kostenmanagement der indirekten Unternehmensbereiche nutzen lassen, indem Gemeinkosten verursachungsgerecht sog. Kostentreibern, Teil- und Hauptprozessen zugerechnet und Prozesse aus Kostensicht umfassend reorganisiert werden können.

## 1. Erkenntnisziele des Kosten- und Leistungscontrollings

Einen wesentlichen Bestandteil des betrieblichen Rechnungswesens stellt die Kosten- und Leistungsrechnung dar; sie ermittelt Leistungen und Kosten sowie hieraus das bei der Verfolgung des typischen Betriebszwecks erwirtschaftete Ergebnis als Differenz.

**Aufgabe** der Kosten- und Leistungsrechnung ist die Erfassung, Verteilung und Zurechnung der beim betrieblichen Güterverzehr und der Gütererstellung anfallenden Kosten und Leistungen. Differenziert nach dem zeitlichen Bezug lassen sich Darstellungs-, Planungs- und Kontrollzwecke unterscheiden. Darstellungen erfolgen vergangenheitsbezogen, Planungen zukunftsbezogen, und Kontrollen durch Gegenüberstellung von vergangenheits- und zukunftsbezogenen Daten.

Als **Kosten** wird gemäß des sog. **wertmäßigen Kostenbegriffs** der Wert aller verbrauchten Güter und Dienstleistungen in einer Periode zum Zwecke der betriebstypischen Leistungserstellung verstanden. Elemente des Kostenbegriffes sind also:

- **wertmäßig** (d. h. Bewertung von Preis und Menge),
- **verbrauchsbezogen** (d. h. Bewertung der Verbräuche, nicht der Beschaffungen)
- **periodenbezogen** (d. h. Einordnung der Verbrauchswerte in Zeitabschnitte und erforderlichenfalls die Glättung dieser Werte im Wege der sog. „Normalisierung"),
- **betriebs-** bzw. **leistungsbezogen** (d. h. Aussonderung nicht betriebsbezogener Verbräuche).

Nach der **Art der Abrechnung** der Kosten werden unterschieden:

- Kostenartenrechnung,
- Kostenstellenrechnung und
- Kostenträgerrechnung

Die **Kostenartenrechnung** dient der systematischen Erfassung und Bewertung der Kostenarten. Hierbei handelt es sich einerseits um Grundkosten, die betragsgleich aus der Finanzbuchhaltung übernommen werden können, andererseits um sog. kalkulatorische Kosten, die nur für die Zwecke der Kostenrechnung ermittelt werden. Die im Zuge der Leistungserstellung angefallenen Kosten sind in einem Kostenplan aufzuführen.

Die **Kostenstellenrechnung** stellt das Bindeglied zwischen Kostenarten- und Kostenträgerrechnung dar. Da üblicherweise die in der Kostenartenrechnung erfassten Einzelkosten direkt den Kostenträgern zugeordnet werden, dient die Kostenstellenrechnung lediglich der Verrechnung der Gemeinkosten auf die jeweiligen verursachenden Kostenstellen. Ihre Aufgabe ist die Erfassung der Gemeinkosten am Ort ihres Entstehens, die Kontrolle des wirtschaftlichen Einsatzes der Produktionsfaktoren sowie die Weiterverrechnung der Kostenstellenkosten auf Kostenträger. Hierzu wird die gesamte Unternehmung in Kostenstellen eingeteilt, welche üblicherweise nach funktionellen Gesichtspunkten gebildet werden. Die Kostenstellenrechnung hat umso höhere Bedeutung, je größer der Anteil der Gemeinkosten an den Gesamtkosten ist.

Die **Kostenträgerrechnung** oder Kalkulation ermöglicht die Ermittlung der Herstellkosten und Selbstkosten der produzierten und abgesetzten Erzeugnisse. Sie kann – unter Einbeziehung der Erlöse – zu einer kurzfristigen Erfolgsrechnung ausgebaut werden und leistet insoweit einen wesentlichen Beitrag bei der Gestaltung von Angebotspreisen sowie bei der Beständebewertung von Halbfertig- und Fertigfabrikaten. In Abhängigkeit vom Produktsortiment bzw. vom Fertigungstyp wurden verschiedene Kalkulationsverfahren entwickelt; so z. B. die Divisionskalkulation, die Äquivalenzziffernkalkulation, die Zuschlagskalkulation sowie die Kuppelkalkulation.

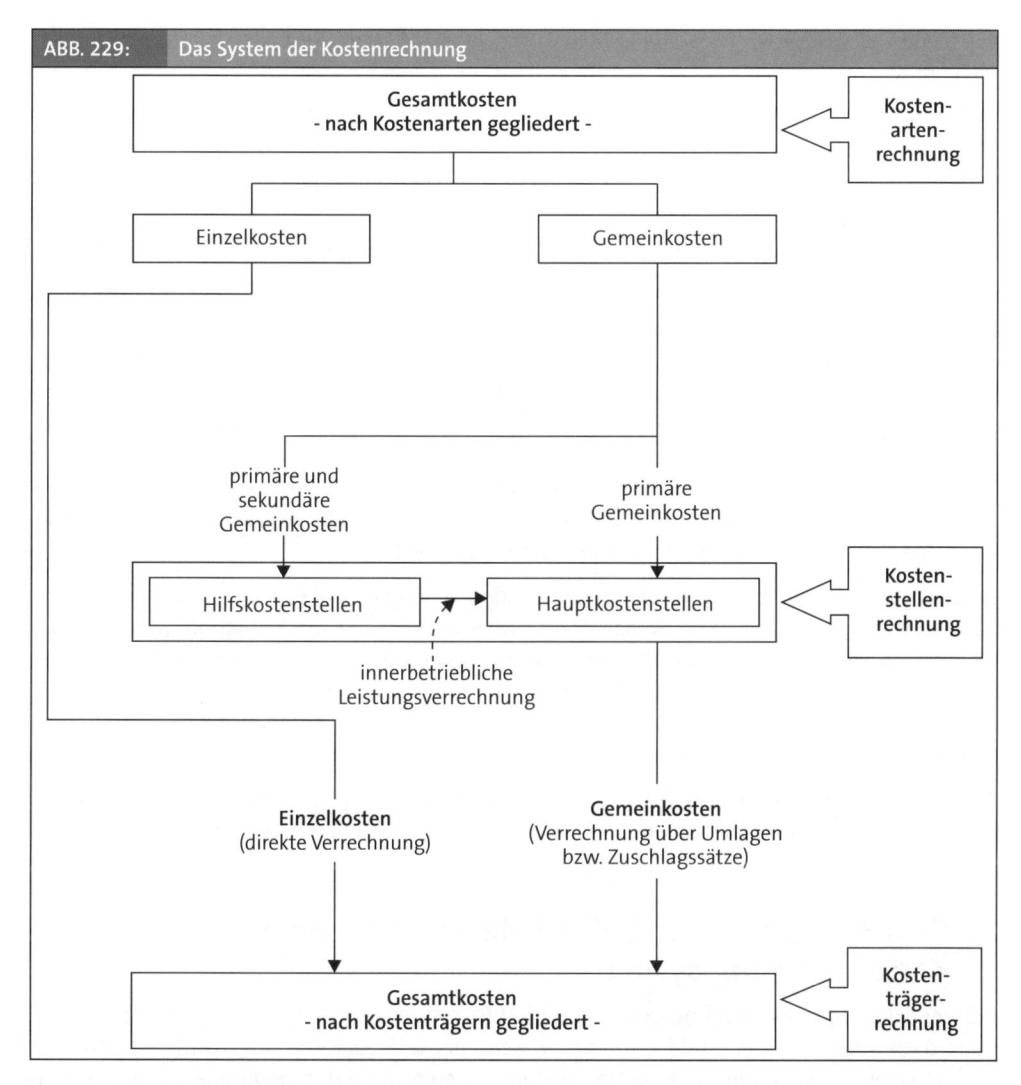

## ABB. 229: Das System der Kostenrechnung

```
                    Gesamtkosten
              - nach Kostenarten gegliedert -        ⇐  Kostenarten-
                                                        rechnung

         Einzelkosten              Gemeinkosten


              primäre und              primäre
              sekundäre               Gemeinkosten
              Gemeinkosten

         Hilfskostenstellen  ---→  Hauptkostenstellen  ⇐  Kostenstellen-
                                                            rechnung
                  innerbetriebliche
                  Leistungsverrechnung


         Einzelkosten               Gemeinkosten
         (direkte Verrechnung)      (Verrechnung über Umlagen
                                    bzw. Zuschlagssätze)


                    Gesamtkosten                     ⇐  Kostenträger-
              - nach Kostenträgern gegliedert -         rechnung
```

Die Abbildung legt bereits offen, dass das Hauptproblem der traditionellen Kostenrechnung in der Verrechnung der Gemeinkosten liegt. Ein weiteres, aus der Abbildung allerdings nicht ersichtliches Problem besteht in der Generierung der Datenbasis für die Kostenartenrechnung aus der Finanzbuchhaltung; aufgrund des unterschiedlichen Informationszwecks der Rechenwerke sind hier z.T. umfangreiche Anpassungen und Überleitungen erforderlich, deren Kenntnis an dieser Stelle allerdings vorausgesetzt werden soll.

Je nach der Veränderlichkeit der Kosten bei Auslastungsschwankungen unterscheidet man die Kostenträgerrechnung auf **Vollkostenbasis** und auf **Teilkostenbasis**. Während bei ersterer alle Kosten in die Analyse einbezogen werden, betrachtet man bei letzterer nur die variablen Kosten. Die fixen Kosten sind für kurzfristige Entscheidungsprobleme irrelevant, da sie unabhängig von der jeweiligen Entscheidung in gleicher Höhe anfallen. Die Erlöse werden in kurzfristiger Sicht

**KAPITEL IV**    Kosten- und Leistungscontrolling

daher nur mit den variablen Kosten abgeglichen; diese Differenz wird als Deckungsbeitrag bezeichnet.

**Kostencontrolling** umfasst **Kostenplanung, Kostensteuerung und Kostenkontrolle**. Durch die **Kostenplanung** sollen

▶ Wirtschaftlichkeitskontrollen für die Verantwortungsbereiche ermöglicht werden (normative Aufgabe der Kostenplanung) und

▶ Dispositionsgrundlagen für Entscheidungen entstehen (prognostische Aufgabe der Kostenplanung).

Die **Kostensteuerung** dient der Realisierung der Kostenplanung durch Abweichungs- und Ursachenanalysen. Die **Kostenkontrolle** umfasst eine erzieherische Funktion, welche die kontrollierten Bereiche zu zielgerichtetem, wirtschaftlichem Handeln veranlassen soll. In Zusammenhang mit Aktivitäten der Kostenkontrolle fällt häufig der Begriff „**Rationalisierung**". Hierunter wird die Durchsetzung einer wirtschaftlichen Alternative, die eine bessere Lösung eines bestimmten Problems im Vergleich zu einer bislang praktizierten Handlungsweise ermöglicht, verstanden. Die Verbesserung kann dabei sowohl eine quantitative bzw. qualitative Leistungssteigerung als auch eine Verminderung des Ressourceneinsatzes darstellen.

Bedingt durch den auf den Unternehmen lastenden Kostendruck verstärkt sich die Suche nach Rationalisierungsreserven. Diese konzentriert sich vor allem auf die Reduktion von **fixen Gemeinkosten**, die nicht in unmittelbarem Zusammenhang mit der Leistungserstellung stehen und zudem unabhängig von Konjunktur und Produktionsmenge anfallen, d. h., in Zeiten der Rezession Verlustsituationen hervorrufen können. Dies impliziert insbesondere Rationalisierungsbemühungen im Verwaltungssektor.

Für die detaillierte Klärung der Begrifflichkeiten dieses Einführungsabschnitts soll auf das umfassende Fachschrifttum zur Kosten- und Leistungsrechnung verwiesen werden.

## 2. Controllingrelevante Defizite der traditionellen Kostenrechnungssysteme

Während die Finanzbuchhaltung extern orientiert ist, richtet sich die Kosten- und Leistungsrechnung nach innen, d. h. sie erfüllt primär innerbetriebliche Steuerungs-, Dispositions- und Kontrollaufgaben. Ein **steuerungsorientiertes Kostencontrolling erfolgt in traditionellen Kostenrechnungssystemen allerdings nur in rudimentärer Form.**

Die **Kostenartenrechnung** beinhaltet nur einen Ist-Ist-Vergleich über die Bildung von Wachstumsraten; zudem berücksichtigt sie nicht strukturelle Effekte aus Umorganisationen, Betriebserweiterungen oder Teilschließungen. Sie ist die einfachste Form der Kostenrechnung, da sie weitgehend aus den Konten der Finanzbuchhaltung lediglich unter Hinzuziehung der kalkulatorischen Kosten und Nichtberücksichtigung der neutralen Aufwendungen und Erträge abgeleitet wird. Die Bemessung der kalkulatorischen Kosten ist daher das wesentliche Element der Kostenartenrechnung. Es erfolgt aber weder eine Trennung der Kosten nach ihrer Zurechenbarkeit zum Produkt noch nach ihrem Verlauf bei Auslastungsänderungen.

Die **Kostenstellenrechnung** gestattet zumindest eine räumliche Kostenkontrolle auf Normalkostenbasis mit Hilfe des Betriebsabrechnungsbogens. In diesem statistischen Rechenwerk wird der Betrieb vollständig in Kostenstellen eingeteilt; sodann werden die Kosten gegliedert nach Kostenarten auf die Kostenstellen verrechnet.

Es erfolgt eine grundlegende Kostentrennung nach der Zurechenbarkeit auf das Produkt zwischen Einzelkosten und Gemeinkosten. Die Gemeinkosten werden (bei Hauptkostenstellen) über **Zuschläge** auf die Produkte geschlüsselt bzw. (bei Hilfskostenstellen) mittels Verfahren der **innerbetrieblichen Leistungsverrechnung** auf die leistungsempfangenden Stellen umgelegt. Über Normal-Ist-Vergleiche lassen sich kostenstellenweise Über- oder Unterdeckungen als Kontrollwerte ermitteln. Sie können auf Abweichungen von der Normalauslastung, Preis- und Produktivitätsänderungen zurückzuführen sein.

In der **Kostenträgerrechnung** wird die Kostenrechnung mit Marktbezug unterlegt. Über die Zurechnung aller Kosten auf das einzelne Produkt lassen sich durch Vergleiche mit dem Verkaufspreis Stückgewinne bzw. -verluste ermitteln. Nachteilig wirkt sich aus, dass auch fixe Kostenbestandteile auf die Produkte proportionalisiert werden und deshalb bei kurzfristigen Entscheidungsproblemen die Kostenträgerrechnung auf Vollkostenbasis zu fehlerhaften Implikationen führt.

Die vorherrschende Kalkulationsform in der Vollkostenrechnung ist die **Zuschlagskalkulation**. Sie basiert auf der Systematik des **Betriebsabrechnungsbogens** (**BAB**) als statistisch-tabellarischer Grundlage der Kostenstellenrechnung. Der BAB stellt eine Matrixform mit Kostenstellen als Spalten und Kostenarten als Zeilen dar. Der Zeilenaufbau richtet sich nach dem Kostenarten- bzw. dem Kontenplan, wohingegen die Spalten entsprechend der Aufbauorganisation des Betriebs geordnet sind.

**ABB. 230: Schematischer Aufbau des Betriebsabrechnungsbogens**

| Kostenart \ Kostenstelle | Hilfskostenstellen | | | Hauptkostenstellen | | Material-stelle | Verwaltg., Vertrieb | Gesamt |
|---|---|---|---|---|---|---|---|---|
| | (...) | (...) | (...) | (...) | (...) | | | |
| Primäre Gemeinkosten | | | | | | | | |
| (...) | | | | Verteilung der primären Gemeinkosten mittels Umlageschlüssel | | | | |
| (...) | | | | | | | | |
| Summe primäre Gemeinkosten | | | | Summenbildung | | | | |
| Umlage HilfsKoSt 1 | ↳ | | | | | | | |
| Umlage HilfsKoSt (...) | | ↳ | | Innerbetriebliche Leistungsverrechnung | | | | |
| Umlage HilfsKoSt n | | | ↳ | | | | | |
| Summe Gemeinkosten (primär und sekundär) | | | | Summenbildung | | | | |
| Materialeinzelkosten | | | | Hinzuziehung der Einzelkosten | | | | |
| Personaleinzelkosten | | | | | | | | |
| Herstellkosten | | | | | | | | |
| Ist-Zuschlagssätze | | | | Zuschlagsbildung | | | | |
| Normal-Zuschlagssätze | | | | | | | | |
| Normal-Gemeinkosten | | | | Abrechnung der KoSt | | | | |
| Über-/Unterdeckung | | | | | | | | |

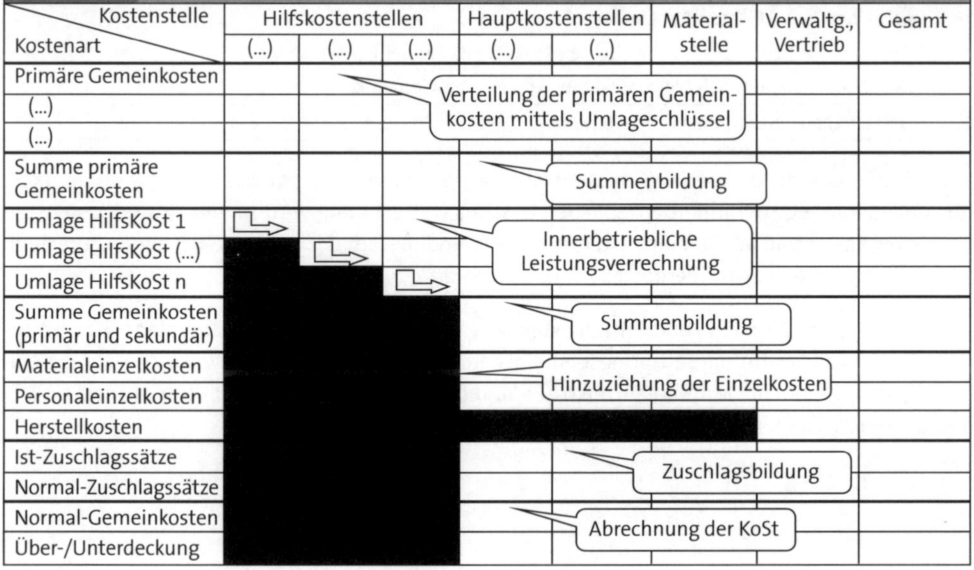

Ziel ist die vollständige Aufteilung aller Kosten nach Kostenarten auf die einzelnen Kostenstellen des Betriebs in den folgenden Ablaufschritten:

| ABB. 231: | Ablaufschritte der Betriebsabrechnung |
|---|---|
| 1. | Festlegung der<br>▶ Kostenstellen (BAB-Spalten) einschließlich Gliederung nach Hilfskostenstellen und Hauptkostenstellen<br>▶ Kostenarten (BAB-Zeilen) einschließlich Gliederung nach Gemein- und Einzelkosten |
| 2. | Ermittlung der gesamten primären Gemeinkosten (d. h., Kosten für von außen bezogene Ressourcen) nach Kostenarten und deren Umlage mittels Verrechnungsschlüsseln auf die Kostenstellen |
| 3. | Ermittlung der primären Kostenstellen-Kosten für jede Kostenstelle durch Summierung (Spaltensummen „primäre Gemeinkosten") |
| 4. | Umlage der auf die Hilfskostenstellen entfallenden Gemeinkosten auf die Hauptkostenstellen mit Hilfe von Verrechnungsschlüsseln gemäß der jeweiligen Inanspruchnahme (sog. innerbetriebliche Leistungsverrechnung; typische Verfahren sind Umlage-, Stufenleiter- oder Gleichungsverfahren) |
| 5. | Ermittlung der Kostenstellen-Kosten für die Hauptkostenstellen (Spaltensummen primäre und sekundäre Gemeinkosten) nach Entlastung der Hilfskostenstellen von allen Kosten |
| 6. | Ermittlung der auf die Hauptkostenstellen entfallenden Einzelkosten sowie Ermittlung der Herstellkosten (Summe aus Materialeinzel- und -gemeinkosten, Fertigungseinzel- und -gemeinkosten) als Ist-Zuschlagsbasis für die Verwaltungs- und Vertriebskosten |
| 7. | Ermittlung von Zuschlagssätzen für die Material- und Fertigungsgemeinkosten anhand der Ist-Daten sowie für die Verwaltungs- und Vertriebskosten auf Basis der ermittelten Ist-Herstellkosten |
| 8. | Ermittlung der verrechneten (Normal-)Gemeinkosten auf Basis der Normal-Zuschlagssätze, angesetzt auf die Ist-Einzelkosten; die Normal-Verwaltungs- und Vertriebskosten werden auf die verrechneten Herstellkosten bemessen |
| 9. | Vergleich der Normal-Gemeinkosten mit den Ist-Gemeinkosten und kostenstellenweise Ermittlung der Über- bzw. Unterdeckungen:<br>▶ Überdeckung, falls Normal-Gemeinkosten > Ist-Gemeinkosten sowie<br>▶ Unterdeckung, falls Normal-Gemeinkosten < Ist-Gemeinkosten |
| 10. | Ursachenanalyse für die ermittelten Abweichungen (Preise, Mengen, Auslastung). |

Nach Verteilung der auf den Hilfskostenstellen aufgelaufenen Gemeinkosten auf die Hauptkostenstellen im Wege der innerbetrieblichen Leistungsverrechnung wird für jede Hauptkostenstelle der Gesamtbetrag an Gemeinkosten summiert und diesem der jeweilige Betrag an zurechenbaren Einzelkosten gegenübergestellt.

Als Quotient von Gemein- und Einzelkosten werden kostenstellenweise **Zuschlagssätze** ermittelt. Zuschlagsbasis für die Fertigungsgemeinkosten sind die Fertigungseinzelkosten, für die Materialgemeinkosten die Materialeinzelkosten und für die Verwaltungs- und Vertriebsgemeinkosten die Herstellkosten. Es ergibt sich folgendes **Kalkulationsschema**:

| ABB. 232: | Kalkulationsschema zur Ermittlung der Herstell- bzw. Selbstkosten |
|---|---|
| | Materialeinzelkosten (MEK, in €) |
| + | Materialgemeinkosten (MGK, in % der MEK) |
| + | Fertigungseinzelkosten (FEK, in €), ggf. differenziert nach verschiedenen Fertigungskostenstellen |
| + | Fertigungsgemeinkosten (FGK, in % der FEK), ggf. differenziert nach verschiedenen Fertigungskostenstellen |
| = | **Herstellkosten (HK)** |
| + | Verwaltungsgemeinkosten (VwGK, in % der HK) |
| + | Vertriebsgemeinkosten (VtGK, in % der HK) |
| = | **Selbstkosten (SK)** |

Im Rahmen der **Kostenkontrolle** werden die Zuschlagssätze sowohl auf

- **Ist**-Basis (Daten der letzten Abrechnungsperiode) wie auch auf
- **Normal**-Basis (Durchschnitt der Daten verschiedener Abrechnungsperioden, z. B. Jahresdurchschnitt)

berechnet. Mittels letzterer wird von kurzfristigen – oftmals saisonalen – Schwankungen abstrahiert (Normalisierungsprinzip). Für die Kontrolle werden abgeglichen

- die mit Hilfe der Normal-Zuschlagssätze ermittelten sog. „**verrechneten Gemeinkosten**" (**Normal-Gemeinkosten**), d. h. die (fiktiv) auf Basis der Ist-Einzelkosten vorab kalkulierten Gemeinkosten
- mit den nachträglich ermittelten tatsächlichen **Ist-Gemeinkosten**.

Sind die verrechneten (Normal-)Gemeinkosten höher als die Ist-Gemeinkosten, impliziert dies eine **Kostenstellen-Überdeckung**, andernfalls eine **Kostenstellen-Unterdeckung**. Sowohl eine Über- wie eine Unterdeckung sind aus Sicht der Unternehmenssteuerung problematisch, denn

- eine Überdeckung bedeutet, dass die Kosten zu hoch kalkuliert und ggf. lukrative Aufträge irrtümlich nicht angenommen wurden,
- eine Unterdeckung kann dagegen die Hereinnahme von nicht kostendeckenden Aufträgen begünstigt haben.

Bezogen auf den Kostenträger (Produkt oder Dienstleistung) sind bei einer Überdeckung die (im Voraus kalkulierten) Normalkosten höher als die (im Nachhinein kalkulierten) Ist-Kosten, mithin konnte die Leistungserstellung kostengünstiger als geplant realisiert werden; im Fall einer Unterdeckung gilt das Umgekehrte analog.

**Überdeckungen** können betrieblich verursacht sein durch

- eine gestiegene Auslastung in der Kostenstelle und folglich Fixkostendegression,
- eine gestiegene Produktivität oder
- gesunkene Einkaufspreise.

Für die Ursachen von **Unterdeckungen** gilt wiederum das Umgekehrte entsprechend.

Eine **Leistungskalkulation auf Basis von Zuschlagssätzen** kann mit wesentlichen Mängeln behaftet sein, denn

- ▶ sie basiert grundsätzlich auf Werten der Vergangenheit,
- ▶ sie induziert erhebliche Fehlkalkulationen schon bei marginalen Änderungen der Einzelkosten und zugleich „hohen" Zuschlagssätzen („Hebelwirkung" der Zuschläge),
- ▶ sie entspricht nicht dem Verursachungsprinzip, da die Höhe der Gemeinkosten nicht durch die Höhe der Einzelkosten determiniert wird (d.h. der Zuschlagssatz drückt diejenige Höhe an Gemeinkosten aus, die durch den Anfall von 1 € an Einzelkosten verursacht wird),
- ▶ sie ist abhängig von der Auslastungssituation und muss bei diesbezüglichen Schwankungen laufend korrigiert werden bzw. führt zu unzutreffenden Ergebnissen.

Insbesondere wird z.B. im Materialbereich unterstellt, dass die Höhe der Einzelkosten (d.h. der Materialwert) die Höhe der Gemeinkosten (d.h. das Handling) bestimmt, und zwar in einem proportionalen Verhältnis. Demgegenüber wird die Komplexität des internen Handlings als Kosten verursachende Größe (z.B. Bearbeitungsdauer, Lagervorgänge) nicht berücksichtigt. Im Fertigungsbereich wird der Anfall von Fertigungsgemeinkosten (z.B. Hilfslöhne, kalkulatorische Abschreibungen sowie Zinsen) als durch die Höhe der Fertigungseinzelkosten (insbesondere Einzellöhne) determiniert betrachtet. Schließlich soll die Höhe der Verwaltungs- und Vertriebskosten proportional zur Höhe der Herstellkosten anfallen, d.h., je teurer die Herstellung eines Produkts, umso teurer auch dessen Verwaltung und Vertrieb.

Alle genannten Annahmen sind in keiner Weise praxistauglich. Die aufgezeigten methodischen Fehler können nur über einen generellen Ersatz der Einzelkosten durch verursachungsgerechte Bezugsgrößen (Kostentreiber) als Bemessungsgrundlage für den Anfall der Gemeinkosten vermieden werden.

Die Teilkostenrechnung vermeidet die genannten Mängel der Vollkostenrechnung, indem

- ▶ sie auf eine Verrechnung der fixen Kosten gänzlich verzichtet (direct costing) oder
- ▶ diese nur nach dem Verursachungsprinzip vornimmt (mehrstufige Deckungsbeitragsrechnung).

Das System des direct costing (**einstufige Deckungsbeitragsrechnung**) ist jedoch für Managementzwecke weitgehend ungeeignet, da es auf eine nähere Analyse des Fixkostenblocks ungeachtet seines Volumens verzichtet. Gleiches gilt für die Grenzplankostenrechnung, welche ein direct costing-System auf der Basis von Planwerten darstellt.

Die **mehrstufige Deckungsbeitragsrechnung** hat hingegen den Nachteil, dass eine Verrechnung der Fixkostenblöcke auf die Kostenträger – wie in der Kostenträgerrechnung – nur auf der Basis von näherungsweisen Zuschlägen oder Umlagen erfolgen kann.

Die herkömmliche **Kostenplanung** erfolgt über die Ermittlung von Plankosten, d.h. Kosten zukünftiger Perioden für geplante Beschäftigungsstände. Hierfür ist die Definition von Bezugsgrößen, die Indikatoren der zu erwirtschaftenden Leistung darstellen, erforderlich.

Für den Gemeinkostenbereich macht sich negativ bemerkbar, dass die in der Kostenrechnung bevorzugten Bezugsgrößen direkt auf die Produktions- oder Absatzmenge abstellen. Die sinnvolle Anwendung solcher direkter Bezugsgrößen ist z.B. in den Verwaltungsabteilungen auf einige wenige Routinebereiche beschränkt. Voraussetzung ist dabei eine hohe organisatorische Spezialisierung nach dem Verrichtungsprinzip.

In der Kostenträgerrechnung werden Gemeinkosten – und insbesondere Verwaltungskosten – über i. d. R. proportionale Zuschlagssätze verrechnet. Die Höhe der Gemeinkosten nimmt insoweit einen „gesetzmäßigen" Charakter an; durch ein derartiges Vorgehen wird die Kostenverursachung und damit ein wirtschaftliches Bewusstsein bei der Inanspruchnahme von Gemeinkosten verschleiert.

Aus betriebswirtschaftlicher Sicht sind Verfahren der **Budgetierung** ähnlich zu beurteilen. Sie gehören zu den zentralen Instrumenten des operativen Controllings und umfassen die Aufstellung, Verabschiedung, Kontrolle und Abweichungsanalyse von Budgets. Hierbei werden Kosten „geplant", indem die Ist-Menge (eventuell modifiziert um eine Plananpassung) mit Planpreisen multipliziert wird. Eine derartige vergangenheitsorientierte Verfahrensweise wird damit begründet, dass die Ist-Mengen fix und damit nicht abbaubar seien. Bei Zugrundelegung eines längeren Planungshorizonts sind aber auch Gemeinkosten durchaus abbaubar.

Unter einem **Budget** versteht man einen in wertmäßigen Größen formulierten (Kosten-)Plan, der einer Entscheidungseinheit für eine bestimmte Zeitperiode mit einem bestimmten Verbindlichkeitsgrad vorgegeben wird. Bei starren Budgets wird von einer gegebenen Beschäftigung ausgegangen, während flexible Budgets die Vorgaben nach der Höhe der Beschäftigung differenzieren. Flexible Budgets sind vor allem bei Fertigungskostenstellen anzutreffen. Klassische Budgettypen sind z. B. das Jahresbudget einer Werbeabteilung oder das Monatsbudget einer Fertigungskostenstelle. Der Budgetbegriff lässt sich nach

▶ der **Entscheidungseinheit** (Funktionen, Produkte, Regionen),

▶ der **Geltungsdauer** (Monats-, Quartals-, Jahresbudget),

▶ der **Wertdimension** (Ausgaben-, Kosten-, Deckungsbeitrags-, Umsatzbudget)

untergliedern. Die Ermittlung und Ursachenanalyse von Abweichungen zwischen Budgetwerten und Ist-Werten erfolgt in den sog. **Budgetberichten**. Hierunter werden Informationszusammenstellungen verstanden, die über die Einhaltung von Budgets im laufenden Geschäftsjahr Auskunft geben, Abweichungen ausweisen und analysieren sowie die weitere Entwicklung von Budgetpositionen prognostizieren. Die Budgetkontrolle geschieht im Rahmen von **Abweichungsanalysen** der flexiblen Plankostenrechnung auf Basis von Soll- oder Planwerten. Diese unterscheiden sich dadurch, dass Planwerte auf der Basis der Planbeschäftigung, Sollwerte auf Basis der tatsächlichen Beschäftigung ermittelt werden. Der Controller hat in diesem Rahmen folgende **Aufgaben**:

▶ Erarbeitung und Abstimmung des Planungskalenders (zeitlicher Ablauf),

▶ Verfolgung der Termineinhaltung während des gesamten Budgetierungsprozesses,

▶ Gewährleistung einer aussagekräftigen und einheitlichen Budgetierungs- und Berichtsform,

▶ Prüfung der Budgetansätze auf Plausibilität und Einhaltung vereinbarter Prämissen,

▶ Prüfung einzelner Teilbudgets auf Verträglichkeit,

▶ Erstellen der Budgetvorlage.

Die Darlegungen haben jedenfalls als Zwischenergebnis ergeben, dass die herkömmlichen Systeme der Kostenrechnung zu Controlling- und Managementzwecken um weitere Verfahren anzureichern sind. Die nachstehende Abbildung soll einen Überblick über die Struktur dieses Kapitels geben.

**KAPITEL IV**  Kosten- und Leistungscontrolling

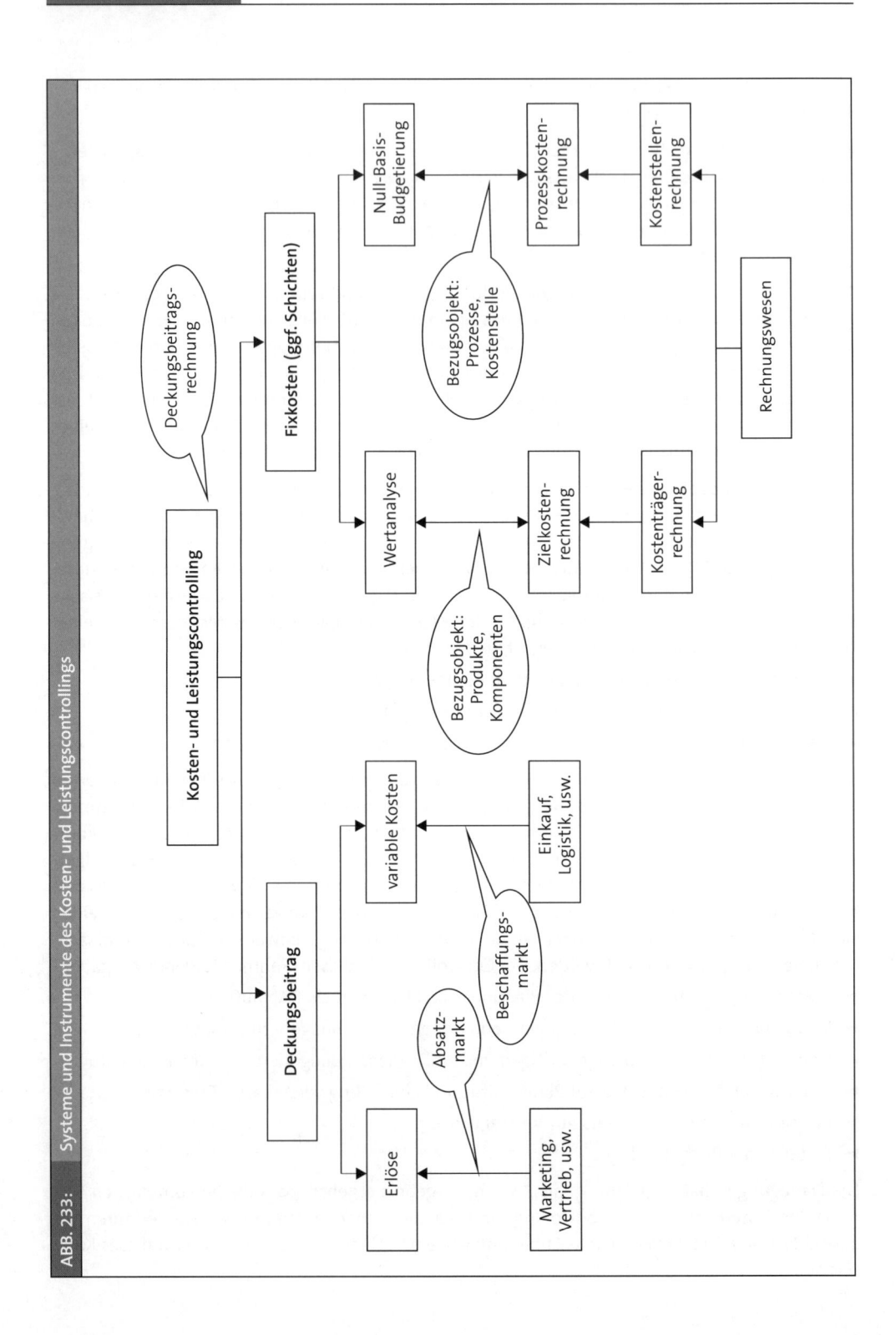

**ABB. 233:** Systeme und Instrumente des Kosten- und Leistungscontrollings

Da – wie beschrieben – ein Kostencontrolling auf Vollkostenbasis aus Steuerungssicht unzulänglich ist, wird Grundlage eines diesbezüglichen Controlling-Systems stets die vorherige Aufgliederung der Kosten in variable und fixe sein. Somit fängt das Controlling bei der Implementierung einer Deckungsbeitragsrechnung an. Aus diesem Grund wird an dieser Stelle auf eine über die vorstehenden knappen Erläuterungen hinausgehende detaillierte Darstellung des Ablaufs der Kostenarten-, Kostenstellen- und Kostenträgerrechnung verzichtet.

Es gilt der Leitsatz: „**Ohne Deckungsbeitragsrechnung kein sinnvolles Controlling.**" Controlling-Objekte sind mithin

- ▶ einerseits der Deckungsbeitrag als Differenz der Umsatzerlöse und variablen Kosten,
- ▶ andererseits die fixen Kosten in von der betrieblichen Leistungsmenge losgelöster Betrachtung.

Der Deckungsbeitrag kann nur durch Einwirkung auf die **Absatz- und Beschaffungsmärkte** beeinflusst werden. Insbesondere muss die Möglichkeit bestehen, Marktmacht auf Kunden und Lieferanten auszuüben. In wettbewerbsintensiven und zudem häufig gesättigten Märkten ist dies nicht oder nur eingeschränkt der Fall. Das Unternehmen befindet sich im „Spagat" zwischen Beschaffungs- und Absatzmarkt. Die Marge der Eigenwertschöpfung ist durch fixe Preise für Vor- und Endprodukte vorgegeben. Damit hat die Beeinflussung des durch die interne Leistungserstellung hervorgerufenen fixen Kostenblocks zentrale Bedeutung für das Kostencontrolling. Es besteht das Paradoxon: „**Aus Sicht des Kostenmanagements sind die variablen Kosten fix (i. S. von nicht beeinflussbar) und die fixen Kosten variabel (i. S. von beeinflussbar).**"

Die Beeinflussung der Fixkosten setzt wiederum an zwei Bezugsobjekten an,

- ▶ einerseits an der Beschaffenheit der Leistungseinheiten und
- ▶ andererseits an den kostenverursachenden Organisationseinheiten.

Ziele des Fixkosten-Controllings sind also

- ▶ die Erstellung von **Leistungen**, die gemessen am Kundennutzen möglichst niedrige Fixkosten beanspruchen sowie
- ▶ die Durchführung möglichst fixkostensparender **Leistungserstellungsprozesse**.

Diese Ziele werden mit den folgenden Controllinginstrumenten verwirklicht:

- ▶ Wertanalyse und Zielkostenrechnung dienen dem Design von Leistungsergebnissen (Produkte, Produktkomponenten) zum Zwecke ihrer Nutzen-Kosten-Optimierung;
- ▶ Null-Basis-Budgetierung und Prozesskostenrechnung dienen dem Design von Leistungsprozessen ebenfalls aus Nutzen-Kosten-Gesichtspunkten.

Während Wertanalyse und Null-Basis-Budgetierung eher radikale, in unregelmäßigen Zeitabständen durchzuführende Controllinginstrumente (i. d. R. mit Unterstützung durch externe Berater) darstellen, werden Prozess- und Zielkostenrechnung in der Unternehmenspraxis als kontinuierliche Systeme von „innen heraus" betrieben.

## 3. Controlling mittels Verfahren der Deckungsbeitragsrechnung

### 3.1 Systeme der Deckungsbeitragsrechnung

Die zentralen Aufgaben der Kostenrechnung und des Kostencontrollings,

▶ Steuerungs- und Entscheidungsunterstützungsfunktion sowie
▶ Planungs- und Kontrollfunktion,

vermag eine **Vollkostenrechnung** nur unzureichend zu erfüllen, denn

▶ die Fixkosten werden fälschlicherweise auf die Kostenträger proportionalisiert,
▶ Entscheidungen über das (kurzfristig) optimale Produktprogramm sind aufgrund der Irrelevanz der Fixkosten für die Entscheidung fehlerbehaftet,
▶ die Vermischung von Einzelkosten und künstlich proportionalisierten Gemeinkosten verhindert bei schwankender Auslastung eine sinnvolle Kostenkontrolle.

Die Vollkostenrechnung führt somit u. a. zu folgenden gravierenden **Fehldispositionen**:

▶ **Falsche Preispolitik.** Eine durch Vollkostenrechnungssysteme unterstützte Preispolitik ist bei schwankender Auslastung fehlerhaft. Eine steigende Kapazitätsauslastung führt zu einer Fixkostendegression, eine sinkende Kapazitätsauslastung hingegen zu einer Fixkostenremanenz. Bedingt durch die Umlage von Fixkosten mittels Zuschlägen müssten in der Rezession Preiserhöhungen durchgesetzt werden, während in der Hochkonjunktur Preissenkungen erfolgen. Das Umgekehrte wäre tatsächlich geboten.

▶ **Falsche Produktplanung.** Alle Produkte, deren volle Selbstkosten über dem erzielbaren Erlös liegen, müssten unmittelbar eliminiert werden. Dieses Verfahren führt aber zu einer Minderung des Gesamtgewinns bzw. Steigerung des Gesamtverlustes, wenn der Stückpreis höher als die variablen Kosten ist, d. h. der Produkterlös noch zur Deckung der fixen Kosten beiträgt (also ein positiver Deckungsbeitrag vorliegt).

Wird z. B. die unternehmerische **Preispolitik** durch eine Kostenkalkulation auf Vollkostenbasis unterstützt (sog. **Kosten-plus-Preise**), so werden im Fall einer Unterauslastung höhere Stückkosten ermittelt und damit falsche Anreize für eine Preiserhöhung gesetzt („circulus vitiosus" der Vollkostenrechnung).

Dies führt nur zu einer weiteren Abschwächung der Auftragslage, da die Kunden zu Konkurrenzanbietern wechseln. Die Vollkostenkalkulation unterstellt somit fälschlicherweise, dass die Kosten leerstehender Kapazitäten (sog. **Leerkosten**) durch gesteigerte Absatzpreise mitgetragen werden können.

> **BEISPIEL:** ▶ Die Kostenstelle „Verpackung" erbringt üblicherweise pro Monat 12.000 Leistungseinheiten (LE). Hierfür fallen durchschnittlich Kosten von 210 T€ an. Von diesen Kosten entfallen 90 T€ auf die Kapazitätsbereitstellung; sie sind damit fix (Abschreibung, Zinsen, sonstige Fixkosten). Als Selbstkosten ergeben sich 17,50 €/LE.
>
> In einer nachfolgenden Periode werden mangels Auftragseingängen nur 10.000 LE erbracht. Die proportionale Fortschreibung der zuvor ermittelten Selbstkosten ließe Gesamtkosten von 175 T€ (10/12 von 210 T) erwarten; tatsächlich entstehen jedoch Kosten i. H. von 190 T€ (90.000 + 10/12 · 120.000) und mithin Stückkosten von 19 €.
>
> Die Leerkosten stellen den Anteil an den Fixkosten dar, der auf die nicht ausgenutzte Kapazität entfällt; im Beispiel sind dies 2/12 · 90 T€ = 15 T€. Proportionalisiert auf die erbrachten 1.000 LE lässt sich somit eine Erhöhung der Stückselbstkosten von 1,50 € berechnen.

Die Deckungsbeitragsrechnung definiert als **kurzfristige Preisuntergrenze** die **variablen Selbstkosten**. Jeder diesen Wert überschreitende Erlös trägt anteilig zur Fixkostendeckung bei, induziert einen positiven Deckungsbeitrag und verbessert damit die Gewinnsituation.

> **BEISPIEL:** Bei der Herstellung eines Produkts fallen in einem Monat für 150.000 Stück Materialeinzelkosten von 12.000 €, Lohneinzelkosten 4.500 €, variable Gemeinkosten von 7.000 € und fixe Gemeinkosten von 10.500 € an. Die Kapazitätsgrenze liegt bei 180.000 Stück/Monat. Es ist zu prüfen, ob ein möglicher Zusatzauftrag abgewickelt werden soll, weitere 25.000 Stifte zum Stückpreis von 0,19 € abzusetzen.
>
> Der Zusatzauftrag kann im Rahmen der vorhandenen Kapazität abgewickelt werden, da noch 30.000 Stück frei sind. Die variablen Selbstkosten betragen 0,16 €/Stück, die vollen Selbstkosten 0,23 €/Stück. Der Deckungsbeitrag des Auftrags ist demnach 0,03 · 25.000 = 750 €. Der Auftrag sollte angenommen werden, auch wenn der Absatzpreis unter der **langfristigen Preisuntergrenze** (**volle Selbstkosten**) liegt.

Die Nichtberücksichtigung von bei Auslastungsrückgängen entstehenden Leerkosten bildet die wesentliche Ursache der Kalkulationsfehler der Vollkostenrechnung. Die Ermittlung der Leerkosten setzt eine Differenzierung der Kosten in

▶ beschäftigungsabhängige Kosten (variable Kosten) und

▶ beschäftigungsunabhängige Kosten (fixe Kosten)

und damit eine **Teilkostenrechnung** (Deckungsbeitragsrechnung) voraus.

Bei einer Verringerung der Ausbringungsmenge im Rahmen der vorgegebenen Kapazität (Verringerung der Kapazitätsauslastung) bleiben die fixen Kosten in voller Höhe bestehen, ein Phänomen, das als „**Fixkostenremanenz**" bezeichnet wird.

Umgekehrt lassen sich im Rahmen einer vorgegebenen Kapazität durch eine Steigerung der Ausbringungsmenge die Kosten pro Stück senken, da nun Fixkosten in gleich bleibender Höhe auf eine steigende Menge von Erzeugnissen umgelegt werden und insoweit die fixen Kosten pro Stück sinken, was eine sog. „**Fixkostendegression**" bedingt.

Je nach der Auslastung der Fixkosten verursachenden Produktionsfaktoren lassen sich die Fixkosten anteilig in **Nutzkosten** bzw. **Leerkosten** aufteilen. Nutzkosten sind derjenige Teil der fixen Kosten, der auf die ausgelastete Kapazität entfällt, Leerkosten derjenige Teil, der auf die leerstehende Kapazität entfällt. Ist die Kapazität voll ausgelastet, so stellen alle fixen Kosten zugleich Nutzkosten dar; steht die Kapazität vollständig leer, so sind alle fixen Kosten Leerkosten. Folglich impliziert

▶ die Umwandlung von Leerkosten in Nutzkosten eine Fixkostendegression und

▶ die Umwandlung von Nutzkosten in Leerkosten eine Fixkostenremanenz.

**ABB. 234:** Nutzkosten und Leerkosten

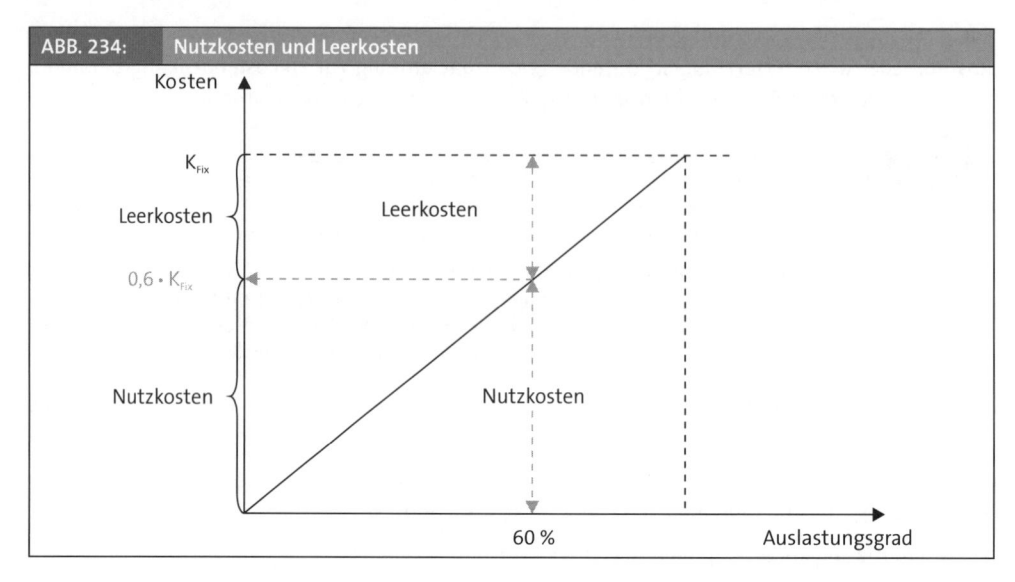

*[Diagramm: Kosten über Auslastungsgrad; $K_{Fix}$ konstant; bei 60% Auslastung Aufteilung in Leerkosten (oberhalb, $0{,}6 \cdot K_{Fix}$ Marke) und Nutzkosten (unterhalb).]*

Die **Teilkostenrechnung** führt unabhängig von der erreichten Auslastung zu korrekten Ergebnissen, indem fixe und variable Kosten vollständig getrennt und nur die variablen Kosten den Kostenträgern zugerechnet werden. Die fixen Kosten fallen definitionsgemäß auch an, wenn keine Leistungsproduktion erfolgt und werden konsequenterweise nicht auf die Leistungen umgelegt.

Folgende **Systeme** der Teilkostenrechnung sind in Theorie und Praxis verbreitet:

- im produzierenden Gewerbe existieren Systeme der Teilkostenrechnung vorrangig auf Basis **variabler Kosten** (Deckungsbeitrag = Umsatz - variable Kosten), und zwar
    - die **einstufige Deckungsbeitragsrechnung** (sog. „**direct costing**"), welche die Fixkosten in einem Gesamtbetrag als Block ausweist („Unternehmensfixkosten"),
    - die **mehrstufige Deckungsbeitragsrechnung** (sog. „**stufenweise Fixkosten-Deckungsrechnung**" nach *Agthe* und *Mellerowicz*, 1959), welche die Fixkosten in Schichten differenziert und nachgeordneten betrieblichen Organisationseinheiten entsprechend des Verursacherprinzips zurechnet;

- im Handel existieren Systeme der Teilkostenrechnung vor allem auf Basis von **Einzelkosten** (Deckungsbeitrag = Umsatz - Einzelkosten). Hier ist die sog. „**Deckungsbeitragsrechnung auf Basis relativer Einzelkosten**" bekannt, die analog zur mehrstufigen Deckungsbeitragsrechnung die Gemeinkosten schichtenweise ausgehend vom produktbezogenen Deckungsbeitrag kostenverursachenden Instanzen bis hin zum Unternehmen zuordnet (in Bezug auf die jeweilige Organisationsinstanz nehmen die Gemeinkosten also Einzelkostencharakter an, daher der Begriff der „relativen Einzelkosten").

Im Folgenden soll von der Berechnung von Deckungsbeiträgen auf Basis variabler Kosten, also von den Belangen des produzierenden Gewerbes ausgegangen werden.

## 3.2 Einstufige Deckungsbeitragsrechnung
### 3.2.1 Grundmodell

Die **einstufige Deckungsbeitragsrechnung** nimmt eine strikte Trennung zwischen fixen und variablen Kosten vor. Nur die variablen Kosten werden auf die Kostenträger verrechnet. Die Fixkosten werden als absoluter, periodenbezogener (Einmal-)Betrag als Block ausgewiesen. Sie sind quasi die „bereits bezahlte Eintrittskarte", die Vorleistungen, um überhaupt produzieren zu können.

Dies weist schon an dieser Stelle auf den operativen Charakter der Deckungsbeitragsrechnung hin. Die Fixkosten sind Ergebnis der bereits getroffenen strategischen Entscheidung über Ausmaß und Beschaffenheit der Kapazitäten und danach nicht mehr entscheidungsrelevant.

Es liegen die folgenden **Prämissen** zu Grunde:

▶ Die Erlöse sind mengenproportional und den Kostenträgern eindeutig zurechenbar.

▶ Alle Kosten lassen sich eindeutig in fixe bzw. variable Kosten bezüglich Ausbringungsmenge bzw. Beschäftigungsgrad trennen.

▶ Die Fixkosten sind konstant und den Perioden eindeutig zurechenbar (periodenfixe Kosten).

▶ Variable Kosten sind den Kostenträgern eindeutig zurechenbar. Deren einzige relevante Kosteneinflussgröße ist die Ausbringungsmenge.

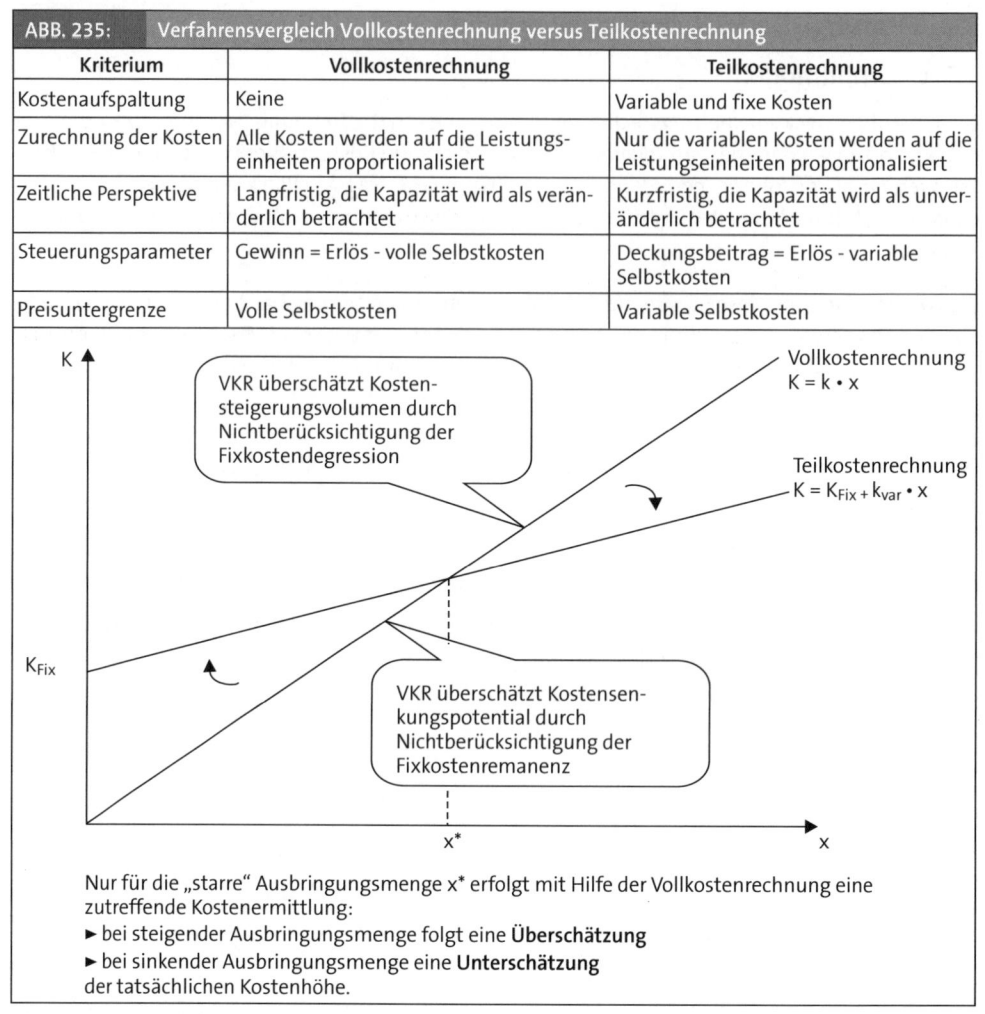

**ABB. 235: Verfahrensvergleich Vollkostenrechnung versus Teilkostenrechnung**

| Kriterium | Vollkostenrechnung | Teilkostenrechnung |
|---|---|---|
| Kostenaufspaltung | Keine | Variable und fixe Kosten |
| Zurechnung der Kosten | Alle Kosten werden auf die Leistungseinheiten proportionalisiert | Nur die variablen Kosten werden auf die Leistungseinheiten proportionalisiert |
| Zeitliche Perspektive | Langfristig, die Kapazität wird als veränderlich betrachtet | Kurzfristig, die Kapazität wird als unveränderlich betrachtet |
| Steuerungsparameter | Gewinn = Erlös - volle Selbstkosten | Deckungsbeitrag = Erlös - variable Selbstkosten |
| Preisuntergrenze | Volle Selbstkosten | Variable Selbstkosten |

Vollkostenrechnung
$K = k \cdot x$

Teilkostenrechnung
$K = K_{Fix} + k_{var} \cdot x$

VKR überschätzt Kostensteigerungsvolumen durch Nichtberücksichtigung der Fixkostendegression

VKR überschätzt Kostensenkungspotential durch Nichtberücksichtigung der Fixkostenremanenz

Nur für die „starre" Ausbringungsmenge $x^*$ erfolgt mit Hilfe der Vollkostenrechnung eine zutreffende Kostenermittlung:
- bei steigender Ausbringungsmenge folgt eine **Überschätzung**
- bei sinkender Ausbringungsmenge eine **Unterschätzung**
der tatsächlichen Kostenhöhe.

Die Nachteile der Vollkostenrechnung sind allenfalls beim Vorliegen eines nur geringfügigen Fixkostenblocks oder bei einer weitgehend im Zeitablauf gleich bleibenden Auslastung hinnehmbar. In allen anderen Fällen führt die Vollkostenrechnung zu falschen Ergebnissen und liefert verzerrte Kosteninformationen.

Das **Kalkulationsschema** der einstufigen Deckungsbeitragsrechnung lautet somit:

|   | Produkterlös (Stückpreis · Menge) |
|---|---|
| - | variable Kosten |
| = | Produkt-Deckungsbeitrag |
| Σ | Produkt-Deckungsbeiträge |
| = | Unternehmens-Deckungsbeitrag |
| - | gesamte Fixkosten |
| = | Unternehmens-Gewinn |

Der **Deckungsbeitrag** stellt den relevanten Steuerungsparameter der Teilkostenrechnung dar und ersetzt den Produktgewinn der Vollkostenrechnung. Ein positiver Deckungsbeitrag trägt zur Deckung der ohnehin anfallenden fixen Kosten bei.

Damit ergibt sich die unternehmerische Leitlinie, bei freien Kapazitäten Aufträge stets anzunehmen, wenn sie einen positiven Deckungsbeitrag erwirtschaften, da sich dadurch das Gesamtergebnis des Unternehmens verbessert, m. a. W., die variablen Stückkosten bilden – wie bereits dargelegt – die **kurzfristige** Preisuntergrenze. Ein Gewinn wird aber erst erwirtschaftet, wenn die Summe der Deckungsbeiträge aller Leistungen höher ist als der Gesamtbetrag der fixen Kosten, d. h., die **langfristige** Preisuntergrenze wird weiterhin durch die Vollkosten gebildet. Hieraus folgt, dass die Teilkostenrechnung die Vollkostenrechnung nur ergänzen, aber nicht ersetzen kann;

- ▶ die Teilkostenrechnung ist ein Instrument des **operativen** Controllings, d. h. nach einer Investition im Rahmen der Nutzung der bestehenden Kapazitäten,
- ▶ die Vollkostenrechnung ist hingegen ist ein Instrument des **strategischen** Controllings, d. h. vor einer Investition und damit ohne jegliche Kostenbindung.

Es soll anhand des Kalkulationsschemas schon vorgreifend auf die aus Sicht des Kostenmanagements bestehende Problematik hingewiesen werden, dass zwar die variablen Kosten bis auf das einzelne Produkt herunter gebrochen werden, die fixen Kosten aber nur als Gesamtbetrag pro Periode in die Kalkulation eingehen und sich damit einer näheren Analyse entziehen.

Die Verlässlichkeit und Steuerungsrelevanz der Deckungsbeitragsrechnung steht und fällt mit der eingangs vorzunehmenden **Kostenauflösung** in variable und fixe Kosten:

- ▶ Die **variablen Kosten werden auf die Kostenträger proportionalisiert**. Sie werden unmittelbar durch die Leistungserstellung verursacht (**Leistungserstellungskosten**). Die Kosten steigen bei zusätzlicher Ausbringung einer Leistungseinheit um den Betrag der variablen Stückkosten bzw. lassen sich bei Verringerung der Ausbringung um eine Einheit um diesen Betrag senken. Von möglichen über- bzw. unterproportionalen Verläufen der variablen Kosten wird hier aus Gründen der Einfachheit abgesehen.

- ▶ Die **fixen Kosten werden als Konstante pro Periode beziffert**. Sie fallen für die Bereitstellung der Kapazität an (**Bereitstellungskosten**) und sind innerhalb der Kapazitätsgrenze unveränderlich. Allenfalls steigen sie bei einer Kapazitätserweiterung sprunghaft an (sog. **sprungfixe** Kosten). Sie werden mangels Verursachungsbeziehung nicht auf die Kostenträger umgelegt.

## 3.2.2 Produkt- und Sortimentscontrolling

Die Kostenauflösung erfolgt auf Grundlage des **Betriebsabrechnungsbogens** (BAB). Dort sind die Kosten bereits nach Einzel- und Gemeinkosten gegliedert. Diese Gliederung muss nun in die Klassifizierung „variable bzw. Fixkosten" überführt werden:

| ABB. 236: | Begriffliche Abgrenzung von variablen und fixen Kosten | |
|---|---|---|
| Zurechenbarkeit<br>Auslastungsabhängigkeit | Einzelkosten | Gemeinkosten |
| Variabel | **Regelfall:**<br>z. B. Materialeinsatz für Fertigung | **Ausnahmefall:**<br>z. B. allgemeine Energiekosten |
| Fix | **Ausnahmefall:**<br>z. B. Abschreibungen, Zinsen für Spezialmaschine; Personalkosten spezieller Mitarbeiter | **Regelfall:**<br>z. B. Kosten Verwaltungsgebäude (Abschreibungen, Zinsen, Miete), Stabsabteilungen (Personalkosten) |

Somit sind weder alle Einzelkosten variabel noch alle Gemeinkosten fix, vielmehr müssen **Annahmen an die Kostenstruktur** der einzelnen Kostenartengruppen laut BAB (ggf. separat nach Kostenstellen) getroffen werden. Die verbreitete Lehrbuchaussage: „Fixkosten sind jene Kosten, die innerhalb einer Analyseperiode in konstanter Höhe anfallen", ist für die Praxis wenig hilfreich. Vielmehr ist zu fragen: „Warum kann ein Unternehmen innerhalb einer Analyseperiode nicht über die Höhe der Kosten disponieren?"

Hieraus folgt die Erkenntnis, dass Fixkosten aus **vertraglichen oder faktischen Bindungen** des Unternehmens resultieren, i. d. R. Abnahmeverpflichtungen, die in künftige Perioden hinein reichen.

Der Fixkostenbegriff ist somit **relativ auszulegen**. So können z. B. Materialkosten je nach dem Vorhandensein von Bezugsverpflichtungen und Mindestmengen durchaus auch fixen Charakter annehmen, wohingegen Personalkosten durch geschicktes Management wie variable Gehaltsbestandteile, Zeit- oder Leiharbeitsverträge in nennenswertem Umfang flexibilisiert werden können. Anhaltspunkte für die Abbaubarkeit fixer Kosten geben damit insbesondere **Vertragsdatenbanken** über Vertragslaufzeiten und Bindungsfristen.

| ABB. 237: | Strukturierung einer Vertragsdatenbank für Zwecke der mehrstufigen Deckungsbeitragsrechnung | | | |
|---|---|---|---|---|
| **Vertragsdatenbank, Stand 31. 12. 20t0** | | | | |
| Ressource | Höhe Kosten pro Monat | Bindungsfrist/ Vertragsende | Ggf. vorzeitige Kündigungsfrist | Zuordnung |
| Fixe Lizenzgebühren | 45.000 € | ein Jahr zum folgenden Jahresende | – | Produkt |
| Spezialwerkzeuge (Abschreibungen, Zinsen) | 20.000 € | drei Jahre (durchschn. Nutzungsdauer) | – | Produkt |
| Fixe Personalkosten Vertriebsplanung | 24.000 € | 5,5 Jahre (durchschn. Betriebszugehörigkeit) | Zeitverträge im Umfang von 8.000 € pro Monat, Restlaufzeit 1,5 Jahre | Produktgruppe |

| Vertragsdatenbank, Stand 31.12.20t0 ||||| 
| Ressource | Höhe Kosten pro Monat | Bindungsfrist/ Vertragsende | Ggf. vorzeitige Kündigungsfrist | Zuordnung |
|---|---|---|---|---|
| Messgeräte in der Endfertigung (Abschreibungen, Zinsen) | 16.000 € | vier Jahre (durchschn. Nutzungsdauer) | Verkauf für rd. 50 % des Buchwerts möglich | Kostenstelle |
| BGA (Abschreibungen, Zinsen) | 74.000 € | acht Jahre (durchschn. Nutzungsdauer) | – | Abteilung |
| Prämie Betriebsunterbrechungsversicherung | 4.000 € | ein Jahr zum folgenden Jahresende | – | Werk |
| Anlagen Forschungslabore (Abschreibungen, Zinsen) | 175.000 € | 10 Jahre (durchschn. Nutzungsdauer) | – | Unternehmen |
| Zins und Tilgung Betriebsmittelkredit | 20.000 € | sechs Jahre (vertragliche Restlaufzeit) | ein Jahr (gegen Vorfälligkeitsentschädigung) | Unternehmen |

Insoweit wird der Tatsache Rechnung getragen, dass sich der Begriff der Fixkosten auf einen bestimmten Zeitraum bis zu ihrer Abbaubarkeit bezieht, so z. B.

▶ bei **kalkulatorischen Abschreibungen und Zinsen** auf das betriebsnotwendige Kapital bis zum Ende der betriebsgewöhnlichen Nutzungsdauer,

▶ bei **fixen Personalkosten** bis zum Zeitpunkt des voraussichtlichen Ausscheidens unter Berücksichtigung von Altersstruktur und Fluktuationsraten des Personalbestands,

▶ bei langfristigen **Liefer- und Leistungsverträgen** bis zum Zeitpunkt des Vertragsablaufs bzw. bis zum Ende der unkündbaren Leistungszeit, ggf. unter Berücksichtigung von Vertragsstrafen, Schadensersatzforderungen, Vorfälligkeitsentschädigungen etc.

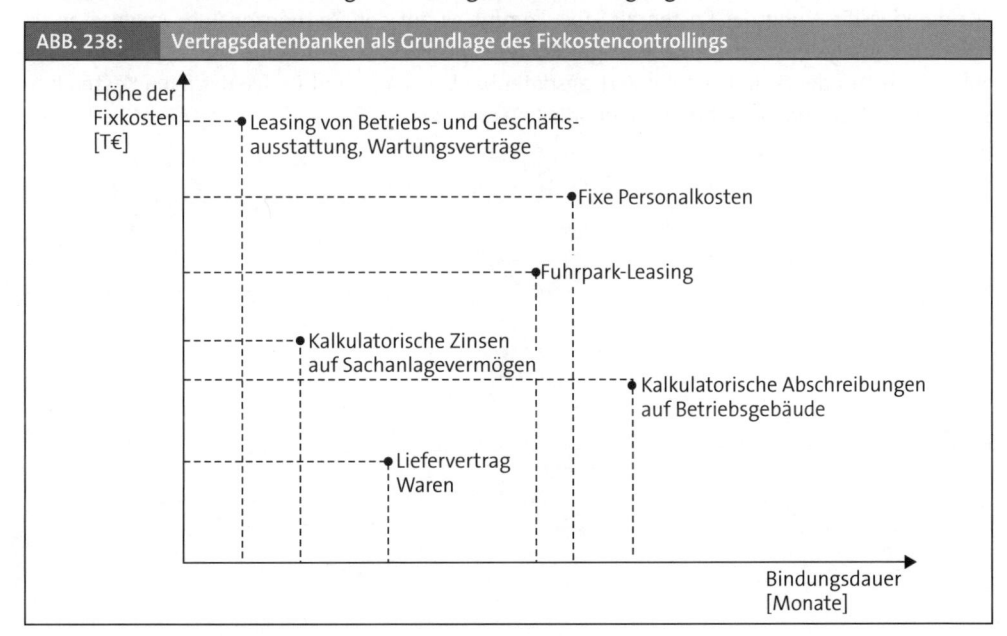

**ABB. 238:** Vertragsdatenbanken als Grundlage des Fixkostencontrollings

Für jeden Vertrag sollte die Datenbank mindestens ausweisen

- Vertragspartner und Vertragsgegenstand,
- die fixen Kosten pro Zeitraum (Monat, Quartal),
- die vereinbarte Laufzeit bzw. Bindungsdauer,
- ggf. Zeitpunkte der automatischen Verlängerung der Verträge und
- ggf. Kosten der vorzeitigen Beendigung der Verträge (Konventionalstrafen etc.).

| ABB. 239: | Datenquellen für die Kostenauflösung |
|---|---|
| Kostenart | Datenquelle für Kostenauflösung |
| Materialeinsatz, Fremdleistungen | Liefer- und Leistungsverträge (Bindungsdauern, Mindestabnahmemengen, Kündigungsfristen) |
| Einzellöhne, Hilfslöhne, Sozialkosten | Arbeitsverträge (Laufzeiten, Kündigungsfristen) |
| Raumkosten | Miet-, Pacht- und Leasingverträge (Laufzeiten, Kündigungsfristen) |
| Energie | Bezugsverträge (Laufzeiten, Kündigungsfristen) |
| Instandhaltung | Wartungsverträge (Laufzeiten, Kündigungsfristen) |
| Vertriebsgemeinkosten | Liefer- und Leistungsverträge (Bindungsdauern, Kündigungsfristen) |
| Kalkulatorische Abschreibungen, kalkulatorische Zinsen | Betriebsgewöhnliche Nutzungsdauern (Kapitalbindung) |
| Kalk. Wagnisse | Schätzungen, Erfahrungswerte |

Für die Klassifizierung der Kosten als „fix" kommt es auf den Zeithorizont der Analyse an. Je länger die Analyseperiode, umso weniger Kosten sind fix und damit einer Abbauentscheidung zugänglich. Auf der Grundlage der Vertragsdatenbanken sind somit Profile der fixen Kosten hinsichtlich des Zeithorizonts ihrer Abbaubarkeit zu erstellen.

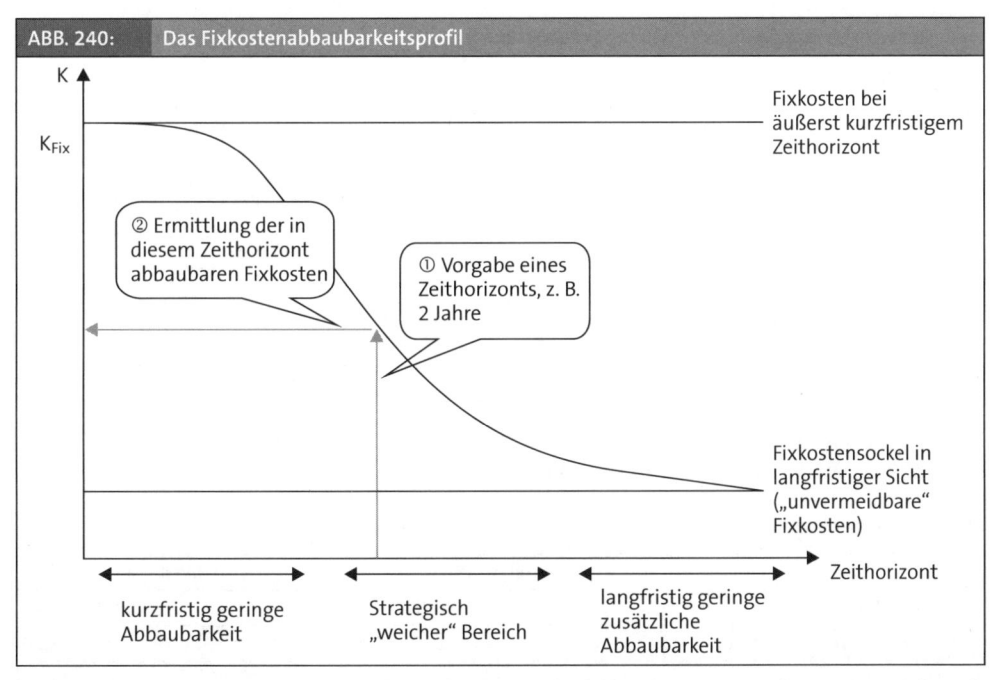

# Controlling mittels Verfahren der Deckungsbeitragsrechnung — KAPITEL IV

**ABB. 240:** Das Fixkostenabbaubarkeitsprofil

- Fixkosten bei äußerst kurzfristigem Zeithorizont
- ② Ermittlung der in diesem Zeithorizont abbaubaren Fixkosten
- ① Vorgabe eines Zeithorizonts, z. B. 2 Jahre
- Fixkostensockel in langfristiger Sicht („unvermeidbare" Fixkosten)
- kurzfristig geringe Abbaubarkeit
- Strategisch „weicher" Bereich
- langfristig geringe zusätzliche Abbaubarkeit

In sehr kurzfristiger Sicht werden alle Fixkosten nicht abbaubar sein; andererseits wird auch langfristig ein „unvermeidbarer" Fixkostensockel für die Fortführung eines Unternehmens zwingend benötigt, dazwischen liegt ein strategisch „weicher" Bereich.

Die theoretischen Darlegungen sollen an dem folgenden **Beispiel** veranschaulicht werden. Für ein Elektrobauteil wird auf Basis einer Produktions- und Absatzmenge von 5.000 Stück pro Analyseperiode (Monat) folgendes Kostenträgerblatt aufgestellt:

**ABB. 241:** Kostenträgerblatt als Ergebnis der Kostenauflösung

| Kostenart, Werte in € | Datenherkunft | Vollkosten | Davon fix | Fixkosten |
|---|---|---|---|---|
| **Materialeinzelkosten** | | | | |
| Rohmaterial | Stücklisten, Entnahmescheine | 30.000 | 10 % | 3.000 |
| Fremdleistungen | Rechnungen | 6.000 | 10 % | 600 |
| **Materialgemeinkosten** | | | | |
| Hilfs- und Betriebsstoffe, Energie | Entnahmescheine | 3.000 | 20 % | 600 |
| Lager | Umlage nach Nutzfläche | 1.600 | 90 % | 1.440 |
| Gebäude | Umlage nach Nutzfläche | 2.800 | 80 % | 2.240 |
| Instandhaltung | Rechnungen, Wartungspläne | 1.200 | 60 % | 720 |
| **Fertigungseinzelkosten** | | | | |
| Einzellöhne | Lohnbuchhaltung, Stellenpläne | 16.000 | 50 % | 8.000 |

413

| Kostenart, Werte in € | Datenherkunft | Vollkosten | Davon fix | Fixkosten |
|---|---|---|---|---|
| **Fertigungsgemeinkosten** | | | | |
| Hilfslöhne | Lohnbuchhaltung, Stellenpläne | 12.400 | 90 % | 11.160 |
| Sozialkosten | Lohnbuchhaltung, Stellenpläne | 9.600 | 90 % | 8.640 |
| Kalk. Abschreibungen | Anlagenkartei | 5.000 | 100 % | 5.000 |
| Kalk. Zinsen | Anlagenkartei | 2.400 | 100 % | 2.400 |
| Sonstige Kosten | Schätzungen | 6.000 | 20 % | 1.200 |
| **Herstellkosten** | | 96.000 | – | 45.000 |
| Verwaltungs- und Vertriebsgemeinkosten | Rechnungen, Zeitaufschreibungen, Schätzungen | 12.000 | 50 % | 6.000 |
| **Selbstkosten** | | 108.000 | – | 51.000 |

Zunächst sollen **Gewinn** sowie **Deckungsbeitrag** pro Stück ermittelt werden, wenn das Erzeugnis zum Preis von 22,90 €/Stück abgesetzt wird.

Man erhält das Ergebnis:

| (€/Stück) | Vollkosten | Variable Kosten |
|---|---|---|
| Herstellkosten | 96/5 = 19,20 | 51/5 = 10,20 |
| Verwaltungs-/Vertriebskosten | 12/5 = 2,40 | 6/5 = 1,20 |
| Selbstkosten | 21,60 | 11,40 |

Die fixen Herstellkosten betragen 45.000 € und die fixen Verwaltungs- und Vertriebskosten 6.000 €, mithin zusammen 51.000 €. Als Ergebnis der Teilkostenrechnung folgen

▶ Kostenparameter: $k_{var}$ = 11,40 €/Stück und $K_{Fix}$ = 51.000 € und

▶ Kostenfunktion: K = 51.000 + 11,40 · x.

Beim Preis von 22,90 €/Stück folgen Gewinn = 1,30 €/Stück und Deckungsbeitrag = 11,50 €/Stück. Der Gesamtgewinn beläuft sich auf 1,30 · 5.000 = 6.500 €.

Es soll analysiert werden, welcher Gesamtgewinn für das Produkt bei einer **Reduktion der Produktions- und Absatzmenge auf 4.000 Stück** monatlich (unter Außerachtlassung von Lagerbestandsveränderungen) zu erwarten ist,

▶ unter Zugrundelegung einer (reinen) Vollkostenrechnung,

▶ unter Zugrundelegung einer Teilkostenrechnung (korrekte Kostenauflösung).

Die Ergebnisdifferenz soll nachvollziehbar verprobt werden.

Die erwarteten Kosten unter Zugrundelegung der Voll- bzw. Teilkostenrechnung bei 4.000 Stück betragen

- nach Vollkosten: (22,90 - 21,60) · 4.000 = 1,30 · 4.000 = 5.200 €, dies entspricht 4/5 des Ausgangsgewinns von 6.500 € bei 5.000 Stück, wobei eine mengenproportionale Veränderung sowohl der Erlöse wie auch der Gesamtkosten unterstellt wird,
- nach Teilkosten: (22,90 - 11,40) · 4.000 - 51.000 = -5.000 €.

Es liegt nunmehr ein Verlust vor. Der Differenzbetrag resultiert aus der Höhe der bei Unterauslastung entstehenden **Leerkosten**. Es sind bei einer Absatzmenge von 4.000 Stück 1/5 der ursprünglichen Kapazitäten nicht ausgelastet, mithin betragen die Leerkosten 1/5 · 51.000 = 10.200 €.

Die Leerkosten spiegeln ihrerseits die Remanenz fixer Kosten wider. Die Fixkosten müssen ggf. nicht von 5.000, sondern von nur 4.000 Stück getragen werden. Die neuen vollen Selbstkosten belaufen sich auf (51.000 + 11,40 · 4.000)/4.000 = 24,15 €/Stück, zuvor waren es 21,60 €/Stück, mithin eine Steigerung von 2,55 €/Stück. Bezogen auf die 4.000 Stück erhält man wiederum 10.200 €.

Im Zustand der Unterauslastung bei nicht abbaubaren Kapazitäten geben die variablen Selbstkosten pro Stück i. H. v. 11,40 € auch die **kurzfristige Preisuntergrenze** an. Werden negative cross selling-Effekte außer Acht gelassen, so sollte das Unternehmen jeden Zusatzauftrag oberhalb eines Stückerlöses von 11,40 € bis zur Vollauslastung annehmen, da dadurch das Ausmaß der Fixkostendeckung und somit der Gesamtgewinn steigt.

Als Ergebnis der Kostenauflösung wird generiert:

| Werte in T€ bzw. €/Stück | Variabel | | Fix | | Voll | |
|---|---|---|---|---|---|---|
| | Kosten | Kosten/Stück | Kosten | Kosten/Stück | Kosten | Kosten/Stück |
| Herstellkosten | 51,00 | 10,20 | 45,00 | 9,00 | 96,00 | 19,20 |
| Verwaltungs-/Vertriebskosten | 6,00 | 1,20 | 6,00 | 1,20 | 12,00 | 2,40 |
| Selbstkosten | 57,00 | 11,40 | 51,00 | 10,20 | 108,00 | 21,60 |

Die Deckungsbeitragsrechnung bildet außerdem den Ausgangspunkt für zwei wesentliche Elemente des Kostencontrollings,

- die **Kostenplanung** und
- die **Kostenkontrolle**,

indem sie

- die Überführung der starren **Plankostenrechnung** in eine flexible Form sowie
- die Erstellung einer **kurzfristigen Erfolgsrechnung** auf Teilkostenbasis

erlaubt. In Fortführung des obigen Zahlenbeispiels soll nunmehr angenommen werden, dass von dem Erzeugnis in einem Monat 5.000 Stück hergestellt, aber nur 4.500 Stück abgesetzt wurden; die Restmenge geht auf Lager. Ansonsten sollen die ursprünglichen Daten zugrunde gelegt werden.

# Kosten- und Leistungscontrolling

Zunächst soll eine kurzfristige Erfolgsrechnung in allen drei üblichen Ausprägungsformen aufgestellt werden, und zwar nach dem

- Gesamtkostenverfahren (GKV),
- Umsatzkostenverfahren auf Vollkostenbasis (UKV/VK) und
- Umsatzkostenverfahren auf Teilkostenbasis (UKV/TK).

Im Rahmen des GKV wird der **Produktionserfolg** ermittelt. Somit sind die in der Abrechnungsperiode entstandenen Kosten – unabhängig vom Anfall für abgesetzte oder für auf Lager genommene Erzeugnisse – gegliedert nach **Kostenarten** auszuweisen. Die entsprechenden Leistungen stellen die Umsatzerlöse und die Bestandserhöhungen bewertet zu Herstellkosten dar. Bestandsverringerungen sind zu Herstellkosten auf der Kostenseite zu zeigen. Vertriebskosten werden als Konsequenz des Verursachungsprinzips den Bestandsveränderungen nicht belastet.

Beide Varianten des UKV fassen den Periodenerfolg allein als Erfolg am Markt (**Absatzerfolg**) auf. Nicht abgesetzte Erzeugnisse gehen weder in die Leistungs- noch in die Kostenbewertung ein. Hierbei werden

- beim Umsatzkostenverfahren auf **Vollkostenbasis** (UKV/VK) die vollen Selbstkosten – unabhängig ob variabel oder fix – auf die Kostenträger verrechnet,
- während beim Umsatzkostenverfahren auf **Teilkostenbasis** (UKV/TK) als Ausfluss des Verursachungsprinzips nur die variablen Kosten den Kostenträgern zugerechnet werden und die fixen Kosten als Bereitstellungskosten der Kapazität auf die einzelnen Perioden bezogen werden.

Die betriebswirtschaftlich angreifbare Proportionalisierung der Fixkosten führt zu fehlerhaften Entscheidungen bei der Produktprogrammplanung beim UKV/VK. Dagegen sieht das UKV/TK die Fixkosten als konstante Periodenkosten an, die für die Aufrechterhaltung der Betriebsbereitschaft anfallen und daher konsequent periodenbezogen abzugrenzen sind. UKV/VK und UKV/TK führen in der Regel zu unterschiedlichen Ergebnissen in Höhe der auf die Lagerbestandsveränderung entfallenden Fixkosten der Herstellung.

Im Beispiel ergeben sich für einen Absatz von 4.500 Stück, bewertet zu Selbstkosten, und einen Lagerzugang von 500 Stück, bewertet zu Herstellkosten, folgende Konstellationen:

| | | Gesamtkostenverfahren | |
|---|---|---|---|
| | Umsatz = | 22,90 € · 4.500 Stück = | 103.050 € |
| + | Bestandsveränderungen = | 19,20 € · 500 Stück = | 9.600 € |
| - | Gesamtkosten = | 96.000 € + 6.000 € + 6.000 € · 0,9 = | 107.400 € |
| = | Saldo | | 5.250 € |

| | | Umsatzkostenverfahren auf Vollkostenbasis | |
|---|---|---|---|
| | Umsatz = | 22,90 € · 4.500 Stück = | 103.050 € |
| - | Selbstkosten des Umsatzes = | 19,20 € · 4.500 Stück + 6.000 € + 6.000 € · 0,9 = | 97.800 € |
| = | Saldo | | 5.250 € |

| Umsatzkostenverfahren auf Teilkostenbasis | | |
|---|---|---|
| Umsatz = | 22,90 € · 4.500 Stück = | 103.050 € |
| − variable Selbstkosten des Umsatzes = | 11,40 € · 4.500 Stück = | 51.300 € |
| − Fixkosten = | | 51.000 € |
| = Saldo | | 750 € |

**Verprobung**:

Die Ergebnisdifferenz ist auf die anteiligen fixen Herstellkosten des Lagerbestandszugangs zurückzuführen: 10 % von 45.000 € = 4.500 €.

**Hinweis**:

Die variablen Verwaltungs- und Vertriebskosten sind um die gesunkene Absatzmenge proportional (Faktor 0,9) zu kürzen, da sich der Ausgangswert von 6.000 € auf 5.000 abgesetzte Stück bezog. Die fixen Verwaltungs- und Vertriebskosten bleiben von der gesunkenen Absatzmenge per definitionem unbeeinflusst.

Schließlich soll eine flexible Plankostenrechnung für die Fertigung aufgestellt werden. Folgende Daten liegen entsprechend des Ausgangsbeispiels zugrunde:

▶ **Plan:** $x_P$ = 5.000 Stück, $K_P$ = 96.000 €, davon $K_{Fix}$ = 45.000 €.

Als tatsächlich sich ergebende Daten sollen unterstellt werden:

▶ **Ist:** $x_I$ = 4.400 Stück, $K_I$ = 87.500 €, die $K_{Fix}$ sind in kurzer Planungsfrist nicht beeinflussbar.

Zunächst sind die Planzahlen auf die Istwerte zu verrechnen: $k_P^{verr}$ = 96.000/5.000 = 19,20 €/St., somit ergibt sich für $x_I$ = 4.400 Stück: $K_P^{verr}$ = 19,20 · 4.400 = 84.480 €.

Die Kostenabweichung der starren Plankostenrechnung lautet demnach:

▶ **Kostenabweichung** = $\Delta K = K_I - K_P^{verr}$ = 87.500 − 84.480 = +3.020 €.

Hierbei wird allerdings unterstellt, dass alle Kosten in Bezug auf schwankende Beschäftigungsstände bzw. Ausbringungsmengen variabel sind, dies entspricht der Philosophie der Vollkostenrechnung.

Die Überführung der starren Plankostenrechnung in eine flexible Form geschieht wiederum durch Kostenauflösung in variabel und fix mittels Bildung der sog. **Sollkostenfunktion**:

▶ $k_P^{var}$ = (96.000 − 45.000)/5.000 = 10,20 €/Stück und

▶ $K_{soll}$ = 45.000 + 10,20 €/Stück.

Für 4.400 Stück folgt $K_{soll}$ = 45.000 + 10,20 · 4.400 = 89.880 €. Hieraus ergeben sich

▶ **Beschäftigungsabweichung** = $\Delta B = K_{soll} - K_P^{verr}$ = 89.880 − 84.480 = +5.400 €,

▶ **Verbrauchsabweichung** = $\Delta V = K_I - K_{soll}$ = 87.500 − 89.880 = −2.380 €.

Als Summe beider Abweichungen ergibt sich wiederum die Kostenabweichung der starren Plankostenrechnung.

Verprobung: Die Beschäftigungsabweichung entspricht den Leerkosten in Bezug auf die geplante Beschäftigung. Die Unterauslastung gegenüber Plan beträgt 600/5.000 = 12 %; 12 % der Fixkosten sind 0,12 · 45.000 = 5.400 €.

Hieraus folgt, dass die Kostenabweichung der starren Plankostenrechnung in zwei Teilabweichungen aufgespaltet wird:

- Die Beschäftigungsabweichung $\Delta B$ beziffert den Teil der Kostenabweichung, der auf die Fixkostenremanenz (sofern Ist-Beschäftigung < Plan-Beschäftigung) bzw. auf die Fixkostendegression (sofern Ist-Beschäftigung > Plan-Beschäftigung) zurückzuführen ist.

- Die Verbrauchsabweichung $\Delta V$ ist auf eine allerdings nicht näher geklärte (In-)Effizienz des Faktoreinsatzes im Prozess der Leistungserstellung zurückzuführen. Bei einer positiven Verbrauchsabweichung (Istkosten > Sollkosten) liegt – verglichen mit den Planwerten – Unwirtschaftlichkeit vor. Diese kann grundsätzlich zurückgeführt werden auf ungeplante Entwicklungen der Einkaufspreise, Effizienzänderungen in der innerbetrieblichen Logistik, gesunkene Arbeitsproduktivitäten in der Leistungserbringung bzw. außerordentliche Einflussfaktoren wie Schwund-, Verderb- oder Ausschussquoten.

In der Praxis wird die Verbrauchsabweichung mindestens weiter in eine Preis- und Mengenabweichung differenziert, wobei erstere i. d. R. vom Unternehmen nicht beeinflusst werden kann. Aus Platzgründen soll von einer vertiefenden Behandlung an dieser Stelle aber abgesehen werden.

Die (operative i. S. von kurzfristige) Profitabilität der Artikel wird anhand des Verhältnisses von Deckungsbeitrag zu Umsatzerlösen, des sog. **DBU-Faktors**, beurteilt. Er indiziert das Verhältnis von Deckungsbeitrag zu Umsatz, d. h., er gibt den Anteil an 1 € Umsatz in Cent an, der zur Deckung der fixen Kosten nach Abzug aller variablen Kosten verbleibt und nimmt typischerweise Werte von Null bis Eins an:

- Er ist Null, wenn auch der Deckungsbeitrag Null ist, d. h., sich Umsatzerlöse und variable Kosten decken.

- Er ist Eins, wenn die variablen Kosten Null sind. Dies ist z. B. bei marktfähigen Nebenprodukten eines Kuppelprozesses der Fall, sowie bei Sammler- oder Liebhaberprodukten bzw. Devotionalien.

- Ist er negativ, so ist auch der Deckungsbeitrag negativ, und aus kostenrechnerischer Sicht sollte der Absatz eingestellt werden.

Der DBU-Faktor ist der für die Sortimentsplanung maßgebliche Steuerungsparameter. Seine Höhe stellt dabei eine Quantifizierung des Eigenwertschöpfungsgrads dar. Ein niedriger DBU-Faktor indiziert einen hohen Anteil des Wareneinsatzes am Umsatzerlös. Die Berechnungen auf Ebene des einzelnen Produkts bzw. der einzelnen Leistung können nach Objektgesichtspunkten auf **Produktgruppen** oder **Teilsortimente** durch einfache Summation verdichtet werden.

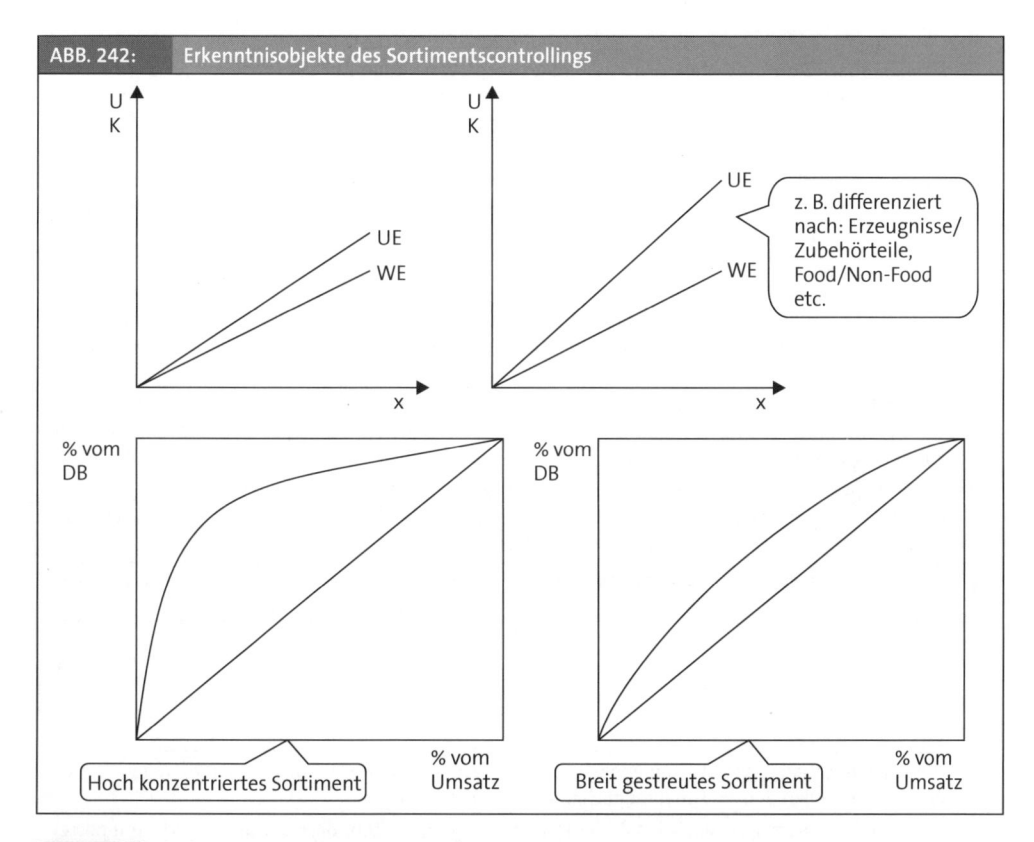

## Controlling mittels Verfahren der Deckungsbeitragsrechnung — KAPITEL IV

**ABB. 242:** Erkenntnisobjekte des Sortimentscontrollings

**BEISPIEL:** Es sollen folgende Parameter für ein Teilsortiment angenommen werden:

| Produkt | Absatzmenge (Stück) | Absatzpreis (€) | Stückkosten (€) | Variable Stückkosten (€) |
|---|---:|---:|---:|---:|
| Uno | 600 | 33 | 28 | 16 |
| Duo | 500 | 39 | 40 | 18 |
| Trio | 400 | 49 | 44 | 21 |
| Cuatro | 300 | 59 | 62 | 26 |

Zu bestimmen ist die Rangfolge der Produkte nach dem Stückgewinn und nach dem Stückdeckungsbeitrag. Auch sind die jeweiligen DBU-Faktoren zu ermitteln. Die Ergebnisse sind controllingorientiert zu würdigen.

| Produkt | Stückgewinn (€) | Stück-Deckungsbeitrag (€) | DBU-Faktor |
|---|---:|---:|---:|
| Uno | 5 | 17 | 0,515 |
| Duo | -1 | 21 | 0,538 |
| Trio | 5 | 28 | 0,571 |
| Cuatro | -3 | 33 | 0,559 |

Nach der Reihenfolge der Stückgewinne sind die Produkte „Uno" und „Trio" am förderungswürdigsten. Die Kosten der übrigen Produkte werden durch den Preis nicht gedeckt.

Der Gesamtgewinn beläuft sich auf: 600 · 5 − 500 · 1 + 400 · 5 − 300 · 3 = 3.600 €, hiervon entfallen 600 · 5 + 400 · 5 = 5.000 € auf die beiden Produkte „Uno" und „Trio".

Das Management könnte auf Basis dieser Erkenntnis – ungesättigte Nachfrage und multifunktionale Fertigungskapazitäten unterstellt – nun eine Sortimentsverengung auf die Produkte „Uno" und „Trio" mit dem Ziel betreiben, die beiden übrigen Produkte einzustellen und zugleich die Ausbringungsmenge der Produkte „Uno" und „Trio" zu verdoppeln. Erwartet würde eine Gewinnentwicklung auf 2 · 5.000 = 10.000 € und insoweit nahezu eine Verdreifachung.

Demgegenüber ergibt sich auf Basis der Stück-Deckungsbeiträge ein grundlegend anderes Ranking. Führend ist das bei Anwendung einer Vollkostenrechnung aussortierte Produkt „Cuatro". Ursächlich für das abweichende Ranking sind die unterschiedlichen Fixkostenanteile bei den Produkten, welche den Eigenwertschöpfungsgrad indizieren.

Der Gesamt-Deckungsbeitrag beträgt: 600 · 17 + 500 · 21 + 400 · 28 + 300 · 33 = 41.800 €, hiervon entfallen 600 · 17 + 400 · 28 = 21.400 € auf die beiden Produkte „Uno" und „Trio". Die Sortimentsumstellung würde demnach in Wirklichkeit nur eine marginale Steigerung des Gesamt-Deckungsbeitrags auf 42.800 € nach sich ziehen.

Bei unbeschränkter Zahlungsbereitschaft erweist sich somit das hochpreisige Produkt „Cuatro" als das förderungswürdigste. Im Fall beschränkter Zahlungsbereitschaft ist demgegenüber die Höhe der DBU-Faktoren maßgebend, folglich ist „Trio" prioritär abzusetzen. Gleichwohl ergibt das Ranking nach DBU-Faktoren weit geringere Differenzen als nach den absoluten Stück-Deckungsbeiträgen.

Schließlich soll noch der Fall beschränkter Kapazitäten untersucht werden. Die Ausgangsdaten sollen beibehalten und um folgende zusätzliche Angaben ergänzt werden:

| Produkt Nummer | Absatzmenge (Stück) | Stück-Deckungsbeitrag (€) | Maschinenlaufzeit (Min.) |
|---|---|---|---|
| Uno | 600 | 17 | 15 |
| Duo | 500 | 21 | 30 |
| Trio | 400 | 28 | 45 |
| Cuatro | 300 | 33 | 60 |

Die verfügbare Laufzeit des Maschinenparks in der Referenzperiode soll 780 Stunden betragen. Die o. g. Absatzmengen sollen den maximal möglichen Absatz indizieren.

Aus Gründen der Sortimentspolitik soll die Nebenbedingung gelten, dass von jeder Sorte mindestens 200 Stück pro Periode gefertigt werden müssen. Die hierfür erforderliche Laufzeit beträgt (15 + 30 + 45 + 60) · 200/60 = 500 Stunden.

Die zur Fertigung des Gesamtprogramms erforderliche Laufzeit beträgt (600 · 15 + 500 · 30 + 400 · 45 + 300 · 60)/60 = 1.000 Stunden. Folglich liegt ein Engpass vor. Es ist der Stück-Deckungsbeitrag auf die Engpassbelastung zu beziehen, mithin die Laufzeit pro Stück. Somit ergibt sich:

| Produkt Nummer | Absatzmenge (Stück) | Stück-Deckungsbeitrag (€) | Relativer Deckungsbeitrag (€/Std.) |
|---|---|---|---|
| Uno | 600 | 17 | 68,00 |
| Duo | 500 | 21 | 42,00 |
| Trio | 400 | 28 | 37,33 |
| Cuatro | 300 | 33 | 33,00 |

Die nach Fertigung des Minimalprogramms verbleibende Zeit von 780 - 500 = 280 Stunden ist entsprechend der Höhe der relativen Deckungsbeiträge wie folgt aufzufüllen:

| Produkt | Min. Absatzmenge (Stück) | Zus. Absatzmenge (Stück) | Zeitbedarf (Std.) | Gesamtprogramm (Stück) |
|---|---|---|---|---|
| Uno | 200 | 400 | (1) 100 | 600 |
| Duo | 200 | 300 | (2) 150 | 500 |
| Trio | 200 | 40 | (3) 30 | 240 |
| Cuatro | 200 | – | – | 200 |
| Stunden | 500 | – | 280 | 780 |

Im Ergebnis werden von den Produkten „Uno" und „Duo" jeweils die Maximalmengen und von „Cuatro" lediglich die Mindestmenge gefertigt.

Für das Produkt- und Sortimentscontrolling lassen sich insoweit abstrahierend folgende **Leitlinien** festlegen:

Werden ungesättigte Nachfrage und freie Kapazitäten unterstellt, so sollten vorrangig die Produkte oder Leistungen mit den höchsten DBU-Faktoren abgesetzt werden, da sich insoweit die Gewinnsituation bei beschränkter Zahlungsbereitschaft am wirksamsten verbessert. Beschränkte Zahlungsbereitschaft impliziert, dass die Kunden nur einen fixen Betrag zu verausgaben gewillt sind. Ist die Zahlungsbereitschaft unbeschränkt, so kann nach den absoluten Stückdeckungsbeiträgen ohne Relativierung auf den Umsatz abgesetzt werden.

Die Anwendung der Deckungsbeitragsrechnung auf Sortimente ermöglicht eine (operative) Prioritätenplanung im Absatz derart, dass

▶ bei (kurzfristig) **freien** Kapazitäten die Erzeugnisse mit den höchsten DBU-Faktoren bevorzugt vertrieben werden sollten, denn sie generieren bei gegebenen Umsatzzuwächsen die höchsten (**absoluten**) Deckungsbeitragszuwächse,

▶ bei (kurzfristig) **knappen** Kapazitäten eine Priorisierung anhand des Deckungsbeitrags pro Engpasseinheit (sog. **relativer** Deckungsbeitrag) erfolgen sollte,

langfristig wäre jedoch eine (strategische) Investitionsentscheidung über eine dauerhafte Kapazitätserweiterung auf Grundlage einer PEST- und SWOT-Analyse erforderlich.

Für das Gesamtunternehmen wird eine Risikoanalyse des Absatzes dadurch ermöglicht, dass der Konzentrationsgrad des Gesamtsortiments im Rahmen der verbreiteten **ABC-Analyse** ermittelt wird. Hierbei sind

▶ A-Artikel solche mit höherem Anteil am Gesamtdeckungsbeitrag als am Gesamtumsatz,

▶ C-Artikel durch die umgekehrte Relation gekennzeichnet.

▶ Bei B-Artikeln entsprechen sich die Anteile am Deckungsbeitrag und Umsatz weitgehend.

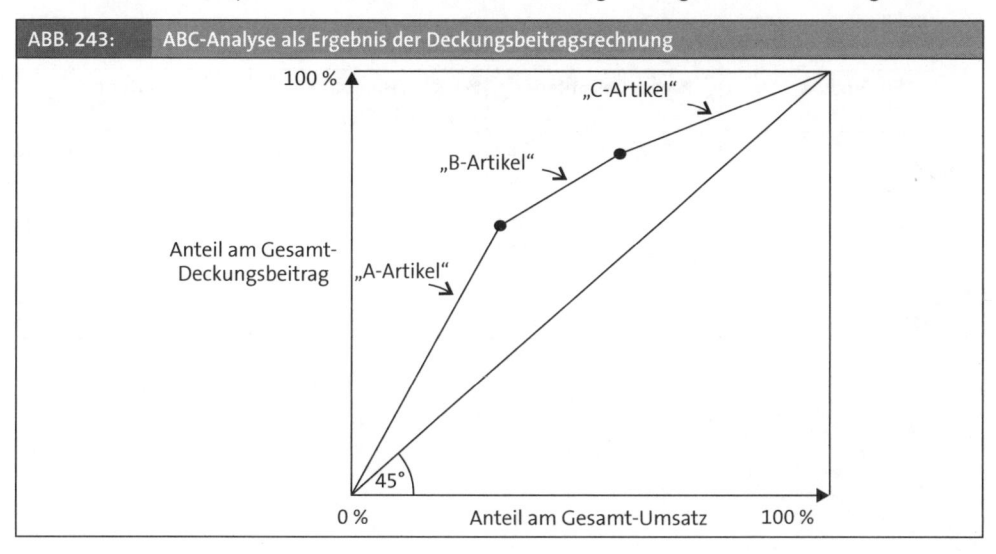

**ABB. 243:** ABC-Analyse als Ergebnis der Deckungsbeitragsrechnung

Eine ABC-Analyse kann analog mittels der DBU-Faktoren der Artikel vorgenommen werden, indem diese in absteigender Reihenfolge ihrer DBU-Faktoren aufgelistet werden. Die Artikel mit überdurchschnittlich hohen DBU-Faktoren stellen A-Artikel, jene mit unterdurchschnittlich hohen DBU-Faktoren C-Artikel dar.

**BEISPIEL:** Ein Unternehmen setzt das nachfolgende Produktsortiment in einer Referenzperiode ab:

| Produkt | Erlös (€/Stk.) | Absatz (Stk.) | Gesamt- erlös (€) | Kosten (€/Stk.) | Variable Kosten (€/Stk.) | Deckungs- beitrag (€/Stk.) | Gesamt- deckungs- beitrag (€) |
|---|---|---|---|---|---|---|---|
| (1) | (2) | (3) | (4) | (5) | (6) | (7) | (8) |
| 1 | 200 | 180 | 36.000 | 220 | 130 | 70 | 12.600 |
| 2 | 150 | 160 | 24.000 | 120 | 40 | 110 | 17.600 |
| 3 | 120 | 150 | 18.000 | 100 | 30 | 90 | 13.500 |
| 4 | 100 | 220 | 22.000 | 120 | 50 | 50 | 11.000 |
| 5 | 125 | 200 | 25.000 | 110 | 60 | 65 | 13.000 |
| Summe | – | – | 125.000 | 122.200 | 57.300 | 67.700 | 67.700 |

Hierbei gelten folgende Rechenalgorithmen:
- Gesamterlös (4) = (2) · (3),
- Deckungsbeitrag (7) = (2) − (6),
- Gesamtdeckungsbeitrag (8) = (3) · (7).

Die Kosten und deren variable Anteile wurden fiktiv angesetzt.

Es zeigt sich bei erster Analyse in Vollkostensicht, dass zwei der sechs Produkte verlustbringend sind. Die Deckungsbeiträge sind naturgemäß alle positiv. Dies ist aber für die Steuerung nicht weiterführend, da dieser Umstand nur die Deckung aller variablen Kosten indiziert. Gleichzeitig ist die Kostenstruktur der einzelnen Produkttypen höchst unterschiedlich. Der Anteil der variablen Kosten an den Gesamtkosten schwankt von 30 % bis hin zu 60 %. Dieser Sachverhalt hat Auswirkungen auf die folgende Klassifikation der Produkte, bei der folgende Zuordnung gilt:
- Bei A-Produkten übersteigt der Anteil am Gesamt-Deckungsbeitrag denjenigen am Gesamt-Erlös und
- bei C-Produkten liegt genau die umgekehrte Konstellation vor.

| Produkt | % vom Gesamterlös | % vom Gesamtdeckungs- beitrag | Wertung |
|---|---|---|---|
| 1 | 28,8 | 18,6 | C |
| 2 | 19,2 | 26,0 | A |
| 3 | 14,4 | 20,0 | A |
| 4 | 17,6 | 16,2 | B-C |
| 5 | 20,0 | 19,2 | B |
| Gesamt | 100,0 | 100,0 | – |

Eine entsprechende Analyse kann auf Basis der DBU-Faktoren wie folgt vorgenommen werden:

| Produkt | Erlös (€/Stk.) | Absatz (Stk.) | Gesamt-erlös (€) | Kosten (€/Stk.) | Variable Kosten (€/Stk.) | Deckungs-beitrag (€/Stk.) | DBU-Faktor |
|---|---|---|---|---|---|---|---|
| (1) | (2) | (3) | (4) | (5) | (6) | (7) | (8) |
| 1 | 200,00 | 180 | 36.000 | 220 | 130 | 70 | 0,350 |
| 2 | 150,00 | 160 | 24.000 | 120 | 40 | 110 | 0,733 |
| 3 | 120,00 | 150 | 18.000 | 100 | 30 | 90 | 0,750 |
| 4 | 100,00 | 220 | 22.000 | 120 | 50 | 50 | 0,500 |
| 5 | 125,00 | 200 | 25.000 | 110 | 60 | 65 | 0,520 |
| Summe | – | – | 125.000 | 122.200 | 57.300 | 67.700 | 0,542 |

Hierbei gilt der Rechenalgorithmus (8) = (7)/(2). Für die Summenzeile gilt (8) = (7)/(4).

Es zeigt sich, dass die herkömmliche ABC-Analyse auf Basis der Konzentrationsanalyse und die bloße Reihung der DBU-Faktoren in absteigender Folge zu identischen Ergebnissen führen.

### 3.2.3 Auslastungscontrolling (Break-even-Analyse, Sensitivitätsanalyse)

Zur Deckungsbeitragsrechnung zählt auch die **Break-even-Analyse**, denn

▶ sie trennt konsequent variable und fixe Kosten,

▶ sie setzt die Berechnung von Deckungsbeiträgen voraus.

Der Gewinn G ist die Differenz zwischen Umsatz U und Kosten K. Der Stückpreis p wird als konstant angenommen; die Kosten sind vollständig und überschneidungsfrei in variable und fixe Kosten aufzuteilen, wobei die variablen Stückkosten $k_{var}$ wiederum als konstant angenommen werden. Die fixen Kosten $K_{Fix}$ werden als pro Periode konstant betrachtet.

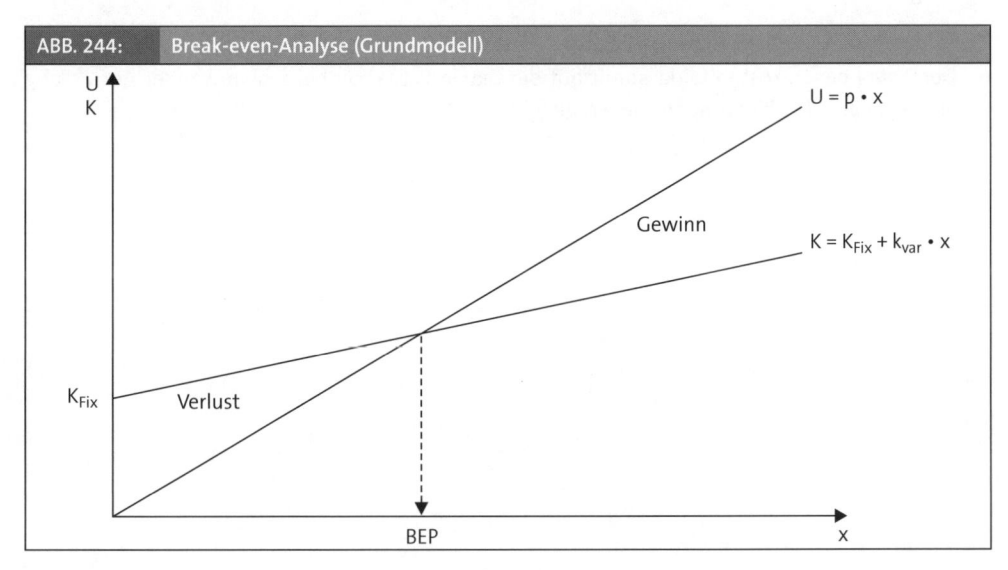

**ABB. 244:** Break-even-Analyse (Grundmodell)

Bei der Berechnung des Break-even-Punkts ist auf das nächste ganzzahlige Stück aufzurunden (Ganzzahligkeitsbedingung).

Es lassen sich nicht nur Break-even-Punkte hinsichtlich des Erreichens eines Nullgewinns ableiten, sondern auch die für die Erzielung eines **Mindestgewinns** (entsprechend einer Gewinnbedarfsrechnung) notwendige Absatzmenge.

Die Gewinnschwelle (**Break-even-Punkt**) ist gegeben als diejenige Produktionsmenge, bei der ein Nullgewinn erzielt wird und bei deren Überschreiten das Unternehmen in die Gewinnzone gerät. Bei Nullsetzen der Gewinngleichung und Auflösung nach der Menge x folgt daher rechnerisch:

$$BEP = \frac{K_{Fix}}{p - k_{var}} = \frac{K_{Fix}}{\text{Stück-DB}}$$

Rechnerisch wirkt die Forderung eines Mindestgewinns in der Break-even-Formel wie eine Erhöhung der Fixkosten.

In der Praxis berechnet man überdies häufig den Break-even-Punkt nicht in zu fertigenden Stückzahlen, sondern als notwendigen **Auslastungsgrad**, indem man die Break-even-Menge in Beziehung zur maximal möglichen Ausbringungsmenge (Kapazitätsgrenze) setzt. Man kommt dann zu Aussagen wie: „Die Gewinnschwelle wird bei einer Auslastung von x % erreicht".

Die **Kritikpunkte** an der Break-even-Analyse sind im Übrigen identisch mit denen an der Deckungsbeitragsrechnung.

Im Betriebsvergleich lässt sich für die **Wirkung der Kostenstruktur auf die Elastizität zwischen Ausbringungsmenge und Gewinn** aussagen:

▶ Je höher der Anteil der fixen Kosten an den Gesamtkosten, umso höher ist die Gewinnsteigerung bei wachsender Kapazitätsauslastung.

▶ Bei sinkender Auslastung ist zugleich das Risiko eines Verlusts am höchsten.

▶ Der Anteil der Fixkosten wirkt somit auf die Gewinnsituation bei schwankender Auslastung als Hebel in beide Richtungen („leverage").

Dies lässt sich graphisch wie folgt veranschaulichen:

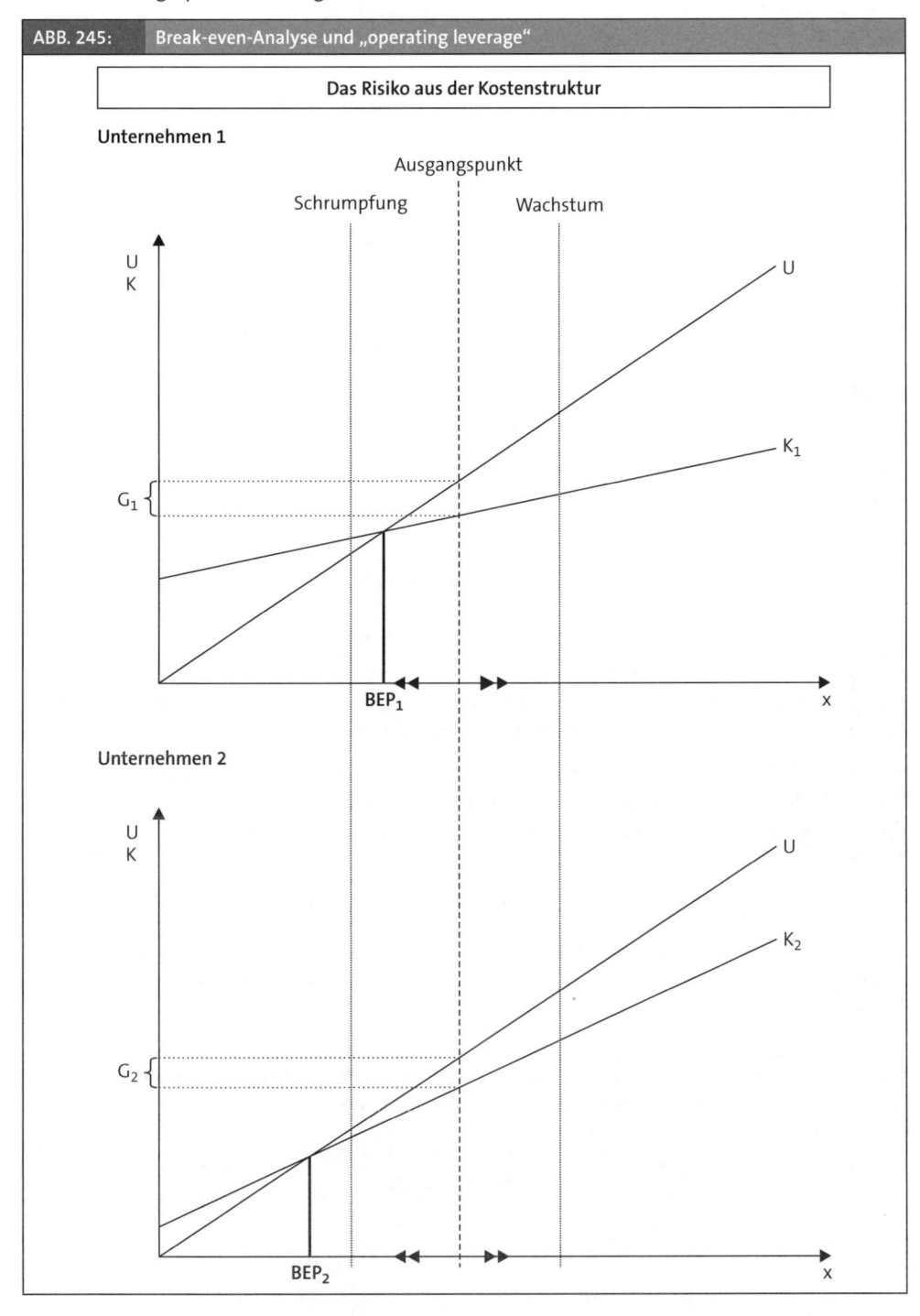

**ABB. 245:** Break-even-Analyse und „operating leverage"

Das Risiko aus der Kostenstruktur

**Unternehmen 1**

Ausgangspunkt — Schrumpfung — Wachstum

U/K, U, $K_1$, $G_1$, $BEP_1$, x

**Unternehmen 2**

U/K, U, $K_2$, $G_2$, $BEP_2$, x

Folgendes **Beispiel** soll die aus der Grafik hergeleiteten Überlegungen verdeutlichen:

**BEISPIEL:**

| Unternehmen | A | | B | |
|---|---|---|---|---|
| Jahr | Jahr 01 | Jahr 02 | Jahr 01 | Jahr 02 |
| Absatzmenge (Stück) | 50.000 | 60.000 | 50.000 | 60.000 |
| Umsatz (Stückpreis = 2 €) | 100.000 | 120.000 | 100.000 | 120.000 |
| Umsatzwachstum | | 20 % | | 20 % |
| Variable Kosten | | | | |
| 1,50 € pro Stück | 75.000 | 90.000 | | |
| 0,50 € pro Stück | | | 25.000 | 30.000 |
| Fixe Kosten (€) | 20.000 | 20.000 | 70.000 | 70.000 |
| Gesamtkosten (€) | 95.000 | 110.000 | 95.000 | 100.000 |
| Gewinn (€) | 5.000 | 10.000 | 5.000 | 20.000 |
| Gewinnwachstum (%) | | 100 % | | 300 % |
| Gewinnschwelle (Stück; BEP) | 20.000/0,5 = 40.000 | | 70.000/1,5 = 46.667 | |
| DBU | 0,25 | | 0,75 | |
| Gewinnschwelle (€; BEU) | 80.000 | | 93.333 | |

Unternehmen B kann aufgrund des höheren Fixkostenanteils bei gleichem Umsatzwachstum ein doppelt so hohes Gewinnwachstum realisieren wie Unternehmen A. Zugleich gerät Unternehmen B wesentlich schneller in die Verlustzone, während Unternehmen A bis 40.000 Stück noch Gewinn erwirtschaftet, weil Unternehmen A seine Kosten bei sinkenden Beschäftigungsgraden schneller abbauen kann.

Die Fixkosten wirken als Hebel; sie bergen bei schwankender Auslastung sowohl höhere Ertragschancen als auch höhere Risiken. Dieses Phänomen bezeichnet man – in Anlehnung an die Finanzierungstheorie – wie oben dargelegt auch als „**operating leverage**".

Schließlich kann eine Break-even-Analyse auch nicht nur auf Mengenbasis, sondern auch auf Wertbasis durchgeführt werden. Der sog. **Break-even-Umsatz** (Umsatz, der zur Deckung aller Kosten erzielt werden muss; BEU) ergibt sich dabei aus folgender Formel:

$$BEU = \frac{Fixkosten\ (€)}{Deckungsbeitrag\ (€)/Umsatz\ (€)}$$

wobei der Nenner den bekannten **DBU-Faktor** beziffert (Deckungsbeitrag, der nach Abzug der variablen Kosten vom Umsatz zur Deckung der fixen Kosten verbleibt, ausgedrückt in % vom Umsatz).

Die Abweichung zwischen Break-even-Umsatz und Ist-Umsatz in % des Ist-Umsatzes wird als **Sicherheitsspanne** (SSP) bezeichnet; sie gibt an, um wie viel % die erwarteten Erlöse ausgehend vom Ist-Umsatz höchstens sinken dürfen, um nicht in die Verlustzone zu geraten.

$$SSP = \frac{Break\text{-}even\text{-}Umsatz\ (€) - Ist\text{-}Umsatz\ (€)}{Ist\text{-}Umsatz\ (€)} \cdot 100\ \%$$

Die Break-even-Analyse ist ein einfaches und äußerst vielseitiges Instrument des Kosten- und Leistungscontrollings. Sie lässt sich zu einer **Sensitivitätsanalyse** dynamisieren, in deren Rahmen z. B. folgende **Sachverhalte** analysiert werden können:

- Elastizität der Gewinnschwelle bezüglich der variablen Stückkosten, des Preises, der Fixkosten;
- erforderliche Kostenersparnisse bzw. Preiserhöhungen, um bei gegenwärtigen Verlusten in die Gewinnzone zu gelangen;
- notwendiger Produktivitätsgewinn oder Preiserhöhung, um eine tarifliche Steigerung der Löhne und Gehälter zu kompensieren (bei unverändertem Gewinn);
- Auswirkungen gegenläufiger Preis- und Mengenänderungen auf den Gewinn bei absatzpolitischen Maßnahmen;
- Auswirkungen einer Fixkostenerhöhung bzw. einer Veränderung der Kostenstruktur auf die Gewinnschwelle, etwa bei Verfahrenswechseln in der Fertigung.

Hierzu wird man zweckmäßigerweise Ursache-Wirkungs-Beziehungen zwischen verschiedenartigen Einflussgrößen und der Zielgröße „Break-even-Punkt" anhand einer graphischen Darstellung (sog. **„Break-even-Baum"**) veranschaulichen.

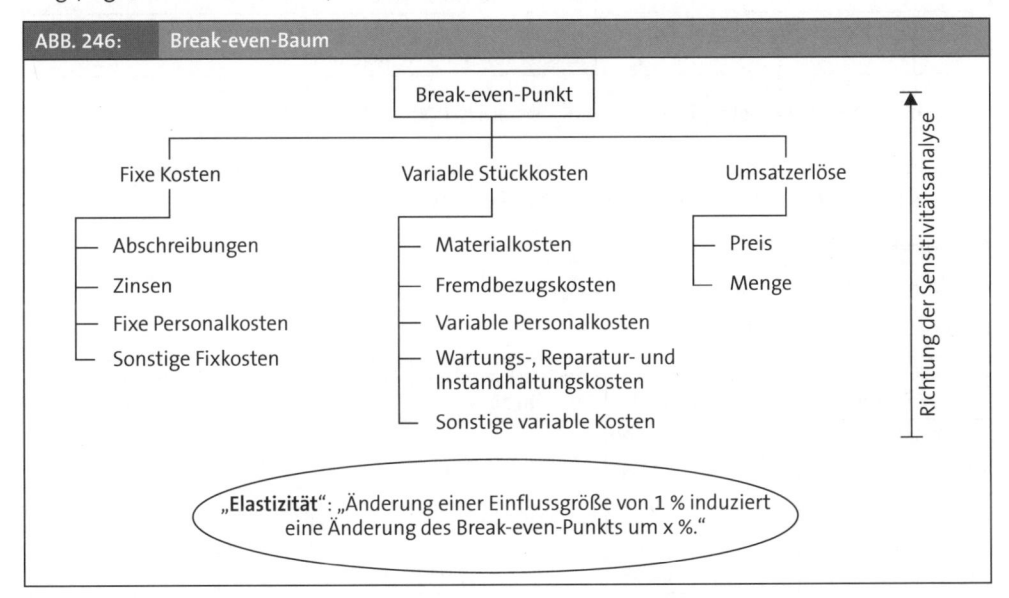

**ABB. 246:** Break-even-Baum

Break-even-Punkt

- Fixe Kosten
  - Abschreibungen
  - Zinsen
  - Fixe Personalkosten
  - Sonstige Fixkosten
- Variable Stückkosten
  - Materialkosten
  - Fremdbezugskosten
  - Variable Personalkosten
  - Wartungs-, Reparatur- und Instandhaltungskosten
  - Sonstige variable Kosten
- Umsatzerlöse
  - Preis
  - Menge

Richtung der Sensitivitätsanalyse

„**Elastizität**": „Änderung einer Einflussgröße von 1 % induziert eine Änderung des Break-even-Punkts um x %."

## KAPITEL IV — Kosten- und Leistungscontrolling

Als vorläufiges Ergebnis des Rechenbeispiels zum Produktcontrolling ergab sich rückblickend folgende Kostenauflösung:

| Werte in T€ bzw. €/Stück | Variabel | | Fix | | Voll | |
|---|---|---|---|---|---|---|
| | Kosten | Kosten/Stück | Kosten | Kosten/Stück | Kosten | Kosten/Stück |
| Herstellkosten | 51,00 | 10,20 | 45,00 | 9,00 | 96,00 | 19,20 |
| Verwaltungs-/Vertriebskosten | 6,00 | 1,20 | 6,00 | 1,20 | 12,00 | 2,40 |
| Selbstkosten | 57,00 | 11,40 | 51,00 | 10,20 | 108,00 | 21,60 |

Es sollen zunächst die zentralen Steuerungsparameter der Deckungsbeitragsrechnung, **DBU-Faktor und Break-even-Umsatz** für das Erzeugnis, ermittelt werden. Der Stückpreis soll wie zuvor 22,90 € betragen.

| DBU | (22,90 - 11,40)/22,90 = 0,502 | Gibt den Anteil an 1 € Umsatz in Cent an, der zur Deckung der fixen Kosten nach Abzug aller variablen Kosten verbleibt |
|---|---|---|
| BEU | 51.000/0,502 = 101.557 € | Gibt den Umsatz in € an, der zur Deckung aller Kosten mindestens erreicht werden muss. |
| BEP | 101.557/22,90 = 4.435 Stück | Gibt die Stückzahl an, die zur Vermeidung eines Verlusts mindestens abgesetzt werden muss. |

Die Sicherheitsspanne beträgt SSP = (4.435 - 5.000)/5.000 · 100 = -11,3 %.

Im Rahmen der Anwendung einer **Sensitivitätsanalyse** soll überprüft werden, welches Szenario sich aus Break-even-Sicht am schädlichsten für die Unternehmung auswirkt,

► ein Anstieg der fixen Kosten um 10 %,

► ein Anstieg der variablen Kosten um 10 % oder

► eine Preisreduktion um 10 %.

| Wert in T€ oder €/Stück | Ausgangssituation | Anstieg Fixkosten um 10 % | Anstieg var. Kosten um 10 % | Reduktion Preis um 10 % |
|---|---|---|---|---|
| UE (€/St.) | 22,90 | 22,90 | 22,90 | 20,61 |
| DB (€/St.) | 11,50 | 11,50 | 10,36 | 9,21 |
| $K_{Fix}$ (€) | 51.000,00 | 56.100,00 | 51.000,00 | 51.000,00 |
| DBU | 0,502 | 0,502 | 0,452 | 0,447 |
| BEU | 101.557 | 111.713 | 112.732 | 114.128 |

Es zeigt sich, dass eine Preissenkung die schädlichsten Auswirkungen induziert; die Elastizität in Bezug auf den Break-even-Umsatz ist hier am höchsten. Im Übrigen kann leicht rechnerisch nachgewiesen werden, dass der Break-even-Punkt in Bezug auf Variationen der Fixkosten stets einheitselastisch reagiert.

Die Sensitivitätsanalyse kann auf einer noch disaggregierteren Ebene durchgeführt werden, indem z. B. die Auswirkungen

- von Tariferhöhungen bei den Personalkosten als Bestandteil der variablen oder fixen Kosten bzw.
- von Erhöhungen der Energiepreise oder sonstigen Fremdbezugspreisen als Teil der variablen Kosten

auf die Zielgröße „Break-even-Umsatz" beziffert werden. Derartige Berechnungen können die Grundlage einer risikoorientierten Budgetierung bilden.

### 3.2.4 Investitionscontrolling (Kritische Werte-Methode, statische Investitionsrechnung)

Seit *Kilger* werden Einflussgrößen, bei denen die Vorteilhaftigkeit einer Handlungsalternative gegenüber einer anderen „umschlägt", als **„kritische Werte"** bezeichnet.

Die **kritische Werte-Methode** ist ein verbreitetes Controllinginstrument und dient dazu, die kostenmäßigen Auswirkungen konkurrierender Handlungsalternativen vergleichbar zu machen und in Bezug auf die kostenmäßigen Auswirkungen eine Präferenzordnung zu entwickeln. Diese hängt typischerweise von der erwarteten Auslastung bzw. Absatzmenge ab.

Die zu überprüfenden Handlungsalternativen bestehen etwa in

- Eigenerstellung oder Fremdbezug von Vormaterialien,
- Leasing oder Kauf von Anlagen,
- Kauf von Allzweck- oder Spezialmaschinen (optimale Verfahrenswahl).

Unterstellt man fortwährendes Wachstum, so lassen sich z. B. ab einer bestimmten Ausbringungsmenge Stückkostenersparnisse durch den Übergang von einem arbeits- zu einem kapitalintensiven Produktionsverfahren realisieren:

- arbeitsintensiv: hohe variable, niedrige Fixkosten;
- kapitalintensiv: niedrige variable, hohe Fixkosten.

Hierfür ist die **Fixkostendegression** verantwortlich. Kehrt sich der Wachstumsprozess ins Negative um, so ist das kapitalintensive Verfahren durch erhöhte Verlustrisiken gekennzeichnet (**Fixkostenremanenz**). Die kritische Ausbringungsmenge beziffert dabei diejenige Menge, bei der der Übergang von einem arbeits- auf ein kapitalintensives Verfahren aus Kostensicht zweckmäßig ist.

Im Ergebnis lässt sich jedenfalls die kritische Werte-Methode von der Break-even-Analyse in der Weise abgrenzen, dass

- erstere einen Kosten-Kosten-Vergleich und letztere einen Umsatz-Kosten-Vergleich impliziert,
- beide Methoden jedoch von einer vollständigen Auflösung der Kosten in variable und fixe ausgehen.

## KAPITEL IV — Kosten- und Leistungscontrolling

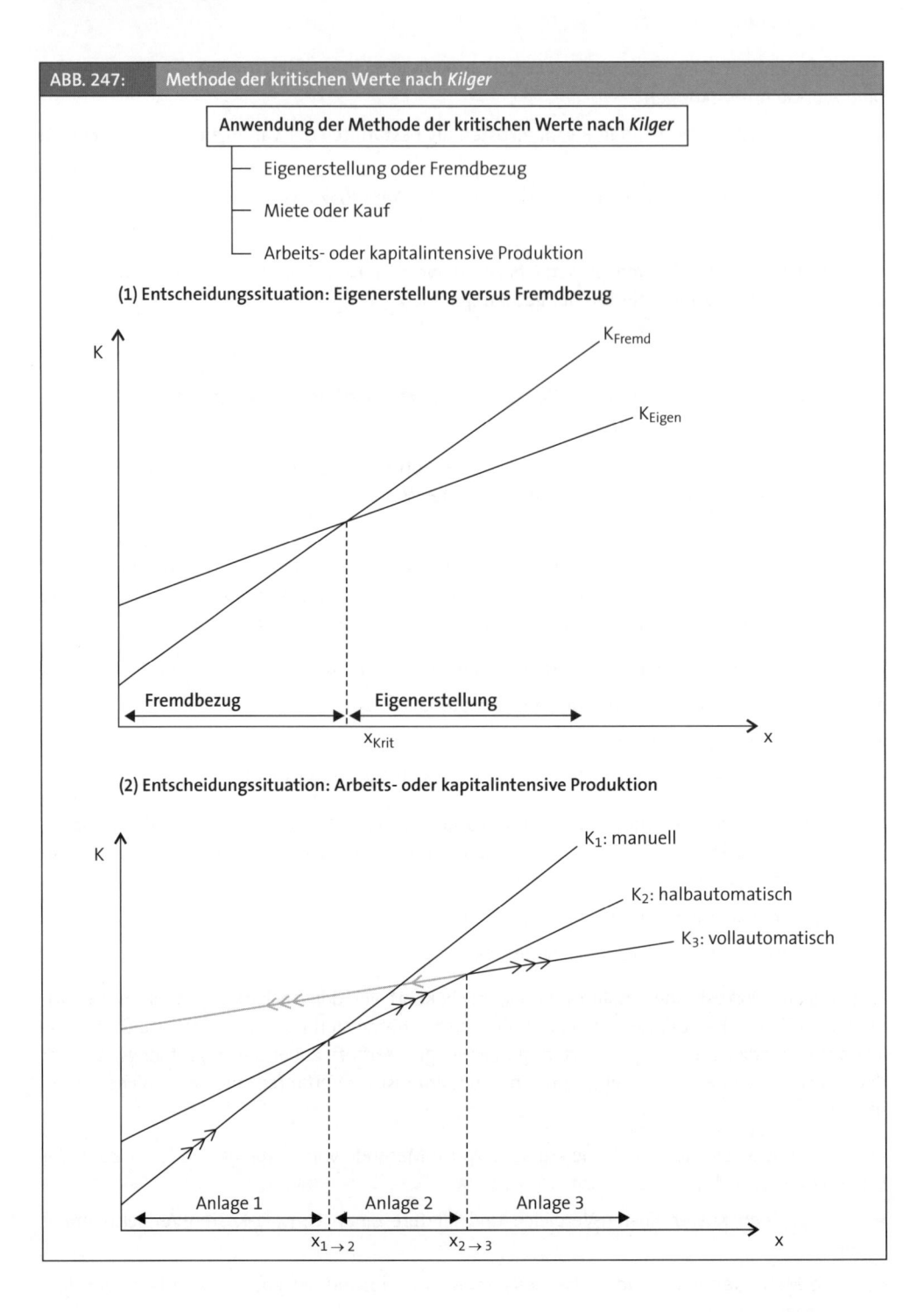

**ABB. 247:** Methode der kritischen Werte nach *Kilger*

Anwendung der Methode der kritischen Werte nach *Kilger*
- Eigenerstellung oder Fremdbezug
- Miete oder Kauf
- Arbeits- oder kapitalintensive Produktion

**(1) Entscheidungssituation: Eigenerstellung versus Fremdbezug**

$K_{Fremd}$
$K_{Eigen}$

Fremdbezug | Eigenerstellung

$x_{Krit}$

**(2) Entscheidungssituation: Arbeits- oder kapitalintensive Produktion**

$K_1$: manuell
$K_2$: halbautomatisch
$K_3$: vollautomatisch

Anlage 1 | Anlage 2 | Anlage 3

$x_{1 \to 2}$   $x_{2 \to 3}$

Die Untermauerung von Investitionsentscheidungen mittels **statischer Investitionsrechenverfahren** stellt im Grunde nichts anderes dar als eine problemorientierte Anwendung der Methode der kritischen Werte, welche der Kostenvergleichsmethode entspricht.

Statische Methoden der Investitionsrechnung sind dadurch gekennzeichnet, dass sie die zeitliche Struktur der Erfolgsgrößen einer Investition nicht berücksichtigen. Darüber hinaus legen sie keine Einzahlungen und Auszahlungen zugrunde, sondern Kosten und Leistungen.

So werden die Anschaffungskosten einer Investition nicht im Zeitpunkt der Anschaffung berücksichtigt, sondern pro rata temporis über periodische, kalkulatorische Abschreibungen. Des Weiteren kommen kalkulatorische Zinsen auf das durchschnittlich gebundene Kapital zum Ansatz.

Da die zeitliche Struktur der Erfolgsgrößen einer Investition außer Acht bleibt, werden Alternativen verglichen, die eigentlich gar keine sind. Trotzdem sind die statischen Verfahren der Investitionsrechnung in der Praxis beliebt, da sie einfach zu handhaben sind und nur wenige Informationen benötigen. Im Einzelnen sind verbreitet

- die **Kostenvergleichsmethode**, und zwar über einen Vergleich
  - der **Gesamtkosten** bei Investitionsalternativen mit gleichen Leistungsabgaben,
  - der **Stückkosten** bei Investitionsalternativen mit unterschiedlichen Leistungsabgaben,
- die **Gewinnvergleichsmethode**, und zwar über einen Vergleich
  - der **Gesamtgewinne** bei Investitionsalternativen mit identischer Laufzeit,
  - der **Stückgewinne** bei Investitionsalternativen mit unterschiedlicher Laufzeit,
  - der **Rentabilitäten** bezogen auf das durchschnittlich gebundene Kapital zu historischen Anschaffungs- und Herstellungskosten.

Gewählt wird jeweils die Investition mit den niedrigsten Gesamt- oder Stückkosten bzw. dem höchsten Gesamt- oder Stückgewinn.

Daneben ist die **statische Amortisationsrechnung** verbreitet, die den Amortisationszeitpunkt einer Investition ermittelt, welcher dann erreicht ist, wenn die Anschaffungskosten über die kumulierten Gewinne und Abschreibungen wieder gewonnen worden sind. Die Amortisationsrechnung berücksichtigt hingegen nicht den Zeitraum des „eigentlichen Verdienens", also die Rentabilität einer Investition. Sie ist ein Spezialfall der Sensitivitätsanalyse, da die kritische Nutzungsdauer für einen Gesamtgewinn von Null dargestellt wird.

Folgendes **Beispiel** soll zur Veranschaulichung dienen.

**BEISPIEL:** Gegeben sind die folgenden Daten zweier Investitionsalternativen:

| Investitionsalternative | 1 | 2 |
|---|---|---|
| Anschaffungskosten [€] | 250.000 | 100.000 |
| Nutzungsdauer [Jahre] | 10 | 10 |
| Restwert [€] | 0 | 0 |
| Leistungsabgabe [Stück/Jahr] | 50.000 | 25.000 |
| Übrige Fixkosten [€/Jahr] (außer Abschreibungen und Zinsen) | 25.000 | 15.000 |
| variable Kosten [€/Stück] | 0,70 | 1,20 |
| Erlös [€/Stück] | 2,20 | 2,70 |

## KAPITEL IV — Kosten- und Leistungscontrolling

Zu ermitteln ist die jeweils günstigste Investitionsalternative bei Zugrundelegung

- der Gesamtkostenvergleichsmethode,
- der Stückkostenvergleichsmethode,
- der Gesamtgewinnvergleichsmethode,
- der Stückgewinnvergleichsrechnung,
- der Rentabilitätsvergleichsmethode,
- der statischen Amortisationsrechnung,

wobei jeweils Vollauslastung unterstellt wird. Das betriebsnotwendige Kapital soll zudem mit einem Kalkulationszinssatz von 10 % verzinst werden. Die Zinsen sind jeweils am Jahresende anzusetzen. Abgeschrieben wird am Jahresende mit der linearen Methode.

**Lösung:**

| Investitionsalternative | 1 | 2 |
|---|---|---|
| Betriebskosten: | | |
| ▶ fix [€/Jahr] | 25.000 | 15.000 |
| ▶ variabel [€/Jahr] | 35.000 | 30.000 |
| Kapitalkosten: | | |
| ▶ kalk. Abschreibungen [€/Jahr] (1) | 25.000 | 10.000 |
| ▶ kalk. Zinsen [€/Jahr] (2) | 13.750 | 5.500 |
| **Gesamtkosten [€]** | **98.750** | **60.500** |
| Leistungsabgabe [Stück] | 50.000 | 25.000 |
| **Stückkosten [€/Stück]** (3) | **1,975** | **2,42** |
| Stückerlös [€/Stück] | 2,20 | 2,70 |
| **Stückgewinn [€/Stück]** (4) | **0,225** | **0,28** |
| Leistungsabgabe [Stück] | 50.000 | 25.000 |
| **Gesamtgewinn [€/Jahr]** (5) | **11.250** | **7.000** |
| Durchschnittlich gebundenes Kapital [€] (6) | 137.500 | 55.000 |
| **Rentabilität [%]** (7) | **8,18** | **12,73** |
| Durchschnittlicher Cashflow [Gewinn + Abschreibungen; €] | 36.250 | 17.000 |
| **Statische Amortisationsdauer [Jahre]** (8) | **6,90** | **5,88** |

**Hinweise:**
- (1): AHK/Nutzungsdauer in Jahren.
- (2): AHK/2 · 10 %.
- (3): Gesamtkosten/Leistungsabgabe.
- (4): Stückerlös - Stückkosten.
- (5): Stückgewinn · Leistungsabgabe pro Jahr.
- (6): (AHK + Jahresabschreibung)/2.
- (7): Gesamtgewinn pro Jahr/durchschnittlich gebundenes Kapital · 100 %.
- (8): AHK/durchschnittlicher Cashflow.

Die kritische Ausbringungsmenge aus Sicht der laufenden Betriebskosten beträgt nach Gleichsetzung der Kostenfunktionen im Übrigen 20.000 Stück wegen

- $K_1 = 25.000 + 0,7 \cdot X$ und
- $K_2 = 15.000 + 1,2 \cdot X$.

## 3.3 Mehrstufige Deckungsbeitragsrechnung
### 3.3.1 Controlling betrieblicher Teilbereiche

Der Aussagewert der einstufigen Deckungsbeitragsrechnung leidet darunter, dass bei einer engen Sichtweise der überwiegende Teil der Kosten fix ist. Damit wird nur die Minderheit der Kosten einer Kostenplanung und -kontrolle zugeführt, während die Fixkosten ohne weitere Differenzierung als Block in einer einzigen Kostenziffer verrechnet werden. Aber insbesondere dort ergeben sich Ansatzpunkte für das Kostenmanagement.

Typischerweise kann man bei Anwendung der einstufigen Deckungsbeitragsrechnung das Ergebnis erhalten, dass alle Produktdeckungsbeiträge positiv sind, obwohl die fixen Kosten die Summe der Produktdeckungsbeiträge übersteigen, sich also ein Unternehmensverlust ergibt. Da sich bei Liquidation eines Produkts mit positivem Deckungsbeitrag lediglich die Verlustsituation verschärfen wird, liefert die Deckungsbeitragsrechnung in ihrer einstufigen Form nur wenig Implikationen für das Kostenmanagement.

Somit ist die einstufige Deckungsbeitragsrechnung aus Steuerungsgesichtspunkten unbefriedigend und muss entsprechend erweitert werden. Sie kann allenfalls in kurzfristiger Sichtweise für die operative Produkt- und Preisplanung eingesetzt werden,

▶ wenn der Abbau Fixkosten verursachender Ressourcen nicht zur Disposition steht

▶ und die durch die fixen Kosten geschaffenen Kapazitäten nicht ausgelastet sind sowie auch die Annahme von Zusatzaufträgen nicht zu Engpässen führt.

Diese Kritik macht sich die **mehrstufige Deckungsbeitragsrechnung** zu Eigen. Ausgehend von der Philosophie der Teilkostenrechnung – also strikte Trennung von variablen und fixen Kosten – spaltet sie den Fixkostenblock entsprechend der Organisationsstruktur des Betriebs in zurechenbare und nicht zurechenbare Bestandteile auf. Der zurechenbare Teil wird über Bezugsgrößen geschlüsselt. Als nicht zurechenbare Fixkosten verbleiben somit nur noch die unternehmensfixen Kosten.

Die Aufspaltung des Fixkostenblocks erfolgt z. B. in Produkt-, Produktgruppen-, Kostenstellen-, Bereichs- und Unternehmens-Fixkosten entsprechend der Aufbauorganisation des Betriebs im jeweiligen Einzelfall. Weitere mögliche Gliederungskriterien sind Abteilungen, Filialen, Werke oder Standorte.

▶ **Produkt-Fixkosten** werden durch die Entwicklung, Produktion oder den Vertrieb einer bestimmten Produktart verursacht; sie sind dieser Produktart direkt zurechenbar, genauer gesagt, der insgesamt in einer Periode hergestellten Gesamtstückzahl einer Produktart (z. B. Patente, Kosten für Spezialwerkzeuge, produktbezogene FuE).

▶ **Produktgruppen-Fixkosten** sind in analoger Form einer bestimmten Produktgruppe zurechenbar (z. B. Kosten einer Verpackungsmaschine, einer Abfüllanlage).

▶ **Kostenstellen-Fixkosten** sind einer bestimmten Kostenstelle zurechenbar, nicht aber einem Produkt oder einer Produktart (z. B. Meisterlöhne, Abschreibungen auf Anlagen, Raumkosten).

- **Bereichs-Fixkosten** sind einer abgegrenzten Gruppe von Kostenstellen zurechenbar (z. B. Verwaltungskosten, Abschreibungen, Versicherungen, Lagerkosten).
- **Unternehmens-Fixkosten** stellen die Restgröße der nicht zurechenbaren Fixkosten dar (z. B. Unternehmensleitung, Kosten für zentrale Einrichtungen).

Die Aufgliederung der Fixkosten erfolgt zweckmäßigerweise anhand der schon für Zwecke der einstufigen Deckungsbeitragsrechnung zu entwickelnden **Vertragsdatenbank**. Diese muss für die Fixkosten verursachenden Ressourcenbindungen eine Zuordnung zu Organisationseinheiten ermöglichen und deren Bindungsfristen offen legen. In dieser Form bildet sie auch ein nützliches Steuerungsinstrument für das Management der optimalen Wertschöpfungstiefe.

Das **Kalkulationsschema** der mehrstufigen Deckungsbeitragsrechnung läuft wie folgt ab:

```
    Produkterlös
-   variable Kosten des Produkts
=   Deckungsbeitrag I (Produkt-Deckungsbeitrag)

-   zurechenbare Produkt-Fixkosten
    (→ Zusammenfassung nach Produktgruppen)
=   Deckungsbeitrag II (Produktgruppen-Deckungsbeitrag)

-   zurechenbare Produktgruppen-Fixkosten
    (→ Zusammenfassung nach Kostenstellen)
=   Deckungsbeitrag III (Kostenstellen-Deckungsbeitrag)

-   zurechenbare Kostenstellen-Fixkosten
    (→ Zusammenfassung nach Bereichen)
=   Deckungsbeitrag IV (Bereichs-Deckungsbeitrag)

-   zurechenbare Bereichs-Fixkosten
    (→ Zusammenfassung auf das gesamte Unternehmen)
=   Deckungsbeitrag V (Unternehmens-Deckungsbeitrag)

-   verbleibende Unternehmens-Fixkosten
=   Betriebserfolg
```

# Controlling mittels Verfahren der Deckungsbeitragsrechnung

**KAPITEL IV**

**ABB. 248: Hierarchische Aufspaltung des Fixkostenblocks**

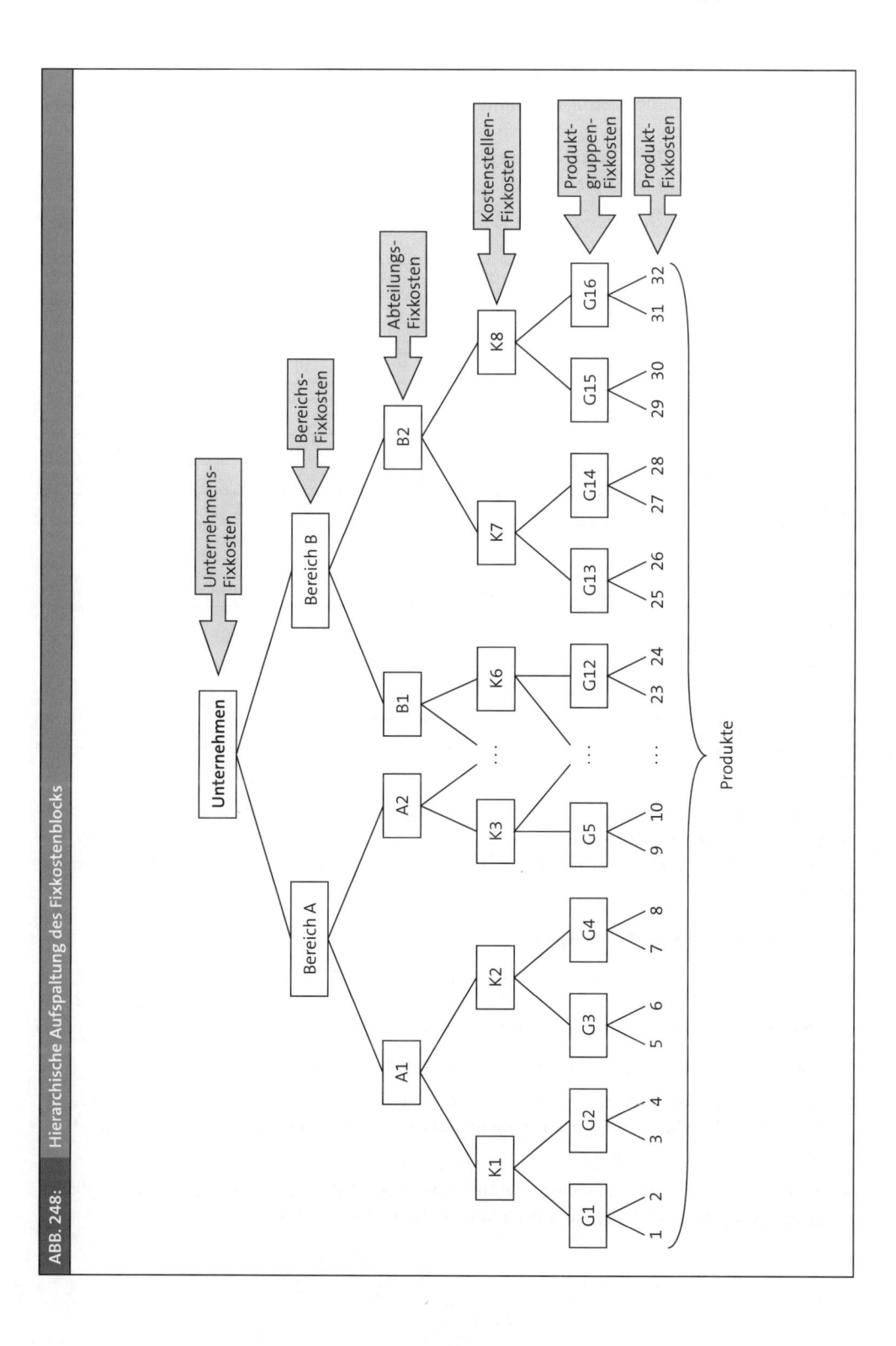

## KAPITEL IV — Kosten- und Leistungscontrolling

Die mehrstufige Deckungsbeitragsrechnung lässt sich in eine **Steuerungsrechnung** ausbauen. Sie gibt z. B. Auskunft darüber, in welchem Maße die Erzeugnisse, Erzeugnisgruppen, Kostenstellen zur Deckung der fixen Kosten beitragen und ab welcher Hierarchiestufe ggf. positive in negative Deckungsbeiträge umschlagen.

| Produkte | 1 | 2 | 3 | 4 | 5 | 6 | 7 | 8 | Summe |
|---|---|---|---|---|---|---|---|---|---|
| Produkt-Deckungsbeitrag (DB I) | +30 | +70 | +20 | +30 | +20 | +35 | +20 | +25 | +250 |
| Produkt-Fixkosten | 5 | 10 | 25 | 5 | 10 | – | 5 | 10 | -70 |
| Produkt-Gewinn | +25 | +60 | -5 | +25 | +10 | +35 | +15 | +15 | +180 |
| **Produktgruppen** | I | | II | | III | | IV | | |
| Produktgruppen-Deckungsbeitrag (DB II) | +85 | | +20 | | +45 | | +30 | | +180 |
| Produktgruppen-Fixkosten | 10 | | 10 | | 20 | | 40 | | -80 |
| Produktgruppen-Gewinn | +75 | | +10 | | +25 | | -10 | | +100 |
| **Abteilungen** | A | | | | B | | | | |
| Abteilungs-Deckungsbeitrag (DB III) | +85 | | | | +15 | | | | +100 |
| Abteilungs-Fixkosten | 40 | | | | 10 | | | | -50 |
| Abteilungs-Gewinn | +45 | | | | +5 | | | | +50 |
| **Unternehmen** | | | | | | | | | |
| Unternehmens-Deckungsbeitrag (DB IV) | +50 | | | | | | | | +50 |
| Unternehmens-Fixkosten | -60 | | | | | | | | -60 |
| Unternehmens-Gewinn | -10 | | | | | | | | -10 |

Hieraus sind Konsequenzen für das **Fixkostenmanagement** (etwa Notwendigkeit der Durchführung von **Wertanalysen, Null-Basis-Budgetierungen** etc.) für die Förderungswürdigkeit von Produkten, Produktgruppen, Bereichen sowie evtl. Stilllegungs- und Auslagerungsentscheidungen ableitbar.

Die **Analyse des vorliegenden Beispiels** zeigt:

▶ Die mehrstufige Deckungsbeitragsrechnung vereinigt Elemente der Vollkostenrechnung und der Teilkostenrechnung. Für jede Organisationseinheit wird ein Deckungsbeitrag vor Abzug und ein Gewinn nach Abzug der zurechenbaren Fixkosten errechnet.

▶ Die Kostenanalyse erfolgt in horizontaler und in vertikaler Hinsicht.

▶ In horizontaler Sicht können die relativen Beiträge der Organisationseinheiten zum Gesamtdeckungsbeitrag bzw. zum Gesamtgewinn auf der betreffenden Stufe ermittelt werden (sog. „Renner-Penner-Analysen").

▶ In vertikaler Sicht kann diejenige Hierarchiestufe ermittelt werden, in der ein anfängliches positives Ergebnis ins Negative umschlägt („kritische Hierarchiestufe").

## Controlling mittels Verfahren der Deckungsbeitragsrechnung — KAPITEL IV

Im obigen Beispiel sind vor allem Produkt 3 und Produktgruppe IV näher zu untersuchen. Auf Basis der Abteilungen ergibt sich keine Handlungsimplikation, da die defizitäre Produktgruppe IV von der Produktgruppe III subventioniert wird. Weiter sind Rationalisierungsmöglichkeiten in Bezug auf die Unternehmens-Fixkosten zu prüfen.

**BEISPIEL:** Der Gesamtumsatz der Happy Living AG beträgt 3.400 T€, der Gesamt-Deckungsbeitrag I 1.315 T€. Außerdem wurden folgende Daten erhoben (Werte in T€):

| Bereiche | Küche | | | | | Sanitär | | | | |
|---|---|---|---|---|---|---|---|---|---|---|
| Produkte | (1) Kühlschr. | (2) Herde | (3) Schränke | (4) Armaturen | (5) Fliesen | (6) Kabinen | (7) Wannen | (8) Armaturen | (9) Accessoires | (10) Fliesen |
| Umsatz | 340 | 270 | 550 | 140 | 500 | 220 | 580 | 180 | 220 | 400 |
| Variable Kosten des Umsatzes | 230 | 160 | 265 | 110 | 340 | 100 | 350 | 120 | 130 | 280 |
| Produkt-Fixkosten | 120 | 20 | 50 | 60 | 60 | 40 | 60 | 30 | 20 | 50 |
| Produktgruppen | I | | II | | | III | | IV | | |
| Produktgruppen-Fixkosten | 90 | | 60 | | | 80 | | 220 | | |
| Bereichs-Fixkosten | 110 | | | | | 140 | | | | |
| Unternehmens-Fixkosten | 95 | | | | | | | | | |

Zunächst ist eine mehrstufige Deckungsbeitragsrechnung durchzuführen und die Deckungsbeiträge für jegliche Organisationseinheiten des Unternehmens zu berechnen.

| Bereiche | Küche | | | | | Sanitär | | | | |
|---|---|---|---|---|---|---|---|---|---|---|
| Produkte | (1) Kühlschr. | (2) Herde | (3) Schränke | (4) Armaturen | (5) Fliesen | (6) Kabinen | (7) Wannen | (8) Armaturen | (9) Accessoires | (10) Fliesen |
| Deckungsbeitrag I (Produkte) | 110 | 110 | 285 | 30 | 160 | 120 | 230 | 60 | 90 | 120 |
| Deckungsbeitrag II (Produktgruppen) | 315 | | 70 | | | 250 | | 170 | | |
| Deckungsbeitrag III (Bereiche) | 235 | | | | | 120 | | | | |
| Deckungsbeitrag IV (Unternehmen) | 105 | | | | | | | | | |

Der Deckungsbeitrag ermittelt sich jeweils als Differenz der Umsatzerlöse und der variablen sowie zuordenbaren fixen Kosten der entsprechenden Hierarchiestufe.

Auf Gewinnbasis erhält man demgegenüber:

| Bereiche | Küche | | | | | Sanitär | | | | |
|---|---|---|---|---|---|---|---|---|---|---|
| Produkte | (1) Kühlschr. | (2) Herde | (3) Schränke | (4) Armaturen | (5) Fliesen | (6) Kabinen | (7) Wannen | (8) Armaturen | (9) Accessoires | (10) Fliesen |
| Gewinn (Produkte) | -10 | 90 | 235 | -30 | 100 | 80 | 170 | 30 | 70 | 70 |
| Gewinn (Produktgruppen) | 225 | | | 10 | | 170 | | | -50 | |
| Gewinn (Bereiche) | 125 | | | | | -20 | | | | |
| Gewinn (Unternehmen) | 10 | | | | | | | | | |

Eine **vertikale Analyse** zeigt auf, dass

▶ auf Produktebene alle Deckungsbeiträge I positiv sind, sich also für kein Produkt die unmittelbare Einstellung empfiehlt,

▶ jedoch für die Produkte 1 und 4 der Deckungsbeitrag I nicht zur Deckung der produktfixen Kosten ausreicht,

▶ auf Produktgruppenebene wiederum alle Deckungsbeiträge II positiv sind und die Einstellung einer Produktgruppe das Gesamtergebnis nur senken würde,

▶ für Produktgruppe IV jedoch der Deckungsbeitrag nicht zur Deckung der produktgruppenfixen Kosten ausreicht,

▶ auf Bereichsebene ebenfalls alle Deckungsbeiträge III positiv sind, hingegen

▶ der Bereich „Sanitär" nicht Vollkosten deckend arbeitet.

Eine **horizontale Analyse** der Organisationsbereiche i. S. einer ABC-Analyse legt die Konzentration der Deckungsbeiträge auf **Produktebene** wie folgt offen:

| Bereiche | Küche | | | | | Sanitär | | | | |
|---|---|---|---|---|---|---|---|---|---|---|
| Produkte | (1) Kühlschr. | (2) Herde | (3) Schränke | (4) Armaturen | (5) Fliesen | (6) Kabinen | (7) Wannen | (8) Armaturen | (9) Accessoires | (10) Fliesen |
| % vom Gesamtumsatz | 10,0 | 8,0 | 16,0 | 4,0 | 15,0 | 6,5 | 17,0 | 5,0 | 6,5 | 12,0 |
| % vom Gesamt-Deckungsbeitrag I | 8,5 | 8,5 | 22,0 | 2,0 | 12,0 | 9,0 | 17,5 | 4,5 | 7,0 | 9,0 |
| Bewertung | C | B | A | C | C | A | B | B | B | C |

Somit erweist sich, dass z. B.

▶ die A-Produkte 3 und 6 mit einem Anteil von 22,5 % am Gesamtumsatz 31 % des Gesamt-Deckungsbeitrags I und

▶ die C-Produkte 1, 4, 5 und 10 mit einem Anteil von 41 % am Gesamtumsatz 31,5 % des Gesamtdeckungsbeitrags I

erwirtschaften. Die Konzentration der Deckungsbeiträge auf Produktebene ist insoweit noch relativ niedrig.

Für die **Produktgruppen** lässt sich in analoger Weise entwickeln:

| Bereiche | Küche | | Sanitär | |
|---|---|---|---|---|
| Produktgruppen | I | II | III | IV |
| % vom Gesamtumsatz | 34,0 | 19,0 | 23,5 | 23,5 |
| % vom Gesamt-Deckungsbeitrag I | 39,0 | 14,0 | 26,5 | 20,5 |
| Bewertung | A | C | A | B-C |

Die mehrstufige Deckungsbeitragsrechnung liefert damit die Grundlage zur Erstellung sog. ABC-Analysen, und zwar nicht nur auf Produktebene, sondern auch für übergeordnete Bereiche. Auf dieser Grundlage können Empfehlungen zu Strategien des Fixkostenmanagements wie

▶ Fixkostenreduktion,

▶ Fixkostenumwandlung und

▶ Fixkostenumlastung

abgeleitet werden. Sofern z. B. alle Fixkosten nicht abbaubar sind (**sehr kurzfristige Perspektive**), ergeben sich keine Empfehlungen, da jedes Produkt einen positiven Deckungsbeitrag I erwirtschaftet.

Für den Fall, dass die Produktfixkosten abbaubar sind (**kurz- bis mittelfristige Perspektive**), kann die Einstellung der Produkte 1 (wegfallender Verlust: 10 T€) und 4 (wegfallender Verlust: 30 T€) erwogen werden. Bei teilweiser Abbaubarkeit empfiehlt sich die Einstellung, sofern

▶ bei Produkt 1 mindestens 92 % (110 der 120 T€) und

▶ bei Produkt 4 mindestens 50 % (30 der 60 T€)

der produktfixen Kosten innerhalb eines vordefinierten Zeithorizonts abbaubar sind.

Falls zusätzlich auch die Produktgruppenfixkosten abbaubar sind (**mittel- bis langfristige Perspektive**), kommt die weitere Einstellung der Produktgruppe IV in Betracht; hieraus ergibt sich eine Verlustreduktion von bis zu 50 T€. Eine Einstellung empfiehlt sich, wenn mindestens 170 der 220 T€ produktfixen Kosten abbaubar sind.

Folglich kann eine fortschreitende Konzentration der Geschäftsfelder zu einer Steigerung des Deckungsbeitrags und insbesondere der Rentabilität führen. Würde neben den Produkten 1 und 4 auch die Produktgruppe IV abgebaut, so ergäbe sich folgende Vergleichsrechnung:

| Produkte | Umsatz (T€) | Gewinn (T€) | Gewinn-Rendite in % vom Umsatz |
|---|---|---|---|
| 1 - 10 | 3.400 | 10 | 0,3 |
| 2, 3, 5, 6, 7 | 2.120 | 100 *) | 4,7 |
| *) 10 + wegfallende Verluste (10 + 30 + 50) = 100. | | | |

Die Analyse kann mit der möglichen Einstellung des Bereichs „Sanitär" abgeschlossen werden. Sie ist aus Kostensicht zweckmäßig, falls 120 der 140 T€ bereichsfixen Kosten abgebaut werden können.

### 3.3.2 Wertorientierte Unternehmensführung auf Basis von Segmenten

Die Daten der mehrstufigen Deckungsbeitragsrechnung können als Grundlage der **wertorientierten Unternehmensführung** auf der Basis von **strategischen Geschäftsfeldern (Segmenten)** dienen. In diesem Rahmen werden den Ist-Renditen auf Basis des Deckungsbeitrags I der operativen Einheiten (Produkte) entsprechende Ziel-Renditen gegenüber gestellt. Diese geben die notwendige Rendite an, welche die Produkte mindestens aus dem Deckungsbeitrag I erwirtschaften müssen, um neben den Produkt-Fixkosten auch anteilig die Abteilungs- und Unternehmens-Fixkosten zu decken und zusätzlich noch eine geforderte Unternehmensrendite nach Abzug aller Fixkosten zu generieren.

Insoweit wird berücksichtigt, dass die Cash-generierenden Einheiten der operativen Ebene alle Kosten der übergeordneten Ebenen mittragen müssen. Es wird auch die Frage geklärt, wie „hoch" die Produktrenditen zur Generierung einer vorgegebenen Unternehmensrendite sein müssen.

Eine Zuordnung der fixen Kosten auf die operativen Einheiten kann alternativ erfolgen nach

► verursachungsgerechten Maßgrößen, z. B. gemäß der zeitlichen Inanspruchnahme (Betriebsstunden, Mitarbeiterstunden) oder des Raumbedarfs,
► der anteiligen Höhe des gebundenen Kapitals (entsprechend der Vorgehensweise des Wertminderungstests für sog. zahlungsmittelgenerierende Einheiten nach IAS 36),
► der anteiligen Höhe der Umsatzerlöse (nach dem Tragfähigkeitsprinzip).

An dieser Stelle soll als Umlagegröße aus Gründen der rechentechnischen Einfachheit der Umsatz verwendet werden; andernfalls wäre zusätzlich eine Vermögensaufstellung der Segmente zu erstellen.

**BEISPIEL:** ► Die Geschäftstätigkeit der Translog AG wird in die Bereiche
► Luftfracht,
► Landfracht,
► Logistikservice/Warehousing und
► Umweltservice

eingeteilt. Hierfür liegt folgende Teilkostenrechnung vor (Werte in Mio. €):

| Unternehmensbereich | Fracht | | Service | | Summe |
|---|---|---|---|---|---|
| Segment | Luftfracht | Landfracht | Logistik | Umwelt | |
| Umsatzerlöse | 1.000 | 800 | 700 | 500 | 3.000 |
| Variable Kosten des Umsatzes | 390 | 380 | 370 | 260 | 1.400 |
| Segment-Fixkosten | 220 | 210 | 170 | 100 | 700 |
| Bereichs-Fixkosten | 290 | | 100 | | 390 |
| Unternehmens-Fixkosten | 240 | | | | 240 |

Zunächst soll das Unternehmensergebnis entwickelt und die Unternehmensrendite auf Basis des Deckungsbeitrags und des Gewinns berechnet werden.

| Unternehmensbereich | Fracht | | Service | | Summe |
|---|---|---|---|---|---|
| Segment | Luftfracht | Landfracht | Logistik | Umwelt | |
| Umsatzerlöse | 1.000 | 800 | 700 | 500 | 3.000 |
| Variable Kosten des Umsatzes | 390 | 380 | 370 | 260 | 1.400 |
| Deckungsbeitrag I | 610 | 420 | 330 | 240 | 1.600 |
| Segment-Fixkosten | 220 | 210 | 170 | 100 | 700 |
| Deckungsbeitrag II | 600 | | 300 | | 900 |
| Bereichs-Fixkosten | 290 | | 100 | | 390 |
| Deckungsbeitrag III | 510 | | | | 510 |
| Unternehmens-Fixkosten | 240 | | | | 240 |
| Unternehmens-Ergebnis | 270 | | | | 270 |

Die Unternehmensrendite beträgt auf Basis des Deckungsbeitrags 510/3.000 · 100 = 17 % und auf Basis des Gewinns 270/3.000 · 100 = 9 %.

Sodann soll eine wertorientierte Steuerungsrechnung für die Geschäftssegmente unter folgenden vereinfachenden Prämissen aufgestellt werden:

▶ Die Segment-Fixkosten sind den Sparten vollständig zurechenbar.
▶ Die Bereichs- und die Unternehmens-Fixkosten werden den Sparten auf Basis der Umsatzanteile zugerechnet („Tragfähigkeitsprinzip").
▶ Jede Sparte trägt auch im Verhältnis der Umsatzerlöse zur Erwirtschaftung des Unternehmensgewinns (Ist-Gewinn aus vorstehender Rechnung) bei.

Am Beispiel des Segments „Luftfracht" lässt sich entwickeln: Es trägt

▶ zunächst seine direkt zurechenbaren Fixkosten i. H. v. 220,
▶ außerdem umsatzanteilig seine zugehörigen Bereichsfixkosten i. H. v. 290 · 1.000/(1.000 + 800),
▶ schließlich umsatzanteilig die Unternehmensfixkosten und den Gewinn i. H. v. (240 + 270) · 1.000/3.000.

Somit wird der Unternehmensgewinn rechnerisch wie eine Erhöhung der fixen Kosten behandelt. Für die wertorientierte Steuerung folgt (Werte in Mio. €):

| Segment | Umsatz in Mio. € | DB I in Mio. € | DB-Rendite in % (Ist) | Anteilig zu erwirtschaftende Fixkosten sowie Gewinn | DB-Rendite in % (Soll) | Bewertung |
|---|---|---|---|---|---|---|
| Luftfracht | 1.000 | 610 | 61,0 | 510 · 10/30 + 290 · 10/18 + 220 = 551,1 | 55,1 | A |
| Landfracht | 800 | 420 | 52,5 | 510 · 8/30 + 290 · 8/18 + 210 = 474,9 | 59,4 | C |
| Logistik | 700 | 330 | 47,1 | 510 · 7/30 + 100 · 7/12 + 170 = 347,3 | 49,6 | B - C |
| Umwelt | 500 | 240 | 48,0 | 510 · 5/30 + 100 · 5/12 + 100 = 226,7 | 45,3 | A - B |

Es zeigt sich, dass über die allgemeine Renditeforderung hinaus vor allem das Segment „Luftfracht", in Grenzen auch die „Umweltdienste" wertschaffend sind. Jedoch ist Segment „Landfracht" ein Wertvernichter, obwohl es die zweithöchste Ist-Rendite erwirtschaftet.

Eine entsprechende Rechnung kann für jede beliebige Renditeforderung aufgestellt werden. So soll z. B. der Bereich „Umweltdienste" eine Plan-Gewinnrendite vom Umsatz in Höhe von 15 % erwirtschaften. Dann gilt:

▶ 100 + 100 · 5/12 + 240 · 5/30 + 0,15 · 500 = 256,67 Mio. €;
▶ dies entspricht einer Plan-Rendite in Bezug auf den Deckungsbeitrag I in Höhe von 256,67/500 = 51,3 %.

Entsprechende Daten lassen sich idealerweise in eine Gewinnbedarfsrechnung integrieren. Der Gewinnbedarf entspricht der Summe aus einer marktgerechten Eigenkapitalverzinsung und den Innenfinanzierungsanteilen anstehender Investitionsvorhaben. Die mehrstufige Deckungsbeitragsrechnung gibt sodann Aufschluss darüber, auf welche Höhe der Deckungsbeitrag gesteigert und/oder die Fixkosten gesenkt werden müssen, um das Gewinnziel zu realisieren.

Für den Bereich der Umweltdienste gilt lt. obiger Abbildung (in Mio. €):

| | |
|---|---|
| Umsatzerlöse | 500,00 |
| Variable Kosten des Umsatzes | 260,00 |
| Fixe Kosten *) | 181,67 |
| *) 100 + 100 · 5/12 + 240 · 5/30 = 181,67 | |

Es lassen sich DBU-Faktor und Break-even-Umsatz wie folgt berechnen:

- DBU-Faktor: 24/50 = 0,48 und
- Break-even-Umsatz (BEU): 181,67/0,48 = 378,5 Mio. €.

Nunmehr soll erörtert werden, ob aus Break-even-Sicht eher eine Erhöhung der fixen oder der variablen Kosten jeweils um 5 % schädlich ist (Werte in Mio. €).

| Wert | Steigerung $K_{Fix}$ | Steigerung $K_{var}$ |
|---|---|---|
| Umsatz | 500,0 | 500,0 |
| $K_{var}$ | 260,0 | 273,0 |
| DB | 240,0 | 227,0 |
| DBU-Faktor | 0,480 | 0,454 |
| $K_{Fix}$ | 190,75 | 181,67 |
| BE-Umsatz | 397,40 | 400,15 |

Mithin ist eine Steigerung der fixen Kosten weniger schädlich.

Es soll schließlich berechnet werden, um wie viel Prozent die Abgabepreise (bei gleicher Abgabemenge) erhöht werden müssten, um die Steigerung der fixen Kosten um 5 % aus Break-even-Sicht zu kompensieren (UE = Umsatzerlöse).

- $K_{Fix}/DBU = K_{Fix}/(UE - K_{var})/UE = BEU \cong 378{,}5$, also
- $190{,}75 \cdot UE = 378{,}5 \cdot UE - 378{,}5 \cdot 260$ und
- $UE = 378{,}5 \cdot 260/(378{,}5 - 190{,}75) = 524{,}15$ Mio. €.

Es ist eine Preissteigerung um 4,8 % zur Kompensation der Erhöhung des Fixkostenblocks notwendig.

Sofern die Rechnungslegung auf Basis der IAS/IFRS erfolgt, kann eine mehrstufige Deckungsbeitragsrechnung wertvolle Zusatzinformationen liefern. Das Problem der Zuordnung Fixkosten verursachender Ressourcen zu operativen Geschäftsfeldern ähnelt demjenigen der Bildung **zahlungsmittelgenerierender Einheiten** im Rahmen des Wertminderungstests nach IAS 36.66 ff., insbesondere der Zuordnung sog. gemeinschaftlicher Vermögenswerte („**corporate assets**", vgl. IAS 36.100 ff.). Dies sind Vermögenswerte, die keine isolierten Mittelzuflüsse erzeugen, sondern zu Cashflows mehrerer zahlungsmittelgenerierender Einheiten beitragen.

Maßstab für die Aufteilung des Buchwerts bzw. Wertminderungsaufwands der gemeinschaftlichen Vermögenswerte können hier die Buchwerte der „untergeordneten" zahlungsmittelgenerierenden Einheiten ohne gemeinschaftliche Vermögenswerte sein. Die zahlungsmittelgenerierenden Einheiten entsprechen i. d. R. den durch das Management gebildeten Geschäftsfeldern (IAS 36.68, 36.80).

Somit ähnelt das Bottom-up-orientierte Vorgehen bei der Zuordnung des Wertminderungsbedarfs von Vermögenswerten nach IAS 36.97 f. der Rechenweise der mehrstufigen Deckungsbeitragsrechnung. Letztere steht zudem in enger Beziehung zur **Segmentberichterstattung** nach IFRS 8; sie kann auch als Datengrundlage für eine vernünftige und stetige Aufteilung der gemeinschaftlichen Vermögenswerte gemäß IAS 36.102a herangezogen werden.

Im Ergebnis ist die mehrstufige Deckungsbeitragsrechnung sowohl für kurzfristige wie auch für mittel- und langfristige Analyseziele einsetzbar; sie stellt damit die Schnittstelle zwischen strategischer und operativer Kostenplanung dar.

## 3.4 Gestaltungsoptionen des Fixkostenmanagements

Die Veränderung der Kostenstruktur zugunsten der Gemeinkosten bzw. der fixen Kosten schreitet im Zeitablauf weiter voran. Hohe Fixkosten verringern die betriebliche Elastizität gegenüber schwankenden Auslastungsgraden.

Grundsätzlich existieren – abgesehen von einer höheren Auslastung der fixkostenverursachenden Faktoren – **drei verschiedene Strategien des Fixkostenmanagements**:

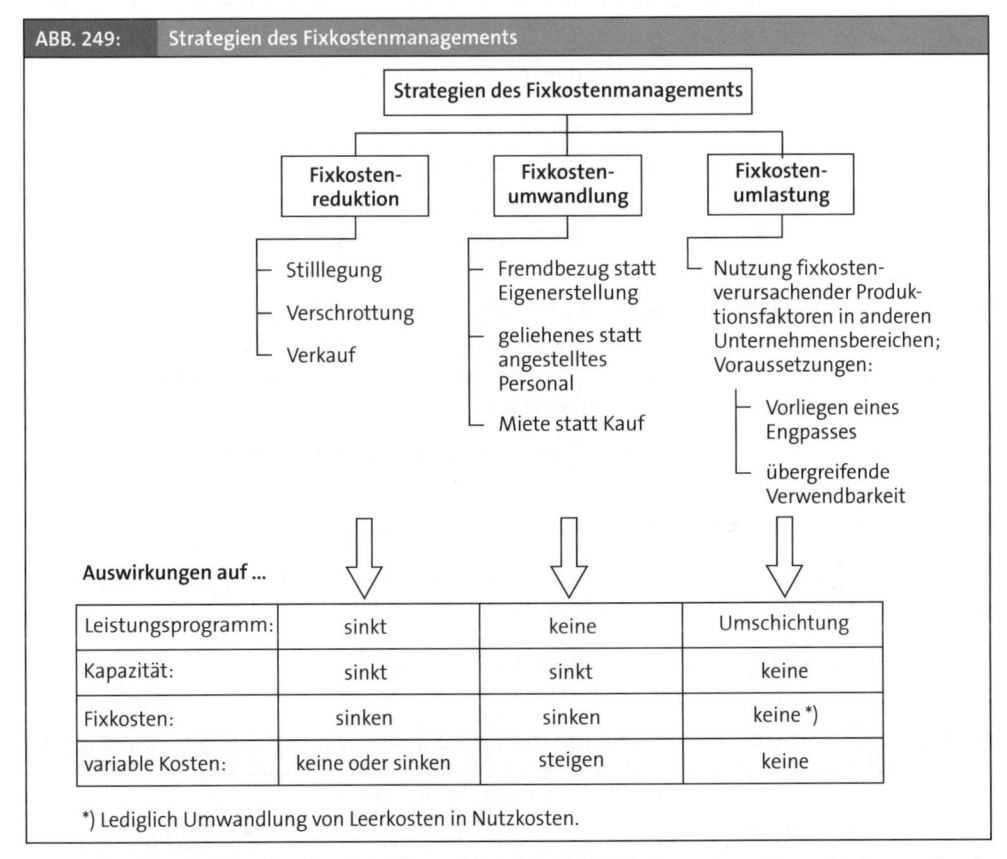

**ABB. 249: Strategien des Fixkostenmanagements**

Strategien des Fixkostenmanagements:
- **Fixkostenreduktion**
  - Stilllegung
  - Verschrottung
  - Verkauf
- **Fixkostenumwandlung**
  - Fremdbezug statt Eigenerstellung
  - geliehenes statt angestelltes Personal
  - Miete statt Kauf
- **Fixkostenumlastung**
  - Nutzung fixkostenverursachender Produktionsfaktoren in anderen Unternehmensbereichen; Voraussetzungen:
    - Vorliegen eines Engpasses
    - übergreifende Verwendbarkeit

| Auswirkungen auf ... | Fixkostenreduktion | Fixkostenumwandlung | Fixkostenumlastung |
|---|---|---|---|
| Leistungsprogramm: | sinkt | keine | Umschichtung |
| Kapazität: | sinkt | sinkt | keine |
| Fixkosten: | sinken | sinken | keine *) |
| variable Kosten: | keine oder sinken | steigen | keine |

*) Lediglich Umwandlung von Leerkosten in Nutzkosten.

Die **Fixkostenreduktion** (Verkauf, Stilllegung, Entlassung) führt zu einer Niveauänderung der fixen Kosten, die Fixkostenumlastung hingegen nicht. Die Fixkostenumwandlung führt zu einer Senkung der fixen, aber zugleich zu einer Erhöhung der variablen Kosten.

Bei der **Fixkostenumwandlung** (Umwandlung von fixen in variable Kosten) erfolgt nicht notwendigerweise eine Verringerung des Kostenniveaus insgesamt. Primär ergibt sich zunächst eine Änderung der Kostenstruktur; eine Änderung der Kostenhöhe setzt erst bei schwankendem Beschäftigungsgrad ein. Maßnahmen der Fixkostenumwandlung sind etwa Leasing statt Kauf, Fremdbezug statt Eigenerstellung, Leistungsentlohnung statt Zeitentlohnung, freie Mitarbeiter oder Werkverträge statt Arbeitsverträge.

Eine **Fixkostenumlastung** liegt vor, wenn fixkostenverursachende Produktionsfaktoren aus unterausgelasteten bzw. zu liquidierenden Bereichen einer Unternehmung in gegenwärtige Engpassbereiche überführt werden können, so dass eine zukünftige Auslastung dieser Produktionsfaktoren (zumindest in höherem Maße als bisher) ermöglicht wird. Insoweit bleibt zwar das Gesamtniveau der fixen Kosten konstant, hingegen werden jedoch infolge einer höheren Gesamtauslastung Leerkosten in Nutzkosten umgewandelt. Auch wird der Aufbau zusätzlicher Fixkosten im Engpassbereich vermieden. Als Voraussetzungen für eine derartige Strategie sind zu nennen:

- die Produktionsfaktoren müssen für unterschiedliche Leistungserstellungsprozesse geeignet sein (Transferierbarkeit), und
- es müssen Engpässe in anderen Unternehmensbereichen bestehen.

Dagegen besteht eine Vielzahl von Faktoren, die den Fixkostenabbau behindern, z. B.

- unternehmenspolitische Erfordernisse, soweit der Abbau längerfristig zu Beeinträchtigungen der Unternehmenssubstanz führen kann, wie dies bei Einsparungen für Forschung und Entwicklung, Instandhaltung, Aus- und Weiterbildung, Werbung, Öffentlichkeitsarbeit der Fall sein könnte,
- technisch-organisatorische Gegebenheiten infolge von Anpassungen des Beschäftigungsgrads, d. h. Abbau von Leerkosten in einem Bereich, der zum Aufbau von Leerkosten in anderen Bereichen bzw. zu Kosten der Überbeanspruchung führt. Die Ursache dieser Phänomene liegt in der Unteilbarkeit von Anlagen begründet,
- rechtliche Gegebenheiten wie gesetzliche, tarifvertragliche und einzelvertragliche Bindungen, welche eine Anpassungsmaßnahme verhindern oder verzögern,
- psychologische Gegebenheiten insbesondere beim Abbau von Personal.

Diese Faktoren werden in der Theorie der strategischen Planung **Marktaustrittsbarrieren** („exit barriers") genannt (vgl. die Ausführungen im Kapitel II).

Das **Fixkostencontrolling** beinhaltet somit die Planung, Steuerung und Kontrolle fixer Kosten bezogen auf die Verursachung, Struktur und Flexibilität der Kosten.

| ABB. 250: | Aufgaben und Instrumente des Fixkostencontrollings | |
|---|---|---|
| **Analysefelder des Fixkostencontrollings** | | |
| Kostenverursachung | Kostenstruktur | Kostenflexibilität |
| **Aufgabenspektrum** | | |
| Planung, Steuerung und Kontrolle der Kostenverursachung zur laufenden Wirtschaftlichkeitskontrolle und zielgerechten Gestaltung der anfallenden Kosten | Planung, Steuerung und Kontrolle wesentlicher Kostenstrukturen (z. B. Anteil Gemeinkosten, Anteil FuE-Kosten) zur vorausschauenden Kostenstrukturgestaltung | Planung, Steuerung und Kontrolle der Kostenflexibilität durch ein Fixkostenmanagement, welches auf der Analyse und Gestaltung der Bindungsfrist fixer Kosten basiert |
| **Instrumentarium** | | |
| ▶ Kostenrechnung<br>▶ Kosten- und Erlöscontrolling<br>▶ (…) | ▶ Kostenstrukturmanagement<br>▶ Kostenstrukturkennzahlen<br>▶ (…) | ▶ Fixkostenmanagement<br>▶ Vertragsdatenbanken<br>▶ (…) |

Quelle: I. A. a. *Oecking*, BBK 1995, Nr. 9, Fach 21, S. 1562.

Das Fixkostencontrolling lässt sich somit in folgende Analysefelder unterteilen:

- Kostenverursachungscontrolling,
- Kostenstrukturcontrolling und
- Kostenflexibilitätscontrolling.

Durch die Analyse der **Kostenverursachung** soll eine exakte Zuordnung der Kosten zu den Kostentreibern ermöglicht werden, die für den Anfall und die Höhe der Kosten verantwortlich sind. Insoweit wird die Möglichkeit geschaffen, Wirtschaftlichkeitsanalysen auf der Basis aller entscheidungsrelevanten Kosteninformationen durchzuführen und wesentliche controllingbasierte Entscheidungen wie z. B. Produktprogrammplanungen zu treffen.

Analyseobjekt des **Kostenstrukturcontrollings** ist nicht die absolute Höhe der Kosten, sondern deren Zusammensetzung. Bedeutende Kostenstrukturen sind etwa der Anteil der fixen Kosten an den Gesamtkosten, der Anteil der FuE-Kosten an den Lebenszykluskosten oder der Anteil der Qualitätskosten an den Fertigungskosten.

Das **Kostenflexibilitätscontrolling** hingegen stellt auf die Bindungsdauer (in Monaten, Quartalen, Jahren) fixer Kosten ab. Es integriert neben der Erhöhung der Kostentransparenz auch die strategische Steigerung der Flexibilität der Unternehmung durch zukunftsbezogene Gestaltung von Fixkostenschichten.

Das Fixkostencontrolling dient als Standortbestimmung bzgl. des Ist-Zustands, als Datenbasis für Entscheidungen im Fixkostenbereich und als Grundlage für Krisenpläne bei rückläufiger Beschäftigung. **Leitsätze für Krisenpläne** können z. B. darstellen:

- Zunächst sind fixe Kosten in den Bereichen abzubauen, in denen mit nachhaltigen Nachfragerückgängen und damit dauerhaften Leerkosten gerechnet wird.
- Bereits bei erkennbar abflachendem Wachstum im Lebenszyklusverlauf sind keine zusätzlichen Fixkostenpotenziale mehr aufzubauen, sondern ggf. Spitzenbelastungen durch Einschaltung von Fremdvergaben bzw. Subunternehmern zu bewältigen und im Extremfall auch nicht zu bedienen.
- Im Zweifel sollen die Verträge mit den kürzesten Bindungsdauern zuerst gekündigt werden, sofern keine betrieblichen Erwägungen dagegen sprechen. Das volumen- und ertragsmäßige Kerngeschäft ist möglichst wenig bzw. als letztes anzutasten.
- Im Zuge einer Standardisierung des Leistungsprogramms ist vorrangig die Komplexität der Leistungserstellung zu reduzieren. Dies kann die Abbaubarkeit ganzer Kostenblöcke ggf. durch Zusammenlegung induzieren.

### ABB. 251: Beispiel eines unternehmensspezifischen Aktionsplans

| Maßnahme | | Einzelvorhaben | | Bezugsgröße | Ersparnis (T€) |
|---|---|---|---|---|---|
| Nr. | Bezeichnung | Nr. | Bezeichnung | | |
| 1 | Sofortmaßnahmen | 1.1 | Reisekostensenkung, Reduktion Messebesuche | Reisen/Besuche | |
| | | 1.2 | Verzicht auf Marketing-Maßnahmen | Aufträge/ Produkte | |
| | | 1.3 | Hinauszögern von Ersatzinvestitionen | Maschinen/Pkw/Lkw | |
| 2 | Nichtverlängerung bzw. Kündigung von Verträgen | 2.1 | Kündigung von Miet- bzw. Leasingverträgen | Gebäude/BGA/Maschinen | |
| | | 2.2 | Kündigung von Wartungsverträgen | Gebäude/BGA/Maschinen | |
| | | 2.3 | Nichtbesetzung offener/frei werdender Stellen | Mitarbeiter | |
| | | 2.4 | Kündigung von Arbeitsverträgen | Mitarbeiter | |
| 3 | Umlastung von Ressourcen | 3.1 | Umlastung von Sachmitteln | Gebäude/BGA/Maschinen | |
| | | 3.2 | Umlastung von Personal | Mitarbeiter | |
| 4 | Verkauf bzw. Verschrottung eigener Sachmittel | 4.1 | Verkauf von Sachmitteln | Gebäude/BGA/Maschinen | |
| | | 4.2 | Verschrottung von Sachmitteln | Gebäude/BGA/Maschinen | |
| | Gesamt | | Gesamt | | Summe |

Quelle: I. A. a. *Oecking*, BBK 1995, Nr. 9, Fach 21, S. 1569.

## 4. Controlling des Leistungsdesigns

### 4.1 Wertanalyse

#### 4.1.1 Ziele und Grundprinzipien der Wertanalyse

Zur strategischen Verbesserung der Wettbewerbsposition gegenüber Konkurrenzanbietern und vor dem Hintergrund abnehmender Kaufkraft der Abnehmer dient die **Wertanalyse** dem Ziel, das Nutzen-Kosten-Verhältnis des Leistungsangebots zu optimieren. Hierbei wird das bestehende Produktdesign als vollständig gestaltbar und veränderbar betrachtet, wenn es sich nicht ohnehin um eine Produktinnovation handelt. Insoweit ist die Wertanalyse als eine Methode des **strategischen** Produktcontrollings aufzufassen.

Die Wertanalyse wurde im Jahre 1947 von dem Amerikaner *Miles* entwickelt. Er hatte als Leiter des Einkaufsbereichs der Firma General Electric Co. die Aufgabe, aufgrund nachkriegsbedingter Beschaffungsengpässe teure Werkstoffe durch billigere zu ersetzen, ohne dass die Funktionen der Produkte aus Abnehmersicht beeinträchtigt würden. Aus dieser Aufgabenstellung heraus entwickelte er ein Verfahren, das er „**value analysis**" nannte.

Von herkömmlichen Kostensenkungsmethoden unterschied sich seine Methode dadurch, dass er den Wert und die Funktion des Produkts zum Ausgangspunkt und Mittelpunkt seiner Methode machte. Sämtliche vom Markt wahrnehmbaren, bewertbaren, geforderten bzw. honorierten Funktionen sollen im Hinblick auf ihr Kostensenkungspotenzial kritisch überprüft werden. Hierfür sind alle denkbaren Funktionen des Produkts/der Dienstleistung nach den Funktionstypen in Gebrauchs- und Geltungsfunktionen und in Haupt-, Neben- und unnötige Funktionen einzuteilen. Gleichzeitig sollen Produktfehler beseitigt und aktuellstes Know-how in das Produkt eingebracht werden.

Die Wertanalyse war ursprünglich allein auf den materialintensiven Fertigungsbereich zugeschnitten, wurde aber in der Folgezeit auch auf den personalintensiven Verwaltungsbereich erweitert (indirekte Bereiche, sog. „Büro-Wertanalyse").

In der Bundesrepublik Deutschland wurde die Wertanalyse seit 1959 zunächst in der Kraftfahrzeug- und Elektroindustrie angewandt. 1967 wurde der „**VDI-Gemeinschaftsausschuss Wertanalyse**" gegründet, der zu einer Systematisierung der Wertanalyse-Methode und zu einer Vereinheitlichung der Wertanalyse-Terminologie beitrug.

Ziel der Wertanalyse ist es, das Verhältnis zwischen dem Nutzen, d. h. dem Funktionswert, und den dafür notwendigen Kosten zu maximieren, wobei sowohl Nutzen als auch Kosten als veränderlich betrachtet werden. Sie trägt insoweit dazu bei,

▶ die marktgerechten Funktionen und Eigenschaften eines Produkts zu definieren,

▶ kostengünstige Funktionslösungen zu ermitteln und

▶ damit Effektivität und Effizienz in der Produktentwicklung zu sichern.

In der klassischen Definition von Miles ist die Wertanalyse „eine organisatorische Anstrengung, um die Funktionen eines Produkts mit den niedrigsten Kosten zu erstellen, ohne dass die Qualität, Zuverlässigkeit und Marktfähigkeit des Produkts negativ beeinflusst werden". Miles klassifiziert die Wertanalyse als „schöpferischen Skeptizismus gegenüber jedem Kostenfaktor".

In der **DIN-Norm 69.910 von 1973** heißt es: „Die Wertanalyse ist das systematische analytische Durchdringen von Funktionsstrukturen mit dem Ziel einer abgestimmten Beeinflussung von deren Elementen (z. B. Kosten, Nutzen) in Richtung einer Wertsteigerung. Sie bietet methodische Hilfe sowohl für eine Entscheidungsvorbereitung (z. B. Abgrenzung von Aufgaben, Beschreibung der Funktionen, Finden von Lösungen) als auch für die Verwirklichung im Rahmen der vorgegebenen Zielsetzung".

Es ist insbesondere zu berücksichtigen, dass der Hersteller eine völlig andere Sicht von dem Produkt/der Leistung hat als der Konsument oder Nutzer der Leistung:

▶ Der **Hersteller** betrachtet ein Produkt als Ergebnis des Zusammenwirkens verschiedenartiger, kostenträchtiger Ressourcen (z. B. mehr oder minder hochwertiges Material, mehr oder weniger Personal, Maschinenlaufzeitstunden, etc.). Die Herstellersicht basiert somit auf **Produktkomponenten**.

▶ Für den **Kunden** bedeutet ein Produkt ein Zusammenwirken von Teilnutzen (dies können Gebrauchs- oder Geltungsnutzen sein), für die er bereit ist, Geld auszugeben. Die Kundensicht geht von **Produktfunktionen** aus.

Erkenntnisziel der Wertanalyse ist also die Feststellung, in welchem Umfang welche Produktkomponenten zu welchen Produktfunktionen beitragen. Die Wertanalyse bringt Kundenbezug in die unternehmensinternen Prozesse, da sie den Hersteller zwingt, sich in die Kundensicht „hineinzuversetzen".

Ansatzpunkt der Wertanalyse ist somit nicht der Produktionsprozess, sondern das Produkt bzw. das Ergebnis der die Gemeinkosten verursachenden Dienstleistung selbst. Die Wertanalyse begutachtet alle Faktoren, die den produktbezogenen Funktionswert beeinflussen. Methodisch bedeutet die Wertanalyse einen Mix aus

- ▶ Aufgaben- und Funktionsgliederungen, Ablaufanalysen, Schwachstellenanalysen,
- ▶ Verfahren der Projektplanung und -steuerung sowie
- ▶ Kreativitäts- und Entscheidungstechniken.

Die Wertanalyse ist also eine **Kombination aus altbekannten Methoden** und eigentlich nichts Neues. Neu ist nur die Verknüpfung dieser Techniken. Sie geschieht über ressortübergreifende, aufeinander abgestimmte Teamarbeit und lässt sich charakterisieren als

- ▶ eine systematische, „genormte" Vorgehensweise mit einem vorgegebenen, schrittweisen Arbeitsplan,
- ▶ ein „Funktionsdenken", also eine Beschreibung des Wertanalyseobjekts in Funktionen, d. h., zu erfüllenden Aufgaben, verbunden mit einer strikten Kostenorientierung,
- ▶ wobei das „Objekt" sowohl ein physisches Produkt wie auch eine Dienstleistung darstellen kann,
- ▶ eine organisatorische Durchführung mittels Team- (Projekt-)arbeit.

### 4.1.2 Ablaufschritte der Wertanalyse

**Voraussetzung** für die Durchführung von Wertanalysen ist die Festlegung eines Gesamtziels durch die verantwortlichen Funktionsträger und die Festlegung hieraus abgeleiteter Teilziele. Insoweit werden alle an der Leistungserstellung beteiligten Bereiche im Rahmen einer Projektorganisation auch an der Wertanalyse beteiligt.

Die Gesamtkonzeption wird in einem **Wertanalyse-Arbeitsplan** festgelegt, so dass die einzelnen Schritte für alle Beteiligten transparent sind. Der Arbeitsplan umfasst folgende **Stufen** und **Teilschritte**:

| ABB. 252: | Ablaufplan der Wertanalyse nach DIN 69.910 |
|---|---|
| 1. Stufe: Vorbereitende Maßnahmen | |
| ▶ Auswahl des Wertanalyse-Objekts | |
| ▶ Festlegung der (quantifizierten) Zielsetzung | |
| ▶ Bildung einer Arbeitsgruppe | |
| ▶ Planung des Ablaufs | |
| 2. Stufe: Ermittlung des Ist-Zustands | |
| ▶ Informationsbeschaffung und Beschreibung des Wertanalyse-Objekts | |
| ▶ Funktionsanalyse | |
| ▶ Kostenanalyse der Funktionen | |
| 3. Stufe: Prüfung des Ist-Zustands | |
| ▶ Prüfung der Funktionserfüllung | |
| ▶ Prüfung der Kosten | |
| 4. Stufe: Ermittlung von Lösungen | |
| ▶ Suche nach denkbaren alternativen Lösungen zur Erfüllung der Soll-Funktionen | |
| 5. Stufe: Prüfung alternativer Lösungen | |
| ▶ Prüfung der technischen und sachlichen Durchführbarkeit | |
| ▶ Prüfung der Wirtschaftlichkeit | |
| 6. Stufe: Auswahl und Realisation der optimalen Lösung | |
| ▶ Auswahl und Empfehlung der Lösung | |
| ▶ Realisation der optimalen Lösung | |

Die **Methode** lässt sich wie folgt charakterisieren:

▶ Mit einem Schätzverfahren werden Kosten schnell und für die Zwecke einer Kosten-Nutzen-Untersuchung möglichst exakt ermittelt.

▶ Durch einen systematischen Kosten-Nutzen-Abgleich werden marktähnliche Bedingungen – auch für innerbetriebliche Lieferungen und Leistungen – hergestellt. Dies zwingt zu einem abnehmerorientierten Zuschnitt des Leistungsspektrums und der Leistungskosten („interne Kunden").

▶ Durch Lieferanten-Abnehmer-Verhandlungen schon während der Entwicklung und vor der Markteinführung neuer Produkte bzw. Dienstleistungen wird auf Dauer eine abnehmerorientierte Steuerung und Kontrolle der Budgets gesichert.

Grundsätzlich wird der gesamte Verwaltungsbereich („company-wide attack") in Untersuchungseinheiten eingeteilt, die üblicherweise Abteilungen oder Kostenstellen entsprechen. Zumindest muss es sich um abgrenzbare Verantwortungsbereiche handeln.

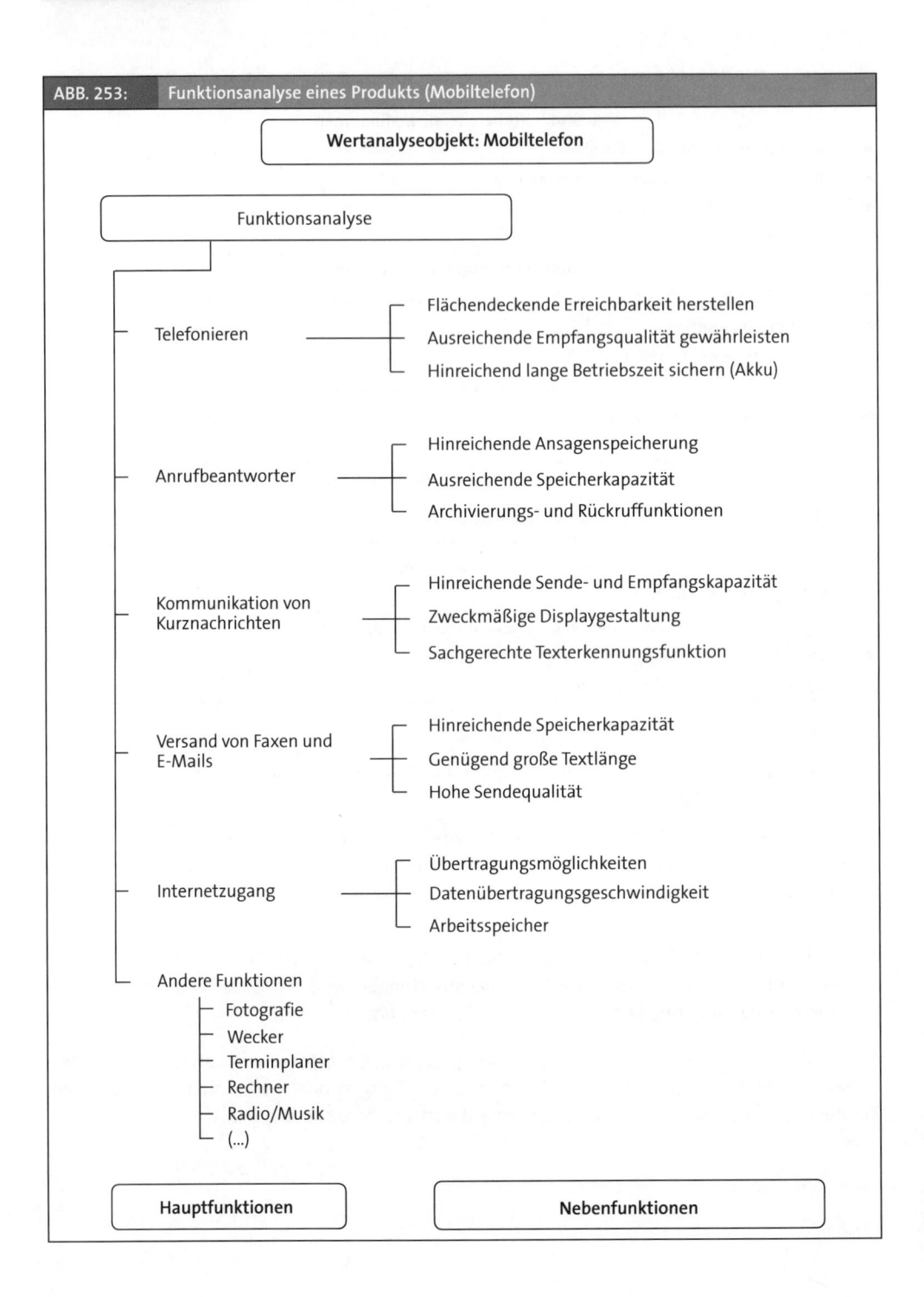

**ABB. 253:** Funktionsanalyse eines Produkts (Mobiltelefon)

**Wertanalyseobjekt: Mobiltelefon**

Funktionsanalyse

- Telefonieren
  - Flächendeckende Erreichbarkeit herstellen
  - Ausreichende Empfangsqualität gewährleisten
  - Hinreichend lange Betriebszeit sichern (Akku)

- Anrufbeantworter
  - Hinreichende Ansagenspeicherung
  - Ausreichende Speicherkapazität
  - Archivierungs- und Rückruffunktionen

- Kommunikation von Kurznachrichten
  - Hinreichende Sende- und Empfangskapazität
  - Zweckmäßige Displaygestaltung
  - Sachgerechte Texterkennungsfunktion

- Versand von Faxen und E-Mails
  - Hinreichende Speicherkapazität
  - Genügend große Textlänge
  - Hohe Sendequalität

- Internetzugang
  - Übertragungsmöglichkeiten
  - Datenübertragungsgeschwindigkeit
  - Arbeitsspeicher

- Andere Funktionen
  - Fotografie
  - Wecker
  - Terminplaner
  - Rechner
  - Radio/Musik
  - (...)

**Hauptfunktionen** | **Nebenfunktionen**

Als Funktionen werden im Sinne der Wertanalyse alle Aufgaben, die ein Objekt erfüllt (Ist-Zustand) oder erfüllen soll (Soll-Zustand), verstanden.

Die Funktionen werden sodann hierarchisch in **Haupt-, Neben- und unnötige Funktionen** strukturiert. Hauptfunktionen kennzeichnen die eigentlichen Aufgaben, die das Objekt erfüllen muss. Sie sind im Hinblick auf die angestrebte Bedürfnisbefriedigung unerlässlich. Die Hilfsfunktionen kennzeichnen weitere notwendige Aufgaben, mit denen die Realisation der Hauptfunktionen ermöglicht wird. Unnötig sind Funktionen, wenn sie nicht der Erfüllung anderer Funktionen dienen und vom Abnehmer nicht verlangt werden.

Bei einer Anwendung auf Produkte wird zuweilen in **Gebrauchs- und Geltungsfunktionen** unterschieden. Gebrauchsfunktionen sind Funktionen, die zur Erfüllung der wirtschaftlichen und technischen Nutzung des Objekts erforderlich sind. Geltungsfunktionen dienen vorrangig der Befriedigung ästhetischer und Prestige- (Status-)bedürfnisse. Bei Investitionsgütern überwiegt tendenziell die Gebrauchs- und bei Konsumgütern – insbesondere Luxusgütern – die Geltungsfunktion.

Theoretischer Hintergrund der Analyse ist das **Modell der Kundenanforderungen** nach *Kano*. Es trägt dazu bei, die Kundenwünsche zu systematisieren und in folgende drei Anforderungsarten zu unterscheiden:

- **Basisanforderungen** („**must-be**") werden bei jedem Produkt ungefragt vorausgesetzt. Gegenüber Wettbewerbern besteht bei den Basisanforderungen demnach keinerlei Differenzierungsmöglichkeit. Die Basisqualität wird bei einem Produkt nicht bewusst wahrgenommen, das Fehlen dieser führt jedoch zu einer erheblichen Unzufriedenheit beim Kunden.

- **Leistungsanforderungen** („**criticals**") werden von den Kunden mit Wettbewerbsanbietern verglichen. Sie sind Hauptparameter im Wettbewerb und somit weitgehend transparent.

- **Begeisterungsanforderungen** („**attractives**") werden vom Kunden erst im Umgang mit dem Produkt wahrgenommen. Es sind die Merkmale, durch die sich ein Anbieter von Wettbewerbern differenziert. Die Begeisterungsqualität stellt eine positive Überraschung für den Kunden dar.

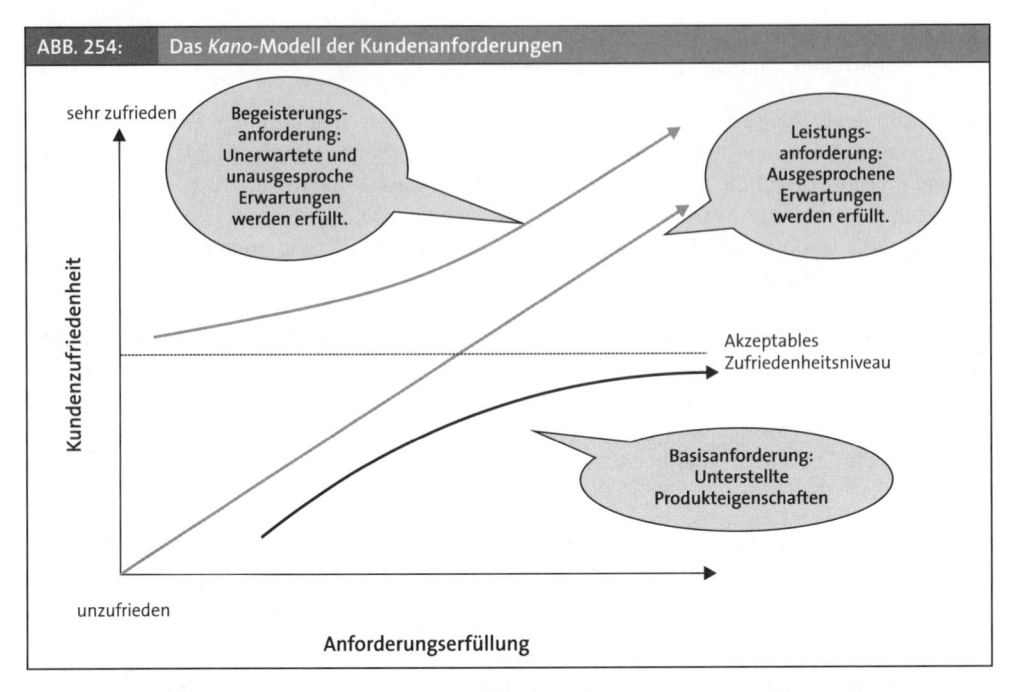

**ABB. 254: Das *Kano*-Modell der Kundenanforderungen**

- Y-Achse: Kundenzufriedenheit (sehr zufrieden / unzufrieden)
- X-Achse: Anforderungserfüllung
- Begeisterungsanforderung: Unerwartete und unausgesprochene Erwartungen werden erfüllt.
- Leistungsanforderung: Ausgesprochene Erwartungen werden erfüllt.
- Akzeptables Zufriedenheitsniveau
- Basisanforderung: Unterstellte Produkteigenschaften

Bei der Erhebung der Kundenanforderungen an ein Produkt oder an einen betrieblichen Prozess ist zu beachten, dass geeignete Erhebungsmethoden für die verschiedenen Anforderungsarten ausgewählt werden.

**ABB. 255: Methoden zur Erhebung von Kundenanforderungen**

|  | Basisanforderungen | Leistungsanforderungen | Begeisterungsanforderungen |
|---|---|---|---|
| **Externe Quellen** | ► Kundenbefragung<br>► Konkurrenzanalyse | ► Kundenbefragung<br>► Konkurrenzanalyse<br>► Produkttests | ► Expertenbefragung<br>► Produkttests |
| **Interne Quellen** | ► Außendienstberichte<br>► Beschwerdestatistik | ► Außendienstberichte<br>► Umsatzstatistik | ► Trendanalysen<br>► Brainstorming |

In einem ersten Schritt geben die Kostenstellenleiter an, **welche Leistungen und Arbeitsergebnisse in ihrer Leistungseinheit für andere Teile des Unternehmens erstellt werden** („wer macht was, in welchem Umfang, und für wen?").

Im folgenden Schritt ist zu schätzen, wie sich die größten **Kostenblöcke** der Leistungseinheiten – mindestens die Personal- und Sachkosten – auf die Funktionen und Leistungen verteilen. Dies kann anhand einer Schätzung der in etwa für die einzelnen Funktionen aufgewendeten Arbeitszeit bzw. im Rahmen eines Kostendifferenzvergleichs durch Berücksichtigung bzw. Streichung der jeweiligen Funktion erfolgen.

Controlling des Leistungsdesigns  **KAPITEL IV**

**ABB. 256:** Formblatt zur Strukturierung von Leistungen bei der Wertanalyse

**Formblatt Wertanalyse (1)**

Analyseteam _____  Analysezeitraum _____

Analyseobjekt _____  Datum _____

| Lfd. Nr. | Beschreibung der Leistung | Leistungs-menge | Leistungs-empfänger (ggf. anteilig) | Zuordnung der Leistung zu Funktionen (Haupt-/Neben) | Zeitbedarf pro Leistung (Tagewerke/Jahr) | Personalkosten (T€) | Sachkosten (T€) | Bemerkungen |
|---|---|---|---|---|---|---|---|---|
| 1 | | | | | | | | |
| 2 | | | | | | | | |
| 3 | | | | | | | | |
| 4 | | | | | | | | |
| 5 | | | | | | | | |
| 6 | | | | | | | | |

Als Konsequenz dieser Untersuchungen entsteht ein Katalog, der die Leistungen in eine Rangfolge in Form eines **Kosten-Nutzen-Vergleichs** bringt. Dieser Leistungskatalog ist Grundlage der nachfolgenden Ideenfindungsphase. Um in diesem Zusammenhang Ergebnisse zu erhalten, bedient man sich der verschiedenartigsten Informationsmittel wie Markt- und Kostendaten, Wettbewerbsdaten, Beschwerden- und Schwachstellenlisten, Richtlinien, Vorschriften, Personaldaten, Mengengerüsten, etc.

Der Nutzen einer Funktion kann bei marktfähigen Leistungen auch anhand der Preisbereitschaft der Abnehmer gemessen werden, d. h., um wie viel der Leistungspreis bei Weglassen der jeweiligen Funktion gesenkt werden müsste bzw. um wie viel bei Hinzuziehung der Funktion der Preis angehoben werden könnte.

Zur **Bewertung der Funktionsalternativen** ist ein Maßstab zu bilden, mit dem pro Alternative unterschiedliche Ausprägungen der Beurteilungsmerkmale im Hinblick auf den Zielmarkt quantifiziert und somit vergleichbar gemacht werden können. Hierzu müssen die folgenden Fragen beantwortet werden:

▶ Was leistet die Funktion? Warum wird die Funktion benötigt? Welche Funktionen und Eigenschaften sind überhaupt unbedingt notwendig?

▶ Welche Funktionen und Eigenschaften sind für die Bedürfnisse des jeweiligen Zielmarktes relevant? Ist der Kunde bereit, für bestimmte Funktionen bzw. Eigenschaften Geld auszugeben?

▶ Stehen Leistung und Kosten der einzelnen Funktion in einem angemessenen Verhältnis?

▶ Würde sich bei Nichtanbieten der Funktion/Eigenschaft die geplante Absatzmenge verringern?

Nachfolgend werden die Kostenstellenleiter aufgefordert, von sich aus bzw. gemeinsam mit den Leistungsnutzern Ideen für ein verbessertes Kosten-Nutzen-Verhältnis zu entwickeln. So ist zu prüfen, welche Leistungen ganz oder teilweise aufgegeben werden sollten und welche Leistungen rationeller abgewickelt werden könnten. Hierbei bedient man sich kreativer **Ideenfindungsmethoden** wie z. B.

- Brainstorming,
- Synektik (Bildung von abstrakten Analogien zu anderen wissenschaftlichen Disziplinen wie Technik, Biologie etc. mit dem Ziel der Anregung schöpferischen Denkens),
- sog. 635-Methode, morphologische Methode etc.

Eines der wesentlichen Probleme der Wertanalyse stellt die **marktgerechte Definition des Funktions- und Anforderungsprofils** der Leistungen dar. Hierzu bieten sich folgende Ansatzpunkte:

- die Analyse tatsächlich am Markt vorhandener, vergleichbarer Konkurrenz- oder Vorgängerprodukte,
- eine kreative, von der angestrebten Problemlösung ausgehende, abstrakte Suche nach möglichen Funktionen oder
- eine Kombination beider Vorgehensweisen.

Anhand dieser Gegenüberstellung werden die **Ideen bewertet** und Vorschläge für die Produktkonzeption abgeleitet. Auch wird eine Trennung in eine Grundausführung und verschiedene optionale Eigenschaften i. S. einer Modularisierung des Produkts ermöglicht.

Zur Ideenbewertung müssen oft auch **nicht quantifizierbare Faktoren** wie Image, Kundenbindung etc. herangezogen werden. Für die Operationalisierung qualitativer Faktoren eignet sich die **Nutzwertanalyse**, die allerdings nicht mit der Wertanalyse zu verwechseln ist. Vielmehr handelt es sich um ein allgemeines Analyseinstrument, das u. a. für die qualitative Vorteilhaftigkeitsanalyse von Investitionsprojekten herangezogen wird.

Controlling des Leistungsdesigns — KAPITEL IV

**ABB. 257:** Formblatt zur Strukturierung und Bewertung von Rationalisierungsideen bei der Wertanalyse

### Formblatt Wertanalyse (2)

Analyseteam _____    Analysezeitraum _____
Analyseobjekt _____    Datum _____
Beschreibung der Leistung (Ist) _____
Beschreibung der Leistung (Soll) _____
Notwendige organisatorische Voraussetzungen _____

| Lfd. Nr. | Beschreibung der Rationalisierungsidee | Leistungsmenge | Leistungsempfänger (ggf. anteilig) | Standardkostensatz pro Leistungsmenge | | Gesamtkosten pro Jahr | Potenzielle Kosteneinsparung pro Jahr | | Kosteneinsparung gesamt pro Jahr | Bemerkungen |
|---|---|---|---|---|---|---|---|---|---|---|
|  |  |  |  | Perskosten | Sachkosten |  | Perskosten | Sachkosten |  |  |
| 1 |  |  |  |  |  |  |  |  |  |  |
| 2 |  |  |  |  |  |  |  |  |  |  |
| 3 |  |  |  |  |  |  |  |  |  |  |
| 4 |  |  |  |  |  |  |  |  |  |  |
| 5 |  |  |  |  |  |  |  |  |  |  |
| 6 |  |  |  |  |  |  |  |  |  |  |

Durch die marktorientierte Beurteilung der Funktionen und Eigenschaften wird häufig deutlich, dass bestimmte, ursprünglich als unabdingbar angesehene Funktionen vom Kunden gar nicht honoriert werden. Zur Orientierung sollte ein Vergleich des bewerteten Funktionskatalogs mit ähnlichen Konkurrenzprodukten erfolgen. Kritisch sollten dabei insbesondere diejenigen Funktionen geprüft werden,

▶ die aufgrund der eigenen Bewertung entfallen sollen, von Konkurrenten jedoch angeboten werden sowie

▶ die laut Bewertung erfüllt werden sollten, von einem Großteil der Mitbewerber jedoch nicht angeboten werden.

Eine wesentliche Bedeutung im Rahmen der Wertanalyse kommt der **Analyse der Funktionskosten** zu. Das Hauptziel liegt in der Erkennung von Funktionen, deren Kosten in ihrer absoluten Höhe oder im Verhältnis zu ihrer Bedeutung zu hoch sind. Zuvor müssen für die Funktionen Kostenziele festgelegt werden, in Abhängigkeit vom Gesamtkostenziel und der Bedeutung, die sie für den Anwender haben. Die Wertanalyse wird daher gerne in Verbindung mit der Zielkostenrechnung angewandt.

Grundsätzlich gilt der Leitsatz: „**Nicht so gut wie möglich, sondern nur so gut wie nötig**". Es empfiehlt sich, die Einsparungshürden sehr hoch anzusetzen (z. B. 40 % der bisherigen Gemein-

# KAPITEL IV — Kosten- und Leistungscontrolling

kosten). Damit werden auch bislang unantastbare Leistungen in Frage gestellt und es werden möglichst viele unkonventionelle Ideen entwickelt.

Die Wertanalyse kommt damit einem Nutzen-Kosten-Vergleich bezogen auf die einzelnen Funktionen einer Leistung in Form einer **ABC-Analyse** gleich. Über die Betonung der A-Funktionen und die Vernachlässigung der C-Funktionen erfolgt das Design eines neuen, synthetischen Produkts, das durch ein günstigeres Nutzen-Kosten-Verhältnis als das bestehende Produkt gekennzeichnet ist.

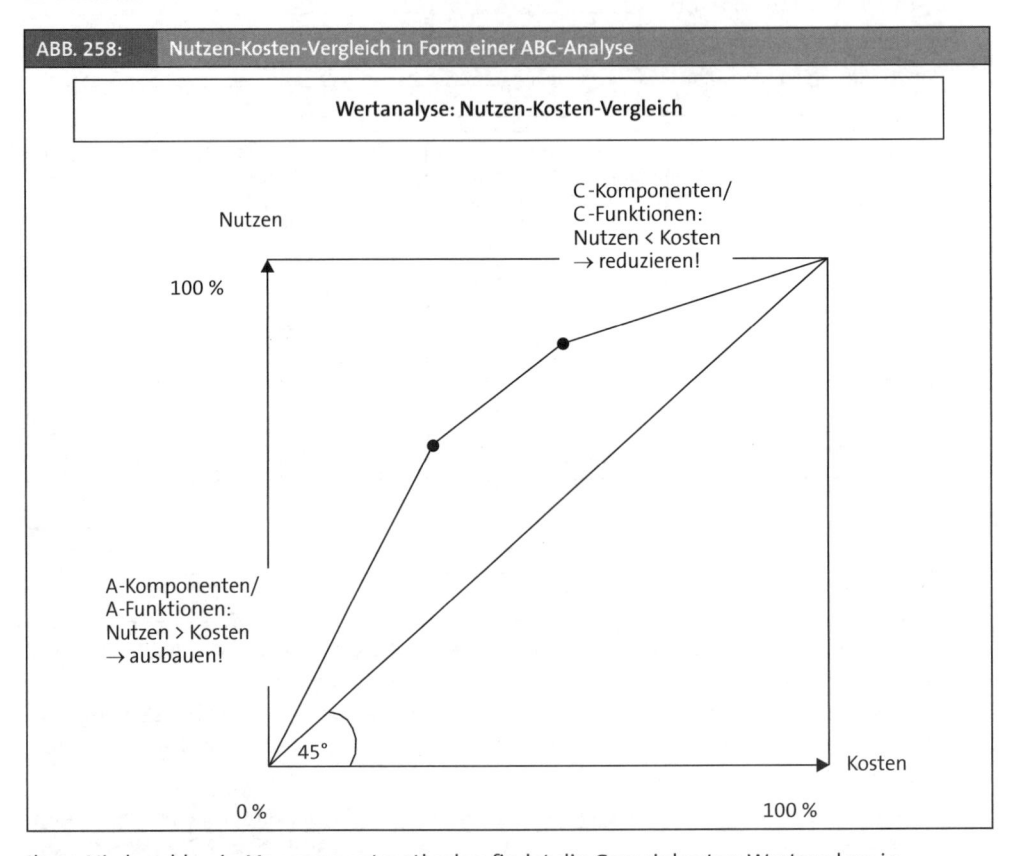

**ABB. 258:** Nutzen-Kosten-Vergleich in Form einer ABC-Analyse

*Wertanalyse: Nutzen-Kosten-Vergleich*

- C-Komponenten/C-Funktionen: Nutzen < Kosten → reduzieren!
- A-Komponenten/A-Funktionen: Nutzen > Kosten → ausbauen!

Ihren Niederschlag in Managementmethoden findet die Gemeinkosten-Wertanalyse in

▶ make-or-buy-Analysen (Outsourcing-Analysen) bzw.

▶ der Kalkulation interner Verrechnungspreise.

Eine besondere Eignung erfährt die Wertanalyse bei der **Konzeption von Produktinnovationen**. Je früher in der Entwicklungsphase eine wertanalytisch ideale Lösung gefunden wird, umso größer sind die Kosteneinsparungen. Anders ausgedrückt, je weiter das Produkt in seiner Entwicklung fortgeschritten ist, umso geringer ist das Kostensenkungspotenzial und desto höhere Änderungskosten ergeben sich. Daher steht die Wertanalyse auch in sachlichem Zusammenhang mit der Produktlebenszyklus-Kostenrechnung.

Diesen Zusammenhang stellt die folgende Abbildung dar.

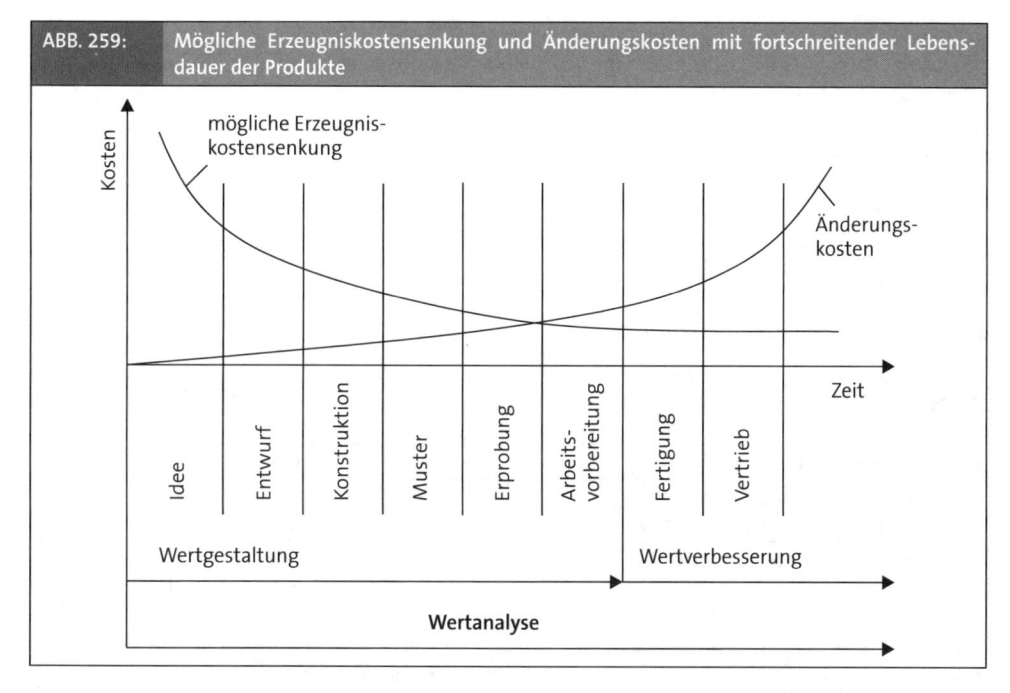

## ABB. 259: Mögliche Erzeugniskostensenkung und Änderungskosten mit fortschreitender Lebensdauer der Produkte

*Achse Kosten (y), Zeit (x); Kurve „mögliche Erzeugniskostensenkung" fallend, Kurve „Änderungskosten" steigend. Phasen: Idee, Entwurf, Konstruktion, Muster, Erprobung, Arbeitsvorbereitung, Fertigung, Vertrieb. Wertgestaltung (Idee bis Arbeitsvorbereitung), Wertverbesserung (Fertigung, Vertrieb), Wertanalyse (gesamt).*

Quelle: *Institut der Wirtschaftsprüfer* (Hrsg.): WP-Handbuch 2008, Band II, 13. Aufl., Düsseldorf 2008, Tz. F 227.

Die abstrakten Überlegungen sollen an dem folgenden **Beispiel** illustriert werden:

Die **Reha-Fit-Klinik (RFK)** ist eine Rehabilitationseinrichtung mit den Indikationen Orthopädie und Neurologie und verfügt über 320 Betten. In der RFK werden stationäre Rehabilitationsmaßnahmen, Heilverfahren und schwerpunktmäßig Anschlussheilbehandlungen (AHB) durchgeführt. Die orthopädische Abteilung behandelt z.B. Patienten nach Gelenk- bzw. Bandscheibenoperationen, nach Sport- und Unfallverletzungen, mit degenerativen und entzündlich rheumatischen Erkrankungen der Wirbelsäule und der Gliedmaßen.

Es soll ein wertorientiertes Kostenmanagement am Beispiel eines typischen orthopädischen Behandlungsfalls implementiert werden. Ziel ist die Ausrichtung der Prozesse auf die Bedürfnisse der Kunden. Die Kosten verursachenden Ressourcen sollen – insbesondere im Bereich der Wahl- und Zusatzleistungen – so eingesetzt werden, dass eine optimale Qualität entsprechend der Kundenvorstellungen erreicht wird. Ausgeklammert werden naturgemäß die medizinisch unverzichtbaren Qualitätsanforderungen.

Ausgangspunkt ist eine **Analyse der Kundenanforderungen** an eine AHB. Durch ein Brainwriting mit Mitarbeitern aller beteiligten Funktionsbereiche wurden zunächst entsprechende Ideen gesammelt. Nach einer Auswertung wurden relevante Anforderungen in einen standardisierten Fragebogen gefasst. Anschließend wurden die Patienten zur Bedeutung der einzelnen Anforderungen interviewt. Unter Zugrundelegung des standardisierten Fragebogens sollten die Patienten in Einzelinterviews die Anforderungen dann nach ihrer Wichtigkeit beurteilen.

Zusätzlich wurden die Anforderungen der Kostenträger (Krankenkassen) an den Behandlungsprozess einbezogen, da diese einen entscheidenden Einfluss auf die Preise für Rehabilitationsleistungen ausüben. Aus diesem Grund wurden Interviews mit den Verantwortlichen der Krankenkassen als Hauptkostenträger geführt. Dort sollten Kundenanforderungen genannt und anschließend nach ihrer Wichtigkeit beurteilt werden.

Die aufgelisteten Kundenanforderungen wurden zunächst gesichtet und anschließend in folgende Kernbereiche zusammengefasst: Ärztlicher Bereich Orthopädie, Pflegebereich Orthopädie, Therapiebereich sowie Unterkunft und Verpflegung.

Am Beispiel des Pflegebereichs Orthopädie ergaben sich folgende Anforderungen:

| ABB. 260: | Auflistung potenzieller Kundenanforderungen (Beispiel) |
|---|---|
| **Pflegebereich Orthopädie** ||
| Genannte Kundenanforderungen | Erklärung der Kundenanforderung |
| Fachkompetenz des Pflegepersonals | Der Patient möchte sich gut und sicher aufgehoben fühlen. |
| Schnelle Reaktion auf Beschwerden | Wenn ein Patient seine Unzufriedenheit äußert, möchte er eine sofortige Reaktion wahrnehmen können. |
| Ausführung aller pflegerischen Leistungen im Patientenzimmer | Für verschiedene Verrichtungen müssen die Patienten ins Behandlungszimmer kommen. Der Patient legt aber Wert auf eine intimere Atmosphäre. |
| Ausreichende und schnelle Hilfsmittelversorgung | Der Patient wünscht eine sofortige Ausstattung mit benötigten Hilfsmitteln, damit er seine Situation so gut wie möglich bewältigen kann. |
| Rücksichtnahme auf den individuellen Patientenzustand | Der Patient möchte, dass das Pflegepersonal auf die individuellen Bedürfnisse des Patienten Rücksicht nimmt. |
| Gesprächsbereitschaft und Ansprechbarkeit des Pflegepersonals | Das Pflegepersonal soll auch in unvorhergesehenen Fällen für die Patienten jederzeit ein „offenes Ohr" haben. |
| Umsetzung des Hotelcharakters auch in der Pflege | Der Patient möchte vom Pflegepersonal wie ein Hotelgast behandelt werden. |

Zielsetzung der nachfolgenden Einzelinterviews war die Gewichtung der von Mitarbeitern eruierten Patientenanforderungen, um die für den Patienten relevanten Anforderungen herauszufiltern. Nach Abschluss der Interviews (angenommen werden 50 geführte Interviews) wurden die absoluten Häufigkeiten der Einstufung der Kundenanforderungen nach der Wichtigkeit ermittelt.

## Controlling des Leistungsdesigns — KAPITEL IV

**ABB. 261: Kundenbefragung als Ausgangspunkt der Wertanalyse (Beispiel)**

Die Wichtigkeit der Kundenanforderungen nach absoluten Häufigkeiten
(3 = sehr wichtig, 2 = wichtig, 1 = weniger wichtig, 0 = unwichtig)
Ärztlicher Bereich Orthopädie

| Kundenanforderungen | Sehr wichtig | Wichtig | Weniger wichtig | Unwichtig | Keine Angabe |
|---|---|---|---|---|---|
| Arzt als direkter Ansprechpartner in der Sprechstunde, vertrauensvolles Verhältnis | 20 | 22 | 6 | 2 | 0 |
| Fachkompetenz der Ärzte | 20 | 28 | 2 | 0 | 0 |
| Auswahl ausreichender und zum Krankheitsbild passender Therapien | 28 | 16 | 4 | 2 | 0 |
| Aufzeigen von Perspektiven für die Zukunft durch den Arzt | 36 | 14 | 0 | 0 | 0 |
| Informationsversorgung über die Diagnostik und den Rehabilitationsablauf | 21 | 27 | 2 | 0 | 0 |
| Geringe Wartezeiten bei Untersuchungen | 10 | 12 | 20 | 8 | 0 |
| Hilfeleistung bei Untersuchungen | 18 | 17 | 13 | 0 | 2 |
| Freundlichkeit des medizinischen Personals | 19 | 23 | 8 | 0 | 0 |
| (…) | (…) | (…) | (…) | (…) | (…) |

Die Wichtigkeit der Kundenanforderungen nach absoluten Häufigkeiten
(3 = sehr wichtig, 2 = wichtig, 1 = weniger wichtig, 0 = unwichtig)
Pflegebereich Orthopädie

| Kundenanforderungen | Sehr wichtig | Wichtig | Weniger wichtig | Unwichtig | Keine Angabe |
|---|---|---|---|---|---|
| Fachkompetenz des Pflegepersonals | 38 | 12 | 0 | 0 | 0 |
| Schnelle Reaktion auf Beschwerden | 14 | 20 | 14 | 0 | 2 |
| Ausführung aller pflegerischen Leistungen im Patientenzimmer | 8 | 14 | 26 | 2 | 0 |
| Persönlicher Kontakt zum Pflegepersonal | 12 | 17 | 16 | 2 | 3 |
| Zügige, ausreichende Hilfsmittelversorgung | 20 | 20 | 10 | 0 | 0 |
| Rücksichtnahme auf den individuellen Patientenzustand | 25 | 19 | 6 | 0 | 0 |
| Ansprechbarkeit des Pflegepersonals | 14 | 27 | 9 | 0 | 0 |
| Umsetzung des Hotelcharakters in der Pflege | 8 | 26 | 13 | 0 | 3 |
| (…) | (…) | (…) | (…) | (…) | (…) |

| Die Wichtigkeit der Kundenanforderungen nach absoluten Häufigkeiten (3 = sehr wichtig, 2 = wichtig, 1 = weniger wichtig, 0 = unwichtig) Unterkunft und Verpflegung ||||||
|---|---|---|---|---|---|
| Kundenanforderungen | Sehr wichtig | Wichtig | Weniger wichtig | Unwichtig | Keine Angabe |
| Lage und Ausstattung der Zimmer | 12 | 27 | 8 | 3 | 0 |
| Reinigung der Zimmer, Wäschewechsel | 14 | 28 | 8 | 0 | 0 |
| Kostengünstige TV-Leihangebote | 20 | 12 | 16 | 0 | 2 |
| Kostengünstige Angebote in der Cafeteria | 18 | 22 | 8 | 2 | 0 |
| Ausgewogenheit des Essens | 21 | 23 | 4 | 0 | 2 |
| Vorhandensein diätischer Kostformen | 15 | 29 | 3 | 3 | 0 |
| Frischküche statt Fertig-Produkte | 40 | 10 | 0 | 0 | 0 |
| Umsetzung des Hotelcharakters | 44 | 6 | 0 | 0 | 0 |
| Durchführung einer individuellen Diätberatung | 12 | 24 | 12 | 0 | 2 |
| Ganztägige Versorgung mit Frischobst und Säften | 25 | 15 | 8 | 0 | 2 |
| (…) | (…) | (…) | (…) | (…) | (…) |

Um die relevanten Kundenanforderungen zu ermitteln, wurde das gewichtete Mittel herangezogen (Summe der Produkte aus Einstufungsgraden und Häufigkeiten), das ein Ranking der Kundenanforderungen zulässt. Es wurden die Top 8-Anforderungen herausgefiltert.

| Patientenanforderungen (Top 8) | Gewichtetes Mittel |
|---|---|
| Umsetzung des Hotelcharakters | 2,88 |
| Frischküche statt Fertig-Produkte | 2,80 |
| Fachkompetenz des Pflegepersonals | 2,76 |
| Aufzeigen von Perspektiven für die Zukunft durch den Arzt | 2,72 |
| Auswahl ausreichender und zum Krankheitsbild passender Therapien | 2,40 |
| Rücksichtnahme auf den individuellen Patientenzustand | 2,38 |
| Fachkompetenz der Ärzte | 2,36 |
| Ganztägige Versorgung mit Frischobst und Säften | 2,35 |

Die Ermittlung der Kostenträgeranforderungen an die Reha-Fit-Klinik in Bezug auf Rehabilitationsmaßnahmen erfolgte ebenfalls mit Hilfe persönlicher Interviews. Aus Vereinfachungsgründen soll angenommen werden, dass lediglich die marktführende Krankenkasse für AHB-Maßnahmen im orthopädischen Bereich befragt wurde.

Controlling des Leistungsdesigns — KAPITEL IV

Mittels Interviews wurden fünf Kundenanforderungen seitens des Kostenträgers herausgefiltert, deren Erfüllung als besonders wichtig galt („Top 5"; fiktiv angenommene Mittelwerte):

| Kostenträgeranforderungen (Top 5) | Erläuterung | Gew. Mittel |
|---|---|---|
| Geringe Wartezeiten bezüglich der Aufnahmetermine für eine AHB-Maßnahme für Versicherte | Die Zeit zwischen Akutkrankenhausaufenthalt und Rehabilitation soll möglichst reibungslos ineinander übergehen. Deshalb sollen Wartezeiten vermieden werden. | 2,82 |
| Rechtzeitige Einleitung und Mitorganisation einer poststationären Versorgung | Die Patienten müssen nach dem Aufenthalt über die weitere Versorgung aufgeklärt werden. Maßnahmen sollten schon während der Rehabilitation eingeleitet werden. | 2,72 |
| Kompetenz des medizinischen, therapeutischen und pflegerischen Personals | Die Patienten sollen kompetent betreut werden. | 2,56 |
| Gut strukturierte Organisation des Verwaltungsablaufs in Bezug auf Kostenübernahmeerklärungen | Ein reibungsloser Ablauf der AHB-Maßnahme kann nur stattfinden, wenn die Kostenübernahme seitens der Krankenkasse geregelt ist. Hierzu muss die Aufnahme Überblick über bereits erfolgte Kostenübernahmen bzw. Verlängerungen haben. | 2,42 |
| Gute Kommunikation und Erreichbarkeit zwischen Kostenträger und Klinik | Die Klinik soll telefonisch, per Fax oder E-Mail immer erreichbar sein. Minimale Wartezeit zwischen Anfrage und Reaktion. | 2,30 |

Die Kundenanforderungen, die mittels der Interviews mit Patienten und Kostenträgern ermittelt wurden, können aufgrund der Komplexität nicht alle in einen wertanalytischen Prozess integriert werden. Einbezogen wurden im Ergebnis

► die Top-5 des Ranking bei den Patienteninterviews sowie
► alle genannten Kundenanforderungen der Kostenträger.

Abschließend muss eine Gewichtung der Anforderungen durch den Kunden erfolgen. Da verschiedene Kundengruppen nach deren Anforderungen befragt wurden, war eine einheitliche Gewichtung schon bei der Befragung nicht möglich. Aus diesem Grund können z. B. die ausgesuchten Anforderungen der einen Kundengruppe der jeweils anderen Kundengruppe vorgelegt und nochmals überkreuz gewichtet werden. Somit ergäbe sich eine mögliche Skala von $0 - 3^2 = 9$. Eine schlichtere Methode bestünde darin, die beiden Anforderungslisten lediglich zu einer einzigen zu konsolidieren.

Ausschlussanforderungen der Kostenträger (Krankenkassen), also „K.O.-Kriterien", sollten nicht in die Wertanalyse einbezogen werden.

Bei Unterstellung der Überkreuz-Gewichtung sollen folgende Nutzengewichte identifiziert worden sein („Top 8"; fiktiv angenommene Mittelwerte):

| ABB. 262: | Produktdesign als Ergebnis gewichteter Kundenanforderungen | |
|---|---|---|
| Ranking der Kundenanforderungen nach der Wichtigkeit – alle Bereiche (jeweils: 3 = sehr wichtig, 2 = wichtig, 1 = weniger wichtig, 0 = unwichtig) | | |
| Rang | Kundenanforderungen (Top 8) | Mittelwert |
| 1 | Umsetzung des Hotelcharakters | 7,17 |
| 2 | Fachkompetenz des Pflegepersonals | 7,14 |
| 3 | Aufzeigen von Perspektiven für die Zukunft durch den Arzt | 7,11 |
| 4 | Geringe Wartezeiten bezüglich der Aufnahmetermine für eine AHB-Maßnahme | 6,07 |
| 5 | Fachkompetenz der Therapeuten | 5,93 |
| 6 | Rechtzeitige Einleitung und Mitorganisation einer poststationären Versorgung | 5,71 |
| 7 | Frischküche statt Fertig-Produkte | 5,50 |
| 8 | Gut strukturierte Organisation in Bezug auf Kostenübernahmeerklärungen | 5,37 |

| Kunden- und Kostenträgeranforderungen | Gewichtung |
|---|---|
| Umsetzung des Hotelcharakters | 14,4 % |
| Fachkompetenz des Pflegepersonals | 14,3 % |
| Aufzeigen von Perspektiven für die Zukunft durch den Arzt | 14,2 % |
| Geringe Wartezeiten bezüglich der Aufnahmetermine für eine AHB-Maßnahme | 12,1 % |
| Fachkompetenz der Therapeuten | 11,9 % |
| Rechtzeitige Einleitung und Mitorganisation einer poststationären Versorgung | 11,4 % |
| Frischküche statt Fertig-Produkte | 11,0 % |
| Gut strukturierte Organisation in Bezug auf Kostenübernahmeerklärungen | 10,7 % |
| Hinweis: Die Gewichte in % ergeben sich aus der Relativierung der einzelnen Mittelwerte bezogen auf die Summe der Mittelwerte, diese beträgt 50,0. | |

Im Ergebnis konnte das aus Kundensicht wahrgenommene Produkt „Anschlussheilbehandlung" in vorstehende Teilfunktionen aufgegliedert werden; außerdem konnte die jeweilige Nutzengewichtung der Funktionen in % des Gesamtnutzens ermittelt werden. Dies ermöglicht eine Lenkung der Ressourcen in der Weise, dass Nutzen stiftende Teilfunktionen („Nutzentreiber"), die zugleich kostengünstig erstellt werden können, beim Marktauftritt der Klinik hervorgehoben werden. Diese generieren aus Kundensicht einen Mehrnutzen und damit ein Abgrenzungsmerkmal gegenüber Konkurrenten am Markt. Es bleibt hervorzuheben, dass die medizinisch-pflegerische Kernleistung als unverzichtbare Basisanforderung nicht in die Wertanalyse einbezogen wird und werden darf.

## 4.1.3 Notwendige Rahmenbedingungen und kritische Würdigung

Wertanalyse-Projekte setzen die Praktizierung von **Teamarbeit** voraus. Im Team müssen alle Bereiche vertreten sein, die am Wertanalyse-Objekt funktionserstellend bzw. kostenverursachend beteiligt sind. Das Wertanalyse-Team soll zweckmäßigerweise aus 4 - 8 Mitgliedern bestehen; diese entstammen üblicherweise den Abteilungen Vertrieb, Fertigung, Entwicklung, Kalkulation/Rechnungswesen.

Bei zu großen Teams kommt es nicht selten zu Cliquenbildung, einem sinkenden Zusammengehörigkeitsgefühl und zur Inaktivität einzelner Teammitglieder. Bei zu kleinen Teams reicht häufig das gebündelte Fachwissen nicht für eine adäquate Problemlösung aus. Sinnvoll erscheint zudem, wenn die Teammitglieder aus ähnlichen Hierarchiestufen stammen. Vorgesetzte und Mitarbeiter sollten nicht gemeinsam in einem Team arbeiten.

Die Einbindung des Top-Managements in die Wertanalyse-Planung des Teams erfolgt über die Bildung eines Lenkungsausschusses. Dieser dient der Vereinbarung von Zielen, der Abstimmung von Alternativen und letztlich der Herbeiführung von Entscheidungen.

Über die unmittelbaren Kostensenkungsergebnisse einer Wertanalyse ergibt sich im Laufe eines **Wertanalyse-Projekts häufig zusätzlicher Nutzen**, z. B.

▶ erhöhte Effizienz der Organisation durch Abbau von Bürokratie,

▶ motivierendes Erfolgserlebnis für alle Beteiligten,

▶ Erstellung nützlicher Unterlagen für die Budgetierung,

▶ analytische Schulung und Wissensvermittlung für die Führungskräfte,

▶ Ideenfindung zur Stärkung der Konkurrenzfähigkeit über die reine Kostensenkung hinaus.

Die **Erfolge der Wertanalyse** sind jedoch auch zu **relativieren**.

▶ Die erforderlichen Informationen werden losgelöst von den Zahlenwerken der Kostenrechnung auf der Basis der Ist-Ablauforganisation gewonnen. Die Ergebnisse der Wertanalyse sind somit für die Kostenrechnung nur eingeschränkt nutzbar.

▶ Hieraus resultiert der häufig kritisierte „Einmal-Effekt" der Wertanalyse. Der Wertanalyse-Maßnahmenkatalog ist daher rasch veraltet. Die Ergebnisse lassen sich i. d. R. auch nicht in das vorhandene Controllingsystem integrieren, was. eine permanente Steuerung erschwert.

▶ Die Wertanalyse ist auf die Lösung krisenhafter Situationen angelegt; die rigiden Kosteneinsparungsideen bewirken in „Normalsituationen" Akzeptanzprobleme.

▶ Das fiktive und hoch gegriffene Kosteneinsparungsziel führt dazu, dass aus Zwang irgendwelche Sparideen benannt werden müssen; dies führt zu unproduktiver Unruhe und zu Demotivierungseffekten unter den Mitarbeitern.

Die Erkenntnisse und Maßnahmenkataloge der Wertanalyse basieren somit auf **Momentaufnahmen** und täuschen eine **Scheingenauigkeit** vor. Es erscheint sinnvoller, das Kostenrechnungssystem so auszugestalten, dass permanente Planungs-, Steuerungs- und Kontrollmöglichkeiten bestehen.

## 4.1.4 Abgrenzung der Wertanalyse zur Overhead Value-Analyse (OVA)

Eng verwandt mit der Wertanalyse ist die **Overhead Value-Analyse** (OVA) oder auch **Gemeinkosten-Wertanalyse** (GWA). Es handelt sich hierbei, wie schon aus der Bezeichnung ableitbar, um eine spezielle Form der Wertanalyse:

- ▶ Der Fokus liegt nicht auf marktfähigen Leistungen, sondern auf (internen) Verwaltungsleistungen.
- ▶ Ziel ist die Reduzierung von Verwaltungsgemeinkosten bei den mit Verwaltungsaufgaben befassten Kostenstellen.
- ▶ Es sollen Kosten in der Weise eingespart werden, dass nur eine minimale Nutzeneinbuße erfolgt.

Grundgedanke der OVA ist ebenfalls nicht die „klassische" Rationalisierung, sondern der nutzerorientierte Abbau von nicht notwendigen Aktivitäten. Hierzu ist es erforderlich, die Nutzer zu identifizieren und in das Verfahren mit einzubeziehen.

Die Methode der OVA wurde von der amerikanischen Unternehmensberatungsgesellschaft **McKinsey** entwickelt und in Deutschland flächendeckend verbreitet. Sie ist durch die folgenden **Schritte** charakterisiert:

- ▶ Bildung von Untersuchungseinheiten,
- ▶ Auflistung der Verwaltungsleistungen und der jeweiligen Personal- und Sachkosten sowie Angabe der jeweiligen Leistungsnutzer für jede Untersuchungseinheit,
- ▶ Benennung von Reduktionsmöglichkeiten in vorgegebener Höhe für jede Untersuchungseinheit durch den jeweiligen Leiter,
- ▶ Erarbeitung der negativen Konsequenzen der Reduktionsmöglichkeiten in Abstimmung mit den Leistungsnutzern,
- ▶ Entscheidung über vorzunehmende Leistungsreduktionen durch die Geschäftsleitung.

Die Verfahrensweise entspricht somit der Wertanalyse. Mittels Kosten-Nutzen-Analysen wird für jegliche Verwaltungsleistungen unter Zuhilfenahme von Kreativitätstechniken ermittelt, wo sich möglichst nutzenneutral Kosten einsparen lassen.

Im **Gegensatz zur Wertanalyse** schließt die OVA ein „Mehr" an Verwaltungsleistungen als Ergebnis der Analyse von vornherein aus. Sie bezweckt ausschließlich eine Senkung, keine Reallokation der Verwaltungsaufgaben und -kosten. Auch bezieht sie nur die Aufgaben, die bereits bisher durchgeführt wurden, in die Analyse ein. Sie ist damit weniger umfassend und kreativ, dafür aber pragmatischer als die Wertanalyse.

## 4.2 Zielkostenrechnung

### 4.2.1 Ziele und Grundprinzipien der Zielkostenrechnung

Bei der Zielkostenrechnung („**target costing**") handelt es sich – wie die Wertanalyse – um ein strategisches Kostenrechnungsverfahren, das die Marktanforderungen mit den Produktionsbedingungen kombiniert und das Ziel verfolgt, strategische Entscheidungshilfen

- im Rahmen der Neueinführung von Leistungen,
- zur Kostenverbesserung bei bestehenden Leistungen sowie
- zur Planung bzw. Optimierung von Leistungsprozessen

für Unternehmen zu liefern, die auf wettbewerbsintensiven Märkten agieren und einem hohen Kostendruck ausgesetzt sind.

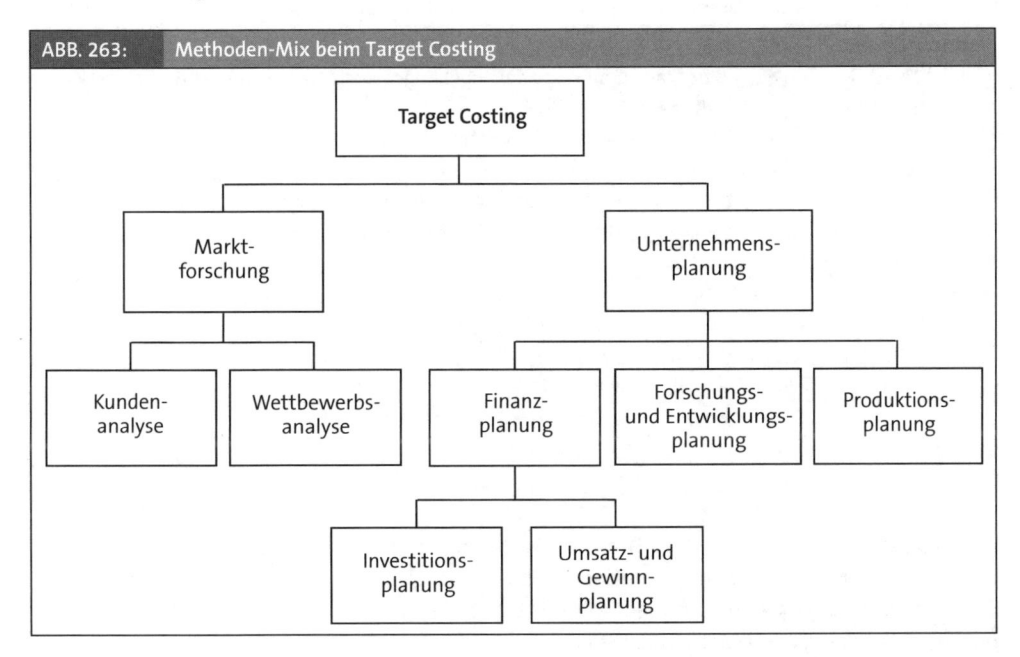

**ABB. 263: Methoden-Mix beim Target Costing**

```
                          Target Costing
                         /              \
                 Markt-              Unternehmens-
              forschung                planung
               /     \               /     |     \
         Kunden-  Wettbewerbs-  Finanz-  Forschungs-  Produktions-
         analyse   analyse     planung  und Entwicklungs-  planung
                                │         planung
                           /         \
                   Investitions-  Umsatz- und
                     planung      Gewinn-
                                  planung
```

Die Zielkosten werden dabei aus den am Markt erzielbaren Preisen und aus der Gewinnplanung abgeleitet (sog. „**market into company**"). Damit soll eine frühzeitige Marktorientierung der Kostenplanung sichergestellt werden, was insbesondere bei Produktinnovationen notwendig ist. Für derartige Fragestellungen ist insbesondere bedeutsam:

- Der Preis muss im Hinblick auf den Kundennutzen bei der entsprechenden Zielgruppe und ggf. im Hinblick auf angebotene Substitutionsprodukte (sowie potenzielle Substitutionsprodukte) marktgerecht sein.
- Darüber hinaus muss der Preis zu einer auskömmlichen Gewinnspanne führen, die Substanzerhaltungsgesichtspunkten unter Zugrundelegung der Unternehmensfortführungsprämisse Rechnung trägt und den Anteilseignern eine marktgerechte Kapitalverzinsung unter Einschluss eines Risikozuschlags bietet.

Unter strategischen Gesichtspunkten werden beim target costing somit die Marktseite und die Produktseite kombiniert. Organisatorisch könnte man dieses Verfahren als **„management by objectives"**, also Führung durch Zielvereinbarung, bezeichnen.

Die Zielkostenrechnung entspricht im Grunde einer **retrograden Kalkulation bzw. einer Differenzkalkulation im Handelsbetrieb**, welche ausgehend vom Zielverkaufspreis und den (als fix angenommenen) Einstandskosten die maximal vertretbaren Handlungskosten berechnet. Sie geht aber weiter als eine reine operative Produktkalkulation, da auch Fragestellungen im Hinblick auf die Verfolgung einer strategischen Stoßrichtung (Kostenführerschaft, Differenzierung, Nischenstrategie) unter Berücksichtigung der unternehmerischen Position gegenüber Lieferanten, Konkurrenten und Kunden einbezogen werden.

| ABB. 264: | Alternative Verfahren zur Ermittlung der Zielkosten |
|---|---|
| | Alternative Verfahren zur Ermittlung der Zielkosten |
| Market-into-company | ▶ Ermittlung des maximalen (höchstzulässigen) Marktpreises <br> ▶ Retrograde Ermittlung der zugehörigen Kosten bei angestrebtem Zielgewinn (sog. „target margin") <br> ▶ Übliche Methode der Zielkostenrechnung |
| Out-of-company | ▶ Ermittlung der Zielkosten aus den produktindividuellen Eigenschaften sowie firmeninternen Erfahrungswerten der Vergangenheit <br> ▶ Ohne Rücksicht auf Marktpreise, daher kaum Informationszugewinn gegenüber traditionellen Kalkulationsmethoden |
| In-and-out-of-company | ▶ Kombination der beiden vorgenannten Kalkulationsmethoden |
| Out-of-competitor | ▶ Vergleich der relativen Kostenposition im Verhältnis zur relevanten Konkurrenz im Sinne eines Kosten-Benchmarkings <br> ▶ Indirekter Marktbezug über Ist-Ist-Vergleiche |
| Out-of-standard-costs | ▶ Ermittlung der Zielkosten über Abschläge auf Standard-Ist-Kosten <br> ▶ Kein unmittelbarer Markt-/Kundenbezug |

Die Zielkostenrechnung trägt dem Umstand Rechnung, dass sich der Marktpreis eben nicht als Folge der unternehmerischen Investitionen bildet, dessen kalkulierte Selbstkosten mit einem Gewinnaufschlag versehen zu diesem Marktpreis führen würden. Vielmehr kann ein Unternehmen Selbstkosten nicht akzeptieren, die langfristig über den Marktpreisen liegen.

Die Kostenplanung muss bereits in der Entwicklungsphase einer Produktinnovation erfolgen. Sie umfasst schon die frühesten Phasen des Produktlebenszyklus. Denn mindestens 70 - 80 % der Gesamtkosten im gesamten Lebenszyklus sind bereits in den frühesten Phasen durch entsprechende Konstruktion und Design determiniert.

Die Zielkostenrechnung hängt insoweit eng zusammen mit der Produktlebenszyklus-Kostenrechnung (vgl. Kapitel II).

## 4.2.2 Ablaufschritte der Zielkostenrechnung

Die **Kostenermittlung** im Rahmen der Zielkostenrechnung verläuft in den folgenden Schritten:

- Generierung einer Produktidee. Marktseitige Ausrichtung der Produktfunktionen und Produktqualität seitens der **Marktforschung**. Prognose von Marktpreis und Absatzmengen. Erstellung eines Prototyps.

- Der geplante **Gewinn** in Abhängigkeit von der Unternehmensstrategie und der Finanzplanung wird vom Marktpreis bzw. den erwarteten Umsätzen abgezogen. Eine entsprechende Gewinnbedarfsrechnung wird insbesondere das Erfordernis der Ausschüttung einer marktgerechten Dividende sowie die Gewinnbedarfe, die aus der Substanzerhaltung und ggf. aus Erweiterungsinvestitionen resultieren, berücksichtigen.

- Hieraus ergeben sich die sog. „**allowable costs**", d.h. die zur Erreichung des Gewinnziels höchstzulässigen Kosten. Sie werden durch eine retrograde, wettbewerbsorientierte Kalkulation für die einzelnen Komponenten ermittelt und über alle Komponenten zu den Produktgesamtkosten aufaddiert.

- Ermittlung der „**drifting costs**", also der Selbstkosten auf der Basis bisheriger oder geschätzter Standardkosten. Je höher die drifting costs, umso niedriger der letztendlich verfügbare Gewinn. Zwischen Standardkosten und Gewinn besteht insoweit also nicht eine sich verstärkende (wie die Zuschlagskalkulation fälschlicherweise suggeriert), sondern eine inverse Beziehung.

- Aus der Spanne zwischen allowable costs und drifting costs werden die verbindlichen „**target costs**" (Zielkosten) abgeleitet. Dies geschieht zunächst für das Gesamtprodukt, in der Folge auch für Bauteile, Baugruppen und produktbezogene Leistungen (Produktumgebung).

- Den Zielkosten für das Produkt bzw. für einzelne Produktfunktionen wird der jeweilige Zielnutzen gegenübergestellt. Falls notwendig, wird durch die Anwendung der Wertanalyse das Produktkonzept variiert (Feindesign, Konstruktion), bis die Zielkosten und die Zielqualität in Einklang gebracht sind.

- Realisierung, Kontrolle und anschließende Neufestsetzung der Zielkosten.

- Permanentes Kostenmanagement unter Nutzen-Kosten-Gesichtspunkten in nachfolgenden Lebenszyklusphasen (Produktlebenszyklus-Kostenrechnung).

## ABB. 265: Ablaufschritte der Zielkostenrechnung

**1. Kalkulation (alt):**

Einzelkosten
+ Gemeinkosten  ← % der Herstellkosten
+ Gewinn
= Verkaufspreis

⎫ traditionelle Vorwärtskalkulation

Absatzmarkt:

**Kalkulation (neu):**

Verkaufspreis
- primäre Kosten
= sekundäre Kosten
+ Gewinn

Beschaffungsmarkt: Vormaterial, Fremdleistungen

⎫ beeinflussbar, in der Summe konstant

„Der Betrieb im Spagat zwischen Absatz- und Beschaffungsmarkt"

---

**2. Planung des Gewinnbedarfs:**

Gewinnbedarfsrechnung

▶ Finanzierung der Substanzerhaltung zu gestiegenen Wiederbeschaffungskosten
▶ Finanzierung des Wachstums (Erweiterungsinvestitionen) bei gleichbleibenden Kapitalrelationen (Verschuldungsgrad)
▶ Marktgerechte und risikoadäquate Vergütung für die Hingabe von Eigenkapital

$\Sigma$ = Gewinnbedarf

---

**3. Berechnung der höchstzulässigen sekundären Kosten („allowable costs")**

Allowable costs = Verkaufspreis
                - primäre Kosten (nicht beeinflussbar)
                - Gewinnbedarf

„Kostenziel"

---

**4. Soll-Ist-Analyse zur Ermittlung des Kostensenkungsbedarfs („drifting costs")**

Gegenüberstellung von:
▶ allowable costs (fiktive Soll-Kosten) und
▶ drifting costs (tatsächliche Kosten)

Differenz von Soll- und Ist-Kosten < 0
↓
Kostensenkungsbedarf
↓
**Kostenreduktion auf Kostenziel („target costs")**

Prozessanalyse
Wertanalyse
Null-Basis-Budgetierung

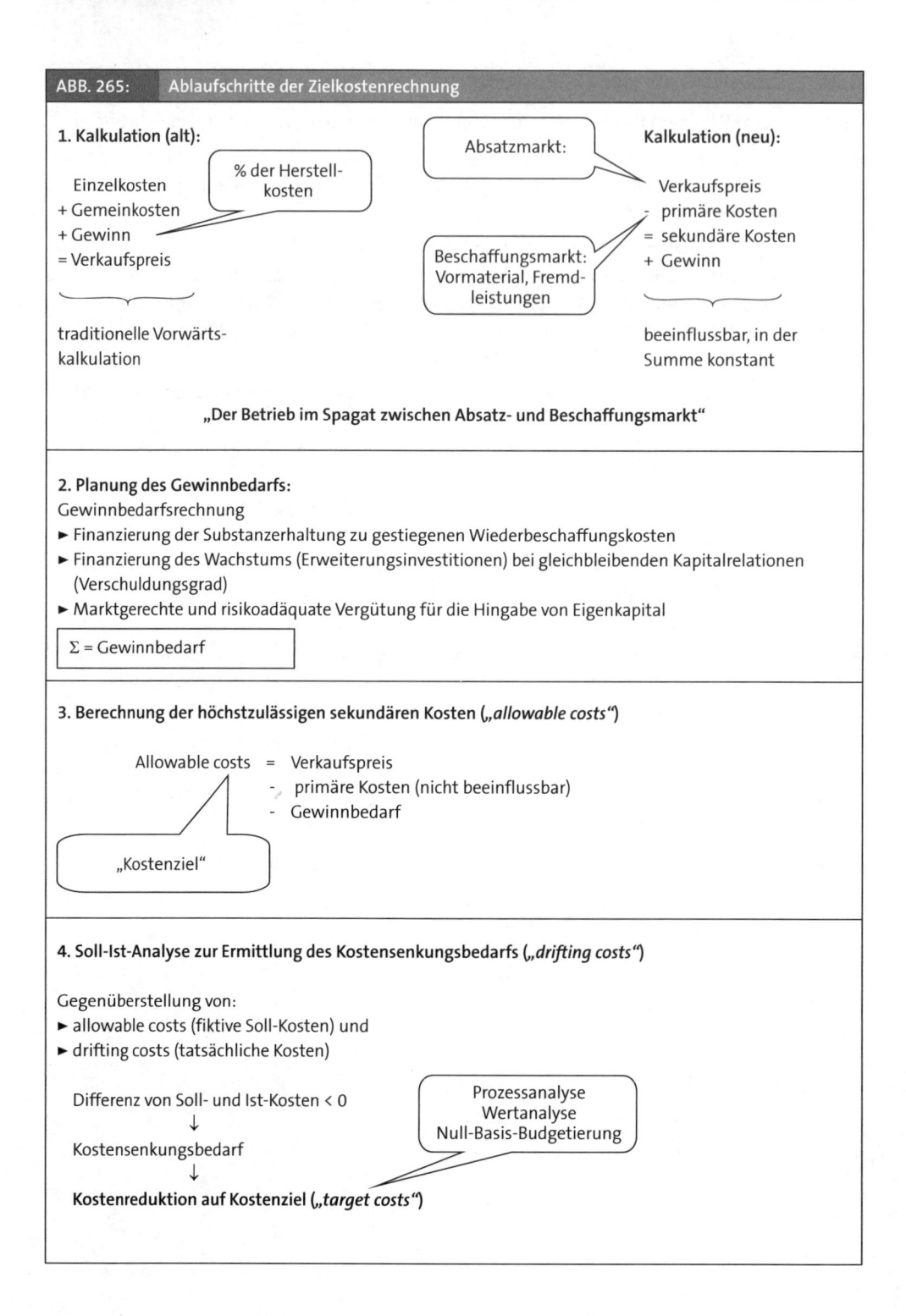

| Schritt | Vorgehen |
|---|---|
| 1 | Ermittlung des vom Markt vorgegebenen Preises und des geplanten Gewinns entsprechend der Ziel-Umsatzrendite sowie Ableitung der Zielkosten als Differenz |
| 2 | Ermittlung der Ist- (Standard-)kosten aus der Betriebsabrechnung bzw. Plankostenrechnung |
| 3 | Ermittlung der Zielkostenlücke, welche den Kostensenkungsbedarf widerspiegelt, also der Differenz von Zielkosten und Standardkosten |
| 4 | Differenzierung der Leistung in Teilnutzen und Gewichtung derselben in % zum Gesamtnutzen (lt. Kundenbefragungen, Marktforschung) |
| 5 | Differenzierung der Gesamtkosten des Leistungserstellungsprozesses in Komponentenkosten und Gewichtung derselben in % zu den Gesamtkosten (lt. Kostenaufstellung) |
| 6 | Ermittlung des Beitrags, den jede Produktkomponente zur Erfüllung der einzelnen Teilnutzen leistet und Berechnung der Gesamtnutzen der einzelnen Komponenten |
| 7 | Ermittlung der Zielkosten der einzelnen Komponenten und Berechnung der Differenz zu den Ist-Kosten, welche den Kostensenkungsbedarf widerspiegelt |
| 8 | Ermittlung des Zielkostenindexes für die einzelnen Produktkomponenten (ggf. graphisch durch Eintrag in ein Zielkostendiagramm) und Ableitung von operativen Kostensenkungsmaßnahmen |

Dem aus einer beschränkten Zahlungsbereitschaft der Abnehmer resultierenden Kostendruck kann grundsätzlich alternativ begegnet werden durch

- ein „cost cutting" bei der Leistungserstellung nach der „Rasenmähermethode" oder
- ein Design oder Redesign der Leistung dergestalt, dass Kosteneinsparungen vorrangig bei den Komponenten vorgenommen werden, die beim Kunden einen nur nachrangigen Nutzen generieren.

Letzteres Vorgehen, das der Zielkostenrechnung entspricht, führt dazu, dass notwendigen Kostenreduktionen in vorgegebener Höhe nur minimale Nutzeneinbußen gegenüber stehen. Deswegen gebührt ihm aus Managementsicht der Vorzug.

Hinsichtlich der Realisierung eines Kostensenkungsbedarfs ergeben sich demnach abstrahierend folgende Möglichkeiten: Kostenreduktion

- durch Optimierung der Kostenstruktur in Bezug auf einzelne betriebliche Funktionsbereiche (Management der Funktionskostenstruktur),
- in frühen Phasen des Produktlebenszyklus durch marktorientierte Anpassungen in Entwicklung und Design (Management der Produktkostenstruktur),
- in späteren Phasen des Produktlebenszyklus durch Optimierung des Produktions- und Logistikprozesses (Management der Produktionsoptimierung).

Im Rahmen der Zielkostenrechnung lautet die zentrale Frage nicht mehr „Was **wird** ein Produkt kosten?". Vielmehr wird mit Hilfe der Marktforschung ermittelt, welche Merkmale von den Kunden gefordert werden und welchen Preis sie für die umgesetzten Anforderungen zahlen würden. Im Rahmen der Zielkostenrechnung lauten die veränderten Fragestellungen deshalb:

- ▶ Welche Ansprüche hat der Kunde an eine Leistung und was ist er bereit, dafür zu zahlen?
- ▶ Mit welchen Preisen kommt ein vergleichbarer Wettbewerber auf den Markt?
- ▶ Wie teuer **darf** ein Produkt oder eine Leistung demnach höchstens sein?

Zur Lösung dieser Probleme bedarf es einer gezielten **Dekompositionsmethodik**, bei der die Gesamtkosten auf die Erzeugnisfunktionen und von diesen auf die Erzeugniskomponenten, die die Funktionen realisieren, aufgeteilt werden. Das Vorgehen entspricht dabei in etwa demjenigen der Wertanalyse.

Die komplexe Materie soll an dem folgenden **Beispiel** erläutert werden: Für einen MP3-Player werden die folgenden Produktkomponenten und -funktionen ermittelt. Sodann werden die Komponenten den Funktionen wie folgt gegenübergestellt:

- ▶ Für die jeweiligen **Komponenten** werden die anteiligen Selbstkosten (in % der Gesamtkosten) ermittelt. Dies geschieht etwa über eine Differenzenbetrachtung (d. h. Differenz der Kosten des Produkts mit bzw. ohne Funktionserfüllung). Entsprechende Schätzungen sind seitens der für die Realisierung Verantwortlichen vorzunehmen.
- ▶ Für die jeweiligen **Funktionen** werden die Anteile ermittelt, mit denen sie zum Gesamtnutzen beitragen. Die Funktionen stellen die seitens der Kunden wahrnehmbaren Eigenschaften des Produkts bzw. der Dienstleistung dar. Die notwendigen Daten müssen über Marktforschungen, Kundenbefragungen etc. generiert werden.

Bei der Ermittlung der Funktionen und ihrer Wertigkeiten ist von der Wahrnehmung der Funktionen vom Markt, nicht seitens der (internen) Konstruktion auszugehen. Üblicherweise werden – wie auch bei der Wertanalyse – harte und weiche, Gebrauchs- und Geltungs-(Anmutungs-)funktionen unterschieden. Bedeutende Funktionen sind z. B.

- ▶ Qualität, Zuverlässigkeit,
- ▶ Technologischer Standard, Neuheitswert,
- ▶ Bedienerfreundlichkeit,
- ▶ Preiswertigkeit,
- ▶ Haltbarkeit, Grad der Werterhaltung (Wiederverkaufswert),
- ▶ Design, Styling, Prestige,
- ▶ Betriebs- und Wartungskosten und
- ▶ Grad der Umweltfreundlichkeit.

Die Operationalisierung von Kundenpräferenzen erfolgt in der Praxis der Marktforschung üblicherweise mit Hilfe der sog. **Conjoint-Analyse**.

| Fertigung → | | | Marketing → | | |
|---|---|---|---|---|---|
| **Produktkomponenten (K1 - K5)** | | | **Produktfunktionen (F1 - F5)** | | |
| K1 | Gehäuse | 20 % | F1 | Bedienungskomfort | 10 % |
| K2 | Bedienungselemente | 15 % | F2 | Klangqualität | 25 % |
| K3 | Motor | 20 % | F3 | Ästhetischer Nutzen/Design | 30 % |
| K4 | Elektrik/Schaltungen | 15 % | F4 | Energieverbrauch | 15 % |
| K5 | Lautsprecher/Kopfhörer | 30 % | F5 | Langlebigkeit/Robustheit | 20 % |
| | | 100 % | | | 100 % |

Herstellungsprozess

Marktforschung

Über das Gewicht jeder Komponente, das sie in Bezug auf ihren Beitrag zur Verwirklichung der Funktionen besitzt, wird der Anteil der zulässigen Komponentenkosten an den Gesamtkosten berechnet. Insoweit soll eine weitestgehende Nutzen-Kosten-Gleichheit hergestellt werden.

Die Nutzenerfüllungsgrade der einzelnen Komponenten in Bezug auf die Funktionen sind dazu mit den jeweiligen Gewichten der Funktionen zu multiplizieren. Hieraus ergeben sich die Gewichte der einzelnen Komponenten in Bezug auf den Nutzen des Gesamtprodukts und somit die Kostenteilbudgets im Rahmen des Gesamtbudgets im Sinne von target costs. Die Verknüpfung mit Hilfe einer **Gewichtungsmatrix** ermöglicht die Feststellung, in welchem Umfang die einzelnen Komponenten zur Erfüllung der Funktionen beitragen.

| | Produktfunktionen | F1 Bedienungskomfort | F2 Klangqualität | F3 Ästhetischer Nutzen/ Design | F4 Energieverbrauch | F5 Langlebigkeit/ Robustheit |
|---|---|---|---|---|---|---|
| **Produktkomponenten** | | | | | | |
| K1 | Gehäuse | 10 % | – | 70 % | – | 20 % |
| K2 | Bedienungselemente | 60 % | 10 % | 20 % | 20 % | 10 % |
| K3 | Motor | – | 10 % | – | 40 % | 20 % |
| K4 | Elektrik/ Schaltungen | – | 20 % | – | 25 % | 30 % |
| K5 | Lautsprecher/ Kopfhörer | 30 % | 60 % | 10 % | 15 % | 20 % |
| Σ Komponenten | | 100 % | 100 % | 100 % | 100 % | 100 % |
| Gewichte | | 10 % | 25 % | 30 % | 15 % | 20 % |

Es muss gelten:

▶ Alle Komponenten gemeinsam tragen zur Erfüllung je einer einzelnen Funktion insgesamt zu 100 % bei (Spaltensumme = 100 %).

▶ Die einzelne Komponente trägt zu allen Funktionen mehr oder minder bei (Zeilensumme i. d. R. ≠ 100 %).

Als Ergebnis der Gewichtungsmatrix wird der Gesamtnutzen einer jeden Komponente ermittelt.

| Berechnung des Gesamtnutzens für einzelne Komponenten | |
|---|---|
| K1: | 10 · 0,1 + 0 + 70 · 0,3 + 0 + 20 · 0,2 = 26,0 % |
| K2: | 60 · 0,1 + 10 · 0,25 + 20 · 0,30 + 20 · 0,15 + 10 · 0,2 = 19,5 % |
| K3: | 0 + 10 · 0,25 + 0 + 40 · 0,15 + 20 · 0,2 = 12,5 % |
| K4: | 0 + 20 · 0,25 + 0 + 25 · 0,15 + 30 · 0,2 = 14,75 % |
| K5: | 30 · 0,1 + 60 · 0,25 + 10 · 0,3 + 15 · 0,15 + 20 · 0,2 = 27,25 % |

Ziel der Analyse ist es, die augenblicklichen Ist-Kosten von 48 € auf strategisch abgeleitete Ziel-Kosten von 41,58 € zu verringern. Letztere ergeben sich aus dem geplanten Abgabepreis von netto 49,90 € und einem geplanten Gewinnaufschlag von 20 % auf die Selbstkosten (mithin 49,90/1,20). Hierzu werden

- für jede Komponente der Kostenanteil dem Nutzenanteil gegenübergestellt und der sog. Zielkostenindex ermittelt sowie
- aus dem Kostenanteil die komponentenweisen Ist-Kosten errechnet und mit den aus den Nutzenanteilen hergeleiteten Soll-Kosten verglichen,
- woraus Kostensenkungsbedarfe bzw. Nutzensteigerungsbedarfe im Sinne eines wertanalytischen Produkt-Redesigns abgeleitet werden.

| Gegenüberstellung von Kosten und Nutzen | | | | | | |
|---|---|---|---|---|---|---|
| ▶ Ist-Kosten (drifting costs): 48 € | | | ▶ Soll-Kosten (target costs): 41,58 € | | | |
| Komponente | Kosten-anteil | Ist-Kosten | Nutzen-anteil | Soll-Kosten | Zielkosten-index | Über-/Unter-deckung |
| K1 | 0,20 | 9,60 | 0,260 | 10,81 | 1,30 | +1,21 |
| K2 | 0,15 | 7,20 | 0,195 | 8,11 | 1,30 | +0,91 |
| K3 | 0,20 | 9,60 | 0,125 | 5,20 | 0,63 | -4,40 |
| K4 | 0,15 | 7,20 | 0,1475 | 6,13 | 0,98 | -1,07 |
| K5 | 0,30 | 14,40 | 0,2725 | 11,33 | 0,91 | -3,07 |
| | 1,00 | 48,00 | 1,00 | 41,58 | | -6,42 |

Im Einzelnen gilt:

- Die Kostenanteile basieren auf der kostenmäßigen Analyse des Fertigungsprozesses.
- Die Ist-Kosten ergeben sich aus der Multiplikation von Ist-Kosten und Kostenanteilen.
- Die Nutzenanteile beziffern die wahrgenommenen Kundenpräferenzen.
- Die Soll-Kosten ergeben sich als Produkte von Soll-Kosten und Nutzenanteilen.
- Die Zielkostenindizes stellen das Verhältnis von Nutzen- und Kostenanteilen dar.
- Die Über-/Unterdeckungen stellen die Differenz von Soll-Kosten und Ist-Kosten dar.

Die graphische Darstellung der Entwicklung sog. **Zielkostenindizes** zeigt die folgende Abbildung:

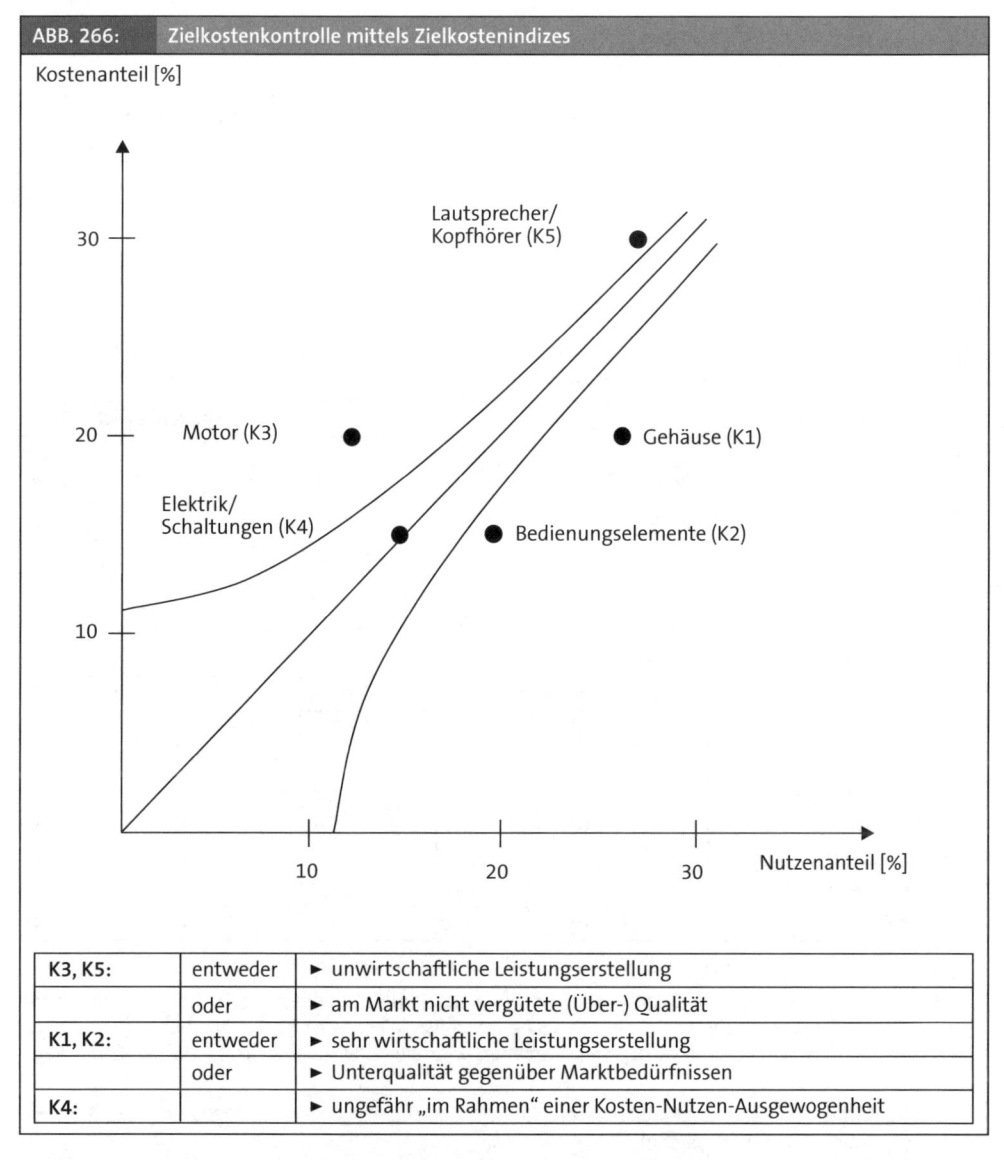

**ABB. 266: Zielkostenkontrolle mittels Zielkostenindizes**

| K3, K5: | entweder | ▶ unwirtschaftliche Leistungserstellung |
| --- | --- | --- |
|  | oder | ▶ am Markt nicht vergütete (Über-) Qualität |
| K1, K2: | entweder | ▶ sehr wirtschaftliche Leistungserstellung |
|  | oder | ▶ Unterqualität gegenüber Marktbedürfnissen |
| K4: |  | ▶ ungefähr „im Rahmen" einer Kosten-Nutzen-Ausgewogenheit |

Eine Identität zwischen Soll- und Istwert besteht bei Werten, die auf der ersten Winkelhalbierenden angesiedelt sind. Werte links von bzw. oberhalb der ersten Winkelhalbierenden (Indizes < 1) deuten auf eine Kostenüberschreitung hin, Werte rechts von bzw. unterhalb der ersten Winkelhalbierenden (Indizes > 1) auf erwirtschaftete Kostenspielräume bzw. – negativ ausgedrückt – auf eine Unterqualität gegenüber den Kundenpräferenzen.

Da eine Soll-Ist-Gleichheit in der Praxis die Ausnahme darstellen dürfte, sollten Toleranzgrenzen – gewissermaßen als zulässiger Korridor (auch: **Zielkostenzone**) – definiert werden, wobei erst bei ihrem Überschreiten Maßnahmen des Kostenmanagements implementiert werden. Die Toleranzzone ist umso breiter, je geringer die Nutzen- und Kostenanteile sind, d. h. je unwesentlicher die Komponente für das Produktdesign ist.

Verglichen mit dem Ist-Zustand lassen sich die Über- bzw. Unterdeckungen pro Komponente ermitteln. Die Zielkostenrechnung liefert insoweit Ansatzpunkte eines wertanalytischen Produkt-Redesigns und vermeidet pauschale Kostensenkungen nach dem „Gießkannenprinzip".

Aufgrund der Orientierung am Kundennutzen ist der Einsatz der Zielkostenrechnung insbesondere bei (immateriellen) Dienstleistungen im wettbewerbsintensiven Umfeld beliebt und verbreitet, so z. B. in der Tourismusbranche.

**BEISPIEL:** Ein Reiseveranstalter plant das Angebot einer neuartigen Pauschalreise für junge Leute, „Happy Travel". In einer Marktanalyse wurde die Bedeutung folgender Funktionen aus Kundensicht erhoben:

| Nr. | Produktfunktion | Nutzengewicht (%) |
|---|---|---|
| F1 | Komfort und Genuss | 25 |
| F2 | Erlebnis und Abenteuer | 40 |
| F3 | Kontakt, Kennenlernen von anderen Menschen | 25 |
| F4 | Sicherheit | 10 |
| Gesamt | | 100 |

Die Reise besteht aus fünf Produktkomponenten, die lt. Schätzung wie folgt zur Erfüllung der o. g. Produktfunktionen beitragen.

| Komponente | Beitrag der Komponente zu den Funktionen in % | | | | Ist-Kosten in € |
|---|---|---|---|---|---|
| | F1 | F2 | F3 | F4 | |
| K1 Beförderung | 30 | 10 | 0 | 40 | 500 € |
| K2 Unterbringung | 50 | 10 | 10 | 10 | 770 € |
| K3 Verpflegung | 20 | 0 | 10 | 10 | 500 € |
| K4 Animation | 0 | 70 | 60 | 10 | 1.200 € |
| K5 Reisebegleitung | 0 | 10 | 20 | 30 | 200 € |
| Summe | 100 | 100 | 100 | 100 | 3.170 € |

Auf der Basis von Erfahrungswerten wurden die Ist-Kosten lt. rechter Spalte geschätzt.

Der Reiseveranstalter kalkuliert Pauschalreisen dieser Kategorie stets mit einem Beitrag für allgemeine Verwaltungs- und Vertriebskosten i. H. von 160 € pro Reise; dieser ist nicht in die Zielkostenrechnung einzubeziehen, sondern vorab abzuziehen. Daneben wird ein Soll-Gewinnbeitrag von 140 € pro Reise vorgegeben.

Laut Marktforschung sind die Kunden bereit, für die neuartige Pauschalreise 2.900 € zu bezahlen (von der MwSt kann abgesehen werden).

Die Teilnutzen der Kostenkomponenten betragen nach Multiplikation der Nutzenbeiträge mit den Nutzengewichten und Summation:

N (K1) = 0,155, N (K2) = 0,20, N (K3) = 0,085, N (K4) = 0,44, N (K5) = 0,12. Die Werte stellen zugleich die Zielkostenanteile dar.

Nach Abzug der Verwaltungskosten und des Gewinnbeitrags belaufen sich die Zielkosten auf 2.600 €. Die Ist-Kosten betragen nach Addition der geschätzten Komponentenkosten 3.170 €, mithin beträgt der Kostensenkungsbedarf 570 €. Es betragen pro Komponente:

| Komponente | Istkosten (€) | Istkosten-anteil | Zielkosten-anteil (s. o.) | Zielkosten-index | Zielkosten (€) | Design |
|---|---|---|---|---|---|---|
| K1 Beförderung | 500 € | 0,16 | 0,155 | 0,97 | 403 € | Kürzen |
| K2 Unterbringung | 770 € | 0,24 | 0,200 | 0,83 | 520 € | Stark kürzen |
| K3 Verpflegung | 500 € | 0,16 | 0,085 | 0,538 | 221 € | Stark kürzen |
| K4 Animation | 1.200 € | 0,38 | 0,440 | 1,16 | 1.144 € | Konstant |
| K5 Reisebegleitung | 200 € | 0,06 | 0,120 | 2,00 | 312 € | Erweitern |
| Summe | 3.170 € | 1,00 | 1,000 | – | 2.600 € | |

Der Kostensparbedarf folgt aus den Differenzen zwischen Ist- und Zielkosten.

### 4.2.3 Konsequenzen und weitergehende Analyseinstrumente

Mithin wird die Kostenrechnung im Rahmen der Zielkostenrechnung um folgende **strategische Fragestellungen** angereichert:

▶ Welche Funktionen und Komponenten beinhaltet das Produkt?

▶ Wie werden die Funktionen und Komponenten aus Kundensicht und aus Kostensicht bewertet?

▶ Sind einzelne Funktionen im Vergleich zur Marktsicht unter- bzw. überbewertet?

▶ Welche Kostenwirkungen hat eine Produktvariation (optimales Produktdesign)?

▶ Wie lautet die Beziehung zwischen Produkt, Kosten, Umsatz?

Die Quantifizierung von durch Produktvariationen hervorgerufenen kostenmäßigen Auswirkungen geschieht mit Hilfe sog. „cost tables". Sie stellen die Voraussetzung kostenbewusster Produkt-Redesigns dar.

| ABB. 267: | Beispiel eines „cost tables" für ein Taschenlampengehäuse | | | | | | | | | | |
|---|---|---|---|---|---|---|---|---|---|---|---|
| Ausführung (Länge) | 12 cm Länge | | | | 16 cm Länge | | | | 20 cm Länge | | |
| | Mat | Arb | Gm | Sum | Mat | Arb | Gm | Sum | Mat | Arb | Gm | Sum |
| Materialart | | | | | | | | | | | | |
| Plastik | 2,00 | 1,50 | 3,00 | 6,50 | 2,60 | 1,60 | 3,10 | 7,30 | 3,10 | 2,10 | 4,00 | 9,20 |
| Rostfreier Stahl | 5,00 | 2,50 | 3,50 | 11,00 | 5,80 | 3,50 | 3,70 | 13,00 | 7,60 | 4,20 | 4,20 | 16,00 |
| Aluminium | 3,20 | 1,00 | 2,50 | 6,70 | 4,00 | 1,50 | 3,00 | 8,50 | 4,40 | 2,10 | 3,50 | 10,00 |
| Legende: Mat = Materialkosten, Arb = Personalkosten, Gm = Gemeinkosten, Sum = gesamte Stückkosten | | | | | | | | | | | | |

Quelle: I. A. a. *Serfling/Schultze*, in: BBK 1995, Fach 23, S. 158.

Strategische Aufgabe der Zielkostenrechnung ist es, Kostensenkungspotenziale offenzulegen. Ansatzpunkte sind z. B. Entscheidungen über den Funktionsumfang eines Produkts, über die Verwendung von Spezialteilen, über die Produktionstiefe, über Veränderungen der Kapazitäten der einzelnen Kostenstellen sowie über ablaufbezogene Kostensenkungspotenziale, etwa den Übergang zu flexiblen Fertigungssystemen. Strategischer Erfolgsfaktor ist dabei die Kundenorientierung.

Die Geschäftsleitung bestimmt Top-down die Einführung einer Zielkostenrechnung. Der umgekehrte Fall einer Bottom-up-Implementierung kann zwar zu innovativen Produkten führen, geht jedoch oft an den Bedürfnissen der Kunden vorbei. In der Konsequenz verbleibt häufig nur ein hochpreisiges Nischensegment als Absatzmarkt. Somit stellt die Zielkostenrechnung eine innovative Methode zur marktbezogenen Neuprodukt-Kostenplanung dar.

Aus Sicht des Managements werden drei Phasen der Zielkostenrechnung unterschieden:

▶ Die **Phase der Zielkostenplanung**: Das zukünftige Produkt wird in seinen Grundfunktionen skizziert und der Zielmarkt (regional und zeitlich) sowie die Zielgruppe (angestrebte Marktsegmente) festgelegt. Über eine Zielgruppenbefragung zu den notwendigen Produkteigenschaften und den damit verbundenen Nutzenwerten kann eine produktfunktionale Budgetierung erfolgen. Es werden die vom Markt erlaubten Zielkosten (z. B. mittels Benchmarking) ermittelt. Aus den vorgegebenen Zielkosten werden Anforderungen an die maximalen Herstellungskosten abgeleitet.

▶ Die **Phase der Zielkostenspaltung**: Die Zielkosten werden nach den einzelnen Produktkomponenten und Bauteilen heruntergebrochen. Die Komponentenkosten sollen sich in etwa proportional zum Komponentennutzen aus Abnehmersicht verhalten. Durch geeignete Methoden der Marktforschung (Expertenbefragungen, Kundenbefragungen, Testmärkte, Prototypen) einschließlich der Einschätzung der eigenen Vertriebsorganisation ist entsprechendes Datenmaterial zu eruieren.

▶ Die **Phase der Zielkostengestaltung**: Es wird ein nutzenkonformes Produktdesign erarbeitet bzw. ein Redesign eines bestehenden Produkts vorgenommen. Die notwendigen Prozesse in Produktion und Vertrieb sind zu entwickeln und durch zielführende Maßnahmen zu realisieren. Diese Phase ist vor allem vor dem Hintergrund der Differenz zwischen drifting costs und allowable costs zu sehen, die eine kontinuierliche Kostensenkung und Verbesserung der Prozesse erfordert.

Folgende Managementtechniken können zur Unterstützung der Zielkostenrechnung dienen:

| ABB. 268: Ansätze zur Unterstützung der Zielkostenrechnung ||| 
|---|---|---|
| 1. Technologieorientierte Ansätze | 2. Produkt-/prozessorientierte Ansätze | 3. Organisatorische Ansätze |
| ▶ Conjoint-Analysen<br>▶ Cost Tables | ▶ Prozesskostenrechnung<br>▶ Cost Benchmarking<br>▶ Kostenforechecking<br>▶ Product Reverse Engineering | ▶ Just-in-time-Logistik (Lagerhaltung auf Abruf)<br>▶ Flexible Produktionssteuerungssysteme nach dem Kanban-Prinzip |

Quelle: *Serfling/Schultze*, in: BBK 1995, Fach 23, S. 154.

Hierbei versteht man unter

- **Kostenforechecking** ein konstruktionsbegleitendes Kalkulationsverfahren zur kontinuierlichen Hochrechnung der Herstell- und Lebenszykluskosten eines Produkts auf Basis der aktuellen Ist-Werte im Sinne einer rollierenden Vorauskalkulation,
- **Product Reverse Engineering** eine Analyse des Entwicklungsprozesses von Konkurrenzprodukten ausgehend vom marktfertigen Endprodukt rückwärts gerichtet bis zu den einzelnen Funktionen, Komponenten und Bauteilen. Die Erkenntnisse werden über Benchmarking-Projekte oder/und Marktumfragen gewonnen. Nicht zweckmäßige Prozesse werden somit von vornherein ausgeschaltet; auch wird das Auftreten eines sog. „Not Invented Here-Syndroms" vermieden.

Die Zielkostenrechnung ist im Ergebnis ein Managementsystem, das den Schwerpunkt der Kostensteuerung auf die frühen Phasen des Produktlebenszyklus legt und zudem den Kunden und dessen wahrgenommene Bedürfnisse in den Mittelpunkt der unternehmerischen Strategieentscheidungen stellt.

## 5. Controlling des Leistungserstellungsprozesses

### 5.1 Zero-Based Budgeting (ZBB)

#### 5.1.1 Budgetierung und Budgetierungsprozess

**Budgetierung** ist eine Form des operativen Controllings, in deren Rahmen einer organisatorischen Einheit ein bestimmtes Volumen an finanziellen Mitteln zugeordnet und zur Erfüllung der ihr übertragenen Aufgaben verbindlich zur Verfügung gestellt wird. Im Falle von Mehrbedarfen sind zusätzliche Vereinbarungen zwischen der budgetverantwortlichen und der aufsichtsführenden Stelle zu treffen. Die Budgetierung erstreckt sich i. d. R. auf das nächste Geschäftsjahr bzw. auf das laufende Jahr. Das Budgetjahr entspricht demnach dem ersten Planjahr der strategischen Planung. Bezüglich der organisatorischen Abwicklung lassen sich verschiedene Vorgehensweisen anwenden.

Beim **Top-down-Verfahren** werden die globalen Jahresziele vom Leitungsorgan vorgegeben und hieraus die Ziele und Maßnahmen für alle nachgeordneten organisatorischen Ebenen abgeleitet. Vorteilhaft wirkt sich ein solches Verfahren vor allem deshalb aus, weil

- alle übergeordneten, strategischen Aspekte in die Planung einfließen und
- die Planungen nur von einer Stelle durchgeführt werden, deshalb in sich widerspruchsfrei sind sowie keine Zielkonflikte bestehen.

Nachteilig stellt sich die lediglich ausführende Rolle der Mitarbeiter im Budgetierungsprozess dar; die Vernachlässigung ihrer Kenntnisse vor Ort kann in eine mangelnde Realitätsnähe der Planung und eine Demotivation der Mitarbeiter münden.

Beim **Bottom-up-Verfahren** werden die Planungsziele von den Mitarbeitern vorgegeben und über die Hierarchieebenen zu den Gesamtzielen des Unternehmens zusammengefügt. Die Vorteile des Bottom-up-Verfahrens sind somit die Nachteile des Top-down-Verfahrens und umgekehrt.

Die Zusammenführung der jeweiligen Vorteile der beiden Verfahren bezweckt das **Gegenstromverfahren mit Top-down-Eröffnung**. Die Unternehmensleitung gibt die globalen und strategisch wichtigen Werte vor; diese werden dann auf den nachgeordneten Ebenen angepasst. Dabei können die einzelnen organisatorischen Stellen Pläne vorschlagen, die sie als realistisch ansehen. Durch Rückkopplung wird den oberen Ebenen Gelegenheit gegeben, ihre Ausgangsüberlegungen realistischer zu gestalten. Der Prozess findet sein Ende, wenn eine Konvergenz von Globalzielen und Detailzielen erfolgt ist.

Dem Gegenstromverfahren liegt die Führungskonzeption eines **Management by Objectives (MbO)** zugrunde, d.h. einer Ausrichtung an gemeinsam erarbeiteten und vereinbarten Unternehmenszielen.

Hierzu delegiert das Führungsorgan Zielbildungskompetenz auf nachgeordnete Stellen, die gemeinsam mit den Vorgesetzten Ziele für ihre Stelle festlegen, sie mit den erforderlichen Mitteln und Befugnissen ausstatten und für die Zielerreichung verantwortlich gemacht werden. Diese Managementkonzeption führt sowohl zu einer Entlastung der Führungsspitze als auch zu einer internen Selbstkontrolle der Mitarbeiter.

| ABB. 269: | Prozess der Budgetierung nach dem Gegenstromverfahren mit Top-down-Eröffnung |
|---|---|
| Stufe | Inhalt |
| 1 | Auswertung der Budgets der letzten Periode durch die Unternehmensleitung |
| 2 | Vorgabe von Globalbudgets für die Folgeperiode durch die Unternehmensleitung |
| 3 | Definition einzelner Budgetbereiche und Budgetierung derselben |
| 4 | Budgetfortschreibung unter Offenlegung von Rationalisierungspotenzialen |
| 5 | Herunterbrechen der Globalbudgets auf einzelne Budgetbereiche bis hin zu den Kostenstellen |
| 6 | Anpassungen und Gegenbudgetierung von den Kostenstellen zurück auf übergeordnete Bereiche |
| 7 | Anpassung des Globalbudgets und Verabschiedung |
| 8 | Budgetkontrolle und Abweichungsanalyse (Beschäftigungs- und Verbrauchsabweichung, Preis-, Mengen- und Produktivitätsabweichung) |
| 9 | Fortführung bei Stufe 1 |

Das Budget hat insoweit

- eine **Orientierungsfunktion**, weil es die organisatorische Einheit über die budgetierten Werte informiert,
- eine **Ermächtigungsfunktion**, weil es eine Verfügungsberechtigung über die zugeteilten Ressourcen beinhaltet, sowie
- eine **Motivationsfunktion**, weil das Budget als Verantwortungsbereich interpretiert werden kann.

Bei der Budgetierung lassen sich zwei grundsätzlich verschiedene Ansätze trennen:

- Budgetierung auf Fortführungsbasis und
- Budgetierung auf Nullbasis.

Die **Budgetierung auf Fortführungsbasis** geht vom Budget der Vorperiode aus und ermittelt als Mengenkomponente die erwartete Veränderung. Durch die Außerachtlassung möglicher Rationalisierungsreserven als Konsequenz von Ist-Ist-Vergleichen stellt diese Form der Budgetierung in den Worten von Schmalenbach einen **„Vergleich von Schlendrian mit Schlendrian"** dar. So kann z. B. eine Überausstattung mit Personal stets wiederum zur Planungsgrundlage für zukünftige Perioden werden.

Die **Budgetierung auf Nullbasis** baut demgegenüber nicht auf Vergangenheitsdaten auf; vielmehr ermittelt sie analytisch den quantitativ und qualitativ spezifizierten Bedarf der Zukunft. Sie begegnet somit dem Nachteil der traditionellen Budgetierung, und zwar der „Dominanz alter Aufgaben", nimmt keine Rücksicht auf bisherige Rahmenbedingungen und verlangt vor der Zuweisung von Ressourcen eine Rechtfertigung vorhandener Aktivitäten.

Hieraus folgt naturgemäß, dass das ZBB methodisch radikaler, zeit- und kostenaufwändiger ist und auf mehr Widerstand stößt als traditionelle Verfahren. Es verlangt eine vollständige Durchleuchtung aller Unternehmensaktivitäten nach Nutzen- und Kostenaspekten und kann deshalb auch – wie die Wertanalyse – nicht fortlaufend und rollierend, sondern nur in unregelmäßigen Zeitabständen angewandt werden.

### 5.1.2 Ablaufschritte des ZBB

ZBB wurde erstmals Ende der sechziger Jahre bei der Firma **Texas Instruments** als strategisches Planungsinstrument und Alternative zur traditionellen Budgetierung mit Erfolg eingeführt. Dort stand das Management vor der Aufgabe, die knappen verfügbaren Ressourcen so auf die strategischen Vorhaben aufzuteilen, dass langfristig der größtmögliche Markterfolg erzielt werde. Zu diesem Zwecke waren die Programmalternativen stichwortartig zu beschreiben nach den Kriterien: Programmziel, Art der Durchführung, Kosten, erwarteter Nutzen, Wirkung auf andere Vorhaben, mögliche alternative Realisierungen.

Seit Mitte der 70er Jahre wurde das ZBB in Deutschland vor allem von der Unternehmensberatungsgesellschaft **A. T. Kearney** flächendeckend in die Praxis eingeführt.

Das **Hauptziel** des ZBB besteht in der **dauerhaften Senkung der Gemeinkosten** eines Unternehmens durch einen **möglichst wirtschaftlichen Einsatz** der (reduzierten) verfügbaren Mittel in den Gemeinkostenbereichen, um eine optimale Leistungserstellung zu gewährleisten. Mit anderen Worten, es wird eine Senkung der Gemeinkosten für das Gesamtunternehmen als Ergebnis einer **strategischen Umverteilung** der insgesamt knappen Mittel im Sinne einer bestmöglichen Realisierung der Unternehmensziele erreicht.

Die Analyse und Planung erfolgt auf der Basis, dass ein Unternehmen vollständig neu – auf der Basis Null – geplant würde, gleichsam auf der „grünen Wiese". Es handelt sich demnach um ein radikales Managementinstrument, das allein zielorientiert vorgeht und keine Rücksichten auf bestehende Unternehmensstrukturen nimmt. Maßgeblicher Ausgangspunkt ist die Festlegung und Operationalisierung des lang- und mittelfristigen Zielsystems der Unternehmung. Hieraus werden Top-down Abteilungsziele abgeleitet. Eine effiziente Ressourcenverteilung wird erreicht, indem Mittel von weniger wichtigen auf wichtigere Aufgaben i. S. des Zielsystems umgelenkt werden.

Hierbei werden alle Kostenentstehungsbereiche von Grund auf in Frage gestellt, um zu erreichen, dass die knappen Ressourcen nur für die aus Sicht der Unternehmensziele tatsächlich auch wichtigen Leistungen eingesetzt werden. Andererseits können auch Leistungen identifiziert werden, die künftig in verstärktem Umfang geplant oder erbracht werden müssen. Dies bedeutet für die Planung, festzustellen,

► ob die bisher im Gemeinkostensektor erfüllten Aktivitäten und Funktionen notwendig sind,

► ob Aktivitäten entfaltet werden sollten auf Gebieten, auf denen das Unternehmen bisher noch nicht tätig war.

Die Vorgehensweise des ZBB erfolgt idealtypisch in den folgenden Stufen:

**ABB. 270: Ablaufschritte eines ZBB-Projekts**

|  |  |
|---|---|
| 9 | Das Controlling überwacht die Einhaltung der Budgets und berichtet über wesentliche Abweichungen. |
| 8 | Die Budgetabteilung erarbeitet aus den Entscheidungspaketen die Budgets als Vorgabe für künftige Entscheidungen und Maßnahmen. |
| 7 | Die Unternehmensleitung fasst alle Entscheidungspakete zusammen und entscheidet über Prioritäten, Aktivitätsniveaus (Leistungsniveaus) und Mitteleinsatz. |
| 6 | Die übergeordnete Unternehmenshierarchie fügt die ihnen jeweils zugeordneten Entscheidungspakete zusammen und verändert die Rangordnung aus ihrer Sicht. |
| 5 | Die Abteilungsleiter setzten Prioritäten, wie aus ihrer Sicht die verfügbaren Mittel eingesetzt werden sollen. Sie erstellen eine Rangordnung der Entscheidungspakete. |
| 4 | Die Abteilungsleiter bestimmen alternative Verfahren, die zur Erreichung der Leistungsniveaus möglich sind und ermitteln die dazugehörigen Kosten (Entscheidungspakete). |
| 3 | Die Abteilungsleiter bestimmen unterschiedliche Leistungen für die Entscheidungseinheiten. |
| 2 | Die Abteilungsleiter bestimmen die Teilziele innerhalb des vorgegebenen Rahmens und teilen die ihnen übertragenen Aufgaben/Funktionen in Aktivitätseinheiten (Entscheidungseinheiten) auf. |
| 1 | Die Unternehmensleitung setzt strategische und operative Ziele, legt die verfügbaren Mittel fest und entscheidet über die ZBB-Bereiche. |

Quelle: *Institut der Wirtschaftsprüfer* (Hrsg.): WP-Handbuch 2008, Band II, 13. Aufl., Düsseldorf 2008, Tz. F 223.

Unter Gemeinkostenbereichen werden dabei diejenigen Bereiche verstanden, die nicht direkt der Produktion oder dem Absatz zugeordnet werden können. Ein Motivationsproblem für die Leistungen ergibt sich in marktnahen Einzelkostenbereichen somit nicht.

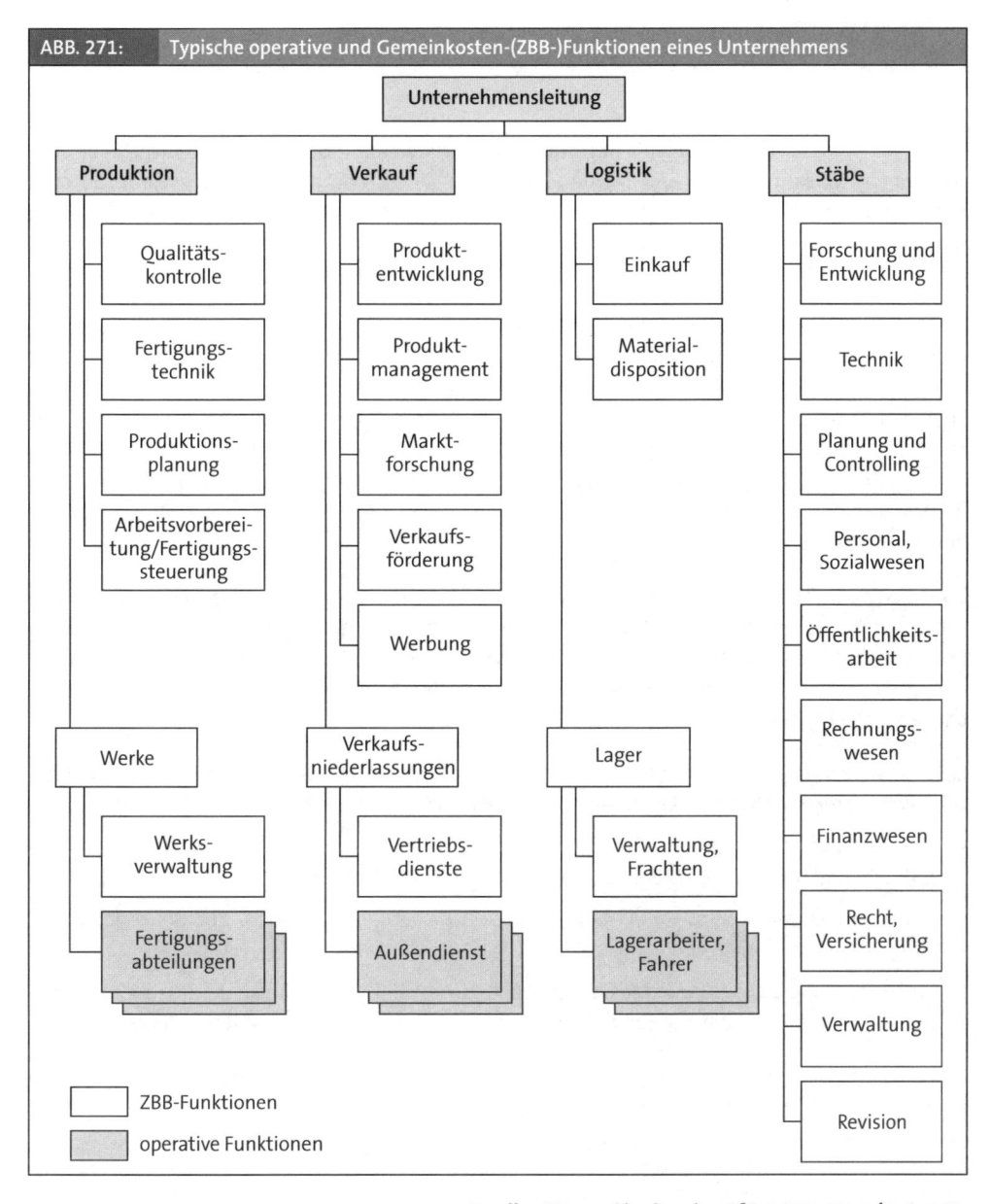

**ABB. 271:** Typische operative und Gemeinkosten-(ZBB-)Funktionen eines Unternehmens

```
                          Unternehmensleitung
         ┌──────────────┬──────────────┬──────────────┐
      Produktion      Verkauf        Logistik        Stäbe
```

- Produktion
  - Qualitätskontrolle
  - Fertigungstechnik
  - Produktionsplanung
  - Arbeitsvorbereitung/Fertigungssteuerung
  - Werke
    - Werksverwaltung
    - Fertigungsabteilungen

- Verkauf
  - Produktentwicklung
  - Produktmanagement
  - Marktforschung
  - Verkaufsförderung
  - Werbung
  - Verkaufsniederlassungen
    - Vertriebsdienste
    - Außendienst

- Logistik
  - Einkauf
  - Materialdisposition
  - Lager
    - Verwaltung, Frachten
    - Lagerarbeiter, Fahrer

- Stäbe
  - Forschung und Entwicklung
  - Technik
  - Planung und Controlling
  - Personal, Sozialwesen
  - Öffentlichkeitsarbeit
  - Rechnungswesen
  - Finanzwesen
  - Recht, Versicherung
  - Verwaltung
  - Revision

Legende: ZBB-Funktionen / operative Funktionen

Quelle: *Meyer-Piening*, in: ZfO 1982, Nr. 5/6, S. 260.

Das ZBB beginnt mit der **Einigung** über den Umfang des Untersuchungsgegenstands sowie mit der Teambildung. Jeder Budget-Verantwortliche wird aufgefordert, seine Aufgaben und die dadurch verursachten Kosten von Grund auf intensiv zu überdenken und zu legitimieren, wobei unterschiedliche quantitative und qualitative Niveaus für die zu erbringenden Leistungen festgesetzt werden.

Hierbei sollte ein bewusst ehrgeiziges Ziel – z. B. eine Einsparung von 30 - 40 % der relevanten Gemeinkosten – vorgegeben werden, um insoweit auch als „unantastbar" geltende Leistungen in Frage zu stellen.

Die Frage nach der **Notwendigkeit bestimmter Leistungen** kann betriebswirtschaftlich aber nur dann sinnvoll beantwortet werden, wenn vorab eine klare Zielsetzung definiert wurde. So kann etwa der Leiter Qualitätskontrolle nur dann seine Funktionen aussagekräftig definieren, wenn der qualitative Standard der zu verkaufenden Produkte eindeutig vorgegeben ist. Dies hat durch die Geschäftsleitung in Abstimmung mit den betroffenen Abteilungen zu geschehen.

Die **Ist-Analyse** umfasst alle derzeit vorhandenen Ziele und Leistungen. Gleichzeitig muss festgelegt werden, was die Leistungen kosten und wer die Leistungsempfänger sind. Den Kosten ist in **Abstimmung mit den Leistungsempfängern** der Nutzen der einzelnen Leistungen gegenüberzustellen. Eine solche Analyse hat neben einer allgemeinen Bestandsaufnahme auch das Ziel, Vergleiche zwischen verschiedenen Bereichen zuzulassen, Doppelarbeiten zu beseitigen und Ansatzpunkte für Verbesserungsvorschläge zu bieten. Mit einer sorgfältigen Ist-Analyse wird auch die Voraussetzung für ein nachfolgendes wirksames Controlling der erreichten Produktivitätsentwicklung geschaffen.

Zunächst sind **sämtliche erstellten Leistungen aufzulisten** und mit einer **möglichst exakten Kostenschätzung** zu versehen. Die **Kostenplanung** erfolgt dabei nicht für Organisationseinheiten (z. B. Kostenstellen), sondern für die einzelnen Verwaltungsfunktionen, die sog. Entscheidungseinheiten. Insoweit entscheiden die Linien-Führungskräfte selbst über die Palette der innerbetrieblichen Leistungen.

Den Entscheidungseinheiten werden alternative Kostenbudgets vorgegeben, mit denen typischerweise **drei verschiedene Leistungsniveaus** erreichbar sind:

- Ein **niedriges** Niveau, das zur Erbringung der geforderten Leistung gerade noch ausreicht. Es entstehen geringe Kosten, aber auch ein relativ geringer Nutzen.
- Ein **mittleres** Niveau, das im Wesentlichen dem bisherigen kritisch zu überdenkenden Leistungsniveau entspricht.
- Ein **hohes** Niveau, das auch zusätzliche Aktivitäten enthält, die bisher noch nicht durchgeführt wurden und die aus Sicht des Verantwortlichen als erstrebenswert erachtet werden.

I. d. R. ist die Differenzierung in drei Niveaus der Leistungserstellung ausreichend. Dies können in der Praxis z. B. sein: 80 %, 100 % und 120 % der Vorjahresmittel.

| ABB. 272: | Definition von Leistungsniveaus (Beispiele) |
|---|---|
| **Beispiel: Einkauf** | **Leistungsniveau** |
| Bestellt beim nächst gelegenen Lieferanten | 1 (Niedrig) |
| Holt mindestens drei Vergleichsangebote ein | 2 (Mittel) |
| Betreibt ein weltweites Einkaufsmanagement | 3 (Hoch) |
| **Beispiel: Kostenrechnung** | **Leistungsniveau** |
| Aufstellung einer quartalsweisen Betriebsabrechnung auf Basis der FiBu-Konten zuzüglich Definition kalkulatorischer Kosten | 1 (Niedrig; ca. 3,5 Mannjahre) |
| Zusätzliche monatsweise Aufstellung einer Kostenträgerrechnung auf Vollkostenbasis, gemischtes Zuschlags- und Bezugsgrößenverfahren | 2 (Mittel; ca. 5,5 Mannjahre) |
| Zusätzliche Aufstellung einer Deckungsbeitragsrechnung, monatsweise auf Produkt- und Kundenbasis | 3 (Hoch; ca. 7,5 Mannjahre) |

Ausgehend vom niedrigsten Leistungsniveau hat jede Entscheidungseinheit die **Notwendigkeit ihrer Leistungsniveaus zu rechtfertigen** und in eine **Rangordnung** zu bringen. Hierbei wird davon ausgegangen, dass das niedrigste Leistungsniveau als absolutes Leistungsminimum gerade für eine sinnvolle Leistungserstellung im Rahmen der Unternehmenszielsetzung und Unternehmensfortführung ausreicht.

| ABB. 273: | Abteilungsweise Erarbeitung von Entscheidungspaketen (Beispiel) | | |
|---|---|---|---|
| **Zero-Based Budgeting** <br> **Abteilung: Rechnungswesen** | | | |
| Funktionsbeschreibung | Leistungsniveau | | |
| | Niedrig | Mittel | Hoch |
| Laufende Verbuchung von Belegen | ✓ | | |
| Durchführung der Lohnbuchhaltung | | ✓ | |
| Fakturierung der Eingangsrechnungen | | ✓ | |
| Eingangskontrolle und Mahnwesen | | | ✓ |
| Aufstellung des Jahresabschlusses | ✓ | | |
| Vornahme der laufenden Betriebsstatistik | | | ✓ |

Unter Berücksichtigung der erarbeiteten Ziele werden von den Verantwortlichen sog. **Entscheidungspakete** festgelegt. Diese enthalten Vorschläge für die unterschiedlichen Leistungsniveaus in den einzelnen Bereichen.

Welches Leistungsniveau realisiert werden soll, ist eine Management-Entscheidung, über die in intensiven Gruppengesprächen entschieden werden muss. Jedem Mehr an Leistung stehen auch höhere Kosten gegenüber. Deshalb müssen in den Entscheidungsvorlagen sämtliche relevanten Merkmale enthalten sein:

▶ Welches ist das Leistungsergebnis? Ist es überhaupt notwendig?
▶ Wie soll es erzielt werden? Kann es auch auf andere Weise erzielt werden?
▶ Welche Vorteile hat ein höheres Leistungsniveau gegenüber einem niedrigeren?
▶ Was kosten die Leistungsniveaus?
▶ Welche Konsequenzen ergeben sich bei der Wahl eines bestimmten Leistungsniveaus für andere Bereiche?

# KAPITEL IV — Kosten- und Leistungscontrolling

**ABB. 274:** Formblatt zur Alternativendarstellung und -bewertung beim Zero-Based-Budgeting

**Formblatt Zero-Based Budgeting**

Analyseteam _____   Datum _____
Orga.-Einheit _____   Funktion _____
Leistungsbeschreibung (Ist) _____
Leistungsempfänger _____
Kosten (Ist) _____   Kosten (Fortschreibung) _____

| Kriterium | Minimalniveau | Standardniveau | Erhöhtes Niveau |
|---|---|---|---|
| Leistungsbeschreibung | | | |
| Zusätzlicher Nutzen ggü. Minimalniveau | ■ | | |
| Zusätzliche Risiken ggü. erhöhtem Niveau | | | ■ |
| Zeitbedarf (Tagewerke/Jahr) | | | |
| Notwendige Erweiterungsinvestitionen (T€/Jahr) | | | |
| Sachkosten (T€/Jahr) | | | |
| Personalkosten (T€/Jahr) | | | |

Gegenstand dieses **Brainstormings** soll nicht nur der Abbau von Leistungen, sondern auch der mögliche Aufbau weiterer Leistungen sein. Auch besteht die Möglichkeit, vorhandene Leistungen anderweitig zusammenzufassen. Insoweit werden auf dieser Stufe an die beteiligten Team-Mitglieder besondere Anforderungen an Fachwissen, Erfahrung, Kreativität und Teamfähigkeit gestellt.

In der **systematischen Auswertung der entwickelten Ideen** liegen die Ansatzpunkte für die Formulierung der Leistungsniveaus und Verbesserungsvorschläge. Die **Entscheidung über das zu realisierende Leistungsniveau** hängt dabei von zwei Faktoren ab:

▶ Welche Leistung hat die höchste Priorität und bringt den höchsten Grenznutzen?
▶ Welche (zusätzlichen) Mittel sind für die Erbringung (zusätzlicher) Leistungen bereitzustellen?

Auf dieser Stufe kommt der **„Null-Basis-Gedanke"** – das kritische Durchdenken aller erbrachten und aller notwendigen Leistungen – besonders deutlich zum Vorschein.

Welche Abteilungspakete letztlich realisiert werden sollen, wird in einem Rangordnungsprozess unter Durchführung von Kosten-Nutzen-Analysen und Festlegung von Prioritäten entwickelt. Hierbei liegt die Konzentration vor allem auf den zwei Fragen:

- Welches Kostenvolumen insgesamt lässt sich für den erzielten Nutzen im Hinblick auf das Unternehmenszielsystem rechtfertigen?
- In welchen Bereichen sollen die knappen Mittel eingesetzt werden?

Die Einsparungsideen sind auf ihre **Realisierbarkeit** hin zu prüfen und werden sodann an den Lenkungsausschuss zur Verabschiedung überwiesen. Ist diese erfolgt, werden sie als Aktionsprogramme spezifiziert. Denkbar ist z. B.

- die Fremdvergabe bestimmter Leistungen („Outsourcing"),
- die Straffung von Arbeitsabläufen, etwa durch Vermeidung von Parallelarbeiten.

Aufgrund der vorhandenen Mittelknappheit wird für bestimmte Vorhaben mit relativ geringer Bedeutung kein Geld mehr zur Verfügung sein. Mit anderen Worten, in einem bestimmten Punkt erfolgt ein sog. „strategischer Budgetschnitt", unterhalb dessen keine Projekte mehr durchgeführt werden. Je höher der Prozentsatz der beabsichtigten Gemeinkosten-Einsparung von der Unternehmensleitung angesetzt wird, umso weniger werden Leistungsniveaus der Stufe 2 „mittel" und 3 „hoch" realisiert werden können. Dies kann aber bedeuten, dass auf wichtige Leistungen verzichtet werden muss.

Mit dem Vollzug des **Budgetschnitts** wird zugleich festgelegt, wie viele Mitarbeiter künftig in welchen Bereichen tätig sein werden und welche Mittel den Bereichen zur Verfügung stehen werden. Dementsprechend müssen Mitarbeiter umgeschult, freigesetzt oder neu eingestellt werden. Insoweit wird es erforderlich sein, von Anfang an die Arbeitnehmervertretung konstruktiv in den ZBB-Prozess einzubeziehen.

| ABB. 275: | Verfahren der Budgetierung und Budgetschnitt (Beispiel) | | |
|---|---|---|---|
| Rangordnung Sparten/ Abteilungen | Rangordnung Geschäftsleitung | Budgetierung Einzel (T€) | Budgetierung Kumuliert (T€) |
| **Sparte A** Abt. → Sparte | | | |
| 1.3 | 1.3 | 45 | 45 |
| 2.1 | 3.3 | 23 | 68 |
| 2.4 | 2.1 | 38 | 106 |
| 1.1 | 4.1 | 36 | 142 |
| 2.3 | 4.3 | 33 | 175 |
| 1.2 | 2.3 | 24 | 199 |
| 2.2 | 4.4 | 37 | 236 |
| | 2.4 | 42 | 278 |
| **Sparte B** Abt. → Sparte | 1.1 | 52 | 330 |
| | 3.1 | 36 | 366 ← Budgetschnitt |
| 4.1 | | | |
| 3.3 | 1.2 | 40 | 406 |
| 4.3 | 3.2 | 60 | 466 |
| 4.4 | 2.2 | 48 | 514 |
| 3.2 | 4.2 | 46 | 560 |
| 3.1 | | | |
| 4.2 | | | |

**Anmerkungen zum Beispiel:**

Bisheriges Globalbudget: 560 T€; gewünschte Reduktion um 35 % auf 364 T€.

Sparte A besteht aus den Abteilungen 1 und 2. Diese schlagen gemäß den zu erfüllenden Funktionen folgende Entscheidungspakete in der Rangfolge vor:

- Abteilung 1: 1.3 > 1.1 > 1.2
- Abteilung 2: 2.1 > 2.4 > 2.3 > 2.2.

Desgleichen Sparte B, bestehend aus den Abteilungen 3 und 4:

- Abteilung 3: 3.3 > 3.2 > 3.1
- Abteilung 4: 4.1 > 4.3 > 4.4 > 4.2.

Aus strategischer Sicht der Geschäftsleitung wird eine abweichende Reihenfolge der Entscheidungspakete wie folgt bestimmt:

- Sparte A: 2.3 > 2.4 > 1.1
- Sparte B: 3.3 > 4.1 und 3.1 > 3.2.

**Ergebnis:** Die „cut-off-line" erfolgt bei Entscheidungspaket 3.1 und einem Gesamtbudget von 366 T€. Es ist naturgemäß zu prüfen, ob das ermittelte Gesamtpaket aus strategischer Sicht noch „stimmig" ist.

Als **Ergebnis** erhält man mithin eine **Reallokation der Verwaltungsmittel** in der Weise, dass einige Entscheidungseinheiten höhere und andere niedrigere Leistungsniveaus als bisher erbringen. Für die weniger bedeutungsvollen Projekte unterhalb des Budgetschnitts stehen keine Mittel mehr zur Verfügung. Problematisch wird eine derartige Analyse allerdings bei bereichsübergreifenden Systemen, d. h. bei einer sog. Kuppelproduktion.

| ABB. 276: | Ergebnis einer Funktionsanalyse (Beispiel) | | | | | |
|---|---|---|---|---|---|---|
| | Funktionen | vor ZBB | | | nach ZBB | |
| | | Std./Monat | Kosten (T€) | Mitarbeiter | Kosten (T€) | Mitarbeiter |
| ▶ | Strategieentwicklung | 23 | 28 | 0,2 | 280 | 2,0 |
| ▶ | Marktdaten erarbeiten und auswerten | 34 | 20 | 0,2 | 180 | 1,8 |
| ▶ | Konkurrenzbeobachtung | 41 | 25 | 0,3 | 125 | 1,5 |
| ▶ | Verkaufsfördernde Aktionen | 279 | 505 | 2,0 | 757 | 3,0 |
| ▶ | Qualitätsberatung | 224 | 105 | 1,6 | 118 | 1,8 |
| ▶ | Fortbildung/Schulung/Seminare/Selbstschulung | 1.760 | 970 | 12,6 | 754 | 9,8 |
| ▶ | Besprechungen/Konferenzen | 3.912 | 2.308 | 27,9 | 1.017 | 12,3 |
| ▶ | Berichte an höhere Führungsebenen | 981 | 546 | 7,0 | 156 | 2,0 |
| ▶ | Berichte an Konzernzentrale | 158 | 111 | 1,1 | 50 | 0,5 |
| ▶ | Statistiken | 566 | 278 | 4,0 | 146 | 2,1 |
| ▶ | Ablage/Registratur | 2.992 | 1.060 | 21,4 | 510 | 10,3 |
| Gesamt | | 10.970 | 5.956 | 78,3 | 4.093 | 47,1 |

Quelle: *Meyer-Piening*, in: ZfO 1982, Nr. 5/6, S. 261.

Mit der konsequenten Anwendung des ZBB sind in der Industrie Kosteneinsparungen von 10 - 30 % der Gemeinkosten erzielt worden.

Gegenüber einer globalen **Kostensenkung nach der Rasenmähermethode** („Gießkannenprinzip") um z. B. 10 % in allen Bereichen hat ZBB vor allem die folgenden Vorteile:

▶ Es erfolgt eine Fokussierung auf die Bereiche, in denen vorwiegend indirekte Gemeinkosten anfallen, also die eher produktions- und vertriebsfernen Bereiche.

▶ Die zulässige Höhe der Gemeinkosten wird strategisch und aus den Unternehmenszielen motiviert, nicht aus dem vorliegenden Ist-Zustand.

### 5.1.3 Notwendige Rahmenbedingungen und kritische Würdigung

Die **Implementierung** des ZBB stößt – wie viele Rationalisierungsmaßnahmen – häufig auf **Widerstände** der Betroffenen:

▶ aus Angst vor dem Verlust potenzieller oder tatsächlicher Status-, Karriere- oder Machtverhältnisse,

▶ aus Sorge um den Verlust des Arbeitsplatzes oder wegen negativer Veränderungen der Arbeitsbedingungen.

Um die ZBB-Innovation im Unternehmen zu realisieren, sollte ein Promotorengespann gebildet werden, das Willens- und Fachbarrieren zu überwinden hat. Demgemäß besteht das Promotorengespann aus einem Macht- und einem Fachpromotor. Aufgabe des Machtpromotors ist es, aufgrund seiner Glaubwürdigkeit und hierarchischen Position den ZBB-Prozess zu fördern. Der Fachpromotor muss den Innovationsprozess durch sein objektspezifisches Fachwissen, das er als Argumentationskraft einsetzt, voranbringen.

Die Organisation von ZBB-Maßnahmen erfolgt in der Form einer **Projektorganisation**. Hierbei werden drei Arten von Funktionsträgern unterschieden:

- Der **Lenkungsausschuss**, das oberste Gremium. Die Tatsache, dass er mit den höchsten Repräsentanten des Hauses besetzt ist, spiegelt die Bedeutung des Projekts wider. Er ist gleichzeitig die letzte Entscheidungsinstanz.
- Die **Arbeitsgruppen**, die über die Analysen an den Lenkungsausschuss berichten. In den Teams sollten besonders erfolgreiche und entsprechend angesehene Linien-Manager vertreten sein. Sie sind Diskussionspartner für die die Analysen erhebenden Linien-Führungskräfte.
- Die **Linien-Führungskräfte**, die die entsprechenden Entscheidungseinheiten leiten. Sie müssen die erstellten Leistungen nach Kosten-Nutzen-Gesichtspunkten bewerten.

Nach angemessener Zeit (etwa drei bis sechs Monate) wird überprüft, ob die in der ZBB-Planung beschlossenen konkreten Maßnahmen zur veränderten Leistungserfüllung durchgeführt wurden und sich die damit verbundenen Leistungs- und Kostenkonsequenzen eingestellt haben.

Bei der langfristigen Kontrolle ist insbesondere die Frage „Eigenerstellung oder Fremdbezug" kritisch zu überprüfen. Zum Vergleich interner mit externen Leistungen sind marktorientierte Verrechnungspreise zu bilden. Häufig findet man in der Praxis vor, dass Eigenfertigende ihre Leistungsfähigkeit gegenüber externen Lieferanten überschätzen.

Im Folgenden ist beispielhaft ein Zeitplan für die Implementierung und Durchführung eines ZBB-Projekts dargestellt.

## Controlling des Leistungserstellungsprozesses — KAPITEL IV

**ABB. 277: Zeitplan eines ZBB-Projekts**

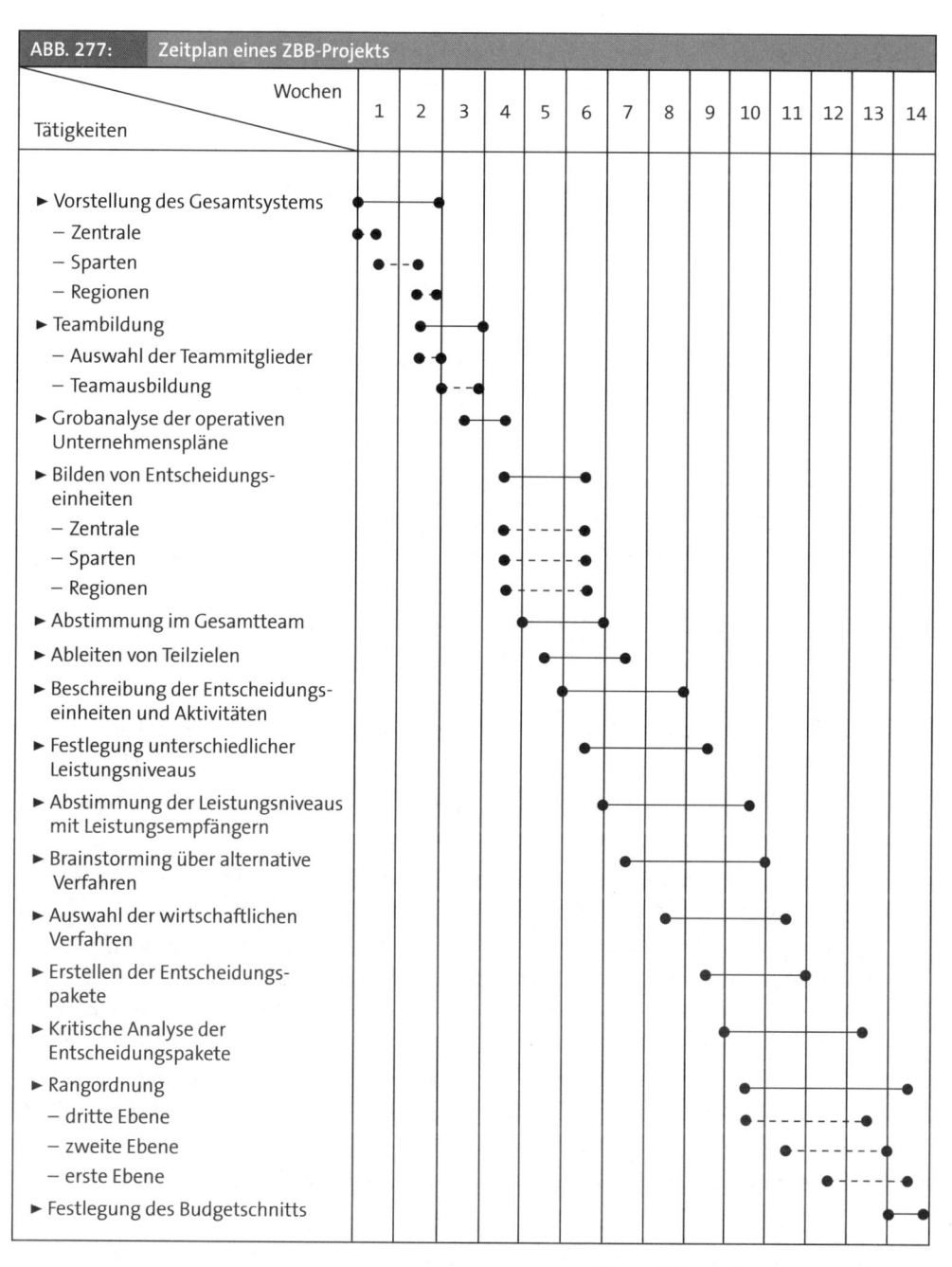

| Tätigkeiten / Wochen | 1 | 2 | 3 | 4 | 5 | 6 | 7 | 8 | 9 | 10 | 11 | 12 | 13 | 14 |
|---|---|---|---|---|---|---|---|---|---|---|---|---|---|---|
| ▶ Vorstellung des Gesamtsystems | | | | | | | | | | | | | | |
| – Zentrale | ●–● | | | | | | | | | | | | | |
| – Sparten | ● | –● | | | | | | | | | | | | |
| – Regionen | | ●● | | | | | | | | | | | | |
| ▶ Teambildung | | ●——● | | | | | | | | | | | | |
| – Auswahl der Teammitglieder | | ●● | | | | | | | | | | | | |
| – Teamausbildung | | ●--● | | | | | | | | | | | | |
| ▶ Grobanalyse der operativen Unternehmenspläne | | | | ●—● | | | | | | | | | | |
| ▶ Bilden von Entscheidungseinheiten | | | | ●———● | | | | | | | | | | |
| – Zentrale | | | | ●----● | | | | | | | | | | |
| – Sparten | | | | ●----● | | | | | | | | | | |
| – Regionen | | | | ●----● | | | | | | | | | | |
| ▶ Abstimmung im Gesamtteam | | | | | ●——● | | | | | | | | | |
| ▶ Ableiten von Teilzielen | | | | | | ●——● | | | | | | | | |
| ▶ Beschreibung der Entscheidungseinheiten und Aktivitäten | | | | | | | ●———● | | | | | | | |
| ▶ Festlegung unterschiedlicher Leistungsniveaus | | | | | | | | ●——● | | | | | | |
| ▶ Abstimmung der Leistungsniveaus mit Leistungsempfängern | | | | | | | | ●———● | | | | | | |
| ▶ Brainstorming über alternative Verfahren | | | | | | | ●——● | | | | | | | |
| ▶ Auswahl der wirtschaftlichen Verfahren | | | | | | | | | ●——● | | | | | |
| ▶ Erstellen der Entscheidungspakete | | | | | | | | | ●———● | | | | | |
| ▶ Kritische Analyse der Entscheidungspakete | | | | | | | | | | ●———● | | | | |
| ▶ Rangordnung | | | | | | | | | | ●————————● | | | | |
| – dritte Ebene | | | | | | | | | | ●----● | | | | |
| – zweite Ebene | | | | | | | | | | | ●----● | | | |
| – erste Ebene | | | | | | | | | | | | ●----● | | |
| ▶ Festlegung des Budgetschnitts | | | | | | | | | | | | | ●—● | |

Quelle: *Volz*, in: ZfB 1987, Nr. 9, S. 876.

Grundsätzlich sind folgende **Auswirkungen auf die Organisationsstruktur** zu erwarten:

- Durch den Wegfall einer Reihe von weniger bedeutsamen Teilfunktionen wird die Organisationsstruktur homogener; die Kontrollspanne kann erweitert und die Anzahl der Hierarchieebenen verringert werden.
- Die Organisation wird ein zunehmendes Gewicht auf den Kunden und damit auf die Funktionen Marketing und Vertrieb legen.
- Es wird tendenziell eine weitergehende Delegation von Kompetenzen und Entscheidungsverantwortung stattfinden, welche in entsprechenden Aufgabenbeschreibungen ihren Niederschlag findet.
- In strategischer Hinsicht erfolgt eine zunehmende Konzentration auf das Kerngeschäft und u. U. eine Auslagerung von Randaktivitäten auf Beteiligungsgesellschaften.

Das ZBB weist zusammenfassend die folgenden **Vorteile** auf:

- Es analysiert nicht die (subjektive) Leistungsfähigkeit von Personen, sondern die Nutzen und Kosten konkreter (objektivierter) Leistungen.
- Es ist sowohl für den gesamten Gemeinkostenbereich wie auch für einzelne Bereiche durchführbar.
- Es werden alle beteiligten Bereiche in die Analyse miteinbezogen, Ausnahmen in Form „heiliger Kühe" werden nicht zugelassen. Insbesondere unterzieht das ZBB die Gemeinkostenbereiche einer kritischen Analyse.
- Maßgeblich sind die Linien-Führungskräfte beteiligt, d. h. die Kräfte mit der besten Fach- und Ortskenntnis.

Das ZBB stellt ein **theoretisch überaus anspruchsvolles Instrument** des Kostencontrollings dar. Im Fachschrifttum wird jedoch folgende Kritik geäußert:

- Ein vollständiges, widerspruchsfreies, zeitlich und sachlich abgestimmtes Zielsystem einer Unternehmung stellt einen unrealistischen Idealfall dar.
- Es bereitet erhebliche Probleme, wenn einzelne Aktivitäten isoliert einer Kosten-Nutzen-Analyse unterzogen werden. Darüber hinaus besteht die Gefahr, dass Interdependenzen zwischen verschiedenartigen Aktivitäten zerschnitten werden. Zur Bestimmung des optimalen Mixes der Entscheidungspakete müsste ein simultaner Ansatz gewählt werden.
- Das ZBB verlangt eine vollständige analytische Durchdringung der Bedarfs- und Kostenstrukturen; es ist insoweit sehr zeit- und kostenintensiv und daher i. d. R. nur im Mehrjahresrhythmus anwendbar.
- Es mangelt außerdem an einer permanenten Planung und Kontrolle des Prozesses.

## 5.2 Prozesskostenrechnung

### 5.2.1 Ziele und Grundprinzipien der Prozesskostenrechnung

Die Kostenrechnung nimmt seit jeher Funktionen eines Führungsinformationssystems wahr (dispositive Aufgabe). Die **Fragestellungen**, mit denen sich das Management auseinandersetzen muss, haben sich aber in der Zwischenzeit grundlegend geändert.

Dies liegt in der bereits angesprochenen geänderten Kostenstruktur begründet. So hat sich der Gemeinkostenanteil an den Gesamtkosten in den letzten zwei Jahrzehnten vielfach von 30 % auf bis zu 80 % erhöht. Der **mangelnde Leistungsbezug** der Kostenrechnung stellt also ein **Dispositionsproblem** dar.

*Miller* und *Vollmann* wiesen bereits 1985 in der Zeitschrift „Harvard Business Review" mit einem Artikel *„The Hidden Factory"* auf das Problem hin, die rapide gestiegenen Gemeinkosten unter Kontrolle zu bekommen. „Hidden factory" meint dabei die indirekten, Gemeinkosten induzierenden Unternehmensbereiche, die zunehmend den Großteil der Unternehmensorganisation bilden.

In einem weiteren viel beachteten Beitrag mit dem Titel „**Relevance lost – The Rise and Fall of Management Accounting**" (*Boston/Mass* 1987) kritisieren die Autoren *Johnson* und *Kaplan* die mangelnde Aussagekraft der traditionellen Kosten- und Leistungsrechnung infolge der Verwendung ungeeigneter Bezugsgrößen. In der Folgezeit haben die letztgenannten und andere Autoren Ansätze eines sog. „**activity-based costing**" entwickelt, das den Vorläufer der Prozesskostenrechnung bildet und dessen Ziel es ist, die bewerteten Verzehre von Produktionsfaktoren, welche sich in Aktivitäten niederschlagen, den Kalkulationsobjekten über verursachungsgerechte Bezugsgrößen zuzuordnen.

So lauten die Fragen, die heute an eine Kostenrechnung gestellt werden, vielfach:

▶ Was kostet ein Prozess wie z. B. die Auftragsabwicklung oder die Betreuung eines Kunden?

▶ Welche Kosten- und Ergebniswirkungen ergeben sich bei einer Steigerung oder Verringerung der Anzahl der Produktvarianten?

▶ Wie lassen sich fixe Gemeinkosten nachhaltig senken?

Die Effizienzpotenziale in den operativen Bereichen sind durch eine verstärkte Automatisierung der Fertigung zudem weitgehend ausgereizt. Die indirekten Kosten sind demgegenüber überproportional gestiegen. Dies führt – bei einer Zuschlagskalkulation – zu einer Verrechnung der „Overhead-Kosten" mit Zuschlagssätzen von teilweise über 1.000 % und insoweit zu unzureichenden, unhaltbaren Aussagen in Bezug auf die Preis- und Beständekalkulation der Produkte. Geringe Änderungen der Bezugsgröße „Einzelkosten" führen zwangsläufig zu großen Änderungen bei der Abrechnung der Gemeinkosten.

## KAPITEL IV — Kosten- und Leistungscontrolling

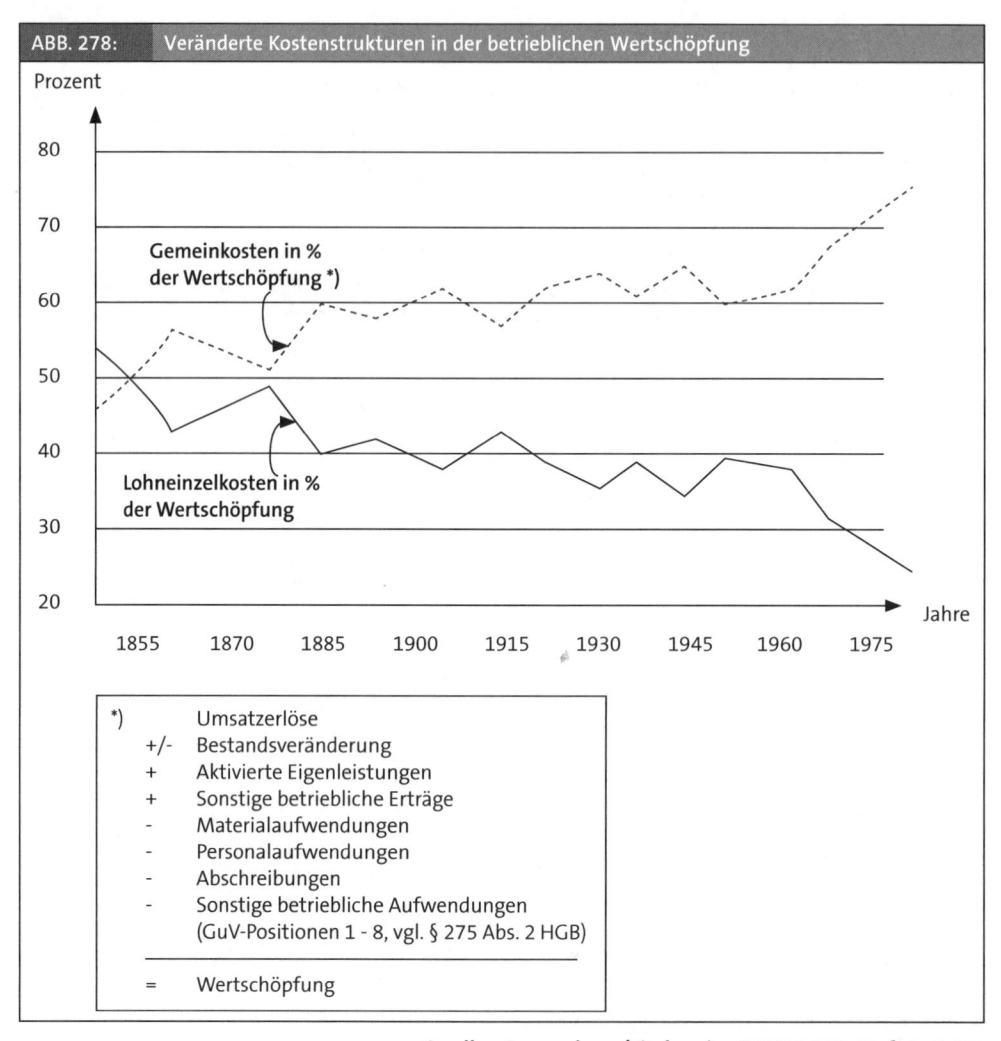

**ABB. 278:** Veränderte Kostenstrukturen in der betrieblichen Wertschöpfung

*) Umsatzerlöse
+/- Bestandsveränderung
+ Aktivierte Eigenleistungen
+ Sonstige betriebliche Erträge
- Materialaufwendungen
- Personalaufwendungen
- Abschreibungen
- Sonstige betriebliche Aufwendungen
(GuV-Positionen 1 - 8, vgl. § 275 Abs. 2 HGB)

= Wertschöpfung

Quelle: *Coenenberg/Fischer*, in: DBW 1991, Heft 1, S. 23.

| Entwicklung der Produktkostenstruktur von 1960 - 1990 im Siemens Gerätewerk Amberg | | | | | |
|---|---|---|---|---|---|
| Jahre<br>Kostenarten | 1960 | 1967 | 1977 | 1987 | 1990 |
| Gemeinkosten | 34 % | 50 % | 62 % | 68 % | 70 % |
| Lohnkosten | 28 % | 16 % | 14 % | 10 % | 6 % |
| Materialkosten | 38 % | 34 % | 24 % | 22 % | 24 % |

Quelle: *Küting/Lorson*, in: BB 1991, Heft 21, S. 1421.

Es wird deutlich, dass der direkte Bereich (Einzelkosten) unverändert den Betrachtungsschwerpunkt traditioneller Kostenrechnungssysteme ausmacht, in wertmäßiger Aufspaltung der Kosten hingegen zunehmend nur noch einen nachrangigen Anteil einnimmt.

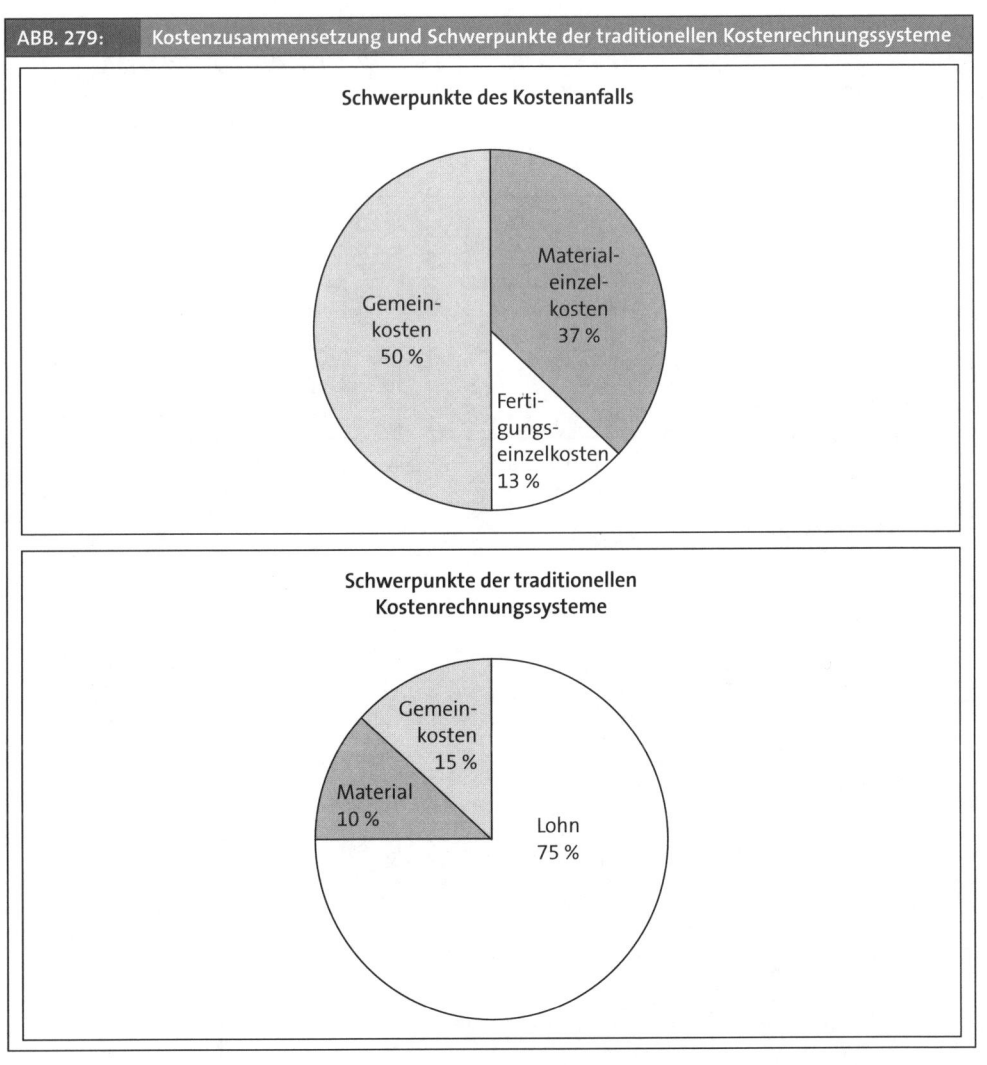

**ABB. 279:** Kostenzusammensetzung und Schwerpunkte der traditionellen Kostenrechnungssysteme

**Schwerpunkte des Kostenanfalls**
- Materialeinzelkosten 37 %
- Fertigungseinzelkosten 13 %
- Gemeinkosten 50 %

**Schwerpunkte der traditionellen Kostenrechnungssysteme**
- Gemeinkosten 15 %
- Material 10 %
- Lohn 75 %

Quelle: *Coenenberg/Fischer*, in: DBW 1991, Heft 1, S. 24.

Die traditionelle Kostenrechnung beinhaltet eine Kalkulation auf Basis von **Zuschlagssätzen**, die aufgrund ihres mangelnden Verursachungsbezugs als nicht mehr zeitgemäß angesehen wird:

▶ In den Zuschlagssätzen werden unzulässigerweise auch Fixkosten verrechnet. Dies führt bei schwankender Auslastung und konstanten Zuschlägen zu Fehlkalkulationen, da die Inanspruchnahme fixer Gemeinkosten nicht mengenproportional verläuft.

▶ Bei Änderungen in der Kostenstruktur (z. B. Ersatz von Einzelkosten durch Gemeinkosten) gelangt man ebenfalls zu Fehlkalkulationen.

> Es wird unterstellt, dass die Höhe der Einzelkosten (d. h., der Materialwert) die Höhe der Gemeinkosten (d. h., das Handling) determiniert, und zwar in einem proportionalen Verhältnis. Demgegenüber wird die Komplexität des internen Handlings als Kosten verursachende Größe (z. B. Bearbeitungsdauer, Lagervorgänge) nicht berücksichtigt.

**ABB. 280: Methodenvergleich von Zuschlagskalkulation und prozessorientierter Kalkulation**

| Stück | Zuschlagskalkulation (Zuschlagssatz = 20 % der HK) | | | Prozesskostenrechnung (Prozesskosten = 800 pro Prozess/Auftrag) | | |
|---|---|---|---|---|---|---|
| | HK | VGK | Stückkosten | HK | VGK | Stückkosten |
| 1 | 400 | 80 | 480 | 400 | 800 | 1.200 |
| 5 | 2.000 | 400 | 480 | 2.000 | 800 | 560 |
| 10 | 4.000 | 800 | 480 | 4.000 | 800 | 480 |
| 15 | 6.000 | 1.200 | 480 | 6.000 | 800 | 453 |
| 20 | 8.000 | 1.600 | 480 | 8.000 | 800 | 440 |

(HK = Herstellkosten, VGK = Vertriebsgemeinkosten)

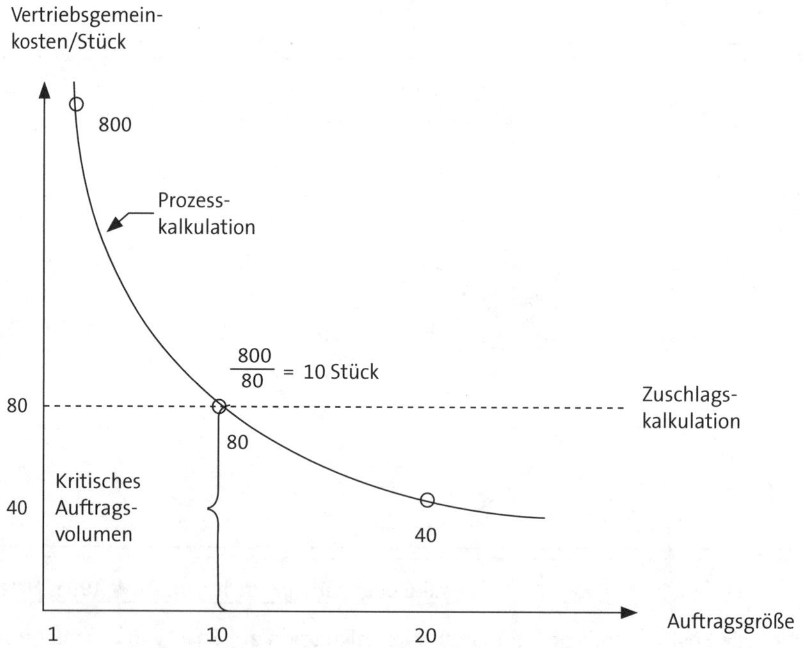

Zuschlagskalkulation führt gegenüber Prozesskalkulation zur Subvention
- von Kleinaufträgen (unter zehn Stück)
- durch Großaufträge (über zehn Stück)

Quelle: I. A. a. *Coenenberg/Fischer*, in: DBW 1991, Heft 1, S. 34.

Die vorstehende Abbildung zeigt, dass die Prozesskostenrechnung vor allem die Kosten der **Komplexität** offenlegt. Ebenso wie die Gemeinkosten-Wertanalyse und das Zero-Based Budgeting ist sie zwar **strategisch** orientiert, anders als die genannten Verfahren wird diese aber nicht nur fallweise und sporadisch angewandt und somit werden Einmal-Effekte vermieden. Stattdessen wird es möglich, Rationalisierungseffekte permanent und systematisch fortzuschreiben.

Aufgrund ihres strategischen Charakters ist die Prozesskostenrechnung naturgemäß als **Vollkostenrechnung** ausgelegt. Sie unterscheidet sich damit grundlegend von der operativ ausgerichteten Teilkostenrechnung, insbesondere der Deckungsbeitragsrechnung.

**ABB. 281: Analyse von Kostenblöcken in alternativen Kostenrechnungssystemen**

| Kostenrechnungssystem \ Kostenblock | Einzelkosten (werden i. d. R. vollständig als variabel betrachtet) | Variable Gemeinkosten | Fixe Gemeinkosten |
|---|---|---|---|
| Vollkostenkalkulation | ☑ | ☑ | ☑ |
| Deckungsbeitragsrechnung | ☑ | ☑ | |
| Prozesskostenrechnung | | ☑ | ☑ |

Fokus der Deckungsbeitragsrechnung: **variable (Einzel- und Gemein-) Kosten**

Fokus der Prozesskostenrechnung: **volle Gemeinkosten**

Dies kann insoweit veranschaulicht werden, als dass es sich bei den Gemeinkosten überwiegend um Personalkosten handelt. Als zentrale kostenverursachende Maßgröße fungiert somit der Zeitbedarf. Wenn die Aufdeckung von Rationalisierungspotenzialen einen verminderten Zeit- und damit Personalbedarf ergibt, so heißt das nicht zwingend und unmittelbar, dass die entsprechenden Mitarbeiter auch kurzfristig freigesetzt werden können; dieser Umstand ist für die Prozesskostenrechnung unbeachtlich.

Die Prozesskostenrechnung geht über ein reines Kostenrechnungssystem hinaus, denn sie kann als Ausgangspunkt eines Managementsystems („**Prozessmanagement**") dienen. Dieses hat zum Ziel, für eine vorgegebene Leistung einen möglichst kostensparenden Erstellungsablauf zu ermitteln, indem etwa Zuständigkeiten und Schnittstellen optimiert sowie Parallelarbeiten und Komplexitäten minimiert werden sollen.

Bedeutende Aufgaben der Prozesskostenrechnung stellen dar:

▶ **Erhöhung der Kostentransparenz der indirekten Leistungsbereiche.**

In einer von Einzelkosten geprägten Produktionslandschaft bedarf es der Prozesskostenrechnung nicht, da dort keine Zurechnungsproblematik der Kosten vorliegt. Die unternehmerische Praxis ist aber durch eine überproportionale Zunahme der Bereiche gekennzeichnet, die nur mittelbar der Leistungserstellung dienen, wie planende und verwaltende Kostenstellen. In derartigen Hilfskostenstellen fallen praktisch ausschließlich Gemeinkosten an, die nur durch Zuschläge verteilt werden.

▶ **Steigerung der Effizienz der Gemeinkostenplanung und -kontrolle.**

Im traditionellen Kalkulationssystem werden die Gemeinkosten auf die Einzelkosten aufgeschlagen. Somit wird eine naturgesetzliche Proportionalität unterstellt. Verantwortlichkeiten für den Anfall der Gemeinkosten werden nicht begründet, es fehlt an dem „erzieherischen Effekt" der Kostenrechnung. Insbesondere ist weder die Effizienz der Leistungserstellung genau überprüfbar, noch, ob die Leistung überhaupt in Umfang und Wert benötigt wird.

▶ **Verursachungsgerechte Zuordnung der Gemeinkosten auf die Kostenträger.**

Die Gemeinkosten fallen für den Verzehr Kosten verursachender Ressourcen, zumeist personelle Ressourcen, an. Eine verursachungsgerechte Zurechnung muss mithin über den Zeitbedarf einzelner Aktivitäten erfolgen. Einschlägige Daten lassen sich aus Ablaufplänen und Arbeitszeitstudien gewinnen. Somit bedient sich die Prozesskostenrechnung ablauforganisatorischer Instrumente und Verfahren.

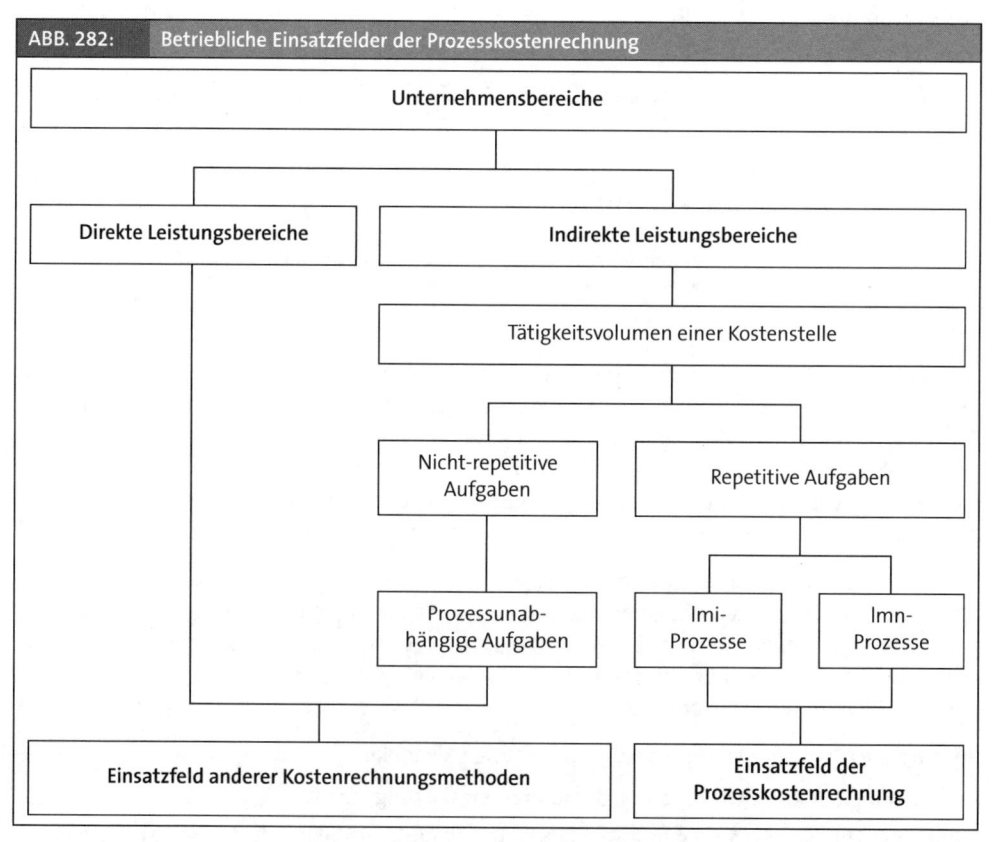

**ABB. 282: Betriebliche Einsatzfelder der Prozesskostenrechnung**

Quelle: *Küting*, in: DStR 1993, Heft 10, S. 369.

Sinnvolle Einsatzfelder der Prozesskostenrechnung sind demnach also durch folgende Charakteristika geprägt:

▶ Es muss sich um indirekte (Gemeinkosten-dominierte) Bereiche handeln. In direkten (Einzelkosten-dominierten) Bereichen kann auch die herkömmliche Zuschlagskalkulation angewandt werden und verursacht keine Managementfehler.

▶ Die indirekten Bereiche müssen durch die Verrichtung repetitiver Aufgaben geprägt sein, d. h. Aufgaben, die in großer Zahl anfallen und nach einem gleichförmigen Ablaufschema bearbeitet werden.

### 5.2.2 Ablaufschritte der Prozesskostenrechnung

Konstitutiv für die Prozesskostenrechnung ist der Prozessbegriff. Als **Prozesse** werden Bündel von repetitiven Tätigkeiten (Aktivitäten) bezeichnet, die in den verschiedenen Kostenstellen und Abteilungen eines Unternehmens bei der Ausführung der übertragenen Aufgaben anfallen.

Die kleinste Einheit von Prozessen sind **Aktivitäten**. Hierunter werden Vorgänge innerhalb einer Kostenstelle verstanden, die Produktionsfaktoren verzehren (d. h. kostenwirksam sind) und mit einem Arbeitsergebnis abgeschlossen (sowie ggf. an andere Kostenstellen weitergereicht) werden.

In der Prozesskostenrechnung interessieren vor allem die in rascher Frequenz häufig durchgeführten Aktivitäten, die üblicherweise nach einem bestimmten Standard (Ressourceneinsatz, Chronologie, erzieltes Leistungsergebnis) ablaufen. Sie werden **repetitive Aktivitäten** genannt und bilden die Grundlage für die Definition von Teilprozessen. In der Grundlagenforschung oder dem Eventmarketing dürfte die Anwendung der Prozesskostenrechnung mangels möglicher Definition von Standardabläufen wenig zielführend sein.

Eine vollständige Einteilung der organisatorischen Bereiche eines Unternehmens in Teil- bzw. Hauptprozesse bzw. eine vollständige Zuordnung von Kostenwerten zu Prozessen ist grundsätzlich illusorisch.

Zweckmäßigerweise wird man sich in der Praxis auf die repetitiven und kostenintensiven Prozesse beschränken. I. d. R. genügt es, pro Kostenstelle die 6 - 8 zeitaufwändigsten Aktivitäten zu identifizieren. Diese dürften in Anlehnung an das Pareto-Prinzip rd. 80 % des Ressourcenbedarfs in Anspruch nehmen, so dass auf die Erhebung der letzten 20 % aus Gründen der Wesentlichkeit und Wirtschaftlichkeit verzichtet werden kann.

Im Hinblick auf einen größtmöglichen „Mehrwert" der Prozesskostenrechnung liegt das Hauptaugenmerk somit auf denjenigen Unternehmensbereichen, die im Rahmen der traditionellen Kostenrechnung einer verursachungsgerechten Kostenzuordnung am wenigsten zugänglich sind. Dies sind die Bereiche mit den größten Anteilen an (Personal-)Gemeinkosten wie z. B. der Verwaltungs- sowie Logistikbereich.

Die Implementierung der Prozesskostenrechnung läuft in folgenden Schritten ab:

| ABB. 283: | Ablaufschritte der Prozesskostenrechnung |
|---|---|
| (1) | Auswahl der Analyseobjekte (Kostenstellen, Abteilungen) und Bildung des Projektteams |
| (2) | Tätigkeitsanalyse (Prozessanalyse) der Analyseobjekte mit dem Ziel der Ermittlung kostenstellenbezogener Aktivitäten |
| (3) | Bildung einer vollständigen, kostenstellenübergreifenden Prozesshierarchie durch Verdichtung der kostenstellenbezogenen Aktivitäten zu kostenstellenübergreifenden Prozessen<br>– Hauptprozesse und Teilprozesse<br>– leistungsmengeninduzierte (lmi-) und -neutrale (lmn-) Prozesse |
| (4) | Festlegung von verursachungsgerechten Bezugsgrößen für die Prozesskosten<br>– Kostentreiber (cost driver) für leistungsmengeninduzierte Prozesse<br>– Maßgrößen für leistungsmengenneutrale Prozesse |
| (5) | Bildung von Kostensätzen<br>– Prozesskostensätze für leistungsmengeninduzierte Prozesse (Primärkosten)<br>– Umlagesätze für leistungsmengenneutrale Prozesse auf die leistungsmengeninduzierten Kosten (Sekundärkosten), ergibt die Gesamtkosten pro durchgeführten Prozess<br>ergibt die Gesamtkosten pro durchgeführten Prozess |
| (6) | Bildung von Planprozessmengen, z. B. auf der Basis von Kapazitäten und geplanter Auslastung |
| (7) | Bildung von Planprozesskosten pro Teilprozess und Summation pro Hauptprozess<br>– Teilprozesskosten: lmi-Prozesskostensatz · Prozessmenge + lmn-Umlagesatz<br>– Hauptprozesskosten: Summation über alle zugehörigen Teilprozesse |
| (8) | Abweichungsanalyse und ggf. Prozessoptimierung. |

Am Beginn einer Prozesskostenrechnung steht die **Prozessanalyse**, d. h. die Analyse und Strukturierung der durchgeführten Tätigkeiten innerhalb einer Kostenstelle.

Der eigentlichen Prozesskostenrechnung muss stets eine detaillierte **Ablaufanalyse** sowohl der organisatorischen Regelungen wie auch der Produktionsprozesse vorangehen. Hierfür hat sich vor allem das graphische Hilfsmittel sog. Ablaufpläne bewährt. Dabei werden die einzelnen Prozessstufen in chronologischer Reihenfolge verknüpft, einzelnen Kostenstellen oder Verantwortungsbereichen zugeordnet sowie die Schnittstellen im Prozessablauf verdeutlicht.

Ausgangspunkt wird zweckmäßigerweise eine persönliche Befragung der betreffenden Kostenstellenleiter sein. Dabei werden sie aufgefordert, die Tätigkeiten (Prozesse), den Output und den hierzu erforderlichen Einsatz an Personal und Sachmitteln (Input) in den Dimensionen Anzahl der Mitarbeiter und Gesamtkosten anzugeben sowie die Adressaten der erstellten Leistung zu benennen. Der Prozess wird insoweit als Input-Output-Beziehung aufgefasst.

**ABB. 284: Beispiel eines Ablaufplans**

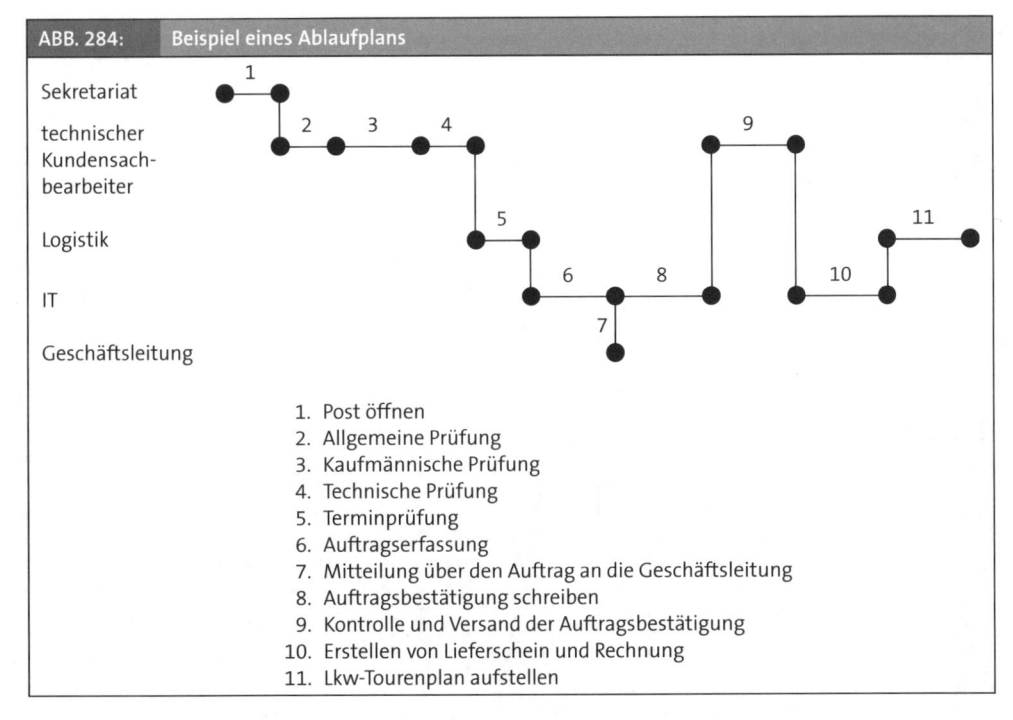

```
Sekretariat              1
                         •—•
technischer                  2    3    4                  9
Kundensach-                  •————•————•                  •————•
bearbeiter
                                       5                              11
Logistik                               •————•                         •————•
                                            6        8           10
IT                                          •————————•           •————•
                                            7
Geschäftsleitung                            •
```

1. Post öffnen
2. Allgemeine Prüfung
3. Kaufmännische Prüfung
4. Technische Prüfung
5. Terminprüfung
6. Auftragserfassung
7. Mitteilung über den Auftrag an die Geschäftsleitung
8. Auftragsbestätigung schreiben
9. Kontrolle und Versand der Auftragsbestätigung
10. Erstellen von Lieferschein und Rechnung
11. Lkw-Tourenplan aufstellen

Quelle: *Institut der Wirtschaftsprüfer* (Hrsg.): WP-Handbuch 1998, Band II, 11. Aufl., Düsseldorf 1998, S. 370.

Im vorstehenden Beispiel handelt es sich um einen Hauptprozess, der aus 11 Aktivitäten (Teilprozessen) besteht, an dem insgesamt fünf Kostenstellen beteiligt sind.

Die Bezeichnung der Aktivitäten erfolgt i. d. R. durch Verknüpfung von einem Leistungsobjekt mit einer Leistungsverrichtung. In der Kostenstelle „**Fertigungssteuerung**" anfallende Prozesse sind etwa die Disposition von Vorfertigungsaufträgen, das Abrufen von Material aus dem Lager, die Überwachung der Vorfertigung oder die Disposition der Montageaufträge. Für den **Einkauf** kann eine Unterteilung in Einholung von Angeboten, Durchführung von Vertragsverhandlungen, Aufgabe von Bestellungen, Bearbeitung von Reklamationen, Lieferantenpflege, Rechnungsprüfung und Abteilungsleitung erfolgen.

Im Rahmen der Prozesskostenrechnung lässt sich also eine **zweistufige Prozesshierarchie** begründen:

▶ Zunächst werden für jede Kostenstelle die dort durchgeführten repetitiven Aktivitäten erhoben.

▶ Sodann erfolgt eine Zuordnung sachlich zusammenhängender Aktivitäten auf übergeordnete, kostenstellenübergreifende Hauptprozesse. Diese bilden die Grundlage der prozessorientierten Kalkulation. Somit werden die kostenstellenbezogenen Aktivitäten gleichzeitig als Glieder und damit Teilprozesse eines kostenstellenübergreifenden Hauptprozesses aufgefasst.

**KAPITEL IV** — Kosten- und Leistungscontrolling

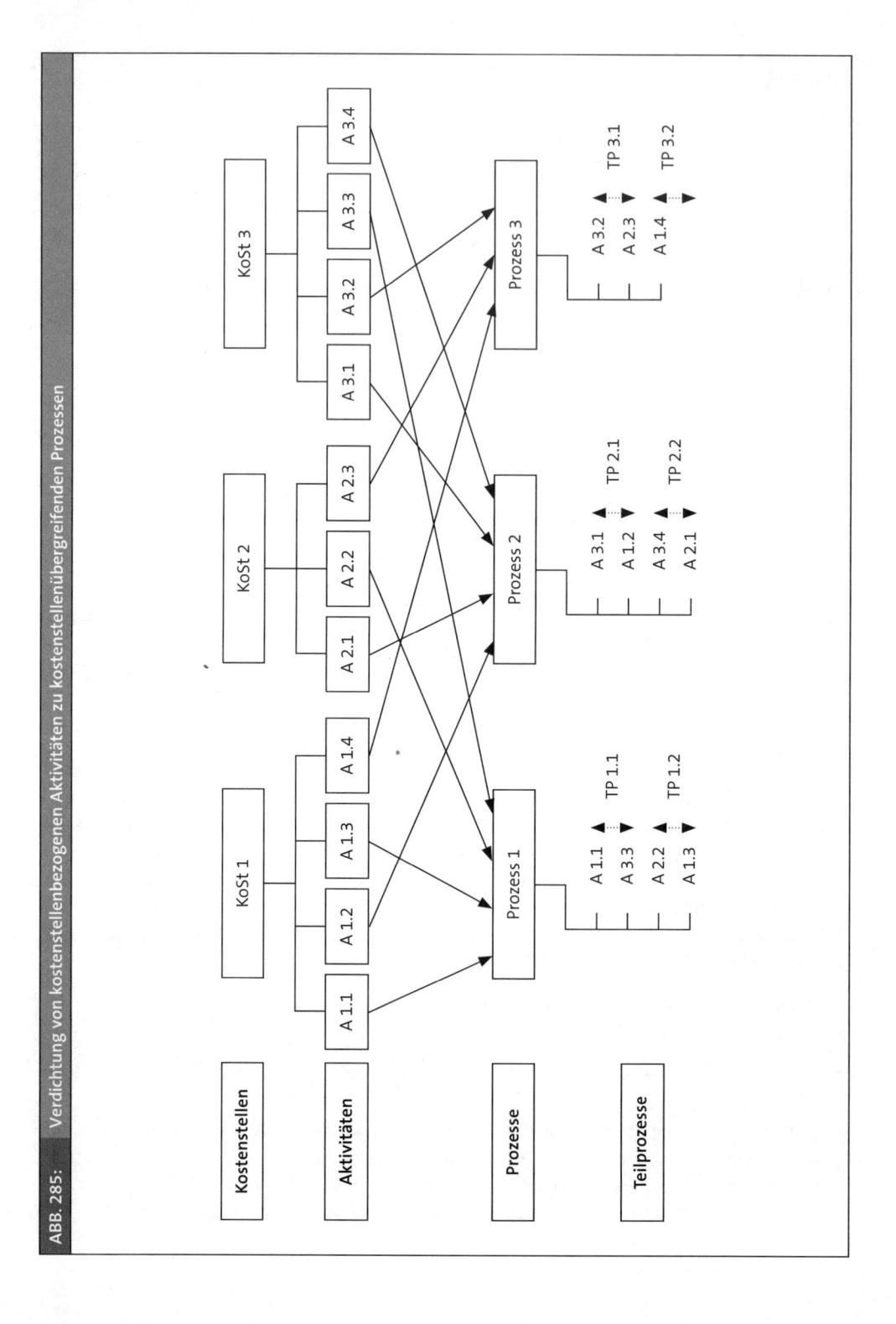

**ABB. 285:** Verdichtung von kostenstellenbezogenen Aktivitäten zu kostenstellenübergreifenden Prozessen

**Kostenstellen:** KoSt 1, KoSt 2, KoSt 3

**Aktivitäten:**
- KoSt 1: A 1.1, A 1.2, A 1.3, A 1.4
- KoSt 2: A 2.1, A 2.2, A 2.3
- KoSt 3: A 3.1, A 3.2, A 3.3, A 3.4

**Prozesse:** Prozess 1, Prozess 2, Prozess 3

**Teilprozesse:**

Prozess 1:
- TP 1.1: A 1.1, A 3.3
- TP 1.2: A 2.2, A 1.3

Prozess 2:
- TP 2.1: A 3.1, A 1.2
- TP 2.2: A 3.4, A 2.1

Prozess 3:
- TP 3.1: A 3.2, A 2.3
- TP 3.2: A 1.4

Durch das zweistufige Vorgehen kann die bestehende Kostenstellengliederung als Ausgangspunkt der Prozesskostenrechnung beibehalten werden. Insoweit wird eine kostengünstige Implementierung der Prozesskostenrechnung erreicht.

**Hauptprozesse** verdichten die Aktivitäten der Gemeinkostenbereiche auf wenige übergeordnete Größen. Gleichzeitig dienen sie der Verrechnung der Gemeinkosten auf Produkte im Sinne einer genaueren Kalkulation. Hauptprozesse werden aus der Analyse von Unternehmensstruktur, Produkt- und Fertigungsprogramm, Lieferstruktur usw. definiert. Es sind Ketten homogener Aktivitäten, die demselben Kosteneinflussfaktor unterliegen.

Ziel ist es, wenige übergeordnete Hauptprozesse zu finden, die einen möglichst großen Teil der Gemeinkosten bestimmen. Hierzu wird die kostenstellenbezogene durch eine kostenstellenübergreifende Betrachtungsweise ersetzt und der reine arbeitsteilige Funktionsbezug durch einen marktgerichteten Leistungsbezug ergänzt.

Die Teilprozesse „Material einkaufen", „Materiallieferung annehmen", „Materialeingangsprüfung" und „Materiallagerung" lassen sich z. B. zum Hauptprozess „Materialbeschaffung" verdichten.

**ABB. 286: Bildung eines Hauptprozesses „Material beschaffen"**

| Kostenstellen und ermittelte Teilprozesse | | | | Hauptprozess „Material beschaffen" |
|---|---|---|---|---|
| 220 | 282 | 110 | 112 | Material beschaffen |
| 2201 Material einkaufen | | 1101 Prüfung für Werstofftechnik durchführen | 1121 Hilfs- und Betriebsstoffe lagern | 2201 Material einkaufen |
| 2202 Hilfs- und Betriebsstoffe einkaufen | 2821 Materiallieferung entgegennehmen | 1102 Eingangsprüfung für Material durchführen | 1122 Material lagern | 2821 Materiallieferung entgegennehmen |
| 2203 Geräte und Anlagen einkaufen | | 1103 Chemische Kontrollen durchführen | 1123 Unfertige Erzeugnisse lagern | 1102 Eingangsprüfung für Material durchführen |
| 2204 Dienstleistungen einkaufen | | | 1124 Fertige Erzeugnisse lagern | 1122 Material lagern |

Kostenstellen: 220 Einkauf   282 Warenannahme
110 Qualitätsabteilung   112 Lager

Quelle: *Coenenberg/Fischer*, in: DBW 1991, Heft 1, S. 27.

Die sukzessive Verdichtung der Aktivitäten erleichtert die Identifizierung der dahinter stehenden kostentreibenden Faktoren, welche die eigentlichen Bezugsgrößen für die Gemeinkostenverrechnung darstellen (etwa die Anzahl der Materialbestellungen).

Die Aktivitäten werden sodann in **leistungsmengeninduziert (lmi)** und **leistungsmengenneutral (lmn)** unterschieden, je nachdem, ob sie sich zur Leistungsmenge der Kostenstelle variabel (i. d. R. proportional) oder fix verhalten.

## KAPITEL IV — Kosten- und Leistungscontrolling

Die Kosten der leistungsmengeninduzierten Aktivitäten bzw. Prozesse variieren in Abhängigkeit von der Anzahl der Durchführungen. Demgegenüber stellen die Kosten der leistungsmengenneutralen Aktivitäten Bereitschafts-, Verwaltungs- oder Strukturkosten dar. Analog zur Plankostenrechnung kann der Kostenstellenleiter kurzfristig nur für Soll-Ist-Abweichungen der leistungsmengeninduzierten Kosten verantwortlich gemacht werden.

Für jede **leistungsmengeninduzierte** Aktivität ist eine **Maßgröße** festzulegen, z. B. Anzahl der Bestellungen, der Lieferaufträge oder der Kontrollvorgänge in der Qualitätssicherung. Grundsätzlich werden mengen- und wertabhängige Maßgrößen unterschieden.

Diese **Kostentreiber** („**cost driver**") dienen sowohl der Messung der Kostenverursachung durch die Inanspruchnahme von Ressourcen wie auch der Messung der Leistungsmengen pro Aktivität. Da es sich bei den Prozesskosten zumeist um Fertigungsgemeinkosten handelt, wird als Kostentreiber oftmals die zeitliche Beanspruchung (Minutenfaktoren, Arbeitsstunden, Tagewerke) herangezogen.

**ABB. 287:** Bildung von Kostentreibern (Bezugsgrößen) für Hauptprozesse

| Kostenstelle | Kostentreiber (Bezugsgröße) |
|---|---|
| Einkauf | ▶ Anzahl bearbeiteter Angebote<br>▶ Anzahl verwalteter Stammdaten<br>▶ Anzahl abgewickelter Bestellungen, Anzahl Lieferpositionen<br>▶ Anzahl beauftragter Lieferanten |
| Logistik | ▶ Ein-/Auslagerungspositionen<br>▶ Lagerplätze<br>▶ Lieferscheinpositionen<br>▶ Materialbestellungen<br>▶ Eingangsprüfungen |
| Qualitätskontrolle | ▶ Anzahl vorgenommener Proben<br>▶ Anzahl vorgenommener Analysen |
| Produktion | ▶ Bauplanpositionen, Vorfertigungspositionen<br>▶ Qualitätsprüfungen<br>▶ Montagepositionen, Rüstvorgänge |
| Vertrieb | ▶ Kundenaufträge, Zollsendungen, Rechnungen<br>▶ Retourenausgänge<br>▶ Frachtbriefe |
| Finanzbuchhaltung | ▶ Anzahl Buchungen<br>▶ Anzahl Mahnungen |
| Betriebsabrechnung/<br>Lohnabrechnung | ▶ Anzahl abgerechneter Kostenstellen<br>▶ Anzahl Lohnempfänger, Anzahl Brutto-/Nettolohnabrechnungen |
| Schreibbüro/<br>Registratur | ▶ Anzahl geschriebene DIN A4-Seiten<br>▶ Anzahl vorgenommener Ablagen |

Quelle: *Coenenberg/Fischer*, in: DBW 1991, Heft 1, S. 27 sowie *Küting/Lorson*, in: BB 1991, S. 1430.

Die Auswahl der Kostentreiber geschieht unter Beachtung der Erfüllung der Anforderungen:

- leichte Verständlichkeit und Transparenz,
- leichte Erfassbarkeit und Berechenbarkeit sowie
- Proportionalität zum Kostenstellen-Output.

Als letzter Schritt erfolgt nachträglich eine **Kostenkontrolle** auf der Basis von Soll-Ist-Abweichungen. Die Kostenkontrolle wird sowohl

- kostenstellenbezogen wie auch
- prozessbezogen

vorgenommen. Sie erfolgt analog zu den Methoden der Plankostenrechnung. Um klare Verantwortlichkeiten für Kostenüberschreitungen zu schaffen, sind neben den üblicherweise vorhandenen Kostenstellenleitern auch **Prozessverantwortliche** (sog. **„process owner"**) zu bestimmen, denen die Gesamtverantwortung für Ablauf, Effizienz und Kosten eines Hauptprozesses obliegt.

Somit muss auch die betriebliche Aufbauorganisation von einer kostenstellenbezogenen, funktionalen Form hin zu einer integrierten, kostenstellenübergreifenden Organisationsform angepasst werden. Durch die Analyse kostenstellenübergreifender Prozessketten wird darüber hinaus das bereichsegoistische kostenstellenbegrenzte Kostencontrolling überwunden.

| ABB. 288: | Zusammenfassende Darstellung der Begrifflichkeiten der Prozesskostenrechnung |
|---|---|
| **Begriff** | **Erläuterung** |
| Aktivität | Auf Erzielung eines Ergebnisses/einer Leistung gerichtete Tätigkeit (Verrichtung), die Ressourcen und damit Kosten verbraucht |
| Homogene (repetitive) Aktivität | Im Hinblick auf Struktur, chronologischen Ablauf, Zeitdauer und Kostenbeanspruchung standardisierte oder zumindest ähnliche Aktivität, die in einer Periode in nicht unwesentlichen Stückzahlen und in geringen Wiederholungsfrequenzen verrichtet wird |
| Teilprozess | Kostenstellenbezogene Aktivität als eigenständiger Teil eines kostenstellenübergreifenden Hauptprozesses; ggf. auch Verdichtung mehrerer Aktivitäten mit demselben Kostentreiber |
| Hauptprozess | Kostenstellen- und funktionsübergreifende Zusammenfassung von Teilprozessen |
| Kostentreiber | Bezugsgröße (Einflussgröße) der Kostenentstehung und -entwicklung von Teil- und Hauptprozessen |
| Leistungsmengeninduzierte Kosten (lmi) | Kosten, deren Aufkommen sich proportional zur Anzahl der Kostentreiber verhält (prozessvariable Kosten) |
| Leistungsmengenneutrale Kosten (lmn) | Kosten, deren Aufkommen keiner Anzahl von Kostentreibern zugerechnet werden kann (prozessfixe Kosten) |
| Prozesskostensatz | Summe aus lmi- und lmn-Kosten pro verrichtetem Prozess |

Quelle: I. A. a. *Langenbeck*, in: BBK 1999, Nr. 9, Fach 23, S. 202 ff.

### 5.2.3 Top-down- versus Bottom-up-Verfahren der Prozesskostenrechnung

Im Rahmen der **Prozessanalyse** erfolgt die Erfassung und Strukturierung der durchgeführten Tätigkeiten in den Kostenstellen. Dabei können zwei Analysemöglichkeiten angewendet werden:

▶ Beim **Top-down-Verfahren** wird ausgehend von der Anzahl der beschäftigten Mitarbeiter in Vollzeitäquivalenten die durch den insoweit vorhandenen Besatz verfügbare Zeit in Minuten oder Stunden berechnet. Hieraus wird auf die Anzahl der in dieser Zeit durchgeführten Aktivitäten zurück geschlossen, wobei der Zeitbedarf pro Aktivität zuvor standardmäßig ermittelt werden muss.

▶ Beim **Bottom-up-Verfahren** werden die einzelnen Aktivitäten und die sich daraus ergebenden Prozesse per Interviews mit den Kostenstellenleitern oder durch Zeitmessung vor Ort erhoben. Die Höhe der Prozesskosten wird durch den für einen Prozessablauf erforderlichen Einsatz an Personal- und Sachmitteln für einen in einer Kostenstelle ablaufenden Prozesstyp bestimmt. Durch die Planmengen der Aktivitäten bzw. Prozesse wird insoweit der Personalbedarf analytisch determiniert.

In der Praxis wird das Top-down-Verfahren aufgrund seiner rechentechnischen Einfachheit bevorzugt. Hierbei werden die Gesamtkosten der Kostenstelle über geeignete Schlüssel den Prozessen zuzuordnen. Bei einer personalkostenintensiven Kostenstelle ist maßgebliches Zuordnungskriterium die Anzahl der Mitarbeiter in Vollzeitäquivalenten (VZÄ) bzw. full-time employees (FTE).

Das Bottom-up-Verfahren ist aber – auch vor dem Hintergrund des strategischen Anspruchs der Prozesskostenrechnung – wesentlich genauer und daher vorzuziehen. Vorteilhaft wirkt sich auch aus, dass es nicht vom Ist-Personalstand ausgeht, sondern den für die marktseitig ermittelte Aktivitätenmenge benötigten Personalbedarf abstrakt ermittelt. Somit wird von in der Vergangenheit aufgebauten „Besitzständen" abstrahiert und es wird möglich, unproduktive Personalreserven zu identifizieren.

## Controlling des Leistungserstellungsprozesses — KAPITEL IV

**ABB. 289: Verfahrensschritte des Top-down- und des Bottom-up-Ansatzes**

| Top-down-Ansatz | Bottom-up-Ansatz |
|---|---|
| ① Identifikation der Kostenstellen | ① Identifikation der Kostenstellen |
| ② Ermittlung der Mitarbeiterzahl in VZÄ und der zugehörigen Lohnsumme/des Budgets | ② Identifikation der Arten von Aktivitäten/Teilprozessen |
| ③ Ermittlung der verfügbaren gesamten Produktivzeit | ③ Ermittlung der Zeit pro Aktivität/Teilprozess |
| ④ Ermittlung des Standard-Stundenkostenansatzes je VZÄ | ④ Ermittlung der Kostentreiber (Anzahl durchgeführter Aktivitäten/Teilprozesse) |
| ⑤ Identifikation der Arten von Aktivitäten/Teilprozessen | ⑤ Ermittlung der benötigten gesamten Produktivzeit |
| ⑥ Aufteilung der Produktivzeit auf die Arten von Aktivitäten/Teilprozessen | ⑥ Ermittlung der Produktivzeit je Mitarbeiter (VZÄ) |
| ⑦ Ermittlung der Kostentreiber (Anzahl durchgeführter Aktivitäten/Teilprozesse) | ⑦ Ermittlung des Standard-Stundenkostensatzes je VZÄ |
| ⑧ Ermittlung der Zeit pro Aktivität/Teilprozess | ⑧ Ermittlung der Kosten pro Aktivität/Teilprozess |
| ⑨ Ermittlung der Kosten pro Aktivität/Teilprozess | ⑨ Ermittlung der benötigten Mitarbeiterzahl in VZÄ und der zugehörigen Lohnsumme/des Budgets |

Die Planprozessmengen werden mit Hilfe der Engpassplanung oder der Kapazitätsplanung bestimmt. Dies erfolgt entsprechend der Bestimmung des Planbeschäftigungsgrads in der Plankostenrechnung. Hierzu ist festzulegen,

▶ wie oft welche Hauptprozesse durchgeführt werden sollen,
▶ wie viele Teilprozessmengen durchschnittlich für einen Hauptprozess erforderlich sind.

Mit den ermittelten Prozessmengen liegen dann die Schlüsselgrößen für die Zuordnung der Kosten vor. Auf der Basis von Plan-Prozessmengen (sog. „standards of performance") können für jeden Prozess die zugehörigen Kostenarten zugeordnet und detailliert geplant werden, die sog. **Planprozesskosten**. Sie setzen sich überwiegend aus Personal-, Raum-, Energie- und Büromaterialkosten zusammen.

| ABB. 290: | Beispiel einer prozessgegliederten Kostenübersicht | | |
|---|---|---|---|
| Abteilung: Wareneingang | | Kostenstelle: 801 | |
| Teilprozesse | | Mitarbeiter (VZÄ) | Gesamtkosten (T€) |
| 1. Wareneingangskontrolle | | 4,0 | 320,0 |
| 2. Bestandsaufnahme und laufende Systemaktualisierung | | 2,0 | 160,0 |
| 3. Transport zum Lager | | 3,0 | 240,0 |
| 4. Transport zu den Fertigungskostenstellen | | 3,5 | 280,0 |
| Summe leistungsmengeninduzierte Prozesse (lmi) | | 12,5 | 1.000,0 |
| 5. Abteilung leiten (lmn-Prozess) | | 1,5 | 120,0 |
| Summe Kostenstelle insgesamt | | 14,0 | 1.120,0 |

Die **Prozesskostenkalkulation** nach dem Top-down-Verfahren erfolgt in zwei Stufen:

▶ Zunächst werden Prozesskostensätze mittels Division der Prozesskosten durch die Prozessmenge für diejenigen Kosten ermittelt, für die vorab entsprechende Prozessgrößen definiert werden können, also die sog. leistungsmengeninduzierten Kosten.

▶ Sodann erfolgt eine Umlage der übrigen betrieblichen Kosten, für die eine prozessorientierte Verrechnung nicht möglich ist, z. B. Betriebsleitung und Stabsabteilungen. Diese leistungsmengenneutralen Kosten müssen wie bisher prozentual auf die Produkte verrechnet werden. Diese Zuschläge können prozentual zu den leistungsmengeninduzierten Prozesskosten gebildet werden. In aller Regel verringern sich die Zuschlagssätze etwa im Vergleich zur traditionellen Vollkostenrechnung drastisch, so dass zumindest der wertmäßige Umfang der Fehlkalkulation sinkt.

> Prozesskostensatz = (lmi Prozesskosten/lmi Prozessmenge) + lmn Umlagesatz, wobei
> lmn Umlagesatz = lmn Kosten/lmi Prozesskosten · 100 %.

Die prozessbezogene Addition von Prozesskostensatz und Umlagesatz ergibt dann den **Gesamtprozesskostensatz**. Insoweit wird im Rahmen der Prozesskostenrechnung mittels Zuschlagsbildung für die lmn-Kosten weiterhin eine **Fixkostenproportionalisierung** vorgenommen. Dies erfolgt allerdings in einem weit geringeren Umfang, da bei Einhaltung der Pareto-Regel der Zuschlagssatz 20/80 · 100 = 25 % nicht übersteigt.

Die Gesamtkosten der Kostenstelle werden über geeignete Schlüssel den Prozessen zugeordnet. Bei einer personalkostenintensiven Kostenstelle ist vorrangiges Zuordnungskriterium die Mitarbeiterzahl in Vollzeitäquivalenten (VZÄ). Die Kalkulation der Prozesskostensätze entspricht somit dem Grunde nach am ehesten der Bezugsgrößenkalkulation bzw. Maschinenstundensatzkalkulation. Der Top-down-Charakter ergibt sich aus dem Ablauf der Rechnung wie folgt:

- Ausgangspunkt ist die Mitarbeiterstärke der Kostenstelle in VZÄ.

- Den VZÄ werden Standardkosten in € p. a. zugewiesen; Gehaltsunterschiede innerhalb der Mitarbeiterschaft werden normalisiert, gleiches gilt für Sonder- oder Einmalleistungen. Es folgen die Personalkosten in € pro VZÄ und Jahr.

- Nun wird die Arbeitszeit und damit die Kosten der Mitarbeiter vollständig und eindeutig auf die ermittelten Imi-Prozesse verteilt.

- Nicht zuordenbare bzw. leitende Tätigkeiten werden unter den Imn-Prozess als „Auffangtatbestand" subsumiert.

- Die Kenntnis der Mitarbeiterzahl pro Teilprozess generiert automatisch eine Quantifizierung der Gesamtprozesskosten in € pro Jahr.

- Mit zusätzlicher Kenntnis der Kostentreiber der Imi-Prozesse und deren Verrichtungsanzahl lassen sich die Imi-Teilprozesskosten beziffern. Diese können durch Anwendung des Imn-Zuschlags in die Gesamt-Teilprozesskosten überführt werden.

**Beispiel für Top-down-Verfahren**: Die Firma „Reifen-Hit GmbH" ist ein Reifengroßhandel für Motorrad-, Pkw- sowie Lkw-Reifen aller Fabrikate. Bislang wurden die Handlingkosten der indirekten Bereiche per Zuschlag auf den Warenwert (Materialeinsatz) verrechnet:

- Der Wareneinsatz betrug lt. Lagerbuchführung 3.875.000 €.

- Die Personalgemeinkosten der analysierten indirekten Bereiche beliefen sich auf 930.000 €. Hieraus resultiert ein Zuschlagssatz von 24 %.

- Es wird unterstellt, dass die Handlingkosten proportional zum Wareneinsatz anfallen.

Künftig sollen die in den Kostenstellen „Disposition und Einkauf", „Materialfluss und Logistik" und „Vertrieb und Kundenservice" anfallenden Gemeinkosten über Prozesskostensätze auf die Handelsware verrechnet werden.

Ziel der Tätigkeitsanalyse mittels Interviews mit den Kostenstellenverantwortlichen ist die Erfassung der typischen Tätigkeiten und die dadurch jeweils benötigte Arbeitskapazität, also die Anzahl der beanspruchten Mitarbeiter. Darüber hinaus werden die kostentreibenden Faktoren der einzelnen Aktivitäten sowie die jeweiligen Prozessmengen ermittelt.

- Kostenstelle „Disposition und Einkauf"

| Teilprozess | Mitarbeiter (Anzahl) | Aktivitätskosten (€) |
| --- | ---: | ---: |
| 1. Sortimentsvorschläge ausarbeiten, Muster einholen | 0,5 | 22.000 |
| 2. Angebote einholen und prüfen | 1,5 | 66.000 |
| 3. Lieferkondition für Rahmenvertrag aushandeln | 1,5 | 66.000 |
| 4. Eingangsrechnung prüfen | 0,5 | 22.000 |
| 5. Abteilung leiten | 0,5 | 22.000 |
| Summe | 4,5 | 198.000 |

▶ Kostenstelle „Materialfluss und Logistik"

| Teilprozess | Mitarbeiter (Anzahl) | Aktivitätskosten (€) |
|---|---|---|
| 1. Ware annehmen, kontrollieren und Bestand melden | 0,5 | 17.000 |
| 2. Waren einlagern | 2,0 | 68.000 |
| 3. Kommissionieren inkl. verpacken | 1,5 | 51.000 |
| 4. Waren ausliefern | 1,0 | 34.000 |
| 5. Abteilung leiten | 1,0 | 34.000 |
| Summe | 6,0 | 204.000 |

▶ Kostenstelle „Vertrieb und Kundenservice"

| Teilprozess | Mitarbeiter (Anzahl) | Aktivitätskosten (€) |
|---|---|---|
| 1. Anzeigenkampagnen planen | 0,5 | 24.000 |
| 2. Mailings konzipieren | 1,0 | 48.000 |
| 3. Kunden im Außendienst betreuen | 3,5 | 168.000 |
| 4. Kunden im Innendienst betreuen | 2,0 | 96.000 |
| 5. Telefonische Aufträge entgegennehmen | 2,0 | 96.000 |
| 6. Ausgangsrechnung prüfen | 1,0 | 48.000 |
| 7. Abteilung leiten | 1,0 | 48.000 |
| Summe | 11,0 | 528.000 |

Bei einer Gesamtkostensumme von 204 T€ und 6 Mitarbeitern in der Kostenstelle „Materialfluss und Logistik" ergibt sich dabei ein Betrag in Höhe von 34 T€ pro Mitarbeiter. Da beispielsweise der Teilprozess „Kommissionieren inkl. Verpacken" 1,5 Mitarbeiter, also 25 % der verfügbaren Arbeitskapazität der Abteilung, pro Periode beansprucht, entfallen auf diese Tätigkeit auch 25 % der Gesamtkostensumme bzw. 34.000 · 1,5 = 51 T€. Für die Personalkosten insgesamt und pro Kostenstelle folgt:

| Kostenstelle | Personalkosten (T€) | Mitarbeiter (VZÄ) | Personalkosten je VZÄ (€) |
|---|---|---|---|
| Disposition | 198,0 | 4,5 | 44,0 |
| Materialfluss | 204,0 | 6,0 | 34,0 |
| Vertrieb | 528,0 | 11,0 | 48,0 |
| Summe | 930,0 | 21,5 | – |

Somit lassen sich die unterschiedlichen Tarifbelegungen (Stellenkegel) in den Kostenstellen praxistauglich modellieren.

Nun werden die Prozesskostensätze auf Grundlage der in den Kostenstellen erfassten Teilprozessen und der ihnen jeweils angelasteten Kostenanteile berechnet. Die für die einzelnen Teilprozesse ermittelten Kosten werden auf die dazugehörigen Prozessmengen, den quantitativen Output, verteilt.

Da die Kosten der Abteilungsleitung aller drei Kostenstellen jedoch leistungsmengenneutral sind, werden diese über einen entsprechenden Umlagekostensatz verrechnet.

## Controlling des Leistungserstellungsprozesses — KAPITEL IV

**ABB. 291:** Beispiel für eine Prozesskostenkalkulation indirekter Bereiche

► Kostenstelle „Disposition und Einkauf"

1. Ausgangsdaten aus Interviews, Erhebungen, Prozessanalysen
2. Entsprechend Mitarbeiteraufteilung und Lohnsumme
3. Einfache Division
4. Zuschlagsbildung
5. Addition

| Teilprozess | Maßgröße/ Bezugsgröße | | Prozess-mengen | Prozess-kosten | Prozess-kostensatz (lmi) | Umlage-kostensatz (lmn) | Gesamt-prozess-kostensatz |
|---|---|---|---|---|---|---|---|
| Sortimentsvorschläge ausarbeiten und Muster einholen | lmi | Umfang des Sortiments | 150 | 22.000 | 146,67 | 18,33 | 165,00 |
| Angebote einholen und prüfen | lmi | Anzahl der Angebote | 550 | 66.000 | 120,00 | 15,00 | 135,00 |
| Lieferkondition für Rahmenvertrag aushandeln | lmi | Anzahl der Rahmenverträge | 360 | 66.000 | 183,33 | 22,92 | 206,25 |
| Eingangsrechnung prüfen | lmi | Anzahl der Eingangsrechnungen | 360 | 22.000 | 61,11 | 7,64 | 68,75 |
| Summe der lmi-Prozesskosten | | | | 176.000 | | | |
| Abteilung leiten | lmn | | | 22.000 | | | |
| Summe der Prozesskosten | | | | 198.000 | | | |
| Umlagesatz lmn-Kosten 12,5 % | | | | | | | |

► Kostenstelle „Materialfluss und Logistik"

| Teilprozess | Maßgröße/ Bezugsgröße | | Prozess-mengen | Prozess-kosten | Prozess-kostensatz (lmi) | Umlage-kostensatz (lmn) | Gesamt-prozess-kostensatz |
|---|---|---|---|---|---|---|---|
| Waren annehmen, kontrollieren und Bestand melden | lmi | Anzahl der Picks | 17.000 | 17.000 | 1,00 | 0,20 | 1,20 |
| Waren einlagern | lmi | Anzahl der Picks | 17.000 | 68.000 | 4,00 | 0,80 | 4,80 |
| Kommissionieren inkl. Verpacken | lmi | Anzahl der Reifensätze | 8.500 | 51.000 | 6,00 | 1,20 | 7,20 |
| Waren ausliefern | lmi | Anzahl der Stunden | 4.000 | 34.000 | 8,50 | 1,70 | 10,20 |
| Summe der lmi-Prozesskosten | | | | 170.000 | | | |
| Abteilung leiten | lmn | | | 34.000 | | | |
| Summe der Prozesskosten | | | | 204.000 | | | |
| Umlagesatz lmn-Kosten 20 % | | | | | | | |

▶ Kostenstelle „Marketing und Vertrieb"

1. Ausgangsdaten aus Interviews, Erhebungen, Prozessanalysen
2. Entsprechend Mitarbeiteraufteilung und Lohnsumme
3. Einfache Division
4. Zuschlagsbildung
5. Addition

| Teilprozess | Maßgröße/ Bezugsgröße | | Prozessmengen | Prozesskosten | Prozesskostensatz (lmi) | Umlagekostensatz (lmn) | Gesamtprozesskostensatz |
|---|---|---|---|---|---|---|---|
| Anzeigenkampagnen planen | lmi | Anzahl der Anzeigenkampagnen | 24 | 24.000 | 1.000,00 | 100,00 | 1.100,00 |
| Mailings konzipieren | lmi | Anzahl der Mailings | 10 | 48.000 | 4.800,00 | 480,00 | 5.280,00 |
| Kunden im Außendienst betreuen | lmi | Anzahl der Kundenbesuche | 2.400 | 168.000 | 70,00 | 7,00 | 77,00 |
| Kunden im Innendienst betreuen | lmi | Anzahl der Kundenbesuche | 4.000 | 96.000 | 24,00 | 2,40 | 26,40 |
| Telefonische Aufträge entgegennehmen | lmi | Anzahl der eingehenden telefonischen Aufträge | 6.400 | 96.000 | 15,00 | 1,50 | 16,50 |
| Ausgangsrechnung prüfen | lmi | Anzahl der gestellten Rechnungen | 8.000 | 48.000 | 6,00 | 0,60 | 6,60 |
| Summe der lmi-Prozesskosten | | | | 480.000 | | | |
| Abteilung leiten | lmn | | | 48.000 | | | |
| Summe der Prozesskosten | | | | 528.000 | | | |
| Umlagesatz lmn-Kosten 10 % | | | | | | | |

Die Ermittlung von Prozess-, Umlage- und Gesamtkostensatz wird nachstehend am Beispiel des Teilprozesses „Kommissionieren inkl. Verpacken" veranschaulicht:

▶ Prozesskostensatz für **leistungsmengeninduzierte** Kosten (lmi):

Prozesskostensatz (lmi) = Prozesskosten/Prozessmenge = Kosten je Prozessmenge

**Beispiel**: Prozesskostensatz (lmi) = 51.000/8.500 = 6 € pro Reifensatz

▶ Umlagesatz für **leistungsmengenneutrale** Kosten (lmn):

Umlagesatz (lmn) = Σ Prozesskosten (lmn)/ Σ Prozesskosten (lmi) · 100

Umlagesatz (lmn) = Σ Prozesskosten (lmn)/ Σ Prozesskosten (lmi) · Prozesskostensatz (lmi)

**Beispiel**: 34.000/170.000 · 100 = 20 %; 34.000/170.000 · 6 € = 1,20 €

▶ **Gesamtprozesskostensatz**:

Gesamtprozesskostensatz = Prozesskostensatz (lmi) + Umlagekostensatz (lmn)

**Beispiel**: 6 € + (6 € · 0,2) = 7,20 € pro Maßnahme

## Controlling des Leistungserstellungsprozesses — KAPITEL IV

Im Folgenden sollen anhand zweier beispielhafter Bestellaufträge die Defizite der traditionellen Zuschlagskalkulation im Vergleich zu der Prozesskostenrechnung an einem stark vereinfachten Beispiel aufgezeigt werden.

**Auftrag der „Klein-Meier GmbH & Co KG":** Kleinkunde „Klein-Meier GmbH & Co KG" stellt folgenden Auftrag an die Reifen-Hit GmbH:

▶ Bestellung von Ganzjahresreifen Modell „Superchic", ein Satz im Wert von 600 €.

Im Rahmen dieser Bestellung sollen einerseits die prozessorientierte Kalkulation, andererseits die traditionelle Zuschlagskalkulation gegenübergestellt werden.

Bei der Prozesskalkulation liegen folgende Leistungsprozesse des Hauptprozesses „Bestellungsabwicklung" vor:

▶ Kunden im Innendienst betreuen,
▶ telefonischen Auftrag entgegennehmen,
▶ Lieferkondition aushandeln und Waren bestellen,
▶ Kommissionieren inkl. Verpacken,
▶ Waren ausliefern (nimmt drei Stunden in Anspruch),
▶ Ausgangsrechnung prüfen.

Die Kosten der oben aufgeführten Prozesse lassen sich wie folgt berechnen:

| Teilprozess | Gesamtprozesskostensatz |
|---|---|
| 1. Kunden im Innendienst betreuen | 26,40 |
| 2. Telefonischen Auftrag entgegennehmen | 16,50 |
| 3. Lieferkondition aushandeln und Waren bestellen | 206,25 |
| 4. Kommissionieren inkl. Verpacken (Kostentreiber 1 Satz) | 7,20 |
| 5. Waren ausliefern (3 Stunden; Kostentreiber = 3) | 30,60 |
| 6. Ausgangsrechnung prüfen | 6,60 |
| Summe | 293,55 |

Alternativ wird im Zuge der traditionellen Zuschlagskalkulation ein Umlagesatz in Höhe von 24 % auf den Wareneinsatz verrechnet, mithin 600 · 0,24 = 144 € Ergebnis:

▶ Die Zuschlagskalkulation verrechnet zu niedrige Gemeinkosten auf den Auftrag.
▶ Fälschlicherweise wird unterstellt: Niedriger Warenwert, niedrige Komplexität, niedriger Ressourceneinsatz für Handling.
▶ Tatsächlich kommt die verursachungsgerechte Prozesskostenrechnung zu deutlich höheren Gemeinkostenwerten.

**Auftrag der „Reifenschlager GmbH":** Außerdem ist folgender Auftrag des nahe gelegenen Großkunden „Reifenschlager GmbH" zu verzeichnen:

▶ Winterreifen Modell „Standard", 20 Sätze à 4 · 100 €, also Warenwert von 8.000 €.

Folgende Leistungsprozesse werden in Anspruch genommen:

▶ Kunden im Außendienst betreuen,
▶ telefonischen Auftrag entgegennehmen,
▶ Lieferkondition aushandeln und Waren bestellen,
▶ Kommissionieren inkl. Verpacken,

- Waren ausliefern (nimmt eine Stunde in Anspruch),
- Ausgangsrechnung prüfen.

| Teilprozess | Gesamtprozesskostensatz |
|---|---|
| 1. Kunden im Außendienst betreuen | 77,00 |
| 2. Telefonischen Auftrag entgegennehmen | 16,50 |
| 3. Lieferkondition aushandeln und Waren bestellen | 206,25 |
| 4. Kommissionieren inkl. Verpacken (Kostentreiber 20 Sätze) | 144,00 |
| 5. Waren ausliefern (1 Stunde; Kostentreiber = 1) | 10,20 |
| 6. Ausgangsrechnung prüfen | 6,60 |
| Summe | 460,55 |

Unter Berücksichtigung des Zuschlagssatzes in Höhe von 24 % liegen die Kosten bei der Kalkulation mittels traditioneller Zuschlagskalkulation bei 8.000 · 0,24 = 1.920 €.

Die Gegenüberstellung beider Kalkulationsverfahren macht die Vorteile der Prozesskostenrechnung sichtbar. Dort erfolgt die Zuordnung der Gemeinkosten nach der Inanspruchnahme der Prozesse und unabhängig von der Höhe der Einzelkosten. Bei der Zuschlagskalkulation hingegen ergibt sich der Gemeinkostenanteil aus dem Wareneinsatz.

Bei der ersten Bestellung weist die Zuschlagskalkulation wesentlich niedrigere, bei der zweiten aber deutlich höhere Kosten als die Prozesskostenkalkulation auf. Da bei der Prozesskostenrechnung nur individuell in Anspruch genommene Prozesse relevant sind, zeigt sich, dass im Rahmen der Zuschlagskalkulation kleinere Aufträge mit zu wenig Gemeinkosten belastet und größere Aufträge mit zu hohen Gemeinkosten belastet werden. Der Aufwand für die Abwicklung des Kundenauftrages jedoch ist meist ungefähr gleich hoch, egal ob es sich um eine größere oder eine kleinere Bestellmenge handelt.

Die strikte Top-down-Annahme einer vollständigen Zuordnung von Mitarbeitern auf Aktivitäten bzw. Teilprozesse kann durch eine hypothetische individuelle Erfassung der Arbeitszeitverteilung gelockert werden. Dann wird berücksichtigt, dass systematisch bestimmte – höherwertige – Tätigkeiten durch bestimmte – besser bezahlte – Mitarbeiter wahrgenommen werden.

**BEISPIEL:** Für die Abteilung „Einkauf" soll folgende Lohn- und Arbeitszeitverteilung angenommen werden (A - C = Sachbearbeiter, D = Abteilungsleiter):

| Mitarbeiter | A | B | C | D |
|---|---|---|---|---|
| Gehalt € p. a. | 50.000 € | 50.000 € | 60.000 € | 80.000 € |
| Tätigkeitsprofil je Mitarbeiter | | | | |
| Lagerbestand verwalten | 40 % | 40 % | – | – |
| Lieferantengespräche führen | 40 % | 40 % | 30 % | – |
| Angebote vergleichen | 20 % | 20 % | 30 % | 25 % |
| Verträge abschließen | – | – | 40 % | 25 % |
| Abteilung leiten | – | – | – | 50 % |

Die angefallenen Kosten beliefen sich für alle Mitarbeiter auf insgesamt 240 T€ p. a. Für alle Mitarbeiter wird die gleiche Wochenarbeitszeit unterstellt.

Controlling des Leistungserstellungsprozesses    KAPITEL IV

Auf Basis der tatsächlichen Einkommenshöhe sollen die Kosten (Imi und gesamt) der Durchführung je eines der nachstehend aufgeführten Teilprozesse ermittelt werden.

| Teilprozesse | Prozessmengen |
|---|---|
| Lagerbestand verwalten | 10.000 Datensätze |
| Lieferantengespräche führen | 290 Gespräche |
| Angebote vergleichen | 250 Angebote |
| Verträge abschließen | 125 Vertragsabschlüsse |

Für die aufgeführten Tätigkeiten lassen sich folgende Zeitbeanspruchungen in VZÄ durch Summation ermitteln:

| Teilprozesse | Kosten in T€ |
|---|---|
| Datenbestand verwalten | 0,4 · 50 + 0,4 · 50 = 40.000 € |
| Lieferantengespräche führen | 0,4 · 50 + 0,4 · 50 + 0,3 · 60 = 58.000 € |
| Angebote vergleichen | 0,2 · 50 + 0,2 · 50 + 0,3 · 60 + 0,25 · 80 = 58.000 € |
| Verträge abschließen | 0,4 · 60 + 0,25 · 80 = 44.000 € |
| Abteilung leiten | 0,5 · 80 = 40.000 € |
| Summe | 240.000 € |

Der Imn-Zuschlagssatz beträgt 40/200 = 20 %. Hieraus folgen die Prozesskostensätze:

| Mitarbeiter / Teilprozesse | Prozess-mengen | Prozesskosten gesamt (€) | Imi-Prozess-kosten (€/TP) | Gesamt-Prozess-kosten (€/TP) |
|---|---|---|---|---|
| Datenbestand verwalten | 10.000 | 40.000 | 4,00 | 4,80 |
| Lieferantengespräch führen | 290 | 58.000 | 200,00 | 240,00 |
| Angebote vergleichen | 250 | 58.000 | 232,00 | 278,40 |
| Verträge abschließen | 125 | 44.000 | 352,00 | 422,40 |

Probe:
4,80 · 10.000 + 240 · 290 + 278,40 · 250 + 422,40 · 125 = 240.000.

zzgl. Imn-Zuschlag 20 %

Beim **Bottom-up-Verfahren** wird demgegenüber auf die Zuordnung von einzelnen Mitarbeitern zu bestimmten Aktivitäten oder Teilprozessen verzichtet. Maßgebend sind allein die Anzahl der durchgeführten Prozesse und der erfasste Zeitbedarf für deren Durchführung. In einer realistischen Sichtweise wird unterstellt, dass in jeder Kostenstelle jeder Mitarbeiter grundsätzlich jeden Prozess durchführt, d. h., von einer Spezialisierung der Mitarbeiter auf einzelne Prozesse wird nicht ausgegangen.

Außerdem wird nur die Standard-Verrichtungszeit für einen jeden Imi-Prozess gemessen. Die Imn-Tätigkeit wird mangels produktiver Messbarkeit nicht gesondert erhoben. Vielmehr wird für den nicht gemessenen, unproduktiven Anteil an der Arbeitszeit ein prozentualer Abschlag vorgenommen. Die Personalkosten werden folglich auf ein geringeres Reservoir an Produktivzeit verteilt, was zu höheren Stundenkostensätzen führt.

Im Ergebnis hat eine solche Vorgehensweise den Vorteil, dass bei der Zeitmessung unproduktiven Zeitanteilen nicht „hinterhergelaufen" werden muss; sie sind bereits in den erhöhten Personalkosten-Stundensatz „eingepreist". Die Verrichtungszeit pro Prozess bzw. die Mitarbeiterproduktivität in Prozessen pro Zeiteinheit („Ergiebigkeit der Zeit") bestimmt dann den Mitarbei-

# KAPITEL IV — Kosten- und Leistungscontrolling

terbedarf und die Prozesskosten. Die Hilfskonstruktion des Top-down-Verfahrens, die Zuordnung von Mitarbeitern zu Prozessen, kann hier entfallen.

Der Ablauf des Bottom-up-Verfahrens gestaltet sich demnach wie folgt:

▶ Zuerst wird der Standard-Zeitbedarf je produktiver Aktivität gemessen.

▶ Über die Kenntnis des Standard-Stundenkostensatzes lassen sich die Kosten pro Verrichtung pro Aktivität ermitteln.

▶ Durch Multiplikation mit der Anzahl der Kostentreiber kann der Gesamt-Zeitbedarf für einen Hauptprozess, ein Bündel von Aktivitäten, einen Auftrag etc. beziffert werden.

▶ Gleichzeitig können der Gesamt-Mitarbeiterbedarf unter Kenntnis der Produktivzeit je VZÄ sowie die Gesamtkosten des Hauptprozesses bzw. Auftrags ermittelt werden.

**BEISPIEL 1:** ▶ für Bottom-up-Verfahren:

Die Einkaufskooperation Interkauf AG erwägt, einen Rahmenvertrag mit dem Spielwaren-Einzelhändler Toystore GmbH abzuschließen. Die Rahmenplanung geht von 300 Aufträgen à durchschnittlich 20 Positionen pro Monat aus, mithin 6.000 Verkaufseinheiten (VE) pro Monat. Erfahrungsgemäß wird für Sendungsteiler ein Zuschlag von 10 % in Ansatz gebracht (d. h. die Sendungen entsprechen 110 % der Aufträge).

Im Einzelnen sieht die Rahmenplanung für die Inanspruchnahme des Warenverteilzentrums der Interkauf AG folgende Daten vor:

| Leistungsart | Dimension | Anzahl pro Monat | Produktivität pro Mitarbeiterstunde (MAh) |
|---|---|---|---|
| Auftragseingang | Aufträge | 300 | 20 |
| Warenentnahme | Picks (VE) | 6.000 | 80 |
| Sonderteile | 6 % der VE | 360 | 15 |
| Retourenteile | 4 % der VE | 240 | 5 |
| Warenausgang | Sendungen | 330 | 10 |
| Lagermanagement | VE | 6.000 | 75 |
| Verpackung, einfach | 80 % der Sendungen | 264 | 12 |
| Verpackung, sonder | 20 % der Sendungen | 66 | 6 |
| Faktura | Aufträge | 300 | 10 |

Bezüglich der Arbeitszeiten und -kosten liefert die Personalabteilung folgende Daten:

▶ Das Jahr entspricht 250 Arbeitstagen. Der Tarifurlaub beträgt 27 Tage, der Fort- und Weiterbildungsanspruch fünf Tage p. a.

▶ Die Fehlquote liegt erfahrungsgemäß bei 5,5 % p. a.

▶ Tarifvertraglich wird 39 Stunden pro Woche gearbeitet.

▶ Die Produktivarbeitszeit wird mit 95 % der Roharbeitszeit bemessen.

▶ Der durchschnittliche monatliche Tariflohn der Beschäftigten im Warenverteilzentrum liegt bei 2.113 €; das Gehalt kommt 13-mal p. a. zur Auszahlung.

Es sollen Ressourceneinsatz und -kosten des Handlings im Warenverteilzentrum bemessen werden. Zu berechnen sind: Stundenvolumen nach Mitarbeiterstunden (MAh) und Mitarbeiterbedarf des Auftrags pro Monat, entstehende Personalkosten pro Stunde und für den Gesamtauftrag.

## Controlling des Leistungserstellungsprozesses — KAPITEL IV

| Leistungsart | Dimension | Anzahl/Monat | Produktivität pro MAh | Anzahl MAh |
|---|---|---|---|---|
| Auftragseingang | Aufträge | 300 | 20 | 15 |
| Warenentnahme | Picks (VE) | 6.000 | 80 | 75 |
| Sonderteile | 6 % der VE | 360 | 15 | 24 |
| Retourenteile | 4 % der VE | 240 | 5 | 48 |
| Warenausgang | Sendungen | 330 | 10 | 33 |
| Lagermanagement | VE | 6.000 | 75 | 80 |
| Verpackung, einfach | 80 % der Sendungen | 264 | 12 | 22 |
| Verpackung, sonder | 20 % der Sendungen | 66 | 6 | 11 |
| Faktura | Aufträge | 300 | 10 | 30 |

Die Summe der benötigten MAh beträgt demnach 338. Nachfolgend die Berechnung der Personalkosten:

▶ 250 - 27 - 5 = 218 Brutto-Arbeitstage p. a., abzüglich Fehlquote hiervon 0,945 = 206 Netto-Arbeitstage p. a.,

▶ Die 39 Stunden-Woche entspricht 7,8 Stunden pro Tag; bezogen auf 206 Arbeitstage sind dies 1.606,8 Roh-Arbeitsstunden p. a.

▶ Unter Berücksichtigung des Produktivfaktors von 95 % erhält man 1.526,46 Arbeitsstunden p. a. oder 127,2 Arbeitsstunden pro Monat.

▶ Das Jahreseinkommen liegt bei 13 · 2.113 = 27.469 €, normalisiert auf den Monat sind dies 2.289 €.

▶ Damit kostet die Arbeitsstunde (Produktivstunde) durchschnittlich 2.289/127,2 = 18 € (gerundet).

Der Mitarbeiterbedarf für den Auftrag beläuft sich auf 338 MAh/127 Std. = 2,66 VZÄ. Damit ergeben sich die direkten Personalkosten als 338 · 18 € = 6.084 €/Monat.

Die Geschäftsleitung des Warenverteilzentrums will die Handlingleistung nach dem Ressourcenverbrauch bepreisen. Sie fordert zur Abdeckung aller indirekten Infrastrukturkosten sowie zur Abgeltung des kalkulatorischen Gewinns einen DBU-Faktor von 0,35. Die direkt dem Auftrag zurechenbaren Personalkosten werden dabei als variable Kosten betrachtet. Es soll der Zielpreis für den Auftrag quantifiziert werden.

Dies erfolgt unter Zugrundelegung der Formel:

$DBU = (p - k_{var})/p$ oder $p \cdot DBU = (p - k_{var})$ oder $k_{var} = p \cdot (1 - DBU)$.

Im Ergebnis erhält man: $p = k_{var}/(1 - DBU)$ bzw. 6.084/(1 - 0,35) = 9.360 €. Die Geschäftsleitung muss einen Preis von 9.360 € pro Monat für das Warenhandling fordern.

**BEISPIEL 2:** ▶ **für Bottom-up-Verfahren:**

Aus der Personalbuchhaltung der Interkauf AG lässt sich für Personalbesatz und Personalkosten des Kundenservicecenters ableiten:

▶ Das Jahr wird zu 250 Arbeitstagen gerechnet. Der tarifliche Urlaubsanspruch der Mitarbeiter im Servicecenter beträgt 30 Tage, der Aus- und Weiterbildungsanspruch fünf Tage. Von der Differenz ist eine durchschnittliche Fehlquote von 5 % in Abzug zu bringen. Die Produktivzeit beträgt ca. 90 % der bis dahin ermittelten Roharbeitszeit.

▶ Der Tarifvertrag sieht eine 40-Stunden-Woche vor.

▶ Die Bruttopersonalkosten belaufen sich für die insgesamt 40 Vollzeitmitarbeiter im Servicecenter monatlich auf (12,5 Gehälter pro Jahr):

| Tarifgruppe | I | II | II | IV |
|---|---|---|---|---|
| Anzahl in VZÄ | 4 | 8 | 12 | 16 |
| Gehalt (€/Monat) | 3.700 € | 2.800 € | 2.200 € | 1.900 € |

Zunächst soll der Standard-Personalkostensatz pro Stunde im Servicecenter berechnet werden. Die Bruttopersonalkosten pro VZÄ belaufen sich auf

▶ (4 · 3.700 + 8 · 2.800 + 12 · 2.200 + 16 · 1.900)/40 = 2.350 €

▶ 2.350 · 12,5 = 29.375 € p. a. und VZÄ.

Die produktiven Arbeitsstunden betragen (250 - 30 - 5) · 0,95 · 0,90 = 183,8 Tage = 1.470,6 Std. p. a. pro VZÄ. Somit folgt gerundet: 29.375/1.470,6 = 20 €/Std.

Der Einzelhändler Toystore GmbH will wiederum ein Leistungspaket von 300 Aufträgen pro Monat wie folgt von der Interkauf AG abnehmen:

| Leistungsart | Anzahl/Monat |
|---|---|
| Aufträge | 300 |
| Ø Positionen pro Auftrag | 20 |
| Σ Positionen | 6.000 |

Das Servicecenter wird durch den Auftrag wie folgt in Anspruch genommen. Für das Servicecenter wurde außerdem eine Prozessanalyse durchgeführt, die die angegebenen Mitarbeiterproduktivitäten (MAh = Mitarbeiterstunde) ausweist.

| Leistungsart | Anzahl/Monat | Produktivität (Stück/MAh) |
|---|---|---|
| Auftragsbezogene Calls (ø Dauer: 0,5 Min./Position) | 150 | – |
| Schriftliche Aufträge | 50 | 4 |
| E-Mail-Aufträge | 100 | 10 |
| Nachbearbeitung, einfach (80 % der Aufträge) | 240 | 10 |
| Nachbearbeitung, komplex (20 % der Aufträge) | 60 | 4 |
| Fakturierung (alle Aufträge) | 300 | 8 |
| Mahnungen (10 % der Aufträge) | 30 | 5 |

Hieraus ergeben sich Zeitbedarf und Kosten:

| Leistungsart | Anzahl/Monat | Produktivität (Stück/MAh) | Zeitbedarf (MAh) | Kosten (€/Stück) | Kosten (€/Monat) |
|---|---|---|---|---|---|
| Auftragsbezogene Calls (ø Dauer: 0,5 Min./Position) *) | 150 | 6 | 25,0 | 3,33 | 500,00 |
| Schriftliche Aufträge | 50 | 4 | 12,5 | 5,00 | 250,00 |
| E-Mail-Aufträge | 100 | 10 | 10,0 | 2,00 | 200,00 |
| Nachbearbeitung, einfach (80 % der Aufträge) | 240 | 10 | 24,0 | 2,00 | 480,00 |
| Nachbearbeitung, komplex (20 % der Aufträge) | 60 | 4 | 15,0 | 5,00 | 300,00 |
| Fakturierung (alle Aufträge) | 300 | 8 | 37,5 | 2,50 | 750,00 |
| Mahnungen (10 % der Aufträge) | 30 | 5 | 6,0 | 4,00 | 120,00 |
| Gesamt | | | 130,0 | – | 2.600,00 |

*) Ein auftragsbezogener Call dauert 0,5 · 20 = 10 min., d. h. 6 Calls pro MAh. Bei 150 Calls sind dies 25 MAh.

Ein VZÄ arbeitet pro Monat (1.470,6/12 =) 122,55 produktive MAh. Folglich werden analytisch 1,06 VZÄ im Kundenservicecenter nur für die Bearbeitung des betreffenden Auftrags benötigt.

## Controlling des Leistungserstellungsprozesses — KAPITEL IV

Die Interkauf AG betrachtet die Personalkosten des Servicecenters als Einzelkosten und kalkuliert auf diese für die Sach- und Infrastrukturkosten einen Zuschlag von 40 %. Soll der Auftrag zu einem Kampfpreis von 3.990 €/Monat angenommen werden, wenn die Geschäftsleitung nach Abzug aller Kosten eine Umsatzrendite von 15 % fordert?

Es betragen die Gesamtkosten 2.600 · 1,40 = 3.640 € und die Zielkosten: 3.990 · 0,85 = 3.391,50 €. Der Auftrag sollte unter den genannten Prämissen nicht angenommen werden.

Folgendes weitere Beispiel zum Bottom-up-Ansatz verdeutlicht plastisch den sog. **Komplexitätseffekt**, d. h., den Umstand, dass komplexere Produkte und Dienstleistungen in der Prozesskostenrechnung auch mit höheren (Gemein-)Kosten belastet werden.

**BEISPIEL:** In einem Warenumschlagsterminal arbeiten 50 Mitarbeiter. Die tarifliche Arbeitszeit beträgt 8 Std./Tag, der Produktivfaktor beläuft sich auf 85 %. Es wird von 20 Arbeitstagen pro Monat ausgegangen. In einem Monat bestehen mithin insgesamt 50 · 8 · 0,85 · 20 = 6.800 produktive Mitarbeiterstunden (MAh). Der Normalkostensatz soll 22,50 €/MAh betragen.

In dem Monat werden 10.000 Paletten umgeschlagen. Für die Prozesskostenkalkulation wurden folgende weiteren Daten erhoben:

| Aktivität | Anzahl Paletten (Stück) | Zeitbedarf in % der Gesamtzeit |
|---|---|---|
| Sortieren | 5.000 | 23,33 % |
| Verpackung | 6.000 | 20,00 % |
| Verzollung | 1.200 | 13,33 % |
| Umschlagen | 10.000 | 26,67 % |
| Sonstige, Administration | – | 16,67 % |
| Summe | – | 100,00 % |

Bislang wurden im Rahmen einer Divisionskalkulation die gesamten Personalgemeinkosten des Terminals auf die Anzahl der umgeschlagenen Paletten verteilt.

Die gesamten Personalgemeinkosten belaufen sich auf 6.800 · 22,50 = 153.000 €. Es soll eine Prozesskalkulation aller drei Imi-Teilprozesse inkl. Imn-Umlage) erfolgen.

| Aktivität | Anzahl Paletten (Stück) | Zeitbedarf in % der Gesamtzeit | Kosten gesamt (€) | Imi-Kosten (€/TP) | (Imi+Imn)- Kosten (€/TP) |
|---|---|---|---|---|---|
| Sortieren | 5.000 | 23,33 % | 35.700 | 7,14 | 8,568 |
| Verpackung | 6.000 | 20,00 % | 30.600 | 5,10 | 6,12 |
| Verzollung | 1.200 | 13,33 % | 20.400 | 17,00 | 20,40 |
| Umschlagen | 10.000 | 26,67 % | 40.800 | 4,08 | 4,896 |
| Sonstige, Administration | – | 16,67 % | 25.500 | Imn-Zuschlagssatz = 16,6 / 83,3 · 100 = 20 % | Imi-Kosten · 1,2 |
| Summe | – | 100,00 % | 153.000 | | |

**Probe:** 5.000 · 8,568 + 6.000 · 6,12 + 1.200 · 20,40 + 10.000 · 4,896 = 153.000 €.

Der Kostensatz pro umgeschlagener Palette (Divisionskalkulation) beträgt demgegenüber: 153.000/10.000 = 15,30 €.

Sodann sollen die Ergebnisse der bisherigen traditionellen Kalkulation und der Prozesskalkulation für die folgenden Sendungen vorgenommen werden (umgeschlagen wird jede Palette):

- 2 Paletten, zusätzlich zum Umschlag auch Sortieren, Verpackung und Verzollung,
- 5 Paletten, nur Verpackung und Umschlag,
- 10 Paletten, nur Umschlag.

| Sendung | Spezifikation | Traditionelle Kalkulation | Prozesskalkulation |
|---|---|---|---|
| 1 | 2 Paletten, zusätzlich zum Umschlag auch Sortieren, Verpackung und Verzollung | 2 · 15,30 = **30,60 €**. | 2 · (8,568 + 6,12 + 20,40 + 4,896) = **79,97 €**. |
| 2 | 5 Paletten, nur Verpackung und Umschlag | 5 · 15,30 = **76,50 €**. | 5 · (6,12 + 4,896) = **55,08 €**. |
| 3 | 10 Paletten, nur Umschlag | 10 · 15,30 = **153,00 €**. | 10 · 4,896 = **48,96 €**. |

Die Unterschiede resultieren daraus, dass bei einigen Aufträgen nur Standard- (Routine-)aktivitäten und bei anderen auch Zusatzaktivitäten anfallen. Im Ergebnis kommt es zu erheblichen Differenzen bei der Leistungskalkulation, die aus der unterschiedlichen Komplexität der Aufträge resultieren.

Zusammenfassend ist festzuhalten, dass die Prozesskostenrechnung folgende „**strategischen Informationsvorteile**" induziert:

| ABB. 292: | Effekte der Prozesskostenrechnung |
|---|---|
| **Effekt** | **Erläuterung** |
| Allokationseffekt | In der Prozesskostenrechnung erfolgt eine verursachungsgerechte Zuordnung der Gemeinkosten auf die Produkte, während bei der traditionellen Zuschlagskalkulation auf Produkte mit geringen Einzelkosten zu niedrige und mit hohen Einzelkosten zu hohe Gemeinkosten kalkuliert werden. |
| Degressionseffekt | Die Prozesskostenrechnung berücksichtigt, dass sich die Stückkosten für die interne Abwicklung von z. B. Materialbestellungen mit steigenden Losgrößen verringern. Bei der traditionellen Zuschlagskalkulation werden hingegen Aufträge mit geringer Stückzahl zu billig und Aufträge mit hoher Stückzahl zu teuer kalkuliert. |
| Komplexitätseffekt | In der Prozesskostenrechnung werden komplexe Produkte aufgrund der höheren Prozessintensität mit mehr Gemeinkosten belastet, da für ihre Erstellung ein höheres Maß an kostentreibenden Tätigkeiten erforderlich ist. |

Quelle: *Kremin-Buch*, Strategisches Kostenmanagement, 4. Aufl., Wiesbaden 2007, S. 89 ff.

**BEISPIEL:** Eine Funktionsanalyse der Kostenstelle „Warenversand" der Full Power GmbH (Hersteller von Pulver für Sportfitnessgetränke) ergibt, dass hier vier Teilprozesse relevant sind, deren Kosten entweder von der Ausbringungsmenge oder der Anzahl der zu versendenden Produktvarianten (Kostentreiber) abhängen. Bei diesen Teilprozessen handelt es sich neben der Abteilungsleitung um die Auftragsprüfung, das Verpacken der Sendungen sowie die Versandkontrolle. Die Verkaufseinheit (VE) des Pulvers für den Großhandel entspricht 10 Dosen à 2,5 kg.

Die monatlichen Planmengen und -kosten der Teilprozesse im laufenden Geschäftsjahr und die geschätzten monatlichen Volumina an ausbringungs- und variantenabhängigen Anteilen sind nachfolgender Tabelle zu entnehmen. In der Planung werden insgesamt 8.000 VE für beide Produktvarianten („Zitrone" und „Mango") zugrunde gelegt, wovon 5.000 VE auf „Zitrone" und 3.000 VE auf „Mango" entfallen.

| Daten | Geplante Kosten der Teilprozesse in € | Teilprozessmenge abhängig von der | |
|---|---|---|---|
| | | Ausbringungsmenge | Variantenzahl |
| Abteilung leiten | 38.000 | 0 % | 0 % |
| Auftragsprüfung | 50.000 | 100 % | 0 % |
| Verpackung | 120.000 | 50 % | 50 % |
| Versandkontrolle | 20.000 | 20 % | 80 % |

Es sind die geplanten Kosten für den Versand jeweils von einer VE der Produktvariante „Zitrone" bzw. „Mango" zu kalkulieren. Hierbei sind die leistungsmengenneutralen Kosten als prozentualer Zuschlag zu den leistungsmengeninduzierten Kosten anzusetzen.

Die Gesamtkosten betragen 228.000 €, hiervon lmn-Kosten 38.000 €. Der lmn-Zuschlag beträgt folglich 38/190 · 100 = 20 %.

Auftragsprüfung: 50.000/8.000 = 6,25 €/VE für beide Varianten.

Verpackung:

▶ 50 % nach der Ausbringungsmenge, d. h. 60.000/8.000 = 7,50 €/VE für beide Varianten und
▶ 50 % nach den Varianten, d. h. 60.000/2 = 30.000 € pro Variante, somit 6 €/VE für „Zitrone" und 10 €/VE für „Mango".

Versandkontrolle:

▶ 20 % nach der Ausbringungsmenge, d. h. 4.000/8.000 = 0,50 €/VE für beide Varianten und
▶ 80 % nach den Varianten, d. h. 16.000/2 = 8.000 € pro Variante, somit 1,60 €/VE für „Zitrone" und 2,67 €/VE für „Mango".

Kosten für Variante „Zitrone", Ausbringung 5.000 VE:

| Daten | Geplante Kosten der Teilprozesse in € | Kosten des Teilprozesses abhängig von der | | Kosten eines Prozesses (lmi) | Gesamtkosten eines Prozesses |
| --- | --- | --- | --- | --- | --- |
| | | Ausbringungsmenge (8.000 VE) | Variantenzahl (2) | | |
| Abteilung leiten | 38.000 | – | – | – | – |
| Auftragsprüfung | 50.000 | 6,25 | – | 6,25 | 7,50 |
| Verpackung | 120.000 | 7,50 | 6,00 | 13,50 | 16,20 |
| Versandkontrolle | 20.000 | 0,50 | 1,60 | 2,10 | 2,52 |
| Gesamtkosten | | | | | 26,22 |

Die Kosten für Variante „Zitrone" betragen 26,22 €/VE.

Variante „Mango", Ausbringung 3.000 VE:

| Daten | Geplante Kosten der Teilprozesse in € | Kosten des Teilprozesses abhängig von der | | Kosten eines Prozesses (lmi) | Gesamtkosten eines Prozesses |
| --- | --- | --- | --- | --- | --- |
| | | Ausbringungsmenge (8.000 VE) | Variantenzahl (2) | | |
| Abteilung leiten | 38.000 | – | – | – | – |
| Auftragsprüfung | 50.000 | 6,25 | – | 6,25 | 7,50 |
| Verpackung | 120.000 | 7,50 | 10,00 | 17,50 | 21,00 |
| Versandkontrolle | 20.000 | 0,50 | 2,67 | 3,17 | 3,80 |
| Gesamtkosten | | | | | 32,30 |

Die Kosten für Variante „Mango" betragen 32,30 €/VE.

Probe: 5.000 · 26,22 + 3.000 · 32,30 = 228.000 €.

Durch den Vertrieb wird die Einführung einer zusätzlichen Produktionsvariante „Pfirsich" vorgeschlagen, die in der o. g. Planung noch nicht berücksichtigt ist (Alternative I). Diese Produktvariante soll mit einem

Volumen von 2.000 VE produziert und abgesetzt werden. Die geplanten Kosten der Teilprozesse bleiben unverändert bestehen. Der Grenzerfolg der neuen Variante „Pfirsich" ohne Berücksichtigung des Warenversands liegt bei 24,50 €/VE.

Alternativ könnte die Produktvariante „Mango" auf dem bisher noch nicht bedienten Regionalmarkt „Nordost" eingeführt werden (Alternative II). Hierbei wird das kurzfristig realisierbare Marktpotenzial auf 1.000 VE geschätzt. Wie verändert sich die zuvor erstellte Ausgangskalkulation und um wie viel dürfte durch die Markteinführung der Marktpreis maximal sinken?

**Alternative I:** (mit „Pfirsich" jetzt 3 Alternativen, Gesamtausbringung 10.000 VE):

| Daten | Geplante Kosten der Teilprozesse in € | Kosten des Teilprozesses abhängig von der | | Kosten eines Prozesses (Imi) | Gesamtkosten eines Prozesses |
|---|---|---|---|---|---|
| | | Ausbringungsmenge (10.000 VE) | Variantenzahl (2) | | |
| Abteilung leiten | 38.000 | – | – | – | – |
| Auftragsprüfung | 50.000 | 5,00 | – | 5,00 | 6,00 |
| Verpackung | 120.000 | 6,00 | 10,00 | 16,00 | 19,20 |
| Versandkontrolle | 20.000 | 0,40 | 2,67 | 3,07 | 3,68 |
| Gesamtkosten | | | | | 28,88 |

Verpackung:
▶ 50 % nach der Ausbringungsmenge, d. h. 60.000/10.000 = 6 €/VE und
▶ 50 % nach den Varianten, d. h. 60.000/(3 · 2.000) = 10 €/VE für „Pfirsich".

Versandkontrolle:
▶ 20 % nach der Ausbringungsmenge, d. h. 4.000/10.000 = 0,40 €/VE und
▶ 80 % nach den Varianten, d. h. 16.000/(3 · 2.000) = 2,67 €/VE für „Pfirsich".

Der erzielbare Grenzerfolg i. H. v. 24,50 €/VE deckt die Kosten des Versands nicht.

**Alternative II** (jetzt: 2 Alternativen, neue Ausbringung „Mango" 4.000 VE, Gesamtausbringung 9.000 VE):

| Daten | Geplante Kosten der Teilprozesse in € | Kosten des Teilprozesses abhängig von der | | Kosten eines Prozesses (Imi) | Gesamtkosten eines Prozesses |
|---|---|---|---|---|---|
| | | Ausbringungsmenge (9.000 VE) | Variantenzahl (2) | | |
| Abteilung leiten | 38.000 | – | – | – | – |
| Auftragsprüfung | 50.000 | 5,56 | – | 5,56 | 6,67 |
| Verpackung | 120.000 | 6,67 | 7,50 | 14,17 | 17,00 |
| Versandkontrolle | 20.000 | 0,44 | 2,00 | 2,44 | 2,93 |
| Gesamtkosten | | | | | 26,60 |

Verpackung:
▶ 50 % nach der Ausbringungsmenge, d. h. 60.000/9.000 = 6,67 €/VE und
▶ 50 % nach den Varianten, d. h. 60.000/(2 · 4.000) = 7,50 €/VE für „Mango".

Versandkontrolle:

- 20 % nach der Ausbringungsmenge, d. h. 4.000/9.000 = 0,44 €/VE und
- 80 % nach den Varianten, d. h. 16.000/(2 · 4.000) = 2 €/VE für „Mango".

Die Kosten sinken von 32,30 auf 26,60 €, d. h. um 5,70 €; um maximal diesen Betrag kann eine Senkung des Marktpreises akzeptiert werden.

## 5.2.4 Abgrenzung der Prozesskostenrechnung zu herkömmlichen Kostenrechnungsverfahren

Die herkömmliche **Zuschlagskalkulation** geht von der irrigen Annahme einer Verursachungsbeziehung zwischen Einzel- und Gemeinkosten und somit einem proportionalen Kostenanfall von Einzel- und Gemeinkosten aus. Kostentreiber der Zuschlagskalkulation sind wertmäßige Größen (Fertigungsmaterial, Fertigungslöhne, Herstellkosten). Über die prozentualen Zuschlagssätze kann die jeweils spezifische Inanspruchnahme der Gemeinkostenbereiche durch die Produkte nicht verursachungsgerecht wiedergegeben werden.

Demgegenüber erfolgt die Kostenverrechnung in der **Prozesskostenrechnung** unter Berücksichtigung des Ressourcenbedarfs, der Anzahl und Komplexität der Prozesse. Die Gemeinkosten und damit die Kosten der indirekten Prozesse werden somit verursachungsgerecht auf das Kalkulationsobjekt zu verrechnen. Auf diese Weise gelingt es, durch die ermittelten Aktivitäten und Prozesse in den Gemeinkostenbereichen die „Handlingkosten" den Kostenträgern verursachungsgerechter zuzuordnen.

**BEISPIEL 1:** Nehmen Sie an, dass der Reiseveranstalter aus dem Beispiel in Kapitel IV. Abschnitt 4.2.2 zur Zielkostenrechnung in der künftigen Planperiode den Vertrieb von je 5.000 Stück der Standardreise „Pauschalclub" und der zuvor dargestellten neuartigen Reise „Happy Travel" plant. Bisher wurden auf jede Reise (d. h., jeglichen Reisetyps) im Wege der Zuschlagskalkulation 160 € Verwaltungs- und Vertriebskosten auf die Herstellkosten aufgeschlagen.

Künftig soll eine prozessbezogene Verrechnung der Verwaltungs- und Vertriebskosten erfolgen. Eine Prozessanalyse des Verwaltungs- und Vertriebsbereichs des Veranstalters (Gemeinkosten insgesamt 5.000 · 2 · 160 = 1.600.000 €) soll folgende Daten ergeben haben, wobei die Prozesse Nr. 1 - 5 als leistungsmengeninduziert (lmi) und die Nr. 6 als leistungsmengenneutral (lmn) anzusehen sind.

| Nr. | Teilprozesse | Anteil an gesamten Verwaltungs-/ Vertriebskosten | Planprozessmengen | Plan-Inanspruchnahme der Teilprozesse | |
|---|---|---|---|---|---|
| | | | | Pro Stück „Pauschalclub" | Pro Stück „Happy Travel" |
| 1 | Werbekampagnen | 16 % | 50 | 0,002 | 0,008 |
| 2 | Kundengespräche | 22 % | 16.000 | 1,2 | 2,0 |
| 3 | Buchung, Fakturierung | 14 % | 10.000 | 1,0 | 1,0 |
| 4 | After-Sales-Service | 12 % | 10.000 | 0,6 | 1,4 |
| 5 | Reklamationen | 16 % | 2.500 | 0,15 | 0,35 |
| 6 | Allgemeine Verwaltung | 20 % | – | – | – |

Es sollen die Verwaltungs- und Vertriebskosten pro Stück „Pauschalclub" und „Happy Travel" auf Basis der Prozesskostenrechnung berechnet werden.

| Teilprozesse | Teilprozesskosten in € | Proz.menge | Prozesskostensatz in € | | |
|---|---|---|---|---|---|
| | | | lmi | lmn | gesamt |
| Werbekampagnen | 256.000 (16 %) | 50 | 5.120,00 | 1.280,00 | 6.400,00 |
| Kundengespräche | 352.000 (22 %) | 16.000 | 22,00 | 5,50 | 27,50 |
| Buchung, Fakturierung | 224.000 (14 %) | 10.000 | 22,40 | 5,60 | 28,00 |
| After-Sales-Service | 192.000 (12 %) | 10.000 | 19,20 | 4,80 | 24,00 |
| Reklamationen | 256.000 (16 %) | 2.500 | 102,40 | 25,60 | 128,00 |
| Allgemeine Verwaltung | 320.000 (20 %) | – | – | – | – |
| Gesamt | 1.600.000 (100 %) | – | – | – | – |

Hinweis: Zuschlagssatz lmn-Prozesskosten = 320.000 €/1.280.000 € · 100 = 25 %.

Verprobung: Σ Verwaltungs- und Vertriebsgemeinkosten = 50 · 6.400,00 + 16.000 · 27,50 + 10.000 · 28,00 + 10.000 · 24,00 + 2.500 · 128,00 = 1.600.000 €.

Der Gesamt-Prozesskostensatz braucht für die Stückkalkulation nur noch mit der Plan-Inanspruchnahme je Stück multipliziert zu werden.

| Positionen | Prozesskosten Reise „Pauschalclub" | Prozesskosten Reise „Happy Travel" |
|---|---|---|
| Werbekampagnen | 0,002 · 6.400,00 = 12,80 | 0,008 · 6.400,00 = 51,20 |
| Kundengespräche | 1,2 · 27,50 = 33,00 | 2,0 · 27,50 = 55,00 |
| Auslieferung | 1,0 · 28,00 = 28,00 | 1,0 · 28,00 = 28,00 |
| After-Sales-Service | 0,6 · 24,00 = 14,40 | 1,4 · 24,00 = 33,60 |
| Reklamationen | 0,15 · 128,00 = 19,20 | 0,35 · 128,00 = 44,80 |
| Summe Prozesskosten/ Verwaltungskosten | 107,40 | 212,60 |

Probe: 5.000 · (107,40 + 212,60) = 1.600.000 €.

Auf die neuartige Reise werden nunmehr (verursachungsgerecht) höhere Verwaltungs- und Vertriebskosten verrechnet als zuvor bei der undifferenzierten Zuschlagskalkulation. Die Zielkostenlücke öffnet sich noch weiter um 212,60 - 160 = 52,60 €/Reise zu Lasten der Kostenkalkulation der neuartigen Reise.

Der Grund für diese Diskrepanz ist die Berücksichtigung der Komplexität, denn die Reise „Happy Travel" stößt wesentlich mehr kostenverursachende Verwaltungsprozesse an. Besondere Kostentreiber sind offensichtlich die Kosten der Verkaufsanbahnung sowie Werbung, außerdem die sehr hohen Reklamationskosten.

**BEISPIEL 2:** Die Exterieur AG erzeugt hochwertige Fensterrahmen und Kunststoffrahmen für Balkontüren. Das Unternehmen möchte von der bisher praktizierten Zuschlagskalkulation auf die Prozesskostenkalkulation umstellen.

Die zuständigen Kostenstellenleiter haben für eine Referenzperiode vorab nachfolgende Kosten ermittelt:

| Kostenart | Kostentreiber | je Fenster | je Tür | Gesamtkosten in € |
|---|---|---|---|---|
| Materialeinzelkosten | Materialmenge (kg/Stück) | 1 | 3 | 24.000 |
| Fertigungseinzelkosten | Fertigungsstunden je Stück | 1 | 3 | 12.000 |

| | Fenster | Türen |
|---|---|---|
| Produktionsmenge = Absatzmenge | 500 | 100 |
| Verkaufspreis (€/Stück) | 99 € | 299 € |

Controlling des Leistungserstellungsprozesses **KAPITEL IV**

In der Referenzperiode betrugen insgesamt die Materialgemeinkosten 3.000 €, die Fertigungsgemeinkosten 24.000 € und die Verwaltungs-/Vertriebsgemeinkosten 12.600 €.

Zunächst sollen die Selbstkosten je Fenster und Türe unter Verwendung der typischen Bezugsgrößen der Zuschlagskalkulation berechnet werden. Einzelkosten sind verursachungsgerecht zu ermitteln. Die Zuschlagssätze betragen:

► Σ Materialeinzelkosten = 24.000 €, Σ Materialgemeinkosten = 3.000 € entsprechend 12,5 %,

► Σ Fertigungseinzelkosten = 12.000 €, Σ Fertigungsgemeinkosten = 24.000 € entsprechend 200 %.

Die Herstellkosten betragen insoweit 63.000 € und der Zuschlag für die Verwaltungs- und Vertriebskosten 20 % der Herstellkosten. Die traditionelle Zuschlagskalkulation ergibt:

|   | Kosten in €/Stück | Fenster | Türen |
|---|---|---|---|
|   | MEK | 30,00 | 90,00 |
| + | MGK (12,5 %) | 3,75 | 11,25 |
| + | FEK | 15,00 | 45,00 |
| + | FGK (200 %) | 30,00 | 90,00 |
| = | HK | 78,75 | 236,25 |
| + | VVGK (20 %) | 15,75 | 47,25 |
| = | **Selbstkosten** | **94,50** | **283,50** |
|   | Verkaufspreis | 99,00 | 299,00 |
|   | **Ergebnis** | **4,50** | **15,50** |

Beide Produkte sind gewinnbringend und erzeugen etwa die gleiche Umsatzrendite. Probe: 500 · 94,50 + 100 · 283,50 = 75.600 €.

Es soll unterstellt werden, dass die zuständigen Kostenstellenleiter für eine Referenzperiode vorab nachfolgende Kosten und zugehörige Kostentreiber ermittelt haben:

| Kostenart | Kostentreiber | je Fenster | je Tür | Gesamtkosten in € |
|---|---|---|---|---|
| Materialeinzelkosten | Materialmenge (kg/Stück) | 1 | 3 | 24.000 |
| Materialgemeinkosten | Anzahl Lagerbewegungen je Stück | 5 | 5 | 3.000 |
| Fertigungseinzelkosten | Fertigungsstunden je Stück | 1 | 3 | 12.000 |
| Fertigungsgemeinkosten | Maschinenstunden je Stück | 2 | 5 | 18.000 |
|   | Rüstvorgänge je Stück | 4 | 5 | 6.000 |
| Verwaltung/Vertrieb | Anzahl Bestellungen je Produktgruppe | 50 | 20 | 12.600 |

|   | Fenster | Türen |
|---|---|---|
| Produktionsmenge = Absatzmenge | 500 | 100 |
| Verkaufspreis (€/Stück) | 99 € | 299 € |

Es sollen die Selbstkosten je Fenster und Türe unter Verwendung der typischen Bezugsgrößen der Prozesskostenkalkulation berechnet werden, wobei Einzelkosten weiterhin verursachungsgerecht zu verrechnen sind. Folgende Vorüberlegungen sind anzustellen:

| Kostenart | je Fenster (500) | je Tür (100) | Gesamtkosten in € | Anzahl Prozesse | Kosten je Prozess |
|---|---|---|---|---|---|
| Fertigungsmaterial | 1 | 3 | 24.000 | 800 | 30,00 |
| Materialgemeinkosten | 5 | 5 | 3.000 | 3.000 | 1,00 |
| Fertigungseinzelkosten | 1 | 3 | 12.000 | 800 | 15,00 |
| Masch.-Gemeinkosten | 2 | 5 | 18.000 | 1.500 | 12,00 |
| Rüst-Gemeinkosten | 4 | 5 | 6.000 | 2.500 | 2,40 |
| Verwaltung/Vertrieb | 50 | 20 | 12.600 | 70 | 180,00 |

Aus den Daten kann folgende Prozesskalkulation entwickelt werden:

| | Kosten in €/Stück | Fenster | Türen |
|---|---|---|---|
| | MEK | 30,00 | 90,00 |
| + | MGK | 5,00 | 5,00 |
| + | FEK | 15,00 | 45,00 |
| + | Maschinen-GK | 24,00 | 60,00 |
| + | Rüst-GK | 9,60 | 12,00 |
| + | Bestell-GK (dividiert durch Anzahl) | 18,00 | 36,00 |
| = | **Selbstkosten** | 101,60 | 248,00 |
| | Verkaufspreis | 99,00 | 299,00 |
| | **Ergebnis** | -2,60 | 51,00 |

Es zeigt sich im Vergleich zur traditionellen Zuschlagskalkulation ein grundlegend anderes Bild. Die Fenster sind verlustbringend, während die Türen eine erhebliche Rendite erzeugen. Probe: 500 · 101,60 + 100 · 248,00 = 75.600 €.

Eine Gewinnvergleichsrechnung je Stück und Produkt lässt insoweit erhebliche Differenzen erkennen. Diese sind in den unterschiedlichen Annahmen der Zuschlags- und Prozesskostenrechnung begründet.

Ursächlich ist der Komplexitätseffekt der Prozesskostenrechnung. Während die Einzelkosten bei den Fenstern nur ein Drittel der Türen ausmacht, sind das Handling und damit die Höhe der Gemeinkosten nahezu gleich hoch. Allerdings beträgt die Bestellmenge bei den Fenstern 10 Stück und bei den Türen nur 5 Stück. Dieser Umstand mildert die Verlustträchtigkeit der Fenster wieder etwas ab.

Ein Methodenvergleich von **Prozesskostenrechnung** und **Deckungsbeitragsrechnung** (bzw. der Grenzplankostenrechnung als deren Plankomponente) ist nur eingeschränkt möglich, da die Rechenwerke unterschiedliche Kostenblöcke betrachten, wie zuvor bereits ausgeführt wurde.

Werden Dispositionen allein mittels einer Deckungsbeitragsrechnung getroffen, so können diese Fehlentscheidungen bewirken, insbesondere wenn erhöhte – den Produkten zurechenbare – Deckungsbeiträge durch steigende indirekte Kosten – z. B. Verwaltung, Logistik, Vertriebsabwicklung, Entwicklung – überkompensiert werden, bedingt durch zunehmende Komplexitätskosten der Unternehmung.

Außerdem liefert die Deckungsbeitragsrechnung eine Scheingenauigkeit. Dies liegt in der stetigen Zunahme der fixen Gemeinkosten in den indirekten Leistungsbereichen begründet. Hieraus folgend stellt sich die Frage, ob die Rechenwerke eine angemessene Kostenplanung und Kostenkontrolle noch gewährleisten können, wenn ein immer geringerer Teil der Kosten in die Analyse einbezogen wird. Sie können somit nur für kurzfristige Entscheidungsprobleme sinnvoll eingesetzt werden.

Die Prozesskostenrechnung erreicht dagegen über die Aufspaltung der fixen Gemeinkosten auf Prozesse eine verursachungsgerechte Zuordnung dieses großen Kostenblocks. Zudem erlaubt sie eine Weiterentwicklung zu einem Prozessmanagement.

Auf Basis der Ergebnisse der Prozesskostenrechnung kann die Planung einer am Ressourcenverbrauch orientierten Konditionenspreizung vorgenommen werden. Es lassen sich mögliche Preissenkungspotenziale bei Abnahme von Leistungspaketen sowie erforderliche Preisaufschläge für Sonderwünsche beziffern. Weiter werden Erkenntnisse über die Kosten von Qualitätsmängeln und insoweit erforderliche Nacharbeiten, Retouren bzw. Garantieleistungen gewonnen. Hieraus lassen sich bei Einführung eines Qualitätssicherungssystems entstehende Kosteneinsparungspotenziale quantifizieren.

**BEISPIEL:** Die Maschinex AG fertigt zwei Werkzeugtypen, die preisgünstige „Castor" und die hochwertige „Pollux". Für den abgelaufenen Monat liegen folgende Daten vor:

|  | Castor | Pollux |
|---|---|---|
| Produktionsmenge (Stück/Monat) | 5.000 | 5.000 |
| Verkaufspreis (€/Stück) | 39 | 69 |
| Materialeinzelkosten (€/Monat) | 60.000 | 90.000 |
| Fertigungseinzelkosten (€/Monat) | 60.000 | 60.000 |
| Var. Materialgemeinkosten (€/Monat) | 60.000 ||
| Var. Fertigungsgemeinkosten (€/Monat) | 120.000 ||
| Fixe Materialgemeinkosten (€/Monat) | 30.000 ||
| Fixe Fertigungsgemeinkosten (€/Monat) | 120.000 ||

Zunächst sollen die Deckungsbeiträge für die beiden Produkte in €/Stück berechnet werden. Auf dieser Grundlage ist über die Hereinnahme eines Zusatzauftrags über 250 Stück des Typs „Castor" unter Annahme freier Kapazitäten zu entscheiden. Zuschlagsbasis für die variablen Gemeinkosten sind die jeweiligen Einzelkosten.

Die Zuschlagssätze betragen:

▶ Σ MEK = 150.000 €, Σ variable MGK = 60.000 € entsprechend 40,0 %,

▶ Σ FEK = 120.000 €, Σ variable FGK = 120.000 € entsprechend 100,0 %,

Die traditionelle Zuschlagskalkulation auf Grenzkostenbasis ergibt:

|  | Kosten in €/Stück | Castor (5.000 Stück) | Pollux (5.000 St.) |
|---|---|---|---|
|  | MEK (150 T€) | 12,00 | 18,00 |
| + | var. MGK (60 T€ = 40 %) | 4,80 | 7,20 |
| + | FEK (120 T€) | 12,00 | 12,00 |
| + | var. FGK (120 T€ = 100 %) | 12,00 | 12,00 |
| = | var. HK (450 T€) | 40,80 | 49,20 |
| = | Verkaufspreis | 39,00 | 69,00 |

Probe: 5.000 · 40,80 + 5.000 · 49,20 = 450.000 €. Weiter bestehen in die Grenzplankostenrechnung nicht einbezogene Fixkosten in Höhe von 150.000 €.

„Castor" erwirtschaftet nicht einmal die variablen Herstellkosten und erzielt einen negativen Deckungsbeitrag; der Auftrag sollte bei jeglicher Losgröße nicht ausgeführt werden.

Der Prozesskostenrechnung für die Fertigung der beiden Produkttypen liegen die folgenden Informationen zu Grunde (d. h. Kostentreiber für den Teilprozess „Bestellung" in Kostenstelle Material ist die Anzahl der Aufträge usw.):

| Hauptprozess | | Kostenstelle Material | Kostenstelle Fertigung |
|---|---|---|---|
| Auftragsabwicklung | Teilprozess | Bestellung | Rüstung |
| | Kostentreiber | Anzahl der Aufträge | |
| Produkterstellung | Teilprozess | Logistik | Qualitätsprüfung |
| | Kostentreiber | Anzahl der Produktionsvorgänge | |

| | Castor | Pollux |
|---|---|---|
| Durchschnittliches Auftragsvolumen (Stück) | 250 | 50 |
| Anzahl der Produktionsvorgänge je Stück | 2 | 10 |

Hinsichtlich der Zuordnung aller variablen und fixen Gemeinkosten für beide Kostenstellen auf die jeweiligen Teilprozesse liegen folgende Daten vor:

| Kostenstelle | Aufgabe | Relative Zeitbeanspruchung |
|---|---|---|
| Material | Bestellung | 33,3 % |
| | Logistik | 50,0 % |
| | Sonstige Imn-Tätigkeiten | 16,7 % |
| Fertigung | Rüstung | 30,0 % |
| | Qualitätsprüfung | 50,0 % |
| | Sonstige Imn-Tätigkeiten | 20,0 % |

Es sollen die Kostensätze pro Durchführung eines Teilprozesses inkl. Imn-Zuschlag bestimmt werden. Auf dieser Basis sollen die Kosten des Zusatzauftrags für 250 Stück von Typ „Castor" berechnet werden. Hierbei muss keine Identität zwischen den fixen und den Imn-Kosten bestehen.

Bei Anwendung der Prozesskostenrechnung ergibt sich für die beiden Kostenstellen folgendes Tableau unter folgenden Vorüberlegungen:

► Anzahl Aufträge = 5.000/250 + 5.000/50 = 20 + 100 = 120

► Anzahl Produktionsvorgänge = 5.000 · 2 + 5.000 · 10 = 60.000.

| Kostenstelle: Material | | Gemeinkosten: 90.000 € (fixe und variable) | | |
|---|---|---|---|---|
| Teilprozess | Kostentreiber | Kosten in € | Lmi-Teilprozesskosten (€/Stück) | Gesamt-Teilprozesskosten (€/Stück) |
| Bestellung | 120 | 30.000 | 250,00 | 300,00 |
| Logistik | 60.000 | 45.000 | 0,75 | 0,90 |
| Sonstige (Imn) | – | 15.000 | – | – |

Der Imn-Zuschlagssatz beträgt 20 %. Probe: 120 · 300,00 + 60.000 · 0,90 = 90.000.

| Kostenstelle: Fertigung | | Gemeinkosten: 240.000 € (fixe und variable) | | |
|---|---|---|---|---|
| Prozess | Kostentreiber | Kosten in € | Lmi-Teilprozesskosten (€/Stück) | Gesamt-Teilprozesskosten (€/Stück) |
| Rüstung | 120 | 72.000 | 600,00 | 750,00 |
| Qualitätsprüfung | 60.000 | 120.000 | 2,00 | 2,50 |
| Sonstige (Imn) | – | 48.000 | – | – |

Der Imn-Zuschlagssatz beträgt 25 %. Probe: 120 · 750,00 + 60.000 · 2,50 = 240.000 €.

Controlling des Leistungserstellungsprozesses  **KAPITEL IV**

Die Kalkulation der Aufträge nach Prozesskalkulation ergibt:

| Kosten in €/Stück | | Castor (250 St.) | Pollux (50 St.) |
|---|---|---|---|
| | MEK (wie zuvor) | 250 · 12,00 | 50 · 18,00 |
| + | FEK (wie zuvor) | 250 · 12,00 | 50 · 12,00 |
| + | Kosten Bestellung | 300,00 | 300,00 |
| + | Kosten Rüstung | 750,00 | 750,00 |
| + | Kosten Logistik | 250 · 2 · 0,90 | 50 · 10 · 0,90 |
| + | Kosten Qualitätsprüfung | 250 · 2 · 2,50 | 50 · 10 · 2,50 |
| = | volle HK | 8.750,00 | 4.250,00 |
| | Verkaufspreis | 39 · 250 = 9.750,00 | 69 · 50 = 3.450,00 |
| | volle HK pro Stück | 8.750/250 = 35,00 | 4.250/50 = 85,00 |

Probe: Der Referenzperiode liegen 20 Aufträge für „Castor" und 100 Aufträge für „Pollux" zugrunde. Also 20 · 8.750 + 100 · 4.250 = 600.000 €, dies entspricht den vollen Herstellkosten.

Nach Anwendung der Prozesskostenrechnung deckt der Verkaufspreis für „Castor" die vollen Herstellkosten (nicht nur die variablen!), wohingegen „Pollux" nun verlustbringend ist. Ursächlich ist wiederum der Komplexitätseffekt der Prozesskostenrechnung.

Zusammenfassend wird im Rahmen der Verrechnung der Imn-Kosten auch bei der Prozesskostenrechnung eine Proportionalisierung fixer Gemeinkosten mittels Zuschlagsbildung vorgenommen. Somit wird der Kalkulationsfehler herkömmlicher Kostenrechnungsmethoden zwar nicht vermieden, aber drastisch verringert.

## 5.2.5 Konsequenzen der Prozesskostenrechnung

Die Ergebnisse der Prozesskostenrechnung können in ein umfangreiches **Prozessmanagement** (sog. **„process reengineering"** oder **„business reengineering"**) münden. Dies impliziert die radikale Umorganisation von Unternehmen oder Unternehmensteilbereichen nach dem Prozessgliederungsprinzip und das entsprechende Redesign von betrieblichen Organisationsprozessen mit dem Ziel der Kostensenkung und/oder Qualitätssteigerung und/oder Steigerung der Kundenzufriedenheit. Hieraus resultiert die Formulierung operativer Zielvorgaben, etwa hinsichtlich einer Erhöhung der Arbeitsproduktivität, einer Verringerung der Bestände und einer Reduktion der Durchlauf- sowie der Lieferzeiten.

Das process reengineering ist durch folgende organisatorische **Gestaltungselemente** gekennzeichnet:

▶ Bildung abgegrenzter organisatorischer Einheiten nach prozess- und kundenorientierten Gesichtspunkten sowie ggf. Abschaffung diesbezüglicher hemmender Abteilungsgrenzen, zum Teil einhergehend mit einer Auflösung „klassischer" Fachabteilungen,

▶ verstärkte Entscheidungsdelegation und damit Vergrößerung der Kompetenzen der Mitarbeiter,

▶ Abflachung der Hierarchien, d. h. Verringerung der Anzahl der Hierarchieebenen im Unternehmen,

▶ Prozessoptimierung über eine Straffung und Verbesserung der Leistungserstellung im weitesten Sinne und dabei insbesondere die kritische Hinterfragung der Notwendigkeit einzel-

ner Prozessschritte, die Reduzierung der Komplexität und die Standardisierung der Prozesse und Prozessschritte,
- Lösung von Abstimmungsproblemen durch „Schnittstellenmanager", deren Aufgabe in der Sicherstellung der Abstimmung interdependenter Organisationseinheiten besteht,
- prozessorientierte Motivation der Mitarbeiter in der Weise, dass Anknüpfungspunkt für Belohnungen die Effizienz des Geschäftsprozesses darstellt.

Das process reengineering zeichnet sich durch eine erhebliche Breite des zugrundeliegenden Instrumentariums aus. Dieses umfasst sowohl „harte" wie auch „weiche" Faktoren. Process reengineering ist somit ein übergreifendes unternehmerisches Konzept, das sich auf die Strategie, die Prozesse, die Struktur, die Managementsysteme und die Kultur eines Unternehmens erstreckt.

**ABB. 293: Gestaltungselemente und Erfolgsfaktoren des process reengineering**

| Harte Faktoren | Weiche Faktoren |
|---|---|
| ▶ Bildung abgegrenzter organisatorischer Einheiten | ▶ Prozessorientierte Motivation der Mitarbeiter („Empowerment") |
| ▶ Betonte Delegation | ▶ Etablierung neuer Führungskonzepte |
| ▶ Abflachung von Hierarchien |    − Neue Rolle der Vorgesetzten |
| ▶ Prozessoptimierung |    − Eigenverantwortliches Handeln der Mitarbeiter |
| ▶ Lösung von Abstimmungsproblemen durch Schnittstellenmanager | |

Quelle: i. A. a. *Theuvsen*, in ZfbF 1996, Heft 1, S. 73.

| 1. Konzeption und Modellierung | 2. Anwendung und Unterstützung | 3. Kontinuierliche Prozessoptimierung (Kaizen, KVP) |
|---|---|---|
| ▶ Unterstützung durch das Top-Management | ▶ Informations-, Kommunikations- und Vertrauensbildungsprozess | ▶ Intensives Mitarbeitertraining |
| ▶ Richtungsweisende Visions- und Strategiefestlegung | ▶ Effizientes Projektmanagement | ▶ Kontinuierliches Problembewusstsein schaffen |
| ▶ Bestimmung transparenter Zielvorgaben (key performance indicators) | ▶ Konzentration auf Kernprozesse | ▶ Implementierung einer dauerhaften Prozessverbesserungsphilosophie |
| ▶ Übergreifendes Design | ▶ Informationstechnologische Unterstützung | |
| ▶ Einbindung der Lieferanten und Kunden | ▶ Pilotprojekte und Anreizsysteme | |

Quelle: i. A. a. *Wirtz*, in ZfbF 1996, Heft 11, S. 1034.

Das process reengineering findet organisatorisch seinen Niederschlag im Übergang zur **Prozessorganisation**. In der modernen Organisationslehre wird die traditionelle Form der **Funktionalorganisation** wegen der strikt einzuhaltenden Hierarchien und der Verrichtungsorientierung kritisiert.

Jene konzentriert in jeder Stelle Spezial-Know how und weist im Extremfall eine **tayloristische Spezialisierung** auf, welche auch der funktionalen Systematik des Betriebsabrechnungsbogens entspricht. Dies kann aus Sicht der Effizienz der internen Leistungserstellung zwar zweckmäßig sein, da das Prinzip der arbeitsteiligen Spezialisierung befolgt wird. Problematisch stellt sich aber die wechselnde Zuständigkeit der Spezialisten aus **Kundensicht** dar, der mit einem komplexen Auftrag an die Organisation herantritt.

Der lediglich für ein Spezialproblem zuständige und ausgebildete Mitarbeiter muss zur Erfüllung des Auftrags mit anderen Mitarbeitern kommunizieren; es ergeben sich **Zuständigkeits- und Schnittstellenprobleme**. Der Mitarbeiter müsste seinem Vorgesetzten das Problem vortragen und so fort, bis die Kette zu dem anderen Mitarbeiter geschlossen wird. Dies ist in der Betonung der Hierarchie der Organisation (sog. „Ein-Linien-System") begründet.

In Zeiten wachsender Konkurrenz und Marktsättigung ist ein solches Vorgehen mit Risiken behaftet. Die Durchlaufzeit des Auftrags dauert zu lange, insbesondere aus Sicht des Kunden. Erklärtes Ziel der Geschäftsprozessorganisation ist es daher, die kundenbezogenen Abläufe zu optimieren. Ausgangs- und Endpunkt der Prozesse ist nicht mehr der Leistungshersteller, sondern der Leistungsabnehmer, der Kunde. Die Organisation wird nunmehr prozessbezogen aufgebaut. Dies impliziert unter anderem eine

- Selbstregelung von Prozessen,
- Organisation in Teams,
- prozessbegleitende Qualitätssicherung,

und führt in der Praxis idealerweise zu

- einem Abbau von Planungs- und Steuerungsaufwand,
- einer Reduzierung der Komplexität von Abläufen und damit der Durchlaufzeit und
- einer besseren Messbarkeit der Wirtschaftlichkeit von Prozessen.

Im Sinne einer Kongruenz von Kompetenz und Verantwortung wird die Prozessverantwortung auf das prozessbegleitende Team ausgelagert (sog. **„Empowerment"** oder Ermächtigung). Der Übergang zu einer Prozessorganisation führt insgesamt zu einer Rückführung der Arbeitsteilung in Organisationen.

Als problematisch haben sich in der Praxis die Neudefinition der **Rolle von Vorgesetzten** und die notwendige Neuorientierung des **Führungssystems** und Führungsstils erwiesen. Die Rolle des Vorgesetzten wird häufig als sog. **„case manager"** definiert, d. h. für den Prozess als Ganzes, insbesondere für dessen Koordination und die Verteilung von Ressourcen entlang des Prozesses ist der Vorgesetzte verantwortlich. Schließlich obliegt ihm als Prozessverantwortlichem, den Kontakt zum Kunden zu halten und ihm als Hauptansprechpartner zu dienen („one face to the customer").

Eine wesentliche Barriere des Übergangs zu einer Prozessorganisation bildet die **Mitarbeitermotivation**. Eine der Hauptanreize stellte in der Vergangenheit der hierarchische Aufstieg dar. Ein solcher gestaltet sich aufgrund der Verflachung der Hierarchien in der Prozessorganisation zunehmend schwierig. Der erfolgreiche Übergang zu einer Prozessorganisation muss damit zwangsläufig einhergehen mit einem Wechsel von extrinsischen Motivatoren (Karriere, Status) hin zu intrinsischen Motivatoren (Kompetenzausweitung, qualitative und quantitative Arbeitserweiterung). Extrinsische Motivatoren können allenfalls über Systeme der (prozess-)ergebnisabhängigen Entlohnung erzeugt werden.

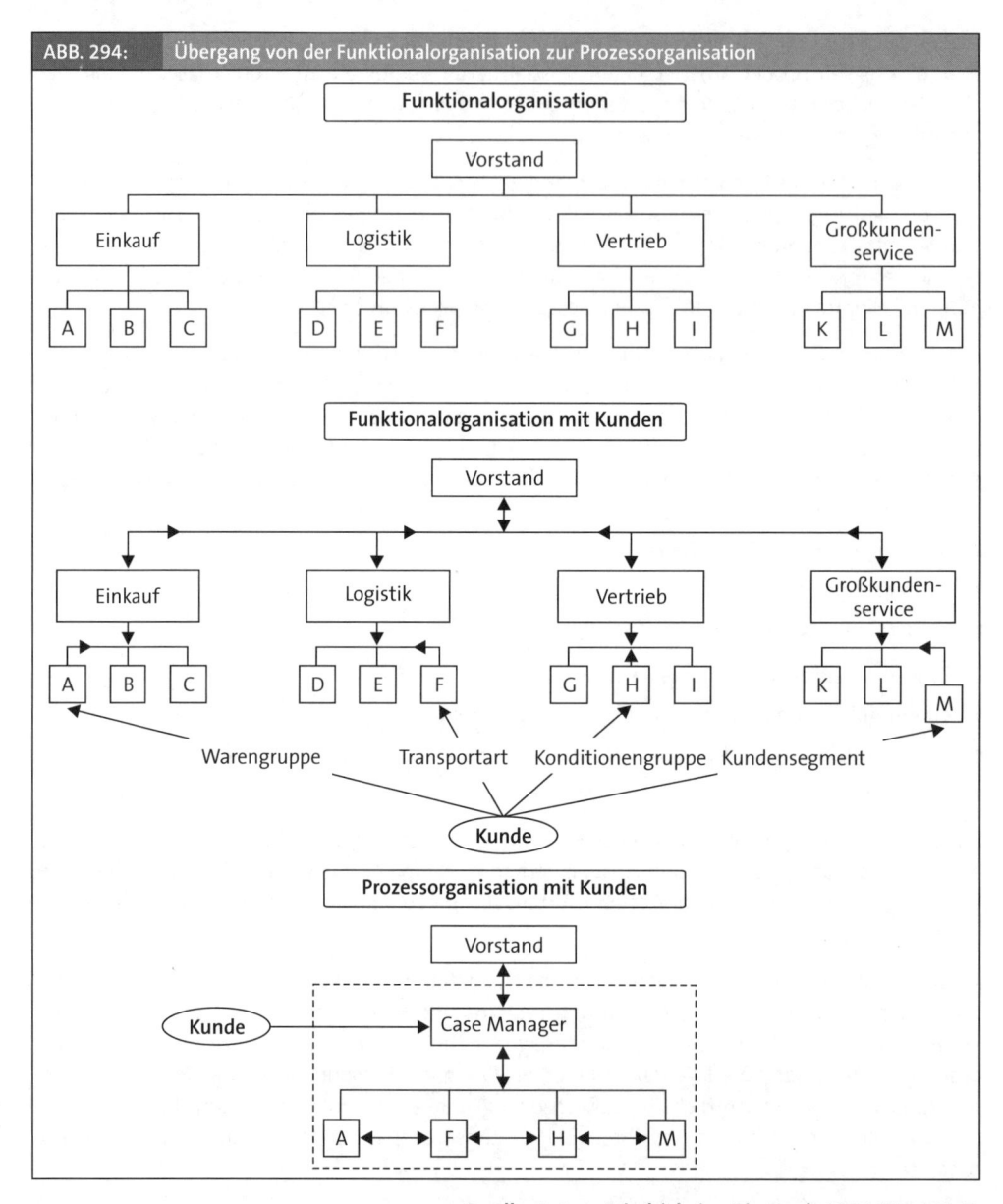

**ABB. 294:** Übergang von der Funktionalorganisation zur Prozessorganisation

*(Funktionalorganisation: Vorstand → Einkauf [A, B, C], Logistik [D, E, F], Vertrieb [G, H, I], Großkundenservice [K, L, M])*

*(Funktionalorganisation mit Kunden: Vorstand → Einkauf [A, B, C], Logistik [D, E, F], Vertrieb [G, H, I], Großkundenservice [K, L, M]; Warengruppe, Transportart, Konditionengruppe, Kundensegment → Kunde)*

*(Prozessorganisation mit Kunden: Vorstand → Case Manager ← Kunde; Case Manager → A ↔ F ↔ H ↔ M)*

Quelle: I. A. a. *Friedrich*, in: Die Bank 1996, Nr. 1, S. 5.

Ihren aufbauorganisatorischen Niederschlag findet die Prozessorganisation in einem Wechsel von herkömmlichen verrichtungsorientierten Einzelarbeitsplätzen hin zu Mehrfacharbeitsplätzen, Teambildung und Kompetenzzentren.

Als problematisch beim Wechsel von einer funktionalen hin zu einer prozessorientierten Organisation ist die **Vernachlässigung von Belangen der internen Überwachung** (Funktionstrennung, Vier-Augen-Prinzip) zu würdigen. Hier entsteht zwangsläufig ein Vakuum, das durch geeignete

Mechanismen der Systemkontrolle auszufüllen ist, z. B. IT-gestützte Kontrollen, organisatorische Maßnahmen wie Limitsysteme oder regelmäßige Job Rotations sowie eine wirksame Prozessdokumentation.

Die managementorientierte Auswertung der Prozesskostenrechnung kann Anlass für vielfältige Rationalisierungs- und Reorganisationsmaßnahmen geben. In Betracht kommen z. B. die

- Reduktion der Lieferantenanzahl, d. h. Beschränkung auf wenige Lieferanten, die ein Vollsortiment vorhalten,
- Senkung der Anzahl der Bestellungen und damit Streckung der Bestellrhythmen bei gleichzeitiger Erhöhung der Losgrößen,
- Einführung einer Just-in-time-Logistik mit (teilweiser) Ausgliederung der Lagerhaltung auf die Lieferanten,
- Übertragung der Eingangskontrolle auf die Zulieferer bei entsprechender Vertragsmodifikation,
- Verbesserung der Kommunikation zwischen den am Hauptprozess beteiligten Bereichen bzw. Kostenstellen, z. B. durch Einführung eines integrierten Rechnerverbunds.

Eng mit der Prozesskostenrechnung verbunden ist stets die Fragestellung „make or buy", mit anderen Worten die Analyse von Möglichkeiten der Kostensenkung und Effizienzsteigerung durch **Outsourcing**. Hierunter wird die Ausgliederung betrieblicher Funktionen bzw. der Erwerb bisher intern erbrachter Leistungen von einem externen Dienstleister verstanden.

Als Vorteile des Outsourcing werden insbesondere genannt:

- **quantitative** Vorteile wie die
  - Reduktion der gesamten Kosten durch Spezialisierung und Realisierung von Erfahrungskurven-Effekten,
  - Umgestaltung der Kostenstruktur durch Reduktion von fixen und sprungfixen Kosten,
  - Reduktion der Komplexität der betrieblichen Leistungserstellung und der Anzahl der betrieblichen Schnittstellen durch Konzentration auf das eigentliche Kerngeschäft,
  - Reduktion des betrieblichen Kapitalbedarfs und folglich Kapitalfreisetzung für Investitionen;
- **qualitative** Vorteile infolge einer
  - Qualitätsverbesserung durch Inanspruchnahme externen Know-hows,
  - Erhöhung der Innovationsgeschwindigkeit sowie
  - Risikoverminderung und -verlagerung auf Vorlieferanten.

Andererseits weist Outsourcing auch gewisse **Nachteile** auf, wie z. B.

- Schaffung von Abhängigkeiten durch den irreversiblen Abbau von Ressoucen und Know-how,
- mögliche Nachteile aus Marketing-Sicht (Verlust der „Leistung aus einer Hand", Imageschäden bei den Kunden),
- Tendenz zu einer Standardisierung betrieblicher Leistungen, Sonderwünsche können nur unter hohem Aufpreis berücksichtigt werden.

Die „Null-Eins-Entscheidung" Eigenerstellung oder Fremdbezug ist in der Folgezeit im Fachschrifttum, aber auch durch Konstrukte der Praxis durch ein Kontinuum von weichen Kooperationsmodellen erweitert und differenziert worden. Hierzu zählen Beschaffungs- und Fertigungspartnerschaften, strategische Allianzen und andere „weiche" Kooperationsformen.

## 6. Literaturhinweise

**BÜCHER**

*Arnaout, A.*: Target Costing in der deutschen Unternehmenspraxis, München 2001.

*Brecht, U.*: Kostenmanagement, Wiesbaden 2005.

*Burger, A.*: Kostenmanagement, 3. Aufl., München/Wien 1999.

*Coenenberg, A.G./Fischer, T.M./Günther, T.*: Kostenrechnung und Kostenanalyse, 8. Aufl., Landsberg 2012.

*Däumler, K.-D./Grabe, J.*: Kostenrechnung 1 – Grundlagen, 10. Aufl., Herne/Berlin 2008.

*Däumler, K.-D./Grabe, J.*: Kostenrechnung 2 – Deckungsbeitragsrechnung, 9. Aufl., Herne/Berlin 2009.

*Däumler, K.-D./Grabe, J.*: Kostenrechnung 3 – Plankostenrechnung, 8. Aufl., Herne/Berlin 2009.

*Deimel, K./Isemann, R./Müller, S.*: Kosten- und Erlösrechnung – Grundlagen, Managementaspekte und Integrationsmöglichkeiten der IFRS, München 2006.

*Dinger, H.*: Target Costing, 2. Aufl., München/Wien 2002.

*Ebert, G.*: Kosten- und Leistungsrechnung, 11. Aufl., Wiesbaden 2012.

*Eisele, W./Knobloch, A.*: Technik des betrieblichen Rechnungswesens, 8. Aufl., München 2011.

*Franz, K.-P./Kajüter, P.* (Hrsg.): Kostenmanagement, USW-Schriften für Führungskräfte Band 33, 2. Aufl., Stuttgart 2002.

*Franz, C.-C.*: Kostenrechnung, 9. Aufl., München/Wien 2012.

*Friedl, G./Hofmann, C./Pedell, B.*: Kostenrechnung, München 2010.

*Graumann, M.*: Kostenrechnung und Kostenmanagement, 5. Aufl., Herne 2013.

*Haberstock, L.*: Kostenrechnung I – Einführung, 13. Aufl., Berlin 2008.

*Haberstock, L.*: Kostenrechnung II – Grenzplankostenrechnung, 10. Aufl., Berlin 2008.

*Hoitsch, H.-J./Lingnau, V.*: Kosten- und Erlösrechnung, 6. Aufl., Berlin 2007.

*Horváth, P.*: Controlling, 12. Aufl., München 2011.

*Horváth & Partner* (Hrsg.): Prozesskostenmanagement, 2. Aufl., München 1998.

*Joos-Sachse, T.*: Controlling, Kostenrechnung und Kostenmanagement, 4. Aufl., Wiesbaden 2006.

*Kilger, W./Pampel, J./Vikas, K.*: Flexible Plankostenrechnung und Deckungsbeitragsrechnung, 13. Aufl., Wiesbaden 2012.

*Kloock, J./Sieben, G./Schildbach, T.*: Kosten- und Leistungsrechnung, 10. Aufl., Düsseldorf 2009.

*Kremin-Buch, B.*: Strategisches Kostenmanagement, 4. Aufl., Wiesbaden 2007

*Lang, H. H.*: Kosten- und Leistungsrechnung, 6. Aufl., München 2009.

*Lorson, P./Schweitzer, M.*: Kostenrechnung, in: Küting, K. (Hrsg.): Saarbrücker Handbuch der Betriebswirtschaftlichen Beratung, 4. Aufl., Herne/Berlin 2008.

*Macha, R.*: Deckungsbeitragsrechnung, 4. Aufl., Freiburg 2010.

*Olfert, K.*: Kostenrechnung, 16. Aufl., Ludwigshafen 2010.

*Olfert, K.*: Kompakt-Training Kostenrechnung, 6. Aufl., Ludwigshafen 2010.

*Peemöller, V.H.*: Controlling – Grundlagen und Einsatzgebiete, 5. Aufl., Herne/Berlin 2005

*Radke, H.-D.*: Kostenrechnung, 5. Aufl., Freiburg 2009.

*Reichmann, T.*: Controlling mit Kennzahlen und Managementberichten, 8. Aufl., München 2011.

*Remer, D.*: Einführen der Prozesskostenrechnung, 2. Aufl., Stuttgart 2005.

*Rollwage, N.*: Kosten- und Leistungsrechnung, 9. Aufl., Köln 2012.

*Schweitzer, M./Küpper, H.-U.*: Systeme der Kosten- und Erlösrechnung, 10. Aufl., München 2011.

*Walter, W.G./Wünsche, I.*: Einführung in die moderne Kostenrechnung, 4. Aufl., Wiesbaden 2013.

*Weber, H.-K./Rogler, S.*: Betriebswirtschaftliches Rechnungswesen, Band 2: Kosten- und Leistungsrechnung, 4. Aufl., München 2006.

*Weber, J./Weißenberger, B. E.*: Einführung in das Rechnungswesen – Bilanzierung und Kostenrechnung, 8. Aufl., Stuttgart 2010.

*Wedell, H./Dilling, A. A.*: Grundlagen des Rechnungswesens, 13. Aufl., Herne/Berlin 2010.

## BEITRÄGE IN FACHZEITSCHRIFTEN

*Backhaus, K./Funke, S.*: Auf dem Weg zur fixkostenintensiven Unternehmung, in: ZfbF 1996, S. 95 ff.

*Baier, J./Link, E./Schwarz, J.*: Die Anwendung eines Activity Based Costing in der mechanischen Fertigung einer Nutzfahrzeuggetriebeproduktion, in: krp 2002, S. 369 ff.

*Beckmann, D.*: Projektorientiertes Target Costing am Beispiel des Bauträgergeschäfts, in: krp 2002, S. 67 ff.

*Bögelspacher, K.*: Systematische Kostensenkung durch Wertanalyse, in: BBK 1984, Fach 21, S. 1293 ff.

*Brecht, U.*: Einsatzgebiete des Kostenmanagements bei mittelständischen Unternehmen, in: krp-Sonderheft 1/2002, S. 63 ff.

*Bucksch, R./Rost, P.*: Einsatz der Wertanalyse zur Gestaltung erfolgreicher Produkte, in: ZfbF 1985, S. 350 ff.

*Coenenberg, A. G./Fischer, T. M.*: Prozeßkostenrechnung – Strategische Neuorientierung in der Kostenrechnung, in: DBW 1991, S. 21 ff.

*Coners, A./Hardt, G. von der*: „Time-Driven Activity-Based Costing": Motivation und Anwendungsperspektiven, in: ZfCM 2004, S. 108 ff.

*Corsten, H.*: Fixkostenabbau bei schrumpfenden Unternehmungen, in: WISU 1985, S. 531 ff.

*Cremer, U.*: Die Technik der Break-Even-Analyse, in: BBK 1999, Fach 21, S. 1613 ff.

*Cremer, U.*: Break-even- und Gewinn-Umsatz-Analyse als Grundlage für die betriebliche Entscheidungsfindung, in: BBK 1999, Fach 21, S. 1625 ff.

*Cremer, U.*: Kostencontrolling, in: BBK 1998, Fach 30, S. 741 ff.

*Cremer, U.*: Kurzfristige Unternehmensplanung mit Hilfe der Deckungsbeitragsrechnung, in: BBK 1998, Fach 30, S. 763 ff.

*Czenskowsky, T./Poussa, J./Segelken, U.*: Prozessorientierte Kostenrechnung in der Logistik, in: krp 2002, S. 75 ff.

*Ederer, F.*: Pragmatischer Aufbau einer Prozesskostenrechnung: Fallbeispiel und erste Prüfkriterien, in: BC 2011, S. 82 ff.

*Ederer, F.*: Checkliste zur Prüfung der Einführung und Umsetzung einer Prozesskostenrechnung, in: BC 2011, S. 386 ff.

*Ederer, F.*: Checkliste: Die Einführung einer mehrstufigen Deckungsbeitragsrechnung als effizientes Controllinginstrument, in: BRZ 2009, S. 222 ff.

*Erichsen, J.*: Entscheidungshilfe durch mehrstufige Kunden-Deckungsbeitragsrechnung, in: BBK 2012, S. 282 ff.

*Erichsen, J.*: Produktbeurteilung – So lassen sich profitable Produkte identifizieren und fördern, in: BC 2011, S. 20 ff.

*Erichsen, J.*: Kostenmanagement im Betrieb, in: BBK 2007, Fach 26, S. 1389 ff.

*Erichsen, J.*: Praxisbeispiel einer Kostenplanung, in: BC 2007, S. 213 ff.

*Erichsen, J.*: Praxisbeispiel einer Personalplanung, in: BC 2006, S. 187 ff.

*Erichsen, J.*: Maßnahmen zur Senkung und Gestaltung betrieblicher Kosten, in: BBK 2005, Fach 26, S. 1261 ff.

*Erichsen, J.*: Praxisbeispiel einer Umsatzerlös- und Forderungsplanung, in: BC 2005, S. 256 ff.

*Erichsen, J.*: Praxisbeispiel einer operativen Absatzplanung, in: BC 2005, S. 174 ff.

*Erichsen, J.*: Outsourcing – ein Instrument zur Kostensenkung und Effizienzsteigerung?, in: BBK 1996, Fach 21, S. 6037 ff.

*Feldmeier, C.*: Optimierung des Produktprogramms – Fixkostenanalyse mithilfe der stufenweisen Deckungsbeitragsrechnung, in: BBK 2007, Fach 30, S. 1911 ff.

*Fischer, R.*: Verfahren und Probleme der Preiskalkulation in Dienstleistungsunternehmen; in: krp-Sonderheft 2/2002, S. 87 ff.

*Friedrich, G.*: Business Reengineering – der Weg zur prozeßbezogenen Organisation, in: Die Bank 1996, S. 4 ff.

*Gille, C.*: Life Cycle Costing, in: Controlling 2010, S. 31 ff.

*Gille, C./Klar, M./Neuwirth, R./Seiter, M./Stirzel, M.*: Kundenorientierte Kalkulation von industriellen Dienstleistungen, in: Controlling 2009, S. 697 ff.

*Glaser, H.*: Prozeßkostenrechnung – Darstellung und Kritik, in: ZfbF 1992, S. 275 ff.

*Gleich, R./Schentler, P./Tschandl, M.*: Grundsätze zur Optimierung der Budgetierung, in: BBK 2013, S. 173 ff.

*Gleich, R./Voggenreiter, D.*: Neugestaltung der Planung und Budgetierung in der produzierenden Industrie, in: ZfCM-Sonderheft 1/2003, S. 65 ff.

*Godek, M.*: Strategien zur Kostensenkung im Gemeinkostenbereich, in: BC 2010, S. 412 ff.

*Graumann, M.*: Anwendung von Produktkalkulationsverfahren, in: BBK 2011, S. 872 ff.

*Graumann, M.*: Die Berücksichtigung von Leerkosten bei der Ermittlung der Herstellungskosten, in: BBK 2010, S. 166 ff. und 209 ff.

*Graumann, M.*: Praxisfall: Implementierung und Interpretation einer Teilkostenrechnung, in: BBK 2008, Fach 21, S. 6283 ff.

*Graumann, M.*: Praxisfall: Produkt- und Sortimentsteuerung auf Voll- und Teilkostenbasis, in: BBK 2007, Fach 21, S. 6257 ff.

*Graumann, M.*: Produktlebenszyklus-Kostenrechnung: So plant und steuert Ihr Mandant neue Produkte – Ein Fallbeispiel, in: BBB 2007, S. 184 ff.

*Graumann, M.*: Vorbereitung, Durchführung und Interpretation einer Betriebsabrechnung, in: BBK 2006, Fach 21, S. 6215 ff.

*Graumann, M.*: Einführung einer einstufigen Deckungsbeitragsrechnung – eine Fallstudie, in: BBB 2006, S. 111 ff.

*Graumann, M.*: Einstufige Deckungsbeitragsrechnung – Steuerungsinstrument für das Unternehmen Ihres Mandanten, in: BBB 2006, S. 153 ff.

*Graumann, M.*: Einführung einer mehrstufigen Deckungsbeitragsrechnung – Wie Sie die Fixkosten im Unternehmen Ihres Mandanten managen, in: BBB 2006, S. 311 ff.

*Graumann, M.*: Vorbereitung, Durchführung und Interpretation einer Betriebsabrechnung, in: BBK 2006, Fach 21, S. 6215 ff.

*Graumann, M.*: Kostenmanagement durch Anwendung der Zielkosten- und Prozesskostenrechnung, in: BBK 2005, Fach 30, S. 1673 ff.

*Graumann, M.*: Geschäftsfeldbezogenes Controlling, in: BBK 2005, Fach 30, S. 1753 ff.

*Gretz, W.*: Gemeinkostensenkung im Fertigungsbereich, in: BBK 1994, Fach 21, S. 1551 ff.

*Gretz, W.*: Möglichkeiten der Gemeinkostensenkung – Bewährte Vorgehensweisen und Verfahren, in: BBK 1988, Fach 22, S. 1191 ff.

*Hieke, H.*: Rechnen mit Zielkosten als Controllinginstrument, in: WiSt 1994, S. 498 ff.

*Hillmer, H.-J.*: Strategisches Kostenmanagement – Neue Konzepte für die Kostenrechnung im Überblick, in: BBK 1993, Fach 21, S. 1529 ff.

*Hirschmann, P.*: Prozeßkostenrechnung als Hauptinstrument des Prozeßcontrolling, in: BBK 1993, Fach 23, S. 163 ff.

*Hock, B.*: Target Costing in der Fernsehproduktion, in: ZfCM 2003, S. 68 ff.

*Homburg, C./Weiß, M.*: Wertorientiertes Controlling und kapitalorientierte Prozesskostenrechnung, in: ZfCM 2004, S. 48 ff.

*Horváth, P.*: Hat die Budgetierung noch Zukunft?, in: ZfCM-Sonderheft 1/2003, S. 4 ff.

*Horváth, P./Kieninger, M./Mayer, R./Schimank, C.*: Prozeßkostenrechnung – oder wie die Praxis die Theorie überholt, in: DBW 1993, S. 609 ff.

*Isbruch, F./Batzlen, S.*: Prozesskostenrechnung, in: Controlling 2011, S. 521 ff.

*Jandt, J.*: Produktprogramme planen und optimieren, in: BBK 2006, Fach 21, S. 6205 ff.

*Janßen, T./Däumler, K.-D.*: Benchmarking in der Industrie, in: BBK 2001, Beilage 2 zu Heft 19

*Knief, P./Nöthen, T.*: „Zwischenberichterstattung" mittlerer Unternehmen, in: DB 2002, S. 105 ff.

*Küting, K.*: Stand und offene Probleme der Prozeßkostenrechnung, in: DStR 1993, S. 335 ff. und 369 ff.

*Küting, K./Lorson, P.*: Zur Problematik "moderner" Gemeinkostenmanagement-Konzepte, in: DStR 1993, S. 845 ff.

*Küting, K./Lorson, P.*: Kosten- und Erfolgsmanagementkonzepte zur strategischen Neuorientierung der Kostenrechnung, in: DStR 1993, S. 959 ff.

*Küting, K./Lorson, P.*: Grenzplankostenrechnung versus Prozeßkostenrechnung, in: BB 1991, S. 1421 ff.

*Kurtkowiak, K.*: Die Prozeßkostenrechnung – Eine Einführung, in: BBK 1992, Fach 21, S. 1521 ff.

*Langenbeck, J.*: Einstufige Deckungsbeitragsrechnung – Erfolgsanalyse, absatzpolitische Entscheidungen und Kostenkontrolle, in: BBK 2007, Fach 23, S. 245 ff.

*Langenbeck, J.*: Einrichtung einer Prozesskostenrechnung, in: BBK 2006, Fach 23, S. 233 ff.

*Langenbeck, J.*: Berichtswesen als Instrument des Erfolgscontrolling, in: BBK 2001, Fach 26, S. 957 ff.

*Langenbeck, J.*: Optimale Sortimentsgestaltung, in: BBK 1999, Fach 30, S. 915 ff.

*Langenbeck, J.*: Einführung in die Prozeßkostenrechnung, in: BBK 1999, Fach 23, S. 201 ff.

*Lorson, P.*: Lean Controlling – Instrumente und Konzepte eines straffen Kostenmanagements, in: BBK 1994, Fach 26, S. 591 ff.

*Männel, W.*: Aktuelle Anforderungen an das Controlling mittelständischer Unternehmen, in: krp-Sonderheft 1/2002, S. 5 ff.

*Mayer, R.*: Konzeption und Anwendungsgebiete der Prozesskostenrechnung, in: krp-Sonderheft 3/2001, S. 29 ff.

*Mengen, A./Urmersbach, K.*: Prozesskostenrechnung in Industrieunternehmen, in: ZfCM 2006, S. 218 ff.

*Meyer-Piening, A.*: Zero-Base Budgeting – Planungs- und Analysetechnik zur Anpassung der Gemeinkosten an die Rezession, in: ZfO 1982, S. 257 ff.

*Meyer-Piening, A.*: Gemeinkosten senken – aber wie?, in: ZfB 1980, S. 691 ff.

*Meyer-Piening, A.*: Zero-Base Budgeting (ZBB) als Planungs- und Führungsinstrument, in: DB 1980, S. 1277 ff.

*Meyer-Piening, A.*: Null-Basis-Budgetierung in der Produktentwicklung, in: Zfbf-Kontaktstudium 1979, S. 63 ff.

*Milentijevic, S./Diemand, F./Jung, B.*: Fixkostenmanagement als Mittel zur Reduzierung des Kostendrucks und Abwendung von Insolvenzgefahren, in: KSI 2006, S. 127 ff.

*Nöcker, G.*: Grundlagen des Vertragscontrollings, in: BBK 2002, Fach 26, S. 1029 ff.

*Oecking, G.*: Grundlagen des Fixkostenabbaus, in: BBK 1995, Fach 21, S. 1559 ff.

*Oecking, G.*: Fixkostenmanagement als Controllingaufgabe, in: BBK 1994, Fach 26, S. 631 ff.

*Ortelbach, B.*: Multi Market Target Costing – Anwendung des Zielkostenmanagements in der internationalen Produktentwicklung, in: Controlling 2005, S. 163 ff.

*Plagens, P.W./Brunow, M.*: Integrierte Planungsrechnung – Bestandteil des betrieblichen Rechnungswesens, in: DStR 2004, S. 102 ff. und 151 ff.

*Picot, A./Rischmüller, G.*: Planung und Kontrolle der Verwaltungskosten in Unternehmen, in: ZfB 1981, S. 331 ff.

*Preißner, A.*: Ein Renditekennzahlensystem zur wertorientierten Erfolgssteuerung, in: Controller Magazin 2000, S. 246 ff.

*Rautenstrauch, T.*: Der Einsatz des Target Costing bei der Neuproduktentwicklung, in: BBK 2005, Fach 23, S. 225 ff.

*Rautenstrauch, T./Müller, C.*: Operative Unternehmensplanung und –kontrolle in kleinen und mittleren Unternehmen, in: DStR 2007, S. 2126 ff. und 2179 ff.

*Reinecke, S./Fuchs, D.*: Marketingbudgetierung – State of the Art, Herausforderungen und Lösungsansätze, in: ZfCM-Sonderheft 1/2003, S. 22 ff.

*Reiners, F./Reiners, J.*: Methoden und Instrumente des Fixkostenmanagements, in: BBK 1999, Fach 21, S. 6123 ff.

*Reiß, M./Corsten, H.*: Grundlagen des betrieblichen Kostenmanagements, in: WiSt 1990, S. 390 ff.

*Rieg, R.*: Rollende Planung und Hochrechnung – Idee und Fallbeispiel, in: BC 2008, S. 165 ff.

*Rieg, R.*: Abweichungsanalyse – Fallbeispiel zur Umsetzung in der Controllingpraxis, in: BC 2005, S. 60 ff.

*Roever, M.*: Gemeinkosten-Wertanalyse – Erfolgreiche Antwort auf den wachsenden Gemeinkostendruck, in: ZfO 1982, S. 249 ff.

*Roever, M.*: Gemeinkosten-Wertanalyse – Erfolgreiche Antwort auf die Gemeinkosten-Problematik, in: ZfB 1980, S. 686 ff.

*Sasse, A./Duderstadt, S.*: Konzeptionelle Verbindung von Target Costing und Benchmarking, in: BBK 2000, Fach 21, S. 6143 ff.

*Schneider, T.*: Zusätzliche Erlöspotenziale – Aufdeckung und Realisierung durch das Rechnungswesen, in: BC 2004, S. 109 ff.

*Schneider, T./Özel, F.*: Systematische Aufdeckung zusätzlicher Erlöspotenziale, in: BBK 2003, Fach 21, S. 6163 ff.

*Seidenschwarz, W.*: Die zweite Welle des Target Costing, in: Controlling 2008, S. 617 ff.

*Seidenschwarz, W./Böhme, H.*: Target Costing im Low-Price-Segment am Beispiel Dacia, in: Controlling 2010, S. 120 ff.

*Serfling, K./Schultze, R.*: Target Costing: Von der operativen Kostenrechnung zum strategischen Kostenmanagement, in: BBK 1995, Fach 23, S. 141 ff. und S. 155 ff.

*Serfling, K./Schultze, R.*: Einführung und Pflege eines Prozeßkostenrechnungssystems, in: BBK 1995, Fach 23, S. 171 ff.

*Serfling, K./Schultze, R.*: Prozeßkostenrechnung, in: BBK 1995, Fach 30, S. 449 ff.

*Stahl, H.-W.*: Analyse und Verrechnung von Abweichungen in Abhängigkeit der Fertigungsverfahren, in: krp 2002, Sonderheft 1, S. 49 ff.

*Theuvsen, L.*: Business Reengineering – Möglichkeiten und Grenzen einer prozeßorientierten Organisationsgestaltung, in: ZfbF 1996, S. 65 ff.

*Troßmann, E.*: Die Bedeutung von Break-even-Analysen für die ergebnisorientierte Unternehmenssteuerung, in: krp-Sonderheft 3/2001, S. 89 ff.

*Volz, J.*: Praktische Probleme des Zero-Base Budgeting, in: ZfB 1987, S. 870 ff.

*Westphal, B.*: Praxisbeispiel zur Einrichtung einer Prozesskostenrechnung, in: BC 2004, S. 185 ff.

*Wirtz, B. W.*: Business Process Reengineering – Erfolgsdeterminanten, Probleme und Auswirkungen eines neuen Reorganisationsansatzes, in: ZfbF 1996, S. 1023 ff.

*Wolf, K.*: Break-even-Analyse – Grundlagen und praktische Durchführung, in: BBK 2006, Fach 26, S. 1333 ff.

*Zernott, C./Niemand, S.*: Prozessorientiertes Design-to-Cost – Ein integrierter Ansatz zur Gestaltung optimaler Produktkosten, in: Controlling 2011, S. 364 ff.

# V. Zahlungsstromorientiertes Controlling

**VORSCHAU**

1. Das zahlungsstromorientierte Controlling hat die Planung, Steuerung und Kontrolle der Herkunft und der Verwendung der finanziellen Mittel zum Gegenstand. Eingangs werden Grundtatbestände der Finanzplanung erörtert.

2. Das Controlling der Mittelverwendung erfolgt durch Anwendung der Methoden der Investitionsrechnung. Die in der Praxis bedeutenden statischen und dynamischen Rechenmethoden werden dargestellt. Aus Sicht des Controllings werden insbesondere Fragen der Datengenerierung und -interpretation beurteilt.

3. Sodann wird erläutert, wie der Unsicherheit im Rahmen der Investitionsplanung Rechnung getragen werden kann. Nachfolgend wird kurz auf die zweckmäßige Ausgestaltung des Investitions-Reportings eingegangen.

4. Für das Controlling der Herkunft finanzieller Mittel muss zunächst eine Kapitalbedarfsplanung aufgestellt werden. Diesbezügliche Determinanten werden – gegliedert nach Anlage- und Umlaufvermögen – hergeleitet.

5. Die Kapitalbedarfsplanung findet – gemeinsam mit der Leistungsplanung – ihren Niederschlag im kurzfristigen Finanz- und Liquiditätsplan. Aufstellung und Analyse des Finanzplans werden erörtert. Es wird gezeigt, wie die Finanzplanung in ein umfassendes Finanzmanagement mündet.

6. Zentrale Zielgröße des zahlungsstromorientierten Controllings ist der Cashflow. Berechnungsweise, Möglichkeiten zur Analyse und Interpretation des Cashflows werden erläutert sowie Cashflow-basierte Kennzahlen definiert.

7. Komponenten der Herkunft und Verwendung des Cashflows legen die Rechenwerke „Bewegungsbilanz" und „Kapitalflussrechnung" offen, deren Aufstellung und Analyse zum Ende des Kapitels eingehend dargestellt werden.

## 1. Erkenntnisziele des zahlungsstromorientierten Controllings

Der betriebliche Leistungsprozess löst Zahlungsströme aus, deren Höhe und Struktur den Kapitalbedarf des Betriebs bestimmen. Maßgebliche diesbezügliche Einflussfaktoren sind

▶ die Betriebsgröße und die Zahl der Beschäftigten,

▶ die Beschaffenheit des Leistungserstellungsprozesses und der Leistung, etwa Lagerfähigkeit und Lagerhaltung,

▶ die Kosten- und Absatzentwicklung.

Eine Finanzplanung in Abstimmung mit allen anderen betrieblichen Teilbereichen und ein Finanzcontrolling werden erforderlich, damit der finanzielle Sektor nicht zum Engpass wird, wie dies z. B. bei einer Kapazitätserweiterung der Fall sein kann. Der Finanzplan ist **mit den übrigen** betrieblichen Teilplänen (Beschaffungs-, Produktions-, Absatzplan) simultan verknüpft, so dass Änderungen eines Plans sich auf alle anderen Pläne auswirken.

Finanzplanung und Finanzcontrolling müssen sowohl periodisch als auch über die „Totalperiode" Mittelverwendung und Mittelherkunft in Einklang bringen. Hierbei umfasst die **Mittelverwendung** insbesondere

- die mit der Leistungserstellung verbundenen Auszahlungen, insbesondere für Material, fremdbezogene Leistungen sowie Personal,
- die Auszahlungen für Investitionen,

und die **Mittelherkunft**

- die Einzahlungen aus Umsatzerlösen (hierbei ist nicht der Zeitpunkt der Rechtswirksamkeit der Transaktion, sondern der Zahlungseingang entscheidend, somit ist auch die Praxis der Kundenzahlungsziele und Rabattgewährungen sowie das Auftreten von Forderungsausfällen in Betracht zu ziehen,
- die Einzahlungen aus Desinvestitionen.

Vorübergehende Ungleichgewichte muss die Finanzplanung ausgleichen durch

- Kreditaufnahmen oder Generierung von Eigenkapital im Wege der Außenfinanzierung,
- Kreditrückzahlungen oder Dividendenausschüttungen.

Dies geschieht unter den Nebenbedingungen

- der Sicherstellung des finanziellen Gleichgewichts,
- der Einhaltung akzeptabler Jahresabschlussrelationen, insbesondere hinsichtlich der vertikalen bzw. horizontalen Kapitalstruktur,
- der Optimierung der Kapitalkosten.

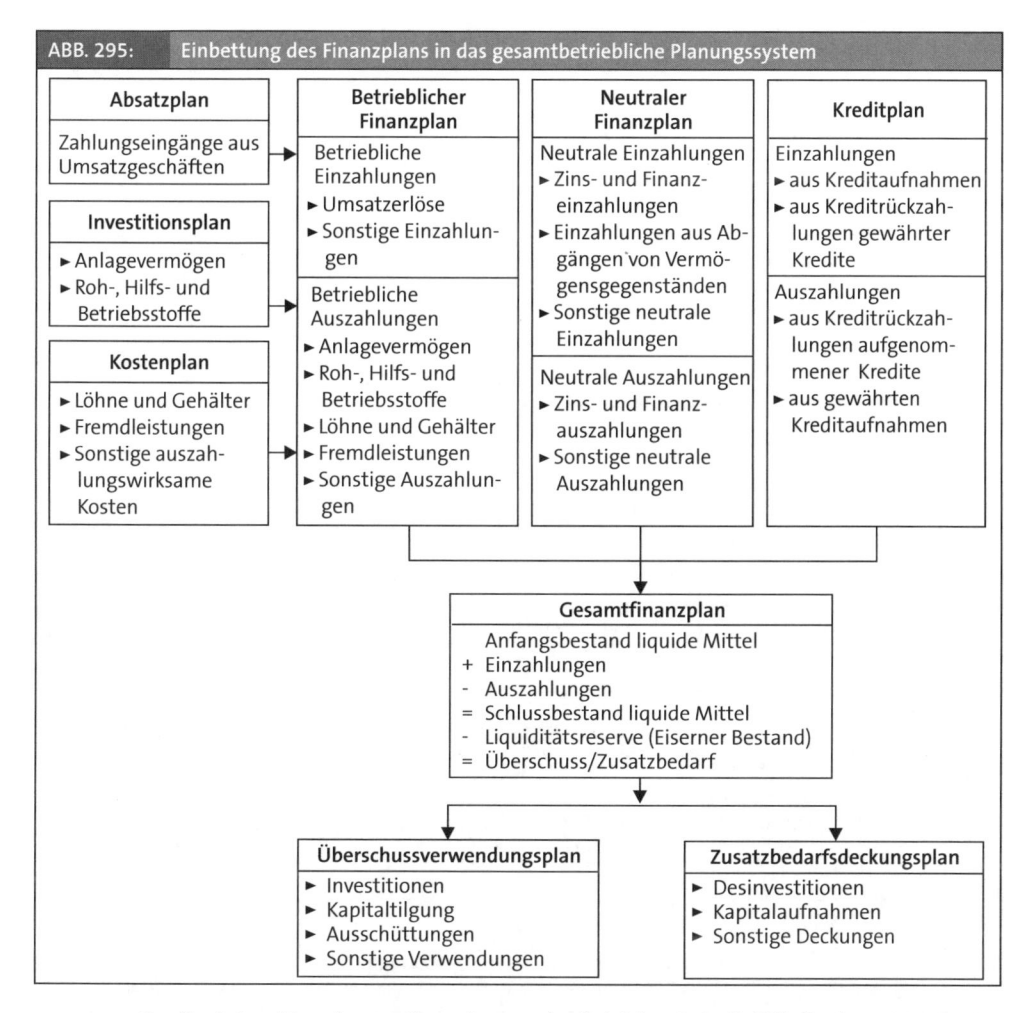

# Erkenntnisziele des zahlungsstromorientierten Controllings KAPITEL V

**ABB. 295: Einbettung des Finanzplans in das gesamtbetriebliche Planungssystem**

| Absatzplan | Betrieblicher Finanzplan | Neutraler Finanzplan | Kreditplan |
|---|---|---|---|
| Zahlungseingänge aus Umsatzgeschäften | Betriebliche Einzahlungen<br>▶ Umsatzerlöse<br>▶ Sonstige Einzahlungen | Neutrale Einzahlungen<br>▶ Zins- und Finanzeinzahlungen<br>▶ Einzahlungen aus Abgängen von Vermögensgegenständen<br>▶ Sonstige neutrale Einzahlungen | Einzahlungen<br>▶ aus Kreditaufnahmen<br>▶ aus Kreditrückzahlungen gewährter Kredite |
| **Investitionsplan**<br>▶ Anlagevermögen<br>▶ Roh-, Hilfs- und Betriebsstoffe | | | |
| **Kostenplan**<br>▶ Löhne und Gehälter<br>▶ Fremdleistungen<br>▶ Sonstige auszahlungswirksame Kosten | Betriebliche Auszahlungen<br>▶ Anlagevermögen<br>▶ Roh-, Hilfs- und Betriebsstoffe<br>▶ Löhne und Gehälter<br>▶ Fremdleistungen<br>▶ Sonstige Auszahlungen | Neutrale Auszahlungen<br>▶ Zins- und Finanzauszahlungen<br>▶ Sonstige neutrale Auszahlungen | Auszahlungen<br>▶ aus Kreditrückzahlungen aufgenommener Kredite<br>▶ aus gewährten Kreditaufnahmen |

**Gesamtfinanzplan**
Anfangsbestand liquide Mittel
+ Einzahlungen
− Auszahlungen
= Schlussbestand liquide Mittel
− Liquiditätsreserve (Eiserner Bestand)
= Überschuss/Zusatzbedarf

| Überschussverwendungsplan | Zusatzbedarfsdeckungsplan |
|---|---|
| ▶ Investitionen<br>▶ Kapitaltilgung<br>▶ Ausschüttungen<br>▶ Sonstige Verwendungen | ▶ Desinvestitionen<br>▶ Kapitalaufnahmen<br>▶ Sonstige Deckungen |

Quelle: I. A. a. *Vormbaum*, Finanzierung der Betriebe, 9. Aufl., Wiesbaden 1995, S. 622.

Der betriebliche Leistungsprozess kann nur dann störungsfrei ablaufen, wenn die Zahlungsströme so aufeinander abgestimmt sind, dass das **finanzielle Gleichgewicht** jederzeit gewahrt bleibt. Andererseits haben Unternehmen mit einer „gesunden", marktgerechten Strategie keine Probleme, ausreichend Kapital zu erhalten. Finanzierungsprobleme sind insoweit zugleich Ursache und Symptom einer tiefer greifenden Unternehmenskrise.

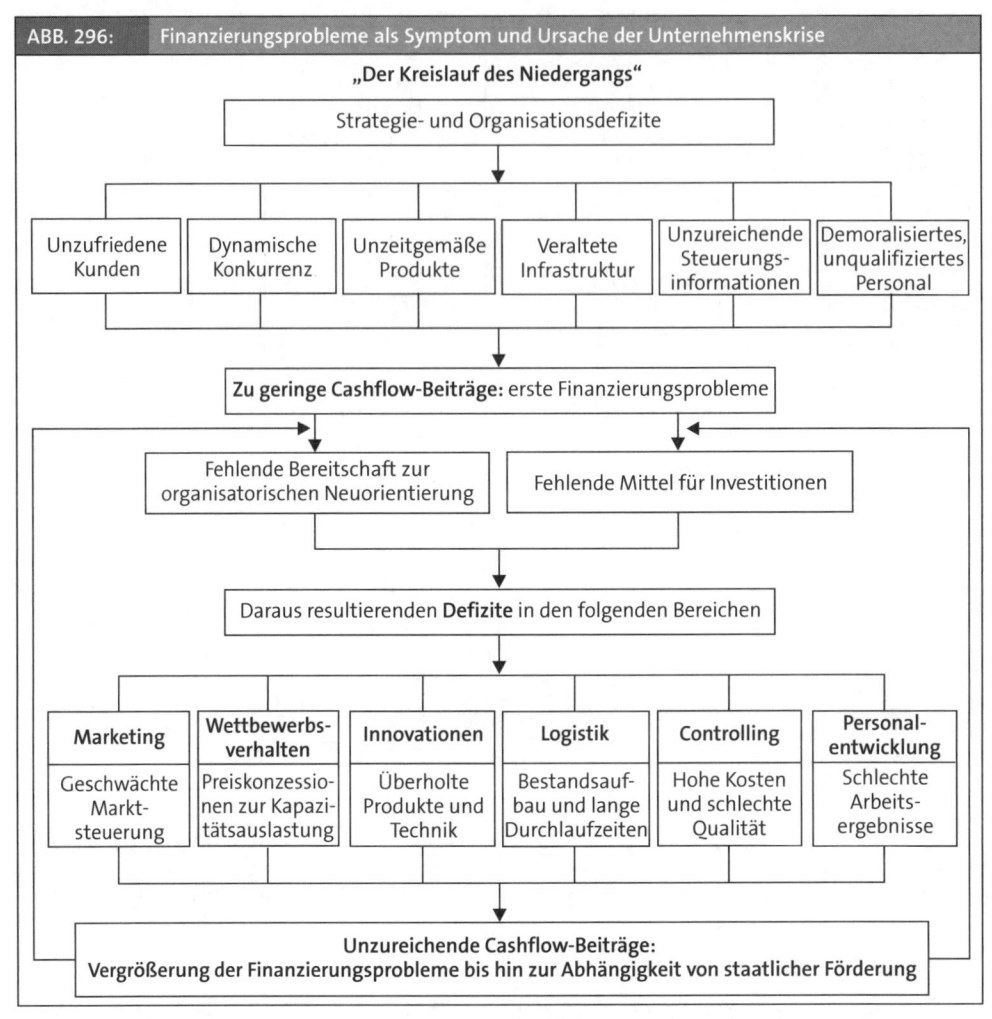

| ABB. 296: | Finanzierungsprobleme als Symptom und Ursache der Unternehmenskrise |

**„Der Kreislauf des Niedergangs"**

Strategie- und Organisationsdefizite

- Unzufriedene Kunden
- Dynamische Konkurrenz
- Unzeitgemäße Produkte
- Veraltete Infrastruktur
- Unzureichende Steuerungsinformationen
- Demoralisiertes, unqualifiziertes Personal

**Zu geringe Cashflow-Beiträge:** erste Finanzierungsprobleme

- Fehlende Bereitschaft zur organisatorischen Neuorientierung
- Fehlende Mittel für Investitionen

Daraus resultierenden **Defizite** in den folgenden Bereichen

| Marketing | Wettbewerbs-verhalten | Innovationen | Logistik | Controlling | Personal-entwicklung |
|---|---|---|---|---|---|
| Geschwächte Marktsteuerung | Preiskonzessionen zur Kapazitätsauslastung | Überholte Produkte und Technik | Bestandsaufbau und lange Durchlaufzeiten | Hohe Kosten und schlechte Qualität | Schlechte Arbeitsergebnisse |

**Unzureichende Cashflow-Beiträge:** Vergrößerung der Finanzierungsprobleme bis hin zur Abhängigkeit von staatlicher Förderung

Quelle: *Weinrich*, in: BBK 1994, Fach 19, S. 293.

## 2. Investitionscontrolling

### 2.1 Investitionsbegriff

Der Begriff „**Investition**" bedeutet das „**Einkleiden**" (lat.: „**investire**"), also die Umwandlung von Zahlungsmitteln in Wirtschaftsgüter. Investitionen sind diejenigen Verwendungen finanzieller Mittel, die zu einem Zugang an Sachanlage-, Finanzanlage-, Umlaufvermögen oder immateriellem Vermögen führen.

Das Gegenstück zur Investition in der funktionsorientierten Betriebswirtschaftslehre bildet die **Finanzierung**. Die Finanzierung umfasst alle betrieblichen Vorgänge der Versorgung des Betriebs mit disponiblem – also für die unternehmerischen Entscheidungen zur Verfügung stehendem – Kapital, der optimalen Strukturierung des Kapitals, der Kapitalumschichtung sowie der Kapitalrückzahlung.

Sowohl die dynamische Investitionsrechnung wie auch die Finanzierungsrechnung werden auf der **Zahlungsmittelebene** (Einzahlungs-Auszahlungs-Ebene) durchgeführt.

In der Literatur werden verschiedene Investitionsbegriffe unterschieden:

▶ der **vermögensbestimmte** Investitionsbegriff:

Dieser umfasst alle Vorgänge der Kapitalverwendung, also die Umwandlung finanzieller Mittel in Vermögensgegenstände, und zwar in seiner weitesten Fassung den Erwerb jedweder Aktiva (Anlage- und Umlaufvermögen), in einer engeren Fassung den Erwerb von Anlagevermögen und in der engsten Fassung den Erwerb von Sachanlagevermögen (Unterscheidung zwischen Sachinvestition und Finanzinvestition);

▶ der **zahlungsbestimmte** Investitionsbegriff:

Demnach stellt eine Investition einen Strom von Auszahlungen und Einzahlungen in Verbindung mit den durch einen Produktionsprozess hervorgerufenen Rechtsgeschäften (i. d. R. Käufe und Verkäufe) dar. Die Zahlungsreihe einer Investition beginnt dabei stets mit einer Auszahlung, die einer Finanzierung mit einer Einzahlung.

In diesem Zusammenhang wird unter einer **Normalinvestition** eine Investition verstanden, die durch Auszahlungsüberschüsse in der bzw. den ersten Perioden und durch Einzahlungsüberschüsse in allen folgenden Perioden gekennzeichnet ist. Die Nettozahlungsreihe der Normalinvestition weist nur einen einzigen Vorzeichenwechsel – vom negativen in den positiven Bereich – auf.

Eine Übersicht über Differenzierungsmöglichkeiten des Investitionsbegriffs zeigt die folgende Abbildung.

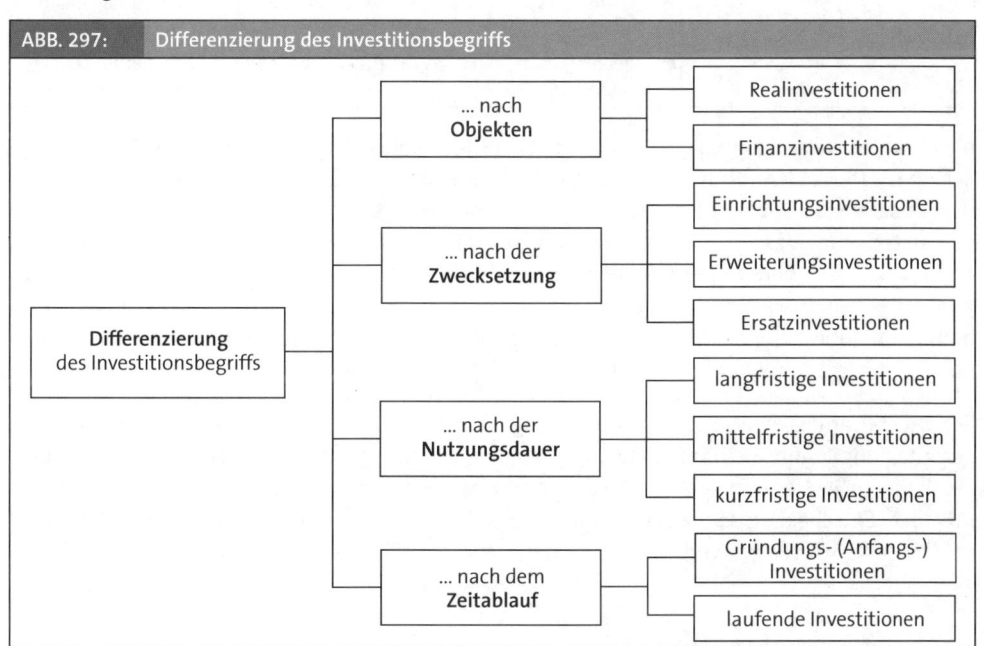

**ABB. 297: Differenzierung des Investitionsbegriffs**

Differenzierung des Investitionsbegriffs:
- ... nach Objekten
  - Realinvestitionen
  - Finanzinvestitionen
- ... nach der Zwecksetzung
  - Einrichtungsinvestitionen
  - Erweiterungsinvestitionen
  - Ersatzinvestitionen
- ... nach der Nutzungsdauer
  - langfristige Investitionen
  - mittelfristige Investitionen
  - kurzfristige Investitionen
- ... nach dem Zeitablauf
  - Gründungs- (Anfangs-) Investitionen
  - laufende Investitionen

Der **Investitionsentscheidungsprozess** wird in die folgenden **Phasen** eingeteilt:

| ABB. 298: | Phasen des Investitionsentscheidungsprozesses | |
|---|---|---|
| Phase | Bezeichnung | Inhalte |
| (1) | Zielbestimmung | ► Strukturierung der Ziele <br> ► Ableitung von Unterzielen |
| (2) | Investitionsanregung | ► Problemerkenntnis und -analyse <br> ► Problemformulierung <br> ► Erstellung von Lösungsalternativen |
| (3) | Vorprüfung | ► Sammlung und Ordnung der Vorschläge <br> ► Technisches Screening (Notwendigkeit, Zweckmäßigkeit, Realisierbarkeit, Zuverlässigkeit) <br> ► Wirtschaftliches Screening (Erfüllbarkeit von Rentabilitäts- und Liquiditätszielen, Risikoabschätzung) <br> ► Beurteilung des Einflusses nicht quantifizierbarer Faktoren |
| (4) | Gesamtprüfung | ► Zusammenstellung vorteilhafter Investitionsalternativen und deren exakte Spezifizierung <br> ► Transparente Gewichtung von quantitativen und qualitativen Zielbeiträgen <br> ► Abstimmung mit anderen betrieblichen Teilplänen, z. B. dem Finanzplan <br> ► Entscheidungsvorschlag |
| (5) | Entscheidung | ► Begründete Auswahl der vorteilhaftesten Alternative |
| (6) | Realisation und Kontrolle | ► Beschaffung und Einsatz <br> ► Summarische Kontrolle (z. B. mit Kennzahlen und Bewegungsbilanzen) <br> ► Objektkontrolle (Erfassung und Auswertung der realisierten Objektplandaten) |

Für die **Investitionsplanung** gilt, dass eine verfrühte Detaillierung der Investitionsplanung mögliche bessere Problemlösungen blockieren kann. Es sollten stets auch Alternativen erörtert werden. Zudem werden bei der Investitionsbeurteilung oftmals die mittelbaren Investitionswirkungen außer Acht gelassen, z. B. notwendige Veränderungen von Aufbau- und Ablauforganisation, notwendige Aus- und Weiterbildungsaufwendungen, Investitionsneben- und -folgekosten. Aufgrund des Zukunftsbezugs muss die Investitionsplanung **zwingend auch eine Risikoanalyse enthalten**, im Rahmen derer die Auswirkungen etwaiger Unsicherheiten auf Investitionsentscheidung und Zielerfüllung berücksichtigt werden.

Die Durchführung einer **Investitionsrechnung** ist von zentraler Bedeutung für die Investitionsentscheidung. Aufgrund ihres seltenen Aufkommens, aber ihrer zugleich langfristigen Wirkung, den hohen Investitionsausgaben und der vergleichsweise geringen Erfahrung des Managements mit der Entscheidungssituation können fehlerhafte Investitionsentscheidungen bestandsgefährdende Schieflagen verursachen.

Die Investitionsrechnung unterscheidet sich von der zuvor behandelten Kosten- und Leistungsrechnung in Bezug auf die folgenden Abgrenzungskriterien:

| ABB. 299: | Unterscheidung zwischen Investitionsrechnung sowie Kosten- und Leistungsrechnung | |
|---|---|---|
| Abgrenzungskriterium | Kosten- und Leistungsrechnung | Investitionsrechnung |
| Erstellungszyklus | regelmäßig in bestimmten Abständen | von Fall zu Fall, also diskontinuierlich |
| Planungsperiode | für bestimmte Planungsperioden (Monat, Quartal, Jahr) | für die gesamte Nutzungsdauer des Investitionsprojekts, meist mehrere Jahre |
| Bezugsobjekt | Gesamtbetrieb | jeweiliges Investitionsobjekt |
| Rechnungszweck | kurz- und mittelfristige Kontrolle und Steuerung des Gesamtbetriebs | (langfristige) Bestimmung der absoluten oder relativen Vorteilhaftigkeit eines einzelnen Investitionsobjekts |
| Rechnungselemente | Kosten und Leistungen | Einzahlungen und Auszahlungen (dynamische Methoden); Kosten und Leistungen (statische Methoden) |

## 2.2 Überblick über die Verfahren der Investitionsrechnung

Nach der Art der zugrundeliegenden Kriterien der Investitionsrechnung werden grundlegend qualitative und quantitative Verfahren der Investitionsrechnung unterschieden.

**Qualitative Verfahren** kommen zur Anwendung, sofern Investitionsvorhaben nicht oder nicht ausschließlich durch monetäre Größen zutreffend charakterisiert werden können, insbesondere

▶ immaterielle Investitionen und

▶ strategische Investitionen, die zusätzlich eine Betrachtung langfristiger Aspekte (z. B. Synergie-Effekte, Sicherung des Zugangs zu relevanten Beschaffungs- und Absatzmärkten) erfordern.

Qualitative Verfahren beurteilen Investitionen nicht mehr anhand von in € messbaren Größen, sondern anhand subjektiver „Zielerreichungsgrade". Ein Beispiel qualitativer Verfahren ist die Nutzwertanalyse (vgl. die Ausführungen in Kapitel II).

Je nachdem, ob der unterschiedliche zeitliche Anfall von Einzahlungen und Auszahlungen berücksichtigt wird oder nicht, spricht man von **statischen oder dynamischen Investitionsrechenverfahren**. Statische Methoden berücksichtigen den Zeitaspekt nicht; d. h. es besteht keine Nutzendifferenz zwischen 100 € heute und 100 € in einem Jahr. Dynamische Methoden dagegen zinsen Zahlungsströme auf einen einheitlichen Bezugszeitpunkt auf bzw. ab.

Die statischen Verfahren legen keine Einzahlungen und Auszahlungen zugrunde, sondern Kosten und Leistungen. Damit werden die Anschaffungskosten einer Investition nicht im Zeitpunkt der Anschaffung berücksichtigt, sondern pro rata temporis über periodische, kalkulatorische Abschreibungen. Des Weiteren werden kalkulatorische Zinsen auf das gebundene Kapital angesetzt. Diese werden üblicherweise auf das durchschnittlich gebundene Kapital, nicht auf das effektive Restkapital veranschlagt. Der kalkulatorische Zinssatz entspricht dem Marktzins, ggf. erhöht um einen Risikozuschlag, analog zur Kostenartenrechnung.

Im Einzelnen sind verbreitet die

▶ **Kostenvergleichsmethode** (auf Gesamtkosten- sowie auf Stückkostenbasis),

▶ **Gewinnvergleichsmethode** (auf Basis von absoluten Gewinnen bzw. von relativen Rentabilitäten) und

▶ **statische Amortisationsrechnung** (vgl. schon die Ausführungen in Kapitel IV.3.2.4).

Infolge der Nichtberücksichtigung der zeitlichen Struktur der Erfolgsgrößen einer Investition werden Alternativen verglichen, die eigentlich gar keine sind. Trotzdem sind die statischen Verfahren der Investitionsrechnung in der Praxis beliebt, da sie leicht zu handhaben sind.

Allgemein geben die Investitionsrechenverfahren Antworten auf folgende Fragen:

▶ Ist die Durchführung einer einzelnen Investition vorteilhaft oder nicht (absolute Vorteilhaftigkeit)?

▶ Welche von mehreren alternativ durchführbaren Investitionen ist die vorteilhafteste (relative Vorteilhaftigkeit)?

Eine weitere Unterscheidung berücksichtigt, ob **Investitionsentscheidungen bei Sicherheit oder bei Unsicherheit** getroffen werden. Durch die Investitionsrechnung können insoweit auch Annahmen über das der Investition innewohnende Risiko getroffen werden. Die Bewertung der Unsicherheit erfolgt dabei über

▶ Abschlagsverfahren, doppelte Diskontierungen,

▶ Sensitivitätsanalysen, Berechnung sog. „kritischer Werte",

▶ Verfahren der Wahrscheinlichkeitsrechnung (Berechnung von Erwartungswerten, Streuungsmaßen, Verteilungsfunktionen) sowie

▶ IT-gestützte Simulationsverfahren.

Verfahren der Investitionsrechnung können ferner berücksichtigen, ob über eine einzelne Investition oder ein ganzes Investitionsbündel – ein sog. **Investitionsbudget** – entschieden wird. Die Theorie der Investitionsbudgets bedient sich dabei des Verfahrens der linearen Programmierung (sog. Simplex-Algorithmus). Möglich – wenn auch mathematisch anspruchsvoll – ist auch die Ableitung simultaner Investitions- und Finanzierungsbudgets oder simultaner Investitions- und Produktionsbudgets unter mehreren Nebenbedingungen der Beschaffung, der Lagerhaltung und des Absatzpotenzials.

Spezielle Entscheidungsverfahren wurden für den **optimalen Ersatz von Investitionen** entwickelt. Hier geht es darum, wann der optimale Zeitpunkt für den Ersatz einer bereits genutzten Anlage durch eine neue Anlage vorliegt. Der optimale Ersatzzeitpunkt wird häufig schon vor dem Ende der betriebsgewöhnlichen Nutzungsdauer liegen.

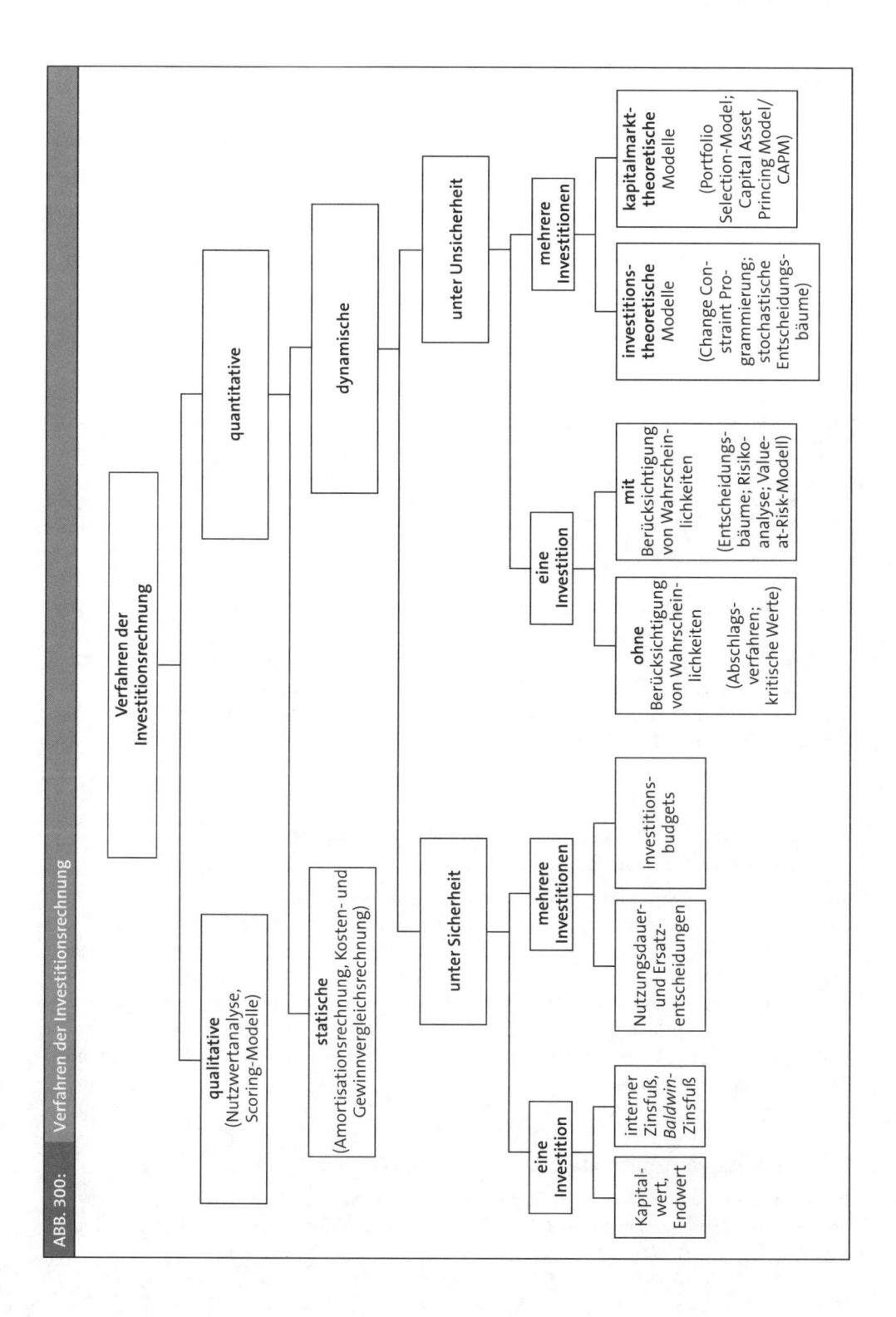

Investitionscontrolling  KAPITEL V

**ABB. 300: Verfahren der Investitionsrechnung**

**Verfahren der Investitionsrechnung**

- **qualitative** (Nutzwertanalyse, Scoring-Modelle)
- **quantitative**
  - **statische** (Amortisationsrechnung, Kosten- und Gewinnvergleichsrechnung)
    - **unter Sicherheit**
      - **eine Investition**
        - Kapitalwert, Endwert
        - interner Zinsfuß, *Baldwin*-Zinsfuß
      - **mehrere Investitionen**
        - Nutzungsdauer- und Ersatzentscheidungen
        - Investitionsbudgets
  - **dynamische**
    - **unter Unsicherheit**
      - **eine Investition**
        - **ohne** Berücksichtigung von Wahrscheinlichkeiten (Abschlagsverfahren; kritische Werte)
        - **mit** Berücksichtigung von Wahrscheinlichkeiten (Entscheidungsbäume; Risikoanalyse; Value-at-Risk-Modell)
      - **mehrere Investitionen**
        - **investitionstheoretische Modelle** (Change Constraint Programmierung; stochastische Entscheidungsbäume)
        - **kapitalmarkttheoretische Modelle** (Portfolio Selection-Model; Capital Asset Princing Model/CAPM)

547

Im Ergebnis werden für die Durchführung der statischen bzw. der dynamischen Investitionsrechenverfahren folgende Dateninputs benötigt:

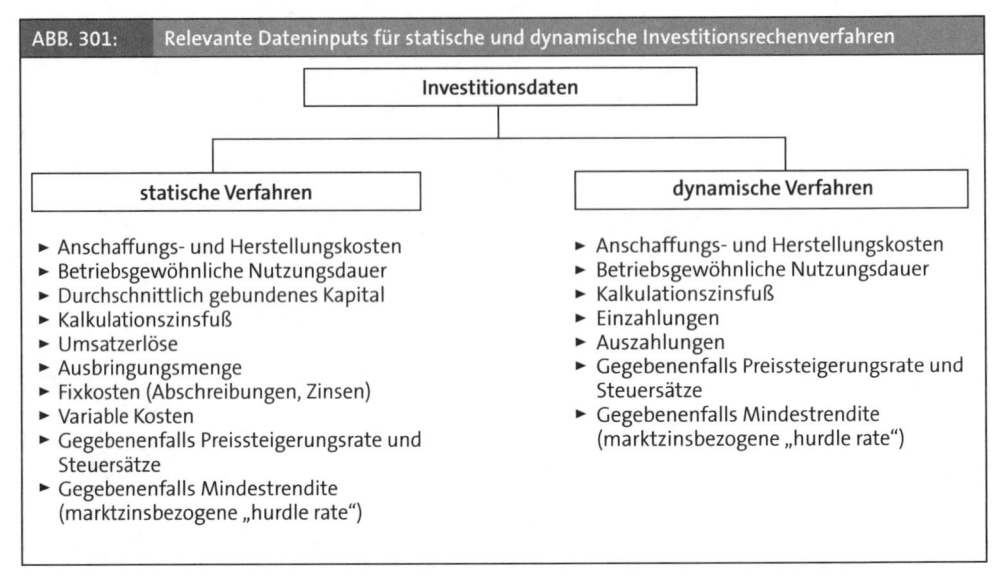

**ABB. 301: Relevante Dateninputs für statische und dynamische Investitionsrechenverfahren**

Investitionsdaten

**statische Verfahren**
- Anschaffungs- und Herstellungskosten
- Betriebsgewöhnliche Nutzungsdauer
- Durchschnittlich gebundenes Kapital
- Kalkulationszinsfuß
- Umsatzerlöse
- Ausbringungsmenge
- Fixkosten (Abschreibungen, Zinsen)
- Variable Kosten
- Gegebenenfalls Preissteigerungsrate und Steuersätze
- Gegebenenfalls Mindestrendite (marktzinsbezogene „hurdle rate")

**dynamische Verfahren**
- Anschaffungs- und Herstellungskosten
- Betriebsgewöhnliche Nutzungsdauer
- Kalkulationszinsfuß
- Einzahlungen
- Auszahlungen
- Gegebenenfalls Preissteigerungsrate und Steuersätze
- Gegebenenfalls Mindestrendite (marktzinsbezogene „hurdle rate")

In der Praxis wird man insbesondere bei Investitionen mit langfristigen Nutzungsdauern nicht auf eine Berücksichtigung von Zeit- und Zinseffekten und damit auf die Anwendung der dynamischen Investitionsrechenverfahren verzichten können. Außerdem legen die statischen Verfahren lediglich durchschnittliche (über die gesamte Nutzungsdauer normalisierte) Kosten und Leistungen zu Grunde, wohingegen die dynamischen Verfahren den konkreten Anfall von Ein- und Auszahlungen pro Periode beziffern.

## 2.3 Zahlungsstromorientierte (dynamische) Verfahren der Investitionsrechnung

Die **dynamischen Investitionsrechenverfahren** beziehen explizit die Zielsetzung des Investors, die intertemporale Einkommens- bzw. Vermögensmaximierung, in die Berechnung ein. Maßgrößen der Investition sind im Gegensatz zu den statischen Methoden nunmehr die ihr zugeordneten Ein- und Auszahlungen bzw. ihre periodischen **Cashflows** als Nettoeinzahlungsüberschüsse. Investitionen unterschiedlicher Laufzeit werden durch Ab- oder Aufzinsung der Ein- und Auszahlungen auf einen einheitlichen Bezugszeitpunkt gleichnamig gemacht. Sie werden damit zu echten, sich ausschließenden Handlungsalternativen, die dem Kalkül der Zinseszinsmethoden der Finanzmathematik folgen.

### 2.3.1 Kapitalwertmethode und verwandte Methoden

Der Kapitalwert einer Investition ist derjenige Wert, der sich durch Abdiskontierung aller Ein- und Auszahlungen ($E_t$, $A_t$) mit dem Kalkulationszinsfuß auf einen einheitlichen Bezugszeitpunkt ergibt.

# Investitionscontrolling — KAPITEL V

Ist der Bezugszeitpunkt der Zeitpunkt der Anschaffung, so spricht man vom Kapitalwert i. e. S. oder vom **Gegenwartswert** (auch: Barwert), ist der Bezugszeitpunkt der Zeitpunkt der Liquidation am Ende der Nutzungsdauer, so spricht man vom **Endwert**. Formal ist der Kapitalwert definiert als

$$C_0 = -A_0 + \sum_{t=1}^{T} (E_t - A_t) \cdot q^{-t} + R_T \cdot q^{-T},$$

wobei q = (1 + i) und i = Kalkulationszinsfuß ist.

$A_0$ ist die Anschaffungsausgabe, die nicht abgezinst werden muss, $R_T$ der Restwert am Ende der Nutzungsdauer, also der Liquidationserlös.

Die Kapitalwertmethode geht von folgenden restriktiven **Annahmen** aus:

- Es wird ein sog. vollkommener Kapitalmarkt unterstellt, d. h. Kapital steht in unbeschränkter Höhe zur Verfügung und der Sollzins entspricht dem Habenzins (einheitlicher Marktzins).
- Die Zahlungen sind vollkommen prognostizierbar, periodisch abgrenzbar und auf die einzelnen Investitionsprojekte zurechenbar.
- Die Cashflows aus der Investition werden periodisch zum Kalkulationszinsfuß wieder angelegt (keine Reinvestition in Anlageinvestitionen).
- Investitions- und Finanzierungsprojekte sind beliebig teilbar.

Nachteilig wirkt sich im Übrigen aus, dass die Höhe des Kapitaleinsatzes nicht berücksichtigt wird (reine Betrachtung des absoluten Gewinns, kein Rentabilitätsmaß).

Der Kalkulationszinsfuß impliziert dabei die vom Investor geforderte **Mindestverzinsung** („**hurdle rate**"). Er wird abgeleitet aus:

- der (internen) Unternehmensrentabilität, z. B. aus der Höhe der Gesamtrentabilität der vergangenen Periode (Return on Investment – ROI) bzw. dem Soll-ROI,
- den (externen) Verhältnissen an den Finanzmärkten, z. B. aus der Höhe des Euribor-Satzes, der durchschnittlichen Umlaufrendite etc.,
- der tatsächlichen oder von den Anteilseignern geforderten Eigenkapitalrentabilität,
- aus den (externen) Branchen- und Marktverhältnissen, z. B. aus der durchschnittlichen Branchenrentabilität.

Wird die Investition allein durch Fremdmittel finanziert, so darf der Kalkulationszinsfuß nicht unter dem Fremdkapitalzinssatz für die Kapitalaufnahme liegen.

Wird die Gesamtkapitalrendite als Kalkulationszinsfuß gewählt, so bedeutet dies, dass nur Investitionen realisiert werden sollen, welche die durchschnittliche Unternehmensrentabilität nicht vermindern. Diese Verzinsung bildet insoweit die von den Anteilseignern geforderte Mindestrendite.

Der Kalkulationszinsfuß berücksichtigt implizit das **Investitionsrisiko**; er ist bei risikoreichen Investitionen demnach um einen angemessenen Risikozuschlag – analog zum Vorgehen in der Kostenrechnung – zu erhöhen. In anderen Einflussgrößen der Kapitalwertmethode findet das Risiko keine Berücksichtigung; es wird global über den Kalkulationszinsfuß abgegolten.

Der Kalkulationszinsfuß unterliegt gleichzeitig dem sog. **Opportunitätskostenkonzept**; d. h., seine Höhe richtet sich nach den bei alternativen Verwendungen erzielbaren Zinssätzen für das knappe Kapital auf den Güter- und Finanzmärkten. Theoretisch entspricht der Kalkulationszinsfuß dann der (Grenz-)Verzinsung der besten gerade nicht mehr durchgeführten Investition. Diese kann gegeben sein durch:

▶ die Grenz-Anlageinvestition (d. h. die nächst günstigste Anlageinvestition),

▶ die Grenz-Finanzinvestition (d. h. die nächst günstigste Finanzinvestition),

▶ die Opportunitätskosten der (Nicht-)Ausschüttung oder einer anderweitigen Verwendung beim Anteilseigner mit der höchsten Ausschüttungspräferenz.

Ein nach dem Return on Investment (Gesamtkapitalrendite) ausgerichteter Kalkulationszinsfuß wird in der Praxis auch als sog. „**Finanzlastsatz**" $r_{Fi}$ bezeichnet. Demnach ist:

$$r_{Fi} = [\, r_{EK} \cdot (EK/GK) + r_{FK} \cdot (FK/GK)\,] \cdot 100\,\%,$$

wobei $r_{EK}$ = Eigenkapitalrendite, $r_{FK}$ = Fremdkapitalzinssatz,

EK/GK = Eigenkapitalquote, FK/GK = Fremdkapitalquote ist.

Der Finanzlastsatz stellt damit die Höhe der mit den Kapitalanteilen gewichteten Kapitalkosten des Gesamtunternehmens dar. Er ähnelt demnach dem in der wertorientierten Unternehmensführung verbreiteten Kennzahl „**weighted average costs of capital**" (WACC, vgl. Kapitel VI).

**BEISPIEL:** ▶ Zu ermitteln ist der Finanzlastsatz anhand folgender Angaben.

| Aktiva | | Bilanz | Passiva |
|---|---|---|---|
| Anlagevermögen | 350 | Gezeichnetes Kapital | 200 |
| Umlaufvermögen | 650 | Rücklagen | 120 |
| | | Jahresüberschuss | 80 |
| | | Fremdkapital (zinstragend) | 600 |
| Aufwand | | GuV | Ertrag |
| Materialaufwand | 460 | Umsatzerlöse | 1.000 |
| Löhne und Gehälter | 300 | | |
| Abschreibungen | 60 | | |
| Fremdkapitalzinsen | 30 | | |
| Steuern | 70 | | |
| Jahresüberschuss | 80 | | |

Der Finanzlastsatz beläuft sich auf $[0{,}6 \cdot (30/600) + 0{,}4 \cdot (80/400)] \cdot 100\,\% = 11{,}0\,\%$.

Eine Investition ist vorteilhaft, sofern ihr Kapitalwert größer als Null ist. In diesem Fall wird neben der geforderten Mindestverzinsung noch ein Überschuss erwirtschaftet. Der Kapitalwert gibt die Höhe des auf den heutigen Tag abgezinsten Überschusses an.

Bei einem Kapitalwert von Null erwirtschaftet die Investition denselben Betrag wie bei einer Anlage der Mittel zum Kalkulationszinsfuß. Man spricht bei einem Kalkulationszinsfuß, der den Kapitalwert Null werden lässt, auch von einem **kritischen Kalkulationszinsfuß** i. S. von *Kilger* oder auch vom sog. internen Zinsfuß (s. u.).

Zum Vergleich der Vorteilhaftigkeit zweier (oder mehrerer) Investitionsprojekte wird der Kapitalwert wie folgt herangezogen:

- sofern die Kapitalwerte beider Projekte kleiner Null sind: Verzicht auf die Durchführung beider Investitionen,
- sofern der Kapitalwert eines Projekts größer, der andere kleiner Null ist: Durchführung der Alternative mit positivem Kapitalwert,
- sofern die Kapitalwerte beider Projekte größer Null sind: Durchführung der Alternative mit dem höheren Kapitalwert.

Bei einem Vorteilhaftigkeitsvergleich zweier Investitionsalternativen kann auch die Zahlungsreihe der sog. **Differenzinvestition** berechnet werden, einer fiktiven Zahlungsreihe, die sich aus der Differenz der Zahlungsreihen beider Investitionen ergibt. Je nachdem, ob der Kapitalwert der Differenzinvestition positiv oder negativ ist, wird dann eine Investitionsalternative vorgezogen. Bei der Bildung der Differenzinvestition lässt sich allerdings nicht erkennen, ob beide Kapitalwerte der Realinvestitionen negativ sind. Ist dies der Fall, sollte man keine der Alternativen durchführen.

Analog zum Kapitalwert berechnet sich der **Endwert** als

$$C_T = -A_0 \cdot q^T + \sum_{t=1}^{T} (E_t - A_t) \cdot q^{T-t} + R_T,$$

oder alternativ

$$C_T = C_0 \cdot q^T$$

Der Endwert bezieht insoweit die Ein- und Auszahlungsströme auf das Ende des Betrachtungszeitraums. Er stellt den gesamten Cashflow der Investition aufgezinst auf das Ende des Planungszeitraums dar.

Die Endwertmethode geht von den gleichen Annahmen aus wie der Kapitalwert. Eine Alternativenbewertung nach dem Kapitalwert führt daher zu derselben Reihung der Investitionen wie nach dem Endwert.

Ein Maß, das auch die Knappheit des Kapitals im Unternehmen berücksichtigt, ist die sog. **Kapitalwertrate**. Sie ist definiert als

$$KWR = C_0 / A_0$$

Hierbei wird der absolute Kapitalwert auf die Anschaffungskosten bezogen und insoweit in Relation zum Kapitaleinsatz gesetzt. Die Kapitalwertrate ist somit ein Rentabilitätsmaß. Sie ist ein sinnvolles Kriterium bei der Investitionsbudgetierung, also bei der Aufteilung eines vorgegebenen Finanzvolumens auf verschiedene miteinander konkurrierende Investitionsalternativen (z. B. bei einer Spartenorganisation).

Die Kapitalwertmethode ist folgenden Kritikpunkten ausgesetzt:

- Die getroffenen Vorteilhaftigkeitsentscheidungen stehen und fallen mit der Wahl des Kalkulationszinsfußes. Diese erfolgt aber nach dem subjektiven Ermessen und der Risikopräferenz des Investors. Einen „objektiven" Kalkulationszinsfuß gibt es nicht.
- Es wird eine Wiederanlage der in jeder Periode eingehenden Cashflows zum Kalkulationszinsfuß bis zum Ende der Nutzungsdauer unterstellt. Entspricht der Kalkulationszinsfuß nicht dem jeweils erzielbaren Anlagezinssatz, so ist die Annahme falsch. Letzteres wird aber i. d. R. der Fall sein.
- Das Vorteilhaftigkeitsmaß „Kapitalwert" ist unübersichtlich, da es aus einer Kombination eines (relativen) Prozentwertes, nämlich der Verzinsung zum Kalkulationszinsfuß, und eines (absoluten) €-Betrags, nämlich des Kapitalwerts selbst, besteht.

Beispiel:

| Investition 1 | | | | | | |
|---|---|---|---|---|---|---|
| Periode | 0 | 1 | 2 | 3 | 4 | 5 |
| Cashflow (T€) | -100 | 40 | 40 | 30 | 30 | 20 |

| Investition 2 | | | | | | |
|---|---|---|---|---|---|---|
| Periode | 0 | 1 | 2 | 3 | 4 | 5 |
| Cashflow (T€) | -100 | 20 | 30 | 40 | 40 | 50 |

Der Kalkulationszinsfuß betrage jeweils 10 %. Zu berechnen sind für jede Investition Kapitalwert, Endwert, Amortisationszeitpunkt und Kapitalwertrate. Anhand dieser Kriterien ist eine Vorteilhaftigkeitsentscheidung zu entwickeln.

| Kriterium | Investition 1 | Investition 2 |
|---|---|---|
| Kapitalwert | 24,9 T€ | 31,4 T€ |
| Kapitalwertrate | 24,9 % | 31,4 % |
| Endwert | 40,0 T€ | 50,6 T€ |
| Kapitalwert nach 3. Jahr | -8,0 T€ | -27,0 T€ |
| Kapitalwert nach 4. Jahr | 12,5 T€ | 0,3 T€ |
| Dynamische Amortisationsdauer | 3,61 Jahre | 3,99 Jahre |

**Ergebnis:** Nach dem Kapitalwert- und Endwertkriterium ist Investition 2 zu bevorzugen, nach der dynamischen Amortisationsdauer hingegen Investition 1.

Die Abhängigkeit der Investitionsentscheidung von der Wahl des Kalkulationszinsfußes soll an dem folgenden **Beispiel** veranschaulicht werden.

**BEISPIEL:** Gegeben sind die zwei alternativ durchführbaren Investitionen mit den Netto-Zahlungsreihen (Werte in T€)

$I_A$: (-100, 10, 20, 30, 40, 50) sowie

$I_B$: (-100, 40, 40, 30, 20, 10).

Für verschiedene Kalkulationszinsfüße i ergeben sich die Kapitalwerte der Investitionen $C_A$, $C_B$ wie in der nachstehenden Abbildung dargestellt.

# Investitionscontrolling

**KAPITEL V**

Solange der Kalkulationszinsfuß unter 5,75 % liegt, wird Alternative A vorgezogen; bei Kalkulationszinsfüßen über 5,75 % ist Alternative B vorteilhaft. Daraus folgt, dass ein niedriger Kalkulationszinsfuß Investitionen mit relativ langen Amortisationsdauern begünstigt, denn auch erst langfristig anfallende Cashflows werden noch mit relativ hohen Abzinsungsfaktoren gewichtet.

Dies lässt sich graphisch anhand einer **Kapitalwertstrukturkurve** verdeutlichen:

### ABB. 302: Kapitalwertstrukturkurve

Die Kapitalwerte $C_A$ und $C_B$ der Investitionsalternativen werden in Abhängigkeit vom Kalkulationszinsfuß i berechnet:

| t | 0 | 1 | 2 | 3 | 4 | 5 |
|---|---|---|---|---|---|---|
| $CF_A$ | -100 | +10 | +20 | +30 | +40 | +50 |
| $CF_B$ | -100 | +40 | +40 | +30 | +20 | +10 |

| i | 0 | 0,05 | 0,0575 | 0,1 | 0,12 | 0,15 | 0,156 |
|---|---|---|---|---|---|---|---|
| $C_A$ | +50 | +25,7 | +22,5 | +6,6 | 0 | -8,7 | -10,3 |
| $C_B$ | +40 | +24,6 | +22,5 | +11,8 | +7,3 | +1,2 | 0 |

Beim kritischen Zinsfuß $i_{KRIT}$ = 0,0575 haben beide Investitionen den gleichen Kapitalwert: $C_A = C_B = 22,5$.
Ist $i < i_{KRIT}$, dann ist das Investitionsobjekt A dem Investitionsobjekt B vorzuziehen.
Wird $i > i_{KRIT}$, so wird das Investitionsobjekt B vorteilhafter.

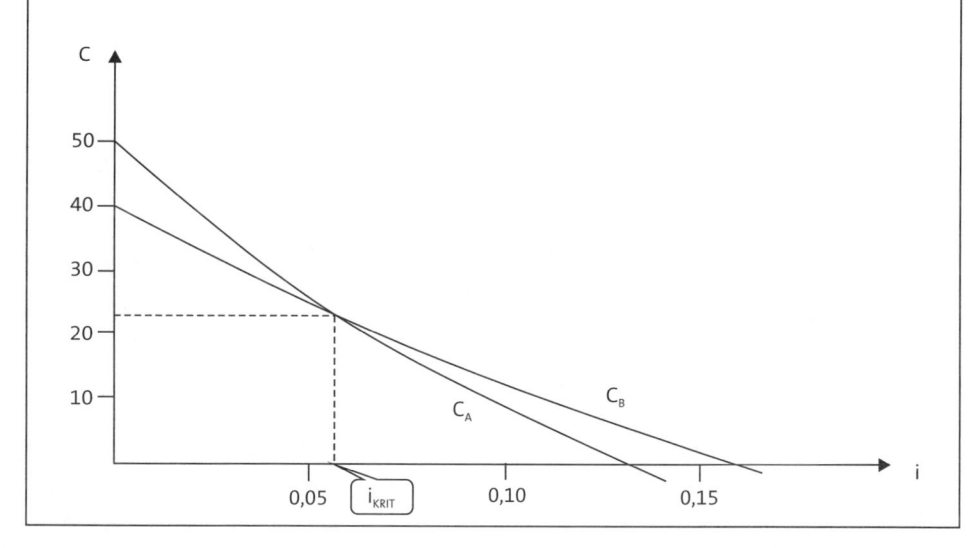

Je niedriger also der Kalkulationszinsfuß angenommen wird, desto geringer ist die Zeitpräferenz. Bei hohen Kalkulationszinsfüßen werden hingegen Investitionen mit relativ kurzer Amortisationszeitspanne begünstigt.

Wie verhält sich nun abschließend die Kapitalwertmethode zu den **statischen Methoden** der Investitionsrechnung?

▶ Der Kapitalwertmethode wohnt die Annahme einer Zeitpräferenz des Anfalls der Cashflows inne, die den statischen Methoden fehlt.

- Zinsen werden in den statischen Methoden über den Ansatz kalkulatorischer Zinsen auf das durchschnittlich gebundene Kapital berücksichtigt, in der Kapitalwertmethode hingegen über den Kalkulationszinsfuß, der die vom Investor geforderte Mindestverzinsung widerspiegelt.
- Die Anschaffungskosten für das Investitionsprojekt werden in den statischen Methoden über periodische (kalkulatorische) Abschreibungen berücksichtigt, in der Kapitalwertmethode hingegen als einmalige Auszahlung zu Beginn der Nutzungsdauer des Investitionsprojekts.
- In den statischen Methoden werden Kosten und Leistungen, in den dynamischen Methoden hingegen Einzahlungen und Auszahlungen beziffert. Beim Übergang von den statischen zu den dynamischen Methoden sind daher Annahmen an die Zahlungswirksamkeit der Kosten und Leistungen zu treffen (sog. „pagatorisches Kostenkonzept"). Es sind insoweit z. B. die Zahlungsgewohnheiten (Zahlungsziele, Skonti, Zielüberschreitungen) aller Lieferanten-Kunden-Beziehungen zu berücksichtigen.

Hierzu das folgende **Beispiel**:

**BEISPIEL:** Gegeben sind nachstehende Daten zweier Investitionsalternativen. Der Kalkulationszinssatz betrage 10 %. Die Zinsen sind jeweils am Jahresende abzusetzen. Abgeschrieben wird linear am Periodenende.

| Investitionsalternative | 1 | 2 |
|---|---|---|
| Anschaffungskosten [€] | 150.000 | 100.000 |
| Nutzungsdauer [Jahre] | 4 | 4 |
| Restwert [€] | 30.000 | 0 |
| Leistungsabgabe [Stück/Jahr] | 25.000 | 15.000 |
| Fixkosten [€/Jahr] | 20.000 | 8.000 |
| variable Kosten [€/Stück] | 2,50 | 2,90 |
| Erlös [€/Stück] | 5,60 | 6,20 |

Welche Alternative ist vorzuziehen unter Zugrundelegung
- der Gesamt- und Stückgewinnvergleichsmethode,
- der Rentabilitätsvergleichsmethode,
- der dynamischen Amortisationsrechnung,
- der Kapitalwertmethode,

wenn 80 % der Umsatzerlöse und der variablen Kosten und 60 % der fixen Betriebskosten, sowie der gesamte Restwert zahlungswirksam sind? Nicht zahlungswirksam sind die kalkulatorischen Kosten.

**Lösung:**

| Investitionsalternative | 1 | 2 |
|---|---|---|
| Betriebskosten | | |
| ▶ fix [€/Jahr] | 20.000 | 8.000 |
| ▶ variabel [€/Jahr] | 62.500 | 43.500 |
| Kapitalkosten | | |
| ▶ Abschreibungen [€/Jahr] | 30.000 | 25.000 |
| ▶ ø gebundenes Kapital [€] | 105.000 | 62.500 |
| ▶ Zinsen [€/Jahr] | 10.500 | 6.250 |

| Investitionsalternative | 1 | 2 |
|---|---:|---:|
| Gesamtkosten [€/Jahr] | 123.000 | 82.750 |
| Gesamterlöse [€/Jahr] | 140.000 | 93.000 |
| Gesamtgewinn [€/Jahr] | 17.000 | 10.250 |
| Stückgewinn [€/Stück] | 0,680 | 0,683 |
| Rentabilität [%] | 16,2 | 16,4 |
| Leistungen [€/Jahr] | 140.000*) | 93.000 |
| ▶ davon zahlungswirksam | 112.000*) | 74.400 |
| variable Kosten [€/Jahr] | 62.500 | 43.500 |
| ▶ davon zahlungswirksam | 50.000 | 34.800 |
| Fixe Betriebskosten [€/Jahr] | 20.000 | 8.000 |
| ▶ davon zahlungswirksam | 12.000 | 4.800 |
| Cashflows | | |
| ▶ Periode 0 [€/Jahr] | -150.000 | -100.000 |
| ▶ Periode 1 - 3 [€/Jahr] | 50.000 | 34.800 |
| ▶ Periode 4 [€/Jahr] | 80.000 | 34.800 |
| *) In der 4. Periode 170.000 €, davon zahlungswirksam 142.000 €. | | |

Damit folgt (unter Einsatz des unten erläuterten Rentenbarwertfaktors):

▶ $C_{01} = -150.000 + 3,1699 \cdot 50.000 + 30.000/1,10^4 = 28.984$ und

▶ $C_{02} = -100.000 + 3,1699 \cdot 34.800 = 10.311$.

## 2.3.2 Annuitätenmethode und verwandte Methoden

Unter einer **Annuität** wird die Transformation des Kapitalwerts in eine Reihe periodischer gleich hoher Zahlungen über die Nutzungsdauer der Investition unter Berücksichtigung von Zinseszinsen verstanden. Neben der Verzinsung zum Kalkulationszinsfuß wird von der Investition daher noch in jeder Nutzungsperiode ein gleich bleibend hoher Betrag erwirtschaftet. Beim Kapitalwert war es eine Einmalzahlung, die auf den Zeitpunkt der Anschaffung des Investitionsprojekts abgezinst wurde. Die Annuitätenmethode geht aber grundsätzlich von denselben Voraussetzungen wie die Kapitalwertmethode aus.

Die Berechnung der Annuität erfolgt mit Hilfe des sog. **Wiedergewinnungsfaktors**

$$AN = C_0 \cdot WGF,$$

wobei

$$WGF = \frac{(1+i)^T \cdot i}{(1+i)^T - 1}$$

Die Annuität ist positiv, sofern der zugrunde liegende Kapitalwert positiv ist. Mit i wird der Kalkulationszinsfuß bezeichnet.

**BEISPIEL:** ▶ $A_0 = 60.000$ €, $CF_1 - CF_3$ sind jeweils 25.000 €, T = drei Jahre, $R_T = 0$ €, i = 10 %. Die Annuität beträgt dann 874 € ($C_0 = 2.171$ €, WGF = 0,402).

Der Kehrwert des Wiedergewinnungsfaktors heißt **Rentenbarwertfaktor**. Er beziffert den Kapitalwert einer vorgegebenen Reihe periodisch gleichbleibender Zahlungen (Annuität).

$$RBF = 1 / WGF.$$

Die Kennzeichnung einer Zahlungsreihe als Annuität erfolgt insbesondere bei sehr langfristigen Investitionen, etwa bei Investitionen in Finanzanlagevermögen (z. B. Erwerb einer Beteiligung). Die Annuität entspricht dann der erwarteten jährlichen Dividende. Auch bei der Bewertung ganzer Unternehmen wird ab einem bestimmten Zeithorizont von jährlich gleich bleibenden Cashflows ausgegangen. Die Verwendung des Rentenbarwertfaktors bei der Berechnung von Kapitalwerten stellt zudem eine wesentliche rechentechnische Vereinfachung gegenüber der analytischen Ermittlung dar.

Im Extremfall der unendlichen Nutzungsdauer einer Investition gilt für den **Kapitalwert einer unendlichen Annuität**:

$$C_0 = AN/i \; (i = \text{Kalkulationszinsfuß})$$

Die **dynamische Amortisationsrechnung** gibt den Zeitpunkt der Amortisation der Anschaffungskosten einer Investition unter Berücksichtigung von Zinsen und Zinseszinsen ($t^{**}$) an:

$$t^{**}: \sum_{t=0}^{t^*} (E_t - A_t) \cdot q^{-t} = C_0(t^*) < 0 \text{ und}$$

$$\sum_{t=0}^{t^*+1} (E_t - A_t) \cdot q^{-t} = C_0(t^* + 1) > 0.$$

Durch lineare Interpolation folgt:

$$t^{**} = t^* + = \frac{C_0(t^*)}{C_0(t^*+1) - C_0(t^*)}$$

**BEISPIEL:** $A_0 = 100.000\,€$, ND = fünf Jahre, $i = 10\,\%$, $CF_1 = 40.000\,€$, $CF_2 = 40.000\,€$, $CF_3 = 30.000\,€$, $CF_4 = CF_5 = 20.000\,€$. Dann folgt: $C_{04} = -3.472\,€$, $C_{05} = 8.946\,€ \rightarrow t^{**} = 4,28$.

## 2.3.3 Interne Zinsfuß-Methode

Die Interne Zinsfuß-Methode verdichtet die Entscheidung über die Vorteilhaftigkeit einer Investition auf eine einzige Rentabilitätskennziffer, die unschwer mit Marktdaten i. S. eines **Effektivzinses** verglichen werden kann. Somit wird der Kritik am Kapitalwert begegnet, der in der Praxis häufig als intransparentes Entscheidungskriterium betrachtet wird.

Außerdem wird angeführt, dass dem internen Zinsfuß die Subjektivität der Kapitalwertmethode bei der Annahme des Kalkulationszinsfußes fehlt, da die Zinsbestimmung endogen im Modell erfolgt. Die Höhe des Kapitalwerts hängt entscheidend von der Wahl des Kalkulationszinsfußes ab. Diese erfolgt wiederum gem. der Risikopräferenz des Entscheiders. Der Befürworter einer Investition wird einen niedrigen und der Gegner einen hohen Kalkulationszinsfuß ansetzen.

Der interne Zinsfuß ist der **kritische Kalkulationszinsfuß i\***, für den gilt:

$$C_0(i^*) = -A_0 + \sum_{t=1}^{T} (E_t - A_t) \cdot q^{-t} + R_T \cdot q^{-T} = 0,$$

wobei $q = 1 + i^*$

Die Interne Zinsfuß-Methode ist jedoch in der Theorie nicht unwidersprochen:
- Der interne Zinsfuß ergibt sich rechnerisch durch Gleichnullsetzen und Auflösung der Kapitalwertformel nach dem Zinssatz. Dies ist per Hand – außer in einzelnen Sonderfällen – nur bis zum Zwei-Perioden-Fall möglich. Ab dem Drei-Perioden-Fall ist der interne Zinsfuß **analytisch nicht mehr bestimmbar**. Zur Ermittlung des internen Zinsfußes sind Näherungsformeln verfügbar, oder es muss eine IT-Unterstützung herangezogen werden.
- Im Mehr-Perioden-Fall können sich **mehrere interne Zinsfüße** ergeben. Diese können auch die Form komplexer Zahlen annehmen.
- Auch die **Nichtexistenz interner Zinsfüße** ist möglich, vgl. hierzu etwa die Netto-Zahlungsreihe (-100, 200, -110). Ein interner Zinsfuß existiert nicht, wenn für keinen potenziellen Kalkulationszinsfuß ein positiver Kapitalwert der Investition vorliegt.
- Die unrealistische Annahme des **vollkommenen Kapitalmarkts** wird weiterhin aufrechterhalten.
- Es wird implizit eine **Wiederanlageprämisse** unterstellt, d. h. eine Anlage der jährlichen Rückflüsse zum internen Zinsfuß. Dieser ist aber regelmäßig höher als der Kapitalmarktzins, sonst würde eine Realinvestition unterbleiben, sondern vielmehr die Mittel am Kapitalmarkt angelegt werden. Es wird die Investitionsalternative mit dem höchsten internen Zinsfuß gewählt, folglich weisen alle weiteren Investitionsalternativen niedrigere interne Zinsfüße auf. Schließlich ist eine Anlage der periodischen Cashflows, die naturgemäß niedriger sind als die Anschaffungsauszahlungen, zum internen Zinsfuß aufgrund der mangelnden Teilbarkeit von Investitionsobjekten und bei in der Zwischenzeit ggf. geänderten Investitions- und Marktbedingungen nicht möglich. Sie müssen solange angespart werden, bis die kumulierten Cashflows wieder eine Investition ermöglichen. Nach alledem überschätzt der interne Zinsfuß daher die Vorteilhaftigkeit von Realinvestitionen.

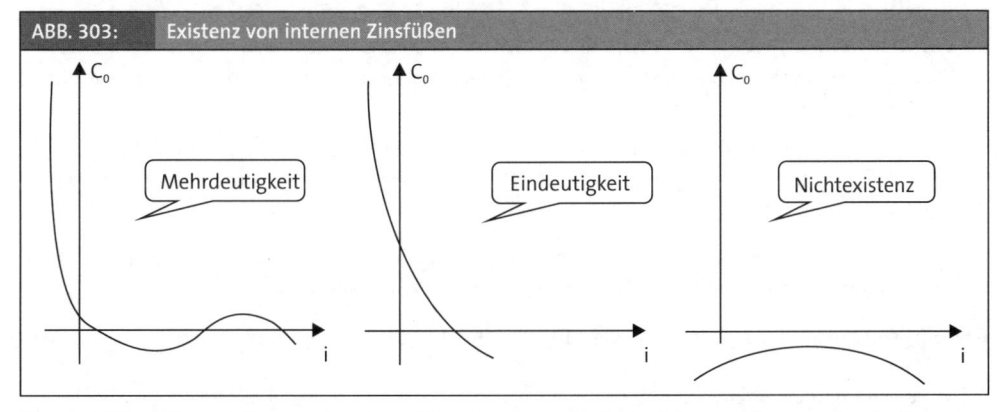

**ABB. 303: Existenz von internen Zinsfüßen**

(Mehrdeutigkeit | Eindeutigkeit | Nichtexistenz)

Für eine **Normalinvestition** – eine Investition, in deren Netto-Zahlungsreihe nur ein einziger Vorzeichenwechsel vorkommt – kann mathematisch bewiesen werden, dass diese durch einen eindeutigen internen Zinsfuß charakterisiert ist. Das Vorliegen einer Normalinvestition stellt den üblichen Praxisfall dar, da erst negative und dann positive Cashflows vorliegen (sonst würde die Investition niemals getätigt). Zu dem Zeitpunkt, an dem die positiven Cashflows wieder ins Negative fallen, erfolgt üblicherweise eine Desinvestition.

Die iterative Bestimmung des internen Zinsfußes erfolgt nachfolgend für den allgemeinen Fall von T Perioden. Die Kapitalwertformel nimmt in diesem Fall den Charakter eines Polynoms T-ten Grades mit bis zu T Nullstellen an.

**1. Schritt:** Wahl eines beliebigen Kalkulationszinsfußes $i_1$ und Bestimmung des dazugehörigen $C_{01}$.

**2. Schritt:** Wahl des Kalkulationszinsfußes $i_2$ mit $i_2 > i_1$, falls $C_{01} > 0$ bzw. $i_2 < i_1$, falls $C_{01} < 0$. In Abhängigkeit von $i_2$ wird $C_{02}$ bestimmt. $i_2$ muss solange variiert werden, bis $C_{02}$ ein anderes Vorzeichen als $C_{01}$ aufweist.

**3. Schritt:** Wahl des Kalkulationszinsfußes $i_3$ mit

$$i_3 = i_1 - C_{01} \cdot \frac{i_2 - i_1}{C_{02} - C_{01}}$$

(lineare Interpolation, sog. „**regula falsi**"). Bestimmung von $C_{03}$. Wiederholung des 2. Schritts mit ($i_3$, $C_{03}$) und ($i_1$, $C_{01}$) bzw. ($i_2$, $C_{02}$). Beliebig viele weitere Wiederholungen, bis die gewünschte Genauigkeit der Iteration erreicht ist.

Der interne Zinsfuß führt zu anderen Entscheidungen als der Kapitalwert.

▶ Er führt zur Annahme anderer Investitionsprojekte aufgrund unterschiedlicher Zinsreagibilitäten bzw. unterschiedlicher Kapitalrückflussdauern. Dies ist darin begründet, dass der Kapitalwert ein absolutes Kriterium darstellt, das den Gewinn nicht auf das eingesetzte Kapital bezieht, der interne Zinsfuß hingegen ein relatives Rentabilitätskriterium ist, welches vom Investitionsvolumen abstrahiert.

▶ Er führt zu unterschiedlichen Investitionsvolumina aufgrund abweichender Vorteilhaftigkeitserwägungen. Die Kapitalwertmaximierung bestimmt das optimale Investitionsbudget in dem Punkt, in dem der Marktzins dem marginalen internen Zinsfuß (für die marginale Budgeteinheit) entspricht. Die Maximierung des internen Zinsfußes führt zum optimalen Investitionsbudget, wenn der Marktzins gleich dem durchschnittlichen internen Zinsfuß ist. Das optimale Investitionsbudget wird damit bei Anwendung der Internen Zinsfuß-Methode i. d. R. größer sein.

▶ Er führt zu unterschiedlichen optimalen Nutzungsdauern der Investitionsprojekte. Die optimale Nutzungsdauer bei Anwendung der Kapitalwertmethode ist grundsätzlich länger als bei Anwendung der Internen Zinsfuß-Methode.

Der wesentliche Einwand gegen die Anwendung der Internen Zinsfuß-Methode besteht in der Unzulässigkeit der Wiederanlageprämisse. Sie kann in die **Insolvenz** führen.

**BEISPIEL:** ▶ Gegeben sei die Zahlungsreihe (-100, 80, 40); Werte in T€. Der Wiederanlagezins bei der Bank betrage 5 %.

▶ Wie hoch ist der interne Zinsfuß?

Da eine Normalinvestition vorliegt, existiert ein eindeutiger interner Zinsfuß. Dieser beträgt 14,8 %; auf eine mathematische Berechnung wird an dieser Stelle verzichtet (quadratische Ergänzung!).

- ▶ **Lohnt sich die Investition, wenn Eigenmittel nicht zur Verfügung stehen und eine Aufnahme von Fremdkapital zum Zinssatz von 13 % möglich ist?**

    Obwohl der Fremdkapitalzins (Sollzins) unter dem internen Zinsfuß liegt, ist die Investition nicht vorteilhaft. Probe:
    - Der Endwert des Kreditkontos beträgt 127,69 T€ (= 100 · 1,13²).
    - Der Endwert des Investitionskontos beträgt 124 T€ (80 · 1,05 + 40).

    Beim Fehlen von Eigenmitteln führt die Investition – isoliert betrachtet – in die Insolvenz. Der Investitionskredit kann aus Mitteln der Investition nicht bedient werden.

- ▶ **Wie ist zu entscheiden, wenn die Cashflows in der Periode ihres Anfalls zur Zinszahlung und Schuldentilgung verwendet werden (sog. Projektfinanzierung)?**

    In Periode 1:
    Der Cashflow beträgt 80 T€. Die Zinslast beträgt 13 T€. Für die Tilgung verbleiben daher 67 T€, wenn auf die Anlage eines Überschusses verzichtet wird. Die Restschuld beträgt 33 T€.

    In Periode 2:
    Der Cashflow beträgt 40 T€. Die Zinslast beträgt 4,29 T€ (13 % von 33 T€). Zu tilgen sind noch 33 T€. Es verbleibt ein Überschuss von 2,71 T€ (40 T€ - 37,29 T€).

    Die Investition ist vorteilhaft, da der Sollzins der Bank (13 %) niedriger ist als der interne Zinsfuß der Investition. Die sofortige Verwendung der Cashflows impliziert faktisch eine Anlage zum Sollzins von 13 %.

    Betrüge der Sollzins gerade 14,8 %, so verbliebe letztlich ein Überschuss von Null.

Nur im Falle der **Projektfinanzierung** (maßgeschneiderte Finanzierung mit sofortiger Sondertilgung aller Cashflows in der Periode ihres Anfalls) ist der interne Zinsfuß also ein zutreffendes Investitionskriterium.

### 2.3.4 *Baldwin*-Zinsfuß-Methode

*Baldwin (Baldwin*, How To Assess Investment Proposals, in: Harvard Business Review 1959, Nr. 3, S. 98 ff.) hat die obigen Überlegungen formalisiert und in seinem Kalkül die Annahme des vollkommenen Kapitalmarkts fallengelassen.

Im *Baldwin*-Modell werden die Anschaffungskosten sowie der Liquidationserlös von den periodischen Cashflows getrennt. Der *Baldwin*-Zinsfuß ist demnach derjenige Zinssatz, mit dem man den Barwert der Summe aus Anschaffungskosten und Liquidationserlös aufzinsen muss, damit er genau dem Endwert der Cashflows der Investition entspricht.

Formal ergibt sich der *Baldwin*-Zinsfuß $r_B$ aus

$$\underbrace{(1 + r_B)^T \cdot A_0 + R_T}_{\text{Kreditaufnahme}} = \underbrace{\sum_{t=1}^{T} (E_t - A_t) \cdot (1 + i)^{T-t}}_{\text{Cashflows der Investition}}.$$

Bei Auflösung nach $r_B$ folgt damit für den *Baldwin*-Zinsfuß

$$r_B = \frac{[\sum (E_t - A_t) \cdot (1 + i)^{T-t} - R_T]^{1/T}}{A_0} - 1.$$

Die *Baldwin*-Methode geht damit zum einen von der Annahme des vollkommenen Kapitalmarkts ab. Sie lässt insbesondere abweichende Soll- und Habenzinssätze zu. Zum anderen impliziert sie keine starre Wiederanlageprämisse mehr. Diese ist nunmehr flexibel nach den Verhältnissen in der Praxis gestaltbar. Der *Baldwin*-Zins ist damit ein praxisrelevantes, aber gleichwohl theoretisch fundiertes Kriterium der Investitionsrechnung.

Aus betriebswirtschaftlicher Sicht ist der *Baldwin*-Zinsfuß der maximale Sollzins für eine Kreditaufnahme zur vollständigen Finanzierung einer Investition, so dass die laufenden Cashflows für die Kreditbedienung gerade ausreichen. Sofern der Habenzins der Bank für Geldanlagen unter dem Sollzins liegt (was i. d. R. der Fall ist), würde eine Kreditaufnahme zum internen Zinsfuß der Investition isoliert betrachtet zur Insolvenz des Investors führen.

**BEISPIEL:** Gegeben sei die folgende Zahlungsreihe einer Investition in T€ (-1.600, 880, 1.089). Der durch das Management vorgegebene Kalkulationszinsfuß betrage 10 %. Der Wiederanlagezins betrage 5 %.

▶ Wie hoch ist der Kapitalwert?

$C_0$ = -1.600 + 880/1,1 + 1.089/1,21 = 100.

▶ Wie hoch ist der interne Zinsfuß?

Bei Auflösung der Kapitalwertformel nach dem Zinssatz und quadratischer Ergänzung ergibt sich i* = 14,5 %. Auf eine mathematische Ableitung an dieser Stelle wird verzichtet.

▶ Wie hoch ist der *Baldwin*-Zinsfuß?

Der Endwert der Cashflows – aufgezinst mit dem Kalkulationszinsfuß – beträgt $C_T$ = 880 · 1,05 + 1.089 = 2.013.

Für den *Baldwin*-Zinsfuß gilt dann $r_B$ = $(2.013/1.600)^{1/2}$ - 1 = 0,1215 = 12,15 %.

Er ist also niedriger als der interne Zinsfuß, d. h. eine Kreditaufnahme zu einem Fremdkapitalzinssatz über dem *Baldwin*-Zinsfuß würde in die Insolvenz führen.

**Probe:** Der Endwert der Rückflüsse beträgt 2.013 (vgl. Ableitung oben). Der Endwert des Kreditkontos mit der Fremdkapitalaufnahme zum *Baldwin*-Zinsfuß von 12,15 % beläuft sich auf 1.600 · $1,1215^2$ = 2.013.

Es zeigt sich, dass die *Baldwin*-Methode die „Holzhammer"-Annahme der Internen Zinsfuß-Methode, der Wiederanlagezinsfuß für die periodisch generierten Cashflows müsse dem internen Zinsfuß der Gesamtinvestition entsprechen, geschickt dahingehend erweitert, dass ein beliebiger Wiederanlagezinsfuß vorgegeben werden kann. Je geringer dieser, umso niedriger ist folglich der *Baldwin*-Zinsfuß im Vergleich zum Internen Zinsfuß.

**BEISPIEL:** Eine Investition sei durch folgende Zahlungsreihe gekennzeichnet, wobei von einem Restwert am Ende der Nutzungsdauer abgesehen wird.

| Periode | 0 | 1 | 2 | 3 | 4 | 5 |
|---|---|---|---|---|---|---|
| Cashflow (T€) | -1.000 | 150 | 300 | 400 | 250 | 200 |

Der Kalkulationszinsfuß soll 8 % und der Wiederanlagezinsfuß 4 % betragen.

▶ Der Kapitalwert beträgt (Divisor $1,08^t$): -1.000 + 150/1,08 + $300/1,08^2$ + $400/1,08^3$ + $250/1,08^4$ + $200/1,08^5$ = +33,5 T€, damit ist die Investition vorteilhaft und ihr interner Zinsfuß liegt im Übrigen über 8 %.

▶ Als interner Zinsfuß ergibt sich (mittels IT-Unterstützung): 9,23 %.

▶ Der Endwert der zum Wiederanlagezinsfuß angelegten Cashflows beträgt ($1,04^t$): 150 · $1,04^4$ + 300 · $1,04^3$ + 400 · $1,04^2$ + 250 · 1,04 + 200 = 1.406 T€.

▶ Der *Baldwin*-Zinsfuß errechnet sich zu $(1.406/1.000)^{1/5}$ - 1 = 0,0705 oder 7,05 %.

Probe: 1.000 · $1,0705^5$ = 1.406.

## 2.4 Risikoorientierte Verfahren der Investitionsrechnung

### 2.4.1 Begriff der Unsicherheit und Praktikerregeln für deren Berücksichtigung

Als **Unsicherheit** wird eine Situation bezeichnet, in der dem Entscheidenden die Wahrscheinlichkeit des Eintritts zukünftiger Ereignisse unbekannt ist. Ihm ist lediglich bekannt, dass bestimmte Ereignisse eintreten können.

Die einfachste Berücksichtigung der Unsicherheit erfolgt derart, dass die Einflussgrößen der Investitionsrechnung wie bei Sicherheit untersucht werden, bei einzelnen als besonders unsicher erachteten Größen hingegen **Risikoabschläge** vorgenommen werden, z. B.

- verminderte Umsatzerlöse,
- erhöhter Kalkulationszinsfuß oder
- verminderte Nutzungsdauer.

Unter **doppelter Diskontierung** wird verstanden, dass neben der Diskontierung der periodischen Cashflows mit dem Kalkulationszinsfuß auch der Kapitalwert als Ergebnisgröße ein weiteres Mal abgezinst wird. Häufig werden auch die Rückflüsse – neben der Abdiskontierung mit dem Kalkulationszinsfuß – nochmals abgezinst.

Eine Praktikerregel stellt etwa die risikogemäße Abzinsung nach der *Ansoff'schen* Produkt-Markt-Matrix dar, in die das konkrete Investitionsprojekt einzuordnen ist:

| ABB. 304: | Abschlagsverfahren | |
|---|---|---|
| Markt \ Produkt | Bekannt | Neu |
| Bekannt | Marktdurchdringung → Abschlag 10 % | Produkterweiterung → Abschlag 15 % |
| Neu | Markterweiterung → Abschlag 20 % | Diversifikation → Abschlag 25 % |

Der Diversifikation als dem risikoreichsten Investitionsvorhaben wird demgemäß der höchste Abschlagssatz zugeordnet. Kritisch ist zu diesen Verfahren anzumerken:

- Nur negative Abweichungen werden antizipiert.
- Sinnvolle Investitionsprojekte werden unter Umständen unterlassen, sondern werden durch kumulatives Abzinsen „tot gerechnet".
- Es wird eine völlige Risikoscheu des Investors angenommen.
- Eine Absenkung unsicherer Werte bedeutet nicht das Erzielen von Sicherheit.

### 2.4.2 Sensitivitätsanalyse

Die Sensitivitätsanalyse untersucht einzelne Einflussgrößen des Cashflows einer Investition unter der Annahme, dass alle anderen Einflussfaktoren unverändert bleiben (sog. ceteris-paribus-Annahme). Einflussfaktoren der Cashflows können etwa sein: Absatzpreise, Umsätze, Löhne, Materialkosten, Zinsen, Nutzungsdauern etc.

Die Sensitivitätsanalyse erlaubt es, Beziehungen zwischen Veränderungen der Einflussfaktoren und der Zielgröße abzubilden. Sie gibt Antwort auf die Frage:

▶ „Um wie viel % ändert sich die Zielgröße bei der Abweichung einer bestimmten Inputgröße in Höhe von 1 %?"

Ein derartiges Vorgehen wird in der Fachliteratur als **Elastizitätenanalyse** bezeichnet.

Die bereits im Rahmen der Break-even-Analyse (vgl. Kapitel IV) behandelte Sensitivitätsanalyse umfasst folgende Schritte:

| ABB. 305: | Verfahrensschritte der Sensitivitätsanalyse |
|---|---|
| 1. Schritt: | Auswahl der als unsicher angesehenen Einflussfaktoren, z. B. in der bekannten Form eines Cashflow-Baums oder ROI-Baums. |
| 2. Schritt: | Erstellung eines Investitionsmodells, d. h. Definition einer Zielgröße (z. B. Kapitalwert oder Endwert) und deren Darstellung als Resultat des Zusammenwirkens verschiedener Einflussfaktoren (z. B. Kapitalwertfunktion). |
| 3. Schritt: | Berechnung der zulässigen Schwankungsbreite eines Einflussfaktors bei Vorgabe eines Zielwerts der Zielgröße. |
| 4. Schritt: | Berechnung der Auswirkung einer Variation eines Einflussfaktors auf die Zielgröße (Elastizitätsanalyse). |

Kritisch ist hierbei anzumerken:

▶ Die isolierende Betrachtungsweise vernachlässigt Abhängigkeiten der Einflussfaktoren untereinander.

▶ Auf die Angabe von Wahrscheinlichkeiten für die Abweichungen der Einflussfaktoren wird verzichtet. Alle Abweichungen sind gleich wahrscheinlich.

▶ Allein aus der Sensitivität der Zielgröße gegenüber den Einflussfaktoren ist noch keine Investitionsentscheidung ableitbar.

**BEISPIEL:** ▶ Eine Investition ist durch folgende Daten charakterisiert.

▶ Die (zahlungswirksamen) Anschaffungskosten betragen 50.000 €. Die voraussichtliche Nutzungsdauer ist mit 4 Perioden zu veranschlagen. Der (zahlungswirksame) Liquidationserlös liegt bei 10.000 €.

▶ Die zahlungswirksamen variablen Kosten betragen pro gefertigtes Stück: Löhne 0,50 €, Material 0,40 €, sonstige variable Stückkosten 0,10 €.

▶ In jeder Periode fallen zahlungswirksame Fixkosten in Höhe von 5.000 € an.

▶ Der mit der Investition verbundene Absatz ergibt voraussichtlich in jeder Periode 10.000 Stück, der zahlungswirksame Absatzpreis pro Stück beträgt jeweils 4 €.

▶ Wie hoch sind die periodischen Cashflows, wenn alle Erlöse und Kosten zu 100 % zahlungswirksam sind?

Periode 0: -50.000 € (= AHK),
Periode 1 - 3: 25.000 € ((4 - 1) · 10.000 - 5.000),
Periode 4: 35.000 € (25.000 + 10.000).

▶ Wie hoch ist der Kapitalwert, wenn der Kalkulationszinsfuß mit 10 % angenommen wird?

$C_0$ = -50.000 + 25.000/1,1 + 25.000/1,1² + 25.000/1,1³ + 35.000/1,1⁴ = 36.077 €.

▶ Welche Auswirkung hat auf den Kapitalwert:
- eine Senkung des Produktpreises,
- eine Lohnerhöhung,
- eine Absatzverringerung,
- eine Erhöhung des Kalkulationszinsfußes

um jeweils 10 % (Angabe absolut und in %)? Zu ermitteln ist in analoger Vorgehensweise der Kapitalwert für einen Produktpreis von 3,60 € (90 % von 4 €), für einen Lohnstückkostensatz von 0,55 € (110 % von 0,50 €), für eine Absatzmenge von 9.000 Stück (90 % von 10.000 Stück) und für einen Kalkulationszinsfuß von 11 %.

Das Vorgehen der Sensitivitätsanalyse lässt sich graphisch als „**Cashflow-Baum**" visualisieren:

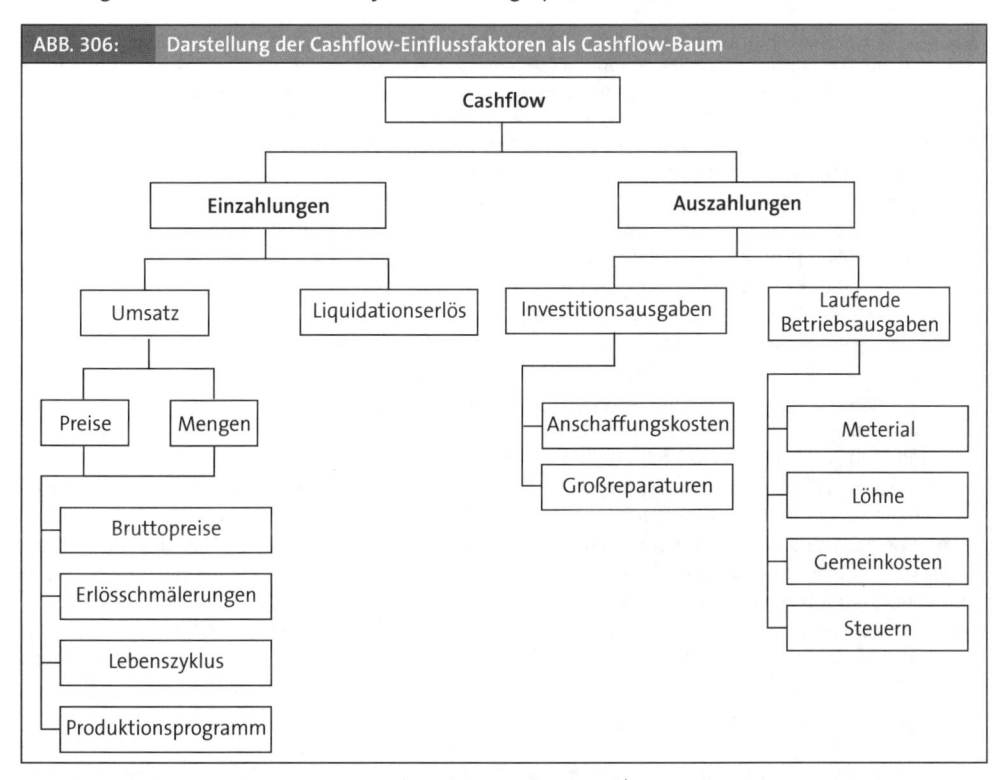

**ABB. 306: Darstellung der Cashflow-Einflussfaktoren als Cashflow-Baum**

Die Sensitivitätsanalyse erlaubt die **Ermittlung kritischer Werte** (kritischer Nutzungsdauern, Absatzmengen, Anschaffungskosten, Verkaufspreise, Stückkosten, variabler Kostensätze, Fixkosten, Zinsfüße etc.). Dies sind die Grenzwerte von Einflussgrößen einer Investitionsentscheidung, bei deren Eintreten sich die Investition gerade noch lohnt bzw. der Investor indifferent ist, ob er die Investition durchführen wird.

Diejenigen Werte eines Einflussfaktors, die gerade zu einem Kapitalwert der Investition von Null führen, sind kritische Werte.

In der Kostenrechnung wird ein kritischer Wert auch als **Break-even-Punkt** oder Gewinnschwelle bezeichnet (vgl. Kapitel IV). So ist z. B. die **kritische Absatzmenge** diejenige Menge, die mindestens pro Periode erreicht werden muss, damit die Investition noch lohnend ist (d. h. ihr Kapitalwert nicht negativ ist). Der **kritische Zinsfuß** ist dann analog durch den internen Zinsfuß einer Investition gegeben.

Mathematisch errechnet sich ein kritischer Wert durch Nullsetzung der Kapitalwertgleichung und Auflösung nach dem kritischen Einflussfaktor. Hier können Gleichungen höherer Ordnung entstehen, die nur über Interpolation lösbar sind.

Kritische Werte ergänzen die dynamischen Methoden der Investitionsrechnung. Sie geben Aufschluss über die Stabilität der Ergebnisse der Investitionsrechnung bei Sicherheit. Die Differenz zwischen dem kritischen Wert und dem angenommenen, wahrscheinlichen Wert stellt ein gewisses „Risikopolster" des Investors dar. Darüber hinaus werden die Verläufe der Wirkungsbeziehungen und deren Intensität zwischen Einflussgröße und Zielgröße transparent.

**BEISPIEL:** Die Metallbau GmbH könnte an den Kunden K sechs Jahre lang eine Partie Bauteile zum Stückpreis von 10 € verkaufen. Da die Produktionsanlagen zur Zeit voll ausgelastet sind, wäre bei Annahme des Zusatzauftrags eine Erweiterungsinvestition mit einer Anschaffungsauszahlung von 100.000 € nötig. Nach sechsjähriger Nutzung kann noch mit einem Restwert der Anlage in Höhe von 40.000 € gerechnet werden. Bei der Metallbau GmbH werden Investitionen nur durchgeführt, wenn sie sich mit mindestens 10 % verzinsen. Für die Produktion des Erzeugnisses müssen 5 € variable Kosten pro Stück sowie 5.000 € fixe Kosten pro Periode aufgewendet werden. Alle Kosten sind zahlungswirksam.

▶ **Wie viele Stück des Erzeugnisses müssen jährlich mindestens verkauft werden, damit die Investition für die Metallbau GmbH lohnend ist?**

Die Kapitalwertfunktion lautet (x = unbekannte Produktionsmenge, Kalkulationszinsfuß = 0,1, d. h. 10 %): $KW = -100.000 + RBF \cdot (5x - 5.000) + 40.000 / 1{,}1^6$.

Der Rentenbarwertfaktor RBF dient der Berechnung des Kapitalwerts einer Reihe gleich hoher Zahlungen der Perioden 1 - 6 und ergibt sich aus $RBF = [1{,}1^6 - 1]/[(1{,}1^6 \cdot 0{,}1] = 4{,}35526$.

Zur Berechnung der kritischen Stückzahl $x_{krit}$ wird der Kapitalwert gleich Null gesetzt, und man erhält: $100.000 = RBF \cdot (5x - 5.000) + 40.000 / 1{,}1^6$ oder $x_{Krit} = (100.000 + RBF \cdot 5.000 - 40.000 / 1{,}1^6) / (RBF \cdot 5)$, mit RBF = 4,35526 folgt $x_{Krit} = 4.555{,}3$.

Die kritische Stückzahl muss aufgrund der Ganzzahligkeitsbedingung 4.556 Stück betragen (Aufrundung auf das nächsthöhere ganzzahlige Stück).

▶ **Wie hoch sind der (statische) Gesamtgewinn über alle Perioden, der Kapitalwert, der Endwert und die statische sowie dynamische Amortisationsdauer des Investitionsprojekts bei einer Absatzmenge von prognostizierten 5.000 Stück pro Periode?**

Die Zahlungsreihe lautet für die Perioden 0 - 6 (-100.000, 20.000, 20.000, 20.000, 20.000, 20.000, 60.000). Der statische Gesamtgewinn beträgt demnach 60.000 €. Die statische Amortisationsdauer ist am Ende der 5. Periode erreicht.

Der Kapitalwert berechnet sich wie vorher aus $KW = -100.000 + 4{,}35526 \cdot 20.000 + 40.000/1{,}1^6 = +9.684$ €.

Der Endwert wird aus dem Kapitalwert durch Aufzinsen zum Ende der Nutzungsdauer abgeleitet: $EW = KW \cdot 1{,}1^6 = +17.156$ €.

Da es sich um eine Normalinvestition handelt (gegen Ende der Nutzungsdauer nur noch positive Cashflows), muss die dynamische Amortisationsdauer über der statischen liegen. Da die statische Amortisationsdauer erst am Ende der 5. Periode erreicht ist, muss folglich die dynamische Amortisationsdauer während der 6. und letzten Periode erreicht werden.

Dass die Investition sich grundsätzlich amortisiert, folgt aus dem positiven Kapitalwert. (Am Ende der 5. Periode beträgt der Kapitalwert -24.184 €, am Ende der 6. Periode +9.684 €). Exakt beträgt die dynamische Amortisationsdauer 5,71 Jahre.

▶ **Um wie viel % verändert sich der Kapitalwert, wenn bei einer angenommenen Lohnkostenquote von 50 % sich die Löhne um 10 % erhöhen und alle Löhne als variable Kosten angenommen werden?**

Die variablen Stückkosten betragen 5 €; hierin sind demnach 2,50 € Lohnkosten enthalten. Die Lohnerhöhung von 10 % bedingt also eine Steigerung der Stückkosten in Höhe von 0,25 € bzw. eine Verringerung des Stückdeckungsbeitrags von 5,00 € auf 4,75 €. Bei einer Stückzahl von 5.000 Stück reduziert sich der Gesamtdeckungsbeitrag von 25.000 € auf 23.750 €.

Für die Kapitalwertfunktion bedeutet dies: KW = -100.000 + 4,35526 · 18.750 + 40.000/1,1$^6$ = +4.240 €. Früher betrug der Kapitalwert +9.684 €, dies bedeutet eine Verringerung um 56,2 % [(4.240 - 9.684)/9.684 · 100 %].

Die Auswirkungen von Veränderungen einzelner Einflussfaktoren auf die Zielgröße „Kapitalwert" lassen sich graphisch in einem Diagramm als Ergebnis IT-gestützter Simulationen darstellen. Das Diagramm hat das Aussehen eines Spinnennetzes. Da ein derartiges Vorgehen in der Unternehmenspraxis erstmals bei der *Hoechst AG* bekannt wurde, spricht man auch von der „*Hoechster* Spinne".

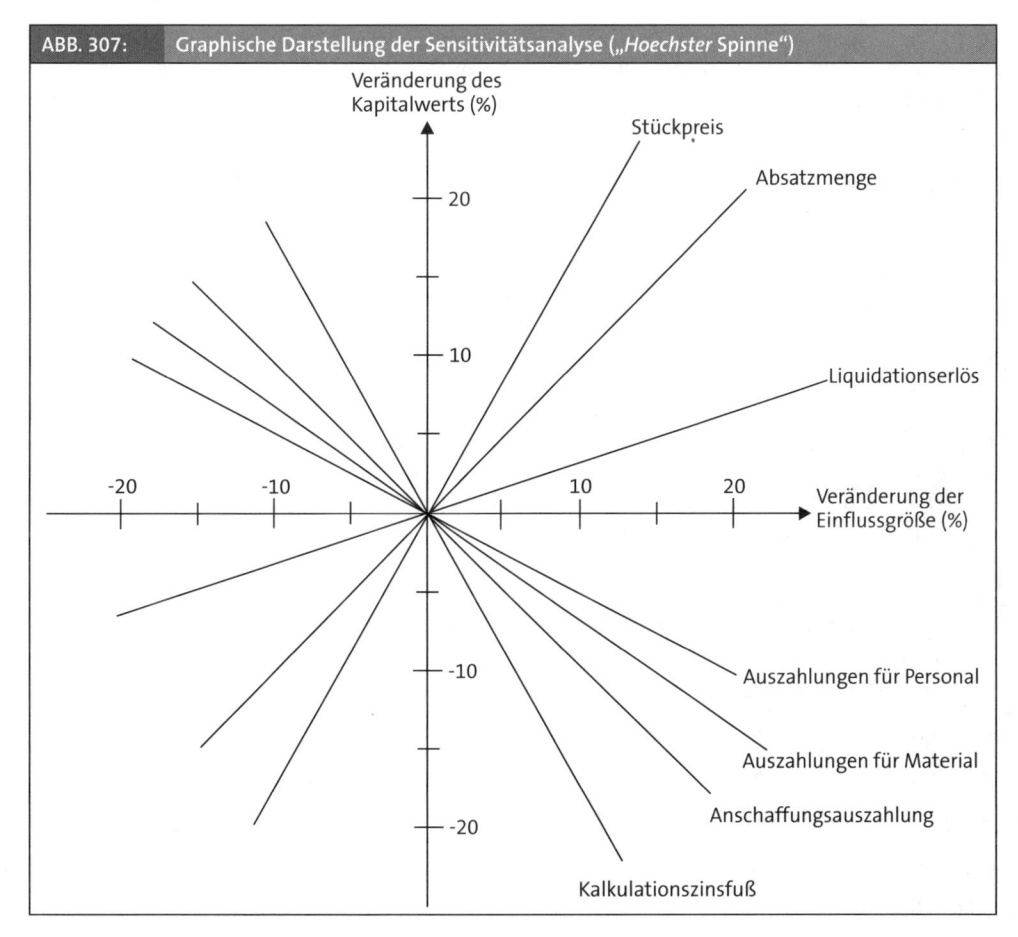

**ABB. 307:** Graphische Darstellung der Sensitivitätsanalyse („*Hoechster* Spinne")

## 2.4.3 Risikoanalyse nach *Hertz*

Die Risikoanalyse nach *Hertz* (*Hertz*, Risk Analysis in Capital Investment, in: Harvard Business Review 1964, Nr. 1, S. 95 ff.) dient dazu, aus subjektiven Wahrscheinlichkeiten der Einflussgrößen eine Wahrscheinlichkeitsverteilung für die Investitionsentscheidungskriterien zu gewinnen.

Das Verfahren umfasst die folgenden Schritte:

| ABB. 308: | Verfahrensschritte der Risikoanalyse |
|---|---|
| 1. Schritt: | Auswahl der als unsicher beurteilten Einflussgrößen. |
| 2. Schritt: | Subjektive Bestimmung von Maximum, Minimum und Erwartungswert eines jeden Einflussfaktors. |
| 3. Schritt: | Annahme einer Verteilung (z. B. Gleichverteilung, Normalverteilung o. ä.) über den Wertebereich eines jeden Einflussfaktors. |
| 4. Schritt: | Generierung von Zufallszahlen für jeden Einflussfaktor über einen Zufallsgenerator. |
| 5. Schritt: | Berechnung des Cashflow-Werts für die 1. Periode aus den im 4. Schritt gewonnenen Zufallszahlen für die Einflussfaktoren. |
| 6. Schritt: | Analoges Vorgehen für alle Perioden der Nutzungsdauer ergibt für jede Periode einen Cashflow, woraus der Kapitalwert durch Abdiskontierung der Cashflows errechnet wird. |
| 7. Schritt: | Die Schritte 4. - 6. müssen nun mittels IT-Unterstützung einige hundert Male wiederholt werden, bis man eine relativ stabile Verteilung über den Kapitalwert – die Zielgröße – erhält. |

Als **Ergebnis** der Risikoanalyse erhält man:

▶ den Erwartungswert des Kapitalwerts,

▶ das Kapitalwertmaximum und -minimum (best case- und worst case-Szenario),

▶ die Verlustwahrscheinlichkeit des Investitionsprojekts,

▶ die Wahrscheinlichkeit, dass der Kapitalwert höchstens bzw. mindestens einen bestimmten vorgegebenen Wert erreicht.

Die Risikoanalyse erlaubt es auch, Risikoprofile verschiedener Investitionsalternativen miteinander zu vergleichen. So kann es z. B. vorkommen, dass zwei Investitionsalternativen denselben erwarteten Kapitalwert aufweisen, die Wahrscheinlichkeiten, dass die Projekte mit Verlusten enden, hingegen unterschiedlich sind.

Ein weiterer Vorteil der Risikoanalyse ist, dass eine bestimmte Risikopräferenz des Investors nicht von vornherein vorgegeben ist. Vielmehr liefert sie für jede denkbare Risikopräferenz – d. h. in der Praxis: Unternehmenskultur – ein geeignetes Entscheidungskriterium bei der Auswahl von Investitionsalternativen:

▶ Ein risikofreudiger Investor wählt das Projekt mit dem höchstmöglichen Kapitalwert.

▶ Ein risikoscheuer Investor wählt das Projekt mit der geringsten Verlustwahrscheinlichkeit.

▶ Ein risikoneutraler Investor wählt das Projekt mit dem höchsten erwarteten Kapitalwert.

Die Risikoanalyse nach *Hertz* bildet damit den Vorläufer der modernen **Value-at-Risk-Methode** (vgl. Kapitel II).

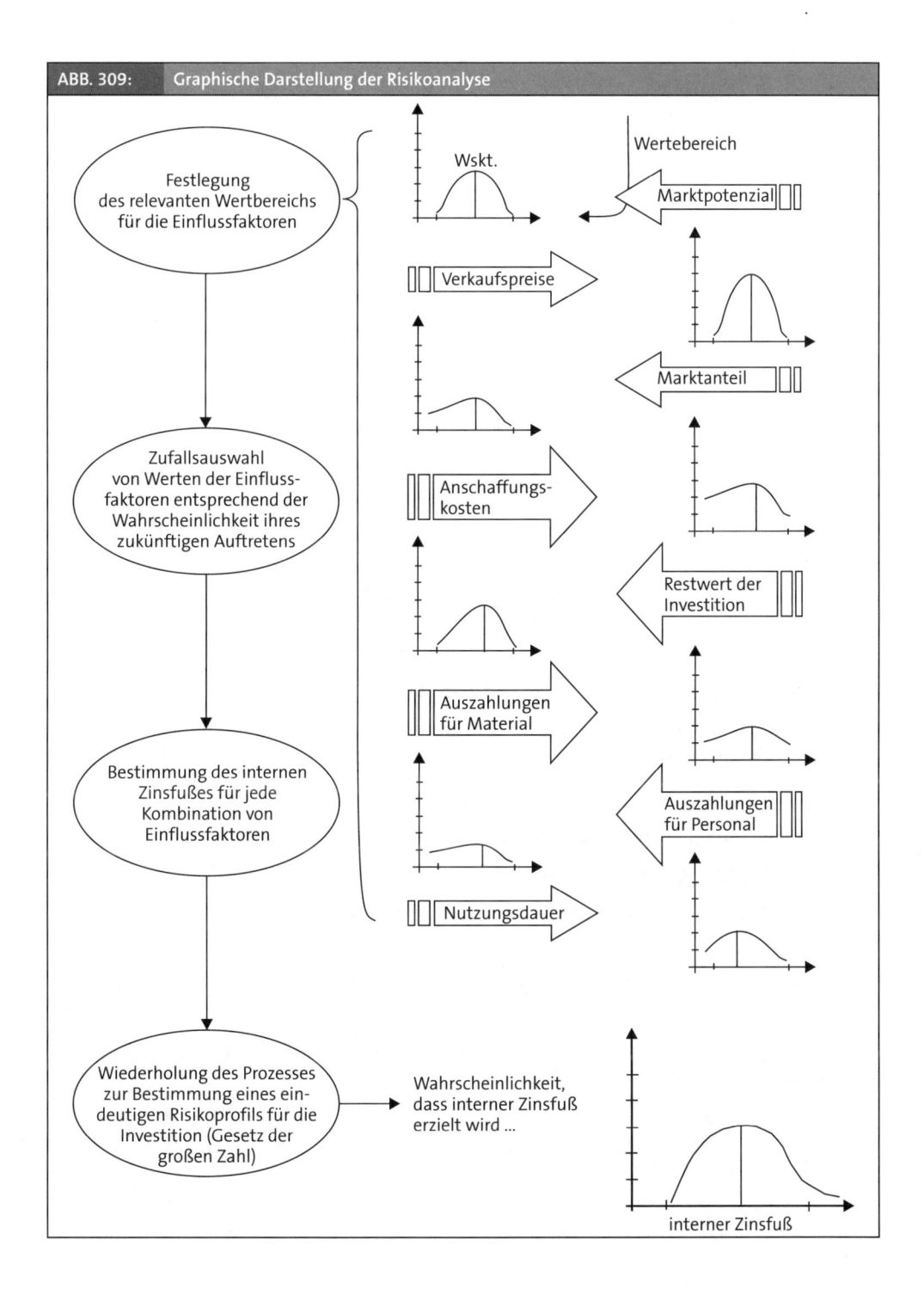

**ABB. 309:** Graphische Darstellung der Risikoanalyse

- Festlegung des relevanten Wertbereichs für die Einflussfaktoren
- Zufallsauswahl von Werten der Einflussfaktoren entsprechend der Wahrscheinlichkeit ihres zukünftigen Auftretens
- Bestimmung des internen Zinsfußes für jede Kombination von Einflussfaktoren
- Wiederholung des Prozesses zur Bestimmung eines eindeutigen Risikoprofils für die Investition (Gesetz der großen Zahl)

Einflussfaktoren: Marktpotenzial, Verkaufspreise, Marktanteil, Anschaffungskosten, Restwert der Investition, Auszahlungen für Material, Auszahlungen für Personal, Nutzungsdauer

Wahrscheinlichkeit, dass interner Zinsfuß erzielt wird ... → interner Zinsfuß

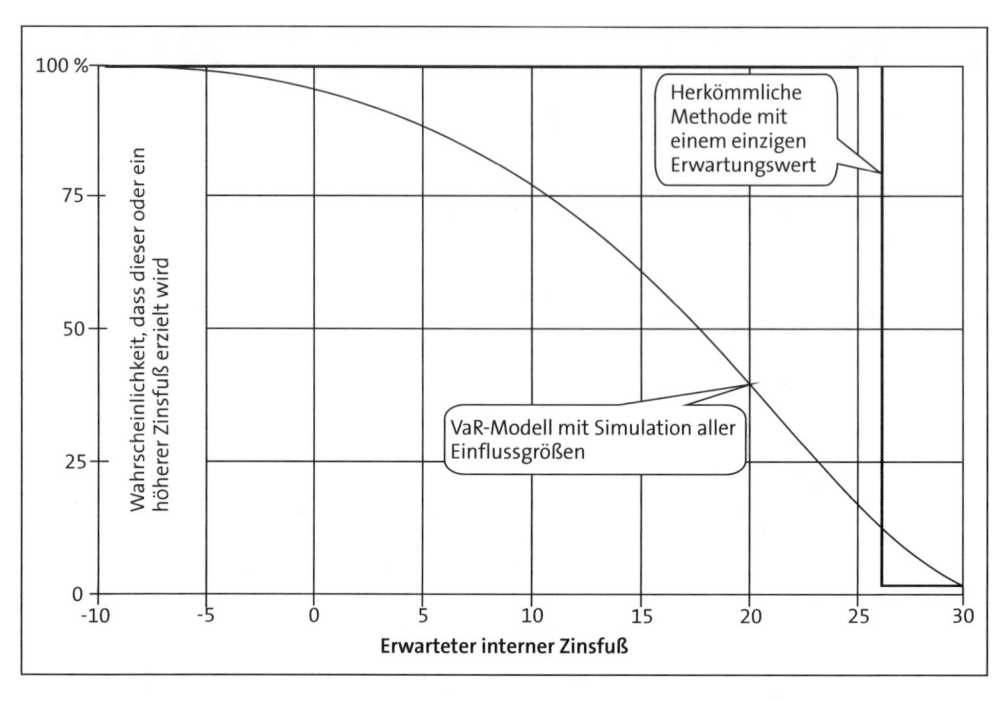

## KAPITEL V — Zahlungsstromorientiertes Controlling

*[Diagramm: Wahrscheinlichkeitsverteilung des internen Zinsfußes. Y-Achse: "Wahrscheinlichkeit, dass dieser oder ein höherer Zinsfuß erzielt wird" (0–100 %). X-Achse: "Erwarteter interner Zinsfuß" (-10 bis 30). Beschriftungen: "Herkömmliche Methode mit einem einzigen Erwartungswert" und "VaR-Modell mit Simulation aller Einflussgrößen".]*

Im nachstehenden Beispiel sind zwei Investitionen miteinander zu vergleichen:

▶ Bei Investition A kann ein Verlust nahezu ausgeschlossen werden,

▶ Investition B erbringt eine höhere erwartete interne Verzinsung als Investition A, führt aber mit einer Wahrscheinlichkeit von 8 % zu einem Verlust.

Mit Hilfe der Risikoanalyse können nunmehr ermittelt werden die

▶ Erwartungswerte und Streuungen für die Cashflows,

▶ internen Zinsfüße für die erwarteten Cashflows,

▶ internen Verzinsungen für vorgegebene Sicherheitswahrscheinlichkeiten (Signifikanzschwellen),

▶ Wahrscheinlichkeit für das Auftreten eines Verlusts und die Höhe des durchschnittlich zu erwartenden Verlusts,

woraus der Investor je nach seiner Risikopräferenz eine statistisch fundierte Vorteilhaftigkeitsentscheidung ableiten kann.

## Investitionscontrolling KAPITEL V

**ABB. 310:** Vergleich von zwei Investitionsalternativen mittels der Risikoanalyse

|  | Investition A | Investition B |
|---|---|---|
| Höhe der Investitionsauszahlung | 10.000.000 € | 10.000.000 € |
| Lebensdauer der Investition (in Jahren) | 10 | 10 |
| Erwarteter jährlicher Cashflow | 1.300.000 € | 1.400.000 € |
| Streuung des Cashflows | | |
| ▶ Cashflow ist mit 2 % Wahrscheinlichkeit größer als | 1.700.000 € | 3.400.000 € |
| ▶ Cashflow ist mit 2 % Wahrscheinlichkeit kleiner als | 900.000 € | -600.000 € |
| Erwartete interne Verzinsung | 4,5 % | 6,5 % |
| Streuung der internen Verzinsung | | |
| ▶ Verzinsung ist mit 2 % Wahrscheinlichkeit höher als | 8,0 % | 16,5 % |
| ▶ Verzinsung ist mit 2 % Wahrscheinlichkeit niedriger als | 1,0 % | -3,5 % |
| Risiko der Investition | | |
| ▶ Wahrscheinlichkeit eines Verlustes | Zu vernachlässigen | 8,0 % |
| ▶ Zu erwartender Umfang des Verlustes |  | 200.000 € |

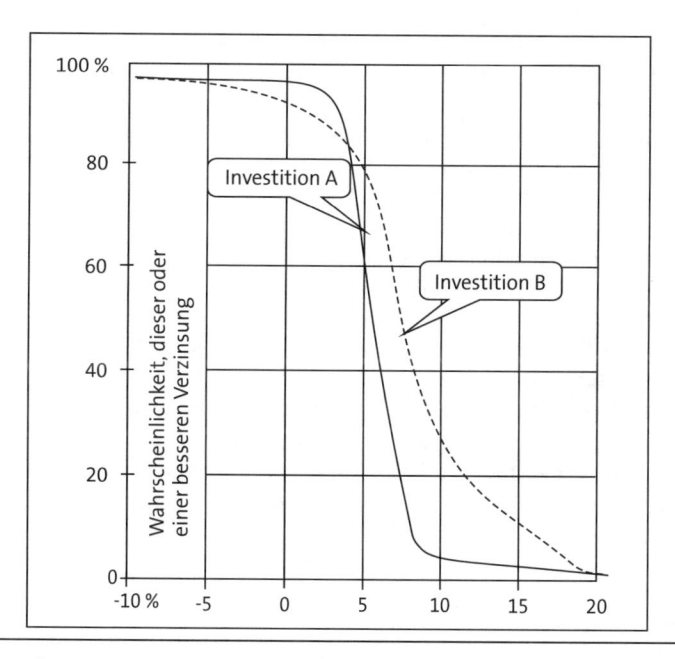

Auch die Risikoanalyse ist einer Reihe von **Kritikpunkten** ausgesetzt:

▶ dem Problem der Annahme bestimmter Wahrscheinlichkeitsverteilungen für unsichere Werte; dies ist in das Ermessen des Entscheiders gelegt.
▶ Es wird angenommen, dass alle Einflussfaktoren und ihre Wahrscheinlichkeitsverteilungen unabhängig voneinander sind.
▶ Außerdem wird unterstellt, dass die Wahrscheinlichkeitsverteilungen sich im Zeitablauf (über alle Perioden) nicht ändern.
▶ Die Risikoanalyse lässt sich nur mit hohem Aufwand durchführen und bedarf intensiver IT-Unterstützung.

## 2.5 Von der Investitionsrechnung zum Investitionscontrolling

Das **Investitionscontrolling** umfasst die auf die Erreichung der Unternehmensziele ausgerichtete Unterstützung aller Teilschritte der Investitionsplanung, -durchführung und -kontrolle. Es wird umso wichtiger, je größer das Unternehmen, je verschiedenartiger die Produkte, je umfangreicher das Anlagevermögen, je dynamischer der technische Fortschritt ist. Da Investitionen, insbesondere in Gegenstände des Sachanlagevermögens, mit einer sehr hohen Kapitalbindung verbunden sind, steht das Investitionscontrolling in einer engen Verbindung zum Finanzcontrolling.

**Strategische Aufgabe** des Investitionscontrollings ist die Früherkennung zukunftsbezogener Schwachstellen und daraus resultierender Investitionsnotwendigkeiten und -möglichkeiten. Hieraus folgt die Entwicklung einer unternehmensweiten Investitionsstrategie unter Abstimmung zwischen Umwelt und Unternehmen hinsichtlich des Stands der Technik, der quantitativen und qualitativen Kapazitäten, der Flexibilität sowie der Nachhaltigkeit der Anlagennutzung.

Ein vorausschauendes Controlling hilft, Planungen und Entscheidungen unter Zeitdruck zu vermeiden. Ein stetiger Informationsaustausch und eine offene Kommunikation mit allen Beteiligten und von der Investition Betroffenen hilft, Interessengegensätze zu erkennen und abzubauen sowie die Qualität der Entscheidungsvorbereitung und -findung zu verbessern. Die Investitionsplanung muss mit der allgemeinen strategischen Unternehmensplanung und den einzelnen Funktionsplanungen abgestimmt werden.

Zur Entwicklung von Investitionsstrategien wird häufig auf sog. Technologie-Portfolios zurückgegriffen. Diese entsprechen einer Matrix, in denen die technologische Position eines Unternehmens bzw. eines Produkts abgebildet wird.

Die Klassifizierung erfolgt nach den Dimensionen Technologieattraktivität sowie Ressourcenstärke. Dabei steht die Ressourcenstärke für die Unternehmensseite und das Innovationspotenzial bzw. die Technologieattraktivität für die Umweltseite. Die Technologieattraktivität wird ermittelt, indem für einzelne Technologiealternativen Chancen- und Risikoprofile erstellt werden. Auf der Grundlage solcher Portfolios sollen Technologiestrategien entwickelt sowie Investitionsentscheidungen für neue Produkt- und Prozesstechnologien getroffen werden. Zur Portfolio-Theorie vgl. die Ausführungen in Kapitel II.

Das **operative Investitionscontrolling** wird in der Praxis nach den Phasen des Investitionsprozesses untergliedert.

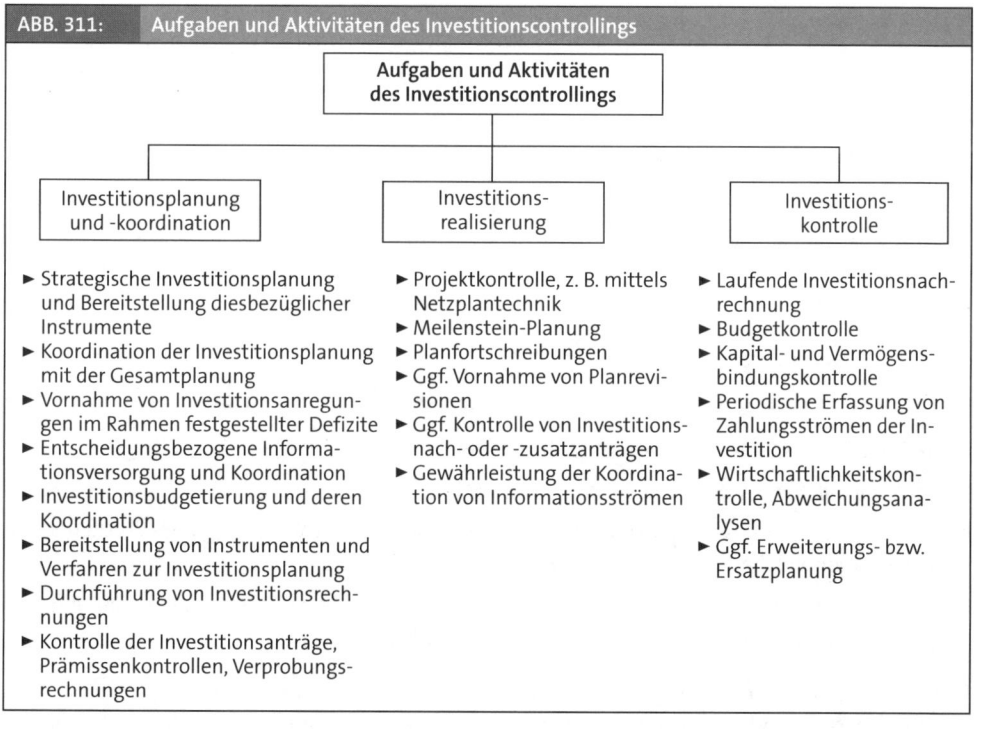

## Investitionscontrolling — KAPITEL V

**ABB. 311: Aufgaben und Aktivitäten des Investitionscontrollings**

**Aufgaben und Aktivitäten des Investitionscontrollings**

**Investitionsplanung und -koordination**
- Strategische Investitionsplanung und Bereitstellung diesbezüglicher Instrumente
- Koordination der Investitionsplanung mit der Gesamtplanung
- Vornahme von Investitionsanregungen im Rahmen festgestellter Defizite
- Entscheidungsbezogene Informationsversorgung und Koordination
- Investitionsbudgetierung und deren Koordination
- Bereitstellung von Instrumenten und Verfahren zur Investitionsplanung
- Durchführung von Investitionsrechnungen
- Kontrolle der Investitionsanträge, Prämissenkontrollen, Verprobungsrechnungen

**Investitionsrealisierung**
- Projektkontrolle, z. B. mittels Netzplantechnik
- Meilenstein-Planung
- Planfortschreibungen
- Ggf. Vornahme von Planrevisionen
- Ggf. Kontrolle von Investitionsnach- oder -zusatzanträgen
- Gewährleistung der Koordination von Informationsströmen

**Investitionskontrolle**
- Laufende Investitionsnachrechnung
- Budgetkontrolle
- Kapital- und Vermögensbindungskontrolle
- Periodische Erfassung von Zahlungsströmen der Investition
- Wirtschaftlichkeitskontrolle, Abweichungsanalysen
- Ggf. Erweiterungs- bzw. Ersatzplanung

Quelle: I. A. a. *Reichmann*, Controlling, 8. Aufl., München 2011, S. 242.

In der **Planungsphase** erfüllt das Investitionscontrolling die folgenden Aufgaben:

- Investitionskonzeption, d. h. Entwicklung einer systematischen, mit der Gesamtplanung abgestimmten langfristigen Investitionsplanung unter Einsatz von Methoden bzw. im Rahmen der strategischen Planung,

- Abstimmung der langfristigen, mittelfristigen und jährlichen Investitionsgesamtplanung mit der strategischen und operativen Unternehmensgesamtplanung unter Liquiditäts- und Rentabilitätsgesichtspunkten (in Zusammenhang mit dem Finanzcontrolling und der Unternehmensleitung),

- systembezogene Entscheidungsvorbereitung für die Auswahl von Investitionsprojekten durch Bereitstellung entscheidungsrelevanter Daten und Methoden (Investitionsrechnung i. e. S.).

Für die Planung sind insbesondere folgende **Grundsätze** relevant:

- Eine verfrühte Detaillierung der Investitionsplanung kann mögliche bessere Problemlösungen blockieren. Zweckmäßiger ist das Denken in Alternativen.

- In die Investitionsbeurteilung sind auch die mittelbaren Investitionswirkungen einzubeziehen, z. B. erforderliche Veränderungen von Aufbau- und Ablauforganisation einschl. Aus- und Weiterbildungsaufwendungen, Investitionsneben- und -folgekosten.

- Die Investitionswirkungen sind zweckmäßigerweise über die gesamte voraussichtliche Lebensdauer der Investition zu erfassen.

- ▶ Investitionen sind der Austausch von sicheren Auszahlungen in der Gegenwart gegen unsichere Einzahlungen in der Zukunft. Die Investitionsplanung muss daher auch eine Risikoanalyse enthalten, in die etwaige Unsicherheiten einfließen.
- ▶ Im Planungs- und Durchführungsprozess ist kontinuierlich und zeitnah zu beobachten, ob die Gültigkeit der Planungsprämissen nach wie vor unterstellt werden kann.

Die Investitionsplanung erfolgt unter Zuhilfenahme der gängigen Methoden der **Investitionsrechnung**. Da die statischen Methoden von sehr einschränkenden Prämissen ausgehen, werden – wie ausgeführt – insbesondere bei größeren und langlebigen Investitionen die dynamischen Methoden angewandt.

In der **Realisierungsphase** umfasst das Investitionscontrolling die folgenden Aktivitäten:

- ▶ laufende Ermittlung der projektrelevanten Daten und deren Fortschreibung,
- ▶ systematische und kontinuierliche Projekt- und Budgetkontrolle,
- ▶ Überwachung von Bestell-, Liefer- und Zahlungsterminen,
- ▶ Koordination der Investitionsrealisierung mit anderen relevanten Organisationseinheiten wie Anlagenbuchhaltung oder Bauabteilung sowie
- ▶ Prämissenkontrolle sowie ggf. Änderung der Planungsprämissen (z. B. Erwartungen über Absatzmengen und Umsatzerlöse bei veränderter Marktsituation).

Beim **Durchführungscontrolling** von Investitionen kommt es vor allem auf die organisatorischen und planerischen Vorbereitungen der Investition, die Steuerung und Überwachung der Realisation sowie die Überwachung der Nutzung an. Zu beachten ist, dass bei der Investitionsdurchführung Durchsetzungswiderstände auftreten können, z. B. Verzögerungen bei der Anlieferung und Installation, eine mangelhafte Abstimmung der bestehenden Einrichtungen, Verzögerungen bei der Freigabe von Finanzierungsmitteln sowie Widerstände seitens der betroffenen Mitarbeiter infolge von Beharrungsvermögen, Innovationsscheu, Angst vor der Änderung gewohnter Abläufe oder vor dem Verlust der sozialen Stellung. Diese Widerstände müssen möglichst frühzeitig antizipiert und durch größtmögliche Beteiligung der Betroffenen am Prozess des Wandels ausgeräumt werden.

Das Investitionscontrolling in der **Kontrollphase** beinhaltet den Aufbau und die Pflege eines Systems der laufenden Investitionsnachkontrolle, mit dem die Investitionsobjekte in ihrer Nutzungsphase im Hinblick auf ihre Zielerreichung überwacht werden können:

- ▶ Investitionsnachrechnung, Kontrolle des Zielerreichungsgrads und Abweichungsanalyse sowie
- ▶ Bestimmung des optimalen Ersatzzeitpunkts.

Dies dient der Einleitung von Anpassungs- und Korrekturmaßnahmen aufgrund festgestellter Soll-Ist-Abweichungen. Ein verbreitetes Instrument der (zeitlichen) Investitionskontrolle ist dabei die sog. **Meilensteinanalyse**. Im Grenzfall kann eine Investitionskontrolle zu einem Abbruch der Investition, einem „Ende mit Schrecken" führen.

**ABB. 312: Checkliste für das Investitionscontrolling**

| Planungsphase | Kontrollphase | Steuerungsphase |
|---|---|---|
| ▶ Sind die Zuständigkeiten für die Ermittlung des Investitionsbedarfs eindeutig abgegrenzt zwischen den dezentralen und zentralen Stellen des Unternehmens? <br> ▶ Sind die für einen Investitionsantrag erforderlichen Angaben abgegrenzt? <br> ▶ Sind die Verfahren zur Beurteilung der Investitionsanträge festgelegt? <br> ▶ Muss für jeden Antrag die voraussichtliche Höhe der Kosten und der erforderlichen Finanzmittel und der voraussichtliche Anfall der Ausgaben angegeben werden? <br> ▶ Sind die Verfahren zur Budgetierung von Investitionen festgelegt? <br> ▶ Werden zeitliche, finanzielle und kostenmäßige Verflechtungen zwischen Investitionsobjekten berücksichtigt? <br> ▶ Werden die Investitionspläne mit der betrieblichen Gesamtplanung jährlich abgestimmt? <br> ▶ Wird die Investitionsplanung mit der Finanzplanung monatlich abgestimmt? <br> ▶ Wird bei der Kostenschätzung auf die Informationen abgewickelter Investitionen zurückgegriffen? <br> ▶ Ist sichergestellt, dass alle unmittelbar zugehörigen oder Folgeinvestitionen angesetzt werden? | ▶ Wird die Investition einer Wertanalyse bzw. einem technischen Controlling unterzogen? <br> ▶ Wurden die angefallenen Kosten erfasst? <br> ▶ Werden aus den erfassten Werten Kenngrößen gebildet? <br> ▶ Steht eine Plan-Kosten-Leistungsrechnung zur Verfügung, nach der Kosten-, Leistungs- und Terminabweichungen getrennt werden können? <br> ▶ Ist sichergestellt, dass der Leistungsfortschritt erfasst wird? <br> ▶ Wird der Freigabeplan an den Leistungsfortschritt gekoppelt? <br> ▶ Werden Budgetabweichungen analysiert und hochgerechnet? | ▶ Besteht für die Investition ein Korrektivmaßnahmenplan? <br> ▶ Sind die Zuständigkeiten für Anpassungsmaßnahmen abgegrenzt? <br> ▶ Stehen Reservekapazitäten für einen beschleunigten Arbeitsfortschritt zur Verfügung? <br> ▶ Werden Veränderungen bei den Zahlungen rechtzeitig der Finanzabteilung gemeldet? <br> ▶ Sind für Termin- und Leistungsabweichungen beim Fremdbezug vertragliche Regelungen vorgesehen? <br> ▶ Sind Vorkehrungen getroffen, um Fremdbezug und Eigenfertigung im Bedarfsfall variieren zu können? <br> ▶ Werden alle betroffenen Stellen aktuell über Veränderungen im Arbeitsfortschritt unterrichtet? |

Quelle: *Peemöller*, in: BBK 1995, Fach 26, S. 653.

Für die Dokumentation der Investitionskontrolle sind in der betrieblichen Praxis eine Fülle von **Formblättern** entwickelt worden. Dies impliziert für das Controlling das Erfordernis einer laufenden Erhebung und Aufbereitung einschlägiger Kennzahlen.

Dort wird typischerweise zunächst das Projekt allgemein beschrieben und es erfolgt eine Einbettung in die strategische Unternehmensplanung. Sodann werden die der quantitativen Analyse zugrundeliegenden Annahmen dargelegt. Anschließend erfolgt eine periodische Einzahlungs-Auszahlungs-Aufstellung nebst Ableitung der der Investition zurechenbaren Cashflows über den Planungshorizont. Als Folge der Cashflow-Ermittlung werden Kapitalwert, (dynamischer) Amortisationszeitpunkt sowie ggf. weitere Vorteilhaftigkeitsmaße der dynamischen Investitionsrechnung ermittelt. Idealerweise wird auch die Robustheit der Cashflows und der Investitionsentscheidung in Bezug auf ungeplante Abweichungen der Einflussgrößen im Rahmen einer Sensitivitätsanalyse untersucht.

In einer integrierenden Sichtweise lässt sich das Investitionscontrolling schließlich als Bestandteil eines allgemeinen **Anlagencontrollings** auffassen. Dieses umfasst alle Problemstellungen der Planung, Inbetriebnahme, Nutzung, Instandhaltung sowie Verwertung von betrieblich genutzten Anlagen. Zu Einzelheiten des Anlagen- und Produktionscontrollings soll allerdings auf das umfangreiche Fachschrifttum verwiesen werden.

| ABB. 313: | Formblatt zum Investitionscontrolling | | |
|---|---|---|---|
| Investitionsantrag | | | |
| **(1) Projektbezeichnung** | **(2) Art der Investition** | | |
| Antragsteller | Neuinvestition | ( ) | |
| | Erweiterungsinvestition | ( ) | |
| Kostenstelle | Ersatz- oder Rationalisierungsinvestition | ( ) | |
| **(3) Beschreibung des Projekts und seiner wesentlichen technischen, wirtschaftlichen und sonstigen Wirkungen** | | | |
| **(4) Darlegung der Grundannahmen für die quantitative Analyse (z. B. Preissteigerungsraten, Wachstumsraten, Lohnsätze, Steuersätze, Kalkulationszinssätze, Nutzungsdauern)** | | | |
| **(5) Erläuterung nicht quantifizierbarer Vor- und Nachteile des Projekts** | | | |

Investitionscontrolling — KAPITEL V

| (6) Darstellung der Zahlungsströme | 20 … | 20 … | 20 … | 20 … |
|---|---|---|---|---|
| Laufende Auszahlungen<br>▸ Personal<br>▸ Material<br>▸ Energie<br>▸ Instandhaltung<br>▸ Werkzeuge<br>▸ Hilfs- und Betriebsstoffe<br>▸ Sonstige | | | | |
| Laufende Einzahlungen<br>▸ Umsatzerlöse nach Produktgruppen<br>▸ Innenleistungen nach Produktgruppen<br>▸ Sonstige | | | | |
| Cashflows | | | | |
| Nachrichtlich:<br>Restbuchwerte (geschätzt)<br>Liquidationserlöse (geschätzt)<br>Wiederbeschaffungskosten (geschätzt) | | | | |

**(7) Graphische Darstellung der Nettoauszahlungen/Jahr und der kumulierten Nettozahlungen (KW = Kapitalwert)**

KW

┼──────┼──────┼──────┼──────┼──────┼──────▶ t
20 …   20 …   20 …   20 …   20 …   20 …

KW

**(8) Ergebnisse der Investitionsanalyse**

1. Investitionsausgaben: [€]
2. Kapitalwert (Kalkulationszinsfuß = i): [€]
3. Interner Zinsfuß: [%]
4. Dynamische Amortisationszeit: [Jahre]
5. Zeitpunkt der ersten Investitionsausgaben: [Datum]
6. Zeitpunkt der Inbetriebnahme: [Datum]
7. Ende der geplanten Lebensdauer: [Datum]
8. Liquidationserlös: [€]
9. Volumenangaben (z. B. Ausbringungsmengen, Absatzmengen): [Stck./Jahr]

## 3. Kurzfristige Finanz- und Liquiditätsplanung

### 3.1 Aufgaben, Formen und Ziele der kurzfristigen Finanz- und Liquiditätsplanung

**Aufgaben** der Finanzplanung sind die

▶ Bestimmung des langfristigen Kapitalbedarfs im Unternehmen,

▶ Festlegung von Art, Höhe und Struktur der bereitzustellenden Mittel,

▶ Sicherstellung der Zahlungsfähigkeit,

▶ Optimierung der (dynamischen) Liquidität, z. B. Vermeidung überhöhter zinsloser und damit unrentabler Liquiditätsüberschüsse bei gleichzeitiger Vermeidung der Zahlungsunfähigkeit („theoretisch ist stets ein Kassenbestand von Null optimal").

Folgende **Formen der Finanzplanung** lassen sich unterscheiden:

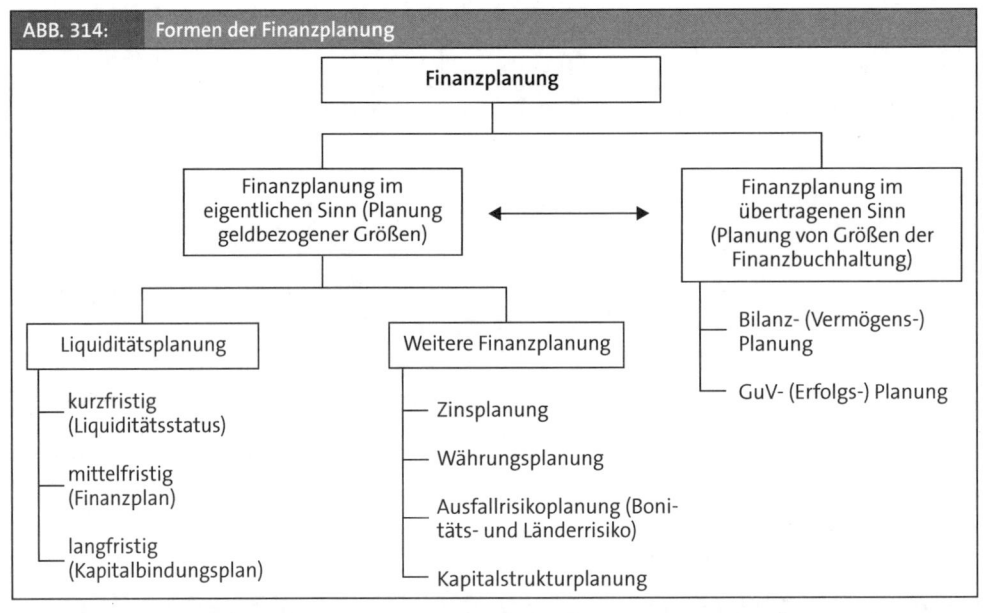

**ABB. 314: Formen der Finanzplanung**

```
                              Finanzplanung
                                    |
                    ┌───────────────┴───────────────┐
         Finanzplanung im                  Finanzplanung im
         eigentlichen Sinn (Planung  ◄──►  übertragenen Sinn
         geldbezogener Größen)             (Planung von Größen der
                                            Finanzbuchhaltung)
                    |                              |
         ┌──────────┴──────────┐        ├── Bilanz- (Vermögens-)
         |                     |        |   Planung
   Liquiditätsplanung    Weitere Finanzplanung
         |                     |        └── GuV- (Erfolgs-) Planung
    ├ kurzfristig         ├ Zinsplanung
    │ (Liquiditätsstatus)
    │                     ├ Währungsplanung
    ├ mittelfristig
    │ (Finanzplan)        ├ Ausfallrisikoplanung (Boni-
    │                     │  täts- und Länderrisiko)
    └ langfristig
      (Kapitalbindungsplan) └ Kapitalstrukturplanung
```

Quelle: *Gramlich/Walz*, in: WISU-Das Wirtschaftsstudium 1994, Heft 4, S. 322.

Die durch den betrieblichen Leistungsprozess ausgelösten Zahlungsströme bestimmen den **Kapitalbedarf** des Betriebs. Dieser steht nicht von vornherein für den Betrieb fest, sondern wird von einer Vielzahl von Einflussgrößen determiniert.

### 3.2 Ermittlung des Kapitalbedarfs

#### 3.2.1 Einflussgrößen des Kapitalbedarfs

Der Umfang des Kapitalbedarfs hängt davon ab, ob die zu leistenden Auszahlungen und die erhaltenen Einzahlungen betragsmäßig und/oder zeitlich auseinander fallen. Diese Zahlungsströme leiten sich aus dem güterwirtschaftlichen Leistungsprozess – Absatz-, Beschaffungs- und Dienstleistungstransaktionen – ab. Nach *Gutenberg* wird der Kapitalbedarf durch die folgenden Haupteinflussgrößen bestimmt:

- die **Prozessanordnung**, welche die zeitliche Aufeinanderfolge der verschiedenen Produktionsprozesse festlegt,
- die **Prozessgeschwindigkeit**, welche die zeitliche Dauer der Produktionsprozesse beschreibt (Durchlaufzeit),
- der **Beschäftigungs- oder Auslastungsgrad**, gemeint im Sinne einer Variation der Beschäftigung bei gegebener Kapazität,
- das **Produktions- und Absatzprogramm**, dessen Veränderung auch eine Veränderung des Kapitalbedarfs nach sich zieht,
- die **Betriebsgröße**, insbesondere beim notwendigen Übergang einer an ihre Kapazitätsgrenze stoßenden Unternehmung auf ein höheres Kapazitätsniveau,
- das **Preisniveau**.

Da der Kapitalbedarf i. d. R. saisonbedingt im Zeitablauf schwankt, ist er in einen Sockelbedarf und einen Spitzenbedarf zu untergliedern.

- Der Sockelbedarf ist langfristig zu finanzieren, da er während des gesamten Planungszeitraums besteht.
- Der Spitzenbedarf soll dagegen mit kurzfristigen Mitteln gedeckt werden.

Der Kapitalbedarf kann entstehen für das

- Anlagevermögen und
- Umlaufvermögen.

Die Ermittlung des **Kapitalbedarfs für das Anlagevermögen** ist Gegenstand des langfristigen Finanzplans. Der Bedarf ist aus den Daten der Investitionsrechnung (Anschaffungskosten, Nebenkosten, laufende Kosten, Reparaturkosten) abzuleiten. Hierbei ist weiter zu unterscheiden zwischen Ersatzinvestitionen und Erweiterungsinvestitionen.

## 3.2.2 Ermittlung des Kapitalbedarfs für das Anlagevermögen

### 3.2.2.1 Investitionsbudgetierung

Die Bezifferung des Kapitalbedarfs für Investitionen erfolgt zumeist periodenweise über die Verabschiedung von **Investitionsbudgets**. Unter einem Investitionsbudget wird ein Bündel von Investitionen verstanden, das in einer bestimmten Budgetperiode realisiert werden soll. Das Investitionsbündel besteht dabei aus Einzelinvestitionen, die durch unterschiedliche Renditen gekennzeichnet sind. Als Maß für die Rendite einer Investition wird die Höhe des **internen Zinsfußes** herangezogen.

Zur Anschaffung der Investitionen werden Finanzmittel benötigt, die i. d. R. knapp sind. Eigenkapital wird durch die Finanzkraft der Anteilseigner beschränkt, während Fremdkapitalgeber ab einer bestimmten Verschuldung ein Kreditlimit setzen. Selbst wenn Kreditmittel nicht knapp sind, so wird sich doch der Kreditgeber ab einer bestimmten Verschuldung das zunehmende Rückführungsrisiko mit einem Risikozuschlag auf den Kreditzins abgelten lassen, so dass ab einer bestimmten Investitionssumme die Fremdkapitalzinsen die Investitionsrendite übersteigen werden.

***Dean*** (*Dean*, Capital Budgeting, New York 1951) hat ein in der Praxis verbreitetes Modell zur Investitionsbudgetierung entwickelt. Der Investor verfügt ggf. über Eigenmittel, die kostenfrei oder mit einem bestimmten Dividendenanspruch (im Sinne von Opportunitätskosten) versehen sind. Daneben sind verschiedene Fremdmittel zu einem bestimmten Zinssatz bis zu einem bestimmten jeweiligen Höchstbetrag erhältlich.

Die **Investitionsprojekte** werden mittels der Internen Zinsfuß-Methode in absteigender Folge ihres internen Zinsfußes geordnet; dies stellt graphisch die Nachfragekurve nach Kapital dar, die mit dem Zinssatz fallend verläuft. Die **Finanzierungsmittel** werden hingegen in aufsteigender Folge ihres Effektivzinssatzes geordnet; dies stellt die (steigende) Kapitalangebotskurve dar.

Kapitalangebots- und Kapitalnachfragekurve weisen einen treppenförmigen Verlauf auf; die Breite der Treppenstufen sind die jeweiligen Anschaffungskosten der Investitionen bzw. die jeweiligen Kredithöchstbeträge der Finanzierungsmittel, während die Höhe der Treppenstufen die Zinsdifferenz beim Übergang auf die nächstbeste Investition bzw. das nächstbeste Finanzierungsmittel angibt.

Der Schnittpunkt der Kapitalangebots- und Kapitalnachfragekurve kennzeichnet das **optimale Investitions- und Kapitalbudget**. Wird der in diesem Punkt gegebene Zinssatz als Kalkulationszins (Mindestverzinsungsanspruch des Investors) interpretiert, so weisen alle bis zu diesem Punkt getätigten Investitionen positive Kapitalwerte auf. Alle noch verbleibenden Investitionsalternativen sind dagegen durch negative Kapitalwerte charakterisiert. In diesem Punkt werden also die vorteilhaften von den unvorteilhaften Investitionen getrennt.

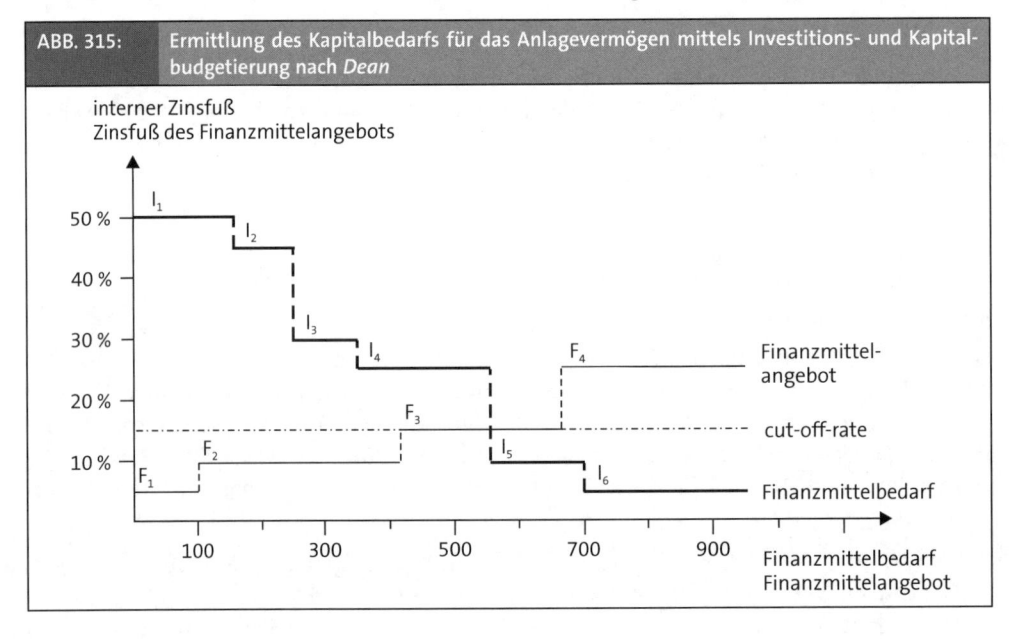

**ABB. 315:** Ermittlung des Kapitalbedarfs für das Anlagevermögen mittels Investitions- und Kapitalbudgetierung nach *Dean*

Zum *Dean'schen* Investitions- und Kapitalbudget vgl. das folgende **Beispiel**.

**BEISPIEL:** Einem Unternehmen stehen folgende Investitions- und Finanzierungsalternativen offen:

| Investitionen (Mittelverwendung) | | | Finanzierung (Mittelherkunft) | | |
|---|---|---|---|---|---|
| Projekt Lfd. Nr. | AHK (Mio. €) | Interner Zinsfuß (%) | Finanzmittel Lfd. Nr. | Max. Betrag (Mio. €) | Effektivzins (%) |
| $I_1$ | 60 | 10,0 | EK | 50 | 0,0 |
| $I_2$ | 40 | 8,0 | $FK_1$ | 40 | 6,0 |
| $I_3$ | 35 | 7,5 | $FK_2$ | 30 | 7,0 |
| $I_4$ | 40 | 6,0 | $FK_3$ | 70 | 7,75 |
| $I_5$ | 30 | 5,5 | | | |

▶ **Wie bestimmt sich das optimale Investitions- und Kapitalbudget?**

Die Ordnung nach dem Effektivzins bzw. der internen Rendite führt zum optimalen Investitionsbudget von 135 Mio. €; d. h. die Investitionen $I_1$, $I_2$ und $I_3$ werden realisiert.

Zur Analyse der Vorteilhaftigkeit von $I_3$ muss eine Marginalanalyse wie folgt vorgenommen werden. Die interne Rendite des Investitionsbetrags von 35 Mio. € beträgt 7,5 %. Zur Finanzierung dieser Investition wird Kapital $FK_2$ in Höhe von 20 Mio. € mit einem Effektivzins von 7 % und $FK_3$ in Höhe von 15 Mio. € mit einem Effektivzins von 7,75 % eingesetzt. Die durchschnittlichen Kapitalkosten belaufen sich insoweit auf 7,32 %; sie sind also niedriger als die interne Rendite der Mittelverwendung. $I_3$ wird daher noch realisiert.

Investition $I_4$ mit einer internen Rendite von 6 % ist dagegen nicht mehr lohnend, da zur Finanzierung dieser Investition in Höhe von 40 Mio. € nur Fremdkapital mit einem Effektivzins von 7,75 % zur Verfügung steht.

Im optimalen Kapitalbudget wird ein absoluter Gewinn von 6,1625 Mio. € erzielt; dies entspricht einer Rentabilität des eingesetzten Kapitals von 4,56 %.

▶ **Wie bestimmt sich das optimale Investitions- und Kapitalbudget bei unendlicher Teilbarkeit der Investitionsprojekte (z. B. Investitionen in Wertpapiere)?**

$I_3$ wird dann nur noch zu 20 Mio. € durchgeführt, da die Kapitalkosten der letzten 15 Mio. € über der internen Rendite der Investition liegen. Das optimale Kapitalbudget beträgt dann 120 Mio. €; der zugehörige absolute Gewinn liegt bei 6,2 Mio. €, die zugehörige Rentabilität des eingesetzten Kapitals beläuft sich auf 5,17 %. Der absolute Gewinn hat sich also trotz des niedrigeren Kapitaleinsatzes erhöht.

Wenn das Unternehmen eine Investition entweder ganz oder gar nicht durchführen kann, handelt es sich um eine **nicht teilbare Investition**, die die Durchführung einer Grenzgewinnrechnung erfordert. Die Investition kann mit zwei verschiedenen Krediten finanziert werden, deren Zinssätze über und unter der internen Rendite der Investition liegen.

Während nicht teilbare Investitionen der Regelfall sein werden, da keine halbe Maschine oder kein halbes Fahrzeug beschafft werden kann, sind Finanzinstrumente hingegen meist teilbar, d. h. sie können nicht nur zum Höchstbetrag oder gar nicht beansprucht werden. In diesem Fall ist also für die letzte Investition stets eine Marginalbetrachtung durchzuführen.

In der betrieblichen Praxis werden Finanzmittel zuweilen nach dem „**Tragfähigkeitsprinzip**" zugeteilt, indem günstige Mittel zur Finanzierung weniger rentabler Investitionen verwendet werden, während renditeträchtige Investitionen auch teurere Finanzmittel „vertragen" können.

Die Ermittlung des Investitions- und Kapitalbudgets nach dieser „**Praktikerregel**" führt sowohl zu einem niedrigeren absoluten Gewinnbetrag als auch zu einer niedrigeren Rentabilität des eingesetzten Kapitals, wie an nachstehendem Beispiel verdeutlicht wird.

> **BEISPIEL:** (Fortführung der Daten aus vorstehender Konstellation):
> ▶ **Wie hoch ist das Investitions- und Kapitalbudget nach der „Praktikerregel"?**
>
> Das Investitionsbudget beträgt nunmehr 175 Mio. € ($I_1$, $I_2$, $I_3$ und $I_4$). Für die letzte Investition wird zu 5 Mio. € $FK_1$ und zu 35 Mio. € Eigenkapital eingesetzt. Das verbleibende Eigenkapital kann zur Ablösung des teuersten Kredits $FK_3$ verwendet werden, der zur Finanzierung der Investition $I_1$ aufgenommen wurde.
>
> ▶ **Was folgt für den absoluten Gewinn und die Rentabilität?**
>
> Es ergibt sich ein absoluter Gewinn von 5,4625 Mio. €. Dies entspricht einer Rentabilität des eingesetzten Kapitals von 3,12 %. Hieran zeigt sich, dass allein die *Dean'sche* Methode zum optimalen Investitions- und Kapitalbudget führt.

Die Annahme kostenlosen Eigenkapitals kann bei der praktischen Durchführung der *Dean'schen* Methode unschwer aufgehoben werden, indem der Zinssatz von Null durch einen geeigneten Opportunitätskostensatz ersetzt wird. Hingegen unterliegt das Verfahren den gleichen theoretischen Mängeln wie die interne Zinsfuß-Methode. Auch wird das Gleichgewicht aus Kapitalangebot und Kapitalnachfrage nur für die jeweilige (Anschaffungs-)Periode ermittelt, nicht für die Folgeperioden. Zudem wird unterstellt, dass die einzelnen Investitionsprojekte unabhängig von der Durchführung eines oder mehrerer anderer Projekte sowie auch von den Finanzierungsmitteln sind.

Die Theorie der Investitions- und Kapitalbudgets ist maßgeblich erweitert worden:

▶ So kann berücksichtigt werden, dass Abhängigkeitsbeziehungen zwischen Investitionen eines Investitionsbudgets bestehen: Sie können sich gegenseitig ausschließen, einander bedingen, gegenseitig verstärken (komplementäre Beziehung) oder gegenseitig abschwächen (substitutive Beziehung).

▶ Das optimale Investitions- und Kapitalbudget lässt sich nicht nur für eine Periode, sondern auch für alle Perioden der Nutzungsdauer der Investitionen und alle Perioden der Laufzeit von Kapitalien ermitteln. Auch Probleme der Anschlussfinanzierung bei unterschiedlichen Laufzeiten sind berücksichtigungsfähig.

▶ Es können zusätzlich bestimmte Nebenbedingungen (Absatzhöchstgrenzen, Kapazitätsgrenzen etc.) in die Berechnung integriert werden.

▶ Es wurden auch Investitionsbudgets mit unsicheren Daten entwickelt. Die bislang sicheren Daten werden dann durch Wahrscheinlichkeitsverteilungen ersetzt, welche durch einen Erwartungswert (den wahrscheinlichen Wert) und eine Verteilung der überhaupt möglichen Werte gekennzeichnet sind.

Diese Verfahren der Investitionsprogrammplanung sind rechentechnisch sehr aufwändig. Sie bedienen sich der Techniken der linearen bzw. nicht-linearen Programmierung und wurden von *Weingartner*, *Albach* und *Hax* entwickelt.

### 3.2.2.2 Finanzierung durch Abschreibungen

Für die Ermittlung des Kapitalbedarfs für Investitionen in das Anlagevermögen sind die aus dem sog. „Kapazitätserweiterungseffekt" der Abschreibungen resultierenden Konsequenzen von Interesse. Diesen haben schon Engels und Marx erkannt. In der Betriebswirtschaftslehre wurde er ausführlich erstmals von *Lohmann* (1949) und *Ruchti* (1942) beschrieben und in der Literatur zuweilen als **Lohmann-Ruchti-Effekt** bezeichnet.

Wenn die für die Abnutzung des Anlagevermögens verrechneten Abschreibungsbeträge über Umsatzerlöse in das Unternehmen zurückfließen, erfolgt insoweit eine Wiedergewinnung der Abschreibungen vor dem tatsächlich notwendigen Ersatzzeitpunkt der Anlage. Die Abschreibungsbeträge können somit für Neuinvestitionen verwendet werden. Da die alten Anlagen noch weiterhin dem Betrieb dienen, kann insoweit eine Kapazitätserweiterung realisiert werden. Im Ergebnis werden die Abschreibungsgegenwerte für Neuinvestitionen und nicht für Ersatzinvestitionen verwendet.

Der Kapazitätserweiterungseffekt gilt nicht zwangsläufig, sondern nur unter der Bedingung verschiedener **Voraussetzungen**:

- Die Abschreibungen müssen dem produktionsbedingten Werteverzehr der Anlagen entsprechen.
- Die Marktpreise dürfen nicht unter den Selbstkosten liegen. Letztere müssen die kalkulatorischen Abschreibungen in vollem Umfang enthalten.
- Es wird angenommen, dass die Abschreibungen in vollem Umfang über die Umsatzerlöse wieder gewonnen werden und in liquider Form zurückfließen. Es erfolgt keine Produktion auf Lager. Von Zielverkäufen oder gar notleidenden Forderungen wird abgesehen.
- Die Anlagen müssen beliebig teilbar sein bzw. die Anzahl der im Betrieb befindlichen Anlagen muss gegen Unendlich gehen.
- Gleichbleibende Produktionstechnik und konstante Wiederbeschaffungspreise der Anlagen werden unterstellt.

Der Kapazitätserweiterungseffekt vermindert sich bei einer fortschreitenden Geldentwertung und erhöht sich bei technischem Fortschritt. Bei üblichen Nutzungsdauern von 8 - 15 Jahren und einer erwarteten Geldentwertungsrate von unter 3 % p. a. fällt die Verminderung aber nicht derart ins Gewicht, dass dem Kapazitätserweiterungseffekt die praktische Relevanz abgesprochen werden müsste.

Des Weiteren werden folgende in Zusammenhang mit Kapazitätserweiterungen der Unternehmen auftretende praktische **Probleme** vernachlässigt:

- Auch die finanzielle Kapazität des Betriebs muss erhöht werden (analog die Managementkapazität, die Organisation etc.).
- Es müssen erweiterte Absatzmöglichkeiten für die zusätzlich hergestellten Produkte oder Leistungen vorhanden sein.
- Die Bestände an Umlaufvermögen (Vormaterial) sind gem. den produktionstechnischen Kapazitäten anzupassen, was i. d. R. eine weiter zunehmende Kapitalbindung hervorruft.

Übersteigt die **bilanzielle Abschreibung** die kalkulatorische Abschreibung (z. B. bei Anwendung der degressiven Methode), so wird betriebswirtschaftlich erzielter Gewinn der Steuer und der Ausschüttung entzogen. Es kommt zu einem **zusätzlichen Finanzierungseffekt über stille Selbstfinanzierung** (Unterbewertung von Aktiva).

Dieser Effekt ist aber vorübergehend, da die Abschreibungsraten in späteren Nutzungsjahren unter die lineare Abschreibungsrate sinken. Er besteht nur in dem Zinsvorteil durch den zinslos gewährten Steuerkredit. Daher handelt es sich nicht um einen Kapazitätserweiterungseffekt im eigentlichen Sinne.

Unter den **Voraussetzungen**,

▶ kontinuierliche lineare Abschreibung,

▶ Abschreibung analog zum Werteverzehr und

▶ beliebig teilbare Anlagegüter,

erreicht der Kapazitätserweiterungsfaktor sein Maximum in Höhe von 2. Dies entspricht einer Kapazitätserweiterung um 100 %, d. h., dass der Betrieb seine ursprüngliche Kapazität verdoppeln kann.

Erfolgen Abschreibungen jeweils am Periodenende (**buchhalterische Abschreibung**), so verringert sich der Kapazitätserweiterungseffekt infolge der zeitlichen Hinauszögerung um eine halbe Periodenabschreibung.

Der Kapazitätserweiterungsfaktor (KEF) lässt sich ausdrücken als das Verhältnis zwischen den historischen Anschaffungskosten (AHK) und dem durchschnittlich gebundenen Kapital (Aø). Damit gilt KEF = AHK/Aø und folglich

▶ bei sofortiger Ersatzmöglichkeit, d. h. kontinuierlicher Abschreibung:

$$KEF = AHK / (AHK/2) = 2$$

▶ bei Ersatzmöglichkeit nur am Periodenende, d. h. diskontinuierlicher Abschreibung (a = linearer Abschreibungsbetrag): KEF = AHK/(AHK/2 + a/2), also

$$KEF = \frac{2 \cdot AHK}{AHK + a}$$

Die Berechnung des durchschnittlich gebundenen Kapitals erfolgt analog zum Vorgehen bei der Bestimmung der Bemessungsgrundlage für die kalkulatorischen Zinsen in der Kostenartenrechnung.

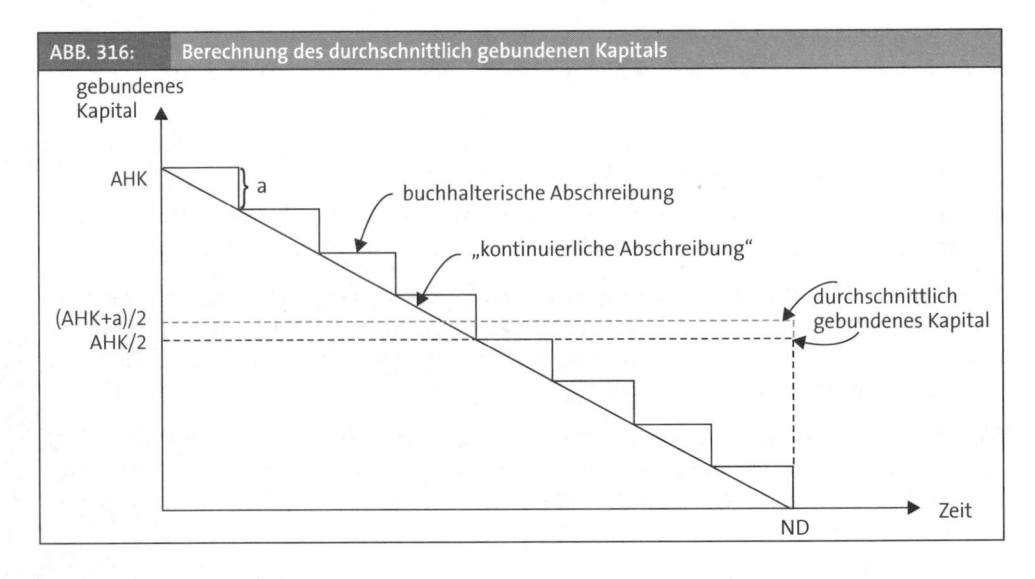

**ABB. 316:** Berechnung des durchschnittlich gebundenen Kapitals

Kurzfristige Finanz- und Liquiditätsplanung **KAPITEL V**

Je länger die Nutzungsdauer der Anlagen und damit der Reinvestitionszeitpunkt, umso höher der Kapazitätserweiterungsfaktor:

| Nutzungsdauer (Jahre) | 1 | 2 | 4 | 8 | 10 | 15 | 25* |
|---|---|---|---|---|---|---|---|
| Kapazitätserweiterungsfaktor | 1 | 1,33 | 1,60 | 1,78 | 1,82 | 1,88 | 1,92 |

Der Kapazitätserweiterungseffekt soll an folgendem Beispiel analytisch verdeutlicht werden.

**BEISPIEL:** ▶ Ein Betrieb verfügt über eine Erstausstattung von 10 Anlagen mit historischen Anschaffungskosten von jeweils 10.000 € und einer betriebsgewöhnlichen Nutzungsdauer von jeweils fünf Jahren. Es zeigt sich, dass sich die Anzahl der Anlagen kurzfristig verdoppelt, um langfristig den Näherungswert 16 anzunehmen. Der theoretisch korrekte Konvergenzwert beträgt 1,67 (20.000/(10.000 + 2.000)).

| ABB. 317: | Kapazitätserweiterungseffekt | | | | | | | |
|---|---|---|---|---|---|---|---|---|
| Periode | Zugang Anlagen (Stück) | Abgang Anlagen (Stück) | Bestand Anlagen (Stück) | AHK Bestand (€) | Abschreibung Bestand (€) | Buchwert Bestand (€) *) | Liqu. Mittel (€) | Reinvestition Anlagen (€) | Buchwert + Reinvestition + Liqu. Mittel (€) |
| 1 | 10 | – | 10 | 100.000 | 20.000 | 80.000 | – | 20.000 | 100.000 |
| 2 | 2 | – | 12 | 120.000 | 24.000 | 76.000 | 4.000 | 20.000 | 100.000 |
| 3 | 2 | – | 14 | 140.000 | 28.000 | 68.000 | 2.000 | 30.000 | 100.000 |
| 4 | 3 | – | 17 | 170.000 | 34.000 | 64.000 | 6.000 | 30.000 | 100.000 |
| 5 | 3 | – | 20 | 200.000 | 40.000 | 54.000 | 6.000 | 40.000 | 100.000 |
| 6 | 4 | 10 | 14 | 140.000 | 28.000 | 66.000 | 4.000 | 30.000 | 100.000 |
| 7 | 3 | 2 | 15 | 150.000 | 30.000 | 66.000 | 4.000 | 30.000 | 100.000 |
| 8 | 3 | 2 | 16 | 160.000 | 32.000 | 64.000 | 6.000 | 30.000 | 100.000 |
| 9 | 3 | 3 | 16 | 160.000 | 32.000 | 62.000 | 8.000 | 30.000 | 100.000 |
| 10 | 3 | 3 | 16 | 160.000 | 32.000 | 60.000 | – | 40.000 | 100.000 |

*) Berechnung der Buchwerte:

| 1. Periode: 10 · 8.000 | = 80.000 |
| 2. Periode: 2 · 8.000 + 10 · 6.000 | = 76.000 |
| 3. Periode: 2 · 8.000 + 2 · 6.000 + 10 · 4.000 | = 68.000 |
| 4. Periode: 3 · 8.000 + 2 · 6.000 + 2 · 4.000 + 10 · 2.000 | = 64.000 |
| 5. Periode: 3 · 8.000 + 3 · 6.000 + 2 · 4.000 + 2 · 2.000 | = 54.000, usw. |

Der **Kapazitätserweiterungsfaktor** beträgt: 2 · 10.000/(10.000 + 2.000) = 20/12 = 1,67 (16 Anlagen).

Um eine langfristige Kapazität von 16 Anlagen zu unterhalten, ist also eine anfängliche Erweiterungsinvestition von lediglich 10 Anlagen notwendig, wenn die Abschreibungen in vollem Umfang reinvestiert werden.

Der Kapazitätserweiterungseffekt lässt sich auch als **Kapitalfreisetzungseffekt** interpretieren. Durch die aufgelaufenen Abschreibungen wird Kapital freigesetzt, das außer für Investitionen – etwa bei mangelndem Nachfragepotenzial – auch zur Tilgung von Fremdkapital verwendet werden kann.

Im Beispiel werden in 5 aufeinander folgenden Jahren je zwei Anlagen zum Preis von 10.000 € beschafft, die eine Nutzungsdauer von jeweils fünf Jahren aufweisen und linear abgeschrieben werden.

Folglich findet eine dauerhafte Kapitalfreisetzung ab dem Ende der 4. Periode in Höhe von 40.000 € statt. Diese Mittel stehen der Unternehmung langfristig für Finanzierungszwecke zur Verfügung. Sie können bei Fremdfinanzierung der Investitionen zur Tilgung von 40 % des aufgenommenen Kapitals verwendet werden, so dass zur Aufrechterhaltung der betrieblichen Kapazität in Höhe von 100.000 € dauerhaft nur ein Kapital von 60.000 € benötigt wird.

| ABB. 318: | Kapitalfreisetzungseffekt | | | | | |
|---|---|---|---|---|---|---|
| Periode | Zugang (Stück) | Zugang (€) | Perioden-abschreibung (€) | Kapitalfrei-setzung (€) | Reinves-tition (€) | Restkapital (€, nach Tilgung) |
| 1 | 2 | 20.000 | 4.000 | 4.000 | – | 16.000 |
| 2 | 2 | 20.000 | 8.000 | 8.000 | – | 28.000 |
| 3 | 2 | 20.000 | 12.000 | 12.000 | – | 36.000 |
| 4 | 2 | 20.000 | 16.000 | 16.000 | – | 40.000 |
| 5 | 2 | 20.000 | 20.000 | 20.000 | 20.000 | 60.000 |
| folgende | 2 | 20.000 | 20.000 | 20.000 | 20.000 | 60.000 |

Es ist also sinnvoll, den Kapitalfreisetzungseffekt bei der Finanzierungsplanung zu berücksichtigen, etwa im Rahmen der Gestaltung von Tilgungsplänen. Der Kapazitätserweiterungseffekt gibt Anhaltspunkte dafür, die anfängliche Investition nicht überzudimensionieren, sondern vielmehr ggf. das Erreichen der letztendlich gewünschten Kapazität über mehrere Planungsperioden zu strecken.

### 3.2.2.3 Finanzierung der Substanzerhaltung

Kann während der – häufig langfristigen – Nutzungsdauer von Investitionen in betriebsnotwendiges Anlagevermögen nicht von gleich bleibenden Wiederbeschaffungskosten ausgegangen werden, so stellt sich das Problem der zusätzlichen Finanzierung der **Preissteigerung** (sog. **Substanzerhaltung**), wenn der betriebsnotwendige Vermögensgegenstand zum Tageswert reinvestiert werden muss.

Bei der **Ermittlung des Kapitalbedarfs für Ersatzinvestitionen** ist bedeutsam, dass die über den Umsatzprozess wieder gewonnenen Abschreibungen von den (historischen) Anschaffungskosten ausgehen (soweit die bilanziellen Abschreibungen für die Kapitalbedarfsplanung verwendet werden), der tatsächliche Kapitalbedarf aber durch die (i. d. R. gestiegenen) Wiederbeschaffungskosten determiniert wird. Damit kann es im Rahmen der Finanzierung von Ersatzinvestitionen zu einer **Substanzaushöhlung** kommen.

Vor dem theoretischen Hintergrund der sog. **organischen Bilanztheorie** von *Schmidt* (1929) – entstanden zu Zeiten der Hochinflation – wird die Erhaltung der betrieblichen Substanz einer Unternehmung und deren Bedeutung für dessen Existenzsicherung analysiert. Daher ist bei der Erfolgs- und Finanzplanung der Erfolg aus „echter" unternehmerischer Tätigkeit von dem Erfolg, der lediglich aufgrund von Preisänderungen entsteht (der sog. **Scheingewinn**) zu trennen.

In der Betriebswirtschaftslehre werden die folgenden **Kapital- und Substanzerhaltungskonzeptionen** unterschieden:

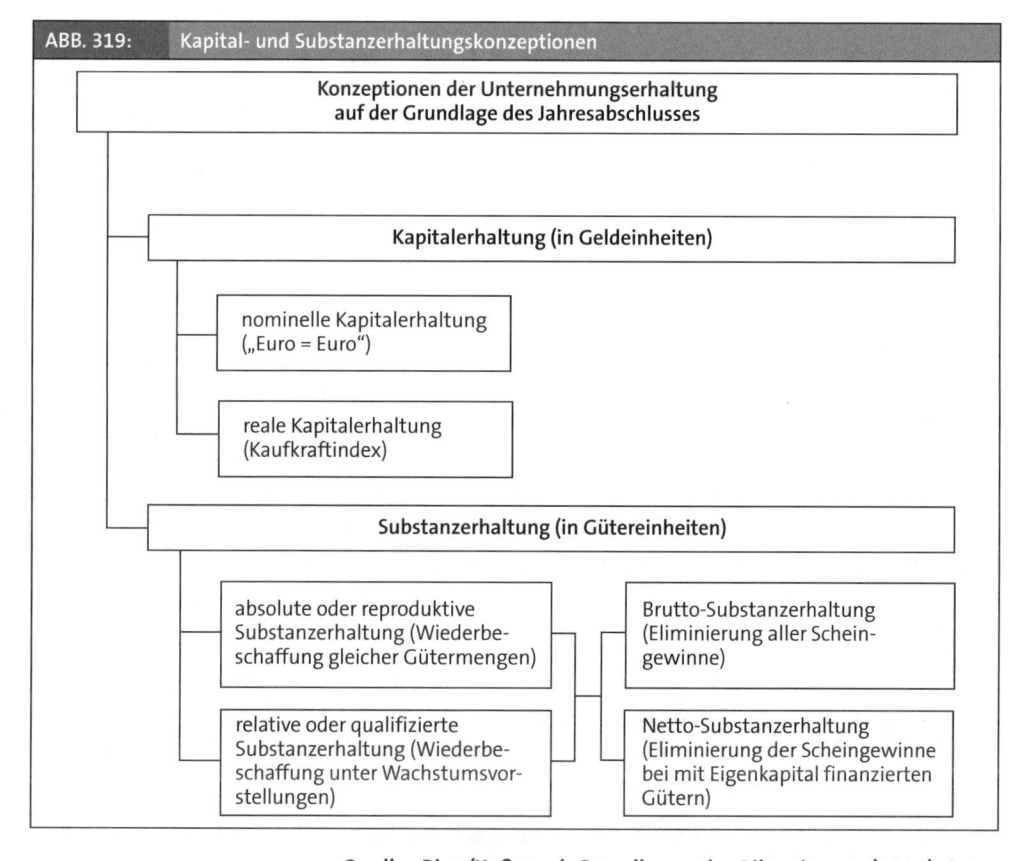

**ABB. 319: Kapital- und Substanzerhaltungskonzeptionen**

- Konzeptionen der Unternehmungserhaltung auf der Grundlage des Jahresabschlusses
  - Kapitalerhaltung (in Geldeinheiten)
    - nominelle Kapitalerhaltung („Euro = Euro")
    - reale Kapitalerhaltung (Kaufkraftindex)
  - Substanzerhaltung (in Gütereinheiten)
    - absolute oder reproduktive Substanzerhaltung (Wiederbeschaffung gleicher Gütermengen)
    - relative oder qualifizierte Substanzerhaltung (Wiederbeschaffung unter Wachstumsvorstellungen)
    - Brutto-Substanzerhaltung (Eliminierung aller Scheingewinne)
    - Netto-Substanzerhaltung (Eliminierung der Scheingewinne bei mit Eigenkapital finanzierten Gütern)

Quelle: *Bieg/Kußmaul*, Grundlagen der Bilanzierung (1994), S. 34.

Die Erhaltung der Leistungsfähigkeit des Unternehmens ist die Voraussetzung für eine dauerhafte Fortführung des Betriebsprozesses. I. d. R. sinkt aber die Kaufkraft durch eine fortschreitende Geldentwertung.

Der Jahresabschluss kann damit nur ungenügend eine Steuerungsfunktion erfüllen, da er vom Prinzip „Euro gleich Euro" (**nominelle Kapitalerhaltung**) ausgeht.

So werden die Umsätze zu Tagespreisen, die Abschreibungen hingegen ausgehend von historischen Anschaffungskosten berechnet. Dies führt dazu, dass Scheingewinne ausgewiesen werden, die nur auf Preissteigerungen beruhen. Zur Gewährleistung einer dauerhaften Substanzerhaltung soll das Unternehmen aber in die Lage versetzt werden, aus den Umsatzerlösen die verbrauchten Produktionsfaktoren wieder zu beschaffen.

Der Scheingewinn muss daher für **Wiederbeschaffungszwecke** einbehalten werden, um die gestiegenen Wiederbeschaffungskosten zu decken.

Nachfolgend einige Anmerkungen zu den einzelnen Kapital- und Substanzerhaltungskonzeptionen:

- Das **Prinzip der nominellen Kapitalerhaltung** geht von der Fiktion eines stabilen Geldwerts aus. Demnach muss das nominelle Geldkapital betragsmäßig von Periode zu Periode erhalten bleiben. Diese Kapitalerhaltungskonzeption wird vom geltenden Handels- und Steuerbilanzrecht verfolgt. Die Bilanz ist also eine reine Geldrechnung, die Wertsteigerungen am ruhenden Vermögen nicht berücksichtigt. Scheingewinne werden somit nicht eliminiert.

- Das **Prinzip der realen Kapitalerhaltung** zielt demgegenüber auf die Erhaltung der Kaufkraft des ursprünglichen Geldkapitals ab. Das Kapital muss zu diesem Zweck mit einem Index gewichtet werden („reales Ursprungskapital").

- Das **Prinzip der absoluten Substanzerhaltung** geht nicht von Geldsummen, sondern von Gütermengen aus. Eine Substanzerhaltung liegt vor, wenn der mengenmäßige Bestand der Vermögensgegenstände am Ende der Periode demjenigen am Anfang entspricht, d. h., wenn die verbrauchten Vermögensgegenstände aus den Erträgen wieder beschafft worden sind. Das Prinzip der absoluten Substanzerhaltung fordert die Wiederbeschaffung aller im Leistungsprozess verbrauchten Güter in gleicher Menge und Qualität. Problematisch wirkt sich aus, dass technischer Fortschritt oder Veränderungen im Produktionsprogramm unberücksichtigt bleiben.

- Das **Prinzip der relativen Substanzerhaltung** berücksichtigt zusätzlich den technischen Fortschritt und den Wachstumsprozess der Volkswirtschaft. Alle Vermögensgegenstände und Schulden sind demnach mit Tageswerten anzusetzen.

Da die Rechnungslegung dem Nominalwertprinzip folgt, sind bei vorliegender Geldentwertung Nebenrechnungen zur Ermittlung der Scheingewinne im Jahresabschluss erforderlich. Eine mögliche Form der Nebenrechnung liefert die **Stellungnahme des Hauptfachausschusses des Instituts der Wirtschaftsprüfer IDW-HFA 2/1975**.

Die dargestellten Kapital- und Substanzerhaltungskonzeptionen sind um den Aspekt der **Finanzierung** zu erweitern. Gem. der vom IDW-HFA verfolgten Konzeption der **Nettosubstanzerhaltung** wird unterstellt, dass eine Substanzerhaltung nur bei den mit Eigenkapital finanzierten Vermögensgegenständen erforderlich ist, während inflatorische Preissteigerungen bei den mit Fremdkapital finanzierten Vermögensgegenständen schon durch eine entsprechende Erhöhung des nominellen Fremdkapitalzinses kompensiert werden. **Der durch Fremdkapital finanzierte Vermögensanteil ist mithin für die Ermittlung des für die Substanzerhaltung notwendigen Betrags unbeachtlich.**

Im Sinne einer horizontalen Deckungsregel wird angenommen, dass das Eigenkapital zunächst zur Finanzierung des nicht-monetären und dann des monetären Anlagevermögens, sodann des Vorratsvermögens und schließlich des sonstigen Vermögens dient.

Sofern also das Eigenkapital nicht höher als das Anlagevermögen ist, was eine realistische Annahme darstellen dürfte, reicht es aus, eine Korrekturrechnung bei den Abschreibungen auf das abnutzbare Anlagevermögen vorzunehmen. Lediglich wenn durch Eigenkapital auch ein Teil der Vorräte finanziert wird, ist zusätzlich der für die Substanzerhaltung des Vorratsvermögens erforderliche Betrag zu ermitteln.

| ABB. 320: | Konzeption der Nettosubstanzerhaltung nach IDW-HFA 2/1975 |
|---|---|

**1. Fall: Eigenkapital < Anlagevermögen**

| Aktiva | Passiva |
|---|---|
| Nichtmonetäres Anlagevermögen (Sachanlagevermögen) | Eigenkapital |
| Monetäres Anlagevermögen (Finanzanlagevermögen) | |
| Vorratsvermögen | Fremdkapital |
| Sonstiges Vermögen | |

**2. Fall: Eigenkapital > Anlagevermögen**

| Aktiva | Passiva |
|---|---|
| Nichtmonetäres Anlagevermögen (Sachanlagevermögen) | Eigenkapital |
| Monetäres Anlagevermögen (Finanzanlagevermögen) | |
| Vorratsvermögen | |
| Sonstiges Vermögen | Fremdkapital |

Demnach hat die **Nebenrechnung** im Ergebnis folgendes Aussehen:

| ABB. 321: | Nebenrechnung zur Ermittlung des zur Substanzerhaltung notwendigen Betrags nach IDW-HFA 2/1975 |
|---|---|
| | Zusätzliche Abschreibungen auf das abnutzbare Anlagevermögen, soweit durch Eigenkapital finanziert (ggf. anteilig) (d. h. Differenz zwischen kalkulatorischen Abschreibungen vom Wiederbeschaffungswert und den bilanziellen Abschreibungen vom Anschaffungswert) |
| + | Zur Substanzerhaltung im Vorratsvermögen erforderlicher Betrag, soweit durch Eigenkapital finanziert (ggf. anteilig) |
| = | Einzubehaltender Scheingewinn (d. h. Finanzierungslücke bei Ersatzbeschaffung unter Annahme einer Gewinnvollausschüttung) |

Das Vorgehen ähnelt stark den Überlegungen in Zusammenhang mit der Interpretation der Anlagedeckungsgrade (vgl. Kapitel III).

### 3.2.3 Ermittlung des Kapitalbedarfs für das Umlaufvermögen

Die Ermittlung des **Kapitalbedarfs für das Umlaufvermögen** hängt z. B. ab von:

- dem Bedarf an Produktionsfaktoren (Werkstoffe, Arbeitsleistungen) für die Leistungserstellung,
- dem geplanten und erreichten Auslastungsgrad (im Verhältnis zur Gesamtkapazität),
- den Zahlungsbedingungen, insbesondere den Zahlungszielen der Lieferanten sowie der Zahlungsmoral des Unternehmens,
- der Dauer des Produktionsprozesses in den einzelnen Produktionsstufen,
- der durchschnittlichen Lagerdauer der Vormaterialien (Roh-, Hilfs- und Betriebsstoffe sowie fremdbezogene Waren), der Halb- und Fertigfabrikate in den Zwischen- und Endlägern,
- den Zahlungsbedingungen für den Absatz der Produkte bzw. Leistungen (Zahlungsziele, Gewährung von Skonti, Zahlungsmoral, Zahlungsverschleppung, notleidende Forderungen, ggf. Factoring).

Hieraus folgt, dass insbesondere die **Umschlagsgeschwindigkeiten** der Produktion, der Vorräte und der Forderungen den Kapitalbedarf maßgeblich bestimmen. Je länger diese Zeitspannen sind, umso höher ist der Kapitalbedarf. Daher wird eine kennzahlgestützte Analyse der Liquidität häufig mit Hilfe sog. Umschlagskennziffern – Umschlagsdauern bzw. Umschlagshäufigkeiten – durchgeführt.

Der Kapitalbedarf für das Umlaufvermögen ist stark abhängig vom **Ausmaß der Vorratshaltung** (z. B. Auslagerung, Just-in-time-Lagerhaltungsformen, Kommissionsläger etc.), von **Art und Umfang der Leistungserstellung** (z. B. dem eigenen Wertschöpfungsgrad, der Stufigkeit des Produktionsprozesses und damit der Anzahl der notwendigen Pipelineläger etc.) und damit von **Branche, Größe und Komplexität des Geschäftsbetriebs**. Branchenunspezifische Tatbestände lassen sich nur schwer ableiten.

Einer dieser branchenunspezifischen Tatbestände ist die bekannte **Losgrößenformel** (Wurzelformel).

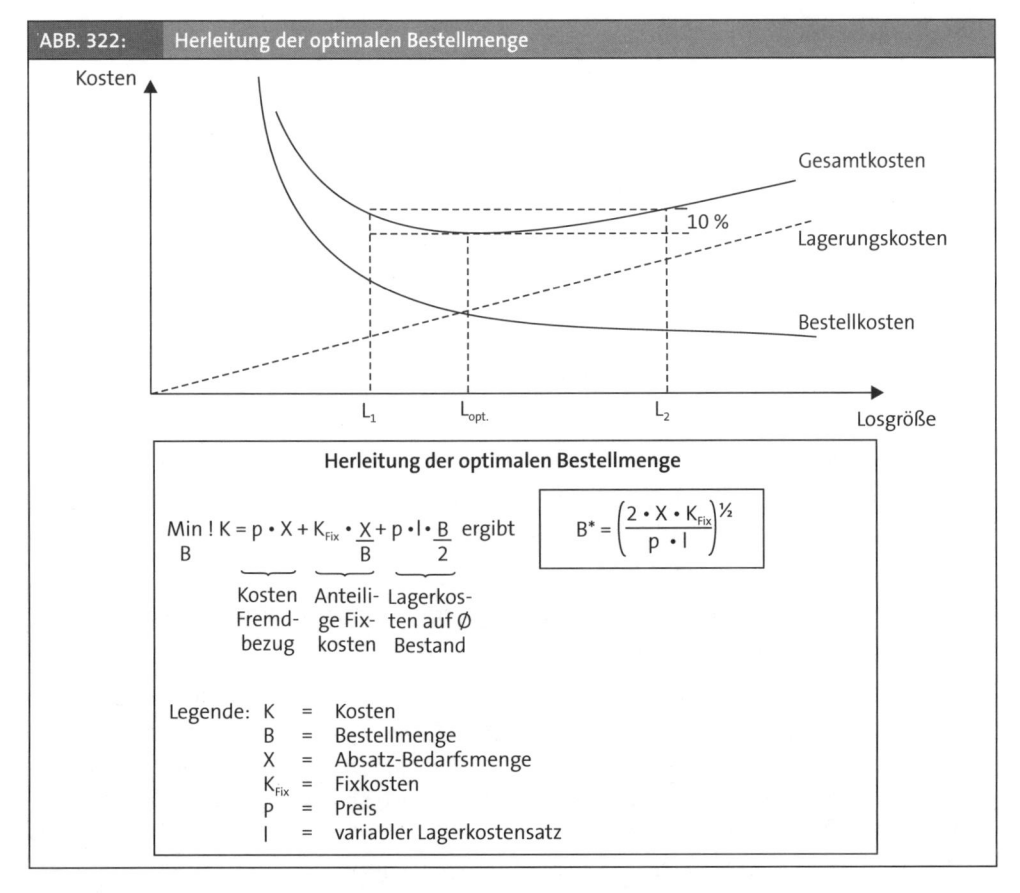

## ABB. 322: Herleitung der optimalen Bestellmenge

*[Diagramm: Kosten-Kurven über Losgröße mit Gesamtkosten, Lagerungskosten, Bestellkosten; markiert $L_1$, $L_{opt.}$, $L_2$ sowie 10 %]*

**Herleitung der optimalen Bestellmenge**

$$\text{Min! } K = \underbrace{p \cdot X}_{\substack{\text{Kosten} \\ \text{Fremd-} \\ \text{bezug}}} + \underbrace{K_{Fix} \cdot \frac{X}{B}}_{\substack{\text{Anteilige} \\ \text{Fixkosten}}} + \underbrace{p \cdot l \cdot \frac{B}{2}}_{\substack{\text{Lagerkosten} \\ \text{auf } \varnothing \\ \text{Bestand}}} \quad \text{ergibt} \quad B^* = \left(\frac{2 \cdot X \cdot K_{Fix}}{p \cdot l}\right)^{½}$$

Legende: 
- $K$ = Kosten
- $B$ = Bestellmenge
- $X$ = Absatz-Bedarfsmenge
- $K_{Fix}$ = Fixkosten
- $p$ = Preis
- $l$ = variabler Lagerkostensatz

Demnach stellen für die Lagerhaltung relevante Kosten dar

- die **Bestell- oder Rüstkosten**, die pro Bestellvorgang anfallen (unabhängig von der Größe der Bestellung, z. B. Kontaktaufnahme zum Lieferanten, Auftragsvergleiche, Alternativenbewertung, Auftragsabwicklung, Termin- und Eingangsüberwachung),

- die **Kosten der Bestandshaltung im Lager**, bestehend aus
  - kalkulatorischen Zinsen auf das durchschnittlich gebundene Kapital im Sinne von Opportunitätskosten,
  - kalkulatorischen Risikokosten (Schwund, Verderb),
  - variablen Lagerkosten (Raummiete, Energie, Versicherungen etc.)
  
  und jeweils proportional zum wertmäßigen Lagerbestand verlaufend.

- Daneben existieren **Fehlmengenkosten** (Kosten der Nicht- oder verspäteten Belieferungen von Kunden) sowie die **fixen bzw. leistungsmengenneutralen Kosten der Lagerverwaltung**.

Die **optimale Lagerhaltung bzw. Bestellmenge** ergibt sich aus dem Minimum der Summe beider Kostenarten wie in der obigen Graphik dargestellt.

## 3.3 Kurzfristiger Finanzplan

### 3.3.1 Aufstellung und Analyse des kurzfristigen Finanzplans

Der **kurzfristige Finanzplan** ordnet alle Ein- und Auszahlungen den betreffenden Perioden ihres zeitlichen Anfalls zu. Er hat die Form einer Matrix mit Ein- und Auszahlungsarten als Zeilen und den Perioden als Spalten. Für die Aufstellung eines Finanzplans gelten zunächst die allgemeinen **Grundsätze**

- der Vollständigkeit (d. h., alle Zahlungsströme sind zu erfassen),
- der Zeitpunktgenauigkeit (d. h., alle Zahlungen sind genauen Zeitpunkten zuzuordnen),
- der Betragsgenauigkeit (d. h., Zahlungen sind möglichst genau abzuschätzen),
- der Elastizität (d. h., Planänderungen müssen sofort in den Finanzplan einfließen).

Die Finanzplanung läuft in diesem Rahmen in den folgenden **Ablaufschritten** ab:

- Aufzeichnung der zukünftigen Zahlungsströme (Finanzplanung im engeren Sinne),
- Planung von Möglichkeiten zur
  - Deckung eines voraussichtlichen Kapitalbedarfs,
  - Anlage eines Kapitalüberschusses,
- Vergleich der realisierten Ist-Zahlen ex-post mit den Soll-Zahlen des Finanzplans.

Sie wird **unterjährig rollierend** durchgeführt, d. h.

- es wird für einige unterjährige Perioden im Voraus (i. d. R. mindestens für die 12 Monate des folgenden Geschäftsjahrs) ein Finanzplan aufgestellt,
- es erfolgt eine ex-ante Kontrolle, ob in einer bestimmten Periode ein negativer Finanzmittelbestand auftritt; wenn ja, sind Maßnahmen der Gegensteuerung einzuleiten, z. B. Modifikationen der Zahlungsbedingungen,
- nach jeder Periode wird eine Plan-Ist-Kontrolle vorgenommen und
- bei ggf. auftretenden Differenzen der (bereits aufgestellte) Plan für zukünftige Perioden entsprechend revidiert,
- gleichzeitig wird der Plan in die Zukunft mit gleichbleibendem Zeithorizont fortgeschrieben, d. h. jeweils nach Ablauf einer Periode wird die Planung um eine weitere Periode verlängert.

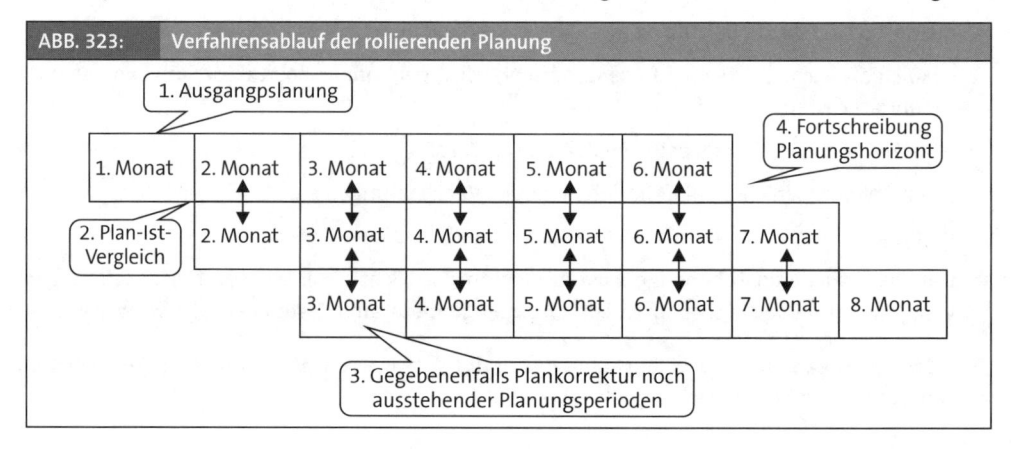

**ABB. 323:** Verfahrensablauf der rollierenden Planung

Für die Aufstellung des Finanzplans sind nur Zahlungsvorgänge (Ein- und Auszahlungen) von Bedeutung. Zur **Sicherstellung des finanziellen Gleichgewichts** des Betriebs muss somit stets die folgende Beziehung erfüllt sein:

> Anfangsbestand an Zahlungsmitteln + Σ Einzahlungen - Σ Auszahlungen +
> Σ Zahlungsmittelreserven (nicht genutzte Kreditlinien, Überziehungskredite) ≥ 0.

Ein positiver Endbestand wird als Anfangsbestand der Folgeperiode vorgetragen.

Die Maßnahmenplanung beim Auftreten einer finanziellen Unterdeckung hat unter Berücksichtigung der Höhe der **Zahlungsmittelreserven** zu erfolgen. Dies sind nicht ausgeschöpfte Kreditlinien und andere Kreditzusagen, nicht ausgenutzte Zahlungsziele bzw. Lieferantenkredite, diskontfähige Wechsel, Bankguthaben mit kurzfristigen Kündigungsmöglichkeiten etc. Sie werden gelegentlich nur unter dem Endbestand nachrichtlich aufgeführt, so dass der Grundaufbau des Finanzplans gegeben ist durch die Gleichung

> Anfangsbestand an Zahlungsmitteln + Σ Einzahlungen - Σ Auszahlungen =
> Endbestand an Zahlungsmitteln (Überschuss bzw. Fehlbetrag).

Aus der Gleichung ist unmittelbar ersichtlich, dass die **Bestandsveränderung** der Zahlungsmittel den **Cashflow** der betreffenden Periode indiziert (Σ Einzahlungen - Σ Auszahlungen).

Ein **Mittelüberschuss** kann entweder betrieblich (z. B. Investitionen) oder außerbetrieblich (z. B. Kauf von Wertpapieren, Kreditvergabe) angelegt werden.

In diesem Zusammenhang obliegt dem Finanzcontrolling

- vorab die Festsetzung des Planungshorizonts und der Periodenabgrenzung der Finanzplanung (Monate, Wochen, Tage),
- die Ermittlung des Ausgangsbestands an Zahlungsmitteln (Bargeld, Sichtguthaben, ggf. kurzfristig fällige, nicht betriebsnotwendige Wertpapiere des Umlaufvermögens wie Tagesgeld),
- die Aufzeichnung und Periodisierung aller voraussichtlich anfallenden Zahlungsströme (Ein- und Auszahlungen),
- die Ermittlung des jeweiligen periodischen Schlussbestands und in diesem Rahmen die Identifikation von Unterdeckungen oder Unterschreitungen der Liquiditätsreserve (Sicherheitsreserve).

Der betriebliche Finanzplan hat demnach in Anlehnung an die Anlage zum IDW PS 800 folgende Grundstruktur:

| ABB. 324: | Grundstruktur eines kurzfristigen Finanzplans | | | | | | | | | | | | |
|---|---|---|---|---|---|---|---|---|---|---|---|---|---|
| Firma: | Finanzplan 1. Halbjahr | | | | | | | | | | | | |
| Bezeichnung | Übertrag | | KW (…) Soll Ist | | KW (…) Soll Ist | | KW (…) Soll Ist | | KW (…) Soll Ist | | Kumuliert | |
| | Soll | Ist | Soll | Ist | Soll | Ist | Soll | Ist | Soll | Ist | Soll | Ist |
| **Einzahlungen (T€)** | | | | | | | | | | | | |
| Umsätze laufender Monat | | | | | | | | | | | | |
| Umsätze Vormonate | | | | | | | | | | | | |
| Nebengeschäfte | | | | | | | | | | | | |
| Finanzanlagen | | | | | | | | | | | | |
| Wertpapiere des Umlaufvermögens | | | | | | | | | | | | |
| Verkauf von immateriellem bzw. Sachanlagevermögen | | | | | | | | | | | | |
| Eigenkapital | | | | | | | | | | | | |
| Langfristige Kredite | | | | | | | | | | | | |
| Kurzfristige Kredite | | | | | | | | | | | | |
| Sonstige Einzahlungen | | | | | | | | | | | | |
| **A. Summe Einzahlungen** | | | | | | | | | | | | |
| **Auszahlungen (T€)** | | | | | | | | | | | | |
| Wareneinsatz | | | | | | | | | | | | |
| Löhne und Gehälter | | | | | | | | | | | | |
| Sozialabgaben | | | | | | | | | | | | |
| Fuhrpark | | | | | | | | | | | | |
| Instandhaltung | | | | | | | | | | | | |
| Heizung, Strom, Gas, Wasser | | | | | | | | | | | | |
| Wirtschafts- und Verwaltungsbedarf | | | | | | | | | | | | |
| Kommunikationskosten | | | | | | | | | | | | |
| Werbung | | | | | | | | | | | | |
| Miete, Pacht | | | | | | | | | | | | |
| Versicherungen, Beiträge | | | | | | | | | | | | |
| Rechts- und Beratungsauszahlungen | | | | | | | | | | | | |
| Gebühren, Abgaben | | | | | | | | | | | | |

# Kurzfristige Finanz- und Liquiditätsplanung

| Firma: | Finanzplan 1. Halbjahr ||||||||||||
|---|---|---|---|---|---|---|---|---|---|---|---|---|
| Bezeichnung | Übertrag || KW (…) Soll Ist || KW (…) Soll Ist || KW (…) Soll Ist || KW (…) Soll Ist || Kumuliert ||
| | Soll | Ist | Soll | Ist | Soll | Ist | Soll | Ist | Soll | Ist | Soll | Ist |
| Investitionen in immaterielles bzw. Sachanlagevermögen | | | | | | | | | | | | |
| Tilgung langfristiger Kredite | | | | | | | | | | | | |
| Tilgung kurzfristiger Kredite | | | | | | | | | | | | |
| Zinsen auf langfristige Kredite | | | | | | | | | | | | |
| Zinsen auf kurzfristige Kredite | | | | | | | | | | | | |
| Steuern | | | | | | | | | | | | |
| Dividenden/Entnahmen | | | | | | | | | | | | |
| Sonstige Auszahlungen | | | | | | | | | | | | |
| B. Summe Auszahlungen | | | | | | | | | | | | |
| C. Zahlungsmittelbestand | | | | | | | | | | | | |
| Über-/Unterdeckung (A - B + C) | | | | | | | | | | | | |
| Bemerkungen |||||||||||||

In Zusammenhang mit der unterjährigen (i. d. R. monatlichen oder wöchentlichen) Aufstellung und Analyse des Finanzplans und der Ableitung finanzieller Steuerungsmaßnahmen obliegen dem Controlling folgende Aufgaben:

▶ **laufende Liquiditätssicherung:**

Aus der Gegenüberstellung von Ein- und Auszahlungen sowie der Ermittlung von Anfangs- und Endbeständen der liquiden Mittel für den betrachteten Zeitraum müssen Liquiditätslücken oder -überschüsse erkannt und frühzeitig Planungen für deren Deckung bzw. Anlage eingeleitet werden.

▶ **strukturelle Liquiditätssicherung:**

Dem Finanzcontrolling obliegt die Verantwortung für eine ausgewogene Struktur der Finanzquellen. Ausgewogenheit bedeutet zum einen Fristenkongruenz, d. h. kurz- bzw. langfristige Investitionen sollen mit Finanzmitteln gleicher Laufzeit finanziert werden, zum anderen eine ausgewogene Kapitalstruktur nach der Haftungssubstanz (Verhältnis von Eigen- und Fremdkapital).

▶ **Haltung der Liquiditätsreserve:**

Es muss gesichert werden, dass im Unternehmen eine Untergrenze an liquiden Mitteln vorgehalten wird, um plötzlich auftretende Risiken abdecken zu können bzw. einer Zahlungsunfähigkeit vorzubeugen. Ein Problem stellt die Festlegung der Höhe der Liquiditätsreserve dar. Einerseits muss die Inanspruchnahme von teueren Kontokorrent- oder gar Überziehungskrediten vermieden werden, andererseits verursacht unverzinslich gehaltene Liquidität Opportunitätskosten (Verzicht auf Investitionen bzw. Zinserträge).

Für die Liquiditätssicherung ist es von herausragender Bedeutung, Unterdeckungen (finanzielle Fehlbeträge, negative Endbestände) möglichst frühzeitig zu erkennen. Es werden in diesem Zusammenhang unterschieden:

▶ **strukturelle finanzielle Fehlbeträge**, die eintreten, wenn der Finanzplan auf Dauer nicht ausgeglichen ist, d. h. ein strukturelles Ungleichgewicht zwischen Einzahlungen und Auszahlungen gegeben ist,

▶ **vorübergehende finanzielle Fehlbeträge**, die sich ergeben, wenn der Finanzplan nur für einzelne Perioden (Spitzenbelastung) nicht, im Durchschnitt jedoch schon ausgeglichen ist,

▶ **verborgene finanzielle Fehlbeträge**, die im Finanzplan aufgrund des Zeitpunktbezugs nicht ersichtlich sind und daraus resultieren, dass zwar am Anfang und Ende eines Planungsintervalls Liquidität vorhanden ist, nicht jedoch zu einem Zeitpunkt innerhalb des Planungsintervalls (z. B. an einzelnen Tagen bzw. Wochen innerhalb eines Monats). Dies kann u. a. darin begründet sein, dass das zeitliche Raster der Planungsintervalle zu grob ist, um die Struktur der Zahlungsströme präzise abzubilden.

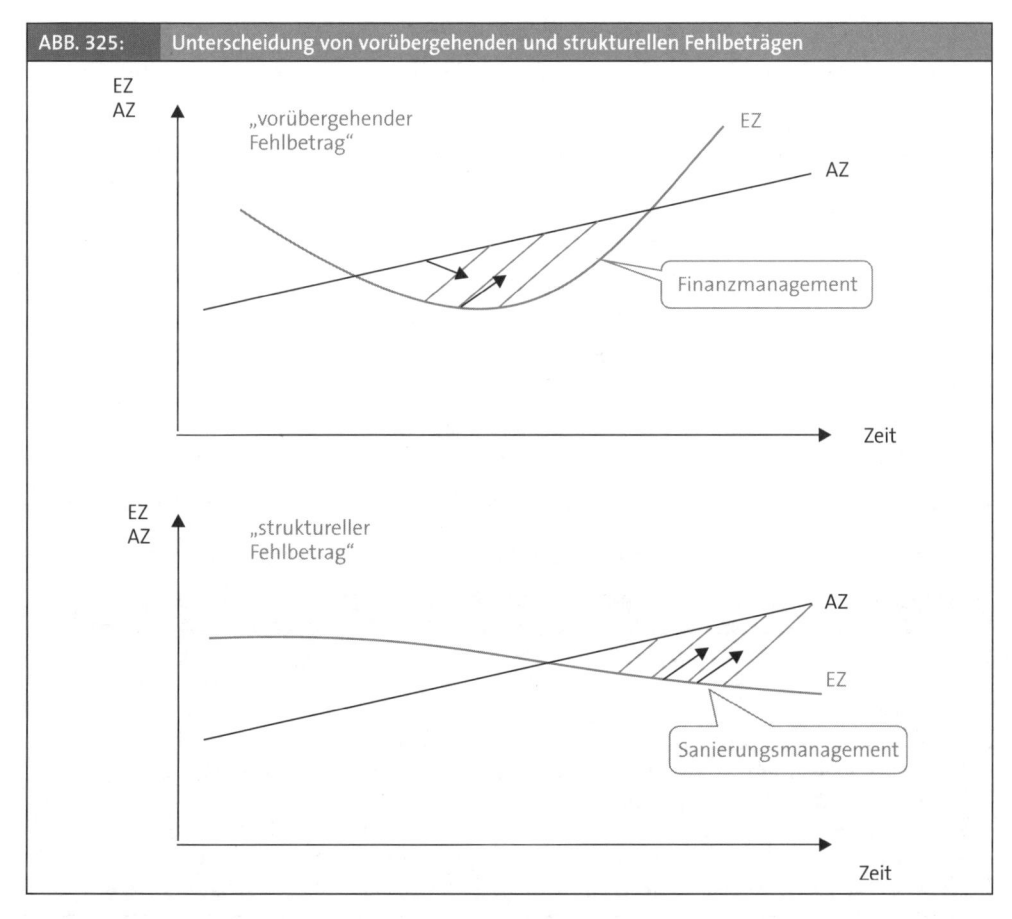

Kurzfristige Finanz- und Liquiditätsplanung  KAPITEL V

**ABB. 325: Unterscheidung von vorübergehenden und strukturellen Fehlbeträgen**

Die **Ausgleichsmaßnahmen** für die genannten Fehlbeträge stellen sich wie folgt dar:

▶ Verborgene finanzielle Fehlbeträge sind durch die vorhandenen Mittel der Liquiditätsreserve (Vermögens- und Finanzierungsreserven) auszugleichen. Die Planung ist in kürzeren Zeitabständen durchzuführen.

▶ Zeitlich befristete Fehlbeträge sind durch planausgleichende Maßnahmen zu bereinigen, so z. B. durch zeitliche Verschiebung von Einzahlungen und Auszahlungen oder durch kurzfristige Kreditfinanzierung. Dies stellt eine Kernaufgabe des Finanzcontrollings und des Finanzmanagements dar.

▶ Strukturelle Fehlbeträge können durch Finanzierungsmaßnahmen allein dauerhaft nicht ausgeglichen werden; hier ist die Ursache in einer nicht marktgerechten Leistungserstellung zu suchen (mit der Notwendigkeit von Rationalisierungsmaßnahmen, Vermögensumschichtungen, Marketingaktivitäten etc.). Es ist eine umfassende strategische Neuorientierung vorzunehmen (vgl. Kapitel II).

Möglichkeiten zur **Deckung eines vorübergehenden Zusatzbedarfs** sind:

- Erhöhung der Einnahmen (Zusatzaufträge, Preissteigerungen, Sale-and-lease-back von Gebäuden oder Anlagen),
- zeitliche Vorverlagerung von Einnahmen (Verkürzung eigener Zahlungsziele, Intensivierung des Mahnwesens, Auslagerung des Forderungseinzugs durch Factoring, Veräußerung nicht betriebsnotwendiger Vermögensgegenstände insbesondere des Finanzumlaufvermögens, notfalls auch des Anlagevermögens),
- Senkung der Ausgaben (Verzicht auf Beschaffung von Produktionsfaktoren, Standardisierung der Produktpalette, Lagerabbau, Verzicht auf Personaleinstellungen oder Investitionen, Abbau übertariflicher Personalleistungen, maximale Rückstellungsbildung zur Steuerersparnis, Reduktion der Ausschüttungen oder Entnahmen),
- zeitliche Verschiebung von Ausgaben (Nichtausnutzung von Skonti, Hinausschieben von Lieferanten-Zahlungszielen, Hinauszögerung von Instandhaltungsmaßnahmen),
- Mobilisierung von Liquiditätsreserven bzw. Aufnahme neuer, zusätzlicher Fremdmittel.

Es ergibt sich das „Portfolio" aus Handlungsoptionen des Finanzmanagements wie folgt.

| ABB. 326: | Maßnahmen des Finanzmanagements zur Beseitigung finanzieller Fehlbeträge | |
|---|---|---|
| | **Veränderung** | **Verlagerung** |
| **Einzahlungen** | **Erhöhung**, z. B.<br>▶ Preissenkungen (bei elastischer Nachfrage), Preiserhöhungen (bei unelastischer Nachfrage)<br>▶ Zusatzaufträge, Sonderaktionen<br>▶ Umsatzsteigerungen realisieren<br>▶ Verkauf nicht betriebsnotwendigen Vermögens<br>▶ Sale-and-lease-back-Konstruktionen | **Vorverlagerung**, z. B.<br>▶ Gestaltung der AGBs (Kundenanzahlungen, Gewährung von Kundenskonti, Senkung des Kundenziels)<br>▶ Forderungsverkauf (Factoring)<br>▶ Verbesserung des Mahnwesens<br>▶ Vereinbarung von Kundenanzahlungen |
| **Auszahlungen** | **Verringerung**, z. B.<br>▶ Entlassungen, Nichtbesetzung freiwerdender Stellen<br>▶ Abbau übertariflicher Leistungen<br>▶ Dividendensenkung bzw. -aussetzung<br>▶ Abbau der Lagerreichweite<br>▶ Verzicht auf Investitionen | **Nachverlagerung**, z. B.<br>▶ Gestaltung der AGBs (Nichtinanspruchnahme von Lieferantenskonti, Hinauszögerung des Lieferantenziels)<br>▶ Miete/Leasing statt Kauf<br>▶ Vereinbarung von Ratenzahlungen<br>▶ Streckung der Wartungsrhythmen |

Das Zahlenbeispiel eines kurzfristigen Finanzplans liefert die folgende Abbildung.

## Kurzfristige Finanz- und Liquiditätsplanung — KAPITEL V

**ABB. 327:** Zahlenbeispiel eines kurzfristigen Finanzplans

Finanzplan 1. Halbjahr (T€)

| Nr. | Bezeichnung | Januar Soll Ist | Februar Soll Ist | März Soll Ist | April Soll Ist | Mai Soll Ist | Juni Soll Ist |
|---|---|---|---|---|---|---|---|
| | **Operativer Bereich** | | | | | | |
| | Einzahlungen | | | | | | |
| | Erlöse | 8.000 | 8.200 | 8.800 | 8.600 | 8.300 | 8.500 |
| | Nebenleistungen, sonstige Einzahlungen | 500 | 900 | 900 | 750 | 900 | 500 |
| 1. | Summe Einzahlungen | 8.500 | 9.100 | 9.700 | 9.350 | 9.200 | 9.000 |
| | Auszahlungen | | | | | | |
| | Gehälter | 3.000 | 3.000 | 3.100 | 3.200 | 3.200 | 3.200 |
| | Löhne | 1.000 | 1.000 | 1.000 | 1.200 | 1.200 | 1.200 |
| | Roh-, Hilfs- und Betriebsstoffe | 1.500 | 1.500 | 1.400 | 1.600 | 1.600 | 1.600 |
| | Waren | 400 | 500 | 400 | 600 | 600 | 600 |
| | Dienstleistungen | 600 | 600 | 500 | 500 | 600 | 50 |
| | Wartung | 100 | 100 | 100 | 150 | 200 | 200 |
| | Instandhaltung | 100 | 100 | 100 | 100 | 50 | 100 |
| | Miete und Leasing | 200 | 200 | 220 | 220 | 250 | 250 |
| | Versicherungen | 50 | 50 | 50 | 80 | 90 | 100 |
| | Sonstige Auszahlungen | 0 | 10 | 20 | 30 | 40 | 50 |
| 2. | Summe Auszahlungen | 6.950 | 7.060 | 6.890 | 7.680 | 7.830 | 7.800 |
| | Betriebsfremder Bereich | | | | | | |
| | Laufende betriebsfremde Einzahlungen | 500 | 400 | 300 | 300 | 200 | 100 |
| | Laufende betriebsfremde Auszahlungen | 300 | 300 | 200 | 200 | 300 | 300 |
| 3. | Summe betriebsfremder Bereich | 200 | 100 | 100 | 100 | -100 | -200 |
| 4. | Operativer Cashflow (1 - 2 +/- 3) | 1.750 | 2.140 | 2.910 | 1.770 | 1.270 | 1.000 |
| | **Investiver Bereich** | | | | | | |
| | Investitionen | | | | | | |
| | Einzahlungen aus Desinvestitionen von | | | | | | |
| | ▶ Sachanlagevermögen | 50 | 100 | | | 50 | |
| | ▶ Finanzanlagevermögen | 100 | | 100 | | 30 | 20 |
| | ▶ Immat. Anlagevermögen | | | | 100 | | 50 |
| | Auszahlungen für Investitionen in | | | | | | |
| | ▶ Sachanlagevermögen | 2.000 | 400 | 500 | 3.000 | | 50 |
| | ▶ Finanzanlagevermögen | | 80 | 500 | | 300 | |
| | ▶ Immat. Anlagevermögen | 30 | 20 | | | 500 | |
| 5. | Summe Investitionen | -1.880 | -400 | -900 | -2.900 | -720 | 20 |
| 6. | Cashflow nach Investitionen (4 +/- 5) | -130 | 1.740 | 2.010 | -1.130 | 550 | 1.020 |

# KAPITEL V — Zahlungsstromorientiertes Controlling

| | Finanzplan 1. Halbjahr (T€) | | | | | | | | | | | | |
|---|---|---|---|---|---|---|---|---|---|---|---|---|---|
| Nr. | Bezeichnung | Januar Soll | Ist | Februar Soll | Ist | März Soll | Ist | April Soll | Ist | Mai Soll | Ist | Juni Soll | Ist |
| | **Finanzieller Bereich** | | | | | | | | | | | | |
| | Eigenfinanzierung | | | | | | | | | | | | |
| | Dividendenauszahlung | | | | | -3.000 | | | | | | | |
| 7. | **Summe Eigenfinanzierung** | | | | | -3.000 | | | | | | | |
| | Fremdfinanzierung | | | | | | | | | | | | |
| | Einzahlungen aus Kreditaufnahme | | | 2.500 | | | | 300 | | 100 | | | |
| | Auszahlungen für die Tilgung von Krediten | 200 | | 200 | | 300 | | 300 | | 500 | | 600 | |
| | Auszahlungen für Fremdkapitalzinsen | 100 | | 100 | | 100 | | 120 | | 120 | | 120 | |
| | Ein- oder Auszahlungen für Abgänge (+) oder Zugänge (-) im Finanzumlaufvermögen (kurzfristige Wertpapiere) | +50 | | +80 | | -30 | | | | | | | |
| 8. | **Summe Fremdfinanzierung** | -250 | | 2.280 | | -430 | | -120 | | -520 | | -720 | |
| 9. | **Cashflow nach Investitionen und Finanzierungen (6 + 7 +/- 8)** | -380 | | 4.020 | | -1.420 | | -1.250 | | 30 | | 300 | |
| 10. | Außerordentliche Einzahlungen | 50 | | 100 | | 50 | | | | 20 | | | |
| 11. | Außerordentliche Auszahlungen | 100 | | 50 | | | | 100 | | | | 100 | |
| 12 | **Cashflow gesamt (9 + 10 - 11)** | -430 | | 4.070 | | -1.370 | | -1.350 | | 50 | | 200 | |
| 13. | Anfangsbestand an liquiden Mitteln | 800 | | 370 | | 4.440 | | 3.070 | | 1.720 | | 1.770 | |
| 14. | +/- Cashflow gesamt (12) | -430 | | 4.070 | | -1.370 | | -1.350 | | 50 | | 200 | |
| 15. | **= Schlussbestand an liqu. Mitteln (13 - 14)** | 370 | | 4.440 | | 3.070 | | 1.720 | | 1.770 | | 1.970 | |
| 16. | Liquiditätsreserve (nachrichtlich) | 800 | | 800 | | 800 | | 800 | | 800 | | 800 | |

Am Beispiel dieses Finanzplans lassen sich bereits die drei wesentlichen Formen der Mittelverwendung (Auszahlungen) und Mittelherkunft (Einzahlungen) ableiten, und zwar

► **Mittelverwendung**: Auszahlungen im Rahmen operativer Geschäftstätigkeit, Auszahlungen für Investitionen sowie für Tilgung von Kapital zzgl. Zins- und Dividendenzahlung,

► **Mittelherkunft**: Einzahlungen im Rahmen operativer Geschäftstätigkeit (zahlungswirksame Umsatzerlöse), Einzahlungen aus Desinvestitionen sowie aus der Aufnahme von (Eigen- bzw. Fremd-)Kapital.

Der operative Cashflow stellt den bedeutendsten Teil-Cashflow dar. Er muss stets positiv sein, andernfalls hieße das, dass die Abschreibungen für die Nutzung des Anlagevermögens nicht erwirtschaftet werden. Hierbei ist z. B. im Hinblick auf die Umsatzerlöse zu berücksichtigen, dass ein „Ertrag" noch keine „Einzahlung" bedeutet, denn

► den Kunden können vertragliche Zahlungsziele gewährt worden sein,
► die Kunden können die ihnen gewährten Zahlungsziele überschreiten oder
► gar nicht zahlen (uneinbringliche Forderungen).

Aus diesem Grunde müssen entsprechend den AGBs sowie den Erfahrungen über Zahlungseingänge und -ausfälle die Umsatzerlöse zum Teil in spätere Perioden umgegliedert werden. Gleiches gilt in analoger Weise für die Verbindlichkeiten gegenüber Lieferanten und Dienstleistern des Unternehmens.

Es soll nun das Finanzmanagement entsprechend des vorstehend abgebildeten Finanzplans analysiert werden. Die Liquiditätsreserve soll überschlägig als 10 % eines Standard-Monatsumsatzes von 8.000 T€ entsprechend 800 T€ angenommen werden.

Zunächst zeigt sich, dass im gesamten Planungszeitraum die Zahlungsfähigkeit gesichert ist; weder treten negative Planbestände der Liquidität auf, noch wird (außer im Januar) der Sicherheitsbestand in Bezug auf die Liquiditätsreserve unterschritten. Weitere detaillierte Aussagen lassen sich wie folgt treffen:

▶ Der **operative Cashflow** nimmt durchgehend positive Werte an, allerdings mit sinkender Tendenz. Während die Einnahmen weitgehend tendenzlos fluktuieren, nehmen die Ausgaben von Periode zu Periode zu. Hieraus kann ein strategisches Ungleichgewicht resultieren, dies sollte auf mögliche Ursachen hin überprüft werden.

▶ Cashflows aus betriebsfremden sowie außerordentlichen Zahlungen fallen in nur nachrangiger Höhe an und können vernachlässigt werden.

▶ Insgesamt ist der operative Cashflow im Verhältnis zum Geschäftsvolumen (Umsatz) akzeptabel, die Werte liegen je nach Monat zwischen 15 und 20 %.

▶ Der **investive Cashflow** ist stark negativ, dies deutet auf dynamisches Wachstum und eine Erweiterung der betrieblichen Substanz hin. Hierbei findet sowohl internes Wachstum (immaterielles und Sachanlagevermögen) als auch externes Wachstum (Finanzanlagevermögen) statt. Das Unternehmen verfolgt beim Wachstum offenbar eine Mischstrategie.

▶ Aufgrund der zeitpunktbezogenen Investitionstätigkeit schwanken naturgemäß die investiven Cashflows (Zeile 5) und auch die Cashflows nach Investitionen (Zeile 6). Letztere werden im Übrigen auch „**Free Cashflows**" genannt. Diese stehen dem Unternehmen nach Zahlungsmittelabfluss für die operative Leistungserstellung und Vornahme notwendiger Investitionen „frei" zur Verfügung; sie bilden auch die Grundlage zur Ermittlung des Unternehmenswerts (vgl. Kapitel VI).

▶ Die Free Cashflows sind im Saldo deutlich positiv, das Unternehmen verfügt insoweit trotz der hohen investiven Ausgaben über freie Zahlungsmittel zur Ausschüttung und/oder Tilgung von Kapital.

▶ Die **Dividendenausschüttung** i. H. v. 3.000 T€ erscheint auf den ersten Blick recht hoch; dieser Eindruck soll einer Plausibilitätsprüfung wie folgt unterzogen werden. Angenommen wird ein Standard-Jahresumsatz von 12 · 8.000 = 96.000 T€ und eine durchschnittliche Umsatzrendite nach Steuern von 5 %. Das ausschüttungsfähige Jahresergebnis beträgt – ohne Rücklagendotierung – insoweit 4.800 T€. Mithin würden unter den genannten Annahmen rd. zwei Drittel des Jahresergebnisses ausgeschüttet, eine insgesamt vertretbare Relation.

▶ Im gesamten Planungszeitraum wurden Kredite i. H. v. 2.900 T€ aufgenommen und i. H. v. 2.100 T€ getilgt. Die **Nettokreditaufnahme** beträgt insoweit lediglich 800 T€, in Relation zur Nettoinvestitionssumme (abzüglich Desinvestitionen) i. H. v. 6.780 T€ sind dies nur gut 10 %; ein „Wachstum auf Pump" liegt also nicht vor.

▶ Der **Gesamt-Cashflow** ist per Saldo positiv, trotz hoher Investitionen und Ausschüttungen erhöht sich der Zahlungsmittelbestand im Gesamtzeitraum deutlich.

Insgesamt geht das Finanzmanagement geschickt vor, indem planmäßige Ausschüttungen für Dividenden (März) und Investitionen (April) durch Kreditaufnahme (Februar) vorübergehend abgefedert werden und die Fremdverschuldung in Perioden niedriger investiver Belastung (Mai, Juni) wieder zurückgeführt wird.

**BEISPIEL:** Ermittlung des Kapitalbedarfs für den Aufbau eines neuen Standorts: Ein mittelständischer Betrieb will den Kapitalbedarf für die Gründung eines neuen Zweigwerkes unter Zugrundelegung folgender Angaben ermitteln.

Für die Gründung werden 60.000 €, für zu erwerbende Grundstücke 240.000 €, für Gebäude 850.000 € veranschlagt. Der Erwerb des Anlagenparks erfordert voraussichtlich 300.000 €. Die Anlagen haben eine planmäßige Nutzungsdauer von 10 Jahren und werden nach der linearen Methode abgeschrieben. Der eiserne Vorratsbestand an Materialien beträgt 25 Tagesmengen der Materialeinzelkosten. Für die Ingangsetzung des Geschäftsbetriebs entstehen einmalige Auszahlungen von 30.000 €.

Die planmäßigen Kosten der Tagesproduktion sollen betragen:

| | |
|---|---|
| ▶ Materialeinzelkosten | 800 €, voll auszahlungswirksam, |
| ▶ Materialgemeinkosten | 500 €, zu 60 % auszahlungswirksam, |
| ▶ Fertigungslöhne | 300 €, voll auszahlungswirksam |
| ▶ Fertigungsgemeinkosten | 250 €, zu 80 % auszahlungswirksam, |
| ▶ Verwaltungs- und Vertriebsgemeinkosten | 600 €, voll auszahlungswirksam. |

Die durchschnittliche Lagerdauer der Materialvorräte beträgt 10 Tage. Die Lieferanten gewähren ein Zahlungsziel von durchschnittlich 20 Tagen, das voll ausgenutzt wird. Eine Skontierungsmöglichkeit besteht seitens der Lieferanten nicht. Der Produktionsprozess dauert durchschnittlich fünf Tage; die durchschnittliche Lagerdauer der Fertigerzeugnisse liegt bei sieben Tagen. Den Kunden wird ein durchschnittliches Zahlungsziel von 40 Tagen eingeräumt, das voll in Anspruch genommen wird.

**Lösung:**

Ermittlung des Kapitalbedarfs für **Anlagevermögen** (einmalige Auszahlungen):

| | |
|---|---|
| ▶ Gründung | 60.000 € |
| ▶ Grundstück | 240.000 € |
| ▶ Gebäude | 850.000 € |
| ▶ Maschinen | 300.000 € |
| ▶ Eiserner Bestand | 20.000 € (25 · 800) |
| ▶ Ingangsetzung | 30.000 € |
| **Summe:** | **1.500.000 €** |

Ermittlung des Kapitalbedarfs für das **Umlaufvermögen** (laufende Auszahlungen) am **Zeitstrahl**:

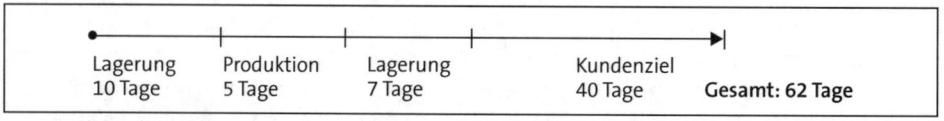

| Lagerung | Produktion | Lagerung | Kundenziel | |
|---|---|---|---|---|
| 10 Tage | 5 Tage | 7 Tage | 40 Tage | **Gesamt: 62 Tage** |

Ermittlung der **laufenden Auszahlungen** pro Jahr (Tagesbedarf · 360 Tage):

| | |
|---|---|
| ▶ Materialeinzelkosten: | 288.000 € |
| ▶ Materialgemeinkosten: | 180.000 €, davon 108.000 AZ-wirksam |
| ▶ Fertigungseinzelkosten: | 108.000 € |
| ▶ Fertigungsgemeinkosten: | 90.000 €, davon 72.000 AZ-wirksam |
| ▶ Verwaltungs- und Vertriebsgemeinkosten: | 216.000 €. |

Ermittlung der **Durchlaufzeiten** für einen Produktionszyklus:

| | | |
|---|---|---|
| ▶ | Materialeinzelkosten: | 42 Tage (62 Tage - 20 Tage Ziel) |
| ▶ | Fertigungseinzelkosten: | 52 Tage (ab Beginn Produktion) |
| ▶ | Materialgemeinkosten, Fertigungsgemeinkosten, Verwaltungs- und Vertriebsgemeinkosten: | 62 Tage (voller Zyklus). |

Ermittlung der **laufenden Auszahlungen** für einen kompletten Produktionszyklus:

| | | |
|---|---|---|
| ▶ | Materialeinzelkosten (42 · 800): | 33.600 € |
| ▶ | Materialgemeinkosten (60 % von 500 · 62) : | 18.600 € |
| ▶ | Fertigungseinzelkosten (300 · 52): | 15.600 € |
| ▶ | Fertigungsgemeinkosten (80 % von 250 · 62): | 12.400 € |
| ▶ | Verwaltungs- und Vertriebsgemeinkosten (600 · 62): | 37.200 € |
| **Summe:** | | **117.400 €.** |

### 3.3.2 Bedeutung des Finanzplans für die Insolvenzprävention

In der ab dem 1.1.1999 geltenden Insolvenzordnung (InsO) sind die gesetzlichen Tatbestände der **Insolvenz** – und zwar Zahlungsunfähigkeit und Überschuldung – um die **drohende Zahlungsunfähigkeit** erweitert worden (§§ 17 ff. InsO).

Diese liegt dann vor, wenn **der Schuldner voraussichtlich nicht in der Lage sein wird, seine bestehenden Zahlungspflichten im Zeitpunkt der Fälligkeit zu erfüllen (§ 18 Abs. 2 InsO)**. Damit hat der Schuldner – allein der Schuldner – das Recht, bereits bei einer sich deutlich abzeichnenden Zahlungsunfähigkeit die Eröffnung des Insolvenzverfahrens zu beantragen.

Ziel der Vorschriften ist es, durch frühzeitige Eingriffsmöglichkeiten und damit deutliche Einschränkungen der Gläubigerrechte im Insolvenzfall die Fortführungschancen insolvenzgefährdeter Unternehmen mit dem Einleiten rechtzeitiger Sanierungsmaßnahmen zu verbessern.

Neben die bisherigen zeitpunktbezogenen Insolvenzgründe setzt das geltende Recht auch einen zeitraumbezogenen Grund. Dies führt dazu, dass nunmehr erhöhte Anforderungen an die Dokumentation der finanziellen Lage von Unternehmen gestellt werden. Kern dieser Dokumentation ist die Aufstellung und Interpretation eines Finanzplans.

Die Feststellung der drohenden Zahlungsunfähigkeit impliziert eine Zukunftsprognose. Nach der Gesetzesbegründung ist der Begriff „voraussichtlich" so zu verstehen, dass der Eintritt der Zahlungsunfähigkeit wahrscheinlicher sein muss als deren Vermeidung. Nach dem **IDW PS 800 n. F. „Beurteilung eingetretener oder drohender Zahlungsunfähigkeit bei Unternehmen"** ist ein Unternehmen dann zahlungsunfähig, wenn der Finanzplan zeigt, dass (ebenda, Tz. 8 ff.)

▶ gegenwärtig fällige Verbindlichkeiten über einen Zeitraum von drei Wochen hinaus nicht mehr bedient werden können (**eingetretene Zahlungsunfähigkeit**), oder dass

▶ in Zukunft mit überwiegender Wahrscheinlichkeit wesentliche, nicht behebbare Liquiditätsunterdeckungen auftreten werden (**drohende Zahlungsunfähigkeit**).

Demgegenüber liegt nach aktueller BGH-Rechtsprechung lediglich eine bloße Zahlungsstockung vor, wenn der Schuldner

▶ in der Lage ist, seine fälligen Zahlungsverpflichtungen innerhalb des Dreiwochenzeitraums zumindest bis auf einen geringfügigen Rest erfüllen kann bzw.

▶ es ihm gelingt, geringfügige Liquiditätslücken in absehbarer Zeit zu beseitigen.

Beträgt die Deckungslücke am Ende des Dreiwochenzeitraums für die Feststellung der Zahlungsunfähigkeit weniger als 10 % der gesamten Zahlungsverpflichtungen, ist regelmäßig zunächst von Zahlungsfähigkeit auszugehen, es sei denn, es ist bereits absehbar, dass die Lücke demnächst 10 % oder mehr erreichen wird.

Beträgt die Deckungslücke hingegen mindestens 10 % der fälligen Gesamtverbindlichkeiten, so kann nur dann keine Zahlungsunfähigkeit unterstellt werden, wenn mit an Sicherheit grenzender Wahrscheinlichkeit zu erwarten ist, dass die Liquiditätslücke demnächst vollständig oder fast vollständig geschlossen wird und den Gläubigern ein Zuwarten nach den besonderen Umständen des Einzelfalls zumutbar ist (vgl. ebenda, Tz. 10).

Eine drohende Zahlungsunfähigkeit kann nur unter Zuhilfenahme eines Finanzplans festgestellt werden. Die Vorschriften der InsO **bringen also zwingend mit sich, dass alle Unternehmen einen Finanzplan aufstellen müssen**, um die Wahrscheinlichkeit, dass ein Schuldner die Eröffnung des Insolvenzverfahrens aufgrund von § 18 InsO beantragt, abschätzen zu können (IDW PS 800 n. F., Tz. 17).

In der Stellungnahme IDW-FAR 1/1996 „Empfehlungen zur Überschuldungsprüfung bei Unternehmen" heißt es dazu u. a. (Gliederungspunkt 3.2):

> „Auf Basis des Unternehmenskonzepts werden die Planansätze beziffert, die über die Ergebnisplanung schließlich in die Finanzplanung münden. Mit der Finanzplanung wird beurteilbar, ob und ggf. wie das Unternehmen seine fälligen Zahlungsverpflichtungen im Prognosezeitraum erfüllen kann.
> 
> Der Finanzplan ist daher das maßgebliche Instrument, das auf Grundlage der getroffenen Annahmen und der ggf. erforderlichen Unternehmensteilpläne die Tragfähigkeit des Fortführungs- oder Verwertungskonzepts anhand der erwarteten Zahlungsströme dokumentiert.
> 
> Der erforderliche Detaillierungsgrad (z. B. quartals-, monats- oder wochenweise Planung) wird vom Ausmaß der Unternehmenskrise und der bereits eingetretenen sowie der erwarteten Liquiditätsanspannung bestimmt."

Nach Ansicht des IDW-FAR hat der **Zeithorizont** der Finanzplanung mindestens 12 Monate vom Stichtag des Überschuldungsstatus an zu umfassen, da kürzere Zeiträume keine ausreichende Basis für eine Fortführungsprognose bilden. Unter Umständen (Unternehmen mit längeren Produktionszyklen, etwa Langfristfertigung) können sogar längere Prognosezeiträume sachgerecht sein. Eine Obergrenze der Planung dürfte das laufende und das kommende Geschäftsjahr darstellen, da darüber hinaus Höhe und Zeitpunkt der Zahlungen nicht mehr hinreichend sicher bestimmbar sind. Bei **bereits eingetretener Zahlungsunfähigkeit** wird der Planungshorizont allenfalls drei bis sechs Monate umfassen.

Grundlage des Finanzplans ist der **Finanzstatus**. Dort werden das verfügbare Finanzmittelpotenzial des Unternehmens sowie dessen Verbindlichkeiten inventarisiert und nach dem Grad der Fälligkeit bzw. dem Grad der Liquidität gegenübergestellt. Der Finanzstatus ist um die verfügbaren Finanzmittelreserven (Möglichkeiten der Kapitalaufnahme oder der Veräußerung nicht betriebsnotwendiger Vermögensgegenstände) sowie um die Darstellung der erwarteten Ein- und Auszahlungen zu ergänzen und mündet in einen Finanzplan. In diesen gehen auch eingeleitete oder ernstlich beabsichtigte Maßnahmen zur Sicherung des finanziellen Gleichgewichts ein, z. B. Kapitalerhöhungen, Aufnahme von Sanierungskrediten etc.

Im **Finanzplan** sind die gesamten am Prüfungsstichtag begründeten künftigen Zahlungspflichten dem vorhandenen Finanzmittelpotenzial gegenüberzustellen. Zeigt sich auf dieser Grundlage, dass sich im Prognosezeitraum trotz Einsatzes der realisierbaren finanzpolitischen Maßnahmen die Erfüllung des finanziellen Gleichgewichts nicht wahren lässt, so ist die Befriedigung der Gläubiger so stark gefährdet, dass ein Schuldnerantrag zur Auslösung der Insolvenzverfahrens gerechtfertigt ist.

Eingeleitete oder beabsichtigte Maßnahmen zur Sanierung und Liquiditätssicherung, die hinreichend konkretisiert sind, wie z. B. die Mobilisierung stiller Reserven, sind mit ihren Auswirkungen auf die Finanzplanung einzubeziehen, wenn zu erwarten ist, dass die beabsichtigten Effekte mit überwiegender Wahrscheinlichkeit eintreten werden.

Auf Basis des Finanzplans wird also die drohende Zahlungsunfähigkeit ermittelt. Diese liegt indes erst dann vor, wenn auch mit üblichen finanzpolitischen Dispositionen und Kapitalbeschaffungsmaßnahmen sich das finanzielle Gleichgewicht voraussichtlich nicht mehr einhalten lässt (IDW PS 800 n. F., Tz. 16).

| ABB. 328: | Komponenten des Finanzplans nach IDW PS 800 n. F. |
|---|---|
| **Künftig bestehende Zahlungspflichten** | **Künftig verfügbare Finanzmittel** |
| ► Lieferantenschulden mit vereinbartem Zahlungsziel<br>► Zins- und Tilgungspflichten bei Kontokorrentkrediten<br>► Darlehen entsprechend der Fälligkeit der vereinbarten Kapitaldienstraten<br>► Rückzuzahlende Gesellschafterdarlehen mit nicht nur kapitalersetzender Funktion<br>► Durch Anstellungs- und Tarifverträge sowie durch Betriebsvereinbarungen begründete Lohn- und Gehaltszahlungen sowie Nebenleistungen<br>► Aufgrund von Anstellungsverträgen, Gesamtzusagen oder Versorgungsverträgen zu zahlende Pensionsleistungen<br>► Zahlungsverpflichtungen aufgrund von Dauerschuldverhältnissen<br>► Zahlungsverpflichtungen aufgrund sonstiger schwebender Geschäfte (Liefergeschäfte, Terminkontrakte)<br>► Zahlungsverpflichtungen aus beschlossenen Maßnahmen (Stilllegung, Sozialplan)<br>► Bereits begründete Steuerzahlungsverpflichtungen | ► Zu erwartende Einzahlungen aus Forderungsbeständen<br>► Zu erwartende Einzahlungen aus Umsatzprozessen (abzüglich hierdurch bereits begründeter Zahlungsverpflichtungen)<br>► Erwartete Zuflüsse aus der Liquidation oder anderweitigen Freisetzung von Teilen des gebundenen Betriebsvermögens (abzüglich hierdurch begründeter Auszahlungen)<br>► Finanzmittel aus geplanten Kreditaufnahmen<br>► Finanzmittel aus beabsichtigten Kapitalerhöhungen, Einlagen, Verlustübernahmen und Gesellschafterzuschüssen, soweit diese mit hinreichender Wahrscheinlichkeit zu erwarten sind |

Quelle: I. A. a. IDW PS 800 n. F., Tz. 42 f.

# KAPITEL V — Zahlungsstromorientiertes Controlling

Die sich im Finanzplan abzeichnende Ein- und Auszahlungsentwicklung ist ausgehend von den Rahmenbedingungen am Planungsstichtag auf solche Planprämissen zu stützen, deren Eintritt mit überwiegender Wahrscheinlichkeit zu erwarten ist. Sodann ist zu prüfen, ob sich das finanzielle Gleichgewicht durch den Einsatz finanzpolitischer Anpassungsmaßnahmen wahren lässt.

Zur Prüfung der nachhaltigen Tragfähigkeit eines ggf. daran anschließenden Sanierungskonzepts vgl. den **Standard IDW S 6 „Anforderungen an die Erstellung von Sanierungskonzepten"** (Vgl. schon Kapitel II.1).

Mögliche diesbezügliche kurzfristige Sofortmaßnahmen und mittel- bzw. langfristige Sanierungsmaßnahmen stellen überblicksartig dar:

**ABB. 329: Maßnahmenplanung bei drohender Zahlungsunfähigkeit**

| 1. Sofortprogramm | 2. Konsolidierungsprogramm | 3. Strategische Neuausrichtung |
|---|---|---|
| **Ziel:**<br>▶ Liquiditätsverbesserung bzw. Beseitigung einer Überschuldung<br><br>**Maßnahmen:**<br>▶ Leasing statt Kauf<br>▶ Forfaitierung<br>▶ Beschleunigung der Rechnungsstellung<br>▶ Ausnutzung von Zahlungszielen<br>▶ Verminderung von eigenen Anzahlungen<br>▶ Investitionsstopp<br>▶ Bestandsabbau<br>▶ Verschiebung von Großreparaturen<br>▶ Sonderverkaufsaktionen<br>▶ Eliminierung von Verlustaufträgen und Verlustbringern<br>▶ Einstellungsstopp<br>▶ Kurzarbeit<br>▶ Abbau freiwilliger Leistungen<br>▶ Verkauf von Grundstücken und Beteiligungen<br>▶ Auflösung stiller Reserven<br>▶ Aufnahme von Überbrückungskrediten<br>▶ Kapitalerhöhung<br>▶ Rücktrittsvereinbarungen<br>▶ Moratorium, Betreiben des Schuldenerlasses | **Ziel:**<br>▶ Gewinnfähigkeit des Unternehmens nachhaltig sicherstellen<br><br>**Maßnahmen:**<br>▶ Verbesserung der Produkte und des Services<br>▶ Fokussierung des Leistungsprogramms<br>▶ Genaue Nischenbesetzung (z. B. Nischenbelegung mit hoher technologischer Kernkompetenz)<br>▶ Intensivierung der Exportbeziehungen<br>▶ Kundenorientierung, Kundennähe in allen Kernprozessen<br>▶ Stärkung der Innovationskraft<br>▶ Aufbau von Kernkompetenzen<br>▶ Offenheit für Partnerschaften, Einführung von Netzwerkstrukturen<br>▶ Kommunikation zwischen allen Beteiligten (offener Informationsaustausch)<br>▶ Motivation der Belegschaft<br>▶ Verbesserung der Führungssysteme<br>▶ Optimierung der Unternehmensprozesse (z. B. durch Business Process Reengineering) | **Ziel:**<br>▶ Unternehmen von einem reaktiven Marktverhalten hin zu einer proaktiven Strategieorientierung führen<br><br>**Maßnahmen (nach Gouillart und Kelly):**<br>▶ Reframing:<br>– Mobilisierung erreichen<br>– Vision entwerfen<br>– Ziel- und Messgrößensysteme verankern<br>▶ Restructuring:<br>– Wertschöpfungsorientiertes Geschäftsmodell aufbauen<br>– Infrastruktur ausrichten<br>– Prozesse umgestalten<br>▶ Revitalization:<br>– Kundenfokussierung erreichen<br>– Neue Geschäftsfelder entwickeln<br>– Quantensprung durch Technologieeinsatz erzielen<br>▶ Renewal:<br>– Anreizsysteme schaffen<br>– Individuelles und organisationales Lernen forcieren<br>– Organisation erneuern |

Quelle: I. A. a. *Institut der Wirtschaftsprüfer* (Hrsg.): WP Handbuch 2008, Band II, 13. Aufl., Düsseldorf 2008, Tz. F 105 ff.

## 3.4 Von der Finanzplanung zum Finanzmanagement

Die Fortentwicklung der Finanzplanung stellt das sog. **Cash Management** dar. Hierunter wird die rentabilitäts-, liquiditäts- und sicherheitsorientierte Planung, Disposition und Kontrolle der Zahlungsströme und Zahlungsmittelbestände und damit die bewusste zukunftsorientierte Gestaltung der Finanzplanung verstanden.

**Ziel** eines Cash Management ist die langfristige Gewinnmaximierung durch Optimierung der Kapitalkosten unter Beachtung von Nebenbedingungen wie „Sicherheit" oder „Unabhängigkeit". Aus dem Gewinnziel abgeleitete Unterziele sind die Minimierung

- der Opportunitätskosten der Kassenhaltung,
- der Transaktionskosten von Kapitaltransfers,
- der (insbesondere kurzfristigen) Finanzierungskosten,
- der Zinsänderungs- bzw. Währungsrisiken sowie
- die Maximierung der Anlageerlöse aus Zahlungsmittelüberschüssen.

Hintergründe für die verstärkte Bedeutung des Cash Managements sind

- die zunehmend in das Blickfeld rückenden Opportunitätskosten der Bestandshaltung liquider Mittel,
- die sich verstärkende Konzernierung der Wirtschaft und die damit einher gehenden Zentralisierungstendenzen der Geldhaltung sowie
- die Emanzipation der Großunternehmen von Finanzintermediären infolge der vermehrten Schaffung direkter Kapitalmarktzugänge.

So kann ein Konzern mit einer Mutter- und zwei Tochterunternehmen betrachtet werden, von denen eines eine Liquiditätsunterdeckung von 100 Mio. € aufweist, welche bei der Hausbank zu einem Zinssatz von 10 % p. a. finanziert wird, und das andere über einen Liquiditätsbestand von 120 Mio. € verfügt, welcher bei der Bank zu 6 % p. a. angelegt wird.

Bei Einrichtung eines zentralen Cash Managements in Form eines sog. Cash Pooling würden die Konten beider Tochtergesellschaften täglich auf Null gestellt, indem die Guthaben an den bei der Muttergesellschaft eingerichteten Pool abgeführt und die Unterdeckung aus dem Pool ausgeglichen wird. Der Konzern vermeidet insoweit Finanzierungskosten in Höhe der Zinsmarge.

Gebräuchliche **Konzepte** des Cash Managements sind:

- das **Cash Pooling** bzw. **Cash Concentration**.

    Beim Pooling werden mehrere Konten – etwa von verschiedenen Konzerngesellschaften – zusammengefasst und als ein Konto behandelt. Dabei erfolgt keine physische Übertragung von Zahlungsmitteln.

    Cash Concentration ist dagegen die körperliche Zusammenführung liquider Mittel auf einem Zielkonto, wobei die Einzelkonten täglich auf Null gestellt werden. Guthaben werden an das Zentralkonto abgeführt, Kreditsalden dagegen aus dem Zentralkonto gegen Verrechnungszinsen ausgeglichen.

    Beide Begriffe werden meist synonym benutzt. Ziel ist jeweils, von einer Instanz aus alle in das Pooling einbezogenen Konten zentral zu steuern, dezentral gehaltene Guthaben zu mobilisieren und insgesamt den Informationsfluss zwischen den einbezogenen Unternehmenseinheiten zu optimieren. Vorteile des Poolings sind insbesondere Verbesserungen bei der Konditionengestaltung durch ggf. höhere Anlagebeträge, eine Zinsaufwandsminimierung, eine Internalisierung des „Verdienens" der Zinsmarge, die Einsparung liquider Mittel durch eine zentrale Reservehaltung und insoweit eine Rückführung der Kapitalbindung, eine bessere Übersicht über die konzernweite Liquiditätslage sowie eine Risikoreduktion durch zentrale Kassenführung und -überwachung.

▶ die konzernweite Zahlungszeitpunktsteuerung (sog. „**leading**" und „**lagging**").

Während unter „leading" das bewusste Verschieben einer Zahlung vor den ursprünglichen Zahlungstermin verstanden wird, bedeutet „lagging" die Verschiebung hinter diesen Zeitpunkt. Ziel dieser Aktivitäten ist der schnellstmögliche Transfer der Liquidität an den Ort ihres größten Bedarfs. Insoweit erfüllen diese Aktivitäten die Funktion einer konzerninternen kurzfristigen Kreditgewährung, die insgesamt günstiger ist als die Mittelbeschaffung vom Markt. Die durch die jeweilige konzerninterne Transaktion benachteiligte Partei erhält eine interne Verzinsung, die i. d. R. günstiger ist als der entsprechende Marktwert. Vorteile dieser Handlungsweise liegen insbesondere in einer Einsparung von Geldaufnahme-, Kurssicherungs- und Konvertierungskosten.

▶ das „**netting**" oder „**clearing**".

Dieses Konzept bedeutet die Aufrechnung von Forderungen und Verbindlichkeiten zwischen zwei konzerninternen Geschäftspartnern, wobei nur der Saldo als verbleibende Restschuld letztlich transferiert wird. Beim Netting handelt es sich aus rechtlicher Sicht um eine Kombination aus Forderungsabtretung (§ 398 BGB) und Aufrechnung (§ 387 BGB).

Vorteile bestehen insbesondere in einer Senkung der volumenabhängigen Kosten des Geldverkehrs sowie in einer Verkürzung der Zahlungsziele durch automatische Aufrechnung und insoweit in einer Reduktion der Kapitalbindung. Schließlich können auch die Absicherungskosten verringert werden. Je nach dem Umfang des Nettings und der Anzahl der beteiligten Geschäftspartner werden das bilaterale und das multilaterale Netting unterschieden.

Daneben beinhaltet Cash Management auch den Abschluss von Sicherungsgeschäften mit dem Ziel der Begrenzung von Kurs-, Währungs- oder Zinsänderungsrisiken mittels sog. Hedging-Instrumente.

Das Cash Management ist ein Bestandteil des generellen **Asset Managements** (allgemeiner Begriff) bzw. **working capital-Managements** (Beschränkung auf das kurzfristige Vermögen) und in diesen Kontext zu setzen. Jegliche Maßnahmen zielen darauf ab, das (in der Bilanz ausgewiesene) **Vermögen** in Relation zum betrieblichen Leistungsvolumen zu **begrenzen** (um die Vermögensproduktivität zu erhöhen) und zu **monetarisieren** (um den Kapitalbedarf zu reduzieren). Insoweit sollen vor dem Hintergrund der Bonitätsanalyse und des Ratings insbesondere die Vermögensintensitäten und die Umschlagskennziffern beeinflusst werden. In Zusammenhang mit einer verstärkten Nutzung der Kapitalmärkte soll zudem eine Verbesserung der **Finanzierungskonditionen** erzielt werden.

Im Bereich der **Instrumente des Finanzmanagements** bestehen zahlreiche Neuentwicklungen der Praxis.

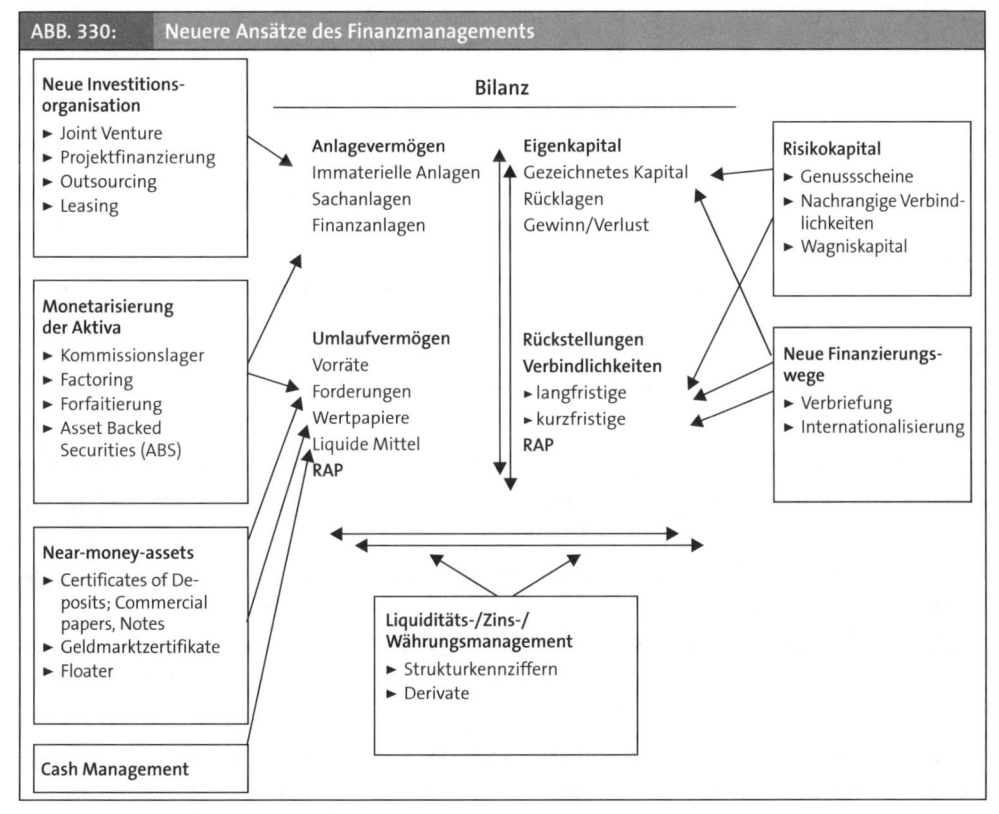

## ABB. 330: Neuere Ansätze des Finanzmanagements

**Neue Investitionsorganisation**
- Joint Venture
- Projektfinanzierung
- Outsourcing
- Leasing

**Bilanz**

**Anlagevermögen**
- Immaterielle Anlagen
- Sachanlagen
- Finanzanlagen

**Eigenkapital**
- Gezeichnetes Kapital
- Rücklagen
- Gewinn/Verlust

**Risikokapital**
- Genussscheine
- Nachrangige Verbindlichkeiten
- Wagniskapital

**Monetarisierung der Aktiva**
- Kommissionslager
- Factoring
- Forfaitierung
- Asset Backed Securities (ABS)

**Umlaufvermögen**
- Vorräte
- Forderungen
- Wertpapiere
- Liquide Mittel
- RAP

**Rückstellungen Verbindlichkeiten**
- langfristige
- kurzfristige
- RAP

**Neue Finanzierungswege**
- Verbriefung
- Internationalisierung

**Near-money-assets**
- Certificates of Deposits; Commercial papers, Notes
- Geldmarktzertifikate
- Floater

**Liquiditäts-/Zins-/Währungsmanagement**
- Strukturkennziffern
- Derivate

**Cash Management**

Quelle: I. A. a. *Gramlich*, in: DB 1998, S. 378.

Die Instrumente zielen vor allem darauf ab,
- ein effizienteres Cash-Management zu betreiben (vgl. die vorherigen Ausführungen),
- Anlageinvestitionen risikomindernd unter Beteiligung Dritter z. B. im Rahmen von Joint Ventures zu organisieren oder eine Projektfinanzierung mittels Tilgung über eingehende Cashflows vorzunehmen,
- die Kapitalbindung im Umlaufvermögen zu senken bzw. hieraus resultierende Zinserträge zu erhöhen sowie
- eine Refinanzierung vermehrt unter Beteiligung der externen Kapitalgeber am Unternehmerrisiko vorzunehmen, was zu hybriden Formen von Eigen- und Fremdfinanzierung wie Nachrang- oder Genussrechtsdarlehen geführt hat.

Das im langfristigen Vermögensbereich häufig praktizierte **Leasing** bzw. **sale-and-lease-back** zielt darauf ab, das bilanziell ausgewiesene Anlagevermögen zu reduzieren, um
- eine niedrigere **Anlagenintensität** und damit eine höhere Flexibilität des Unternehmens gegenüber Auslastungsschwankungen,
- eine höhere **Anlagendeckung** bei gleichbleibender Höhe des langfristigen Kapitals und damit eine günstigere Fristenkongruenz,
- einen höheren **Vermögensumschlag** und damit eine höhere Vermögensproduktivität

zu provozieren. Gleichzeitig wird die Liquidität erhöht, da Auszahlungen nicht zu Beginn der Nutzung (Investition), sondern in deren Verlauf anfallen; die Vorfinanzierung wird auf Dritte verlagert. Die Liquiditätsabflüsse entsprechen fristengleich dem Aufwandsanfall. Dies hat den Vorteil, dass die Leasingraten aus den parallel anfallenden zahlungswirksamen Umsatzerlösen bestritten werden können.

Die Maßnahmen zur Beeinflussung des kurzfristigen Vermögensbereichs werden unter den Begriff des **working capital-Management** subsumiert (vgl. hierzu schon Kapitel III.7.2.5.). Das working capital ist Gegenstand zahlreicher sachverhaltsgestaltender Maßnahmen des sog. „window dressing" mit den Zielen eines Abbaus an Umlaufvermögen, einhergehend mit der Gewinnung von Liquidität. Working capital-Management umfasst auch die Verkürzung des sog. **„cash conversion cycle"**, indem

▶ Lieferungen „just in time" erfolgen und/oder mit den Lieferanten eine IT-Vernetzung aufgebaut wird,

▶ Wareneingangs- oder andere logistische Funktionen auf Lieferanten ausgelagert werden,

▶ mit den Lieferanten verlängerte Zahlungsziele vereinbart werden, um insoweit den Vorratsbestand von diesen zinslos zu finanzieren,

▶ die Vorratsperiode durch beschleunigte Fertigungsprozesse verkürzt und Zwischenlager weitgehend vermieden werden,

▶ die Umsatzgeschäfte unter Einschaltung von Absatzmittlern oder sonstigen Finanzdienstleistungsunternehmen vorgenommen werden, um so den Forderungseinzug bei den Kunden zu beschleunigen,

um insoweit idealerweise eine sog. „Aldi-Strategie" derart zu praktizieren, dass das Lieferantenziel länger ist als die Summe von Kundenziel, Lager- und Verarbeitungsdauer und folglich der gesamte Vorratsbestand unverzinslich gehalten werden kann; dies induziert aber unvermeidlich ein stark negatives working capital.

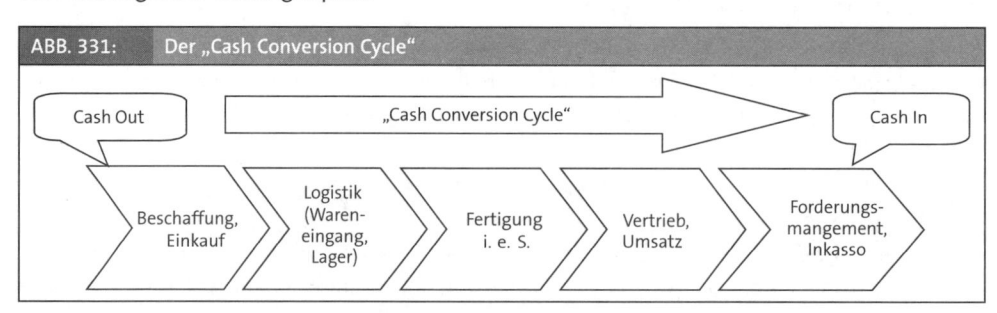

| ABB. 331: | Der „Cash Conversion Cycle" |
| --- | --- |

Cash Out → „Cash Conversion Cycle" → Cash In

Beschaffung, Einkauf → Logistik (Wareneingang, Lager) → Fertigung i. e. S. → Vertrieb, Umsatz → Forderungsmangement, Inkasso

Der „cash conversion cycle" lässt sich in Tagen quantifizieren als Summe aus:

▶ Lagerreichweite + Kundenziel - Lieferantenziel;

bei produzierenden Unternehmen muss die durchschnittliche Dauer des Produktionszyklus noch zu obiger Summe hinzugerechnet werden.

Wird die schneller generierte Liquidität zum Abbau kurzfristiger Verbindlichkeiten genutzt, so ergibt sich eine Reduktion der Bilanzsumme und folglich alle zuvor genannten positiven Auswirkungen auf den Vermögensumschlag.

Eine Spezialform des Factorings ist die **Forderungsverbriefung, „Securitisation" bzw. asset backet securities (ABS)**. In diesem Rahmen werden in originärer Form nicht kapitalmarktfähige Forderungen in handelbare Wertpapiere („securities") umgewandelt.

Zuweilen werden auch Sachvermögensgegenstände oder sogar reine Zahlungsströme verbrieft. Die Bandbreite verkaufstauglicher Vermögensgegenstände geht bis zu immateriellen Vermögenswerten wie Patenten, Konzessionen oder Filmrechten mit dem Ziel, einen bilanzierungsfähigen Marktwert zu generieren. Um im Falle der Verbriefung immaterieller Vermögenswerte oder Sachanlagen sicherzustellen, dass diese auch künftig einen ausreichenden Cashflow hervorbringen, werden sie im Rahmen eines Sale-and-lease-back-Verfahrens veräußert.

Im typischen Fall begibt eine **Zweckgesellschaft (Special Purpose Vehicle, SPV)** kapitalmarktfähige Schuldtitel, insbesondere Schuldverschreibungen („notes", Inhaberschuldverschreibungen) oder Schuldscheindarlehen. Bei der Verbriefung von Warenforderungen kommt auch die Ausgabe sog. Commercial Papers in Betracht. Die Fristigkeit der Wertpapiere hängt von der Laufzeit der Forderungen bzw. von der Nutzungsdauer der zugrunde liegenden Vermögensgegenstände ab. Bei längeren Laufzeiten kann sowohl eine längere Fristigkeit der Wertpapiere wie auch eine revolvierend kurzfristige Refinanzierung zweckmäßig sein.

Die Zweckgesellschaft ist i. d. R. im steuerlich und regulatorisch begünstigten Ausland ansässig. Ihr Gesellschaftsvertrag sieht als einzigen Unternehmenszweck den Abschluss spezifischer Verträge vor. Die von ihr ausgegebenen Wertpapiere sind insoweit „asset backed", als dass den Erwerbern der Wertpapiere das Vermögen der Zweckgesellschaft als Sicherheit zur Verfügung steht.

Mit dem dadurch aufgebrachten Kapital werden seitens der Zweckgesellschaft Forderungen von einem Unternehmen (**Originator**) erworben, dem dafür der vereinbarte Kaufpreis zufließt, und zwar vor der vertraglichen Fälligkeit der Forderung. Die Übertragung der Forderungen erfolgt auf dem Wege der Abtretung (§§ 398 ff. BGB). In der Praxis handelt es sich zumeist um eine sog. Mantelzession listenmäßig bestimmter Forderungen. Alternativ kann auch ein Forderungsverkauf an einen **Treuhänder** erfolgen, der die Forderungen für Forderungsverkäufer und Zweckgesellschaft hält.

Die Forderungsabtretung wird den Schuldnern des Unternehmens nicht offengelegt. Vielmehr zieht in der Folgezeit das Unternehmen dann die Forderungen für die Zweckgesellschaft ein. Mit den an die Zweckgesellschaft weitergeleiteten Geldern werden die Schuldtitel verzinst und getilgt.

**ABB. 332:** Darstellung einer ABS-Konstruktion

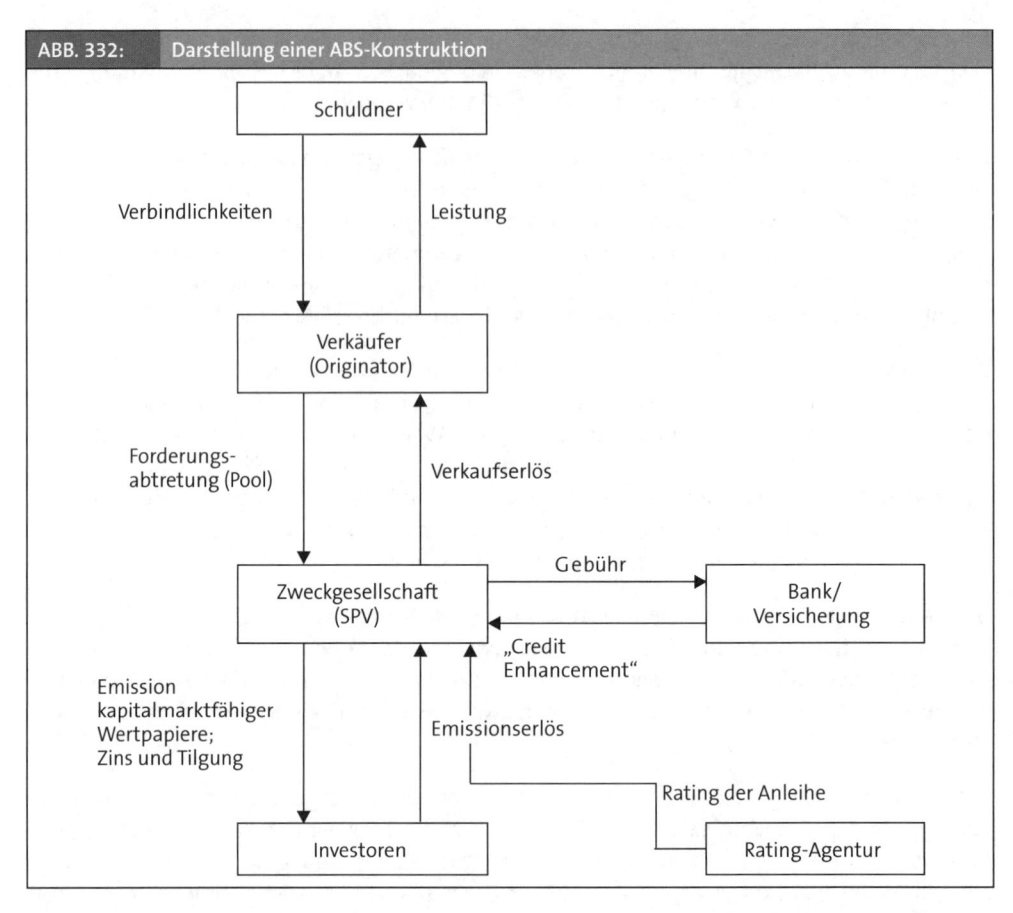

```
                            Schuldner
                              ↑
        Verbindlichkeiten  │  Leistung
                           ↓  │
                          Verkäufer
                         (Originator)
                              ↑
         Forderungs-       │  Verkaufserlös
         abtretung (Pool)  ↓
                                          Gebühr
                       Zweckgesellschaft  ──────→  Bank/
                            (SPV)         ←──────  Versicherung
                                         „Credit
                              ↑           Enhancement"
         Emission          │
         kapitalmarktfähiger  Emissionserlös
         Wertpapiere;
         Zins und Tilgung                          Rating der Anleihe
                              ↓          ──────────────────
                         Investoren                Rating-Agentur
```

**Sicherheiten** werden von dem Forderungsverkäufer bzw. von dritter Seite gestellt. Sind die Forderungen durch Grundpfandrechte abgesichert, so spricht man auch von Mortgage-backed securities (MBS). Häufig besteht eine Rückkaufzusage des Forderungsverkäufers bei Eintritt eines Forderungsausfalls. Daneben existieren Formen der wirtschaftlichen Rückübertragung oder Ausfallgarantien, Patronatserklärungen, Bürgschaften, Garantieverträge seitens des Forderungsverkäufers oder eines Konzernunternehmens.

Für Investoren sind insbesondere die von dritter Seite bereitgestellten Sicherheiten von Interesse. Dies sind die sog. **Credit Enhancements**, die Bankgarantien oder selbständige Zahlungsversprechen (Akkreditive), aber auch Swap-Instrumente zur Absicherung der Liquiditätsströme gegen Zins- und Währungsrisiken darstellen können.

Vorteile von ABS-Konstruktionen sind insbesondere

▶ Liquiditätsvorteile durch Vorverlagerung von Zahlungsströmen,
▶ Kostenvorteile durch Konvertierung unverbriefter in verbriefte, kapitalmarktfähige Forderungen,

- Risiko- und damit Kostenvorteile durch ein hohes Maß an Risikostreuung in den breit diversifizierten Forderungspools bei der Zweckgesellschaft, was zu üblicherweise hervorragenden Ratings von ABS-Investitionen führt,
- steuerliche Vorteile (u. a. in Bezug auf die Hinzurechnung der Entgelte für Schulden i. H. v. 25 % gem. § 8 Nr. 1 Buchst. a) GewStG).

Als Beispiel einer risikoverlagernden Finanzierungsform sollen **Genussrechte** angeführt werden. Dies sind Vermögensrechte gegen die Gewährung von Kapital, die i. d. R. aber keine Mitgliedschaftsrechte, insbesondere keine Stimm- und Anfechtungsrechte beinhalten. Werden über Genussrechte Wertpapiere – Namens-, Order- oder Inhaberpapiere – ausgegeben, so spricht man von **Genussscheinen**.

Sie sind gesetzlich nicht geregelt, sondern ein Konstrukt der Praxis. Je nach ihren Ausstattungsmerkmalen zählen sie zum Eigen- oder Fremdkapital. Damit liegt es in der Sachverhaltsgestaltung durch das emittierende Unternehmen, Eigenkapital oder Fremdkapital zu begründen und Bilanzstrukturpolitik sowie Kapitalkostenoptimierung zu betreiben:

- Bei Ausgestaltung als Eigenkapital ergeben sich günstigere Bilanzrelationen aus Rating- und Bonitätsgesichtspunkten (Verschuldungsgrad, Deckungsgrade).
- Bei Ausgestaltung als Fremdkapital ergeben sich günstigere Kapitalkosten (der Risikozuschlag für das allgemeine Unternehmerrisiko entfällt, zudem entsteht steuerlich abzugsfähiger Aufwand in Form der Fremdkapitalzinsen).

Das Unternehmen steht damit einem grundsätzlichen Zielkonflikt gegenüber. Es ist im Einzelfall zu entscheiden, welches Ziel das vorrangige ist. Die wesentlichen **Ausstattungsmerkmale** von Genussrechten sind:

- **Vergütung**

    mit den möglichen Alternativen: gewinnunabhängige Vergütung, gewinnabhängige Vergütung, Minderung bzw. Ausfall bei Jahresfehlbetrag bzw. Bilanzverlust, quotale Gewinnbeteiligung, d. h. auf das Genussrechtskapital entfällt ein bestimmter prozentualer Anteil des Jahresüberschusses bzw. Bilanzgewinns, dividendenabhängige Ausschüttung.

- **Verlustbeteiligung**

    mit den möglichen Alternativen: Teilnahme an Kapitalherabsetzungen, z. B. Herabsetzung des Genussrechtskapitals im selben Verhältnis wie das Grundkapital, anteilige Beteiligung von Genussrechtskapital und dem sonstigen Eigenkapital am Jahresfehlbetrag bzw. Bilanzverlust, keine Verlustbeteiligung.

- **Nachrangabrede**

    mit den möglichen Alternativen: kein Nachrang, Nachrang gegenüber allen nicht nachrangigen Gläubigern, Nachrang gegenüber allen anderen Gläubigern, Nachrang nur bei Liquidation und Insolvenz, genereller Nachrang.

- **Laufzeit**

    mit den möglichen Alternativen: befristete bzw. unbefristete Laufzeit.

- **Kündigungsrecht**

    mit den möglichen Alternativen: Einräumung ordentlicher Kündigungsrechte für Emittenten bzw. Inhaber mit unterschiedlichen Fristen bis zur Rückzahlung des Genussrechtskapitals,

Einräumung von Sperrfristen ohne Kündigungsrecht, Einräumung außerordentlicher Kündigungsrechte für den Emittenten.

Das *Institut der Wirtschaftsprüfer* hat in der Stellungnahme **IDW-HFA 1/1994** Kriterien der Zuordnung von Genussrechten zum Eigen- oder Fremdkapital definiert. Eine Passivierung von Genussrechten als bilanzielles Eigenkapital i. S. der §§ 265 Abs. 5, 266 Abs. 3, 272 HGB kommt damit nur ausnahmsweise dann in Betracht, wenn folgende Kriterien **kumulativ** erfüllt sind:

▶ Nachrangigkeit, d. h. der Genussrechtsinhaber kann im Insolvenz- und Liquidationsfall erst dann einen Rückzahlungsanspruch geltend machen, wenn zuvor alle anderen Gläubiger, deren Kapitalüberlassung nicht den Kriterien für einen Eigenkapitalausweis genügt, befriedigt worden sind.

Das Genussrechtskapital muss als Haftungssubstanz verfügbar sein. Die Art der Verteilung etwaiger Liquidationsüberschüsse unter den Genussrechtsinhabern und den übrigen Eigenkapitalgebern ist indes unerheblich.

▶ Erfolgsabhängigkeit der Vergütung sowie Teilnahme am Verlust bis zur vollen Höhe derart, dass durch Beschränkungen der Verlustteilnahme und Zusagen erfolgsunabhängiger Vergütungen zumindest die gesetzlichen Kapitalerhaltungsvorschriften der §§ 269, 274 Abs. 2 HGB nicht umgangen werden können.

Demnach muss das Genussrechtskapital spätestens im Zeitpunkt seiner Rückzahlung in dem Umfang an aufgelaufenen Verlusten teilnehmen, in dem diese Verluste von Eigenkapitalbestandteilen getragen werden müssten, die gegen Ausschüttungen besonders geschützt sind. Des Weiteren darf die Vergütung für die Kapitalüberlassung nicht aus Eigenkapitalbestandteilen geleistet werden, die besonders gegen Ausschüttungen geschützt sind.

▶ Längerfristigkeit der Kapitalüberlassung, d. h., das Genussrechtskapital muss für einen längeren Zeitraum überlassen werden, in dem sowohl für den Genussrechtsemittenten als auch für den Genussrechtsinhaber die Rückzahlung ausgeschlossen ist. Dieser Zeitraum wird vom IDW nicht näher festgelegt; die Auffassungen in der Literatur reichen von 5 - 15 und sogar 25 Jahren.

## 4. Cashflow-Begriff und Cashflow-Kennzahlen

### 4.1 Cashflow-Begriff

Die hervorragende Ergebnisgröße auf der Ebene des zahlungsstromorientierten Controllings ist der **Cashflow**. Dieser ist deshalb eine wichtige Liquiditäts- und Erfolgskennziffer, da er – anders als der Jahresüberschuss – von der Durchführung bilanzpolitischer Maßnahmen (insbesondere Abschreibungen, Rückstellungsbildung) kaum berührt wird; er ist nur wenig vom Bilanzierenden manipulierbar und stellt damit eine „stabilere" Kennzahl als der Jahresüberschuss dar.

Die bilanzpolitischen Maßnahmen stecken insbesondere in den nicht zahlungswirksamen Bewertungsvorgängen, die aber Auswirkungen auf die Höhe der Erträge und Aufwendungen und damit auf den Jahresüberschuss haben (Aufwand, nicht Auszahlung sowie Ertrag, nicht Einzahlung).

# Cashflow-Begriff und Cashflow-Kennzahlen

**KAPITEL V**

Bereits in Kapitel III wurde ausgeführt, dass die Analyse der Finanzlage und hier insbesondere der Liquiditätslage mittels bestandsorientierter Kennzahlen erheblicher Kritik ausgesetzt ist, u. a. weil

- die Bestände zu einem bestimmten Stichtag erheblich durch jahresabschlusspolitische Maßnahmen beeinflusst werden können (sog. „window dressing"),
- Verbindlichkeiten aus schwebenden Geschäften erst nach dem Bilanzstichtag entstehen.

Der Cashflow kann auf zwei Arten ermittelt werden:

- gem. der sog. **direkten Methode** anhand des kurzfristigen Finanzplans (Liquiditätsplans) als explizite Differenz zwischen der Summe der Einzahlungen und der Summe der Auszahlungen einer Periode;
- gem. der sog. **indirekten Methode** aus der GuV. Der Jahresüberschuss als Saldo ist dann um nicht zahlungswirksame Vorgänge zu bereinigen; hinzukommen zahlungswirksame Vorgänge, die auf der GuV-Ebene hingegen nicht erscheinen (z. B. erfolgsneutrale Bestandsänderungen).

Da die Einzahlungen und Auszahlungen i. d. R. (zumindest für externe Bilanzanalytiker) unbekannt sind, wird der Cashflow häufig auf indirektem Wege entwickelt. Die GuV ist als Bestandteil des prüfungs- und offenlegungspflichtigen Jahresabschlusses – anders als der Finanzplan – Externen zugänglich.

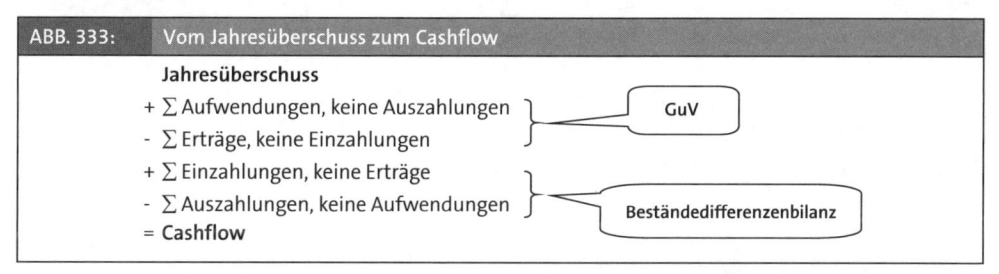

| ABB. 333: | Vom Jahresüberschuss zum Cashflow |
|---|---|
| | Jahresüberschuss |
| | + ∑ Aufwendungen, keine Auszahlungen ⎫ GuV |
| | − ∑ Erträge, keine Einzahlungen ⎭ |
| | + ∑ Einzahlungen, keine Erträge ⎫ |
| | − ∑ Auszahlungen, keine Aufwendungen ⎭ Beständedifferenzenbilanz |
| | = **Cashflow** |

In der Praxis werden die beiden letztgenannten Fälle bei der Ermittlung des Cashflows gelegentlich weggelassen, da die entsprechenden Geschäftsvorfälle aus der GuV nicht ersichtlich sind. Sie wären allenfalls einer Beständedifferenzenbilanz zu entnehmen. Dieses „Weglassen" ist aber streng genommen theoretisch falsch.

Die umfassende Ableitung des Cashflows erfolgt entsprechend des folgenden Schemas:

| ABB. 334: | Entwicklung des Cashflows aus dem Jahresüberschuss | | | |
|---|---|---|---|---|
| Position | | Jahr | Jahr | Jahr |
| 1. Jahresüberschuss | | | | |
| 2. Nicht auszahlungswirksame Aufwendungen | | | | |
| ▶ Planmäßige Abschreibungen auf abnutzbares Anlagevermögen | | | | |
| ▶ Außerplanmäßige Abschreibungen auf Anlage- und Umlaufvermögen | | | | |
| ▶ Verluste aus dem Abgang von Vermögensgegenständen | | | | |
| ▶ Bestandsverringerung an Roh-, Hilfs-, Betriebsstoffen und Waren (Lagerentnahme) | | | | |
| ▶ Verminderung des Bestands an geleisteten Anzahlungen | | | | |

| Position | Jahr | Jahr | Jahr |
|---|---|---|---|
| ▶ Einstellungen in Pauschalwertberichtigungen auf Forderungen <br> ▶ Verminderung aktiver RAP <br> ▶ Zuführungen zu Pensionsrückstellungen und sonstigen Rückstellungen <br> ▶ Erhöhung des Bestands an Verbindlichkeiten aus Lieferungen und Leistungen <br> ▶ (…) | | | |
| **3. Nicht einzahlungswirksame Erträge** | | | |
| ▶ Zuschreibungen auf Anlage- und Umlaufvermögen <br> ▶ Erträge aus aktivierten Eigenleistungen <br> ▶ Leistungen auf erhaltene Anzahlungen <br> ▶ Erhöhung des Bestands an Forderungen aus Lieferungen und Leistungen <br> ▶ Erträge aus der Herabsetzung der Pauschalwertberichtigungen auf Forderungen <br> ▶ Auflösungen der Pensionsrückstellungen und sonstigen Rückstellungen <br> ▶ Verminderung passiver RAP <br> ▶ (…) | | | |
| **4. Nicht ertragswirksame Einzahlungen** | | | |
| ▶ Erhöhung des Bestands an erhaltenen Anzahlungen <br> ▶ Verminderung des Bestands an Forderungen aus Lieferungen und Leistungen <br> ▶ Verkauf von Vermögensgegenständen zum Buchwert <br> ▶ Einzahlungen von Gesellschaftern <br> ▶ Einzahlungen aus gewährten Krediten <br> ▶ Erhöhung passiver RAP <br> ▶ (…) | | | |
| **5. Nicht aufwandswirksame Auszahlungen** | | | |
| ▶ Auszahlungen für Investitionen in Anlagevermögen <br> ▶ Erhöhung des Bestands an Roh-, Hilfs-, Betriebsstoffen und Waren (Lageraufbau) <br> ▶ Erhöhung des Bestands an geleisteten Anzahlungen <br> ▶ Verminderung des Bestands an Verbindlichkeiten aus Lieferungen und Leistungen <br> ▶ Erhöhung aktiver RAP <br> ▶ Auszahlungen zu Lasten früher gebildeter Rückstellungen <br> ▶ Tilgung von Krediten <br> ▶ (…) | | | |
| (1. + 2. - 3. + 4. - 5.) = Cashflow | | | |

Jedoch ist auch der Ersatz des Jahresergebnisses durch den Cashflow methodischer Kritik ausgesetzt, da

- auch die insoweit neutralisierten Abschreibungen und Zuführungen zu Rückstellungen betriebstypischen Aufwand darstellen, der durch die Umsatzerlöse langfristig zu decken ist und insoweit ein positiver Cashflow keine Deckung der Vollkosten impliziert,
- eine unterjährige Insolvenz auch bei positiven Cashflows nicht ausgeschlossen werden kann, da sowohl Umsatzerlöse als auch Material-, Personal- sowie sonstiger betrieblicher Aufwand mit stark unterschiedlichen – die Umsatzerlöse mit deutlich längeren – Zahlungszielen anfallen können.

Eine enge, weil indirekte (d. h., auf GuV-Größen abstellende) Definition hat die **Deutsche Vereinigung für Finanzanalyse und Asset Management/Schmalenbach-Gesellschaft (DVFA/SG)** entwickelt. Zum Jahresüberschuss werden die nachhaltig anfallenden, zahlungsunwirksamen Aufwendungen, insbesondere die Abschreibungen und Zuführungen zu langfristigen Rückstellungen, wieder hinzu addiert (vgl. hierzu schon Kapitel III.7.3.1).

Eine weite Definition, die zudem nach § 297 Abs. 1 Satz 1 HGB für Mutterunternehmen eines Konzerns gem. des **Deutschen Rechnungslegungs Standards Nr. 21 (DRS 21)** i. d. F. vom 8.4.2014 verbindlich ist, bezieht hingegen auch zahlungswirksame Veränderungen im kurzfristigen Vermögens- und Kapitalbereich – soweit betriebstypisch – ein, deren Saldo die Nettoveränderung des sog. **„working capitals"** (Differenz aus Umlaufvermögen und kurzfristigen Verbindlichkeiten) ist. Als nicht betriebstypisch werden Finanztransaktionen aufgefasst.

| ABB. 335: | Definition des Cashflows nach DVFA/SG sowie nach DRS 21 |
|---|---|
| | Jahresüberschuss/Jahresfehlbetrag |
| +/- | Abschreibungen/Zuschreibungen auf Anlagevermögen |
| +/- | Zuführungen zu/Auflösungen der Pensions- und langfristigen sonstigen Rückstellungen |
| +/- | sonstige wesentliche nicht zahlungswirksame Aufwendungen/Erträge |
| +/- | Bereinigung ungewöhnlicher zahlungswirksamer Aufwendungen/Erträge von wesentlicher Bedeutung |
| = | **Cashflow nach DVFA/SG (Deutsche Vereinigung für Finanzanalyse und Asset Management/Schmalenbach-Gesellschaft)** |
| -/+ | Zunahme/Abnahme der Vorräte, der Forderungen aus Lieferungen und Leistungen sowie anderer Gegenstände des Umlaufvermögens (soweit kein Finanzumlaufvermögen) |
| +/- | Zunahme/Abnahme der Verbindlichkeiten aus Lieferungen und Leistungen sowie anderer kurzfristiger Passiva (soweit keine Finanzschulden) |
| = | **Cashflow aus laufender Geschäftstätigkeit nach DRS 21 (operativer Cashflow)** |

Der **Cashflow aus laufender Geschäftstätigkeit („operativer Cashflow")** gibt die Einzahlungen aus der auf Erlöserzielung am Markt ausgerichteten Tätigkeit des Unternehmens an.

Er besteht im Wesentlichen aus zwei Komponenten,

- dem Cashflow aus der nachhaltigen operativen Tätigkeit und
- dem Cashflow aus der (kurzfristigen) Veränderung des sog. working capitals (vgl. hierzu ausführlich Kapitel V.5 nachfolgend).

Gewinne und Abschreibungen sind grundsätzlich in jedem Geschäftsjahr regenerierbar und indizieren deshalb den „nachhaltigen" Cashflow. Zu den Abschreibungen zählen planmäßige und außerplanmäßige Abschreibungen auf Anlagevermögen, nicht jedoch jene auf Umlaufvermögen. Bei den Rückstellungen werden nur die langfristigen (Restlaufzeit von mehr als einem Jahr) berücksichtigt.

**ABB. 336:** Komponenten des Cashflows aus laufender Geschäftstätigkeit

| Cashflow nach DVFA/SG | Cashflow aus Veränderungen des working capitals |
|---|---|
| ▶ Jahresüberschuss<br>▶ Abschreibungen<br>▶ Zuführungen zu langfristigen Rückstellungen<br>▶ sonstige wesentliche nicht zahlungswirksame Aufwendungen/Erträge<br>▶ Bereinigung ungewöhnlicher zahlungswirksamer Aufwendungen/Erträge von wesentlicher Bedeutung | ▶ Aufbau/Abbau Umlaufvermögen, soweit kein Finanzumlaufvermögen<br>▶ Aufbau/Abbau kurzfristiges Fremdkapital, soweit keine Finanzschulden |

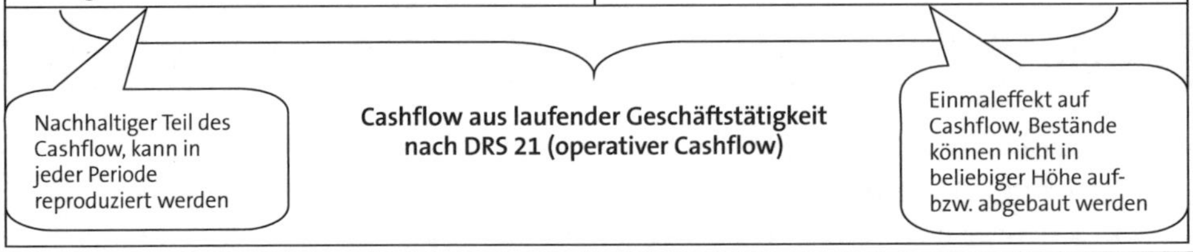

Nachhaltiger Teil des Cashflows, kann in jeder Periode reproduziert werden

**Cashflow aus laufender Geschäftstätigkeit nach DRS 21 (operativer Cashflow)**

Einmaleffekt auf Cashflow, Bestände können nicht in beliebiger Höhe auf- bzw. abgebaut werden

Das **working capital** beziffert die Differenz aus Umlaufvermögen und kurzfristigem Fremdkapital mit den Ausnahmen

- Finanzforderungen und Finanzverbindlichkeiten, bei denen kein unmittelbarer Betriebsbezug unterstellt wird,
- liquide Mittel, deren Bestandsdifferenz den Cashflow bildet.

Ein positives working capital indiziert damit langfristige Finanzmittel, die zur Finanzierung des Umlaufvermögens herangezogen werden. Dies ist aus Sicht der finanziellen Stabilität der Unternehmung zwar grundsätzlich positiv zu werten, gleichwohl

- bindet die Erhöhung der Bestände an Umlaufvermögen Cash bzw. setzt eine Verminderung der Bestände Cash frei,
- führt die Verringerung der Bestände an kurzfristigem Fremdkapital zu Cash-Abfluss bzw. hindert die Erhöhung der Bestände Cash-Abfluss,

weswegen ein Anstieg des working capitals aufgrund der zunehmenden Kapitalbindung (kurzfristig) eine Verminderung des Perioden-Cashflows nach sich zieht. Ein Abbau des working capitals setzt hingegen kurzfristig Cash frei, gleichzeitig dürfte in künftigen Perioden jedoch verstärkt Cash abfließen.

Daher handelt es sich aber nicht nur um nicht wiederholbare Einmaleffekte, sondern daneben auch um eine aus Sicht der Liquiditätssicherung recht **risikoreiche Strategie**, bei der das „dicke Ende" noch aussteht.

## 4.2 Cashflow-Kennzahlen

Der Cashflow bildet einen Maßstab für die **Ertragskraft**, da er den Einzahlungsüberschuss aus laufender Betriebstätigkeit angibt, der dem Unternehmen zur Verfügung steht. Er ist aber zugleich auch ein Indikator der **Finanzkraft** und **dynamischen Liquidität**, da er die Höhe der Mittel anzeigt, die zur Innenfinanzierung von Investitionen (Wachstumsfinanzierung), zur Schuldentilgung und zur Dividendenzahlung verwendet werden kann.

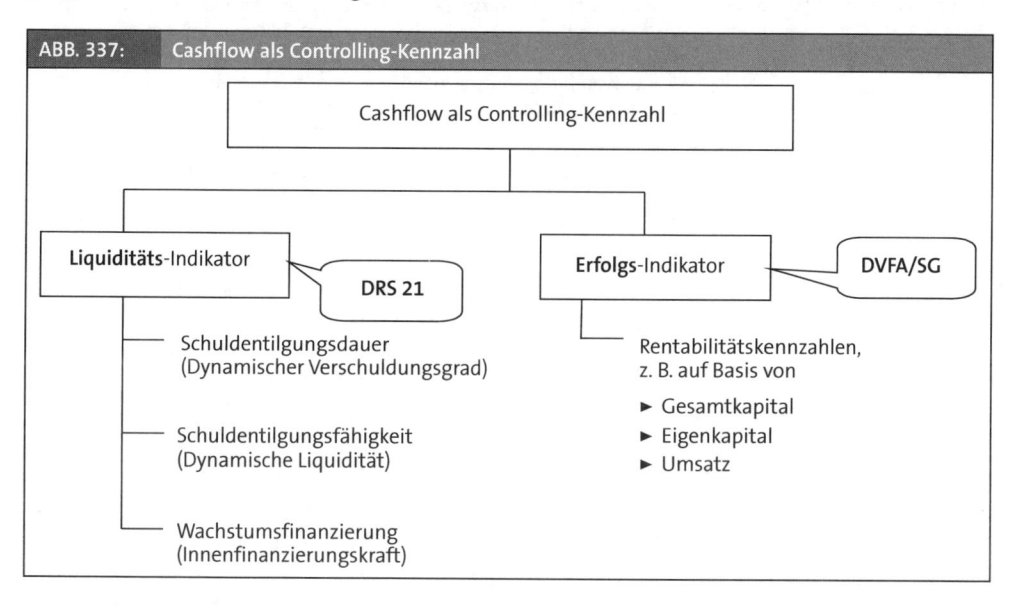

**ABB. 337: Cashflow als Controlling-Kennzahl**

Cashflow als Controlling-Kennzahl
- Liquiditäts-Indikator (DRS 21)
  - Schuldentilgungsdauer (Dynamischer Verschuldungsgrad)
  - Schuldentilgungsfähigkeit (Dynamische Liquidität)
  - Wachstumsfinanzierung (Innenfinanzierungskraft)
- Erfolgs-Indikator (DVFA/SG)
  - Rentabilitätskennzahlen, z. B. auf Basis von
    - Gesamtkapital
    - Eigenkapital
    - Umsatz

Für Zwecke der Abbildung der Erfolgslage wird i. d. R. der **Cashflow nach DVFA/SG** als beschriebener nachhaltiger Cashflow verwendet. Als **relative Kennzahl** wird der Cashflow analog zum Jahresüberschuss in Beziehung zum Umsatz, zur Bilanzsumme oder zum Eigenkapital gesetzt. Somit ersetzt der Cashflow den Jahresüberschuss aus der GuV-Ebene; man erhält folglich Cashflow-Rentabilitäten (vgl. schon Kapitel III.7.3.1).

Hierbei ist zu berücksichtigen, dass Höhe und Entwicklung des Cashflows stets im Verbund mit dem Jahresergebnis gewürdigt werden sollte. So deutet

▶ ein konstanter oder steigender Jahresüberschuss bei gleichzeitig sinkendem Cashflow auf eine zu niedrige Bemessung der Abschreibungen oder/und Rückstellungen im Zuge einer progressiven Jahresabschlusspolitik,

- ein konstanter oder steigender Cashflow im Verbund mit einem sinkenden Jahresüberschuss auf die Bildung stiller Reserven im Zuge einer konservativen Jahresabschlusspolitik oder auf die „Ausmelkung" der betrieblichen Substanz

hin. Ein vornehmlich aus Abschreibungen gespeister Cashflow indiziert eine hohe Finanzkraft, nicht aber eine hohe Ertragskraft, analog zur Cash-Kuh der Portfolio-Analyse.

Zur Analyse der Finanzlage wird der **Cashflow aus laufender Geschäftstätigkeit** nach DRS 21 verwendet. Für die Relevanz der Zahlungsströme soll es demnach lediglich auf den Bezug zur gewöhnlichen Geschäftstätigkeit und nicht auf den Grad an Nachhaltigkeit bzw. Wiederholbarkeit ankommen.

**ABB. 338:** Cashflow-Kennzahlen

| Analyseart \ Ermittlungsziel | Erfolgswirtschaftliche Analyse | Finanzwirtschaftliche Analyse |
|---|---|---|
| Cashflow als absolute Größe | ▶ Maßstab der Ertragskraft<br>▶ weitestgehend frei von bewertungs- und manipulationsabhängigen Komponenten (anders als Jahresüberschuss) | ▶ Zahlungsmittelüberschuss aus laufender betriebstypischer Tätigkeit<br>▶ Innenfinanzierungsspielraum für<br>– Investitionen<br>– Schuldentilgung<br>– Dividendenzahlung |
| Relativierung des Cashflows zu anderen Größen | $\dfrac{\text{Cashflow}}{\text{Gesamtkapital}} \cdot 100$<br><br>$\dfrac{\text{Cashflow}}{\text{Eigenkapital}} \cdot 100$<br><br>$\dfrac{\text{Cashflow}}{\text{Umsatz}} \cdot 100$<br><br>$\dfrac{\text{Cashflow}}{\text{Abschreibungen}} \cdot 100$<br><br>$\dfrac{\text{Cashflow}}{\text{Zahl der Aktien*}} \cdot 100$<br><br>$\dfrac{\text{Kurs *}}{\text{Cashflow}} \cdot 100$ | Schuldentilgungsdauer (Dynamischer Verschuldungsgrad) =<br><br>$\dfrac{\text{(Netto-)Fremdkapital}}{\text{Cashflow}}$<br><br>Schuldentilgungsfähigkeit (Dynamische Liquidität) =<br><br>$\dfrac{\text{Cashflow}}{\text{Kurzfristiges (Netto-) Fremdkapital}} \cdot 100$<br><br>Innenfinanzierungsgrad =<br><br>$\dfrac{\text{Cashflow}}{\text{Investitionen}} \cdot 100$ |

*) nur für AG bzw. börsennotierte AG

Die verbreiteten Cashflow-basierten Kennzahlen zur Analyse der Finanzlage sind

- der dynamische Verschuldungsgrad (Schuldentilgungsdauer) und
- die dynamische Liquidität (Schuldentilgungsfähigkeit).

In diesem Rahmen werden Bestände (an Eigenkapital bzw. an Umlaufvermögen) durch Zahlungsmittelzuflüsse ersetzt, welche zur Deckung der Verbindlichkeiten herangezogen werden können.

| ABB. 339: | Statische versus dynamische Finanzkennzahlen | | |
|---|---|---|---|
| Kennzahl | | Statisch | Dynamisch |
| Verschuldungsgrad | | $\dfrac{\text{Fremdkapital}}{\text{Eigenkapital}}$ | $\dfrac{\text{Fremdkapital}}{\text{Cashflow}}$ |
| Schuldentilgungsfähigkeit/ Liquidität | | $\dfrac{\text{Umlaufvermögen} \cdot 100}{\text{kurzfr. Fremdkapital}}$ | $\dfrac{\text{Cashflow} \cdot 100}{\text{kurzfr. Fremdkapital}}$ |

Der **dynamische Verschuldungsgrad** (Fremdkapital/Cashflow) beziffert die Tilgungsdauer des Fremdkapitals aus selbst erwirtschafteten Zahlungsmitteln in Jahren, aus diesem Grund wird er auch als **Schuldentilgungsdauer** bezeichnet.

Zum Fremdkapital zählen alle Verbindlichkeiten und Rückstellungen. Liquide Mittel und (nicht betriebsnotwendige) Wertpapiere des Umlaufvermögens werden gelegentlich vom Fremdkapital abgesetzt, um einen aussagekräftigeren Nettobetrag zu generieren; die entsprechenden Positionen dienen als „Liquiditätspuffer" und können unmittelbar zur Bedienung des Fremdkapitals eingesetzt werden.

Der dynamische Verschuldungsgrad gilt aufgrund seiner Zukunftsbezogenheit als **aussagekräftiger als der statische Verschuldungsgrad** (Fremdkapital/Eigenkapital). Die Kennzahl erweist sich als trennscharf, da im Krisenfall meist der operative Cashflow schneller und stärker zurückgeht als das Eigenkapital, das in vorangegangenen „guten Zeiten" sukzessive aufgebaut worden sein kann.

Kritisch wird allerdings eingewandt, dass für die Zukunft Cashflows in gleich bleibender Höhe unterstellt werden. Außerdem wird angenommen, dass auf eine anderweitige Verwendung des Cashflows (Investitionen, Ausschüttungen) verzichtet wird.

Der Kehrwert des dynamischen Verschuldungsgrads (Cashflow in % der Verbindlichkeiten) wird als **Schuldentilgungsfähigkeit** oder dynamische Liquidität bezeichnet – meist nur auf das kurzfristige Fremdkapital bezogen.

$$\dfrac{\text{Cashflow}}{\text{(kurzfristige) Verbindlichkeiten}} \cdot 100\,\%$$

Die Kennzahl beziffert das Verhältnis von jährlichen Nettozuflüssen an Zahlungsmitteln und unterjährig zu tilgenden Schulden; sie stellt einen Indikator für die Zahlungsfähigkeit des Unternehmens in Bezug auf Mittel dar, die aus laufender Geschäftstätigkeit erwirtschaftet werden können. Die Schuldentilgungsfähigkeit tritt demnach an die Stelle der statischen Liquiditätsgrade, die das Verhältnis der Bestände an kurzfristigen Vermögensgegenständen und kurzfristigen Schulden wiedergeben.

In der Praxis werden Werte gefordert von

▶ höchstens fünf bis sechs Jahre beim dynamischen Verschuldungsgrad und

▶ mindestens 30 % bei der dynamischen Schuldentilgungsfähigkeit.

Diese Forderungen können einer Plausibilitätsprüfung wie folgt unterworfen werden.

> Ein Unternehmen mit folgenden Bilanzrelationen kann h. M. nach als unbedenklich gelten:
> - Eigenkapitalquote (Eigenkapital/Gesamtkapital) = 25 %,
> - Cashflowquote (Cashflow/Umsatz) = 10 % und
> - Umschlagshäufigkeit des Kapitals (Umsatz/Gesamtkapital) = 1,25.
> - Das Fremdkapital soll je zur Hälfte als kurz- bzw. langfristig angenommen werden.
>
> Plausibilitätsprüfung:
> - Cashflow/Umsatz = 0,1 lt. Annahme → Umsatz/Cashflow = 10 → Gesamtkapital/Cashflow = 10/1,25 → Fremdkapital/Cashflow = 0,75 · 10/1,5 = 6 → Dynamischer Verschuldungsgrad = sechs Jahre.
> - Fremdkapital/Cashflow = 6 → kurzfristiges Fremdkapital/Cashflow = 1/(0,5 · 6) → Dynamische Schuldentilgungsfähigkeit = 33,3 %.
>
> Somit würde ein „völlig unbedenkliches" Unternehmen Ausprägungen von sechs Jahren bzw. 33,3 % aufweisen. Die oben aufgeführten „Praktiker-Grenzwerte" erscheinen demnach plausibel.

Der **Innenfinanzierungsgrad** gibt den Anteil an, in dem (Anlage-)Investitionen durch Einzahlungsüberschüsse aus der Innenfinanzierung gedeckt sind und insoweit eine Fremdverschuldung (Finanzierung des Wachstums „auf Pump") vermieden werden konnte. Auch hier wird angenommen, dass der Cashflow ausschließlich für die Investitionsfinanzierung und nicht für Tilgungen oder Ausschüttungen verwendet wurde. Damit besteht ein unmittelbarer Widerspruch zur Annahme beim dynamischen Verschuldungsgrad.

Aus Sicht der Solidität der Wachstumsfinanzierung sind tendenziell hohe Werte der Kennzahl wünschenswert. Solche können allerdings auch mittels einer Drosselung der Investitionstätigkeit erzeugt werden. Eine dauerhafte Substanzausmelkung stellt jedoch keine wünschenswerte Entwicklung dar. Die Kennzahl ist demnach nicht trennscharf.

Im Rahmen der Bonitätsprüfung kreditgewährender Banken wird häufig der sog. **„erweiterte Cashflow"** (nach Steuern) als Grundlage für die Berechnung der Kapitaldienstfähigkeit berechnet. Dieser setzt sich aus dem Betriebsergebnis nach Steuern, den Abschreibungen und den Zinsaufwendungen zusammen. Bei Abzug der Zinsaufwendungen, der Entnahmen bzw. Gewinnausschüttungen und der planmäßigen Tilgungszahlungen für Verbindlichkeiten ergibt sich der Liquiditätsüberschuss vor Ersatzinvestitionen.

Im Ergebnis können auf dem Cashflow aus laufender Geschäftstätigkeit nach DRS 21 basierende Kennzahlen in gleicher Weise wie die statischen Jahresabschlusskennzahlen von Maßnahmen des sog. „window dressing" beeinflusst werden, wenn auch in umgekehrter Richtung. Eine jahresabschlusspolitisch gewollte Reduktion der Bestände erhöht den Cashflow entsprechend.

## 5. Bewegungsbilanz und Kapitalflussrechnung

### 5.1 Bewegungsbilanz

Während die Bilanz als eine zeitpunktbezogene Darstellung der Bestände an Vermögen und Kapital definiert ist, ergibt sich die **Bewegungsbilanz** aus den Bestandsveränderungen der Jahresabschlusspositionen zwischen zwei aufeinander folgenden Abschlussstichtagen; ihre Gliederung erfolgt i. d. R. nach der Fristigkeit der Positionen. Hierzu werden zunächst aus den Bilanz- und Vorjahreswerten, die nach § 265 Abs. 2 HGB Bestandteil des Jahresabschlusses sind, die Betragsdifferenzen pro Position ermittelt.

Das Rechenwerk dient der Gewinnung von Erkenntnissen über das Finanzgeschehen der Periode, Veränderungen der Liquidität und der Finanzstruktur und trifft Aussagen

- ▶ zur Einhaltung der **Fristenkongruenzregeln** zwischen der Beschaffung und der Verwendung finanzieller Mittel (z. B. ob mittel- und langfristige Verwendungen zu einem bedeutenden Teil mit kurzfristigen Mitteln refinanziert wurden),
- ▶ zur Entwicklung des **Verschuldungsgrads** (z. B. ob Maßnahmen der Außenfinanzierung lediglich seitens der Fremd-, nicht der Eigenkapitalgeber erfolgten),
- ▶ zum **Finanzmanagement** sowie zur **Investitionstätigkeit** der untersuchten Periode (z. B. ob Investitionen in Anlage- und Umlaufvermögen nur zu einem Bruchteil aus dem ordentlichen Cashflow gedeckt wurden),

gibt damit die Veränderung der Bilanzrelationen wieder und stellt quasi die „erste Ableitung der Bilanz" dar.

Die Bewegungsbilanz kommt durch Subtraktion der einzelnen Positionen zweier aufeinander folgender Bilanzen zustande. Ihre Gliederung erfolgt üblicherweise nach der Fristigkeit oder nach den Beständeschichten in der Bilanz. Der Grundaufbau ist damit wie folgt:

| ABB. 340: | Grundstruktur der Bewegungsbilanz |
|---|---|
| **Mittelverwendung** | **Mittelherkunft** |
| Zunahme Vermögen (Investition) | Abnahme Vermögen (Desinvestition) |
| ▶ Anlagevermögen | ▶ Anlagevermögen |
| ▶ Umlaufvermögen | ▶ Umlaufvermögen |
| Abnahme Kapital (Kapitalrückzahlung) | Zunahme Kapital (Kapitalaufnahme) |
| ▶ Eigenkapital | ▶ Eigenkapital |
| ▶ Fremdkapital | ▶ Fremdkapital |

Mittelherkunft und Mittelverwendung sind beispielsweise gegeben durch:

| ABB. 341: Aufbau der Bewegungsbilanz ||
|---|---|
| **Mittelverwendung** | **Mittelherkunft** |
| I. **Eigenkapitalminderungen**<br>　1. Gewinnausschüttung<br>　2. Kapitalentnahmen<br>　3. Bilanzverlust | I. **Eigenkapitalmehrungen durch Außenfinanzierung (insbesondere Kapitaleinlagen)**<br>II. **Überschuss aus laufender Geschäftstätigkeit**<br>　1. Jahresüberschuss |
| II. **Investitionen in Anlagevermögen**<br>　1. Immaterielles Anlagevermögen<br>　2. Sachanlagevermögen<br>　3. Finanzanlagevermögen | 　2. Erhöhung der Gewinnrücklagen<br>　3. Abschreibungen<br>　4. Erhöhung der Rückstellungen<br>III. **Desinvestitionen in Anlagevermögen** |
| III. **Investitionen in Umlaufvermögen**<br>　1. Vorräte<br>　2. Forderungen<br>　3. Sonstiges Umlaufvermögen | 　1. Immaterielles Anlagevermögen<br>　2. Sachanlagevermögen<br>　3. Finanzanlagevermögen<br>IV. **Desinvestitionen in Umlaufvermögen** |
| IV. **Kreditrückzahlung**<br>　(Tilgung von Verbindlichkeiten) | 　1. Vorräte<br>　2. Forderungen |
| V. **Erhöhung der liquiden Mittel** | 　3. Sonstiges Umlaufvermögen<br>V. **Kreditaufnahme (Vermehrung der Verbindlichkeiten)**<br>VI. **Verminderung der liquiden Mittel** |

Im Grunde genommen beinhaltet die Bewegungsbilanz keine zusätzlichen Informationen im Verhältnis zu einer Bilanzanalyse auf Mehrjahresbasis. Sie visualisiert aber durch Angabe lediglich der Bestandsveränderungen und nicht der Bestände die den Geschäftsvorfällen zugrunde liegenden Zahlungsströme und verdeutlicht dem Betrachter die Unzulänglichkeiten einer reinen Stichtags- und damit Zeitpunktanalyse.

| ABB. 342: | Beispiel einer Bewegungsbilanz | | |
|---|---|---|---|
| Stichtagsbilanzen (Werte in Mio. €) | | 31.12.20t1 | 31.12.20t0 |
| Aktiva | | | |
| Sachanlagevermögen *) | | 500 | 400 |
| Finanzanlagevermögen | | 40 | 70 |
| Roh-, Hilfs- und Betriebsstoffe | | 110 | 80 |
| Fertige und unfertige Erzeugnisse | | 120 | 100 |
| Forderungen aus Lieferungen und Leistungen | | 200 | 180 |
| Wertpapiere des Umlaufvermögens und liquide Mittel | | 30 | 70 |
| Σ Aktiva | | 1.000 | 900 |

| Stichtagsbilanzen (Werte in Mio. €) | 31.12.20t1 | 31.12.20t0 |
|---|---|---|
| Passiva | | |
| Gezeichnetes Kapital | 300 | 300 |
| Rücklagen | 40 | 30 |
| Jahresüberschuss **) | 20 | 30 |
| Pensionsrückstellungen | 60 | 50 |
| Sonstige Rückstellungen | 100 | 70 |
| Anleihen | 90 | 100 |
| Verbindlichkeiten gegenüber Kreditinstituten | 120 | 100 |
| Verbindlichkeiten aus Lieferungen und Leistungen | 270 | 220 |
| Σ Passiva | 1.000 | 900 |

*) Hiervon Zugänge 140; Abgänge und Abschreibungen 40.

**) Annahme einer vollständigen Ausschüttung des Vorjahresüberschusses durch Gesellschafterbeschluss.

**Hinweis:** Der separate Ausweis des Jahresüberschusses in der Bilanz deutet darauf hin, dass diese ohne Berücksichtigung der Verwendung des Jahresergebnisses aufgestellt wurde. Deshalb geht man in dieser Konstellation vom „worst case" einer Vollausschüttung aus.

Wird gem. § 268 Abs. 1 HGB die Bilanz unter Berücksichtigung der vollständigen oder teilweisen Verwendung des Jahresergebnisses aufgestellt, so entfällt die Position „Jahresergebnis", vielmehr erscheint der nicht ausgeschüttete Teil des Jahresergebnisses als Bestandsveränderung der Gewinnrücklagen. Die Differenz zwischen dem Jahresergebnis als Saldo der GuV und der Bestandsveränderung der Gewinnrücklagen stellt die Ausschüttung dar.

Es sind folgende Besonderheiten zu beachten:

▶ Das Jahresergebnis nach Steuern ist nach Maßgabe der GuV als Mittelherkunft auszuweisen, der hiervon ausgeschüttete oder zur Ausschüttung bestimmte Teil stellt eine kurzfristige Mittelverwendung dar und ist als solche darzustellen.

▶ Anschaffungen und Herstellungen von Vermögensgegenständen des Anlagevermögens sind Mittelverwendungen, Abschreibungen auf Anlagevermögen Mittelherkünfte.

Bei Differenzierung nach der Fristigkeit ergibt sich folgende Aufstellung:

| Mittelverwendung | Geschäftsjahr 20t1 | | Mittelherkunft |
|---|---|---|---|
| **1. Mittel- und langfristige Herkünfte und Verwendungen** | | | |
| Zugänge an Sachanlagen | 140 | Abschreibungen auf Sachanlagen | 40 |
| Abnahme der Anleiheverbindlichkeiten | 10 | Abnahme der Finanzanlagen | 30 |
| | | Zunahme der Rücklagen | 10 |
| | | Jahresüberschuss | 20 |
| | | Zunahme der Pensionsrückstellungen | 10 |
| **Mittel- und langfristige Verwendungen** | **150** | **Mittel- und langfristige Herkünfte** | **110** |
| **2. Kurzfristige Herkünfte und Verwendungen** | | | |
| Zunahme der Roh-, Hilfs- und Betriebsstoffe | 30 | Abnahme der Wertpapiere und liquiden Mittel | 40 |
| Zunahme der Erzeugnisse | 20 | Zunahme der sonstigen Rückstellungen | 30 |
| Zunahme der Lieferforderungen | 20 | Zunahme der Bankverbindlichkeiten | 20 |
| Dividendenzahlung (Vorjahresüberschuss) | 30 | Zunahme der Lieferverbindlichkeiten | 50 |
| **Kurzfristige Verwendungen** | **100** | **Kurzfristige Herkünfte** | **140** |
| **Σ Mittelverwendung:** | **250** | **Σ Mittelherkunft:** | **250** |

Hieraus folgt unmittelbar, dass von den langfristigen Verwendungen i. H. v. 150 Mio. € lediglich 110 Mio. € entsprechend langfristig finanziert sind. Der Differenzbetrag ist nicht fristenkongruent finanziert. Unter der worst case-Annahme einer erneuten vollständigen Ausschüttung des Überschusses des abgelaufenen Jahres stehen sogar nur 90 Mio. € an langfristigen Mittelherkünften zur Verfügung. Die horizontalen Kapitalstrukturregeln dürften sich im Analysezeitraum nennenswert verschlechtert haben.

Die Analyse der Entwicklung der vertikalen Kapitalstruktur ergibt:

▶ Das Fremdkapital wuchs um 10 + 30 + 20 + 50 - 10 = 100 Mio. € (die Dividendenausschüttung wird als Eigenkapitalminderung bezogen auf das Vorjahr aufgefasst),

▶ das Eigenkapital demgegenüber nur um 10 + 20 = 30 Mio. € (bei worst-case-Annahme einer Vollausschüttung des Bilanzgewinns aus 20t1 nur um 10 Mio. €),

mithin zeigt sich auch eine Verschlechterung der vertikalen Bilanzstruktur.

Nach weiterer Umgliederung der Bewegungsbilanz gem. finanzwirtschaftlicher Art der Vorgänge ergibt sich nachfolgende Aufstellung. Hierbei ist zu berücksichtigen, dass die Wertpapiere des Umlaufvermögens als Zahlungsmitteläquivalente (nicht betriebsnotwendig und jederzeit veräußerbar) aufgefasst werden:

## Bewegungsbilanz und Kapitalflussrechnung — KAPITEL V

| Mittelverwendung | | Geschäftsjahr 20t1 | | Mittelherkunft |
|---|---|---|---|---|
| 1. | Investitionen | | 1. Ordentlicher Cashflow | |
| | Zugänge an Sachanlagen | 140 | Gewinn | 20 |
| | | | Zunahme der Rücklagen | 10 |
| 2. | Zunahme Umlaufvermögen (working capital) | | Abschreibungen auf Sachanlagen | 40 |
| | Zunahme der Roh-, Hilfs- und Betriebsstoffe | 30 | Zunahme der langfristigen Rückstellungen | 10 |
| | Zunahme der Erzeugnisse | 20 | | 80 |
| | Zunahme der Lieferforderungen | 20 | 2. Desinvestitionen | |
| | | 70 | Abnahme der Finanzanlagen | 30 |
| 3. | Erhöhung liquider Mittel | – | 3. Verminderung der Wertpapiere des UV und der liquiden Mittel | 40 |
| 4. | Gewinnausschüttung (Dividende für Vorjahr) | 30 | 4. Zunahme des kurzfr. Fremdkapitals, soweit keine Finanzschulden (working capital) | |
| | | | Zunahme der kurzfristigen Rückstellungen | 30 |
| 5. | Tilgung von Finanzschulden | | Zunahme der Lieferverbindlichkeiten | 50 |
| | Abnahme der langfristigen Verbindlichkeiten | 10 | | 80 |
| | | | 5. Eigenkapitalaufnahme | – |
| | | | 6. Aufnahme von Finanzschulden | |
| | | | Zunahme der Bankverbindlichkeiten | 20 |
| Σ Mittelverwendung: | | 250 | Σ Mittelherkunft: | 250 |

Gliederungskriterien der Bewegungsbilanz sind damit insbesondere

▶ die Bindungsdauern der Vermögensgegenstände bzw. Fristigkeiten der Schulden,
▶ die finanzwirtschaftliche Klassifikation der Vorgänge (laufender Geschäftsbetrieb, Investitionen/Desinvestitionen, Kapitalaufnahmen/-rückzahlungen).

Im obigen Beispiel lässt sich z. B. unmittelbar ersehen, dass

▶ mittel- und langfristige Verwendungen zu einem bedeutenden Teil mit kurzfristigen Mitteln refinanziert wurden,
▶ Investitionen in Anlage- und Umlaufvermögen in Höhe von 210 Mio. € nur zu rund einem Drittel aus dem ordentlichen Cashflow gedeckt wurden,
▶ Maßnahmen der Außenfinanzierung lediglich von Seiten der Fremdkapitalgeber, nicht der Eigenkapitalgeber erfolgten,

- ▶ die Außenfinanzierung nahezu vollständig den kurzfristigen Bereich umfasste,
- ▶ der Finanzmittelfonds deutlich abgenommen hat.

Aus Sicht der Entwicklung der Bilanzkennzahlen (vgl. Kapitel III.7). korrespondiert die dargestellte Situation im Finanzbereich mit

- ▶ einer Verminderung der Deckungskennziffern,
- ▶ einer Erhöhung des Verschuldungsgrads und
- ▶ einer Verminderung der Liquiditätskennziffern,

was insgesamt auf eine ungesunde Wachstumsfinanzierung und insoweit auf eine deutliche Verschlechterung der finanziellen Lage des Unternehmens hindeutet.

Die zuletzt aufgeführte Gliederungssystematik lässt sich im Vorgriff auf den folgenden Abschnitt in eine gestaffelte Aufstellung umformulieren:

|   | Ordentlicher Cashflow (DVFA/SG) | 20 + 10 + 40 + 10 = | 80 |
|---|---|---|---|
| -/+ | Zunahme/Abnahme Umlaufvermögen (ohne Finanzmittelfonds) | 30 + 20 + 20 = | -70 |
| +/- | Zunahme/Abnahme (kurzfristiges) Fremdkapital (ohne Finanzschulden) | 30 + 50 = | +80 |
| -/+ | Zunahme/Abnahme des working capitals |  | +10 |
| = | Cashflow aus laufender Geschäftstätigkeit nach DRS 21 |  | 90 |
| + | Einzahlungen aus Desinvestitionen FAV |  | 30 |
| - | Auszahlungen aus Investitionen SAV |  | -140 |
| = | Cashflow aus Investitionstätigkeit |  | -110 |
| = | Free Cashflow |  | -20 |
| + | Einzahlungen aus Aufnahme von Finanzverbindlichkeiten |  | +20 |
| - | Auszahlungen aus der Tilgung von Finanzverbindlichkeiten |  | -10 |
| - | Auszahlungen für Ausschüttungen |  | -30 |
| = | Cashflow aus Finanzierungstätigkeit |  | -20 |
| = | Jahres-Cashflow |  | -40 |
| = | Veränderung des Finanzmittelfonds (Liquide Mittel und Wertpapiere des UV) |  | -40 |

## 5.2 Kapitalflussrechnung

### 5.2.1 Rechtsgrundlagen

Eine Kapitalflussrechnung ist aufzustellen und offenzulegen

- ▶ als Bestandteil des Jahresabschlusses von kapitalmarktorientierten Kapitalgesellschaften i. S. d. § 264d HGB (§ 264 Abs. 1 Satz 2 HGB),
- ▶ als Bestandteil des Konzernabschlusses von Mutterunternehmen i. S.d. § 290 Abs. 1 Satz 1 HGB (§ 297 Abs. 1 Satz 1 HGB).

Sie entstammt **angelsächsischen Bilanzierungsgepflogenheiten**, ist dort seit langem obligatorischer Abschlussbestandteil und geregelt in **IAS 7**. In diesem Fall wäre der englische Originalbegriff „**cashflow statement**" wesentlich instruktiver, denn Gegenstand der Kapitalflussrechnung ist keinesfalls die Darstellung des Kapitals – der Kapitalbestände oder Kapitalstruktur – im statischen Sinne.

Das Rechenwerk stellt vielmehr eine verdichtete, nach sachlichen Gesichtspunkten in Staffelform gegliederte **Liquiditätsrechnung** dar und ist damit dem auf der Ertrags-Aufwands-Ebene befindlichen Jahresabschluss eigentlich wesensfremd. Maßgrößen sind

- als **Stromgrößen** die periodischen Einzahlungen und Auszahlungen sowie
- als **Bestandsgröße** die liquiden Mittel (der sog. **Finanzmittelfonds**, bestehend aus Zahlungsmitteln und Zahlungsmitteläquivalenten).

Somit bildet die Kapitalflussrechnung eine Erweiterung der Bewegungsbilanz. Mittelherkünfte und Mittelverwendungen werden hier als **Veränderungen eines Finanzmittelfonds** dargestellt, der noch zu definieren ist. Darüber hinaus werden Informationen bereitgestellt, wie und in welchem Umfang das Unternehmen aus der Geschäftstätigkeit Finanzmittel erwirtschaftet hat sowie, welche zahlungswirksamen Investitions- und Finanzierungsmaßnahmen vorgenommen wurden. Insbesondere wird verdeutlicht:

- die Aufgliederung der Mittelherkünfte (Kapitalaufnahme, Desinvestitionen) und Mittelverwendungen (Investitionen, Kapitalrückzahlungen),
- der Bestand und die zeitliche Entwicklung des Finanzmittelfonds als Saldo.

Nach § 297 Abs. 1 Satz 1 HGB bildet die Kapitalflussrechnung einen vollwertigen Bestandteil des Konzernabschlusses. Weitere materielle Vorschriften zum Aufbau und Inhalt der Kapitalflussrechnung finden sich im HGB allerdings nicht. Sie sind vielmehr dem **Deutschen Rechnungslegungs Standard Nr. 21 (DRS 21)** zu entnehmen, der vom BMJ gem. § 342 Abs. 2 HGB in der Fassung vom 8.4.2014 bekannt gemacht worden ist und demnach als GoB für Konzernunternehmen gilt.

Standardsetzer ist das Deutsche Rechnungslegungs Standards Committee (DRSC), das mit Vertrag vom 3.9.1998 durch das Bundesministerium der Justiz (BMJ) als privates Rechnungslegungsgremium i. S. des § 342 HGB anerkannt wurde.

Folgende bindenden Definitionen werden kodifiziert (DRS 21, Tz. 9):

- **Zahlungsmittel** sind Barmittel und täglich fällige Sichteinlagen.
- **Zahlungsmitteläquivalente** sind als Liquiditätsreserve gehaltene, kurzfristige Finanzmittel, die jederzeit in Zahlungsmittel umgewandelt werden können und nur unwesentlichen Wertschwankungen unterliegen. Dies sind insbesondere Wertpapiere des Umlaufvermögens, die täglich veräußerbar sind und nach dem strengen Niederstwertprinzip bewertet werden. Ihre Restlaufzeit zum Erwerbszeitpunkt darf maximal drei Monate betragen.
- **Finanzmittelfonds** ist der (Anfangs- bzw. End-)Bestand an Zahlungsmitteln und Zahlungsmitteläquivalenten.

- **Finanzschulden** sind Verbindlichkeiten gegenüber Banken, Kapitalsammelstellen und anderen Geldgebern sowie Anleihen, nicht jedoch Lieferanten- oder sonstige Verbindlichkeiten aus der laufenden Geschäftstätigkeit.
- **Cashflows** sind die Salden aus Einzahlungen und Auszahlungen (Netto-Zahlungsströme) einer Periode aus der laufenden Geschäftstätigkeit, der Investitions- und der Finanzierungstätigkeit.
- **Laufende Geschäftstätigkeiten** sind die wesentlichen auf Erlöserzielung gerichteten zahlungswirksamen Aktivitäten des Unternehmens sowie diejenigen sonstigen Aktivitäten, die weder der Investitions- noch der Finanzierungstätigkeit zuzuordnen sind.
- Unter die **Investitionstätigkeiten** fallen der Erwerb und die Veräußerung von Gegenständen des Anlagevermögens sowie von Gegenständen des Umlaufvermögens, die nicht dem Finanzmittelfonds oder der laufenden Geschäftstätigkeit zuzuordnen sind.
- **Finanzierungstätigkeiten** umfassen zahlungswirksame Aktivitäten, die sich auf die Höhe und/oder die Zusammensetzung der Eigenkapitalposten und/oder der Finanzschulden auswirken, einschließlich der Vergütungen für die Kapitalüberlassung.

Die Kapitalflussrechnung nach DRS 21, Tz. 15 wird in die drei Abschnitte

- **laufende Geschäftstätigkeit** (betriebsbedingte Ein- und Auszahlungen),
- **Investitionstätigkeit** (Investitionen, Desinvestitionen) und
- **Finanzierungstätigkeit** (Kapitalaufnahmen, -rückzahlungen).

geteilt. Die Zuordnung der Zahlungsvorgänge im Einzelfall richtet sich nach den jeweiligen wirtschaftlichen Gegebenheiten des Unternehmens. Für die Aufstellung der Kapitalflussrechnung gilt der Grundsatz der Stetigkeit analog zum Jahresabschluss. Es sind in gleicher Weise Vorjahreszahlen anzugeben (DRS 21, Tz. 21 ff.).

Der Cashflow aus der laufenden Geschäftstätigkeit kann entweder direkt oder indirekt dargestellt werden:

- nach der **direkten** Methode werden Einzahlungen und Auszahlungen unsaldiert angegeben,
- nach der **indirekten** Methode wird in einer Überleitungsrechnung das Periodenergebnis laut GuV um nicht zahlungswirksame Erträge und Aufwendungen, um Bestandsveränderungen bei Posten des Nettoumlaufvermögens (ohne Finanzmittelfonds) und um alle Posten, die Cashflows aus der Investitions- und Finanzierungstätigkeit sind, korrigiert (DRS 21, Tz. 25).

Für die Bereiche der Investitions- und der Finanzierungstätigkeit erfolgt die Darstellung der Zahlungsströme dagegen ausschließlich nach der direkten Methode (DRS 21, Tz. 24).

Ausgangspunkt der Kapitalflussrechnung ist der **Finanzmittelfonds** zu Beginn der Periode. Er setzt sich ausschließlich aus den Zahlungsmitteln und Zahlungsmitteläquivalenten zusammen. Zahlungsmitteläquivalente sind als Liquiditätsreserve gehaltene, kurzfristige, äußerst liquide, auf der Aktivseite der Bilanz erfasste Finanzmittel, die jederzeit in Zahlungsmittel umwandelbar sind und nur unwesentlichen Wertschwankungen unterliegen.

Der **Cashflow aus der laufenden Geschäftstätigkeit** stammt aus der auf Erlöserzielung ausgerichteten Tätigkeit des Unternehmens, soweit er nicht dem Cashflow aus der Investitions-

oder der Finanzierungstätigkeit zuzuordnen ist. Ferner sind Ertragsteuerzahlungen grundsätzlich der laufenden Geschäftstätigkeit zuzuordnen und gesondert auszuweisen (DRS 21, Tz. 18 f.).

Der **Cashflow aus der Investitionstätigkeit** stammt aus Zahlungsströmen in Zusammenhang mit den Ressourcen des Unternehmens, mit denen langfristig, meist länger als ein Jahr, ertragswirksam gewirtschaftet werden soll.

Der Investitionstätigkeit zuzuordnen sind auch Zahlungsströme von Finanzmittelanlagen im Rahmen der kurzfristigen Finanzdisposition, sofern diese nicht dem Finanzmittelfonds zuzuordnen sind oder zu Handelszwecken gehalten werden. Ferner sind Zahlungsströme aus dem Erwerb und dem Verkauf von konsolidierten Unternehmen als Investitionstätigkeit zu klassifizieren. Weiterhin sind erhaltene Zinsen sowie erhaltene Dividenden der Investitionstätigkeit zuzuordnen und gesondert auszuweisen (DRS 21, Tz. 44).

Dem **Cashflow aus der Finanzierungstätigkeit** sind grundsätzlich die Zahlungsströme zuzuordnen, die aus Transaktionen mit den Gesellschaftern des Mutterunternehmens und anderen Gesellschaftern konsolidierter Tochterunternehmen sowie aus der Aufnahme oder Tilgung von Finanzschulden resultieren. Ferner sind gezahlte Zinsen sowie gezahlte Dividenden der Finanzierungstätigkeit zuzuordnen und gesondert auszuweisen (DRS 21, Tz. 48).

| ABB. 343: | Zuordnung von Einzelpositionen zu Teil-Cashflows nach DRS 2 bzw. DRS 21 | |
|---|---|---|
| Position | DRS 2 (alt) | DRS 21 (neu) |
| Erhaltene Zinsen | Laufende Geschäftstätigkeit, DRS 2.36 (begründete Ausnahme auch: Investitionstätigkeit, DRS 2.39) | Investitionstätigkeit (DRS 21.44) |
| Gezahlte Zinsen | Laufende Geschäftstätigkeit, DRS 2.36 (begründete Ausnahme auch: Investitions- bzw. Finanzierungstätigkeit, DRS 2.39) | Finanzierungstätigkeit (DRS 21.48) |
| Erhaltene Dividenden | Laufende Geschäftstätigkeit, DRS 2.36 (begründete Ausnahme auch: Investitionstätigkeit, DRS 2.39) | Investitionstätigkeit (DRS 21.44) |
| Gezahlte Dividenden | Finanzierungstätigkeit, DRS 2.37 | Finanzierungstätigkeit (DRS 21.48) |
| Ertragsteuern | Laufende Geschäftstätigkeit, DRS 2.41 (begründete Ausnahme auch: Investitions- bzw. Finanzierungstätigkeit, DRS 2.32) | Laufende Geschäftstätigkeit (DRS 21.18) |

Quelle: I. A. a. *Theile/Salewski*, BBK 2013, S. 844.

Im DRS 21, Anlage 1, sind die Mindestgliederungsschemata der Kapitalflussrechnung nach der direkten sowie der indirekten Methode wie folgt angegeben:

| ABB. 344: | | Kapitalflussrechnung nach DRS 21 (Direkte Methode) |
|---|---|---|
| 1. | | Einzahlungen von Kunden für den Verkauf von Erzeugnissen, Waren und Dienstleistungen |
| 2. | - | Auszahlungen an Lieferanten und Beschäftigte |
| 3. | + | Sonstige Einzahlungen, die nicht der Investitions- oder Finanzierungstätigkeit zuzuordnen sind |
| 4. | - | Sonstige Auszahlungen, die nicht der Investitions- oder Finanzierungstätigkeit zuzuordnen sind |
| 5. | + | Einzahlungen aus außerordentlichen Posten |
| 6. | - | Auszahlungen aus außerordentlichen Posten |
| 7. | -/+ | Ertragsteuerzahlungen |
| 8. | = | **Cashflow aus der laufenden Geschäftstätigkeit (Summe aus 1 - 7)** |
| 9. | + | Einzahlungen aus Abgängen von Gegenständen des immateriellen Anlagevermögens |
| 10. | - | Auszahlungen für Investitionen in das immaterielle Anlagevermögen |
| 11. | + | Einzahlungen aus Abgängen von Gegenständen des Sachanlagevermögens |
| 12. | - | Auszahlungen für Investitionen in das Sachanlagevermögen |
| 13. | + | Einzahlungen aus Abgängen von Gegenständen des Finanzanlagevermögens |
| 14. | - | Auszahlungen für Investitionen in das Finanzanlagevermögen |
| 15. | + | Einzahlungen aus Abgängen aus dem Konsolidierungskreis |
| 16. | - | Auszahlungen für Zugänge zum Konsolidierungskreis |
| 17. | + | Einzahlungen aufgrund von Finanzmittelanlagen im Rahmen der kurzfristigen Finanzdisposition |
| 18. | - | Auszahlungen aufgrund von Finanzmittelanlagen im Rahmen der kurzfristigen Finanzdisposition |
| 19. | + | Einzahlungen aus außerordentlichen Posten |
| 20. | - | Auszahlungen aus außerordentlichen Posten |
| 21. | + | Erhaltene Zinsen |
| 22. | + | Erhaltene Dividenden |
| 23. | = | **Cashflow aus der Investitionstätigkeit (Summe aus 9 - 22)** |
| 24. | + | Einzahlungen aus Eigenkapitalzuführungen von Gesellschaftern des Mutterunternehmens |
| 25. | + | Einzahlungen aus Eigenkapitalzuführungen von anderen Gesellschaftern |
| 26. | - | Auszahlungen aus Eigenkapitalherabsetzungen an Gesellschafter des Mutterunternehmens |
| 27. | - | Auszahlungen aus Eigenkapitalherabsetzungen an andere Gesellschafter |
| 28. | + | Einzahlungen aus der Begebung von Anleihen und der Aufnahme von (Finanz-)Krediten |
| 29. | - | Auszahlungen aus der Tilgung von Anleihen und (Finanz-)Krediten |
| 30. | + | Einzahlungen aus erhaltenen Zuschüssen/Zuwendungen |
| 31. | + | Einzahlungen aus außerordentlichen Posten |
| 32. | - | Auszahlungen aus außerordentlichen Posten |
| 33. | - | Gezahlte Zinsen |
| 34. | - | Gezahlte Dividenden an Gesellschafter des Mutterunternehmens |
| 35. | - | Gezahlte Dividenden an andere Gesellschafter |
| 36. | = | **Cashflow aus der Finanzierungstätigkeit (Summe aus 24 - 35)** |

| 37. | +/- | Zahlungswirksame Veränderungen des Finanzmittelfonds (Summe aus 8., 23., 36.) |
|---|---|---|
| 38. | +/- | Wechselkurs- und bewertungsbedingte Änderungen des Finanzmittelfonds |
| 39. | +/- | Konsolidierungskreisbedingte Änderungen des Finanzmittelfonds |
| 40. | + | Finanzmittelfonds am Anfang der Periode |
| 41. | = | **Finanzmittelfonds am Ende der Periode (Summe aus 37 - 40)** |

Verbreiteter ist jedoch die indirekte Methode, die zunächst den Cashflow nach DVFA/SG (vgl. Kapitel V.4) aus der GuV ableitet und diesen zum Cashflow aus laufender Geschäftstätigkeit erweitert.

| ABB. 345: | | **Kapitalflussrechnung nach DRS 21 (Indirekte Methode)** |
|---|---|---|
| 1. | | Periodenergebnis (Konzernjahresüberschuss/-fehlbetrag) einschließlich Ergebnisanteile anderer Gesellschafter |
| 2. | +/- | Abschreibungen/Zuschreibungen auf Gegenstände des Anlagevermögens |
| 3. | +/- | Zunahme/Abnahme der Rückstellungen |
| 4. | +/- | Sonstige zahlungsunwirksame Aufwendungen/Erträge (z. B. Abschreibung auf ein aktiviertes Disagio) |
| 5. | -/+ | Zunahme/Abnahme der Vorräte, der Forderungen aus Lieferungen und Leistungen sowie anderer Aktiva, die nicht der Investitions- oder Finanzierungstätigkeit zuzuordnen sind |
| 6. | +/- | Zunahme/Abnahme der Verbindlichkeiten aus Lieferungen und Leistungen sowie anderer Passiva, die nicht der Investitions- oder Finanzierungstätigkeit zuzuordnen sind |
| 7. | -/+ | Gewinn/Verlust aus dem Abgang von Gegenständen des Anlagevermögens |
| 8. | +/- | Zinsaufwendungen/Zinserträge |
| 9. | - | Sonstige Beteiligungserträge |
| 10. | +/- | Aufwendungen/Erträge aus außerordentlichen Posten |
| 11. | +/- | Ertragsteueraufwand/-ertrag |
| 12. | + | Einzahlungen aus außerordentlichen Posten |
| 13. | - | Auszahlungen aus außerordentlichen Posten |
| 14. | -/+ | Ertragsteuerzahlungen |
| 15. | = | **Cashflow aus der laufenden Geschäftstätigkeit (Summe aus 1 - 14)** |
| 16. | + | Einzahlungen aus Abgängen von Gegenständen des immateriellen Anlagevermögens |
| 17. | - | Auszahlungen für Investitionen in das immaterielle Anlagevermögen |
| 18. | + | Einzahlungen aus Abgängen von Gegenständen des Sachanlagevermögens |
| 19. | - | Auszahlungen für Investitionen in das Sachanlagevermögen |
| 20. | + | Einzahlungen aus Abgängen von Gegenständen des Finanzanlagevermögens |
| 21. | - | Auszahlungen für Investitionen in das Finanzanlagevermögen |
| 22. | + | Einzahlungen aus Abgängen aus dem Konsolidierungskreis |
| 23. | - | Auszahlungen für Zugänge zum Konsolidierungskreis |
| 24. | + | Einzahlungen aufgrund von Finanzmittelanlagen im Rahmen der kurzfristigen Finanzdisposition |

| | | |
|---|---|---|
| 25. | - | Auszahlungen aufgrund von Finanzmittelanlagen im Rahmen der kurzfristigen Finanzdisposition |
| 26. | + | Einzahlungen aus außerordentlichen Posten |
| 27. | - | Auszahlungen aus außerordentlichen Posten |
| 28. | + | Erhaltene Zinsen |
| 29. | + | Erhaltene Dividenden |
| 30. | = | **Cashflow aus der Investitionstätigkeit (Summe aus 16 - 29)** |
| 31. | + | Einzahlungen aus Eigenkapitalzuführungen von Gesellschaftern des Mutterunternehmens |
| 32. | + | Einzahlungen aus Eigenkapitalzuführungen von anderen Gesellschaftern |
| 33. | - | Auszahlungen aus Eigenkapitalherabsetzungen an Gesellschafter des Mutterunternehmens |
| 34. | - | Auszahlungen aus Eigenkapitalherabsetzungen an andere Gesellschafter |
| 35. | + | Einzahlungen aus der Begebung von Anleihen und der Aufnahme von (Finanz-)Krediten |
| 36. | - | Auszahlungen aus der Tilgung von Anleihen und (Finanz-)Krediten |
| 37. | + | Einzahlungen aus erhaltenen Zuschüssen/Zuwendungen |
| 38. | + | Einzahlungen aus außerordentlichen Posten |
| 39. | - | Auszahlungen aus außerordentlichen Posten |
| 40. | - | Gezahlte Zinsen |
| 41. | - | Gezahlte Dividenden an Gesellschafter des Mutterunternehmens |
| 42. | - | Gezahlte Dividenden an andere Gesellschafter |
| 43. | = | **Cashflow aus der Finanzierungstätigkeit (Summe aus 31 - 42)** |
| 44. | +/- | Zahlungswirksame Veränderungen des Finanzmittelfonds (Summe aus 15., 30., 43.) |
| 45. | +/- | Wechselkurs- und bewertungsbedingte Änderungen des Finanzmittelfonds |
| 46. | +/- | Konsolidierungskreisbedingte Änderungen des Finanzmittelfonds |
| 47. | + | Finanzmittelfonds am Anfang der Periode |
| 48. | = | **Finanzmittelfonds am Ende der Periode (Summe aus 44 - 47)** |

## 5.2.2 Erkenntnisziele und Analysemöglichkeiten

Die Kapitalflussrechnung beinhaltet im Wesentlichen eine Aggregation der Daten aus dem Finanz- und Liquiditätsplan. Sie weist demnach folgende betriebswirtschaftliche **Struktur** auf:

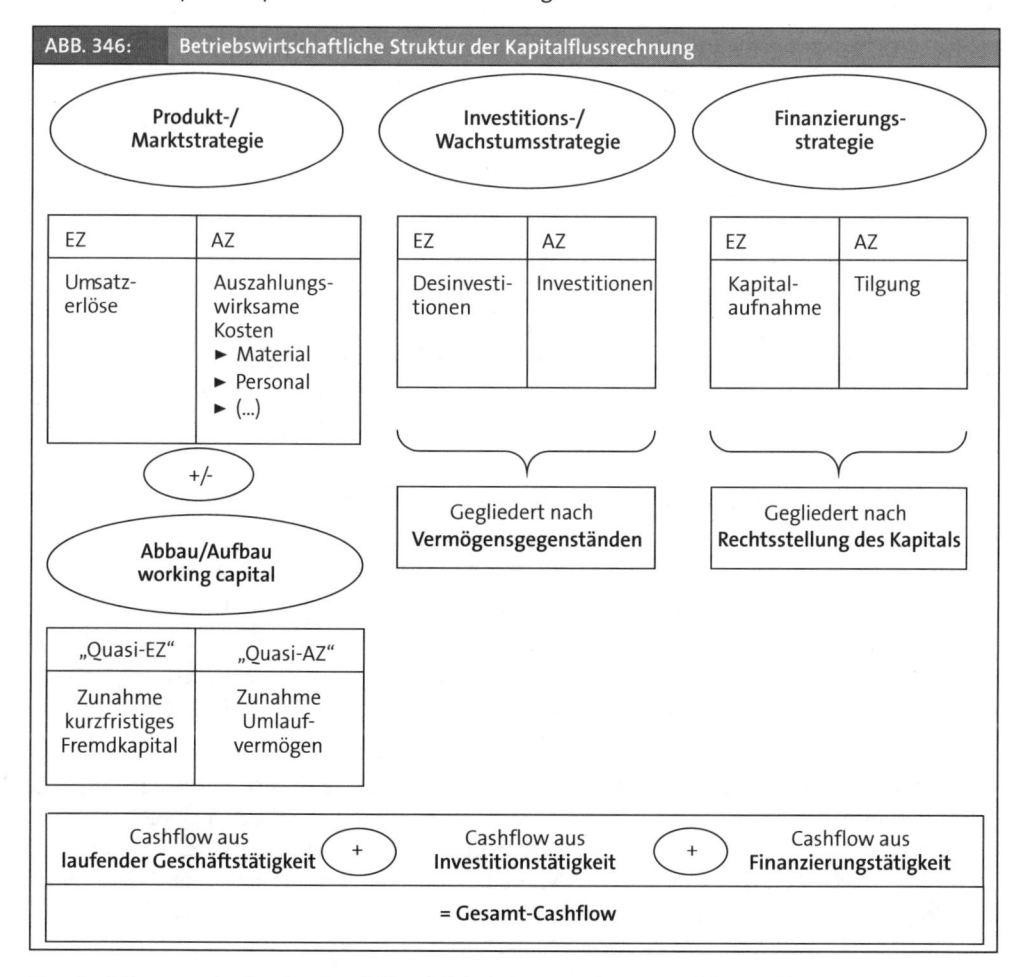

**ABB. 346: Betriebswirtschaftliche Struktur der Kapitalflussrechnung**

- Produkt-/Marktstrategie
  - EZ: Umsatzerlöse
  - AZ: Auszahlungswirksame Kosten
    - ► Material
    - ► Personal
    - ► (...)
  - +/−
  - Abbau/Aufbau working capital
    - „Quasi-EZ": Zunahme kurzfristiges Fremdkapital
    - „Quasi-AZ": Zunahme Umlaufvermögen
  - = Cashflow aus laufender Geschäftstätigkeit

- Investitions-/Wachstumsstrategie
  - EZ: Desinvestitionen
  - AZ: Investitionen
  - Gegliedert nach **Vermögensgegenständen**
  - = Cashflow aus Investitionstätigkeit

- Finanzierungsstrategie
  - EZ: Kapitalaufnahme
  - AZ: Tilgung
  - Gegliedert nach **Rechtsstellung des Kapitals**
  - = Cashflow aus Finanzierungstätigkeit

**= Gesamt-Cashflow**

Der Cashflow aus **laufender Geschäftstätigkeit** ist – analog zur Erfolgsquellenanalyse der GuV – der wesentliche Teil-Cashflow und sollte einer intensiven Detailwürdigung unterzogen werden. Er wird im Wesentlichen aus zwei Quellen gespeist,

- dem Cashflow **nach DVFA/SG** (nach indirekter Methode Positionen Nr. 1 - 4 und Nr. 7; diese zählt als ungewöhnlicher zahlungswirksamer Erfolg ebenfalls hierzu) und
- dem Cashflow aus der **Veränderung des working capitals** (Positionen Nr. 5 und 6; jeweils indirekte Methode).

Die übrigen Positionen Nr. 8 - 14 im Rahmen der indirekten Methode stellen Korrekturposten zwecks Abgrenzung der buchhalterischen von der Zahlungsmittelebene dar.

Die erste Quelle stellt den nachhaltigen Teil dar, zumindest Gewinne und Abschreibungen sind grundsätzlich in jedem Geschäftsjahr regenerierbar. Die zweite Komponente basiert dagegen aus Einmaleffekten. Der Cashflow aus der Veränderung des working capitals ist positiv, sofern

- entweder Kapital bindendes Umlaufvermögen zahlungswirksam abgebaut wird,
- oder kurzfristige Verbindlichkeiten aufgebaut und insoweit Auszahlungen vermieden werden,

im Ergebnis also eine negative Veränderung des working capitals als Differenz aus Umlaufvermögen und kurzfristigem Fremdkapital vorliegt. Hieraus resultiert ein allerdings nur scheinbares **Paradoxon**:

- Aus Sicht der **statischen Kennzahlenanalyse** ist ein Abbau des working capitals negativ, da weniger kurzfristiges Vermögen zur Deckung der kurzfristigen Verbindlichkeiten vorliegt, was durch einen Rückgang der Liquiditätsgrade indiziert wird.
- Im Rahmen der **dynamischen Cashflow-Analyse** generiert ein Abbau an working capital hingegen Cash aufgrund der verringerten Kapitalbindung im Umlaufvermögen. Dieser Effekt kann aber nicht ad infinitum fortgesetzt werden, da in künftigen Perioden unter Going concern-Aspekten sowohl verstärkt Umlaufvermögen beschafft wie auch Verbindlichkeiten bedient werden dürften und es insoweit nur zu einem vorübergehenden Cash-Rückstau kommt.

Im Rahmen der Finanzanalyse ergibt sich insbesondere der Anhaltspunkt, dass

- für den Fall „Cashflow aus laufender Geschäftstätigkeit > Cashflow nach DVFA/SG" davon ausgegangen werden muss, dass das Cash jedenfalls zum Teil nicht aus der nachhaltigen Erlöserzielung, sondern aus der einmaligen Rückführung des working capitals generiert wurde,
- beim Vorliegen des Verhältnisses „Cashflow aus laufender Geschäftstätigkeit < Cashflow nach DVFA/SG" nachhaltig ein höherer Zahlungsmittelzustrom hätte generiert werden können, dieser aber zum Teil in den Aufbau von working capital geflossen ist, welches aber in künftigen Perioden als ggf. Puffer zur Verfügung steht.

Der Cashflow aus der **Investitionstätigkeit** kann im Hinblick auf das Investitionsvolumen (in Relation zum betrieblichen Nutzungsverzehr in Höhe der Abschreibungen) sowie in Bezug auf die Investitionsstruktur entsprechend der Mittelverwendung (eher Kapazitätsaufbau in Form von Sachanlagen oder Diversifikation in Form von Finanzanlagen) analysiert werden. Dieser Teil-Cashflow sollte negativ sein, so dass über das Vorzeichen der Summe aus operativem und investivem Cashflow keine Norm aufgestellt werden kann.

Die Summe des Cashflows aus laufender Geschäftstätigkeit und des Cashflows aus Investitionstätigkeit wird auch als sog. **Free Cashflow** bezeichnet, also der Cashflow, der nach Investitionen zur „freien" Verfügung steht. Der mit den gewichteten Kapitalkosten (sog. „weighted average costs of capital", WACC) abdiskontierte Barwert der Free Cashflows bildet häufig die Maßgröße zur Bestimmung des Unternehmenswerts (vgl. hierzu auch die Ausführungen in Kapitel VI.5).

Der Cashflow aus der **Finanzierungstätigkeit** indiziert die Struktur und zeitliche Entwicklung der Kapitalisierung des Unternehmens nach der Rechtsstellung der Kapitalgeber (Eigen- bzw. Fremdkapital) sowie das Ausschüttungsverhalten in Relation zum ausschüttungsfähigen Gewinn. In integrierender Analyse der Investitions- und Finanzierungstätigkeit können außerdem die Anteile der Innen- und Außenfinanzierung sowie der Fremdkapitalanteil an der Investitionssumme (Investitionsbudget) gewürdigt werden.

Das Vorzeichen dieses Teil-Cashflows indiziert die Wirkungsrichtung des Finanzmanagements, das entweder auf Akquisition eines Kapitalbedarfs (i. d. R. im Unternehmenswachstum, positives Vorzeichen) oder auf Anlage eines Mittelüberschusses, meist in Form einer Tilgung zinslastiger Schulden (i. d. R. in der Konsolidierung, negatives Vorzeichen) gerichtet ist.

Im Rahmen einer Analyse der Kapitalflussrechnung wird demnach insbesondere folgenden Fragen nachgegangen:

| ABB. 347: Analyseziele der Kapitalflussrechnung |
|---|
| ▶ Ist die Höhe des Cashflows aus laufender Geschäftstätigkeit in Relation zu dieser angemessen? |
| ▶ Wurde er eher aus dem Periodenergebnis, aus den Abschreibungen, aus dem Aufbau kurzfristiger Schulden oder aus dem Abbau von Umlaufvermögen gespeist? |
| ▶ Wie stellt sich die Investitions- und Wachstumsstrategie dar? Wurden aus dem Cashflow angemessene Erhaltungs- bzw. Erweiterungsinvestitionen getätigt oder wurde desinvestiert? |
| ▶ Stehen die Investitionen in angemessenem Verhältnis zur Periodenabnutzung (Abschreibungen)? |
| ▶ Zu welchem Anteil wurden die Investitionen innenfinanziert? Wurde ein Wachstum „auf Pump" eingegangen? |
| ▶ Steht die Bindungsdauer der Investitionen in einem angemessenen Verhältnis zur Fristigkeit des aufgenommenen Kapitals? |
| ▶ Welche Gruppe von Financiers hat wesentliche Finanzierungsbeiträge im Wege der Außenfinanzierung geleistet, eher die Eigen- oder die Fremdkapitalgeber? |
| ▶ Wurde im Analysezeitraum tendenziell Fremdkapital aufgenommen oder eher vorhandenes Fremdkapital getilgt (Konsolidierung)? Wie hat sich die Verschuldung nach Fristigkeiten im kurz- bzw. langfristigen Bereich entwickelt? |
| ▶ Stehen die Ausschüttungen an die Anteilseigner in einem angemessenen Verhältnis zum Periodenergebnis bzw. Cashflow? |
| ▶ Wie hat sich der Finanzmittelfonds (Bestand der liquiden Mittel) entwickelt? Ist seine Höhe im Verhältnis zum Geschäftsvolumen angemessen? |

Ein positiver Jahres-Cashflow kann durch ein positives zahlungswirksames Leistungsergebnis, durch Verkauf von Anlagegütern oder/und durch Kapitalzuführungen von außen zustande kommen. Somit ist nicht nur die absolute **Höhe** des Jahres-Cashflows, sondern insbesondere dessen **Struktur** aus Risikosicht von Interesse. Folgende typischen Konstellationen sind hierzu denkbar:

| ABB. 348: Fallkonstellationen bei der Interpretation der Kapitalflussrechnung | | | |
|---|---|---|---|
| Wert | Typ I | Typ II | Typ III |
| Cashflow aus laufender Geschäftstätigkeit | 100 | 100 | 100 |
| Cashflow aus Investitionstätigkeit | -120 | 40 | -280 |
| Cashflow aus Finanzierungstätigkeit | 40 | -120 | 200 |
| Gesamt-Cashflow | 20 | 20 | 20 |
| Würdigung | „organische Entwicklung" | „Konsolidierung" | „Wachstum auf Pump" |

Bei Typ I wurde das Unternehmenswachstum nur unterproportional mit Fremdmitteln finanziert; eine gleichzeitige Gewinnausschüttung unterstellt, trug gleichwohl die Innenfinanzierung maßgeblich zur Alimentierung der Investitionen bei. Typ II zeigt ein Unternehmen, das zwar durch Verwendung des Cashflows zur Schuldentilgung über eine solide Kapitalstruktur verfügt, aber seine betriebliche Substanz aushöhlt, indem nur in unzureichendem Umfang Investitionen vorgenommen werden. Typ III weist zwar eine hohe Wachstumsdynamik auf, diese ist allerdings aufgrund der weitgehenden Kreditfinanzierung mit hohen Risiken behaftet.

Zur Präzisierung entsprechender Tendenzaussagen werden in der Praxis des Finanzcontrollings insbesondere die folgenden **Kennzahlen** herangezogen:

- Anteil des Cashflows aus laufender Geschäftstätigkeit in % des gesamten Cashflows,
- Brutto- bzw. Nettoinvestitionen in % des Cashflows aus laufender Geschäftstätigkeit,
- Anteile der Innen- und Außenfinanzierung am Cashflow aus Finanzierungstätigkeit,
- bei der Außenfinanzierung die anteilige Mittelaufbringung von Seiten der Eigen- bzw. Fremdkapitalgeber mit entsprechenden Auswirkungen auf die Kapitalstruktur (Verschuldungsgrad),
- bezüglich der Investitionsauszahlungen die Anteile der Mittelverwendung für Investitionen in Anlage- und Umlaufvermögen sowie andererseits der relative Umfang der Vornahme entsprechender Desinvestitionen,
- Anteil der Veränderung des working capital am Cashflow aus laufender Geschäftstätigkeit,
- Anteil der Entschuldung gegenüber Fremdkapitalgebern an der gesamten Mittelverwendung,
- Anteil außerordentlicher Finanzierungseffekte sowie der Ausschüttungen am gesamten Mittelaufkommen.

Aus der Analyse dieser Kennzahlen lassen sich Erkenntnisse über die Finanzlage des Unternehmens und insbesondere auf **finanzielle Spannungen** ableiten, d. h. das (Un-)Vermögen,

- seinen fälligen Zahlungsverpflichtungen nachzukommen,
- Ausschüttungen an die Anteilseigner zu leisten sowie
- nachhaltig finanzielle Überschüsse zu erwirtschaften.

Anzeichen für Spannungen sind etwa Zahlungsdefizite aus laufender Geschäftstätigkeit, beträchtliche außerordentliche Einzahlungen aus dem Verkauf von Anlagegütern und/oder eine Ausweitung der kurzfristigen Fremdfinanzierung. Häufig treten mehrere, sich verstärkende negative Strukturänderungen über einen Mehrjahreszeitraum hinweg auf.

Signale für ein bevorstehendes finanzielles Ungleichgewicht sind z. B. ein Umsatzeinbruch, der Übergang zu einer Unterdeckung im laufenden Betriebsprozess, eine Ausweitung der Eigenkapitalentnahmen und/oder ein Anstieg der Debitorenbestände.

Bewegungsbilanz und Kapitalflussrechnung als Instrumente des Finanzcontrollings sind insbesondere folgenden **Kritikpunkten** ausgesetzt:

- Einzelne Positionen der Mittelherkunft lassen sich nicht einzelnen Positionen der Mittelverwendung zurechnen (Zurechnungsirrtum),
- Bestandsänderungen zwischen zwei Stichtagen entsprechen nicht den Strömungsvolumina in dem gesamten dazwischen liegenden Zeitraum,
- das Volumenverhältnis zwischen Kapitalflussrechnung und Bilanz wird vernachlässigt.

### 5.2.3 Erstellung der Kapitalflussrechnung

Die komplexen Ausführungen sollen nunmehr an einem Fallbeispiel verdeutlicht werden. Die bereits im Kapitel III. behandelte **Borussia Dortmund GmbH & Co. KGaA** gehört zu den führenden Unternehmen im internationalen Berufsfußball und ist zudem die einzige börsennotierte Gesellschaft dieser Branche in Deutschland. Bei einer Bilanzsumme von rd. 250 Mio. € werden Umsatzerlöse von rd. 215 Mio. € p. a. erwirtschaftet (vgl. *http://aktie.bvb.de/*).

Die Echtdaten wurden um Spezifika des Konzernabschlusses nach IFRS wie z. B. Abgrenzungen des Konsolidierungskreises, Bilanzierung von Leasingverbindlichkeiten oder den Ansatz latenter Steuern bereinigt, so dass es zu einzelnen Abweichungen kommt. Den Ausgangspunkt der Analyse soll folgende verdichtete **Bilanz mit Vorjahreswerten** gem. § 265 Abs. 2 HGB bilden (gerundete Werte).

| ABB. 349: | Ableitung einer Kapitalflussrechnung aus dem Konzernabschluss der Borussia Dortmund GmbH & Co. KGaA | | |
|---|---|---|---|
| Position in Mio. € | | 20t1 | 20t0 |
| Langfristige immaterielle Vermögenswerte | | 25,7 | 18,4 |
| Sachanlagevermögen | | 182,6 | 170,7 |
| Finanzanlagen und sonstige langfristige finanzielle Vermögenswerte | | 2,1 | 7,4 |
| Vorräte | | 5,8 | 2,4 |
| Forderungen aus LuL (alle kurzfristig) | | 24,5 | 19,6 |
| Sonstige kurzfristige Forderungen und nicht-finanzielle Vermögenswerte | | 2,7 | 2,1 |
| Liquide Mittel | | 5,3 | 1,1 |
| **Summe Aktiva** | | **248,7** | **221,7** |
| Gezeichnetes Kapital | | 61,4 | 61,4 |
| Rücklagen | | 32,0 | 4,5 |
| Langfristige Finanzverbindlichkeiten und sonstige langfristige Verbindlichkeiten | | 93,3 | 90,7 |
| Kurzfristige Finanzverbindlichkeiten | | 7,3 | 15,2 |
| Kurzfristige Rückstellungen | | 19,3 | 16,3 |
| Verbindlichkeiten aus LuL (alle kurzfristig) | | 9,6 | 10,6 |
| Sonstige nicht-finanzielle Verbindlichkeiten (alle kurzfristig) | | 25,8 | 23,0 |
| **Summe Passiva** | | **248,7** | **221,7** |

Langfristige Rückstellungen bestanden zu beiden Abschlussstichtagen nicht.

Die Konzerneigenkapitalveränderungsrechnung soll idealisiert ausweisen:

| Position in Mio. € | 20t1 | 20t0 |
|---|---|---|
| Kapitalrücklage | 30,0 | 30,0 |
| Gewinnrücklagen | 2,0 | -25,5 |

Als Saldo der GuV ist zu entnehmen:

| Position in Mio. € | 20t1 | 20t0 |
|---|---|---|
| Konzernjahresergebnis | 27,5 | 5,4 |

Es wurde in 20t1 keine Dividende an die Gesellschafter ausgeschüttet. Der Jahresabschluss wurde nach Gewinnverwendungsbeschluss aufgestellt.

Bestandsdifferenzen ergeben sich als Saldo der Zugänge und Abgänge. Beim abnutzbaren Anlagevermögen kann ein Bestandsrückgang zusätzlich auch aus Abschreibungen resultieren. Zwecks Differenzierung dem Grunde nach wird auf Basis des nach § 268 Abs. 2 HGB aufzustellenden Anlagespiegels die folgende Aufgliederung vorgenommen:

| Position | $RBW_{t0}$ | Zugang | Abgang | Abschr. | $RBW_{t1}$ | $AHK_{t0}$ | $AHK_{t1}$ |
|---|---|---|---|---|---|---|---|
| Imm. AV | 18,4 | 20,7 | 4,9 | 8,5 | 25,7 | 41,5 | 51,4 |
| SAV | 170,7 | 22,0 | 0,0 | 10,1 | 182,6 | 240,1 | 262,0 |
| FAV | 7,4 | 1,0 | 6,3 | 0,0 | 2,1 | 7,7 | 2,4 |
| Summe | 196,5 | 43,7 | 11,2 | 18,6 | 210,4 | 289,3 | 315,8 |

Jahresabschlusskennzahlen werden üblicherweise auf Basis einer zuvor erstellten sog. **Strukturbilanz** konstruiert. In deren Rahmen werden differenziert

▶ die Aktiva nach den Hauptgruppen Anlage- und Umlaufvermögen und

▶ die Passiva nach Eigen- und Fremdkapital, letzteres untergliedert nach Fristen.

| Position in Mio. € | 20t1 | 20t0 |
|---|---|---|
| Anlagevermögen | 210,4 | 196,5 |
| Umlaufvermögen, davon | 38,3 | 25,2 |
| ▶ Vorräte | (5,8) | (2,4) |
| ▶ Forderungen | (27,2) | (21,7) |
| ▶ Liquide Mittel einschl. Wertpapiere des UV | (5,3) | (1,1) |
| **Summe Aktiva** | **248,7** | **221,7** |
| Eigenkapital | 93,4 | 65,9 |
| Langfristiges Fremdkapital | 93,3 | 90,7 |
| Kurzfristiges Fremdkapital | 62,0 | 65,1 |
| **Summe Passiva** | **248,7** | **221,7** |

Die IAS/IFRS unterscheiden nur langfristiges Kapital (Restlaufzeit über einem Jahr) und kurzfristiges Kapital (Restlaufzeit bis zu einem Jahr); mittelfristiges Kapital als zusätzliche Fristigkeitskomponente ist unbekannt. Es sollen zunächst die einschlägigen Kapitalstrukturkennzahlen berechnet werden (vgl. hierzu Kapitel III.7):

| Kennzahl | 20t1 | 20t0 |
|---|---|---|
| Eigenkapitalquote | 37,6 % | 29,7 % |
| Anlagedeckungsgrad A | 44,4 % | 33,5 % |
| Anlagedeckungsgrad B | 88,7 % | 79,7 % |
| Liquidität 1. Grades | 8,5 % | 1,7 % |
| Liquidität 2. Grades | 52,4 % | 35,0 % |
| Liquidität 3. Grades | 61,8 % | 38,7 % |

Höhe und Entwicklung der Kennzahlen lassen folgende vorläufige **Interpretation** zu:

▶ Die Eigenkapitalquote ist angemessen und steigt durch Einstellungen in die Gewinnrücklagen deutlich an. Es besteht kein Risiko aus der vertikalen Kapitalstruktur.

▶ Die Anlagendeckung weist unterdurchschnittliche Werte aus. Das langfristige Kapital reicht nicht zur Finanzierung des gesamten Anlagevermögens aus (schon gar nicht das Eigenkapital allein). Allerdings steigen die Anlagendeckungsgrade merklich an.

▶ Die Liquiditätsgrade nehmen bedenkliche Werte an. Nicht einmal das komplette Umlaufvermögen bewirkt eine Deckung der kurzfristig abrufbaren Schulden. Es besteht ein hohes Risiko aus der statischen Liquidität. Jedoch steigen die Werte drastisch an.

Die Bildung dynamischer Kennzahlen erfolgt auf Basis des **Cashflows**. Da langfristige Rückstellungen (Restlaufzeit von mehr als einem Jahr) nicht vorlagen, führt die Anwendung der DVFA/SG-Definition zu (in Mio. €, Jahr 20t1):

| 1. |   | Konzernjahresergebnis | 27,5 |
|---|---|---|---|
| 2. | +/- | Abschreibungen/Zuschreibungen | 18,6 |
| 3. | +/- | Veränderungen der langfristigen Rückstellungen | 0 |
| 4. | = | **Cashflow nach DVFA/SG** | **46,1** |

Das Netto-Fremdkapital ergibt sich aus der Subtraktion der sofort verfügbaren Zahlungsmittel (sowie ggf. vorhandener Zahlungsmitteläquivalente wie Wertpapiere des Umlaufvermögens) vom Fremdkapital für 20t1 als: 93,3 + 62,0 - 5,3 = 150,0 Mio. €. Die Investitionen in Anlagevermögen (abzüglich entsprechender Desinvestitionen) in 20t1 können anhand der Angaben im Anlagespiegel ermittelt werden als 43,7 - 11,2 = 32,5 Mio. €.

Damit betragen die Cashflow-basierten Kennzahlen auf Basis der Definition nach DVFA/SG (für 20t0 keine Angaben):

| Kennzahl | 20t1 | „Praktiker-Grenzwerte" |
|---|---|---|
| Dynamischer Verschuldungsgrad<br>(Netto-Fremdkapital/Cashflow) | 150,0/46,1 =<br>**3,25** | < 6,0 |
| Dynamische Liquidität<br>(Cashflow/kurzfristiges Fremdkapital · 100) | 46,1/62,0 · 100 =<br>**74,4 %** | > 33,3 % |
| Innenfinanzierungsgrad<br>(Cashflow/Netto-Auszahlungen für Investitionen · 100) | 46,1/32,5 · 100 =<br>**141,8 %** | > 50,0 % |

Die dynamischen Kennzahlen sind deutlich positiver ausgeprägt als die statischen Kennzahlen:
- Es dauert unter der Annahme gleich bleibender Jahres-Cashflows lediglich 3,25 Jahre, um die Schulden zu tilgen, wenn verfügbare Zahlungsmittel sofort zur Tilgung eingesetzt werden. Jedoch wird unterstellt, dass die Cashflows komplett zur Kapitalrückzahlung verwendet werden.
- Der Cashflow umfasst nahezu drei Viertel der unterjährig rückzuzahlenden Schulden, d. h., letztere können großteils aus Mitteln der Innenfinanzierung bedient werden.
- Auch der Innenfinanzierungsgrad weist sehr hohe Werte auf, obwohl lt. Anlagespiegel die Investitionen die Abschreibungen deutlich übersteigen. Es kann somit weder eine Substanzausmelkung noch ein „Wachstum auf Pump" konstatiert werden.

Nunmehr soll überprüft werden, ob sich durch Erstellung einer **Bewegungsbilanz** weitergehende Aussagen treffen lassen. Für Borussia Dortmund ergibt sich:

| Position in Mio. € | 20t1 | 20t0 | Differenz | Klass. |
|---|---|---|---|---|
| Langfristige immaterielle Vermögenswerte *) | 25,7 | 18,4 | +7,3 | MV |
| Sachanlagevermögen *) | 182,6 | 170,7 | +11,9 | MV |
| Finanzanlagen und sonstige langfristige finanzielle Vermögenswerte *) | 2,1 | 7,4 | - 5,3 | MH |
| Vorräte | 5,8 | 2,4 | +3,4 | MV |
| Forderungen aus LuL (alle kurzfristig) | 24,5 | 19,6 | +4,9 | MV |
| Sonstige kurzfristige Forderungen und nicht-finanzielle Vermögenswerte | 2,7 | 2,1 | +0,6 | MV |
| Liquide Mittel | 5,3 | 1,1 | +4,2 | MV |
| **Summe Aktiva** | **248,7** | **221,7** | **+27,0** | – |
| Gezeichnetes Kapital | 61,4 | 61,4 | 0,0 | – |
| Rücklagen **) | 32,0 | 4,5 | +27,5 | MH |
| Langfristige Finanzverbindlichkeiten und sonstige langfristige Verbindlichkeiten | 93,3 | 90,7 | +2,6 | MH |
| Kurzfristige Finanzverbindlichkeiten | 7,3 | 15,2 | - 7,9 | MV |
| Kurzfristige Rückstellungen | 19,3 | 16,3 | + 3,0 | MH |
| Verbindlichkeiten aus LuL (alle kurzfristig) | 9,6 | 10,6 | -1,0 | MV |
| Sonstige nicht-finanzielle Verbindlichkeiten (alle kurzfristig) | 25,8 | 23,0 | +2,8 | MH |
| **Summe Passiva** | **248,7** | **221,7** | **+27,0** | – |

*) Zusätzlich sind die Angaben im Anlagespiegel zu beachten.
**) Zusätzlich sind die Höhe des Konzernjahresergebnisses lt. GuV und die Angaben der Konzerneigenkapitalveränderungsrechnung zu beachten.

Die folgende Ableitung der Bewegungsbilanz ermöglicht eine differenzierte Analyse des Finanzmanagements der Borussia Dortmund GmbH & Co. KGaA (Werte in Mio. €):

| Mittelverwendungen (MV) | | Mittelherkünfte (MH) | |
|---|---|---|---|
| Nettozugang immaterielles AV (Anlagespiegel) | 15,8 | Abschreibungen auf immaterielles AV und SAV (Anlagespiegel) | 18,6 |
| Nettozugang SAV (Anlagespiegel) | 22,0 | Nettoabgang FAV (Anlagespiegel) | 5,3 |
| Zugang Vorräte | 3,4 | Konzernjahresergebnis | 27,5 |
| Zugang Forderungen aus LuL und sst. kfr. nicht-finanzielle Forderungen (4,9 + 0,6) | 5,5 | Zugang lfr. Finanzverbindlichkeiten | 2,6 |
| Abgang Liquide Mittel | 4,2 | Zugang Rückstellungen, kfr. | 3,0 |
| Abgang kfr. Finanzverbindlichkeiten | 7,9 | Zugang Verbindlichkeiten aus LuL und sst. kfr. nicht-finanzielle Verbindlichkeiten (- 1,0 + 2,8) | 1,8 |
| Summe Mittelverwendungen | 58,8 | Summe Mittelherkünfte | 58,8 |

Eine Verdichtung der Bewegungsbilanz nach den Positionen der **Strukturbilanz** ergibt:

| Mittelverwendungen | | Mittelherkünfte | |
|---|---|---|---|
| Zunahme Anlagevermögen | 15,8 + 22,0 | Abnahme Anlagevermögen | 18,6 + 5,3 |
| Zunahme Umlaufvermögen | 3,4 + 5,5 + 4,2 | Abnahme Umlaufvermögen | 0,0 |
| Abnahme Eigenkapital | 0,0 | Zunahme Eigenkapital | 27,5 |
| Abnahme Fremdkapital | 7,9 | Zunahme Fremdkapital | 2,6 + 3,0 + 1,8 |
| Summe Mittelverwendungen | 58,8 | Summe Mittelherkünfte | 58,8 |

Hieraus lässt sich die zusammengefasste Darstellung ableiten:

| Mittelverwendungen | | Mittelherkünfte | |
|---|---|---|---|
| Zunahme Anlagevermögen (lfr.) | 37,8 | Abnahme Anlagevermögen (lfr.) | 23,9 |
| Zunahme Umlaufvermögen (kfr.) | 13,1 | Abnahme Umlaufvermögen (kfr.) | 0,0 |
| Abnahme Eigenkapital (lfr.) | 0,0 | Zunahme Eigenkapital (lfr.) | 27,5 |
| Abnahme Fremdkapital (lfr.) | 0,0 | Zunahme Fremdkapital (lfr.) | 2,6 |
| Abnahme Fremdkapital (kfr.) | 7,9 | Zunahme Fremdkapital (kfr.) | 4,8 |
| Summe Mittelverwendungen | 58,8 | Summe Mittelherkünfte | 58,8 |

Eine Verdichtung nach den **Fristigkeiten** ergibt folgende Darstellung (Werte in Mio. €):

| Mittelverwendungen | | Mittelherkünfte | |
|---|---|---|---|
| Langfristige Mittelverwendungen | 37,8 | Langfristige Mittelherkünfte (23,9 + 27,5 + 2,6 =) | 54,0 |
| Kurzfristige Mittelverwendungen (13,1 + 7,9 =) | 21,0 | Kurzfristige Mittelherkünfte | 4,8 |
| Summe Mittelverwendungen | 58,8 | Summe Mittelherkünfte | 58,8 |

Für den Fall, dass der Konzernjahresüberschuss noch zur Ausschüttung zur Verfügung stünde, müsste dieser der kurzfristigen Mittelverwendung zugeschlagen werden, d. h., die langfristige Mittelverwendung beliefe sich auf lediglich 23,9 + 2,6 = 26,5 Mio. €. In diesem Fall könnte keine vollständige Fristenkongruenz zwischen Mittelherkunft und Mittelverwendung konstatiert werden.

Die Darstellungen ermöglichen folgende kurz gefasste Interpretation:

- Für das Finanzvolumen im Geschäftsjahr gilt, dass Mittel langfristig generiert, aber z.T. kurzfristig verwendet wurden.
- Die langfristigen Mittelherkünfte reichen vollständig zur Finanzierung langfristiger Investitionen aus. Die Fristenkongruenz verbesserte sich deutlich.
- Sowohl das Anlagevermögen als auch das Umlaufvermögen nahmen deutlich zu. Die vertikale Vermögensstruktur blieb im Wesentlichen konstant.
- Das Eigenkapital nahm deutlich zu. Gleichzeitig wurde per saldo Fremdkapital abgebaut. Die vertikale Kapitalstruktur verbesserte sich deutlich.
- Bei den Finanzschulden wurde eine Umschuldung vom kurzfristigen in den langfristigen Bereich verfolgt. Dies führte zu einer Verbesserung sowohl der Anlagendeckungsgrade als auch der Liquiditätsgrade, wie bereits konstatiert.
- Im Ergebnis kann trotz Wachstums eine finanzielle Konsolidierungsstrategie konstatiert werden.

Schließlich soll die Bewegungsbilanz in eine **Kapitalflussrechnung** nach Maßgabe des DRS 21 (indirekte Gliederung) überführt werden. Als Vorarbeit wird die Bewegungsbilanz mit einer Zuordnungsspalte wie folgt versehen:

| Mittelverwendungen | | | Mittelherkünfte | | |
|---|---|---|---|---|---|
| Nettozugang immaterielles AV (Anlagespiegel) | 15,8 | Inv | Abschreibungen auf immaterielles AV und SAV (Anlagespiegel) | 18,6 | DVFA |
| Nettozugang SAV (Anlagespiegel) | 22,0 | Inv | Nettoabgang FAV (Anlagespiegel) | 5,3 | Inv |
| Zugang Vorräte | 3,4 | WC | Konzernjahresergebnis | 27,5 | DVFA |
| Zugang Forderungen aus LuL und sst. kfr. nicht-fin. Forderungen | 5,5 | WC | Zugang lfr. Finanzverbindlichkeiten | 2,6 | Fin |
| Abgang Liquide Mittel | 4,2 | Saldo | Zugang Rückstellungen, kfr. | 3,0 | WC |
| Abgang kfr. Finanzverbindlichkeiten | 7,9 | Fin | Zugang Verbindlichkeiten aus LuL und sst. kfr. nicht-fin. Verbindlichkeiten | 1,8 | WC |
| **Summe Mittelverwendungen** | **58,8** | | **Summe Mittelherkünfte** | **58,8** | |
| Legende: DVFA = Cashflow nach DVFA/SG, WC = Cashflow aus Veränderungen des working capital, Inv = Cashflow aus Investitionstätigkeit, Fin = Cashflow aus Finanzierungstätigkeit. | | | | | |

## Bewegungsbilanz und Kapitalflussrechnung — KAPITEL V

Die Bestandsveränderung an liquiden Mitteln bildet den Saldo der Kapitalflussrechnung. Für das vorliegende Beispiel kann folglich beziffert werden:

|   | | | |
|---|---|---|---|
|   | Konzernjahresergebnis | | 27,5 |
| + | Abschreibungen | | +18,6 |
| + | Abnahme Rückstellungen, lfr. | | 0,0 |
| = | **Cashflow nach DVFA/SG** | | **46,1** |
| -/+ | Cashflow aus Zunahme/Abnahme Umlaufvermögen (ohne Finanzmittelfonds) | - (3,4 + 5,5) = | -8,9 |
| +/- | Cashflow aus Zunahme/Abnahme (kurzfristiges) Fremdkapital (ohne Finanzschulden) | + (3,0 + 1,8) = | +4,8 |
| + | **Cashflow aus der Zunahme/Abnahme des working capitals** | | **-4,1** |
| = | **Cashflow aus laufender Geschäftstätigkeit** | | **42,0** |
| +/- | Ein-/Auszahlungen aus Nettoinvestitionen immaterielles AV | | -15,8 |
| +/- | Ein-/Auszahlungen aus Nettoinvestitionen SAV | | -22,0 |
| +/- | Ein-/Auszahlungen aus Nettoinvestitionen FAV | | +5,3 |
| = | **Cashflow aus Investitionstätigkeit** | | **-32,5** |
| = | **Free Cashflow** | | **9,5** |
| + | Einzahlungen aus Aufnahme von Finanzverbindlichkeiten | | +2,6 |
| - | Auszahlungen aus der Tilgung von Finanzverbindlichkeiten | | -7,9 |
| - | Auszahlungen für Ausschüttungen | | 0,0 |
| = | **Cashflow aus Finanzierungstätigkeit** | | **-5,3** |
| = | **Jahres-Cashflow** | | **4,2** |

Die (Brutto-)Einzahlungen und Auszahlungen aus Investitionen und Desinvestitionen können dem Anlagespiegel entnommen werden; die übrigen Beträge ergeben sich aus der vorstehenden Bewegungsbilanz. Der Jahres-Cashflow entspricht der Zunahme der liquiden Mittel im Abrechnungszeitraum.

|   | | |
|---|---|---|
|   | Anfangsbestand Liquide Mittel (lt. Bilanz) | 1,1 |
| + | Jahres-Cashflow | +4,2 |
| = | **Schlussbestand Liquide Mittel (lt. Bilanz)** | **5,3** |

Eine kurz gefasste Interpretation der Kapitalflussrechnung der Borussia Dortmund GmbH & Co. KGaA ergibt:

▶ Der Finanzmittelfonds stieg im Geschäftsjahr deutlich an.

▶ Das Unternehmen hat einen angemessenen Cashflow aus laufender Geschäftstätigkeit generiert (rd. ein Sechstel der Bilanzsumme). Dieser ist mehr als zur Gänze nachhaltig, d. h., ein geringer Teil des nachhaltigen Cashflows floss in den Bestandsaufbau von working capital.

▶ Der Cashflow nach DVFA/SG besteht zu rd. zwei Dritteln aus dem Konzernergebnis und nur zu rd. einem Drittel aus Abschreibungen. Dies deutet auf eine hohe Ertragskraft hin und lässt ein Ausmelken der Substanz nicht erkennen.

▶ Im Bereich des working capital bauten sich im Zuge des Wachstums die Vorräte auf. Zudem erhöhten sich sowohl kurzfristige nicht-finanzielle Forderungen als auch Verbindlichkeiten, d. h., sowohl das Kunden- als auch das Lieferantenziel stiegen an.

- Nach Abzug der vorgenommenen Investitionen stand noch ein nennenswerter Free Cashflow zur Verfügung. Somit wächst das Unternehmen aus „eigener Kraft".
- Gleichwohl überstiegen die Nettoinvestitionen in Anlagevermögens die entsprechenden Abschreibungen in Summe deutlich. Differenziert nach Vermögensgruppen zeigt sich ein Bestandsaufbau beim immateriellen und Sachanlagevermögen, wohingegen der Bestand an Finanzanlagevermögen abnahm.
- Die Borussia Dortmund GmbH & Co. KGaA ist um Schuldentilgung und Umschuldung in den Langfristbereich bemüht.
- Gleichzeitig wurde angesichts der in früheren Perioden aufgelaufenen Verluste und entsprechend negativer Werte der Gewinnrücklagen auf Ausschüttungen verzichtet, so dass der Bestand an Gewinnrücklagen wieder in den Positivbereich umschlug.

### 5.2.4 Interpretation der Kapitalflussrechnung

Im Anschluss an die Erstellung einer Kapitalflussrechnung aus den Jahresabschlussdaten soll nun deren nähere Interpretation anhand von zwei Fallbeispielen aufgezeigt werden.

Die **Villeroy & Boch AG** mit Sitz in Mettlach/Saar ist Herstellerin von Marken- und Lifestyleprodukten der Bereiche „Bad und Wellness" sowie „Tischkultur". Sie erwirtschaftet mit aktuell rd. 8.000 Mitarbeitern und einem Gesamtvermögen von rd. 600 Mio. € einen Gesamtumsatz von rd. 740 Mio. € p. a. Folgende Kapitalflussrechnung wurde im Konzernabschluss veröffentlicht (vgl. *www.villeroy-boch.com*):

| ABB. 350: Kapitalflussrechnung der Villeroy & Boch AG | | |
|---|---|---|
| Werte in Mio. € | 20t1 | 20t0 |
| Ergebnis nach Steuern | -96,5 | 11,0 |
| Abschreibungen auf langfristige Vermögenswerte | 57,2 | 38,8 |
| Veränderungen der langfristigen Rückstellungen | -9,5 | -13,8 |
| Ergebnis aus Anlagenabgängen | -0,5 | -0,3 |
| **Cashflow** | **-49,3** | **35,7** |
| Cashflow aus Veränderungen der Vorräte, Forderungen und sonstigen Aktiva | 63,5 | 0,0 |
| Cashflow aus Veränderungen der Verbindlichkeiten, kurzfristigen Rückstellungen und sonstigen Passiva | 33,5 | -22,5 |
| Gezahlte Steuern im Geschäftsjahr | -1,4 | -6,8 |
| Gezahlte Zinsen im Geschäftsjahr | -5,9 | -7,8 |
| Erhaltene Zinsen im Geschäftsjahr | 2,3 | 6,9 |
| Sonstige zahlungsunwirksame Erträge/Aufwendungen | 7,8 | 12,0 |
| **Cashflow aus laufender Geschäftstätigkeit** | **50,5** | **17,5** |

| Werte in Mio. € | 20t1 | 20t0 |
|---|---|---|
| Investitionen in immaterielle Vermögenswerte und Sachanlagen | -19,6 | -26,7 |
| Investitionen in langfristige finanzielle Vermögenswerte und konsolidierte Unternehmen | 0,0 | -9,5 |
| Einzahlungen aus der Veräußerung langfristiger finanzieller Vermögenswerte | 20,8 | 12,5 |
| Einzahlungen aus Anlageabgängen | 3,2 | 1,4 |
| **Cashflow aus Investitionstätigkeit** | **4,4** | **-22,3** |
| **Free Cashflow** | **54,9** | **-4,8** |
| Veränderung der Finanzverbindlichkeiten | -25,6 | -1,8 |
| Dividendenzahlungen | -9,1 | -10,4 |
| **Cashflow aus Finanzierungstätigkeit** | **-34,7** | **-12,2** |
| **Summe der Cashflows** | **20,2** | **-17,0** |
| Wechselkursbedingte Änderungen des Zahlungsmittelbestandes | -0,4 | 0,8 |
| **Gesamtveränderung des Zahlungsmittelbestandes** | **19,8** | **-16,2** |
| Zahlungsmittelbestand zum 1.1. | 59,0 | 75,2 |
| Gesamtveränderung des Zahlungsmittelbestandes | 19,8 | -16,2 |
| **Zahlungsmittelbestand zum 31.12.** | **78,8** | **59,0** |

Unter Zugrundelegung der GuV würde eine krisenhafte Unternehmensentwicklung konstatiert. Auf den ersten Blick ist völlig unverständlich, wie sich der Ergebniseinbruch zu einem positiven Cashflow entwickeln kann. Demgegenüber wurde im Vorjahr ein positives Ergebnis, aber ein negativer Cashflow erzielt. Aus der Auswertung der Kapitalflussrechnung werden folgende Erkenntnisse gewonnen:

| Erkenntnisziel | Interpretation |
|---|---|
| Höhe und Zusammensetzung Gesamt-Cashflow | ▶ Turnaround-Situation beim Jahres-Cashflow gegenüber Vorjahr, allerdings jeweils keine signifikanten Höhen, im Gesamtzeitraum über zwei Jahre etwa ausgeglichener Cashflow, insgesamt finanzschwaches Unternehmen<br>▶ Positiver Cashflow aus laufender Geschäftstätigkeit, schwach positiver Cashflow aus Investitionstätigkeit (Desinvestitionen, unüblich) sowie negativer Cashflow aus Finanzierungstätigkeit; deutet auf Konsolidierungsstrategie hin. |
| Verhältnis Jahresergebnis und Cashflow nach DVFA/SG | ▶ Beide Werte im abgelaufenen Jahr negativ bzw. im Vorjahr positiv, Schere klafft auseinander aufgrund ansteigender Abschreibungen (Cash-generierende Strategie)<br>▶ In beiden Jahren wurden langfristige Rückstellungen Cashflow-dämpfend aufgelöst; ansonsten keine außerordentlichen bzw. nicht betriebstypischen Effekte erkennbar<br>▶ Insgesamt krisenhafte Situation aufgrund negativen nachhaltigen Cashflows. |

| Erkenntnisziel | Interpretation |
|---|---|
| Cash-wirksamer Einfluss von Änderungen des working capitals | ▶ Im abgelaufenen Jahr massive positive Effekte aufgrund working capital-Management, im Vorjahr nur schwach negativer Effekt.<br>▶ Reduktion von Vorräten bzw. Forderungen aus Lieferungen und Leistungen bei gleichzeitigem Aufbau von kurzfristigen Rückstellungen bzw. Verbindlichkeiten aus Lieferungen und Leistungen; Effekt hat ein Volumen von 97 Mio. €, betragsmäßig nahezu doppelt so hoch wie der Cashflow nach DVFA/SG. |
| Höhe und Zusammensetzung des operativen Cashflows | ▶ Positiver Cashflow aus laufender Geschäftstätigkeit und dessen Anstieg gegenüber Vorjahr ist demzufolge ausschließlich auf working capital-Effekte zurückzuführen und somit nicht nachhaltig (bloße Einmaleffekte).<br>▶ Im Vorjahr noch umgekehrter Effekt, working capital wurde aufgebaut (Abbau von Rückstellungen und Verbindlichkeiten), Cashflow aus laufender Geschäftstätigkeit war mehr als nachhaltig. |
| Höhe und Zusammensetzung des investiven Cashflows | ▶ Es wurde in immaterielle Vermögenswerte und Sachanlagen investiert, jedoch nur in Höhe eines Drittels der entsprechenden Abschreibungen; insgesamt substanzaushöhlender Effekt, im Vorjahr noch moderater Substanzverzehr.<br>▶ In beiden Jahren, aber mit steigender Intensität, wurde Finanzanlagevermögen veräußert, ggf. Bereinigung des Beteiligungsportfolios.<br>▶ Der Free Cashflow nimmt somit einen hohen positiven Wert an. Insgesamt Vermögensabbau als Ausfluss einer Sanierungsstrategie. |
| Höhe und Zusammensetzung des Finanz-Cashflows | ▶ Free Cashflow wurde zum Abbau von Finanzverbindlichkeiten verwendet, Bemühen um Entschuldung erkennbar; begrüßenswerte Strategie.<br>▶ Gleichzeitig wurde aber im Berichtszeitraum trotz krisenhafter Situation kein Eigenkapital im Wege der Außenfinanzierung zugeführt. |
| Ausschüttungsverhalten | ▶ Trotz negativem Ergebnis nach Steuern wurde Dividende ausgeschüttet (vermutlich zu Lasten der frei verfügbaren Rücklagen); dies fast in gleicher Höhe wie im Vorjahr.<br>▶ Bereits seinerzeit wurde nahezu der komplette Jahresgewinn ausgeschüttet.<br>▶ Angesichts der Krisensituation äußerst ungesunde und fragwürdige Strategie. |
| Gesamtwürdigung | ▶ Insgesamt sehr kritische Situation, die aber aus der Ertragsschwäche (negatives Jahresergebnis) herrührt.<br>▶ Finanzmanagement ist auf Reduktion des working capitals, Investitionsstopp sowie Entschuldung bedacht und somit als angemessen zu beurteilen.<br>▶ Als negativ sind die fortgeführte Ausschüttung sowie der Verzicht auf Eigenkapitalzuführung zu würdigen. |

Bewegungsbilanz und Kapitalflussrechnung  **KAPITEL V**

Die **Heidelberger Druckmaschinen AG** ist mit einem Marktanteil von weltweit mehr als 40 % im Bogenoffsetdruck die führende Ausrüsterin der Printmedien-Industrie. Sie erwirtschaftet mit aktuell über 15.000 Mitarbeitern und einem Gesamtvermögen von rd. 2,5 Mrd. € einen Gesamtumsatz von rd. 2,6 Mrd. € p. a. Folgende Kapitalflussrechnung wurde im Konzernabschluss veröffentlicht (vgl. *www.heidelberg.com*):

| ABB. 351: Kapitalflussrechnung der Heidelberger Druckmaschinen AG | | |
|---|---|---|
| Werte in Mio. € | 20t1 | 20t0 |
| Konzernergebnis nach Steuern | -248,7 | 141,5 |
| Abschreibungen auf langfristige Vermögenswerte | 111,4 | 124,0 |
| Veränderung der langfristigen Rückstellungen | 10,6 | 1,1 |
| Ergebnis aus dem Abgang von langfristigen Vermögenswerten | 1,8 | -14,0 |
| Sonstige zahlungsunwirksame Erträge und Aufwendungen | -112,6 | 37,0 |
| **Cashflow aus laufender Geschäftstätigkeit vor Veränderungen des kurzfristigen Nettovermögens** | **-237,5** | **289,6** |
| Cashflow aus Veränderungen der Vorräte | -20,7 | -92,2 |
| Cashflow aus Veränderungen der Forderungen und Verbindlichkeiten aus Lieferungen und Leistungen | 54,5 | 117,5 |
| Cashflow aus Veränderungen der Forderungen und Verbindlichkeiten aus Finanzdienstleistungen (Absatzfinanzierung) | 62,5 | 79,9 |
| Cashflow aus Veränderungen der kurzfristigen Rückstellungen | 98,7 | 30,1 |
| Cashflow aus Veränderungen sonstiger Bilanzpositionen | 38,7 | -8,1 |
| **Cashflow aus Veränderungen des kurzfristigen Nettovermögens** | **233,7** | **127,2** |
| **Cashflow aus laufender Geschäftstätigkeit** | **-3,8** | **416,8** |
| Auszahlungen für Investitionen in immaterielle Vermögenswerte und Sachanlagen | -197,9 | -216,8 |
| Einzahlungen aus Abgängen von immateriellen Vermögenswerte und Sachanlagen | 32,0 | 42,5 |
| Auszahlungen für Unternehmenserwerbe | -31,0 | 0,0 |
| Auszahlungen für Investitionen in Finanzanlagen | -0,8 | -29,7 |
| Einzahlungen aus Abgängen von Finanzanlagen | 0,2 | 2,4 |
| **Cashflow aus der Investitionstätigkeit** | **-197,5** | **-201,6** |
| **Free Cashflow** | **-201,3** | **215,2** |
| Veränderung der eigenen Anteile | 0,0 | -57,1 |
| Dividendenzahlung | -73,8 | -74,2 |
| Aufnahme von Finanzverbindlichkeiten | 238,9 | 109,6 |
| Tilgung von Finanzverbindlichkeiten | -33,8 | -124,1 |
| **Cashflow aus der Finanzierungstätigkeit** | **131,3** | **-146,4** |
| **Zahlungswirksame Veränderung des Finanzmittelbestands** | **-70,0** | **68,8** |
| Finanzmittelbestand zum Jahresanfang | 143,9 | 79,3 |
| Einflüsse aus Konsolidierungskreisänderungen und Wechselkursänderungen auf Finanzmittelbestand | 6,1 | -4,2 |
| Zahlungswirksame Veränderung des Finanzmittelbestands | -70,0 | 68,8 |
| **Finanzmittelbestand zum Jahresende** | **80,0** | **143,9** |

# KAPITEL V  Zahlungsstromorientiertes Controlling

Im Gegensatz zur Villeroy & Boch AG weist die hier vorliegende Datenkonstellation auf eine eher lebhafte Investitionstätigkeit mit entsprechenden Mittelbedarfen hin, die für Kapitalrückführungen keinen Raum lässt. Es lassen sich folgende Erkenntnisse gewinnen:

| Erkenntnisziel | Interpretation |
|---|---|
| Höhe und Zusammensetzung Gesamt-Cashflow | ▶ Einbruch beim Konzernergebnis; hoher Verlust, krisenhafte Situation <br> ▶ Gleichlaufender Effekt beim Jahres-Cashflow, betragsmäßig gleiche Höhe wie im Vorjahr, aber negatives Vorzeichen <br> ▶ Hierbei waren der Cashflow aus laufender Geschäftstätigkeit nahe Null, der Cashflow aus Investitionstätigkeit negativ sowie der Cashflow aus Finanzierungstätigkeit positiv <br> ▶ Der Zahlungsmittelbestand hat sich im Laufe des Berichtsjahrs fast halbiert. |
| Verhältnis Jahresergebnis und Cashflow nach DVFA/SG | ▶ Während im Vorjahr der Cashflow nach DVFA/SG noch doppelt so hoch ausfiel wie das Konzernergebnis nach Steuern, waren im Berichtsjahr beide Werte nahezu in gleicher Höhe negativ <br> ▶ Die Abschreibungen reduzierten sich nur unwesentlich; Zuführungen zu langfristigen Rückstellungen erfolgten auch nur in nachrangiger Höhe <br> ▶ Die Entwicklung ist vielmehr zurückzuführen auf im Berichtsjahr verbuchte nicht zahlungswirksame Erträge (Hinweis: Steuererstattungsansprüche bzw. Veränderungen der Steuerlatenzen i. H. v. 112,6 Mio. €), die für Zwecke der Cashflow-Ermittlung neutralisiert werden. |
| Cash-wirksamer Einfluss von Änderungen des working capitals | ▶ In beiden Jahren Cash-erhöhende Effekte aus working capital-Management <br> ▶ Es wurden zwar in marginalem Umfang Vorräte aufgebaut. Gleichzeitig wurden massiv Forderungen aus Lieferungen und Leistungen abgebaut und/oder Verbindlichkeiten aus Lieferungen und Leistungen aufgebaut („Aldi-Strategie"), entsprechendes gilt für Finanzdienstleistungsgeschäfte analog <br> ▶ Weiterhin wurden kurzfristige Rückstellungen in drastischem Umfang aufgebaut (Erzeugung buchhalterischer Aufwendungen ohne Cash-Abfluss). |
| Höhe und Zusammensetzung des operativen Cashflows | ▶ Es ist das Bemühen um buchhalterische Erzeugung wenigstens eines ausgeglichenen Cashflows aus laufender Geschäftstätigkeit erkennbar. Dieser ist aber zur Gänze nicht nachhaltig und auf Einmaleffekte aus der Reduktion des working capital bzw. auf reine buchhalterische Effekte zurückzuführen <br> ▶ Im Vorjahr war der Cashflow aus laufender Geschäftstätigkeit noch zu mehr als zwei Dritteln nachhaltig. Äußerst nachteilige Entwicklung. |
| Höhe und Zusammensetzung des investiven Cashflows | ▶ Der investive Cashflow betrug in beiden Jahren rd. 200 Mio. €; es wurde im Berichtsjahr in gegenüber dem Vorjahr nahezu unvermindertem Umfang in immaterielle Vermögenswerte und Sachanlagen investiert <br> ▶ Die Investitionen betragen fast das Doppelte der entsprechenden Abschreibungen, somit unvermindert expansive Wachstumsstrategie <br> ▶ Gleichzeitig wurden Unternehmen erworben (im Vorjahr wurden in fast gleicher Höhe Finanzanlagen erworben) <br> ▶ Im Ergebnis im Berichtsjahr stark negativer Free Cashflow, Innenfinanzierungsanteil gleich Null, vollständige Fremdfinanzierung des Wachstums („Wachstum auf Pump"), stark risikobehaftete Strategie. |

| Erkenntnisziel | Interpretation |
|---|---|
| Höhe und Zusammensetzung des Finanz-Cashflows | ▶ Im gesamten Zeitraum keine Eigenkapitalzuführung (im Vorjahr sogar Cashverzehrender Ankauf eigener Anteile) <br> ▶ Im abgelaufenen Jahr Netto-Aufnahme von Finanzverbindlichkeiten i. H. v. 205 Mio. €, im Vorjahr noch Netto-Rückführung von Finanzverbindlichkeiten, risikobehaftete Strategie, die auf drastische Erhöhung des Verschuldungsgrads abzielt. |
| Ausschüttungsverhalten | ▶ In beiden Jahren nahezu konstantes Ausschüttungsvolumen. Im Vorjahr wurde noch rd. die Hälfte des Konzernergebnisses nach Steuern ausgeschüttet; dies stellte eine angemessene Relation dar <br> ▶ Im abgelaufenen Jahr demgegenüber Ausschüttung trotz Konzernverlusts von rd. 250 Mio. €, ungesunde und unverständliche Strategie, zumal der Jahres-Cashflow ohne die Ausschüttungen bei Null hätte gehalten werden können, folglich „Ausschüttung auf Kredit". |
| Gesamtwürdigung | ▶ Die Situation ist in allen Facetten bedrohlich. Von der Leistungsseite her zeigt sich zunächst ein extremer Ertragseinbruch. Im Kurzfristbereich wurden im Berichtsjahr Verbindlichkeiten und Rückstellungen aufgebaut mit dem entsprechenden Risiko eines Cash-Abflusses in künftigen Perioden. <br> ▶ Gleichzeitig wurde weiter massiv investiert und Dividende ausgeschüttet. Dies erfolgte gänzlich ohne Eigenfinanzierungsanteil komplett durch Aufnahme von Fremdmitteln. <br> ▶ Trotz der Kreditaufnahme hat sich der Finanzmittelbestand im abgelaufenen Jahr halbiert. Es sind akute Risiken sowohl aus der Kapitalstruktur als auch der Zahlungsfähigkeit erkennbar. |

## 6. Literaturhinweise

**BÜCHER**

*Adam, D.*: Investitionscontrolling, 3. Aufl., München/Wien 2000.

*Becker, H. P.*: Investition und Finanzierung, 5. Aufl., Wiesbaden 2011.

*Behringer, S.*: Cash-Flow und Unternehmensbeurteilung, 10. Aufl., Berlin 2010.

*Betge, P.*: Investitionsplanung: Methoden, Modelle, Anwendungen, 4. Aufl., München 2000.

*Bieg, H./Kußmaul, H.*: Finanzierung, 2. Aufl., München 2009.

*Bieg, H./Kußmaul, H.*: Investition, 2. Aufl., München 2009.

*Bleis, C.*: Grundlagen Investition und Finanzierung: Lehr- und Arbeitsbuch, 3. Aufl., München/Wien 2011.

*Blohm, H./Lüder, K./Schaefer, C.*: Investition, 10. Aufl., München 2012.

*Däumler, K.-D./Grabe, J.*: Grundlagen der Investitions- und Wirtschaftlichkeitsrechnung, 12. Aufl., Herne 2007.

*Däumler, K.-D./Grabe, J.*: Betriebliche Finanzwirtschaft, 10. Aufl., Herne 2013.

*Dettmer, H./Friedrich, R./Hausmann, T./Himstedt, L.* (Hrsg.): Investitionsmanagement, München/Wien 2000.

*Drukarczyk, J.*: Finanzierung, 8. Aufl., Stuttgart 2008.

*Eilenberger, G./Ernst, D./Toebe, M.*: Betriebliche Finanzwirtschaft: Einführung in Investition und Finanzierung, Finanzpolitik und Finanzmanagement von Unternehmungen, 8. Aufl., München/Wien 2013.

*Ertl, M.*: Finanzmanagement in der Unternehmenspraxis: Das Handbuch für Ertragsoptimierung, Liquiditätssicherung und Risikosteuerung, München 2001.

*Gräfer, H./Schiller, B./Rösner, S.*: Finanzierung: Grundlagen, Institutionen, Instrumente und Kapitalmarkttheorie, 6. Aufl., Berlin 2010.

*Hoffmeister, W.*: Investitionsrechnung und Nutzwertanalyse, 2. Aufl., Stuttgart/Berlin/Köln 2008.

*Institut der Wirtschaftsprüfer* (Hrsg.): IDW-Rechnungslegungsstandards (RS) und Prüfungsstandards (PS), Düsseldorf (Loseblattausgabe).

*Jahrmann, F.-U.*: Finanzierung: Darstellung, Kontrollfragen, Fälle und Lösungen, 6. Aufl., Herne 2009.

*Kolbeck, C./Wimmer, R.* (Hrsg.): Finanzierung für den Mittelstand, Wiesbaden 2002.

*Kruschwitz, L.*: Investitionsrechnung, 13. Aufl., München/Wien 2011.

*Kruschwitz, L./Husmann, S.*: Finanzierung und Investition, 6. Aufl., München/Wien 2009.

*Olfert, K.*: Investition, 12. Auflage, Ludwigshafen 2012.

*Olfert, K./Reichel, C.*: Kompakt-Training Investition, 5. Aufl., Ludwigshafen 2009.

*Olfert, K.*: Finanzierung, 15. Aufl., Ludwigshafen 2011.

*Olfert, K.*: Kompakt-Training Finanzierung, 7. Aufl., Ludwigshafen 2011.

*Pape, U.*: Grundlagen der Finanzierung und Investition, 2. Aufl., München/Wien 2011.

*Perridon, L./Steiner, M./Rathgeber, A. W.*: Finanzwirtschaft der Unternehmung, 15. Aufl., München 2009.

*Schulte, G.*: Investition – Investitionscontrolling und Investitionsrechnung, 2. Aufl., München/Wien 2007.

*Seicht, G.*: Investition und Finanzierung, 10. Aufl., Wien 2001.

*Wöhe, G./Bilstein, J./Ernst, D./Häcker, J.*: Grundzüge der Unternehmensfinanzierung, 10. Aufl., München 2009.

*Wöltje, J.*: Investition und Finanzierung, Freiburg 2013.

*Zimmermann, G.*: Investitionsrechnung, 2. Aufl., München/Wien 2003.

### BEITRÄGE IN FACHZEITSCHRIFTEN

*Albach, H.*: Investitionspolitik erfolgreicher Unternehmen, in: ZfB 1987, S. 636 ff.

*Arbeitskreis „Finanzierung" der Schmalenbach-Gesellschaft e. V.*: Wertorientierte Unternehmenssteuerung mit differenzierten Kapitalkosten, in: ZfbF 1996, S. 543 ff.

*Arbeitskreis „Finanzierung" der Schmalenbach-Gesellschaft e. V.*: Betriebliche Altersversorgung mit Pensionsrückstellungen oder Pensionsfonds – Analyse unter finanzwirtschaftlichen Gesichtspunkten, in: DB 1998, S. 321 ff.

*Auer, K.*: Die Methode des Kapitalbudgets von Joel Dean, in: WISU 1989, S. 210 ff.

*Bantleon, U./Schorr, G.*: Ausgewählte Auswirkungen des BilMoG auf die Beurteilung der Kapitaldienstfähigkeit von nicht kapitalmarktorientierten Kapitalgesellschaften, in: DStR 2010, S. 1491 ff.

*Bartels, H. G.*: Die Bedeutung des Kapitalwertes und des internen Zinsfußes, in: WISU 1986, S. 217 ff.

*Becker, B./Martin, K./Müller, S.*: Fortentwicklung der Anforderungen an die Erstellung von Sanierungskonzepten, in: KSI 2010, S. 154 ff.

*Beckmann, R.*: Cash Management aus Sicht des Handels, in: BBK 2001, Fach 29, S. 1025 ff.

*Bergitsch, T.*: Praxisempfehlungen im Finanzmanagement mittelständischer Unternehmen, in: BC 2007, S. 147 ff.

*Betge, P.*: Finanzierungsinstrumente zur Absatzförderung, in: BBK 1994, Fach 29, S. 775 ff.

*Breider, S.*: Checkpunkte zur Erstellung einer Liquiditätsplanung im Krisenfall, in: BC 2007, S. 143 ff.

*Buchmann, P.*: Return of the King: Working Capital Management zur Vermeidung von Liquiditätsengpässen in der Krise, in: ZfCM 2009, S. 350 ff.

*Burger, A./Buchhart, A.*: Der Cashflow in einer integrierten Unternehmensrechnung, in: WPg 2001, S. 801 ff.

*Buth, A. K./Hermanns, M.*: Anforderungen an die Erstellung von Sanierungskonzepten nach dem neuen IDW S 6, in: DStR 2010, S. 288 ff.

*Däumler, K.-D.*: Rentenrechnung, in: BBK 2003, Fach 11, S. 421 ff.

*Däumler, K.-D.*: Bedeutung von Lieferantenkrediten, in: BBK 1999, Fach 29, S. 953 ff.

*Däumler, K.-D.*: Optimaler Ersatzzeitpunkt von Investitionen, in: BBK 1996, Fach 29, S. 847 ff.

*Däumler, K.-D.*: Fälle zur Investitionsrechnung, in: BBK 1996, Fach 30, S. 547 ff.

*Däumler, K.-D.*: Beispielsfälle zur Ermittlung kritischer Investitionswerte, in: BBK 1995, Fach 30, S. 381 ff.

*Däumler, K.-D.*: Kritische Investitionswerte im Überblick, in: BBK 1995, Fach 29, S. 809 ff.

*Däumler, K.-D.*: Bedeutung von Kundenanzahlungen, in: BBK 1995, Fach 29, S. 829 ff.

*Däumler, K.-D.*: Effektivzinsbestimmung bei Ratenkredit und Ratenzahlung, in: BBK 1994, Fach 29, S. 783 ff.

*Däumler, K.-D.*: Finanzplanung, in: BBK 1993, Fach 29, S. 677 ff.

*Däumler, K.-D.*: Leasing-Finanzierung, in: BBK 1993, Fach 29, S. 701 ff.

*Däumler, K.-D.*: Grundlagen der Finanzwirtschaft, in: BBK 1992, Fach 29, S. 651 ff.

*Däumler, K.-D.*: Bestimmung des optimalen Finanzvolumens, in: BBK 1992, Fach 29, S. 663 ff.

*Däumler, K.-D.*: Statische und dynamische Amortisationsrechnung, in: BBK 1990, Fach 21, S. 1443 ff.

*Däumler, K.-D.*: Investitionsrechnung nach der internen Zinsfuß-Methode, in: BBK 1989, Fach 21, S. 1407 ff.

*Däumler, K.-D.*: Investitionsrechnung nach der Annuitätenmethode, in: BBK 1989, Fach 21, S. 1423 ff.

*Däumler, K.-D.*: Grundlagen der Investitionsrechnung, in: BBK 1988, Fach 21, S. 1375 ff.

*Däumler, K.-D.*: Investitionsrechnung nach Kapitalwertmethode, in: BBK 1988, Fach 21, S. 1389 ff.

*Deutsche Vereinigung für Finanzanalyse und Asset Management/Schmalenbach-Gesellschaft (DVFA/SG)*: Cashflow nach DVFA/SG, in: WPg 1993, S. 599 ff.

*Döring, O./Schönherr, M./Steinhäuser, P.*: Working Capital Controlling, in: Controlling 2012, S. 485 ff.

*Dobler, T./Lambert, A.*: Instrumente des Cash-Managements, in: KSI 2011, S. 101 ff.

*Ehlers, H.*: Factoring – Aktuell, aber nicht unproblematisch, in: BBK 2003, Fach 29, S. 1075 ff.

*Eisolt, D.*: Erstellung von Sanierungskonzepten nach dem neuen IDW S 6, in: BB 2010, S. 427 ff.

*Ellinghorst, P.*: Liquiditätsplanung, in: BBK 1995, Fach 30, S. 423 ff.

*Ellinghorst, P.*: Abschreibungen als Finanzierungsinstrument, in: BBK 1993, Fach 29, S. 725 ff.

*Erichsen, J.*: Reduzierung von Forderungsausfällen durch Bonitätsprüfungen, in: BBK 2011, S. 580 ff.

*Erichsen, J.*: Liquidität dauerhaft verbessern, in: BBK 2008, Fach 29, S. 1233 ff.

*Erichsen, J.*: Liquiditätsplanung und -sicherung: Grenzen der Aussagekraft von Liquiditätskennzahlen, in: BC 2007, S. 137 ff.

*Erichsen, J.*: Wann „rechnet" sich eine Investition?, in: BBB 2006, S. 351 ff.

*Erichsen, J.*: Praxisbeispiel einer Umsatzerlös- und Forderungsplanung, in: BC 2006, S. 256 ff.

*Erichsen, J.*: Asset-Backed-Securities – Finanzierungsalternative auch für den Mittelstand?, in: BBK 2002, Fach 29, S. 1061 ff.

*Ertl., M.*: Working Capital Management als Instrument der Innenfinanzierung, in: Controlling 2012, S. 473 ff.

*Exler, M. W.*: Fallbeispiel: Was ist eine Investition „wert"?, in: BBB 2006, S. 281 ff.

*Fachausschuss Sanierung und Insolvenz (FAS) des IDW*: Sanierungen erfolgreich konzipieren – Wesentliche Hintergründe und Neuerungen des IDW S 6, in: DB 2010, S. 1413 ff.

*Findeisen, K.-D./Roß, N.*: Wirtschaftliche Zurechnung und Anhangangabe bei Asset-Backed Securities, in: DB 1999, S. 1077 ff.

*Gebhardt, G.*: Empfehlungen zur Gestaltung informativer Kapitalflussrechnungen nach internationalen Grundsätzen, in: BB 1999, S. 1314 ff.

*Geisler, K.*: Liquidität sichern durch eine kurzfristige Finanzplanung – ein Fallbeispiel, in: BBB 2006, S. 202 ff.

*Giersberg, K.-W.*: Covenants in Kreditverträgern, in: KSI 2011, S. 60 ff.

*Gleißner, W./Schaller, A.*: Krisendiagnose und Krisenmanagement, in: KSI 2009, S. 153 ff.

*Götze, U.*: Mehrperiodige Finanzierungsrechnungen als Instrument des Finanzcontrollings, in: Controlling 2012, S. 459 ff.

*Gramlich, D.*: Neuere Ansätze des betrieblichen Finanzmanagements, in: DB 1998, S. 377 ff.

*Gramlich, D/Walz, H.*: Finanzmanagement in Unternehmenskrisen, in: BB 2005, S. 1210 ff.

*Gramlich, D./Walz, H.*: Finanzplanung als Phasenmodell, in: WISU 1994, S. 321 ff. und S. 433 ff.

*Graumann, M.*: Fallstudie zur integrierten Jahresabschluss- und Finanzanalyse, in: BBK 2012, S. 93 ff.

*Graumann, M.*: Bewegungsbilanz und Kapitalflussrechnung aufstellen und interpretieren, in: BBB 2008, S. 56 ff.

*Graumann, M.*: Finanzcontrolling auf Basis eines jahresabschlussgestützten Kennzahlsystems, in: BBK 2005, Fach 19, S. 545 ff.

*Graumann, M.*: Finanzcontrolling auf Basis der Analyse einer Kapitalflussrechnung, in: BBK 2005, Fach 19, S. 559 ff.

*Grefe, C.*: Rückstellungen als Instrument der Innenfinanzierung, in: BBK 1993, Fach 29, S. 743 ff.

*Groll, K.-H.*: Ermittlung des Cashflows anhand von Zahlen der Bilanz, in: DB 1995, S. 1725 ff.

*Groß, P. J.*: Neuer IDW-Standard „Anforderungen an die Erstellung von Sanierungskonzepten", in: KSI 2009, S. 53 ff.

*Günther, T./Scheipers, T.*: Insolvenzursachen – Zum Stand der empirischen Ursachenforschung, in: DStR 1993, S. 447 ff.

*Hannen, I.*: Financial Covenant Management, Controlling und Compliance, in: DB 2012, S. 2233 ff.

*Haß, S./Hänsel, A.*: Grundlegende Elemente eines aussagekräftigen Treasury-Reporting, in: Controlling 2010, S. 375 ff.

*Haueis, A.*: Aufstellung einer integrierten Finanz- und Investitionsplanung eines mittelständischen Unternehmens – ein Erfahrungsbericht, in: BBK 2000, Fach 29, S. 969 ff.

*Hauschildt, J.*: Die Feststellung der Unternehmenskrise, in: KSI 2008, S. 5 ff.

*Hauschildt, J.*: Von der Krisenerkennung zum präventiven Krisenmanagement, in: KSI 2005, S. 1 ff.

*Heil, R./Zarifakis, S./Weber, T./Wewer, M.*: Cashflow Planung, Reporting und Steuerung: Methoden zur erfolgreichemn Umsetzung in der Praxis, in: DB 2011, S. 1457 ff.

*Hirschberger, W.*: Die Kapitalflussrechnung nach IAS 7/DRS 2 als Teil des Jahresabschlusses, in: BBK 2003, Beilage 1/2003, S. 1 ff.

*Hitz, J.-M./Teuteberg, T.*: Verpflichtende und freiwillige Cashflow-Berichterstattung – empirischer Befund für den deutschen Kapitalmarkt, in: KoR 2013, S. 33 ff.

*Hoitsch, H.-J./Baumann, F.*: Industrielles Anlagen-Controlling, in: DBW 1992, S. 385 ff.

*Keller, R.*: Unternehmenskrisen, in: BBK 1999, Fach 26, S. 817 ff.

*Keller, R.*: Unternehmenssanierung, in: BBK 1999, Fach 26, S. 825 ff.

*Kirsch, H.*: Integrierte Finanz-, Bilanz- und Erfolgsplanung – ein Fallbeispiel, in: BBB 2006, S. 246 ff.

*Kirsch, H.*: Positionen des Jahresabschlusses planen, in: BBB 2006, S. 219 ff.

*Kirsch, H.*: Erstellung eines IAS-Jahresabschlusses auf Basis eines HGB-Jahresabschlusses (Fallstudie) – Teil III: IAS-Kapitalflussrechnung nach der direkten Methode, in: BC 2003, S. 217 ff.

*Krystek, U./Klein, J.*: Erstellung von Sanierungskonzepten: Kritische Würdigung bestehender Standards, speziell IDW S 6, in: DB 2010, S. 1769 ff.

*Küng, D./Hüskens, J.*: Liquiditätssicherung in Krisenzeiten: Praxisfall, in: BRZ 2009, S. 348 ff.

*Küting, K./Dürr, U. L.*: Mezzanine-Kapital – Finanzierungsentscheidung im Sog der Rechnungslegung, in: DB 2005, S. 1529 ff.

*Küting, K./Dürr, U. L.*: Die „neuen" Rechenwerke des TransPuG – Ein Blick auf die Berichtspraxis zur Kapitalflussrechnung, Segmentberichterstattung und zum Eigenkapitalspiegel, in: StuB 2002, S. 985 ff.

*Küting, K./Kessler, H./Harth, H.-J.*: Genußrechtskapital in der Bilanzierungspraxis – Eine empirische Untersuchung zur Resonanz der HFA-Stellungnahme 1/1994 unter Berücksichtigung bilanzpolitischer Gesichtspunkte, in: BB 1996, Beilage 4 zu Heft 8, S. 1 ff.

*Küting, K./Reuter, M.*: Cashflow und Kapitalflussrechnung – Bedeutung für die Unternehmenspraxis und Unternehmensbeurteilung, in: BBK 2004, Fach 19, S. 503 ff.

*Kußmaul, H./Leiderer B.*: Investitionsrechnung mit dynamischen Endwertverfahren, in: BBK 1998, Fach 29, S. 915 ff.

*Kußmaul, H./Leiderer B.*: Investitionsrechnung mit statischen Verfahren, in: BBK 1997, Fach 29, S. 867 ff.

*Kußmaul, H./Leiderer B.*: Investitionsrechnung mit dynamischen Barwertverfahren, in: BBK 1997, Fach 29, S. 881 ff.

*Lackes, R.*: Sensitivitätsanalyse in der Investitionsrechnung durch kritische Werte, in: WISU 1992, S. 259 ff.

*Lackes, R.*: Die Nutzwertanalyse zur Beurteilung qualitativer Investitionseigenschaften, in: WISU 1988, S. 385 ff.

*Lange, C./Schaefer, S.*: Aufgaben, Aktivitäten und Instrumente eines DV-gestützten Investitions-Controllingsystems, in: DBW 1992, S. 489 ff.

*Langenbeck, J.*: Investitionsrechnung, in: BBK 2006, Fach 30, S. 1819 ff.

*Langenbeck, J.*: Grundlagen des Anlagencontrolling, in: BBK 2003, Fach 26, S. 1085 ff.

*Langenbeck, J.*: Ermittlung des Kapitalbedarfs bei Neugründung, in: BBK 2001, Fach 30, S. 1147 ff.

*Langenbeck, J.*: Entwicklung einer Bewegungsbilanz, in: BBK 1997, Fach 30, S. 613 ff.

*Langer, T./Schubbe, M.*: Working Capital Management und Controlling im internationalen Stahlhandel, in: Controlling 2010, S. 368 ff.

*Leidig, G.*: Finanz- und Liquiditätsplanung in mittelständischen Unternehmen, in: BBK 2003, Fach 29, S. 1083 ff.

*Loeber, R./Weniger, S.*: Die Bewältigung der Ertragskrise, in: KSI 2007, S. 120 ff.

*Löffler, A./Förstemann, T./Julich, N.*: Die derivative Erstellung von Kapitalflussrechnungen aus HGB-Jahresabschlüssen unter Berücksichtigung des BilMoG, in: KoR 2012, S. 579 ff.

*Machelett, D./Simmert, D. B.*: Sofortmaßnahmen in Krisensituationen, in: KSI 2010, S. 25 ff.

*Männel, W./Engel, A.*: Controllinginstrumente für das Instandhaltungsmanagement, in: krp 2002, S. 222 ff.

*Mailer, J.*: Handelsrechtliche Rechnungslegung insolventer Kapitalgesellschaften, in: BBK 2013, S. 156 ff.

*Mailer, J.*: Nachweis der Zahlungsunfähigkeit durch Finanzstatus und Finanzplanung, in: BBK 2006, Fach 29, S. 1203 ff.

*Martens, K.*: Aufgaben und Probleme des Investitionscontrollings in der Praxis, in: ZfCM 2007, S. 143 ff.

*Mild, T./Sasse, A.*: Technologiecontrolling, in: BBK 1999, Fach 26, S. 835 ff.

*Möhlmann, T.*: Die Unternehmensanalyse in der Insolvenz, in: BBK 1999, Fach 26, S. 855 ff.

*Möhlmann, T./Bartels, D.*: Zur Aussagekraft von Planbilanzen und anderen Instrumenten prognoseorientierter Berichterstattung, in: BBK 1998, Fach 29, S. 903 ff.

*Niggemann, K. A./Simmert, D. B.*: Möglichkeiten einer finanzwirtschaftlichen Restrukturierung, in: KSI 2010, S. 120 ff.

*Niggemann, K. A./Simmert, D. B.*: Möglichkeiten des Liquiditätsmanagements in der Unternehmenskrise, in: KSI 2009, S. 19 ff.

*Odenwald, G.*: Aussagekraft der Substanz- und Kapitalerhaltungsrechnung – Möglichkeiten und Grenzen, in: BBK 2000, Fach 12, S. 6397 ff.

*Ottersbach, J. H./Behringer, S.*: Kapitalbudgetierung: Die simultane Planung von Investition und Finanzierung, in: BBK 2000, Fach 29, S. 1003 ff.

*Padberg, T./Kriete, T.*: Cashflow aus der Investitionstätigkeit – Aussagegehalt aus bilanzanalytischer Sicht, in: BC 2004, S. 274 ff.

*Pawelzik, K. U.*: Die Erstellung einer Konzernkapitalflussrechnung nach IAS 7, in KoR 2006, S. 344 ff.

*Peemöller, V. H.*: Investitions-Controlling als integraler Bestandteil des Anlagen-Controlling, in: BBK 1995, Fach 26, S. 643 ff.

*Peemöller, V. H./Geiger, T./Fiedler, H.*: Pensionsfonds als Chance für die betriebliche Altersversorgung – eine empirische Untersuchung, in: DB 1999, S. 809 ff.

*Perlitz, M.*: Risikoanalyse für Investitionsentscheidungen, in: ZfbF-Kontaktstudium 1979, S. 41 ff.

*Perlitz, M.*: Sensitivitätsanalysen für Investitionsentscheidungen, in: ZfbF-Kontaktstudium 1977, S. 223 ff.

*Perlitz, M.*: Der interne Zinsfuß – ein Maß für die Vermögensrentabilität, in: ZfbF-Kontaktstudium 1976, S. 155 ff.

*Pfitzer, N./Schmidtmeier, S./Schneider-Brodtmann, J.*: Cash Management, in: BBK 1997, Beilage 3 zu Heft 18, S. 1 ff.

*Rautenstrauch, T./Müller, C.*: Unternehmens- und Finanzcontrolling in kleinen und mittleren Unternehmen, in: DStR 2006, S. 1616 ff.

*Reck, R.*: Ansatz von Fortführungs- und Liquidationswerten im Überschuldungsstatus – Eine Betrachtung vor dem Hintergrund des Strafrechts -, in: BBK 2000, Fach 29, S. 995 ff.

*Reichmann, T./Kißler, M.*: Finanzplanung und Finanzcontrolling unter Berücksichtigung von Ratingkriterien, in: Controlling 2012, S. 451 ff.

*Reichmann, T./Lange, C.*: Aufgaben und Instrumente des Investitions-Controlling, in: DBW 1985, S. 454 ff.

*Reiners, F.*: Statische Investitionsrechenverfahren als Nutzschwellenanalysen, in: BBK 2000, Fach 29, S. 1015 ff.

*Reuter, A.*: Was ist und wie funktioniert Projektfinanzierung?, in: DB 1999, S. 31 ff.

*Rinze, J. P./Klüwer, A. C.*: Securitisation – praktische Bedeutung eines Finanzierungsmodells, in: BB 1998, S. 1697 ff.

*Rolfes, B.*: Statische Verfahren der Wirtschaftlichkeitsrechnung, in: WISU 1986, S. 411 ff.

*Rolfes, B.*: Dynamische Verfahren der Wirtschaftlichkeitsrechnung, in: WISU 1986, S. 481 ff.

*Rösgen, K.*: Aufgaben und Instrumente des Projektcontrollings bei der Durchführung von Sachinvestitionen, in: BBK 2000, Fach 26, S. 895 ff.

*Rosenzweig, J.*: Überprüfung der Turnaround-Strategie, in: KSI 2010, S. 5 ff.

*Rudolph, B.*: Moderne Kapitalmarktinstrumente – Ein Überblick, in: ZfgKw 2000, S. 304 ff.

*Sasse, A.*: Working Capital Management, in: BBK 2008, Fach 29, S. 1249 ff.

*Scheffler, E.*: Kapitalflussrechnung – Stiefkind der deutschen Rechnungslegung, in: BB 2002, S. 295 ff.

*Schentler, P./Offenberger, P.*: Einsatz von Liquiditäts- und Working Capital-Kennzahlen in der Praxis, in: Controlling 2012, S. 466 ff.

*Schepp, F.*: Praxis der Projektfinanzierung, in: Die Bank 1996, S. 526 ff.

*Schlagheck, M.*: Handels- und steuerrechtliche Behandlung von Genussrechtskapital bei Kapitalgesellschaften, in: BBK 1998, Fach 14, S. 4473 ff.

*Schmeisser, W./Clausen, L.*: Weiterentwicklung der Balanced Scorecard-Finanzperspektive mittels Kapitalflussrechnung und Working Capital-Management; in: DStR 2007, S. 917 ff.

*Schmeisser, W./Leonhardt, M.*: Asset-Backed Securities – Forderungsverbriefung für den gehobenen Mittelstand als Finanzierungsalternative, in: DStR 2007, S. 169 ff.

*Schneider, C.*: Working Capital Management, in: WISU 2003, S. 315 ff.

*Seeger, A./Thier, C.*: Cash Pooling – Ein sinnvolles Finanzinstrument zur Nutzung von Kostensenkungspotenzialen auch im gemeinnützigen Konzern, in: DStR 2011, S. 184 ff.

*Serfling, K./Großkopff, A.*: Finanzanalyse mit Hilfe von Kapitalflussrechnungen, in: BBK 1996, Fach 30, S. 569 ff.

*Stahn, F.*: Der Deutsche Rechnungslegungsstandard Nr. 2 (DRS 2) zur Kapitalflussrechnung aus praktischer und analytischer Sicht, in: DB 2000, S. 233 ff.

*Steinhardt, T.*: Working Capital Management, in: Controlling 2006, S. 479 ff.

*Streit, B./Baar, S./Hirschfeld, A.*: Finanzierung mittelständischer Unternehmen durch Mezzanine-Kapital, in: BBK 2004, Fach 29, S. 1121 ff.

*Tacke, H.*: Aussagekraft und Anwendung des Cashflow, in: BBK 1994, Fach 19, S. 305 ff.

*Theile, C.*: Erstellung einer Kapitalflussrechnung, in: BBK 2006, Fach 30, S. 1797 ff.

*Theile, C./Salewski, N.*: Der Entwurf „Kapitalflussrechnung" (E-DRS 28) für den HGB-Konzernabschluss, in: BBK 2013, S. 842 ff.

*Unrein, D./Üzmez, E.*: Forderungsmanagement als Bestandteil der Working Capital-Optimierung – Ein Praxisleitfaden, in: BC 2011, S. 176 ff.

*Vater, H.*: Anforderungen an Sanierungspläne gem. IDW S 6, in: BBK 2013, S. 727 ff.

*Vater, H.*: „Cash is King" – die Liquiditätskennzahl Forderungsreichweite (DSO) auch?, in: BBK 2010, S. 1103 ff.

*Weilbach, E. A.*: Die „Just-in-time"-Cashflow-Rechnung, in: BBB 2006, S. 243 ff.

*Wengel, T.*: Die handelsrechtliche Eigen- und Fremdkapitalqualität von Genussrechtskapital, in: DStR 2001, S. 1316 ff.

*Wengel, T.*: Die Insolvenztatbestände Überschuldung, Zahlungsunfähigkeit und drohende Zahlungsunfähigkeit, in: DStR 2001, S. 1769 ff.

*Wengel, T./Scheld, G.*: Grundzüge der neuen Insolvenzordnung, in: WPg 2000, S. 556 ff.

*Werner, H./Crone, A.*: Operative Sanierung von Automobilzulieferbetrieben, in: KSI 2008, S. 162 ff.

*Willeke, C.*: Ausgewählte Anforderungen an die Erstellung von Sanierungskonzepten, in: StuB 2010, S. 12 ff.

*Witte, T.*: Konzepte der Lagerhaltungspolitik, in: WISU 1984, S. 307 ff.

*Wolf, T.*: Von der Unternehmensplanung zum Finanzplan, in: BBK 2002, Fach 30, S. 1321 ff.

*Wolf, T.*: Der Cashflow – Spielräume und Ermittlungsansätze, in: BBK 1995, Fach 30, S. 395 ff.

*Wysocki, K. von*: DRS 2: Neue Regeln des Deutschen Rechnungslegungs Standards Committee zur Aufstellung von Kapitalflussrechnungen, in: DB 1999, S. 2373 ff.

*Zimmermann, G./Jöhnk, T.*: Reform der Insolvenzgründe und kurzfristige Finanzplanung der Unternehmung, in: BBK 1999, Fach 29, S. 943 ff.

## VI. Schnittstellen des Controllings

**VORSCHAU**

1. Angesichts zahlreicher Unternehmensschieflagen ergibt sich die Frage nach der Ausgestaltung einer ordnungsmäßigen Geschäftsführung im Sinne von „Best-Practice-Grundsätzen". Die Stellung des Controllings im Rahmen des Geschäftsführungsinstrumentariums wird aufgezeigt.

2. Seit Inkrafttreten des KonTraG sind eine Vielzahl sog. Corporate Governance-Konzepte entwickelt worden. Die Entwicklung gipfelte in der Aufstellung eines „Deutschen Corporate Governance-Kodex". Ziele, Inhalte und Konsequenzen der Konzepte und des Kodexes werden erörtert.

3. Das Controlling ist in das umfassende betriebliche Risikomanagementsystem einzubetten. Begrifflichkeiten, Aufbau- und Ablauforganisation des Risikomanagementsystems werden ebenso dargestellt wie Anforderungen an Informations- und Kommunikationssystem sowie Dokumentation.

4. Weitere Subsysteme des Risikomanagementsystems neben dem Controlling sind Frühwarnsystem und Internes Überwachungssystem. Ziele, Aufgaben, Komponenten und Funktionsweise dieser Subsysteme werden untersucht.

5. Die durch das Controlling wahrgenommene Funktion der prozessintegrierten Kontrolle muss durch eine prozessunabhängige Kontrollfunktion erweitert werden. Dies obliegt der Internen Revision.

6. Aufgaben und Arbeitsweise der Internen Revision werden – insbesondere vor dem Hintergrund des risikoorientierten Prüfungsansatzes – erörtert. Es wird ausgeführt, wie sich Interne Revision und Controlling ergänzen sollten.

7. Sodann werden Verfahren der wertorientierten Unternehmenssteuerung erörtert. Ziel ist die Ermittlung des Unternehmenswerts und dessen Veränderung durch die laufende Geschäftstätigkeit aus Sicht der Investoren (Shareholder).

## 1. Controlling als Element ordnungsmäßiger Geschäftsführung

Mit Inkrafttreten des **Gesetzes zur Kontrolle und Transparenz im Unternehmensbereich** (KonTraG) am 1.5.1998 wurde eine grundlegende Diskussion um die Grundsätze ordnungsmäßiger Unternehmensführung in Gang gesetzt, welche in eine detaillierte Kodifizierung dieser Grundsätze mündete.

Das Gesetz wurde vor dem Hintergrund zahlreicher Schieflagen im Unternehmensbereich (Balsam, Schneider, Procedo, Metallgesellschaft, Holzmann) erlassen. Nach herrschender Fachmeinung wurden Unternehmenskrisen vor allem begünstigt durch

- Mängel in Bezug auf die Mitglieder des **Geschäftsführungsorgans**:
  - persönlich-charakterliche Mängel wie Größenwahn, überzogene Geschäftspolitik, Kompetenzüberschreitungen, unlautere wirtschaftliche Verflechtungen,
  - Machtkonzentration bzw. -ungleichgewicht der einzelnen Mitglieder, insbesondere erhebliche Dominanz des Vorstandsvorsitzenden,
  - dolose Handlungen, illegales Verhalten wie Fälschungen oder Manipulationen;
- Mängel in Bezug auf die Mitglieder des **Aufsichtsorgans**:
  - fachliche Mängel aufgrund ungenügender Qualifikation oder Erfahrung,
  - persönlich-charakterliche Mängel aufgrund einer fehlenden kritischen Distanz zum Geschäftsführungsorgan, Vorliegen von Interessenkollision und Befangenheit, Nichtausübung der Überwachungsfunktion,
  - Mängel im Informationssystem wie Übergehen des Aufsichtsrats durch den Vorstand, ungenügende Berichterstattung des Vorstands;
- Mängel in Bezug auf die **gesetzlichen Abschlussprüfer**:
  - Versagen der Prüfungsinstitution, Unfähigkeit zur Aufdeckung falscher Angaben,
  - Mängel in der Kommunikation zwischen Aufsichtsrat und Abschlussprüfer,
  - zuweilen sogar der Verdacht auf wissentliche Duldung unzulässiger Praktiken.

Die Gesamtheit der Regelungen zur Institutionalisierung der Beziehungen zwischen den internen Unternehmensorganen – Vorstand, Aufsichtsrat einschl. Arbeitnehmervertretung sowie Haupt-/Gesellschafter-/Generalversammlung – wird im Fachschrifttum als „**Corporate Governance**" (oder „**Unternehmensverfassung**") bezeichnet. Die Regelungen können auf rechtlichen, satzungsmäßigen Vorschriften oder faktischer Berufsübung basieren.

Die damaligen Neuregelungen des KonTraG zielten vor allem darauf ab, die Effizienz der „Corporate Governance" zu erhöhen. Vor dem Hintergrund der besonderen Belange des Anlegerschutzes geschah dies zwar vorrangig für die Rechtsform der Aktiengesellschaft. Die Regelungen gelten dennoch rechtsformübergreifend als „best practice"; beim Vorliegen eines hinreichend großen und komplexen Geschäftsbetriebs kann sogar von einer faktischen Pflicht zur analogen Anwendung ausgegangen werden.

Ein bedeutender und im Krisenfall häufig anzutreffender Missstand besteht darin, dass das Geschäftsführungsorgan es unterlassen hat, ein angemessenes und funktionsfähiges **Geschäftsführungsinstrumentarium** zu schaffen, um seinen ihm unentziehbaren Aufgaben wie z. B.

- Festsetzung eines Unternehmenszielsystems und dessen Quantifizierung,
- Realisierung der Ziele durch Strategieplanung und deren Umsetzung,
- Schaffung eines wirksamen Risikomanagements und -controllings zur frühzeitigen Erkennung nachteiliger Entwicklungen

nachkommen zu können. Hier handelt es sich zudem um ein **Klumpenrisiko**, da Mängel in der Geschäftsführung wiederum Fehlentwicklungen im Leistungsbezug, in der Leistungserstellung sowie -verwertung nach sich ziehen.

Gleichzeitig stellt die Beurteilung der Geschäftsführung naturgemäß ein delikates und sensibles Thema dar, denn die Leitungspersonen nehmen ihre Aufgaben in eigener Verantwortung wahr

Controlling als Element ordnungsmäßiger Geschäftsführung **KAPITEL VI**

und diesbezügliche Entscheidungen sowie der seinerzeit vorliegende Informationsstand sind von Außenstehenden im Nachhinein nur schwer rekonstruierbar.

Vor diesem Hintergrund ist insbesondere hilfreich, dass im Rahmen der **gesetzlichen Abschlussprüfung von Genossenschaften** nach § 53 GenG und von **öffentlichen Unternehmen** nach § 53 HGrG die Ordnungsmäßigkeit der Geschäftsführung einen obligatorischen Prüfungsgegenstand bildet. D. h., die Abschlussprüfung geht über die nach HGB üblichen Prüfungsgegenstände der Prüfung der Ordnungsmäßigkeit des Jahresabschlusses und des Lageberichts weit hinaus. Die Ursache liegt in

- der besonderen Schutzwürdigkeit der wirtschaftlich oftmals unerfahrenen Genossenschaftsmitglieder und

- dem übergeordneten öffentlichen Interesse durch den Umstand, dass öffentlichen Unternehmen Steuergelder anvertraut werden.

Zur Auslegung der Rechtsvorschriften ist anerkannte Kommentarliteratur verfügbar, die für entsprechende Beurteilungen herangezogen werden kann.

§ 53 Abs. 1 HGrG (Gesetz über die Grundsätze des Haushaltsrechts des Bundes und der Länder – **Haushaltsgrundsätzegesetz**) bestimmt:

> „Gehört einer Gebietskörperschaft die Mehrheit der Anteile eines Unternehmens in einer Rechtsform des privaten Rechts oder gehört ihr mindestens der vierte Teil der Anteile und steht ihr zusammen mit anderen Gebietskörperschaften die Mehrheit der Anteile zu, so kann sie verlangen, dass das Unternehmen
> - im Rahmen der Abschlussprüfung auch die Ordnungsmäßigkeit der Geschäftsführung prüfen lässt;
> - die Abschlussprüfer beauftragt, in ihrem Bericht auch darzustellen
>   - die Entwicklung der Vermögens- und Ertragslage sowie die Liquidität und Rentabilität der Gesellschaft,
>   - verlustbringende Geschäfte und die Ursachen der Verluste, wenn diese Geschäfte und die Ursachen für die Vermögens- und Ertragslage von Bedeutung waren,
>   - die Ursachen eines in der Gewinn- und Verlustrechnung ausgewiesenen Jahresfehlbetrags;
> - ihr den Prüfungsbericht der Abschlussprüfer und, wenn das Unternehmen einen Konzernabschluss aufzustellen hat, auch den Prüfungsbericht der Konzernabschlussprüfer unverzüglich nach Eingang übersendet."

In § 53 Abs. 1 GenG (**Genossenschaftsgesetz**) heißt es:

> „Zwecks Feststellung der wirtschaftlichen Verhältnisse und der Ordnungsmäßigkeit der Geschäftsführung sind die Einrichtungen, die Vermögenslage sowie die Geschäftsführung der Genossenschaft einschließlich der Führung der Mitgliederliste mindestens in jedem zweiten Geschäftsjahr zu prüfen.
> Bei Genossenschaften, deren Bilanzsumme zwei Millionen Euro übersteigt, muss die Prüfung in jedem Geschäftsjahr stattfinden."

Angesichts der Tatsache, dass krisenhaften Unternehmen gleichwohl uneingeschränkte Bestätigungsvermerke erteilt wurden, kam im Zuge des Inkrafttreten des KonTraG die Frage auf, ob der Prüfer im Rahmen der Abschlussprüfung die Situation nicht hätte erkennen und eine öffentlichkeitswirksame Frühwarnfunktion ausüben können und müssen und daher die Abschlussprüfung nach HGB um eine Prüfung der Geschäftsführung zu erweitern sei.

Im Ergebnis wurde der Argumentation von Seiten des Gesetzgebers nicht gefolgt, da

► die Überprüfung der Geschäftsführung ureigene Aufgabe des Aufsichtsrats sei (§ 111 Abs. 1 AktG) und dazu führen könnte, dass sich der Aufsichtsrat von seiner Überwachungspflicht entlastet oder gar abgedrängt sähe, und

► sie den Prüfer überfordere und dieser kein „Super-Geschäftsführer" sein könne (vgl. *Loitz*, BB 1997, S. 1835), außerdem insoweit unangemessen in die Autonomie des zu prüfenden Unternehmens eingegriffen würde.

Die Grundsätze der Geschäftsführungsprüfung hat der IDW-ÖFA in seinem Prüfungsstandard **„Berichterstattung über die Erweiterung der Abschlussprüfung nach § 53 HGrG"** (*IDW PS 720*, in: FN-IDW 2006, S. 749 ff) kodifiziert.

Die Lektüre dieses Prüfungsstandards ist gleichwohl relevant, weil sich das Geschäftsführungsinstrumentarium und damit das Controlling – mindestens der kommunalen und öffentlichen Unternehmen sowie der Unternehmen in der Rechtsform der eingetragenen Genossenschaft – zwingend an diesen Vorschriften zu orientieren hat. Für die übrigen Unternehmen kann die derart kodifizierte gute Berufsübung jedenfalls als Benchmark für die Entwicklung eigener Standards dienen.

Neben den öffentlichen Unternehmen und den Genossenschaften müssen sich im Übrigen auch Krankenhäuser den Grundsätzen der Geschäftsführungsprüfung unterziehen, wenn dies durch Landesrecht bestimmt ist (vgl. etwa § 29 Abs. 2 HmbKHG).

Der IDW PS 720 gliedert den Prüfungsgegenstand **„Geschäftsführung"** in die Teilgebiete

► Geschäftsführungsorganisation,

► Geschäftsführungsinstrumentarium sowie

► Geschäftsführungstätigkeit.

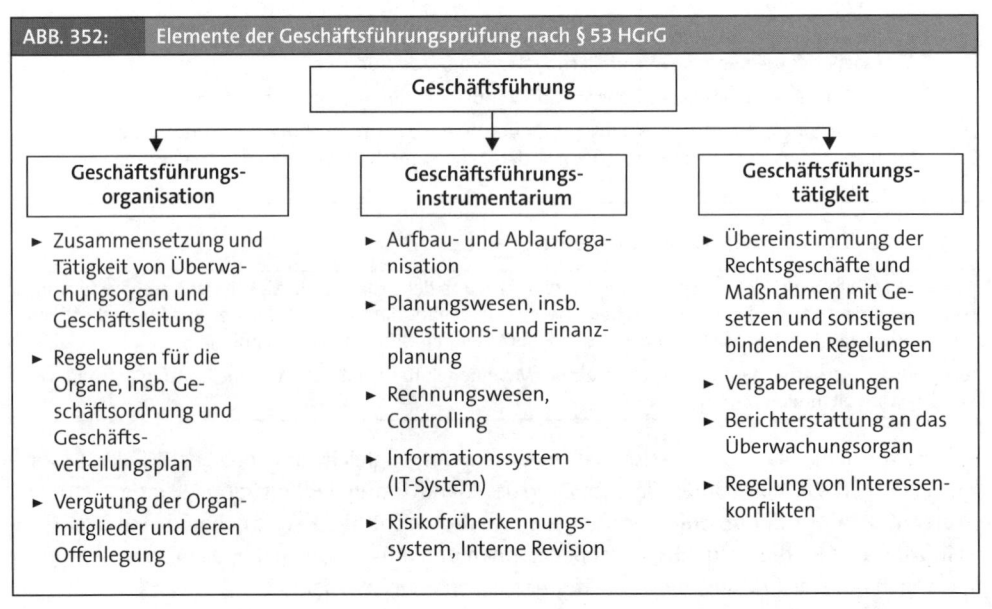

**ABB. 352:** Elemente der Geschäftsführungsprüfung nach § 53 HGrG

**Geschäftsführung**

| Geschäftsführungs-organisation | Geschäftsführungs-instrumentarium | Geschäftsführungs-tätigkeit |
|---|---|---|
| ► Zusammensetzung und Tätigkeit von Überwachungsorgan und Geschäftsleitung<br>► Regelungen für die Organe, insb. Geschäftsordnung und Geschäftsverteilungsplan<br>► Vergütung der Organmitglieder und deren Offenlegung | ► Aufbau- und Ablauforganisation<br>► Planungswesen, insb. Investitions- und Finanzplanung<br>► Rechnungswesen, Controlling<br>► Informationssystem (IT-System)<br>► Risikofrüherkennungssystem, Interne Revision | ► Übereinstimmung der Rechtsgeschäfte und Maßnahmen mit Gesetzen und sonstigen bindenden Regelungen<br>► Vergaberegelungen<br>► Berichterstattung an das Überwachungsorgan<br>► Regelung von Interessenkonflikten |

Bei der Beurteilung der **Ordnungsmäßigkeit der Geschäftsführung** ist nicht nur die bloße formale Ordnungsmäßigkeit (d. h. die Beachtung von Gesetz, Gesellschaftsvertrag und Satzung sowie sonstiger bindender Bestimmungen), sondern auch die Zweckmäßigkeit und Wirksamkeit der Geschäftsführung relevant.

Auf die Ordnungsmäßigkeit der **Geschäftsführungsorganisation** wird nachstehend noch ausführlich in Zusammenhang mit den Corporate Governance-Konzepten eingegangen. Sie umfasst

- die innere Strukturierung des Geschäftsführungsorgans,
- die Aufgabenverteilung, Delegation und Vertretungsregelungen im Geschäftsführungsorgan,
- Regelungen zur Vorbereitung, zum Ablauf von Sitzungen und zu Beschlussfassungen

nach Maßgabe der diesbezüglichen unternehmensinternen Vorschriften wie Geschäftsordnungen oder Dienstanweisungen. Außerdem wird hierunter die Kommunikation und Zusammenarbeit mit dem Aufsichtsorgan subsumiert. Prüfungsrelevant sind u. a. die Berichtspflichten des Vorstands gegenüber dem Aufsichtsrat hinsichtlich Umfang und Inhalten, Frequenzen und formalen Modalitäten und deren tatsächliche Erfüllung.

| ABB. 353: | Prüfungsgegenstände der Geschäftsführungsorganisation nach § 53 HGrG |
|---|---|
| **Prüffeld** | **Prüfungsgegenstand (Auswahl)** |
| Zusammensetzung und Tätigkeit von Überwachungsorgan und Geschäftsleitung | ▶ Anzahl und Inhalte der Sitzungen der Organe und Ausschüsse<br>▶ Zweckmäßige Einbindung des Überwachungsorgans<br>▶ Teilnahme des Abschlussprüfers an der Bilanzsitzung des Überwachungsorgans |
| Regelungen für die Organe | ▶ Bedarfsgerechte Geschäftsordnungen und Geschäftsverteilungspläne für Überwachungsorgan und Geschäftsleitung<br>▶ Sachgerechte Regelungen zur Konzernleitung (Geschäftsanweisungen)<br>▶ Begrenzung der Tätigkeiten in anderen Aufsichtsräten oder Kontrollgremien<br>▶ Angemessene Vergütungsregelungen, insbesondere variable Anteile mit langfristiger Anreizwirkung, und deren Publikation<br>▶ Vorliegen schriftlicher Dienstverträge und deren ordnungsmäßige Dokumentation |

Quelle: I. A. a. IDW PS 720, Tz. 19.

Das **Geschäftsführungsinstrumentarium** stellt die Gesamtheit der Systeme und Rechenwerke dar, die der Unterstützung der Planung, Entscheidungsfindung und Kontrolle durch die Unternehmensleitung dienen. Hierunter fällt auch die Aufbau- und Ablauforganisation des Unternehmens. Es handelt sich hierbei um die von der Unternehmensleistung im Rahmen der Wertpyramide (vgl. Kapitel II) zu implementierende **Infrastruktur** des Unternehmens. Im Einzelnen werden hierunter subsumiert:

| ABB. 354: | Prüfungsgegenstände der Geschäftsführungsinstrumente nach § 53 HGrG |
|---|---|
| **Prüffeld** | **Prüfungsgegenstand (Auswahl)** |
| Aufbau- und Ablauforganisation | ▶ Bedarfsgerechte Organisationspläne, die Organisationsaufbau, Arbeitsbereiche, Zuständigkeiten und Weisungsbefugnisse enthalten |
| | ▶ Implementierung und Beachtung des Vier-Augen-Prinzips (Funktionstrennung) |
| | ▶ Sachgerechte Arbeitsanweisungen, Arbeitshilfen, Richtlinien |
| | ▶ Geeignete Vorkehrungen zur Korruptionsprävention und deren Dokumentation |
| | ▶ Geeignete Richtlinien für wesentliche Entscheidungsprozesse (Auftragsvergabe, Auftragsabwicklung, Personalwesen, Kreditaufnahme und -gewährung) |
| | ▶ Sicherstellung einer durchgängigen Beachtung des Organisationsplans und sonstiger bindender Richtlinien |
| | ▶ Ordnungsmäßige Dokumentation von Verträgen |
| Planungswesen | ▶ Angemessenheit des Planungshorizonts und der Planfortschreibung |
| | ▶ Erstellung sachgerechter Planungsrechnungen (Wirtschaftsplan, Ergebnisplanung, Investitions-, Finanz-, Personalplanung) |
| | ▶ Angemessene Berücksichtigung des Simultanprinzips der Planung |
| | ▶ Systematische Untersuchung von Planabweichungen |
| | ▶ Laufende Prämissenkontrolle und ggf. Plananpassung |
| | ▶ Erkennbarkeit sachlicher Zusammenhänge zwischen Projekten und Teilplänen |
| Rechnungswesen, Informationssystem, Controlling | ▶ Gesetzmäßige und sachgerechte Organisation der IT (z. B. Zugangsberechtigungen, Befugnis zu Änderungen, Dokumentation, Datensicherheit, Datenschutz) |
| | ▶ Beachtung der gesetzlichen Aufbewahrungspflichten |
| | ▶ Im Hinblick auf Größe, Komplexität und besondere Anforderungen des Unternehmens hinreichende Ausgestaltung des Rechnungswesens |
| | ▶ Existenz eines funktionsfähigen Finanzmanagements nebst Cash-Management |
| | ▶ Laufende Liquiditätskontrollen, vollständige und zeitnahe Fakturierung, funktionierendes Mahnwesen |
| | ▶ Existenz einer aussagefähigen Kostenrechnung |
| | ▶ Zweckmäßiges Controlling auf Unternehmens- und Konzernebene |
| | ▶ Zeitnahes internes Informationssystem |
| Risikofrüherkennungssystem | ▶ Definition geeigneter Frühwarnsignale zur rechtzeitigen Identifikation bestandsgefährdender Risiken |
| | ▶ Beachtung sowie ausreichende Dokumentation der zur Risikofrüherkennung ergriffenen Maßnahmen |
| | ▶ Kontinuierliche und systematische Abstimmung der Frühwarnsignale und Maßnahmen mit aktuellen Geschäftsprozessen und Funktionen |

# Controlling als Element ordnungsmäßiger Geschäftsführung — KAPITEL VI

| Prüffeld | Prüfungsgegenstand (Auswahl) |
|---|---|
| Finanzinstrumente, Derivate | ▶ Festlegung des Geschäftsumfangs zum Einsatz von Finanzinstrumenten nach Produkten, Partnern, Bewertungseinheiten |
| | ▶ Über die Begrenzung von Zinsrisiken hinaus eingesetzte Zinsderivate |
| | ▶ Ausreichendes Instrumentarium zur Erfassung, Beurteilung, Bewertung und Kontrolle der Geschäfte |
| | ▶ Angemessene Arbeitsanweisungen und Gewährleistung einer unterjährigen Unterrichtung der Geschäftsführung |
| Interne Revision | ▶ Existenz und organisatorische Anbindung einer Internen Revision im Hinblick auf die Vermeidung von Interessenkonflikten und Sicherstellung der Unabhängigkeit |
| | ▶ Anforderungsgerechte personelle Besetzung der Internen Revision |
| | ▶ Wesentliche Tätigkeitsschwerpunkte und festgestellte bemerkenswerte Mängel |
| | ▶ Aus den Feststellungen und Empfehlungen gezogene Konsequenzen |
| | ▶ Abstimmung der Tätigkeitsschwerpunkte mit dem Abschlussprüfer |
| Versicherungsschutz | ▶ Versicherung der wesentlichen, üblicherweise gedeckten Risiken |
| | ▶ Feststellung einer Un- bzw. Unterversicherung bei aufgetretenen Schadensfällen |
| | ▶ Regelmäßige Aktualisierung des Versicherungsschutzes |

Quelle: I. A. a. IDW PS 720, Tz. 20.

Unter der **Geschäftsführungstätigkeit** sind alle Aktivitäten im Rahmen der Ausübung der Geschäftsführungsfunktion zu verstehen. Da diese sich üblicherweise einer Prüfung entziehen, wird im Fachschrifttum allenfalls als beurteilbar angesehen, ob

▶ die Aktivitäten in Einklang mit bindenden externen und internen Regelungen (z. B. Bestimmungen der Satzung) stehen,

▶ die Entscheidungen auf der Grundlage sachgerechter Planungs- und Vorbereitungshandlungen erfolgten und hierüber

▶ vollständig, zeitnah und regelmäßig an das Überwachungsorgan berichtet wurde,

soweit es die Sorgfalt eines ordentlichen und gewissenhaften Geschäftsleiters erfordert (vgl. etwa § 93 Abs. 1 AktG).

**ABB. 355:** Prüfungsgegenstände der Geschäftsführungstätigkeit nach § 53 HGrG

| Prüffeld | Prüfungsgegenstand (Auswahl) |
|---|---|
| Zustimmungsbedürftige Rechtsgeschäfte und Maßnahmen | ▶ Vorherige Einholung der Zustimmung des Überwachungsorgans zu zustimmungspflichtigen Rechtsgeschäften und Maßnahmen |
| | ▶ Entsprechung anderweitiger Regelungen und Vorgaben (z. B. Vorschriften zur Kreditgewährung an Organmitglieder) |
| | ▶ Vermeidung einer Zerlegung zustimmungsbedürftiger Maßnahmen in Teilmaßnahmen zur Umgehung der Zustimmungspflicht |
| | ▶ Vorlage geeigneter Unterlagen an das Überwachungsorgan zur Entscheidungsfindung, z. B. Darstellung geeigneter Alternativen |

# KAPITEL VI — Schnittstellen des Controllings

| Prüffeld | Prüfungsgegenstand (Auswahl) |
|---|---|
| Übereinstimmung mit Regelungen | ▶ Übereinstimmung mit Gesetz, Satzung, Geschäftsordnung und bindenden Beschlüssen des Überwachungsorgans <br> ▶ Erfüllung der gesetzlichen Offenlegungspflichten |
| Durchführung von Investitionen | ▶ Angemessene Planung von Investitionen und ihre Prüfung auf Rentabilität, Wirtschaftlichkeit, Finanzierbarkeit und Risiken vor Realisierung <br> ▶ Ausreichende Unterlagen zur Preisermittlung und Beurteilung auf Angemessenheit des Preises <br> ▶ Laufende Überwachung der Durchführung, Budgetierung und Veränderung von Investitionen <br> ▶ Vornahme von Abweichungsanalysen, Investitionskontrolle auf Überschreitungen <br> ▶ Beachtung von Auflagen der Zuschussgeber bei bezuschussten Investitionen (z. B. zweckentsprechende Verwendung) <br> ▶ Anhaltspunkte für den Abschluss von Leasing- oder vergleichbaren Verträgen nach Ausschöpfung der Kreditlinien |
| Vergaberegelungen, Lieferverpflichtungen | ▶ Vorliegen von Verstößen gegen Vergaberegelungen (z. B. VOB, VOL, VOF, EU-Regelungen) <br> ▶ Angemessene Einholung und Berücksichtigung von Konkurrenzangeboten <br> ▶ Untersuchung wichtiger Liefer- und Abnahmeverträge auf ihre innerbetrieblichen Auswirkungen vor deren Abschluss <br> ▶ Zugrundelegung allgemeiner privatrechtlicher Vertragsbedingungen bzw. öffentlich-rechtlicher Satzungen |
| Berichterstattung an das Überwachungsorgan | ▶ Vorliegen einer regelmäßigen und ausreichenden Berichterstattung <br> ▶ Vermittlung eines zutreffenden Einblicks in die wirtschaftliche Lage <br> ▶ Berücksichtigung von Strukturveränderungen durch Darstellung von Überleitungsrechnungen <br> ▶ Zeitnahe Unterrichtung über wesentliche Vorgänge, insbesondere über ungewöhnliche, risikoreiche bzw. nicht ordnungsmäßig abgewickelte Geschäftsvorfälle <br> ▶ Inanspruchnahme der Berichterstattung auf besonderen Wunsch des Überwachungsorgans (§ 90 Abs. 3 AktG) <br> ▶ Abschluss einer D&O-Versicherung mit angemessenem Selbstbehalt für die Organmitglieder <br> ▶ Angemessene Regelungen zur Vermeidung von Interessenkonflikten und deren Offenlegung |

Quelle: I. A. a. IDW PS 720, Tz. 21.

In Bezug auf die Definition von Ordnungsmäßigkeit bezüglich des betrieblichen Controllings lassen sich folgende Feststellungen treffen.

▶ Die **Organisationsanalyse** betrifft die Organisation des zu beurteilenden Unternehmens als Ganzes. Zu würdigen sind die Zweckmäßigkeit und Wirtschaftlichkeit der Aufbau- und Ablauforganisation, ggf. das Vorliegen einer Über- oder Unterorganisation in Teilbereichen sowie die Übereinstimmung von Soll- und Ist-Organisationsform.

▶ Im Rahmen der Organisationsbeurteilung sollten auch Feststellungen zum **Personalwesen** und zur **Personalführung** getroffen werden. Diese beziehen sich insbesondere auf die Grundsätze der Personalpolitik einschließlich der Lohnpolitik. Angemessenheit und Vertretbarkeit sind im Hinblick auf die künftige Erfolgslage besonders bei Altersversorgungszusagen zu untersuchen. Zur Sicherstellung einer angemessenen Personaldecke sollte – ausgehend von der geplanten Anzahl und Dauer der durchzuführenden Arbeitsprozesse – in analytischer Weise ein Personalbedarfsplan aufgestellt und fortgeschrieben werden. Auch ist zu überprüfen, ob das Personal den betrieblichen Erfordernissen entsprechend ausgebildet, eingesetzt und überwacht wird.

▶ Die Evaluation des **Planungswesens** verläuft methodenorientiert, d. h., es stehen weniger die konkreten Planungsinhalte als die Planungssysteme und -abläufe im Vordergrund. Damit ist die Überprüfung weitgehend unabhängig vom Planungsobjekt, d. h. sie gilt für alle betrieblichen Teilpläne in analoger Weise. Aufgrund ihrer langfristigen Bindungswirkung und ihrer Bedeutung für die Insolvenzprophylaxe wird indes der Investitions- und Finanzplanung ein besonderer Stellenwert eingeräumt werden.

▶ Der Planung muss eine **Plankontrolle** nachgelagert sein. Daher ist zu begutachten, ob die Pläne laufend mit der tatsächlichen Entwicklung verglichen und den veränderten Gegebenheiten im Markt und in der Technik angepasst werden. Dies hat mittels eines rollierenden Prozesses zu geschehen.

▶ Das betriebliche **Rechnungswesen** umfasst jegliche Zahlenwerke zur zahlenmäßigen Abbildung des Betriebsgeschehens mit den Zielen einer Dokumentation, Planung und Kontrolle. Die Dokumentationsaufgabe besteht in der Rechenschaftslegung und Information über die Vermögens-, Finanz- und Ertragslage des Betriebs. Die Planungsaufgabe wird mit der Bereitstellung relevanter Informationen für die Dispositionen der Geschäftsleitung erfüllt. Die Kontrollaufgabe erstreckt sich auf die laufende Überwachung von Wirtschaftlichkeit, Produktivität, Rentabilität und Liquidität, i. d. R. mittels kennzahlgestützter Soll-Ist-Abgleiche.

▶ Im Rahmen der Beurteilung der Geschäftsführung umfasst das Rechnungswesen insbesondere auch die (interne) **Betriebsbuchhaltung und -statistik**, die außerhalb der gesetzlichen Mindestanforderungen betrieben werden, also nicht nur das „Financial Accounting", sondern auch das „Management Accounting". Relevante Beurteilungsnormen stellen deshalb neben Ordnungsmäßigkeit, Beweiskraft und Nachvollziehbarkeit auch die Steuerungsrelevanz, Zweckmäßigkeit und Angemessenheit dar.

| ABB. 356: | Checkliste zu Ordnungsmäßigkeitsanforderungen an Planung und Controlling |
|---|---|
| ▶ | Ist das Planungssystem vollständig, d. h., erstreckt es sich über alle betrieblichen Bereiche/Funktionen? |
| ▶ | Sind die Teilpläne miteinander kompatibel, werden insbesondere Auswirkungen und Rückkopplungen von Änderungen einzelner Teilpläne (z. B. Vertriebsplanung) auf andere Teilpläne (z. B. Finanz- und Beschaffungsplanung) berücksichtigt? Besteht insoweit ein angemessenes Schnittstellenmanagement? |
| ▶ | Sind die Parameter der Planung sachgerecht spezifiziert, insbesondere Planungshorizont und Planungsperioden? Erfolgt eine Plausibilitätskontrolle der der Planung zu Grunde liegenden Prämissen? |
| ▶ | Ist der Planungsprozess angemessen ausgestaltet? Wird die Planung in hinreichend kurzen Rhythmen aktualisiert und fortgeschrieben? |
| ▶ | Führen (insbesondere negative) Planabweichungen zeitnah zu Ursachenforschungen, Maßnahmenevaluationen und -umsetzungen? Ist die Weiterleitung der Abweichungsanalysen angemessen geregelt? |

- ▶ Kommen bei langfristigen Investitionen dynamische Planungs- und Kontrollverfahren zur Anwendung? Sind die Cashflow-Schätzungen plausibel? Berücksichtigt der Kalkulationszinsfuß in angemessener Weise das Investitionsrisiko?
- ▶ Wird die Robustheit der Planung durch Berechnung kritischer Werte bzw. durch Vornahme von Sensitivitätsanalysen beurteilt?
- ▶ Werden Wechselwirkungen zwischen Einzelinvestitionen in Investitionsbudgets berücksichtigt?
- ▶ Erfolgt im Rahmen der Liquiditätsplanung eine sachgerechte und nachvollziehbare Periodisierung der Zahlungsvorgänge?
- ▶ Werden voraussichtliche Störungen des finanziellen Gleichgewichts rechtzeitig angezeigt?
- ▶ Wird die Planung durch ein aussagefähiges und nachvollziehbares Berichtswesen unterlegt?
- ▶ Werden angemessene Berichtsstandards und Berichtsrhythmen festgelegt? Sind Datenbanken verfügbar, die laufend aktualisiert werden? Werden Berichtsintensitäten nach Empfängern abgestuft?
- ▶ Bestehen sachgerechte Buchungsanweisungen und Bilanzierungsrichtlinien? Wird der Kontenplan den betriebsindividuellen Erfordernissen angepasst? Sind die für die Buchhaltung verantwortlichen Mitarbeiter hinreichend fachlich qualifiziert? Besteht Funktionstrennung zu den operativen Einheiten?
- ▶ Erfolgt die Lagerbewertung (Roh-, Hilfs- und Betriebsstoffe, Halbfertig- und Fertigerzeugnisse) sachgerecht? Werden Gängigkeit, Verderb, Schwund berücksichtigt? Wird den Ursachen festgestellter Bestandsdifferenzen nachgegangen?
- ▶ Erfolgt eine umfassende und zeitnahe Überwachung der Zahlungsmittelbewegungen und Forderungsbestände? Ist die vollständige Fakturierung aller erbrachten Leistungen sichergestellt? Ist das Mahnwesen effizient? Wird Zielüberschreitungen zeitnah nachgegangen?
- ▶ Werden Zahlungseingänge und -ausgänge vollständig, betrags- und zeitgenau erfasst? Ist die laufende Einhaltung des finanziellen Gleichgewichts überprüfbar? Bestehen Datenbanken für langfristige Verträge und werden diese laufend aktualisiert?
- ▶ Werden die Kosten nachvollziehbar aus der Buchführung abgeleitet? Werden kalkulatorische Kosten unter Opportunitätsgesichtspunkten und dem Aspekt der betrieblichen Substanzerhaltung angesetzt?
- ▶ Besteht ein angemessener Kostenstellenplan, der die Zurechnung von Verantwortlichkeiten ermöglicht?
- ▶ Erfolgt eine aussagefähige innerbetriebliche Leistungsverrechnung? Werden die Kostenstellenkosten konsistent den betrieblichen Leistungen zugerechnet? Werden kostenstellenweise Über- und Unterdeckungen berechnet und wird den entsprechenden Ursachen nachgegangen?
- ▶ Wird die Kostenrechnung zur Planung herangezogen? Werden für die betrieblichen Leistungen Vor- und Nachkalkulationen durchgeführt?
- ▶ Wird eine kostenstellenbezogene Budgetierung mit Planwerten durchgeführt? Erfolgen diesbezügliche zeitnahe Plan-Ist-Abgleiche und Abweichungsanalysen? Werden kurzfristige (i. d. R. monatliche) Erfolgskontrollen vorgenommen und diese unter Berücksichtigung saisonaler Schwankungen ausgewertet?
- ▶ Werden Deckungsbeiträge ermittelt, anhand derer eine Überprüfung der Preis- und Sortimentspolitik erfolgt? Werden regelmäßig für die betrieblichen Leistungen sog. ABC-Analysen angefertigt?
- ▶ Erfolgen risikoorientierte Kostenplanungsrechnungen wie z. B. Break-even-Analysen? Wird Fixkosten-Controlling betrieben?
- ▶ Werden Kernprozesse mit einer Prozesskostenrechnung unterlegt? Erfolgt auf dieser Basis eine Überprüfung der Prozesse auf Effizienz?

| ▶ | Erfolgt eine Optimierung des Leistungsprogramms unter Einsatz wertorientierter Controllinginstrumente (Wertanalyse, Zielkostenrechnung)? |
|---|---|
| ▶ | Wird das Rechnungswesen durch ein aussagefähiges Berichts- und Informationssystem unterlegt? Werden für wesentliche Steuerungskennzahlen Monatsauswertungen vorgenommen? Wird eine aussagefähige Betriebsstatistik unterhalten? |
| ▶ | Bestehen unternehmenseinheitliche Berichtsstandards? Ist ein angemessener IT-Support gewährleistet? |

Quelle: *Graumann, M.*: Wirtschaftliches Prüfungswesen, 3. Aufl., Herne 2012, S. 622 f.

## 2. Corporate Governance

### 2.1 Corporate Governance-Begriff

Die zahlreichen in Deutschland zu verzeichnenden und großteils auf Missmanagement zurückzuführenden Unternehmenskrisen und Schieflagen lösten ab dem Ende der neunziger Jahre eine lebhafte und bis heute andauernde Auseinandersetzung in Wissenschaft und Praxis aus. Insbesondere wurde hinterfragt, ob die gegenwärtigen Strukturen und Prozesse der Leitung und Überwachung (die sog. **Corporate Governance**) deutscher börsennotierter Unternehmen im internationalen Vergleich noch wettbewerbsfähig sind.

Corporate Governance bezeichnet die Gesamtheit aller Regelungen zur Institutionalisierung der Beziehungen zwischen den internen Unternehmensorganen: Vorstand, Aufsichtsrat (einschließlich Arbeitnehmervertretung) sowie Haupt-, Gesellschafter- bzw. Generalversammlung. Die Regelungen können dabei auf rechtlichen bzw. satzungsmäßigen Vorschriften oder auf faktischer Berufsübung basieren. Neben dem „amtlichen" Deutschen Corporate Governance Kodex existieren auch Konzepte der Wissenschaft, vor allem

- ▶ die **Grundsätze ordnungsgemäßer Unternehmensleitung (GoU)**,
- ▶ der **German Code of Corporate Governance (GCCG)** sowie
- ▶ die **DVFA-Scorecard zur Corporate Governance**.

Somit sind die Anforderungen an die Ordnungsmäßigkeit der Geschäftsführung um die betriebswirtschaftlichen Inhalte der zumeist aus Wissenschaft-Praxis-Dialogen resultierenden Corporate Governance-Konzepte zu erweitern. Insgesamt lässt sich hieraus eine Richtschnur i. S. eines „best practice" in Bezug auf krisenvermeidende bzw. früherkennende Führungssysteme ableiten, so dass die nachfolgenden Ausführungen in einem inneren Zusammenhang zur Dienstleistungsfunktion des Controllings gegenüber der Geschäftsführung stehen.

Compliance Management-System, Internes Überwachungs- bzw. Kontrollsystem und Risikomanagementsystem bilden zusammen das **„House of Governance"** (so *Gnändiger*, StuB 2013, S. 183).

## 2.2 Deutscher Corporate Governance Kodex (DCGK)

### 2.2.1 Zielsetzung und Aufbau

Im Juni 2000 wurde von der Bundesregierung eine Kommission „**Corporate Governance – Unternehmensführung, Unternehmenskontrolle, Modernisierung des Aktienrechts**" (nach ihrem Vorsitzenden im Fachschrifttum häufig auch als „Baums-Kommission" bezeichnet) eingesetzt. Ihre Aufgabe war es, im Gefolge des KonTraG konkrete Empfehlungen für eine Optimierung des deutschen Systems der Unternehmensführung und -kontrolle zu entwickeln, um hierdurch die Wettbewerbsfähigkeit deutscher Unternehmen weiter zu verbessern, den Schutz der Aktionäre zu stärken und den Finanzplatz Deutschland zu festigen.

Kernpunkt des am 11.7.2001 vorgelegten Abschlussberichts war die Empfehlung, einen **Deutschen Corporate Governance Kodex** (**DCGK**) zu entwickeln. Folglich institutionalisierte das BMJ eine weitere **Kommission „Deutscher Corporate Governance-Kodex"** (nach ihrem Vorsitzenden häufig auch als „Cromme-Kommission" bezeichnet), die den Vorschlag eines entsprechenden Kodexes am 26.2.2002 vorlegte.

Im am 26.7.2002 in Kraft getretenen **Gesetz zur weiteren Reform des Aktien- und Bilanzrechts, zu Transparenz und Publizität (Transparenz- und Publizitätsgesetz – TransPuG)** wurde schließlich die Verpflichtung zu einer sog. „Entsprechenserklärung" oder auch „**Compliance-Erklärung**" in § 161 AktG eingefügt. Demnach haben die Organmitglieder börsennotierter Aktiengesellschaften jährlich zu erklären, dass den im Bundesanzeiger bekannt gemachten Verhaltensregeln zur Unternehmensleitung und -kontrolle entsprochen wurde und wird bzw. welche Verhaltensregeln im Einzelnen nicht angewendet wurden.

Die Erklärung ist den Aktionären – etwa auf der Website der Gesellschaft – zugänglich zu machen. Die Abgabe der Erklärung ist im Anhang zu dokumentieren (§ 285 Nr. 16 HGB).

Mit TransPuG wurden im Übrigen zahlreiche Neuerungen der **Corporate Governance der Aktiengesellschaft** verbindlich, so etwa

- die Verpflichtung des Vorstands zu einer „follow up-Berichterstattung" mit Hinweisen auf Zielerreichungsgrad und ggf. Zielmodifikationen in Bezug auf früher formulierte Vorgaben im Rahmen des § 90 Abs. 1 Satz 1 AktG,
- die Verpflichtung zur Schriftlichkeit („in Textform") und Rechtzeitigkeit der Berichterstattung des Vorstands an den Aufsichtsrat nach § 90 Abs. 4 AktG,
- die Verpflichtung zur Berichterstattung über die Arbeit von Ausschüssen in den Aufsichtsratssitzungen gem. § 107 Abs. 3 AktG,
- die Festlegung von Mindestrhythmen der Aufsichtsratssitzungen entsprechend § 110 Abs. 3 AktG,
- die Verpflichtung (nicht nur die Möglichkeit), in der Satzung der Zustimmungspflicht des Aufsichtsrats unterliegende Geschäfte mit für die Gesellschaft existenzieller Bedeutung festzulegen (§ 111 Abs. 4 Satz 2 AktG),
- die ausdrückliche Verpflichtung der Aufsichtsratsmitglieder zur Verschwiegenheit über vertrauliche Berichte und Beratungen (§ 116 AktG).

Die Entwicklung des DCGK war in Zusammenhang mit dem von der Bundesregierung am 25.2.2003 veröffentlichten **Zehn-Punkte-Programm (Maßnahmenkatalog der Bundesregierung**

**zur Stärkung der Unternehmensintegrität und des Anlegerschutzes**) zu sehen. Dies sollte dazu dienen, die Transparenz des Aktienmarkts sowie der Unternehmensberichterstattung zu erhöhen und die Rechte der Anleger zu erweitern (vgl. *www.bmj.bund.de/ger/service/pressemitteilungen/10000668*).

| ABB. 357: | „Zehn-Punkte-Programm" der Bundesregierung |
|---|---|
| Punkt | Inhalt |
| 1 | Persönliche Haftung von Vorstands- und Aufsichtsratsmitgliedern gegenüber der Gesellschaft; Verbesserung des Klagerechts der Aktionäre |
| 2 | Einführung der persönlichen Haftung von Vorstands- und Aufsichtsratsmitgliedern gegenüber Anlegern für vorsätzliche oder grobfahrlässige Falschinformationen des Kapitalmarkts; Verbesserung der kollektiven Durchsetzung von Ansprüchen der Anleger |
| 3 | Weiterentwicklung des Deutschen Corporate Governance Kodex, insbesondere zur Transparenz von aktienbasierten oder anreizorientierten Vergütungen („Aktienoptionen") der Vorstände |
| 4 | Fortentwicklung der Bilanzregeln und Anpassungen an internationale Rechnungslegungsgrundsätze |
| 5 | Stärkung der Rolle des Abschlussprüfers |
| 6 | Überwachung der Rechtmäßigkeit konkreter Unternehmensabschlüsse durch eine unabhängige Stelle („Enforcement") |
| 7 | Fortführung der Börsenreform und Weiterentwicklung des Aufsichtsrechts |
| 8 | Verbesserung des Anlegerschutzes im Bereich des sog. „Grauen Kapitalmarkts" |
| 9 | Sicherstellung der Verlässlichkeit von Unternehmensbewertungen durch Finanzanalysten und Rating-Agenturen |
| 10 | Verschärfung der Strafvorschriften für Delikte im Kapitalmarktbereich |

Der Kodex besitzt über die Entsprechenserklärung gem. § 161 AktG eine gesetzliche Grundlage. Er ist im amtlichen Teil des elektronischen Bundesanzeigers in der für die Erklärung nach § 161 AktG maßgeblichen Fassung bekannt gemacht; in jeweils aktuellster Fassung kann er auf den Webseiten *www.corporate-governance-code.de* oder *www.ebundesanzeiger.de* eingesehen werden. I. d. R. einmal jährlich erfolgt eine Überprüfung und evtl. Anpassung des Kodexes vor dem Hintergrund nationaler und internationaler Entwicklungen, zuletzt am 13. 5. 2013.

Mit dem Deutschen Corporate Governance Kodex sollen die in Deutschland geltenden Regeln für Unternehmensleitung und -überwachung für nationale wie internationale Investoren transparent gemacht werden, um so das Vertrauen in die Unternehmensführung deutscher Gesellschaften zu stärken. Die Intransparenz aus Sicht ausländischer Kapitalmarktteilnehmer resultiert daraus, dass relevante Rechtsvorschriften in einer Vielzahl von Gesetzen verstreut sind, etwa in

▶ Handelsgesetzbuch sowie Publizitätsgesetz,

▶ ergänzenden bzw. ersetzenden gesellschaftsrechtlichen (z. B. AktG, GmbHG, GenG) sowie branchenspezifischen (z. B. KWG, VAG) Gesetzen,

▶ kapitalmarktbezogenen Gesetzen (z. B. BörsG, WpHG),

▶ Gesetzen über die Arbeitnehmermitbestimmung (z. B. MitbestG),

und anderen mehr. Der Kodex erfüllt insoweit eine synoptische Funktion. Materiell ist er insoweit im Grunde redundant, da die gesetzlichen Vorschriften unabhängig von einer Aufführung im Kodex zu befolgen sind.

In Teilen geht der Kodex aber über die gesetzlichen Vorschriften hinaus, indem Standards zur Vermeidung der wesentlichen – vor allem im internationalen Kontext vorgebrachten – Kritikpunkte an der deutschen Unternehmensverfassung, etwa

- mangelhafte Ausrichtung auf Aktionärsinteressen,
- duale Unternehmensverfassung mit Vorstand und Aufsichtsrat,
- mangelnde Unabhängigkeit deutscher Aufsichtsräte,
- eingeschränkte Unabhängigkeit der Abschlussprüfer

kodifiziert werden (vgl. *http://www.corporate-governance-code.de/*). In seiner Präambel festgelegte Ziele sind:

**ABB. 358: Ziele des Deutschen Corporate Governance Kodex (DCGK)**

**Deutscher Corporate Governance Kodex**

↑ Ziele

- Darstellung wesentlicher gesetzlicher Vorschriften zur Leitung und Überwachung von deutschen Aktiengesellschaften
- Entwicklung national und international anerkannter Standards guter und verantwortungsvoller Unternehmensführung
- Gewährleistung von Transparenz und Nachvollziehbarkeit des deutschen Corporate Governance-Systems
- Förderung des Vertrauens von Anlegern, Kunden, Mitarbeitern und Öffentlichkeit in die Leitung und Überwachung deutscher börsennotierter Aktiengesellschaften

Im Fachschrifttum werden die Ziele häufig zwei Funktionen zugeordnet,

- der **Kommunikationsfunktion**, die die Darstellung des deutschen Corporate Governance-Modells beinhaltet, sowie
- der **Ordnungsfunktion**, d. h., Standards guter und verantwortungsvoller Unternehmensführung zu setzen.

Im internationalen Kontext kommunikationsbedürftige **Besonderheiten** des deutschen Corporate Governance-Systems sind

- das sog. „two tier"-Modell mit der institutionellen Trennung von Leitung (Vorstand) und Überwachung (Aufsichtsrat),
- das Kollegialprinzip für den Vorstand und
- die Arbeitnehmer-Mitbestimmung im Aufsichtsrat.

Die erstgenannte Besonderheit kann allerdings durch die Wahl der Gesellschaftsform der Europäischen Gesellschaft (SE), welche ein einheitliches Leitungsorgan (Verwaltungsrat, „board") vorsieht, umgangen werden.

Der Kodex gliedert sich in insgesamt sieben Abschnitte (vgl. hierfür und im Folgenden *http://www.corporate-governance-code.de/ger/kodex/1.html*):

| ABB. 359: Gliederung des DCGK |
|---|
| **1. Präambel:** |
| In diesem Abschnitt werden die Zwecksetzung des Kodex, die Grundordnung der deutschen Aktiengesellschaft sowie die Verbindlichkeitsstufen und der Geltungsbereich des Kodex dargelegt. |
| **2. Aktionäre und Hauptversammlung:** |
| In diesem Abschnitt wird die besondere Bedeutung der Aktionäre ersichtlich. |
| **3. Zusammenwirken von Vorstand und Aufsichtsrat:** |
| In diesem Abschnitt wird dargelegt, dass zahlreiche wichtige Governance-Aufgaben nur im Zusammenspiel von Vorstand und Aufsichtsrat sachgerecht erfüllt werden können. |
| **4. Vorstand:** |
| In diesem Abschnitt werden die speziellen Aufgaben und Zuständigkeiten sowie Fragen der Zusammensetzung, Vergütung und Interessenkonflikte des Vorstands behandelt. |
| **5. Aufsichtsrat:** |
| In diesem Abschnitt werden die speziellen Aufgaben und Zuständigkeiten sowie Fragen der Zusammensetzung, Vergütung und Interessenkonflikte des Aufsichtsrats behandelt. Daneben werden gesonderte Bestimmungen zu den Aufgaben und Befugnissen des Aufsichtsratsvorsitzenden, zur Ausschussbildung und zur Effizienzprüfung der Aufsichtsratsarbeit dargelegt. |
| **6. Transparenz:** |
| In diesem Abschnitt werden Grundsätze, Empfehlungen sowie Anregungen zur Veröffentlichung von Informationen an die Kapitalmarktteilnehmer beschrieben. |
| **7. Rechnungslegung und Abschlussprüfung:** |
| In diesem Abschnitt werden Grundsätze, Empfehlungen sowie Anregungen zur Rechnungslegung, wie z. B. Fristen zur Veröffentlichung der Jahresabschlüsse, und zur Abschlussprüfung dargestellt. |

Die Bestimmungen und Regelungen des Kodex geben einen Rahmen vor, der von den Unternehmen auszufüllen ist.

▶ **Empfehlungen** des Kodex sind durch die Verwendung des Wortes „**soll**" gekennzeichnet. Die Gesellschaften können hiervon abweichen, sind dann aber verpflichtet, dies jährlich offen zu legen. Dies ermöglicht den Gesellschaften die Berücksichtigung branchen- oder unternehmensspezifischer Bedürfnisse. So trägt der Kodex zur Flexibilisierung und Selbstregulierung der deutschen Unternehmensverfassung bei.

▶ Ferner enthält der Kodex **Anregungen**, von denen ohne Offenlegung abgewichen werden kann; hierfür verwendet der Kodex Begriffe wie „**sollte**" oder „**kann**". Jedoch gilt es als Indiz guter Governance, auch Abweichungen von den Anregungen offenzulegen, dies ist aber durch die Erklärungspflicht des § 161 AktG nicht gedeckt.

▶ Die übrigen Teile des Kodex betreffen Bestimmungen, die als geltendes Gesetzesrecht unabhängig von der dortigen Aufführung von den Unternehmen zu beachten sind („**muss**" bzw. „**ist**").

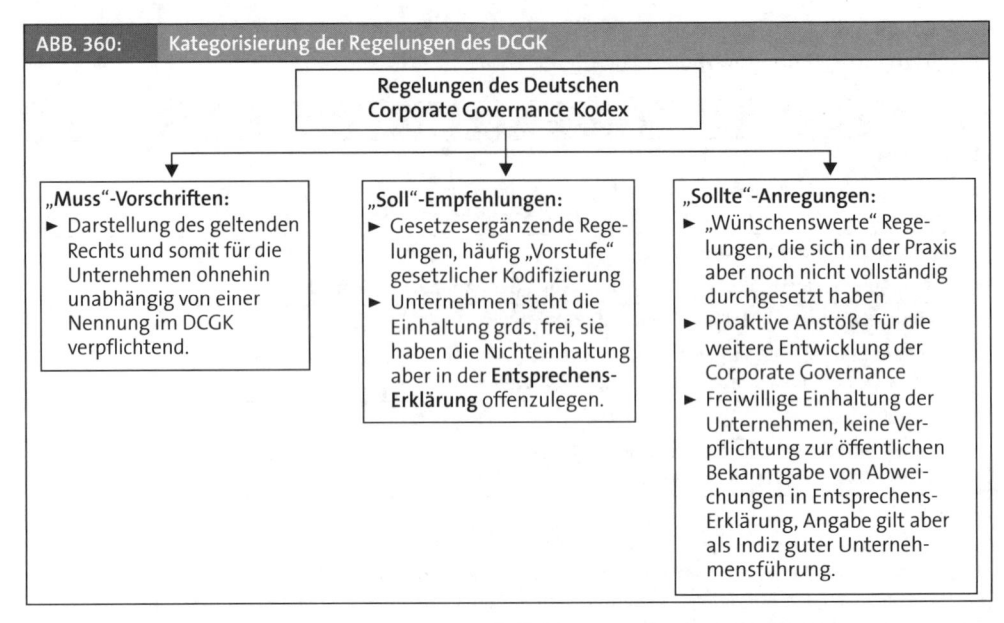

### ABB. 360: Kategorisierung der Regelungen des DCGK

**Regelungen des Deutschen Corporate Governance Kodex**

| „Muss"-Vorschriften: | „Soll"-Empfehlungen: | „Sollte"-Anregungen: |
|---|---|---|
| ▶ Darstellung des geltenden Rechts und somit für die Unternehmen ohnehin unabhängig von einer Nennung im DCGK verpflichtend. | ▶ Gesetzesergänzende Regelungen, häufig „Vorstufe" gesetzlicher Kodifizierung<br>▶ Unternehmen steht die Einhaltung grds. frei, sie haben die Nichteinhaltung aber in der **Entsprechens-Erklärung** offenzulegen. | ▶ „Wünschenswerte" Regelungen, die sich in der Praxis aber noch nicht vollständig durchgesetzt haben<br>▶ Proaktive Anstöße für die weitere Entwicklung der Corporate Governance<br>▶ Freiwillige Einhaltung der Unternehmen, keine Verpflichtung zur öffentlichen Bekanntgabe von Abweichungen in Entsprechens-Erklärung, Angabe gilt aber als Indiz guter Unternehmensführung. |

Somit sind die Regeln des Kodex zwar nicht verbindlich zu befolgen; sie haben de jure nur den Charakter von Empfehlungen. Jedoch müssen die Organmitglieder von börsennotierten Aktiengesellschaften verbindlich erklären, ob sie die Empfehlungen des veröffentlichten Kodexes befolgen oder nicht (sog. **„comply or explain"**). Werden nur einzelne Elemente des Kodex nicht befolgt, sind diese gesondert aufzuführen.

Durch diese Regelung erhoffte man sich eine solche Signalwirkung, dass dem Kodex eine faktisch verbindliche Wirkung zukommt. Auch hier gilt – analog zum Basel II-Akkord – der Grundsatz „Marktdisziplin durch Verpflichtung zu Transparenz und Information".

Nach über einem Jahrzehnt der Existenz des Deutschen Corporate Governance Kodex lässt sich feststellen, dass dieser eine Frühwarnfunktion in Bezug auf die zu erwartenden Aktivitäten der Legislative einnimmt. So werden Anregungen im Zeitablauf häufig zu Empfehlungen, auf die dann eine verbindliche gesetzliche Regelung folgt. Management und Controlling sollten daher prospektiv die Erfüllung der Anregungen und Empfehlungen durch entsprechende Steuerungs- und Kontrollinstrumente sicherstellen.

### 2.2.2 Richtlinien ordnungsmäßigen Vorstandshandelns

Die Regelungen des Deutschen Corporate Governance Kodex zur Managementinstanz „Vorstand" (Abschnitt 4. des DCGK) lassen sich in die Komplexe

▶ Innenorganisation des Leitungsorgans,
▶ Vergütung und deren Offenlegung sowie
▶ Interessenkonflikte

klassifizieren, wobei den Vergütungsregelungen immer breiterer Raum eingeräumt wird. Zudem sind die Regeln zum Zusammenwirken von Vorstand und Aufsichtsrat (Abschnitt 3.) zu beachten. Im Einzelnen enthält der DCGK überblickend folgende Regelungen:

| ABB. 361: | Managementrelevante Regelungen des DCGK | |
|---|---|---|
| Komplex | DCGK, Tz. | Regelung |
| Aufgaben | 4.1.1 | Unternehmensleitung in eigener Verantwortung mit dem Ziel einer nachhaltigen Steigerung des Unternehmenswerts („shareholder value") unter Berücksichtigung der Belange aller mit dem Unternehmen verbundenen Stakeholder |
| | 4.1.2 | Entwicklung der strategischen Ausrichtung, deren Abstimmung mit dem Aufsichtsrat und Verantwortung für deren Umsetzung |
| | 4.1.3 | Überwachung der Einhaltung der gesetzlichen Bestimmungen und unternehmensinternen Richtlinien |
| | 4.1.4 | Sorgfaltspflicht für angemessenes Risikomanagement und Risikocontrolling |
| | 4.1.5 | Berücksichtigung von Vielfalt („diversity") bei der Besetzung von Führungspositionen, insbesondere angemessene Berücksichtigung von Frauen |
| Zusammensetzung | 4.2.1 | Mehrere Personen mit einem Vorsitzenden oder Sprecher; Regelung der Geschäftsverteilung und Zusammenarbeit durch Geschäftsordnung |
| Vergütung | 4.2.2 | Festlegung einer angemessenen, an äußere Umstände angepassten leistungsorientierten Vergütung durch das Aufsichtsratsplenum |
| | 4.2.3 | Aufteilung der Vergütung in fixe und variable Bestandteile, die variablen Bestandteile sind mit langfristiger Anreizwirkung und Risikocharakter auszustatten (z. B. Aktienoptionen); Begrenzungsmöglichkeiten bei außerordentlichen Entwicklungen sowie bei Abfindungen und Kontrollwechseln |
| | 4.2.4 | Pflicht zur individualisierten Offenlegung der Vergütungen unter Aufgliederung nach Komponenten |
| | 4.2.5 | Pflicht zur Offenlegung eines Vergütungsberichts |
| Interessenkonflikte | 4.3.1 | Umfassendes Wettbewerbsverbot für Vorstandsmitglieder |
| | 4.3.2 | Verbot, im Zusammenhang mit der Vorstandstätigkeit für sich oder Dritte Vorteile zu fordern, entgegenzunehmen oder ungerechtfertigt zu gewähren |
| | 4.3.3 | Absolute Priorität des Unternehmensinteresses bei unternehmensbezogenen Entscheidungen gegenüber persönlichen Interessen |
| | 4.3.4 | Pflicht zur unverzüglichen Meldung von Interessenkonflikten an den Aufsichtsratsvorsitzenden und die Vorstandsmitglieder; Abwicklung von Geschäften zwischen Vorstandsmitgliedern sowie ihnen nahestehenden Personen oder Unternehmen zu branchenüblichen Konditionen; für wesentliche Geschäfte wird die Zustimmung des Aufsichtsrats benötigt |
| | 4.3.5 | Genehmigungspflicht für unternehmensfremde Nebentätigkeiten, insbesondere Aufsichtsratsmandate, durch den Aufsichtsrat |

# KAPITEL VI — Schnittstellen des Controllings

| Komplex | DCGK, Tz. | Regelung |
|---|---|---|
| Zusammenarbeit mit Aufsichtsrat | 3.1 | Generalnorm der engen Zusammenarbeit zum Wohle des Unternehmens |
| | 3.2 | Abstimmung der strategischen Ausrichtung und des Stands der Strategieumsetzung |
| | 3.3 | Festlegung von Zustimmungsvorbehalten in der Satzung |
| | 3.4 | Sicherstellung der ausreichenden Informationsversorgung des Aufsichtsrats |
| | 3.5 | Sicherstellung einer offenen Diskussion und von Vertraulichkeit |
| | 3.6 | Sitzungen bei mitbestimmten Aufsichtsräten |
| | 3.7 | Verhalten bei Übernahmeangeboten |
| | 3.8 | Beachtung der Business Judgement Rule |
| | 3.9 | Zustimmungsbedarf des Aufsichtsrates bei Kreditgewährung der Gesellschaft an Organmitglieder |
| | 3.10 | Jährliche Aufstellung und Veröffentlichung eines Corporate Governance Berichts |

Quelle: http://www.corporate-governance-code.de/ger/kodex/1.html.

Gemäß der Generalnorm des DCGK und gem. § 93 Abs. 1 Satz 1 AktG haben die Vorstandsmitglieder bei ihrer Geschäftsführung die Sorgfalt eines ordentlichen und gewissenhaften Geschäftsleiters anzuwenden. Verletzen sie die Sorgfalt eines ordentlichen und gewissenhaften Geschäftsleiters bzw. Aufsichtsratsmitglieds schuldhaft, so haften sie der Gesellschaft gegenüber auf Schadensersatz.

Für die Beurteilung der Ordnungsmäßigkeit des Managementhandelns kann nicht allein das Zielerreichungsniveau (also z. B. die Höhe oder Wachstumsrate des Umsatzes oder Gewinns) herangezogen werden. Es lässt sich keine hinreichend fundierte Ursache-Wirkungs-Beziehung zwischen der Güte des Managementhandelns und der Ausprägung von Ziel- und Ergebnisgrößen begründen. Insbesondere im Verlust- oder Krisenfall stellt sich die Frage nach Versäumnissen oder Pflichtverletzungen der Manager. Hierzu führen § 93 Abs. 1 Satz 2 AktG in Verbindung mit DCGK, Tz. 3.8 als **Generalnorm** aus:

> „Bei unternehmerischen Entscheidungen liegt keine Pflichtverletzung vor, wenn das Mitglied von Vorstand oder Aufsichtsrat vernünftigerweise annehmen durfte, auf der Grundlage angemessener Information zum Wohle der Gesellschaft zu handeln" (**Business Judgement Rule**).

Entscheidend für das Vorliegen einer Pflichtverletzung ist somit nicht das Ergebnis des Managementhandelns, d. h.

- ein verlustbringendes Managementhandeln kann gleichwohl ordnungsmäßig sein,
- während ein gewinnbringendes Managementhandeln nicht davor schützt, mit einer ahndungswürdigen Pflichtverletzung behaftet zu sein.

Vielmehr ist für die Beurteilung der Ordnungsmäßigkeit des Managementhandelns folgendes **Prüfschema** anzuwenden:

- Die Leitungsperson muss vor einer (wesentlichen) unternehmerischen Entscheidung alle für die Entscheidungsfindung relevanten Informationen gewinnen,
- diese sind, ggf. unter korrekter Anwendung einschlägiger Methoden zur Informationsverarbeitung (z. B. mathematisch-statistischer Methoden) sachgerecht zu würdigen,

▶ die vollzogene Entscheidung muss in Einklang mit den Ergebnissen der Informationsgewinnung und -verarbeitung stehen.

Somit kommt der Planung, Informationsverarbeitung und Dokumentation eine besondere Bedeutung zu. Insbesondere führt eine fehlende oder unvollständige **Dokumentation** regelmäßig zur Besorgnis einer Pflichtverletzung. Sie kann einen wesentlichen Verstoß gegen die gesetzlichen Vorstandspflichten darstellen und die Nichtigkeit einer Entlastung des Leitungsorgans bedingen. Dem Controlling als Dienstleistungsinstanz für das Management kommt insoweit die Aufgabe zu, einen solchen lückenlosen Nachweis zu ermöglichen (vgl. schon die Ausführungen in Kapitel I).

Die **unentziehbaren Aufgaben** des Leitungsorgans nach DCGK, Abschnitt 4.1. sind:

| ABB. 362: | Unentziehbare Aufgaben des Leitungsorgans nach DCGK |
|---|---|
| **Aufgabenkomplex** | **Teilaufgaben** |
| Unternehmensleitung unter Berücksichtigung der Belange der Aktionäre, seiner Arbeitnehmer und der sonstigen dem Unternehmen verbundenen Gruppen (Stakeholder) mit dem Ziel nachhaltiger Wertschöpfung | ▶ Erstellung eines Zielsystems unter Berücksichtigung aller relevanten Stakeholder-Ziele<br>▶ Angemessene Operationalisierung der Ziele und Berücksichtigung von Zielkonflikten<br>▶ Entwicklung einer Mission und Vision aus dem Zielsystem<br>▶ Definition des Begriffs des Unternehmenswerts und Einbindung in das Controlling (z. B. ROI, EBITDA, Cashflow, Free Cashflow) |
| Entwicklung der strategischen Ausrichtung des Unternehmens, deren Abstimmung mit dem Aufsichtsrat und deren Umsetzung | ▶ Ableitung mittelfristiger Unternehmensziele aus dem grundlegenden Zielsystem<br>▶ Überprüfung der Marktposition des Unternehmens nach Günstigkeit der Umwelt (PEST) sowie Ausprägung von Wettbewerbsvorteilen (SWOT)<br>▶ Sicherung des nachhaltigen Unternehmensfortbestands durch Weiterentwicklung der Marktposition, Innovation und/oder Diversifikation<br>▶ Laufende Zielerreichungskontrolle im Rahmen des operativen Controllings und ggf. Einleitung von Gegensteuerungsmaßnahmen |
| Sicherstellung der Einhaltung der gesetzlichen Bestimmungen und der unternehmensinternen Richtlinien (Compliance) | ▶ Ausprägung eines angemessenen Kontrollbewusstseins und einer Kontrollkultur im Leitungsorgan<br>▶ Festlegung der vom Vorstand verfolgten Compliance-Ziele und Analyse der Geschäftsprozesse in Bezug auf diesbezügliche Risiken, die eine Zielverfehlung bedingen können<br>▶ Implementierung eines Maßnahmenprogramms zur Sicherstellung der Einhaltung bindender Regelungen mit dazugehöriger Aufgabenverteilung<br>▶ Implementierung eines Informations- und Kommunikationssystems sowie laufende Kontrolle und Optimierung des Systems |

| Aufgabenkomplex | Teilaufgaben |
|---|---|
| Sicherstellung eines angemessenen Risikomanagements und Risikocontrollings im Unternehmen | ▶ Vornahme einer Risikoinventur (Risikoidentifikation) in allen betrieblichen Funktionen, Bereichen bzw. Geschäftsprozessen |
| | ▶ Risikobewertung in Form einer Quantifizierung der identifizierten Risiken nach Schadensausmaß (Wertkomponente) und Eintrittswahrscheinlichkeit (Wahrscheinlichkeitskomponente) |
| | ▶ Abgleich mit dem unternehmerischen Risikodeckungspotenzial und entsprechende Klassifikation der Risiken sowie Priorisierung der Risikobewältigung |
| | ▶ Auswahl und Implementierung von Maßnahmen der Risikobewältigung |
| | ▶ Implementierung eines Informations- und Kommunikationssystems sowie laufende Kontrolle und Optimierung des Systems. |

Somit werden die ersten beiden Aufgabenkomplexe durch ein durchgängiges Managementsystem verwirklicht, welches sich an den Anforderungen der vorstehenden Ausführungen in Kapitel II dieses Lehrbuchs orientiert.

Dem Controlling und dort insbesondere dem Berichtswesen obliegt es, die Ablaufschritte der **Strategiebildung und -umsetzung** sowie die hierfür herangezogenen externen und internen Informationsquellen und Informationen umfassend zu dokumentieren, um die Beachtung der Sorgfaltspflichten im Krisen- und Streitfall nachweisen zu können. Nachgewiesen werden muss die Angemessenheit und Wirksamkeit eines Geschäftsführungsinstrumentariums i. S. einer ordnungsmäßigen Geschäftsführung.

DCGK, Tz. 4.1.3 verpflichtet den Vorstand zur Einhaltung der gesetzlichen Bestimmungen und unternehmensinternen Richtlinien sowie dazu, auf deren Beachtung durch die Konzernunternehmen hinzuwirken („**Compliance**", d. h. „Einhaltung von Vorschriften und Verfahren"). Die Verpflichtung zur Einhaltung gesetzlicher Bestimmungen hat lediglich deklaratorische Bedeutung. Neben dem HGB, dem Publizitätsgesetz und den gesellschaftsformbezogenen Gesetzen kommen in Betracht

▶ Steuergesetze,

▶ branchenspezifische Gesetze, z. B. Kreditwesengesetz, Wertpapierhandelsgesetz,

▶ sonstige Wirtschaftsgesetze, z. B. Kartellgesetz, Urheberrechtsgesetz oder Gesetz gegen den unlauteren Wettbewerb,

▶ arbeitnehmerbezogene Gesetze, z. B. Betriebsverfassungsgesetz oder Mitbestimmungsgesetz,

▶ weitere geschäftsprozessbezogene Gesetze, z. B. zu Arbeits- oder Umweltschutz (vgl. nachfolgende Ausführungen in Kapitel VI.3).

Die in DCGK, Tz. 4.1.4 kodifizierte Verpflichtung zur Einrichtung eines **Risikomanagementsystems** entspricht der Vorschrift des § 91 Abs. 2 AktG für Vorstände der AG und umfasst die Gesamtheit der Maßnahmen, die dazu dienen, dass den Bestand der Gesellschaft gefährdende Entwicklungen früh erkannt werden (vgl. nachfolgende Ausführungen in Kapitel VI.4).

Zur **inneren Strukturierung** des Leitungsorgans findet sich lediglich DCGK, Tz. 4.2.1, demzufolge „der Vorstand aus mehreren Personen bestehen und einen Vorsitzenden oder Sprecher haben (... soll). Eine Geschäftsordnung soll die Arbeit des Vorstands, insbesondere die Ressortzuständigkeiten einzelner Vorstandsmitglieder, die dem Gesamtvorstand vorbehaltenen Angelegenheiten sowie die erforderliche Beschlussmehrheit bei Vorstandsbeschlüssen (Einstimmigkeit oder Mehrheitsbeschluss) regeln."

Hieraus lassen sich die zwingenden Regelungskomplexe

▶ Aufteilung der Leitungsaufgaben auf Vorstandsmitglieder mit Alleinentscheidungsbefugnis i. S. eines Ressortprinzips,

▶ Fixierung einer Eskalationsregel für besonders voluminöse, weitreichende oder risikobehaftete Entscheidungen, die dem Gesamtvorstand vorbehalten sind,

▶ Vorgabe eines Entscheidungsprozesses und einer Entscheidungsregel für den Gesamtvorstand sowie

▶ Festlegung der besonderen Befugnisse des Vorstandsvorsitzenden

ableiten und in folgenden best practice-Katalog untergliedern:

| ABB. 363: | Regelungskomplexe in Bezug auf die Strukturierung des Leitungsorgans |
|---|---|
| Aufteilung der Leitungsaufgaben i. S. eines Ressortprinzips | ▶ Entwicklung eines vollständigen (alle betrieblichen Funktionen und Bereiche umfassenden) und überschneidungsfreien Geschäftsverteilungsplans (keine Doppelerfassungen) |
| | ▶ Angemessene Relation von Größe und Bedeutung der einzelnen Ressorts (erhebliche Unterschiede implizieren eine Machtunausgewogenheit und gelten als Krisenindikator) |
| | ▶ Angemessene Regelung von Schnittstellen i. S. von Ressortinterdependenzen |
| | ▶ Vorgabe von Regelungen zu Anforderungen an die Besetzung der Vorstandspositionen sowie an den Besetzungsprozess |
| Eskalationsregel für besonders voluminöse, weitreichende oder risikobehaftete Entscheidungen | ▶ Vorgabe eines Katalogs von Maßnahmen oder Geschäften der Art oder der Höhe nach, für die eine Beschlussfassung des Gesamtvorstands erforderlich ist |
| | ▶ Vorgabe von Informations- bzw. Meldepflichten für Vorstandsmitglieder in Bezug auf solche Maßnahmen oder Geschäfte |
| | ▶ Regelung des Ausnahmetatbestands, dass Vorstandsmitglieder solche Maßnahmen oder Geschäfte auch ohne vorherige Zustimmung des Gesamtvorstands vornehmen dürfen, um drohende schwere Nachteile abzuwenden (ad hoc-Entscheidungen) |
| | ▶ Vorgabe eines Katalogs von Maßnahmen oder Geschäften der Art oder der Höhe nach (durch den Aufsichtsrat), für die ein Zustimmungsvorbehalt des Aufsichtsrats erforderlich ist |
| Entscheidungsprozess und Entscheidungsregel für den Gesamtvorstand | ▶ Vergabe von Rechten und Vorgabe für das Procedere hinsichtlich der Einberufung von Sitzungen (Terminierung, Einladung, zeitlicher Vorlauf, Festlegung der Tagesordnung) |
| | ▶ Besondere Regelungen für die Einberufung außerordentlicher Sitzungen, insbesondere Festlegung von entsprechenden Dringlichkeitsgründen |
| | ▶ Vorgaben hinsichtlich der Erarbeitung, Einreichung von entscheidungsrelevanten Unterlagen und deren Zurverfügungstellung an die Vorstandsmitglieder |
| | ▶ Festlegung der Beschlussfähigkeit des Vorstands (Anwesenheitsquote, Regelungen zur Zulassung der Stimmabgabe durch physisch nicht anwesende Mitglieder), Recht zur Vertagung von Beschlüssen |
| | ▶ Vorgabe einer Wahlregel (z. B. Mehrheitswahlregel), Regeln zur Behandlung von Patt-Situationen (z. B. Wahlwiederholung) |

| | |
|---|---|
| Besondere Befugnisse des Vorstandsvorsitzenden | ▶ Ggf. Regelung von Mehrstimmrechten oder Ausschlaggabe bei Patt-Entscheidungen sowie von besonderen Aufgabenbereichen im Rahmen der Geschäftsverteilung (gilt als Krisenindikator)<br>▶ Idealerweise Beschränkung der besonderen Aufgabenbereiche auf<br>   – Koordinierung der Meinungsbildung und Beschlussfassung im Gesamtvorstand<br>   – federführende Organisation der Kommunikation zwischen Vorstand und Aufsichtsrat<br>   – Wahrnehmung herausragender Repräsentationsaufgaben in der Öffentlichkeit<br>▶ und insoweit Interpretation des Vorsitzes als „Sprecher-Funktion". |

Die zu treffenden Regelungen zur **Vergütung** lassen sich wie folgt untergliedern, wobei Fragen der Offenlegung hier unbeachtet bleiben sollen:

| ABB. 364: | Regelungskomplexe in Bezug auf die Vergütung des Leitungsorgans |
|---|---|
| Grundsätzliche Ausrichtung der Vergütungsstruktur auf eine nachhaltige Unternehmensentwicklung | ▶ Stringente Ableitung und Operationalisierung eines strategischen Kennzahlensystems aus den Unternehmenszielen<br>▶ Berücksichtigung der Einflussmöglichkeiten des Vorstandsmitglieds auf die Kennzahlenhöhe und damit Zielerreichung (z. B. unterstellt die Kennzahl EBITDA eine Nichtbeeinflussbarkeit von Abschreibungen und Zinsaufwand)<br>▶ Ausschluss der Vergütung von Entscheidungen oder Maßnahmen, die eine nachhaltige Unternehmensentwicklung gefährden oder unterlaufen (z. B. Substanzaushöhlung, Verzicht auf Innovationen oder Investitionen)<br>▶ Ausschluss der Einflussnahme auf die Vergütung seitens des Vorstands mittels jahresabschlusspolitischer (Bewertungs-)Maßnahmen |
| Angemessene Höhe der Vergütung und Trennung in fixe und variable Bestandteile | ▶ Abgrenzung des oberen Führungskreises, für den das variable Vergütungssystem routinemäßig anzuwenden ist<br>▶ Kriterien für die Angemessenheit der Vergütung der Höhe nach sind (DCGK, Tz. 4.2.2)<br>   – die Aufgaben des einzelnen Vorstandsmitglieds<br>   – die Beurteilung der persönlichen Leistung des Vorstandsmitglieds<br>   – die wirtschaftliche Lage, der Erfolg und die Zukunftsaussichten des Unternehmens<br>   – die Üblichkeit der Vergütung unter Berücksichtigung des Vergleichsumfelds und der Vergütungsstruktur, die ansonsten in der Gesellschaft gilt<br>▶ Begrenzung der Relation von fixen und variablen Vergütungsbestandteilen (i. d. R. sollen die variablen nicht mehr als maximal das Dreifache der fixen Bestandteile betragen)<br>▶ Regelung von sonstigen Zusagen und Nebenleistungen aller Art |

## Corporate Governance — KAPITEL VI

| | |
|---|---|
| Besondere Regelungen für die Bemessung der variablen Bestandteile | ▶ Festlegung einer mehrjährigen Bemessungsgrundlage für variable Vergütungsteile |
| | ▶ I. d. R. Separierung einer langfristig und einer kurzfristig orientierten variablen Vergütungskomponente (long term incentive, short term incentive) |
| | ▶ Berücksichtigung sowohl positiver als auch negativer Entwicklungen bei der Bemessung der variablen Vergütungsteile |
| | ▶ Sicherstellung bei der Zielsetzung und -vereinbarung, dass sämtliche Vergütungsteile für sich und insgesamt angemessen sind und nicht zum Eingehen unangemessener Risiken verleiten |
| Besondere Regelungen für aktien- oder kennzahlenbasierte variable Vergütungselemente | ▶ Definition anspruchsvoller, relevanter Vergleichsparameter (zeitraumbezogene Kursentwicklung, Relativierung der Kursentwicklung anhand von Vergleichsindices wie z. B. Branchenbaskets) |
| | ▶ Ausschluss nachträglicher Änderungen der Erfolgsziele oder der Vergleichsparameter |
| | ▶ Vereinbarung einer Begrenzungsmöglichkeit (Cap) für außerordentliche Entwicklungen |
| | ▶ Vereinbarung einer Mindesthaltedauer nach Zuteilung der Vergütungsteile |
| Besondere Regelungen für Abfindungen | ▶ Bemessung des „einfachen" Abfindungs-Caps bei vorzeitiger Beendigung der Vorstandstätigkeit ohne wichtigen Grund |
| | ▶ Bemessung des „erhöhten" Abfindungs-Caps bei vorzeitiger Beendigung der Vorstandstätigkeit infolge eines Kontrollwechsels (Change of Control) |
| | ▶ Ausschluss von Abfindungszahlungen bei vorzeitiger Beendigung der Vorstandstätigkeit infolge eines von dem Vorstandsmitglied zu vertretenden wichtigen Grundes |

**Interessenkonflikte** resultieren aus Geschäften oder Maßnahmen

▶ **innerhalb** eines Beschäftigungsverhältnisses:
  - Irregularitäten bei Geschäftsvorfällen im Namen der Gesellschaft,
  - Geschäften mit nahestehenden Personen oder Unternehmen,

▶ **außerhalb** eines Beschäftigungsverhältnisses:
  - Wettbewerbsverboten,
  - Nebentätigkeiten,

und sollten i. S. einer best practice-Regelung routinemäßig in Bezug auf folgende Regelungskomplexe eingedämmt werden:

| ABB. 365: | Regelungskomplexe in Bezug auf Interessenkonflikte des Leitungsorgans |
|---|---|
| Unbefugte Vorteilsannahme oder -gewährung | ▶ Private Nutzung von Vermögenswerten, die der Gesellschaft zustehen <br> ▶ Annahme von Vermögenswerten, Vorteilsnahme (insbesondere von Lieferanten) <br> ▶ Gewährung von Vermögenswerten, Begünstigung (insbesondere bei Kunden) |
| Geschäfte mit nahestehenden Personen und Unternehmen | ▶ Vereinbarung von Bezugs- und Liefergeschäften oder Dauerschuldverhältnissen zu nicht marktüblichen und die Gesellschaft schädigenden Konditionen <br> ▶ Vereinbarung von Abnahmeverpflichtungen über den betrieblichen Bedarf hinaus oder zu unüblich langen Zeithorizonten <br> ▶ Verzicht auf Bonitäts- und/oder Qualitätsprüfung des Kontrahenten und damit Inkaufnahme eines erhöhten Geschäftsrisikos |
| Wettbewerbsverbote | ▶ Abschluss von Beratungs-, Dienst- oder Werkverträgen bei Konkurrenten <br> ▶ Anteilsbesitz oder Organmitgliedschaften bei Konkurrenten <br> ▶ Verwertung oder Weitergabe von Betriebsgeheimnissen (z. B. Produkt- oder Prozessinnovationen) |
| Nebentätigkeiten, insbesondere Aufsichtsratsmandate | ▶ Nutzung von finanzmarktbezogenen Insiderinformationen (z. B. im Rahmen privater Wertpapiergeschäfte) <br> ▶ Umgang mit Medien, Publikationen, insbesondere öffentliche Abgabe von <br>     – aktienkurs- bzw. finanzmarktrelevanten Prognosen (z. B. Gewinnerwartungen) <br>     – Absichtserklärungen mit strategischem Bezug (z. B. in Bezug auf Unternehmenskäufe oder -verkäufe) <br> ▶ Annahme von Aufsichtsratsmandaten (insbesondere Mandatshäufungen). |

Da eine Unbefangenheit bzw. Unabhängigkeit i. S. einer inneren Einstellung regelmäßig nicht feststellbar ist, muss auf äußere Umstände zurückgegriffen werden, die auf eine Gefährdung durch bestehende Interessenkonflikte schließen lassen. Daher kommt es auf die aus objektiven Kriterien abgeleitete fiktive Einschätzung eines Sachverständigen Dritten an, welche von Seiten des Aufsichtsrats nachvollziehbar operationalisiert werden muss.

Zum **Zusammenwirken von Vorstand und Aufsichtsrat** enthält der Kodex in Abschnitt 3 folgende Regelungen:

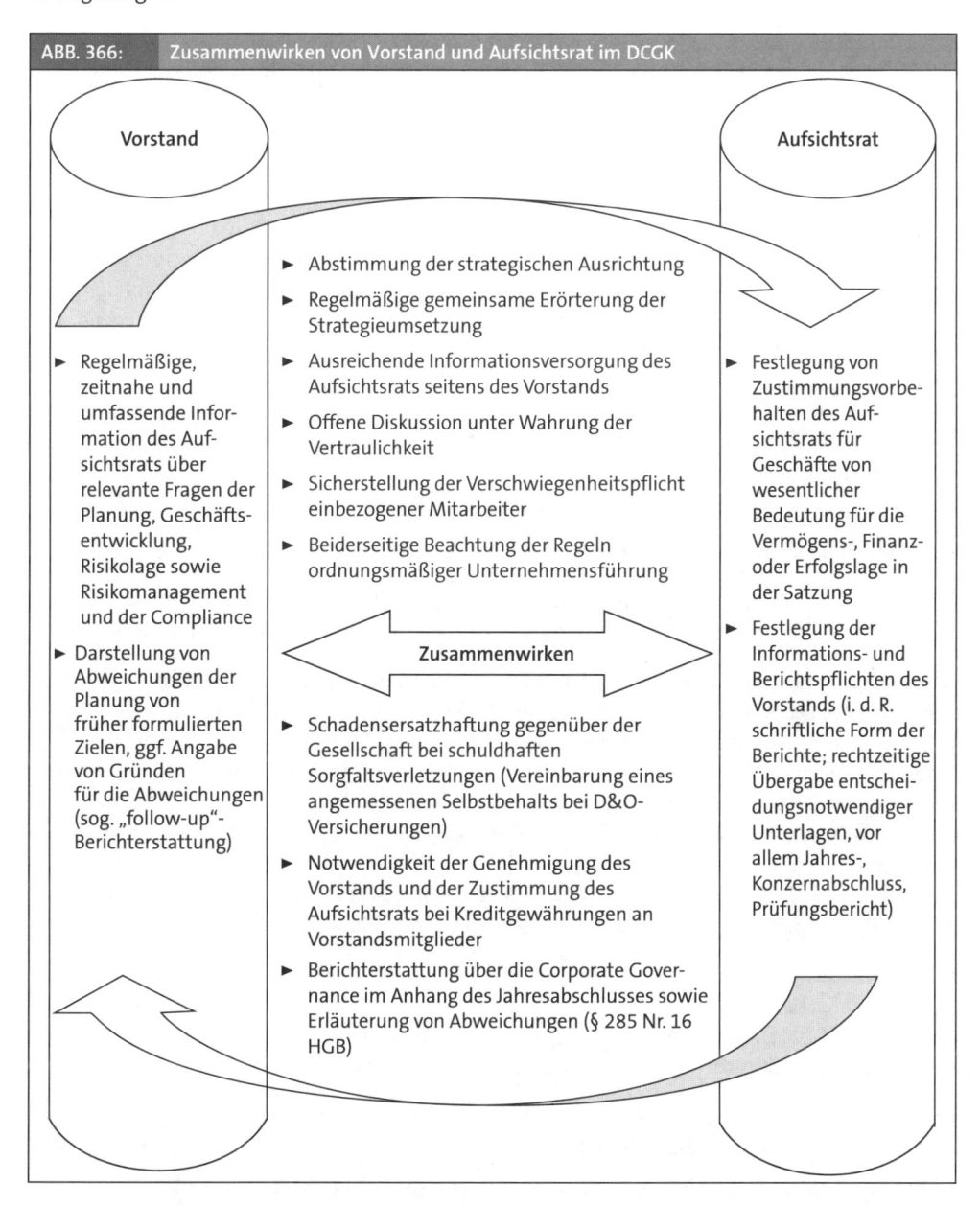

**ABB. 366: Zusammenwirken von Vorstand und Aufsichtsrat im DCGK**

**Vorstand**

- Regelmäßige, zeitnahe und umfassende Information des Aufsichtsrats über relevante Fragen der Planung, Geschäftsentwicklung, Risikolage sowie Risikomanagement und der Compliance
- Darstellung von Abweichungen der Planung von früher formulierten Zielen, ggf. Angabe von Gründen für die Abweichungen (sog. „follow-up"-Berichterstattung)

- Abstimmung der strategischen Ausrichtung
- Regelmäßige gemeinsame Erörterung der Strategieumsetzung
- Ausreichende Informationsversorgung des Aufsichtsrats seitens des Vorstands
- Offene Diskussion unter Wahrung der Vertraulichkeit
- Sicherstellung der Verschwiegenheitspflicht einbezogener Mitarbeiter
- Beiderseitige Beachtung der Regeln ordnungsmäßiger Unternehmensführung

⇔ **Zusammenwirken** ⇔

- Schadensersatzhaftung gegenüber der Gesellschaft bei schuldhaften Sorgfaltsverletzungen (Vereinbarung eines angemessenen Selbstbehalts bei D&O-Versicherungen)
- Notwendigkeit der Genehmigung des Vorstands und der Zustimmung des Aufsichtsrats bei Kreditgewährungen an Vorstandsmitglieder
- Berichterstattung über die Corporate Governance im Anhang des Jahresabschlusses sowie Erläuterung von Abweichungen (§ 285 Nr. 16 HGB)

**Aufsichtsrat**

- Festlegung von Zustimmungsvorbehalten des Aufsichtsrats für Geschäfte von wesentlicher Bedeutung für die Vermögens-, Finanz- oder Erfolgslage in der Satzung
- Festlegung der Informations- und Berichtspflichten des Vorstands (i. d. R. schriftliche Form der Berichte; rechtzeitige Übergabe entscheidungsnotwendiger Unterlagen, vor allem Jahres-, Konzernabschluss, Prüfungsbericht)

Gem. DCGK, Tz. 3.1 arbeiten Vorstand und Aufsichtsrat zum Wohle des Unternehmens eng zusammen. Der Vorstand stimmt die **strategische Ausrichtung** des Unternehmens mit dem Aufsichtsrat ab und erörtert mit ihm in regelmäßigen Abständen den Stand der Strategieumsetzung (DCGK, Tz. 3.2). Dies impliziert, dass der Vorstand dem Aufsichtsrat eine konkrete strategische Handlungsabsicht vorzutragen hat, welche letzterer im Zuge einer „beratenden Kontrolle" auf Stimmigkeit überprüfen muss.

Die Mitwirkung des Aufsichtsrats an der strategischen Ausrichtung der Gesellschaft wird insbesondere konkretisiert durch

- die verpflichtend in der Satzung festzulegenden **Zustimmungsvorbehalte** gem. § 111 Abs. 4 Satz 2 AktG und
- die **Berichterstattungspflichten** gem. § 90 Abs. 1 AktG.

Für Geschäfte von grundlegender Bedeutung legen die Satzung oder der Aufsichtsrat Zustimmungsvorbehalte zugunsten des Aufsichtsrats fest. Hierzu gehören Entscheidungen oder Maßnahmen, die die Vermögens-, Finanz- oder Erfolgslage des Unternehmens grundlegend verändern (DCGK, Tz. 3.3), insbesondere

- Investitionen ab einer zu bestimmenden Obergrenze,
- Grundstücksgeschäfte und Erwerb von Beteiligungen,
- Eröffnung von Zweigniederlassungen,
- Aufnahme von Krediten ab einer zu bestimmenden Obergrenze,
- Erteilung und Einziehung von Prokura und Generalvollmachten,

wobei der Katalog mindestens einmal jährlich vom Aufsichtsrat auf seine Aktualität und die Passung in Bezug auf die Geschäftsprozesse des Unternehmens hin zu überprüfen ist.

„Die ausreichende **Informationsversorgung** des Aufsichtsrats ist gemeinsame Aufgabe von Vorstand und Aufsichtsrat. Der Vorstand informiert den Aufsichtsrat regelmäßig, zeitnah und umfassend über alle für das Unternehmen relevanten Fragen der Planung, der Geschäftsentwicklung, der Risikolage, des Risikomanagements und der Compliance. Er geht auf Abweichungen des Geschäftsverlaufs von den aufgestellten Plänen und Zielen unter Angabe von Gründen ein. Der Aufsichtsrat soll die Informations- und Berichtspflichten des Vorstands näher festlegen. Berichte des Vorstands an den Aufsichtsrat sind i. d. R. in Textform zu erstatten. Entscheidungsnotwendige Unterlagen, insbesondere Jahres-, Konzernabschluss und Prüfungsbericht, werden den Mitgliedern des Aufsichtsrats möglichst rechtzeitig vor der Sitzung zugeleitet" (DCGK, Tz. 3.4).

Während der DCGK zwar formal eine kombinierte Hol- und Bringschuld bezüglich der Informationsflüsse zwischen Vorstand und Aufsichtsrat annimmt, sollte in der Praxis eine Bringschuld des Vorstands unterstellt werden, damit sich Aufsichtsratsmitglieder nicht im Fall nachträglicher Schadensersatzforderungen auf Unkenntnis berufen können.

Die Kodexregelung rekurriert auf § 90 Abs. 1 AktG. Demzufolge sind Inhalte der **Berichterstattung** des Vorstands an den Aufsichtsrat

- die beabsichtigte Geschäftspolitik und andere grundsätzliche Fragen der Unternehmensplanung, so z. B. Finanz-, Investitions- und Personalplanung,
- in diesem Rahmen die Abweichungen der tatsächlichen Entwicklung von früher berichteten Zielen unter Angabe von Gründen für diese Abweichungen (sog. „**follow up-Berichterstattung**"),

- die Rentabilität der Gesellschaft, insbesondere Eigenkapitalrentabilität,
- der Gang der Geschäfte, insbesondere Umsatz und Lage der Gesellschaft,
- Geschäfte, die für die Rentabilität oder Liquidität der Gesellschaft von besonderer Bedeutung sein können.

Der Vorstand berichtet bereits über die **beabsichtigte** Geschäftspolitik, d. h. dem Aufsichtsrat ist vor der Realisierung der Planung Gelegenheit zu geben, diesbezügliche Bedenken zu äußern und auf eine Plankorrektur hinzuwirken. Die Berichtspflicht beginnt, sobald der Vorstand eine Unternehmensplanung gefertigt hat; sie umfasst vor allem die Mehrjahresplanung und die Budgetplanung.

In Bezug auf die Natur von **Planzahlen** hat der Vorstand Prämissen als solche zu kennzeichnen und deren Plausibilität zu würdigen. Weiter wird es für sachgerecht gehalten, Alternativberechnungen – z. B. in Form von Sensitivitätsanalysen – anzufertigen, um dem Aufsichtsrat eine Vorstellung von der Intensität der Variation von Ergebnisgrößen bei Variationen von Einflussgrößen zu vermitteln und insoweit die Volatilität der Planungsrechnung zu veranschaulichen.

Gleichzeitig hat der Vorstand den **Zielerreichungsgrad** der Vorjahresplanung unter Angabe von Gründen für eine evtl. Zielverfehlung darzulegen; insoweit wird die Verlässlichkeit der Planung untermauert. Insbesondere wird gesteigerter Optimismus bei der Planung offenkundig.

Die Aufgaben des Controllings als Dienstleistungsinstanz bei der Unterstützung des Managements im Rahmen von dessen Governance-Aufgaben bestehen zusammenfassend insbesondere in

- der Mitwirkung bei der Gestaltung und Operationalisierung des Zielsystems und dessen Überprüfung auf Konformität mit einer nachhaltigen Entwicklung,
- der stringenten Ableitung von entsprechenden Parametern einer variablen Vergütung,
- der Unterstützung bei der Entwicklung der strategischen Ausrichtung des Unternehmens und deren Umsetzung wie in Kapitel II. beschrieben,
- der Implementierung eines unternehmensweiten Managementinformationssystems, das nach Berichtsempfängern, Berichtsinhalten und Berichtsperioden angemessen differenziert und auch Eskalationsregeln für eine ad hoc-Berichterstattung vorsieht.

### 2.2.3 Akzeptanz und Weiterentwicklung

In der Praxis geben Vorstand und Aufsichtsrat in einer Entsprechenserklärung eine gleichermaßen auf Vergangenheit und Zukunft gerichtete Positiverklärung ab und nennen im Anschluss diejenigen Kodexbestandteile, denen nicht entsprochen wurde und wird. Die Nichtentsprechung wird mit einer Begründung versehen.

**BEISPIEL:** einer Entsprechenserklärung nach § 161 AktG der Villeroy & Boch AG, Mettlach

„Vorstand und Aufsichtsrat der Villeroy & Boch AG erklären gem. § 161 AktG, dass die Gesellschaft seit der Abgabe der letzten Entsprechenserklärung am 14.12.2011 den Empfehlungen der „Regierungskommission Deutscher Corporate Governance Kodex" (Kodex) in der Fassung vom 26.5.2010 bis zur Bekanntmachung der Neufassung des Kodex im amtlichen Teil des Bundesanzeigers am 15.6.2012 und seither in der Fassung vom 15.5.2012 mit Ausnahme folgender weniger Empfehlungen entsprochen hat und entsprechen wird:

**Ziffer 3.8 Abs. 2 des Kodex: D&O-Versicherung**

Die bestehende D&O-Versicherung (Directors and Officers Liability Insurance) sah und sieht für die Mitglieder des Aufsichtsrats keinen Selbstbehalt vor. Die Villeroy & Boch AG ist der Auffassung, dass eine Selbstbeteiligung nicht geeignet ist, Motivation und Verantwortung, mit der die Mitglieder des Aufsichtsrats ihre Aufgaben wahrnehmen, zu beeinflussen.

**Ziffer 5.3.3 des Kodex: Nominierungsausschuss**

Der Aufsichtsrat hat keinen separaten Nominierungsausschuss zur Vorbereitung der Wahlvorschläge für die Aufsichtsratsneuwahl gebildet und wird keinen solchen bilden.

Wahlvorschläge wurden und werden in Anteilseigner-Sitzungen vorbereitet. Da dem Aufsichtsrat nur sechs Vertreter der Anteilseigner angehören und sich die bisherige Praxis der Vorbereitung von Wahlvorschlägen in Anteilseigner-Sitzungen als effizient erwiesen hat, sieht der Aufsichtsrat keine Notwendigkeit, diese Praxis durch Bildung eines zusätzlichen Nominierungsausschusses zu institutionalisieren.

**Ziffer 5.4.1 Abs. 2 und Abs. 3 des Kodex: Unabhängige Aufsichtsratsmitglieder**

Der Aufsichtsrat hat in seiner Sitzung vom 10. 3. 2011 Ziele für seine Zusammensetzung benannt. Er hat indes kein Ziel benannt, welches die konkrete Anzahl der unabhängigen Aufsichtsratsmitglieder im Sinne von Ziffer 5.4.2 des Kodex berücksichtigt und wird kein solches Ziel benennen. Zwar ist der Aufsichtsrat der Auffassung, dass ihm gegenwärtig eine nach seiner Einschätzung angemessene Zahl unabhängiger Mitglieder angehört. Der Kodex in der Fassung vom 15. 5. 2012 regelt den Begriff der Unabhängigkeit von Aufsichtsratsmitgliedern jedoch nicht mehr abschließend, sondern grenzt negativ durch Regelbeispiele ab, in welchen Fällen eine Unabhängigkeit „insbesondere" nicht mehr gegeben ist. Darüber hinaus soll die Unabhängigkeit bereits entfallen, wenn wesentliche und nicht nur vorübergehende Interessenkonflikte entstehen können, ohne dass es darauf ankommt, ob Interessenkonflikte tatsächlich entstehen oder nicht. Damit ist für den Aufsichtsrat die Frage, wann eine Unabhängigkeit nach Ziffer 5.4.2 des Kodex im Einzelfall angenommen werden kann, mit zu großen Rechtsunsicherheiten behaftet, als dass die Festlegung auf eine konkrete Zahl angezeigt erscheint. Aus diesem Grund hat der Aufsichtsrat auf eine diesbezügliche Zielfestlegung verzichtet. Mangels Festlegung eines entsprechenden Ziels erfolgt insoweit auch weder eine Berücksichtigung bei den Vorschlägen des Aufsichtsrats an die zuständigen Wahlgremien noch eine Veröffentlichung über den Stand der Umsetzung.

**Ziffer 5.4.1 Abs. 4 des Kodex: Offenlegung der persönlichen und geschäftlichen Beziehungen**

Der Aufsichtsrat wird bei Vorschlägen zur Wahl von Aufsichtsratsmitgliedern an die Hauptversammlung die persönlichen und geschäftlichen Beziehungen eines jeden Kandidaten zum Unternehmen, den Organen der Gesellschaft und einem wesentlich an der Gesellschaft beteiligten Aktionär nicht der Kodexempfehlung entsprechend offenlegen. Der Kodex lässt nach Auffassung der Villeroy & Boch AG offen, welche Beziehungen eines jeden Kandidaten im Einzelnen und in welcher Tiefe bei Wahlvorschlägen an die Hauptversammlung anzugeben sind, um der Empfehlung zu genügen. Im Interesse der Rechtssicherheit künftiger Wahlen zum Aufsichtsrat hat die Gesellschaft sich entschieden, eine Abweichung von dieser Empfehlung zu erklären. Die Gesellschaft ist der Auffassung, dass bereits die Angabepflichten nach dem Aktiengesetz dem Informationsbedürfnis der Aktionäre Rechnung tragen

**Ziffer 5.4.6 Abs. 2 des Kodex: Erfolgsorientierte Vergütung des Aufsichtsrats**

Die den Mitgliedern des Aufsichtsrats gem. der Satzung zugesagte erfolgsorientierte Vergütung war und ist auf die jährliche Dividendenzahlung bezogen und damit nach dem Verständnis des DCGK nicht auf eine nachhaltige Unternehmensentwicklung ausgerichtet. Die Dividendenzahlung ist nach Auffassung der Gesellschaft die wesentliche Erfolgsgröße für die Aktionäre. Die Villeroy & Boch AG erachtet es als sachgerecht, die Mitglieder des Aufsichtsrats nach Kriterien zu vergüten, die auch für die Aktionäre von Bedeutung sind.

Darüber hinaus hat sich am Kapitalmarkt noch kein allgemein akzeptiertes Modell zur Verwirklichung einer auf die nachhaltige Unternehmensentwicklung ausgerichteten Aufsichtsratsvergütung durchgesetzt. Die Gesellschaft wird die Entwicklung zunächst weiter verfolgen."

**Quelle:** *http://cdn.villeroy-boch.com/fileadmin/upload/ir/documents/Entsprechenserklaerung 20121130.pdf.*

Die Entsprechens-Erklärung ist Teil der sog. **Erklärung zur Unternehmensführung**, die nach § 289a HGB von börsennotierten AG sowie AG, die ausschließlich andere Wertpapiere als Aktien an einem organisierten Markt i. S. des § 2 Abs. 5 WpHG ausgegeben haben, in einem gesonderten Abschnitt des Lageberichts abzugeben ist. Sie kann alternativ auch auf der Internetseite der Gesellschaft öffentlich zugänglich gemacht werden. In diesem Fall ist in den Lagebericht eine Bezugnahme aufzunehmen, welche die Angabe der Internetseite enthält.

Inhaltlich geht die Erklärung zur Unternehmensführung über die Entsprechenserklärung hinaus. Die gleichwohl in einem inneren Zusammenhang zur Corporate Governance stehenden weitergehenden Inhalte sind:

| ABB. 367: | Inhalte der Erklärung zur Unternehmensführung nach § 289a HGB |
|---|---|
| Relevante Angaben zu Unternehmensführungspraktiken, die über die gesetzlichen Anforderungen hinaus angewandt werden, nebst Hinweis, wo sie öffentlich zugänglich sind | ▶ Angaben über die im Unternehmen gelebte Unternehmensführung <br> ▶ Darstellung der Grundhaltung des Unternehmens in Geschäftsverkehr und Wettbewerb sowie Regeln zur Vermeidung von Interessenkonflikten, insbesondere Selbstverpflichtungen, bestimmten Verhaltensmustern zu folgen oder diese zu unterlassen <br> ▶ Sonstige interne Verhaltensanweisungen (ethische Standards, Arbeits- und Sozialstandards) <br> ▶ Regelungen bzgl. der Anforderungen an Organ- oder Ausschussmitglieder (Unabhängigkeit, Qualifikation) <br> ▶ Nennung der im DCGK enthaltenen Anregungen, welche von der Unternehmensleitung befolgt werden |
| Beschreibung der Arbeitsweise von Vorstand und Aufsichtsrat sowie der Zusammensetzung und Arbeitsweise von deren Ausschüssen; sind die Informationen auf der Internetseite der Gesellschaft öffentlich zugänglich, kann darauf verwiesen werden | ▶ Wesentliche in den Geschäftsordnungen der Organe kodifizierte Regelungen und Abläufe <br> ▶ Personelle Zusammensetzung der Organe (mindestens Name, ausgeübter Beruf und Mitgliedschaften in anderen Aufsichtsräten oder ähnlichen Kontrollgremien) <br> ▶ Angaben zur Unabhängigkeit der Aufsichtsratsmitglieder <br> ▶ Zusammensetzung und Arbeitsweise der Ausschüsse von Vorstand und Aufsichtsrat <br> ▶ Maßnahmen zur regelmäßigen Überprüfung der Zusammensetzung des Aufsichtsrates unter Berücksichtigung der diversity |

**Quelle:** *Kozikowski/Röhm-Kottmann*, Rn. 19 ff. zu § 289a HGB, in: Beck'scher Bilanz-Kommentar, 8. Aufl., München 2012.

Durch die genannte Signalwirkung hat sich die **Governance-Kultur deutscher Unternehmen stark verbessert**. Noch im Jahre 2009 erklärten Vorstand und Aufsichtsrat der D.Logistics AG, Hofheim (heute firmierend als Deufol SE) in der Entsprechenserklärung (Geschäftsbericht 2008, S. 25):

„Nicht alle Vorstandsmitglieder unterliegen einem umfassenden Wettbewerbsverbot. Alle Nebentätigkeiten werden jedoch dem Aufsichtsrat und dem Vorstand offen gelegt."

Solche „harten" Abweichungen von den Regeln des DCGK werden heutzutage kaum noch vorgefunden. Dennoch bringt es die Entsprechenserklärung der Maternus-Kliniken AG, Berlin, vom

Mai 2013 auf insgesamt 17 aufgeführte nicht befolgte Empfehlungen (vgl. *http://www.maternus.de/wecos/download/infobaseplus-inhaltmaternus/0/413/675/1/Entsprechenserklaerung_Corporate_Governance_Mai_2013.pdf*) Diese betreffen z. B.

> ▶ Verzicht auf Vereinbarung eines Selbstbehaltes in der D&O-Versicherung für Vorstand und Aufsichtsrat, da dies keine geeignete Maßnahme sei, um das Verantwortungsbewusstsein und die Motivation dieser Organe zu steigern (DCGK, Tz. 3.8),
> ▶ keine Vereinbarung aktienbasierter variabler Vergütungskomponenten mit langfristiger Anreizwirkung und Risikocharakter und deren Bezug auf anspruchsvolle, relevante Vergleichsparameter, stattdessen Tantiemen, die an individuell mit jedem Vorstandsmitglied vereinbarte Erfolgsziele gebunden sind (DCGK, Tz. 4.2.3),
> ▶ Verzicht auf eine gemeinsame Nachfolgeplanung von Vorstand und Aufsichtsrat (DCGK, Tz. 5.1.2),
> ▶ keine Festlegung einer Altersgrenze für Vorstandsmitglieder, da kein allein relevantes Entscheidungskriterium (DCGK, Tz. 5.1.2),
> ▶ keine Einrichtung eines gesonderten Prüfungsausschusses (DCGK, Tz. 5.3.2),
> ▶ keine Einrichtung eines gesonderten Nominierungsausschusses (DCGK, Tz. 5.3.3),
> ▶ keine Benennung konkreter Ziele für die Zusammensetzung des Aufsichtsrats (DCGK, Tz. 5.4.1),
> ▶ keine obligatorische Präsenz einer angemessenen Anzahl unabhängiger Mitglieder im Aufsichtsrat (DCGK, Tz. 5.4.2),
> ▶ keine Verpflichtung zur Einhaltung einer Obergrenze an wahrgenommenen Aufsichtsratsmandaten (DCGK, Tz. 5.4.5),
> ▶ kein Bericht des Aufsichtsrats an die Hauptversammlung über aufgetretene Interessenkonflikte und deren Behandlung (DCGK, Tz. 5.5.3),
> ▶ keine zwingende Beendigung des Mandats beim Auftreten von wesentlichen und nicht nur vorübergehenden Interessenkonflikten in der Person eines Aufsichtsratsmitglieds, stattdessen Diskussion und fallabhängige Entscheidung im Aufsichtsrat.

Somit könnte im Rahmen der Überprüfung der Governance-Kultur der Unternehmen unter Anwendung der Inhaltsanalyse (vgl. Kapitel III) die naheliegende Hypothese vertreten werden: „**Je mehr Kodex-Empfehlungen nicht befolgt werden, umso schlechter der Allgemeinzustand der Corporate Governance**". Hierzu erweiternd könnten noch die nicht befolgten Empfehlungen nach der Bedeutung für die Governance-Kultur gewichtet werden; hierzu ist aber eine letztlich subjektive Wertung erforderlich.

Die **Akzeptanz** des DCGK in der Praxis wird jährlich untersucht und in einem „Kodex-Report" publiziert. Hierzu werden die Umsetzung der Soll-Empfehlungen sowie der Anregungen in den Unternehmen ausgewertet. Folgende wesentliche Trends für die Corporate Governance-Praxis sind aus den Untersuchungen ableitbar (vgl. zuletzt *von Werder/Bartz*, DB 2013, S. 885 ff):

▶ **Positive Resonanz der Kodexbestimmungen in der Praxis:** In 2012 wurden laut Kodex-Report 2013 jeweils 81,9 % der Empfehlungen und 64,1 % der Anregungen befolgt. Es wird davon ausgegangen, dass die durchweg positive Akzeptanz des DCGK in Zukunft noch weiter zunimmt. Die Zahl der Unternehmen, die angibt, in Zukunft mehr oder alle Kodex-Empfehlungen zu befolgen, steigt weiter.

▶ **Abhängigkeit der Befolgung der Empfehlungen und Anregungen von der Größe bzw. dem Börsensegment:** DAX-Unternehmen weisen eine sehr hohe Befolgungsquote auf (95,8 % der Empfehlungen und 76,7 % der Anregungen), Unternehmen des amtlichen und geregelten Markts beachten die Empfehlungen (71,2 %) und Anregungen (48,3 %) weniger umfänglich.

▶ **Beitrag des Kodex zu Veränderungen der Corporate Governance-Gepflogenheiten in den deutschen Unternehmen:** Die Unternehmen haben im Erhebungszeitraum durchschnittlich 4,5 Anregungen zusätzlich umgesetzt.

Daneben ergeben die Untersuchungen Unterschiede zwischen den einzelnen Kodexabschnitten. Die weitaus meisten Abweichungen liegen im Abschnitt 5 (Aufsichtsrat) vor, gefolgt vom Abschnitt 4 (Vorstand). In den übrigen Abschnitten werden die Empfehlungen mit überwältigender Mehrheit befolgt. Zudem werden Anregungen durchweg weniger befolgt als Empfehlungen. Laut Kodex-Report 2013 (vgl. ebd. S. 887 ff) wurden in 2012 am häufigsten **nicht** umgesetzt:

▶ Einberufung einer außerordentlichen Hauptversammlung im Falle eines Übernahmeangebots (DCGK, Tz. 3.7, Abs. 3)

▶ Vereinbarung eines angemessenen Selbstbehalts bei D&O-Versicherungen für den Aufsichtsrat (DCGK, Tz. 3.8 Abs. 3),

▶ Stellungnahme zur Befolgung der Anregungen im Corporate Governance-Bericht (DCGK, Tz. 3.10 Satz 2),

▶ Angemessene Berücksichtigung von Frauen bei der Besetzung von Führungspositionen (DCGK, Tz. 4.1.5 Halbsatz 2),

▶ Festsetzung der Vorstandsvergütung durch das Aufsichtsratsplenum auf Vorschlag des hierfür zuständigen Ausschusses (DCGK, Tz. 4.2.2 Abs. 1, Satz 2),

▶ Prüfung eines hinzugezogenen externen Vergütungsexperten auf Unabhängigkeit vom Vorstand bzw. vom Unternehmen durch den Aufsichtsrat (DCGK, Tz. 4.2.2 Abs. 3),

▶ Begrenzung von Abfindungen bei vorzeitiger Beendigung der Vorstandstätigkeit ohne wichtigen Grund („Abfindungs-Cap", DCGK, Tz. 4.2.4 Abs. 4, Satz 1),

▶ Berechnung des Abfindungs-Caps auf Grundlage der Gesamtvergütung des abgelaufenen und ggf. des laufenden Geschäftsjahrs (DCGK, Tz. 4.2.4 Abs. 4, Satz 3),

▶ Begrenzung von Abfindungen bei vorzeitiger Beendigung der Vorstandstätigkeit infolge eines Kontrollwechsels (DCGK, Tz. 4.2.4 Abs. 5),

▶ Angemessene Berücksichtigung von Frauen bei der Besetzung von Aufsichtsratspositionen (DCGK, Tz. 5.1.2 Satz 2, Halbsatz 2),

▶ Bildung von Ausschüssen durch den Aufsichtsrat entsprechend den unternehmensspezifischen Besonderheiten (DCGK, Tz. 5.3.1),

▶ Bildung eines Nominierungsausschusses aus Vertretern der Anteilseignern (DCGK, Tz. 5.3.3),

▶ Benennung konkreter Ziele für die Zusammensetzung des Aufsichtsrats unter Beachtung der unternehmensspezifischen Situation (DCGK, Tz. 5.4.1 Satz 2),

▶ Berücksichtigung dieser Ziele bei Vorschlägen des Aufsichtsrats an die zuständigen Wahlgremien (DCGK, Tz. 5.4.1 Satz 3).

Im Rahmen der **Abschlussprüfung** wird nachvollzogen, ob das Unternehmen die gesetzlich in der Entsprechenserklärung geforderten Angaben im Anhang vollständig und zutreffend dokumentiert hat. Die Erklärung selbst ist kein Bestandteil des Jahresabschlusses, so dass nicht geprüft wird, inwiefern die Verhaltensempfehlungen materiell eingehalten wurden. Zur Vermeidung von Missverständnissen sollte der Abschlussprüfer im Bestätigungsvermerk erklären, keine Prüfung der Entsprechenserklärung vorgenommen zu haben (IDW PS 345, Tz. 22, 22a). Im Innenverhältnis hat der Abschlussprüfer bezüglich im Rahmen der Prüfung festgestellter Abweichungen von den geforderten Kodexempfehlungen allerdings eine Redepflicht gegenüber Aufsichtsrat und Vorstand.

Nach dem Selbstverständnis des DCGK soll ein Rahmen guter Unternehmensführung vorgegeben werden, der unter Berücksichtigung branchen- oder unternehmensspezifischer Bedürfnisse von Seiten der Unternehmen individuell auszufüllen ist. Ausdrücklich kann eine gut begründete Abweichung von einer Kodexempfehlung im Interesse einer guten Unternehmensführung liegen. Der Kodex lässt somit eine flexible Selbstregulierung deutscher Unternehmen zu.

In der Praxis zeigt sich, dass mit dem DCGK ein Instrumentarium geschaffen wurde, das von börsennotierten Unternehmen größtenteils positiv angenommen wird. Daneben wird für die Zukunft von besonderem Interesse sein, wie nicht börsennotierte Unternehmen mit dem DCGK umgehen. Die Regierungskommission „Deutscher Corporate Governance Kodex" wird auch künftig die Entwicklung der Corporate Governance in Gesetzgebung und Praxis verfolgen und mindestens einmal jährlich prüfen, ob der Kodex angepasst werden soll.

## 2.3 Ergänzende wissenschaftliche Konstrukte und Kodizes

### 2.3.1 Grundsätze ordnungsmäßiger Unternehmensleitung (GoU)

Die **Grundsätze ordnungsmäßiger Unternehmensleitung (GoU)** sind allgemein akzeptierte Leitlinien für die Tätigkeit des Top-Managements und richten sich vor allem an die Vorstände großer Aktiengesellschaften, sind aber als generelle Management-Standards und Bestandteile eines „Verhaltenskodexes" auch auf mittelständische Unternehmen dem Grunde nach übertragbar.

Die GoU sind in Anlehnung an die Grundsätze ordnungsmäßiger Buchführung (GoB) formuliert worden. Sie bilden zusammen mit den

- **Grundsätzen ordnungsmäßiger Überwachung (GoÜ)** als Anforderungen an die Kontrolltätigkeit des Aufsichtsrats und den

- **Grundsätzen ordnungsmäßiger Abschlussprüfung (GoA)** als Anforderungen an die Kontrollmaßnahmen des Abschlussprüfers

den Gesamtkomplex der **Grundsätze ordnungsmäßiger Unternehmensführung (GoF)**.

| ABB. 368: | System der Grundsätze ordnungsmäßiger Unternehmensleitung (GoU) | |
|---|---|---|
| **Allgemeine Grundsätze** | | |
| Grundsatz der Zulässigkeit | Grundsatz der Zweckmäßigkeit | Grundsatz der Zuträglichkeit |
| ↓ | ↓ | ↓ |

| **Besondere Grundsätze** | |
|---|---|
| **Aufgabengrundsätze** | |
| ▶ Zielsetzungsgrundsatz | ▶ Strategiegrundsatz |
| ▶ Rechtsstrukturgrundsatz | ▶ Organisationsstrukturgrundsatz |
| ▶ Planungssystemgrundsatz | ▶ Kontrollsystemgrundsatz |
| ▶ Einzelentscheidungsgrundsatz | ▶ Repräsentationsgrundsatz |
| ▶ Kongruenzgrundsatz | ▶ Stichprobengrundsatz |
| **Handlungsgrundsätze** | |
| ▶ Rationalgrundsatz (Detailbegründungsgrundsatz, Ausgewogenheitsgrundsatz) | |
| **Organisationsgrundsätze** | |
| ▶ Multipersonalitätsgrundsatz | ▶ Arbeitsteilungsgrundsatz |
| ▶ Kollegialgrundsatz | ▶ Mehrdimensionalitätsgrundsatz |
| **Kooperationsgrundsätze** | |
| ▶ Interaktionsgrundsatz | ▶ Diskursgrundsatz |
| **Personalgrundsätze** | |
| ▶ Qualifikationsgrundsatz | ▶ Auswahlgrundsatz |

Quelle: *von Werder* u. a., in: DB 1998, S. 1194.

Die **Allgemeinen GoU** gelten für sämtliche Maßnahmen des Vorstands. Sie werden durch die **Besonderen GoU** detailliert, die auf folgende Spezifika eingehen:

▶ Aufgabenstellung des Vorstands (**Aufgabengrundsätze**),

▶ Modalitäten der Aufgabenerfüllung (**Handlungsgrundsätze**),

▶ organisatorische Gestaltung des mehrköpfigen Vorstands (**Organisationsgrundsätze**),

▶ Zusammenarbeit mit anderen Organen der AG (**Kooperationsgrundsätze**) sowie

▶ personelle Besetzung des Vorstands (**Personalgrundsätze**).

Sie enthalten im Einzelnen folgende konkrete Anforderungen:

| ABB. 369: | Inhalt der Grundsätze ordnungsmäßiger Unternehmensleitung (GoU) |
|---|---|
| **Allgemeine Grundsätze** | |
| Grundsatz der rechtlichen Zulässigkeit | Rechtsvorschriften sind innerhalb ihres territorialen Geltungsbereichs für sämtliche Maßnahmen des Vorstands verbindlich. Die Auslegung unklarer Normen soll sich im Rahmen der Interpretationsspielräume bewegen, die in der jeweiligen Rechtspraxis üblich sind. |
| Grundsatz der ökonomischen Zweckmäßigkeit | Der Vorstand soll das Unternehmen möglichst effektiv und effizient führen. |
| Grundsatz der sozialen und ethischen Zuträglichkeit | Der Vorstand sollte die Unternehmensaktivitäten auch an den moralischen Vorstellungen des gesellschaftlichen Umfelds ausrichten. |

| Aufgabengrundsätze ||
|---|---|
| Grundsatz der Bestimmung der Unternehmensziele | Der Vorstand soll die obersten Ziele des Unternehmens explizit entwickeln und artikulieren. |
| Grundsatz der Strategiefestlegung | Der Vorstand sollte die Geschäftsstrategie und die Geostrategie des Unternehmens selbst bestimmen. Hingegen hängt es in hohem Maß von den individuellen Merkmalen eines Unternehmens wie namentlich seiner Größe und dem Diversifikationsgrad seines Geschäftsfeldportfolios ab, mit welchem Detaillierungsgrad sich der Vorstand mit der Festlegung von Wettbewerbs- und/oder Funktionalstrategien befassen sollte. |
| Grundsatz der Etablierung einer Rechtsstruktur | Der Vorstand sollte eine zweckmäßige juristische Unternehmensstruktur einrichten und bei Bedarf geänderten Rahmenbedingungen anpassen. |
| Grundsatz der Etablierung einer Organisationsstruktur | Der Vorstand sollte eine zweckmäßige organisatorische Grundstruktur einrichten und bei Bedarf geänderten Rahmenbedingungen anpassen. |
| Grundsatz der Etablierung eines Planungssystems | Der Vorstand sollte für die Einrichtung eines zweckmäßigen Planungssystems Sorge tragen. |
| Grundsatz der Etablierung eines Kontrollsystems | Der Vorstand sollte für die Einrichtung eines zweckmäßigen Kontrollsystems Sorge tragen. |
| Grundsatz der notwendigen Einzelentscheidungen | Der Vorstand sollte diejenigen Beschlüsse persönlich fassen und damit auch inhaltlich prägen (also nicht nur Mitarbeitervorlagen „abklopfen"), die aufgrund ihres Gewichts für die Gesamtunternehmung nicht delegierbar sind. Dies gilt insbesondere bei wichtigen Personalentscheidungen und beim Krisenmanagement. |
| Grundsatz der Wahrnehmung der notwendigen Realisations- bzw. Repräsentationsaufgaben | Der Vorstand sollte die Aufgaben, die infolge ihrer symbolischen Funktion die Einbringung des Prestiges der Hierarchiespitze erfordern, selbst durchführen (zu denken ist z.B an die Unterzeichnung von Verträgen über Geschäfte von herausragender Größenordnung oder mit prominenten Vertragspartnern, etwa Regierungen). |
| Grundsatz entscheidungskongruenter Kontrollen | Der Vorstand sollte den Erfolg der von ihm selbst gefassten Beschlüsse systematisch überwachen. |
| Grundsatz der persönlichen Stichprobenkontrollen delegierter Handlungen | Der Vorstand sollte sich beim ersten Anzeichen von Unregelmäßigkeiten ein eigenes Bild von der Funktionsfähigkeit des Kontrollsystems und der Verlässlichkeit der nachgeordneten Mitarbeiter verschaffen. |
| Handlungsgrundsätze ||
| Grundsatz der Rationalität | Wichtige Vorstandsentscheidungen sollten nicht rein intuitiv gefasst, sondern (wenigstens flankierend) systematisch-analytisch vorbereitet bzw. fundiert werden. |
| Grundsatz der Detailbegründung | Vorstandsentscheidungen sind normalerweise nur dann hinreichend sorgfältig vorbereitet, wenn die Prognosen über die Maßnahmenwirkung näher fundiert sind bzw. detaillierter begründet werden können. |
| Grundsatz der Ausgewogenheit | Prognosebegründungen können normalerweise nur dann als ordnungsmäßig gelten, wenn sie neben den Chancen auch die Risiken des Eintritts der erwarteten Konsequenzen vorurteilsfrei ausgeglichen darlegen. |

| Organisationsgrundsätze | |
| --- | --- |
| Grundsatz der mehrköpfigen Unternehmensleitung | Die Leitung größerer Unternehmen sollte regelmäßig in die Hände eines multipersonalen Vorstands gelegt werden. |
| Grundsatz der arbeitsteiligen Unternehmensleitung | Die Leitungsaufgaben sollten normalerweise offiziell und dauerhaft (bis zur nächsten Reorganisation) auf die einzelnen Mitglieder des Vorstands verteilt (Spezialisierung) und nicht (überwiegend) bloß ad hoc einzelnen Vorstandsmitgliedern zugewiesen werden. |
| Grundsatz der kollegialen Unternehmensleitung | Die Mitglieder des Vorstands sollten im Kern gleichberechtigt an der Leitung des Unternehmens teilhaben. |
| Grundsatz der mehrdimensionalen Gliederung | Im Regelfall sollten durch die Zuständigkeitsbereiche der einzelnen Vorstandsmitglieder unterschiedliche Dimensionen (z. B. Funktionen, Produkte und Regionen) in der Unternehmensleitung vertreten sein. |
| Grundsatz der mehrgleisigen Interaktion zwischen Vorstand und Aufsichtsrat | Neben Kontakten zwischen dem Gesamtvorstand und dem Gesamtaufsichtsrat, die den gesetzlichen Normalfall bilden, sollten mitunter auch andere Kommunikationswege treten. (Zu denken ist insbesondere an gemeinsame Zusammenkünfte des Gesamtvorstands mit dem Vorsitzenden, dem Präsidium oder einem Ausschuss des Aufsichtsrats sowie an bilaterale Kontakte zwischen einzelnen Vorstandsmitgliedern und dem Aufsichtsratsvorsitzenden.) |
| Grundsatz des Diskurses über die Lage des Unternehmens | Es ist normalerweise Ausdruck guter Managementpraxis, wenn der Vorstand auf einer gemeinsamen Sitzung mit dem Abschlussprüfer – etwa anlässlich der Vorlage des Prüfungsberichts – über die engeren Aspekte der Rechnungslegung hinaus auch allgemeine Fragen der wirtschaftlichen Situation des Unternehmens bespricht. |
| Personalgrundsätze | |
| Grundsatz der adäquaten Qualifikation | In den Vorstand sollen nur Personen mit den erforderlichen Fach- und Führungsqualifikationen berufen werden. |
| Grundsatz der Auswahl durch das Überwachungsorgan | Die Mitglieder des Vorstands müssen vom Aufsichtsrat bestellt und notfalls abberufen werden. |

Quelle: *von Werder* u. a., in: DB 1998, S. 1195 ff.

Die Grundsätze ordnungsmäßiger Unternehmensleitung sind sehr abstrakt abgefasst und deshalb wenig „griffig". Eine praxistaugliche Detaillierung erfolgt z. B. durch die nachfolgend erörterten Regelungen des German Code of Corporate Governance.

### 2.3.2 German Code of Corporate Governance

Der **German Code of Corporate Governance (GCCG)** wurde am 6. 6. 2000 vom Berliner Initiativkreis „German Code of Corporate Governance" vorgelegt (vgl. DB 2000, S. 1573 ff., auch *http://www.ecgi.org/codes/documents/gccg_d.pdf*). Er stellt bis heute den detailliertesten deutschsprachigen Kodex dar.

Im Sinne eines freiwilligen **Code of Best Practice** werden Leitlinien für Prozesse der Unternehmensführung formuliert, die sich aus betriebswirtschaftlicher Sicht als besonders kritisch für die Effizienz der Corporate Governance erweisen. Ziel ist es, die Modalitäten der Leitung und Überwachung zu optimieren und dabei nicht nur relevante Gesetzesnormen zu rekapitulieren, sondern auch weitgehende Empfehlungen zur Steigerung der Governance-Effizienz darzulegen.

Gleichzeitig soll der Kodex eine Kommunikationsfunktion dergestalt erfüllen, dass insbesondere ausländischen Investoren die Besonderheiten der deutschen Unternehmensverfassung – und hier das dualistische Führungssystem – vermittelt werden. Dies ist notwendig, da die entsprechenden nationalen Vorschriften auf zahlreiche Gesetze verteilt und somit ausländischen Kapitalgebern nur wenig transparent sind.

Der GCCG enthält Grundsätze, die eine effiziente und vor allem transparente Unternehmensführung ermöglichen. Dabei soll der Code die Aufgabe des Gesetzgebers nicht ersetzen, vielmehr werden allgemeingültige Standards unterhalb der Gesetzesebene definiert, die von deutschen Unternehmen als erstrebenswert und sinnvoll erachtet werden. Die Schwerpunkte liegen dabei auf

- der Festlegung eines übergeordneten **Zielsystems des Unternehmens**,
- der Bestimmung der **Unternehmensstruktur, -prozesse** sowie **Personen der Unternehmensführung**, mit denen die festgelegten Ziele erreicht werden sollen,
- der Vermeidung von **Interessenkonflikten und Vorteilsnahmen** im Rahmen des Geschäftsführungshandelns,
- der regelmäßigen **Bewertung von Führungskräften** sowie
- einer **proaktiven Unternehmenskommunikation** zur Festigung und Erhöhung des Vertrauens und der Unterstützung relevanter Bezugsgruppen.

Die folgende Abbildung stellt vereinfacht die konkreten Regelungstatbestände des GCCG dar (gesamter Text abrufbar unter *http://www.ecgi.org/codes/documents/gccg_d.pdf*).

| ABB. 370: | Regelungstatbestände des GCCG |
|---|---|
| I. | **Grundordnung der Corporate Governance** |
| II. | **Kernprozesse der Corporate Governance** |
|  | ► Personelle Besetzung des Vorstands |
|  | ► Informationsversorgung des Aufsichtsrats |
|  | ► Entscheidungsfindung bei wesentlichen Weichenstellungen |
|  | ► Pflege der Diskussionskultur |
| III. | **Governancestandards für den Vorstand** |
|  | ► Grundprinzipien des Vorstandshandelns |
|  | ► Aufgaben des Vorstands |
|  | ► Organisation des Vorstands |
|  | ► Entscheidungsfindung und Willensbildung |
|  | ► Persönliches Verhalten |
|  | ► Vergütung des Vorstands |
| IV. | **Governancestandards für den Aufsichtsrat** |
|  | ► Grundprinzipien des Aufsichtsratshandelns |
|  | ► Aufgaben des Aufsichtsrats |
|  | ► Organisation des Aufsichtsrats |
|  | ► Personelle Besetzung der Anteilseignerseite des Aufsichtsrats |
|  | ► Verfahren und Überwachung |
|  | ► Persönliches Verhalten |
|  | ► Vergütung des Aufsichtsrats |
| V. | **Governancestandards für Anteilseigner und Arbeitnehmer** |
|  | ► Rechte der Anteilseigner |
|  | ► Mitbestimmung der Arbeitnehmer |
| VI. | **Governancestandards zur Transparenz und Prüfung** |
|  | ► Rechnungslegung und Publizität |
|  | ► Abschlussprüfung |
| VII. | **Corporate Governance in geschlossenen Gesellschaften** |
| VIII. | **Corporate Governance im Konzern** |

Quelle: *http://www.ecgi.org/codes/documents/gccg_d.pdf.*

Als **Kernprozesse der Unternehmensführung** führt der GCCG auf

► die personelle Besetzung des Vorstands,

► die ausreichende Informationsversorgung des Aufsichtsrats,

► die Entscheidungsfindung bei wesentlichen Weichenstellungen sowie

► die Etablierung und Pflege einer offenen Diskussionskultur.

Zu berücksichtigen ist hierbei die sog. **Prinzipal-Agent-Problematik**. Die allein an einer Maximierung des Shareholder Value interessierten Eigentümer beauftragen das Management als Agenten mit der Führung ihres Unternehmens. Als Richtschnur der Unternehmenskontrolle dient meist die Rendite alternativer Anlageformen am Finanzmarkt.

# KAPITEL VI — Schnittstellen des Controllings

Das Management verfolgt aber weitere, ggf. mit den Eigentümerzielen konfliktäre Interessen. Aufgrund vorliegender Informationsasymmetrien bedarf es von Seiten des Prinzipals geeigneter Anreiz- und Kontrollinstrumente, um den Agenten zu einer wertorientierten Unternehmensführung zu bewegen. Weiterhin bestehen sonstige Anspruchsgruppen (z. B. Mitarbeiter, Fiskus), die wiederum sowohl vom Management als auch von den Eigentümern abweichende Interessen verfolgen (z. B. Erhalt des Arbeitsplatzes, Steuereinnahmen). In diesem Zusammenhang sollen Governance-Konzepte „Leitplanken" ordnungsmäßigen Vorstandshandelns liefern.

| ABB. 371: | Governance-Standards für den Vorstand gem. GCCG |
|---|---|

German Code of Corporate Governance (GCCG) vorgelegt vom Berliner Initiativkreis German Code of Corporate Governance – Governancestandards für den Vorstand

**1. Grundprinzipien des Vorstandshandelns**

1.1. Der Vorstand führt die AG unter Beachtung der allgemein anerkannten Grundsätze ordnungsmäßiger Unternehmensleitung (GoU). Er richtet insbesondere das gesamte Vorstandshandeln an den folgenden drei generellen Leitlinien aus:

1.2. Alle Maßnahmen des Vorstands unterliegen dem Grundsatz der rechtlichen Zulässigkeit. Rechtsvorschriften sind hiernach innerhalb ihres jeweiligen territorialen Geltungsbereichs für sämtliche Vorstandshandlungen verbindlich.

Die Auslegung unklarer Normen soll sich im Rahmen der Interpretationsspielräume bewegen, die in der jeweiligen Rechtspraxis üblich sind.

1.3. Alle Maßnahmen des Vorstands unterliegen dem Grundsatz der ökonomischen Zweckmäßigkeit. Sie sollen ex ante möglichst effektiv und effizient erscheinen, um den Unternehmenswert im Rahmen des Möglichen nachhaltig zu steigern. Die Zweckmäßigkeit unternehmerischer Maßnahmen wird nicht dadurch ausgeschlossen, dass sie vernünftig kalkulierte Risiken bergen und sich ex post als Fehlschlag erweisen.

1.4. Der Vorstand soll in angemessenem Maße die soziale Verantwortung des Unternehmens wahrnehmen und berücksichtigt jene ethischen Vorstellungen, ohne die eine soziale Marktwirtschaft nicht leben kann.

**2. Aufgaben des Vorstands**

2.1. Die Kernaufgaben des Vorstands bestehen darin, innerhalb seiner Kompetenzen sowie in Abstimmung mit Aufsichtsrat und Hauptversammlung die Grundrichtung der Unternehmensaktivitäten vorzugeben und eine zweckmäßige Infrastruktur für den Wertschöpfungsprozess einzurichten.

Der Vorstand trifft ferner Einzelfallentscheidungen und nimmt Kommunikations- sowie Kontrollaufgaben wahr, soweit sich diese Aktivitäten nicht delegieren lassen.

2.2. Der Vorstand bestimmt die Grundrichtung der Unternehmensaktivitäten durch die Konkretisierung der Unternehmensziele und durch die Festlegung der grundlegenden Strategien zur Zielerreichung.

2.3. Der Vorstand sorgt für die Infrastruktur durch Etablierung zweckmäßiger Rechts- und Organisationsstrukturen, die bei Bedarf geänderten Rahmenbedingungen angepasst werden. Er trägt ferner Sorge für die Einrichtung und Weiterentwicklung zweckmäßiger Planungs- und Kontrollsysteme. Hierzu zählt auch das Risikomanagementsystem.

2.4. Der Vorstand muss diejenigen Beschlüsse fassen und damit auch inhaltlich prägen, die sich aufgrund ihrer Bedeutung für das Gesamtunternehmen nicht auf nachgeordnete Führungskräfte übertragen lassen. Dies gilt insbesondere bei wichtigen Personalentscheidungen sowie für das Krisenmanagement.

2.5. Der Vorstand soll Kommunikationsaufgaben, die das Erscheinungsbild des Unternehmens für die Stakeholder wesentlich prägen, persönlich wahrnehmen.

2.6. Der Vorstand überwacht selbst (vor und neben dem Aufsichtsrat) systematisch den Erfolg seiner Beschlüsse. Er macht sich ferner bei Anzeichen für Unregelmäßigkeiten durch Stichproben ein eigenes Bild von der Funktionsfähigkeit der Kontrollsysteme und von der Qualität der delegierten Aktivitäten.

## 3. Organisation des Vorstands

3.1. Das Unternehmen wird durch einen mehrköpfigen Vorstand geleitet. Der Vorstand soll im Normalfall mindestens drei und höchstens neun Mitglieder haben.

3.2. Der Vorstand hat eine Geschäftsordnung. In der Geschäftsordnung wird u. a. die Grundstruktur der Aufgabenverteilung zwischen den Mitgliedern des Vorstands festgelegt. Dabei finden die nachstehenden Organisationsgrundsätze Beachtung.

3.3. Die Mitglieder des Vorstands nehmen gleichberechtigt an der Unternehmensführung nach dem Kollegialprinzip teil. Der Vorstand soll einen Vorsitzenden oder einen Sprecher haben. Der Vorstandsvorsitzende bzw. Vorstandssprecher ist „primus inter pares" (und nicht „CEO"). Er hat insbesondere keine Weisungsbefugnisse gegenüber den anderen Vorstandsmitgliedern.

3.4. Entscheidungen von grundlegender Bedeutung für das Unternehmen (Rahmenentscheidungen) obliegen dem Gesamtvorstand. Zu den Rahmenentscheidungen zählen insbesondere die Konkretisierung der Ziele des Unternehmens, die Festlegung der Unternehmensstrategien sowie wichtige infrastrukturelle Weichenstellungen. Beschlüsse, welche die Rahmenentscheidungen weiter detaillieren (Folgeentscheidungen), darf der Vorstand auf einzelne Vorstandsmitglieder oder Vorstandsausschüsse delegieren.

3.5. Die einzelnen Vorstandsmitglieder erhalten jeweils spezielle Verantwortungsbereiche, für die sie als Sprecher (ohne eigene Entscheidungsbefugnisse außerhalb des Gesamtorgans) oder als Ressortleiter (mit bereichsbezogenen Entscheidungskompetenzen) zuständig sind.

Dabei soll der Zuschnitt der Bereiche je nach Diversifikationsgrad des Unternehmens und geographischer Reichweite seiner Aktivitäten sicherstellen, dass die wesentlichen Funktionen, Produkte und Märkte im Vorstand repräsentiert sind.

## 4. Entscheidungsfindung und Willensbildung

4.1. Der Vorsitzende oder Sprecher des Vorstands legt die Tagesordnung der Vorstandssitzungen fest. Jedes Vorstandsmitglied kann über den Vorsitzenden bzw. Sprecher Besprechungs- und Entscheidungspunkte auf die Tagesordnung setzen. In eiligen Fällen können insbesondere der Vorsitzende oder Sprecher des Vorstands, aber auch alle anderen Vorstandsmitglieder die Agenda der Vorstandssitzungen ad hoc erweitern. Reicht die Zeit nicht zur Behandlung aller Tagesordnungspunkte aus, wird umgehend eine weitere Sitzung des Vorstands anberaumt.

4.2. Der Vorstand trifft seine Entscheidungen auf der Grundlage einer systematischen Vorbereitung. Vorstandsentscheidungen werden vor ihrer Verabschiedung im Vorstand diskutiert.

Die Diskussion ist ergebnisoffen zu führen und darf namentlich nicht durch Vorfestlegungen gegenüber Dritten faktisch schon präjudiziert sein.

4.3. Eine fundierte Entscheidungsvorbereitung erfordert vor allem, dass die Erwartungen über die Erfolgswirkungen geplanter Maßnahmen detailliert begründet werden. Dabei sind neben den Chancen auch die Risiken der Maßnahmen objektiv und ausgewogen zu berücksichtigen.

4.4. Alle Mitglieder des Vorstands erhalten die entscheidungsrelevanten Informationen und Unterlagen rechtzeitig vor den Sitzungen des Vorstands.

4.5. Maßnahmen, die nicht – z. B. in technischer oder marktlicher Hinsicht – miteinander verbunden sind, werden zur Vermeidung ineffizienter Paketlösungen jeweils einzeln beschlossen.

4.6. Der Vorstand strebt einstimmige Entscheidungen an. Ist eine solche nicht zu erreichen, entscheidet er nach einer Frist von mindestens 24 Stunden mit einfacher Mehrheit. Ein Vorsitzender des Vorstands kann gegen eine Mehrheitsentscheidung ein aufschiebendes Veto einlegen. Das Veto des Vorstandsvorsitzenden kann in der nächsten Sitzung durch die Mehrheit der Vorstandsmitglieder überstimmt werden.

> **5. Persönliches Verhalten**
>
> 5.1. Vorstandsmitglieder verhalten sich persönlich stets loyal gegenüber ihrem Unternehmen. Sie dürfen keine eigenen Interessen verfolgen, welche im Widerspruch zu den Interessen des Unternehmens stehen. Schon der böse Schein muss vermieden werden.
>
> 5.2. Vorstandsmitglieder dürfen namentlich weder direkt noch indirekt über ihnen nahestehende Personen Geschäftschancen des Unternehmens an sich ziehen, Wettbewerber fördern oder wirtschaftliche Transaktionen mit dem Unternehmen durchführen, die nicht den üblichen Marktkonditionen entsprechen.
>
> 5.3. Beteiligungen von Vorstandsmitgliedern an anderen Unternehmen sind dem Vorsitzenden des Aufsichtsrats gegenüber offenzulegen und auf eventuelle Interessenkonflikte zu überprüfen.
>
> 5.4. Die Übernahme von Aufsichtsratsmandaten in fremden Unternehmen sowie die Wahrnehmung anderer nennenswerter Nebentätigkeiten bedürfen der Zustimmung des Aufsichtsratsvorsitzenden.
>
> 5.5. Der Vorstand ernennt einen Beauftragten, der Richtlinien für den Kauf und Verkauf von Aktien des Unternehmens erlässt und ihre Einhaltung überwacht (compliance officer). Alle Mitglieder des Vorstands erkennen schriftlich die Regelungen des geltenden Insiderrechts sowie diese Richtlinien an. (...)

Quelle: *http://www.ecgi.org/codes/documents/gccg_d.pdf.*

Hervorzuheben sind insbesondere folgende Feststellungen:

▶ Der Grundsatz der **rechtlichen Zulässigkeit** (Tz. 1.2) gibt das Erfordernis der Implementierung einer **Compliance-Organisation** wieder. Der Vorstand muss ein Regelungsgeflecht schaffen, das die Einhaltung aller bindenden externen und internen Regelungen sicherstellt.

▶ Der Grundsatz der **ökonomischen Zweckmäßigkeit** (Tz. 1.3) leitet auf die bekannte **Business Judgement Rule** über. Von zentraler Bedeutung für die ex post-Überprüfung der Ordnungsmäßigkeit des Vorstandshandelns ist die ex ante-geführte Dokumentation, dass die getroffenen Maßnahmen unter Einbezug aller verfügbaren und relevanten Informationen effektiv und effizient erschienen, um den Unternehmenswert nachhaltig zu steigern. Der Ordnungsmäßigkeit steht nicht entgegen, dass sich getroffene Maßnahmen ex post als Fehlschlag erweisen. Dies resultiert aus dem Unternehmerrisiko sowie der unvermeidbaren Unsicherheit einer zukunftsgerichteten Planung und ist vom Vorstand nicht zu vertreten.

▶ Der Grundsatz der **sozialen Verantwortung** (Tz. 1.4) weist auf das Erfordernis einer differenzierten Planung und Operationalisierung eines **Zielsystems** hin, das die Interessen aller am Unternehmen beteiligten Anspruchsgruppen („**Stakeholder**") angemessen einbezieht.

▶ Die Pflicht zur Vorgabe der „**Grundrichtung der Unternehmensaktivitäten**" (Tz. 2.1 und 2.2) impliziert die dem Vorstand unentziehbare und nicht delegierbare Aufgabe der **strategischen Unternehmensplanung** und deren Umsetzung. Verdeutlicht wird auch, dass diese Aufgabe ohne die Basis eines Unternehmenszielsystems und eine Konkretisierung der Einzelziele nicht sachgerecht erfüllt werden kann.

▶ Die Pflicht zur Schaffung einer „**zweckmäßigen Unternehmensinfrastruktur**" (Tz. 2.3) resultiert aus der sog. „**Wertpyramide**" (vgl. dazu Kapitel II), der zufolge das Top-Management die Aufgabe hat, angemessene Führungs-, Organisations-, Planungs- und Kontrollsysteme zu schaffen und wirksam zu implementieren. Diese Systeme sind ursächlich für die Qualität der im Unternehmen eingesetzten Ressourcen und durchgeführten Prozesse.

▶ Die nur eingeschränkte **Delegierbarkeit** von Vorstandsaufgaben verdeutlicht Tz. 2.4. Der Vorstand kann allenfalls Teilaufgaben wie z. B. die Vornahme von Szenario-Analysen „auslagern", die Aufgabe einer Würdigung und Verwertung und damit die Letztverantwortung

- verbleiben bei ihm, so dass sich eine unkritische Übernahme von delegierten Arbeitsergebnissen verbietet.
- ▶ Zu den Vorstandsaufgaben gehört schließlich die Durchführung **prozessabhängiger Kontrollen** durch systematische Überwachungsaktivitäten in Bezug auf den Erfolg der getroffenen Beschlüsse (Tz. 2.6).
- ▶ Die Schaffung und Aufrechterhaltung eines angemessenen **Kontrollbewusstseins** wird durch geeignete Organisationsmaßnahmen für das Leitungsorgan gefördert. Hierzu zählen die Verankerung des Kollegialprinzips („primus inter pares") und damit der Ausschluss eines Machtgefälles unter den Vorstandsmitgliedern (Tz. 3.3), die Beschlussfassung durch das Gesamtorgan bei grundlegenden Entscheidungen (Tz. 3.4) sowie die Formalisierung und Dokumentation entsprechender Regelungen (Tz. 3.2).

Der GCCG fordert im Einzelnen, ein besonderes Augenmerk auf die Entwicklung von Verfahrensweisen zu legen, die eine Besetzung der Unternehmensorgane mit fachlich qualifizierten, loyalen und motivierten Mitgliedern gewährleisten. Hierzu sind geeignete Mechanismen der **Personalauswahl** und zielfördernde **Anreizsysteme** zu etablieren. Zugleich sind verbindliche Leitlinien für das professionelle Selbstverständnis der Mitglieder von Vorstand und Aufsichtsrat zwingend zu definieren.

Die **Besetzung des Leitungsorgans** mit geeigneten Personen ist ureigene Aufgabe des Aufsichtsrats als Ganzem. Der GCCG empfiehlt hierzu aus Gründen der Transparenz und Nachvollziehbarkeit den Einsatz eines systematischen Auswahlverfahrens. Die Ausgestaltung des Verfahrens sollte maßgeblich davon abhängen, ob ein interner oder externer Kandidat zu bestellen ist. Hierbei ist der Besetzung des Leitungsorgans aus den eigenen Reihen der Vorrang einzuräumen. Gleichzeitig sollte der planmäßigen Nachwuchsentwicklung besondere Beachtung geschenkt werden. Der Vorstand sollte sich jederzeit der Potenziale geeigneter Nachwuchskräfte bewusst sein.

Zur Risikominimierung infolge möglicher Fehlbesetzungen sollte insbesondere bei Erstbestellungen in den Vorstand eine angemessene Vertragsbefristung – etwa für die Dauer von drei Jahren – erfolgen. Vertragsverlängerungen sind vom Ergebnis einer jährlichen, möglichst objektiven Leistungsbeurteilung abhängig zu machen.

**Höhe und Struktur der Vergütung** des Vorstands sollten Anreize zu einer nachhaltigen Steigerung des Unternehmenswerts enthalten. In diesem Zusammenhang kommt der Größe, Dynamik, wirtschaftlichen Lage und den Zukunftsaussichten des Unternehmens eine besondere Bedeutung zu.

Problematisch ist die Erfolgsmessung mit Hilfe verbreiteter sog. „Pro-forma-Kennzahlen" wie dem EBITDA. Dessen Ziel ist die Eliminierung insbesondere ergebnisverzerrender Effekte der Kapitalstruktur, der verfolgten Investitions- und Wachstumsstrategie sowie der Abschreibungspolitik und insoweit die Ermittlung eines synthetischen Ergebnisses. Gleichwohl ist das Management natürlich auch für zu hohe Zinsen und Abschreibungen verantwortlich, weswegen der EBITDA allenfalls als Maßgröße des Erfolgs für das operative Management herangezogen werden sollte, welches für die Investitions- und Kapitalaufnahmestrategie nicht verantwortlich ist (vgl. schon Kapitel II).

Variable Vergütungskomponenten sind vom Aufsichtsrat auf Grundlage einer periodischen, systematischen Leistungsevaluation zu bemessen. In diesem Rahmen sollten auch marktübliche und angemessene Ruhegehaltsverträge und Abfindungsregelungen getroffen werden. Bei börsennotierten Gesellschaften sind Verfahrensweisen für die Vergabe von sog. stock options festzulegen; hierzu gehört insbesondere die Definition angemessener Sperrfristen.

Die Versorgung des Aufsichtsrats mit allen für die Unternehmenskontrolle relevanten Informationen ist Aufgabe des Vorstands, die **Informationsversorgung** demnach eher Bring- als Holschuld. Es dürfen weder Informationslücken noch Informationsüberflutungen entstehen. Zur Sicherung der notwendigen Transparenz der Informationsströme wird die Errichtung eines Informationssystems empfohlen.

In diesem Rahmen sollte der Vorstand mindestens einmal jährlich über die strategische Entwicklung des Unternehmens und auf jeder Sitzung über die laufende Ausprägung der wesentlichen Unternehmenskennzahlen berichten. Auch sind Abweichungen der Ist-Werte zu früher gesetzten Plan-Werten und deren Ursachen darzulegen („**follow up-Berichterstattung**").

Über außergewöhnliche Ereignisse ist unverzüglich zu berichten („**ad hoc-Berichterstattung**"). Berichte sind schriftlich und rechtzeitig vor den Sitzungsterminen zu erstatten, Sitzungsverläufe und Beschlussfassungen zu protokollieren. Wesentlichen Entscheidungen muss ein angemessener **Diskussionsprozess** zwischen Vorstand und Aufsichtsrat vorausgehen. Während dem Vorstand die Umsetzung der gemeinsam getroffenen Entscheidungen obliegt, ist Aufgabe des Aufsichtsrats insbesondere die kritische Hinterfragung der zur Disposition stehenden Vorhaben, die Kontrolle der Prämissen auf Plausibilität und Widerspruchsfreiheit und die begleitende Risikoanalyse, z. B. über eine Überprüfung der Standfestigkeit der zugrunde liegenden Umweltszenarien.

Für wesentliche Weichenstellungen ist in der Satzung ein **Zustimmungsvorbehalt** des Aufsichtsrats vorzusehen. Dies betrifft z. B. Änderungen der Unternehmensziele, Unternehmenskäufe und Fusionen, Rechtsform- und Organisationsänderungen, Stilllegungen, Desinvestitionen, wesentliche Veränderungen der Belegschaft. Eine offene Diskussionskultur innerhalb und zwischen den Gremien gilt dabei als Voraussetzung funktionsfähiger Corporate Governance.

Leitlinien zum persönlichen Verhalten müssen ausschließen, dass Eigeninteressen zu Lasten des Unternehmens verfolgt werden und Geschäftschancen des Unternehmens persönlich genutzt werden.

Besondere Bedeutung kommt dabei der Einhaltung eines umfassenden Wettbewerbsverbots zu. Wirtschaftliche Transaktionen des Unternehmens mit nahe stehenden Personen müssen den üblichen Marktkonditionen entsprechen. Im Zweifel ist die Zustimmung des Aufsichtsrats einzuholen. Für börsennotierte Gesellschaften sind außerdem Regelungen zu Insidergeschäften aufzustellen.

Als **unentziehbare Vorstandsaufgaben** definiert der GCCG

▶ die Bestimmung der Grundrichtung der Unternehmensaktivitäten durch Konkretisierung der Unternehmensziele und Festlegung der grundlegenden Strategien zur Zielerreichung,

▶ die Etablierung geeigneter Rechts- und Organisationsstrukturen, Planungs- und Kontrollsysteme, die – wenn nötig – an geänderte Rahmenbedingungen anzupassen sind,

▶ die Fassung wesentlicher Grundsatzbeschlüsse wie z. B. von wichtigen Personalentscheidungen oder von Maßnahmen zur Krisenabwehr,

- ▶ die Wahrnehmung von wesentlichen Kommunikationsaufgaben gegenüber den Stakeholdern der Unternehmung,
- ▶ die Überwachung der Funktionsfähigkeit des Risikomanagementsystems und des internen Überwachungssystems im Unternehmen.

| ABB. 372: | GCCG-Standards für Vorstand, Aufsichtsrat und Abschlussprüfer |
|---|---|
| Standards | Regelungen, z. B. |
| zum Vorstand | ▶ Personelle Besetzung des Vorstands unter Beachtung eines angemessenen Auswahlverfahrens, einer ausgewogenen Qualifikationsvielfalt sowie Teamfähigkeit |
| | ▶ Pflicht zur Beachtung der GoU, insbesondere der rechtlichen Zulässigkeit, ökonomischen Zweckmäßigkeit sowie der Wahrnehmung sozialer Verantwortung des Unternehmens in der sozialen Marktwirtschaft |
| | ▶ Pflicht zur Vorgabe und Konkretisierung der Unternehmensziele sowie zur Errichtung einer zweckmäßigen Infrastruktur durch Etablierung von zielgerichteten Rechts- und Organisationsstrukturen |
| | ▶ Pflicht zur Einrichtung sowie Weiterentwicklung geeigneter Planungs- und Kontrollsysteme (inkl. Risikomanagementsystem) sowie zur Wahrnehmung wichtiger Kommunikationsaufgaben |
| | ▶ Pflicht zur laufenden Überwachung der Kontrollsysteme |
| zum Aufsichtsrat | ▶ Anforderungen an das persönliche Verhalten der Aufsichtsratsmitglieder sowie deren Vergütung, insbesondere leistungsbezogene Vergütungsformen |
| | ▶ Pflicht zur Wahrnehmung der Kernaufgaben: personelle Besetzung, Überwachung sowie Festlegung der Grundzüge der Geschäftsordnung des Vorstands |
| | ▶ Pflicht zur Überprüfung der geeigneten personellen Besetzung der Anteilseignerseite des Aufsichtsrates (fachliche Kompetenz, Alter, Wettbewerbsverbote) und bei Bedarf ggf. Abberufung von Mitgliedern |
| | ▶ Pflicht zur Erarbeitung einer Geschäftsordnung zur Aufgabenwahrnehmung |
| | ▶ Evtl. Bildung von Ausschüssen zur Effizienzsteigerung |
| | ▶ Spezifika des Überwachungsverfahrens, z. B. Sitzungsanzahl pro Periode |
| zum Abschlussprüfer | ▶ Pflicht zur Prüfung der Rechnungslegung sowie der Risiken der Geschäftstätigkeit des Unternehmens |
| | ▶ Pflicht zur Überprüfung der zutreffenden Wiedergabe der Vermögens-, Finanz-, Ertrags- sowie Risikolage in der Rechnungslegung der Unternehmung |
| | ▶ Pflicht zur Prüfung des Risikomanagementsystems auf Funktionsfähigkeit |
| | ▶ Pflicht zur Erstellung sog. Management Letters an Vorstand und Aufsichtsrat mit Hinweisen auf Schwachstellen im Unternehmen, die unterhalb der Schwellen der gesetzlichen Berichtspflichten liegen |
| | ▶ Pflicht zur Wahrung der Unabhängigkeit und Neutralität |
| | ▶ Pflicht zur Unterziehung unter externe Qualitätskontrollen |

Quelle: *http://www.ecgi.org/codes/documents/gccg_d.pdf.*

Der i. d. R. mehrköpfige Vorstand muss eine **Geschäftsordnung** und einen **Geschäftsverteilungsplan** aufstellen. Hierbei ist zu berücksichtigen, dass

- die Unternehmensführung nach dem Kollegialprinzip erfolgen soll, insbesondere dem Vorstandsvorsitzenden keine Weisungsbefugnisse gegenüber den anderen Vorstandsmitgliedern zustehen,
- den einzelnen Vorstandsmitgliedern spezielle Verantwortungsbereiche zugewiesen werden, für die bereichsbezogene und ggf. nach Art und Wert limitierte Entscheidungsbefugnisse gelten,
- Entscheidungen mit grundlegender Bedeutung nur der Gesamtvorstand – möglichst einstimmig – treffen soll.

Die acht Abschnitte des GCCG werden durch elf „**Berliner Thesen zur Corporate Governance**" ergänzt. Diese bilden eine Zusammenfassung der Kernaussagen des GCCG und lauten:

| ABB. 373: | Die „Berliner Thesen zur Corporate Governance" |
|---|---|
| These | Inhalte |
| 1 | **Ein GCCG stärkt die Qualität und Transparenz der Führung deutscher Unternehmen:**<br>- Der GCCG gilt durch freiwillige Selbstbindung der Unternehmen. Flexibilitätsvorteile können gegenüber starren Rechtsvorschriften realisiert werden.<br>- Der Kodex enthält Empfehlungen zur Prozess- und Organisationsgestaltung (Ordnungsfunktion).<br>- Durch den Kodex wird erhöhte Transparenz geschaffen, vor allem für ausländische Investoren (Kommunikationsfunktion). |
| 2 | **Ein GCCG muss den speziellen Kontext deutscher Unternehmen in einer globalisierten Wirtschaft berücksichtigen:**<br>- Der GCCG zeigt Standards guter Leitung und Überwachung für Unternehmen auf, die innerhalb und außerhalb von Deutschland tätig sind. |
| 3 | **Ein effektiver GCCG hat eine betont betriebswirtschaftliche Ausrichtung:**<br>- Durch den GCCG kann die Qualität der Unternehmensführung nachhaltig verbessert werden, wenn die betriebswirtschaftlichen Rahmenbedingungen beachtet werden. |
| 4 | **Regeln zur Corporate Governance müssen auf die jeweiligen Gegebenheiten der Unternehmen, namentlich Rechtsform und Eigentümerstrukturen, zugeschnitten werden:**<br>- Der GCCG ist primär an große börsennotierte Publikumsgesellschaften gerichtet, wobei eine Übertragung auf kleinere und mittlere Unternehmen nicht ausgeschlossen ist.<br>- Ergänzungen um unternehmensindividuelle Leitlinien sind möglich. |
| 5 | **Im Mittelpunkt der Leitlinien des GCCG steht der Vorstand:**<br>- Der Vorstand als Leitungsorgan von AGs steht im Mittelpunkt des GCCG. |
| 6 | **Der Aufsichtsrat spielt durch die Auswahl und Überwachung des Vorstands eine bedeutsame Rolle in der Unternehmensführung. Er hat aber keine leitende Funktion:**<br>- Der Aufsichtsrat soll als Gegengewicht zum Vorstand dienen.<br>- Er hat die Arbeit des Vorstands zu überwachen.<br>- Die Sicherstellung einer optimalen Qualifikation der Vorstandsmitglieder gehört zu den wichtigsten Aufgaben des Aufsichtsrats. |

## Corporate Governance — KAPITEL VI

| These | Inhalte |
|---|---|
| 7 | Governanceregeln müssen tatsächlich gelebt werden. Eine offene Diskussionskultur im Vorstand und Aufsichtsrat sowie zwischen den Organen ist maßgeblicher Erfolgsfaktor der Corporate Governance:<br>▶ Die ernsthafte Praktizierung der GCCG-Standards ist Voraussetzung für positive Resultate.<br>▶ Alle Organteilnehmer nehmen an den Informations- und Entscheidungsprozessen teil. |
| 8 | Die Unternehmensführung muss die Interessen der verschiedenen Stakeholder sinnvoll austarieren:<br>▶ Den Shareholdern kommt als Risikokapitalgeber eine besondere Bedeutung zu.<br>▶ Es hat jedoch keine alleinige Unternehmensausrichtung am Börsenkurs zu erfolgen, vielmehr sollen alle Interessengruppen beachtet werden. |
| 9 | Informationen über die Leistungsfähigkeit des Unternehmens sichern das Vertrauen der Stakeholder und sind daher von strategischer Bedeutung:<br>▶ Informationen und Transparenz erhöhen das Vertrauen und die Unterstützung der Stakeholder.<br>▶ Es liegt im strategischen Eigeninteresse, die Empfehlungen des GCCG aufzugreifen und zu dokumentieren, inwieweit die Standards umgesetzt werden. |
| 10 | Regelmäßige Evaluationen fördern die kontinuierliche Verbesserung der Corporate Governance eines Unternehmens:<br>▶ Anpassungen an neue Gegebenheiten sowie eine Verbesserung der Unternehmensführung werden durch periodisch durchgeführte Evaluationen über die Führungsstrukturen und -prozesse ermöglicht. |
| 11 | Das deutsche Modell der Unternehmensführung ist auch im globalen Wettbewerb konkurrenzfähig:<br>▶ Werden die Standards der GCCG umgesetzt und weiterentwickelt, so bietet sich eine gute Basis der Wettbewerbsfähigkeit im internationalen Vergleich. |

Quelle: Berliner Initiativkreis, in: DB 2000, S. 1580 ff.

Zur effizienten Umsetzung der GCCG-Regelungen in die Praxis wurden **Checklisten** entwickelt, die Vorstand und Aufsichtsrat zur Analyse der vorhandenen Corporate Governance im Unternehmen verwenden können.

Daneben können Externe, z. B. potenzielle Anteilseigner, die Checklisten zur Unternehmensbewertung nutzen. Im Hinblick auf die personelle Besetzung des Vorstands sind etwa die folgenden Fragen zu beantworten:

**ABB. 374: Checkliste zur personellen Besetzung des Vorstands**

| | Ja | z. T. | Nein |
|---|---|---|---|
| **Personalausschuss** | | | |
| Existiert ein Personalausschuss/eine Findungskommission zur Vorbereitung der Personalentscheidungen des Aufsichtsrates? | | | |
| Übernimmt der Personalausschuss die Regelungen der vertraglichen Beziehungen mit den Vorstandsmitgliedern? | | | |

|  | Ja | z.T. | Nein |
|---|---|---|---|
| **Führungskräfteentwicklung** | | | |
| Betreibt der Vorstand eine planmäßige Nachwuchsentwicklung, um potenzielle Nachfolger aus den Reihen der eigenen Führungskräfte des Unternehmens rekrutieren zu können? | | | |
| Wird dem Aufsichtsratsvorsitzenden von Zeit zu Zeit über den Kreis potenzieller Nachfolger berichtet? | | | |
| Schlägt der Vorstand regelmäßig Personen des engeren Kreises der Nachwuchskräfte für Präsentationen im Aufsichtsrat und seinen Ausschüssen vor? | | | |
| **Personalvorschläge des Vorstands** | | | |
| Unterbreiten die bisherigen Vorstandsmitglieder gemeinsam dem Personalausschuss des Aufsichtsrats konkrete Besetzungsvorschläge, sobald sich eine Vakanz im Vorstand abzeichnet? | | | |
| Werden dabei mehrere Alternativen aufgezeigt? | | | |
| Bleibt der Aufsichtsrat ungeachtet solcher Empfehlungen des Vorstands Herr des Besetzungsverfahrens, indem sich die Aufsichtsratsmitglieder ein unabhängiges eigenes Urteil über die Qualifikationen der vorgeschlagenen Personen machen? | | | |
| **Berufung externer Personen** | | | |
| Werden externe Kandidaten ausgewählt, sofern geeignete interne Führungskräfte nicht zur Verfügung stehen oder eine verlässliche Nachfolgeplanung aufgrund von Spannungen im Vorstand nicht sichergestellt ist? | | | |
| Greifen die Mitglieder des Aufsichtsrats bei der Suche nach externen Kandidaten auf ihre Netzwerke und auf Berater zurück, um qualifizierte Personen ausfindig zu machen? | | | |
| Erfolgt auch bei der Berufung externer Führungskräfte eine fundierte eigene Urteilsbildung des Aufsichtsrats über die Qualifikation der zur Wahl stehenden Personen? | | | |
| **Befristung** | | | |
| Wird die Erstbestellung von Vorstandsmitgliedern zunächst auf höchstens drei Jahre befristet? | | | |

Quelle: I. A. a. *Werder, A. von* (Hrsg.): German Code of Corporate Governance (GCCG), Stuttgart 2000, S. 101 f.

### 2.3.3 DVFA-Scorecard for German Corporate Governance

Die **DVFA-Scorecard** wurde von der Deutschen Vereinigung für Finanzanalyse und Asset Management e.V. (DVFA) erstmals im Jahr 2000 entwickelt. In den Jahren 2003 – 2006 überarbeitete der Arbeitskreis „Corporate Governance" der DVFA unter der Leitung von *Prof. Dr. Alexander Bassen* (Universität Hamburg) die Scorecard kontinuierlich. Die letzte Version 2010 basiert auf dem Deutschen Corporate Governance Kodex vom 26.5.2010 (vgl. *http://www.dvfa.de/publikationen/standards/corporate-governance/*).

Die Scorecard ermöglicht eine Analyse der unternehmensindividuellen Corporate Governance. Sie kann damit sowohl Finanzanalysten als auch (potenziellen) Investoren als Instrument der Unternehmensanalyse dienen. Daneben dient die Scorecard zur Selbstevaluation der Unternehmen. Der **Deutsche Corporate Governance Kodex**, die Abgabe der Entsprechenserklärung nach § 161 AktG und weitere international gültige Standards bilden die wesentliche Basis für die Evaluation des Corporate Governance-Commitments.

Mit aktuellem Stand vom Juni 2010 existiert ein Katalog mit 51 Kriterien und insgesamt 56,5 Gewichtungspunkten zur Messung der Qualität der Corporate Governance von Unternehmen, das sog. „**Corporate Governance Rating**".

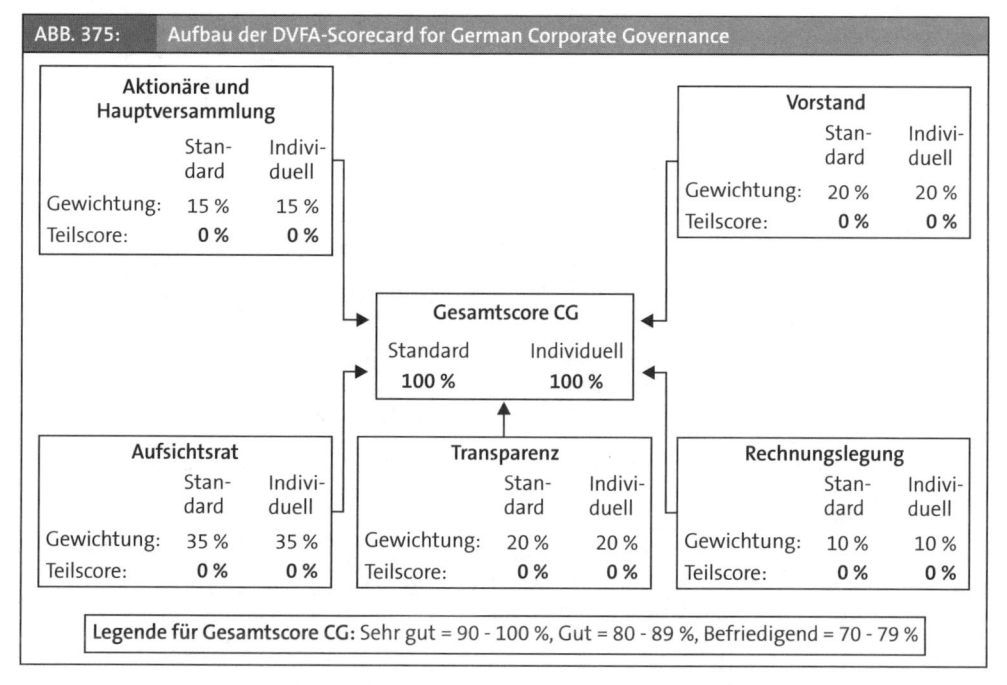

| ABB. 375: | Aufbau der DVFA-Scorecard for German Corporate Governance |
|---|---|

| Aktionäre und Hauptversammlung | | | Vorstand | | |
|---|---|---|---|---|---|
| | Standard | Individuell | | Standard | Individuell |
| Gewichtung: | 15 % | 15 % | Gewichtung: | 20 % | 20 % |
| Teilscore: | 0 % | 0 % | Teilscore: | 0 % | 0 % |

| Gesamtscore CG | |
|---|---|
| Standard | Individuell |
| 100 % | 100 % |

| Aufsichtsrat | | | Transparenz | | | Rechnungslegung | | |
|---|---|---|---|---|---|---|---|---|
| | Standard | Individuell | | Standard | Individuell | | Standard | Individuell |
| Gewichtung: | 35 % | 35 % | Gewichtung: | 20 % | 20 % | Gewichtung: | 10 % | 10 % |
| Teilscore: | 0 % | 0 % | Teilscore: | 0 % | 0 % | Teilscore: | 0 % | 0 % |

Legende für Gesamtscore CG: Sehr gut = 90 - 100 %, Gut = 80 - 89 %, Befriedigend = 70 - 79 %

Quelle: *http://www.dvfa.de/publikationen/standards/corporate-governance/*.

Die Scorecard dient dabei der Bewertung der Bereiche

- Aktionäre und Hauptversammlung (7 Kriterien mit 8 Gewichtungspunkten, Gewichtung des Gesamtbereichs 15 %),
- Vorstand (8 Kriterien mit 10 Gewichtungspunkten, Gewichtung des Gesamtbereichs 20 %),
- Aufsichtsrat (21 Kriterien mit 21,5 Gewichtungspunkten, Gewichtung des Gesamtbereichs 35 %),
- Transparenz und Governance Commitment (10 Kriterien mit 11 Gewichtungspunkten, Gewichtung des Gesamtbereichs 20 %) sowie
- Rechnungslegung (5 Kriterien mit 6 Gewichtungspunkten, Gewichtung des Gesamtbereichs 10 %).

Der Ratingbogen umfasst bereichsweise Kriterien, die gewichtet werden und in der Summe die Bewertung des gesamten Bereichs beziffern.

Im Folgenden werden die einzelnen Kriterien zur **Beurteilung des Vorstands** aufgezeigt.

## KAPITEL VI — Schnittstellen des Controllings

**ABB. 376: Kriterienkatalog zur Prüfung des Vorstands gem. DVFA-Scorecard for German Corporate Governance**

### Kriterienkatalog zur Beurteilung des Vorstands (20 % Gewichtung)

| Nr. | Kriterium | Quantifizierung | Beschreibung |
|---|---|---|---|
| 1 | Die Vorstandsvergütung soll fixe und variable Bestandteile umfassen.<br><br>Die variable Vergütung soll einmalige Komponenten, jährlich wiederkehrende – an den geschäftlichen Erfolg gebundene – Komponenten sowie Komponenten mit langfristiger Anreizwirkung (z.B. Aktienoptionen, Phantom Stocks) enthalten.<br><br>Die variable Vergütung soll auf vorher festgelegte Vergleichsparameter bezogen sein (z.B. Kopplung an das Erreichen bestimmter Kursziele).<br><br>Eine nachträgliche Änderung der Erfolgsziele ist ausgeschlossen.<br><br>Die Vorteile aus einem Aktienoptionsplan müssen angemessen sein.<br><br>Die konkrete Ausgestaltung eines Aktienoptionsplans oder eines vergleichbaren Vergütungssystems soll in geeigneter Form bekannt gemacht werden. | Erläutert der Vergütungsbericht die verschiedenen Vergütungskomponenten verständlich und zusammengefasst?<br>(ja = 1, nein = 0),<br>**Multiplikator 1,5** | Prüfung, ob ein vollständiger Vergütungsbericht existiert.<br><br>Dazu gehören Festgehälter, erfolgsabhängige Leistungen, Aufwandsentschädigungen, Pensionszusagen, Abfindungen und Sachleistungen. Kriterium gilt als erfüllt, wenn alle Komponenten – mit Ausnahme der Aufwandsentschädigungen und der Sachleistungen – erläutert werden. |
| | | Existieren variable Vergütungsprogramme (Aktienoptionen, etc.) für die Mitglieder des Vorstandes mit einer angemessenen langfristigen Anreizwirkung von mindestens 3 Jahren mit anspruchsvollen Erfolgszielen, die nicht zu unternehmensspezifischen Risiken verleiten?<br>(ja = 1, nein = 0),<br>**Multiplikator 2** | Zu diesem Kriterium zählen:<br>▶ Einmalige, sowie jährlich wiederkehrende erfolgsunabhängige Vergütungskomponenten (Bonuszahlungen).<br>▶ Komponenten mit langfristiger Anreizwirkung und Risikocharakter (u.a. Aktien mit Mindesthaltedauer von 2 Jahren, Mezzanine)<br>▶ Anspruchsvolle Erfolgsziele; langfristige Vergütung wird nur gewährleistet, falls ein Index oder Peergroup Benchmark übertroffen wird. |
| | | Wird bei der Ausgestaltung der variablen Vergütung sowohl positiven als auch negativen Entwicklungen (Bonus/ Malus-System) Rechnung getragen?<br>(ja = 1, nein = 0),<br>**Multiplikator 1,5** | Insbesondere ist zu prüfen, ob bei Negativentwicklungen bzw. Zielverfehlungen Abschläge vorgesehen sind. |
| | | Werden die ausschlaggebenden Parameter dieser Anreizprogramme für Vorstandsmitglieder detailliert veröffentlicht?<br>(ja = 1, nein = 0),<br>**Multiplikator 1** | Zu diesen Parametern zählen:<br>▶ Anzahl der dem Erwerbsrecht unterliegenden Aktien,<br>▶ Ausübungspreis und Erfolgsziele,<br>▶ Wartezeit bis zur Ausübung und Ausübungszeitraum,<br>▶ Art und Höhe einer Begrenzung des Bezugsgewinns,<br>▶ Aktueller Wert einer Option. |
| | | Kam es in den letzten 3 Jahren zu keiner nachträglichen Absenkung der Erfolgsziele für Anreizprogramme?<br>(ja = 1, nein = 0),<br>**Multiplikator 1** | Die letzten drei Entsprechungserklärungen sind relevant.<br><br>Negative Wertung, wenn gegen nachträgliche Absenkung der Erfolgsziele verstoßen wurde. |

| \multicolumn{4}{c}{Kriterienkatalog zur Beurteilung des Vorstands (20 % Gewichtung)} |
|---|---|---|---|
| Nr. | Kriterium | Quantifizierung | Beschreibung |
| 2 | Vorstandsmitglieder sollen Nebentätigkeiten, (insbesondere Aufsichtsratsmandate außerhalb des Unternehmens), nur mit Zustimmung des Aufsichtsrats übernehmen. | Werden die Nebentätigkeiten von Vorstandsmitgliedern vom AR genehmigt und detailliert veröffentlicht? (ja = 1, nein = 0), **Multiplikator 1** | Die Bewertung des Kriteriums erfolgt nach der Entsprechenserklärung. Die Zustimmung des Aufsichtsratsvorsitzenden alleine ist nicht ausreichend. Eine Angabe nur über andere Aufsichtsratsmandate reicht nicht aus. Honorarprofessuren, Beratertätigkeiten etc. sind zusätzlich als Nebentätigkeiten anzugeben. Der genaue Umfang ist ebenfalls aufzuzeigen. |
| 3 | Erfolgt die Erstbestellung von Vorständen i.d.R. für weniger als 5 Jahre? | (ja = 1, nein = 0), **Multiplikator 1** | Die Erfüllung der Kodexanregungen wird bewertet. Bei fehlender Angabe bzgl. der Erstbestellung wird geprüft, ob darauf in der Satzung oder im Geschäftsbericht hingewiesen wird. Sofern keine Angabe vorhanden ist, wird davon ausgegangen, dass das Unternehmen der üblichen Praxis (Erstbestellung für 5 Jahre) folgt. |
| 4 | Existiert eine D&O-Versicherung für den Vorstand? | (ja = 1, nein = 0), **Multiplikator 1** | Die Bewertung des Kriteriums erfolgt nach der Entsprechenserklärung. |

Quelle: I. A. a. *http://www.dvfa.de/publikationen/standards/corporate-governance/*.

## 3. Compliance

### 3.1 Begriff und Zielsetzung

Der Begriff „**Compliance**" bedeutet in deutscher Übersetzung „Befolgung" bzw. „Regelkonformität" und bezeichnet ein Handlungsmuster eines Unternehmens, seiner Organisationsmitglieder und seiner Mitarbeiter, das auf regelkonformes Verhalten im Hinblick auf

▶ sowohl alle gesetzlich kodifizierten, unternehmensrelevanten Ge- und Verbote

▶ als auch alle internen bindenden Regelungen (z. B. Satzungen, Geschäftsordnungen, Berechtigungen und Pflichten)

gerichtet ist. Darüber hinaus soll die Konformität des unternehmerischen Geschäftsgebarens mit gesellschaftlichen Richtlinien und Wertvorstellungen, mit Moral und Ethik gewährleistet werden. In Bezug auf die Funktionen des Controllings ist hier somit die **Kontrollfunktion** adressiert.

Im Bereich der **Medizin** ist der Begriff „Compliance" seit langem verbreitet. Dort steht er für eine vollumfängliche Befolgung der ärztlichen Ratschläge bzw. für ein kooperatives Verhalten des Patienten im Rahmen der Therapie.

Im wirtschaftlichen Kontext kommt Compliance am häufigsten im Bereich der **Wirtschaftskriminalität** zum Tragen. Doch auch Themen wie Produkthaftung, Kapitalmarktrecht, Datenschutz, Umwelt- und Außenwirtschaftsgesetze oder das Wettbewerbsrecht sind verbreitete Compliance-Themen.

Gemäß dem vom Bundeskriminalamt jährlich erstellten **Lagebild „Wirtschaftskriminalität"** (vgl. *http://www.bka.de/nn_193360/DE/Publikationen/JahresberichteUndLagebilder/Wirtschaftskriminalitaet/wirtschaftskriminalitaet__node.html?__nnn=true*) wurden im Jahr 2012 in der Polizeilichen Kriminalstatistik (PKS) insgesamt 81.793 Fälle der Wirtschaftskriminalität registriert, und damit rd. 3 % mehr als im Vorjahr.

Jedoch können die polizeilichen Daten das tatsächliche Ausmaß der Wirtschaftskriminalität nur eingeschränkt wiedergeben. Dies liegt zum einen daran, dass Wirtschaftsstraftaten, die von Staatsanwaltschaften und/oder von Finanzbehörden unmittelbar und ohne Beteiligung der Polizei bearbeitet werden (z. B. Arbeitsdelikte und Subventionsbetrug), nicht in den polizeilichen Statistiken erfasst sind. Zum anderen ist im Hinblick auf die Interessenlage der Opfer (z. B. bei Anlage von „Schwarzgeldern" oder Befürchtung eines Imageverlusts) von einem in Teilbereichen gering ausgeprägten Anzeigeverhalten und damit verbunden von einem großen Dunkelfeld auszugehen.

Der registrierte Gesamtschaden betrug rund 3,75 Mrd. € und macht über die Hälfte des in der PKS ausgewiesenen Gesamtschadens in Höhe von knapp 7,6 Mrd. € aus. Der durch die Wirtschaftskriminalität tatsächlich verursachte Gesamtschaden dürfte jedoch wiederum weit höher ausfallen. Neben den entstandenen monetär darstellbaren Schäden müssen auch die durch das kriminelle Handeln verursachten immateriellen Schäden betrachtet werden. Da diese Schäden statistisch nicht zu beziffern sind und diesbezügliche Einschätzungen stark divergieren, ist eine belastbare Aussage hierzu nicht möglich. Typische Beispiele für nicht quantifizierbare immaterielle Schäden sind lt. BKA etwa

- Wettbewerbsverzerrungen durch Wettbewerbsvorsprünge des mit unlauteren Mitteln arbeitenden Wirtschaftsstraftäters,
- die Gefahr, dass infolge finanzieller Abhängigkeiten und Verflechtungen bei einem wirtschaftlichen Zusammenbruch auch jene Geschäftspartner betroffen sein können, die an den kriminellen Handlungen der Täter keinen Anteil hatten,
- gesundheitliche Gefährdungen und Schädigungen Einzelner als Folge von Verstößen gegen das Lebens- und Arzneimittelgesetz, gegen das Arbeitsschutzrecht, das Umweltstrafrecht und gegen Markenrechte,
- nicht unerhebliche Reputationsverluste von einzelnen Unternehmen oder auch ganzen Wirtschaftszweigen,
- mögliche Vertrauensverluste in die Funktionsfähigkeit der bestehenden Wirtschaftsordnung (vgl. ebenda).

## 3.2 Anti fraud-Management

**Fraud** bedeutet in deutscher Übersetzung so viel wie „Betrug, betrügerische Handlung" oder auch **„dolose Handlung"** (nach lat. „dolosus": arglistig, betrügerisch). In Bezug auf Wirtschaftskriminalität lassen sich fraudulente bzw. dolose Handlungen wie folgt klassifizieren (vgl. auch IDW PS 210, Tz. 7):

▶ **Täuschungen** als beabsichtigte, rechnungslegungsbezogene Falschangaben, z. B.
  – Fälschungen in der Buchführung oder deren Grundlagen,
  – Manipulationen, Unterdrückung von Buchungsbelegen, unterlassene Buchungen,
  – unerlaubte Änderung der Buchführung und ihrer Grundlagen,
  – bewusst falsche Anwendung von Rechnungslegungsgrundsätzen,

▶ **Vermögensschädigungen** als widerrechtliche Handlungen in Bezug auf die Aneignung oder die Verminderung von Gesellschaftsvermögen oder die Erhöhung von Verpflichtungen, insbesondere Unterschlagungen und Diebstahl,

▶ **sonstige Gesetzesverstöße** als nicht auf Falschangaben in der Rechnungslegung bezogene Handlungen oder Unterlassungen, die gleichwohl in Widerspruch zu Gesetzen, Gesellschaftsvertrag oder Satzung stehen.

Unter „**fraud prevention and detection**" sind folglich alle Maßnahmen zum Zwecke der Vorbeugung und Entdeckung sowie adäquate Reaktionen auf dolose Handlungen zu subsumieren.

Eine erhöhte Wahrscheinlichkeit für das Auftreten von fraud ergibt sich insbesondere, wenn

▶ sowohl eine Motivation der beteiligten Personen

▶ als auch eine Gelegenheit durch Defizite der Kontrollmaßnahmen im Unternehmen

vorliegt (IDW PS 210, Tz. 24). **Motivationen** resultieren vor allem aus der Duldung bzw. Förderung von Spekulationsneigung der Mitarbeiter etwa durch Vereinbarung sehr kurzfristiger Ertragsziele bzw. aus hohen variablen Vergütungsanteilen, daneben aus auffälligen persönlichen Lebensverhältnissen im Einzelfall. **Gelegenheiten** ergeben sich z. B. aus unzureichenden Schutzmaßnahmen gegen die Entwendung von Vermögenswerten oder aus einem wenig institutionalisierten und beaufsichtigten Vertragswesen (Förderung von Begünstigung).

Schließlich müssen die Akteure eine **Rechtfertigung** für fraudulentes Handeln mindestens subjektiv empfinden. Im Negativfall sind Leitlinien der Unternehmenskultur sogar auf eine Toleranz entsprechender Handlungen ausgelegt („der Erfolg heiligt die Mittel").

Nach den Erkenntnissen der Kriminalitätsforschung verstärken sich die drei Einflussfaktoren multiplikativ in Bezug auf die Wahrscheinlichkeit für das Auftreten von fraud. Dies ist die Kernbotschaft des sog. „Fraud Triangels".

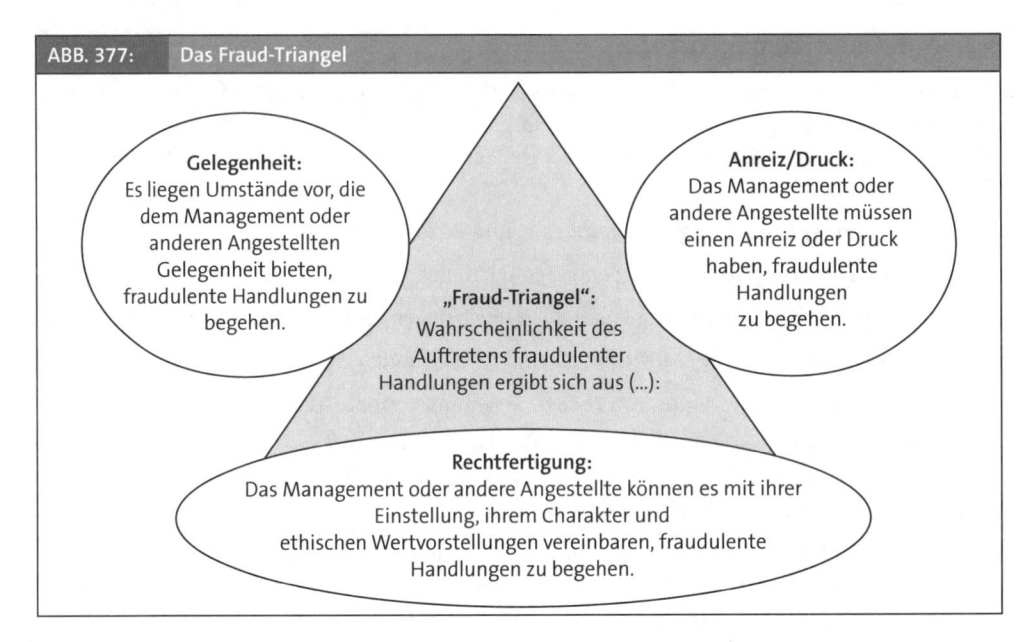

### ABB. 377: Das Fraud-Triangel

**Gelegenheit:**
Es liegen Umstände vor, die dem Management oder anderen Angestellten Gelegenheit bieten, fraudulente Handlungen zu begehen.

**Anreiz/Druck:**
Das Management oder andere Angestellte müssen einen Anreiz oder Druck haben, fraudulente Handlungen zu begehen.

**„Fraud-Triangel":**
Wahrscheinlichkeit des Auftretens fraudulenter Handlungen ergibt sich aus (...):

**Rechtfertigung:**
Das Management oder andere Angestellte können es mit ihrer Einstellung, ihrem Charakter und ethischen Wertvorstellungen vereinbaren, fraudulente Handlungen zu begehen.

Quelle: *Ruhnke/Schwind*, StuB 2006, S. 734.

Viele betrügerische Handlungen wären nicht ohne die „richtige" Person mit den „richtigen" Fähigkeiten an der „richtigen" Stelle begangen worden. Aus diesem Grund wurde das Fraud-Triangel zu einem sog. **„Fraud-Diamond"** erweitert durch eine vierte Dimension: **„capability"**. „But the person must have the capability to recognize the open doorway as an opportunity and to take advantage of it by walking through, not just once, but time and time again. Capability means: I have the necessary traits and abilities to be the right person to pull it off. I have recognized this particular fraud opportunity and can turn it into reality" (vgl. *Wolfe/Hermanson*, The CPA Journal, *http://www.nysscpa.org/cpajournal/2004/1204/essentials/p38.htm*).

Fraudulente Fähigkeiten („capability") umfassen folgende Komponenten:

- **position/function**: Hierarchische Position, die in der Lage ist, die obersten Führungsebenen zu beeinflussen,
- **brains**: Intellektuelle Fähigkeiten und Kreativität, um Schwachstellen der internen Kontrollen zu umgehen,
- **confidence/ego**: Vertrauen oder Arroganz in dem Ausmaß, dass die negativen Konsequenzen einer Aufdeckung des Betrugs hinreichend gering eingeschätzt werden,
- **coercion skills**: Überzeugungskraft, andere an dem Betrug zu beteiligen oder zumindest „wegzuschauen",
- **effective lying**: Fähigkeit, überzeugend zu lügen, sowie außerdem den Überblick über das gesamte Lügengebäude zu behalten, um insgesamt eine konsistente Position gegenüber Außenstehenden zu wahren,
- **immunity to stress**: Stressresistenz vor dem Hintergrund der permanenten Gefahr der Aufdeckung mit allen persönlichen Konsequenzen.

Unbestritten ist allerdings, dass die Komponenten des Fraud Diamonds nicht überschneidungsfrei sind.

In der Literatur werden zahlreiche **Checklisten** zu **charakteristischen Symptomen** fraudulenter Handlungen dargeboten (sog. „**red flags**").

Typische **Indizien für erhöhte Risiken von Unregelmäßigkeiten** – hier aus Sicht des Abschlussprüfers – sind demnach (IDW PS 210, Tz. 35 ff.):

| ABB. 378: | Indizien erhöhter Risiken für das Auftreten von „fraud" |
|---|---|
| Zweifel an Integrität oder Kompetenz des Managements | ▶ Beherrschung des Geschäftsführungsgremiums durch eine oder mehrere Personen |
| | ▶ Kein wirksames Überwachungsorgan |
| | ▶ Undurchsichtige Organisationsstrukturen |
| | ▶ Aggressive Ausnutzung von Wahlrechten und Beurteilungsspielräumen in der Bilanzierung |
| | ▶ Fehlende Bereitschaft der Unternehmensleitung, unterjährig bekannt gewordene Fehler in der Buchhaltung zeitnah zu korrigieren, fehlende Bereitschaft zur Verbesserung des internen Kontrollsystems |
| | ▶ Häufiger Personalwechsel in Führungspositionen |
| | ▶ Dauerhafte personelle Unterbesetzung der Buchhaltungsabteilung |
| | ▶ Häufiger Wechsel des Abschlussprüfers |
| Kritische Unternehmenssituationen | ▶ Schrumpfende, stagnierende oder auch zu stark expandierende Geschäftstätigkeit |
| | ▶ Unzureichende Kapitalausstattung sowie Abhängigkeit von einzelnen Kreditgebern |
| | ▶ Ungünstige Ergebnisentwicklung |
| | ▶ Risikoreiche Ertragsquellen |
| | ▶ Abhängigkeit von wenigen Lieferanten und Kunden |
| | ▶ Notwendigkeit, Gewinnminderungen im operativen Geschäft durch Sondermaßnahmen zu kompensieren |
| Ungewöhnliche Geschäfte | ▶ Geschäfte mit wesentlichen Gewinnauswirkungen (besonders gegen Jahresende) |
| | ▶ Komplizierte Geschäfte oder ungewöhnliche Bilanzierung von Geschäften |
| | ▶ Geschäfte mit nahestehenden Personen und Unternehmen |
| | ▶ Überhöhte Ausgaben für Vermittlungsprovisionen und für Rechts- und Unternehmensberatung im Verhältnis zur erhaltenen Leistung |
| | ▶ Ungewöhnliche Zahlungen in Bar, ungewöhnliche Fremdwährungsgeschäfte |
| | ▶ Nicht autorisierte bzw. ungenügend dokumentierte Geschäfte |
| | ▶ Ungewöhnlich hohe Provisionen, Einkaufs- bzw. Verkaufspreise |

| | |
|---|---|
| Schwierigkeiten bei der Erlangung von Prüfungsnachweisen | ▶ Mangelhafte Buchung oder Dokumentation von Geschäftsvorfällen, schwer prüfbare Buchführungssysteme |
| | ▶ Ausweichende oder schwer nachvollziehbare Auskünfte der gesetzlichen Vertreter zu Anfragen des Abschlussprüfers |
| | ▶ Fehlende Bereitschaft der gesetzlichen Vertreter, den vorhergehenden Abschlussprüfer auf Anforderung des Abschlussprüfers von der Verschwiegenheitsverpflichtung zu befreien |
| | ▶ Fehlende oder veraltete IT-Dokumentation |
| | ▶ Zahlreiche IT-Programmänderungen, die nicht dokumentiert, genehmigt und/oder getestet sind |
| Sonstige Umstände | ▶ Hohe ergebnisabhängige Vergütungen für Mitarbeiter in leitender Funktion |
| | ▶ Unangemessen kurze Zeit zur Erstellung des Abschlusses |
| | ▶ Unternehmensleitung steht unter starken Druck, die eigenen (bereits veröffentlichten) Ergebniserwartungen oder die Erwartungen Dritter zu erfüllen (z. B. Ergebniserwartungen von Analysten oder institutionellen Investoren) |
| | ▶ Unzureichende Wirksamkeit der Internen Revision |
| | ▶ Behördliche Untersuchungen, Straf- und Bußgeldbescheide |
| | ▶ Nachteilige Presseberichterstattungen |

Quelle: I. A. a. IDW PS 210, Tz. 35 ff.

In der Unternehmenspraxis sind insbesondere bereits veröffentlichte, ehrgeizige Ergebnisprognosen als risikobehaftet zu werten, da sie sowohl den Druck auf das Management erhöhen als auch – beim Vorliegen von an das Erreichen finanzieller Ziele gekoppelter Gehalts- und Bonussysteme – Anreize zu fraudulentem Handeln begründen.

Insbesondere krisenhafte Situationen begünstigen das Auftreten eines sog. **„management override"**, d. h. eines bewussten Außerkraftsetzung von im Grunde eingeführten internen Kontrollmechanismen durch Leitungspersonen.

Anzumerken bleibt jedoch, dass die Abarbeitung vorgefertigter Checklisten zu typischen „red flags" die Gefahr induziert, dass nicht genannte, aber gleichwohl fraud-anfällige Faktoren ggf. nicht als solche erkannt werden. Stattdessen muss aus der Kenntnis des Unternehmens und seines Umfelds heraus ein begründbares Gefühl für „ungewöhnliche" Verhältnisse entwickelt werden.

Die Relevanz des Anti fraud-Managements für die betriebliche Kontrolle liegt indes weniger in der Aufdeckung als in der Prävention. Es umfasst die Gesamtheit der Maßnahmen, die dazu dienen, das Auftreten fraudulenter Handlungen auf ein Minimum zu reduzieren. Hierbei handelt es sich insbesondere um einen Maßnahmen-Mix aus allgemein bekannten Konzepten der Aufbau- und Ablauforganisation sowie der Mitarbeiterführung.

Mögliche Ausprägungen fraudulenter Handlungen und Wahrscheinlichkeiten für deren Auftreten sollten zweckmäßigerweise geschäftsprozessorientiert abgeleitet werden, z. B. am Beispiel des Prozesses „Beschaffung von Waren oder Dienstleistungen":

▶ Der Prozess wird durch eine Bedarfsmeldung initiiert, i. d. R. als Folge einer Bestandskontrolle, verbunden mit einer Ermittlung der zu bestellenden Menge,

- ▶ hieran schließt sich die Phase der Bestellabwicklung an, in deren Rahmen entweder eine Einzelbestellung oder ein Abruf aus einem Rahmenvertrag erfolgt; die Phase schließt die Durchführung von Ausschreibungen, die Auswahl von Lieferanten sowie die Erstellung von Verträgen ein,
- ▶ der folgende Prozessschritt des Wareneingangs umfasst den Abgleich der gelieferten Menge und Qualität mit den entsprechenden Angaben in der Bestellung, die Unterzeichnung des Lieferscheins und oftmals auch die Verbuchung des Wareneingangs in den Warenbestand sowie dessen Fortschreibung,
- ▶ der Teilprozess Rechnungsprüfung enthält die Bearbeitung des Rechnungseingangs, die Rechnungserfassung einschl. deren sachlicher und rechnerischer Überprüfung sowie die Freigabe zur Zahlung,
- ▶ im Rahmen der Zahlungsabwicklung erfolgt die Erstellung des Zahlungsträgers, die Freigabe zur Zahlung sowie die Auszifferung bei gleichzeitiger Verbuchung auf dem Bankkonto,
- ▶ die Fortschreibung der Hauptbuchkonten umfasst schließlich die richtige Kontierung unter ordnungsmäßiger Übernahme aller in den entsprechenden Vorsystemen generierten Daten einschl. des Abgleichs von Haupt- und Nebenbuch (vgl. IDW PH 9.330.2, Tz. 9 ff.).

| ABB. 379: | Risikobeurteilung am Beispiel des Prozesses „Beschaffung von Waren oder Dienstleistungen" |
|---|---|
| **Prozessschritt** | **Beispiele fraudulenter Handlungen** |
| Bedarfsermittlung | ▶ Angabe bewusst erhöhter Bedarfe zwecks Begünstigung einzelner Lieferanten |
| | ▶ Einbezug privater Bedarfe |
| Bestellung | ▶ Umgehung von Ausschreibungsverfahren |
| | ▶ Fingierung bzw. Manipulation von Angeboten, Berücksichtigung von Scheinfirmen |
| | ▶ Begünstigung einzelner Lieferanten bei der Auftragsvergabe, z. B. durch Verzicht auf Bonitätsprüfungen |
| Wareneingang, innerbetr. Logistik | ▶ Umgehung von Autorisierungsverfahren bei der Warenannahme |
| | ▶ Verzicht auf Mängeleinrede bzw. deren Verfolgung |
| | ▶ Unterschlagung, z. B. von Naturalzugaben |
| | ▶ Bewusst falsche Inventarisierung |
| Fakturierung | ▶ Manipulation von Rechnungen |
| | ▶ Bewusste Begünstigung von Lieferanten durch Doppelzahlung, Nichtausnutzung von Skonti etc. |
| | ▶ Unterschlagung von Gutschriften und anderweitiger Konditionenvorteile |
| | ▶ Falsche Kontierung, Nichtarchivierung |
| After-sales service | ▶ Fiktive oder private Reklamationen |
| | ▶ Fingierung von Unverwendbarkeit bei gelagerten Waren und deren bewusste Auszeichnung |

Quelle: I. A. a. *Berndt/Jeker*, BB 2007, S. 2619.

Die in der Praxis größte Gefahr ist die **zu enge Eingrenzung** des fraud-gefährdeten Geschäftsprozesses. So ist man im obigen Beispiel häufig geneigt, die Geschäftsanbahnung mit dem Lieferanten an den Prozessanfang zu setzen. Dabei liegt in der Realisation einer unautorisierten Bedarfsmeldung das umfassendste fraud-Risiko. Eine unautorisierte Bedarfsmeldung gibt Unternehmensinternen die Möglichkeit,

▶ Vermögenswerte für den eigenen Bedarf zu unterschlagen oder auf eigene Rechnung weiter zu veräußern,

▶ die Vermögenswerte zwar in der Betriebssphäre zu belassen, aber durch betriebswirtschaftlich erhöhte Beschaffungsmengen oder Anschaffung eigentlich nicht betriebsnotwendiger Vermögenswerte Lieferanten – i. d. R. nahestehende Unternehmen – zu begünstigen.

Erhöhte fraud-Risiken bergen auch Irregularitäten aller Art, wie in obigem Beispiel

▶ Vereinnahmung von außerplanmäßig gewährten Naturalzugaben,

▶ Behandlung von Mängeln, Anlieferung von geringeren oder höheren Mengen als der bestellten Menge bei der Warenannahme und damit vor Gefahrenübergang,

▶ innerbetriebliche Behandlung von Bruch, Schwund, unverwendbarer bzw. minderwertiger Ware,

daneben Geschäftsvorfälle mit einem längerfristigen Zeitabstand zum auslösenden Geschäft, wie z. B. die Vereinnahmung von Rückvergütungen, die an die Erreichung einer Mindestgrenze des Jahresgeschäftsvolumens gekoppelt sind und konsequenterweise erst im Folgejahr realisiert werden. Diese Transaktionen bedürfen besonders intensiver Regelungen. Typisch sind **Eskalationsregeln** i. S. eines „Management by Exception", d. h., die Autorisierung unüblicher Transaktionen bedarf der Zustimmung einer vorgesetzten oder wenigstens unabhängigen Stelle.

Routinetransaktionen werden demgegenüber durch **Ablaufroutinen** geregelt, die in der Weise implementiert sein müssen, dass von ihnen nicht unbemerkt abgewichen werden kann. Aufgrund des Gebots der Wirtschaftlichkeit können menschliche Kontrollen, insbesondere durch Vorgesetzte, nur begrenzt erfolgen; hierfür ist in der betrieblichen Praxis die **Kontrollspanne** zu hoch und deren Verringerung zu kostenintensiv.

Aus diesem Grund werden Kontrollmaßnahmen häufig mittels **Einsatzes der IT** vorgenommen. Hierbei kann der Umstand genutzt werden, dass durch häufige Wiederholungen und Standardisierung zwangsläufig ein hoher Organisationsgrad gewährleistet wird. Beispiele sind etwa Zugriffsbeschränkungen auf Daten, Datensicherungsverfahren, geschützte Datenfelder, elektronische Unterschriften sowie Verfahren der Systemprogrammierung.

Bedeutsame IT-basierte Kontrollen bilden gem. IDW PH 9.330.2, Tz. 45 insbesondere

▶ die Parametrisierung von Bestellberechtigungen hinsichtlich Artikeln und Mengen beim Sachbearbeiter und das gleichzeitige Erfordernis einer system- und workflowgesteuerte Freigabe von Bestellungen durch eine Leitungsperson bei Überschreitung dieser Parameter,

▶ der (automatische) Abgleich der Wareneingänge mit den zugrunde liegenden Bestellungen bzgl. der gelieferten Waren und Mengen, d. h. buchmäßiger Abgleich von Bestellung und Lieferschein verbunden mit einer Inaugenscheinnahme der Lieferung vor Gefahrenübergang,

▶ der (automatische) Abgleich der gelieferten und in Rechnung gestellten Waren bzgl. des Bestellpreises und anderweitiger Konditionen (Preisgleitklauseln, Gutschriften, Skonti),

- die Parametrisierung von Zahlungsanweisungen gem. der Liquiditätsmanagementstrategie und entsprechend die (automatische) Generierung von Überweisungsträgern oder anderweitigen Auszahlungsbelegen im Cash Management,
- die funktionale Trennung zwischen Bestellabwicklung, Warenannahme, Rechnungsprüfung und Zahlungsverkehr.

Mittels IT-Unterstützung lässt sich somit eine **„Management by Exception"-Konzeption** in der Weise verwirklichen, dass

- durch eine zentrale Stelle eine konsistente und durchgängige Vergabe von Berechtigungen an die Sachbearbeiterebene erfolgt, innerhalb derer diese eigenständig wirtschaften können,
- beim Verlassen der parametrisierten Toleranzgrenzen eine Transaktion nicht legitimiert wird und zugleich eine Fehlermeldung an eine unabhängige Stelle durch das System erzeugt wird,
- die unbemerkte bzw. unautorisierte Möglichkeit zur Änderung der voreingestellten Parametrisierung ausgeschlossen wird.

Erforderliche **Einstellungen** eines IT-gestützten Überwachungssystems sind demnach:

- Vorgabe von Zugriffsbeschränkungen auf das Bestellsystem als solches (Vorgabe zulässiger Besteller),
- Parametrisierung „zulässiger" Lieferanten jeweils pro Artikel („Systemlieferanten"),
- Hinterlegung von Artikeln mit zugehörigen Konditionen, ggf. mit zulässigen Toleranzgrenzen,
- Hinterlegung der Liefertermine und bestellten Mengen zur Überprüfung des Gesamtbestellvolumens pro Kontrollperiode,
- automatischer systemseitiger Abgleich von Wareneingängen und Lieferscheinen inklusive Generierung einer Meldung von Abweichungen,
- automatischer systemseitiger Abgleich von Lieferscheinen und Bestellungen inklusive Generierung einer Meldung von Abweichungen,
- automatische Generierung von Zahlungslisten auf Basis der Lieferscheine,
- Parametrisierung von Konditionenvorteilen im Cash Management-System,
- automatische Generierung von tageweisen Auszifferungslisten auf Basis der Zahlungsziele und evtl. Skontofristen,
- automatische Ausbuchung bei Bezahlung zur Vermeidung von Doppelzahlungen.

Gleichwohl hat die Verbreitung von IT-Systemen – auch im Rahmen des Anti fraud-Managements – nicht nur wirtschaftliche Vorteile, sondern eröffnet auch neue Risikofelder von erheblicher Bedeutung. Das Unternehmen hängt wesentlich von einem funktionsfähigen und sicheren IT-Umfeld ab. Hierbei sind insbesondere die vom Unternehmen getroffenen Sicherheitsvorkehrungen zur Vermeidung folgender **Risiken** zu beurteilen:

| ABB. 380: | Risiken des IT-Systems |
|---|---|
| Vertraulichkeit | Ist – insbesondere durch Verschlüsselungstechniken oder Zugriffsbeschränkungen – gewährleistet, dass von Dritten erlangte Daten nicht unberechtigt weitergegeben oder veröffentlicht werden? |
| Integrität | Sind die IT-Anwendungen vor Manipulationen und ungewollten oder fehlerhaften Änderungen etwa durch sachgemäßen und umfassenden Einsatz von Firewalls, Virenscannern, Test- und Freigabeverfahren geschützt? |
| Verfügbarkeit | Stehen die IT-Infrastruktur, -Anwendungen und -Daten sowie die erforderliche IT-Organisation in angemessener Zeit bereit und sind Maßnahmen der Notfallversorgung (z. B. geeignete Back-up-Verfahren) eingerichtet? |
| Autorisierung | Ist durch physische oder logische Zugriffsschutzmaßnahmen (z. B. Passwörter, biometrische Zugriffsgenehmigungsverfahren) gewährleistet, dass nur im Voraus festgelegte – autorisierte – Personen auf Daten zugreifen können, d. h. diese lesen, anlegen, ändern oder löschen können? |
| Authentizität | Kann (z. B. über Berechtigungsverfahren, digitale Signaturen) ein Geschäftsvorfall einem Verursacher eindeutig zugeordnet werden? |
| Verbindlichkeit | Können durch IT-gestützte Verfahren gewollte Rechtsfolgen bindend herbeigeführt werden und sind Transaktionen durch den Veranlasser nicht abstreitbar? |

<u>Quelle: IDW RS FAIT 1, Tz. 23.</u>

Somit sind in Bezug auf die Funktionsfähigkeit des IT-Systems auch die sog. generellen (**System-)Kontrollen** zu überprüfen, wie insbesondere die

▶ Kontrollen der Entwicklung, Einführung und Änderung von IT-Anwendungen (Programmänderungen),

▶ Kontrollen für eine konsistente Berechtigungsvergabe,

▶ Kontrollen zur Stammdatenänderung sowie

▶ logischen Zugriffskontrollen (vgl. IDW PH 9.330.2, Tz. 53).

Weiterhin ist von Seiten der Aufbau- und Ablauforganisation mittels Verwirklichung des Prinzips der **Funktionstrennung** sicherzustellen, dass einem Bearbeiter keine unvereinbaren Berechtigungskombinationen zugewiesen werden. Vielmehr müssen **kritische Berechtigungskombinationen** auf unterschiedliche Akteure verteilt werden:

▶ Anzahlung anfordern → Zahlungsanforderung genehmigen → Zahlungseingang ausziffern,

▶ Rahmenvertrag anlegen/ändern → Bestellung genehmigen → Bestellung auslösen,

▶ Bestellung auslösen → Wareneingang buchen,

▶ Lieferantenstammdaten anlegen bzw. ändern → Rechnung erfassen → Zahlung auslösen (vgl. IDW PH 9.330.2, Tz. 48 f.).

Das häufig genannte **Vier-Augen-Prinzip** ist nicht identisch mit dem **Funktionstrennungsprinzip**. Während erstgenanntes Prinzip die Abarbeitung eines Prozessschritts durch zwei unabhängige Personen (d. h. Parallelarbeit) impliziert, meint letzteres Prinzip die Aufteilung eines Geschäftsprozesses in Teilprozesse und Abgabe der Prozessverantwortung an eine andere Stelle an den jeweils definierten Prozessschnittstellen.

Wesentliche Risiken des Geschäftsprozesses „Beschaffung von Waren oder Dienstleistungen" sowie geeignete IT-gestützte Kontrollen zu deren Reduzierung sind:

| ABB. 381: | Risiken und Kontrollen bei der Beschaffung von Waren oder Dienstleistungen | |
|---|---|---|
| Teilprozess | Prozessrisiko | Kontrollen/Maßnahmen |
| Bedarfsmeldung | Unautorisierter, oder privater Bedarf | ▶ Vergabe von Bestellberechtigungen durch unabhängige Stelle nur an zur Bestellung autorisierte Personen („Bestellerkreis"), Benutzersperren (Zugriffsschutz, Passwortschutz) |
| | Nicht betriebsnotwendiger, erhöhter Bedarf | ▶ Automatischer Verfall der Berechtigungen und somit Zwang zur turnusmäßigen Überprüfung des Bedarfs und entsprechender Berechtigungen |
| | | ▶ Kontrolle der Betriebsnotwendigkeit bzw. betriebsüblichen Verwendung der Leistung (Ausschluss der privaten Bedarfsdeckung) |
| | | ▶ Stichprobenartige Prüfung des Bestellanlasses durch unabhängige Stelle, Verprobung der Bestellmengen mit Lagerbestand und Plan-Verbrauch |
| Angebotseinholung | Auswahl ungeprüfter, nicht hinreichend leistungsfähiger bzw. zuverlässiger Lieferanten | ▶ Vorgabe von autorisierten Lieferanten, Lieferanten-Audit |
| | | ▶ Vornahme von Bonitätsprüfungen der Lieferanten und laufende Aktualisierung |
| | | ▶ Einholung einer Mindestzahl von Angeboten, Prüfung auf Authenzität der Angebote (Scheinfirmen) |
| | | ▶ Genehmigung von Rahmenverträgen und entsprechender Veränderungen der Lieferantenstammdaten nur durch übergeordnetes Management |
| Beauftragung | Vereinbarung nicht marktgerechter Konditionen | ▶ Genehmigung und Parametrisierung der Konditionen (z. B. Zahlungsziele) nur durch übergeordnetes Management |
| | | ▶ Hinterlegung von Konditionen im System (Spannen) |
| | | ▶ Automatische Protokollierung der Abweichungen von den hinterlegten Konditionen/Bestelllimits und Pflicht zur Genehmigung durch übergeordnetes Management |
| | | ▶ Regelmäßige Kontrolle auf Marktgerechtheit durch unabhängige Stelle |
| | Unkontrollierte Autorisierung eines Liefergeschäfts | ▶ Vermeidung der eigenmächtigen Unterlaufen der Auswahl von Lieferanten durch deren Vorgabe (Listung) |
| | | ▶ Systemseitiger Ausschluss von Abweichungen zu den hinterlegten Toleranzgrenzen, Erfordernis einer gesonderten Freigabe durch das Management |
| | | ▶ Vier-Augen-Prinzip bei rechtskräftiger Angebotsannahme oberhalb einer zu parametrisierenden Bagatellgrenze (Doppelunterschriften) |

| Teil-prozess | Prozessrisiko | Kontrollen/Maßnahmen |
|---|---|---|
| Waren-eingang | Annahme bei fehlender Bestellung | ▶ Ablehnung von Wareneingangsbuchungen bei fehlender Bestellung; insoweit Sicherstellung, dass ausschließlich Warenannahmen aus verbindlichen Bestellungen erfolgen<br>▶ Akzeptanz von Mengendifferenzen zwischen Bestellung und Lieferung nur innerhalb systemseitig definierter Toleranzgrenzen, ansonsten automatische Meldung an übergeordnetes Management |
| | Unzureichende Qualitätsprüfung bei Warenanlieferung | ▶ Zeitnahe Auswertung der im weiteren Prozess durchgeführten Qualitätsprüfungen durch eine vom Einkauf unabhängige Stelle und Veranlassung von Reklamationen bei Lieferanten |
| | Verspätete Erfassung | ▶ Protokollierung der Abweichungen von mehr als x Tagen zwischen Wareneingangsbuchung und deren Erfassung im IT-System<br>▶ Automatische Weiterleitung der Protokolle an übergeordnetes Management |
| Verbringung und Einlagerung | Unzutreffende Inventarisierung von Wareneingängen | ▶ Systemseitiger Abgleich von Art und Menge von Waren gem. Lieferschein und internem Warenwirtschaftssystem zum Ausschluss der Fingierung von Schwund<br>▶ Protokollierung von Abweichungen und automatische Weiterleitung der Protokolle an übergeordnetes Management |
| | Unzutreffende Ausbuchung von Bruch oder Verderb | ▶ Überprüfung des Schadensfalls durch unabhängige Stelle<br>▶ Protokollierung, Auswertung und Archivierung der Schadensmeldungen<br>▶ Entsorgung der unverwendbaren Ware durch unabhängige Stelle |
| Rechnungsprüfung | Unzutreffende Erfassung der Eingangsrechnungen | ▶ Überprüfung von Preisgleitklauseln und Abweichungen zu Angebotskonditionen durch unabhängige Stelle<br>▶ Buchung von Preisabweichungen nur bei Einhaltung von im IT-System hinterlegter Toleranzgrenzen<br>▶ Systemseitige Buchung der Eingangsrechnung nur bei Erfassung sowohl der Bestellungen als auch des Wareneingangs im IT-System (und übereinstimmenden Mengenangaben bzw. genehmigten Abweichungen) |
| Zahlungsabwicklung | Auszahlungen erfolgen verfrüht/verspätet/nicht autorisiert<br>Auszahlungen an falsche Lieferanten | ▶ Überprüfung der Ausnutzung von Konditionenvorteilen wie Skonti, Rückvergütungen und Parametrisierung im IT-System durch übergeordnetes Management<br>▶ Systemseitige Erstellung einer Zahlungsvorschlagsliste nur für gebuchte Rechnungen unter ausschließlicher Verwendung der im IT-System hinterlegten Lieferantenstammdaten (Sperrung manueller Änderungen der Zahlungsvorschlagsliste)<br>▶ Freigabe der Zahlung nur bei vollständiger Kontierung (z. B. Mussfeldeingabe „Verwendungszweck") |
| | Doppelzahlungen | ▶ Automatische Kennzeichnung von offenen Posten nach Erstellung des Zahlungsvorschlags „als zur Zahlung vorgemerkt"<br>▶ Auszifferung offener Rechnungen der Zahlungsvorschlagsliste nur bei Buchung des Zahlungsausgangs auf dem Bankkonto (Vollständigkeit und Richtigkeit der Zahlungen) |

Quelle: I. A. a. IDW PH 9.330.2, Tz. 63.

Für andere Geschäftsprozesse, z. B. den diametral verlaufenden „Absatz von Waren oder Dienstleistungen" können die vorstehenden Grundsätze analog angewandt werden.

## 3.3 Compliance Management-System

Die genannten Maßnahmen des Anti fraud-Managements gehen in das weiter gefasste **Compliance Management-System** (CMS) ein. Ein solches umfasst nach IDW PS 980, Tz. 6

- ▶ die auf der Grundlage der von den gesetzlichen Vertretern festgelegten Ziele eingeführten Grundsätze und Maßnahmen eines Unternehmens,
- ▶ die auf die Sicherstellung eines regelkonformen Verhaltens der gesetzlichen Vertreter und der Mitarbeiter des Unternehmens sowie ggf. von Dritten abzielen,
- ▶ d. h., auf die Einhaltung bestimmter Regeln bzw. die Verhinderung von wesentlichen Verstößen (Regelverstöße).

Ein CMS kann sich beziehen auf

- ▶ Geschäftsbereiche,
- ▶ operative Prozesse (z. B. den Einkauf) oder
- ▶ bestimmte Rechtsgebiete (z. B. Kartellrecht, vgl. IDW PS 980, Tz. 6).

Häufige Teilbereiche eines Compliance Management-Systems sind:

| ABB. 382: Teilbereiche eines Compliance Management-Systems ||| 
|---|---|---|
| **Rechtsgebiete** | **Geschäftsbereiche bzw. Unternehmensprozesse** | **Sonstige Abgrenzungskriterien** |
| ▶ Wettbewerbs- und Kartellrecht<br>▶ Antikorruptionsrecht (z. B. § 299 StGB)<br>▶ Börsenrecht (z. B. Vorschriften zum Insiderhandel oder zu Ad-hoc-Meldepflichten)<br>▶ Vorschriften zur Unternehmensführung und -überwachung (z. B. nach dem Deutschen Corporate Governance Kodex)<br>▶ Geldwäschegesetz<br>▶ Umweltrecht<br>▶ Außenwirtschaftsrecht und Exportkontrolle, Zollrecht<br>▶ Außensteuerrecht<br>▶ Datenschutz- und Datensicherheitsvorschriften<br>▶ Gleichstellungsverordnung<br>▶ Patentrecht<br>▶ Produkthaftungsrecht | ▶ Ausschreibung und Vergabe (Einkauf)<br>▶ Provisionszahlungen (Vertrieb)<br>▶ Arbeitssicherheit und technische Sicherheit (Produktion) | ▶ Organisation der Einhaltung der Selbstverpflichtung, z. B. der Prinzipien der United Nations Global Compact<br>▶ Regionale Abgrenzung, z. B. nach Ländern |

Quelle: I. A. a. IDW PS 980, Tz. A3.

Grundlage der nachstehenden Ausführungen ist insbesondere der IDW PS 980 „Grundsätze ordnungsmäßiger Prüfung von Compliance Management-Systemen" (vgl. FN-IDW 4/2011, S. 203 ff.). Einen alternativ heranzuziehenden, allgemein akzeptierten Standard stellt der vom TÜV Rheinland veröffentlichte „Standard für Compliance Management-Systeme" dar (vgl. TR CMS 101:2011; *http://www.tuv.com/media/germany/60_systeme/compliance/compliance_standard_tr.pdf*).

Die **Konzeption** eines CMS umfasst

- die Förderung einer günstigen Compliance-Kultur sowie die Festlegung der Compliance-Ziele,
- den Aufbau der Compliance-Organisation (Aufbau- und Ablauforganisation),
- den Prozess der Feststellung und Analyse der Compliance-Risiken durch das Unternehmen,
- den Prozess der Erstellung des Compliance-Programms,
- die Entwicklung eines Kommunikationsprozesses sowie von Verfahren zur Überwachung und Verbesserung des CMS (IDW PS 980, Tz. 10).

Ein angemessenes CMS weist die folgenden miteinander in Wechselwirkung stehenden **Grundelemente** auf. Die konkrete Ausgestaltung des Systems bzw. die konkreten Prozessabläufe richten sich nach den festgelegten Compliance-Zielen, der Größe sowie Art und Umfang der Geschäftstätigkeit des Unternehmens:

| ABB. 383: | Grundelemente eines Compliance Management-Systems |
|---|---|
| Grundelement | Inhalt |
| Compliance-Kultur | Die Compliance-Kultur stellt die Grundlage für die Angemessenheit und Wirksamkeit des CMS dar. Sie wird vor allem geprägt durch die Grundeinstellungen und Verhaltensweisen des Managements sowie durch die Rolle des Aufsichtsorgans („**tone at the top**"). Die Compliance-Kultur beeinflusst die Bedeutung, welche die Mitarbeiter des Unternehmens der Beachtung von Regeln beimessen und damit die Bereitschaft zu regelkonformem Verhalten. |
| Compliance-Ziele | Die gesetzlichen Vertreter legen auf der Grundlage der allgemeinen Unternehmensziele und einer Analyse und Gewichtung der für das Unternehmen bedeutsamen Regeln die Ziele fest, die mit dem CMS erreicht werden sollen. Dies umfasst insbesondere die Festlegung der relevanten Teilbereiche und der in den einzelnen Teilbereichen einzuhaltenden Regeln. Die Compliance-Ziele stellen die Grundlage für die Beurteilung von Compliance-Risiken dar. |
| Compliance-Risiken | Unter Berücksichtigung der Compliance-Ziele werden die Compliance-Risiken festgestellt, die Verstöße gegen einzuhaltende Regeln und damit eine Verfehlung der Compliance-Ziele zur Folge haben können. Hierzu wird ein Verfahren zur systematischen Risikoerkennung und -berichterstattung eingeführt. Die festgestellten Risiken werden im Hinblick auf Eintrittswahrscheinlichkeit und mögliche Folgen (z. B. Schadenshöhe) analysiert. |
| Compliance-Programm | Auf der Grundlage der Beurteilung der Compliance-Risiken werden Grundsätze und Maßnahmen eingeführt, die auf die Begrenzung der Compliance-Risiken und damit auf die Vermeidung von Compliance-Verstößen ausgerichtet sind. Das Compliance-Programm umfasst auch die bei festgestellten Compliance-Verstößen zu ergreifenden Maßnahmen. Es wird zur Sicherstellung einer personenunabhängigen Funktion des CMS dokumentiert. |

| Grundelement | Inhalt |
|---|---|
| Compliance-Organisation | Das Management regelt die Rollen und Verantwortlichkeiten (Aufgaben) sowie Aufbau- und Ablauforganisation im CMS als integralen Bestandteil der Unternehmensorganisation und stellt die für ein wirksames CMS notwendigen Ressourcen bereit. |
| Compliance-Kommunikation | Die jeweils betroffenen Mitarbeiter und ggf. Dritte werden über das Compliance-Programm sowie die festgelegten Rollen und Verantwortlichkeiten informiert, damit sie ihre Aufgaben im CMS ausreichend verstehen und sachgerecht erfüllen können. |
| | Im Unternehmen wird festgelegt, wie Compliance-Risiken sowie Hinweise auf mögliche und festgestellte Regelverstöße an die zuständigen Stellen im Unternehmen (z. B. den Compliance-Beauftragten, die gesetzlichen Vertreter und erforderlichenfalls das Aufsichtsorgan) berichtet werden. |
| Compliance-Überwachung und -Verbesserung | Die Angemessenheit und Wirksamkeit des CMS werden in geeigneter Weise überwacht. Voraussetzung für die Überwachung ist eine ausreichende Dokumentation des CMS. Werden im Rahmen der Überwachung Schwachstellen im CMS bzw. Verstöße festgestellt, werden diese an das Management bzw. die hierfür bestimmte Stelle im Unternehmen berichtet. Die gesetzlichen Vertreter sorgen für die Durchsetzung des CMS, die Beseitigung der Mängel und die Verbesserung des Systems. |

Quelle: I. A. a. IDW PS 980, Tz. 23.

Eine „**günstige**" **Compliance-Kultur** zeichnet sich dadurch aus, dass der Einhaltung der relevanten Regelungen eine hohe Bedeutung beigemessen wird und aufgedeckte Verstöße angemessene Sanktionen nach sich ziehen. Hieraus folgt für die Zukunft, dass tendenziell die jeweils gültigen Regelungen von den Mitarbeitern eher beachtet werden als bei einer ungünstigen Compliance-Kultur.

Wesentliche **Merkmale** der Compliance-Kultur sind

- die Integrität der gesetzlichen Vertreter,
- das Bekenntnis des Managements zur Bedeutung eines verantwortungsvollen Verhaltens im Einklang mit den zu beachtenden Regeln,
- die von den gesetzlichen Vertretern aufgestellten und kommunizierten Verhaltensgrundsätze,
- der Führungsstil und die Personalpolitik des Unternehmens (z. B. Bedeutung der Kompetenz und Erfahrung der Mitarbeiter),
- die Anreizsysteme, mit denen regelkonformes Verhalten gefördert wird, einschließlich der Berücksichtigung von Compliance bei Personalbeurteilungen und Beförderungen,
- die Stellung des und die Art der Aufgabenwahrnehmung durch das Aufsichtsorgan in Bezug auf Risikomanagement und Compliance (vgl. IDW PS 980, Tz. A14).

Die Festlegung der Compliance-Ziele erfolgt in Übereinstimmung mit den allgemeinen Unternehmenszielen unter Berücksichtigung der in den Unternehmensbereichen zu beachtenden Regeln. Hierbei wird auch der Sicherheitsgrad festgelegt, mit dem das CMS Regelverstöße verhindern soll. Die auf dieser Grundlage festgelegten Compliance-Ziele müssen insbesondere folgenden Anforderungen genügen:

- Konsistenz,
- Verständlichkeit und Praktikabilität,

- Messbarkeit des Grades der Zielerreichung und
- Abstimmung mit den verfügbaren Ressourcen (vgl. IDW PS 980, Tz. A15).

Die Feststellung und Beurteilung von Compliance-Risiken stellt die Grundlage für die Entwicklung eines angemessenen Compliance-Programms dar. Das Unternehmen führt zu diesem Zweck für die Bereiche des CMS eine systematische Aufnahme der Risiken für Regelverstöße durch, z. B. in Form von Interviews, Workshops oder der Auswertung von verfügbaren Informationen anderer Unternehmen. Auf Basis der identifizierten risikorelevanten Faktoren werden sodann die Maßnahmen des Compliance-Programms festgelegt:

**ABB. 384: Risikorelevante Faktoren und Maßnahmen eines Compliance-Programms**

| Risikorelevante Faktoren | Typische Maßnahmen |
|---|---|
| ▶ Änderungen im wirtschaftlichen und rechtlichen Umfeld, <br> ▶ Personalveränderungen, <br> ▶ überdurchschnittliches Unternehmenswachstum, <br> ▶ neue Technologien, <br> ▶ neue oder atypische Geschäftsfelder oder Produkte, <br> ▶ Umstrukturierungen bzw. Expansion in neue Märkte. | ▶ Funktionstrennungen, <br> ▶ Berechtigungskonzepte, <br> ▶ Genehmigungsverfahren und Unterschriftsregelungen, <br> ▶ Vorkehrungen zum Vermögensschutz und andere Sicherheitskontrollen, <br> ▶ unabhängige Gegenkontrollen (Vier-Augen-Prinzip), <br> ▶ Job-Rotationen. |

**Quelle: I. A. a. IDW PS 980, Tz. A16 f.**

Das Compliance-Programm bildet das Gesamtpaket an Grundsätzen und Maßnahmen, mit denen die Mitarbeiter und ggf. Dritte zu regelkonformem Verhalten angehalten werden. In diesem Rahmen erfolgen klare Festlegungen zur Zulässigkeit bzw. Unzulässigkeit bestimmter Aktivitäten.

Kern des Compliance-Programms sind zunächst die in das CMS integrierten Kontrollmaßnahmen, mit denen die Einhaltung der Grundsätze und die Durchführung der Maßnahmen sichergestellt werden (**Aufdeckung**). Die Natur dieser Maßnahmen belegt im Übrigen die inhaltliche Nähe zum Internen Überwachungs- bzw. Kontrollsystem (vgl. nachfolgende Ausführungen in Kapitel VI. 4.3.3.).

Aus Sicht der proaktiven Verhinderung von Regelverstößen (**Prävention**) umfasst das Programm aber zusätzlich auch

- Schulungsmaßnahmen für die Mitarbeiter in Bezug auf die Compliance-Grundsätze und -Maßnahmen,
- Kommunikationskanäle beim Erkennen von Risiken für Compliance-Verstöße (z. B. durch die Einrichtung eines Hinweisgeberverfahrens) und
- die Reaktionen auf die erkannten Risiken.

Es rückt somit das CMS von einem reinen Präventionsprogramm in Richtung auf Unternehmens- und Führungsgrundsätze. Das CMS muss auf den grundlegenden Werten und Prinzipien eines Unternehmens basieren bzw. mit diesen in Einklang stehen, andernfalls wird das CMS nicht „gelebt".

| ABB. 385: | Elemente der Compliance-Organisation und -Kommunikation |
|---|---|
| **Compliance-Organisation** | **Compliance-Kommunikation** |
| ▶ Festlegung von Rollen und Verantwortlichkeiten im CMS, z. B. die Bestimmung eines Compliance-Beauftragten bzw. eines Compliance-Gremiums | ▶ Festlegung der Kommunikationskanäle, z. B. Mitarbeiterbriefe, Compliance-Handbücher oder Schulungsveranstaltungen |
| ▶ Festlegung der Aufgaben und der hierarchischen Stellung, der organisatorischen Einordnung der Verantwortlichen sowie der Berichtslinien | ▶ Kommunikation der in den Teilbereichen zu beachtenden Regeln sowie des Compliance-Programms an die betroffenen Personen |
| ▶ Bereitstellung von im Hinblick auf die Compliance-Ziele (insbesondere den gewünschten Sicherheitsgrad) und Compliance-Risiken ausreichenden Ressourcen zur Konzeption, Einführung, Durchsetzung, Überwachung sowie kontinuierlichen Verbesserung des CMS | ▶ Schulungsmaßnahmen zur Sicherstellung ausreichender Kenntnisse über die Berichtspflichten und Schaffung eines Bewusstseins der Mitarbeiter für die Bedeutung einer zeitnahen und vollständigen Kommunikation |
| ▶ Integration des CMS in andere bestehende Systeme der Unternehmensorganisation, wie z. B. das Risikomanagementsystem oder das interne Kontrollsystem | ▶ Festlegung der Berichtspflichten (Anlässe) und der Berichtswege für die Kommunikation von Compliance-Risiken und festgestellten bzw. vermuteten Regelverstößen an die zuständigen Stellen im Unternehmen |
| ▶ Entwicklung organisatorischer Hilfsmittel zu den einzelnen CMS-Bestandteilen, z. B. Handbücher, manuelle Checklisten oder IT-Tools. | ▶ Kommunikation der Ergebnisse von Überwachungsmaßnahmen zur Ursachenanalyse und Entwicklung von Verbesserungsmaßnahmen. |

Quelle: I. A. a. IDW PS 980, Tz. A18 f.

Wirtschaftsdelikte werden nur selten durch Unbekannte, sondern meist durch Unternehmensinterne begangen. Somit nehmen – meist anonyme – Hinweisgebersysteme („**Whistleblowing**") eine zentrale Rolle bei der Prävention ein.

Während in den USA Hinweisgeber unter einem besonderen rechtlichen Schutz stehen, existieren z. B. in Deutschland keine rechtlichen Verpflichtungen, Whistleblower zu schützen. Vielmehr fordert die **arbeitsvertragliche Treuepflicht** vom Mitarbeiter, aufgedeckte oder vermutete Missstände zuerst dem Arbeitgeber zu offenbaren. Als Ergebnis einschlägiger arbeitsgerichtlicher Entscheidungen kann der Arbeitgeber es als unzumutbar betrachten, ein Arbeitsverhältnis mit einem Mitarbeiter fortzusetzen, der Kollegen oder Vorgesetzte bei der Staatsanwaltschaft anzeigt, ohne sich vorher innerhalb des Unternehmens offenbart zu haben. Damit ergibt sich für den Mitarbeiter folgendes Dilemma:

▶ Gibt er die Informationen ohne Weiteres an die Staatsanwaltschaft weiter, droht ihm die fristlose Kündigung, auch wenn sich der Straftatverdacht bestätigt.

▶ Offenbart der Mitarbeiter sich im Unternehmen, muss er mit Mobbing durch Vorgesetzte und Kollegen und ebenfalls mit dem Verlust seines Arbeitsplatzes rechnen.

Die letztere Option wird dadurch erschwert, da der Mitarbeiter nicht einschätzen kann, ob der Hinweisnehmer selbst an Unregelmäßigkeiten beteiligt ist. Im Fall, dass sich der Anfangsverdacht nicht bestätigt, wird dem Mitarbeiter Denunziantentum unterstellt. Folglich ist die Mitteilungsbereitschaft der Mitarbeiter über mögliche Straftaten gering. Es empfiehlt sich deshalb, als Hinweisnehmer

▶ **Unternehmensexterne**, die gleichwohl im Auftrag des Unternehmens agieren,

▶ und hier Berufsgruppen, die einer standesrechtlichen **Schweigepflicht** unterliegen, zu beauftragen. In der Praxis sind dies insbesondere externe **Vertrauensanwälte**, die aufgrund ihrer gesetzlichen Schweigepflicht die Anonymität der Hinweisgeber wahren müssen. Dies ermöglicht folgendes effiziente Vorgehen, wie es z. B. von der Deutschen Bahn AG praktiziert wird (vgl. *http://www1.deutschebahn.com/ecm2-db-de/gb_2012/ads/compliance_bericht.html*):

- Die Hinweise werden, soweit sie nicht anonym erfolgen, mit der Identität des Hinweisgebers erfasst.
- Jegliche Hinweise werden aber anonym und unmittelbar an den Compliance-Verantwortlichen im Unternehmen weitergeleitet. Die Identität des Hinweisgebers, soweit bekannt, wird in der Anwaltskanzlei zurückgehalten.
- Erhärtet sich der Hinweis, so stellt das Unternehmen Strafanzeige. Der Hinweisgeber steht dann in einem nachfolgenden Strafprozess als Zeuge zur Verfügung.
- Erweist sich der Hinweis als unbegründet, so werden Hinweis und Identität des Hinweisgebers gelöscht.

Unabhängig von der genannten best practice lassen sich folgende **Vorgaben** an die Einrichtung eines Whistleblowing-Systems identifizieren:

- Die Information darf nicht über den „normalen Dienstweg" laufen.
- Der Beschuldigte darf keine Kenntnis über die Identität des Whistleblowers erlangen.
- Der Kreis der potenziellen Whistleblower sollte begrenzt werden (z. B. auf die Organisationseinheit, in der der Beschuldigte tätig ist).
- Die Identität des Whistleblowers muss, wenn immer möglich, festgehalten werden.
- Mit der Informationsverarbeitung darf nur ein abgeschlossener Personenkreis betraut werden, der besonderer Schulung bedarf.
- Es sind besondere Maßnahmen des Datenschutzes zu ergreifen; insbesondere sind Daten nach erfolgloser Prüfung eines Anfangsverdachts sofort zu löschen.

Für den Fall der Aufdeckung von Verstößen müssen die Maßnahmen eine Kommunikation an die zuständigen Stellen im Unternehmen und erforderlichenfalls an die zuständigen externen Stellen (z. B. bei Verdacht auf Verstöße gegen das Geldwäschegesetz) sowie eine Analyse der Ursachen für die Verstöße sicherstellen.

In der Praxis werden Compliance-relevante Unterlagen vor allem in Form von

- Ethik-Richtlinien, Ethik- oder Geschäftsgrundsätzen,
- Codes of Conduct oder Business Conduct Guidelines bzw. – in deutscher Sprache – Verhaltens- oder Antikorruptionsindices

veröffentlicht. Lt. *Baumöl* (Controlling 2009, S. 106 f.) waren folgende Compliance-Maßnahmen in deutschen Unternehmen am verbreitetsten:

- 82 % der befragten Unternehmen hatten Compliance in der Unternehmensvision bzw. im Leitbild verankert,
- 77 % verfügten über Ethik-Richtlinien oder Verhaltenskodices,
- bei 74 % konnte ein messbares Vorleben durch die Führungskräfte registriert werden,
- 54 % hatten spezielle Compliance-Programme implementiert,
- 35 % verfügten über einen Compliance-Beauftragen oder Compliance-Manager und
- 26 % über eine Compliance-Abteilung;

zu ähnlichen Ergebnissen kommt eine PwC-Studie (vgl. *http://www.pwc.de/de/risiko-management/studie-untersucht-den-zusammenhang-zwischen-compliance-und-unternehmenskultur-in-grossunternehmen.jhtml*)

Unter dem Begriff **Ethik-Richtlinien** werden abstrakte Verhaltensvorgaben an Mitarbeiter zur Sicherstellung der Compliance subsumiert. Sie operationalisieren und kommunizieren den „**tone at the top**" und bilden somit den Oberbau der Compliance-Kommunikation. Zumeist enthalten sie keine konkreten Verhaltensanweisungen.

| ABB. 386: | PwC-Ethik-Grundsätze (Auszug) |
|---|---|

„Unser guter Name

- ▶ Unsere Mandanten und Mitarbeiter vertrauen PwC aufgrund unserer Kompetenz, Professionalität und Integrität – diese Eigenschaften machen unseren guten Ruf aus. Diesem Ansehen sind wir verpflichtet.
- ▶ Wir achten darauf, nur Leistungen anzubieten, die wir kompetent erbringen können, und wir werden nur für Mandanten tätig, die ihre Geschäftstätigkeit im Rahmen der gesetzlichen Vorschriften und mit Integrität ausüben.
- ▶ Wenn wir als Vertreter von PwC bei öffentlichen Veranstaltungen auftreten, geben wir im Allgemeinen den Standpunkt von PwC wieder und nicht unseren persönlichen.
- ▶ Wir nutzen das Eigentum von PwC und das unserer Mandanten, einschließlich aller Sachwerte, des geistigen Eigentums und elektronisch gespeicherter Daten, in einer verantwortungsvollen und dem Geschäftszweck angemessenen Weise, nur im Rahmen der gesetzlichen Vorschriften.

**Professionelles Verhalten**

- ▶ Wir erbringen unsere Leistungen gem. den internen Richtlinien von PwC sowie den relevanten fachlichen Standards und standesrechtlichen Vorschriften.
- ▶ Wir bieten nur Leistungen an, für die wir über das nötige Know-how verfügen. Unser Ziel ist es, die Verpflichtungen unseren Mandanten gegenüber in vollem Umfang zu erfüllen.
- ▶ Wir treten gegenüber Mitbewerbern engagiert und wettbewerbsorientiert auf, wobei wir uns nur gesetzlich zulässiger und ethisch vertretbarer Geschäftspraktiken bedienen.
- ▶ Wir erfüllen unsere vertraglichen Vereinbarungen. Bei unserer Berichterstattung und den in Rechnung gestellten Honoraren sind wir den Grundsätzen der Ehrlichkeit und Aufrichtigkeit verpflichtet.
- ▶ Wir wahren den Grundsatz der Vertraulichkeit gegenüber unseren Mandanten, unseren Mitarbeitern und anderen Personen, mit denen wir Geschäftsbeziehungen unterhalten.
- ▶ Sofern uns keine entsprechende Genehmigung vorliegt, verwenden wir vertrauliche Informationen nicht für den persönlichen Gebrauch bzw. nicht zu Gunsten von PwC oder anderer Personen. Wir geben vertrauliche Informationen oder persönliche Daten nur dann weiter, falls dies erforderlich ist und wenn eine entsprechende Zustimmung eingeholt wurde und/oder wir hierzu aufgrund gesetzlicher, behördlicher oder standesrechtlicher Vorschriften verpflichtet sind.
- ▶ Unser Ziel ist es, Interessenkonflikte zu vermeiden. Wenn sich mögliche Konflikte abzeichnen und wir der Überzeugung sind, dass die Interessen der jeweiligen Parteien durch angemessene Maßnahmen hinreichend geschützt werden können, setzen wir diese Maßnahmen ein.
- ▶ Unsere Unabhängigkeit ist uns ein hohes Gut. Das Vertrauen unserer Mandanten und aller, die durch unsere Arbeit berührt werden, rechtfertigen wir dadurch, dass wir uns an gesetzliche und standesrechtliche Vorschriften halten, durch die wir jene Objektivität wahren können, die für unsere Arbeit unerlässlich ist. Damit wollen wir sicherstellen, dass unsere Unabhängigkeit nicht gefährdet ist oder der Eindruck entstehen könnte, sie sei gefährdet. Umstände, die unsere Objektivität beeinträchtigen oder beeinträchtigen könnten, werden von uns offen angesprochen.

- ▶ Sofern wir mit schwierigen Problemen oder mit Themen konfrontiert werden, die zu einem Risiko für PwC führen könnten, besprechen wir diese mit den entsprechenden Partnern bzw. unserem Ethik-Officer, bevor wir weitere Schritte unternehmen. Wir halten die jeweils geltenden technischen Abläufe und den Abstimmungsprozess ein.
- ▶ Wir lehnen es ab, Bestechungen anzunehmen oder Bestechungsgelder zu zahlen. (…)

**Selbstreflexion** (…)

1. Ich kenne unsere PwC-Ethik-Grundsätze.
2. Meiner Unabhängigkeit gegenüber unseren Mandanten messe ich höchste Bedeutung zu. Ich lasse nicht zu, dass sie durch ungesetzliche Aufträge oder Handlungen kompromittiert wird.
3. In zweifelhaften Fällen oder wenn ich unsicher bin, halte ich Rücksprache mit unserem Ethik-Officer, bevor ich handle.
4. Ich akzeptiere unter keinen Umständen den Erhalt oder die Zahlung von Bestechungsgeldern oder anderen Geschenken oder Vorteilen, welche meine Unabhängigkeit beeinträchtigen könnten.
5. Ich kenne und berücksichtige die Grundsätze unseres Qualitätsmanagements.
6. Ich bin mir bewusst, dass ich bei der Ausübung meines Berufes Vertreter von PwC bin.
7. Ich habe den Mut, „nein" zu sagen, wenn ich etwas tun soll, das Gesetze oder andere Vorschriften verletzt. Ich habe diesen Mut gegenüber Vorgesetzten, Kolleginnen und Kollegen sowie gegenüber Mandanten.
8. Ich mache meine Kolleginnen und Kollegen sowie Vorgesetzten auf (mögliche) Verstöße gegen gesetzliche oder andere Vorschriften aufmerksam. Ist dies nicht möglich, kann ich mit unserem Ethik-Officer Kontakt aufnehmen.
9. Ich messe mein Handeln stets an diesen vier Fragen:
   – Ist es legal, was ich tue?
   – Würde PwC gutheißen, was ich tue?
   – Würde die Öffentlichkeit positiv über das denken, was ich tue?
   – Verursacht mir mein Handeln irgendwann Gewissensbisse?"

Quelle: *http://www.pwc.de/de_DE/de/unternehmensinformationen/assets/ PwC_ethik _grundsaetze.pdf*

**Codes of Conduct** (Verhaltenskodices) oder sog. **Business Conduct Guidelines** enthalten dagegen konkrete Verhaltensrichtlinien und -anweisungen. Typische dort behandelte Regelungsbereiche sind etwa:

| ABB. 387: | Regelungsbereiche der Business Conduct Guidelines der Siemens AG |
|---|---|
| Grundsätzliche Verhaltensanforderungen | ▶ Rechtmäßiges Verhalten<br>▶ Gegenseitiger Respekt, Ehrlichkeit und Integrität<br>▶ Verantwortung für das Ansehen von Siemens<br>▶ Führung, Verantwortung und Aufsicht |

| | |
|---|---|
| Umgang mit Geschäftspartnern und Dritten | ▶ Wettbewerbsrecht und Kartellrecht |
| | ▶ Korruptionsbekämpfung: Anbieten und Gewähren von Vorteilen |
| | ▶ Korruptionsbekämpfung: Fordern und Annehmen von Vorteilen |
| | ▶ Politische Beitragszahlungen, wohltätige Spenden und Sponsoring |
| | ▶ Staatliche Aufträge |
| | ▶ Richtlinien zur Geldwäschebekämpfung |
| | ▶ Handelskontrollen |
| | ▶ Geschäftsbeziehungen mit Lieferanten |
| Vermeidung von Interessenkonflikten | ▶ Wettbewerb mit Siemens |
| | ▶ Nebentätigkeiten |
| | ▶ Beteiligung an Drittunternehmen |
| Umgang mit Firmeneinrichtungen | – |
| Umgang mit Informationen | ▶ Aufzeichnungen und Finanzintegrität |
| | ▶ Verschwiegenheit |
| | ▶ Datenschutz und Datensicherheit |
| | ▶ Insiderregeln |
| Umwelt, Sicherheit und Gesundheit | ▶ Umwelt und technische Sicherheit |
| | ▶ Arbeitssicherheit |
| Beschwerden und Hinweise | – |

Quelle: *http://www.siemens.com/sustainability/pool/cr-framework/ business_ conduct_guidelines_d.pdf.*

Aufbau und Inhalte solcher Guidelines gut geführter Unternehmen sind sich sehr ähnlich, vgl. etwa den Verhaltenskodex der Adidas AG (*http://www.adidas-group.com/de/investorrelations/ assets/corporate_governance/codeofconduct/adidascoc_d.pdf*).

Die meist umfangreichen Regelwerke enthalten Anweisungen über die Auslegung von Gesetzen und internen Richtlinien wie z. B. zum Verbot der Annahme von Geschenken und Einladungen, zur Meldung von Interessenkonflikten oder zum Umgang mit Kunden. Gelegentlich werden in den Guidelines sogar wertmäßige Obergrenzen für Bagatellfälle aufgeführt.

Für die Sartorius AG, das Unternehmensbeispiel aus Kapitel II, finden sich ein Antikorruptionsindex und ein Verhaltenskodex, die als best practice-Beispiel nachfolgend in Auszügen wiedergegeben werden sollen.

„Sartorius Antikorruptionskodex: Verhaltensrichtlinie zum Umgang mit Korruption
**1. Zielsetzung**
Ziel des Managements ist es, nicht nur aufgetretene Korruptionsfälle konsequent zu verfolgen, sondern vor allem auch mit Hilfe vorbeugender Maßnahmen und der Schaffung und Stärkung einer entsprechenden Organisationsstruktur der Korruption bereits im Vorfeld entgegenzuwirken. Der vorliegende Verhaltenskodex soll dabei die Grundlage für die Sensibilisierung aller Mitarbeiter hinsichtlich der Korruptionsgefahren und zugleich Richtschnur, Handlungsanleitung und Hilfestellung sein (…).

## 2. Korruptionsgefährdete Arbeitsbereiche

2.1. Als korruptionsgefährdet ist jede Abteilung anzusehen, in der Informationen vorhanden sind oder Entscheidungen getroffen werden, die für Dritte außerhalb des Unternehmens einen materiellen oder immateriellen Vorteil darstellen. Eine gesteigerte Korruptionsgefährdung liegt vor, wenn der mögliche Vorteil von besonderer Bedeutung oder besonderem Ausmaß ist.

Korruptionsgefährdet sind insbesondere die Abteilungen, in denen

- Aufträge vergeben werden,
- Verträge abgeschlossen und Leistungen überwacht werden,
- Kontrollen und Aufsichtstätigkeiten durchgeführt werden,
- Vorgänge mit vertraulichen Informationen bearbeitet werden oder der Zugang zu vertraulichen Informationen besteht, die für Dritte von Bedeutung sein können.

2.2. Im gesamten Unternehmen sind in regelmäßigen Abständen sowie aus gegebenem Anlass die korruptionsgefährdeten Abteilungen festzustellen.

2.3. Für diese Abteilungen ist eine Analyse der auf den konkreten Arbeitsplatz bezogenen Korruptionsgefährdung einschließlich der Wirksamkeit der vorhandenen Sicherungen vorzunehmen (Risikoanalyse). Die Risikoanalyse ist spätestens nach fünf Jahren zu wiederholen. Wenn Sicherungslücken festgestellt werden, sind unverzüglich entsprechende Präventivmaßnahmen einzuleiten.

## 3. Konzern-Antikorruptionsbeauftragter (...)
## 4. Sensibilisierung und Fortbildung der Mitarbeiter (...)
## 5. Mehr-Augen-Prinzip und Transparenz (...)
## 6. Verhalten bei Korruptionsverdacht (...)

### Verhaltensrichtlinie zum Umgang mit Korruption

Diese Verhaltensrichtlinie soll die Mitarbeiter auf typische Gefahrensituationen hinweisen, in denen sie ungewollt in Korruption verstrickt werden können. Weiterhin soll die Verhaltensrichtlinie die Beschäftigten zur pflichtgemäßen und gesetzestreuen Erfüllung ihrer Aufgaben anhalten und ihnen die Folgen von korruptem Verhalten vor Augen führen. (...)

Daher:

### 1. Seien Sie Vorbild.

Zeigen Sie durch Ihr Verhalten, dass Sie Korruption weder dulden noch unterstützen. Jeder Mitarbeiter ist verpflichtet, die geltenden Gesetze zu wahren und seine Aufgaben gewissenhaft zu erfüllen. Alle Beschäftigten haben ihre Aufgaben daher unparteiisch und gerecht zu erfüllen. Diese Verpflichtungen sind keine leeren Formeln, sondern müssen sich im beruflichen Alltag des Einzelnen widerspiegeln.

Korruptes Verhalten widerspricht diesen Verpflichtungen. Es zerstört das Vertrauen von Kunden, Kollegen und Lieferanten in das Unternehmen. Jeder Mitarbeiter hat daher die Aufgabe, durch sein Verhalten Vorbild für Kunden, Lieferanten, Kollegen und Führungskräfte zu sein.

### 2. An das Verhalten von Führungskräften sind höhere Maßstäbe anzulegen.

Jede Führungskraft des Unternehmens ist verpflichtet, korruptem Verhalten konsequent und eigenverantwortlich zu begegnen. Zu dieser Wahrnehmung von Führungsaufgaben gehört in korruptionsgefährdeten Abteilungen eine verstärkte Kontrolle, beispielsweise durch stichprobenweise Überprüfung von Ermessensentscheidungen. Kontrollmaßnahmen dienen auch dem Schutz der Mitarbeiter und sollen Außenstehenden deutlich machen, dass eine hohe Aufdeckungswahrscheinlichkeit besteht.

Die Führungskräfte haben auf Korruptionsindikatoren zu achten und informieren bei konkretem Korruptionsverdacht, das heißt bei nachvollziehbaren Hinweisen auf korruptes Verhalten, den Antikorruptionsbeauftragten und ihre Führungskraft. Die Führungskräfte stehen für ihre Mitarbeiterinnen und Mitarbeiter jederzeit für Gespräche zur Verfügung, wenn aus dem Kreis der Mitarbeiter Anzeichen für Korruption vorgetragen werden. Zur Vorbildfunktion der Führungskräfte gehört an vorderster Stelle die Glaubwürdigkeit des eigenen Verhaltens beim Thema Unbestechlichkeit. Alle Führungskräfte sind gehalten, entsprechend selbstkritisch und zurückhaltend mit den sich aus ihrer Stellung ergebenden Möglichkeiten und Kompetenzen umzugehen.

**3. Nehmen oder geben Sie keine Belohnungen und Geschenke.**

Der Übergang von kleinen Gefälligkeiten oder Aufmerksamkeiten zur Korruption ist oft fließend, denn Korruption beginnt häufig mit der Annahme von Belohnungen, Geschenken, Aufmerksamkeiten und Begünstigungen. Dementsprechend ist es nicht gestattet

- staatlich Bediensteten Zuwendungen irgendwelcher Art zukommen zu lassen,
- Bediensteten der Privatwirtschaft Zuwendung mit einem Gegenwert von mehr als über 100 € zukommen zu lassen.

Ausgenommen hiervon sind Werbegeschenke aus dem jährlichen Geschenkprogramm des Unternehmens sowie Bewirtungen im üblichen Rahmen, die sich an den jeweiligen lokalen Gepflogenheiten zu orientieren haben sowie in Preis und Frequenz angemessen sind. Sofern dieser Regelung strengere lokale Vorschriften entgegenstehen, sind die strengeren Vorschriften zu beachten.

Ferner ist jegliches Sponsoring von Sport-, Kultur- oder sonstigen Veranstaltungen nur nach vorheriger Zustimmung durch den Vorstand erlaubt. Gleiches gilt für Spenden an private Organisationen unabhängig von der Höhe sowie für Spenden an öffentliche Organisationen ab einem jährlichen Gesamtbetrag von mehr als 200 €.

**4. Wehren Sie Korruptionsversuche sofort ab und informieren Sie unverzüglich Ihre Führungskraft und/oder den Antikorruptionsbeauftragten.**

Bei Drittkontakten mit Personen außerhalb des Unternehmens müssen Sie von Anfang an klare Verhältnisse schaffen und jeden Korruptionsversuch sofort abwehren. Es darf niemals der Eindruck entstehen, dass Sie für "kleine Geschenke" offen sind. Scheuen Sie sich nicht, ein Geschenk zurückzuweisen oder es zurückzusenden – mit der Bitte um Verständnis für die für Sie geltenden Regeln.

Arbeiten Sie in einem Unternehmensbereich, der sich mit der Vergabe von Aufträgen beschäftigt, so müssen Sie besonders sensibel für Versuche Dritter sein, Einfluss auf Ihre Entscheidung zu nehmen. In diesem Bereich gibt es die meisten Korruptionshandlungen. Halten Sie sich daher streng an Recht und Gesetz und beachten Sie die Richtlinien zum Verbot der Annahme von Belohnungen oder Geschenken.

Wenn Sie von einem Dritten um eine zweifelhafte Gefälligkeit gebeten worden sind, so informieren Sie unverzüglich Ihre Führungskraft und den Antikorruptionsbeauftragten. Das hilft zum einen, selbst jeglichem Korruptionsverdacht zu entgehen, zum anderen aber auch, unter Umständen rechtliche Maßnahmen gegen den Dritten einleiten zu können. Wenn Sie einen Korruptionsversuch zwar selbst abwehren, ihn aber nicht offenbaren, so wird sich Ihr Gegenüber an einen Kollegen wenden und es bei diesem versuchen. Schützen Sie daher auch Ihre Kollegen durch konsequentes Offenlegen von Korruptionsversuchen Außenstehender.

**5. Vermuten Sie, dass jemand Sie um eine pflichtwidrige Bevorzugung bitten will, so ziehen Sie einen Kollegen als Zeugen hinzu.**

Manchmal steht Ihnen ein Gespräch bevor, bei dem Sie vermuten, dass ein zweifelhaftes Ansinnen an Sie gestellt und dieses nicht leicht zurückzuweisen sein wird. Hier hilft oftmals auch die eindeutige Distanzierung nicht. In solchen Fällen sollten Sie sich der Situation nicht allein stellen, sondern einen Kollegen zu dem Gespräch hinzu bitten. Sprechen Sie vorher mit ihm und bitten Sie ihn, auch durch sein Verhalten jeglichen Korruptionsversuch abzuwehren.

**6. Arbeiten Sie so, dass Ihre Arbeit transparent ist.**

Ihre Arbeitsweise sollte transparent und für jeden nachvollziehbar sein. Da Sie Ihren Arbeitsplatz i. d. R. wieder verlassen werden (Übertragung neuer Aufgaben, Versetzung) oder auch einmal kurzfristig ausfallen (Krankheit, Urlaub), sollten Ihre Arbeitsvorgänge so transparent sein, dass sich jederzeit ein Nachfolger oder Vertreter einarbeiten kann.

**7. Trennen Sie strikt Berufs- und Privatleben.**

Prüfen Sie, ob Ihre Privatinteressen zu einer Kollision mit Ihren beruflichen Pflichten führen. Korruptionsversuche werden oftmals gestartet, indem der Dritte den beruflichen Kontakt auf Privatkontakte ausweitet. Es ist bekanntermaßen besonders schwierig, eine "Gefälligkeit" zu verweigern, wenn man sich privat hervorragend versteht und man selber oder die eigene Familie Vorteile und Vergünstigungen erhält (Konzertkarten, verbilligter gemeinsamer Urlaub, Einladungen zu teuren Essen, die man nicht erwidern kann usw.). Bei privaten Kontakten sollten Sie daher von Anfang an klarstellen, dass Sie streng zwischen Berufs- und Privatleben trennen müssen, um nicht in den Verdacht der Vorteilsannahme zu geraten.

Diese strenge Trennung zwischen privaten Interessen und beruflichen Aufgaben müssen Sie darüber hinaus – unabhängig von einer Korruptionsgefahr – bei Ihrer gesamten Tätigkeit beachten. Prüfen Sie daher bei jedem Vorgang, für den Sie mitverantwortlich sind, ob Ihre privaten Interessen oder solche Ihrer Angehörigen oder zum Beispiel auch von Organisationen, denen Sie verbunden sind, zu einer Kollision mit Ihren hauptberuflichen Verpflichtungen führen können. Vermeiden Sie jeden Anschein einer Einflussnahme und sorgen Sie dafür, dass Sie niemandem einen Grund zur Besorgnis geben, auch nicht durch "atmosphärische" Einflussnahme von interessierter Seite. (...)

**8. Unterstützen Sie das Unternehmen bei der Entdeckung und Aufklärung von Korruption.**

Informieren Sie Ihre Führungskraft und/oder den Antikorruptionsbeauftragten bei konkreten Anhaltspunkten für korruptes Verhalten. Korruption kann nur verhindert und bekämpft werden, wenn sich jeder dafür verantwortlich fühlt und alle als gemeinsames Ziel "Korruptionsfreies Unternehmen" verfolgen.

Das bedeutet zum einen, dass jeder im Rahmen seiner Aufgaben dafür sorgen muss, dass Außenstehende keine Möglichkeit zur unredlichen Einflussnahme auf Entscheidungen haben. Das bedeutet aber auch, dass korrupte Kollegen nicht aus falsch verstandener Solidarität oder Loyalität gedeckt werden müssen. (...)

**9. Unterstützen Sie das Unternehmen beim Erkennen fehlerhafter Organisationsstrukturen, die Korruption begünstigen.**

Oftmals führen lang praktizierte Verfahrensabläufe dazu, dass sich Nischen bilden, in denen Korruption besonders gut gedeihen kann. Das können Verfahren sein, bei denen nur ein Mitarbeiter allein verantwortlich ist, oder aber Arbeitsabläufe, die bewusst oder unbewusst im Unklaren gehalten werden.

Hier kann meistens eine Änderung der Organisationsstrukturen Abhilfe schaffen. Daher sind alle Mitarbeiter aufgefordert, entsprechende Hinweise zu geben, um zu klaren und transparenten Arbeitsabläufen beizutragen. Ein weiteres Mittel, um Gefahrenpunkte wirksam auszuschalten, ist darüber hinaus die Rotation von Personal. In korruptionsgefährdeten Bereichen sollte daher dieses Personalführungsinstrument verstärkt eingesetzt werden. Dazu ist die Bereitschaft der Beschäftigten zu einem regelmäßigen Wechsel der Aufgaben zwingend erforderlich, auch wenn dies im Regelfall mit einem höheren Arbeitsanfall (Einarbeitungszeit) verbunden ist.

**10. Lassen Sie sich zum Thema Korruptionsprävention aus- und fortbilden.**

Wenn Sie in einem korruptionsgefährdeten Bereich tätig sind, nutzen Sie die Angebote des Unternehmens, sich über Erscheinungsformen, Gefahrensituationen, Präventionsmaßnahmen, strafrechtliche sowie arbeitsrechtliche Konsequenzen von Korruption aus- und fortbilden zu lassen. Dabei werden Sie lernen, wie Sie selbst Korruption verhindern können und wie Sie reagieren müssen, wenn Sie korrumpiert werden sollen oder Sie Korruption in Ihrem Arbeitsumfeld entdecken. Aus- und Fortbildung werden Sie sicher machen, mit dem Thema Korruption in der richtigen, gesetzestreuen Weise umzugehen. (...)

> (...) **Sartorius Verhaltenskodex**
>
> Hinweise auf zweifelhaftes Handeln oder Entscheiden erhalten Sie, wenn Sie eine der vier folgenden Fragen mit „Nein" beantworten:
>
> ▶ Ist meine Handlung legal?
> ▶ Entspricht mein Verhalten unseren Werten und Leitlinien?
> ▶ Ist mein Handeln frei von persönlichen Interessen, die nicht von arbeitsvertraglichen Regelungen abgedeckt sind?
> ▶ Hält mein Verhalten einer öffentlichen Überprüfung stand? Wie würde es in einer Zeitungsmeldung wirken?"
>
> Quelle: *http://www.sartorius.de/de/konzern/ueber-sartorius/corporate-governance/corporate-compliance/*

Der Kodex zwingt die Organisation als Ganzes zunächst zu einer Analyse der **Korruptionsanfälligkeit**, indem alle Geschäftsprozesse, Bereiche und Funktionen auf das Vorliegen entsprechender Risiken durchdrungen werden. Hierbei werden allgemeine Indikatoren der Korruptionsanfälligkeit formuliert. Zusätzlich hierzu bilden relevante Maßgrößen

▶ die Werthaltigkeit und Wertbeständigkeit der beschafften oder abgesetzten Vermögenswerte,

▶ deren Marktgängigkeit (Fungibilität) und Mobilität.

Dies ist bedeutsam, da nicht alle Konzernbereiche gleichermaßen korruptionsanfällig sind. Aufgrund des Grundsatzes der Wirtschaftlichkeit und Wesentlichkeit sollen sich die (kostenträchtigen) Maßnahmen auf relevante Bereiche konzentrieren. Das Vorgehen entspricht der Konzeption des sog. „risikoorientierten Prüfungsansatzes" (vgl. hierzu noch nachfolgende Ausführungen).

Es wird eine konzernweite für die Korruptionsbekämpfung verantwortliche, nicht in die operativen Prozesse eingebundene bzw. verantwortliche Stelle in Form des **Antikorruptionsbeauftragten** geschaffen. Materiell steht dieser in methodischer und inhaltlicher Nähe zu einem Qualitäts- bzw. Risikobeauftragten.

Auf Basis der Risikoanalyse und – zwecks einheitlicher Handhabung – unter konzernweiter Federführung des Antikorruptionsbeauftragten werden nun die **regelhaften Maßnahmen** der Korruptionsbekämpfung definiert und implementiert. Genannt werden u. a.

▶ Verwirklichung eines Mehr-Augen-Prinzips zur „Mit-Prüfung" bzw. „Mit-Autorisierung" von Transaktionen,

▶ Vorgabe transparenter Ablaufstandards und Zuständigkeitsregelungen in Bezug auf Massentransaktionen zur Schaffung von Transparenz und Rückverfolgbarkeit,

▶ Definition von absoluten Bagatellgrenzen für die Annahme oder Gewährung von Geschenken oder anderweitigen Vorteilen im üblichen Geschäftsverkehr (z. B. Bewirtungen, Gefälligkeiten) oder im Rahmen des Sponsorings,

▶ Maßnahmen der Personalentwicklung wie
  – planmäßige Job Rotations auf als solchen definierten Schlüsselpositionen,
  – Verteilung von Einsätzen oder Arbeiten nach dem Zufallsprinzip,
  – Vorsehen von Vertretungsregelungen, insbesondere Implementierung außerplanmäßiger, für den Mitarbeiter unvorhersehbarer Maßnahmen der kurzfristigen Vertretung, des Einsatzortwechsels etc. zur Überprüfung einer transparenten Arbeitsweise,

- Verwirklichung des „Streifen- bzw. Zeugenprinzips" in der Weise, dass in Bezug auf Korruption neuralgische Gespräche von zwei Unternehmensbeteiligten geführt werden,
▶ Sicherstellung einer lückenlosen Dokumentation und Archivierung von Vorgängen.

Es wird ausgeführt, dass Korruptionsversuche oftmals durch bewusste Verknüpfung von beruflichen mit privaten Kontakten und deren nachfolgende Intensivierung angebahnt werden. Diese Methode ist als sog. **„Anfüttern"** bekannt.

> „Bei zunehmend komplexen Wirtschaftsprozessen werden nicht nur die Ermittlungen gegen Korruption immer aufwendiger. Auch die Täter passen sich dieser Komplexität durch eine subtile Vorgehensweise an.
> Eine beliebte Methode ist das **„Anfüttern"**. Den eigentlichen Korruptionsstraftaten geht nicht selten eine Phase des gegenseitigen Testens zwischen Zuwendungsgeber und Zuwendungsnehmer voraus. Diese allmähliche Entwicklung von vertrauensvoller Nähe und Abhängigkeit wird als Anfüttern bezeichnet. Die vielfältigen Methoden des Anfütterns sind gekennzeichnet durch Intransparenz und das Verwischen von Grenzen zwischen dienstlichen Beziehungen und Privatsphäre.
> Zu den Klassikern des Anfütterns gehören:
> ▶ Eventfinanzierungen wie Weihnachtsfeiern, Besuche auf dem Oktoberfest oder auf Messen, Hubschrauberflüge oder Pferderennen in Monaco als „Dankeschön" und „Anerkennung für die gute Zusammenarbeit". Nicht selten übernimmt das einladende Unternehmen auch Reise- und Übernachtungskosten für Begleitpersonen.
> ▶ Die Ausstattung des Arbeitsplatzes mit moderner Bürotechnik oder die Überlassung von Autos auf Kosten des Auftragnehmers. Die häufig als „kleine Aufmerksamkeit" umschriebene Zuwendung soll, so die Rechtfertigung, dazu dienen, den Auftrag im beiderseitigen Interesse leichter abzuwickeln. Dass Autos und Elektronikgeräte auch privat genutzt werden, wird stillschweigend vorausgesetzt.
> ▶ Das „Sponsoring" von Sportvereinen und sonstigen gemeinnützigen Einrichtungen, in denen der Mitarbeiter oder seine Angehörigen Mitglieder sind.
> ▶ „Kreditvergaben" von Auftragnehmern an Mitarbeiter. Während jede Bank von ihren Kunden Sicherheiten für einen Kredit verlangt und in einem Darlehensvertrag die Verzinsung und Rückzahlungsverpflichtung regelt, fehlt es bei den sogenannten Lieferantendarlehen nicht nur an einer schriftlichen Vereinbarung, sondern es wird im gegenseitigen Einvernehmen auch auf die Rückzahlung verzichtet. Der Kredit verwandelt sich so in eine Schmiergeldzahlung.
>
> Allen Fällen gemeinsam ist die Argumentation der Empfänger, dass Einladungen und Zuwendungen des „Sponsors" rein privater Natur seien. Dementsprechend wird der Vorgesetzte auch nicht informiert. Engere persönliche oder auch freundschaftliche Beziehungen zwischen Geschäftspartnern lassen sich zwar nicht vermeiden.
> Kritisch wird es aber, wenn mit zunehmender Intensität privater Kontakte die in geschäftlichen Angelegenheiten gebotene Distanz verloren geht. Geschäftspartner in Ämtern oder Unternehmen werden angefüttert, ohne zunächst die Gefahren zu erkennen, während die Zuwendungsgeber Nähe gezielt aufbauen. Sie forschen Vorlieben und Wünsche, Schwächen oder finanzielle Nöte aus, um eine korruptive Beziehung herzustellen. Kleine Aufmerksamkeiten sollen den Eindruck erwecken, ein Geschenk werde ganz uneigennützig aus einem freundschaftlichen Anliegen heraus gewährt. Dem Begünstigten wird so die Annahme der „Aufmerksamkeit" leicht gemacht. Damit ist der Grundstein für eine dauerhaft „vertrauensvolle" Beziehung gelegt.
> Das Ziel jedes Anfütterns besteht darin, den Zuwendungsnehmer bei passender Gelegenheit zu einer Gegenleistung zu veranlassen. Schließlich wird sich der Beschenkte der „Bitte um Hilfestellung", etwa bei der Beteiligung an einer Ausschreibung, nicht entziehen können. Dabei spielen die sogenannten weichen Faktoren eine Rolle, die den Umgang mit den Geschäftspartnern bestimmen: Da wird bei der Überschreitung der Angebotsfrist ein Auge zugedrückt, ein Zahlendreher im Angebot übersehen oder eine besonders flexible (Eventual-)Position in das Leistungsverzeichnis eingebaut.

> „Einzelkämpfer" und Fachexperten sind deshalb potenziell eine für das Anfüttern besonders gefährdete Gruppe. Auch die Dauer einer engen Zusammenarbeit hat Einfluss auf das Korruptionsrisiko. Erhebungen des Bundeskriminalamts zufolge steigt es nach rd. dreijähriger Geschäftsbeziehung sprunghaft an.
>
> Daraus ergibt sich für die Unternehmen die Frage nach den Konsequenzen. Eine mögliche Präventionsmaßnahme ist die bei der Deutschen Bahn praktizierte Rotation, also der Wechsel eines Mitarbeiters oder einer Führungskraft von einem Bereich in einen anderen. (…)
>
> Quelle: Compliance-Bericht der Deutschen Bahn AG, vgl. *www.deutschebahn.com/site/shared/de/dateianhaenge/berichte/compliance-bericht06-07.pdf*

Derartige Verhaltensweisen dienen dem Zweck, Korruption bewusst weg von der „harten" Kriminalität („Übergabe von Geldkoffern") in Richtung auf eine quasi-private „**Nachbarschaftshilfe**" zu rücken.

Für die Korruptionsbekämpfung erweist sich als problematisch, dass auf der einen Seite Teambuilding und Zusammenhalt innerhalb der Belegschaft z. B. durch Betriebssport bewusst gefördert werden, andererseits private Kontakte zwischen Unternehmensangehörigen Korruption begünstigen können. Da der private Austausch nicht „verboten" werden kann, kommen **Maßnahmen der Sensibilisierung und Fortbildung** der Mitarbeiter einer besonderen Bedeutung zu.

Diesbezüglich hat sich die persönliche Ansprache als der effizienteste Kommunikationskanal erwiesen. Gegenstände der Kommunikation sind insbesondere

- Erscheinungsformen und Verhaltensmuster der Korruption, insbesondere der Anbahnung,
- die Sicherstellung der Kenntnis und Verinnerlichung der Verhaltensrichtlinie,
- die regelmäßige Unterzeichnung einer entsprechenden Verpflichtungserklärung als Ergebnis des Kommunikationsprozesses,
- die aktive Mitwirkung der Mitarbeiter an der Optimierung des Systems i. S. eines kontinuierlichen Verbesserungsprozesses

als regelhafte Kommunikationsinhalte. Besondere Kommunikationsanlässe, welche eine intensivere Kommunikation erfordern, bilden

- die Einstellung neuer Mitarbeiter,
- wesentliche Änderungen der Verhaltensvorgaben.

Darüber hinaus werden Kanäle einer **ad hoc-Kommunikation** in Form einer – auf Wunsch anonymen – Hotline zum Antikorruptionsbeauftragten errichtet.

Die **Compliance-Überwachung** bildet das „Dach" eines CMS. Sie zielt darauf ab, festzustellen, ob das CMS unter Beachtung der angewandten CMS-Grundsätze angemessen ausgestaltet und wirksam ist.

- **Angemessenheit** bedeutet, dass die in der CMS-Beschreibung des Unternehmens dargestellten Grundsätze und Maßnahmen „auf dem Papier" so ausgestaltet und implementiert sind, dass Risiken für wesentliche Regelverstöße mit hinreichender Sicherheit rechtzeitig erkannt und Verstöße verhindert werden. Es ist der grundsätzliche Aufbau des Systems in der Theorie zu überprüfen (**Aufbauprüfung**).
- **Wirksamkeit** impliziert, dass die in der CMS-Beschreibung dargestellten Grundsätze und Maßnahmen in der Realität, d. h. „im Tagesgeschäft" innerhalb eines bestimmten Zeitraums durchgängig und regelgerecht angewandt wurden, d. h., dass das System in der Praxis funktioniert (**Funktionsprüfung**).

Ein schon „auf dem Papier" als unangemessen beurteiltes CMS muss in der Folge nicht mehr auf Funktionsfähigkeit beurteilt werden. Zugleich kann eine fehlende oder unvollständige Dokumentation des CMS zu Zweifeln an der Funktionsfähigkeit führen.

Der Anhang zum Sartorius Antikorruptionskodex weist einen **Indikatorenkatalog** auf. Eine Reihe von Indikatoren können Warnsignale im Hinblick auf Korruptionsgefährdung sein, zum Beispiel wenn sie stark ausgeprägt sind oder häufiger oder in Kombination mit anderen auftreten.

Für sich allein betrachtet lassen die Indikatoren aber nicht zwangsläufig auf ein Fehlverhalten schließen. Ein mechanisches Abarbeiten solcher Indikatorenkataloge induziert oder erhöht sogar die Gefahr, dass angesichts der vielfältigen Erscheinungsformen der Korruption besondere Ausprägungsformen nicht erkannt werden.

**ABB. 388: Indikatoren in Bezug auf Korruptionsgefährdung**

| Personenbezogene Indikatoren | Systembezogene Indikatoren | Aufgabenbezogene Indikatoren |
|---|---|---|
| ▶ Persönliche Probleme (Sucht, Überschuldung, Frustration etc.) <br> ▶ Geltungssucht <br> ▶ Mangelnde Identifikation mit dem Unternehmen und der Aufgabe <br> ▶ Gezielte Umgehung von Kontrollen, Abschottung einzelner Aufgabenbereiche <br> ▶ Inanspruchnahme von betrieblichen Einrichtungen von Geschäftspartnern, insbesondere von Lieferanten, z. B. Freizeitanlagen, Ferienwohnungen oder Veranstaltungen <br> ▶ Unerklärlich hoher Lebensstandard <br> ▶ Widerstand gegen Aufgabenänderungen, insbesondere, wenn diese mit Beförderungen oder Gehaltsvorteilen verbunden sind <br> ▶ Häufige, auch kleine Unregelmäßigkeiten, Übersehen oder Umgehen von Vorschriften <br> ▶ Abweichungen zwischen Dokumentationen im Vorgang und tatsächlichem Verlauf | ▶ Zu große Aufgabenkonzentration auf eine Person <br> ▶ Unzureichende Kontrollen, zu schwach ausgeprägte Aufsicht <br> ▶ Zu große unkontrollierte Entscheidungsspielräume <br> ▶ Fehlende, schwer verständliche oder undurchführbare Vorschriften | ▶ Auffallend entgegenkommende Behandlung durch Dritte <br> ▶ Vermeiden des Einholens von Vergleichsangeboten <br> ▶ Erhebliche bzw. wiederholte Überschreitung der vorgesehenen Auftragswerte <br> ▶ Auffallend häufige „Rechenfehler", Nachbesserungen in Spezifikationen, aufwändige Nachtragsarbeiten <br> ▶ Nebentätigkeiten von Beschäftigten für Firmen, die gleichzeitig Kunden oder Auftragnehmer sind <br> ▶ Häufige „Dienstreisen" zu bestimmten Firmen (auffallend insbesondere dann, wenn eigentlich nicht erforderliche Übernachtungen anfallen). |

Quelle: *http://www.sartorius.de/de/konzern/ueber-sartorius/corporate-governance/corporate-compliance/*

In der Folge können z. B. für die genannten Indikatoren operable Maßgrößen identifiziert werden, um eine wirksame Organisationsanalyse und Arbeitsplatzbewertung vornehmen zu können. Für die systembedingten Indikatoren sind das z. B.:

| ABB. 389: | Operationalisierung der Korruptionsindikatoren mittels Maßgrößen | |
|---|---|---|
| Fraud-Indikator | Aufbauprüfung | Funktionsprüfung |
| Zu große Aufgabenkonzentration auf eine Person | ▶ Kontrollspanne, Anzahl unterstellter Mitarbeiter<br>▶ Durchführung einer stellenbezogenen Arbeitszeit-/Arbeitswertanalyse | ▶ Überstundenquote in % der Regelarbeitszeit<br>▶ Ausmaß an Zeitüberschreitungen bei Terminsachen, Projekten |
| Unzureichende Kontrollen, zu schwach ausgeprägte Aufsicht | ▶ Berichts- und Informationspflichten lt. Stellenbeschreibungen, Erfordernis von Doppelunterschriften<br>▶ Vorliegen eines durchgängigen Anweisungs-/Kontrollkonzepts | ▶ Durchschnittliche Kontrollintensität durch unmittelbaren Vorgesetzten und/oder interne Revision<br>▶ Frequenz der regelmäßigen Teambesprechungen |
| Zu große unkontrollierte Entscheidungsspielräume | ▶ Limitierungen der Befugnisse<br>▶ Vorliegen eines hierarchisch abgestuften Berechtigungskonzepts | ▶ Verluste, Fehlschläge pro Stelle<br>▶ Auftreten von Irregularitäten, Versetzungen, Abmahnungen |
| Fehlende, schwer verständliche oder undurchführbare Vorschriften | ▶ Vorliegen von Standards, Regelungen z. B. im Organisations- oder QM-Handbuch<br>▶ Vorhandensein eines durchgängigen Schulungskonzepts<br>▶ Turnusmäßige Abgleiche und Aktualisierung von Vorschriften z. B. durch Rechtsabteilung | ▶ Auftreten von Rückfragen und hieraus resultierende Betriebsunterbrechungen/Leerzeiten<br>▶ Störfallquote<br>▶ Schulungen pro Mitarbeiter und Jahr<br>▶ Durchschnittliche Dauer bis zur Aktualisierung von Vorschlägen. |

Im Ergebnis zeitigt Compliance einen wirtschaftlichen Nutzen für die Unternehmen und deren Eigentümer durch die Vermeidung von Kosten, insbesondere durch Schäden, Strafzahlungen oder Imageverlusten. Sie soll das Unternehmen präventiv vor Fehlverhalten bewahren, das auf Unwissenheit oder Fahrlässigkeit beruht. Der zentrale Erfolgsfaktor der Umsetzung der Compliance-Anforderungen besteht darin, die in der Praxis zweifellos schon eingeleiteten Compliance-Aktivitäten – etwa Vertragsmanagement, Anti-Korruptions-Management, Produkthaftung – in einem Compliance Management-System zu integrieren, um insoweit Insellösungen mit uneinheitlichen Standards zu vermeiden.

Prinzipiell kann sich ein Unternehmen nur beschränkt gegen Compliance-Schäden schützen. Es ist aber eine Pflicht der Unternehmensleitung, i. S. der Befolgung der Business Judgement Rule alle notwendigen Maßnahmen nachvollziehbar zu veranlassen. Im Falle eines Verstoßes gegen diese Pflicht kann das Management aufgrund einer unzureichenden Compliance-Organisation persönlich haftbar gemacht werden.

## 4. Risikomanagementsystem

### 4.1 Gesetzliche Grundlagen

Als **Risikomanagementsystem** wird „die Gesamtheit aller organisatorischen Regelungen und Maßnahmen zur Risikoerkennung und zum Umgang mit den Risiken unternehmerischer Betätigung" bezeichnet (IDW PS 340, Tz. 4). Hierzu gehört auch ein Überwachungssystem, das die Einhaltung der getroffenen Maßnahmen sicherstellt.

Das Risikomanagementsystem im ursprünglichen und zugleich engen Sinne bezieht sich vorrangig auf die Optimierung des betrieblichen Versicherungsschutzes. Sein Gegenstand sind insoweit die **elementaren oder versicherbaren Risiken** (z. B. Feuer-, Diebstahl- und Haftpflichtrisiken), die nur Verlustgefahren, aber keine Gewinnchancen induzieren.

Der zeitgemäße, weite Ansatz bezieht auch die **spekulativen oder unternehmerischen Risiken** ein, die neben Verlustmöglichkeiten auch Gewinnchancen bergen. Folglich dient ein derart aufgefasstes Risikomanagementsystem der generellen Existenzsicherung und erfolgreichen Weiterentwicklung der Unternehmung, insbesondere durch Bewusstmachung und Operationalisierung der Risiken.

Zweck des betrieblichen Risikomanagementsystems als unabdingbares **Instrument der Geschäftsführung** (IDW PS 720, Tz. 20, Fragenkreis 4) ist die Erfassung, Analyse und Beeinflussung der Gesamtrisikolage des Unternehmens. Im Grundsatz ist das Unternehmen somit derart zu führen, dass alle Risiken erkannt, bewertet und durch Einsatz risikopolitischer Instrumente beherrscht werden und der Bestand der Unternehmung jederzeit gewährleistet bleibt.

Theoretische Grundlagen und praktischer Einsatz des Risikomanagementsystems sind nicht neu. Sein Aufkommen in der betrieblichen Praxis erfolgte etwa zeitgleich mit der flächendeckenden Verbreitung der strategischen Planungsinstrumente in Deutschland. Den Anstoß bildeten jeweils die diskontinuierlichen wirtschaftlichen Rahmenbedingungen und externen Schocks der Periode ab 1970 (Ölkrise, Freigabe der Wechselkurse) analog zu den Instrumenten der strategischen Unternehmensplanung (vgl. schon Kapitel II).

Die aktuelle Bedeutung des Risikomanagementsystems resultiert aus der Neueinführung des § 91 Abs. 2 AktG im Rahmen des **KonTraG** im Jahre 1998. Demnach hat „der Vorstand geeignete Maßnahmen zu treffen, insbesondere ein Überwachungssystem einzurichten, damit den Bestand der Gesellschaft gefährdende Entwicklungen früh erkannt werden". Hervorragende gesetzliche und betriebswirtschaftliche Aufgabe des Risikomanagementsystems ist mithin die **Frühaufklärung**.

Die Verpflichtung hat **deklaratorischen Charakter** und konkretisiert nur die seit jeher bestehende Obliegenheit des Vorstands einer AG zur Einrichtung eines angemessenen Risikomanagementsystems und einer angemessenen Internen Revision im Rahmen seiner allgemeinen Leitungsaufgabe (§ 76 AktG). Die Verletzung dieser Organisationspflicht kann eine Schadensersatzpflicht begründen (§ 93 Abs. 2 AktG).

Der Vorstand muss ein Risikomanagementsystem nicht nur **einrichten**, sondern auch umfassend **dokumentieren**. Eine unterbliebene Dokumentation bildet einen wesentlichen Gesetzesverstoß, führt regelmäßig zur Besorgnis einer Pflichtverletzung und kann die Nichtigkeit einer

Entlastung des Vorstands bedingen (so LG München I, Urteil vom 5.4.2007, in: BB 2007, S. 2170 ff.).

Ausdrücklich beschränkt der Gesetzgeber in der amtlichen Gesetzesbegründung die Regelung nicht auf die Aktiengesellschaft, sondern geht davon aus, dass für **andere Rechtsformen** je nach ihrer Größe, Komplexität usw. nichts anderes gilt. Insoweit ergibt sich eine **Ausstrahlungswirkung** auf den Pflichtenrahmen der Geschäftsführer anderer Gesellschaftsformen.

Große und mittelgroße Kapitalgesellschaften haben im **Lagebericht** die voraussichtliche Entwicklung mit ihren wesentlichen Chancen und Risiken zu beurteilen und zu erläutern; zugrunde liegende Annahmen sind anzugeben (§ 289 Abs. 1 Satz 4 i.V. m. § 264 Abs. 1 HGB). Hieraus folgt, dass das Risikomanagement als integriertes Risiko-Chancen-Management aufzufassen und demnach um eine chancenorientierte Komponente zu ergänzen ist. Die Vorschrift steht in einem inneren Zusammenhang zum § 91 Abs. 2 AktG, denn für eine gesetzeskonforme Risikoberichterstattung ist ein funktionsfähiges Risikomanagementsystem als verlässliche Datengrundlage zwingende Voraussetzung.

Daneben ist gem. § 289 Abs. 2 Nr. 2 HGB im Lagebericht zu berichten über

- die Risikomanagementziele und -methoden der Gesellschaft einschließlich ihrer Methoden zur Absicherung aller wichtigen Arten von Transaktionen, die im Rahmen der Bilanzierung von Sicherungsgeschäften erfasst werden, sowie
- die Preisänderungs-, Ausfall- und Liquiditätsrisiken sowie die Risiken aus Zahlungsstromschwankungen, denen die Gesellschaft ausgesetzt ist,

jeweils in Bezug auf die Verwendung von Finanzinstrumenten durch die Gesellschaft und sofern dies für die Beurteilung der Lage oder der voraussichtlichen Entwicklung von Belang ist. Kapitalgesellschaften i. S. des § 264d HGB haben überdies im Lagebericht die wesentlichen Merkmale des internen Kontroll- und des Risikomanagementsystems im Hinblick auf den Rechnungslegungsprozess zu beschreiben (§ 289 Abs. 5 HGB).

§ 317 HGB kodifiziert darüber hinaus für nicht kleine Kapitalgesellschaften eine **Prüfungspflicht** im Rahmen der **Abschlussprüfung** hinsichtlich der Darlegungen im Lagebericht und für börsennotierte Aktiengesellschaften außerdem auch hinsichtlich des Bestehens eines geeigneten Risikomanagementsystems als solchem.

## 4.2 Risikobegriff

Die betriebswirtschaftliche Literatur enthält zahlreiche Definitionen des Risikobegriffs. Im weiteren Sinn versteht man unter **Risiko** die Unsicherheit bzw. die Möglichkeit des Abweichens von einem erwarteten Wert. Die Abweichung kann dabei sowohl positiv (Chance) als auch negativ (Risiko im engeren Sinn) sein (vgl. nachfolgende Abbildung).

In diesem Kontext ist eine **enge Sichtweise** des Risikobegriffs zu unterstellen, d. h. eine Interpretation des Risikos als „Möglichkeit ungünstiger künftiger Entwicklungen, die mit einer erheblichen, wenn auch nicht notwendigerweise überwiegenden Wahrscheinlichkeit erwartet werden" (IDW RS HFA 1, Tz. 29). Der IDW RS HFA 1 (vgl. FN-IDW 1998, S. 318 ff.) wurde zwar im Jahr 2005 vom IDW aufgehoben, seinen Regelungen für die bereits zum Inkrafttreten des KonTraG am 1.5.1998 kodifizierten Lageberichtsteile wird aber weiterhin materielle Gültigkeit zuerkannt, da im Vergleich zur damaligen Gesetzeslage zwischenzeitlich nur zusätzliche Berichtsteile hinzugekommen sind.

Daneben sind auch die Regelungen des vom BMJ bekannt gemachten **Deutschen Rechnungslegungs Standard Nr. 20 (DRS 20) „Konzernlagebericht"** relevant, der den inzwischen aufgehobenen Deutschen Rechnungslegungs Standard Nr. 5 „Risikoberichterstattung" (DRS 5) in die Tz. 135 ff. integriert hat. Die Standards gelten gem. § 342 Abs. 1 Nr. 1 i.V. m. Abs. 2 HGB formell nur für Konzernlageberichte (§ 315 HGB), ihre Anwendung für Lageberichte nach § 289 HGB wird empfohlen (DRS 20, Tz. 2).

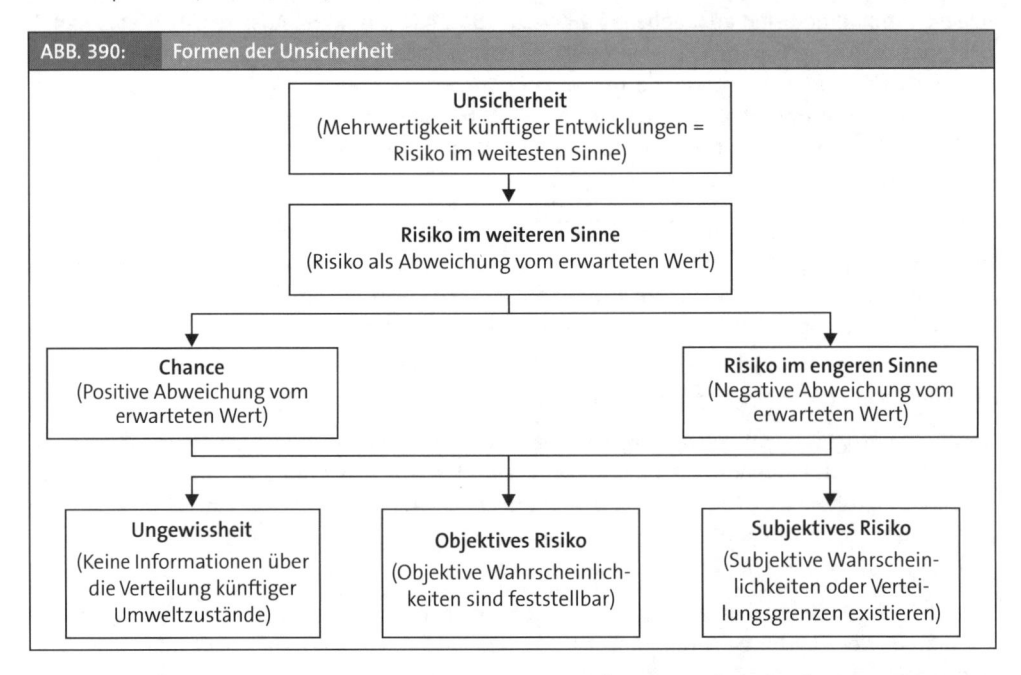

**ABB. 390: Formen der Unsicherheit**

```
                    Unsicherheit
        (Mehrwertigkeit künftiger Entwicklungen =
              Risiko im weitesten Sinne)
                         │
                         ▼
              Risiko im weiteren Sinne
        (Risiko als Abweichung vom erwarteten Wert)
              │                        │
              ▼                        ▼
          Chance                Risiko im engeren Sinne
   (Positive Abweichung vom    (Negative Abweichung vom
       erwarteten Wert)            erwarteten Wert)

    Ungewissheit         Objektives Risiko        Subjektives Risiko
(Keine Informationen über  (Objektive Wahrschein-   (Subjektive Wahrschein-
 die Verteilung künftiger  lichkeiten sind fest-    lichkeiten oder Vertei-
    Umweltzustände)        stellbar)                lungsgrenzen existieren)
```

Quelle: *Baetge/Schulze*, in: DB 1998, S. 939.

Jede unternehmerische Tätigkeit ist mit zahlreichen Risiken behaftet. Ihre vollständige Erfassung und Analyse ist daher illusorisch. Aus diesem Grund konzentriert sich das Risikomanagement auf die Erkennung und Steuerung bestandsgefährdender bzw. wesentlicher Risiken (IDW RS HFA 1, Tz. 30 ff.). Diese Begriffstrennung hat im Grunde aber nur eine theoretische Natur, denn auch unwesentliche Risiken können durch die zeitliche Kumulation oder/und die Gesamtschau aller Risiken durchaus wesentlichen bzw. bestandsgefährdenden Charakter annehmen.

Ein **bestandsgefährdendes** Risiko ist dann gegeben, wenn die Unternehmensleitung aufgrund der wirtschaftlichen Verhältnisse nicht mehr von der Prämisse der Unternehmensfortführung ausgehen kann. Hierbei ist von einem Prognosezeitraum von zwölf Monaten, gerechnet vom Abschlussstichtag des letzten Geschäftsjahrs an, auszugehen. Für Unternehmen mit längeren Produktionszyklen (Zeitraum der Mittelbindung für Gegenstände des Vorratsvermögens bis zum Verkauf der Produkte) können längere Prognosezeiträume, die einen vollen Produktionszyklus umfassen, sachgerecht sein.

**Wesentliche Risiken** liegen dann vor, wenn sie zwar der Fortbestandsannahme nicht entgegenstehen, sich aber im Falle ihres Eintretens in wesentlichem Umfang nachteilig auf den Geschäftsverlauf bzw. die Vermögens-, Finanz- und Ertragslage auswirken und somit die künftige Entwicklung des Unternehmens beeinträchtigen können. Bei wesentlichen Risiken soll ein Prognosezeitraum von i. d. R. zwei Jahren nach dem Abschlussstichtag des Geschäftsjahrs zugrunde gelegt werden.

## 4.3 Aufbauorganisation des Risikomanagementsystems
### 4.3.1 Grundlagen

Nach *Lück* (in: DB 1998, S. 8 ff.) besteht das Risikomanagementsystem aus den drei Komponenten Frühwarnsystem, Controlling und Internes Überwachungssystem.

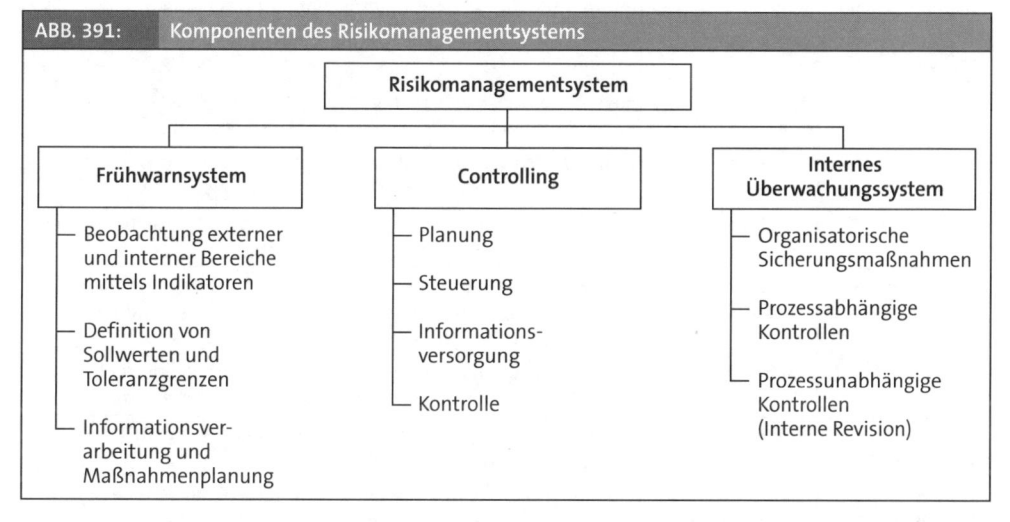

**ABB. 391: Komponenten des Risikomanagementsystems**

```
                        Risikomanagementsystem
            ┌──────────────────────┼──────────────────────┐
     Frühwarnsystem            Controlling         Internes
                                                   Überwachungssystem
```

- Frühwarnsystem:
  - Beobachtung externer und interner Bereiche mittels Indikatoren
  - Definition von Sollwerten und Toleranzgrenzen
  - Informationsverarbeitung und Maßnahmenplanung

- Controlling:
  - Planung
  - Steuerung
  - Informationsversorgung
  - Kontrolle

- Internes Überwachungssystem:
  - Organisatorische Sicherungsmaßnahmen
  - Prozessabhängige Kontrollen
  - Prozessunabhängige Kontrollen (Interne Revision)

Quelle: *Lück*, in: DB 1998, S. 9.

Für die Abgrenzung zwischen Risikomanagementsystem und Controlling bedeutet dies, dass das **Controlling ein Element des Risikomanagementsystems** darstellt.

Das Controlling wurde bereits umfassend in Kapitel I definiert, die Ebenen abgegrenzt und die Aufgaben erörtert („Aktivitäten-Viereck"). Dem Controlling kommt eine Dienstleistungsfunktion zu mit dem Ziel, die Unternehmensführung bei der Wahrnehmung der planenden, steuernden, koordinierenden und kontrollierenden Aufgaben zu beraten. Insbesondere liefert es betriebswirtschaftliche Informationen sowie periodische und ad hoc-Berichte über Erfolg, Fortschritte und Auswirkungen der implementierten Maßnahmen.

Somit soll das Controlling das leitende Management unterstützen, nicht aber ersetzen.

Aus den in den vorangegangenen Abschnitten eingehend beschriebenen Controllinginstrumenten lassen sich für Zwecke des Risikomanagementsystems z. B. folgende **risikorelevante Erkenntnisse** gewinnen:

| ABB. 392: | Controllinginstrumente zur Gewinnung risikorelevanter Erkenntnisse | |
|---|---|---|
| Ebene | Instrumente (Auswahl) | Erkenntnisse |
| Strategisch | Szenario-Analyse | Voraussichtliche Umweltentwicklung (Trends, Erwartungswert, Bandbreite) |
| | PEST-Analyse | Betroffenheitsgrad der Unternehmung von erwarteten politischen, ökonomischen, sozialen und technologischen Entwicklungen |
| | SWOT-Analyse | Wettbewerbsposition in zentralen Erfolgsfaktoren gegenüber relevanten Konkurrenten |
| | Gap-Analyse | Zielerreichungsgrad und -lücke aufgrund des aktuellen Stärken-Schwächen-Profils |
| | Portfolio-Analyse | Marktattraktivität und relative Wettbewerbsposition von strategischen Geschäftsfeldern der Unternehmung |
| Operativ – Kosten- und Leistungscontrolling | Betriebsabrechnung | Über- bzw. Unterdeckung von Kostenstellenbudgets, Marktfähigkeit interner Leistungsbereiche (Verrechnungspreisbildung) |
| | Kalkulation | Kostendeckungsgrad bzw. Gewinnspanne am Markt erbrachter Leistungen |
| | Deckungsbeitragsrechnung | Kosten- und Deckungsbeitragsstruktur, Fixkostendeckungsgrad, Break-even-Punkt, Sicherheitsspanne, kritische Werte |
| | Plankostenrechnung | Höhe von Kosten-, Beschäftigungs- und Verbrauchsabweichung (Mengen- und Preisabweichung), Ursachenanalyse |
| | Prozesskostenrechnung | Marktfähigkeit interner Leistungsprozesse, Standardisierungsgrad, Reorganisations- bzw. Auslagerungsbedarf |
| Operativ – Jahresabschlusscontrolling | Kennzahlenanalyse/ Rating | Entwicklung der Vermögenslage (Struktur, Umschlag, Modernität), Finanzlage (Struktur, Vermögensdeckung, Liquidität) und Erfolgslage (Struktur, Quellen, Rentabilität) |
| | Planbilanzen | Entwicklung der Bilanzstruktur bei hypothetischen unternehmerischen Entscheidungen (z. B. Investitionen, Auslagerungen) |
| Operativ – Finanz- und Liquiditätscontrolling | Investitionsrechnung | Absolute und relative Vorteilhaftigkeit geplanter Investitionen (Kapitalwert, Interner Zinsfuß usw.) |
| | Finanz- und Liquiditätsplanung | Planliquidität, Ein- und Auszahlungsstruktur, Grad der Einhaltung des finanziellen Gleichgewichts, Über-/Unterdeckung |
| | Kapitalflussrechnung | Höhe und Struktur des Cashflows, Innenfinanzierungsgrad, Schuldentilgungsfähigkeit |

### 4.3.2 Frühwarnsystem

#### 4.3.2.1 Begriffsbestimmung

Aus der amtlichen Gesetzesbegründung zum KonTraG geht hervor, dass die wesentliche Funktion des Risikomanagementsystems die **Früherkennung von Risiken** darstellt:

> „Die Maßnahmen der internen Überwachung sollen so eingerichtet sein, dass solche (den Fortbestand der Gesellschaft gefährdende) Entwicklungen frühzeitig, also zu einem Zeitpunkt erkannt werden, in dem noch geeignete Maßnahmen zur Sicherung des Fortbestands der Gesellschaft ergriffen werden können" (BR-Drucksache 872/97 vom 7. 11. 1997, S. 36).

Das Risikomanagementsystem dient durch rechtzeitige Risikofrüherkennung also der Insolvenzprophylaxe. Es kann daher im Grunde als **Frühwarnsystem** aufgefasst werden.

Frühwarnsysteme sollen das Unternehmen betreffende Entwicklungen rechtzeitig, präzise und nachvollziehbar unter Verarbeitung aller verfügbaren Informationen erkennen lassen. Hierzu sind zukunftsbezogene Tendenzen und Ereignisse aufzuzeigen, die wesentliche Bedeutung für den Fortbestand eines Unternehmens haben können.

Da existenzbedrohende Krisensituationen häufig plötzlich aus Konstellationen entstehen, die in der Vergangenheit als relativ stabil anzusehen waren, kommt es auf die „Offenheit" und „Lernfähigkeit" derartiger Systeme an.

Im Bereich der strategischen Planung dienen Frühwarnsysteme der Erkennung sog. „**schwacher Signale**", einem auf *Igor Ansoff* (ZfbF 1976, S. 129 ff.) zurückgehenden Terminus. Nach *Ansoff* werden Unternehmen zunehmend von Ereignissen überrascht, die zu tief greifenden Anpassungsmaßnahmen zwingen und existenzbedrohende Krisen induzieren können.

Traditionelle, „lineare" Planungsverfahren sind nicht in der Lage, solche Krisen aufzufangen. Gleichwohl werden derartige umwälzende Diskontinuitäten durch sog. „schwache Signale" angekündigt. Werden diese vagen und unscharfen Informationen erkannt, so ist das Unternehmen in der Lage, rechtzeitig Krisenmanagement betreiben zu können. Nicht zu unterschätzen ist, dass Frühwarnsysteme dem Management ein Krisenbewusstsein auch in Zeiten unproblematischer „Normalsituationen" vermitteln.

In der Literatur werden die Begriffe **Frühwarnung, Früherkennung** sowie **Frühaufklärung** gelegentlich synonym angewendet. Konsequenterweise unterscheiden sie sich jedoch wie folgt:

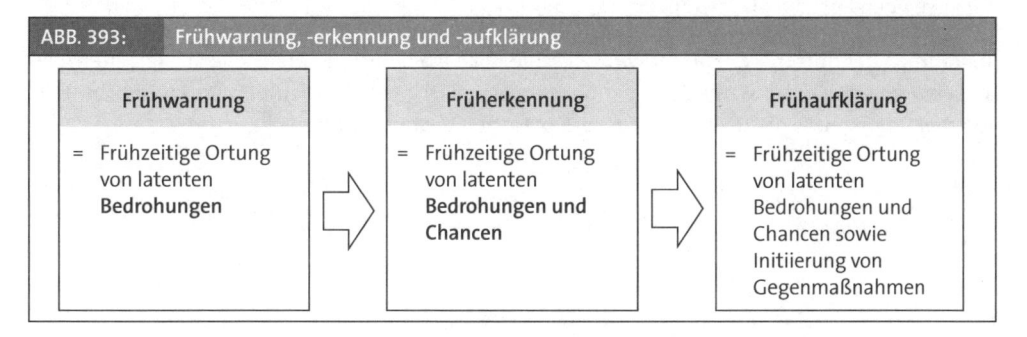

**ABB. 393: Frühwarnung, -erkennung und -aufklärung**

| Frühwarnung | Früherkennung | Frühaufklärung |
|---|---|---|
| = Frühzeitige Ortung von latenten **Bedrohungen** | = Frühzeitige Ortung von latenten **Bedrohungen und Chancen** | = Frühzeitige Ortung von latenten Bedrohungen und Chancen sowie Initiierung von Gegenmaßnahmen |

Quelle: *Krystek/Müller-Stewens*: Frühaufklärung für Unternehmen, Stuttgart 1993, S. 21.

Die Frühaufklärung ist somit eine Weiterentwicklung der Früherkennung und Frühwarnung. I. d. R. wird davon ausgegangen, dass Risiken in Verbindung mit Chancen gesehen werden und bereits im Rahmen der Risikoidentifikation Gegenmaßnahmen ins Auge gefasst werden, so dass eine Abgrenzung der Begriffe nicht notwendig ist. Die Frühwarnung kann demzufolge die beiden anderen Begriffe abdecken.

Frühwarnsysteme sind keine unmittelbare Konsequenz aus der Einführung des KonTraG. Sie sind seit langem erforscht und gehen historisch auf die Militärkunde zurück, wo sie im Rahmen der Kriegsführung eingesetzt wurden.

In der Ökonomie kamen Frühwarnsysteme zuerst in Zusammenhang mit gesamtwirtschaftlichen Konjunkturprognosen auf. Ihre Einführung in Unternehmen erfolgte erst ab 1970. Eine Reihe scheinbar unvermittelt auftretender Krisen wie die Rohstoffpreis- und Wechselkursschocks, politische Krisen und Umstürze induzierten die Notwendigkeit einer betrieblichen Risikofrüherkennung.

Nach heutigem Erkenntnisstand lassen sich Frühwarnsysteme in die folgenden **Entwicklungsstufen** einteilen:

- **Frühwarnsysteme der 1. Generation**, die rein kennzahlenorientiert sind,
- **Frühwarnsysteme der 2. Generation**, die Indikatoren zur Früherkennung verwenden, und
- **Frühwarnsysteme der 3. Generation** zur strategischen Risikofrühaufklärung.

Die Systeme der ersten Generation bestanden aus IT-gestützten Planungs- und Kontrollmechanismen zwecks Generierung von Warnmeldungen beim Über- oder Unterschreiten von vorab definierten Schwellenwerten. Eine „Frühwarnung" erfolgte im Wesentlichen in Form von Trendextrapolationen und -hochrechnungen sowie im Rahmen eines rollierenden Soll-Ist-Abgleichs. Bei den Kennzahlen handelte es sich typischerweise um jahresabschlussgestützte Rentabilitäts- und Liquiditätskennzahlen, die ggf. zu Kennzahlensystemen verdichtet wurden (z. B. ROI-Kennzahlensystem).

Die wesentliche Erweiterung im Zuge der Einführung der Systeme der zweiten Generation bestand in der Konstruktion von Frühwarnindikatoren auch für externe Beobachtungsbereiche. Aufgabe der Indikatoren war es, Chancen und Risiken aus Umweltentwicklungen abzuleiten. Abweichungen von den Sollwerten bedingen Meldepflichten und Kommunikationsströme an die jeweiligen Entscheidungsträger.

Im Rahmen der dritten Generation wurden schließlich auch unternehmerische Erfolgspotenziale und deren Entwicklung in die Analyse einbezogen. Der Unterschied zu den Vorläufern besteht vor allem darin, dass die Beobachtungsbereiche offen gestaltet sind.

| ABB. 394: | Beschreibung der Evolutionsstufen der betrieblichen Frühwarnsysteme |
|---|---|
| Stufe | Beschreibung |
| 1. Generation (Ende der 60er/ Anfang der 70er Jahre) | = **Kennzahlen- und hochrechnungsorientierte Frühaufklärung:**<br>▶ Darstellung von Über- und Unterschreitungen der bestehenden Jahrespläne durch unterjährige Hochrechnungen (kurzfristige Orientierung)<br>▶ Verbindung des klassischen Rechnungs- und Finanzwesens mit der zukunftsorientierten Unternehmensplanung<br>▶ Frühwarnfunktion durch Vorkopplungsinformationen (feed forward) mittels IT-gestützter Planungs-, Verprobungs- und Kontrollmechanismen zwecks Generierung von Warnmeldungen beim Verlassen von Toleranzkorridoren<br>▶ Begrenzte Aussagefähigkeit, da nur eine Aktualisierung bestehender Planungen erfolgt. |
| 2. Generation (Ende der 70er Jahre) | = **Indikatorgestützte Frühaufklärung:**<br>▶ Identifizierung von Frühwarnindikatoren (leading indicators), um Krisen abwenden zu können<br>▶ Problematik des Aufbaus eines Frühwarnsystems liegt in der Aufdeckung von Kausalbeziehungen zwischen Indikatoren und Risiken/ Krisen und in der Zusammenstellung eines möglichst umfassenden Katalogs leistungsfähiger Indikatoren<br>▶ Systematische Suche und Beobachtung der Entwicklungen innerhalb und außerhalb des Unternehmens durch dafür ausgewählte Frühaufklärungs-Indikatoren haben im Sinne einer ständigen und gerichteten Überwachung zu erfolgen<br>▶ Definition von Sollwerten und Toleranzgrenzen je Indikator und Warnhinweise bei Überschreitung der Toleranzgrenzen<br>▶ Nachteil: In der Praxis kaum Bedeutung von indikatorgestützten Frühwarnsystemen wegen mangelnder Erkennung und Signalisierung langfristig-strategischer Aspekte. |
| 3. Generation (Ende der 70er Jahre) | = **Strategische Frühaufklärung:**<br>▶ Orientierung an den Erfolgspotenzialen des Unternehmens, „strategisches Radar" für die Unternehmensführung zur Erfassung strategisch bedeutsamer Informationen sowie Meldung an die obersten Führungskräfte<br>▶ Ziel: Schwerpunktverlagerung vom kurzfristigen Reagieren zum frühzeitigen strategischen Agieren, Erkennung sog. „schwacher Signale" (*Igor Ansoff*)<br>▶ Anforderungsmerkmale: Einfangen von Meinungen, Stellungnahmen und Verlautbarungen von Schlüsselpersonen, Institutionen oder Organisationen bzgl. neuer Ideen sowie gezielte Auswertung bestimmter Informationsquellen/Medien<br>▶ Entwicklung hoher Problem-Sensibilisierung bei gleichzeitiger Vermeidung von Überreaktionen des Managements. |

Quelle: I. A. a. *Krystek/Müller-Stevens*, a. a. O., S. 19 f.

In der unternehmerischen Praxis sind die Evolutionsstufen miteinander vermischt, „reine" Systemtypen bestehen kaum. Vielmehr werden Frühwarnsysteme aller Generationen zur Risikoidentifikation miteinander kombiniert.

Der **Aufbau eines Frühwarnsystems** erfolgt in nachfolgenden Stufen:

| ABB. 395: | Stufen des Aufbaus von Frühwarnsystemen |
|---|---|
| Stufe | Inhalt |
| 1 | Festlegung der Beobachtungsbereiche |
| 2 | Bestimmung der Frühwarnindikatoren |
| 3 | Ermittlung der Sollwerten und Toleranzgrenzen je Frühwarnindikator |
| 4 | Festlegung der Informationsverarbeitung |

#### 4.3.2.2 Festlegung der Beobachtungsbereiche

Der erste Schritt der Einrichtung eines Frühwarnsystems besteht in der systematischen Suche und Festlegung der relevanten **Beobachtungsbereiche**. Diese ergeben sich aus dem gesamten Absatzbereich oder einzelnen Produktbereichen, daneben aus den Funktionsbereichen wie Beschaffung, Produktion, Logistik oder Vertrieb.

Neben **innerbetrieblichen** sind auch **unternehmensexterne** Beobachtungsbereiche zu identifizieren, z. B. spezifische Marktbedingungen, politische Entwicklungen oder Regulierungstendenzen.

Die relevanten Beobachtungsbereiche lassen sich z. B. wie folgt strukturieren:

| ABB. 396: | Klassifikation von Beobachtungsbereichen |
|---|---|
| Bereiche | Klassifikation |
| Allgemeine externe Bereiche | ▶ Politische Einflussfaktoren (Wahltermine, Wahlprogramme, Steuerpolitik) <br> ▶ Gesamtwirtschaftliche Einflussfaktoren (Wirtschaftswachstum, Investitionen) <br> ▶ Soziale Einflussfaktoren (Demographie, Wertewandel, Ökologie) <br> ▶ Technologische Einflussfaktoren (Produkt- und Verfahrensinnovationen) |
| Marktbezogene externe Bereiche | ▶ Beschaffungsmarktbezogene Einflussfaktoren (Rohstoffverfügbarkeit, Preise) <br> ▶ Absatzmarktbezogene Einflussfaktoren (Auftragseingänge, Preise, Export) <br> ▶ Kapitalmarktbezogene Einflussfaktoren (Zinsen, Wechselkurse) |
| Interne Bereiche | ▶ Geschäftsführungsbezogene Einflussfaktoren (Geschäftsführungsinstrumentarium, Organisations- und Führungssystem, Rechtsform, Standort) <br> ▶ Ressourcenbezogene Einflussfaktoren (Personal, Anlagen, Finanzen, Informationstechnologie) <br> ▶ Funktionsbezogene Einflussfaktoren (Forschung und Entwicklung, Beschaffung, Logistik, Produktion, Vertrieb) |

Zu den externen Beobachtungsbereichen gehören z. B. spezifische Märkte, Technologiebereiche, politische Entwicklungen sowie Entwicklungen im Umwelt-, Arbeits-, Sozial- und Steuerrecht.

Diese lassen sich der **PEST-Analyse** entnehmen, welche eine Chancen-Risiken-Analyse darstellt, die das relevante unternehmerische Umfeld bezüglich politischer, ökonomischer, sozialer und technologischer Entwicklungen untersucht (vgl. Kapitel II).

| ABB. 397: | Externe Beobachtungsbereiche der Frühwarnsysteme |
|---|---|
| Externe Beobachtungsbereiche | Identifizierung von Chancen und Risiken aus: |
| **1. Binnen- und außenwirtschaftliches Umfeld** | |
| Strukturelle Entwicklung | ▶ Investitionstendenzen <br> ▶ Bruttoinlandsprodukt pro Kopf |
| Absatzmarkt | ▶ Auftragseingänge nach Produkten und Regionen <br> ▶ Nachfragevolumen wichtiger Kunden <br> ▶ Preis- und Produktpolitik der Konkurrenz <br> ▶ Substitutionsprodukte <br> ▶ Exportmöglichkeiten <br> ▶ Stellung des Unternehmens in der Branche und Gesamtwirtschaft |
| Beschaffungsmarkt | ▶ Volumen bekannter Vorkommen von Rohstoffen <br> ▶ Durchschnittlicher Jahresverbrauch je Rohstoff <br> ▶ Preise/Konditionen der Lieferanten <br> ▶ Verfügbare Lizenzen und Patente <br> ▶ Gesetzgebung zu Rohstoffeinfuhr, -ausfuhr und -verwendung, politische Lage der Rohstoffursprungsländer |
| Arbeitsmarkt | ▶ Gewerkschaftsforderungen <br> ▶ Lohnkostenentwicklung <br> ▶ Angebot und Nachfrage qualifizierter Fachkräfte <br> ▶ Einwanderungs- und Gastarbeiterpolitik <br> ▶ Ausbildungsmöglichkeiten |
| Kapitalmarkt | ▶ Zinsniveau <br> ▶ Wechselkursentwicklungen <br> ▶ Inflationsraten <br> ▶ Möglichkeiten der Kapitalaufnahme |
| Steuern | ▶ Entwicklung der Steuern <br> ▶ Zuschussmöglichkeiten <br> ▶ Steuerbegünstigungen |
| **2. Technologisches Umfeld** | |
| Verfahrens- und Produktionstechniken | ▶ Technologische Entwicklungen <br> ▶ Änderungen bei Konkurrenten und Forschungsinstituten |

| Externe Beobachtungsbereiche | Identifizierung von Chancen und Risiken aus: |
|---|---|
| **3. Soziokulturelles Umfeld** | |
| Wertewandel | ▶ Geschmacks- und Modeänderungen <br> ▶ Lifestyle-Veränderungen <br> ▶ Veränderungen im Kaufverhalten <br> ▶ Veränderungen hinsichtlich Verbrauch und Gebrauch der Produkte |
| Bevölkerungsstruktur | ▶ Bevölkerungswachstum, -schrumpfung <br> ▶ Immigration <br> ▶ Berufsstand, Bildungsstand <br> ▶ Haushaltsgröße <br> ▶ Verfügbare Einkommen |
| Ökologisches Umfeld | ▶ Umweltwirkung der Produkte und -herstellung <br> ▶ Umweltschutzmaßnahmen |
| Politisches Umfeld | ▶ Geplante Gesetzesänderungen <br> ▶ Informationen aus Ausschüssen und Ministerien, Parteiprogramme <br> ▶ Wahltermine, Wahlprognosen |

Quelle: *Langenbeck*, BBK 1998, Fach 26, S. 813 f.

Die internen Beobachtungsbereiche folgen den Indikatoren der **SWOT-Analyse**, welche der Operationalisierung der für einen nachhaltigen Markterfolg kritischen Ressourcen und der Ermittlung der diesbezüglichen Stärken, Schwächen, Chancen und Risiken der Unternehmung im Vergleich zum stärksten Konkurrenten dient (vgl. Kapitel II).

**ABB. 398: Interne Beobachtungsbereiche der Frühwarnsysteme**

| Interne Beobachtungsbereiche | Identifizierung von Chancen und Risiken aus: |
|---|---|
| Produktprogramm | ▶ Programmbreite im Vergleich zur Konkurrenz <br> ▶ Anteil an Nachwuchs-, Star-, Cash- und Problemprodukten |
| Führung und Organisation | ▶ Dynamik, Risikobereitschaft und Innovationstätigkeit <br> ▶ Führungsstil und Verhaltensnormen <br> ▶ Verpflichtungen und Tradition |
| Personal | ▶ Entwicklungen bzgl. Fluktuation, Altersstruktur, Zufriedenheitsgrad, Arbeitsstunden, Ausbildungsstand <br> ▶ Künftige Anforderungen an den Arbeitsplatz einschließlich erforderlicher Weiterbildung <br> ▶ Krankenstände/Fehlzeiten, Personaldeckung, Lohn- und Gehaltsniveau im Vergleich zur Konkurrenz |
| Maschinenpark | ▶ Altersstruktur und Technologiestand der Maschinen <br> ▶ Instandhaltungskosten <br> ▶ Ausfälle |
| Anlagenwirtschaft | ▶ Investitionsplanungsprozesse <br> ▶ Auslastungs- und Instandhaltungsplanung <br> ▶ Qualitätsmanagement-Systeme |

| Interne Beobachtungsbereiche | Identifizierung von Chancen und Risiken aus: |
|---|---|
| Forschung und Entwicklung | ▶ Grundlagenforschung, angewandte Forschung<br>▶ Entwicklung neuer Produkte und Prozesse<br>▶ Entwicklung der Forschungs- und Entwicklungskosten<br>▶ Anteil der abgebrochenen, umgesetzten und nicht umgesetzten Forschungs- und Entwicklungsarbeiten, Terminüberschreitungen<br>▶ Marktakzeptanz und Markterfolg umgesetzter Projekte |
| Logistik | ▶ Lagerbestand und Lagerumschlag<br>▶ Beschaffungs-, Bestell- und Lagerkosten |
| Fertigung | ▶ Kapazitätsauslastung, Termintreue, Herstellzeiten, Herstellverfahren<br>▶ Ausschuss, Materialfluss, Liegezeiten |
| Verwaltung | ▶ Verwaltungskosten in Relation zum Umsatz |
| Absatz | ▶ Entwicklung von Umsätzen, Marktanteilen und Nettopreisen<br>▶ Umsatz pro Beschäftigten, nach Kundengruppen und geographischen Märkten<br>▶ Markenpolitik, Sortimentspolitik, Verpackung |
| Rechnungswesen und Berichtswesen | ▶ Steuerungsrelevanz und Zukunftsorientierung<br>▶ Effizienz der Berichtsrhythmen und Adressatenfestlegung |
| Finanzbuchhaltung | ▶ Bilanzielles und kalkulatorisches Ergebnis<br>▶ Cashflow-Entwicklung<br>▶ Kapital- und Vermögensstruktur<br>▶ Gewinnverwendung |

Für die weitere Spezifikation der Beobachtungsbereiche kann auf folgende Aufstellungen zurückgegriffen werden:

▶ Stellungnahme des IDW S 6 „Anforderungen an die Erstellung von Sanierungskonzepten",

▶ IDW PS 350 „Prüfung des Lageberichts" sowie

▶ Anhang zum IDW PS 230 „Kenntnisse über die Geschäftstätigkeit sowie das wirtschaftliche und rechtliche Umfeld des zu prüfenden Unternehmens im Rahmen der Abschlussprüfung".

#### 4.3.2.3 Bestimmung der Frühwarnindikatoren

Nach der Festlegung der relevanten Beobachtungsbereiche sind jedem Beobachtungsbereich **Frühwarnindikatoren** – i.d.R. Kennzahlen oder Kennzahlsysteme – zuzuordnen. Daneben sind auch Verkettungen und Vernetzungen zwischen einzelnen Indikatoren oder Indikatorenbündeln zu berücksichtigen.

Die internen Beobachtungsbereiche werden häufig durch die Daten des Rechnungswesens abgebildet. So lassen sich mittels der Betriebsstatistik oder den Strukturbilanzen Kennzahlensysteme generieren. Die Entwicklung der Umsatzerlöse, der Kostenstruktur sowie des Cashflows stellen wesentliche interne Indikatoren dar.

Funktionsbereichsbezogene Indikatoren sind z. B.:

- **Beschaffung/Materialwirtschaft:** Marktstruktur und Konzentration der wichtigsten Beschaffungsmärkte, Versorgungslage, Engpässe, Substitutionsmöglichkeiten, Lagerreichweite, Ausschuss- bzw. Schwundquote, Termintreue, Zahlungsbedingungen;
- **Personal:** Altersstruktur, Betriebszugehörigkeitsdauer, Fluktuationsrate, Fehlzeiten, Krankenstand, Qualifikationsstruktur, Weiterbildungsumfang, Zufriedenheitsgrad, Entwicklung der Lohnkosten;
- **Produktion:** Art der Anlagen, Altersstruktur der Anlagen, technischer Stand, Wartungsrhythmen, Instandhaltungs- und Ausfallkosten, Auslastungsgrad, Durchlaufzeiten, Ausschussquote, Termintreue, Rücklaufquote, Teilevielfalt;
- **Absatz:** Entwicklung von Umsätzen und Marktanteilen, Verteilung der Auftragsgrößen, Umsätze pro Beschäftigten, Durchdringungsgrad, Lieferbereitschaft, Servicegrad, Reklamationsquote, Wiederkaufrate, Stammkundenquote, Innovationsrate;
- **Leitungsbereich:** Führungsstil, Führungskultur, Führungstechniken, Informations- und Kommunikationswesen.

Externe Frühwarnindikatoren sind z. B. die Veränderung der Konkurrenzdichte, technologische Veränderungen, Entwicklungen auf dem Arbeitsmarkt usw.

| ABB. 399: | Externe Frühwarnindikatoren |
|---|---|
| **Beobachtungsbereich** | **Frühwarnindikatoren** |
| Gesamtwirtschaftlicher Beobachtungsbereich | Zinsen, Wechselkurse, industrielle Nettoproduktion, Tariflohnniveau, Außenhandel, Geldvolumen, Konjunkturindizes |
| Sozialer Beobachtungsbereich | Bevölkerungswachstum, Bevölkerungsstruktur, Arbeitslosenzahl, Humankapital (Bildung, Fähigkeiten) |
| Politischer Beobachtungsbereich | Gesetzesvorbereitungen, Stabilität des politischen Systems, politische Parteien, politische Wahlprogramme |
| Technologischer Beobachtungsbereich | Innovationen, Werkstoffentwicklung, Veränderungstendenzen der Produktions- und Verfahrenstechnologie |
| Ökologischer Beobachtungsbereich | Umweltverträglichkeit der Produkte, der Einsatzstoffe, der Produktionsverfahren |
| Beschaffungsbereich | Beschaffungspreise, Beschaffungskonditionen, Angebotsvolumen, Qualitätsniveau, Termintreue der Lieferanten |

<u>Quelle:</u> *Lück,* DB 1998, S. 12.

Für die Auswahl relevanter Indikatoren und den Auswahlprozess gelten folgende **Grundsätze**:

- Frühwarnindikatoren sollen neben quantifizierbaren auch qualitative Inhalte vermitteln.
- Die Festlegung der Indikatoren ist kein statischer, sondern dynamischer Prozess, d. h. die Indikatorsuche und -auswahl ist wiederholungsbedürftig und an jeweilige (Umwelt-)Veränderungen anzupassen.
- Indikatorketten/-netze können sich an (Umwelt-)Veränderungen anpassen.
- Die Definition von Zielen, Chancen und Risiken ändern sich mit der Zeit, so dass sich auch die Anforderungen an die Frühwarnindikatoren ändern.

Aus den Frühwarnindikatoren und deren Ausprägungen im Zeitablauf lässt sich ein umfassendes Steuerungs- und Risikomanagementsystem z. B. mit folgendem Aufbau ableiten:

| ABB. 400: | Beispiele für Frühwarnindikatoren | | | | |
|---|---|---|---|---|---|
| Kriterium | Strategisches Ziel | Messwert | Operatives Ziel | Frühwarnindikator | Maßnahmen |
| Marktanteil | Marktführerschaft, unter den ersten drei Anbietern weltweit | Marktanteil | EU > 20 % US > 10 % | Wachstum < Konkurrentenwachstum | Marketing, Innovationen |
| Kundenzufriedenheit | Service- und Qualitätsstandards besser als die Konkurrenz | Kundenzufriedenheitsindex | 80 % | Index < 85 % | Kundenbefragungen, Benchmarks |
| Kundenloyalität | Kundenabwanderung unter 2 % p. a. | Folgeaufträge, Kundenbeziehungsdauer | mind. 2 · p. a., Kundenbeziehung > 1 Jahr | < 1 · p. a. Länge der Kundenbeziehung | Aktive Kundenbetreuung |
| Kundenrentabilität | Steigerung des Bruttoertrags | Kundendeckungsbeitrag | Kunden-DB > 5 % vom Umsatz | DB < 5 % | Bereinigung der Kundenstruktur |
| (...) | (...) | (...) | (...) | (...) | (...) |

Quelle: I. A. a. *Brühwiler*: Riskmanagement als Führungsaufgabe, 2003, S. 188.

#### 4.3.2.4 Festlegung der Sollwerte und Toleranzgrenzen je Frühwarnindikator

Für jeden Indikator werden **Sollwerte** und **Toleranzgrenzen** anhand betrieblicher Erfahrungswerte festgelegt. Bei deren Überschreitung oder Unterschreitung erfolgt eine Warnmeldung („Alarmsignal"). In diesem Fall sind Informationen weiterzuleiten, um eine weitere Bündelung auf einer höheren Informationsebene oder eine Entscheidung bzw. Reaktion herbeizuführen. Die zu treffenden Maßnahmen können zu Gegensteuerungsmaßnahmen bis hin zu einer Überarbeitung der Unternehmensziele führen.

Für die Festlegung der Sollwerte sowie Toleranzgrenzen ist zunächst die Analyse des Verlaufs des jeweiligen Indikators in der Vergangenheit notwendig. Darauf aufbauend erfolgt die Ermittlung der Wertgrenzen, bei deren Über- bzw. Unterschreitung besondere Chancen oder Bedrohungen durch Verfehlungen zuvor definierter Ziele entstanden sind oder zu entstehen drohen.

Sodann ist eine Prognose der Indikatorentwicklung bzw. eines Gleichgewichtspfads vorzunehmen, innerhalb dessen eine ausgeglichene Chancen- bzw. Bedrohungskonstellation angenommen werden kann.

Bei der Festlegung von Toleranzgrenzen, unter- bzw. oberhalb derer Chancen oder Bedrohungen vermutet werden, kommt das Risikobewusstsein der beteiligten Führungskräfte zum Ausdruck. Während geringe Abstände zwischen Normwerten und Toleranzgrenzen auf eher risikoaverse und nach größtmöglicher Sicherheit strebende Unternehmen hindeutet, lassen weite Abstände auf risikofreudige Unternehmen schließen. Somit ist darauf zu achten, dass die Grenzen weder zu eng noch zu weit festgelegt werden.

Risikoaversion bei der Festlegung der Toleranzgrenzen bedeutet gleichsam eine größere Anzahl von Indikatormeldungen und damit einen höheren Aufwand der Informationsgewinnung und -verarbeitung.

Neben der Festlegung eines Toleranzbereichs können die außerhalb von diesem liegenden Warnbereiche weiter differenziert werden, z. B. durch die Einführung überlebenskritischer Bereiche. Der Indikator „Auftragseingänge" ist innerhalb des Toleranzbereichs als unkritisch zu erachten; sobald der Wert jedoch in den Warnbereich absinkt, hat eine Frühwarnmeldung zu erfolgen. Umgekehrt können aus der Entwicklung der Auftragseingänge auch besondere Chancen resultieren. Schließlich hat das Unternehmen zu klären, ob eine Frühwarnmeldung bereits bei einer einmaligen Über-/Unterschreitung der Toleranzgrenze oder erst bei signifikanter negativer Entwicklung zu erfolgen hat.

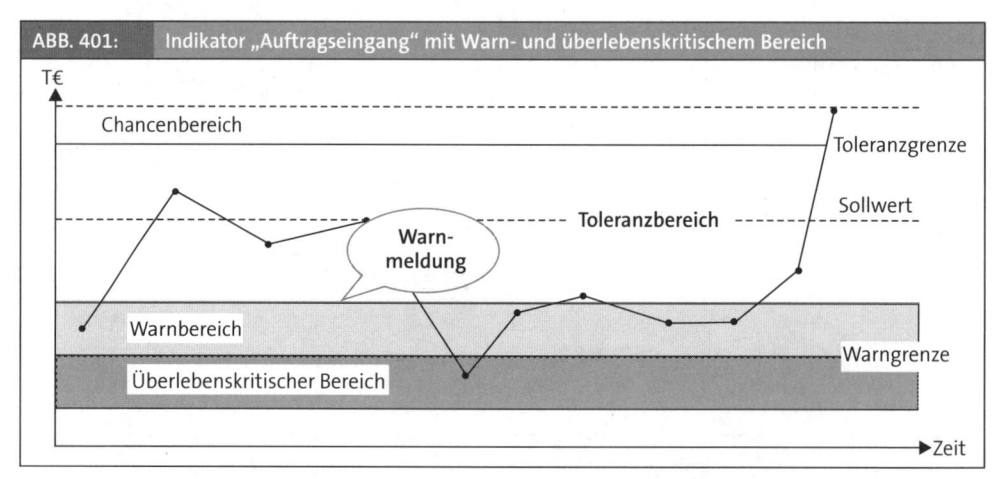

**ABB. 401:** Indikator „Auftragseingang" mit Warn- und überlebenskritischem Bereich

Quelle: *Krystek/Müller-Stewens*, a. a. O., S. 109.

### 4.3.2.5 Festlegung der Informationsverarbeitung

Um die Funktionsfähigkeit eines Frühwarnsystems zu gewährleisten, sind standardisierte Regeln betreffend die Aufnahme, Verarbeitung und Weiterleitung relevanter Informationen festzulegen sowie deren durchgängige Einhaltung zu gewährleisten.

Aus diesem Grund werden in den Aufgabenbereichen eines Unternehmens Mitarbeiter bzw. Stellen mit der Überwachung von bestimmten Indikatoren beauftragt. Diese erstellen entweder generell oder nur beim Über- bzw. Unterschreitungen der Toleranzgrenzen Meldungen in Form strukturierter Berichte z. B. für die Abteilungen Marketing, Unternehmensplanung bzw. Controlling.

Daneben empfiehlt sich zur Sicherstellung der Effizienz der Früherkennung die Erstellung eines **„Handbuchs zum Früherkennungssystem"**, in dem sämtliche Regelungen bzgl. der Beobachtungsbereiche, Indikatoren, Toleranzgrenzen, verantwortlichen Personen und Stellen, Berichtsform und Berichtsanlässe, Empfänger der Berichte, Auswertung der Berichte und Maßnahmenplanung festgehalten werden. Die Berichte können unter Verwendung des folgenden Formulars abgefasst werden:

| ABB. 402: | Reporting-Bogen zur Früherkennung |
|---|---|

| Beobachtete Umweltbereiche: _____ | Betroffene Unternehmensbereiche: _____ |
|---|---|
| Thema: _____<br>Autor / Gesprächspartner: _____ | Quelle: _____<br>Zeitpunkt: _____ |
| Beobachteter Sachverhalt: _____ ||
| Beurteilung des Sachverhalts: _____ ||
| Einfluss auf die Branche:<br>gering — mittel — stark<br>Einfluss auf das Unternehmen:<br>gering — mittel — stark | Eintrittswahrscheinlichkeit:<br>0 % — 100 %<br>Dringlichkeit:<br>gering — hoch |
| Name des Beobachters, Datum | Fähigkeit des Unternehmens zur Bewältigung:<br>gering — hoch |

Quelle: I. A. a. *Krystek/Müller-Stevens*, a. a. O., S. 189.

Die Einrichtung eines Frühwarnsystems ist ein komplexes Problem und kann letztlich nur unter Berücksichtigung der Verhältnisse im Einzelfall erfolgen. Eine Prüfung des Frühwarnsystems auf Angemessenheit und durchgängige Wirksamkeit kann etwa mittels Beantwortung der folgenden Fragen durchgeführt werden:

| ABB. 403: | Checkliste zur Beurteilung der Angemessenheit und Wirksamkeit des Frühwarnsystems |
|---|---|

▶ Sind die festgelegten Umwelt-Beobachtungsbereiche vollständig und überschneidungsfrei?

▶ Ist das Frühwarnsystem „offen", d. h. erlaubt es auch die Integration neuer, bislang nicht erfasster Risikobereiche? Werden ebenfalls sich verstärkende Wechselwirkungen zwischen risikobehafteten Entwicklungen erfasst?

▶ Ist das System in der Lage, auch auf Strukturbrüche und Diskontinuitäten zurückgehende sog. „schwache Signale" erkennen zu können?

▶ Werden geeignete Messgrößen und Indikatoren zur Operationalisierung der Beobachtungsbereiche festgelegt?

▶ Lassen die Messgrößen eine Überwachung der relevanten Entwicklungen ermöglichen und Fehlentwicklungen früh erkennen und liegen ihnen fundierte Ursache-Wirkungs-Beziehungen zu Grunde?

▶ Sind die Sollwerte und Toleranzgrenzen der Messgrößen und Indikatoren begründet und plausibel?

▶ Werden neben erwarteten Entwicklungen (Erwartungswerten) auch Bandbreiten möglicher Entwicklungen sowie der Einfluss möglicher Störereignisse im System erfasst?

▶ Liegen den Zielgrößen plausible Annahmen und Szenarien zu Grunde? Werden geeignete Verteilungsannahmen (z. B. Normalverteilung) getroffen?

▶ Erlaubt die Feststellung von Soll-Ist-Abweichungen der Indikatoren, bedrohliche Entwicklungen erkennen und ggf. Anpassungsmaßnahmen vornehmen zu können?

> ▶ Ist beim Auftreten von Warnsignalen eine zeitnahe Informationsweiterleitung sichergestellt, auch auf höhere Hierarchieebenen? Bestehen hierzu eindeutige Regelungen und ist deren Beachtung und Durchführung sichergestellt? Wird der Systemablauf vollständig und sachgerecht dokumentiert?
> ▶ Bestehen standardisierte Regeln hinsichtlich Aufnahme, Verarbeitung und Weiterleitung relevanter Informationen und der Überwachung ihrer durchgängigen Einhaltung?
> ▶ Werden die Systemparameter (Messgrößen, Indikatoren, Sollwerte und Toleranzgrenzen) in regelmäßigen Abständen überprüft und ggf. angepasst oder erweitert?

### 4.3.3 Internes Überwachungssystem

#### 4.3.3.1 Begriffsbestimmung

Nach *Lück* (in: DB 1998, S. 9) ist **Überwachung** ein mehrstufiger Informations- und Entscheidungsprozess, der alle Maßnahmen umfasst, die der Feststellung dienen, ob Zustände oder Vorgänge einer Norm entsprechen bzw. normgerecht durchgeführt werden.

Das **Interne Überwachungssystem (IÜS)** enthält demnach sämtliche in einem Unternehmen vorhandene Regelungen und Vorrichtungen mit dem Ziel,

▶ das Vermögen vor Verlusten zu sichern,

▶ die Ordnungsmäßigkeit und Zuverlässigkeit der Rechnungslegung und Berichterstattung zu gewährleisten,

▶ die Einhaltung der Geschäftspolitik sicherzustellen und

▶ den betrieblichen Wirkungsgrad sowie die Effizienz der Geschäftsprozesse zu fördern (vgl. IDW PS 261 n. F., Tz. 19).

In der Literatur werden sowohl die Begriffe „**Internes Kontrollsystem** (IKS)" als auch „**Internes Überwachungssystem** (IÜS)" verwendet. Nach IDW PS 261 n. F., Tz. 20 stellt das IKS den Oberbegriff dar. Im Fachschrifttum (vgl. *Lück*, DB 1998, S. 9) wird dagegen – in Anlehnung an die Formulierung in § 91 Abs. 2 AktG und die amtliche Gesetzesbegründung zum KonTraG – das IÜS als Oberbegriff aufgefasst, da Kontrolle eine von mehreren Formen der Überwachung darstellt. Die begrifflichen Überschneidungen sollen aber nicht weiter vertieft und beide Begriffe als synonym aufgefasst werden.

Die Sicherung des Vermögens vor Verlusten impliziert unstrittig nicht nur den Schutz vor den negativen Auswirkungen vorsätzlicher, doloser Handlungen, sondern auch vor Verlusten aus unrationellen Arbeitsweisen oder Organisationsmängeln (Opportunitätskosten). Somit beschränkt sich das IÜS nicht nur auf den Zahlungsverkehr und das Rechnungswesen, sondern umfasst – als „**organisatorischer Schleier**" – alle betrieblichen Funktions- und Leistungsbereiche mit folgenden **Bestandteilen** (IDW PS 261 n. F., Tz. 20):

▶ organisatorische Sicherungsmaßnahmen,

▶ (prozessabhängige) Kontrollen sowie

▶ die (prozessunabhängige) Prüfungstätigkeit der Internen Revision,

und besteht aus folgenden, wechselseitig miteinander in Beziehung stehenden **Komponenten bzw. Prozessschritten** (IDW PS 261 n. F., Tz. 29):

▶ dem Kontrollumfeld,

▶ Risikobeurteilungen,

- Kontrollaktivitäten,
- Information und Kommunikation sowie
- der Überwachung.

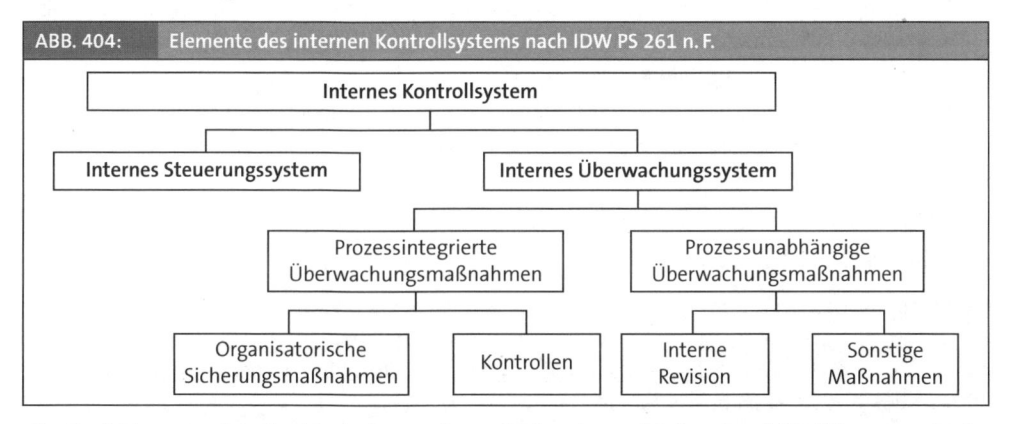

**ABB. 404: Elemente des internen Kontrollsystems nach IDW PS 261 n. F.**

```
                        Internes Kontrollsystem
                                │
              ┌─────────────────┴─────────────────┐
   Internes Steuerungssystem          Internes Überwachungssystem
                                                  │
                                  ┌───────────────┴───────────────┐
                          Prozessintegrierte            Prozessunabhängige
                          Überwachungsmaßnahmen         Überwachungsmaßnahmen
                                  │                             │
                          ┌───────┴───────┐             ┌───────┴───────┐
                  Organisatorische    Kontrollen      Interne       Sonstige
                  Sicherungsmaßnahmen                 Revision      Maßnahmen
```

Die Einrichtung und Aufrechterhaltung eines IÜS ist eine originäre **Geschäftsführungsaufgabe** (IDW PS 210, Tz. 8). Die aus den Anforderungen an das IÜS resultierenden Geschäftsführungspflichten gelten grundsätzlich größen- und branchenunabhängig.

### 4.3.3.2 Kontrollumfeld und Kontrollbewusstsein als Grundlage

Das **Kontrollumfeld** bildet den Rahmen, innerhalb dessen die Grundsätze, Verfahren und Maßnahmen des IÜS eingeführt und angewendet werden. Es ist geprägt durch die Grundeinstellungen, das Problembewusstsein sowie das Verhalten der Unternehmensleitung insbesondere in Bezug auf

- die Bedeutung von Integrität, ethischen Werten und fachlicher Kompetenz,
- die Unternehmenskultur einschließlich des praktizierten Führungsstils,
- die Zuordnung von Weisungsrechten und Verantwortung und
- die Grundsätze der Personalpolitik, z. B. Einstellungs-, Beurteilungs- und Entwicklungspolitik (IDW PS 261 n. F., Tz. 30)

und entspricht damit dem „tone at the top" aus dem Compliance Management-System. Hierbei kommt es nicht nur auf das formale Bestehen der Regelungen an, sondern vor allem auf deren durchgängige Umsetzung im Tagesgeschäft. Ein ungünstiges Kontrollumfeld kann dazu führen, dass entsprechende Regelungen nur der Form halber angewandt und nicht „verinnerlicht" werden. Andererseits ist ein günstiges Kontrollumfeld nicht automatisch mit einem wirksamen IÜS gleichzusetzen.

Indizien für das Vorhandensein eines **hinreichenden Kontrollbewusstseins** sind

- die eindeutige Regelung der Verantwortungsbereiche und Zuständigkeiten für Vorstand/Geschäftsführung, Geschäftsbereiche/Sparten, Abteilungen,
- die schriftliche Festlegung von Befugnissen,
- die regelmäßige Erstellung von Berichten an die Unternehmensleitung, welche hinreichend detaillierte Darstellungen enthalten sowie zeitgerecht vorgelegt werden,

- die Existenz sachgerechter Organisationshilfsmittel wie z. B. von Organisationsplänen, Stellenbeschreibungen, schriftlichen Anweisungen und Richtlinien, insbesondere für die ordnungsmäßige Abwicklung aller Vorgänge im Rechnungswesen,
- die durchgängig anforderungsadäquate Qualifikation der Mitarbeiter einschließlich deren Nachweis durch Einträge in Personalakten, daneben ein sinnvolles und abgestimmtes Beurteilungs-, Aus- und Weiterbildungssystem,
- das Bestehen einer wirksamen Internen Revision (vgl. in analoger Anwendung IDW PS 261 n. F., Tz. 30, ebenso die ausführliche Checkliste in IDW PS 210, Tz. 35).

#### 4.3.3.3 Prozessabhängiges Überwachungssystem

**Organisatorische Sicherungsmaßnahmen**

Als **organisatorische Sicherungsmaßnahmen** werden alle Fehler verhindernde Maßnahmen und Einrichtungen bezeichnet, die in die Aufbau- und Ablauforganisation (i. d. R. automatisch) integriert sind und der Erreichung eines vorgegebenen, gewünschten Sicherheitsniveaus dienen (IDW PS 261 n. F., Tz. 20). Konkret handelt es sich hierbei um:

- Einhaltung des Grundsatzes der Funktionstrennung,
- IT-gestützte organisatorische Sicherungsmaßnahmen wie z. B. Berechtigungskonzepte, Zugriffsbeschränkungen, Mussfeldeingaben, geschützte Datenfelder oder Datenabgleiche,
- Arbeitsanweisungen und Ablaufroutinen sowie
- das innerbetriebliche Belegwesen.

Der **Grundsatz der Funktionstrennung** verlangt, dass ein Mitarbeiter allein nicht alle Phasen eines Geschäftsvorfalls – Disposition, Ausführung und Überwachung – durchgängig vollziehen soll, ohne dass ein anderer Mitarbeiter in den Geschäftsvorgang eingreift. Beispiele für Bereiche, die grundsätzlich voneinander getrennt werden sollten, sind etwa

- Kasse und Buchhaltung,
- Lagerverwaltung und Lagerbuchhaltung,
- Einkauf und Zahlungsausgang.

Folgende **Organisationsprinzipien** folgen aus dem Grundsatz der Funktionstrennung:

- Zwecks durchgängiger Fehlervermeidung darf keine ausführende Handlung unkontrolliert bleiben.
- Funktionen sind so zu trennen, dass kein Mitarbeiter aus einer nicht regelgerechten Ausführung einer Funktion persönliche Vorteile ziehen kann.

Hierzu sind ausführende Arbeitsprozesse in vier **Grundtypen** zu unterteilen,

- Bearbeitung von Vorgängen,
- Verwaltung von Beständen,
- Buchung der Vorfälle und
- Autorisierung der Vorgänge,

die nicht alle zugleich auf eine Person konzentriert werden dürfen („Vier-Augen-Prinzip"). Idealerweise sind jegliche Grundtypen personell getrennt, so dass mindestens ein „Acht-Augen-Prinzip" entsteht, welches allerdings i. d. R. nur in großen Unternehmen realisierbar ist. Einschlägige Ausprägungen sind z. B. im

- **Einkauf:** Bestellung, Wareneingang, Zahlungsanweisung, Verbuchung;
- **Verkauf:** Vertrieb, Warenausgang, Zahlungseingang, Verbuchung.

Die in der Praxis häufige Reorganisation nach dem Prozessgliederungsprinzip (Prozessorganisation) verwirklicht die gebotene Funktionstrennung nicht konsequent. Die Eigenheit der Prozessorganisation stellt vielmehr dar, dass durch Verantwortung einer Person bzw. eines Teams für einen gesamten Vorgang die Durchlaufzeit und die Kundenorientierung erhöht werden soll.

Organisatorische Sicherungsmaßnahmen lassen sich idealer Weise durch **Einsatz der IT** vornehmen. Hierbei kann der Umstand genutzt werden, dass durch häufige Wiederholungen und Standardisierung zwangsläufig ein hoher Organisationsgrad gewährleistet wird. Beispiele sind etwa Zugriffsbeschränkungen auf Daten, Datensicherungsverfahren, geschützte Datenfelder, elektronische Unterschriften sowie Verfahren der Systemprogrammierung.

Eine wesentliche Voraussetzung für den reibungslosen Ablauf des betrieblichen Geschehens ist eine **planvolle Organisation**. Je mehr innerbetriebliche Vorgänge geordnet („organisiert") ablaufen, umso niedriger ist die Wahrscheinlichkeit, dass bewusste oder unbewusste Fehler auftreten. Gängige **Hilfsmittel**, die in schriftlicher Form vorliegen und den Mitarbeitern in geeigneter Form bekannt gemacht werden müssen, sind etwa:

- ein **Organisationsplan**, der die Über- und Unterstellungsverhältnisse im Liniensystem aufzeigt, Abteilungen mit Stabsfunktionen erkennen lässt und Bereiche der Handlungs- und Führungsverantwortung für die jeweiligen Mitarbeiter definiert;
- **Stellenbeschreibungen**, in denen die Aufgaben und Befugnisse der Stelleninhaber sowie ihre Einordnung in die Betriebshierarchie dargelegt werden, d. h. Unter- und Überstellungsverhältnisse, Befugnisse, ggf. Limitierungen sowie Regelung der Stellvertretung; gleichzeitig kann auch ein vorläufiger Einblick gewonnen werden, ob der Grundsatz der Funktionstrennung befolgt wird;
- **Verfahrensbeschreibungen und Richtlinien**, die den Inhalt und die Abfolge eines Arbeitsprozesses, z. B. einer Bestellung oder einer Auftragsannahme, regeln. Richtlinien geben den Ablauf eines routinemäßig auftretenden Prozesses in standardisierter Form vor, etwa das Veranlassen von Zahlungen, Kreditgewährungen oder die Durchführung von Investitionen;
- **Arbeitsanweisungen** zur genauen Bezeichnung der Arbeiten, chronologischen Zerlegung des Arbeitsprozesses in Teilschritte sowie zur Zuordnung von Arbeiten und Teilschritten zu Mitarbeitern.

Für deren Wirksamkeit ist von Bedeutung, dass jede bedeutende Abweichung eine rückverfolgbare „Störmeldung" induziert. Beim Überschreiten von Wesentlichkeitsgrenzen sollte diese an eine übergeordnete Instanz i. S. einer „ad hoc-Meldung" gerichtet sein.

Das **Beleg- und Formularwesen** dient der Standardisierung und leichteren Überwachung der Arbeitsabläufe durch Schriftlichkeit, Rückverfolgbarkeit sowie Beweissicherung (z. B. Kontierungsbelege). Es gewährleistet

- eine unternehmensweit gleichartige Handhabung sowie
- eine ständige, zeitgleiche Anpassung an geänderte Rahmenbedingungen.

**Kontrollen**

**Kontrollen** sind Überwachungsmaßnahmen, die in die Arbeitsabläufe unmittelbar integriert sind. Die zuständige Kontrollperson kann gleichzeitig für das Ergebnis des überwachten Prozesses verantwortlich sein, d. h., sowohl in den Arbeitsablauf eingebunden, für das Ergebnis des Prozesses als auch für dessen Überwachung verantwortlich sein (**prozessabhängige Kontrollen**).

Ziel der Kontrollen ist es, die Wahrscheinlichkeit für das Auftreten von Fehlern in den Arbeitsabläufen zu vermindern bzw. aufgetretene Fehler aufzudecken (IDW PS 261 n. F., Tz. 20 und 32). Unterschieden werden (IDW PS 261 n. F., Tz. 54)

- **fehlervermeidende** Kontrollaktivitäten: Sie bezwecken den Ausschluss von falschen Daten zur weiteren Verarbeitung durch Erwerb von Kenntnissen über mögliche Quellen der Fehlerentstehung,
- **fehleraufdeckende** Kontrollaktivitäten: Sie zielen auf eine Sicherung der Richtigkeit und Vollständigkeit der Verarbeitungsergebnisse durch auf die Verarbeitungsprozesse folgenden Kontrollaktivitäten ab.

Die Integration von Kontrollen in die Unternehmensabläufe trägt dazu bei, die Wahrscheinlichkeit von Fehlern schon während oder zumindest unmittelbar nach Beendigung eines Vorgangs zu vermindern. Kontrollen können

- fallweise oder systematisch (manuell oder automatisiert) sowie
- vor-, gleich- oder nachgelagert zum Arbeitsprozess

vorgenommen werden. Beispiele hierfür sind die Abstimmung von Konten, der Vergleich von Ausgangsrechnungen mit den Versandunterlagen angelieferter Waren oder der Abgleich von Buchbeständen mit außerhalb der Buchführung – etwa durch Inventur – ermittelten Bestandswerten.

Hinsichtlich der **Kontrollinstrumente** lassen sich Kontrollvorrichtungen, in Maschinen eingebaute oder programmierte Kontrollen sowie von Personen ausgeführte Kontrollhandlungen unterscheiden:

- **Kontrollvorrichtungen** sind etwa Registrierkassen, Arbeitszeiterfassungsgeräte, Zähl- oder Messgeräte, Stempelapparate;
- **Maschinenkontrollen** sind elektronische Steuerungs- und Abrechnungsanlagen, die einen hohen Sicherheitsstandard des Arbeitsablaufs und seiner Ergebnisse gewährleisten sollen, z. B. der rechnerischen Richtigkeit, der vollständigen Datenübertragung, der Berechtigung zur Dateneingabe etc.;
- **Kontrollhandlungen** sind von Betriebsangehörigen durchgeführte Tätigkeiten des Vergleichens, Nachrechnens, Abstimmens, Abzeichnens bzw. Entwertens.

Besondere Bedeutung bei der Implementierung von Kontrollen kommt der IT zu. Hierbei sind eingebaute programmierte Kontrollen, Verprobungen, Plausibilitätsprüfungen oder standardisierte Fehlermeldungen denkbar.

Neben den Kontrollen müssen außerdem **Sicherungen** eingerichtet werden, die die Vermögensgegenstände des Unternehmens vor Einwirkungen von Elementarereignissen schützen sollen, wie z. B. Tresore, Panzerschränke, Schließ- und Alarmanlagen oder kodierte Ausweise. Die Überprüfung der Sicherungen schließt die Begutachtung des **Versicherungsschutzes** nach Bestehen und angemessenem Umfang ein.

Eine vorläufige Begutachtung des Kontrollumfelds, Kontrollbewusstseins, der organisatorischen Sicherungsmaßnahmen und (prozessabhängigen) Kontrollen kann unter Zugrundelegung folgender Checkliste vorgenommen werden:

| ABB. 405: | Checkliste zur Beurteilung der Angemessenheit und Wirksamkeit des prozessabhängigen Überwachungssystems |
|---|---|

- ▶ Ist das allgemeine Kontrollumfeld als unbedenklich zu würdigen?
- ▶ Sind die Überwachungsregelungen wirksam, d. h. werden sie nicht nur der Form halber angewandt? Lassen Grundeinstellungen und Verhalten der Unternehmensleitung ein hinreichendes Problembewusstsein erwarten?
- ▶ Wird angemessen berücksichtigt, dass durch bewusste Umgehung und Ausschaltung, Manipulation, Missbrauch von Verantwortung oder menschliche Fehlleistungen das IÜS außer Kraft gesetzt werden kann?
- ▶ Werden die Regelungen des IÜS entsprechend der Fehleranfälligkeit von Unternehmensfunktionen und -bereiche ohne Berücksichtigung des IÜS bestimmt? Finden die Feststellungen der Risikoinventur hinreichende Berücksichtigung? Werden neuralgische Auslöser von erhöhten Risiken definiert und besonders berücksichtigt?
- ▶ Wird durch geeignete Kontrollaktivitäten sichergestellt, dass die Entscheidungen der Unternehmensleitung beachtet werden?
- ▶ Werden die für die unternehmerischen Entscheidungen und Kontrollhandlungen notwendigen Informationen in geeigneter Form eingeholt?
- ▶ Liegen den Entscheidungen umfassende und aktuelle Informationen zu Grunde? Ist deren Weiterleitung an die zuständigen Stellen im Unternehmen gesichert? Sind die Mitarbeiter über Aufgaben und Zuständigkeiten im IÜS informiert?
- ▶ Wird die Qualität dieser Informationen durchgängig sichergestellt und wird dies angemessen überprüft?
- ▶ Werden Verprobungs- und Kontrollrechnungen zur hinreichenden Absicherung durchgeführt? Werden mathematische Verfahren bzw. Stichproben sachgerecht angewandt bzw. gebildet? Wird die Validität der Daten durch geeignete Vergleichsrechnungen untermauert?
- ▶ Wird die Effizienz der Kontrollen durch ein geeignetes Beleg- und Formularwesen unterstützt?
- ▶ Verfügt das Unternehmen über ein einheitliches, standardisiertes Formularwesen? Ist die Ausgestaltung der Belege und Formulare auf dem jeweils neuesten Stand und wird deren Verwendung gesichert?
- ▶ Besteht ein geordnetes Ablagesystem, das eine umfassende Dokumentation und Rückverfolgbarkeit zulässt?
- ▶ Wird durch geeignete Überwachungshandlungen die Angemessenheit und Wirksamkeit des IÜS gesichert?
- ▶ Verfügt die Geschäftsleitung über ein fundiertes Verständnis über die Wirksamkeit des IÜS? Sind bekannt gewordene Unregelmäßigkeiten der Unternehmensleitung und dem Aufsichtsrat in voller Tragweite bewusst? Werden die Komponenten des IÜS laufend auf Verbesserungsbedarf untersucht? Werden auch Spontanprüfungen durchgeführt?
- ▶ Führen aufgetretene Unregelmäßigkeiten zu gezielten Verbesserungen im IÜS?

#### 4.3.3.4 Prozessunabhängiges Überwachungssystem (Interne Revision)

**Prüfungen** sind Überwachungsmaßnahmen durch nicht in den Arbeitsablauf einbezogene Kontrollpersonen, welche keine Verantwortung für das Ergebnis des überwachten Prozesses tragen, d. h., der Überwachungsträger ist nicht in den Arbeitsablauf integriert (**prozessunabhängige Kontrollen**).

Die **Interne Revision** ist eine unabhängige, unternehmensinterne Prüfungsinstitution, die die Unternehmensaktivitäten einschließlich der vorhandenen Kontrollen überwacht. Mitarbeiter der Internen Revision sind weder in operative Tätigkeiten einbezogen noch für das Ergebnis der überwachten Prozesse verantwortlich. Die Interne Revision ist daher der wichtigste Bestandteil der prozessunabhängigen Überwachung.

Daneben können **sonstige prozessunabhängige Überwachungsmaßnahmen** festgelegt sein, z. B. in Form von High-level controls, die im besonderen Auftrag des Leitungs- und/oder Überwachungsorgans oder durch diese selbst vorgenommen werden.

Nach § 91 Abs. 2 AktG i. V. m. § 93 AktG gehört es zur **Sorgfaltspflicht** des Vorstands einer AG, eine angemessene Interne Revision einzurichten. Die Pflicht gilt analog auch für Vorstände von Unternehmen anderer Rechtsformen, soweit Größe und Komplexität des Geschäftsbetriebs dies erfordern.

Als Stabsfunktion verfügt die Interne Revision über kein unmittelbares Weisungsrecht, jedoch über ein uneingeschränktes aktives und passives Informationsrecht. Ihre organisatorische Eingliederung erfolgt meist in Form einer unmittelbaren Unterstellung unter die Unternehmensleitung als Gesamtorgan, so dass ihre Unabhängigkeit von den zu prüfenden Instanzen gewahrt bleibt. Idealerweise wird die Interne Revision dem Aufsichtsorgan – und hier insbesondere dem nach § 324 HGB einzurichtenden Prüfungsausschuss – unterstellt, da die Aufgaben beider Instanzen wesensgleich sind. Diese Konstellation indiziert ein Maximum an Kontrollbewusstsein in Bezug auf das Leitungsorgan.

Eine **Unterscheidung von Interner Revision und Controlling** gründet sich insbesondere auf folgende Tatbestände (vgl. die grundlegenden Ausführungen in Kapitel I):

▶ Während das Controlling eine kontinuierliche Informationsversorgung des Managements zum Zwecke einer laufenden Steuerung zum Ziel hat, wird die Interne Revision situationsbedingt, schwerpunktwechselnd und turnusweise tätig.

▶ Während das Controlling von Datenrichtigkeit ausgeht bzw. die Daten sogar selbst erstellt, prüft die Interne Revision die von Dritten vorgelegten Daten auf Richtigkeit bzw. Plausibilität.

▶ Während das Controlling unmittelbar auf die Erreichung der Unternehmensziele ausgerichtet ist, stellt der Arbeitsauftrag der Internen Revision insbesondere die Risikominderung betrieblicher Systeme dar. Somit ist Ziel des Controllings die Mehrung des Vermögens, das der Internen Revision der Schutz des Vermögens.

Aus organisatorischer Sicht ist die Interne Revision ein **integraler Bestandteil des IÜS**. Die Ziele beider Institutionen sind identisch. Hingegen verhält sich das Zusammenwirken von IÜS und Interner Revision **umgekehrt proportional**. Ein mangelhaftes IÜS erfordert eine intensivere Prüfungstätigkeit seitens der Internen Revision und umgekehrt (vgl. die nachfolgenden Ausführungen zum risikoorientierten Prüfungsansatz). Die Interne Revision muss Schwachstellen im IÜS aufdecken und Verbesserungsvorschläge unterbreiten.

Im Folgenden sollen Spezifika der **Aufgaben und Arbeitsweise der Internen Revision** erörtert werden. Einzelheiten sind dem **IDW PS 321 „Interne Revision und Abschlussprüfung"** zu entnehmen.

Die Interne Revision führt Prüfungen im Auftrag der Geschäftsleitung durch, und zwar

▶ **periodische Prüfungen** im Rahmen eines mehrjährigen Prüfungsplans mit wechselnden Schwerpunkten (Routineprüfungen). Hierbei handelt es sich um Prüfungen ohne besonderen Anlass, die im Zuge der Genehmigung des mehrjährigen Prüfungsplans durch die Geschäftsleitung vorgenommen werden, sowie

▶ **Spezial- oder Sonderprüfungen** aufgrund gesonderten Auftrags der Geschäftsführung mit dem Ziel der Untersuchung von Unregelmäßigkeiten oder der Aufdeckung von Verlustquellen.

Die **Aufgabengebiete** der Internen Revision lassen sich im Einzelnen wie folgt gliedern (vgl. IDW PS 261 n. F., Tz. 20):

| ABB. 406: | Aufgabengebiete der Internen Revision | |
|---|---|---|
| (1) | Financial Auditing | Traditionelles „Kerngeschäft" der auf Ordnungsmäßigkeit und Zweckmäßigkeit gerichteten Prüfungshandlungen im Bereich des Finanz- und Rechnungswesens; insbesondere<br>▶ Prüfung von abschlussbezogenen Informationen sowie<br>▶ einzelner Sachverhalte (z. B. Geschäftsvorfälle, Kontensalden) |
| (2) | Operational Auditing | Prüfungen im organisatorischen Bereich, die aufbauend auf dem Financial Auditing eine hohe Effektivität, Ordnung und Sicherheit der Betriebsorganisation gewährleisten sollen; insbesondere<br>▶ Prüfung des IÜS auf Angemessenheit und Überwachung seiner Funktionsfähigkeit,<br>▶ Erarbeitung von Verbesserungsvorschlägen und<br>▶ Steuerung ihrer Umsetzung |
| (3) | Management Auditing | Prüfungen der Managementleistung zwecks Unterstützung der Geschäftspolitik und Erarbeitung von Entscheidungshilfen; insbesondere<br>▶ Untersuchungen zur Wirtschaftlichkeit, Rentabilität, Zweckmäßigkeit, Wirksamkeit und Sicherheit von betrieblichen Vorgängen und<br>▶ Einschätzung von Risikosituationen |
| (4) | Internal Consulting | Beratung, Begutachtung und Entwicklung von Verbesserungsvorschlägen etwa in Form von Organisations- und Ablaufanalysen oder Sonderanalysen wie<br>▶ Unternehmensbewertungen oder<br>▶ Vorteilhaftigkeitsanalysen von Großinvestitionen |

Die interne Beratung ist dabei das wertvollste Aufgabengebiet der Internen Revision, denn dem Abschlussprüfer obliegt lediglich eine Beurteilung der Ordnungsmäßigkeit und nicht die Entwicklung von Verbesserungsvorschlägen.

Die Überwachungstätigkeit der Internen Revision lässt sich in folgende wesentliche **Arbeitsschritte** einteilen:

| ABB. 407: | Arbeitsschritte der Tätigkeit der Internen Revision |
|---|---|
| (1) | Risikoorientierte Entwicklung der allgemeinen Prüfungsstrategie |
| (2) | Operative Prüfungsplanung, i. d. R. in Form eines mehrjährigen Prüfungsplans sowie der Zuteilung personeller Ressourcen zu Prüfungsschritten; ggf. auch ad hoc-Prüfungen |
| (3) | Vorbereitung der Prüfungsdurchführung, Festlegung von Prüfungszielen und Prüfungsmethoden, Prüfungszeit und Prüfern einschließlich Ankündigung der Prüfung |
| (4) | Durchführung von Prüfungshandlungen (Prüfung i. e. S.) |
| (5) | Prüfungsberichterstattung in schriftlicher Form |
| (6) | Prüfungsnachschau (follow-up) mit dem Ziel der Beseitigung der erkannten Mängel sowie der Umsetzung der vereinbarten Maßnahmen |

Die Beurteilung der **Angemessenheit** einer Internen Revision gründet sich insbesondere auf folgende **Kriterien** (IDW PS 321, Tz. 16 ff.):

- **Unabhängigkeit**, d. h., die Interne Revision hat ihre Aufgaben unbeschadet des Direktionsrechts des Vorstands selbständig und weisungsunabhängig wahrzunehmen. Sie soll als eigenständige Einheit zweckmäßigerweise an die oberste Leitungsebene angebunden sein.
- **Funktionstrennung**, d. h., die in der Internen Revision beschäftigten Personen dürfen nicht mit Aufgaben betraut werden, die außerhalb des Kontrollbereichs der Internen Revision liegen. Die Interne Revision muss insbesondere frei von operativer Verantwortung sein.
- **Vollständige Information**, d. h., die Gewährleistung des vollständigen und uneingeschränkten Informationsrechts der Internen Revision sowie ihrer uneingeschränkten Kommunikation mit dem Abschlussprüfer.
- **Quantitative und qualitative Ausstattung**, d. h., die quantitative und qualitative Personal- und Sachausstattung der Internen Revision muss Art und Umfang ihrer Aufgaben entsprechen. Die Mitarbeiter müssen über hinreichende fachliche Kompetenz, Erfahrung und Qualifikation verfügen.
- **Berufliche Sorgfalt**, d. h. die Interne Revision muss über sachgerechte interne Richtlinien für die Einstellung, Ausbildung und Weiterbildung ihrer Mitarbeiter verfügen. Die Tätigkeiten der Internen Revision sind hinreichend zu planen, durchzuführen, zu überwachen und zu dokumentieren.

Eine Interne Revision darf nicht nur pro forma vorhanden, sondern muss durchgängig wirksam sein. In der Praxis verbreitete **Negativfeststellungen** stellen insbesondere dar

- häufiges Erzwingen von Prüfungsabbrüchen oder Umlenkungen auf Weisung des Vorstands,
- Unterstellung der Innenrevision unter eine operative Abteilung (z. B. Leiter Finanzen),
- mangelhafte fachliche Qualifikation bzw. berufliche Erfahrung der Mitarbeiter,
- ungenügende personelle sowie sachliche Ausstattung (etwa fehlende IT-Prüfprogramme),
- hohe Personalfluktuation z. B. durch turnusmäßig erzwungene Versetzungen.

Angemessenheit und Wirksamkeit einer Internen Revision können damit zusammenfassend anhand folgender Checkliste beurteilt werden (I. A. a. IDW PS 321):

| ABB. 408: | Checkliste zur Beurteilung der Angemessenheit und Wirksamkeit der Internen Revision |
|---|---|
| **Angemessenheit** | **Wirksamkeit** |
| ▶ Ist die Interne Revision nach Quantität und Qualität ausreichend besetzt? <br> ▶ Ist die Interne Revision als Stabsstelle unmittelbar dem (Gesamt-)Vorstand unterstellt, idealerweise dem Aufsichtsrat bzw. dessen Prüfungsausschuss? <br> ▶ Wird das Gebot der Funktionstrennung durchgängig eingehalten? <br> ▶ Werden Mitarbeiter der Internen Revision nicht mit prozessbezogenen (operativen) Aufgaben betraut? <br> ▶ Besteht im Verhältnis zu den zu überprüfenden Einheiten ein vollständiges uneingeschränktes Zugangs-, Einsichts- und Informationsrecht, auch bei unangekündigten Prüfungen? <br> ▶ Wendet die Interne Revision anerkannte, den Grundsätzen der beruflichen Sorgfalt entsprechende Qualitätsstandards an? <br> ▶ Besteht für die Tätigkeit der Internen Revision ein mehrjähriger Prüfungsplan mit Prioritätennennung? | ▶ Werden die Prüfungen planmäßig durchgeführt und beendet? Erfolgen keine Prüfungsabbrüche durch Anweisung übergeordneter Instanzen? <br> ▶ Erfolgen zu einem gewissen Umfang der Gesamtarbeitszeit auch Prüfungen nach dem Zufallsprinzip? <br> ▶ Werden regelmäßige Prüfungs- und Tätigkeitsberichte gefertigt? Enthalten diese Verbesserungsvorschläge? Ist der Verteiler sachgerecht? <br> ▶ Besteht eine angemessene Dokumentation der Tätigkeit der Internen Revision? <br> ▶ Wird auf Feststellungen (insbesondere Negativfeststellungen) angemessen reagiert? <br> ▶ Werden Negativfeststellungen in Leitungs- und Aufsichtsgremien zeitnah und umfassend behandelt? <br> ▶ Werden entsprechende Maßnahmen ergriffen und wird dies dokumentiert? Wurde die Umsetzung der Empfehlungen zeitnah überprüft? <br> ▶ Konnte in der Praxis die Interne Revision uneingeschränkt mit dem Aufsichtsrat (wenn Unterstellung unter den Vorstand) und dem externem Abschlussprüfer kommunizieren? |

## 4.4 Ablauforganisation des Risikomanagementsystems

### 4.4.1 Grundlagen

Grundlage jedes funktionierenden Risikomanagementsystems ist eine sachgerechte, klar definierte und organisatorisch sowie zeitlich durchgängig praktizierte **Risikokultur**, die sich in den Einstellungen der Unternehmensleitung und Mitarbeiter auf allen Hierarchieebenen sowie ihrer Bereitschaft niederschlägt, Risiken bewusst wahrzunehmen, entsprechend zu kommunizieren und zu handeln.

Die Risikokultur bildet den Rahmen des Risikomanagementsystems, denn ein solches kann nur im Gegenstromverfahren unter Sensibilisierung aller Beteiligten – nicht nur des Top-Managements – funktionieren.

Es folgt die Risikoidentifikation, die auch neu entstehende und potenzielle Risiken einschließen muss. Die Risiken sind sodann zu bewerten und anhand ihres Bedrohungspotenzials für das Unternehmen zu priorisieren. Hieran schließt sich die Risikosteuerung mit dem Ziel einer Risikobewältigung an.

Das Risikomanagementsystem ist nicht nur durch ein durchgängig wirksames Informations- und Kommunikationssystem zu unterlegen, sondern auch einer permanenten Kontrolle durch Aufsichtsrat, Interne Revision und Abschlussprüfer zu unterziehen.

Die **Ablauforganisation** des Risikomanagementsystems wird üblicherweise in Form eines **Regelkreises** dargestellt. Die Entwicklung und Umsetzung dieses Prozessablaufs in der Praxis wird üblicherweise in einem mehrstufigen Workshop erfolgen. Zur Vermeidung von Betriebsblindheit und zur Gewährleistung der Vollständigkeit aller relevanten unternehmensexternen Informationen kann es sinnvoll sein, insbesondere beim erstmaligen Durchlaufen dieses Prozesses externe Berater als Moderatoren hinzuzuziehen.

| ABB. 409: | Prozess des Risikomanagementsystems (Regelkreis) | |
|---|---|---|
| Stufe | Inhalt | Einzelmaßnahmen |
| 1 | Risikokultur/ Risikobewusstsein | ▶ Schaffung einer risikoorientierten Unternehmenskultur, von Unternehmens- und Führungsgrundsätzen (insbesondere Festlegung des allgemeinen Grads der Risikoneigung und der Bedeutung von Integrität und ethischen Werten im Unternehmen) |
| | | ▶ Risikoorientierte Geschäftsführungsorganisation und Geschäftsführungsinstrumente |
| | | ▶ Organisatorische Transparenz, Informations-, Kommunikations- und Kontrollsysteme |
| | | ▶ Sachgerechte Systeme der Personalführung und -entwicklung |
| 2 | Risikoidenti- fikation | ▶ Risikoorientierte Analyse des wirtschaftlichen Umfelds, der Märkte und Konkurrenten (PEST-Analyse) |
| | | ▶ Risikoorientierte SWOT-Analyse, Stärken-Schwächen-Profile |
| | | ▶ Durchführung einer zunächst ungerichteten Risikoinventur |
| | | ▶ Nachfolgende Risikostrukturierung bzw. -klassifizierung |
| | | ▶ Ermittlung von Risikointerdependenzen (Dämpfungen bzw. Verstärkungen) |
| 3 | Risikobewertung | ▶ Quantifizierung der Schadenshöhe bei Eintritt, der Eintrittswahrscheinlichkeit sowie des Erwartungsschadens der Einzelrisiken |
| | | ▶ Abgleich von Chancen und Risiken auf Einzelbasis |
| | | ▶ Risikosimulation, Risikokorrelation |
| | | ▶ Ermittlung des Gesamtunternehmensrisikos |
| | | ▶ Ermittlung des korrespondierenden Risikodeckungspotenzials |
| 4 | Risikosteuerung | ▶ Aufstellung eines unternehmensbezogenen Risiko-Portfolios |
| | | ▶ Planung und Implementierung von Maßnahmen zur Risikobewältigung als Strategie-Mix aus Risikovermeidung, Risikoverminderung, Risikostreuung, Risikoüberwälzung, Risikotragung |
| 5 | Risikoreporting, Information, Kommunikation | ▶ Bestimmung von Risikoverantwortlichen und Verantwortungs- hierarchien |
| | | ▶ Gestaltung und Umsetzung eines Risikoberichtswesens mit sowohl dezentraler Bearbeitung als auch zentraler Erfassung |
| | | ▶ Festlegung von Limitsystemen, Adressaten, Berichtsrhythmen |
| | | ▶ Festlegung von Weiterleitungspflichten (turnusmäßig sowie ad hoc) |
| | | ▶ Festlegung von Reaktionsmechanismen und Wiedervorlagepflichten |
| 6 | Risikokontrolle | ▶ Turnusmäßige Erfolgskontrolle der implementierten Maßnahmen |
| | | ▶ Beobachtung und Auswirkungsanalyse laufender Veränderungen der Einzelrisiken/des Gesamtrisikos |
| | | ▶ Gewährleistung der Erfassung neu entstehender Risiken, ggf. Anpassung der Risikokultur an neue Situationen |

### 4.4.2 Risikoidentifikation

Risikoidentifikation ist die vollständige, logisch einwandfreie, systematische und kontinuierliche Erfassung aller die Unternehmung betreffenden Risiken und Risikopotenziale, auch **Risikoinventur** genannt. Dies erfordert sowohl eine begriffliche **Definition** des Risikos als auch die Identifikation von Risikoursachen und risikorelevanten Beobachtungsbereichen innerhalb und außerhalb der Unternehmung.

Zunächst erfolgt eine **ungerichtete Inventur aller Risiken**, die bis zum Zeitpunkt des Risikoinventars eingetreten oder bekannt geworden sind. Im Anschluss erfolgt die Klassifizierung und Typisierung der erkannten Risiken.

Risiken treten in sämtlichen betrieblichen Prozessen und Unternehmensteilbereichen auf.

Differenziert wird zumeist nach sog. reinen Risiken und sog. spekulativen Risiken. **Reine Risiken** sind unregelmäßig eintretende Schadensgefahren, denen keine Chancen gegenüberstehen, wie z. B. Erdbeben, Feuer, Sturm, Diebstahl, Sabotage, Spionage und dergleichen. Sie beinhalten somit ausschließlich die Gefahr von Vermögensverlusten. **Spekulative Risiken** umfassen daneben aber auch diejenigen Ereignisse, die sich durch unternehmerisches Handeln verlustbringend (aber auch gewinnbringend) auswirken können. Diesbezügliche Einflussfaktoren können etwa Preis- oder Nachfrageänderungen auf den Beschaffungs- sowie Absatzmärkten darstellen.

Grundlegend ist auch die Typisierung des Unternehmensrisikos in **externe und interne Risiken** entsprechend den Ergebnissen der PEST- und SWOT-Analyse.

Das **externe Marktrisiko** resultiert zum einen aus den **allgemeinen Marktbedingungen**, die sich in den wirtschafts- und gesellschaftspolitischen Verhältnissen, insbesondere im Marktpotenzial, im Konjunkturrisiko und bei Auslandsmärkten zusätzlich im Länderrisiko (Beschränkungen des Kapitaltransfers, politische Risiken) ausdrücken. Hierunter fallen auch generelle Rahmenbedingungen wie demographische Entwicklungen, Umweltveränderungen und technologische Neuerungen.

Zum anderen ergeben sich die **speziellen Marktbedingungen** aus dem Verhalten der Marktpartner, also auf der Absatzseite vor allem der Konkurrenten und Käufer, auf der Beschaffungsseite aus dem Verhalten der Lieferanten bzw. aus der Rohstoffverfügbarkeit. Beispielhaft seien Bedrohungen durch neue Anbieter, durch Substitutionsprodukte, durch entstehende Marktmacht infolge von Zusammenschlüssen, aber auch durch Veränderungen der Verbrauchs- und Geschmacksgewohnheiten der Abnehmer genannt.

Zu den möglichen Risiken zählen außerdem Änderungen der Umstände, die sich unmittelbar auf die Geschäftstätigkeit auswirken können, wie der politischen oder ökonomischen Rahmenbedingungen (Arbeitskosten, Inflationsraten, Steuern, Wechselkurse) und daneben aller relevanter gesetzlicher Regelungen (Produkt-, Produktions-, Arbeitsschutz-, Umweltschutzvorschriften).

Neben das (externe) Marktrisiko tritt das sich aus der **internen Leistungserstellung** ergebende **leistungswirtschaftliche Risiko**. Die Leistungserstellung kann

- ▶ als Ergebnis der Kombination von Produktionsfaktoren i. S. des **Faktorkombinationsmodells** von *Gutenberg* bzw.
- ▶ als Zusammenwirken der betrieblichen Leistungsbereiche i. S. der **Wertkette** von *Porter*

dargestellt werden. In diesem Sinne sind die Einzelrisiken aus Produktionsfaktoren und betrieblichen Funktionsbereichen zu unterscheiden.

Risiken aus der **Geschäftsführung** ergeben sich aus Mängeln und Unterlassungen bei der Geschäftsführungsorganisation, dem Geschäftsführungsinstrumentarium und der Geschäftsführungstätigkeit.

Die mit dem Faktor Arbeit verbundenen Risiken finden ihren Niederschlag im **Personalrisiko**. Dieses beinhaltet Risiken aus dem Personal- und insbesondere Personalbeschaffungsbereich, wie Quantität und Qualität der verfügbaren Mitarbeiter, Risiken aus der Entwicklung der Lohn- und Lohnnebenkosten, zugleich auch mögliche Missstände des dispositiven Bereichs wie Probleme im Organisations- und Führungssystem, welche die Mitarbeiterproduktivität und -motivation negativ beeinflussen.

Die Leistungserstellung im engeren Sinne ist das Ergebnis des Zusammenwirkens der betrieblichen Funktionsbereiche. Hieraus ergibt sich insbesondere das Risiko aus der Beschaffung, der Investition, der Produktion, des Absatzes und der Finanzierung.

Das **Beschaffungsrisiko** umfasst Risiken aus dem Umgang mit Lieferanten und der Problematik der Beschaffung knapper Ressourcen. Lagerhaltungsprobleme spielen dagegen zumeist eine untergeordnete Rolle, denn sie betreffen im Wesentlichen die reine Optimierung der Beschaffungsdurchführung.

Das **Anlagenrisiko** beinhaltet zum einen die Risiken, die sich aus dem bestehenden Anlagenbestand ergeben, wie z. B. die Probleme einer Überalterung des Anlagenparks, zum anderen auch das Risiko einer Fehlinvestition. Risiken des laufenden Anlagenbetriebs betreffen z. B. in operativer Hinsicht den Ausfall und die Wartung sowie in strategischer Hinsicht die Flexibilität der Kostenstruktur der Produktion und die Anfälligkeit in Bezug auf Auslastungsschwankungen. Dazu treten Risiken aus der Beschaffenheit der Produkte und insbesondere das Problem der Qualitätskontrolle (z. B. das Produkthaftungsrisiko).

Das **finanzwirtschaftliche Risiko** resultiert aus dem Finanzierungsbereich der Unternehmung. Hier ist zunächst das Risiko der Überschuldung, d. h. der Aufzehrung des Eigenkapitals durch fortlaufende Verluste, zu nennen. Das Refinanzierungsrisiko entsteht aus der zu kurzfristigen Finanzierung langfristigen Vermögens (Prolongations- oder Substitutionsrisiko). Für den Fall, dass eine Anschlussfinanzierung zwar grundsätzlich, aber nur zu verschlechterten Bedingungen möglich ist, ergibt sich das Kapitalkostenrisiko (Risiko einer Kapitalaufnahme zu nicht marktgerechten bzw. nachteiligen Bedingungen).

Diesbezüglich lässt sich das Risiko aus der Kapitalstruktur („Leverage-Effekt") anführen; dieses entsteht, wenn die Unternehmensrentabilität (Return on Investment) unter den Fremdkapitalzinssatz fällt. Ein wiederum gesetzlich fundiertes finanzielles Risiko stellt das Zahlungsunfähigkeitsrisiko dar; in umgekehrter Sichtweise ergibt sich das Ausfallrisiko im Hinblick auf seitens des Unternehmens kreditierte Lieferungen und Leistungen.

Die Leistungserstellung im engeren Sinne ist das Ergebnis des Zusammenwirkens der **betrieblichen Funktionsbereiche**. Hieraus ergibt sich insbesondere das Risiko aus der Entwicklung, der Logistik, der Produktion i. e. S. und des Absatzes.

Diese Aufstellung kann naturgemäß nicht abschließend sein. Weitere Risiken können z. B. das **Rechtsrisiko** (Durchsetzbarkeit von Verträgen) und das **IT-Risiko** darstellen.

Ein Beispiel für eine allgemeine **Risikoklassifizierung** lässt sich dem seinerzeitigen Entwurf des Deutschen Rechnungslegungs-Standard 5, Anlage A, entnehmen.

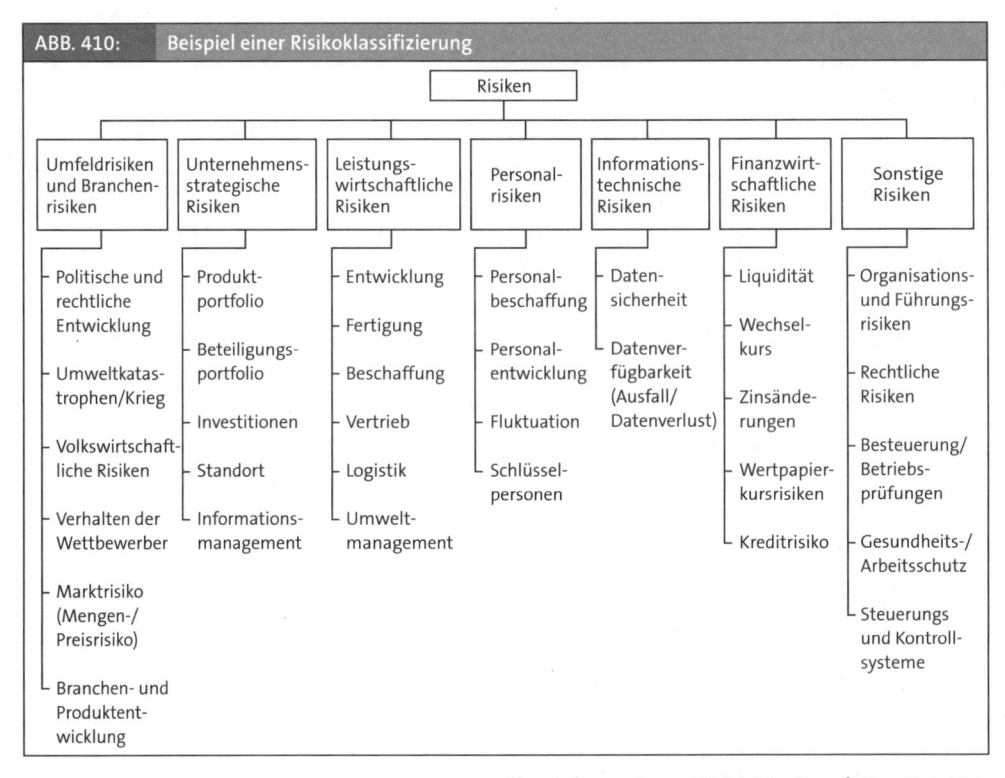

**ABB. 410: Beispiel einer Risikoklassifizierung**

| Umfeldrisiken und Branchenrisiken | Unternehmensstrategische Risiken | Leistungswirtschaftliche Risiken | Personalrisiken | Informationstechnische Risiken | Finanzwirtschaftliche Risiken | Sonstige Risiken |
|---|---|---|---|---|---|---|
| Politische und rechtliche Entwicklung | Produktportfolio | Entwicklung | Personalbeschaffung | Datensicherheit | Liquidität | Organisations- und Führungsrisiken |
| Umweltkatastrophen/Krieg | Beteiligungsportfolio | Fertigung | Personalentwicklung | Datenverfügbarkeit (Ausfall/Datenverlust) | Wechselkurs | Rechtliche Risiken |
| Volkswirtschaftliche Risiken | Investitionen | Beschaffung | Fluktuation | | Zinsänderungen | Besteuerung/Betriebsprüfungen |
| Verhalten der Wettbewerber | Standort | Vertrieb | Schlüsselpersonen | | Wertpapierkursrisiken | Gesundheits-/Arbeitsschutz |
| Marktrisiko (Mengen-/Preisrisiko) | Informationsmanagement | Logistik | | | Kreditrisiko | Steuerungs- und Kontrollsysteme |
| Branchen- und Produktentwicklung | | Umweltmanagement | | | | |

Quelle: Anhang A zum E-DRS 5, Stand: 24. 11. 2000.

Aus Gründen der Klarheit sollten nach Abschluss des Brainstormings – wie in vorstehender Abbildung – die Einzelrisiken zu geeigneten **Risikoklassen** zusammengefasst werden. Systematische Gliederungen der Risikoarten können nach betrieblichen Funktionsbereichen, Objekten (etwa Umsatzsegmenten) oder Geschäftsprozessen, nach Art und Ausmaß der Bedrohung sowie nach der Beeinflussbarkeit der Risiken erfolgen (Risikotypisierung).

Gebräuchliche **Maßnahmen** der Risikoinventur sind z. B.

▶ die Inaugenscheinnahme von betrieblichen Prozessabläufen bzw. Funktionsbereichen,

▶ die systematische Auswertung von Primärdokumenten (Verträge, Pläne, Bescheide, Belege, Vermerke, Notizen),

▶ die risikoorientierte Analyse der Aufbau- und Ablauforganisation etwa in Bezug auf Kompetenzlücken oder -überschneidungen, Verletzungen des Vier-Augen-Prinzips, Schnittstellenprobleme (erfolgt i. d. R. im Rahmen der Tätigkeit der Internen Revision),

▶ die Befragung der Mitarbeiter über Risikoquellen anhand strukturierter Fragebögen oder die Durchführung von „Risiko-Workshops",

▶ der Einsatz von Prüfbögen oder Checklisten, insbesondere für technische Betriebsrisiken oder rechtliche Vertragsrisiken,

- die Konzeption, Erfassung und laufende Analyse von systematischen Schadensstatistiken,
- die Durchführung eines betriebsübergreifenden Benchmarkings.

Schwierigkeiten, Risiken zu erfassen, treten besonders bei innovativen Prozessen auf, wobei wirtschaftliche Tätigkeiten unter weitgehend unbekannten Rahmenbedingungen durchgeführt werden. Unentdeckte Risiken bieten der Geschäftsleitung keine Chance einer nachfolgenden Einflussnahme. Infolge dessen sind Mechanismen zu implementieren, die auch eine Erfassung der Risiken gewährleisten, die keinem vorab definierten Erscheinungsbild entsprechen. Zur Erkennung **potenzieller Risiken** sollten deshalb zusätzlich Methoden der **Kreativitätstechnik** (z. B. Brainstorming) zum Einsatz kommen.

In der Praxis empfiehlt sich ein Vorgehen „von unten nach oben" („Bottom-up"), d. h. die in der operativen Verantwortung stehenden Mitarbeiter identifizieren die aus „ihrem Geschäft" resultierenden Risiken, welche dann nach „oben" verdichtet und gefiltert werden, wobei Doppelnennungen und Risikokorrelationen identifiziert werden können. Ein „Top-down"-Vorgehen gewährleistet hingegen nach h. M. nicht die Vollständigkeit der Risikoerfassung.

Aufgrund der Komplexität des Risikomanagements empfiehlt sich eine größtmögliche **Standardisierung** des Verfahrens. Dies fördert zudem einerseits die Transparenz des Verfahrens und andererseits die Akzeptanz bei den beteiligten Mitarbeitern. Hierzu trägt ein einheitliches **Formular- und Belegwesen** bei.

Die Unternehmensleitung erarbeitet zweckmäßigerweise hierzu ein risikostrategisch ausgelegtes Analyseraster (**Risikoanalysebogen**) zur Risikodokumentation. Die Verantwortlichen der operativen Einheiten erfassen in diesem Bogen lückenlos die Einzelrisiken. Hierzu sind die identifizierten Risiken zunächst i. S. einer Ursache-Wirkungs-Beziehung zu beschreiben, um Missverständnisse auszuschließen. So kann sich der Begriff „Lagerrisiko" sowohl auf Schwund oder Verderb von gelagerten Waren als auch auf das Risiko der Nichtbelieferung beziehen, „Anlagenrisiko" kann sowohl die Gefahr von Leerstand als auch von ungeplanten Aggregatausfällen meinen.

Die Risikoerfassung führt zu fundierten Einblicken in die Eintrittsvoraussetzungen von Schäden. Daher ist eine **vollständige** Sammlung und Auswertung von Informationen über alle möglichen risikorelevanten Faktoren, Gefahrenquellen und Störpotenziale notwendig. Daneben ist die **Aktualität** der Informationsgewinnung und -verarbeitung für die Effektivität eines vorbeugenden Risikomanagements bedeutsam. Verspätete Informationen verursachen höhere Kosten der Risikobewältigung und werden u. U. sogar völlig unbrauchbar.

Für die Durchführung der Risikoinventur gilt das Wertbegründungsprinzip, d. h., es sind alle Risiken einzubeziehen, die bis zum Zeitpunkt des Risikoinventars eingetreten oder bekannt geworden sind. Aus dem Vollständigkeitsgebot folgt auch, dass eine **Saldierung von Risiken und Chancen** nicht sachgerecht ist.

Sofern implementierte **Risikobewältigungsmaßnahmen** das Risiko oder einen Teil davon sicher kompensieren können, sollte nur das verbleibende Restrisiko inventarisiert werden. Entsprechende Konstellationen dürften allenfalls bei einer Überwälzung auf Versicherungen bzw. bei einem Hedging über Termingeschäfte vorliegen. Andernfalls sind die Bruttorisiken vor Bewältigungsmaßnahmen zu erfassen.

Eine entscheidende Bedeutung für die Gesamtrisikobetrachtung kommt der Erkennung von Strukturen und Querverbindungen der Einzelrisiken zu. Neben der Analyse von Ursachen und Einflussgrößen der einzelnen Risikofaktoren sind daher auch deren **Wechselwirkungen (Korrelationen)** zueinander zu erfassen und mindestens qualitativ zu bewerten; diese Querverbindungen sollten gesondert verzeichnet werden.

Die Risiken sind im Weiteren mit einem operablen **Indikator** zur späteren Messung der Risikointensität zu versehen. Aus Gründen der Nachvollziehbarkeit und Überprüfbarkeit sollte auch stets die zugrundeliegende **Datenquelle** eindeutig angegeben werden, denn „what´s not measured can´t be managed".

Es empfiehlt sich, bereits zu diesem Zeitpunkt Zuständigkeiten und Verantwortlichkeiten pro Einzelrisiko für die Weiterverfolgung zuzuweisen. Hierbei kann folgendes Formular hilfreich sein:

| ABB. 411: | Formular zur Risikoklassifizierung | | | | | | |
|---|---|---|---|---|---|---|---|
| Lfd. Nr. | Risiko | Beschreibung | Risiko-klasse | Indikator (Toleranzwert) | Daten-quelle | Wechselwirkung | |
| | | | | | | Verstärkung | Dämpfung |
| 1 | Risiko von Nachfrage-änderungen | Nachfragerückgang aufgrund mangelnder Innovationstätigkeit, mangelnder Qualität oder/und zu hoher Verkaufspreise | Leitungs-wirtsch. Risiko | Stammkundenquote (> 60 %), Rücklaufquote (< 4 %), jeweils vom Umsatz p. a. | Vertriebs-controlling | FuE-Risiko, Liquiditäts-risiko | – |
| 2 | Lagerbestands-risiko | Verderb oder Nichtauffindbarkeit von Beständen an Rohstoffen, Halbfertig- und Fertigerzeugnissen aufgrund baulicher Mängel, Mängeln in Lagermanagement und IÜS | Leistungs-wirtsch. Risiko | Fehlquote (< 1,5 %), Abschreibungsquote (< 3 %), jeweils vom Materialaufwand p. a. | Waren-wirt-schafts-system | Anlagen-risiko, Liquiditäts-risiko | Nachfragerisiko |
| 3 | Anlagen-risiko | Risiko von Investitionsstaus, Anlagenausfallkosten etc. aufgrund der Verwendung veralteter Anlagen | Anlagen-risiko | Restwertquote in % der historischen AHK (> 40 %) | Anlagen-buchhaltung | Produkt-haftungs-risiko, Terminrisiko | Liquiditätsrisiko, Auslastungs-risiko |
| 4 | Personal-kosten-risiko | Risiko negativer Erfolgssituation aufgrund von überhöhtem Personalbestand bzw. Personalkostenerhöhung | Personal-risiko | Wachstumsrate Personalkosten in % p. a. (< 3 %) | Arbeits-markt- bzw. Tarif-prognose | Liquiditätsrisiko, Personalakquisitionsrisiko | Abhängigkeit von Lieferanten |

| Lfd. Nr. | Risiko | Beschreibung | Risiko-klasse | Indikator (Toleranzwert) | Daten-quelle | Wechselwirkung | |
|---|---|---|---|---|---|---|---|
| | | | | | | Verstärkung | Dämpfung |
| 5 | Ausfall-risiko | Risiko der Zahlungsunfähigkeit aufgrund negativer Cashflows (zu hohe Kundennachlässe bzw. nicht werthaltige Forderungen) | Finanz-risiko | Cashflow in % vom Umsatz (> 5 %) | Finanz-plan | Marktrisiko, Auslastungsrisiko, Kreditrisiko | – |
| 6 | Kreditrisiko (Zinsänderungsrisiko) | Gestörte Fähigkeit der Kapitalaufnahme aufgrund zu hoher Verschuldung i.V. m. steigenden Marktzinsen | Finanz-risiko | Dynamischer Verschuldungsgrad = Netto-FK/Cashflow (< 4,00) | Jahresab-schluss | Zinsrisiko, Liquiditätsrisiko | – |
| (…) | (…) | (…) | (…) | (…) | (…) | (…) | (…) |

Die Aktualität der erfassten Risiken sollte durch regelmäßige – z. B. halbjährliche – Brainstormings unter Beteiligung aller Mitarbeiter im Bottom-up-Verfahren sichergestellt werden.

### 4.4.3 Risikobewertung

Im zweiten Schritt des Risikomanagementprozesses erfolgt die Analyse der Risikoursachen und die **Quantifizierung der Auswirkung von Risikoereignissen auf die Zielgrößen (Risikomessung)** der Unternehmung.

Eine solche wird in Bezug auf **Schadenshöhe** (LAD = „loss at default") und **Eintrittswahrscheinlichkeit** (PD = „probability of default") vorgenommen. Das Produkt dieser Risikokomponenten ergibt das erwartete Ausmaß des Risikos (**Erwartungsschaden**, ED = „expected default").

Beide Komponenten sind zunächst separat zu ermitteln. Denn ein Gefahrenpotenzial mit niedriger Eintrittswahrscheinlichkeit, aber existenzbedrohlicher Schadenshöhe (z. B. Elementarereignis) kann zu einem gleich hohen Schadenserwartungswert führen wie ein Risiko mit niedrigem Vermögensverlust, aber einer hohen Eintrittswahrscheinlichkeit (z. B. Produktschaden). Gleichwohl wird die zu implementierende Risikostrategie nicht identisch sein.

Bei der Ermittlung der **Eintrittswahrscheinlichkeit** der Schäden ist insbesondere bedeutsam, dass eine Punktprognose etwa in Form eines Erwartungswerts („erwarteter Schaden pro Jahr") nicht ausreicht, sondern um die Ermittlung von Risikobandbreiten oder die Schätzung des möglichen Höchstschadens („Crash-Szenario") ergänzt werden sollte.

Wichtige Hinweise auf das notwendige Schadensdeckungspotenzial liefert die Ableitung einer funktionalen Beziehung zwischen Schadenshöhe und Eintrittswahrscheinlichkeit (sog. **Verteilungsfunktion**), mit der diejenige Schadenshöhe, die mit einer bestimmten vorgegebenen Wahrscheinlichkeit (in der Praxis häufig 90, 95 oder 99 %) **nicht überschritten wird**, ermittelt werden kann.

Für derartige differenzierte Analysen ist die Kenntnis von **Wahrscheinlichkeitsverteilungen** unabdingbar. Ausgehend vom erwarteten Schaden pro Periode wird die mögliche Bandbreite der

Schadenswerte (höchst bzw. geringst möglicher Schaden) geschätzt. Jedem möglichen Wert innerhalb der Bandbreite ist eine Eintrittswahrscheinlichkeit zuzuordnen. Gebräuchliche Verteilungsannahmen sind z. B.

- die **Gleichverteilung**, d. h. alle möglichen Schadenswerte innerhalb der Bandbreite sind gleich wahrscheinlich,
- die **Normalverteilung**, d. h. der wahrscheinlichste Schadenswert ist der Erwartungswert, die Wahrscheinlichkeit der übrigen Werte nimmt mit steigender Entfernung vom Erwartungswert symmetrisch ab.

Daneben können im Einzelfall (wie z. B. beim Kreditausfallrisiko) schiefe, d. h. asymmetrische, oder sogar mehrgipflige Verteilungsverläufe existieren.

Zur Ermittlung von Wahrscheinlichkeitsverteilungen muss entweder auf subjektive Schätzungen oder auf Schadensstatistiken aus der Vergangenheit zurückgegriffen werden. Hinzu kommt, dass gem. dem „Gesetz der großen Zahl" zuverlässige Verteilungsverläufe nur bei relativ häufig auftretenden Schäden ermittelt werden können, also bei „Routineschäden" wie Ausschuss in der Fertigung, Verderb im Lagerbestand oder Zahlungsausfällen bei Kunden. Bei selten auftretenden Großschäden ist eine Quantifizierbarkeit i. d. R. nicht gegeben.

Eine Risikoquantifizierung kommt mithin insbesondere in Betracht, wenn diesbezügliche verlässliche und anerkannte Methoden (insbesondere das **Discounted Cashflow-Verfahren** oder die **Value-at-Risk-Methode**) zur Verfügung stehen und die Anwendung der Methoden wirtschaftlich vertretbar ist, was vor allem bei Preis- und Finanzrisiken (z. B. Ausfall-, Zinsänderungs- oder Wechselkursrisiken) der Fall sein dürfte.

Wenn in der Praxis keine plausiblen Wahrscheinlichkeitsverteilungen abgeleitet werden können, sollte mit qualitativen **Wahrscheinlichkeitskategorien oder -klassen** als Hilfsgrößen gearbeitet werden. Dies kann aber nur ein Behelf sein und darf nicht dazu führen, von vornherein auf die Ermittlung genauer Wahrscheinlichkeiten und Schadensbeträge zu verzichten. Entsprechende Klassen sind z. B.:

- **Schadensdimension:** unbedeutend, gering, mittel, groß, gravierend; ggf. auch Klassifizierung in Bandbreiten von absoluten Schadensbeträgen in € bzw. T€,
- **Schadensrelation:** bis 5 %, bis 10 %, bis 25 %, bis 50 %, bis 100 % oder über 100 % der Höhe des wirtschaftlichen Eigenkapitals, mit bzw. ohne Einbezug kurzfristig mobilisierbarer stiller Reserven,
- **Eintrittshäufigkeit:** täglich, wöchentlich, monatlich, jährlich, alle zwei oder fünf Jahre; ggf. auch Eintrittswahrscheinlichkeit pro Tag, Woche, Monat, Jahr.

Entsprechende Klassen ergeben sich z. B. für die Eintrittswahrscheinlichkeit wie folgt:

| ABB. 412: | Definition von Wahrscheinlichkeitsklassen | | |
|---|---|---|---|
| Klasse | Schadenseintritt | Mittlere Eintrittsfrequenz | Eintritts-häufigkeit p. a. |
| 0 | Weniger als alle fünf Jahre (mindestens alle 10 Jahre) | Alle 7,5 Jahre | 0,13 |
| 1 | Alle drei bis fünf Jahre | Alle vier Jahre | 0,25 |
| 2 | Alle ein bis drei Jahre | Alle zwei Jahre | 0,50 |
| 3 | Weniger als einmal pro Quartal | 2,5 mal pro Jahr | 2,50 |
| 4 | Weniger als einmal pro Monat | 8 mal pro Jahr | 8,00 |
| 5 | Weniger als einmal pro Woche | 32 mal pro Jahr | 32,00 |
| 6 | Mehr als einmal pro Woche (bis max. 5 mal pro Woche) | ca. 150 mal pro Jahr | 150,00 |

Für die Schadenshöhe können – neben einer expliziten Schätzung – ebenfalls Klassen definiert werden, die den Schaden anhand von unternehmerischen Zielgrößen oder Risikodeckungspotenzialen relativieren, z. B.

▶ A-Risiken (Schadenshöhe mehr als 50 % des Standard-Jahresüberschusses),
▶ B-Risiken (Schadenshöhe zwischen 25 und 50 % des Standard-Jahresüberschusses),
▶ C-Risiken (Schadenshöhe zwischen 10 % und 25 % des Standard-Jahresüber-schusses) und
▶ D-Risiken (Schadenshöhe bis zu 10 % des Standard-Jahresüberschusses).

Anstelle des Jahresüberschusses können auch Jahres-Cashflow oder wirtschaftliches Eigenkapital als alternative Bezugsgrößen verwendet werden, dann ggf. mit anderen Grenzen.

Als Zwischenergebnis der Risikobewertung sind wesentliche und bestandsgefährdende Risiken gesondert zu kennzeichnen und mit Priorität weiter zu verfolgen, andererseits nachrangige Risiken auszugliedern. Außerdem sind die Einzelrisiken zu einem Gesamtrisiko auf Unternehmensebene zu **aggregieren**.

Dies wird jedoch durch die Verstärkungs- oder Ausgleichseffekte zwischen Einzelrisiken erschwert. Eine einfache Addition der Einzelrisiken führt nur dann zu einem rechnerisch richtigen Gesamtrisiko, wenn die **Einzelrisiken unabhängig voneinander** auftreten. Dies ist in der Praxis meist nicht gegeben, da z. B. Risiken aus den externen Marktbedingungen oder aus Mängeln im Geschäftsführungsinstrumentarium verschiedene Einzelrisiken auslösen, die einander bedingen. Insbesondere sind folgende Konstellationen denkbar:

▶ **Risikokonzentrationen**, d. h. Kumulierungen einzelner Risiken, die vor allem aus besonderen Abhängigkeiten, namentlich aus Beziehungen gegenüber marktmächtigen Vertragspartnern wie Lieferanten oder Kunden resultieren,
▶ **Risikokompensationen**, d. h. Wechselwirkungen, also Verstärkungen oder Dämpfungen zwischen Einzelrisiken.

Die im Rahmen der Risikoidentifikation erfassten Wechselwirkungen (Korrelationen) zwischen den Einzelrisiken können dazu führen, dass im Rahmen der Risikobewertung das Gesamtrisiko die Summe der Einzelrisiken übersteigt (sog. Klumpenrisiko). Für eine Quantifizierung dieser Tatbestände sind allerdings komplexe statistische Methoden erforderlich, die einer Akzeptanz des

Risikomanagementsystems entgegen stehen können und auf deren Behandlung hier verzichtet werden soll.

Die Risikobewertung mittels absoluter Größen wie Schadenshöhe bei Eintritt oder Erwartungsschaden ist für sich genommen wenig aussagekräftig, denn die Einschätzung des Gesamtunternehmensrisikos hängt von der Höhe des vorhandenen **Risikodeckungspotenzials** ab. Dieses lässt sich ermitteln als:

| ABB. 413: | Berechnung des Risikodeckungspotenzials |
|---|---|
|   | Wirtschaftliches Eigenkapital |
| + | Rückstellungen, soweit ungebunden |
| + | Pauschalwertberichtigungen, soweit ungebunden |
| + | Stille Reserven (z. B. überhöhte Abschreibungen, unterlassene Zuschreibungen aufgrund Anschaffungskostenprinzip) |
| = | **Risikodeckungspotenzial i. e. S.** |
| + | Nicht betriebsnotwendiges Vermögen (bewertet zum Zeitwert) |
| + | Nachrangige Gesellschafterkredite |
| + | Nachschusspotenzial der Gesellschafter |
| + | Offene Kreditlinien |
| = | **Risikodeckungspotenzial i. w. S.** |

Somit wird der Geschäftsführung eine vorläufige Einschätzung der Risikolage ermöglicht. Übersteigt die Gesamtschadenshöhe das Risikodeckungspotenzial, so ist der langfristige Bestand der Unternehmung gefährdet.

Jedoch führt eine Addition der Erwartungsschäden aller ermittelten Einzelrisiken zu zu hohen Gesamtrisiken, da die Risiken nicht alle gleichzeitig in voller Höhe eintreten („Maximalbelastungsfall"). Auch muss berücksichtigt werden, dass es sich bei dem Risikodeckungspotenzial um eine Bestandsgröße handelt, die nicht beliebig reproduzierbar ist.

Aus diesem Grund sollte mit der Zielsetzung einer dauerhaften Unternehmensfortführung auch die periodische Zuführung zum Risikodeckungspotenzial i. d. R. auf Geschäftsjahresbasis ermittelt werden, die sich aus folgender Rechnung ergibt:

| ABB. 414: | Berechnung der Zuführung zum Risikodeckungspotenzial |
|---|---|
|   | Jahresüberschuss |
| + | Zuführung zu Rücklagen |
| + | Zuführung zu Rückstellungen, soweit ungebunden |
| + | Aufwendungen für Pauschalwertberichtigungen, soweit ungebunden |
| + | Abschreibungen auf Finanzanlagen bei voraussichtlich nicht dauerhafter Wertminderung (§ 253 Abs. 3 Satz 4 HGB) |
| + | Sonstige Bildung stiller Reserven (z. B. aus dem Zuschreibungsverbot auf Geschäfts- oder Firmenwerte nach § 253 Abs. 5 Satz 2 HGB) |
| = | **Zuführung zum Risikodeckungspotenzial** |

Die komplexen Ausführungen sollen an dem folgenden **Beispiel** des nachstehend aufgeführten verdichteten Jahresabschlusses veranschaulicht werden. Es ist das Risikodeckungspotenzial entsprechend der theoretischen Vorgaben zu ermitteln (Werte in T€).

| ABB. 415: | Beispiel einer Berechnung des Risikodeckungspotenzials | | |
|---|---|---|---|
| | Bilanz 20t0 | | |
| A. Anlagevermögen | 381.420 | A. Eigenkapital | 114.020 |
| I. Immaterielle Vermögensgegenstände | 5.250 | I. Gezeichnetes Kapital | 35.000 |
| II. Sachanlagen | 376.170 | II. Kapitalrücklage | 9.000 |
| 1. Grund und Boden; Gebäude | 243.600 | III. Gewinnrücklagen | 57.620 |
| 2. Andere Anlagen, BGA | 132.570 | IV. Jahresüberschuss | 12.400 |
| B. Umlaufvermögen | 303.580 | B. Rückstellungen | 97.285 |
|  |  | I. Sonstige Rückstellungen | 97.285 |
| I. Vorräte | 113.350 |  |  |
| II. Forderungen und sonstige Vermögensgegenstände | 153.880 | C. Verbindlichkeiten | 473.695 |
| 1. Forderungen aus Lieferungen und Leistungen | 112.100 | 1. Verbindlichkeiten ggü. Kreditinstituten | 208.340 |
| 2. Forderungen ggü. verbundenen und Beteiligungsunternehmen | 10.100 | 2. Verbindlichkeiten aus Lieferungen und Leistungen | 124.380 |
| 3. Sonst. Vermögensgegenstände | 31.680 | 3. Verbindlichkeiten ggü. verbundenen und Beteiligungsunternehmen | 13.300 |
| III. Kassenbestand und Guthaben bei Kreditinstituten | 36.350 | 4. Sonstige Verbindlichkeiten | 127.675 |
| **Bilanzsumme** | **685.000** | **Bilanzsumme** | **685.000** |
| | Gewinn- und Verlustrechnung 20t0 | | |
| 1. | Umsatzerlöse |  | 895.000 |
| 2. | Sonstige betriebliche Erträge |  | 45.000 |
| 3. | Materialaufwand |  | 374.800 |
| = | **Rohergebnis** |  | **565.200** |
| 4. | Personalaufwand |  |  |
|  | a) Löhne und Gehälter |  | 246.100 |
|  | b) Sozialabgaben |  | 61.600 |
| 5. | Abschreibungen auf immaterielle Vermögensgegenstände des Anlagevermögens und Gegenstände des Sachanlagevermögens |  | 106.300 |
| 6. | Sonstige betriebliche Aufwendungen |  | 125.600 |
| = | **Ordentliches Betriebsergebnis** |  | **25.600** |
| 7. | Zinsen und ähnliche Erträge |  | 6.200 |
| 8. | Zinsen und ähnliche Aufwendungen |  | 12.100 |
| = | **Jahresüberschuss vor Steuern** |  | **19.700** |
| 9. | Steuern vom Einkommen und Ertrag (Annahme: **Steuersatz 33 %**) |  | 6.500 |
| 10. | Sonstige Steuern |  | 800 |
| = | **Jahresüberschuss nach Steuern** |  | **12.400** |

Somit ergibt sich das Risikodeckungspotenzial als:

| | Risikodeckungspotenzial | |
|---|---|---|
| + | Wirtschaftliches Eigenkapital | 114.020 |
| + | Rückstellungen, soweit ungebunden (ca. 25 % des Bilanzwerts) | 24.320 |
| + | Pauschalwertberichtigungen, soweit ungebunden (ca. 1 % des Bilanzwerts der Forderungen aus LuL) | 1.120 |
| + | Stille Reserven (z. B. überhöhte Abschreibungen, unterlassene Zuschreibungen, geschätzt ca. 15 % des Bilanzwerts des immobilen Anlagevermögens) | 36.540 |
| = | **Risikodeckungspotenzial i. e. S** | **176.000** |
| + | Nicht betriebsnotwendiges Vermögen (bewertet zum Zeitwert) | 24.360 |
| + | Nachrangige Gesellschafterkredite | – |
| + | Nachschusspotenzial der Gesellschafter | – |
| + | Offene Kreditlinien (lt. Kreditvertrag) | 52.085 |
| = | **Risikodeckungspotenzial i. w. S.** | **252.445** |
| **Annahmen:** | | |
| ▶ 10 % des immobilen Anlagevermögens sind nicht betriebsnotwendig (Brachland, Verpachtung). | | |
| ▶ Durch den aktuellen Kreditbestand sind die Kreditlinien zu 80 % ausgelastet, d. h. die Kreditlinie beläuft sich auf 208.340/0,8 = 260.425 €. Offen sind mithin 260.425 - 208.340 = 52.085. | | |

Aus Risikoinventur und -bewertung mögen sich folgende Ergebnisse ergeben:

| Nr. | Risikoart | Schadenshöhe bei Eintritt | Eintrittswahrscheinlichkeit | Erwarteter Schaden p. a. | Risikoklasse |
|---|---|---|---|---|---|
| 1. | Risiko von Nachfrageänderungen | 45.700 T€ | 0,25 | 11.425 T€ | A |
| 2. | Lagerbestandsrisiko | 4.500 T€ | 1,00 | 4.500 T€ | C |
| 3. | Anlagenrisiko | 2.750 T€ | 1,00 | 2.750 T€ | C |
| 4. | Personalkostenrisiko | 3.080 T€ | 0,50 | 1.540 T€ | D |
| 5. | Ausfallrisiko | 2.240 T€ | 1,00 | 2.240 T€ | C |
| 6. | Kreditrisiko (Zinsänderungsrisiko) | 3.500 T€ | 0,25 | 875 T€ | D |

Die Schadenshöhe bei Eintritt kann unter Zugrundelegung folgender praxistauglicher Prämissen abgeleitet werden:

| Risiko von Nachfrageänderungen | ▶ Risiko fehlgeschlagener bzw. nicht ausreichender Innovationstätigkeit bzw. Risiko von Qualitätsmängeln |
|---|---|
| | ▶ Auswirkungen: 10 % Umsatzreduktion = 89.500 T€ |
| | ▶ Eingesparte Aufwendungen: 10 % Materialaufwand = 37.500 T€ (komplett variabel), 5 % sonstiger Aufwand = 6.300 T€ (50 % variabel); die übrigen Aufwendungen werden als fix angenommen |
| | ▶ Schaden: 45.700 T€ |
| | ▶ Angenommener Zeithorizont aufgrund von Marktstudien und Produktlebenszyklusdauern: vier Jahre. |

| Lagerbestandsrisiko | ▶ Risiko ungeklärter Bestandsdifferenzen im Vorratsbestand |
|---|---|
| | ▶ Annahme: 80 % des Materialaufwands entfallen auf RHB-Stoffe und Waren, 20 % auf Fremdleistungen |
| | ▶ Von den 80 % besteht ungeklärter Schwund i. H.v. 1,5 % des Bestands |
| | ▶ Schaden: 1,5 % von 80 % von 374.800 = 4.500 T€ |
| | ▶ Angenommener Zeithorizont (jährliche Inventur): ein Jahr. |
| Anlagenrisiko (Produktionsunterbrechungsrisiko) | ▶ Durchschnittliche Stillstandszeit = 1,5 Std./Monat = 18 Std. p. a. = 1,125 Tage bei angenommenem Zwei-Schicht-Betrieb à 8 Std. |
| | ▶ Schaden: Umsatzerlöse · 1,125/365 = rd. 2.750 T€ |
| | ▶ Angenommener Zeithorizont (jährliche Berechnung): ein Jahr. |
| Personalkostenrisiko | ▶ Tariferhöhung (abzüglich Produktivitätssteigerung) von einem Prozentpunkt, analoge Erhöhung der Sozialabgaben |
| | ▶ Schaden: 1 % von (246.100 + 61.600) = 3.080 T€ |
| | ▶ Angenommener Zeithorizont (Restlaufzeit des Tarifvertrags): zwei Jahre. |
| Ausfallrisiko | ▶ Sinkende Kundenbonität führt zu Erhöhung der erforderlichen Pauschalwertberichtigungen i. H.v. zwei Prozentpunkten |
| | ▶ Schaden: 2 % von 112.100 = 2.240 T€ |
| | ▶ Angenommener Zeithorizont (Abschlussaufstellung): ein Jahr. |
| Zinsänderungsrisiko | ▶ Zinstragend sind die Verbindlichkeiten gegenüber Kreditinstituten i. H.v. 208.340 T€ |
| | ▶ Aktueller durchschnittlicher Fremdkapitalzins auf zinstragendes Kapital: 12.100/208.340 = 5,8 % |
| | ▶ Bei angenommener Erhöhung des Fremdkapitalzinssatzes auf 7,5 % beträgt der Schaden: 1,7 % von 208.340 = 3.500 T€ |
| | ▶ Angenommener Zeithorizont (Restlaufzeit der Zinsbindung): vier Jahre. |

Unter der weiteren Annahme, dass der Standard-Jahresüberschuss vor Steuern 3 % des Gesamtkapitals beträgt (mithin 3 % von 685.000 = 20.550 T€) kann schließlich gefolgert werden:

| A-Risiko | Schadenserwartungswert über 10.280 T€ p. a. |
|---|---|
| B-Risiko | Schadenserwartungswert zwischen 5.140 und 10.280 T€ p. a. |
| C-Risiko | Schadenserwartungswert zwischen 2.055 und 5.140 T€ p. a. |
| D-Risiko | Schadenserwartungswert unter 2.055 T€ p. a. |

### 4.4.4 Risikosteuerung (Risikobewältigung)

Nach der Identifikation und Bewertung der Risiken erfolgt in der **dritten Phase** des Risikomanagementprozesses die **Risikobewältigung**. Diese umfasst die Suche nach Handlungsalternativen, ihre Beurteilung sowie die Auswahl, Realisation und Kontrolle risikopolitischer Maßnahmen („**Risikostrategie-Mix**"). Dies sind Maßnahmen, die

▶ zusätzliche Informationen über das Eintreten von Schäden bereitstellen bzw. deren Wahrscheinlichkeit beeinflussen oder

▶ die wirtschaftlichen Folgen der Risikoereignisse für den Entscheidenden verändern.

Hierbei handelt es sich zum einen um **ursachenbezogene (direkte) Maßnahmen**, die Eingriffe in den Risikoentstehungs- oder -entwicklungsprozess vornehmen. Ziel ist es, Risikoursachen so zu beeinflussen, dass bestimmte risikobehaftete Ereignisse ganz ausbleiben oder ihre Schadenshöhe bzw. ihre Eintrittswahrscheinlichkeit herabgesetzt wird.

Hingegen setzen **wirkungsbezogene (indirekte) Maßnahmen** an einer Verbesserung des Informationsstands an, um eine möglichst vollständige und sichere Beschreibung der Risikosituation zu erreichen. Dies ist wiederum Voraussetzung für eine weitgehend korrekte Erfassung und Bewertung potenzieller Schadensfälle. Wirkungsbezogene Maßnahmen werden mit der Absicht ergriffen, dass negative Folgen von Risikoereignissen auf die angestrebten Ziele vermindert oder ganz eliminiert werden.

Am Beispiel nachstehender Risiken und Indikatoren zur Verfolgung geeigneter Risikobewältigungsmaßnahmen lässt sich die Terminologie wie folgt veranschaulichen:

| ABB. 416: | Festlegung risikoorientierter Indikatoren und Maßgrößen |
|---|---|
| **Kostenrisiko:**<br><br>Risiko, dass die Anlaufkosten für die Produktinnovationen höher ausfallen als geplant bzw. dass die geplanten Kosten in der Produktion überschritten werden. | **Ursachebezogene Indikatoren:**<br>Wertanalytisch geplante Projekte in % aller Projekte; Anteil der FuE-Mitarbeiter in % aller Mitarbeiter; FuE-Quote |
| | **Wirkungsbezogene Indikatoren:**<br>% aller Projekte mit Zeit-/Kostenüberschreitungen; % aller eingehaltenen Meilensteine; Abbruchquote bzw. mit Patentierung oder Markteinführung abgeschlossene Projekte in % aller Projekte |
| | **Maßgröße der Schadenshöhe bei Eintritt:**<br>Entgangene Deckungsbeiträge bzw. entstandene Verluste aufgrund verspäteter Markteinführungen; Gewährleistungen bzw. Rücknahmekosten infolge eingetretener Leistungsmängel |
| **Lieferantenrisiko:**<br><br>Risiko von Lieferantenausfällen oder verzögerter Lieferungen von Komponenten aufgrund großer Nachfrage. | **Ursachebezogene Indikatoren:**<br>Anzahl Lieferanten pro Bezugsartikel; zertifizierte Lieferanten bzw. Lieferanten mit Datenintegration in % aller Lieferanten |
| | **Wirkungsbezogene Indikatoren:**<br>Fehlmengen in % des Warenumschlags; Anteil gestörte Bestellprozesse in % aller Prozesse; Transportschadens- bzw. Reklamationsquote |
| | **Maßgröße der Schadenshöhe bei Eintritt:**<br>Mehrkosten infolge kurzfristig anderweitiger Beschaffung; Fehlmengen-, Ausfall-, Betriebsunterbrechungskosten (gegliedert nach Sach- und Personalkosten) inkl. anteiliger Fixkosten des Leerstands; entgangene Deckungsbeiträge wegen Leistungsstörungen; ggf. Konventionalstrafen gegenüber nicht belieferten Kunden |
| **IT-Risiko:**<br><br>Risiko des Ausfalls der IT-Systeme sowie Risiko, dass die IT-Systeme durch Angriffe von außen Schaden nehmen. | **Ursachebezogene Indikatoren:**<br>Durchschnittsalter IT-Anlagen; Restwert- bzw. Investitionsquote IT-Anlagen; Redundanzquote bei IT; durchschnittlicher Ausbildungsgrad und Betriebszugehörigkeitsdauer der IT-Mitarbeiter |
| | **Wirkungsbezogene Indikatoren:**<br>Betriebsunterbrechungszeit in % der Gesamtlaufzeit; Schadensquote; Anteil gestörte IT-Prozesse in % aller Prozesse |
| | **Maßgröße der Schadenshöhe bei Eintritt:**<br>A. o. Abschreibungen auf IT-Anlagen; Reparaturkosten für IT; Ausgaben für Gewährleistungen/Verzugsschaden gegenüber Dritten |

Eine im Fachschrifttum gebräuchliche **Systematisierung** der möglichen Risikostrategien trennt in folgende Einzelmaßnahmen:

| ABB. 417: | Maßnahmen der Risikosteuerung (Risikostrategien) |
|---|---|
| Maßnahme | Beschreibung |
| Risikovermeidung | Vollständiger Verzicht auf die Durchführung bestimmter risikobehafteter Projekte oder Handlungen, insbesondere Verzicht auf<br><br>▶ die Herstellung risikobehafteter Produkte (z. B. gentechnisch veränderte Lebensmittel) oder<br><br>▶ die Durchführung risikobehafteter Prozesse (z. B. nur Barzahlung oder Zahlung in inländischer Währung).<br><br>Da die Risikovermeidung i. d. R. mit einem Verlust an Chancen einhergeht, kann sie nur einen Teil der betrieblichen Risikopolitik ausmachen. |
| Risikoverminderung (Risikobegrenzung) | Implementierung von Maßnahmen zur Verringerung der Eintrittswahrscheinlichkeiten von Risiken und/oder Herabsetzung ihres Schadensausmaßes. Hierzu zählen<br><br>▶ Aktivitäten zur Verbesserung der Informationsgewinnung und -verarbeitung,<br><br>▶ vertragliche Begrenzungen der Risikoübernahme nach außen (Garantien, Haftungsbegrenzungen) wie auch<br><br>▶ innenorganisatorische Richtlinien und Limitierungen bei bestimmten Rechtsgeschäften (z. B. Investitionen, Kapitalaufnahmen),<br><br>▶ technische oder bauliche Schutz- oder Sicherungsmaßnahmen (z. B. Alarmanlagen, Sicherheitstrakte, Überwachungsanlagen). |
| Risikostreuung (Risikokompensation) | Bewusste Inkaufnahme von Einzelrisiken bei gleichzeitiger Verminderung des Gesamtunternehmensrisikos durch Ausnutzung kompensatorischer Wechselwirkungen gegenläufiger Geschäfte:<br><br>▶ Auf der Güterebene geschieht dies mittels einer Diversifikationsstrategie, indem Geschäftsbereiche so gebildet werden, dass sich Einzelrisiken über entsprechende Korrelationseffekte im Gesamtrisiko dämpfen.<br><br>▶ Auf der Finanzebene erfolgt ein Risikoausgleich durch Absicherungen über derivative Finanzinstrumente (Termin- oder Optionsgeschäfte). |
| Risikoüberwälzung | Maßnahmen des Risikotransfers auf externe Risikoträger durch Übertragung schadensbehafteter Handlungen oder ihrer negativen Folgen auf Dritte:<br><br>▶ Bei Inanspruchnahme einer Fremdversicherung geht das Risiko gegen Zahlung einer Prämie auf den Versicherungsgeber über.<br><br>▶ Denkbar ist auch die Abwälzung von Transport-, Liefer- oder Beschaffungsrisiken auf Vertragspartner wie Kunden bzw. Lieferanten (sog. „Non-Insurance Risk Transfer").<br><br>▶ Absatzrisiken lassen sich über Gründung von Tochtergesellschaften, Joint Ventures oder Outsourcing auf Fremddienstleister (Leasing, Factoring) zumindest zum Teil überwälzen. |

| Maßnahme | Beschreibung |
|---|---|
| Risikotragung | Bewusste Übernahme von Risiken durch die Unternehmung unter Verzicht auf die besondere Beeinflussung von Ursachen- und Wirkungskomponenten des Risikos. Maßnahmen zur Verlustvorsorge ergeben sich aus der Bereitstellung finanzieller Mittel zum Ausgleich möglicher Schadenswirkungen, z. B. über eine <br>▶ Rücklagenbildung (Thesaurierungspolitik), <br>▶ Rückstellungsdotierung, <br>▶ Bildung stiller Reserven, <br>▶ Abgeltung im kalkulatorischen Gewinn. |

Die im Vorfeld ermittelten Risiken und die zu implementierenden Risikostrategien lassen sich in einem **Risiko-Portfolio** auch bezeichnet als **Risk-Map**) einfach und übersichtlich festhalten. Je nach Schadenshöhe und Eintrittswahrscheinlichkeit werden dabei vier Risikoarten unterschieden:

▶ **Elementarereignisse** (hoher Schaden bei Eintritt, niedrige Eintrittswahrscheinlichkeit),
▶ **existenzbedrohende Risiken** (hoher Schaden bei Eintritt, hohe Eintrittswahrscheinlichkeit),
▶ **Serienschäden** (niedriger Schaden bei Eintritt, hohe Eintrittswahrscheinlichkeit) und
▶ **Kleinschäden** (niedriger Schaden bei Eintritt, niedrige Eintrittswahrscheinlichkeit).

Das Risiko-Portfolio weist damit folgende Grundstruktur auf:

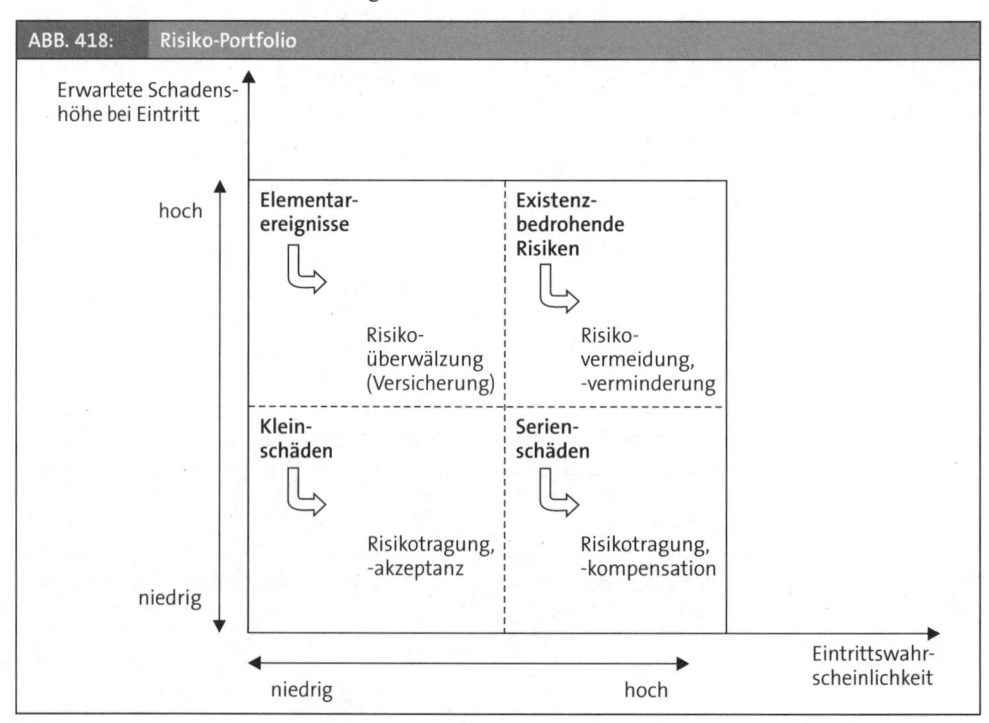

**ABB. 418: Risiko-Portfolio**

Als Ergebnis der Überlegungen lassen sich

▶ die potenziellen Schadensfälle nach Schadenshöhe beim Eintritt und Eintrittswahrscheinlichkeiten klassifizieren,

▶ dem insoweit spezifizierten Schadenserwartungswert das in der Unternehmung vorhandene Deckungspotenzial gegenüberstellen und schließlich

▶ aus der Gegenüberstellung zweckmäßige Risikobewältigungsmaßnahmen ableiten.

Aus Sicht der Gesamtunternehmung können in das Portfolio je nach Risikoneigung und Risikodeckungspotenzial eine oder mehrere Risikoschwellen gelegt werden. Anhand der Schwellen kann die auch für die Risikoberichterstattung nach § 289 HGB zwingend erforderliche Klassifikation der Einzelrisiken in bestandsgefährdende, wesentliche bzw. nachrangige Risiken erfolgen:

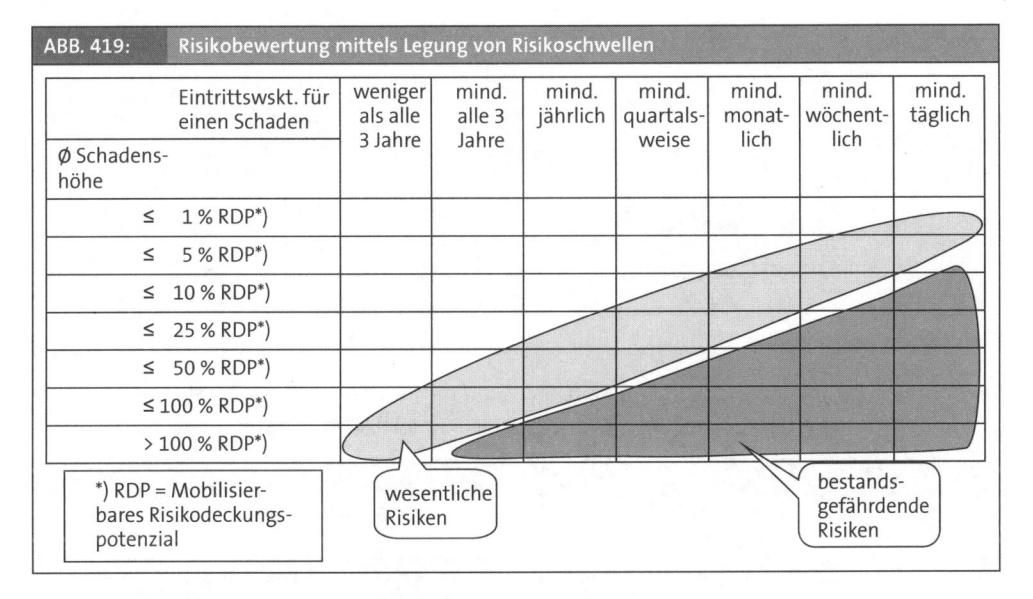

**ABB. 419:** Risikobewertung mittels Legung von Risikoschwellen

| Ø Schadens-höhe | Eintrittswskt. für einen Schaden | weniger als alle 3 Jahre | mind. alle 3 Jahre | mind. jährlich | mind. quartalsweise | mind. monatlich | mind. wöchentlich | mind. täglich |
|---|---|---|---|---|---|---|---|---|
| | ≤ 1 % RDP*) | | | | | | | |
| | ≤ 5 % RDP*) | | | | | | | |
| | ≤ 10 % RDP*) | | | | | | | |
| | ≤ 25 % RDP*) | | | | | | | |
| | ≤ 50 % RDP*) | | | | | | | |
| | ≤ 100 % RDP*) | | | | | | | |
| | > 100 % RDP*) | | | | | | | |

*) RDP = Mobilisierbares Risikodeckungspotenzial

wesentliche Risiken

bestandsgefährdende Risiken

Aus dem Blickwinkel der Bewältigung der Einzelrisiken sind entsprechend der Kombination aus Schadenshöhe beim Eintritt des Risikos und Eintrittswahrscheinlichkeit unterschiedliche Maßnahmen der Risikosteuerung zu implementieren. So sollten

▶ Elementarereignisse auf Versicherungen überwälzt, oder falls dies nicht möglich ist, durch Nichteingehen risikobehafteter Geschäftsvorfälle vermieden werden, andererseits

▶ relativ häufig auftretende „Serienschäden" durch die kalkulatorische Gewinne vom Unternehmen selbst getragen bzw. durch Maßnahmen der Qualitätssicherung vermindert werden. Aufgrund ihrer hohen Eintrittsfrequenz sind sie jedenfalls auf Versicherungen kaum überwälzbar. Denkbar ist allenfalls eine entsprechende Verschlankung der Wertkette um die entsprechenden schadensbehafteten Teilprozesse, soweit es sich nicht um Kernprozesse handelt.

▶ Geschäftsmodelle, denen existenzbedrohende Risiken innewohnen, sind auf Dauer nicht bestreitbar.

Bezogen auf das vorige Beispiel lässt sich folgendes Risiko-Portfolio konstruieren:

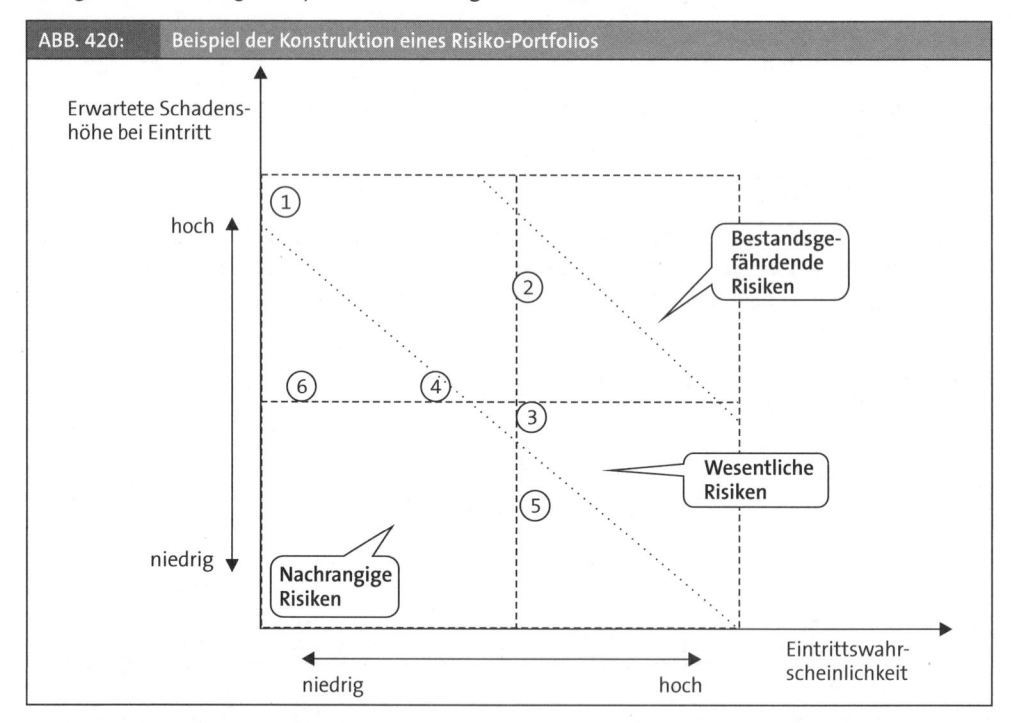

**ABB. 420:** Beispiel der Konstruktion eines Risiko-Portfolios

Erwartete Schadenshöhe bei Eintritt (hoch/niedrig) vs. Eintrittswahrscheinlichkeit (niedrig/hoch)

- Bestandsgefährdende Risiken
- Wesentliche Risiken
- Nachrangige Risiken

Die Auswahl geeigneter Risikostrategien in Bezug auf die Bewältigung der Einzelrisiken entsprechend des Portfolios lässt sich anhand des folgenden Formblatts vornehmen.

**ABB. 421:** Formular zur Risikobewertung und -steuerung

| Nr. | Risiko | Risikobewertung (Klasse) | | | Risikosteuerung | | | |
|---|---|---|---|---|---|---|---|---|
| | | SH*) | EW*) | RK**) | Vermeidung | Verminderung/ Streuung | Überwälzung | Tragung |
| 1 | Nachfrageänderungsrisiko | 6 | 1 | A | Nicht möglich, da originäres Unternehmerrisiko | Diversifikation, breite Produktpalette | Langfristige Abnahmeverträge, Lizenznahme, Joint Ventures, Kooperationen | Gezielte FuE, ausreichende Mittelzuteilung, Marktforschung, Humankapitalinvestitionen |
| 2 | Lagerbestandsrisiko | 4 | 4 | C | Outsourcing der Lagerhaltung | Lagerstreuung | Fremdläger, Abschluss von Versicherungen | Effizientes Lagermanagement, interne Überwachung |

| Nr. | Risiko | Risikobewertung (Klasse) | | | Risikosteuerung | | | |
|---|---|---|---|---|---|---|---|---|
| | | SH*) | EW*) | RK**) | Vermeidung | Verminderung/ Streuung | Überwälzung | Tragung |
| 3 | Anlagenrisiko | 3 | 4 | C | Leasing, Subunternehmer, Outsourcing | Geeignete Investitions- und Wartungsstrategie | Leasing, Wartungsverträge, Haftungsklauseln, Betriebsunterbrechungsversicherung | Einrechnung der Substanzerhaltung in kalkulatorische Kosten |
| 4 | Personalkostenrisiko | 3 | 2 | D | Haustarife, ausländische Betriebsstätten | Geeignete Vertragsgestaltung, erfolgsabhängige Entlohnung | Zeitverträge, freie Mitarbeiter, Zeitarbeitsfirmen | Einrechnung in Plankosten, kalkulatorische Gewinne |
| 5 | Ausfallrisiko | 2 | 4 | C | Kurze Zahlungsfristen, Barzahlung, Anzahlungen | Verbesserung des Mahnwesens, Skontogewährung, Kundenstreuung | Factoring | Einrechnung der Wertberichtigung in kalkulatorische Kosten |
| 6 | Kreditrisiko | 3 | 1 | D | Nur Eigenfinanzierung | Verschuldungsobergrenze, Streuung der Kreditgeber | Gesellschafterkredite, stille Teilhaber | Gezielte Rating-Vorbereitung, geeignete Bilanzpolitik |
| (…) | (…) | (…) | (…) | (…) | (…) | (…) | (…) | (…) |

Hinweise:
*) SH = Schadenshöhe, EW = Eintrittswahrscheinlichkeit: 1 = Sehr niedrig, (…), 6 = Sehr hoch.
**) RK = Risikoklasse: A = Bestandsgefährdend, B = Wesentlich, C = Erhöht, D = Nachrangig.

### 4.4.5 Risikoreporting, -dokumentation und -kontrolle

Der **Unternehmensleitung** obliegt die nicht delegierbare **Verantwortung** für ein funktionierendes Risikomanagementsystem, und zwar sowohl für die Einrichtung wie auch die Funktionsfähigkeit und Aufrechterhaltung dieses Systems. Im Einzelnen kommen dem Leitungsorgan hierbei folgende **Aufgaben** zu:

- Schaffung und Fortentwicklung eines angemessenen Risikobewusstseins bei den Mitarbeitern z. B. über die Durchführung entsprechender Schulungsmaßnahmen oder Risiko-Workshops,
- Delegation risikorelevanter Kompetenzen auf Abteilungen und Entscheidungsträger,
- Festlegung von Aufgaben und Verantwortlichkeiten,
- Gestaltung eines effizienten internen Risikoreportings (Festlegung von Informationskanälen sowie von Intensitäten und Frequenzen der Information und Kommunikation),
- Sicherstellung einer angemessenen Dokumentation des Systems und
- Sicherstellung der regelmäßigen Systemüberprüfung durch die Interne Revision.

Der wesentliche Erfolgsfaktor des Risikomanagementsystems ist seine **organisatorische Verankerung** im Unternehmen. Die Frage, ob das Risikomanagement eine selbständige Organisationseinheit im Unternehmen bilden soll, kann nicht allgemein beantwortet werden, sondern hängt im Einzelfall von der Unternehmensgröße, -struktur und -komplexität ab. Denkbar ist die Bildung einer Stabsstelle bzw. die Aufgabenübertragung auf vorhandene Organisationseinheiten durch Benennung eines Risikobeauftragten.

Als Folge der im Rahmen des KonTraG eingeführten Bestimmungen lassen sich im Rahmen der Corporate Governance einer Aktiengesellschaft folgende Verantwortlichkeiten zuordnen.

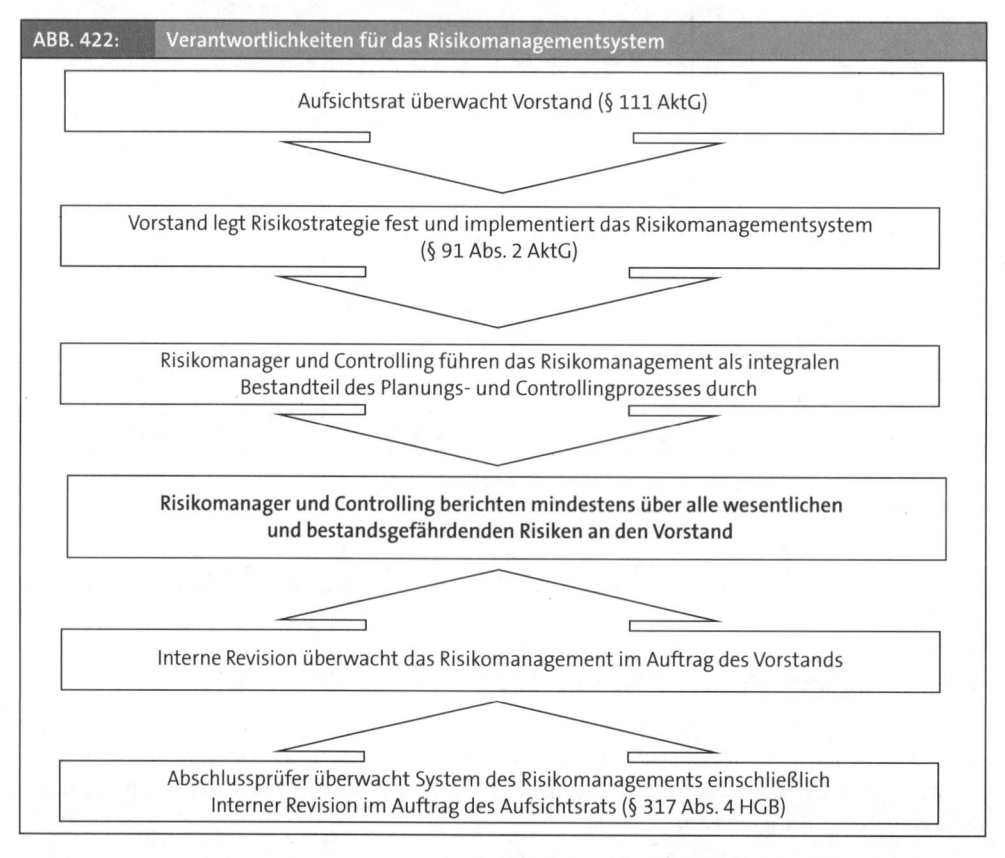

**ABB. 422: Verantwortlichkeiten für das Risikomanagementsystem**

- Aufsichtsrat überwacht Vorstand (§ 111 AktG)
- Vorstand legt Risikostrategie fest und implementiert das Risikomanagementsystem (§ 91 Abs. 2 AktG)
- Risikomanager und Controlling führen das Risikomanagement als integralen Bestandteil des Planungs- und Controllingprozesses durch
- **Risikomanager und Controlling berichten mindestens über alle wesentlichen und bestandsgefährdenden Risiken an den Vorstand**
- Interne Revision überwacht das Risikomanagement im Auftrag des Vorstands
- Abschlussprüfer überwacht System des Risikomanagements einschließlich Interner Revision im Auftrag des Aufsichtsrats (§ 317 Abs. 4 HGB)

Quelle: I. A. a. *Vogler/Gundert*, in: DB 1998, S. 2378.

Die **Schaffung eines angemessenen Risikobewusstseins** im Unternehmen erfordert die Entwicklung und Pflege einer Risikokultur, die sich in den Einstellungen der Mitarbeiter und ihrer Bereitschaft niederschlägt, Risiken bewusst wahrzunehmen, entsprechend zu kommunizieren und zu handeln.

Von der Geschäftsleitung ist zu entscheiden, welche Abteilungen mit der Bewältigung welcher Risiken zu beauftragen und welche Maßnahmen zur Risikobewältigung einzuleiten sind. Den jeweiligen Unternehmensbereichen ist die Verantwortung dafür zu übertragen, dass dort auftretende Risiken erfasst, entweder sofort bewältigt oder im Falle der Nichtbewältigung an die festgelegten Berichtsempfänger weitergeleitet werden. Form, Umfang und zeitlicher Abstand dieser Informationserhebung und -weiterleitung sind im Rahmen von Ablaufbeschreibungen oder Richtlinien standardisiert zu regeln.

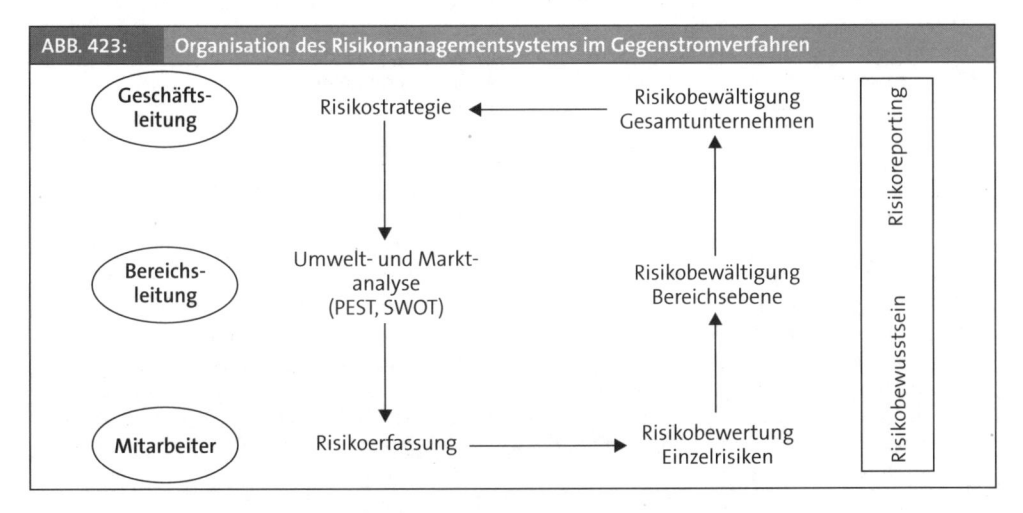

**ABB. 423:** Organisation des Risikomanagementsystems im Gegenstromverfahren

| Ebene | Prozess (links) | Prozess (rechts) | Querschnitt |
|---|---|---|---|
| Geschäftsleitung | Risikostrategie ← | Risikobewältigung Gesamtunternehmen | Risikoreporting |
| Bereichsleitung | Umwelt- und Marktanalyse (PEST, SWOT) | Risikobewältigung Bereichsebene | |
| Mitarbeiter | Risikoerfassung → | Risikobewertung Einzelrisiken | Risikobewusstsein |

**Grundsätze der Organisation** des Risikomanagementsystems sind:

▶ Generell tragen alle Unternehmensbeteiligte und Mitarbeiter Risikoverantwortung.

▶ Darüber hinaus werden bestimmten Stellen und Personen besondere Aufgaben im Rahmen des Überwachungssystems übertragen.

Das Risikomanagement ist demnach keine Aufgabe einzelner Mitarbeiter, sondern umfasst alle Organisationseinheiten. Daher kommt der Information und Kommunikation eine überragende Bedeutung zu. In der **Einführungsphase** sind zunächst alle beteiligten Mitarbeiter über Anforderungen und Problembereiche des neuen Risikomanagementsystems zu informieren.

Wichtig ist insbesondere eine **unternehmenseinheitliche Sprachregelung**, damit keine Falschinterpretationen im Informationsweg aufkommen und ein einheitliches Verständnis der Risikobegriffe geschaffen wird. Die festgelegten Methoden und Verfahren werden nur akzeptiert, wenn sie weitgehend standardisiert sind, durchgängig angewandt und alle betroffenen Mitarbeiter ausführlich über ihre Aufgaben und die anzuwendenden Methoden informiert und geschult werden.

Für die **Akzeptanz** förderlich ist es, wenn sich Mitarbeiter durch eigene Vorschläge und Beiträge in das Risikomanagementsystem „einbringen" können. Durch regelmäßige Informationen an die Mitarbeiter muss das Risikobewusstsein weiter geschärft werden.

## KAPITEL VI — Schnittstellen des Controllings

**ABB. 424:** Organisation des Risikomanagementsystems am Beispiel der Sartorius AG

„Als international agierender Konzern ist Sartorius naturgemäß verschiedenen Risiken ausgesetzt. Um bestehende und potenzielle Risiken effizient berücksichtigen zu können, haben wir ein Risikomanagementsystem (RMS) implementiert. Dieses dient der frühzeitigen Identifikation, Bewertung und Überwachung von Risiken. Auf diese Weise verfügt der Vorstand jederzeit über Informationen zur Gesamtrisikolage und kann gegebenenfalls steuernde Maßnahmen ergreifen.

Zudem wird der Audit-Ausschuss des Aufsichtsrats jährlich über die Entwicklung der Risikosituation informiert. Der vorgeschriebene Berichtsprozess verpflichtet die Leiter der Geschäftsbereiche, die Geschäftsführer der einzelnen Konzerngesellschaften sowie die Leiter der Zentralbereiche, die Risikosituation innerhalb ihres Verantwortungsbereichs in regelmäßigen Zeitabständen zu überprüfen und in Abhängigkeit von der Erreichung festgelegter Größenkriterien zu melden.

Für alle erkennbaren Risiken innerhalb des Sartorius Konzerns, die sich negativ auf die Vermögens-, Finanz- und Ertragslage auswirken könnten, wurden im Berichtsjahr Gegenmaßnahmen und/oder bilanzielle Vorsorgen getroffen, sofern dies sinnvoll und möglich war. Das Risikofrüherkennungssystem wird jährlich von den Abschlussprüfern im Rahmen der Jahresabschlussprüfung überprüft.

Die erhobenen Risiken werden an den Konzern gemeldet. Das Risikocontrolling verdichtet sie auf Konzernebene einmal im Quartal und berichtet sie dem Vorstand sowie dem Audit-Ausschuss des Aufsichtsrats – bei unerwartet auftretenden größeren Risiken ist einen sofortige Berichterstattung vorgeschrieben" (vgl. *http://www.sartorius.de/fileadmin/media/global/company/ir/ir_annual_report_2012_sartorius_group-de.pdf*).

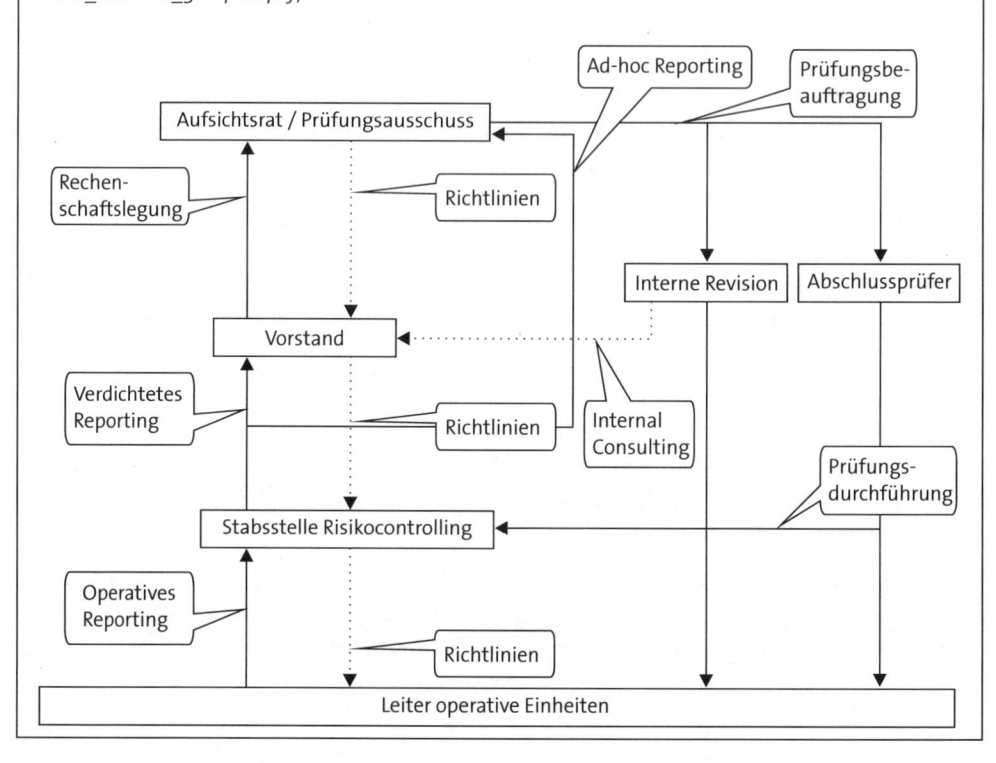

Zentrale Bedeutung für die Funktionsfähigkeit des Risikomanagementsystems hat die **Berichterstattung** über die Risiken, insbesondere die nicht bewältigten Risiken. **Umfang**, **Kanäle** und **Medien** der diesbezüglichen Kommunikation sind in standardisierter Form festzulegen. Hierfür ist von Bedeutung:

- Bei der Risikoerfassung können Rückkopplungen auftreten, die einen Abstimmungsbedarf zwischen den Abteilungen erfordern. Hier ist zu regeln, ob Abstimmungen zwischen verschiedenen Abteilungen mit oder ohne Einschaltung des Geschäftsleitungsorgans erfolgen können bzw. in welcher Form diese dokumentiert werden müssen.

- Zugleich sollten die Informationen über die Risiken einer weiteren unabhängigen „Clearing"-Stelle im Unternehmen gemeldet werden (z. B. Stabsstelle „Risikomanagement", Controlling oder Interne Revision). Diese zentrale Stelle ist für die Risikokoordination im Unternehmen zuständig und muss erforderlichenfalls Interdependenzen zwischen Einzelrisiken aufdecken. Auch hierfür sind Risikorichtlinien erforderlich.

Die **Intensität** der Information und Kommunikation nach Berichtsrhythmus und -adressaten richtet sich nach der Vorgabe von **Wesentlichkeitsgrenzen (Schwellenwerten)** der Risiken. Für jede Organisationseinheit sollten Risikolimits definiert werden, innerhalb derer eine selbsttätige Risikobewältigung durch die Einheit zulässig ist. Hierbei ist zu beachten, dass Risiken, die für sich genommen die Wesentlichkeitsgrenze nicht erreichen, zusammen mit anderen Risiken durchaus wesentlichen oder bestandsgefährdenden Charakter erlangen könnten.

Daher sollte auch eine standardisierte Erfassung und Weiterleitung von Risiken unterhalb der Wesentlichkeitsgrenze mindestens an die koordinierende Zentralstelle erfolgen, damit diese ggf. eine Weitermeldungs- bzw. Bearbeitungspflicht auslösen kann. Bei nicht bewältigten Risiken ist die Weiterleitung der Informationen an die zuständige nächst höhere Entscheidungsebene sicherzustellen.

Daneben sind Anforderungen an die **Flexibilität der Kommunikation** zu stellen, so dass

- bei Eilbedürftigkeit ggf. zeitliche Abstände gegenüber dem Regelberichtszeitraum reduziert werden und

- erforderlichenfalls auch Kommunikationswege im Sinne einer Ad-hoc-Berichterstat-tung verkürzt werden. Je nach Wesentlichkeit kann eine Durchleitung bis zum Vorstand in Betracht kommen.

Für die Ad-hoc-Berichterstattung sind zusätzliche Verantwortlichkeiten zu definieren, zulässige Risikoobergrenzen (Risiko-Limits) festzusetzen, Absicherungsquoten vorzugeben sowie die Angaben im Risikoreporting zu dokumentieren.

Der berichtsempfangende Entscheidungsträger (z. B. Abteilungsleiter) hat die ihm weitergeleiteten Informationen zu analysieren und hieraus regelmäßig und systematisch zu beurteilen, ob sich wesentliche bzw. bestandsgefährdende Risiken in Bezug auf ihre Intensitäts- wie auch ihre Quantitätsdimension ergeben. Bei der Beurteilung können Risikorichtlinien hilfreich sein.

# KAPITEL VI  Schnittstellen des Controllings

Der Integration der Prozessschritte des Risikomanagements und der dazugehörigen Instrumente und Maßnahmen dient folgende beispielhafte Darstellung:

| ABB. 425: | Formular zum Risikoreporting – Beispiel 1 | | |
|---|---|---|---|
| Risikofelder/ Einzelrisiko | Instrumente zur Risikoerkennung | Instrumente zur Risikoquantifizierung | Maßnahmen zur Risikobewältigung |
| **Anlagenrisiko** | | | |
| Technischer Stand/Betriebszustand des Anlagevermögens | Inaugenscheinnahme Sachverständigengutachten Analyse der Altersstruktur (Anlagenkartei) Analyse der Ausfälle/der Wartung | Instandhaltungsaufwendungen Betriebsaufwendungen Kosten der Überbeanspruchung Finanzierbarkeit, Kapitaldienstbelastung bei Investitionen | Bestimmung optimaler Ersatzzeitpunkte im Rahmen der Investitionsplanung Investitionsrichtlinien/Beschaffungsrichtlinien Wartungspläne Einsatzpläne |
| Nicht ausreichende Sicherung wertmäßig bedeutender Anlagen/ Geräte | Statistiken über Beschädigung/Verlust/Abhandenkommen von Anlagegütern Regelmäßige körperliche Bestandsaufnahme Prüfung durch interne Revision | Ermittlung der Wiederbeschaffungskosten/ Finanzierungskosten | Einhaltung von Benutzungsanleitungen Abstimmung mit Anlagenkartei Genehmigungs-/Limitsysteme bei Anschaffungen Klare Kontierungsrichtlinien Kontrollen bei Verkäufen und bei Verlagerungen zwischen verschiedenen Niederlassungen Versicherungsschutz |
| (...) | (...) | (...) | (...) |
| **Beschaffungsrisiko** | | | |
| Vertragsrisiko | Durchsicht der vorhandenen Verträge und Kontrakte auf Vollständigkeit Rechtsstreitigkeiten mit Lieferanten Fachzeitschriften, Verbandsperiodika | Kosten von Rechtsstreiten Schadenersatzkosten | Allgemeine Einkaufsbedingungen Einzelverträge mit Lieferanten Rahmenverträge mit Lieferanten |

| Risikofelder/ Einzelrisiko | Instrumente zur Risikoerkennung | Instrumente zur Risikoquantifizierung | Maßnahmen zur Risikobewältigung |
|---|---|---|---|
| Preisrisiko | Konditionenvergleiche der Lieferanten<br>Umsatzeinbußen beim Absatz<br>Preisangebote der Wettbewerber<br>Innerbetriebliche Überprüfung der Einkaufspreise durch Vorstand und interne Revision | Preisdifferenzen<br>überhöhte Anschaffungskosten<br>Währungsdifferenzen | Durchführung von Beschaffungskalkulationen<br>Jahresgespräche mit Lieferanten über Einzelbestellungen<br>Kurssicherung bei Währungskontrakten<br>Einkaufskooperationen; ggf. Aufkäufe<br>Konkurrenzangebote von anderen Lieferanten, Lieferantenwechsel<br>Regelmäßiger Einkäuferwechsel<br>Sanktionen bei Verstößen der Einkäufer gegen Einkaufsgrundsätze |
| (…) | (…) | (…) | (…) |

Ein nachhaltiges Risiko-Reporting kann etwa anhand des folgenden Formblatts erfolgen:

**ABB. 426:** Formular zum Risikoreporting – Beispiel 2

**Allgemeine Angaben**
Melder _____  Datum _____
Einheit _____  Erstmalige Erfassung (ja/nein) _____
Risikoart _____  Risikogruppe _____

Risikobeschreibung _____
Mögliche Wechselwirkungen _____

**Risikobewertung**
Eintrittshäufigkeit p. a. _____
Schaden bei Eintritt in T€ _____
Systemgenerierte Angaben:
Erwarteter Schaden in T€ p. a. _____
Risikoklasse gem. RDP (nachrangig, erhöht, wesentlich, bestandsgefährdend) _____

**Risikobewältigung**
Bereits getroffene Maßnahmen _____  Verantwortlich _____
Eingeleitete Maßnahmen _____  Verantwortlich _____
Projektierte Maßnahmen _____  Verantwortlich _____
Priorität _____

**Risikodokumentation**
Berichtskategorie _____
Berichtsempfänger _____
Berichtsrhythmus _____

Die **Dokumentation des Systems** dient insbesondere folgenden Funktionen:
- **Rechenschaftsfunktion:** nachträglicher Nachweis eines pflichtmäßigen Verhaltens der Unternehmensleitung bei Eintritt einer Unternehmenskrise.
- **Sicherungsfunktion:** Sicherstellung der Einhaltung der Maßnahmen des Risikomanagementsystems in nachfolgenden Perioden.
- **Prüfbarkeitsfunktion:** Grundlage und Voraussetzung für die Prüfung durch die Interne Revision und den Abschlussprüfer.

Um eine dauerhafte und personenunabhängige Funktionsfähigkeit des Risikomanagementsystems zu gewährleisten, sind sämtliche Maßnahmen und organisatorische Regelungen in **schriftlicher Form** zu **dokumentieren**. Hierfür bietet sich die Erstellung eines sog. **Risiko-Handbuchs** an.

Dieses ist – analog zum **Qualitätsmanagement-Handbuch** im Rahmen der Zertifizierung nach DIN-ISO 9000 ff. – ein Nachschlagewerk für die konkrete Handhabung abstrakter Richtlinien. Es kann zugleich als Nachweis der Ordnungsmäßigkeit gegenüber Externen dienen, z. B. im Rahmen einer erweiterten Abschlussprüfung gem. § 317 Abs. 4 HGB. Hierfür zwingend erforderlich sind eine übersichtliche Gliederung, eine einheitliche Terminologie sowie eine verständliche, transparente Darstellung.

Allgemein hat die Dokumentation des Risikomanagementsystems diejenigen Angaben zu enthalten, anhand derer sich ein sachverständiger Dritter in angemessener Zeit ein Bild über die Zweckmäßigkeit der Maßnahmen machen kann. Der IDW PS 340, Tz. 17 fordert deswegen insbesondere Darlegungen zu folgenden Themenbereichen:

- Bedeutung der frühzeitigen Erkennung von Risiken für das Unternehmen,
- Definitionen von Risikofeldern, die zu bestandsgefährdenden Entwicklungen führen können,
- Grundsätzen der Risikoerkennung, Risikoanalyse, Risikokommunikation,
- Maßnahmen der Festlegung diesbezüglicher Verantwortlichkeiten und Aufgaben,
- Regelungen zur Berichterstattung über erkannte und nicht bewältigte Risiken an die zuständigen Stellen sowie zur Risikoverfolgung,
- wesentliche integrierte Kontrollen und Aufgaben der internen Revision.

Pollanz identifiziert als **Mindestinhalt** eines Risiko-Handbuchs:

| ABB. 427: | Überblick über Mindestinhalt eines Risiko-Handbuchs |
|---|---|
| Ordnungsrahmen des Risikomanagements | ▶ Ziele und Aufbau des Handbuchs, Geltungsbereich, Definitionen |
| | ▶ Aussagen zu Unternehmenszielen und Zielen des Risikomanagements |
| | ▶ Aussagen zur Risikoneigung und Risikopolitik (Risikokultur) |
| | ▶ Übersicht hinsichtlich der Struktur des Risikomanagementsystems |
| Organisation des Risikomanagements | ▶ Darstellung der Subsysteme Früherkennungssystem, Controllingsystem und Internes Überwachungssystem sowie des Gesamtsystems |
| | ▶ Darstellung der Prozesse des Risikomanagements (Ablauforganisation) mit Verantwortlichkeiten, Aufgaben und Terminen |
| | ▶ Darstellung der Methoden und Tools zur Systemunterstützung |
| Risikomanagement-Reporting | ▶ Regelung zur Berichterstattung mit Terminen und Adressaten |
| | ▶ Darstellung von berichtsauslösenden Schwellenwerten |
| | ▶ Darstellung der Formularsätze und Datenerfassungsmasken |

| Überwachung des Risikomanagements | ▶ Prüfungsrichtlinien für die prozessunabhängige Überwachung des Risikomanagementsystems durch die Interne Revision sowie durch den Abschlussprüfer |
|---|---|
| Darstellung spezifischer bestandsgefährdender Risikofelder | ▶ Derivatgeschäfte, Umweltrisiken, IT-Risiken, strategische Risiken etc., jeweils unter dem Aspekt der Risikobeschreibung, Risikoabsicherung bestehender bzw. geplanter Risikopositionen sowie des bewussten Eingehens von Risikopositionen |

Quelle: *Pollanz*, in: DB 1999, S. 393 ff.

Für den **detaillierten Aufbau eines Risiko-Handbuchs** besteht folgender Vorschlag:

| ABB. 428: | Aufbau eines Risiko-Handbuchs |
|---|---|
| 1. | **Vorwort** |
| | ▶ Ziele und Aufbau des Handbuchs (gesetzliche Verpflichtung gem. KonTraG) |
| | ▶ Wettbewerbliches und gesetzliches Erfordernis zur Vorhaltung eines Risikomanagementsystems |
| | ▶ Definition der Begriffe Risiko, Risikomanagement, Risikomanagementsystem |
| | ▶ Ziele und Aufgaben des Risikomanagementsystems |
| 2. | **Risikokultur und risikopolitische Grundsätze** |
| | ▶ Risiko- und Kontrollkultur, Risikobewusstsein |
| | ▶ Risikopolitische Grundsätze: Risikotragfähigkeitskalkül, Wahrnehmung des Risikomanagements innerhalb der Geschäftsleitung, operative Verankerung des Risikomanagements, Risikomanagement als Aufgabe jeden Mitarbeiters, Bedeutung der Internen Revision |
| 3. | **Unternehmensziele** |
| | ▶ Oberstes Unternehmensziel (Existenzsicherung), abgeleitete Unternehmensziele (z. B. Gewinn- oder Umsatzwachstum) |
| | ▶ Konkretisierung der Unternehmensziele (z. B. Finanzen, Kunden, Prozesse, Mitarbeiter) |
| 4. | **Risikoarten/Risikokatalog** |
| | ▶ Exemplarische Risiken (auf Basis der definierten Unternehmensziele) |
| 5. | **Risikomanagementsystem** |
| | ▶ Ziele und Aufgaben |
| | ▶ Aufbau (z. B. Controlling, Frühwarnsystem, Interne Revision) |
| 6. | **Risikomanagementprozess** |
| | ▶ Darstellung der Methoden und Maßnahmen in den Prozessphasen Risikoidentifikation, Risikobewertung und Risikohandhabung |
| | ▶ Risikocontrolling (Information und Kommunikation, Reportingsystem) |
| 7. | **Aufgaben- und Verantwortungsbereiche** |
| | ▶ Aufgaben- und Verantwortungsmatrix |
| | ▶ Beschreibung wichtiger Stellenprofile (z. B. zentraler Risikomanager, Interne Revision, Controlling) |

| 8. | Geltungsbereich |
|---|---|
| | ▶ Zeitlicher Geltungsbereich <br> ▶ Organisatorischer Geltungsbereich (z. B. unternehmensweit gültig) |
| 9. | Anlagen |
| | ▶ Auflistung eingebundener Organisationseinheiten (Verantwortliche(r), Berichterstatter(in)) <br> ▶ Aufgaben- und Verantwortungsmatrix <br> ▶ Vordrucke Risikomeldung bzw. -identifikation (Meldender, Risikobezeichnung, Risikoart, Ort der Risikoentstehung, Schadenshöhe, Eintrittswahrscheinlichkeit, Maßnahmen und deren Einleitung) |

Quelle: I. A. a. *Wolf*, in: DStR 2002, S. 468 f.

Eine fehlende oder unvollständige Dokumentation des Risikomanagementsystems führt dabei zwangsläufig zu Zweifeln an seiner Funktionsfähigkeit, denn „what´s not documented is not done". Hierbei kommt es weniger um die konkrete Risikoabwehr im Einzelfall an, sondern um den ex post-Nachweis i. S. der „Business Judgement Rule", alle erforderlichen organisatorischen Vorkehrungen in angemessener Weise getroffen zu haben.

## 4.5 Risikomanagementsystem und Abschlussprüfung

### 4.5.1 Prüfungsnormen für das Risikomanagementsystem

Im Rahmen des KonTraG wurde eine **Pflicht zur Prüfung des Risikomanagementsystems** in § 317 Abs. 4 HGB festgelegt. Der Abschlussprüfer hat demnach im Rahmen der gesetzlichen Prüfung zu beurteilen, ob der Vorstand die ihm nach § 91 Abs. 2 AktG obliegenden Maßnahmen in einer geeigneten Form getroffen hat und ob das danach einzurichtende Überwachungssystem seine Aufgaben erfüllen kann. Während sich diese Vorschrift allein auf die Prüfung börsennotierter Aktiengesellschaften bezieht, gilt für öffentliche Unternehmen sowie Genossenschaften grundsätzlich eine Prüfungspflicht im Rahmen der Feststellung der Ordnungsmäßigkeit der Geschäftsführung (§§ 53 HGrG, 53 GenG).

Aus den Anforderungen an die Ordnungsmäßigkeit eines Risikomanagementsystems aus Sicht der Prüfung lassen sich diesbezügliche best practice-Grundsätze ableiten.

*Brebeck* und *Herrmann* (*Brebeck/Herrmann*, in: WPg 1997, S. 381 ff.) haben zunächst die folgenden grundsätzlichen **Anforderungen an ein Risikomanagementsystem** formuliert:

▶ **Vollständigkeit:** Zumindest die bestandsgefährdenden und wesentlichen Risiken sind vollständig abzubilden. Die Erfassung weiterer Risiken hat unter Berücksichtigung des Grundsatzes der Wirtschaftlichkeit zu erfolgen.

▶ **Quantifizierbarkeit:** Die Risiken sind nach Höhe des drohenden Vermögensverlusts zu berechnen oder zu schätzen.

▶ **Intensität:** Die Eintrittswahrscheinlichkeit der Risiken ist zu beurteilen.

▶ **Systematik:** Die Informationserhebung darf nicht sporadisch erfolgen, sondern muss als routinemäßiger und standardisierter Prozess angelegt werden.

- **Interdependenzen:** Die Informationen über Einzelrisiken sind ggf. zusammenzufassen, um Aufschluss über das Gesamtrisiko bzw. Wirkungsketten von Einzelrisiken generieren zu können.
- **Objektivität:** Die Informationen müssen den Entscheidungsträger unbeeinflusst erreichen. Der Bewertung zugrundeliegende Prämissen sind als solche zu kennzeichnen; erforderlichenfalls sind Sensitivitäts- oder Szenarioanalysen durchzuführen.
- **Flexibilität:** Das Risikomanagementsystem muss die Erfordernisse des individuellen Betriebs berücksichtigen und zugleich laufend an Änderungen der Rahmenbedingungen der unternehmerischen Tätigkeit angepasst werden.
- **Schnelligkeit:** Risikorelevante Informationen müssen den Entscheidungsträgern so rechtzeitig übermittelt werden, dass geeignete Gegensteuerungsmaßnahmen frühzeitig eingeleitet werden können. Die zeitlichen Abstände der Informationserhebung sind in Abhängigkeit von der Risikoart und der Betroffenheit festzulegen. Eine jährlich zum Bilanzstichtag vorgenommene Risikoinventur wird i. d. R. nicht ausreichend sein.
- **Dokumentation:** Das Risikomanagementsystem ist so zu dokumentieren, dass die Risikoerfassung und -bewertung für die Mitarbeiter des Unternehmens sowie sachverständige Dritte (Aufsichtsrat, Abschlussprüfer) nachvollziehbar bzw. umsetzbar wird. Hierbei ist der Umstand zu berücksichtigen, dass die Geschäftsführung die Beweislast gegenüber der Gesellschaft trifft, dass sie ihre Sorgfaltspflichten eines ordentlichen und gewissenhaften Geschäftsleiters erfüllt hat.

Ausführliche **Grundsätze der Prüfung des Risikofrüherkennungssystems nach § 317 Abs. 4 HGB** hat das Institut der Wirtschaftsprüfer (IDW) im Prüfungsstandard IDW PS 340 dargelegt. Weitere Anhaltspunkte ergeben sich aus dem vom Fachausschuss für öffentliche Unternehmen und Verwaltungen (ÖFA) verabschiedeten IDW-Prüfungsstandard „**Berichterstattung über die Erweiterung der Abschlussprüfung nach § 53 HGrG**" (IDW PS 720).

Danach hat die – formaljuristisch nur für Aktiengesellschaften vorgeschriebene – Konkretisierung der Geschäftsführungsverpflichtung auch für alle anderen Unternehmen Bedeutung, wobei an die Ausgestaltung des Systems in Abhängigkeit von Größe und Komplexität des Unternehmens individuelle Anforderungen zu stellen sind.

Prüfungsgegenstand sind die im Rahmen der Früherkennung getroffenen Maßnahmen mit dem Ziel einer rechtzeitigen Erfassung und Kommunikation aller potenziell bestandsgefährdenden Risiken (IDW PS 340, Tz. 26) wie folgt:

| ABB. 429: | Prozess des Risikomanagementsystems nach IDW PS 340 | |
|---|---|---|
| Prozess-schritt | Prozessinhalt | Einzelmaßnahmen |
| 1 | Festlegung von Risikofeldern mit möglichen bestands-gefährdenden Entwicklungen (Tz. 7 f.) | ▶ Risikoorientierte Analyse aller betrieblichen Prozesse und Funktionsbereiche<br>▶ Definition der potenziell bestandsgefährdenden Risiken und Risikoarten<br>▶ Analyse von möglichen Wechselwirkungen zwischen Einzelrisiken im Hinblick auf Risikokumulierung |
| 2 | Risikoerkennung und Risikoanalyse (Tz. 9 f.) | ▶ Schaffung und Fortentwicklung eines angemessenen Risikobewusstseins der Mitarbeiter<br>▶ Implementierung von Maßnahmen zur Erkennung auch von Risiken, die keinem zuvor definierten Erscheinungsbild entsprechen<br>▶ Beurteilung der Risiken nach Eintrittswahrscheinlichkeit und Schadenshöhe einzeln sowie in Wechselwirkung zu anderen Risiken (Kumulation, Kompensation, Verstärkung) |
| 3 | Aufbau eines Risikokommuni-kations- und -informationssystems (Tz. 11 f.) | ▶ Implementierung von Maßnahmen zur Berichterstattung über nicht bewältigte Risiken an die jeweiligen Entscheidungsträger<br>▶ Gewährleistung einer vertikalen Berichterstattungspflicht ggf. bis zum Vorstand<br>▶ Definition von Schwellenwerten der Risiken, deren Überschreiten eine Berichtspflicht auslöst<br>▶ Sicherstellung einer Ad-hoc-Berichterstattung bei eilbedürftigen Informationen |
| 4 | Zuordnung von Verantwort-lichkeiten und Aufgaben (Tz. 13 f.) | ▶ Festlegung von Verantwortlichkeiten für Erfassung und Bewältigung sowie Informationsweiterleitung über Risiken<br>▶ Gewährleistung einer rechtzeitigen Risikoerfassung<br>▶ Abstufung der Verantwortlichkeiten nach Hierarchieebenen<br>▶ Festlegung von Weitermeldungspflichten an übergeordnete Berichtsempfänger |
| 5 | Überwachung der Einhaltung von im Rahmen des Risikoma-nagementsystems getroffe-nen Maßnahmen (Tz. 15 f.) | ▶ Installierung von in die Abläufe fest eingebauten (prozessintegrierten) Kontrollen<br>▶ Überwachung der Einhaltung von Meldegrenzen<br>▶ Kontrolle der Termineinhaltungen<br>▶ Genehmigung und Kontrolle der Risikoberichterstattung<br>▶ Integration des Risikomanagementsystems in die Prüfungstätigkeit der Internen Revision |
| 6 | Dokumentation der durch das Risikomanagementsystem ge-troffenen Maßnahmen (Tz. 17 f.) | ▶ Erstellung und laufende Pflege eines Risikohandbuchs zur Dokumentation der organisatorischen Regelungen und Maßnahmen zur Einrichtung des Systems<br>▶ Archivierungs- und Aufbewahrungspflichten |

Nach IDW PS 720, der für die Prüfung nach § 53 HGrG bei im Mehrheitsbesitz einer oder mehrerer Gebietskörperschaften stehenden Unternehmen anzuwenden ist, stellt das Risikomanagementsystem ein **Element des ordnungsmäßigen Geschäftsführungsinstrumentariums** dar (Tz. 17). Unter Zugrundelegung des aufgeführten Fragenkatalogs ist im Rahmen der Prüfung insbesondere zu beurteilen, ob

- geeignete Frühwarnsignale definiert wurden, mit deren Hilfe bestandsgefährdende Risiken rechtzeitig erkannt werden können,
- die Maßnahmen ausreichend und geeignet sind, ihren Zweck zu erfüllen,
- die Maßnahmen ausreichend dokumentiert sind und deren Beachtung und Durchführung sichergestellt wird,
- die Frühwarnsignale und Maßnahmen kontinuierlich und systematisch mit den aktuellen Geschäftsprozessen und Funktionen abgestimmt und ggf. angepasst werden.

## 4.5.2 Risikoorientierter Prüfungsansatz als Grundlage der Prüfungstätigkeit

Mit der zunehmenden Komplexität des Wirtschaftsgeschehens haben einzelfallorientierte Prüfungen ihre dominierende Rolle verloren. Geprüft wird zunehmend die **Funktionsfähigkeit von Systemen**. Gegenstand der Prüfungen ist nicht mehr der einzelne Geschäftsvorfall bzw. die einzelne Transaktion als Ergebnis des Systemwirkens, sondern

- die **Angemessenheit** (Zweckmäßigkeit) und
- die **Wirksamkeit** (Funktionsfähigkeit)

des Systems an sich, um eine generelle Aussage vorab treffen zu können, ob und inwieweit das Systemergebnis fehlerbehaftet sein kann.

**ABB. 430: Ablauf einer Systemprüfung**

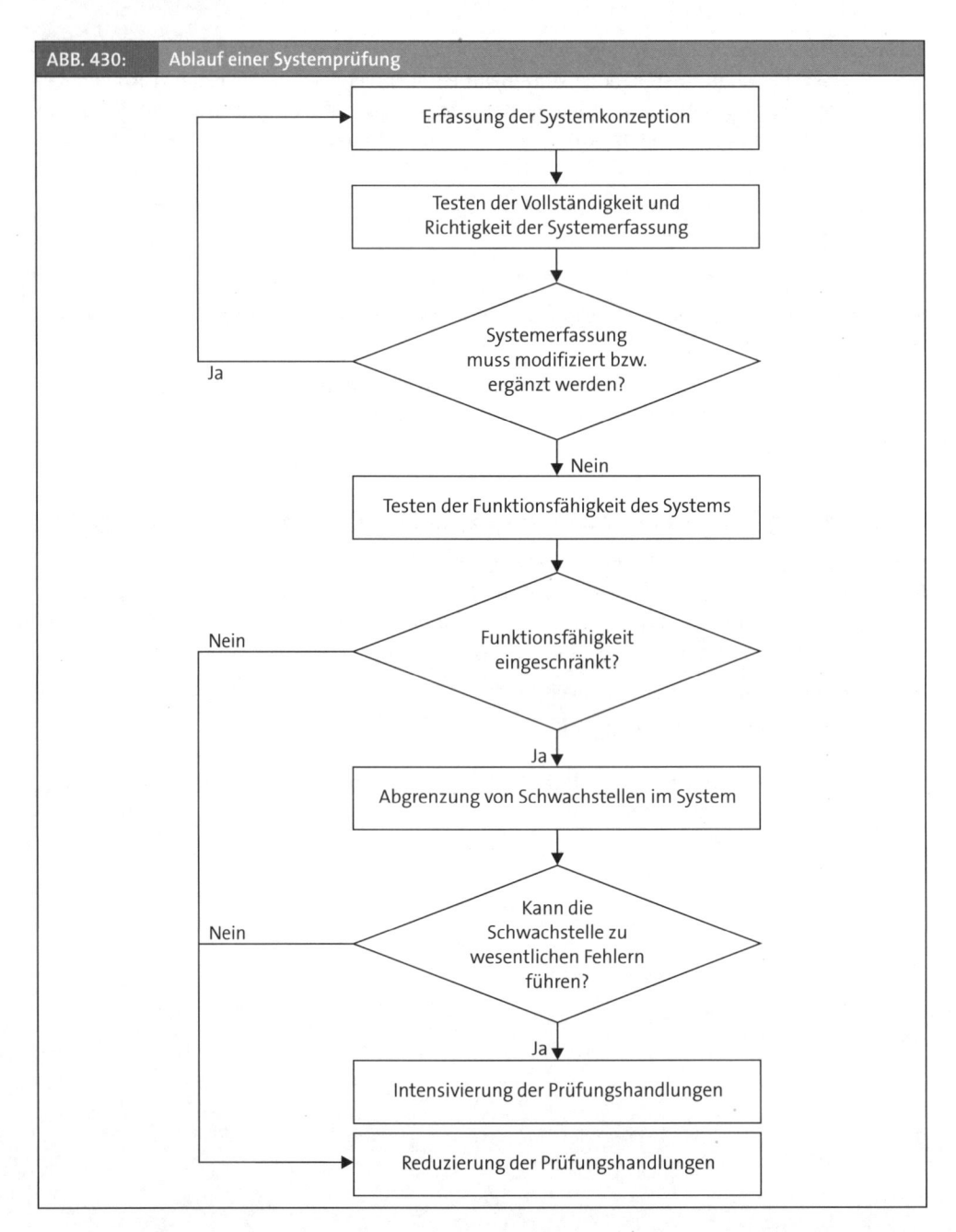

- Erfassung der Systemkonzeption
- Testen der Vollständigkeit und Richtigkeit der Systemerfassung
- Systemerfassung muss modifiziert bzw. ergänzt werden? — Ja (zurück zur Erfassung der Systemkonzeption) / Nein
- Testen der Funktionsfähigkeit des Systems
- Funktionsfähigkeit eingeschränkt? — Nein (→ Reduzierung der Prüfungshandlungen) / Ja
- Abgrenzung von Schwachstellen im System
- Kann die Schwachstelle zu wesentlichen Fehlern führen? — Nein (→ Reduzierung der Prüfungshandlungen) / Ja
- Intensivierung der Prüfungshandlungen
- Reduzierung der Prüfungshandlungen

Quelle: *Peemöller/Husmann*, in: Küting (Hrsg.): Saarbrücker Handbuch, 4. Aufl. (2008), S. 601.

Im Zuge einer Systemprüfung wird der vorgefundene Ist-Zustand des Systems mit den vorgegebenen Systemzielen verglichen, die auch als solche kritisch überprüft werden. Insbesondere sind die Bestandteile und Regeln des Systems zu beurteilen, um Aussagen über die Richtigkeit der Systemergebnisse und Zweckmäßigkeit der Systemabläufe abzuleiten.

Systemprüfungen werden nach den Regeln des sog. „risikoorientierten Prüfungsansatzes" durchgeführt. Das Grundprinzip besteht darin, dem herkömmlichen Prüfungsablauf eine Phase der Analyse aller möglicherweise Fehler verursachenden Risiken vorzuschalten. Aus den gewonnenen Erkenntnissen bestimmen sich Prüfungsstrategie und nachfolgendes Prüfungsprogramm.

Durch eine der eigentlichen Prüfung vorangehende Risikoanalyse kann eine vorläufige Einschätzung darüber gewonnen werden,

▶ ob besondere in der Geschäftstätigkeit des Unternehmens begründete Risikofaktoren in Bezug auf einzelne Geschäftsbereiche, Betriebszweige, Vermögensgegenstände oder Schulden vorliegen,

▶ wie die Unternehmensleitung das Risiko von Unregelmäßigkeiten beurteilt,

▶ welche Maßnahmen zur Vermeidung bzw. Aufdeckung von Unregelmäßigkeiten eingerichtet wurden und

▶ ob dadurch wesentliche Unregelmäßigkeiten aufgedeckt wurden (IDW PS 210, Tz. 26).

Gibt die Risikoeinschätzung Hinweise auf neuralgische Prüffelder, so ist die Prüfungsplanung dahingehend auszurichten, dass diese Bereiche einer besonders intensiven Prüfung unterzogen werden.

Durch analoge Anwendung der anerkannten prüferischen Berufsgrundsätze kann die **Unternehmensleitung selbst entsprechende Risikobeurteilungen anstellen**. Dies erfolgt mit dem Ziel, die Gefahr von bedrohlichen Entwicklungen oder Unregelmäßigkeiten abzuschätzen und geeignete Reorganisationsmaßnahmen proaktiv zu veranlassen.

Dies ist insbesondere vor dem Hintergrund relevant, dass die **Verantwortung** für das Auftreten von Unrichtigkeiten und Verstößen bei den **gesetzlichen Vertretern** des geprüften Unternehmens und nicht beim Abschlussprüfer angesiedelt ist. Wie bereits zuvor dargelegt, ist es Ausdruck sorgfältiger Geschäftsführung, ein wirksames Überwachungssystem einzurichten und zu unterhalten (IDW PS 210, Tz. 8).

Neben den gesetzlichen Vertretern trägt auch das **Aufsichtsorgan** des Unternehmens Verantwortung für die Überwachung, indem es insbesondere die Wirksamkeit der von der Unternehmensleitung getroffenen Maßnahmen überprüft (IDW PS 210, Tz. 10).

Dem **Abschlussprüfer** obliegt es demgegenüber, vorgefallene Unrichtigkeiten und Verstöße gegen Gesetz, Gesellschaftsvertrag und Satzung, die sich auf die Darstellung des sich nach § 264 Abs. 2 HGB ergebenden Bildes der Vermögens-, Finanz- und Ertragslage wesentlich auswirken, bei gewissenhafter Berufsausübung im Rahmen der Prüfung zu erkennen (IDW PS 210, Tz. 12).

Diese Aufgabe ist jedoch vor dem Hintergrund unvollständiger Information zu relativieren. Die Abschlussprüfung ist im Gegensatz zur Unterschlagungsprüfung als **Stichprobenprüfung** und nicht als Vollprüfung ausgelegt. Auch genügt es, dass der Prüfer gegenüber dem geprüften Unternehmen, den gesetzlichen Vertretern und dessen Mitarbeitern lediglich eine „**kritische Grundhaltung**" einnimmt; ein „**besonderes Misstrauen**" ist nicht erforderlich (IDW PS 210, Tz. 14).

Somit kann ausdrücklich keine absolute Sicherheit der getroffenen Prüfungsaussagen gewährleistet werden, sondern lediglich eine **hinreichende Sicherheit**. Dies gilt insbesondere für den Fall, dass gesetzliche Vertreter, Mitarbeiter oder externe Dritte aktiv und mit krimineller Energie an Verschleierungen oder Fälschungen sowie an Umgehungen der internen Überwachungsmaßnahmen mitgewirkt haben (IDW PS 210, Tz. 18 f.).

Vor diesem praktischen Hintergrund werden im Folgenden die Grundsätze des risikoorientierten Prüfungsansatzes dargelegt.

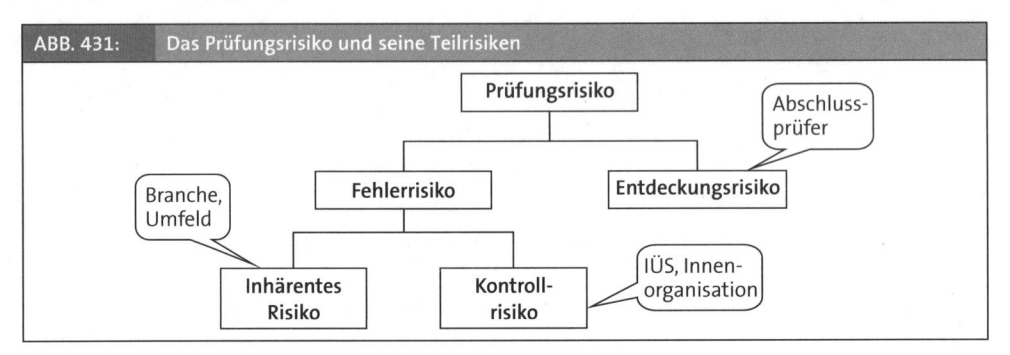

**ABB. 431:** Das Prüfungsrisiko und seine Teilrisiken

Quelle: IDW PS 261 n. F., Tz. 6.

Hierbei gelten folgende Definitionen (IDW PS 261 n. F., Tz. 6):

▶ Das **inhärente Risiko** stellt die Wahrscheinlichkeit für das Auftreten von wesentlichen Fehlern im Untersuchungsobjekt an sich dar, wobei zunächst der fehleraufdeckende Einfluss vorgenommener interner Überwachungsmaßnahmen unberücksichtigt bleibt. Es ist quasi das durch Unternehmenstätigkeit und Geschäftsprozesse „vorgegebene" und „unvermeidliche" Risiko.

▶ Das **Kontrollrisiko** stellt die Wahrscheinlichkeit dar, dass Fehler und Manipulationen, die in Bezug auf einen Untersuchungsgegenstand wesentlich sind, durch das unternehmensinterne Überwachungsmaßnahmen nicht verhindert, aufgedeckt oder korrigiert werden. Es ist das Risiko aus der vom Management geschaffenen Organisationsstruktur.

▶ Das **Entdeckungsrisiko** stellt die Wahrscheinlichkeit dar, dass der Abschlussprüfer oder der Prüfende im Allgemeinen falsche Angaben bezüglich eines Untersuchungsobjekts nicht entdeckt, die für sich genommen oder zusammen mit anderen falschen Angaben wesentlich sind. Es ist das prüferische „Berufsrisiko".

Nach der **Grundgleichung** des risikoorientierten Prüfungsansatzes gilt:

| Prüfungsrisiko = Inhärentes Risiko · Kontrollrisiko · Entdeckungsrisiko, |
| --- |

Das **Prüfungsrisiko** gibt die Wahrscheinlichkeit an, dass trotz wesentlicher Fehler irrigerweise ein positives Prüfungsurteil abgegeben wird. Es darf insgesamt ein akzeptables Maß nicht überschreiten. Offizielle Verlautbarungen des IDW beziffern keine vertretbare Obergrenze. Das Fachschrifttum führt Schwellenwerte von 1 - 5 % auf.

Bei einer vorgegebenen Obergrenze des Prüfungsrisikos muss jedenfalls das Entdeckungsrisiko umso niedriger sein, je höher das inhärente und das Kontrollrisiko sind. Wird angenommen, dass aufgrund der unabänderlichen Rahmenbedingungen des Unternehmens das inhärente Risiko fix ist, gilt der Leitsatz der Prüfungsplanung:

„Je unzuverlässiger das vom Unternehmen eingerichtete Interne Überwachungssystem (IÜS), umso höher ist der Umfang an vorzunehmenden ergebnisorientierten, prozessunabhängigen Prüfungshandlungen."

Hieraus folgt für die Intensität der Prüfungshandlungen:

- Bei geringen inhärenten Risiken, einwandfreiem Kontrollumfeld und **funktionsfähigem IÜS** brauchen Prüfungshandlungen nur in minimalem Umfang durchgeführt werden (d. h. sowohl Unternehmensumwelt als auch prüfungsrelevante Unternehmensorganisation werden als risikoarm eingestuft).
- Bei geringen inhärenten Risiken, einwandfreiem Kontrollumfeld und **eingeschränkt funktionsfähigem IÜS** sind Prüfungshandlungen in geringem Umfang durchzuführen (d. h. Unternehmensumwelt wird als risikoarm eingestuft, Unternehmensorganisation ist mit leicht erhöhten Risiken behaftet).
- Bei wesentlichen inhärenten Risiken, einwandfreiem Kontrollumfeld und **nicht funktionsfähigem IÜS** sind Prüfungshandlungen deutlich auszuweiten (d. h. Unternehmensumwelt wird als risikoreich eingestuft, Unternehmensorganisation ist mit erhöhten Risiken behaftet).
- Bei wesentlichen inhärenten Risiken, mangelhaftem Kontrollumfeld und **nicht funktionsfähigem IÜS** sind Prüfungshandlungen in äußerst hohem Umfang durchzuführen (d. h. Unternehmensumwelt wird als risikoreich eingestuft, Unternehmensorganisation ist mit wesentlichen bzw. bestandsgefährdenden Risiken behaftet).

| ABB. 432: | Die Abhängigkeit des Entdeckungsrisikos von Kontrollrisiko und inhärentem Risiko | | | |
|---|---|---|---|---|
| | Notwendige Höhe des Entdeckungsrisikos | bei Einschätzung des **Kontrollrisikos** als (...) | | |
| | | (...) hoch: | (...) mittel: | (...) gering: |
| Bei Einschätzung des **inhärenten Risikos** als (...) | (...) hoch: | Gering | Gering | Mittel |
| | (...) mittel: | Gering | Mittel | Hoch |
| | (...) gering: | Mittel | Hoch | Hoch |

Muss das Entdeckungsrisiko gering gehalten werden, ist eine Intensivierung der Prüfungshandlungen erforderlich; kann es hoch gehalten werden, so heißt dies, dass die Prüfungshandlungen auf ein Minimum reduziert werden können.

Bei den **inhärenten Risiken** handelt es sich um solche, die sowohl auf Unternehmensebene als auch prüffeldspezifisch auftreten (vgl. IDW 261 n. F., Tz. 13 ff.):

- **allgemeine (externe) Risikofaktoren:**
  - **makroökonomische** Faktoren (z. B. konjunkturelle und strukturelle Entwicklungen, politische Verhältnisse, geänderte Rechtslage),

- **branchenspezifische** Faktoren (z. B. wirtschaftliche Lage der betroffenen Branche, technologische Änderungen, Nachfrageverschiebungen, Standortprobleme),
- ▶ **gesamtunternehmensbezogene Faktoren** (z. B. Unternehmensart und -größe, wirtschaftliche Lage, nachteilige Veränderungen der Geschäftätigkeit, Umstrukturierungen, hohes Wachstum, zunehmende Auslandsaktivitäten, ungewöhnliche Geschäfte, Kompetenz und Integrität des Managements und der Mitarbeiter),
- ▶ **prozessabhängige Faktoren** (z. B. Umfang, Häufigkeit und Komplexität der Verarbeitungsprozesse, Veränderungen in den eingesetzten IT-Systemen, Manipulationsanfälligkeit in Bezug auf die Beschaffenheit der Vermögensgegenstände hinsichtlich Diebstahl, Betrug, Unterschlagung),
- ▶ **prüffeldspezifische Faktoren** (z. B. Art, Fungibilität und Fehleranfälligkeit der Vermögensgegenstände, Komplexität der Verarbeitungsvorgänge, Schätzgrößen bzw. Ermessensspielräume bei der Bewertung).

Es lassen sich bezüglich obiger Einflussfaktoren z. B. folgende **Tendenzaussagen** treffen:

- ▶ Je größer das wirtschaftliche Risiko in der Branche und im Umfeld des Unternehmens ist (z. B. durch strukturelle Fehlentwicklungen, mangelnde Amortisation von Investitionen, Überkapazitäten, Preiswettbewerb), desto höher ist die Wahrscheinlichkeit für Falschaussagen im Jahresabschluss.
- ▶ Je geringer das Risikobewusstsein im Management ausgeprägt ist, desto größer wird die Wahrscheinlichkeit von Fehlern und Fehleinschätzungen.
- ▶ Je höherwertiger ein Vermögensgegenstand, umso größer ist das Bewertungsrisiko (Wertänderungsrisiko).
- ▶ Je fungibler ein Vermögensgegenstand, desto größer das Unterschlagungsrisiko.
- ▶ Je komplexer ein Verarbeitungsvorgang ist und je weniger Standards und Routinen bestehen, desto größer wird die Wahrscheinlichkeit für Verarbeitungsfehler.

Die inhärenten Risiken sind großteils mit denjenigen Unternehmensrisiken identisch, über die sich der Abschlussprüfer gem. IDW PS 230, Tz. 9 schon vor der Auftragsannahme mittels Vornahme einer unternehmensspezifischen PEST-Analyse und SWOT-Analyse (five forces-Modell, Wertkette) vorläufige Erkenntnisse verschaffen muss (vgl. Kapitel II).

Im Ergebnis stellen die inhärenten Risiken die eigentlichen Ursachen für Fehler im Jahresabschluss dar, sie bestehen aber unabhängig vom Prüfungsprozess.

Das **Kontrollrisiko** quantifiziert demgegenüber die Wirksamkeit des IÜS. Sie ist gegeben, wenn es mit hinreichender Wahrscheinlichkeit das Auftreten wesentlicher Fehler in der Rechnungslegung des Unternehmens verhindert (IDW PS 261 n. F., Tz. 41 und 64 ff.). Von wesentlicher Bedeutung für die Erfassung und Beurteilung des Kontrollrisikos sind:

- ▶ **das Kontrollumfeld:** Relevante Faktoren sind die Unternehmenskultur, die Risikoneigung, das Kontrollbewusstsein und die Einstellung des Managements gegenüber Überwachung, die Organisationsstruktur – hierbei insbesondere die Stellung der Internen Revision – und die tatsächliche Handhabung von Kontrollverfahren;
- ▶ **das System des Rechnungswesens:** Faktoren, die dessen Ordnungsmäßigkeit beeinflussen, sind die Organisation der Buchführung, die angewandten Buchführungsverfahren, Arten von Nebenbuchhaltungen und deren Abstimmung, Systematik und Gliederungstiefe des Konten-

plans, Organisation des Belegwesens, Grundsätze der Kontenführung, Art und Umfang des IT-Einsatzes, Vorhandensein automatischer oder manueller Abstimmungsmöglichkeiten sowie die Form der Behandlung festgestellter Differenzen;

- **die Kontrollaktivitäten:** Diese beziehen sich auf das Vorhandensein und die Wirksamkeit von Vollständigkeitskontrollen, Bestandskontrollen, Genehmigungskontrollen, Verarbeitungskontrollen und Kontrollen durch Funktionstrennung.

Ein hohes Kontrollrisiko resultiert entweder aus einem schlechten Kontrollumfeld, einem unzweckmäßigen System des Rechnungswesens, einem mangelhaften Aufbau des IÜS oder der mangelnden Ausführung grundsätzlich vorgesehener Kontrollen. Die Kontrollrisiken sind umso niedriger, je besser das IÜS funktioniert, mithin besteht ein inverser Zusammenhang.

**ABB. 433: Ablaufplan der risikoorientierten Prüfung**

|  |  |
|---|---|
| **1. Phase** — Vorläufige Beurteilung | **Allgemeine Analyse des Fehlerrisikos** Informationsbeschaffung, Verständnis für Unternehmen, Umfeld und Geschäftsprozesse |
| | **Vorläufige Beurteilung des Fehlerrisikos und Aufbau der weiteren Prüfungsstrategie** Analyse, Beurteilung und Festlegung von Prüfungsschwerpunkten und Prüfungsmethoden |
| **2. Phase** — Inhärentes Risiko | **System- bzw. Aufbauprüfungen/-beurteilungen (Soll-Soll-Vergleich)** Prüfung der Angemessenheit von Organisations- und Kontrollmechanismen im Unternehmen Prüfung, Beurteilung und Festlegung weiterer Prüfungshandlungen |
| **3. Phase** — Kontrollrisiko | **Funktionsprüfungen/-beurteilungen (Soll-Ist-Vergleich)** Prüfung der Wirksamkeit von Organisations- und Kontrollmechanismen im Unternehmen Prüfung, Beurteilung und Festlegung weiterer Prüfungshandlungen |
| **4. Phase** — Entdeckungsrisiko | **Analytische Prüfungshandlungen und Beurteilungen (Verprobungen)** Prüfung, Beurteilung und Festlegung weiterer Prüfungshandlungen |
| | **Einzelfallprüfungen/-beurteilungen (Soll-Ist-Vergleich)** Ableitung des Gesamturteils |

Hinsichtlich der Prüfungshandlungen im Rahmen von **Systemprüfungen** zur Gewinnung eines Urteils über die Angemessenheit (Aufbau) und die Wirksamkeit (Funktion) eines Systems lassen sich insoweit unterscheiden:

- **Aufbauprüfungen (Soll-Soll-Prüfungen)**

    Sie dienen zur Gewinnung eines Urteils über die grundsätzliche, strukturelle Fähigkeit von Überwachungssystemen, wesentliche Fehler aufzudecken, zu verhindern bzw. zu korrigieren. Hierzu muss zunächst das relevante Kontrollumfeld (Problem- und Risikobewusstsein) analysiert werden. Sodann ist mittels Befragungen, Dokumentenanalysen oder -auswertungen zu prüfen, ob das Regelwerk des Systems vollständig, in betriebswirtschaftlicher Hinsicht sachgerecht und methodisch einwandfrei ist, d. h., es wird das „Soll" gem. den Unternehmensangaben auf Übereinstimmung mit dem allgemein anerkannten „Soll" guter Corporate Governance verglichen.

Falls schon das Urteil der Aufbauprüfung negativ ausfällt, gehen Funktionsprüfungen ins Leere, da es keinen Sinn macht, ein im Aufbau als unzweckmäßig beurteiltes IÜS auf korrekte Funktionsweise zu überprüfen. Somit können unmittelbar erhöhte Kontrollrisiken unterstellt werden. Um dennoch das geforderte Prüfungsrisiko nicht zu überschreiten, muss das Entdeckungsrisiko durch eine Ausweitung des Umfangs an Stichproben- bzw. Einzelfallprüfungen drastisch gesenkt werden.

▶ **Funktionsprüfungen (Soll-Ist-Prüfungen)**

Sie dienen zur Gewinnung eines Urteils über die kontinuierliche Anwendung von Systemen. Es wird der Grad der tatsächlichen Umsetzung sowie die durchgängige Funktionsfähigkeit eines „auf dem Papier" als sachgemäß erachteten Systems überprüft. Dies erfolgt mittels Beobachtungen von Abläufen, Nachvollzug von Kontrollaktivitäten, Durchführung von Testläufen ggf. unter Einspeisung von Fehlern.

▶ Bei negativem Ausgang der zuvor durchgeführten Prüfungshandlungen (d. h. Zweifeln an der Zweckmäßigkeit, Wirksamkeit und/oder Funktionsfähigkeit des Systems) müssen sich zunächst **analytische Prüfungshandlungen** in Form von Datenvergleichen, Trendanalysen oder Verprobungen und sodann **Stichproben-** und **Einzelfallprüfungen** auf Ebene der Belege und Geschäftsvorfälle anschließen.

Aus den insbesondere im IDW PS 340 kodifizierten Anforderungen an die Ordnungsmäßigkeit eines Risikomanagementsystems aus Sicht des Abschlussprüfers lassen sich im Ergebnis nachstehende **good practice-Grundsätze** ableiten:

| ABB. 434: | Checkliste zur Beurteilung der Angemessenheit und Wirksamkeit des Risikomanagementsystems | |
|---|---|---|
| **Risikoidentifikation** | ▶ | Werden alle risikorelevanten externen sowie internen Beobachtungsbereiche (betriebliche Prozesse und Funktionsbereiche) in die Früherkennung einbezogen? |
| | ▶ | Werden entstehende Risiken laufend zeitnah gemeldet und vollständig erfasst? |
| | ▶ | Erfolgt die Risikoerfassung mit zweckmäßigen Methoden (z. B. Interviews, Workshops) sowie Hilfsmitteln (z. B. Prüf- und Checklisten, Fragebögen, Protokolle)? |
| | ▶ | Wird außerdem unternehmensweit in angemessenen Zeitabständen eine umfassende (stichtagsbezogene) Risikoinventur durchgeführt? |
| | ▶ | Wird die zeitnahe Erfassung auch neu auftretender bzw. erstmals entdeckter Risiken i. S. einer „Offenheit" des Systems gewährleistet? |
| | ▶ | Sind die Prozessverantwortlichen auf den operativen Ebenen in angemessener Weise in den Erfassungsprozess integriert? |
| | ▶ | Werden geeignete Messgrößen und Indikatoren zur Operationalisierung der Beobachtungsbereiche festgelegt? |

| | | |
|---|---|---|
| | ▶ | Ermöglichen die Messgrößen eine Überwachung der relevanten Entwicklungen und lassen sie Fehlentwicklungen frühzeitig erkennen? |
| | ▶ | Liegen den Messgrößen fundierte Ursache-Wirkungs-Beziehungen zu Grunde? Sind die Sollwerte und Toleranzgrenzen der Messgrößen und Indikatoren begründet und plausibel? |
| | ▶ | Erlaubt es die Feststellung von Soll-Ist-Abweichungen der Messgrößen und Indikatoren, bedrohliche Tendenzen zu erkennen und ggf. Anpassungsmaßnahmen vorzunehmen? |
| | ▶ | Wird vermerkt, wenn verschiedene Einzelrisiken die gleiche Ursache haben? |
| | ▶ | Werden neben erwarteten Entwicklungen (Erwartungswerten) auch Bandbreiten möglicher Entwicklungen sowie der Einfluss potenzieller Störereignisse im System erfasst? |
| | ▶ | Werden auf Basis dieser Erkenntnisse die identifizierten Risiken vollständig und systematisch in Risikokategorien eingeteilt? |
| Risikobewertung und -analyse | ▶ | Erfolgt eine laufende Risikomessung anhand quantitativer Maßgrößen? Werden die Einzelrisiken separat nach Eintrittswahrscheinlichkeit und Schadenshöhe beurteilt? |
| | ▶ | Werden geeignete Verteilungsannahmen (z. B. Normalverteilung) getroffen? |
| | ▶ | Sind bei Verwendung mathematisch-statistischer Verfahren ihre Anwendungsvoraussetzungen erfüllt (z. B. Größe der Grundgesamtheit und Stichprobe)? |
| | ▶ | Falls keine mathematisch-statistischen Verfahren zur Anwendung kommen, werden mindestens näherungsweise qualitative Schadens- und Wahrscheinlichkeitsklassen gebildet? |
| | ▶ | Sind die Ergebnisse der Bewertung nachvollziehbar und plausibel? |
| | ▶ | Ist gesichert, dass die Entwicklung eines zunächst nicht bestandsgefährdenden und als solchem klassifizierten Risikos zu einem bestandsgefährdenden zeitnah erkannt wird? |
| | ▶ | Lässt sich auf Basis der Risikokategorien mindestens eine Überleitung auf die bestandsgefährdenden sowie sonstigen Risiken mit wesentlichem Einfluss auf die Vermögens-, Finanz- und Ertragslage vornehmen? |
| | ▶ | Erfolgt eine sachgerechte und nachvollziehbare Verdichtung der Einzelrisiken zum Gesamtunternehmensrisiko unter Einschluss von Wechselwirkungen (Risikokumulationen bzw. Risikodämpfungen)? |
| | ▶ | Wird insbesondere das Bestehen von sog. Klumpenrisiken quantitativ nachvollzogen? |
| | ▶ | Wird der Unsicherheit durch Szenario- und Sensitivitätsanalysen sowie Simulationen Rechnung getragen? Werden die Bewertungsverfahren zeitlich stetig angewandt? |
| | ▶ | Kommen unternehmens- und ggf. konzernweit einheitliche Verfahren zur Anwendung und wird vorhandener Ermessensspielraum vertretbar und möglichst einheitlich ausgeübt? |
| | ▶ | Werden die Systemparameter (Messgrößen, Indikatoren, Sollwerte und Toleranzgrenzen) in regelmäßigen Abständen überprüft und ggf. angepasst oder erweitert? |

| | |
|---|---|
| Zuordnung von Verantwortlichkeiten und Aufgaben, Information und Kommunikation | ▶ Liegt eine angemessene Grundeinstellung der Unternehmensleitung zur Risikosteuerung und zum Risikobewusstsein vor? Sind sich Leitung und Mitarbeiter des Bestehens besonders risikoanfälliger Bereiche und Funktionen bewusst? |
| | ▶ Kennen die Mitarbeiter aller hierarchischen Ebenen die Bedeutung der Risikoerfassung und Risikokommunikation? Sind sich die Mitarbeiter ihrer Aufgaben bewusst? |
| | ▶ Werden geeignete Maßnahmen zur Schaffung und Fortentwicklung eines angemessenen Risikobewusstseins der Mitarbeiter getroffen? |
| | ▶ Bestehen eindeutige Verantwortlichkeiten für die Erfassung und Bewältigung von Risiken sowie die Informationsweiterleitung? Werden diese ggf. nach Hierarchieebenen abgestuft? |
| | ▶ Liegt der Kommunikation ein jederzeit aktualisiertes Risikoinventar zu Grunde? |
| | ▶ Ist die durchgängige und zeitnahe Berichterstattung über nicht bewältigte Risiken an die jeweiligen Entscheidungsträger gewährleistet? |
| | ▶ Werden für jede Geschäfts- bzw. Organisationseinheit Risikolimits definiert, innerhalb derer eine selbständige Risikobewältigung durch die Einheit zulässig ist? |
| | ▶ Werden einheitliche Kommunikationswege für eine vertikale Berichterstattungspflicht ggf. bis zum Vorstand vorgegeben (Festlegung von Weitermeldungspflichten)? |
| | ▶ Ist bei Betroffenheit mehrerer Geschäfts- bzw. Organisationseinheiten von demselben Risiko bzw. von ähnlichen Risiken eine geeignete horizontale Abstimmung gewährleistet? |
| | ▶ Werden Schwellenwerte der Risiken definiert, deren Überschreiten eine Berichtspflicht auslöst? |
| | ▶ Ist die Berichtsperiodizität angemessen? Werden Auslöser, Ablauf und Verteiler einer Ad-hoc-Berichterstattung bei eilbedürftigen Informationen definiert? Bestehen diesbezügliche Limitsysteme? |
| | ▶ Werden alle Regelungen des Risikomanagementsystems in einem Risikohandbuch dokumentiert? Enthält dieses alle Prozessschritte von der Identifikation bis zur Berichterstattung der Risiken? Existieren entsprechende Formblätter? |
| | ▶ Ist die durchgängige Kenntnis der Regelungen sowie deren Anwendung gesichert? |

## 5. Wertorientierte Unternehmensführung (Shareholder Value Management)

### 5.1 Begriff und Zielstellung der wertorientierten Unternehmensführung

Ausgangspunkt der Konzepte der wertorientierten Unternehmensführung ist der empirische Befund, dass **buchhalterische Gewinn- und Rentabilitätsgrößen zahlreiche Unzulänglichkeiten aufweisen**, weshalb sie schon im Ansatz nicht zur Planung, Steuerung und Kontrolle im Sinne einer wertorientierten Unternehmensführung geeignet sind.

Das traditionelle Rechnungswesen fasst den **Saldo der GuV, den Jahresüberschuss**, als Maßgröße der Steigerung des Unternehmenswerts infolge der Unternehmenstätigkeit eines Geschäftsjahrs auf. Dieser wird jedoch z. B. durch folgende Sachverhalte verzerrt:

- zahlreiche **Ansatz- und Bewertungswahlrechte** infolge jahresabschlusspolitischer Spielräume der Unternehmen, die jedoch keinen Einfluss auf den Cashflow und den ökonomischen Wert des Unternehmens haben (vgl. hierzu ausführlich Kapitel III),
- den **Vergangenheitsbezug des Jahresüberschusses**, aufgrund dessen keine Informationen über die zukünftige Entwicklung des Unternehmenserfolgs geliefert werden können,
- die Vernachlässigung des **Zeitwerts des Geldes**, die verhindert, dass künftig notwendige Erhaltungsinvestitionen in das Sachanlage- und Umlaufvermögen von der Cashflow-Ermittlung ausgenommen werden (und somit ein investierendes Unternehmen „bestraft" wird).

Eine **Erhöhung des Jahresüberschusses kommt damit nicht einer Steigerung des Unternehmenswerts gleich**. Dieser wird nur dann positiv beeinflusst, falls die Renditen zusätzlicher Investitionen über deren Kapitalkosten liegen. Die Erkenntnis, dass ein Gewinnwachstum nicht zwangsläufig zu einem Anstieg des Shareholder Value führt, bewirkte eine verstärkte Popularität von Rentabilitätskennzahlen, etwa des ROI oder ROE.

Der **ROI** (Return on Investment, Gesamtkapitalrentabilität) setzt den Jahresüberschuss, je nach Definition auch zusätzlich die Fremdkapitalzinsen, ins Verhältnis zur Bilanzsumme. Problematisch erscheint, dass dadurch ein Konstrukt aus zwei (beeinflussbaren) buchhalterischen Größen entsteht.

Das ROI-Konzept besitzt damit weitgehend die oben angesprochenen Nachteile des buchhalterischen Gewinns. Analog zum Gewinn zeichnet sich der ROI durch eine kurzfristige, vergangenheitsorientierte Sichtweise und eine daraus folgende Nichtbeachtung künftig erforderlicher Erhaltungsinvestitionen aus. Somit stellt die Kennzahl bei sonst gleichen Umständen Unternehmen mit einem relativ alten Anlagenpark günstiger dar als Unternehmen mit einem geringen Anlagenabnutzungsgrad.

Die Verwendung des ROI als Steuerungs- und Kontrollinstrument kann des Weiteren zum Verzicht auf strategisch wichtige Erweiterungsinvestitionen führen, da der ROI durch Reduzierung der nicht aktivierungsfähigen Investitionen (z. B. Forschungsaufwendungen, Investitionen in Marketing oder Humankapital) oder ausbleibende Ersatz- und Erweiterungsinvestitionen erhöht werden kann. Im Hinblick auf die Maximierung des Shareholder Value führt der Einsatz des ROI also möglicherweise zu falschen Ergebnissen.

Der **ROE** (Return on Equity, Eigenkapitalrentabilität) ist definiert als das Verhältnis von Jahresüberschuss zum Buchwert des Eigenkapitals. Er weist damit hinsichtlich der Zählergröße die oben beschriebenen Manipulationsmöglichkeiten auf. Weiterhin wird der ROE maßgeblich von der Finanzierungspolitik des Unternehmens beeinflusst. So kann die Eigenkapitalrentabilität gem. der Philosophie des Leverage-Effekts gesteigert werden, falls die Renditen der durch Fremdkapital realisierten Investitionen über den Fremdkapitalzinssätzen liegen; dies wird im ROE nicht berücksichtigt. Da hingegen im Shareholder Value-Ansatz eine erhöhte Renditeforderung der Eigentümer unterstellt wird, wird die Verwendung des ROE als Maßgröße des Unternehmenswertes regelmäßig zu einem überhöhten Verschuldungsgrad führen.

Beide Rentabilitätsmaße – ROI und ROE – sind folglich für die betriebliche Steuerung und Kontrolle problembehaftet. Durch die Nichtberücksichtigung von Investitionen in immaterielle Güter wie Information, Aus- und Weiterbildung sowie Forschung und Entwicklung werden diese Nachteile weiter verstärkt. Derartige immaterielle Vermögenswerte führen im Rechnungswesen nur zu einem Cash-Abfluss, die Aktivierung eines Gegenwerts erfolgt nicht. Somit werden Unternehmen, die in derartige immaterielle Werte investieren, „auf dem Papier" bestraft.

Um die dargestellten Kritikpunkte abzumildern, hat man sodann die Zielgröße „Jahresüberschuss" in verschiedener Weise modifiziert. Gebräuchlich in der Praxis sind z. B. die bereits in Kapitel II dargestellten „Pro-forma"-Kennzahlen

▶ **EBIT (earnings before interest and taxes)**, d. h. der Jahresüberschuss vor Steuern vom Einkommen und Ertrag sowie Zinsen,

▶ **EBITDA (earnings before interest, taxes, depreciation and amortization)**, d. h. der Jahresüberschuss vor Steuern vom Einkommen und Ertrag, Zinsen, Abschreibungen auf das abnutzbare Sachanlagevermögen sowie Abschreibungen auf aktivierte Geschäfts- und Firmenwerte (zur Konstruktion dieser Kennzahlen und zur Kritik an diesen wird auf Kapitel II. verwiesen).

Der EBIT bzw. EBITDA als absolute Periodenerfolgsgrößen werden häufig in Beziehung zum sog. „capital employed" gesetzt, das sich aus der Differenz aus Bilanzsumme und dem sog. Abzugskapital ergibt, d. h., das dem Unternehmen unverzinslich zur Verfügung stehende Kapital. Hierunter fallen etwa erhaltene Anzahlungen, nicht skontierungsfähige Verbindlichkeiten aus Lieferungen und Leistungen sowie kurzfristige Rückstellungen.

EBIT und EBITDA stellen insoweit Mischgrößen aus buchhalterischen Erfolgsgrößen und zahlungsstromorientierten Daten dar. Sie können allenfalls die aus dem Rechnungslegungsbezug resultierenden Probleme abmildern, aber nicht vollständig vermeiden.

Aufgrund der bestehenden Unzulänglichkeiten sind zahlreiche Konzepte zur Steuerung und Kontrolle der Wertorientierung entwickelt worden, die auf den modernen Verfahren der Unternehmensbewertung aufbauen und eine Steuerung und Kontrolle der Auswirkungen unternehmerischen Handelns auf den Unternehmenswert ermöglichen sollen.

Der **Begriff „shareholder value management" (wertorientierte Unternehmensführung)** geht auf eine Veröffentlichung von *Rappaport* „**Corporate Performance Standards and Shareholder Value**" aus dem Jahre 1983 zurück (in: JoBS 1983, No. 3, S. 28 ff.). *Rappaport* kritisiert darin buchhalterische Gewinn- und Rentabilitätsgrößen wie z. B. ROI und ROE, da diese bilanzpolitisch beeinflusst werden können, während Cashflow und ökonomischer Unternehmenswert unverändert bleiben. Ferner sind die aus dem Rechnungswesen abgeleiteten Gewinngrößen eher kurzfristig orientiert, so dass deren Optimierung im Gegensatz zum Erhalt der langfristigen Wettbewerbsfähigkeit stehen kann. Als unternehmerische Zielgröße ist stattdessen der Shareholder Value zu verwenden.

Die **Grundidee des Shareholder Value-Ansatzes** basiert auf der Forderung der Eigenkapitalgeber nach einem **Mindesterfolg in Höhe der risikoadäquaten Verzinsung** ihrer zur Verfügung gestellten Mittel. Demnach erhöht sich der Unternehmenswert im Sinne einer **Überrendite** nur dann, wenn das Unternehmen mehr als die geforderten Kapitalkosten (im Sinne von Opportunitätskosten) erwirtschaftet.

Für Unternehmen, die die Forderungen ihrer Anteilseigner nicht erfüllen, verschlechtern sich die Finanzierungsmöglichkeiten, um weiteres Wachstum realisieren und die Wettbewerbsposition stärken zu können. (Potenzielle) Investoren werden weniger bereit sein, ihr Kapital dort anzulegen. Die Unternehmen müssen folglich Konzepte entwickeln, die die Shareholder Value-Steigerung als zentrales Planungs- und Kontrollkriterium verfolgen.

Die Notwendigkeit für Unternehmen, ihr Handeln auf die Maximierung des Unternehmenswerts auszurichten, wird durch die zunehmende Bedeutung und Internationalisierung der Kapitalmärkte erhöht. Die Anteilseigner können zwischen zahlreichen Anlagealternativen wählen und sich von ihren Unternehmensanteilen relativ schnell – i. d. R. börsentäglich – trennen.

Aus dem Shareholder Value-Ansatz resultierende **Implikationen** sind somit:

- ▶ Die entscheidende Maxime für die Unternehmensführung ist die Entwicklung der Rendite der Anteilseigner auf ihr eingesetztes Kapital. Der Unternehmenswert entspricht demnach dem Marktwert des Eigenkapitals.
- ▶ Investitionen sollen nur in diejenigen strategischen Geschäftsfelder getätigt werden, die eine Steigerung des Unternehmenswerts erwarten lassen.
- ▶ Es sollte kein Wachstum um seiner selbst willen angestrebt werden. Frei verfügbare Mittel sind zweckmäßigerweise an die Anteilseigner auszuschütten.
- ▶ Es sollten keine (dauerhaften) Quersubventionen zwischen rentierlichen und weniger rentierlichen Geschäftsfeldern zugelassen werden.

Mit der Implementierung des Shareholder Value-Gedankens als Formalziel eines Unternehmens sind zugleich **neue Anforderungen an das Controlling** entstanden. Diese induzieren die Notwendigkeit einer Weiterentwicklung der Informationsversorgung zwecks Unterstützung der Entscheidungsfindung in Bezug auf Wertsteigerungsstrategien. Insoweit wird durch die Wertorientierung ein unternehmenswert- bzw. kapitalmarktwertorientiertes Controlling als neue Teilfunktion begründet, dessen Komponenten primär Cashflows und Kapitalkosten darstellen.

Ferner umfassen die Aufgaben des Controllings auch die Bereiche der Personalführung und der externen Informationsversorgung, weil im Rahmen eines wertorientierten Ansatzes ein entsprechendes Anreizsystem zur Vergütung des leitenden Managements entwickelt werden muss. Schließlich sind der Geschäftsführung Daten zum Zwecke der kapitalmarktorientierten Informationspolitik (Investor Relations) zur Verfügung zu stellen.

Wesentliche Aufgaben des wertorientierten Controllings sind somit:

**ABB. 435: Aufgaben des wertorientierten Controllings**

| Zielsystem | Shareholder Value | | | | |
|---|---|---|---|---|---|
| Strategisches Controlling | Berechnung des Shareholder Value | | | Wertorientiertes Anreizsystem | Investor Relations |
| | Ergänzung der Portfolio-Planung | Wertbeiträge einzelner Strategien | Ableitung von Werttreibern | | |
| Operatives Controlling | Entwicklung „neuer" Controllinginstrumente, z. B. Performance-Maße zur Steuerung dezentraler Einheiten | | | | |
| | Einsatz bestehender Controllinginstrumente, z. B. Risikobewertung, Kostenmanagement, Projektdeckungsrechnungen | | | | |

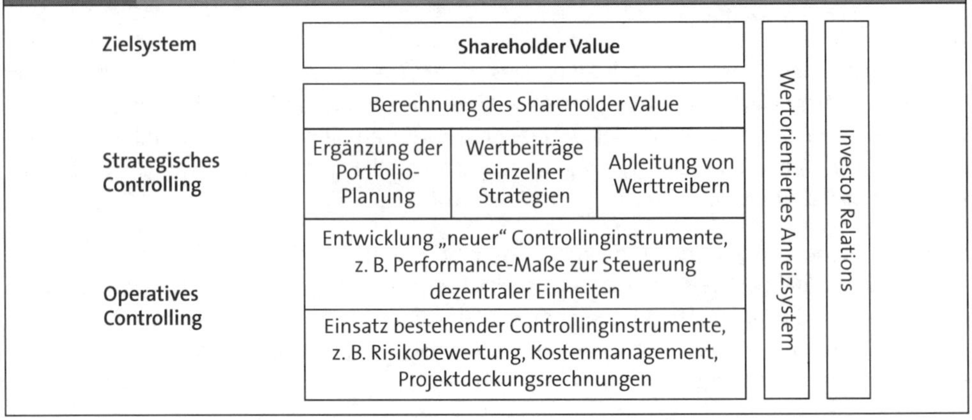

Quelle: I. A. a. *Horváth*, Controlling, 10. Aufl., München 2006, S. 483.

## 5.2 Konzepte der wertorientierten Unternehmensführung

### 5.2.1 Grundprinzipien

Im Rahmen der **wertorientierten Unternehmensführung** werden steuerungsrelevante Kennzahlen definiert und interpretiert, die verschiedene Ebenen des Rechnungswesens miteinander verbinden. So wird z. B. der Cashflow als zahlungsstromorientierte Kennzahl in Relation zu einer kostenrechnerischen Bezugsgröße, dem betriebsnotwendigen Kapital, gesetzt. In Bezug auf die Ebenen des Rechnungswesens liegt ein hybrider Ansatz vor.

Vor dem Hintergrund der aufgezeigten mangelnden Eignung buchhalterischer Erfolgsgrößen für die Steuerung und Kontrolle im Sinne einer Wertorientierung des Unternehmens wurden zahlreiche Controlling-Konzepte zur Wertsteigerung entwickelt. Die verbreitetsten Konzepte sind Discounted Cashflow (DCF), Cashflow Return on Investment (CFROI) und Economic Value Added (EVA).

Allen Konzepten ist gemein:

▶ Sie gehen bei der Ermittlung des Unternehmenswerts von der Zahlungsmittelebene aus und operieren demgemäß mit Cashflows.

▶ Sie unterliegen dem Stichtagsprinzip (Ermittlung des Unternehmenswerts zu bestimmten Stichtagen). Dies impliziert die Notwendigkeit einer barwertigen Betrachtung in Form einer Abzinsung der Cashflows. Es handelt sich also dem Grunde nach um dynamische Investitionsrechenverfahren.

Die Konzepte basieren auf den folgenden Grundprinzipien:

| ABB. 436: | Grundprinzipien der wertorientierten Unternehmensführung |
|---|---|
| Zukunftsbezug | Prognose von in der Zukunft liegenden Daten |
| Zahlungsmittelbezug | Berücksichtigung von Einzahlungen und Auszahlungen (Cashflows) |
| Mehrperiodigkeit | Einteilung des (i. d. R. unendlichen) Prognosezeitraums in endliche Perioden |
| Zeitwertbezug | Ermittlung des Kapitalwerts (Gegenwartswerts) der Cashflows zu einem einheitlichen Bezugszeitpunkt (i. d. R. Zeitpunkt der Prognose) |
| Risikobezug | Verwendung eines risikoadjustierten Diskontierungszinsfußes |
| Marktwertbezug | Verwendung von Marktwerten (fair values) anstelle von Buchwerten |
| Berücksichtigung von Investitionsbedarfen | Einbeziehung künftiger notwendiger Ersatz- und Erweiterungsinvestitionen in Höhe der Anschaffungsauszahlungen (nicht der Abschreibungen) |
| Berücksichtigung von Finanzierungsstrukturen | Abstrahierung von verzerrenden Effekten aus der Kapitalstruktur (Verschuldungsstruktur), die aus der steuerlichen Privilegierung des Fremdkapitals resultieren |
| Wirtschaftliche Betrachtungsweise | Identische Behandlung von unterschiedlichen Transaktionen zur Verfolgung identischer wirtschaftlicher Ziele (z. B. Leasing oder Kauf, eigene Forschung oder Ankauf fremder Forschungsergebnisse) |

Quelle: I. A. a. *Günther*, in: krp-Sonderheft 1/2002, S. 90.

### 5.2.2 Discounted Cashflow (DCF)

Nach *Rappaport* ist unter einer Wertsteigerung die **Erhöhung des Discounted Cashflows** zu verstehen. Der Unternehmenswert wird aus den zuvor genannten Gründen aus der Zahlungsmittelebene abgeleitet, anders als bei der konventionellen Ertragswertmethode, die auf der Ertrags-Aufwands-Ebene operiert.

Investitionsstrategien sind demnach dann umzusetzen, wenn sie eine Erhöhung des Kapitalwerts der diskontierten Cashflows bewirken. Hieraus folgt die Notwendigkeit zur Bestimmung eines Vor-Strategie-Unternehmenswerts und zur Schätzung des erwarteten Nach-Strategie-Unternehmenswerts. Entsprechend ist bei mehreren alternativen Strategien diejenige zu wählen, welche die höchste Steigerung des Unternehmenswerts verspricht.

Die Differenz der ermittelten Kapitalwerte wird dann als **Shareholder Value Added** (**SVA**) bezeichnet. *Rappaport* ordnete dem SVA verschiedene Werttreiber zu, die Planung und Ressourcenallokation erleichtern sollen und in funktionalem Zusammenhang mit der Höhe des Unternehmenswerts stehen, wie die folgende Abbildung aufzeigt:

# KAPITEL VI — Schnittstellen des Controllings

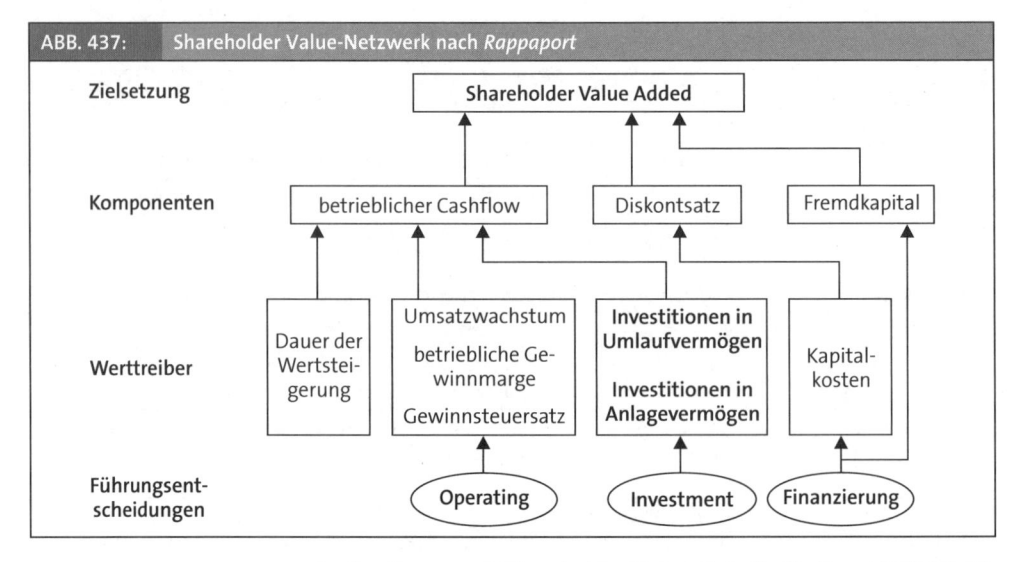

**ABB. 437: Shareholder Value-Netzwerk nach *Rappaport***

- Zielsetzung: Shareholder Value Added
- Komponenten: betrieblicher Cashflow — Diskontsatz — Fremdkapital
- Werttreiber: Dauer der Wertsteigerung; Umsatzwachstum, betriebliche Gewinnmarge, Gewinnsteuersatz; Investitionen in Umlaufvermögen, Investitionen in Anlagevermögen; Kapitalkosten
- Führungsentscheidungen: Operating — Investment — Finanzierung

Quelle: *Rappaport*: Shareholder Value, 2. Aufl., Stuttgart 1999, S. 68.

Für die Ermittlung des Unternehmenswerts sind drei Bewertungskomponenten relevant:

▶ betrieblicher Cashflow und Diskontsatz bestimmen

▶ den Wert des Gesamtkapitals, wovon

▶ der Marktwert des Fremdkapitals abgezogen wird.

Der **Free Cashflow** besteht somit aus drei Teilbereichen. Die **Dauer der Wertsteigerung** entspricht dabei dem Zeitraum, in dem eine Investition eine Rendite über den Kapitalkosten erzielt.

Der **operative Bereich** umfasst z. B. Leistungsprogramm, Preispolitik, Werbung, Vertrieb und Kundendienst. Zur Ermittlung der diesbezüglichen Free Cashflows wird die folgende sog. **Wertgeneratorenformel von *Rappaport*** herangezogen:

$$Cf_t = S_{t-1} \cdot (1 + g_t) \cdot CfoS_t \cdot (1 - t_{CF,t}) - U_{t-1} \cdot g_t \cdot (m_{AV,t} + m_{WC,t}).$$

Hierbei bedeuten:

S = Umsatz (sales),
t = Periodenindex t = 1, ..., T,
g = Wachstumsrate des Umsatzes (growth rate),
CfoS = Umsatzüberschussrate (Cashflow on Sales),
$t_{CF}$ = Cashflow-bezogener Ertragsteuersatz,
$m_{AV}$ = Erweiterungsinvestitionen in das Anlagevermögen bezogen auf den Mehrumsatz,
$m_{WC}$ = Erweiterungsinvestitionen in das Working Capital bezogen auf den Mehrumsatz.

Die die Höhe der Cashflows beeinflussenden Faktoren **(Werttreiber)** sind demnach:

▶ die Umsatzwachstumsrate bezogen auf den Umsatz der Vorperiode,

▶ die Gewinnmarge in % vom Umsatz (Umsatzrentabilität),

- der Ertragsteuersatz bezogen auf die Perioden-Cashflows,
- die Rate der Erweiterungsinvestitionen in das Anlage- bzw. Umlaufvermögen.

Der Perioden-Cashflow ermittelt sich also aus den Cashflowquoten (d. h., der zahlungswirksamen Marge) der Umsätze unter Berücksichtigung der künftigen Wachstumsraten der Umsätze nach Steuern abzüglich der Auszahlungen aufgrund notwendiger Erweiterungsinvestitionen bezogen auf den Mehrumsatz der jeweiligen Periode. Durch diese Werttreiber wird der Anteil des Umsatzes bestimmt, der für Ausschüttungen an die Anteilseigner und Erweiterungsinvestitionen zur Verfügung steht.

Der Cashflow wird zwangsläufig als zweitem Bereich durch die **Investitionsentscheidungen** des Unternehmens vermindert. Da der Betriebsgewinn unter Abzug der nicht auszahlungswirksamen Abschreibungen ermittelt wird, definierte *Rappaport* als Werttreiber die Zusatzinvestitionen in das Anlagevermögen, worunter der Unterschiedsbetrag von Investitionen und Abschreibungen verstanden wird. Entsprechend bewirken die Zusatzinvestitionen in das Umlaufvermögen eine Veränderung des working capitals.

Die **Finanzierungsentscheidungen des Managements** als drittem Cashflow-Bereich wirken sich auf die zwei verbleibenden Bewertungskomponenten aus,

- einerseits auf die Kapitalkosten, z. B. durch Veränderungen des Kapitalstrukturrisikos (Leverage),
- andererseits auf den Marktwert des Fremdkapitals infolge der Bruttobewertungskonzeption, der zufolge sich der Shareholder Value als Differenz aus dem Marktwert des Gesamtkapitals und dem des Fremdkapitals bestimmt.

Alle nachfolgend dargestellten Discounted Cashflow-Verfahren basieren auf dem **Kapitalwertkalkül** der dynamischen Investitionsrechnung und stellen insoweit auf die **Zahlungsmittelebene** ab, wobei der Erfolg direkt aus den Zahlungsströmen und nicht aus einer buchhalterischen Größe wie bei der Ertragswertmethode abgeleitet wird. Es lassen sich im Fachschrifttum drei verschiedene DCF-Verfahren identifizieren, die sich hinsichtlich der Definition des benutzten Cashflows und der Bestimmung des Zinsfußes unterscheiden.

Die sog. **Bruttoverfahren** („Entity-Verfahren") errechnen zunächst den Unternehmensgesamtwert, von dem nachfolgend der Marktwert des Fremdkapitals abgezogen wird, so dass sich als Differenz der Marktwert des Eigenkapitals ergibt. Bei den Bruttoverfahren ist auch die Kapitalstruktur relevant, da Teile der Cashflows an die Fremdkapitalgeber ausgeschüttet werden. Außerdem ist die steuerliche Abzugsfähigkeit der Fremdkapitalzinsen als Betriebsausgabe durch eine Korrektur der Kapitalkosten zu berücksichtigen. Ausgehend von einer fiktiven vollständigen Eigenfinanzierung ist die tatsächliche Steuerbelastung demnach niedriger als die fiktive, so dass der Steuervorteil aus der Fremdfinanzierung Cashflow-steigernd hinzuaddiert werden muss (das sog. Tax Shield). In der Praxis werden zwei Formen der Bruttoverfahren angewandt: der **WACC-Ansatz** und der **APV-Ansatz**.

Beim **Nettoverfahren** („Equity-Verfahren") wird der Wert des Eigenkapitals auf direktem Wege ermittelt. Es werden nur die den Eigenkapitalgebern zur Verfügung stehenden Cashflows diskontiert.

**ABB. 438: Unterscheidung der DCF-Verfahren**

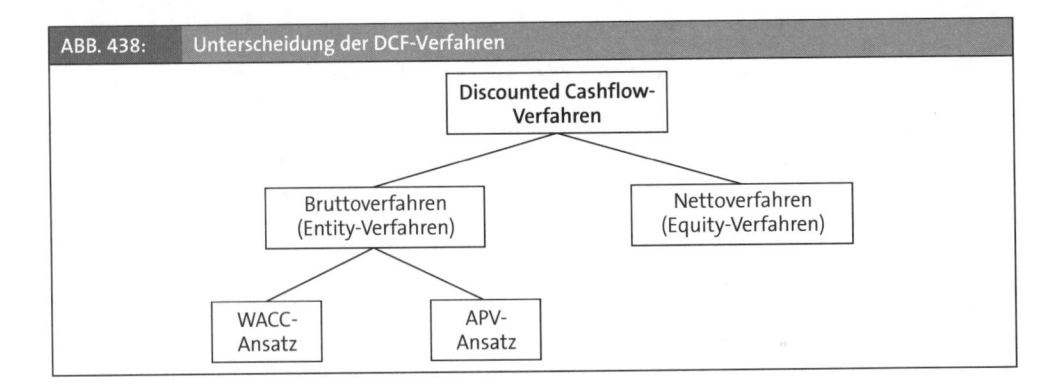

```
                    Discounted Cashflow-
                         Verfahren
                    /                \
         Bruttoverfahren         Nettoverfahren
        (Entity-Verfahren)      (Equity-Verfahren)
         /         \
      WACC-        APV-
      Ansatz       Ansatz
```

### 5.2.2.1 WACC-Ansatz

Beim **WACC-Ansatz** (WACC = weighted average costs of capital) als einem der Bruttoverfahren wird zunächst der Wert des Gesamtkapitals unter der Prämisse ermittelt, dass sich dieser unabhängig von der Kapitalstruktur verhält. Hieraus folgt insbesondere, dass die Cashflows vor jeglichen Kapitalkosten, d. h. insbesondere vor Zinsen, beziffert werden. Die Finanzierungskosten werden allein im Diskontierungszinsfuß berücksichtigt.

Bei der Berechnung des als Überschussgröße verwendeten freien (d. h. dem Unternehmen unter Beachtung der Substanzerhaltungsprämisse maximal entziehbaren und an die Anteilseigner ausschüttbaren) Cashflows aus operativer Tätigkeit wird eine **komplette Eigenfinanzierung**, d. h. ein unverschuldetes Unternehmen unterstellt.

Als Kapitalisierungsgröße werden die Eigen- und Fremdkapitalkosten, jeweils gewichtet mit den Anteilen des Eigen- und Fremdkapitals am Gesamtkapital, bestimmt. Die Gewichtung der Kapitalkosten ist notwendig, weil der Free Cashflow zur Ausschüttung sowohl an Eigenkapital- wie Fremdkapitalgeber verwendet wird. Für die Ermittlung des Shareholder Values ist anschließend der Marktwert des Fremdkapitals abzuziehen, so dass sich die Konzeption wie folgt darstellen lässt.

### ABB. 439: Konzeption des WACC-Ansatzes

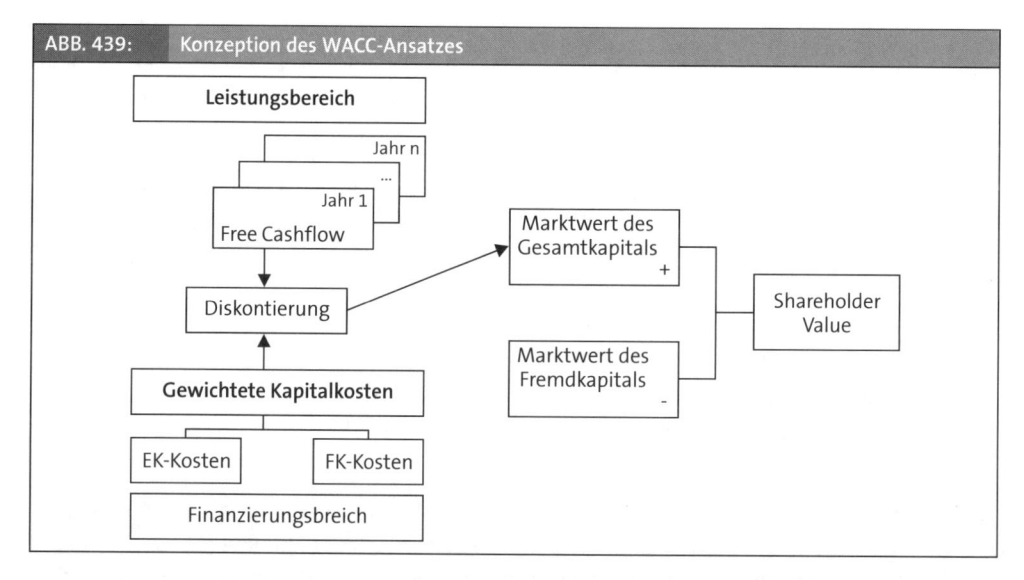

```
        Leistungsbereich
              │
              ▼
           Jahr n
            ...
           Jahr 1
        Free Cashflow ──────► Marktwert des
              │                Gesamtkapitals
              ▼                      +           ──► Shareholder
        Diskontierung          Marktwert des          Value
              ▲                Fremdkapitals
              │                      -
      Gewichtete Kapitalkosten
         │           │
      EK-Kosten   FK-Kosten
         Finanzierungsbreich
```

Quelle: I. A. a. *Mandl/Rabel,* in: Peemöller (Hrsg.): Praxishandbuch der Unternehmensbewertung, 3. Aufl., Herne/Berlin 2005, S. 66.

Der **Free Cashflow** lässt sich entweder direkt als Residualgröße aus Einzahlungen und Auszahlungen oder indirekt aus der Buchhaltung wie folgt ableiten (analog auch IDW S 1, Tz. 127):

### ABB. 440: Ermittlung des Free Cashflows

| | |
|---|---|
| = | Jahresüberschuss vor Steuern und Zinsen (EBIT) |
| - | (fiktive) Steuern vom Einkommen und Ertrag auf das EBIT |
| = | Net Operating Profit Less Adjusted Taxes (NOPLAT) |
| +/- | Abschreibungen/Zuschreibungen |
| +/- | Zuführung/Auflösung der langfristigen Rückstellungen |
| +/- | Sonstige nicht zahlungswirksame Aufwendungen/Erträge |
| = | Brutto-Cashflow |
| -/+ | Cashflow aus Zunahme/Abnahme des working capitals (Nettoumlaufvermögen) |
| -/+ | Cashflow aus Zunahme/Abnahme aktiver RAP |
| +/- | Cashflow aus Zunahme/Abnahme passiver RAP |
| = | Operativer Cashflow |
| - | Ersatz- und Erweiterungsinvestitionen in das Anlagevermögen |
| = | Free Cashflow |

Quelle: I. A. a. *Gräfer/Ostmeier,* in: BBK 2000, Fach 28, S. 1247.

Der Free Cashflow stellt damit den finanziellen Überschuss dar, der unter Berücksichtigung gesellschaftsrechtlicher Ausschüttungsgrenzen **allen** Kapitalgebern (d. h., Eigen- und Fremdkapitalgebern gleichermaßen) zur Verfügung steht. Es handelt sich um den Überschuss nach Unternehmenssteuern und Investitionen, jedoch vor Zinsen.

Um die Finanzierungsneutralität zutreffend abzubilden, werden die Unternehmenssteuern auf den fiktiven Überschuss vor jeglichen Kapitalkosten ermittelt. Das fiktiv unverschuldete Unternehmen muss mehr Steuern zahlen, da keine Fremdkapitalzinsen als Betriebsausgaben abgezogen werden können.

Als Ausgangspunkt ist der **handelsrechtliche Jahresüberschuss vor Steuern** um die Fremdkapitalzinsen zu erhöhen (**EBIT**), da der WACC-Ansatz ein komplett eigenfinanziertes Unternehmen unterstellt. Die Steuern vom Einkommen und Ertrag (nicht die sonstigen Steuern, welche Verbrauchsteuern darstellen) auf das EBIT sind abzuziehen. Es ergibt sich somit eine operative Ergebnisgröße (ohne den Finanzierungsbereich) nach Steuern.

Sodann sind die rein buchhalterischen, nicht zahlungswirksamen Aufwendungen und Erträge rückgängig zu machen. Entsprechend der Vorgehensweise beim Cashflow nach DVFA/SG sind dies Zu- und Abschreibungen und Veränderungen der langfristigen Rückstellungen (die kurzfristigen Rückstellungen werden im working capital berücksichtigt). Als Ergebnis dieses Rechenschrittes wird der Brutto-Cashflow generiert.

Eine Zunahme des als Differenz aus den Posten Vorräte sowie Forderungen einerseits und kurzfristige Rückstellungen sowie Verbindlichkeiten aus Lieferungen und Leistungen als zinsloses Abzugskapital andererseits definierten **working capital** wird als kurzfristige Zahlungsmittelveränderung des operativen Bereichs interpretiert. Analog wird eine Abnahme des working capital zum Cashflow hinzuaddiert. Ebenfalls nicht berücksichtigt werden die aktiven und passiven Rechnungsabgrenzungsposten, die lediglich eine periodengerechte Erfolgsermittlung gewährleisten. Als Ergebnis dieses Rechenschrittes lässt sich der **operative Cashflow** beziffern; diese Größe korrespondiert weitgehend mit dem operativen Cashflow nach DRS 21 (vgl. hierzu Kapitel V).

Da die Abschreibungen als periodengerechte Aufteilung der Anschaffungskosten der **Investitionen** über ihre betriebsgewöhnliche Nutzungsdauer nicht Bestandteil der Cashflow-Berechnung sind, werden Investitionsauszahlungen stets in voller Höhe einbezogen.

Hieraus ergibt sich der sog. **Free Cashflow**, der ausschließlich für die Erfüllung der Renditeansprüche der Kapitalgeber zur Verfügung steht. Ein positiver freier Cashflow kann an die Kapitalgeber ausgeschüttet werden, ein negativer Cashflow zeigt, dass entweder zusätzliche finanzielle Mittel benötigt werden oder das Investitionsvolumen zu hoch ist.

Da Eigen- und Fremdkapitalgeber als Folge unterschiedlicher Risiken der Kapitalhingabe verschiedene Ansprüche an die Rendite stellen, sind die Free Cashflows mit den gewichteten Kapitalkosten abzuzinsen, um den Gesamtwert des Unternehmens zu erhalten. Der **gewogene Kapitalkostensatz** ($k_{wacc}$) ergibt sich aus folgender Gleichung:

## Wertorientierte Unternehmensführung

$$r_{wacc} = r_{FK} \cdot (1-s) \cdot \frac{MW_{FK}}{MW_{GK}} + r_{EK} \cdot \frac{MW_{EK}}{MW_{GK}}$$

| | |
|---|---|
| $r_{FK}$ | = Renditeforderung der FK-Geber |
| $r_{EK}$ | = Renditeforderung der EK-Geber |
| $MW_{FK}$ | = Marktwert des Fremdkapitals |
| $MW_{EK}$ | = Marktwert des Eigenkapitals |
| $MW_{GK}$ | = Marktwert des Gesamtkapitals |
| s | = Ertragsteuersatz des Unternehmens |

Die Formel legt das Problem offen, dass der **Marktwert des Eigenkapitals** als ein Formelparameter einerseits vorab bereits bekannt sein muss, andererseits jedoch als Ergebnis der Unternehmensbewertung erst ermittelt wird. Dieses sog. **Zirkularitätsproblem** kann nur auf iterativem Weg gelöst werden. Der Einbezug der Ertragsteuern in die Kapitalkostenermittlung ist im Übrigen durch den Steuerspareffekt bei Fremdfinanzierung begründet. Der Vorteil aus der steuerlichen Abzugsfähigkeit der Fremdkapitalzinsen (sog. „Tax Shield") spiegelt sich in geringeren Kapitalkostensätzen wider.

Der Verschuldungsgrad wird i. d. R. für die Zukunft als gleichbleibend unterstellt. Während sich die Renditeforderung der Fremdkapitalgeber relativ einfach aus den jährlichen Zinszahlungen entsprechend der GuV ableiten lässt, wird zur Bestimmung der Eigenkapitalkosten auf kapitalmarktorientierte Modelle zurückgegriffen, zumeist auf das **Capital Asset Pricing Model (CAPM)**. Das CAPM geht von der These aus, dass sich die Renditeforderung für zur Verfügung gestelltes Eigenkapital ($r_{EK}$) aus einem risikolosen Alternativzinssatz und einem Risikozuschlag zusammensetzt.

| | | |
|---|---|---|
| $r_{EK} = i + ß \cdot (r_M - i)$ | i | = risikoloser Zinssatz |
| | ß | = unternehmensspezifischer Risikofaktor (ß-Faktor) |
| | $r_M$ | = Rendite des Marktportfolios |

Der **Risikozuschlag** besteht wiederum aus zwei Komponenten:

▶ Die erste Komponente wird durch die Differenz aus der Rendite eines Marktportfolios und dem risikolosen Zinssatz bestimmt ($r_M - i$). Sie stellt das Markt- bzw. Branchenrisiko dar.

▶ Die zweite Komponente, der sog. ß-Faktor, spiegelt das unternehmensspezifische Risiko wider, indem das Unternehmen mit dem Marktportfolio hinsichtlich der Volatilität seiner Rendite verglichen wird.

Dabei entspricht ß = 1 den Bewegungen des Vergleichsindexes. Ein ß-Faktor von unter Eins besagt, dass die Aktie des Unternehmens tendenziell die Marktschwankungen vollzieht, jedoch mit einer geringeren Intensität. Ein Unternehmen mit höherem ß-Faktor als Eins reagiert demnach überelastisch auf die Marktbewegungen.

**BEISPIEL:** ▶ Der risikolose Zinssatz betrage 4 % p. a. (z. B. Rendite einer langlaufenden Bundesanleihe). Der Aktienindex DAX oder ein vergleichbarer Branchenindex weise eine durchschnittliche jährliche Steigerungsrate von 10 % auf. Der ß-Faktor eines speziellen Unternehmens betrage 1,25 bezogen auf den bestimmten Aktienindex. Die Eigenkapitalkosten belaufen sich damit auf: 4 % + 1,25 · (10 % - 4 %) = 11,5 %.

Den **Wert des Eigenkapitals** erhält man im nächsten Schritt als **Differenzgröße** vom Marktwert des Gesamtkapitals (Barwert der Free Cashflows zuzüglich des Marktwerts des nicht betriebsnotwendigen Vermögens) und demjenigen des Fremdkapitals. Der marktbezogene Wert des Fremdkapitals ergibt sich dabei aus dem Barwert der Nettozahlungen an die Kreditoren. Die

Nettozahlungen setzen sich aus Fremdkapitalzinsen und Tilgungszahlungen zusammen, wobei Effekte einer möglichen Neuverschuldung berücksichtigt werden müssen.

Somit ergibt sich der Shareholder Value beim WACC-Ansatz als:

|   | Barwert der Free Cashflows bei Diskontierung mit den WACC |
|---|---|
| + | Marktwert des nicht betriebsnotwendigen Vermögens |
| - | Marktwert des verzinslichen Fremdkapitals (i. d. R. Buchwert) |
| = | Marktwert des Eigenkapitals (Shareholder Value) |

Das WACC-Verfahren stellt das am **häufigsten eingesetzte DCF-Verfahren** dar, wohl weil ein Rückgriff auf Marktdaten die Bestimmung der Kapitalkosten als objektiv erscheinen lässt. Es bietet aber auch Ansatzpunkte für **Kritik**. Wie alle Zukunftserfolgsverfahren birgt es eine hohe Prognoseunsicherheit. Der Diskontierungssatz basiert hingegen auf Vergangenheitsdaten mit der Annahme, dass dieser konstant bleibt. Auch ist die Festlegung auf eine Zielkapitalstruktur erforderlich, um die WACC zu bestimmen. Die Zielkapitalstruktur kann von der tatsächlichen Kapitalstruktur abweichen, was zu Ungenauigkeiten bei der Berechnung führt.

Als problematisch ist auch der enge Bezug zum Kapitalmarkt anzusehen, weshalb sich eine Anwendung für nicht börsennotierte Unternehmen schwierig gestaltet. I. d. R. erfolgt dann der Rückgriff auf Informationen vergleichbarer (börsennotierter) Unternehmen oder branchenabhängige Risikoprämien. Schließlich sind internationale Vergleiche nur schwer möglich, da die Höhe der Kapitalkosten durch den Steuersatz beeinflusst wird.

#### 5.2.2.2 APV-Ansatz

Im Rahmen des zu den Bruttokonzepten zählenden Verfahrens des **angepassten Barwerts (adjusted present value)** wird der Wert des Eigenkapitals ebenfalls auf indirektem Wege ermittelt. Ein wesentlicher Unterschied zum WACC-Ansatz besteht darin, dass der Gesamtwert des Unternehmens komponentenweise in zwei Schritten bestimmt wird.

Zunächst wird eine vollständige Eigenfinanzierung („Fiktion des unverschuldeten Unternehmens") angenommen. Folglich werden die auf Basis der vollständigen Eigenfinanzierung ermittelten Free Cashflows mit der Renditeforderung der Eigenkapitalgeber diskontiert. Hieraus ergibt sich der Marktwert des unverschuldeten Unternehmens.

In einem zweiten Schritt wird der Wertbeitrag der Verschuldung beziffert. Dieser ergibt sich aus der steuerlichen Abzugsfähigkeit der Fremdkapitalzinsen in Form des sog. „**Tax Shields**". Der Wertbeitrag wird hier explizit als Barwert der Steuerersparnisse auf Basis der Fremdkapitalzinsen berechnet, bei der WACC-Methode hingegen spiegelte sich der Tax Shield ausschließlich in einem verminderten Kapitalkostensatz wider.

Zur Ableitung des Marktwerts des unverschuldeten Unternehmens wird als Überschussgröße wie beim WACC-Ansatz der **Free Cashflow** (der dem Unternehmen maximal entziehbare Cashflow) verwendet. Die Cashflows werden dann mit der Renditeforderung der Eigenkapitalgeber diskontiert. Vom Unternehmensgesamtwert wird im letzten Schritt der Marktwert des Fremdkapitals subtrahiert, so dass sich der Shareholder Value ergibt.

## ABB. 441: Konzeption des APV-Ansatzes

**Leistungsbereich**
- Jahr n ... Jahr 1: Free Cashflow
- Diskontierung
- EK-Kosten für ein fiktiv unverschuldetes Unternehmen

→ Marktwert des fiktiv unverschuldeten Unternehmens
+ Tax Shield
= Marktwert des Gesamtkapitals
− Marktwert des Fremdkapitals
= Shareholder Value

**Finanzierungsbreich**
- Steuerersparnis, FK-Kosten → Diskontierung → Tax Shield

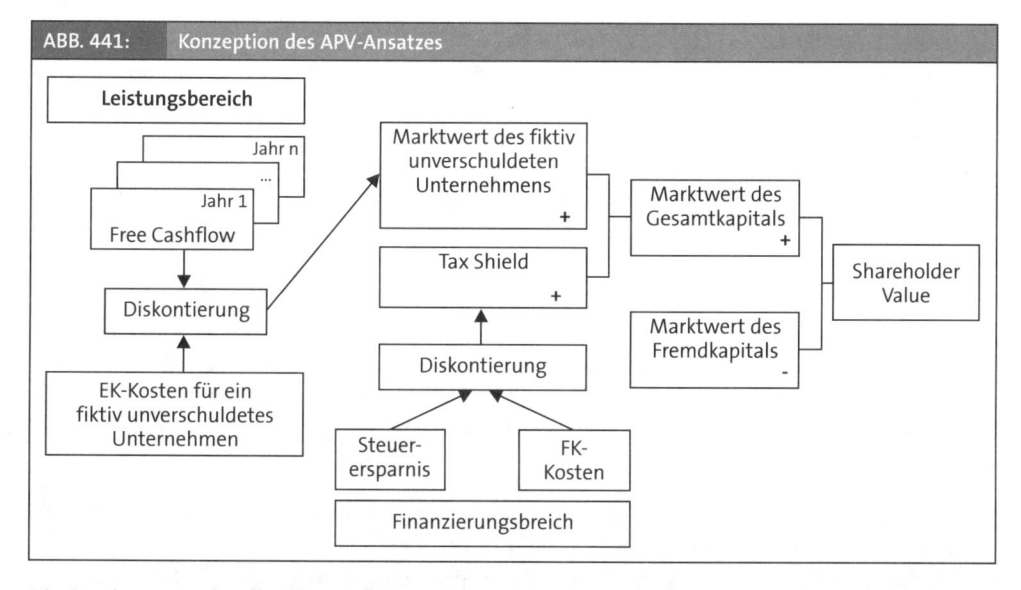

Die **Bestimmung der Eigenkapitalkosten** für ein fiktiv unverschuldetes Unternehmen ist problematisch, da eine reine Eigenfinanzierung in der Praxis kaum zu beobachten ist. In der Praxis wird trotzdem auf das CAPM zurückgegriffen, wobei man zwischen dem ß-Faktor des fiktiv unverschuldeten Unternehmens ($ß_u$) und dem ß-Faktor des Vergleichsobjekts mit Fremdfinanzierung ($ß_v$) folgenden Wirkungszusammenhang unterstellt:

$$ß_u = \frac{ß_v}{1 + (1-s) \cdot \frac{MW_{FK}}{MW_{EK}}}$$

| | |
|---|---|
| $MW_{EK}$ | = Marktwert des EKs des verschuldeten Unternehmens |
| $MW_{FK}$ | = Marktwert des FKs des verschuldeten Unternehmens |
| s | = Ertragsteuersatz des Unternehmens |

Je höher der Verschuldungsgrad des zum Vergleich herangezogenen Unternehmens ist, umso niedriger fällt der ß-Faktor bei einer Eigenfinanzierung aus. Hierbei wird unterstellt, dass eine höhere Verschuldung das Kapitalstrukturrisiko für die Eigenkapitalgeber steigert und diese folglich eine höhere Rendite fordern.

Das sog. **Tax Shield** spiegelt den Wertbeitrag der anteiligen Fremdfinanzierung wider. Es ist abhängig von der Höhe der Steuerersparnis infolge der Abzugsfähigkeit der Fremdkapitalzinsen in jeder Periode und der jeweiligen Renditeforderung der Fremdkapitalgeber, mit der die Tax Shields – die Steuerersparnisse – auf den Bewertungsstichtag abgezinst werden. Das Tax Shield für eine Periode t ($TS_t$) errechnet sich wie folgt:

$$TS_t = \frac{r_{FK} \cdot FK_{t-1} \cdot s}{(1+r_{FK})^t}$$

| | |
|---|---|
| $r_{FK}$ | = Renditeforderung der FK-Geber |
| $FK_{t-1}$ | = Bestand an zinslastigem FK zu Beginn von t |
| s | = (konstanter) Ertragsteuersatz des Unternehmens |

Der Shareholder Value ergibt sich damit beim APV-Ansatz wie folgt:

|   | Barwert der Free Cashflows bei Fiktion reiner Eigenfinanzierung und Diskontierung mit den Eigenkapitalkosten |
|---|---|
| + | Marktwert des nicht betriebsnotwendigen Vermögens |
| = | **Marktwert des unverschuldeten Unternehmens** |
| + | Marktwerterhöhung durch Fremdfinanzierung (Tax Shield) |
| - | Marktwert des verzinslichen Fremdkapitals |
| = | **Marktwert des Eigenkapitals (Shareholder Value)** |

Als **Vorteil des APV-Verfahrens** ist hervorzuheben, dass Veränderungen der Kapitalstruktur leichter berücksichtigt werden können, da sich dadurch nur der als Tax Shield bezeichnete Wertbeitrag der Fremdfinanzierung verändert, nicht aber der Wert des fiktiven unverschuldeten Unternehmens. Somit wird die Herkunft der Wertbeiträge nach Eigen- und Fremdkapital transparent.

Dennoch hat sich das Verfahren jedenfalls bisher **nicht durchgesetzt**. Problematisch ist insbesondere die Bestimmung der risikoäquivalenten Renditeforderung der Eigentümer eines unverschuldeten Unternehmens, welche durch die Höhe des Diskontierungszinsfußes abgebildet wird. Sie gestaltet sich in der Realität deshalb schwierig, da Unternehmen regelmäßig teilweise auch fremdfinanziert sind.

### 5.2.2.3 Nettoverfahren (Equity-Ansatz)

Bei der Nettomethode wird der Wert des Eigenkapitals unmittelbar bestimmt, wobei als Erfolgsgröße der sog. **Flow to Equity** verwendet wird. Dieser beinhaltet ausschließlich die Einzahlungsüberschüsse, die an die Eigentümer ausgeschüttet werden können und berücksichtigt deshalb auch die künftigen Fremdkapitalkosten (einschließlich hieraus resultierender Steuerspareffekte) sowie evtl. Veränderungen des Fremdkapitalbestands.

Der Diskontierungszinsfuß auf den Flow to Equity bildet die Renditeforderungen allein der Eigenkapitalgeber auf Basis der realen Verschuldung ab. Er wird zumeist im Rahmen des CAPM ermittelt und enthält als Komponenten das operative Unternehmensrisiko sowie das Kapitalstrukturrisiko.

**ABB. 442: Konzeption des Nettoverfahrens**

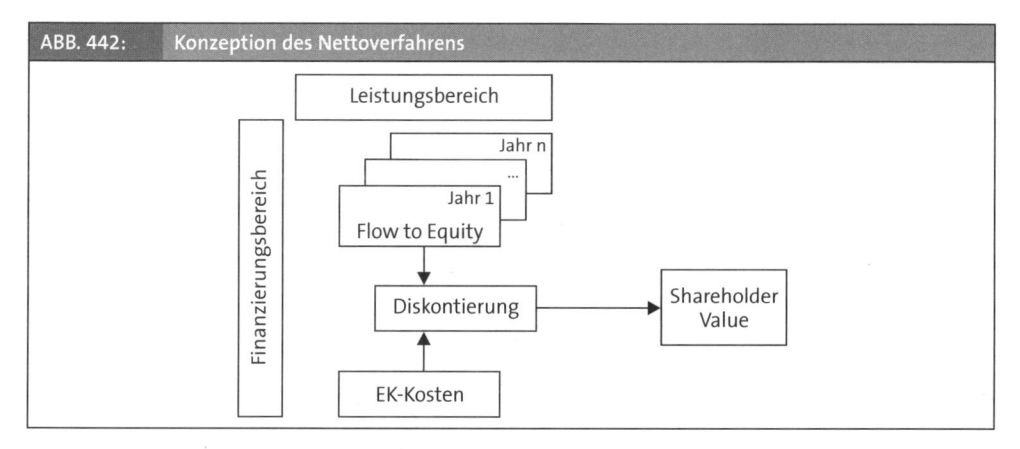

*Finanzierungsbereich — Leistungsbereich — Jahr n … Jahr 1 — Flow to Equity → Diskontierung ← EK-Kosten → Shareholder Value*

Üblicherweise wird der Flow to Equity **indirekt ermittelt**. Ausgehend vom handelsrechtlichen Jahresergebnis wird analog zur Berechnung der Free Cashflows verfahren. Die Konzeption muss allerdings die Fremdkapitalzinsen berücksichtigen, die sich indirekt in den Steuerersparnissen ausdrücken. Ferner sind sämtliche Vorgänge der Fremdfinanzierung einzubeziehen. Somit lässt sich folgender Zusammenhang festhalten:

|     | Free Cashflow |
| --- | --- |
| -   | Fremdkapitalzinsen |
| +   | Steuern auf das Tax Shield |
| +/- | Aufnahme/Tilgung von Fremdkapital |
| =   | Flow to Equity |

Ausgehend vom Free Cashflow muss insoweit

- ▶ ein Abzug der auszahlungswirksamen Fremdkapitalzinsen,
- ▶ eine Hinzuziehung des zuvor im Free Cashflow subtrahierten Tax Shields und
- ▶ eine Bereinigung um Bestandsveränderungen des Fremdkapitals

erfolgen. Die Flows to Equity werden sodann nicht wie beim WACC-Ansatz mit einem gewogenen Kapitalkostensatz abgezinst, sondern mit einer sog. **risikoäquivalenten Renditeforderung der Eigenkapitalgeber**. Diese ergibt sich aus dem risikolosen Basiszinsfuß zuzüglich einer Prämie für das Unternehmerrisiko. Bei deren Berechnung kommen häufig kapitalmarkttheoretische Verfahren wie das Capital Asset Pricing Model (CAPM) zur Anwendung.

Der so erhaltene Barwert zuzüglich des Veräußerungswerts des nicht betriebsnotwendigen Vermögens entspricht dann beim Nettoverfahren dem Marktwert des Eigenkapitals.

|     | Barwert der Flows to Equity bei Diskontierung mit der risikoäquivalenten Renditeforderung der Eigenkapitalgeber |
| --- | --- |
| +   | Marktwert des nicht betriebsnotwendigen Vermögens |
| =   | Marktwert des Eigenkapitals (Shareholder Value) |

**Anwendungsprobleme** des Nettoverfahrens ergeben sich durch die Kapitalmarktorientierung des CAPM, die verfahrensimmanente Prognoseunsicherheit und die Bestimmung der Renditeforderungen der Eigentümer. Ein weiteres Problem stellt die Abhängigkeit des bewertungsrelevanten Cashflows von der Finanzierungsstrategie dar.

Zusammenfassend lassen sich die verschiedenen Ausprägungen der Discounted Cashflow-Verfahren wie folgt abgrenzen:

| ABB. 443: | Vergleich der DCF-Verfahren | | |
|---|---|---|---|
| Verfahren | WACC-Ansatz | APV-Ansatz | Nettoverfahren |
| Konzeption | Kapitalmarktorientierung | | |
| Methodik | Kapitalwertmethode | | |
| | Bruttokapitalisierung | | Nettokapitalisierung |
| Bewertungsrelevante Erfolgsgröße | Free Cashflow ohne Tax Shield (vor Zinsen, nach Steuern) | Free Cashflow mit Tax Shield (vor Zinsen, nach Steuern) | Flow to Equity (nach Zinsen und Steuern) |
| Diskontierungssatz | Gewogene Kapitalkosten (WACC) | Renditeforderung der EK-Geber bei fingierter Eigenfinanzierung | Renditeforderung der EK-Geber bei realer Kapitalstruktur |
| Risikoberücksichtigung | Ableitung aus kapitalmarkttheoretischen Modellen (i. d. R. CAPM) | | |

Quelle: I. A. a. *Gräfer/Ostmeier*, in: BBK 2000, Fach 28, S. 1256.

Die DCF-Verfahren weisen im Ergebnis den **Vorteil** auf, dass sie als wertorientierte Führungskonzepte auf langfristige Veränderungen der Zahlungsmittelebene ausgerichtet sind. Dabei wird neben der absoluten Veränderung des Shareholder Values auch die Werthaltigkeit einzelner Geschäftsbereiche und Investitionsvorhaben analysiert, eine leistungsorientierte Vergütung der Führungskräfte ermöglicht und insoweit eine praxistaugliche Ausgestaltung des Konzepts erreicht.

Als **Nachteil** der DCF-Methoden wird in der Literatur die Notwendigkeit eines Vergleichs absoluter Unternehmenswerte angeführt, welcher Probleme bei der Ursachenanalyse der Wertänderungen induziert. So führt eine Umsatzsteigerung nicht notwendigerweise zu einer Erhöhung des Unternehmenswerts, z. B. wenn das Wachstum ausschließlich auf zusätzlichen (den Cashflow mindernden) Investitionen beruht. Ferner verursacht die Führung nach DCF-Konzepten häufige und aufwändige Unternehmensbewertungen. Darüber hinaus bereitet die Ermittlung der Kapitalkosten über das CAPM Probleme bei nicht kapitalmarktorientierten Unternehmen.

### 5.2.3 Cashflow Return on Investment (CFROI)

Die zahlungsstromorientierte Rentabilitätskennzahl des CFROI wurde von der Boston Consulting Group mit dem Ziel entwickelt, den **relativen Erfolg** anstelle eines absoluten Erfolgsmaßes einer Unternehmung in Form des Barwerts einer Reihe von Cashflows beurteilen zu können.

Die Konzeption basiert auf der **Methode des internen Zinsfußes**, wobei zunächst die Brutto-Cashflows zu ermitteln sind, die auf das investierte Kapital erwirtschaftet wurden. Auf dieser Grundlage wird der interne Zinsfuß errechnet, der einen Kapitalwert von Null zur Folge hätte. **Dieser interne Zinsfuß wird als Cashflow Return on Investment (CFROI) bezeichnet**. Er gibt die auf Zahlungsströmen basierende Verzinsung des betriebsnotwendigen Kapitals an.

Mit dem sodann durchzuführenden Vergleich des internen Zinsfußes mit den tatsächlichen Kapitalkosten wird eine Bewertung ermöglicht, ob der Unternehmenswert erhöht, konstant geblieben oder teilweise vernichtet worden ist. Das Konzept geht von der Prämisse aus, dass Cashflows nachhaltig nur erwirtschaftet werden können, falls die betriebsnotwendigen Aktiva regelmäßig reinvestiert werden (Substanzerhaltung).

Der CFROI wird auf **iterativem Weg** wie folgt berechnet:

$$0 = -BIB + \sum \frac{BCF_t}{(1 + CFRoI)^t} + \frac{CF(R)_T}{(1 + CFRoI)^T}$$

wobei

BIB = Brutto-Investitionsbasis

BCF = Brutto-Cashflows

CF(R) = Residualwert (des nicht betriebsnotwendigen Vermögens)

T = Nutzungsdauer.

Bei unterstellter unendlicher Nutzungsdauer der Vermögensgegenstände (in der Praxis annähernd bei einer Nutzungsdauer von mindestens 15 Jahren) können die Cashflows als unendliche Rente aufgefasst werden.

Damit reduziert sich die Formel zu

$$CFROI = BCF/BIB.$$

Für die Ermittlung des CFROI sind die nachfolgenden Rechenschritte durchzuführen.

Ausgangspunkt der Ermittlung des Brutto-Cashflows bildet das **Ergebnis nach DVFA/SG** (nach Steuern), in welchem außerordentliche und aperiodische Einflüsse eliminiert sowie Abschreibungen, Zins-, Miet- und Leasingaufwendungen hinzurechnet werden. Auch ein möglicher Inflationsverlust in Bezug auf die Nettoliquidität wird berücksichtigt. Anders als beim DVFA/SG-Verfahren werden aber Nettozuführungen zu Rückstellungen nicht hinzuaddiert, da die Rückstellungen auch in der Bruttoinvestitionsbasis nicht enthalten sind.

Der **Brutto-Cashflow** unterscheidet sich vom Free Cashflow im DCF-Konzept dadurch, dass er nicht nur für Renditeforderungen der Kapitalgeber, sondern auch für Investitionen verwendet werden kann. Er wird damit nach Steuern, aber vor Investitionen und Zinsen berechnet. Der Cashflow wird im Rahmen der Nutzungsdauer der Investitionen (sog. Investitionszyklus) im Übrigen als konstant angenommen.

Als Maßgröße für das investierte Kapital und Bezugsgröße für die Brutto-Cashflows wird die **inflationsbereinigte Bruttoinvestitionsbasis** (BIB) ermittelt, die sich wie folgt aus der Bilanzsumme ableiten lässt.

| ABB. 444: | Ermittlung der Brutto-Cashflows und der Bruttoinvestitionsbasis |
|---|---|
|   | Ergebnis nach DVFA/SG |
| + | Abschreibungen auf das abnutzbare Sachanlagevermögen |
| + | Fremdkapitalzinsen (inkl. Miet- und Leasingaufwendungen) |
| = | **Brutto-Cashflow (BCF)** |

|   |   |
|---|---|
|   | Bilanzsumme |
| + | Kumulierte Abschreibungen auf das abnutzbare Sachanlagevermögen |
| + | Inflationsanpassungen auf das abnutzbare Sachanlagevermögen |
| + | Kapitalisierte Miet- und Leasingkosten |
| - | Erworbene Geschäfts- und Firmenwerte |
| - | Unverzinsliches Fremdkapital (Abzugskapital) einschl. Rückstellungen |
| = | **Bruttoinvestitionsbasis (BIB)** |

Quelle: *Gräfer/Ostmeier*, in: BBK 2000, Fach 26, S. 930 f.

Die Bruttoinvestitionsbasis stellt dem Grunde nach das **zinspflichtige betriebsnotwendige Kapital, bewertet zu Wiederbeschaffungskosten** dar.

Um die Bruttoinvestitionsbasis zu bestimmen, werden die kumulierten Abschreibungen zur Bilanzsumme hinzuaddiert und zum Zwecke der Vergleichbarkeit mit den aktuellen Cashflows um Inflationsauswirkungen bereinigt. Die Bereinigungen richten sich aufgrund der Eigentümerorientierung nicht nach den Wiederbeschaffungspreisen, sondern nach der Kaufkraftentwicklung. Anzusetzen sind die Differenzen der Abschreibungen nach nominalen Werten und nach inflationsangepassten Werten.

Da die Bruttoinvestitionsbasis das gesamte zur Erwirtschaftung der Cashflows eingesetzte Vermögen umfasst, werden die kapitalisierten Miet- und Leasingkosten hinzugerechnet. Hiermit wird eine von der Finanzierungsart unabhängige Wertermittlung ermöglicht.

Aktivierte Geschäfts- und Firmenwerte werden ebenso subtrahiert wie unverzinsliches Fremdkapital. Die Firmenwerte werden eliminiert, da es zur Messung des Unternehmenswerts irrelevant ist, ob originärer oder derivativer Goodwill entstanden ist. Originärer Goodwill wäre ohnehin in der Bilanzsumme nicht enthalten.

Zum abzuziehenden unverzinslichen Fremdkapital gehören neben erhaltenen Anzahlungen auch nicht skontierungsfähige Lieferantenkredite und kurzfristige Rückstellungen. Die betreffenden Positionen werden eliminiert, da in die Konzeption nur das zinstragende, zur Leistungserstellung verwendete Kapital einbezogen wird.

In Bezug auf die Schätzung der **durchschnittlichen Nutzungsdauer** der betriebsnotwendigen abnutzbaren Vermögensgegenstände des Anlagevermögens wird die Anwendung der linearen Abschreibungsmethode unterstellt und das Anlagevermögen zu historischen Anschaffungskosten durch den jährlichen Abschreibungsaufwand bei Anwendung der linearen Methode dividiert:

**Nutzungsdauer = AHK/linearer Abschreibungssatz**

Abschließend werden zum Cashflow der letzten Periode die Buchwerte des nicht abnutzbaren Anlagevermögens sowie der Vermögensgegenstände des Umlaufvermögens hinzuaddiert. Abgezogen wird das unverzinsliche Fremdkapital (Abzugskapital).

Der **CFROI** wird sodann mit den **realen Kapitalkosten** verglichen. Wert wird geschaffen, sofern die entsprechende Differenz positiv ist und sich eine sog. „Überrendite" ergibt. Zur Ermittlung der realen Kapitalkosten wird abweichend zum DCF-Verfahren nicht das Capital Asset Pricing Model (CAPM) angewendet, sondern stattdessen die risikoadjustierten Eigenkapitalkosten empirisch aus einem Marktportfolio börsennotierter Aktiengesellschaften abgeleitet (z. B. aus einem Aktienindex wie DAX oder MDAX).

Aus dem CFROI kann ergänzend eine absolute Größe zur Messung der zahlungsstromorientierten Wertsteigerung ermittelt werden. Der **Cash Value Added (CVA)** entsteht durch Multiplikation der Differenz zwischen CFROI und den Kapitalkosten mit der eingesetzten Bruttoinvestitionsbasis.

$$\text{CVA} = (\text{CFROI} - \text{Kapitalkosten}) \cdot \text{Bruttoinvestitionsbasis}$$

Anhand dieser Formel werden die drei Möglichkeiten zur Steigerung des Unternehmenswerts erkennbar: die (reine) Renditesteigerung, die Erweiterungsinvestition bei gleichbleibender Rendite und die Renditesteigerung bei gleichzeitiger Erweiterungsinvestition (R = Rendite, KK = Kapitalkosten, BIB = Bruttoinvestitionsbasis).

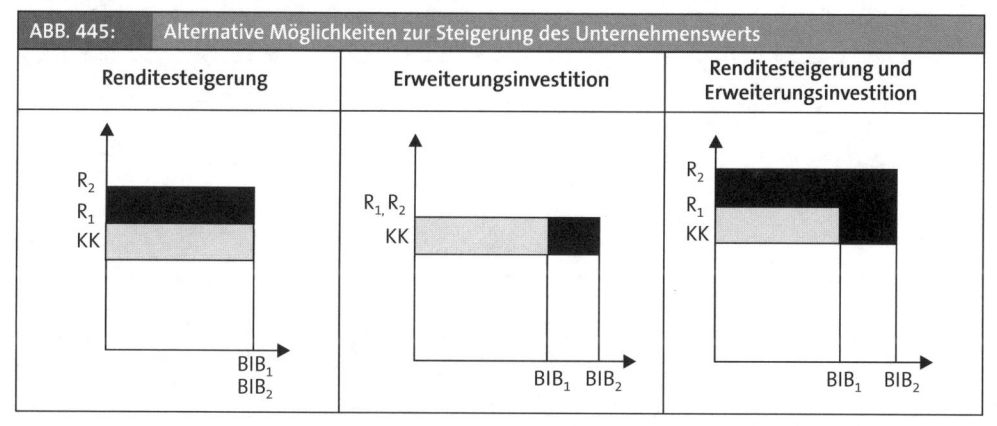

**ABB. 445: Alternative Möglichkeiten zur Steigerung des Unternehmenswerts**

Quelle: *Küting/Heiden/Lorson*, in: BBK 2000, Beilage 1, S. 35.

Der CFROI als Cashflow-bezogener Return on Investment besitzt gegenüber der GuV-bezogenen Gesamtkapitalrentabilität die Vorteile, dass durch den Einsatz des Cashflows als Erfolgsgröße Verzerrungen durch jahresabschlusspolitische Maßnahmen minimiert werden und zugleich der Einfluss der Inflation berücksichtigt wird.

Durch die Verwendung inflationsbereinigter Anschaffungs- und Herstellungskosten schaltet der CFROI Auswirkungen des Anlagenalters auf die Rentabilität aus. Die Verfolgung einer Konsolidierungsstrategie und das Entstehen von Investitionsstaus führen nicht zu einem höheren CFROI, da zugleich die Bruttoinvestitionsbasis zunimmt. Ebenso wird der Leverage-Effekt aus der Verschuldung im Gegensatz zum ROE neutralisiert. Die Fremdkapitalzinsen werden bei der Ermittlung der Brutto-Cashflows wieder aufaddiert.

Zwar ist die CFROI-Methode grundsätzlich vergangenheitsorientiert, sie lässt sich aber zu einem Planungsinstrument erweitern. Insbesondere eignet sich der CFROI zur Aufstellung einer **Portfo-**

**lio-Analyse** und einer **Segmentberichterstattung**, so dass die Wertbeiträge einzelner Geschäftsbereiche beurteilt werden können. Investitionen sollen demnach nur in denjenigen strategischen Geschäftsfeldern getätigt werden, deren Cashflows höher als die Kapitalkosten sind.

Der Bezug auf Bilanzdaten birgt Kritik am CFROI-Konzept. Durch die Fiktion von in der Zukunft gleichbleibenden Cashflows wird eine vergangenheitsorientierte Kennzahl geschaffen, die Zukunftsaussichten nur pauschal und damit unzureichend berücksichtigt.

Ferner geht das Konzept von einer stark vereinfachten Ermittlung der Nutzungsdauer der nicht abnutzbaren Vermögensgegenstände aus. Darüber hinaus bleiben nicht aktivierungsfähige Investitionsauszahlungen bei der Ermittlung der Bruttoinvestitionsbasis unberücksichtigt. Schließlich können die mit der Internen Zinsfuß-Methode behafteten Probleme auftreten, z. B. die Mehrdeutigkeit von Lösungen (vgl. hierzu Kapitel V).

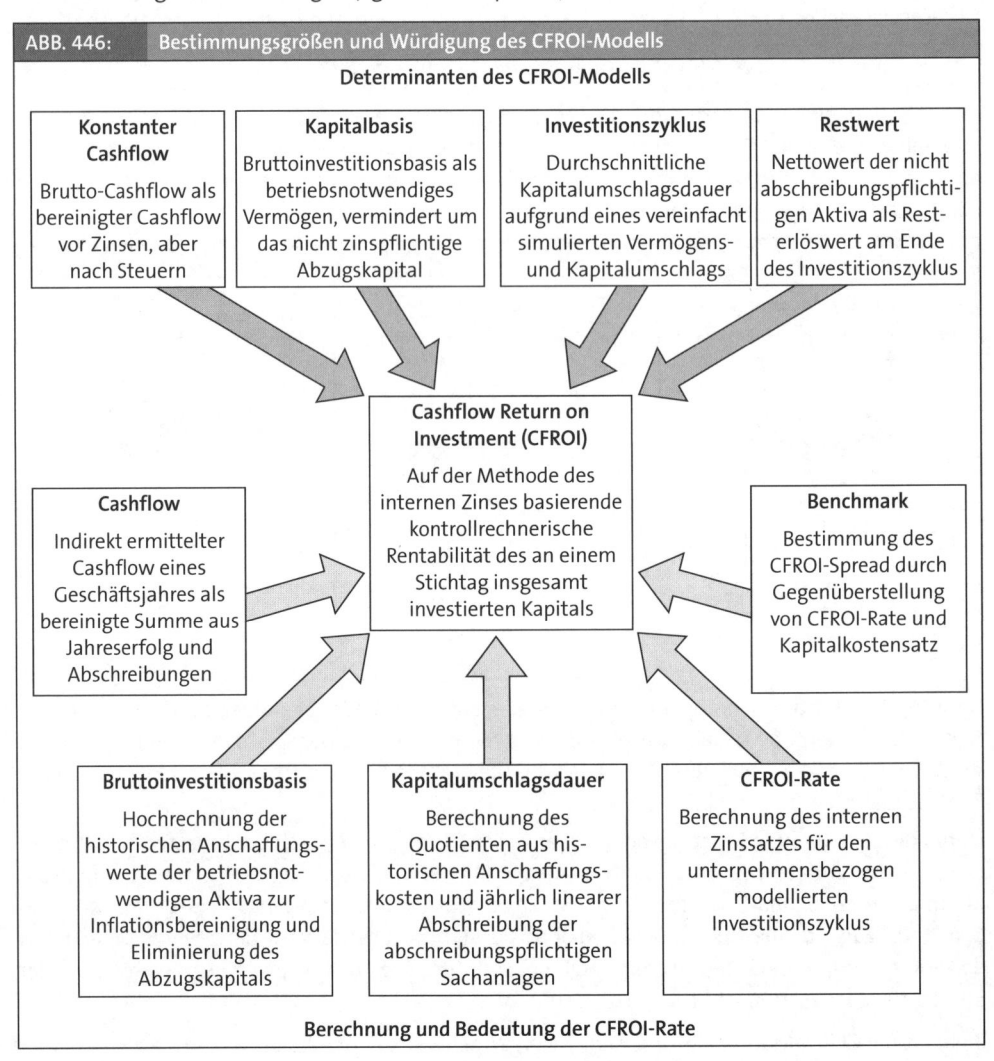

**ABB. 446:** Bestimmungsgrößen und Würdigung des CFROI-Modells

**Determinanten des CFROI-Modells**

| Konstanter Cashflow | Kapitalbasis | Investitionszyklus | Restwert |
|---|---|---|---|
| Brutto-Cashflow als bereinigter Cashflow vor Zinsen, aber nach Steuern | Bruttoinvestitionsbasis als betriebsnotwendiges Vermögen, vermindert um das nicht zinspflichtige Abzugskapital | Durchschnittliche Kapitalumschlagsdauer aufgrund eines vereinfacht simulierten Vermögens- und Kapitalumschlags | Nettowert der nicht abschreibungspflichtigen Aktiva als Resterlöswert am Ende des Investitionszyklus |

**Cashflow Return on Investment (CFROI)**
Auf der Methode des internen Zinses basierende kontrollrechnerische Rentabilität des an einem Stichtag insgesamt investierten Kapitals

**Cashflow**
Indirekt ermittelter Cashflow eines Geschäftsjahres als bereinigte Summe aus Jahreserfolg und Abschreibungen

**Benchmark**
Bestimmung des CFROI-Spread durch Gegenüberstellung von CFROI-Rate und Kapitalkostensatz

| Bruttoinvestitionsbasis | Kapitalumschlagsdauer | CFROI-Rate |
|---|---|---|
| Hochrechnung der historischen Anschaffungswerte der betriebsnotwendigen Aktiva zur Inflationsbereinigung und Eliminierung des Abzugskapitals | Berechnung des Quotienten aus historischen Anschaffungskosten und jährlich linearer Abschreibung der abschreibungspflichtigen Sachanlagen | Berechnung des internen Zinssatzes für den unternehmensbezogen modellierten Investitionszyklus |

**Berechnung und Bedeutung der CFROI-Rate**

Quelle: *Männel*, in: krp-Sonderheft 1/2001, S. 41.

## 5.2.4 Economic Value Added (EVA)

Das von den beiden Unternehmensberatern *Stern* und *Stewart* im Jahre 1990 („**The Quest for Value**") entwickelte Residualgewinn-Konzept untersucht die Auswirkungen betrieblicher Unternehmensstrategien auf den Unternehmenswert ausgehend von der These, dass zusätzlicher Wert (Residualgewinn) nur dann geschaffen wird, wenn durch Investitionen höhere Zahlungsmittelströme zufließen, als zur Finanzierung notwendige Kapitalkosten abfließen.

Der zusätzlich generierte Unternehmenswert wird dabei durch den EVA quantifiziert, wobei es sich um ein periodenbezogenes Maß handelt, das auf modifizierten Daten des Jahresabschlusses basiert und wie folgt ermittelt wird:

$$\text{EVA} = \text{NOPAT} - \text{NOA} \cdot \text{WACC}$$

Wert wird geschaffen, sofern:

$$\text{EVA} > 0 \text{ bzw. NOPAT/NOA} > \text{WACC, wobei}$$
$$\text{NOPAT/NOA} = \text{Stewart's R,}$$

die WACC stellen insoweit die Soll-Rendite dar. Hierbei bedeuten

- **NOPAT: net operating profit after taxes** sowie
- **NOA: net operating assets**.

Im Rahmen der EVA-Konzeption sind insbesondere vier Typen von **Korrekturen** („**conversions**") ausgehend von den Jahresabschlussdaten erforderlich:

- Erträge und Aufwendungen aus dem nicht betrieblichen Bereich sind zu eliminieren (**operating conversion**),
- sämtliche bilanzwirksamen und bilanzunwirksamen Finanzierungsformen (z. B. Miet- und Leasingobjekte) sind gleichberechtigt zu erfassen sowie Einflüsse aus der Finanzierungsstruktur auszuschalten (**funding conversion**),
- die Steuerlast eines unverschuldeten Unternehmens ist zu fingieren, um die steuerliche Privilegierung des Fremdkapitals aufzuheben (**tax conversion**) und
- schließlich ist eine vollständige Erfassung des Eigenkapitals ohne Berücksichtigung des bilanziellen Vorsichtsprinzips, d. h. einschließlich aller stillen Reserven und Lasten sowie aller nicht bilanzierungsfähigen Vermögensgegenstände (u. a. Investitionen in Forschung, Humankapital oder Werbung) vorzunehmen (**shareholder conversion**).

Der NOPAT stellt eine Modifikation des Betriebsergebnisses in Richtung auf den Cashflow dar. Stern und Stewart haben hierzu eine Vielzahl buchhalterischer Transaktionen bei der Ergebnisermittlung ausgehend vom Jahresüberschuss nach Steuern berücksichtigt. Es wird ein fiktiv unverschuldetes Unternehmen unterstellt, der Gewinn wird nach Steuern, aber ohne Berücksichtigung des Finanzergebnisses analysiert. Aus Gründen der Praktikabilität sollten bei der Bestimmung des NOPAT gleichwohl nur signifikante Anpassungen vorgenommen werden, so dass er i. d. R. nach folgendem Schema ermittelt wird:

| ABB. 447: | Schema zur Ermittlung des NOPAT |
|---|---|
|   | Jahresüberschuss nach Steuern |
| + | Fremdkapitalzinsen inkl. fiktive Zinsen auf kapitalisierte Miet- und Leasingaufwendungen |
| - | Steuervorteil aus Fremdfinanzierung (sog. Tax Shield) |
| + | Zuführung zu passiven latenten Steuern |
| - | Zuführung zu aktiven latenten Steuern |
| + | Nettozuführung zu Rückstellungen |
| + | Nettozuführung zu stillen Reserven im Vorratsvermögen (z. B. Lifo-Verfahren) |
| - | Erträge aus Wertpapieren des Umlaufvermögens und sonstigen nicht betriebsnotwendigen Vermögensgegenständen |
| + | Aufwendungen für Wertpapiere des Umlaufvermögens und sonstige nicht betriebsnotwendige Vermögensgegenstände |
| + | Fiktive Zinsanteile der Miet- und Leasingaufwendungen |
| + | Abschreibungen auf derivative Geschäfts- und Firmenwerte |
| + | Forschungsaufwand und bilanziell nicht aktivierter Entwicklungsaufwand |
| - | Fiktive Abschreibungen auf Forschungsaufwand und bilanziell nicht aktivierten Entwicklungsaufwand |
| + | Aufwand für Werbung und Verkaufsförderung |
| - | Fiktive Abschreibungen auf Aufwand für Werbung und Verkaufsförderung |
| + | Aufwand für Mitarbeitertraining und -entwicklung |
| - | Fiktive Abschreibungen auf Aufwand für Mitarbeitertraining und -entwicklung |
| = | NOPAT |

Quelle: I. A. a. *Keller/Plack*, in: krp 2001, S. 348.

Steuern und Rückstellungen werden bei der Ermittlung des NOPAT erst zum Zeitpunkt des tatsächlichen Mittelabflusses berücksichtigt. Infolge der Nichtbeachtung des Vorsichtsprinzips sind gebildete stille Reserven dem Vorratsvermögen hinzuzurechnen.

Um originäre und derivative Geschäftswerte gleichzustellen, werden Abschreibungen auf letztgenannte eliminiert. Ferner verlangt die Konzeption den Einbezug von Kosten für Forschung, Werbung und Verkaufsförderung sowie Mitarbeitertraining und -entwicklung, da diese Auszahlungen durch die zukünftige Renditeerwartung anderen materiellen Investitionen gleichzusetzen sind.

Wertpapiere des Umlaufvermögens sind nicht betriebsnotwendig, weshalb deren Auswirkungen auf den Jahresüberschuss nicht berücksichtigt werden. Da von einer **kompletten Eigenfinanzierung** ausgegangen wird, sind jegliche im Jahresabschluss erfasste Finanzierungskosten wie Fremdkapitalzinsen, aber auch Kosten von im Jahresabschluss nicht erfassten Fremdfinanzierungsformen wie z. B. Leasing, wieder hinzuzuziehen. Dafür wird der aus der Fremdfinanzierung resultierende Steuervorteil abgezogen.

Das Tax Shield fließt – wie beim WACC-Ansatz – über die Kapitalkosten in die EVA-Konzeption ein. Die notwendigen Bereinigungen und deren Logik im Zuge der Ermittlung des NOPAT zeigt die folgende Abbildung.

| ABB. 448: | Bereinigungen bei der Ermittlung des NOPAT | | |
|---|---|---|---|
| Bereinigungsmaßnahme | Logik der Bereinigung | Pro | Contra |
| Eliminierung außerordentlicher Elemente | Operative Leistungsfähigkeit ist unabhängig von außerordentlichen Ereignissen zu beurteilen | Keine Verzerrung der operativen Leistung | Auch außerordentliche Komponenten beeinflussen die Wertschaffung aus Sicht der Investoren |
| Eliminierung von Finanzanlagen und Cash-Positionen | Positionen liegen außerhalb des Einflusses operativer Manager | Keine Vermischung von operativem Ergebnis und Finanzergebnis | Finanzanlagen etc. müssen auch Kapitalkosten verdienen |
| Eliminierung des Einflusses der Kapitalstruktur, d. h. Eigen- zu Fremdkapital | Finanzierung verzerrt die operative Performance des Bewertungsobjekts | Management kann Kapitalstruktur häufig nicht beeinflussen bzw. besitzt keine Finanzautonomie | Aus Investorensicht ist die Finanzierung relevant; Financial Engineering kommt Wertschaffungspotenzial zu |
| Berechnung vor (anrechenbaren) Steuern | Operatives Management ist nicht für Steueroptimierung verantwortlich | Reine operative Performance ist zu ermitteln; hohe Transparenz für Management | Steuern stellen wesentlichen Hebel dar für letztendliche Kapitalrendite des Investors |
| Berechnung des investierten Kapitals als Jahresdurchschnitt | Kontinuierliches Investitionsverhalten | Keine Bereinigungen um Konsolidierungen notwendig; realistische Annahme über Investitionsverhalten | Unterschiedliche absolute Soll-Cashflows bzw. Soll-Wertbeitragsziele im Jahresverlauf |
| Nominelle Aufwertung des historisch getätigten Investments auf den Betrachtungszeitpunkt | Nominaler Vergleich von heutigen Cashflows mit historischen Investitionen möglich | Berücksichtigung des Geldwerts aus Investorensicht; Nachkalkulation historischer Investitionen; Vergleich von Investitionen in Ländern mit unterschiedlicher Inflation | Zusätzlicher Berechnungs- und Kommunikationsaufwand; Vergleich mit realen Kapitalkosten notwendig; Planung von Inflationsraten notwendig |
| Einbezug von Off-Balance-Finanzierung in Investment und Umklassifizierung als Zinsaufwand | Off-Balance-Finanzierungen stellen nur Varianten traditioneller Finanzierungsformen dar | Vergleichbarkeit von Geschäftseinheiten möglich; kein Einfluss der Finanzierung auf Kennzahl | Bereinigungsaufwand; Auseinanderfallen mit Jahresabschlussgrößen |
| Aktivierung von Aufwendungen für originäre immaterielle Ressourcen (z. B. Marken, Kundenstamm, Vertriebsnetz) | Aufwendungen stellen Investitionen dar | Behandlung wie Investitionen; keine Bestrafung des Managements für Zukunftsvorsorge | Abgrenzung schwierig; Berechnungsaufwand; Auseinanderfallen mit Jahresabschlussgrößen |

| Bereinigungsmaßnahme | Logik der Bereinigung | Pro | Contra |
|---|---|---|---|
| Einbezug von Goodwill in Investment | Goodwill ist Teil des bezahlten Kaufpreises und daher investiertes Kapital | Beurteilung der Wertschaffung der Akquisition möglich; Sichtweise der Investoren | Operatives Management belastet durch Höhe des Kaufpreises; operative Performance verzerrt |
| Bewertung von wesentlichen Vermögensgegenständen zu Marktwerten | Marktwerte stellen die eigentlichen Werte aus Investorensicht dar, die zu verzinsen sind | Marktgerechte Renditen bei gravierendem Auseinanderfallen von Markt- und Buchwerten (z. B. Grundstücke, Gebäude) | Erheblicher Korrekturaufwand; Marktbewertung führt zu Gewinnantizipation; Divergenz zu Jahresabschlussgrößen |

Quelle: I. A. a. *Günther*, in: krp-Sonderheft 1/2002, S. 93.

Sodann ist die Bezugsgröße **Net Operating Assets (NOA)** – auch bezeichnet als **Economic Book Value (EBV)** – zu bestimmen. Sie errechnet sich gem. folgendem Schema, wobei die Anpassungen von der Aktivseite der Bilanz ausgehen und aus Anlass der Beschränkung der Analyse auf das betriebsnotwendige Vermögen erfolgen.

**ABB. 449: Schema zur Ermittlung des NOA**

|   |   |
|---|---|
|   | Buchwert des Anlagevermögens |
| + | Buchwert des Umlaufvermögens |
| - | Unverzinsliche Verbindlichkeiten (Abzugskapital) |
| - | Wertpapiere des Umlaufvermögens |
| - | (Noch nicht betrieblich genutzte) Anlagen im Bau |
| + | Kumulierte Abschreibungen auf derivative Geschäfts- und Firmenwerte |
| + | Stille Reserven im Umlaufvermögen (Vorräte; z. B. Lifo-Verfahren) |
| + | Passive Wertberichtigungen auf Forderungen |
| + | Passive latente Steuern |
| - | Aktive latente Steuern |
| + | Kapitalisierte Miet- und Leasingaufwendungen (Barwert der Miet- und Leasingaufwendungen für die nicht bilanzierten Miet- und Leasingobjekte) |
| + | Kapitalisierter Aufwand für Forschung und bilanziell nicht aktivierte Entwicklung |
| + | Kapitalisierter Aufwand für Werbung und Verkaufsförderung |
| + | Kapitalisierter Aufwand für Mitarbeitertraining und -entwicklung |
| = | Net Operating Assets (NOA) |

Quelle: I. A. a. *Gräfer/Ostmeier*, in: BBK 2000, Fach 26, S. 936.

Jedenfalls werden bei der Berechnung des NOA

▶ zunächst die aktivierten, aber nicht betriebsnotwendigen Vermögensgegenstände wieder eliminiert und sodann

▶ die nicht aktivierten, aber betriebsnotwendigen Vermögenswerte hinzugezogen.

Die letzteren repräsentieren die sog. „**equity equivalents**", also Investitionen in originäre Firmenwerte.

Die Kapitalkosten werden analog zum WACC-Ansatz berechnet. Als Prämisse ist daher eine Zielkapitalstruktur notwendig. Zur Ableitung der Eigenkapitalkosten wird wiederum auf das CAPM zurückgegriffen. Somit gilt:

$$WACC = r_{EK} \cdot (EK/GK) + r_{FK} \cdot (FK/GK) \cdot (1 - s), \text{ wobei}$$
$$s = \text{Ertragsteuersatz.}$$

Zum Zwecke der Unternehmensbewertung ist es möglich, den EVA-Ansatz auf den **MVA-Ansatz** (**Market Value Added**) auszuweiten. Der MVA wird ermittelt durch die Diskontierung der zukünftig erwarteten EVAs mit den gewogenen Kapitalkosten. Er gibt Auskunft über die Differenz zwischen dem Marktwert des Gesamtkapitals und dem NOA. Bei Annahme einer unendlichen Lebensdauer des Unternehmens (unendliche Rente) folgt

$$MVA = EVA / WACC.$$

Den Marktwert des Eigenkapitals erhält man ausgehend vom MVA durch Addition von NOA und dem Marktwert des nicht betriebsnotwendigen Vermögens sowie anschließender Subtraktion des Marktwerts des Fremdkapitals.

|   | Market Value Added (Barwert der diskontierten EVA's) |
|---|---|
| + | Net Operating Assets (NOA) |
| + | Marktwert des nicht betriebsnotwendigen Vermögens |
| - | Marktwert des verzinslichen Fremdkapitals |
| = | Shareholder Value (Marktwert des Eigenkapitals) |

Die folgende Abbildung zeigt die **Bestimmungsfaktoren des EVA** auf, auch wenn bisher kein geschlossenes Werttreibersystem wie beim DCF-Verfahren entwickelt worden ist.

## KAPITEL VI — Schnittstellen des Controllings

**ABB. 450: Bestimmungsfaktoren des EVA**

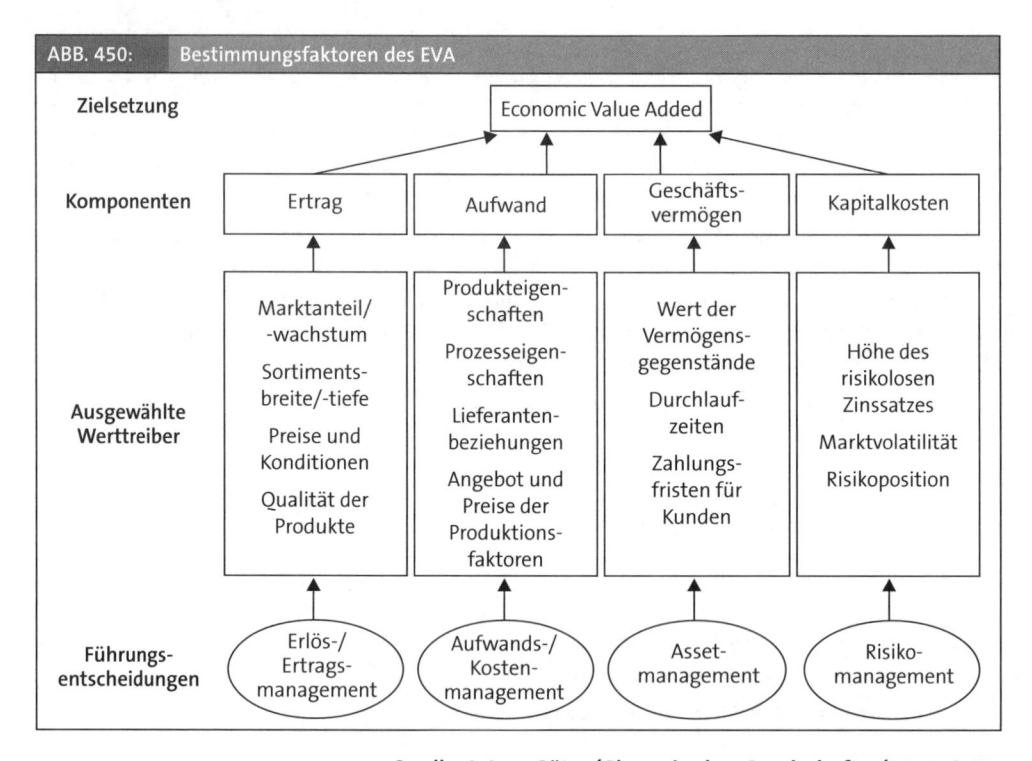

**Zielsetzung:** Economic Value Added

**Komponenten:**
- Ertrag
- Aufwand
- Geschäftsvermögen
- Kapitalkosten

**Ausgewählte Werttreiber:**

| Ertrag | Aufwand | Geschäftsvermögen | Kapitalkosten |
|---|---|---|---|
| Marktanteil/-wachstum | Produkteigenschaften | Wert der Vermögensgegenstände | Höhe des risikolosen Zinssatzes |
| Sortimentsbreite/-tiefe | Prozesseigenschaften | Durchlaufzeiten | Marktvolatilität |
| Preise und Konditionen | Lieferantenbeziehungen | Zahlungsfristen für Kunden | Risikoposition |
| Qualität der Produkte | Angebot und Preise der Produktionsfaktoren | | |

**Führungsentscheidungen:**
- Erlös-/Ertragsmanagement
- Aufwands-/Kostenmanagement
- Assetmanagement
- Risikomanagement

Quelle: I. A. a. *Götze/Glaser*, in: krp-Sonderheft 1/2001, S. 35.

Die Werttreiber des EVA können graphisch als „EVA-Baum" veranschaulicht werden:

**ABB. 451: EVA-Baum**

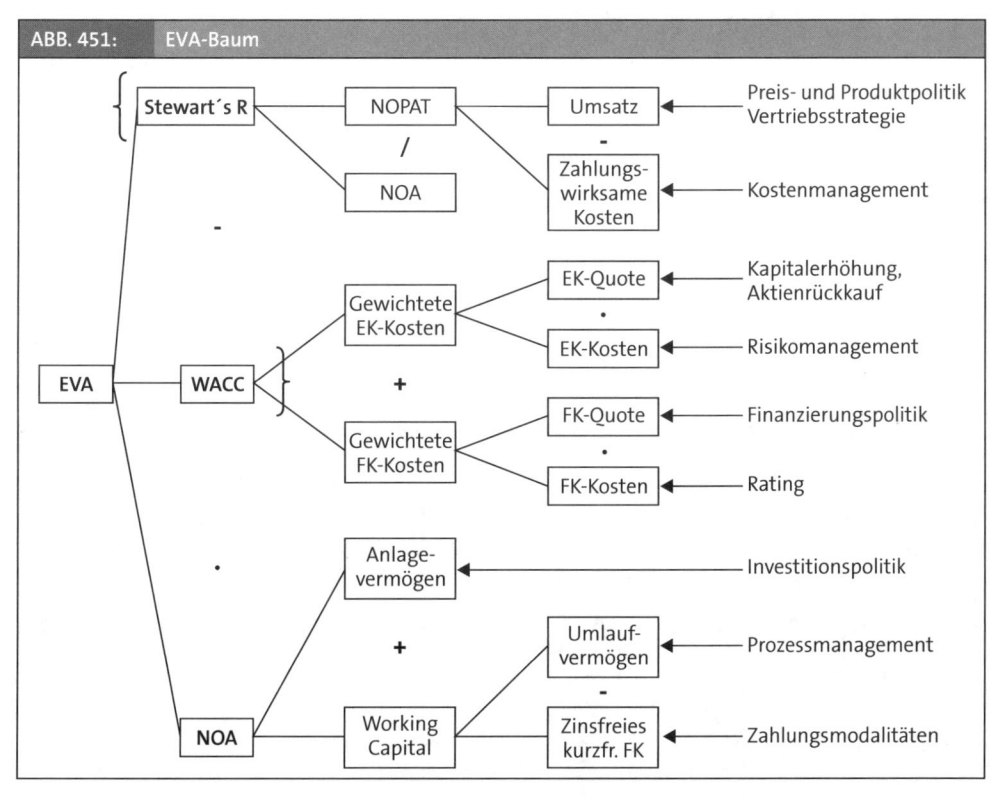

```
                    ┌── NOPAT ──┬── Umsatz ◄──── Preis- und Produktpolitik
       Stewart's R ─┤           │                Vertriebsstrategie
                    │           │   −
                    │           └── Zahlungs-
                    │               wirksame ◄──── Kostenmanagement
                    └── NOA         Kosten

                              ┌── EK-Quote ◄──── Kapitalerhöhung,
                   Gewichtete ┤                  Aktienrückbauf
                   EK-Kosten  │        ·
                              └── EK-Kosten ◄──── Risikomanagement
EVA ── WACC ──┤         +
                              ┌── FK-Quote ◄──── Finanzierungspolitik
                   Gewichtete ┤        ·
                   FK-Kosten  └── FK-Kosten ◄──── Rating

              ┌── Anlage-
              │   vermögen ◄──────────────────── Investitionspolitik
              │        +
              │                     ┌── Umlauf-
              │                     │   vermögen ◄──── Prozessmanagement
         NOA ─┤        Working      │      −
              └────── Capital ──────┤   Zinsfreies
                                    └── kurzfr. FK ◄──── Zahlungsmodalitäten
```

Quelle: I. A. a. *Günther*, in: krp-Sonderheft 1/2002, S. 95.

Obwohl ursprünglich als Kontrollinstrument konzipiert, ist das EVA-Konzept auch als Grundlage von Planungsrechnungen nutzbar. Der EVA eignet sich besonders für die Steuerung der strategischen Geschäftsfelder im Rahmen der Portfolio-Analyse. Dem Konzept wird eine hohe Praxisorientierung und durch seine Verständlichkeit eine einfache Kommunizierbarkeit gegenüber Mitarbeitern und Anteilseignern bescheinigt, so dass es in die Gestaltung des Vergütungssystems einbezogen werden kann und einen Beitrag zur Lösung der entsprechenden Anreizproblematik bietet. Zudem besteht ein Vorteil des Konzepts in der Berücksichtigung nicht aktivierungsfähiger immaterieller Investitionen.

Kritisiert werden Manipulationsmöglichkeiten durch den Buchhaltungsbezug, der auch durch Vornahme zahlreicher Bereinigungen nicht gänzlich vermieden werden kann. Ferner ist die Anwendung des EVA-Ansatzes mit erheblichem Aufwand verbunden. Außerdem gestaltet sich die Anwendung für nicht börsennotierte Unternehmen problematisch.

## 5.2.5 Zusammenfassende Würdigung der Konzepte

Mit dem gemeinsamen Ziel einer Maximierung des Shareholder Values basieren alle Konzepte auf den modernen Verfahren der Unternehmensbewertung, was sich z. B. in der Berücksichtigung von Kapitalkosten oder in der Trennung von betriebsnotwendigem und nicht betriebsnotwendigem Vermögen zeigt. Sie weisen jedoch unterschiedliche Bewertungsmethoden auf.

Ihre Eignung zur Beurteilung von Strategien kann als weitgehend identisch beurteilt werden; die Würdigung der Performancemessung legt hingegen größere Unterschiede offen. Während *Rappaport* über den SVA und Stern/Stewart über den EVA absolute Erfolgsgrößen entwickelten, stellt der CFROI eine (relative) Rentabilitätsgröße dar, die allerdings über den CVA wieder zu einer absoluten Größe ausgebaut werden kann.

Insbesondere das DCF-Verfahren nach *Rappaport* weist eine hohe Genauigkeit in Bezug auf die Ermittlung des Unternehmenswerts sowie die Spezifizierung von Werttreibern auf und ermöglicht insoweit die Durchführung einer umfassenden Sensitivitätsanalyse, allerdings um den Preis eines hohen Rechenaufwands.

Durch den Rückgriff auf Vergangenheitsdaten reduziert der CFROI-Ansatz diesen Aufwand und integriert zudem inflationsbedingte Einwirkungen in die Berechnung. Dies geschieht allerdings zu Lasten seiner Prognosekraft.

Dem EVA-Konzept werden durch seine Verständlichkeit Vorteile in Bezug auf ein Value Reporting zugesprochen, es ist jedoch auch am ehesten Manipulationsspielräumen ausgesetzt. Nachfolgende Tabelle bietet einen abschließenden Methodenvergleich.

| ABB. 452: | Vergleich der Konzepte DCF, CFROI und EVA | | |
|---|---|---|---|
| Kriterium | DCF-Konzept | CFROI-Konzept | EVA-Konzept |
| Erfolgsgröße | Betrieblicher Cashflow | Brutto Cashflow | Economic Value Added |
| Kapitalkosten | WACC mit Zielkapitalstruktur und CAPM | Durchschnittliche Kapitalkosten über Aktienportfolio | WACC mit Zielkapitalstruktur und CAPM |
| Aussage | Steigerung des Shareholder Value, wenn UW(t+1) > UW(t) bzw. SVA > 0 | Steigerung des Shareholder Value, wenn CFROI > WACC bzw. CVA > 0 | Steigerung des Shareholder Value, wenn EVA > 0 |
| Einsatzmöglichkeit | Eher im strategischen Management, da langfristig orientiert | Eher im operativen Management, da kurzfristig ausgerichtet | |
| Szenario-Analysen | Gut möglich, da geschlossenes Werttreibersystem | Nur eingeschränkt möglich, da kein geschlossenes Werttreibersystem | |

Quelle: I. A. a. *Gräfer/Ostmeier*, in: BBK 2000, Fach 26, S. 938.

# 6. Literaturhinweise

**BÜCHER**

*Amend, A.*: Prävention von Wirtschaftskriminalität in Unternehmen, Hamburg 2009.

*Amling. T./Bantleon, U.*: Handbuch der Internen Revision: Grundlagen, Standards, Berufsstand, 2. Aufl., Berlin 2014.

*Amling. T./Bantleon, U.*: Praxis der Internen Revision: Management, Methoden, Prüffelder, Berlin 2012.

*Ballwieser, W.*: Unternehmensbewertung: Prozess, Methoden und Probleme, 3. Aufl., Stuttgart 2011.

*Behringer, S.*: Unternehmensbewertung der Mittel- und Kleinbetriebe, 5. Aufl., Berlin 2012.

*Behringer, S.*: Compliance kompakt: Best Practice im Compliance-Management, Berlin 2011.

*Bitz, H.*: Risikomanagement nach KonTraG: Einrichtung von Frühwarnsystemen zur Effizienzsteigerung und zur Vermeidung persönlicher Haftung, Stuttgart 2000.

*Brühwiler, B.*: Risikomanagement als Führungsaufgabe: ISO 31000 mit ONR 49000 wirksam umsetzen, 3. Aufl., Bern/Stuttgart/Wien 2011.

*Brühwiler, B.*: Unternehmensweites Risk Management als Frühwarnsystem: Methoden und Prozesse für die Bewältigung von Geschäftsrisiken in integrierten Managementsystemen, Bern/Stuttgart/Wien 2001.

*Bungartz, O.*: Handbuch Interne Kontrollsysteme (IKS) – Steuerung und Überwachung von Unternehmen, 3. Aufl., Berlin 2012.

*Buth, A. K./Hermanns, M.*: Restrukturierung, Sanierung, Insolvenz, 3. Aufl., München 2008.

*Coenenberg, A. G./Salfeld, R.*: Wertorientierte Unternehmensführung: Vom Strategieentwurf zur Implementierung, 2. Aufl., Stuttgart 2007.

*Copeland, T./Koller, T./Murrin, J.*: Unternehmenswert: Methoden und Strategien für eine wertorientierte Unternehmensführung, 3. Aufl., Frankfurt/New York 2002.

*Diederichs, M.*: Risikomanagement und Risikocontrolling, 2. Aufl., München 2010.

*Dörner, D./Horváth, P./Kagermann, H.* (Hrsg.): Praxis des Risikomanagements: Grundlagen, Kategorien, branchenspezifische und strukturelle Aspekte, Stuttgart 2000.

*Drukarczyk, J./Schüler, A.*: Unternehmensbewertung, 6. Aufl., München 2009.

*Ehrbar, A.*: Economic Value Added, Wiesbaden 1999.

*Ehrmann, H.*: Risikomanagement in Unternehmen: Mit Basel III, 2. Aufl., Ludwigshafen 2012.

*Ehrmann, H.*: Kompakt-Training Risikomanagement – Rating – Basel II, Ludwigshafen 2005.

*Eller, R./Heinrich, M./Perrot, R./Reif, M.* (Hrsg.): Kompaktwissen Risikomanagement, Wiesbaden 2010.

*Ellrott, H./Förschle, G./Hoyos, M./Winkeljohann, N.* (Hrsg.): Beck'scher Bilanz-Kommentar – Handels- und Steuerbilanz, 7. Aufl., München 2010.

*Ernst, D./Schneider, S./Thielen, B.*: Unternehmensbewertungen erstellen und verstehen: Ein Praxisleitfaden, 5. Aufl., München 2012.

*Exler, M. W.*: Controllingorientiertes Finanz- und Rechnungswesen, Herne 2010.

*Exler, M. W.*: MidCap M & A. Management für den Verkauf und die Bewertung von mittelständischen Unternehmen, Herne/Berlin 2006.

*Förschle, G.; Peemöller, V. H.* (Hrsg.): Wirtschaftsprüfung und Interne Revision, Heidelberg 2004.

*Gladen, W.*: Performance Measurement. Controlling mit Kennzahlen, 3. Aufl., Wiesbaden 2005.

*Gleißner, W.*: Grundlagen des Risikomanagements im Unternehmen: Controlling, Unternehmensstrategie und wertorientiertes Management, 2. Aufl., München 2011.

*Götze, U./Henselmann, K./Mikus, B.* (Hrsg.): Risikomanagement, Heidelberg 2001.

*Graeff, P./Schröder, K./Wolf, S.* (Hrsg.): Der Korruptionsfall Siemens: Analysen und praxisnahe Folgerungen des wissenschaftlichen Arbeitskreises von Transparency International Deutschland, Baden-Baden 2009.

*Graumann, M.*: Wirtschaftliches Prüfungswesen, 3. Aufl., Herne 2012.

*Günther, T.*: Unternehmenswertorientiertes Controlling, 2. Aufl., München 2002.

*Henselmann, K./Kniest, W.*: Unternehmensbewertung: Praxisfälle und Lösungen, 4. Aufl., Herne/Berlin 2010.

*Hlavica, C./Klapproth, U./Hülsberg, F.* (Hrsg.): Tax Fraud & Forensic Accounting: Umgang mit Wirtschaftskriminalität, Wiesbaden 2011.

*Hofmann, R.*: Prüfungs-Handbuch: Praxisorientierter Leitfaden einer umfassenden unternehmerischen Überwachungs- und Revisionskonzeption, 5. Aufl., Berlin 2005.

*Hofmann, S.*: Handbuch Anti-Fraud-Management. Bilanzbetrug erkennen – vorbeugen – bekämpfen, Berlin 2008.

*Hommelhoff, P./Hopt, K. J./von Werder, A.* (Hrsg.): Handbuch Corporate Governance: Leitung und Überwachung börsennotierter Unternehmen in der Rechts- und Wirtschaftspraxis, 2. Aufl., Stuttgart 2009.

*Horváth, P. & Partner* (Hrsg.): Früherkennung in der Unternehmenssteuerung, Stuttgart 2000.

*Hüffer, U.*: Aktiengesetz, 10. Aufl., München 2012.

*Institut der Wirtschaftsprüfer* (Hrsg.): WP-Handbuch 2012, 14. Aufl., Düsseldorf 2012.

*Institut der Wirtschaftsprüfer* (Hrsg.): IDW-Rechnungslegungsstandards (RS) und Prüfungsstandards (PS), Düsseldorf (Loseblattausgabe).

*Klinger, M. A./Klinger, O.*: Das interne Kontrollsystem (IKS) im Unternehmen: Praxisbeispiele, Checklisten, Organisationsanweisungen und Muster-Prüfberichte für alle Unternehmensbereiche, 2. Aufl., München 2009.

*Krag, J./Kasperzak, R./Mölls, S.*: Grundzüge der Unternehmensbewertung, 2. Aufl., München 2009.

*Krommes, W.*: Handbuch Jahresabschlussprüfung, 3. Aufl., Wiesbaden 2011.

*Krystek, U.*: Unternehmenskrisen – Beschreibung, Vermeidung und Bewältigung überlebenskritischer Prozesse, Wiesbaden 1987.

*Küting, K.* (Hrsg.): Saarbrücker Handbuch der Betriebswirtschaftlichen Beratung, 4. Aufl., Herne 2008.

*Lang, J./Weidmüller, L./Schaffland, H.-J.* (Hrsg.): Genossenschaftsgesetz – Kommentar, 37. Aufl., Berlin/New York 2011.

*Marten, K.-U./Quick, R./Ruhnke, K.*: Wirtschaftsprüfung: Grundlagen des betriebswirtschaftlichen Prüfungswesens nach nationalen Normen, 4. Aufl., Stuttgart 2011.

*Martin, T. A./Bär, T.*: Grundzüge des Risikomanagements nach KonTraG, München 2002.

*Matschke, M. J./Brösel, G.*: Unternehmensbewertung: Funktionen – Methoden – Grundsätze, 4. Aufl., Wiesbaden 2013.

*Melcher, T.*: Aufdeckung wirtschaftskrimineller Handlungen durch den Abschlussprüfer, Lohmar 2009.

*Niemann, W.*: Jahresabschlussprüfung, 4. Aufl., München 2011.

*Nimwegen, S.*: Vermeidung und Aufdeckung von Fraud, Lohmar 2009.

*Odenthal, R.*: Korruption und Mitarbeiterkriminalität: Wirtschaftskriminalität vorbeugen, erkennen und aufdecken, 2. Aufl., Wiesbaden 2009.

*Peemöller, V. H.* (Hrsg.): Praxishandbuch der Unternehmensbewertung, 5. Aufl., Herne 2012.

*Peemöller, V. H./Hofmann, S.*: Bilanzskandale – Delikte und Gegenmaßnahmen, Berlin 2005.

*Peemöller, V. H./Richter, M.*: Entwicklungstendenzen der Internen Revision: Chancen für die unternehmensinterne Überwachung, 2. Aufl., Berlin 2011.

*Pfitzer, N.* (Hrsg.): Deutscher Corporate Governance Kodex – Ein Handbuch für Entscheidungsträger, 2. Aufl., Stuttgart 2005.

*Potthoff, E./Trescher, K.*: Das Aufsichtsratsmitglied: ein Handbuch der Aufgaben, Rechte und Pflichten, 6. Aufl., Stuttgart 2003.

*Rappaport, A.*: Shareholder Value: Ein Handbuch für Manager und Investoren, 2. Aufl., Stuttgart 1999.

*Ringleb, H. M./Kremer, T./Lutter, M./Werder A. von* (Hrsg.): Kommentar zum Deutschen Corporate Governance Kodex, 4. Aufl., München 2010.

*Röhrich, R.*: Methoden der Korruptionsbekämpfung: Risiken erkennen, Schäden vermeiden, Berlin 2008.

*Romeike, F./Hager, P.*: Erfolgsfaktor Risiko-Management 2.0. Methoden, Beispiele, Checklisten. Praxishandbuch für Industrie und Handel, 2. Aufl., Wiesbaden 2009.

*Schacht, U./Fackler, M.* (Hrsg.): Praxishandbuch Unternehmensbewertung: Grundlagen, Methoden, Fallbeispiele, 2. Aufl., Wiesbaden 2012.

*Schewe, W.*: Unternehmensverfassung: Corporate Governance im Spannungsfeld von Leitung, Kontrolle und Interessenvertretung, 2. Aufl., Berlin 2009.

*Schierenbeck, H.* (Hrsg.): Risk Controlling in der Praxis, 2. Aufl., Stuttgart 2006.

*Schmidlin, N.*: Unternehmensbewertung & Kennzahlenanalyse: Praxisnahe Einführung mit zahlreichen Beispielen börsennotierter Unternehmen, 2. Aufl., München 2013.

*Schmidt, S.*: Handbuch Risikoorientierte Abschlussprüfung, Düsseldorf 2008.

*Schultze, W.*: Methoden der Unternehmensbewertung: Gemeinsamkeiten, Unterschiede, Perspektiven, 2. Aufl., Düsseldorf 2003.

*Stern, J. M./Shiely, J. S./Ross, J.*: Wertorientierte Unternehmensführung mit E(conomic) V(alue) A(dded), Düsseldorf 2002.

*Stewart, G. B.*: The quest for value, New York 1991.

*Theisen, M. R.*: Information und Berichterstattung des Aufsichtsrats, Stuttgart 2007.

*Vanini, U.*: Risikomanagement – Grundlagen, Instrumente, Unternehmenspraxis, Stuttgart 2012.

*Weber, J./König, A.*: Wertorientierte Unternehmenssteuerung: Konzepte – Implementierung – Praxisstatements, Wiesbaden 2012.

*Welge, M. K./Eulerich, M.*: Corporate-Governance-Management: Theorie und Praxis der guten Unternehmensführung, Wiesbaden 2012.

*Werder, A. von* (Hrsg.): German Code of Corporate Governance (GCCG), 2. Aufl., Stuttgart 2001.

*Wolf, K./Runzheimer, B.*: Risikomanagement und KonTraG: Konzeption und Implementierung, 5. Aufl., Wiesbaden 2009.

*Wolke, T.*: Risikomanagement, München/Wien 2008.

## BEITRÄGE IN FACHZEITSCHRIFTEN

*Amling, T./Bantleon, U.*: Interne Revision – Grundlagen und Ansätze zur Beurteilung von deren Wirksamkeit, in: DStR 2008, S. 1300 ff.

*Amling, T./Bischof, S.*: KonTraG und Interne Revision – unter besonderer Berücksichtigung der Internationalisierung des Berufsstandes, in: ZIR 1999, S. 44 ff.

*Ansoff, I.*: Managing Surprise and Discontinuity – Strategic Response to Weak Signals, in: ZfbF 1976, S. 129 ff.

*Arbeitskreis „Externe und interne Überwachung der Unternehmung" der Schmalenbach-Gesellschaft e. V.*: Überwachung der Wirksamkeit des internen Kontrollsystems und des Risikomanagementsystems durch den Prüfungsausschuss – Best Practice, in: DB 2011, S. 2101 ff.

*Arbeitskreis „Externe und interne Überwachung der Unternehmung" der Schmalenbach-Gesellschaft e. V.*: Compliance: 10 Thesen für die Unternehmenspraxis, in: DB 2010, S. 1509 ff.

*Arbeitskreis „Externe und interne Überwachung der Unternehmung" der Schmalenbach-Gesellschaft e. V.*: Aktuelle Herausforderungen im Risikomanagement – Innovationen und Leitlinien, in: DB 2010, S. 1245 ff.

*Arbeitskreis „Externe und interne Überwachung der Unternehmung" der Schmalenbach-Gesellschaft e.V.*: Praktische Empfehlungen für unternehmerisches Entscheiden, in: DB 2006, S. 2189 ff.

*Arbeitskreis „Externe und interne Überwachung der Unternehmung" der Schmalenbach-Gesellschaft e.V.*: Best Practice des Aufsichtsrats der AG – Empfehlungen zur Verbesserung der Effektivität und Effizienz der Aufsichtsratstätigkeit, in: DB 2006, S. 1625 ff.

*Arbeitskreis „Externe und interne Überwachung der Unternehmung der Schmalenbach-Gesellschaft für Betriebswirtschaft e.V.*: Best Practice für die Interne Revision, in: DB 2006, S. 225 ff.

*Arbeitskreis „Externe und interne Überwachung der Unternehmung" der Schmalenbach-Gesellschaft e.V.*: Probleme der Prognoseprüfung, in: DB 2003, S. 105 ff.

*Arbeitskreis „Externe und interne Überwachung der Unternehmung" der Schmalenbach-Gesellschaft e.V.*: Auswirkungen des KonTraG auf die Unternehmensüberwachung, in: DB 2000, Beilage 11 zu Heft 37, S. 1 ff.

*Arbeitskreis „Externe und interne Überwachung der Unternehmung" der Schmalenbach-Gesellschaft e.V.*: Prüfungsausschüsse in deutschen Aktiengesellschaften, in: DB 2000, S. 2281 ff.

*Arbeitskreis „Externe Unternehmensrechnung" der Schmalenbach-Gesellschaft e.V.*: Externe Corporate Governance-Berichterstattung, in: DB 2006, S. 1069 ff.

*Arbeitskreis „Wertorientierte Führung in mittelständischen Unternehmung" der Schmalenbach-Gesellschaft e.V.*: Gestaltung wertorientierter Vergütungssysteme für mittelständische Unternehmen, in: BB 2006, S. 2066 ff.

*Arnold, U.*: Strategische Unternehmensführung und das Konzept der schwachen Signale, in: WiSt 1981, S. 290 ff.

*Baetge, J./Schulze, D.*: Möglichkeiten der Objektivierung der Lageberichterstattung über „Risiken der künftigen Entwicklung", in: DB 1998, S. 937 ff.

*Ballwieser, W.*: Wertorientierte Unternehmensführung – Grundlagen, in: ZfbF-Kontaktstudium 2000, S. 160 ff.

*Bantleon, U./Siebert, J.*: Auswirkungen der Business Judgement Rule auf die Organisation der Entscheidungsprozesse und auf die Interne Revision, in: ZIR 2007, S. 190 ff. und 242 ff.

*Bantleon, U./Thomann, D.*: Grundlegendes zum Thema „Fraud" und dessen Vorbeugung, in: DStR 2006, S. 1714 ff.;

*Bassen, A./Pupke, D./Zöllner, C.*: Corporate Governance Rating auf Basis der DVFA-Scorecard, in: FinanzBetrieb 2006, S. 551 ff.

*Baumöl, U.*: Compliance, in: Controlling 2009, S. 106 ff.

*Bea, F. X./Haas, J.*: Möglichkeiten und Grenzen der Früherkennung von Unternehmenskrisen, in: WiSt 1994, S. 486 ff.

*Bea, F. X./Kötzle, A.*: Ursachen von Unternehmenskrisen und Maßnahmen zur Krisenvermeidung, in: DB 1983, S. 565 ff.

*Becker, B./Janker, B./Müller, S.*: Die Optimierung des Risikomanagements als Chance für den Mittelstand, in: DStR 2004, S. 1578 ff.

*Becker, J./Köster, C./Ribbert, M.*: Geschäftsprozessorientiertes Risikomanagement, in: Controlling 2005, S. 709 ff.

*Behre, W./Nöcker, G.*: Risikomanagement nach KonTraG, in: BBK 2000, Fach 28, S. 1229 ff.

*Bergmoser, U.*: Integration von Compliance-Management-Systemen, in: BB 2010, Special 4/2010 zu Heft 50, S. 2 ff.

*Bergmoser, U./Theusinger, I./Gushurst, K.-P.*: Corporate Compliance – Grundlagen und Umsetzung, in: BB 2008, Special 5/2008 zu Heft 25, S. 1 ff.

*Berndt, T./Jeker, M.*: Fraud detection im Rahmen der Abschlussprüfung, in: BB 2007, S. 2615 ff.

*Berliner Initiativkreis German Code of Corporate Governance*: German Code of Corporate Governance (GCCG), in: DB 2000, S. 1573 ff.

*Bihr, D./Kalinowsky, M.*: Risikofrüherkennungssystem bei nicht börsennotierten Aktiengesellschaften – Haftungsfalle für Vorstand, Aufsichtsrat und Wirtschaftsprüfer, in: DStR 2008, S. 620 ff.

*Boecker, C./Zwirner, C.*: Risiko Accounting Fraud, in: BC 2010, S. 496 ff.

*Bolsenkötter, H.*: Die Prüfung der Ordnungsmäßigkeit der Geschäftsführung, in: Wysocki, K. von; Schulze-Osterloh, J. (Hrsg.): Handbuch des Jahresabschlusses in Einzeldarstellungen, Abteilung VI/8, Köln 2002 (Loseblattausgabe)

*Brühwiler, B.*: Methoden der Risikoanalyse, in: Management-Zeitschrift io 1983, S. 257 ff.

*Brühwiler, B.*: Risikomanagement, in: Management-Zeitschrift io 1979, S. 353 ff.

*Bruse, H.*: Das Unternehmensrisiko – Eine theoretische und empirische Untersuchung, in: ZfB 1984, S. 964 ff.

*Burger, A./Buchhart, A.*: Zur Berücksichtigung von Risiko in der strategischen Unternehmensführung, in: DB 2002, S. 593 ff.

*Depré, P.*: Aufbau einer unternehmensspezifischen Compliance, in: KSI 2010, S. 197 ff.

*Diederichs, M.*: Der Risikomanager – Aufgaben, Anforderungen, Kompetenzen, in: Controlling 2013, S. 4 ff.

*Diehl, C.-U.*: Risikoorientierte Abschlussprüfung – Gedanken zur Umsetzung in die Praxis, in: DStR 1993, S. 1114 ff.

*Dobler, M.*: Ausbau des Risikomanagement- und Compliance-Systems in besonders schwierigem Unternehmensumfeld, in: KSI 2011, S. 64 ff.

*Dobler, M.*: Zur Verbindung von Risikomanagement und Risikopublizität, in: ZfCM 2005, S. 144 ff.

*Dobler, M.*: Die Prüfung des Risikofrüherkennungssystems gem. § 317 Abs. 4 HGB – Kritische Analyse und empirischer Befund, in: DStR 2001, S. 2086 ff.

*Dobler, M./Lambert, A.*: Compliance Management in mittelständischen Unternehmen, in: KSI 2010, S. 202 ff.

*Dörner, D.*: Zusammenarbeit von Aufsichtsrat und Wirtschaftsprüfer im Lichte des KonTraG – Schlüssel zur Verbesserung der Corporate Governance, in: DB 2000, S. 101 ff.

*Dörner, D./Bischof, S.*: Zweifelsfragen zur Berichterstattung über die Risiken der künftigen Entwicklung im Lagebericht, in: WPg 1999, S. 445 ff.;

*Dörner, D./Oser, P.*: Erfüllen Aufsichtsrat und Wirtschaftsprüfer ihre Aufgaben? – Zugleich ein Plädoyer für eine bessere Zusammenarbeit von Aufsichtsrat und Wirtschaftsprüfern, in: DB 1995, S. 1085 ff.

*Doll, R.-P./Pinzinger, P.*: Das Risiko als Prüfungsmaßstab und seine Anwendung in der Praxis, in: BC 2007, S. 70 ff.

*Eibelshäuser, M.*: Aufsichtsrat und Abschlussprüfer – Kann die erweiterte Prüfung und Berichterstattung des Abschlussprüfers nach § 53 HGrG zu einer Verbesserung der Aufsichtsratsinformation beitragen?, in: WPK-Mitt. 1997, S. 166 ff.

*Eisolt, D.*: Prüfung von Compliance Management Systemen: erste Überlegungen zu IDW EPS 980, in: BB 2010, S. 1843 ff.

*Eggemann, G.*: Risikomanagement nach KonTraG aus dem Blickwinkel des Wirtschaftsprüfers, in: BB 2000, S. 503 ff.

*Eggloff, F./Heß, A.*: Aufbau und Aufgaben der Internen Revision, in: BBK 1997, Fach 28, S. 1037 ff.

*Erichsen, J.*: Das EVA-Konzept als Maßstab für den „Mehrwert", in: BBB 2006, S. 131 ff.

*Erichsen, J.*: Unterstützung der strategischen Unternehmensplanung mit Hilfe der Szenariotechnik, in: BBK 2002, Fach 26, S. 1015 ff.

*Ergün, I./Müller, S.*: Einbindung des Risikomanagements in die Corporate Governance. Transparenz der Berichterstattung zum Risikomanagementsystem, in: Controlling 2013, S. 18 ff.

*Ergün, I./Müller, S./Panzer, L.*: Corporate Governance und Controlling, in: Controlling 2013, S. 315 ff.

*Exler, M. W.*: Unternehmensführung mit Hilfe von Cashflows, in: BBB 2008, S. 376 ff.

*Exler, M. W.*: Multiplikatorenmethode – Die „Praktikerformel" für die Bewertung vom KMU, in: BBB 2007, S. 43 ff.

*Exler, M. W.*: Die Discounted Cashflow-Methode – „State of the Art" innerhalb der Beratungspraxis, in: BBB 2007, S. 87 ff.

*Färber, N./Wagner, T. M.*: Adaption des internen Kontrollsystems an die Anforderungen des Sarbanes-Oxley-Acts, in: Controlling 2005, S. 155 ff.

*Faißt, B.*: Die Bedeutung des Risikomanagements für das Controlling, in: krp-Sonderheft 1/2002, S. 33 ff.

*Finsterer, H.*: Bedeutung der Internen Revision im zu sanierenden Unternehmen, in: BBK 1999, Fach 28, S. 1187 ff.

*Fischer, T. M./Rödl, K.*: Value Added Reporting, in: Controlling 2005, S. 23 ff.

*Füser, W./Gleißner, W./Meier, G.*: Risikomanagement (KonTraG) – Erfahrungen aus der Praxis, in: DB 1999, S. 753 ff.

*Gampenrieder, P./Greiner, M.*: Risikomanagement als gesetzliche Forderung an mittelständische Unternehmen, in: krp 2002, S. 283 ff.

*Giese, R.*: Die Prüfung des Risikomanagementsystems einer Unternehmung durch den Abschlussprüfer gem. KonTraG, in: WPg 1998, S. 451 ff.

*Glaum, M./Thomaschewski, D./Weber, S.*: Die Vorschriften zur Einrichtung und Dokumentation eines internen Kontrollsystems nach Section 404 Sarbanes-Oxley-Act: Umsetzung durch deutsche Unternehmen, in: KoR 2006, S. 206 ff.

*Gleißner, W.*: Die Aggregation von Risiken im Kontext der Unternehmensplanung, in: ZfCM 2005, S. 350 ff.

*Gleißner, W./Füser, K.*: Moderne Frühwarn- und Prognoseinstrumente für Unternehmensplanung und Risikomanagement, in: DB 2000, S. 933 ff.

*Gnändiger, J.-H.*: Risikomanagementsystem, Internes Kontrollsystem & Compliance Managementsystem – Grundlagen und Ausgestaltung, in: StuB 2013, S. 182 ff.

*Görtz, B.*: Prüfung von Compliance Management Systemen – Anwendung und Erfahrungen mit IDW PS 980, in: BB 2012, S. 178 ff.

*Götze, U./Glaser, K.*: Economic Value Added als Instrument einer wertorientierten Unternehmensführung, in: krp-Sonderheft 1/2001, S. 31 ff.

*Gräfer, H./Ostmeier, V.*: Discounted Cash-flow, Cash-flow Return on Investment und Economic Value Added als Instrumente der wertorientierten Unternehmenssteuerung, in: BBK 2000, Fach 26, S. 923 ff.

*Gräfer, H./Ostmeier, V.*: Der Discounted Cash-flow als Instrument der Unternehmensbewertung, in: BBK 2000, Fach 28, S. 1241 ff.

*Graumann, M.*: Risikomanagement und Frühaufklärung, in: Brecht, U. (Hrsg.): Neue Entwicklungen im Rechnungswesen, Wiesbaden 2005, S. 1 ff.

*Graumann, M.*: Die Beurteilung der Geschäftsführungsorganisation – Kriterien zur Verbesserung des Ratings und zum Aufbau eines Frühwarnsystems, in: BBB 2005, S. 93 ff.

*Graumann, M.*: Die Beurteilung der Geschäftsführungsinstrumente – Kriterien zur Verbesserung des Ratings und zum Aufbau eines Frühwarnsystems, in: BBB 2005, S. 119 ff.

*Graumann, M.*: Die künftige Rolle des Wirtschaftsprüfers im Rahmen der Corporate Governance, in: StuB 2002, S. 436 ff.

*Graumann, M.*: Die Abschlußprüfung nach KonTraG, in: WISU 1998, S. 665 ff.

*Graumann, M./Külshammer, R.*: Zweifelsfragen der Darstellung der Risiken im Lagebericht, in: BBK 2002, Fach 12, S. 6567 ff.

*Günther, T.*: Wertorientierte Kennzahlen zur Steuerung mittelständischer Unternehmen, in: krp-Sonderheft 1/2002, S. 89 ff.

*Günther, T./Beyer, D.*: Value Based Reporting – Entwicklungspotentiale der externen Unternehmensberichterstattung, in: BB 2001, S. 1623 ff.

*Hachmeister, D.*: Methoden der Unternehmensbewertung im Überblick, in: ZfCM 2009, Sonderheft 1, S. 64 ff.

*Hachmeister, D.*: Die gewandelte Rolle des Wirtschaftsprüfers als Partner des Aufsichtsrats nach den Vorschriften des KonTraG, in: DStR 1999, S. 1453 ff.

*Hahn, D.*: Risiko-Management – Stand und Entwicklungstendenzen, in: ZfO 1987, S. 137 ff.

*Hahn, D./Krystek, U.*: Betriebliche und überbetriebliche Frühwarnsysteme für die Industrie, in: ZfbF 1979, S. 76 ff.

*Hahn, K./Weber, S. C./Friedrich, J.*: Ausgestaltung des Risikomanagementsystems in mittelständischen Unternehmen, in: BB 2000, S. 2620 ff.

*Hake, B.*: Der BERI-Index – ein Frühwarnsystem für Auslandsinvestoren, in: Management-Zeitschrift io 1979, S. 281 ff.

*Hampel, V./Lueger, M./Roth, U.*: Risikocontrolling aus der Sicht des Abschlussprüfers, in: ZfCM 2004, Sonderheft 3, S. 108 ff.

*Happ, D./Pott, C.*: Auswirkungen des Sarbanes-Oxley-Act Section 404: Kosten und Nutzen für europäische Unternehmen, in: KoR 2007, S. 666 ff.

*Heese, K./Peemöller, V. H.*: Zusammenarbeit zwischen Interner Revision und Abschlussprüfern, in: BB 2007, S. 1378 ff.

*Heese, K.*: Der risiko-, prozess- und systemorientierte Prüfungsansatz, in: WPg-Sonderheft 2003, S. 223 ff.

*Heinzelbecker, K.*: Zukunfts-Controlling mit Trendforschung und Szenarien, in: ZfCM 2007, Sonderheft 2, S. 60 ff.

*Heising, U.*: Wertorientiertes Investitionscontrolling bei Lufthansa, in: krp-Sonderheft 2/2002, S. 31 ff.

*Henschel, T.*: Empirische Untersuchungen zum Risikomanagement im Mittelstand, in: BBK 2003, Fach 26, S. 1119 ff.

*Hermes, M./Weiland, H.*: Gestaltung von Risikomanagementsystemen im Mittelstand, in: KSI 2007, S. 61 ff.

*Hirsekorn, S./Heinicke, R./Kirstan, T.*: Aufbau und Prüfung eines Compliance Management Systems und die Rolle des Controllings hierbei, in: Controlling 2010, S. 598 ff.

*Hochstein, D./Penger, C.*: Auswirkungen des BilMoG auf Kennzahlen der wertorientierten Steuerung, in: Controlling 2011, S. 125 ff.

*Hoitsch, H.-J./Winter, P./Bächle, R.*: Risikokultur und risikopolitische Grundsätze: Strukturierungsvorschläge und empirische Ergebnisse, in: ZfCM 2005, S. 125 ff.

*Holst, J./Holtkamp, W.*: Risikoquantifizierung und Frühwarnsystem auf Basis der Value-at-Risk-Konzeption, in: BB 2000, S. 815 ff.

*Horvath, P.*: Anforderungen an ein modernes Internes Kontrollsystem, in: WPg-Sonderheft 2003, S. 211 ff.

*Hucke, A./Ammann, H.*: Der Entwurf des Transparenz- und Publizitätsgesetzes – ein weiterer Schritt zur Modernisierung des Unternehmensrechts, in: DStR 2002, S. 689 ff.

*Hütten, C.*: Unternehmenseigener Corporate-Governance-Kodex – Zulässigkeit und Sinnhaftigkeit in Zeiten von TransPuG und Deutschem Kodex, in: BB 2002, S. 1740 ff.

*Huth, M.-A.*: Grundsätze ordnungsmäßiger Risikoüberwachung, in: BB 2007, S. 2167 ff.

*IIR-Arbeitskreis „Interne Revision in der Versicherungswirtschaft"*: Konzept für den Aufbau eines Risikomanagementsystems (RMS) unter Berücksichtigung der Anforderungen durch das KonTraG, in: ZIR 1999, S. 185 ff.

*Kaiser, K.*: Erweiterung der zukunftsorientierten Lageberichterstattung: Folgen des Bilanzrechtsreformgesetzes für Unternehmen, in: DB 2005, S. 345 ff.

*Kajüter, P.*: Berichterstattung über Chancen und Risiken im Lagebericht, in: BB 2004, S. 427 ff.

*Kajüter, P.*: Prüfung der Risikoberichterstattung im Lagebericht, in: BB 2002, S. 243 ff.

*Kanthak, K./Lüers, M./Zirkler, B.*: Kostentreibersysteme für das Wertmanagement, in: BBK 2004, Fach 26, S. 1223 ff.

*Keiluweit, A.*: Die aktuellen Änderungen des Deutschen Corporate Governance Kodex, in: DStR 2010, S. 2251 ff.

*Keller, B./Plack, A.*: Economic Value Added (EVA) als Unternehmenssteuerungs- und -bewertungsmethode, in: krp 2001, S. 347 ff.

*Kirsch, H.-J.*: Vom Bilanzrichtlinien-Gesetz zum Transparenz- und Publizitätsgesetz – die Entwicklung der deutschen Bilanzierungsnormen in den vergangenen 20 Jahren, in: WPg 2002, S. 743 ff.

*Kirsch, H.-J./Scheele, A.*: Neugestaltung von Prognose- und Risikoberichterstattung im Lagebericht durch das Bilanzrechtsreformgesetz, in: WPg 2005, S. 1149 ff.

*Klausmann, W.*: Betriebliche Frühwarnsysteme im Wandel, in: ZfO 1983, S. 39 ff.

*Kless, T.*: Beherrschung der Unternehmensrisiken: Aufgaben und Prozesse eines Risikomanagements, in: DStR 1998, S. 93 ff.

*Klöbb, M.*: Das interne Kontrollsystem im Rahmen der Jahresabschlussprüfung: IDW PS 260 versus ISA 400, in: DStR 2002, S. 415 ff.

*Knabe, S./Mika, S./Müller, K.-R./Rätsch, G./Schruff, W.*: Zur Berücksichtigung des fraud-Risikos im Rahmen der Abschlussprüfung, in: WPg 2004, S. 1057 ff.

*Koch, H.*: Strategische Unternehmensplanung und Risiko, in: ZfB 1978, S. 1033 ff.

*Köglmayr, H. G.*: Erfassung und Handhabung von Länderrisiken, in: WiSt 1986, S. 211 ff.

*Krey, S.*: Qualitätssicherung in der Internen Revision, in: DB 2001, S. 2460 ff.

*Krieg, W.*: Risikobewältigung, in: Management-Zeitschrift io 1978, S. 533 ff.

*Kriete, T./Padberg, T./Werner, T.*: Quantitative Risikoberichterstattung in Industrieunternehmen, in: BBK 2003, Fach 12, S. 6655 ff.

*Kriete, T./Padberg, T./Werner, T.*: Zur Verbreitung und Objektivierung von „Earnings-before"-Kennzahlen in Europa, in: BBK 2003, Fach 19, S. 495 ff.

*Kriete, T./Padberg, T./Werner, T.*: EBIT – eine „neue" Kennzahl in Jahresabschluss und -abschlussanalyse, in: StuB 2002, S. 1090 ff.

*Kromschröder, B./Lück, W.*: Grundsätze risikoorientierter Unternehmensüberwachung, in: DB 1998, S. 1573 ff.

*Krystek, U.*: Strategische Frühaufklärung, in: ZfCM 2007, Sonderheft 2, S. 50 ff.

*Kümpel, K./Oldewurtel, C./Wolz, M.*: Die Aufdeckung von fraud im Fokus des Wirtschaftsprüfers, in: StuB 2011, S. 406 ff.

*Küting, K./Boecker, C.*: Zur Rollenverteilung der externen Abschlussprüfung und Internen Revision als Komponenten der Corporate Governance, in: DB 2008, S. 1581 ff.

*Küting, K./Heiden, M.*: Zur Systematisierung von Pro-forma-Kennzahlen, in: DStR 2003, S. 1544 ff.

*Küting, K./Heiden, M.*: Pro-forma-Ergebnisse in deutschen Geschäftsberichten, in: StuB 2002, S. 1085 ff.

*Küting, K./Heiden, M./Lorson, P.*: Neuere Ansätze der Bilanzanalyse – Externe unternehmenswertorientierte Performancemessung, in: BBK 2000, Beilage zu Heft 1, S. 1 ff.

*Küttenbaum, V.*: Neue Produkte bringen neue Risiken – so können wir uns absichern, in: Management-Zeitschrift io 1979, S. 289 ff.

*Kunowski, S.*: Änderung des IDW-Standards zu den Grundsätzen zur Durchführung von Unternehmensbewertungen, in: DStR 2005, S. 569 ff.

*Kupsch, P.U.*: Risiken als Gegenstand der Unternehmenspolitik, in: WiSt 1975, S. 153 ff.

*Lachnit, L./Müller, S.*: Probleme bei der wertorientierten Performancedarstellung von Unternehmen, in: DB 2002, S. 2553 ff.

*Lange, K.W.*: Risikoberichterstattung nach KonTraG und KapCoRiLiG, in: DStR 2001, S. 227 ff.

*Langenbeck, J.*: Qualität im Rechnungswesen, in: BBK 1998, Fach 21, S. 6085 ff.

*Langenbeck, J.*: Einrichtung eines Früherkennungssystems, in: BBK 1998, Fach 26, S. 811 ff.

*Lechner, S.*: Vermeidung und Aufdeckung von „Top Management Fraud" durch das unternehmerische Überwachungssystem, in: DStR 2006, S. 1854 ff.

*Lengerke, K.*: Die Prüfungspflicht des Abschlussprüfers nach § 317 Abs. 4 HGB, in: WPK-Mitteilungen 2002, S. 96 ff.

*Loitz, R.*: Die Prüfung der Geschäftsführung auf dem Prüfstand, in: BB 1997, S. 1835 ff.

*Lorson, P.*: Shareholder Value-Ansätze, in: DB 1999, S. 1329 ff.

*Lück, W.*: Managementrisiken im Risikomanagementsystem, in: DB 2000, S. 1473 ff.

*Lück, W.*: Der Umgang mit unternehmerischen Risiken durch ein Risikomanagementsystem und durch ein Überwachungssystem, in: DB 1998, S. 1925 ff.

*Lück, W.*: Elemente eines Risiko-Managementsystems – Die Notwendigkeit eines Risiko-Managementsystems durch den Entwurf eines Gesetzes zur Kontrolle und Transparenz im Unternehmensbereich (KonTraG), in: DB 1998, S. 8 ff.

*Männel, W.*: Rentabilitätskalküle und Rentabilitätsmaße, in: krp-Sonderheft 1/2001, S. 5 ff.

*Männel, W.*: Der Cash Flow Return on Investment (CFROI) als Instrument des wertorientierten Controlling, in: krp-Sonderheft 1/2001, S. 39 ff.

*May, P./Koeberle-Schmid, A.*: Governance Kodex als Leitlinie für die verantwortungsvolle Führung von Familienunternehmen, in: DB 2011, S. 485 ff.

*Menden, B./Kralisch, R.*: SOX-Compliance Reloaded – außer Spesen nichts gewesen?, in: ZfCM 2008, S. 235 ff.

*Meyer, C.*: Gesetz zur weiteren Reform des Aktien- und Bilanzrechts, zu Transparenz und Publizität (TransPuG), in: BBK 2002, Fach 15, S. 1321 ff.

*Mochty, L./Gorny, C.*: Anforderungen an die externe und interne Überwachung in Zeiten organisatorischen Wandels, in: WPg 2001, S. 537 ff.

*Naumann, K.-P./Tielmann, S.*: Die Anwendung der IAS im Kontext der deutschen Corporate Governance, in: WPg 2001, S. 1445 ff.

*Odenwald, G.*: Die Prüfung der wirtschaftlichen Verhältnisse, in: BBK 1998, Fach 28, S. 1147 ff.

*Odenwald, G.*: Die Prüfung der Ordnungsmäßigkeit der Geschäftsführung, in: BBK 1998, Fach 28, S. 1163 ff.

*Palsherm, I./Seiler, S.*: Implementierung eines betriebswirtschaftlichen Risikofrüherkennungs- und Überwachungssystems – Grundlagen und Praxisstudie, in: KSI 2010, S. 29 ff.

*Pape, U.*: Theoretische Grundlagen und praktische Umsetzung wertorientierter Unternehmensführung, in: BB 2000, S. 711 ff.

*Pedell, B.*: Risikointerdependenzen als Ansatzpunkt für Aufgaben und Instrumente des Risikocontrolling, in: ZfCM 2004, Sonderheft 3, S. 4 ff.

*Peemöller, V. H.*: Typische Felder von Bilanzdelikten, in: BBK 2009, S. 1211 ff.

*Peemöller, V. H.*: Ertragswert- und DCF-Verfahren, in: BBB 2006, S. 286 ff.

*Peemöller, V. H.*: Qualitätssicherung der Internen Revision, in: BB 2001, S. 1347 ff.

*Peemöller, V. H./Finsterer, H.*: Weiterentwicklung der Grundsätze der Internen Revision (GIR), in: BBK 1998, Fach 28, S. 1107 ff.

*Peemöller, V. H./Finsterer, H./Mahler, T.*: Verbesserung der Unternehmensüberwachung durch den „Management Letter", in: DB 1999, S. 1565 ff.

*Peemöller, V. H./Finsterer, H./Weller, H.*: Vergleich von handelsrechtlichem und genossenschaftlichem Prüfungswesen, in: WPg 1999, S. 345 ff.

*Peemöller, V. H./Geiger, T.*: Maßnahmen zur Effizienzsteigerung in der Internen Revision, in: BBK 1998, Fach 28, S. 1089 ff.

*Peemöller, V. H./Husmann, R.*: Neue Ansätze für das Management Auditing durch die Interne Revision, in: BBK 1998, Fach 28, S. 1061 ff.

*Peemöller, V. H./Kunowski, S.*: Entwicklungsperspektiven der Internen Revision, in: BBK 1997, Fach 28, S. 1053 ff.

*Pellens, B./Hillebrandt, F./Ulmer, B.*: Umsetzung von Corporate-Governance-Richtlinien in der Praxis, in: BB 2001, S. 1243 ff.

*Pfitzer, N./Oser, P./Orth, C.*: Zur Reform des Aktienrechts, der Rechnungslegung und Prüfung durch das TransPuG – Darstellung und kritische Würdigung des Referentenentwurfs vom 26. 11. 2001, in: DB 2002, S. 157 ff.

*Pielasch, M.*: Erkennung und Bewältigung geschäftsschädigender Handlungen in Wirtschaftsunternehmen, in: ZIR 2001, S. 58 ff.

*Pohle, K./Werder, A. von*: Leitfaden „Best Practice" von Bilanzprüfungsausschüssen (Audit Committees), in: DB 2005, S. 237 ff.

*Pohle, K./Werder, A. von*: Die Einschätzung der Kernthesen des German Code of Corporate Governance (GCCG) durch die Praxis – Ergebnisse einer Befragung der DAX 100-Unternehmen, in: DB 2001, S. 1101 ff.

*Pollanz, M.*: Offene Fragen der Prüfung von Risikomanagementsystemen nach KonTraG, in: DB 2001, S. 1317 ff.

*Pollanz, M.*: Konzeptionelle Überlegungen zur Einrichtung und Prüfung eines Risikomanagementsystems – Droht eine Mega-Erwartungslücke?, in: DB 1999, S. 393 ff.

*Rabenhorst, D.*: Neue Anforderungen an die Berichterstattung des Abschlussprüfers durch das TransPuG, in: DStR 2003, S. 436 ff.

*Reiners, F.*: Einflüsse der wertorientierten Unternehmensrechnung auf die Ermittlung kalkulatorischer Zinsen in der Kostenrechnung, in: krp-Sonderheft 1/2001, S. 23 ff.

*Rieser, I.*: Frühwarnsysteme, in: Die Unternehmung 1978, S. 51 ff.

*Rosenzweig, J.*: Strategische Frühwarnung: Umfeldveränderungen rechtzeitig erkennen und nutzen, in: KSI 2008, S. 12 ff.

*Roth, H.-P.*: Der Schutz von Hinweisgebern – „Whistleblowing", Compliance und Korruptionsbekämpfung, in: ZIR 2012, S. 3 ff.

*Ruhnke, K.*: Unternehmensbewertung und -preisfindung, in: BBK 2002, Fach 28, S. 1269 ff.

*Ruhnke, K.*: Geschäftsrisikoorientierte Abschlussprüfung – Revolution im Prüfungswesen oder Weiterentwicklung des risikoorientierten Prüfungsansatzes?, in: DB 2002, S. 437 ff.

*Ruhnke, K./Michel, M.*: Geschäftsrisikoorientierte Aufdeckung von Fraud nach internationalen Prüfungsnormen, in: BB 2010, S. 3074 ff.

*Ruhnke, K./Schwind, J.*: Aufdeckung von fraud im Rahmen der Jahresabschlussprüfung, in: StuB 2006, S. 731 ff.

*Schaffner, P./Mayer-Uellner, R.*: Notwendigkeit, Konzeption und Elemente eines effektiven Compliance-Systems, in: Controlling 2010, S. 611 ff.

*Schartmann, B./Büchner, F.*: Interne Revision heute – ein Eckpfeiler für mehr Compliance, in: Controlling 2010, S. 605 ff.

*Scheffler, E.*: Corporate Governance – Auswirkungen auf den Wirtschaftsprüfer, in: WPg 2005, S. 477 ff.

*Scheffler, E.*: Die Berichterstattung des Abschlussprüfers aus der Sicht des Aufsichtsrates, in: WPg 2002, S. 1289 ff.

*Scheffler, E.*: Zum Rollenverständnis der Aufsichtsräte, in: DB 2000, S. 433 ff.

*Schindler, J./Rabenhorst, D.*: Auswirkungen des KonTraG auf die Abschlussprüfung, in: BB 1998, S. 1886 ff. und S. 1939 ff.

*Schmidbauer, R.*: Das EVA-Konzept: Attraktiv oder hässlich im Sinne einer unternehmenswertorientierten Unternehmenssteuerung?, in: DStR 2003, S. 1408 ff.

*Schmittmann, J. M.*: Änderungen des Deutschen Corporate Governance Kodex, in: StuB 2012, S. 752 ff.

*Schneider, T.*: Vermeidung unternehmensschädigender Handlungen – Möglichkeiten des Rechnungswesens, in: BC 2010, S. 500 ff.

*Schoberth, J./Servatius, H.-G./Thees, A.*: Anforderungen an die Gestaltung von Internen Kontrollsystemen, in: BB 2006, S. 2571 ff.

*Schruff, W.*: Neue Ansätze zur Aufdeckung von Gesetzesverstößen der Unternehmensorgane im Rahmen der Abschlussprüfung, in: WPg 2005, S. 207 ff.

*Schwager, E.*: Dolose Handlungen als Krisenursachen in KMU – Aufarbeitung und Krisenbewältigung, in: KSI 2008, S. 258 ff. und KSI 2009, S. 9 ff.

*Solfrian, G./Willeke, C.*: Zur Aufdeckung von Unregelmäßigkeiten im Rahmen der Abschlussprüfung – der IDW EPS 210, in: StuB 2002, S. 1109 ff.

*Strenger, C.*: Corporate Governance: Entwicklung in Deutschland und internationale Konvergenz, in: DStR 2001, S. 2225 ff.

*Tanski, J.*: Aktuelle Entwicklungen von Corporate Governance und Interner Revision – eine Analyse zur Zeit nach Enron und WorldCom, in: ZIR 2003, S. 90 ff.

*Tanski, J.*: WorldCom: Eine Erläuterung zu Rechnungslegung und Corporate Governance, in: DStR 2002, S. 2003 ff.

*Theisen, M. R.*: Risikomanagement als Herausforderung für die Corporate Governance, in: BB 2003, S. 1426 ff.

*Thurow, C.*: Key Risk Indicator (KRI) – Frühwarninstrument für eine zeitnahe Überwachung betrieblicher Prozesse, in: BC 2011, S. 348 ff.

*Trapp, R.*: Economic Value Added, in: Controlling 2011, S. 115 ff.

*Troßmann, E./Baumeister, A.*: Risikocontrolling in kleinen und mittleren Unternehmungen mit Auftragsfertigung, in: ZfCM 2004, Sonderheft 3, S. 74 ff.

*Vogler, M./Engelhard, S./Gundert, M.*: Risikomanagementsysteme – Stand der Umsetzung, in: DB 2000, S. 1425 ff.

*Vogler, M./Gundert, M.*: Einführung von Risikomanagementsystemen – Hinweise zur praktischen Ausgestaltung, in: DB 1998, S. 2377 ff.

*Volk, G.*: EBITDA: Das Gute, das Schlechte und das Hässliche, in: StuB 2003, S. 503 ff.

*Volk, G.*: Deutsche Corporate Governance-Konzepte, in: DStR 2001, S. 412 ff.

*Wall, F.*: Funktionen des Controllings im Rahmen der Corporate Governance, in: ZfCM 2008, S. 228 ff.

*Wall, F.*: Kompatibilität des betriebswirtschaftlichen Risikomanagement mit den gesetzlichen Anforderungen?, in: WPg 2003, S. 457 ff.

*Warncke, M.*: Zusammenarbeit von Interner Revision und Prüfungsausschuss, in: ZIR 2005, S. 182 ff.

*Weber, C.-P.*: Risikoberichterstattung nach dem E-DRS 5, in: BB 2001, S. 140 ff.

*Weber, J./Weißenberger, B. E./Liekweg, A.*: Ausgestaltung eines unternehmerischen Chancen- und Risikomanagements nach KonTraG, in: DStR 1999, S. 1710 ff.

*Weidemann, M./Wieben, H.-J.*: Zur Zertifizierbarkeit von Risikomanagement-Systemen, in: DB 2001, S. 1789 ff.

*Welge, M. K./Eulerich, M.*: Die Szenario-Technik als Planungsinstrument in der strategischen Unternehmenssteuerung, in: Controlling 2007, S. 69 ff.

*Wente, M.*: Prüfung von Compliance Management-Systemen, in: StuB 2011, S. 603 ff.

*Wenzel, K./Hoffmann, A.*: Unternehmensbewertung nach IDW ES 1 i. d. F. 2007 (Entwurfsfassung), in: BBK 2008, Fach 28, S. 1463 ff.

*Wenzel, K./Hoffmann, A.*: Unternehmensbewertung nach IDW S 1 (neue Fassung), in: BBK 2006, Fach 28, S. 1327 ff.

*Werder, A. von*: Der Deutsche Corporate Governance Kodex – Grundlagen und Einzelbestimmungen, in: DB 2002, S. 801 ff.

*Werder, A. von*: Grundsätze ordnungsgemäßer Unternehmensleitung in der Arbeit des Aufsichtsrats, in: DB 1999, S. 2221 ff.

*Werder, A. von/Bartz, J.*: Corporate Governance Report 2013: Abweichungskultur und Unabhängigkeit im Lichte der Akzeptanz und Anwendung des aktuellen DCGK, in: DB 2013, S. 885 ff.

*Werder, A. von/Bartz, J.*: Corporate Governance Report 2012: Kodexregime und Kodexinhalt im Urteil der Praxis, in: DB 2012, S. 869 ff.

*Werder, A. von/Böhme, J.*: Corporate Governance Report 2011, in: DB 2011, S. 1285 ff. und 1345 ff.

*Werder, A. von/Maly, W./Pohle, K./Wolff, G.*: Grundsätze ordnungsmäßiger Unternehmensleitung (GoU) im Urteil der Praxis – Ergebnisse einer Erhebung bei deutschen Top-Managern, in: DB 1998, S. 1193 ff.

*Werder, A. von/Wieczorek, B. J.*: Anforderungen an Aufsichtsratsmitglieder und ihre Nominierung, in: DB 2007, S. 297 ff.

*Wiechers, K.*: Das interne Kontrollsystem als Gegenstand der Abschlussprüfung, in: BBK 2009, S. 82 ff.

*Wiechers, K.*: Das interne Kontrollsystem im Rechnungswesen, in: BBK 2009, S. 134 ff. und 693 ff.

*Wiechers, K.*: Auswirkungen des KonTraG auf Jahresabschluss- und Lageberichtsprüfung, in: BBK 1999, Fach 28, S. 1153 ff.

*Wien, A./Kirschner, R.*: Das Interne Überwachungssystem als effektives Instrument des Risikomanagements, in: ZfCM 2012, S. 192 ff.

*Willeke, C.*: Zum Regierungsentwurf eines Transparenz- und Publizitätsgesetzes (TransPuG) – Eine Darstellung ausgewählter Gesetzesänderungen mit kritischen Anmerkungen, in: StuB 2002, S. 227 ff.

*Withus, K.-H.*: Sicherstellung der Compliance durch wirksame Managementsysteme, in: ZIR 2010, S. 99 ff.

*Withus, K.-H.*: Überwachung der Wirksamkeit von Internen Kontroll- und Risikomanagementsystemen, in: ZIR 2009, S. 262 ff.

*Withus, K.-H.*: Neue Anforderungen nach BilMoG zur Beschreibung der wesentlichen Merkmale des Internen Kontroll- und Risikomanagementsystems im Lagebericht kapitalmarktorientierter Unternehmen, in: KoR 2009, S. 440 ff.

*Wolf, K.*: Compliance Controlling, in: Controlling 2012, S. 181 ff.

*Wolf, K.*: Aufbau eines rechnungslegungsbezogenen internen Kontrollsystems, in: BBK 2011, S. 317 ff.

*Wolf, K.*: Regelprozess für ein rechnungslegungsbezogenes internes Kontrollsystem, in: BBK 2011, S. 571 ff.

*Wolf, K.*: Aufbau eines Risikomanagements in der produktionsnahen Umgebung, in: BC 2011, S. 353 ff.

*Wolf, K.*: Compliance Management – Hintergründe, Grundlagen und Anforderungen, in: BBK 2010, S. 114 ff.

*Wolf, K.*: Compliance Management – Elemente in der Unternehmenspraxis, in: BBK 2010, S. 421 ff.

*Wolf, K.*: Zur Anforderung eines internen Kontroll- und Risikomanagementsystems im Hinblick auf den (Konzern-)Rechnungslegungsprozess gem. BilMoG, in: DStR 2009, S. 920 ff.

*Wolf, K.*: Das interne Kontrollsystem im Rechnungswesen – Verkaufsbereich, in: BBK 2009, S. 134 ff.

*Wolf, K.*: Interne Risikoberichterstattung, in: BBK 2006, Fach 26, S. 1271 ff.

*Wolf, K.*: Neuerungen im (Konzern-)Lagebericht durch das Bilanzrechtsreformgesetz (BilReG) – Anforderungen und ihre praktische Umsetzung, in: DStR 2005, S. 438 ff.

*Wolf, K.*: Operatives Risikocontrolling – Ein Praxisbericht, in: BBK 2003, Fach 26, S. 1127 ff.

*Wolf, K.*: Erstellung eines Risikomanagement-Handbuchs – Ziele und Funktionen, Inhalt und Aufbau, in: DStR 2002, S. 466 ff.

*Wolf, K.*: Potenziale derzeitiger Risikomanagementsysteme, in: DStR 2002, S. 1729 ff.

*Wysocki, K. von*: Zur Objektivierbarkeit von Prüfungsurteilen im Bereich der Abschlussprüfung, in: DStR 2002, S. 370 ff.

# STICHWORTVERZEICHNIS

## A

ABC-Analyse   141, 421, 438, 456
Abschlagsverfahren   561
Abschlussprüfer   701, 790, 795
Abschlussprüfung   661, 689, 737, 790
Abschreibung   580
Abschreibungsintensität   355
Abschreibungsquote   317
Abweichungsanalyse   401
Aktivität
– primäre   93
– sekundäre   93
Aktivitäten-Viereck   2
Amortisationsdauer
– statische   161
Amortisationsrechnung
– dynamische   556
– statische   431, 545
Anforderungsprofil des Controllers   15
Anhang   288, 293
Anlagencontrolling   574
Anlagendeckungsgrad   335
Anlagenintensität   312
Anlagespiegel   316
Anlagevermögen   577
Annuitätenmethode   555
Ansatz- und Ausweiswahlrecht   282
*Ansoff*-Matrix   113
Anspruchsgruppe   39
Anti fraud-Management   709
APV-Ansatz   814
Arbeitsproduktivität   355
Asset Backed Securities   609
Aufbauprüfung   799
Aufsichtsrat   672, 699, 701, 683
Aufwandsintensität   354
Aufwendung
– neutrale   253

## B

Balanced Scorecard   45, 106, 211
*Baldwin*-Zinsfuß-Methode   559
Bankregel, goldene   334 f.
Barwert   549
Basel II   259
Basel III   264
Benchmarking   92, 105
Beobachtungsbereich   64, 73, 91, 744
BERI-Index   75
Beschäftigungsabweichung   417
Bestellmenge
– optimale   589
Betriebsabrechnungsbogen   397
Betriebsbuchhaltung   250
Betriebsergebnis   342, 347
Betriebsvergleich   303
Bewegungsbilanz   621, 640
Bewertungswahlrecht   282
Beziehungszahl   140, 302
Bilanz   298
Bilanzregel, goldene   335
Bonitätsanalyse   267
Bottom-up-Verfahren   28, 477, 504, 513
Break-even-Analyse   358, 423
Break-even-Baum   427
Break-even-Punkt   423 f., 563
Break-even-Umsatz   356, 426, 442
Bruttoinvestitionsbasis (BIB)   819
Bruttoverfahren   809
Budget   401
Budgetierung   401, 477
Budgetschnitt   485
Business Judgement Rule   676, 697

## C

Capital Asset Pricing Model   813, 817
Cash Management   605

## Stichwort

Cashflow  162, 346, 382, 591, 598, 612, 639, 806
- aus der Finanzierungstätigkeit  634
- aus der Investitionstätigkeit  634
- aus der laufenden Geschäftstätigkeit  628
- nach DRS 2  347, 615
- nach DVFA/SG  346, 615, 631

Cashflow-Baum  563

Cashflow-Kennzahl  617

Cashflow-Return on Investment  818

Compliance  670, 678, 697
- Kommunikation  721 ff.
- Organisation  720, 722
- Programm  720
- Überwachung  733

Compliance Management-System  719

Conjoint-Analyse  470

Controller-Leitbild  11

Controlling
- Aufgaben  11
- Begriff  2
- Definition  1
- Disziplin  10
- Entwicklungsstufen  28
- Funktionen  3, 7
- Geschichte  7
- operatives  18
- Organisation  25
- strategisches  18
- System  18
- taktisches  21

Corporate Governance  660, 669

Cost table  475

## D

DBU-Faktor  358, 418, 426, 442, 515

Deckungsbeitrag  403, 408
- absoluter  421
- relativer  421

Deckungsbeitragsrechnung  524
- einstufige  400, 406
- mehrstufige  400, 406, 433

Deutscher Corporate Governance Kodex  670

Discounted Cashflow  807

DiscountedCashflow-Verfahren  770, 809, 817

Diversifikation  116, 119
- horizontale  116
- laterale  116

*DuPont*-Kennzahlensystem  212, 307, 345

DVFA-Scorecard for German Corporate Governance  704

## E

EBIT  135, 342, 382, 804

EBITA  135

EBITDA  135, 347, 699, 804

Economic Value Added (EVA)  823

Eigenkapital
- wirtschaftliches  325

Eigenkapitalquote  326

Eigenkapitalrentabilität  331, 341, 803

Endwertmethode  551

Entdeckungsrisiko  796

Entstehungszyklus  156

Entwicklungsphase  155, 467

Erfahrungskurve  164, 173

Erfolgsklassen  349

Erfolgslage  284, 309, 340

Erfolgsrechnung
- kurzfristige  415

Erfolgsspaltung  347

Ergebnis nach DVFA/SG  353, 819

Ermessensspielraum  257, 282

Erntestrategie  186

Ethik-Richtlinie  725

## F

Fehlbetrag, finanzieller  594

Financial covenant  260, 379

Finanzbuchhaltung  250, 254

Finanzlage  309, 322

Finanzlastsatz  550

Finanzmanagement  596, 605

Finanzmittelfonds  627

Finanzperspektive  214, 223

Finanzplan  382, 541, 603
- kurzfristiger  590

Finanzplanung  540, 576

Finanzstatus  602

Five foces-Modell  82, 798

Fixkostenabbaubarkeitsprofil  413

Fixkostencontrolling 411, 444
Fixkostendegression 158, 405, 429
Fixkostenmanagement 436, 439, 443
Fixkostenreduktion 439, 443
Fixkostenremanenz 405, 429
Fixkostenumlastung 208, 439, 443
Fixkostenumwandlung 209, 439, 443
Follow up-Berichterstattung 58, 684, 700
Forderungsintensität 313
Fraud 709
Fraud triangle 709
Free Cashflow 599, 636, 808, 811, 812
Fremdkapitalzinssatz 330, 332
Fristenkongruenz 300, 311, 334
Fristenkongruenzregel 334, 621
Frühindikator 45, 212, 225, 267
Frühwarnindikator 746
Frühwarnsystem 19, 207, 739
Führer-Folger-Strategie 168
Führungsgrundsatz 37
Funktionalorganisation 7, 528, 530
Funktionsanalyse 450, 487
Funktionsbereich
– kritischer 102
Funktionsprüfung 710
Funktionstrennung 530, 753

## G

Gap-Analyse 111
Gegenstromverfahren 28, 783
– mit Top-down-Eröffnung 28, 478
Gemeinkosten 396, 479, 491
Gemeinkosten-Wertanalyse 456
Generalnorm 274, 322
Genussrecht 611
German Code of Corporate Governance 693
Gesamtkapitalrentabilität 331, 341, 802
Gesamtkostenverfahren 350, 416
Geschäftsfeld
– strategisches 131, 172, 200, 367

Geschäftsfeldplanung
– strategische 55
Geschäftsführung 659, 736, 765
Geschäftsführungsinstrumentarium 662, 793
Geschäftsführungsorganisation 662
Geschäftsführungsprüfung 662
Geschäftsführungstätigkeit 662
Gewinn- und Verlustrechnung 348
Gewinnbedarfsrechnung 187, 441
Gewinnvergleichsmethode 431, 546
Gleichgewicht, finanzielles 181, 336, 541, 591
Gliederungszahl 302
*Greiner*-Modell 126
Grundkosten 394
Grundsätze ordnungsmäßiger Unternehmensleitung 690

## H

Hauptprozess 497
Hochpreisstrategie 166
Hurdle rate 161, 549

## I

IAS/IFRS 255, 368
Indexzahl 302
Informationsversorgung 3, 20, 24
Inhärentes Risiko 796
Innenfinanzierungsgrad 620,
Insolvenz 309, 558, 601
Integration, vertikale 116
Intellectual Property Statement 237
Intensitätskennzahl 311
Interne Revision 16
Interne Zinsfuß-Methode 556
Interner Zinsfuß 556 f.
Internes Kontrollsystem 753
Internes Überwachungssystem 752
Investitions- und Wachstumspolitik 316
Investitionsbegriff 542
Investitionsbudget 546, 577
Investitionscontrolling 570

Investitionsentscheidungsprozess 544

Investitionsplanung 545

Investitionsquote 317

Investitionsrechenverfahren
- dynamische 161, 548, 807
- statische 161, 431

Investitionsrechnung 544

IT-System 716

## J

Jahresabschluss 253, 273

Jahresabschlussadressaten 277 f.

Jahresabschlussanalyse 273, 301, 309

Jahresabschlussplanung 379

Jahresabschlusspolitik 280, 288, 292, 298
- konservative 286, 289
- progressive 289

Jahresüberschuss 340 f., 612, 803

## K

Kalkulationszinsfuß 163, 548 f.

Kapazitätserweiterungseffekt 580

Kapitalbedarf 576 f., 600

Kapitalflussrechnung 322, 626, 642

Kapitalfreisetzungseffekt 583

Kapitalkosten 323, 549, 812, 821

Kapitalstruktur
- horizontale 334
- vertikale 326

Kapitalwert 162

Kapitalwertmethode 548

Kapitalwertrate 551

Kapitalwertstrukturkurve 553

Kennzahl 212, 220, 302
- Pro-forma- 136, 347, 699, 804

Kennzahlenanalyse 291, 298

Kennzahlensystem 140, 303, 741

Komplexitätseffekt 517

Kontrollbewusstsein 699, 753

Kontrolle
- prozessabhängige 754
- prozessunabhängige 758
- strategische 58

Kontrollrisiko 796

Kontrollspanne 129

Kontrollsystem, internes 752

Kontrollumfeld 753

Konzentrationsanalyse 141

Kosten
- fixe 403, 409
- Ist- 399
- Kalkulatorische 253, 393
- Normal- 396
- Plan- 400
- Soll- 418
- variable 403, 409
- verrechnete 399

Kosten- und Leistungsrechnung 253, 393, 545

Kostenabweichung 417

Kostenartenrechnung 394

Kostenauflösung 409 f.

Kostenbegriff
- wertmäßiger 394

Kostencontrolling 396

Kostenführerschaft 189, 196

Kostenkontrolle 399, 415

Kostenplanung 400, 415

Kostenstellenrechnung 394

Kostenträgerrechnung 394

Kostentreiber 502

Kostenvergleichsmethode 431, 546

Krise
- operative 266
- strategische 266

Kritischer Wert 546, 563 f.

Kritische Werte-Methode 429

Kundenanforderungen, Modell der 452

Kundenperspektive 214, 222

Kundenziel 315

## L

Lagebericht 237, 274, 360, 737

Lagerreichweite 315

Leerkosten 404, 415

Leistungstreiber 212, 224, 237

Leitbild 11

Lern- und Wachstumsperspektive 214, 220

Leverage-Effekt 330, 342, 803
- operating 356

Lieferantenziel 315, 328

Liquidität 154, 336
- dynamische 338
- statische 336

Liquiditätsgrad 336

Liquiditätssicherung 593

Lücke
- operative 111
- strategische 111

## M

Management 12

Market Value Added (MVA) 827

Marktanteil 165, 172, 194

Marktattraktivität 80, 174, 177

Marktaustritt 205, 209

Marktaustrittsbarrieren 85, 200, 444

Marktdurchdringung 114, 118

Markteinführung 156, 160

Markteintrittsbarrieren 82, 84

Marktentwicklung 115

Marktsättigung 199, 206

Marktsättigungsgrad 152

Marktwachstums-Marktanteils-Portfolio 173

Marktzyklus 156

Materialintensität 354

Mission 36

Mittelherkunft 540, 598, 621

Mittelverwendung 540, 598, 621

## N

Nachsorgezyklus 156

Nettoverfahren 809, 816

Niedrigpreisstrategie 166

Nischenstrategie 192

NOA 823

NOPAT 823

Normalinvestition 543, 557

Normbilanzierung 288

Normstrategie 181, 186, 187, 203

Nutzwertanalyse 67, 71, 306, 454, 545

## O

Ordnungsmäßigkeit der Geschäftsführung 663, 790

Organisationsstruktur 8

Outsourcing 531

Overhead Value-Analyse 464

## P

Personalintensität 355

Personalproduktivität 100

PEST-Analyse 34, 73, 80, 121, 147, 174, 268, 744, 798

Planbilanz 381

Plankostenrechnung 415

Planung 5
- kurzfristige 24
- langfristige 34
- operative 28
- rollierende 20, 159, 382, 590
- strategische 29, 34
- taktische 5

Planungsprozess 5

Planungssystem 5

Portfolio-Analyse 148, 172, 354, 821 f.

Preisstrategie 167, 188

Preisuntergrenze
- kurzfristige 405, 415
- langfristige 409

Produktentwicklung 116

Produktinnovation 156, 456, 466

Produktkannibalisierung 153

Produktlebenszyklus 149, 173 f.
- erweiterter 156
- internationaler 116
- Phasen 150

Produktlebenszyklus-Kostenrechnung 155, 456, 467

Produktlebenszyklus-Planung 148

Produkt-Markt-Matrix 561
Produkt-Markt-Portfolio 113
Produktprogrammplanung 55
Produktsubstitution 82
Profit center 8, 93, 131
Pro-forma-Kennzahl 138
Projektfinanzierung 559
Prozess 497
– leistungsmengeninduzierter 501
– leistungsmengenneutraler 501
Prozessanalyse 498, 504
Prozesskostenrechnung 491
Prozessmanagement 495, 527
Prozessorganisation 528, 530
Prozessperspektive 214, 222
Prozessverantwortlicher 503, 529
Prüfungsansatz, risikoorientierter 793
Prüfungsrisiko 796

## Q

Qualitätsführerschaft 190, 196
Qualitätsmanagement 232

## R

Rating 261, 265, 705
Rating-Kriterien 269
Rechnungswesen 12, 29, 248
– Ebenen 29
– externes 250
– internes 250
Refinanzierungsrisiko 323
Rentabilität 153, 184, 194, 341
Reportings 227
Reserve
– stille 283
Ressource
– kritische 99
Restwertquote 318
Return on Investment 211, 343, 549, 803
Revision, interne 16, 365, 758, 798
Risiko
– Begriff 737
– bestandsgefährdendes 365, 738

– der künftigen Entwicklung 738
– inhärentes 796
– wesentliches 739
Risikoanalyse 565, 795
Risikobericht 360
Risikobewältigung 775
Risikobewertung 769
Risikodeckungspotenzial 772, 779
Risiko-Handbuch 788
Risikoidentifikation 764
Risikoinventur 764
Risikoklasse 766
Risikoklassifizierung 766
Risikokultur 762, 782
Risikomanagementsystem
– Ablauforganisation 762
– Aufbauorganisation 739
Risikoorientierter Prüfungsansatz 793
Risiko-Portfolio 778
Risikoreporting 781, 786
Risikoschwelle 779
ROI 195
Rücklage
– Stille 283
Rückzugsstrategie 185, 199

## S

Sachverhaltsabbildung 281
Sachverhaltsgestaltung 281, 314
Schuldentilgungsdauer 226, 618
Schuldentilgungsfähigkeit 617
Scoring-Modell 71, 305
Segment 132, 206, 366, 439
Segmentberichterstattung 132, 187, 366, 442, 822
Segmentkennzahl 140
Sensitivitätsanalyse 159, 427, 561
Shareholder 40
Shareholder Value Added 807
Shareholder Value Management 804
Sicherungsmaßnahmen
– organisatorische 739, 752
Sicherheitsspanne 426

Sieben-S-Modell 38
Soll-Ist-Vergleich 303
Spartenorganisation 8
Spätindikator 45, 212, 225
Stakeholder 41, 698
– Ziele 41
Störfall-Analyse 67
Story of the strategy 220
Strategie
– Begriff 57
– selective 185, 204
Strategieplanung 58
Strategy map 216
Strukturbilanz 298
Substanzerhaltung 284, 584
Substanzerhaltungskonzeption 585
SWOT-Analyse 89, 147, 174, 268, 746, 797
SWOT-Interaktionsmatrix 107
Systemprüfung 794, 799
Szenario-Analyse 60, 80

## T

Tax Shield 813, 815
Technologische S-Kurve 171
Teilkostenrechnung 400, 405
Teilprozess 779
Top-down-Verfahren 28, 477, 504, 507
Treasury 16

## U

Überschuldung 323, 326, 601
Überwachungssystem 13, 365
– internes 19, 797
– prozessabhängiges 754
– prozessunabhängiges 754
U-Kurve 195
Umlaufintensität 312
Umlaufvermögen 588
Umsatzkostenverfahren 351, 416
Umsatzrentabilität 342, 343
Umschlagsdauer 314, 588
– des Gesamtkapitals 314

Umschlagshäufigkeit 314, 343, 588
– des Gesamtkapitals 314, 344
Umschlagskennzahl 314
Unsicherheit 561, 738
Unternehmensführung
– Erklärung zur 687
– strategische 211
– wertorientierte 135, 439, 803
Unternehmensgrundsätze 37
Unternehmenskrise 524
Unternehmensleitbild 35, 46, 213
Unternehmensplanung
– strategische 33, 55, 698, 736

## V

Value Reporting 237
Value-at-Risk-Methode 68, 566, 770
Verbindlichkeitenspiegel 327
Verbrauchsabweichung 417
Vermögenslage 309 f.
Vermögensstruktur 311
Vermögensumschlag 314
Verschuldungsgrad
– dynamischer 338, 619
– optimaler 330, 333
– statischer 327, 619
Vertragsdatenbank 208, 410, 434
Vier-Augen-Prinzip 530, 754
Vision 36
Vollkostenrechnung 400, 404, 495
Vorratsintensität 313
Vorstand 672, 683, 695, 701
Vorstandsaufgaben 700

## W

WACC-Ansatz 810
Wachstumskrise 126
Wachstumsquote 317
Wachstumsrate 141, 303
Wachstumsschwelle 126
Wachstumsstrategie 114, 117, 185
Weighted average costs of capital 333, 550, 810

Wert, kritischer  429, 563
Wertanalyse  118, 164, 446, 470
Wertgeneratorenformel  808
Wertkette  764, 798
Wertorientierte Unternehmensführung  803
Wertpyramide  95, 698
Werttreiber  808
Wettbewerbsanalyse  81
Wettbewerbsintensität  81
Wettbewerbsposition  92
Wettbewerbsstärke  174, 178, 362
Whistleblowing  723
Window dressing  260, 281, 338
Wirtschaftskriminalität  708
Wissensbilanz  237
Working capital  337, 616, 633, 812
Working capital-Management  337, 381

## Z

Zahlungsstockung  601
Zahlungsunfähigkeit
– drohende  226, 601
– eingetretene  601
Zeitvergleich  140, 304
Zero-Based Budgeting  477
Zielkosten  669
Zielkostenindex  473
Zielkostenrechnung  164, 465
Zielsystem  6, 35, 184, 214, 698
Zinsdeckung  328
Zinsfuß, interner  156
Zuschlagskalkulation  379, 404, 521
Zuschlagssatz  399, 493
ZVEI-Kennzahlpyramide  528

NWB Rechnungswesen

# Besser buchen und bilanzieren.

Alles für gute Ergebnisse. Vom einzelnen Buchungssatz bis zur kompletten Bilanz.

NWB Rechnungswesen – BBK bietet genau das, was Buchführungs-Profis heute brauchen. Fachautoren mit Praxiskompetenz führen Sie Schritt für Schritt zur Lösung. Umfangreiche Informationen und praktische Arbeitshilfen in der NWB Datenbank entlasten Sie zusätzlich Tag für Tag.

▶ **Alltagstauglich.**
BBK „übersetzt" das abstrakte Recht in praktisches Handeln und bietet Ihnen Lösungen an, die anwendbar, richtig und geprüft sind.

▶ **Ausgesucht.**
Zu den Kernthemen des Rechnungswesens stellt BBK genau die Informationen zusammen, die für Ihren Berufsalltag relevant sind. Von den Grundlagen bis ins Detail.

▶ **Aktuell.**
BBK berichtet schnell und regelmäßig über alle neuen Regelungen. Und zeigt, wie Sie diese sicher in der Praxis umsetzen.

Jetzt 4 Wochen kostenlos testen!

**Die perfekte Einheit:** Die BBK, gedruckt und fürs Tablet. Inklusive NWB Datenbank für PC und Smartphone.

Hier anfordern: **www.nwb.de/go/bbk**

▶ **nwb** GUTE ANTWORT

# NWB Studium

# Controlling in Theorie und Praxis verstehen!

Gezielt auf die Prüfung vorbereiten mit 66 Fallstudien.

Mit 66 Fallstudien unterschiedlicher Komplexität stellt dieses Buch den Bezug zwischen Theorie und Praxis der einzelnen Controlling-Verfahren her. Grundlage für die Fallstudien sind überwiegend frei zugängliche Geschäftsberichte. Durch zahlreiche Abbildungen und Tabellen veranschaulicht und mit ausführlichen Lösungshinweisen versehen, erleichtern sie das Einüben des gesamten Controlling-Instrumentariums sowohl in strategischer als auch in operativer Perspektive.

Mit dem intensiven Praxisbezug vertieft dieses Buch nochmals das Verständnis für die Controlling-Verfahren und ergänzt damit ideal das Lehrbuch „Controlling – Begriff, Elemente, Methoden und Schnittstellen".

**Ideale Ergänzung zum Lehrbuch „Controlling – Begriff, Elemente, Methoden und Schnittstellen".**

**Fallstudien zum Controlling**
Graumann
3. Auflage. 2014. Ca. 570 Seiten. € 39,90
ISBN 978-3-482-**65281**-3
Online-Version inklusive

Bestellen Sie jetzt unter **www.nwb.de/go/shop**

**Online-Version inklusive**
Im Buch: Freischaltcode für die digitale Ausgabe in der NWB Datenbank.

Bestellungen über unseren Online-Shop:
Lieferung auf Rechnung, Bücher versandkostenfrei.

NWB versendet Bücher, Zeitschriften und Briefe CO$_2$-neutral. Mehr über unseren Beitrag zum Umweltschutz unter www.nwb.de/go/nachhaltigkeit

**nwb** GUTE ANTWORT